盐城年鉴

盐城市人民政府 主办
盐城市地方志办公室 编纂

2016

YANCHENG NIANJIAN

方志出版社

图书在版编目(CIP)数据

盐城年鉴. 2016 / 盐城市人民政府办公室,盐城市地方志办公室编. —北京:方志出版社, 2016. 10
ISBN 978-7-5144-2149-1

Ⅰ. ①盐… Ⅱ. ①盐… ②盐… Ⅲ. ①盐城市—2016—年鉴 Ⅳ. ① Z525.33

中国版本图书馆 CIP 数据核字(2016)第 252633 号

盐城年鉴(2016)

编　　者:盐城市人民政府办公室　盐城市地方志办公室
责任编辑:张　颢

出 版 人:冀祥德
出 版 者:方志出版社
地址　北京市朝阳区潘家园东里 9 号(国家方志馆 4 层)
邮编　100021
网址　http://www.fzph.org
发　　行:方志出版社发行中心
电话　(010)67110500
经　　销:各地新华书店
印　　刷:南京顺和印刷有限责任公司

开　　本:889 × 1194　　1/16
印　　张:27
字　　数:1146 千字
版　　次:2016 年 10 月第 1 版　　2016 年 10 月第 1 次印刷
印　　数:0001 ~ 1500 册

ISBN 978-7-5144-2149-1　　定价:320.00 元

盐城市地方志编纂委员会

（2016年7月18日起）

编委会主任	王荣平
编委会副主任	庄兆林　潘道津　肖紫英 邹毅实　徐龙波　茆贵鸣
编委会委员	（排名顺序以文件为准） 郭玉生　张建中　戴红光　徐国均 曹为民　姚学龙　仇鼎文　赵　勃 姜友新　张玉春　叶茂楼　季　放 顾亚军　王旭东　薛盛堂　唐　敬 徐华明　刘永轩　单永红　宋　勇 吴本辉　张宏春　杨雪峰　苏　冬 汪寿明　殷　勇　崔文军　谷红彬 肖汝宏　王　娟　吴中良　管亚光 嵇红梅　乐　超　王　亚　季德荣 徐　杰　刘光球　房　标
办公室主任	茆贵鸣
办公室副主任	王海燕　吴建新

（盐委〔2016〕33号文）

盐城年鉴(2016)审稿人员

(按姓氏笔画为序)

丁夫良	丁学工	王玉新	王东升	王　亚	王光文	王甫同
王连春	王启满	王绪林	王　琦	王　辉	王　斌	毛忠泉
方先权	孔逸忻	石　峰	石　磊	叶茂楼	史学健	冯建华
达明山	朱文明	朱礼荣	朱志和	朱胜东	朱照伟	乔　静
任连璋	刘井良	刘古佐	刘永轩	刘　进	刘桂湘	刘　海
刘毓航	羊维元	许世刚	孙乃涛	孙　亚	孙羊生	孙红青
孙秀丽	芮晓峰	芮鸿岩	苏延法	杨玉成	杨劲松	杨锦春
李仁斌	李巧云	李新昌	李德新	肖　力	吴夕艳	吴中良
吴冈玉	吴本辉	吴　刚	吴志兵	吴启飞	吴泉芳	吴海龙
吴　琼	何道友	谷红彬	汪寿明	沈志强	沈洪清	宋　勇
张中俊	张文明	张玉泉	张永辉	张加成	张体松	张建军
张琍琍	张　强	陆景春	陈乃军	陈中才	陈玉林	陈汝进
陈远亚	陈建华	陈顺全	陈爱民	陈新宏	茆贵鸣	范建江
易良军	季卫军	季　风	季　放	岳　岭	金同跃	周　俊
周晓棣	单永红	单坤刚	单锦宏	赵　宁	赵寿华	俞全新
姜加强	姜朋明	姜菊萍	胥晨霞	姚学龙	姚冠新	姚盛敏
姚盛锋	顾亚军	顾仲书	顾强生	徐　宁	徐华明	徐　杰
徐晓明	徐翠华	殷　勇	郭玉生	唐仕洪	唐耀华	黄益成
黄　斌	曹为民	曹有成	符文华	葛　龙	葛汉勤	葛步明
董玲玲	嵇红梅	曾洪林	谢林祥	雍庆丰	管亚光	潘卫华
潘劲松	薛为民	薛　松	薛杰堂	薛盛堂	戴同彬	戴　健

盐城年鉴(2016)编辑委员会

编 辑 部　地　址　盐城市行政中心大楼2325室
邮　编　224005
电　话　0515-86662325/88192325
传　真　0515-86662323
邮　箱　ycnj2325@126.com

盐城年鉴(2016)撰稿人员

(按姓氏笔画为序)

丁峰	万长勇	万凯	马艳琳	王义	王杨	王岚
王明富	王春明	王俊勇	王峰	王健	王海洋	王常江
王琦玥	王敬国	王辉	王道洲	王淼	王盟	王誉名
王瑶	王慧	王蕙	王磊	王鑫	邓洪卫	邓晔
石惠	卢云岭	吕景林	吕霏	朱磊	朱德军	乔连
华娟	刘冬	刘必升	刘宇译	刘苏	刘青霞	刘美元
刘海峰	刘嘉	许菁菁	孙宏军	孙明明	孙波	孙海燕
花露	苏峰	杜阿金	杜彦	杨庆雷	杨芳	杨金辉
李有爱	李建忠	李玲	束东升	肖太高	肖立春	吴少春
吴玉珊	吴汇文	吴济民	吴晋	吴海东	何倩	邹双权
沈永龙	沈琦	沈斌	宋扣勤	宋得蓉	张伟	张红霞
张银瑛	陆舰	陆颖	陈广春	陈卫中	陈玉龙	陈伟
陈远远	陈志岗	陈金荣	陈法金	陈剑琦	陈洋	陈富裕
武世清	罗发富	季鹏	周卫鹏	周本东	周立菲	周庆干
周秀梅	周凯征	周郑翔	周洋	周鸿铭	周维	周德阳
郑建峰	郑智勇	单正兵	单康政	赵少杰	赵明	赵树海
柏瑜华	咸国庆	姜望	姜琰	秦立标	袁万龙	袁悦
耿忠	夏斯馨	夏景林	夏斌	夏燕萍	顾小玲	顾其军
钱成	钱前	倪同永	倪江兰	皋亚成	徐开伟	徐加忠
徐红梅	徐佳珠	徐铭旋	高峥	郭红	郭泽中	郭泽萱
唐存良	唐修祥	浦玉生	黄传标	崔立祥	崔伟	章春杰
葛富有	智通海	程国瑛	傅月萍	傅刚	靖江	蔡中源
臧滨城	熊玮	滕建平	潘允和	薛宗林	戴鼎霖	戴舒婷

一千里湿地风光　两千年海盐古韵

中国海盐历史文化名城

中国　盐城

ZHONGGUO YANCHENG

- 东方湿地之都
- 仙鹤神鹿家园
- 盐阜革命老区
- 淮剧杂技故乡

■ 中国海盐博物馆

城市坐标

城市位置：江苏沿海中部　长江三角洲北翼
城市性质：中国沿海新兴临港工商业城市　长三角产业北拓承接基地　西太平洋国际湿地旅游城市
城市文化：海盐文化　铁军文化　湿地文化　海洋文化　淮剧杂技文化
城市历史：2135年建置史　1605年建城史
铁军精神：听党指挥　服务人民　维护团结　执纪严明　艰苦奋斗　不怕牺牲
市树市花：女贞和银杏　紫薇和牡丹
行政区划：亭湖区　盐都区　大丰区　东台市　建湖县
射阳县　滨海县　阜宁县　响水县
一类口岸：盐城港大丰港区　南洋国际机场

城市数字 (2015)

土地面积：16972平方公里（全省第一）
区域人口：828万人（全省第二）
海 岸 线：582公里
（占全省海岸线总长度的56%）
海涂面积：4553平方公里
（占全省海涂总面积的70%）
海域面积：18897平方公里

地区生产总值：4212.5亿元
人均GDP：9100美元
全社会固定资产投资额：3372.9亿元
一般公共预算收入：477.5亿元
社会消费品零售总额：1468.6亿元
城市居民人均可支配收入：28200元
农民人均纯收入：15748元

城市荣誉

中国优秀旅游城市
中国最佳管理城市
中国特色魅力城市
中国十佳和谐发展城市
中国投资环境百佳城市
全国双拥模范城
全国综合实力百强城市
全国科教兴市先进市
全国粮食生产先进市
全国无偿献血模范城
国家园林城市
国家卫生城市
国家创新型城市
国家智慧城市试点城市
国家知识产权试点城市
国家可持续发展试验区
国家生态文明先行示范区
国家新能源示范城市
国家新能源汽车推广应用城市
中国十佳绿色生态旅游城市

城市特色

国家级基地：

国家级盐城经济技术开发区
国家级滩涂综合开发试验区
国家级江苏盐城农业科技园区
国家级江苏盐城郝荣台湾农民创业园
节能电光源国家地方联合工程研究中心
国家级海上风电技术设备研发中心
国家级风电设备质量检验检测中心
国家级区域性汽车物流中心
国家级大型农产品物流交易中心
国家环保装备高新特色产业基地
国家级风电及风电设备制造基地
国家级石油机械高新技术产业化基地
国家级绿色新能源特色产业基地
国家级农产品（水产品）加工示范基地
国家科技兴海产业示范基地
国家火炬响水盐化工特色产业基地
国家火炬滨海新医药特色产业基地
国家火炬阜宁环保滤料特色产业基地
国家火炬大丰金属处理装备特色产业基地
国家火炬东台特种金属材料及制品特色产业基地
国家级种子生产基地
国家绿色能源示范县（东台）
国家级一级渔港（东台琼港）
国家级水生动物检测重点实验室

城市风物

国家级景区： 新四军纪念馆　中国海盐博物馆
江苏盐城国家级珍禽自然保护区
江苏大丰麋鹿国家级自然保护区
通榆河枢纽工程国家水利风景区
海盐历史文化风景区　九龙口风景区
大纵湖旅游景区　便仓枯枝牡丹园

全国重点文物保护单位： 新四军重建军部旧址（泰山庙）
东台古建筑海春轩塔

国家级非物质文化遗产： “董永与七仙女传说”
盐城淮剧　建湖杂技

美丽新盐城：创业 开放 生态 幸福 厚德

——盐城市"十二五"经济社会发展回眸

国内生产总值（亿元）

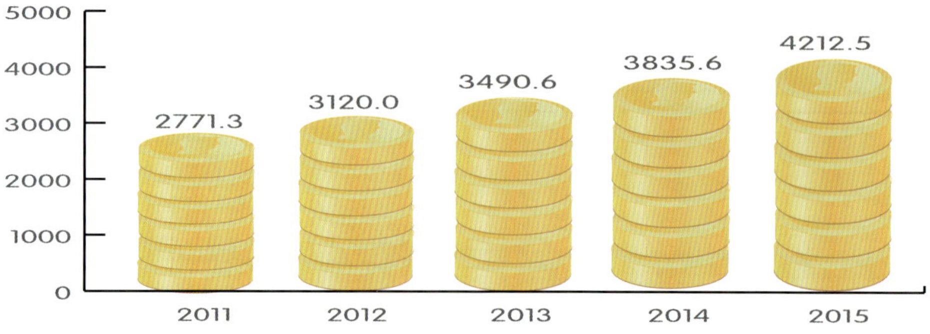

国内生产总值构成（%）

（第一产业、第二产业、第三产业）

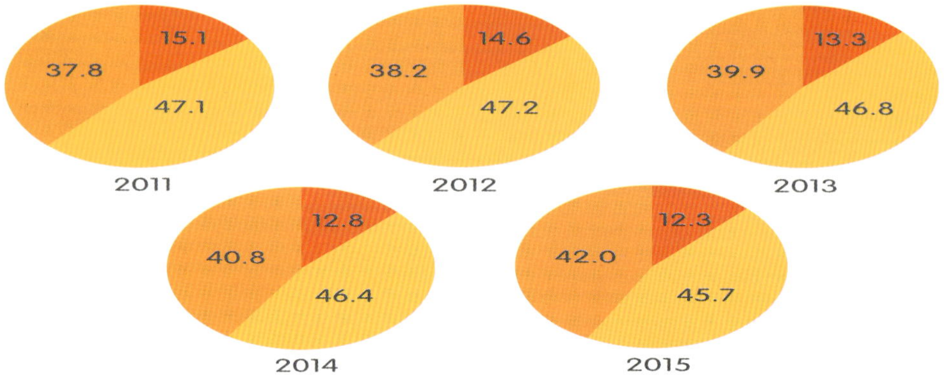

进出口总额（亿美元）

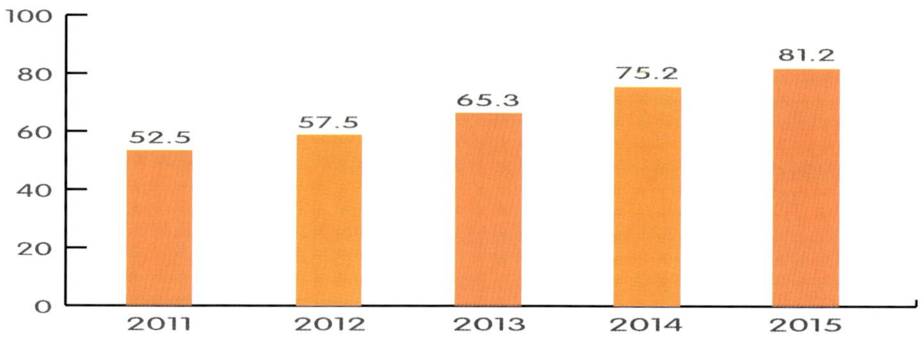

社会固定资产投资（亿元）

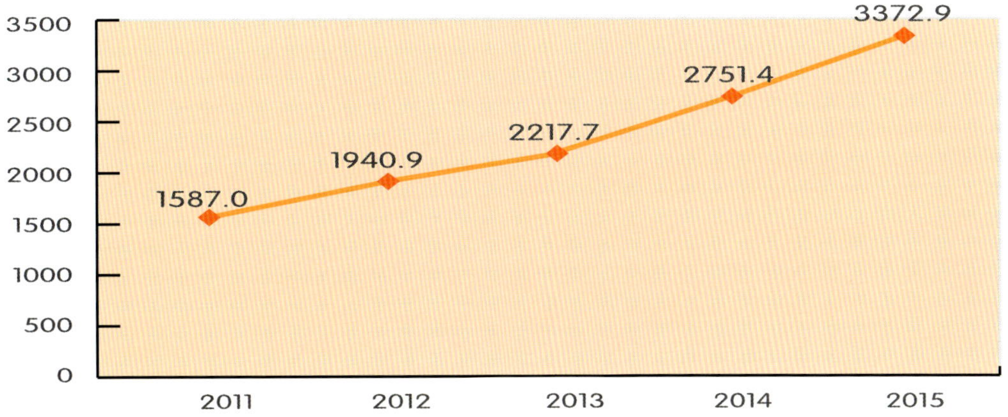

城乡居民人均收入（元）

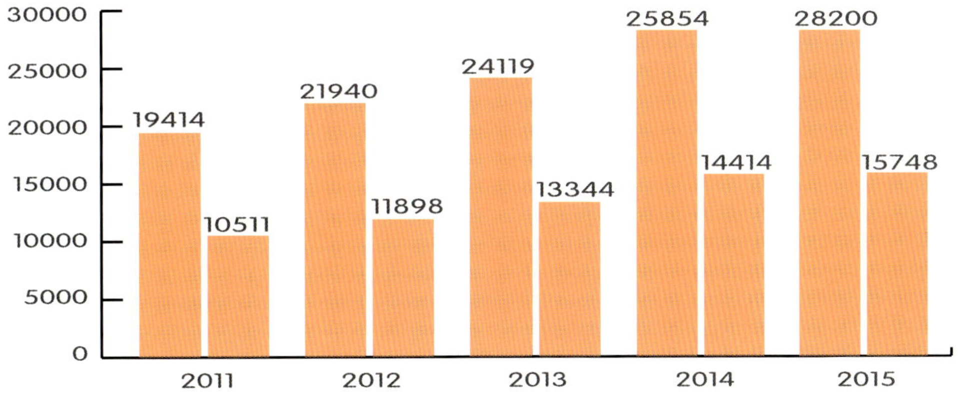

单位GDP能耗下降率（%）

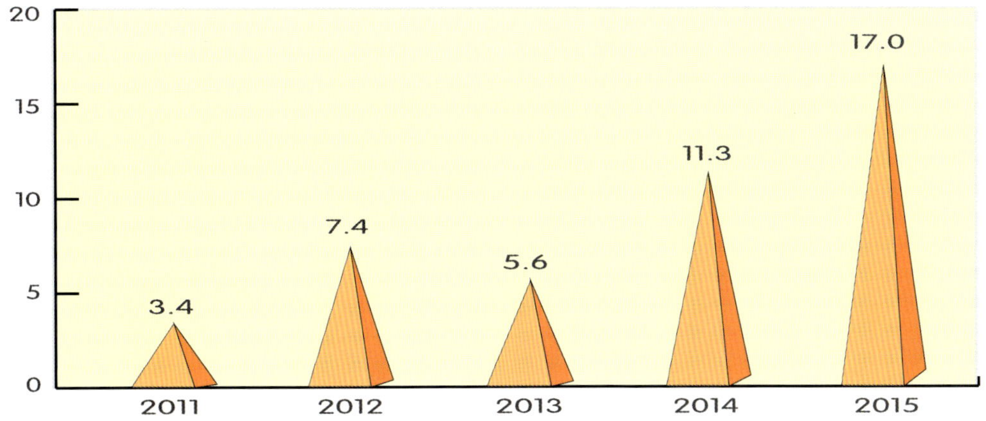

“十二五”期间，盐城市空气环境质量持续改善。根据环保部发布的全国74个重点城市空气质量报告，2013~2015年，盐城9月、10月空气质量持续位列全国前十，在全省一直保持前列。

盐城市地图

黄
海
滨海县
东坎镇
阜宁县
阜城镇
射阳县
合德镇
响水县
响水镇
陈家港镇
小尖镇
运河镇
南河镇
双港镇
黄圩镇
大有镇
滨淮镇
八滩镇
八巨镇
界牌镇
陈涛镇
蔡桥镇
五汛镇
天场镇
通榆镇
正红镇
临海镇
千秋镇
四明镇
海河镇
新坍镇
兴桥镇
海通镇
黄沙港镇
沟墩镇
陈良镇
三灶镇
郭墅镇
新沟镇
陈集镇
羊寨镇
芦蒲镇
板湖镇
东沟镇
古河镇
石湖镇
田楼镇
三口镇
百禄镇
堆沟港镇
滨海港镇
省滨淮农场
省淮海农场
省临海农场
省新洋农场
省黄海农场
省新滩盐场
省灌东盐场
盐城港滨海港区
盐城港射阳港区
盐城国家级珍禽自然保护区

江苏省基础地理信息中心　编制　　盐城市国土资源局　监制

地图审查号：苏 S（2013）140 号

2015年是中国人民抗日战争暨世界反法西斯战争胜利70周年。作为华中敌后抗战的主阵地之一和新四军重建军部所在地，盐城开展系列纪念宣传活动，通过纪念大会、盛大集会、图片展览、学术研讨、专著出版、文艺创演，主题宣讲、媒体专栏、影视剧作，走访慰问抗战老兵，参观红色遗址遗迹等多种形式，铭记历史，缅怀先烈，纪念抗战，弘扬铁军精神。其中，专题研究丛书《新四军在盐城》，“铁军精神与新四军抗战”理论研讨会，央视大型电视文献纪录片《新四军1941》《根据地之“宋公堤”》，纸媒专栏《回望胜利那一刻：“盐城”》，原创舞剧《烽烟桃花飞》，“周一大讲堂”“浴血奋战　英雄盐城——新四军抗战专题展”“铁军印记——新四军在江苏抗战文物展”“红色记忆永存——听抗战老战士讲中国好故事”等优秀作品和精彩活动，生动再现烽火岁月，集中展现铁军雄风，深入解读抗战精神，产生积极广泛的社会影响，成为全市人民加快建设“创业、开放、生态、幸福、厚德”盐城的强大精神动力。

2015年9月2日，中共盐城市委、盐城市人民政府在盐城迎宾馆举行“铭记抗战历史　弘扬铁军精神”座谈会。

（报　社　供）

2015年9月4日，中共盐城市委、盐城市人民政府在新四军纪念广场举行盛大集会，隆重纪念中国人民抗日战争暨世界反法西斯战争胜利70周年，盐城市机关干部、群众、学生等各界代表，以及新四军老战士、抗日老战士代表，国民党抗日老兵代表，驻盐部队官兵代表，共2000余人参加活动，新四军老战士代表、驻盐部队代表和学生代表先后发言，市委书记朱克江出席并讲话，市长王荣平主持活动。（报　社　供）

2015年9月2日，中共盐城市委、盐城市人民政府举行《新四军在盐城》丛书首发式。丛书由中共盐城市委党史工作办公室组织编纂、江苏人民出版社出版，分群众工作、军事斗争、政权建设、统战谋略、文化情怀和财经战线六卷7册约300万字，图片400多幅。与丛书相配套，市委党史工作办公室同时组织编纂并出版了《盐城抗战影像记忆》画册和《铁血铸魂——盐城抗战百名英烈传》。（党史办 供）

众志成城——政权建设
和衷共济——统战谋略
风雨磐石——群众工作
浴火雄师——军事斗争卷（上）
江苏人民出版社
浴火雄师——军事斗争卷（下）
江苏人民出版社
战地黄花——文化情怀卷
江苏人民出版社
万涓归海——财经战线卷
江苏人民出版社
新四军在盐城 丛书之六
中共盐城市委党史工作办公室 编著
万涓归海——财经战线卷
新四軍將領就職通電

浴火雄师
众志成城——政权建设卷
和衷共济
战地黄花
风雨磐石
铁血铸魂
TIEXUE ZHUHUN
盐城抗战影像记忆
万涓归海

2015年8月10日， 由中央电视台、盐城广播电视台和延安广播电视台联合摄制的六集大型电视文献纪录片《新四军1941》在中央电视台和江苏卫视同日播出。《新四军1941》是国内首部展示新四军在盐城重建军部前后历史的大型文献纪录片，着重展现1941年新四军在盐城重建军部后，率领华中军民冲出危境、开创抗战新局面的光辉历史，分为《重建军部》《重振军威》《同心驱寇》《奔赴盐城》《浴血华中》《丰碑永驻》六集，每集都彰显了“盐城元素”。

（广播电视台 供）

2015年8月10日，由市演艺集团出品、市歌舞剧院演出的大型原创舞剧《烽烟桃花飞》上演。该剧取材于新四军重建军部后在盐城的战斗生活，再现华中鲁艺师生的热血斗志，体现不畏强暴、勇于抗争的民族精神和捐躯国难、保家卫国的家国情怀。

（文广新局 供）

2015年3月27~28日，全国人大常委会副委员长艾力更·依明巴海率全国人大常委会执法检查组在盐城就贯彻实施《中华人民共和国职业教育法》情况进行执法检查。（报 社 供）

2015年10月28~29日，全国政协副主席、致公党中央主席、科技部部长万钢在盐城考察调研。

（报　社 供）

2015 年 7 月 8 日，省长李学勇在灌江口大桥工程现场察看临海高等级公路灌江口大桥建成通车情况。

（报　社　供）

2015年12月13日，省委副书记、代省长石泰峰在盐城调研，参观考察东风悦达起亚汽车有限公司第三工厂。

（悦达集团 供）

2015年1月11日，市委书记朱克江在盐城会见中国国民党副主席郝龙斌一行，双方就推进盐台两地互动，促进友好合作进行交流。　（报　社　供）

2015年12月1日，市长王荣平率经贸考察团访问韩国现代起亚汽车公司，与韩国现代汽车集团副会长李炯根就推动盐城汽车产业发展进行交流。 （悦达集团 供）

2015年5月24~28日,市经贸考察团在韩国考察访问,开展经贸交流和招商活动。在韩国期间,盐城先后举行美容健康产业、沿海开发和经贸合作等说明会。（孙小勇 摄）

2015年5月28~29日,市经贸考察团在德国慕尼黑考察访问。在德国期间,举办中国盐城(慕尼黑)经贸合作说明会。（孙小勇 摄）

2015年3月24日，台湾实联长宜集团总部暨三电（电池、电机、电控）研发中心奠基仪式在盐城举行。市长王荣平、省台办主任杨峰、实联长宜集团董事长林伯实等出席活动。 （报 社 供）

2015年11月16~19日，市经贸考察团在台湾考察访问，开展经贸合作交流活动，先后举办盐城·台中经贸合作恳谈会、两岸（盐城）电子信息产业合作座谈会等经贸合作会议5场。 （政府办 供）

2015年10月16日，江苏响水近海风电场220千伏海上升压站完成海上安装，填补中国海上风电升压站的行业空白。江苏响水近海风电场220千伏海上升压站是亚洲地区首座220千伏海上升压站，也是亚洲规模最大的海上升压站，由中国长江三峡集团投资，中国电建集团所属华东院承担勘测设计任务，海油工程完成建造、装船运输及海上安装。此次升压站安装采用吊装法，是中国海油首次在黄海海域进行海上安装作业，最浅作业水深6.5米，创海上石油吊装作业最浅水深纪录。（报 社 供）

2015年8月13日，江苏连盐铁路项目灌河特大桥首件钢桁梁成功架设，标志着灌河特大桥桥梁施工进入上部结构施工阶段。灌河特大桥全长10.4千米，主跨为(120+228+120)米三跨连续钢桁梁柔性拱，是连盐铁路全线唯一的重点控制性工程，此次钢桁梁吊装为E0-E2节点下弦杆，长17米、宽2.8米、高1.9米、重36吨。连盐铁路始于连云港市赣榆县赣榆北站，北接规划青连铁路，南接新长、宁启、沪通铁路，终于新长铁路盐城北站，铁路正线全长234千米，设车站12个，客货共运，设计时速200千米，将于2017年5月底建成通车。（交通局 供）

2015 年 1 月 20 日，由江苏奥新新能源汽车有限公司研发、生产的国内首辆碳纤维新能源汽车在盐城下线。3 月 18~19 日，由盐城市人民政府、中国汽车技术研究中心、《节能与新能源汽车年鉴》编制办公室共同举办的 2015 年中国新能源汽车推广应用高峰论坛在盐城举行。 （报　社　供）

2015年2月14日，盐城市人民政府召开市区内环高架快速路网工程开工动员大会，市长王荣平讲话。

（政府办 供）

2015年12月11日，盐城市区内环高架西环路青年路枢纽施工现场。市区内环高架快速路网包括"一环"范公路南段、南环路西段、西环路南段、青年路西段构成，"五射"范公路北段、南环路东段、西环路南延、青年路西延、西环路北延组成，项目全长54.6千米，总投资86.5亿元。

（交通局 供）

2015年4月23日，江苏省经信委与盐城市人民政府签署共建江苏省大数据产业园合作协议。江苏省大数据产业园地处盐城市城南新区，是中韩自贸协定中韩（盐城）产业园的重要组成部分。园区空间布局为“一核三园”，重点主攻数据中心、云计算、数据分析应用、数据交易四大产业方向，招引落户华为、软通等大数据产业项目123个，其中世界500强、行业100强、国内前10强企业26家，总投资145亿元。（朱广忠 摄）

2015年7月30日，盐城市人民政府与华为公司举行共同打造云计算数据中心合作协议签约仪式。建设的云计算数据中心，有助于盐城信息化水平的提升、产业创新能力的孵化以及传统工业的升级转型，将把盐城云计算节点打造成华东大数据处理中心、现代汽车服务中心、智能制造支撑中心、电子商务服务中心、江苏省信息消费支撑中心和云计算人才培育中心。（政府办 供）

2015年9月22~24日，由中国发明协会和盐城市委、盐城市人民政府联合主办，盐城市科协、市科技局和盐城高新技术产业开发区共同承办的第一届世界发明创新论坛在盐城举行。28个国家和地区的发明协会、发明组织的发明家300多人参加论坛。论坛围绕“发明、创业、共赢”主题，聚焦技术转移和商业化、创新环境、发明方法与成果、世界知识产权局和其他国际组织的重要性等议题，组织114项国内外发明进行展览，论坛期间，16个国内外发明项目进行签约。其中，盐城市风光渔互补项目找到技术对接合作伙伴，并获得技术转移特别成就奖。科技部原部长、中国发明协会理事长朱丽兰，市委书记朱克江出席活动。（报 社 供）

2015年1月8日，西南交通大学盐城轨道交通研究中心揭牌仪式在盐城举行。西南交通大学盐城轨道交通研究中心由盐城市人民政府和西南交通大学联合成立，占地面积约7.2万平方米，集聚中国工程院、中国科学院院士等国内顶尖学者和科技研发人员，重点开展高速重载列车、虚拟轨道列车、中低速磁浮列车和高温超导磁悬浮列车等前沿技术的创新研究、开发应用、成果转化以及推广、咨询、培训等相关工作。

（报　社　供）

2015年2月13日，江苏省国信集团与盐城市国投集团签订战略合作协议。市长王荣平、省国信集团董事长马秋林出席签约仪式并致辞。江苏省国信集团与盐城市国投集团成为战略合作伙伴，双方在电力、天然气、房地产等方面展开更加深入的合作。

（报　社　供）

盐城高新技术产业开发区成立于2006年4月，前身为江苏省盐都经济开发区；2012年11月，经省政府批准为盐城市首家省级高新区；2015年2月5日，获得国务院批准升格为国家高新区，与盐都区实行“园区合一”体制。辖区面积116平方公里，下辖镇（街道）3个，常住人口15万人。拥有制造业企业365家，服务业企业441家，外资和央企投资企业34家，国家高新技术企业55家。初步形成以智能终端、高端装备、新能源为主导的现代制造业，以电

商物流、汽车消费、商务商贸为重点的现代服务业产业，以汽车配件、机床工具、文化产业为补充的现代产业体系。2015年，实现地区生产总值235.9亿元、规模以上工业增加值552亿元，其中高新技术增加值65亿元，完成全社会固定资产投资183亿元、一般公共预算收入21.7亿元、注册外资实际到账8658万美元。

（卢雯雯 摄）

2015年6月1日，中韩自贸协定签署，盐城被确定为中韩产业园地方合作城市。10月底，国务院总理李克强访问韩国期间，双方确定将在江苏盐城等3个城市与韩国新万金地区共同建设中韩产业园。　　（开发区 供）

2015年5月26日，盐城市与韩国庆尚北道、大邱广域市签订共建中韩产业园三方合作谅解备忘录。

（报　社 供）

2015年8月7日，江苏省商务厅、盐城市人民政府在南京举办中韩产业园第一次联席会议。

（政府办 供）

2015年9月11~13日，第十七届（2015）江苏农业国际合作洽谈会在盐城举行，农业部副部长于康震，共青团中央书记处书记徐晓，省委常委、副省长徐鸣出席开幕式。54个国家和地区500多名客商参观洽谈，签约合作项目50个，其中外资投资项目15个，协议投资额1.88亿美元，内资投资项目23个，协议投资额66.86亿元，贸易类项目8个，协议贸易额3330万美元，技术合作类项目4个。（报 社 供）

2015年12月8~9日，中共盐城市委、盐城市人民政府在上海举办跨国公司投资合作说明会。23个国家和地区的138家跨国公司与机构参会。市长王荣平作推介讲话，乌兹别克斯坦驻沪总领事萨伊达卡摩勒、埃塞俄比亚驻沪总领事由哈纳、韩国驻沪副总领事朴钟硕等出席。签约仪式上，15个重点项目现场签约，涉及新能源、IT及大数据、新材料、健康美容等领域。

（报 社 供）

2015年3月6日，中国盐城环保科技城成功申报国家级新型工业化产业示范基地，成为苏北唯一一家入选基地；10月9日，又被科技部命名为盐城国家大气污染防治装备高新技术产业化基地。中国盐城环保科技城自2009年成立以来，主攻烟气治理、水处理、固废综合利用和新型材料等领域。园区集聚中国环境科学研究院、中科院过程研究所、中建材环保研究院、清华大学、东南大学、同济大学、德国GEA、日本上岛等国内外顶尖院所，中电投远达环保、中国国电集团、中国节能集团、浙江菲达、福建龙净、北京万邦达、北京天壕、桑德集团、上海复旦复华等行业领军企业，共有86家环保企业、研发院所入驻，建成国家级企业技术中心11家，建有创业投资服务中心、环保科技产业孵化基地、国际会展交易中心等公共配套服务设施、科学家工作室、绿巢等科技研发平台21个。在绿色能源、清洁生产、区域治理、新材料等领域形成技术优势，在提供环境整体解决方案能力上拥有全国领先地位。先后被评为中国首家环保产业集聚区、国家地方联合工程研究中心、中国火炬计划特色产业基地、国家燃煤污染物减排工程实验基地、国家新型工业化产业示范基地等。2015年，完成公共财政预算3.5亿元，完成固定资产投资44.5亿元，规模以上工业企业开票销售32.6亿元。

（环保科技城 供）

2015年11月6~7日，第四届中国盐城·国际环保产业博览会在中国盐城环保科技城会展交易中心举行。环博会包括开幕式、高峰论坛、项目签约、会展交易、客商园区行、环保沙龙等9项活动。全球23个国家和地区的162家企业参展，展示全球数千种包括污水处理、垃圾处理、大气治理、空气净化、场地修复等最新环境解决方案，汇聚超过2000家采购团体。其中，阿里巴巴为参展企业与采购商搭建大型互动平台，进行线上、线下交易。展会期间，集中签约项目13个，协议总投资46亿元。（周　强　摄）

2015年11月28日，聚焦“十三五”：绿色工业发展高峰论坛暨2015年中国工业节能与清洁生产协会年会在盐城召开。大会交流节能环保产业最新政策、技术和市场信息，寻求推进绿色工业发展的模式与途径。工信部、环保部等部门相关领导、专家学者及新闻媒体近300人参加大会。（环保科技城　供）

2015年10月15日，中华麋鹿园晋升为国家AAAAA级景区，成为盐城市首个AAAAA级旅游景区。中华麋鹿园位于江苏东部黄海之滨，是保存完好的半原始湿地，占地面积2666.67公顷，是世界上第一个也是面积最大、种群数量最多的野生麋鹿园，是全国唯一的以麋鹿文化为主题的国家级景区。至年底，麋鹿园内的麋鹿有2818头，除麋鹿

外，还有兽类27种，两栖类和爬行类21种，鸟类204种，植物499种，昆虫599种，初步建成具有海滨特色，以麋鹿为主、多种动物共存的海滨野生动物园，堪称太平洋西岸的“动物天堂”和“植物王国”。（林业局 供）

江苏盐城国家级珍禽自然保护区成立于1983年，1992年经国务院批准晋升为国家级自然保护区，并先后加入联合国教科文组织人与生物圈保护区网络、东亚—澳大利西亚迁徙涉禽保护区网络、国际重要湿地3个国际公约组织，是中国最大的滨海湿地类型保护区，是全球最大的野生丹顶鹤种群保护地。区内记录到的鸟类有405种，其中国家一级重点保护鸟类11种、国家二级重点保护鸟类69种。在列入《中国濒危物种红皮书》的鸟类中，保护区内有稀有种15种，濒危种7种，易危种11种，不确定种3种。（顾祥彬 摄）

2015年5月17~20日，中国盐城丹顶鹤国际湿地生态旅游节暨第八届海盐文化节在盐城举行。乌兹别克斯坦、斯洛文尼亚、埃及、爱沙尼亚、塞尔维亚等“一带一路”沿线国家驻沪总领事，国内外众多知名企业、高校院所的嘉宾和客商参加。

（报 社 供）

二月二，龙抬头。盐都区尚庄村民舞彩龙。 （赵林耕 摄）

市民体验农家采摘乐趣。（旅游局 供）

2015年3月28日，在亭湖区大洋湾樱花园，市民们游玩赏花。（周　强　摄）

市武术爱好者在毓龙公园进行武术表演。（冯　羽 摄）

2015年2月10日，由市委宣传部和市文广新局主办的综艺晚会《多彩的家园》在市文化艺术中心首演。《多彩的家园》以"蓝、绿、红"三色文化贯串全剧。表演者通过歌舞、杂技、淮剧等元素再现盐城人"踏浪煮海""弄潮扬帆"的不屈精神，演绎"牡丹咏春""丹鹤之恋"的湿地情韵，描绘"水街秀色""串场人家"的美好家园，讴歌"我是盐城人""厚德盐城"的道德情怀，凸显盐阜儿女与自然和谐相处的生产生活方式。　　（文广新局 供）

2015年11月11日，盐城市艺术节开幕式在市文化艺术中心大剧院举行。艺术节为期1个月，推出优秀舞台剧目19部，其中全市新剧目调演12部，引进舞台精品剧目7部。12部新剧目调演包括淮剧7部，舞剧、话剧、音乐剧、淮海戏、综艺晚会各1部；引进舞台剧目包括木偶剧《丹顶鹤的故事》、评剧《母亲》、舞剧《孔雀》等7部。艺术节期间还举行基层惠民演出7场，组织第十届"十馆联动"先进文化下基层文艺演出和"精彩江苏"基层文化巡演，举办盐城市首届音乐舞蹈专场展演，举办全市优秀书法美术作品展、"青春视界、筑梦盐城"全市大中专生摄影大赛、黄海讲坛"唐诗入门选"、国学经典诵读比赛等活动。（文广新局 供）

2015年 10月24~25日，由中国汽车运动联合会、韩国汽车运动协会、韩国全罗南道政府、江苏省体育局和盐城市政府共同主办的2015CTCC中国房车锦标赛（盐城站）暨中韩（盐城）汽车文化交流活动举行。盐城站是2015年房车锦标赛的第七站，赛道位于盐城经济技术开发区内，全长2.8千米，共11个弯角，设计最高时速超过200千米。38支中韩主流整车厂家和俱乐部车队，以及新华社、中央电视台、东方卫视、韩国KBS等近230家境内外新闻媒体代表参加。经过激烈争夺，东风悦达起亚车队叶弘历获得2015CTCC中国房车锦标赛（盐城站）超级量产车组冠军。在首次列入本站比赛的中韩（盐城）汽车挑战赛中，4名中国选手和4名韩国选手驾驶赛车比赛，中国选手雷俊斌获得胜利。

（报 社 供）

2015年11月10~11日，由国家体育总局自行车击剑运动管理中心、江苏省体育局、盐城市人民政府联合主办的2015中国盐城沿海湿地国际公路自行车赛举行。中国、荷兰、土耳其、伊朗等“一带一路”沿线国家的20支UCI洲际职业队、洲际队、国家和地区队参赛，比赛总奖金5万美元。赛道全程324千米，赛事等级2.2级。其中，盐城站比赛，起点在盐城东方集团，终点在盐城市灌东新材料产业园，赛程189千米；东台站比赛，起点在东台市民广场，终点在东台沿海湿地旅游度假经济区，赛程135千米。（报 社 供）

日出城南　城南新区位于盐城市区南部，东至通榆河、西至西环路、北至青年路、南括伍佑街道，规划面积102平方公里，是全国首批、苏北唯一的“智慧城市”试点城区，住建部首个智慧“微城市”试点城区。2015年，城南新

区年末人口35万人，完成地区生产总值96.2亿元，规模以上工业增加值12.8亿元，一般公共预算收入26.44亿元，固定资产投资151.84亿元，注册外资实际到账5734万美元。（赵林耕 摄）

绿色森林　2015年12月29日，经国家林业局批准，东台黄海森林公园升格为国家级森林公园，正式更名为江苏黄海海滨国家森林公园。江苏黄海海滨国家森林公园前身为国营东台市林场，始建于1965年11月，是华东平原地区规模最大的人工森林，所有林地均为国家沿海防护林建设基地；2004年6月，被江苏省林业局批准为省级黄海

森林公园；2014年，景区创建成为国家AAA级旅游景区。公园有各类植物652种、鸟类342种、兽类30种，负氧离子平均达到每立方厘米3500个，林地面积2770公顷、活立木蓄积量31万立方米。

（徐越峰 摄）

水乡秋高　皮岔河位于建湖庆丰镇、芦沟镇与盐都龙冈镇交界处。古代皮岔河年久失浚，河床淤塞，水旱灾害频发，两岸百姓苦不堪言。清道光十六年（1836年），时任江苏巡抚的林则徐为疏浚皮岔河，由淮安乘船微服私访，

历时七天，暗察河情。回衙后，下批疏浚皮岔河的呈文，解决钱款问题。经过疏浚，皮岔河河面拓宽、河床挖深、水畅其流、排灌便利，给当地百姓带来福祉。（赵林耕 摄）

2015年12月29日，全省第一家以彰显好人现象、共建厚德盐城的好人馆在盐城盐渎公园内开馆，省委常委、宣传部部长王燕文和市委书记朱克江共同为好人馆揭牌。好人馆展馆面积2000平方米，分8个篇章，通过图片、实物、视频、互动等多种形式，直观展现盐城43位“中国好人”、62位“江苏好人”、228位“盐城好人”的典型事迹。2015年，盐城先后有13人当选“中国好人”，23人当选“江苏好人”，数量位居全省第一。

（宣传部 供）

崇德向善
奋发向上
诚实守信
助人为乐
见义勇为

好人館

凡例

一、《盐城年鉴》是由盐城市人民政府主办、盐城市地方志办公室组织编纂的综合性、公报性、资料性年度文献。自1998年创刊以来,《盐城年鉴》坚持创新创优,常编常新,一年一卷,逐年出版。以年度为卷号,本卷为第19卷。

二、《盐城年鉴》坚持辩证唯物主义和历史唯物主义,实事求是,与时俱进,全面系统地记述盐城市自然、政治、经济、文化和社会等各方面的上一年度情况,客观真实地反映全市各行各业所取得的新成就、新经验以及需要解决的新矛盾和新问题,旨在为社会各界和海内外人士了解盐城、研究盐城提供资料信息,为各级领导科学决策提供参考依据,为编修地方史志积累地情史料,着力做到资料性与思想性和科学性的统一。

三、本卷年鉴以章节体辅以条目体的体例形式架构编目。章节为宏观结构,条目是微观形式,由此组成整部年鉴资料体系。结构层次的确定和取舍,从科学分类和社会分工出发,基本的、必不可少的内容,要求门类完备、不缺要项,符合科学性;层次的升降和增删,着力体现年度特征、地方特色和专业特点;层次的分类、领属和位次,要求分类合理、归属得当,结构严谨、层次分明,前后照应、排列有序,体现科学性、符合逻辑性。为避免叠床架屋,节和节下层次,原则上以职能工作为记述实体,以增强年度资料的著述性和年度工作的延续性;辅助性条目多半为亮点特色的单一性记事条目。

四、本卷年鉴以图版、特载开卷,附录殿后,全书由卷首、卷末和主体内容三大版块构成。卷首图版以图说盐城为栏目,设城市名片、特别报道和年度要闻三个类别,直观展示盐城的城市风貌、城市特色、城市品位及年度重大活动、重点工程和热点人物;特载以四大专题,综合展示盐城开展纪念抗战胜利70周年活动、"十二五"期间经济社会发展、"厚德盐城"建设以及十年援疆成就。卷末附录以文献选编、文件目录、综合考评、荣誉榜、出版书目、媒体报道六个部分,载录年度性综合资料。年鉴主体内容,以编章节三个基本层次,设盐城概况、沿海战略、城市功能、生态环境、产业结构、政治生态、文化强市、社会民生、区域发展、人物共10编52章280节386目和473个条目(条目名称编入主题索引),章下一般先设综述,宏观介绍各行业年度情况,不同章节中的同名或内容相近的目及条目内容以参见法处理。人物编,主要收录2015年新任和职务变动的市领导、省部级以上荣誉获得者、年度新闻人物和年度综合先进个人。文中条目标题,使用与正文同号黑体字并空一字距接排正文。全书设计各类示意图21幅、表格64个。

五、本卷年鉴文稿,主体部分由市直相关单位和各县(市、区)政府办公室,按盐政传发〔2016〕21号文件要求指定专人撰写,并经单位主要负责人审定签章;与此同时,编辑部还组织力量采编或补写了部分特色专题和相关稿件。本卷年鉴入鉴数据以市统计局公布的统计数字为准,数据和计量单位用法全书力求统一,但一次文献中的数据和计量单位,用法可保持原貌。入鉴图照,卷首图说盐城的地图和照片,由编辑部向相关单位专题征集;随文插图除部分署名外,均由相关部门单位提供。

六、本卷年鉴卷首设编目、目录和图表目录,卷末附主题索引。全书设置统一页眉,读者可依据上述检索系统,查阅本卷年鉴相关内容。《盐城年鉴》于2008年随书附赠数据光盘。2013年起,《盐城年鉴》入载盐城史志网,读者可根据需要登录点击。

编　目

目　录

第 06 章　开放搞活

第 07 章　民营经济

城市功能　编

第 08 章　城市建设

第 09 章　水利建设

第 10 章　能　　源

第 11 章　交通运输

第 12 章　信 息 化

生态环境 编

第13章 绿色发展

第14章 湿地保护

第15章 环境治理

产业结构 编

第16章 工业经济

第17章 农业及新农村建设

第18章 建筑和房地产业

第19章 商贸流通

第 29 章　人民团体

第 30 章　法治盐城

第 31 章　军　事

文化强市 编

第 32 章　科学技术

第 33 章　教育事业

第 34 章　文化事业

第 35 章　新闻出版

第 36 章　档案史志

社会民生 编

第37章 医疗卫生

第38章 体育事业

第39章 社会保障

第40章 社会事务

第41章 人民生活

区域发展 编

第42章 东台市

人　物编

图表目录

特　　载

- 纪念抗日战争胜利70周年综述
- “十二五”经济社会发展回眸
- “厚德盐城”建设综述
- 盐城援疆10年纪实

特　　载

责任编辑　赵　丽

纪念抗日战争胜利70周年综述

2015年是中国抗日战争胜利暨世界反法西斯战争胜利70周年。盐城作为新四军重建军部所在地，通过举办讲座、书画展、研讨会、演讲比赛，排演戏剧、拍摄电视剧，走访慰问抗战老战士老同志，参观新四军纪念馆及新四军重建军部旧址泰山庙等多种形式，重温烽火岁月，传承抗战精神。

研讨抗战历史　8月，市级机关“周一大讲堂”举办两次专题讲座研讨抗战历史。分别邀请国防大学战略教研部教授徐焰作“回顾抗战史、实现强国梦”讲座、省委党校党史党建部副主任、副教授周延胜作“中国共产党奋斗历程的基本启示”讲座。听讲者认为，讲座让人深受教育、受益匪浅，对抗日战争胜利的伟大历史意义和中国面临的国际形势有了更加深入的了解和认识。9月2日，市委举行《新四军在盐城》丛书首发式。市委宣传部、市委组织部、市社科联、市委党校、市党史办、新四军纪念馆和市新四军研究会7家单位联合召开“铁军精神与新四军抗战”理论研讨会。

展览抗战历程　8月，市委宣传部、党史办、市文广新局主办，新四军纪念馆承办“浴血奋战　英雄盐城”——新四军抗战大型专题展，通过大量珍贵图片、史料，生动展示新四军领导华中军民坚持抗战的辉煌历史，充分反映盐城人民在抗战中表现出的英勇无畏精神。新四军纪念馆举办铁军印记——新四军在江苏抗战文物展在全省巡展。8月28日，纪念抗日战争胜利70周年新四军主题书画展在盐都博物馆开幕；8月30日，“老战士·老战场”纪念中国人民抗日战争暨世界反法西斯战争胜利70周年摄影作品巡展在市中心建军广场开幕；8月22日，纪念抗日战争胜利70周年收藏、书画作品展在水街开展。这些展览，从不同角度回顾和再现波澜壮阔的全民族抗战历程，热情讴歌伟大的抗战精神，激励人们铭记历史、珍爱和平。

寻访英雄足迹　在全市纪念抗战胜利70周年系列活动中，各类寻访活动是一个重要主题。其中，市委宣传部、市委老干部局、盐城师范学院联合开展“让红色记忆永存——听抗战老战士讲中国好故事”活动，对各县（市、区）抗战老战士进行采访录像。盐阜大众报社承办“烽火八年·江苏史篇——‘1+13’省市党报全媒体联动寻访活动”，策划“寻访盐阜报铭刻的抗战印记”特别报道；《盐城晚报》开辟了《盐城抗战民间口述史》专版；团市委和教育部门分别开展“见客”探营之盐城英烈地图活动、“红领巾寻访抗战足迹”主题教育活动等。

演出再现当年　8月10日，由中央电视台、盐城广播电视台和延安广播电视台联合制作的六集大型电视文献纪录片《新四军1941》，在中央电视台科教频道开播。8月10日晚，由市演艺集团出品、市歌舞剧院演出的大型原创舞剧《烽烟桃花飞》上演。该剧取材于新四军重建军部后在盐城的战斗生活，再现华中鲁艺师生的热血斗志，体现不畏强暴、勇于抗争的民族精神和捐躯国难保家卫国的家国情怀。8月26日，纪念抗战胜利70周年文艺演出进社区活动启动，现代京剧演唱会在市文化馆演出，有市区、阜宁、大丰、东台等地的近30位京剧票友献声，庆祝中国抗战胜利、世界反法西斯战争胜利70周年。

纪念中国人民抗日战争暨世界反法西斯战争胜利70周年活动　9月4日下午，盐城市纪念中国人民抗日战争暨世界反法西斯战争胜利70周年活动在新四军纪念馆广场举行。市委书记、市人大常委会主任朱克江出席并讲话，市委副书记、市长王荣平主持；市四套班子领导出席活动。新四军老战士代表刘则先、驻盐部队代表宋修明、青少年学生代表李心琪在纪念活动上分别发言。盐城军分区党委常委，市法院院长、市检察院检察长，盐城经济技术开发区党工委、管委会负责人，市各有关方面负责人及社会各界代表参加纪念活动。活动首先奏响《义勇军进行曲》，近2000名各界代表，齐声高唱中华人民共和国国歌。国歌唱毕，全场肃立，向抗战英烈和罹难同胞默哀。14时05分，向纪念碑敬献花篮开始，8名礼兵托起由市委、市人大、市政府、市政协分别敬献的4个花篮，正步走向纪念碑，将花篮摆放到纪念碑基座上。朱克江在纪念活动上讲话，代表市委、市人大、市政府、市政协和820万盐城人民，向全市新四军老战士、抗日老兵致以崇高敬意，向在抗日战争中英勇献身的革命先烈、民族英雄和罹难同胞表示深切悼念。纪念活动后，朱克江等市领导和各界代表走进新四军纪念馆，参观“组建铁军开赴敌后”“重建军部挺进华中”“驰骋江淮浴血奋战”“战略反攻夺取胜利”等展厅以及“铁军精神与盐城”专题展。展馆通过文物史料、图片雕塑和多媒体影像，全面展示新四军在盐城领导整个华中抗战的恢弘篇章，充分彰显铁军精神的丰富内涵和盐城抗战的光辉业绩。

看望慰问抗战老战士并颁发纪念章 9月2日下午，市委书记、市人大常委会主任朱克江，市长王荣平亲切看望慰问盐城部分抗战老战士，向他们颁发中国人民抗日战争胜利70周年纪念章，代表市委、市政府向全市抗战老战士老同志致以崇高敬意和诚挚问候。朱克江、李驰、潘道津等市领导看望慰问抗战老战士袁恒贵、张志友。1942年参军的袁恒贵，抗战期间先后在盐东县中队、盐东洋河大队，参加十余次对日军作战。张志友15岁就加入新四军，曾参加过北袁庄作战、新河桥攻击战等战斗，退伍回乡后现住在盐都区盐龙街道健仁村。朱克江与老人坐在一起亲切交谈，倾听老人讲述新四军出生入死的战斗经历，细心询问老人晚年生活情况。他指出，关心照顾好抗战老战士老同志，是我们义不容辞的政治责任。各级党委、政府要带着深厚感情做好服务工作，认真落实好各项优抚政策，用实际行动帮助他们排忧解难，确保他们安享晚年。

8月，盐城师范学院学生听抗战老战士讲中国好故事。

《新四军在盐城》丛书在盐首发 在全市隆重纪念抗战胜利70周年之际，市委党史办推出大型新四军历史研究丛书《新四军在盐城》。9月2日上午，市委举行《新四军在盐城》丛书首发式。市委书记、市人大常委会主任朱克江出席首发式并讲话，市委常委、秘书长潘道津主持会议。市有关部门负责人、丛书编委和编纂人员等参加。首发式还特邀中共中央党史研究室原第一研究部副主任、研究员李蓉，江苏人民出版社社长徐海等参加。《新四军在盐城》丛书由江苏人民出版社出版，分为群众工作、军事斗争、政权建设、统战谋略、文化情怀和财经战线6卷，约300万字，图片400多幅。丛书通过大量历史文献和珍贵图片、当事人和见证者的回忆，系统展示新四军东进北上挺进苏北与南下八路军会师盐城，经皖南事变浴火重生，领导整个华中抗战的恢弘篇章，揭示新四军为争取抗战胜利所做出的贡献，彰显铁军精神的丰富内涵和盐城抗战的光辉业绩。

纪念中国人民抗日战争暨世界反法西斯战争胜利70周年座谈会 9月2日上午，盐城市召开纪念中国人民抗日战争暨世界反法西斯战争胜利70周年“铭记抗战历史·弘扬铁军精神”座谈会，回顾光荣历史，缅怀革命先烈，传承新四军“铁军精神”。市委书记、市人大常委会主任朱克江出席并讲话，市委副书记、市长王荣平主持。市四套班子领导，江苏人民出版社社长徐海，市有关方面负责人，部分专家学者，驻盐部队官兵及高等院校师生代表等参加座谈。朱克江在讲话中代表市委向全市参加过抗日战争的老战士、老同志表示敬意，向全市从事党史军史特别是新四军历史研究的同志表示问候。他指出，盐城是新四军重建军部所在地，我们永远不会忘记新四军在抗战中做出的伟大贡献。新四军在血与火中熔铸而成的铁军精神，与井冈山精神、长征精神、延安精神、西柏坡精神等一脉相承，是伟大的中华民族精神的重要组成部分与鲜明体现。以“听党指挥、服务人民、维护团结、执纪严明、艰苦奋斗、不怕牺牲”为主要内容的铁军精神特色鲜明、内涵丰富。铁军精神已成为盐城人民心中不朽的丰碑和身上流淌的血液，永远激励着盐阜儿女，继承革命传统，传承红色基因，努力把盐城的明天建设得更加美好。座谈会上，中共中央党史研究室原第一研究部副主任、研究员李蓉围绕中国共产党在抗日战争中的中流砥柱作用作深刻解读。新四军老战士代表林子秋结合亲身经历，讲述那段刻骨铭心的抗战岁月。

“让红色记忆永存——听抗战老战士讲中国好故事”实地寻访活动 4月，由市委宣传部、市委老干部局、盐城师范学院联合组织的“让红色记忆永存——听抗战老战士讲中国好故事”活动启动，该活动被列入盐城市纪念抗战胜利70周年主要活动之一。盐城师范学院组建志愿者小分队，并对队员进行培训。在4个多月的时间里，全市近300名大学生志愿者先后在市区及东台、大丰、射阳、建湖、阜宁、响水、滨海7县（市），开展寻访活动，共计采访抗战老战士34位。寻访组用视频、文字、图画记录下老战士们的口述历史、矍铄身影和动人的抗战故事，以特殊的方式将那段红色记忆留存。接受采访的老战士中，93岁高龄的孙德明老人不仅参加过抗日战争，还是盐城唯一健在的红军老战士。活动结束后，寻访组对所拍摄的老战士口述历史视频进行后期制作，对收集到的口述、文字、照片、视频等资料进行加工整理，制作访谈节目，绘制英烈地图画册，集中呈现寻访成果，刻录成光盘，再现抗战的历史画面，让人们重温烽火硝烟中闪耀的抗战精神。

“浴血奋战　英雄盐城”——新四军抗战大型专题展　8月25日，由市委宣传部、市委党史办、市文广新局主办，新四军纪念馆承办的“浴血奋战　英雄盐城”——新四军抗战大型专题展在新四军重建军部旧址泰山庙开展。专题展分为抗战爆发、铁流东进、浴火重生、迎接反攻、夺取胜利5个部分，通过珍贵图片、史料，生动展示新四军领导华中军民坚持抗战的辉煌历史，充分反映盐城人民在抗战中表现出的英勇无畏精神。一幅幅图片、一件件实物，让参观者激动不已，心灵受到强烈震撼与洗礼，纷纷表示要铭记历史、缅怀先烈、珍爱和平、开创未来。专题展于8月5日开始布展，8月25日开展，9月30日结束，共展出实物文献等30件、图片150张，近6万人观展。

纪念抗日战争胜利70周年暨新四军主题文化书画作品展　8月28日上午，纪念抗日战争胜利70周年暨新四军主题文化书画作品展在盐都博物馆开幕。书画家们用丹青笔墨歌颂了中国人民团结抗战的伟大民族精神。此次书画展由中国书画收藏家协会、盐城市新四军研究会、盐城市文联共同主办，共征集海内外的作品200多件，入展作品165件，其中国画作品50件，书法作品115件。书画家们以诗词、书法、绘画等艺术形式，用一幅幅立意新颖、技法精湛的作品，从不同角度反映波澜壮阔的全民族抗战历程，体现众志成城、振兴中华的时代风貌，弘扬了伟大的民族精神，抒发热爱祖国、热爱人民的真挚情感。

“十二五”经济社会发展回眸

“十二五”时期，是盐城综合实力大幅提升、城乡面貌显著改变、人民群众得益最多的五年。全市上下认真贯彻中央大政方针，坚决落实省委省政府和市委的决策部署，围绕“三先”追求、“四城”定位、“六大发展”战略布局，全面展开“建设新盐城、发展上台阶”的生动实践，顺利完成了“十二五”规划确定的主要目标任务，经济社会发展取得显著成就。

*经济总量质量大幅跃升。*综合实力登上新台阶。与“十一五”末相比，地区生产总值从2333亿元增加到4180亿元，年均增长11.8%；人均地区生产总值9000美元，五年翻了一番；一般公共预算收入从191亿元增加到477亿元，年均增长20%。转型升级迈出新步伐。新能源及其装备、大数据、节能环保、新能源汽车等新兴产业主营业务收入年均增长30%以上。悦达集团成为千亿元级企业。建成大数据产业园、金融城、中汽中心盐城汽车试验场等一批现代服务业集聚区，服务业增加值年均增长13%。农业现代化进程综合得分位列苏北第一，联耕联种经营方式入选江苏农业创新十大举措。创新创业成为新引擎。建设市开发区、高新区、环保科技城、智慧科技城“两区两城”标志性产业创新高地，获批国家创新型试点城市。全社会研发投入占GDP比重比2010年提高一倍。实施“515”人才引进三年行动计划，全民创业蓬勃兴起，新增各类企业3.8万家。

*沿海发展取得重大进展。*基础设施建设取得突破。盐城港“一港四区”建成万吨级码头泊位17个，货物吞吐量大幅增长。南洋机场改扩建工程顺利推进，临海高等级公路全线贯通，沿海综合交通体系基本形成。重大产业项目取得突破。列入省沿海开发五年推进计划的78个重点项目，累计完成投资3626亿元。50多家央企在盐投资85个重大项目，总投资1828亿元。沿海地区成为活力最强、增长最快的重要经济板块。沿海开放合作取得突破。“东向出海、南接沪深、西向开拓、北连央企”全方位开放格局初步构建。累计批准韩资项目689个，集聚台资企业878家。沪苏大丰产业联动集聚区及苏盐、盐常等合作共建园区加快建设，国家级滩涂综合开发试验区建设取得新的进展。

*城乡面貌发生巨大变化。*中心城市现代化步伐加快。城市空间拓展，大丰撤市建区融入大市区。城市功能完善，五年实施城建重点项目416个，完成投入773亿元，城市道路等基础设施条件大为改观，一批城市综合体、特色街区、文化休闲场所建成使用。城市品质提升，五年新增公园绿地面积1520公顷，改造棚户区（城中村）260万平方米，建设各类保障性住房3.4万套。创成国家园林城市、国家卫生城市，省优秀管理城市创建通过考核验收。新型城镇化步伐加快。常住人口城镇化率由“十一五”末的52.5%提高到59.5%。推进城乡规划、产业发展、基础设施、就业保障、公共服务、社会治理“六个一体化”。五年新建改建干线公路1120千米、农村公路3800千米，社会公路总里程全省第一名，村村开通客运班车。实施饮用水安全保障十大工程，城乡区域供水基本实现全覆盖。水利、电力、信息等基础设施建设得到加强。开展农村环境综合整治行动，完成1.5万个自然村庄整治任务，涌现一批“最美乡村”。

*生态文明建设持续发展。*生产生活方式加快向绿色化转型。风力发电、光伏发电装机总量和增量均居全省第一名，单位GDP能耗下降17%，完成省下达的节能减排任务。建制镇污水处理设施覆盖率达70%，农村生活垃圾集中收运系统基本建成使用。市区推广应用新能源车3400多辆，全面完成黄标车治理任务。环境综合治理成效明显。完成3万多条城乡河道整治任务。加强秸秆综合利用，秸秆禁烧连续两年实现“零火点”，空气质量持续保持全省最好、全国前列。绿色盐城建设有力推进。五年新增绿化造林面积6万公顷，林木覆盖率达26%，生态效益指数全省第一名。建成省级生态市，绿化模范城市创建通过国家考核验收，环保模范城市创建通过国家评估，盐城成为国家可持续发展实验区。

*群众生活质量持续改善。*居民收入持续增长。城镇常住居民人均可支配收入28200元，农村常住居民人均可支配收入15855元，年均分别增长11.1%和13.2%。322个经济薄弱村全部实现新“八有”（有群众拥护的“双强”班子，有科学合理的发展规划，有特色鲜明的主导产业，有健康向上的文明村风，有先进适用的信息网络，有高产高效的基本农田，有持续稳定的集体经济收入，有整洁美观的村容村貌）目标，人均纯收入4000元以下的低收入人口全部脱贫。保障水平持续提高。城乡基本社会保险覆盖率97%。

企业退休人员基本养老金、城乡居民基础养老金均增长75%。在全省率先实现省内异地就医全覆盖。住房公积金制度覆盖率65%。困难群众托底救助实现市域全覆盖。社会事业持续发展。全市新建、改扩建校舍450万平方米,义务教育发展基本均衡县(市、区)实现全覆盖。公立医院全面实行药品零差率销售,新型农村合作医疗、基本公共卫生服务、大病保险、基本药物制度实现全覆盖。建成4个全国文化先进县,打造了淮剧《小镇》等一批文艺精品。率先创成省公共体育服务示范区,建成健身步道248千米。"厚德盐城"成为城市新名片,有43人当选"中国好人",数量位居全省第一。国防动员和国防后备力量建设、军民融合发展、人民防空、双拥共建等取得新的进展。社会治理持续加强。实现事故数量、信访总量、刑事案件"三个下降",司法水平、公众安全感、法治满意度"三个上升",连续四年获评全省社会管理综合治理先进市,被表彰为全国社会管理综合治理优秀市。

"十二五"期间全市经济社会指标完成情况

表 特-01

指　　标	2010年	2011年	2012年	2013年	2014年	2015年
地区生产总值(亿元)	2332.80	2771.30	3120	3490.60	3835.60	4212.50
服务业增加值(亿元)	862	1048.20	1191	1391.90	1563.70	1772.50
规上工业增加值(亿元)	989.10	1069.20	1377	1584	1799.90	2061.30
固定资产投资(亿元)	1296.40	1587	1940.90	2217.70	2751.40	3372.90
#工业投资	857.20	1026.30	1238.20	1383.40	1663.20	2003.10
服务业投资	422.60	542.20	678	805.20	1058.10	1328.20
社会消费品零售总额(亿元)	795.50	895	1023.20	1163.40	1314	1468.60
全口径工业开票销售收入(亿元)	1992.80	2546.70	2771.20	3417.40	4009.70	4279.50
一般公共预算收入(亿元)	191.40	269	312.80	366.80	418	477.50
#各项税收占比(%)	72.50	73.80	80.40	82.50	81.70	80.50
进出口总额(亿美元)	39.60	52.50	57.50	65.30	75.20	81.20
#出口总额	23.20	29.80	34.70	37.80	43.90	51.20
全社会用电量(亿千瓦时)	158.60	184.60	225.30	275.20	278.60	280.60
#工业用电量	111.90	132.30	164.50	204.20	209	206.30
三次产业结构	16:47:37	15.1:47.1:37.8	14.6:47.2:38.2	13.3:46.8:39.9	12.8:46.4:40.8	12.3:45.7:42
城镇化率(%)	52.50	54	55.80	57.20	58.50	60.10
服务业增加值占地区生产总值比重(%)	37	37.80	38.20	38.90	40.80	42
高新技术产业产值占规上工业产值的比重(%)	17.46	20.80	23.50	27.50	27.60	28.70
研发支出占GDP比重(%)	0.90	1.21	1.50	1.65	1.72	1.82
科技进步贡献率(%)	45	46.20	47.20	49.20	51.50	53.50
城镇居民人均可支配收入(元)	16935	19414	21940	24119	25854	28200
农村居民人均可支配收入(元)	8751	10511	11898	13344	14414	15748
新增城镇就业(万人)	10.47	8.85	9.96	10.97	10.99	11.10
每万人公交车拥有量(标台)	6.50	7.20	7.30	8.70	15	15.50
万人拥有病床数(张)	27.71	31.68	36.86	42.19	48.85	51.50
新建各类保障性安居工程(万套户)	0.80	2.56	3.05	3.19	2.51	2.45
城镇登记失业率(%)	2.47	2.44	2.41	2.14	1.91	1.89
单位GDP能耗下降率(%)*		3.42	7.36	5.60	11.26	17

注:"*"指单位GDP能耗下降率为"十二五"以来累计下降率。

“厚德盐城”建设综述

盐城，是一座让人打开心扉的城市，也是一片崇德向善的文明沃土。近年来，盐城市坚持把培育践行社会主义核心价值观作为凝魂聚气、强基固本的基础工程，加强宣传普及，强化典型引领，注重实践养成，在全社会树立起崇德向善、见贤思齐的良好风尚，推动形成强大价值引导力和精神推动力，加快建设“社会文明程度高”的厚德盐城。通过大力培育和践行社会主义核心价值观，礼敬传承传统文化和铁军精神并赋予其新的时代内涵，出台《盐城市关爱道德典型实施办法》，学习宣传凡人善举，致力建设厚德盐城，全市重大典型、最美人物、身边好人不断涌现，“最美环卫女工”韦青和陈红、“马克思主义阵地守望者”王强、“全国见义勇为英雄”徐兆学、暴雨中舍身救人的盐城农民工群体……一个个“草根好人”，源于基层，来自群众。《人民日报》、中央电视台《新闻联播》《焦点访谈》等连续报道，引起广泛关注和普遍赞誉，“厚德盐城、文明沃土”已成为靓丽城市品牌。2015 年，全市共有 13 位市民荣登“中国好人榜”，6 人当选省道德模范或入选提名奖，23 人当选为“江苏好人”，入选人数均位居全省第一。累计全市有 43 位“中国好人”、62 位“江苏好人”和 228 位“盐城好人”。道德建设之功使“厚德盐城”的城市品牌越擦越亮，社会主义核心价值观在这片文明沃土上落地生根，道德的力量激励着越来越多的盐城人向着文明和谐坚定前行。

宣传普及内化于心——筑牢思想根基

用文化浸润人的思想灵魂，引领全社会崇德向善的文明风尚。近年来，盐城市文艺工作者先后创作了以诚信为核心理念反映凡人善举的现代淮剧《小镇》，以爱国为核心理念颂扬革命烈士罗昊的话剧《誓言无声》，以敬业为核心理念赞颂全国重大典型王强的音诗画情景剧《信仰之光》等一批优秀作品，以精品力作传播主流价值，引领社会新风尚传播道德正能量。讲述身边感动，普及厚德理念，盐城市坚持党员干部带头学习，以党风政风带动社风民风，使社会主义核心价值观成为全市干群共同的精神追求。开展“星期六党校”“基层党组织统一活动日”、支部党课等活动集中学，编印下发《凡人善举、厚德盐城》等读本自主学，增进党员干部对社会主义核心价值观的认同感。市级机关“周一大讲堂”已连续举办 50 多期，每次讲课都座无虚席。“周一大讲堂”以核心价值观为主题，突出思想性、实用性、趣味性、知识性，深受广大机关干部欢迎。百姓讲堂、黄海讲坛、市民学校……不同形式的德育平台，讲述百姓身边故事，演绎城市文明风尚，社会主义核心价值观在潜移默化中更加入脑入心，成为群众心向往之的自觉意识。

典型引领强化于神——引导人心向善

一个榜样就是一面旗帜，一个典型就是一座丰碑。发挥典型人物的道德力量，引领全社会崇德向善、见贤思齐。用道德典型和身边榜样引导人心向善，让人们时时处处感受道德的力量。盐城市通过多种途径宣传凡人善举，在全社会唱响“厚德盐城”城市精神，为加快建设创业开放生态幸福的美丽盐城营造良好的社会环境。80 后女大学生，放着舒适的办公室不坐，却在下水道班这个苦脏累的工作岗位上一干就是 7 年。“江苏最美青年人物”、市城乡建设局市政设施管理处下水道班班长李智慧，被社区居民亲切地称为地下“守护天使”。省委宣传部专门为她在盐城举行新闻发布会。市区毓龙路的道德模范一条街，用一块块大幅广告牌，宣传道德模范、先进人物的事迹。坚守马克思主义信仰阵地的王强、“公益事业楷模”仇爱清、拾金不昧的环卫女工韦青、陈红等等这些人们耳熟能详的人物都榜上有名。在全市农村、社区、单位，随处可见发布好人好事的“厚德盐城榜”，在市区最繁华的 BRT 公交站台，抬眼便是社会主义核心价值观和各类道德典型宣传牌。2014 年 5 月，市委召开“厚德盐城”先进典型事迹报告会，并组织巡回宣讲团，以“身边人讲身边事、身边人讲自己事、身边事教身边人”的形式，在市直和全市各县（市、区）开展 10 场巡回宣讲，社会反响热烈。当年，全市共举办各类道德模范巡讲、巡演 400 多场次，受众达 20 多万人。通过典型巡回宣讲，爱国、敬业、诚信、友善的价值准则春风化雨、深入人心。

中国好人榜九月入选名单发布仪式在盐城举行。

实践养成外化于形——人人争做好人

倡导志愿服务，培育文明沃土。盐城市构建起市、县（市、区）、镇（街道）、村（社区）四级志愿服务组织网络，开展清洁家园、爱护环境、低碳环保、文明交通、邻里守望、文化下基层等志愿服务，以微公益志愿服务为载体，推动志愿服务制度化、学雷锋活动常态化。出台《关于在全市组织开展"美丽盐城人"活动的实施意见》，全面开展"美丽盐城人"道德实践活动，进一步增强市民的归属感、自豪感和幸福感。至年底，全市建有党员志愿服务队、关爱空巢老人志愿服务队等各类公益组织、团队1000多个，60多万名注册志愿者已成为展示盐城形象的一道靓丽风景线。从具体事情做起，从基本规范做起，在实践中养成见贤思齐的良好社会风尚。盐城市坚持党员干部带头，发挥表率作用，开展"向人民群众学习，为人民群众服务"等活动，以自己的模范行为和高尚人格感召群众、带动群众，以优良党风促政风带民风。从市民的日常行为入手，以道德讲堂、市民学堂、家长学校、第二课堂为平台，宣讲文明礼仪、道德规范等知识，在公共场所、公交站台、小区楼道等张贴文明习惯激励提示语，推动形成人人自觉践行社会主义核心价值观的生动局面。

务实重效固化于制——让好人有好报

立足于务实重效，抓好机制建设，形成有利于培育和践行社会主义核心价值观的政策导向，使"厚德盐城"建设形成常态收到长效。让有"德"者有"得"，让好人有好报。近年来，盐城市逐步建立了多元保障机制，成立盐城市美德基金会，引导见义勇为基金会、美德少年基金会、志愿服务基金会、红十字会等公益组织建立"爱心联盟"，根据基层需求，分层分类提供保障。倡导社会各界关注好人、奉献爱心，盐城机场给先进典型制作VIP卡，乘机时开辟"绿色通道"；公交部门给先进典型发放免费乘车卡；金融机构向先进典型提供"道德贷"。"中国好人"徐兆学从黄海农商银行获得10万元的授信，成为盐城"道德贷"首批受益者。4月9日下午，市见义勇为基金会授予潘道奎等20人"盐城平安好人"称号，并颁发奖金。2014年，全市共表彰奖励见义勇为人员780名，发放奖金、慰问金、抚恤金和各类补助金283.7万元。2014年出台的《全市见义勇为人员权益保护实施意见》，在教育、医疗、抚恤等方面给见义勇为人员送去实实在在的帮助，对符合条件的969名见义勇为人员逐一建档，为70名成绩优异、家庭困难的见义勇为人员子女发放补助金20.9万元。

出台《盐城市关爱道德典型实施办法》　8月28日，盐城市在全省率先以市委、市政府名义出台《盐城市关爱道德典型实施办法》，从政治上礼遇、经济上激励、政策上扶持、困难上帮助等方面，提出了对道德典型的14条关爱举措，推动全市上下像礼遇劳模一样礼遇好人，像服务客商一样服务好人，像激励人才一样激励好人。《办法》规定，凡是新当选的市级以上道德典型，按照全国、省、市三类，分别给予一次性奖励（同一人当年按最高级别奖励，不累计）。对有就业创业能力、尚未就业的道德典型，基层公共就业服务平台及时提供公共就业服务，促进其就业创业；在就学资助方面，家庭经济困难的道德典型子女，按规定享受学前教育政府助学金、义务教育阶段生活补助、普通高中国家助学金和中等职业学校国家助学金等资助政策；住房保障方面，对住房困难且符合住房保障政策的道德典型，同等条件下优先保障；养老医疗方面，为符合条件参保缴费困难的道德典型补贴一定数额的养老保险费，并按规定及时将道德典型纳入基本医疗保险参保范围。

好人馆开馆　12月29日，作为厚德盐城又一张靓丽名片——盐城"好人馆"正式开馆，免费对外开放。好人馆总面积达2000平方米，以图片、实物、视频、互动、雕塑等多种形式，分为全国道德模范提名奖、中国好人、江苏好人等8个展厅，集中展示了近年来盐城市涌现出的43位"中国好人"、62位"江苏好人"和228位"盐城好人"的典型事迹，深刻诠释助人为乐、见义勇为、敬业奉献、诚实守信、孝老爱亲的道德精神。开馆当天有340多位群众进馆参观，高看好人，礼遇好人，目的就是让更多市民向他们学习，向他们靠近。

十年援疆　情洒天山
——盐城援疆10年纪实

2015年是盐城市对口援疆的第十个年头。10年来，盐城围绕民生改善、基层巩固、创业就业等重点工程，先后投入援疆资金3.6亿元，实施46个基建项目和68个非基建项目，建设1.2万户安居房、450户牧民定居房，对27个贫困村进行综合提升，让当地6万余名各族群众生产、生活和居住条件得到明显改善，其中海努克乡切吉村的整村推进项目是自治区的示范点。新建的察布查尔县妇幼保健院、县第三中学、乡卫生院达标、村卫生室全覆盖和双语幼儿园示范等工程，成为伊犁的标杆，为察布查尔县的教育卫生事业发展奠定基础。高起点规划的盐察产业园的37.33公顷核心区全面启动，1.4万平方米的企业服务中心和邻里中心、622套公租房和2万平方米的中小企业孵化基地基本建成。

10年来，盐城立足交流交往促进交心交融，坚持以两地相互的知晓率推动关注率，以关注率提升参与率，为长期援疆、全民援疆奠定基础，打造民族团结精品工程。先后组织培训各类人才2.5万人次，推动两地互动交流4.2万人次，盐城师范学院共派出6批次180余人赴自治县支教，爱心捐助资金3800余万元，涌现出"中国好人"郑巧玲、民营企业家朱加军等一批感人事迹，尤其是盐察两地首创的"小援疆"模式得到了社会各界的认同，并在全疆推广。至2015年底有3个园区、15个乡镇、36个部门、34所学校和21家医院等109家单位与盐城方面结对共建，形成近万人的"点对点"交流，并创造性地把"小援疆"模式延伸到村居，得到江苏省和新疆自治区领导的充分肯定。坚持现代文化引领，先后组织两地文化体育交流活动80多场次，两地百姓在互动交流中不断碰撞出新的火花。2015年9月，《人民日报》头版关于江苏援疆的报道中，专门对盐城"小援疆"工作给予肯定。同时，《新华日报》《新疆日报》等主流媒体，也对盐城的产业合作、点对点帮扶、滴灌式支援和项目管理等方面做专题报道。

在10年的时间里,83位援疆干部在"第二故乡"挥洒汗水、奉献才智,与众多推进民族团结的热心人士一道,将盐城与新疆、伊犁、尼勒克、察布查尔紧紧地联系了起来,同甘苦、共奋进,结下了亲如一家的深厚感情。他们主动深入一线调研,先后撰写调研报告38篇,提出建设性建议且被当地部门采纳的有64条。援疆医生、教师和农林水专家参加专题讲座、下乡义诊、入村送教、田头送技术等600多场次,惠及全县各族干群、学生近5万人次,指导开展新技术39项,填补当地医疗空白15个。10年来,先后有46名援疆干部人才被自治区、自治州、自治县表彰,盐城援疆工作组被自治区、州、县表彰为先进集体。

孩子们在盐城援建的学校里健康成长。

民生援疆　通电通水通路

2011～2015年,盐城共投入援疆资金9898万元,实施富民安居9176户,其中牧民定居450户,贫困户8726户,覆盖了所有的乡村。其中,海努克乡切吉村的整村推进项目列为自治区示范点。援疆工作组投入1600万元对海努克乡切吉村实施包括自来水入户、庭院灌溉用水、供电、供暖、道路等基础设施配套,涉及居民260户,其中新建180户,改建80户,维吾尔族群众得到实实在在的实惠。在孙扎齐牛录村实施安居富民工程,每户补助1万元,改善村民住房条件。投入200万元援疆资金建设村民文化活动中心,丰富村民文化活动。投入100万元援疆资金,新建800平方米幼教用房,解决部分适龄儿童因无法入园,错过学习双语最佳时期的问题。安排80万元援疆资金,解决牧民定居点庭院引水工程,使定居牧民能够安心定居。

教育援疆　建校舍图书馆食堂

百年大计,教育优先。盐城援疆投入3100多万元,建成察布查尔县第三中学新校区。新校区集教学楼、行政楼、实验楼、图书馆、学生公寓、食堂、标准化运动场地为一体,环境优美、各项硬件建设在伊犁河谷堪称一流。该校是一所多语系民汉合校的完全中学,学校的教学分为汉语、哈语、维吾尔语3个语系。共有近4000名学生在此学生和生活,学杂费、住宿费和伙食费都是免费的。2012年8月至2015年底,盐城先后有4批援疆教师在该校任教,他们推广教科研经验,通过与受援学校教师一起完成课题科研研究,为察布查尔县学校培养一批教科研骨干教师。察布查尔县第三中学2012年本科上线率21.25%,2013年本科上线率30.39%,2014年本科上线率39.17%,2015年本科上线率40.6%。尤其是该校的盐城班42名学生,2015年高考录取率达到100%。2014～2015年盐城援建工作组还投入1400万元新建海努克乡切吉村等6个双语幼儿园,项目建成投入使用后,较好地解决了察布查尔县城乡幼儿入园难的问题。

医疗援疆　治病送药培养医疗队

2011～2015年,盐城援疆投入资金1770.7万元,完成察布查尔县妇幼保健院整体搬迁、疾控中心业务综合楼、阔洪齐乡卫生院标准化和村卫生室全覆盖等建设项目。察布查尔县妇幼保健院是伊犁哈萨克自治州建成面积最大、设施和功能最全的保健院。5年来,4批援疆医疗专家先后牵头举办各类医技人员培训班47期,培训4729人次,累计接诊病人近1.69万人次,应用和推广新项目、新技术55项,主持和参加各类手术1023例,参加急重症病人抢救281例。同时,援疆医疗队定期到乡(镇)社区、贫困户家中开展义诊活动,将医疗技术直接服务于广大群众,共开展大型下乡巡回义诊活动39次,接诊患者2.04万人次,援疆医疗专家的足迹走遍了察布查尔县每个角落,得到了广大患者的好评。

产业援疆　创业就业迈向新生活

援疆工作组始终把增加就业作为产业援疆的主要目标,先后组织越大防治集团、新盐纺集团和江苏辉丰集团及上海、浙江等地客商近千人次到察布查尔考察,帮助引进张化机、正隆科技等12个产业项目,总投资22亿元。累计投入援疆资金8500万元,完成中小微企业园区的产业策划、总规编制和核心区项目建设;按照AAAAA景区标准建设锡伯古城游客集散中心、文化广场等十大子项工程。2015年9月初,在盐城援疆项目支持下,海努克乡创业就业孵化实训基地建成交付使用。孵化实训基地主要功能是帮助有创业意愿的本地青年人、返乡大学生、贫困户、残疾人提供孵化场所和配套服务,协助落实各项扶持政策,鼓励、激发和扶持自主创业,带动更多的闲散劳动力就业。围绕青年、妇女和农村富余劳动力3个重点,实施了视频、服装加工等八类二十项创业就业培训,先后组织330名骨干赴外地跟班学习和7600人次的专题培训。

盐城概况 编

- □ 市情概览
- □ 年度综述
- □ 组织机构

第01章　市情概览

责任编辑　赵　丽

综　述

盐城位于江苏沿海中部，地处北纬32°34′～34°28′，东经119°27′～120°54′之间。东临黄海，南与南通市、泰州市接壤，西与淮安市、扬州市毗邻，北隔灌河与连云港市相望。盐城有着得天独厚的土地、海洋、滩涂资源，是江苏省土地面积最大、海岸线最长的地级市。全市土地总面积1.7万平方公里，其中沿海滩涂面积45.53万公顷，占全省沿海滩涂面积的70%；海岸线长582千米，占全省海岸线总长度的56%。射阳河口以南沿海地段还以每年10多平方公里的速度向大海延伸，被称之为“黄金海岸”，是江苏最大、最具潜力的土地后备资源。盐城海陆空交通便捷，基本形成高速公路、铁路、航空、海运、内河航运五位一体的立体化交通运输网络。城市快速公交（BRT）运行，盐城成为全省第二个、江北首个拥有快速公交系统的城市。南洋国际机场和盐城大丰港区成为国家一类开放口岸，盐城市成为同时拥有空港、海港两个一类开放口岸的地级市，盐城空港开通国际、国内航线22条。新长铁路盐城站开通全国客货运。盐靖、盐通、盐连、徐淮盐高速公路四通八达，实现“县县通高速”目标。

盐城是沪、宁、徐三大区域中心城市300千米辐射半径的交会点，是江苏沿海中心城市，长三角新兴的工商业城市，湿地生态旅游城市，是江苏省委、省政府确定的“重点发展沿江、大力发展沿海、发展东陇海线”的三沿战略及“海上苏东”发展战略实施的核心地区，是“京沪东线”的重要节点，是国家沿海发展和长三角一体化两大战略的交汇点，盐城在区域经济格局中具有独特的区域优势。

2015年，全市土地总面积1.7万平方公里，年末户籍总人口828万人，常住人口722.85万人（城镇化率60.1%），是江苏面积第一、人口第二的大市。全市地区生产总值达到4212.5亿元，固定资产投资达到3372.9亿元，全年地方一般预算收入477.5亿元。盐城先后被评为中国优秀旅游城市、全国科教兴市先进市、全国双拥模范城、全国综合实力百强城市、中国投资环境百佳城市、中国十佳和谐发展城市、全国粮食生产先进市、国家园林城市、国家卫生城市、全国新一轮社会管理综合治理优秀市、中国十佳绿色生态旅游城市等，盐城对外来投资的吸引力进一步增强，经济社会实现又好又快发展。　（严志鉴）

第一节　政区环境

一、建置区划

建置沿革　西周前为“淮夷”地。汉武帝元狩四年（前119年）始建盐渎县。东晋安帝义熙七年（411年），因“环城皆盐场”更名盐城。南北朝先设射阳郡，后改盐城郡。隋大业末年（618年），韦彻据盐城称王立射州，分射阳、新安、安乐3县。唐武德七年（624年），废射州复盐城县，属楚州；乾元元年（758年），置盐城监以管楚州盐务。南唐昇元元年（937年），划属泰州并设海陵监驻东台场，以监管南北盐场，东台名始见史书。宋代属楚州。元代隶扬州路、淮安路（后改扬州府、淮安府）。明清时分属扬州、淮安2府。期间，阜宁于清雍正九年（1731年）建县，东台于乾隆三十三年（1768年）建县。民国年间先属淮扬道，后废道隶省，先后设江苏省行政第十督察区、盐城行政督察区、第六行政督察区，治所均设盐城。1941年9月，盐阜区行政公署成立，盐城分为盐城、盐东、建阳3县，阜宁分为阜宁、阜东2县，盐阜行政区辖盐城、盐东、建阳、阜宁、阜东、淮安、涟水7县和涟灌阜边区办事处；东台县属苏中二分区。次年4月，析射阳河以南、串场河以东、黄沙港以北建射阳县，同时将涟灌阜边区改为潮南县（后改滨海县）；5月，析东台北部建台北县，均属苏中二分区；11月，东台、泰东2县并为东台县。1944年10月，台北县并入东台县，因二分区撤销改隶苏中四分区。1945年10月，盐阜行政区改为盐阜分区；11月，东台县析出小海、滨海和堤东区，与此前（9月）成立的大中集垦区特区合并为台北县；12月，盐阜分区改为苏皖边区五分区，辖盐城、盐东、建阳、阜宁、阜东、射阳、滨海、淮安、涟东9县；原苏中三、四分区合并为苏皖边区一分区，东台、台北二县均隶一分区。1947年2月，以通榆公路为界改五分区为新的五分区和十一分区，路西的盐城、建阳、阜宁、涟东、淮安5县为五分区，路东的盐东、射阳、阜东、滨海4县为十一分区；9月，五分区和十一分区又合为五分区，仍辖9县。1949年5月，苏皖边区一、五分区改为泰州行政区和盐城行政区，盐城行政区辖盐城、盐东、建阳、阜宁、阜东、射阳、滨海、淮安、涟东9县，东台、台北属泰州行政区；11月，盐东、阜东分别并入射阳、滨海。1950年1月起，东台、台北划属盐城行政区；6月，涟东县划属淮阴行政区。

1951年7月，台北县更名大丰县，建阳县更名建湖县。1953年1月，江苏省人民政府成立，盐城专区辖盐城、东台、大丰、建湖、射阳、阜宁、滨海和淮安8县。1954年10月，淮安县划归淮阴专区。1966年3月，析滨海县中山河以北建响水县。1968年3月，盐城专区革命委员会成立，各县相继成立县革委会。1971年5月，盐城专区改称盐城地区，仍辖8县。1978年10月，撤销盐城地区革命委员会，成立盐城地区行政公署。1983年3月，实行市管县新体制，撤销盐城地区和盐城县，建省辖市盐城市，同时将原盐城县盐城镇范围设置为市城区，原盐城县农村范围设置为市郊区，全市辖东台、大丰、建湖、射阳、阜宁、滨海、响水7个县和城区、郊区2个区。1987年12月，东台撤县改市。1996年7月，市郊区改设盐都县；8月，大丰撤县改市。2003年，市城区更名亭湖区，同时撤盐都县改盐都区。2015年8月，经国务院批准，撤销县级大丰市，设立盐城市大丰区。

行政区划 2015年，盐城市下辖东台1个县级市和建湖、射阳、阜宁、滨海、响水5个县，以及盐都、亭湖、大丰3个区。25个街道、96个镇，2450个村(居、社区)。

（严志鉴）

二、环境资源

成陆演变 盐城是沿海成陆较早的地区之一。市境海陆几经变迁，经历了桑田沧海、沧海桑田的演变过程。距今2万年左右，现市境均为陆地。距今7000年左右，气候普遍转暖，一次大规模海浸，今盐城辖境均为大海，成为浅海湾的一部分。距今7000年至5000年的新石器时期，海面基本稳定。长江、淮河搬运入海的大量泥沙在浅海湾底部逐步堆积，形成了呈西北—东南走向的岸外沙堤，海岸线长期稳定在阜宁、盐城一线，即被称之为西冈的今羊寨、龙冈、大冈、安丰一线。秦汉前，距今约3900年至3300年，西冈以东开始形成新的内堤，即被称之为东冈的今施庄、上冈、盐城、草埝、东台一线。南宋建炎二年(1128年)黄河夺淮，历700余年，带来巨量泥沙入海与长江口入海北移的泥沙会合，使盐城海岸线迅速向东淤长，海涂渐成陆地。

地貌特征 盐城市全境为平原地貌，西北部和东南部高，中部和东北部低洼，大部分地区海拔不足5米，最大相对高度不足8米。分为3个平原区：黄淮平原区、里下河平原区和滨海平原区。黄淮平原区位于苏北灌溉总渠以北，其地势大致以废黄河为中轴，向东北、东南逐步低落。废黄河海拔最高处达8.5米，东南侧的射阳河沿岸最低处仅1米左右。里下河平原区位于苏北灌溉总渠以南，串场河以西，属里下河平原的一部分，总面积4000多平方公里，该平原区四周高、中间低，海拔最低处仅0.7米。滨海平原区位于灌溉总渠以南，串场河以东，总面积为7000多平方公里，约占全市总面积的一半，该平原区大致从东南向西北缓缓倾斜。东台境内地势较高，一般海拔为4米~5米间，向北逐渐低落，到射阳河处为1米~1.5米。

气候特点 盐城地处北亚热带向暖温带气候过渡地带，一般以苏北灌溉总渠为界，渠南属北亚热带气候，渠北属南暖温带气候，具有过渡性特征。气候受海洋影响较大，与同纬度的江苏省西部地区相比，春季气温低且回升迟；秋季气温下降缓慢且高于春温；年降水量也比本省西部明显偏多。季风气候明显，冬季受欧亚大陆冷气团影响，盛行偏北风且多寒冷天气；夏季受太平洋副热带高压影响，盛行偏南风且多炎热天气，空气温暖而湿润，雨水丰沛。

2015年盐城的气候特点是：全年平均气温正常略高，降水量总体偏多，空间分布呈现南多北少，日照时数正常略偏少。2015年入梅略偏迟、出梅正常，梅期正常。全市6月24日入梅，较常年略偏迟(常年6月18日)。7月13日出梅，出梅正常(常年7月10~12日)。梅长20天，梅期正常(常年23~24天)。强降水过程频繁，降水强度大、短时降水集中。年内灾害性天气频发，暴雨、降雪、台风、龙卷、冰雹、连阴雨、寒潮、大风等对人民生产生活有较为严重的影响。

气温　2015年全市年平均气温为14.5(响水)~15.4(东台)℃，比常年略高0.2~0.7℃。其中，1月平均气温比常年同期显著偏高1.6℃，2月、12月平均气温比常年同期偏高，7月平均气温比常年偏低，其余月份平均气温基本接近常年。全市极端最高气温36.7℃，8月5日出现在盐都和东台；极端最低气温-8.1℃，2月9日出现在建湖。

降水量　2015年全市年降水总量为880.1(响水)~1713.7(大丰)毫米，时空分布明显不均，其中空间分布上呈现南多北少。仅响水比常年同期相比正常略偏少，盐都、大丰和东台均比常年显著偏多五至六成，其他地区均比常年正常略偏多。时间分布上，11月降水异常偏多2倍多，6月和8月降水显著偏多六至七成，5月降水偏多两成多，1月、2月、7月和12月降水偏少二至五成，其余月份降水量总体正常，全年总雨日99~119天。

日照　2015年全市年总日照时数为1763.2(建湖)~2067.6(射阳)小时，与常年相比，除响水比常年同期偏少两成外，其余各站均比正常略少。时间分布上，11月平均日照时数比常年同期显著偏低近六成，为历年来最少，1月、6月、7月和12月平均日照时数比常年同期偏低两成多，其余月份日照时数均在正常范围内。

自然资源 盐城市自然资源十分丰富，拥有海洋和滩涂资源、岸线港口资源、石油天然气资源、生态旅游资源等。

土地资源　盐城市国土面积16931.3平方公里，其中农用地109.61万公顷、建设用地27.74万公顷、未利用地31.96万公顷，分别占全市国土面积的64.74%、16.38%、18.88%。全市海岸线长582千米，占全省海岸线总长度的56%；盐城拥有丰富的滩涂海洋资源，滩涂总面积45.53万公顷，其中潮上带1677平方公里，潮间带1610平方公里，分别占全省的70%、64.6%、60.8%。隶属于东台、大丰、射阳、滨海、响水等县(市)的沿海滩涂，可供开发利用的面积达1300平方公里。

海洋和滩涂资源 盐城拥有丰富的滩涂海洋资源，滩涂总面积45.53万公顷，其中潮上带1677平方公里，潮间带1610平方公里，分别占全省的70%、64.6%、60.8%。隶属于东台、大丰、射阳、滨海、响水等县（市）的沿海滩涂，可供开发利用的面积达1300平方公里。

岸线港口资源 盐城市海域位于江苏沿海中部，海岸线总长582千米，占江苏省的56%，深水岸线70千米。海域面积1.89万平方公里，其中内水面积1.21万平方公里，领海面积6753平方公里，沿海海域是中国唯一无赤潮的内海水域。沿海陈家港距连云港港27海里，距日照港59海里，集、疏、运条件比较优越，为二级航道，国家二类开放口岸。拥有一港四区，大丰港北距青岛港210海里、距连云港港120海里，东距日本长崎港460海里、距韩国釜山港465海里，南距台湾基隆港620海里、距上海港280海里，是国家对外开放一类口岸。滨海港地处江苏沿海中部、连云港与长江口之内，与日本、韩国隔海相望，-10米等深线离岸最近处为1.22海里，深水直通大海，可建5万吨至10万吨级码头泊位，是江苏沿海水深条件最好的岸段之一。射阳港拥有千吨级码头5座，开通了集装箱内河支线，港口年吞吐能力可达530万吨。

矿产资源 盐城市属贫矿地区，主要矿种有黏土矿、地热、矿泉水及部分石油天然气，其中高硅黏土储量281.5万吨。探明石油天然气蕴藏量达800亿立方米，预计总储量达2000亿立方米，为中国东部沿海地区陆上最大的油气田。沿海和近海有约10万平方公里的黄海储油沉积盆地，居全国海洋油气沉积盆地第二位，有着广阔的勘探开发前景。

生态旅游资源 市域东部拥有太平洋西海岸、亚洲大陆边缘最大的海岸型湿地，被列入世界重点湿地保护区，湿地保护区内建有世界上第一个野生麋鹿保护区和国家级珍禽自然保护区，为联合国人与自然生物圈成员。市域西部地处里下河地区腹地，大纵湖、九龙口、马家荡等湖泊水域面积近百平方公里，为典型的泻湖型湖荡湿地，原始生态环境保存较好，被誉为“金滩银荡”。2015年，全市有景点80多个，其中国家级自然保护区2个，国家AAAAA级旅游景区1个，国家AAAA级旅游景区（点）10个。

（严志鉴）

第二节 城市文脉

一、人文历史

历史述略 盐城历史悠久，是中国东部沿海开发利用较早的地区之一。20世纪70年代以后，阜宁县施庄镇东园遗址、东台市溱东镇开庄遗址、阜宁县板湖乡陆庄遗址等发现的为数众多的古人类活动遗存证明，在五六千年前的新石器时代，黄海之滨，淮河两岸，射阳湖畔，已有盐阜人民的先民在这块狭长的土地上劳动、生息、繁衍，孕育了盐城的远古文明。战国时期，先民们利用近海之利“煮海为盐”。秦汉时代，境内“煮海兴利、穿渠通运”，盐铁业相当发达，当时这里人口较多，使用铁制农具和牛耕技术比较普遍。汉武帝元狩四年（前119年），朝廷将古射阳县东部靠黄海的一部分划出来单独设县，因这里遍地皆为煮盐亭场，到处是运盐的盐河，故称盐渎县。其时有县无治，由射阳丞（今宝应县）代管。东汉时，富春人（今浙江富阳市）孙坚，因讨平许昌、许韶父子农民起义军有功，出任盐渎丞，他是见之于史书的最早的盐渎县丞。他的次子孙权，后来当了吴王。三国时，曹操令江淮民西迁，废盐渎县。300多年后，西晋复县。东晋安帝义熙七年（411年），盐渎因“环城皆盐场”而更名为盐城，盐城成为名副其实的产盐之城。盐城因“盐”置县，因“盐”兴城，在之后漫长的时间里，盐城的海盐生产无论是技术，还是产量、质量，在海盐生产历史上都独领风骚。盐城以海盐文化著称于世，海盐文化是这座城市文明的根基和灵魂。北齐时于盐城设射阳郡，陈时改为盐城郡。隋大业末年（618年），江淮农民起义军领袖韦彻据盐城称王立射州，分为新安、安乐2县。唐初，废射州（直至清末，境内未设过州、郡），复置盐城县。唐朝时期，盐城曾是长安与海外交往的要津之一。日本僧人粟田真人、日本遣唐使阿倍仲麻吕（即晁衡）、新罗国太子金士信等，均由射阳河口登陆，西去长安。宋代，盐城属楚州，岳飞和韩世忠、梁红玉夫妇在盐城一带抗金。六朝属河南省。元末张士诚率盐民起义，建立大周政权，前后坚持了14年，是震撼和瓦解元朝腐朽统治的一支重要力量，最后在平江（今苏州）称吴王。明初，盐城属应天府，朱元璋“洪武赶散”（古称“红巾赶散”），苏州、松江、嘉兴、湖州、杭州等地4000余无田农户迁往江北，一部分落户盐城。清初，先属江南省，后划归江苏省。南通人张謇废灶兴垦，又迁来一部分启海棉农。清雍正九年（1731年）建阜宁县。乾隆三十三年（1768年）建东台县。民国期间（1912～1949年），境内先后设江苏省盐城第十行政督察区、盐城行政督察区、第六行政督察区。盐城区辖盐城、东台、阜宁、兴化4县。1940年10月，东进北上的新四军与南下的八路军在白驹狮子口会师，成立了华中总指挥部。皖南事变后，新四军在盐城重建军部，陈毅为代军长，刘少奇为政治委员。从此，盐城成为苏北抗日根据地的心脏。华中党校、抗大五分校、鲁艺华中分院，在盐城为党培养了大批抗日干部和艺术人才。刘少奇、陈毅等老一辈革命家在此留下了战斗足迹。1941年9月，成立盐阜区行政公署。辖盐城、盐东、建阳、阜宁、阜东、淮安、涟水7县和涟灌阜边区办事处。次年，涟灌阜边区改建为射阳、滨海2县。1947年10月底，盐城获得解放；1948年上半年，全盐阜区回到了人民怀抱，成为解放战争的大后方，为淮海战役、渡江战役的胜利，为解放全中国做出了贡献。

文化名人 盐城文化底蕴丰厚，历代人文荟萃。汉末“建安七子”之一的陈琳文雄海内，蜚声华夏。宋代晏殊、吕夷简、范仲淹先后在西溪任盐官，后相继入朝为相，人称为“西溪三杰”，被传为千古佳话。晏殊的《浣溪沙》：“无可奈何花落去，似曾相识燕归来”、吕夷简《咏牡丹》：“异香浓艳压群葩，何事栽培近海涯？开向东风应有恨，凭谁移入王侯家”、范仲淹《至西溪感赋》：“谁道西溪小，西溪出大才。参知两丞相，曾向此间来”都写在西溪任上。“先天下之忧而忧，后天下之乐而乐”的范仲淹，在任西溪盐仓监时倡修的捍海堰，屏蔽盐灶，泽被后世，世人传颂为“范公堤”。南宋左丞相陆秀夫以身殉国，成为流芳百世的抗元民族英雄。元末盐民张士诚揭竿起义，建立大周政权，在平江（今苏州）自称吴王。元末明初，文学巨匠施耐庵与弟子罗贯中曾隐居白驹场，撰写中国古典小说《水浒传》《三国演义》。明代哲学家王艮创立的“泰州学派”，名闻全国。书法家宋曹的作品飘洋过海，饮誉扶桑。明末清初著名评话艺术大师柳敬亭，以其精湛的技艺名闻天下。清初布衣诗人吴嘉纪，在中国文学史上与历代群贤共放异彩，被称为“清初三大家”之一。孔尚任、李汝珍用盐城的水墨润就了不朽名篇《桃花扇》《镜花缘》。晚清武状元徐开业镇守潼关，以身殉国。水利专家冯道立治水有方，著就《淮扬治水论》《测海蠡言》等名篇40余部。爱国志士臧在新、伏龙等追随孙中山先生反帝反封建，为国捐躯，被国民政府追授为中将衔。“五卅”反帝爱国先驱顾正红，新闻史研究的开拓者戈公振，左联作家孙石灵，爱国科学家喻兆琦等著名人物，在中国近现代史上尽显风采。1941年“皖南事变”后，新四军在盐城重建军部，这里一度成为华中抗日根据地的指挥中心。在刘少奇、陈毅、黄克诚、粟裕等老一辈无产阶级革命家的领导下，盐城人民前仆后继，浴血奋战，涌现出许多可歌可泣的英雄人物和革命烈士。当代更是人才辈出。佛教居士高鹤年，书法家高二适，教育家陈中凡，杰出外交家乔冠华，马克思理论家、被誉为中共“党内一支笔”的胡乔木等等，难以一一列举。为了纪念历代名人，缅怀他们的业绩，1986年建成新四军纪念馆，2000年在迎宾公园内兴建了盐城历史文化名人长廊，各县（市、区）修复了一批名人故居，以供后人瞻仰、凭吊。（严志鉴）

民族宗教 盐城市境内原为汉民族聚居区。大约在元末明初，陕西、河南一带回民因饥荒陆续迁居境内，至此，境内始有少数民族居住。后因饥荒或战乱，其他如满族、苗族、蒙古族等人口亦相继迁居境内。1949年中华人民共和国成立后，因工作调动、婚姻嫁娶等原因，境内少数民族逐渐增多，特别是在1978年实行改革开放政策以后，西部的少数民族妇女大量婚进境内，最多的年份有数百人之多。盐城市境内民众信仰的宗教主要有佛教、道教、伊斯兰教、天主教和基督教。

民族　境内1953年第一次全国人口普查有8个少数民族952人；1964年第二次全国人口普查有14个少数民族1559人；1982年第三次全国人口普查有20个少数民族2537人；1990年第四次全国人口普查有28个少数民族3447人；2000年第五次全国人口普查有47个少数民族13609人，占全市当时近800万人口的0.17%。2015年，盐城市有47个少数民族族别、5个民族村、2.2万少数民族常住人口和5000多流动人口。有4所民族小学、1所新疆内地高中班承办学校（共8个班级）在校少数民族学生1500多人。全市有12家清真食品基本供应点。

宗教　境内佛教、道教传入最早，起于汉唐，盛于明清，其影响甚广。清末，东台县有大小寺庙、宫观800余座，出家僧尼3000多人，古台城有“九寺十三庙七十二庵”之说；盐城县有寺刹400多座，城内永宁寺为诸寺之首。清末民初，美国牧师白秀生夫妇和法国司铎晁德礼、蓬士禄等人先后带领传教士在境内建堂、办学、布道，遂将基督教和天主教传入境内。境内宗教的分布具有一定的区域性：佛教、道教主要分布在南半部的东台、大丰、盐城、建湖；伊斯兰教主要分布在回民聚住的盐城市区和响水、滨海；天主教主要分布在东台、大丰；基督教主要分布在响水、滨海、阜宁、射阳。2015年，全市有佛教、道教、伊斯兰教、天主教、基督教五大宗教，有宗教活动场所784处，认定备案的宗教教职人员1200多人，信教群众60多万人。

民情风俗 盐城地僻海边，先民们一直以渔、盐、耕种等业为主。落后的经济文化、艰辛的渔耕生活，养成勤俭、简朴的美俗，民风古朴、淳厚，旧志云“士淳礼让之风，民乐鱼盐之利”，表现出明显的沿海地域特征和水乡自身特色。随着时代变迁，境内民俗风貌纷繁复杂。主要体现在岁时节庆、礼仪习俗、生活习俗、生产习俗、娱乐习俗，也存在杂俗陋习。

盐城方言 盐城方言的历史可以追溯到秦汉时期。汉初，这里已“煮海利兴，穿渠通运”，有不少居民居住于此，操吴扬江淮语。三国魏晋之际，战乱频繁，中原居民南迁，有一部分留居于此，当地语言与中原语言融合。经过漫长的时期，形成了盐城方言的基本面貌。从秦汉到南宋，盐城方言的范围还只限于今通榆河以西地区，在宋高宗建炎二年（1128年）黄河夺淮入海以前，盐城县城距海仅500米，海岸线长期维持在今上冈、盐城、草堰、东台一线。由于黄河夺淮入海，大量泥沙不断沉积，海岸线不断东移，至清咸丰年间（1851～1861年），大体形成了今盐城市的地理格局，盐城方言也随之东扩。盐城方言属于江淮官话区，具有江淮官话的典型特征，如有入声等，同时还具备一些自身混合性的语言特征。盐城方言可以粗略地分为东南片、中片、西北片三片。东南片以步凤为代表，中片以市区为代表，西北片以龙冈为代表。西北片基本保留了江淮官话洪巢片的特点，中片开始对混合性的语言特征有所反映，如部分古全浊声母仄声字今读塞音、塞擦音声母时送气，而东南片表现尤为明显。（严志鉴）

二、城市文明

城市性质 1985年9月，江苏省人民政府批准盐城市的城市性质为：新四军抗日革命根据地，以发展食品、轻纺、机械工业为主的工商城市，市域中心。1990年12月，经江苏省人民政府批准，盐城市的城市性质调整为：苏北沿海中心城市之一，以发展轻纺、食品、机电工业为主的工商城市，新四军抗日革命根据地。1995年11月，《盐城市城市总体规划修编纲要》通过专家论证，明确盐城市的城市性质为：

江苏沿海中心城市，滩涂、海洋工程开发基地，新四军抗日革命胜利纪念地。2003年9月，《盐城市总体规划纲要(2003～2020)》通过专家论证，明确盐城市城市性质为：江苏沿海中心城市，新兴工业城市，海洋经济服务基地。2006年8月，市委第五次党代会明确盐城市城市性质为：江苏沿海中心城市，长江三角洲新兴的工商业城市，湿地生态旅游城市。2009年，国务院通过《江苏沿海地区发展规划》，根据省委、省政府关于贯彻落实《江苏沿海地区发展规划》实施意见的精神，将盐城定位为：中国沿海新兴临港工商业城市、长三角产业北拓承接基地、西太平洋国际湿地旅游城市、200万人口特大中心城市。2011年，将城市特色定位为：水清绕瓢城，绿溢鹿鹤鸣；盐渎传千载，城拓沐海风。2012年《江苏城镇体系规划(2012～2030)》中盐城定位为：东北亚特色物流转运基地、长三角新兴工商业城市、沿海湿地生态旅游城市。（王　盛）

铁军精神　听党指挥、服务人民、维护团结、执纪严明、艰苦奋斗、不怕牺牲。

市树市花　2005年7月，经市人大常委会批准，决定将市树由“合欢、水杉”调整为“女贞、银杏”，市花由“紫薇、石榴”调整为“紫薇、牡丹”。（严志鉴）

第三节　风物揽胜

一、风景名胜

2015年，全市有景区(点)80多个，其中国家级自然保护区2个，国家AAAAA级旅游景区1个，国家AAAA级旅游景区10个，国家AAA级旅游景区15个、国家AA级旅游景区23个，全国农业旅游示范点5个，国家水利风景区2个，全国重点文物保护单位2个，省四星级乡村旅游区(点)17个，省三星级乡村旅游区(点)7个，省二星级乡村旅游区(点)9个，省级重点文物保护单位15个，省级风景名胜区1个，省级旅游度假区5个，省级工业旅游示范点4个。

江苏大丰麋鹿国家级自然保护区　国家级自然保护区，其中华麋鹿园景区为国家AAAAA级旅游景区。保护区创办于1985年10月，1997年12月晋升为国家级自然保护区，2002年被联合国列入国际重要湿地名录，并作为永久性保护地。保护区核心区面积0.27万公顷，是迄今世界上第一个也是最大的重返大自然野生麋鹿自然保护区。2015年，麋鹿种群增加到2818头，其野生种群总量235头，繁殖率和存活率均居世界首位。在这片广阔美丽的净土上，同时生存着1800多种野生动植物，构成了一个原始古朴、奇异斑斓的湿地景观。在保护区中华麋鹿园内，不但可以看到百鹿奔腾的壮观场面，还能观赏到丹顶鹤、天鹅、大雁、白尾海雕、大白鹭等30多种国家一、二级保护动物的英姿。踏上通海大道，成群结队的珍禽飞鸟，碧波万顷的芦苇荡，一片连着一片的红果盐蒿和错落有致的沼泽湿地尽现眼前，组成了一幅令人陶醉的生态风景画。保护区先后被中国科学院、南京大学等十多所高校和科研院所定为科研、教学、实验基地。2008年，被国际休闲产业协会、国际生态安全合作组织、中国管理科学研究名牌与市场专家委员会联合推荐为“中国十佳湿地旅游目的地”。2009年，该区中华麋鹿园新建“世界麋鹿分布图”“麋鹿奔腾”群雕等项目，创建成为江苏自驾游基地试点单位。2010年，保护区获评国家环保科普教育基地、全国湿地科普教育示范区、全国科普教育基地、长江湿地保护与管理先进集体和中国低碳旅游示范区，并成功建立博士后科研工作站。2011年，景区完成麋鹿文化园二期工程建设，鹿神亭、鹿神铭、神鹿雕塑、麋鹿岩画、麋鹿还家纪念碑等一批景点对外开放，荣获“江苏最美的地方”(五星)、“中国生物多样性保护与绿色发展示范基地”称号。2012年5月17日，保护区启动中华麋鹿园创建国家AAAAA级旅游景区工作，以实现科研保护与旅游开发、经济效益与社会效益的双促双赢。2015年10月8日，中华麋鹿园获批为国家AAAAA级旅游景区。

江苏盐城国家级珍禽自然保护区　保护区成立于1983年，1992年经国务院批准晋升为国家级自然保护区，并先后加入联合国教科文组织人与生物圈保护区网络、东亚—澳大利西亚迁徙涉禽保护区网络、国际重要湿地3个国际公约组织，是中国最大的滨海湿地类型保护区。这里是全球最大的野生丹顶鹤种群保护地，栖息着中国品种最多的珍稀鸟类。区内共记录到鸟类405种，其中国家一级重点保护鸟类11种、国家二级重点保护鸟类69种。在列入《中国濒危物种红皮书》的鸟类中，保护区内有稀有种15种，濒危种7种，易危种11种，不确定种3种。盐城丹顶鹤湿地生态旅游区，位于江苏盐城国家级珍禽自然保护区的实验区内，是保护区实践生态旅游和环境教育功能的窗口。景区位于盐城市区正东方向，距离市区50千米。景区占地面积为442.7公顷，凭借盐城国家级珍禽自然保护区独特的自然湿地景观和丰富的鹤文化资源两大优势，以打造“东方湿地、仙鹤家园”生态旅游区为目标，全力打造湿地休闲游、观鸟生态游、湿地科普游等主题旅游，主推观鸟品牌，全面展示人与自然的和谐美好。2015年，盐城丹顶鹤湿地生态旅游区创建成为国家AAAA级旅游景区。

新四军纪念馆　国家AAAA级旅游景区，全国100个红色旅游经典景区和30条红色旅游经典线路之一。位于盐城市区建军东路159号，是国内全面系统地反映新四军抗日斗争史的综合性纪念馆。全馆由主馆区、建军广场(铜马广场)、新四军重建军部旧址3个部分组成，占地超8公顷。主馆区有东进雕塑、新四军重建军部纪念碑、新四军展览馆和新四军人物馆、碑林、抗日苑、兵器苑、游客服务中心等设施；建军广场在市中心，以新四军骑兵铜像为主体的新四军重建军部纪念塔，是盐城的城市标志；新四军重建军部旧址——泰山庙位于盐城市建军西路118号，有刘少奇、陈毅等领导人的旧居，陈列着文物、史料、图片等，为国家级重点文物单位。纪念馆主馆区广场正中立有一座 11.75 米高的“国民革命军新编第四军重建军部纪念碑”，碑的正面为李先念的题字，背面刻有黄克诚写的《盐城会师记》碑文。展览大厅分为 5 个部分，展出了新四军在华中坚持敌后抗战八年的近千余幅照片、大批文物史料及发绣、铁画、木雕、油画等艺术作品。2009 年增设的人物馆，展示了刘少奇、陈毅、李先念等近千名新四军代表人物的光辉人生和叶挺、项英、彭雪枫等先烈的英雄业绩。1986 年开馆以来，新四军纪念馆共接待海内外宾客 1800 多万人次。江泽民、胡锦涛、胡耀邦、朱镕基等 60 多位党和国家领导人亲临视察。2014 年抗战胜利 69 周年之际，纪念馆被列入国务院公布的 80 处国家级抗战纪念设施、遗址名录。

新四军重建军部旧址——泰山庙。

盐城海盐历史文化风景区 国家 AAAA 级旅游景区，由中国海盐博物馆、盐镇水街、盐渎公园、串场河景观带以及东进路文化休闲美食一条街 5 个部分组成，总占地面积约 106 公顷，总投资 13 亿元，是国家公益性 AAAA 级旅游景区。中国海盐博物馆是经国务院批准的全国唯一一座全面反映中国海盐历史文明的专题博物馆，全面地展现了中国古代海盐生产与盐民生活的多层次文化场景，系统地反映了海盐发展史。盐镇水街是海盐历史文化风貌区的重要组成部分，是展示传统民俗风情的大型临水建筑群。景区内建有水城门、烟雨桥、水云阁、漂舟戏苑、翰墨阁、八卦盐田、盐商会所及盐政衙门等特色景点，充分展现了盐城的水乡风情和海盐历史文化风貌。同时作为城市新兴功能区，盐镇水街又是市民每年元宵灯会的集中活动场所。盐渎公园是市区内第二大综合性水绿湿地生态公园，园区内以大面积湖泊、绿地、树林为主体，是大型的水文化主题公园。串场河是贯穿盐城市区的母亲河。最初的串场河是为了运盐而修凿，而今天的串场河，是一条流动的历史文脉和水绿交汇、生态宜人的城市景观轴。

大纵湖旅游景区 国家 AAAA 级旅游景区、省级旅游度假区，位于盐城市区西南端，面积达 30 平方公里，是苏北里下河地区最大最深的湖泊。湖水清洌甘甜、水草丰茂、野鸟翔集、水产品极为丰富，“大纵湖清水大闸蟹”闻名四海，“盐城八大碗”“纵湖十鲜湖鲜宴”誉满江淮，八方食客慕名而来。湖区内各种植物多达 120 余种，野生动物 50 余种。2009 年，景区被评为国家 AAAA 级旅游景区，同时还获“国家水利风景区”“江苏省自驾游基地”“江苏省房车露营地”称号。这里不仅物华天宝，更具人杰地灵，“建安七子”之陈琳、明末清初的大书法家宋曹、“扬州八怪”之一郑板桥均在此留下了墨宝。这里有“二十四孝”之“王祥卧冰求鲤”“宗保救母”的美丽传说、近 400 年历史的水上古刹——龙兴寺、高达 25 米的苏北水乡第一佛——湖中观音、吉尼斯世界之最——芦荡迷宫等。景区初步形成了以“赏美景、游迷宫、品湖鲜、找野趣”为主打的旅游产品。景区东侧新建的“东晋古城”，占地 65 公顷，由入口综合服务区、历史人文主镇区、旅游商品餐饮购物区、特色会所集中区、酒店休闲娱乐区等组成，整个项目计划 2016 年建成并开放。环湖景观大道围绕在景区的东侧，沿路有亲水平台、水晶花苑、滨湖公园，建成后成为大纵湖又一道靓丽的风景。景区西侧的“悦达大纵湖影视城”，占地 6.67 公顷，一期工程已建成并对游客开放，电视剧《我的绝密生涯》在此拍摄，电视剧《热血》已完成前期拍摄工作。2015 年 6 月，获省政府批复为省级旅游度假区。

阜宁金沙湖旅游景区 国家 AAAA 级旅游景区、省级旅游度假区、省生态旅游示范区，位于阜宁县城南端，总面积为 22.61 平方公里，其中核心区 8.09 平方公里。2010 年初开发建设，2011 年 11 月，在海南举行的 2011 年中国体育旅游博览会暨第九届中国（海口）国际旅游商品交易会上，该景区被组委会评为中国体育旅游精品推荐项目。2012 年，景区创建成为省级旅游度假区；2013 年，创建成为国家 AAAA 级旅游景区；2014 年，被评为江苏十大旅游避暑胜地；2015 年，被评为江苏省生态旅游示范景区。

射阳息心寺 国家 AAAA 级旅游景区。位于射阳县风光旖旎的射阳岛上，占地约 6.67 公顷。原名镇龙庙、息心庵，始建于明万历年间（1573 ~ 1620 年），明清时期位列盐阜三阁九庙四观七十二庵；民国 18 年（1929 年），民国四大法师之一、净土宗 13 代祖师——印光法师住持寺院，盛极一时，后毁于战火。1993 年复建，礼请时任中国佛教协会副会长的茗山长老为住持，现任方丈了尘法师为江苏省佛教协会副会长、盐城市佛教协会会长。经过 20 多年发展，已建成大雄宝殿、五百罗汉堂、万佛塔、钟楼、息心素斋馆等设施，寺院建筑恢宏，僧侣有序，银杏苍翠，百鸟翔集，已成为一个集旅游观光、礼佛修心、文化交流于一体的佛教文化圣地，在盐城称一流、江苏居前列、全国有名气、海外有影响，享有“黄海福地”“江淮第一佛寺”“国家和谐寺院”诸多美誉，2010年被国家宗教局评为首届全国创建和谐寺观教堂“先进集体”。寺院每年的新春祈福法会、正月初五财神法会、万佛文化艺术节、观音圣诞庙会等佛教活动，都会吸引来自苏、沪、浙、鲁、豫、港、澳、台地区和新加坡等国家的香客居士、政商人员、观光游客前来参佛体验。

大丰上海知青纪念馆 国家AAAA级旅游景区。2008年，由大丰市人民政府和上海市海丰农场联合建设，占地5.87公顷，建成上海知青馆、海丰少年馆、知青文史院、北上海历史展陈馆、中国知青主题馆5个特色展馆。馆藏当年知青生活、生产实物及资料4万余件。建成知青影视创作院，知青礼堂(可容纳1000人)，建成知青宿舍(床位485张)。初步形成独具特色的“知青文化”。2010年，景区开始建设大丰知青影视拍摄基地并开拍知青题材电视剧《北上海1950》三部曲，2014年完成电视剧《两个女人的战争》的拍摄。2014年，景区创建成为国家AAAA级旅游景区。

东台西溪旅游文化景区 国家AAAA级旅游景区，位于东台市区西郊古运盐河畔，是东台历史文化的发祥地，两淮海盐文化的起源地，国家级非物质文化遗产“董永传说”的源头地，素有“东台之根”的雅称。景区主要景点包括董永七仙女文化园、西溪古城、海春塔苑、犁木街等，并与北面的西溪乐园、西溪植物园形成互动串联。其中，董永七仙女文化园是以生态景观风貌为基地，以孝贤文化和爱情传说为特色的休闲文化主题公园；西溪古城和犁木街是以宋朝三宰相、海盐文化、民俗展示、市井体验等为主体的古镇文化商业集聚城；海春塔苑是以唐塔宋寺为核心，以传统礼佛、素食养生、佛学展示为主体的佛教文化体验园。西溪乐园以活泼、欢乐、探险、奇幻为主题，建有摩天轮、海盗船、丛林飞鼠、激战鲨鱼岛、海啸冲浪等近30种娱乐项目；西溪植物园以40公顷人工湖为中心，集农业生产、科研培训、试验示范、展示展销和生态旅游等功能于一体，是东台的“绿色之肺”“天然氧吧”。景区文化底蕴深厚、主题特色鲜明，是一个集文化休闲、古镇游览、佛学体验于一体的综合性文化旅游景区。2014年景区创建成为国家AAAA级旅游景区，2015年被评为盐城市首批风景名胜区。

大丰港海洋世界 国家AAAA级景区，是集科普、体验、互动、探秘、观光于一体，以海洋为主题的情景剧式互动体验馆，景区占地面积53.33公顷，由海洋科技馆、热带植物馆、海洋乐园、海洋剧场、海洋时尚美食坊、海洋风情街、海滨市集等组成。其中，海洋科技馆共分为三层：一层为海洋迪士尼与海洋好莱坞；二层为五大产业展示区、咖啡厅及商务会议中心；负一层为海洋科普厅、海洋水族馆等。景区于2012年10月1日对外营业，先后被评为全国休闲农业与乡村旅游四星级示范企业、国家级科普教育基地、江苏省科普场馆协会水族馆专业委员会主任委员单位、盐城市首批对外文化交流示范基地、盐城市旅游工作先进集体等。全景区通过集知识性、趣味性、实用性于一体的现代科技演示和海洋实物展示等表现形式，向人们展示了海洋的无穷魅力。2015年1月，成功创建成为国家AAAA级旅游景区。

大丰荷兰花海 国家AAAA级旅游景区、省级四星级乡村旅游点。1919年，张謇聘请世界上围海造田经验最丰富、技术最先进的荷兰水利专家到新丰规划农田水利工程，建立了区、匡、排、条四级排灌水系，新丰因此获得了“中华民国村镇规划第一镇”的美誉。荷兰花海项目，就是深度挖掘中华民国村镇规划第一镇的历史底蕴，依据原有地形，在不变动原有地貌的基础上加以修整，以“田园、河网、木质建筑、风车、花海”为设计元素，以荷兰名花郁金香为特色，打造集观光、娱乐、餐饮、种植于一体的颇具荷兰风情的花海，成为新丰文化旅游的一张靓丽名片。2013年荷兰花海创建成为省级四星级乡村旅游点，2015年10月创建成为国家AAAA级旅游景区。

盐城市科技馆 国家AAA级旅游景区，是国内地级市科技馆中独具特色的综合性科技馆之一。科技馆坐落于市行政中心东南侧，于2009年5月18日建成开放，占地面积约5公顷，建筑面积近2.8万平方米。整体建筑地上四层，分为六个功能区域，分别为常设展区、临时展区、培训区、备用展区、青少年活动中心和特

大丰上海知青纪念馆。

种影视区。其中，常设展区8210平方米，位于主体楼二、三层，是科技展品集中展示区，也是科技馆基本功能区。由“科学与发现”“技术与创新”和“科技与社会”3个主题展区及“儿童科技乐园”“湿地与海洋”2个特色专题展区构成，概括了盐城地方区域特色和科普特点，是盐城市爱国主义教育基地、江苏省科普教育基地、全国科普教育基地。

盐城市护国永宁禅寺 国家AAA级旅游景区，始建于唐武德六年(623年)，古有“淮东首刹，江北名蓝”之称，为当时三十六名刹之一，1938年毁于战乱，1993年恢复建设。永宁禅寺历史上高僧辈出，雪松法师、茗山法师和盐城佛教奠基人乘愿法师都曾任寺院住持，现任住持为仁风法师。景区有山门、天王殿、钟鼓楼、大雄宝殿、念佛堂、藏经阁等设施。2011年，景区创建成为国家AAA级旅游景区。

江苏黄海海滨国家森林公园 原东台黄海森林公园，国家AAA级旅游景区，是华东平原最大的生态林园，总面积2800公顷，森林覆盖率86%，是人与自然和谐共处的“天然氧吧”。园内各类植物600多种，鸟类等动物近百种。广袤的人工成片林为建设森林公园提供了森林景观，林相整齐，空气清新，环境宜人，景观优美。走进森林，恰似走进硕大氧吧，置身于绿色海洋，给人以一种清新幽雅之享受。2014年景区创建成为国家AAA级旅游景区，2015年12月31日经国家林业局批准，东台黄海森林公园升格为国家级森林公园，正式更名为江苏黄海海滨国家森林公园。

东台永丰林农业生态园 国家AAA级旅游景区、全国农业旅游示范点和省四星级乡村旅游区。核心区占地面积400余公顷，首期投资1.5亿元，经过近8年时间的开发建设，成为一个以生态农业为基础，集旅游观光、商务会议、拓展培训、休闲度假、科普及环境教育于一体的苏北最大的生态旅游度假区。区内建有7个无公害种养基地，生态循环经济初具雏形，是观赏、体验、休闲度假有机集合的生态农业示范区。内部设有婚纱摄影基地、水上高尔夫球场、网球场、垂钓中心、生态科普馆、生态酒坊、豆腐坊、中华鲟观赏区、跑马场、烧烤区、风车水车群、渔村人家农具展览馆等30多个项目及由长堤木屋村、水上茶吧、会务度假中心别墅、宾馆组成的商务会议区。三星级酒店永丰林会务度假中心可同时容纳500人开会、食宿。园区同时开发出生态草鸡蛋、灰天鹅蛋、生态美酒、蜂蜜、水飞蓟油、醉蟹以及螺旋藻、淮山药、灵芝、百合、何首乌系列营养保健品等特色旅游商品。园区先后获得“全国农业旅游示范点”“国家AAA级旅游景区”“全国乡村旅游行业百强”“江苏省科普教育基地”“江苏省环境教育基地”“江苏省首批农业观光园”等称号。2010年，生态园建成拓展训练基地、近千亩的生态果林区和百鸟园等，新增儿童游乐设施，创建成为江苏精品乡村旅游景区(点)和省四星级乡村旅游点。

东台甘港旅游景区 国家AAA级旅游景区，位于五烈镇甘港村境内，以中国第一座村史馆、百坊园、百草园、百果园“一馆三园”为核心，体现自然生态特色，洋溢浓厚水乡风情。村史馆以农村改革发展历程为主线，全方位、广角度展示了各个历史时期农村变迁和基层组织发展的情况。百坊园汇聚了戏坊、豆腐坊、酒坊、手工坊、老街坊等民间作坊，百草园里悠闲小憩，百果园里体验农耕文化。2015年景区创建成为国家AAA级旅游景区。

东台安丰古街 国家AAA级旅游景区，位于苏北首家中国历史文化名镇安丰镇。历史上安丰七里长街拥有九坝十三巷七十二庙堂千家店铺，安丰古街是“七里长街”南段保留较为完好的一部分，全长约500米。2012年起，安丰镇突出保护性修缮，遵从“修旧如旧”的原则，整治改造古街区周边环境，使古街表现出特有的历史沧桑感。重修了大悲庵寺庙、古戏台及广场，再现了显卿古井等景点，有鲍氏大院、吴氏家祠、戈湘岚故居、盐课司等4个政府公益展馆，以及中华壶文化博物馆、稠州钱庄、观珍古瓷馆、毛泽东像章珍藏馆和华夏烟标馆、刘用明麦秸画展示馆、吉宝轩等7个私家珍藏馆，有安丰特产、老字号何氏理发店、海产品专卖、特色鱼汤面、虎头鞋手工坊等40多家店铺商户在景区经营。

建湖九龙口风景区 省级旅游度假区、省级风景名胜区、国家AAA级旅游景区。因有9条河呈辐射状汇聚一小岛——龙珠岛，故称“九龙口”。九龙口资源丰富，有64种野生动物，75种野生植物，62种树木，36种水产品，2500公顷荡滩，被誉为天然的“聚宝盆”“金滩银荡”“里下河明珠”。阳春三月，芦芽出水，柳垂倒影，紫燕掠天；炎炎烈日，露珠滴翠，绿叶摇曳，荷花映日，为避暑之佳地；金秋季节，风吹荻草声瑟瑟，多见芦花少见人；严冬季节，渔村临水风来阔，海国无山落日迟。“龙楼倒影”“晨雾轻纱”“荷港观鱼”“绿波泛舟”等11处自然景观更令人心旷神怡。龙珠岛上的五谷树因其结的果实形似五谷杂粮而得名。中央电视台、江苏教育电视台先后将“九龙口”美景拍摄成专题片分别在《九州神韵》《经济万象》栏目中播放。2010年景区创建成为国家AAA级旅游景区，2015年5月获省政府批复为省级旅游度假区。

建湖西塘河景区 国家AAA级旅游景区，位于建湖县城南新区，总投资3.8亿元，紧依建湖的母亲河——西塘河，全长9.3千米，绿地总面积100公顷。景区按照打造城市慢生活的理念，布设彩色沥青自行车道，铺装人行道，与新区慢行系统相连接，园林、绿化、铺装、亮化、驳岸等项目精心设计，龙舟码头、樱花水池、雾森景观、曲水流觞、西塘彩虹、城市初阳台、松香咖啡屋等重要景点精彩纷呈。西塘河景区是展示建湖形象的一张靓丽名片，对提升建湖知名度、展示建湖魅力、延续当地文化将起到极其重要的作用。2015年，成功创建为国家AAA级旅游景区。

盐城世纪公园 国家AAA级旅游景区，位于盐都新区，占地18.67公顷，由中心活动区、民族风情区、科技文化区、儿童活动区、密林烧烤区五大功能区组成,设有下沉月亮广场、旱喷太阳广场、瀑布、水中森林、沙滩、绿岛、湿地、日晷雕塑、浮雕景墙、科普长廊、竹篱茅舍、亭台楼阁等20多个景点,集科普、休闲娱乐、健身、集会、购物、旅游于一体,为苏北最大、全国一流的多功能绿色生态园林式市民广场。

大丰东方湿地公园·东方1号创意产业园 国家AAA级旅游景区、省旅游商品研发基地。总投资1.2亿元,占地面积1.5万平方米。产业园背枕东方湿地公园,前临新村路,采用"大色块、大板块、大写意"的表现手法,精心构筑"现代时尚、特色鲜明、创意无限、国内一流"的产业园区,展品是当今国内乃至世界工业领域和生活领域新、奇、特的高端产品前沿,产业园内布局以时尚展览和现代办公为主。一楼为展馆,包括蓝馆(工业创意设计展品)、红馆(生活创意设计展品)和综合馆;二楼为国内外知名设计公司办公区和多功能会议厅;三楼为产学研交流中心、创意设计院服务中心和大丰创意产业办公区。2011年3月,创意产业园创建成为国家AAA级旅游景区。

大丰丹顶鹤珍禽园 国家AAA级旅游景区,大丰丹顶鹤珍禽园是江苏唯一一家鸟类生态旅游景区,占地约7万平方米。珍禽园依美丽的日月湖西岸滨水而建,设有标本展示、放飞平台、丹顶鹤舍等10个景点。园内还汇集了国内及世界各地的珍稀鸟类60多个品种,其中世界珍稀鸟类20多种,国家珍稀鸟类30多种,是国内鸟类品种最全、数量最多、鸟艺表演最丰富的珍禽园之一。近年来,大丰区大力实施"旅游兴市"战略,大丰丹顶鹤珍禽园的顺利开园,成为发展"蓝色旅游"的新亮点。2013年,景区创建成为国家AAA级旅游景区。

大丰中华水浒园 国家AAA级旅游景区,位于大丰区白驹镇北街花家垛。清流环抱,渔舟缓唱,一派水乡风光,有着浓郁的水浒气息。施耐庵纪念馆占地1.87公顷,主要场馆有施氏宗祠、施耐庵书院、施耐庵碑林。施氏宗祠最早为乾隆年间(1736~1795年),施耐庵的后裔第十二世孙与第十三世孙发起建祠堂,由施耐庵古宅改建而成,以供奉始祖施公耐庵先生,1938年被日本侵略军烧毁,1981年修复,内部陈设着《水浒传》研究和施耐庵家谱、出土文物等重要资料。施耐庵书院建筑面积980平方米,主要介绍书院与施耐庵,两者之间相互渗透融合,书院以讲学、藏书、会友、祭祀,突出"投师罗贯中、会友刘伯温、兵起张士诚"等方面的内容。每个环境都渗透思想、故事、历史元素,更加注重彰显古典文化。施耐庵碑林占地面积为0.67公顷,由108米碑廊和远观榭、长啸亭、莲池组成,游览性强,成为全市主要文化旅游景点。2015年12月,创建成为国家AAA级旅游景区。

阜宁县铁军纪念馆 国家AAA级旅游景区,2008年10月1日,阜宁将原1995年5月建成的阜宁人民革命史陈列馆拆、移,在烈士陵园东南方位新建铁军纪念馆。铁军纪念馆为四合院式的古典园林型建筑,建筑面积1000平方米,布馆面积603平方米,总投资450万元。内设红色丰碑、铁军风采、英烈永生、精彩阜宁5个展厅,声、光、电并用,雕塑、图片、实物、绘画兼备,全方位、多角度地展示了阜宁人民革命斗争史。2014年,景区创建成为国家AAA级旅游景区。

射阳后羿文化园 国家AAA级景区,位于合德镇锦阳桥西北侧,占地近40公顷,总投资5000多万元。2004年初公园动工建设,2005年5月10日开园接纳游客,2014年被评为国家AAA级旅游景区。公园根据"射阳"县名的来历及"后羿射日"的文化传说而设立,包括"后羿射日"的文化景观以及垂钓中心、水上游船、游览车、儿童广场、清雅茶室、文化岛等休闲娱乐项目。

盐都龙冈桃花园(原华都森林公园) 省四星级乡村旅游区、江苏省自驾游基地、全国农业旅游示范点,桃花园景区正瞄准三年创建国家AAAA级旅游景区的目标,围绕"一园、八区、两节"加快推进一期改造工程建设,倾心将龙冈桃花园打造成以观花、采摘为主要特色活动,集健身、休闲、娱乐、度假为一体的郊野公园。核心区已建有南北入口广场、桃红柳绿线、健身赏景线、寿星广场、宗教文化区、民俗动态展示区、林地烧烤区、空中栈道、赏花阁、青少年军事教育基地等。

东台仙湖现代农业示范园 省四星级乡村旅游区,位于新204国道旁,台城西入口北海西路南侧。园区核心区总面积133.33公顷,以40公顷人工湖"仙湖"为中心,分为现代农业展示区、高效园艺示范区和农业观光旅游区三大功能区。园区中央40公顷仙湖碧波荡漾、鹭飞鱼跃,镶嵌以曾任过东台盐官的宋代宰相晏殊、吕夷简、范仲淹命名的三座宝岛。整洁的环湖大道绵长蜿蜒,两侧高大的银杏和香樟青翠欲滴。全园绿化覆盖率达75%,花团锦簇四季飘香,6336平方米智能温室在国内堪称一流,13.33公顷连栋和钢架大棚整齐壮观。

大丰丰收大地现代农业示范区 省四星级乡村旅游区,是江苏省政府首批认定的江苏省现代农业产业园区,也是江苏省科技厅唯一以盐土农业认定的第二批江苏省现代农业科技园。总体规划3.33万公顷,总投资9.6亿元,其中核心区1333.33公顷,包括现代农业展示区、农产品加工集中区、现代农业物流园区等。

大丰希望的田野现代农业示范园 省四星级乡村旅游区,地处大丰区草庙镇,总规划面积666.67公顷,主要以生态旅游、观光农业为卖点,以麋鹿文化、采摘体验、垂钓休闲为特色,集众多的农业旅游、休闲、娱乐项目为一园。园区面积宽广,旅游产品丰富多彩,可分为观赏性、互动性、科教性三大类,观赏性旅游产品,主要以园区各植物园为特色,以红叶石楠园为代表,园内花果树木四季盛开,同时配有集生产与展览花卉为一体的温室大棚；互动性旅游产品，以采摘体验区、垂钓中心、QQ农场、庄稼乐园等为主，包括采摘观光、垂钓休闲、农事体验等诸多互动式项目；科教性旅游产品，以珍禽养殖园等为主，可向游客科普孔雀、牙獐等动物的外形特征、生活习性等知识。园区内旅游要素齐全，设施高档，游客可参与、观赏，游玩内容形式多样，内涵丰富。2014年12月，创建成为省四星级乡村旅游区。

大丰东方桃花洲 省四星级乡村旅游区，地处大丰区大桥镇新镇区东侧，规划面积666.67公顷，核心区200公顷，启动区133.33公顷。景区坚持规划引领、多元发展、科技创新，围绕农业观光旅游、果品采摘、文化旅游商品品牌运营等三大功能定位，将现代农业发展和农业休闲观光结合打造。2015年12月，创建成为省四星级乡村旅游区。

盐都郝氏故里旅游景区 省四星级乡村旅游区，地处里下河合陇圩的郝荣村，距离盐城市区20千米，为台湾前“行政院长”郝柏村先生的故里。主要包括里下河水乡——郝荣村、郑板桥读处——净土庵、台胞会所、钓鱼岛、郝柏村先生故居、郝氏宗祠、郝墓及根系两岸第一树——百年银杏等景点。2011年，被省旅游局评定为江苏省四星级乡村旅游区。

盐都区仰徐乡村乐园 省四星级乡村旅游区，江苏省乡村旅游创客基地。位于盐城西郊，盐徐高速和盐靖高速交汇处，全村总面积10平方公里，2010年获“全国文明村”称号。村内设有游客接待中心、千米景观长廊、节庆广场、乡村少年宫、秀城生态园、洪圣休闲山庄、污水生态处理参观、农博园——膜立方以及社会主义新农村建设成果展示厅等景点。2011年，被省旅游局评定为江苏省四星级乡村旅游区。

江苏杨侍农业生态园 省四星级乡村旅游区，位于盐城市区西部，市区快速公交K6直达，中国最美休闲乡村，总投资1.5亿元，占地10公顷，主要由商务服务区、体验互动区、休闲娱乐区、旅游观光区、科技示范区5个部分组成。2012年10月1日景区对外开放；2012年被省旅游局评定为江苏省四星级乡村旅游区。

盐城市台湾农民创业园 省四星级乡村旅游区，位于盐城市盐都区西南侧，涵盖三湾、郝荣等12个村居，面积50平方公里。作为盐城推进与台湾农业交流合作的国家级平台，盐都台湾农民创业园开启了盐台农业合作的先河。园区现已形成“一个中心，五大功能区”的布局结构，即台创园研发孵化服务中心、台资农产品加工区、花卉苗木产业区、设施果蔬生产区、循环农业示范区、郝氏故里农业休旅区。

盐都三官农庄 省四星级乡村旅游区，三官农庄突出生态、休闲、民生、文化主题，占地32.07公顷、8.5万平方米的明清古村落风貌建筑群，集休闲娱乐、农家美食、民居下榻、婚庆文化于一体。三官农庄分为入口服务、农家乐园、生活配套、村民居住、景观游览、果蔬采摘、特色游乐等功能区。以婚庆文化展示馆、民俗婚宴中心、婚庆特色街、灵麝阁、爱情岛、喜船游湖等系列项目，主打里下河民俗水乡文化；以龙文化展示馆、龙舞、荡湖船、担花篮等表演展示中国龙舞之乡特色；以鱼鹰捕鱼、扳罾、果蔬采摘、农家生活等参与性项目演绎里下河渔耕文化底蕴；以真人CS、骑马、滑草、射箭、自驾游等猎奇项目增加游乐情趣；以乡村大米、五谷杂粮、鱼虾螃蟹、家畜良禽、水果蔬菜等美食显示生态养生之道。

大丰恒北村梨园风光 省四星级乡村旅游区，位于大丰区大中镇恒北村，建设形成了“两轴一心三片区”的功能布局。两轴为：恒北北中心路和恒泰中心路景观轴线；一心为：以村部、宾馆餐饮为主的休闲娱乐中心；三片区为：东部生态观光区、中间生活聚居区、西部休闲娱乐区。

射阳友爱生态农业观光园 省四星级乡村旅游区、省级农业示范园，位于射阳县合德镇友爱村境内。园内核心区占地200公顷，是一处集园区服务、生态农业、休闲娱乐、果蔬采摘、扳罾垂钓、花卉观赏和农业科技展示为一体的综合性旅游景区。建有休闲木屋群、生态餐饮农庄、果蔬采摘园、花卉游览园、马术俱乐部、葡萄长廊、水上乐园、景观鱼池、鲜切花基地、开心农场等众多休闲游乐设施，初步形成了尝农家果、吃农家饭、住农家屋、干农家活、享农家乐的特色乡村旅游局面。游客在感受苏北乡村自然风光的同时，可亲手体验采摘水果蔬菜，体验扳罾、捕鱼和骑马的乡村生活乐趣。

盐都泾口湿地风情园 省四星级乡村旅游区。位于盐城市最美乡村——秦南镇泾口村东部。风情园占地30余公顷，总投资7000万元，内设游览景观及游乐设施50余项，集湿地观光、滨水休闲、民俗体验、农家美食、亲子游乐、采摘垂钓、企业文化展示、狮舞为一体，再现了里下河地区湖荡湿地生态特色，显现出乡村休闲度假旅游的独有风格。

建湖登达生态园 省四星级乡村旅游区。位于建湖县芦沟镇芦北村，紧邻231省道，距建湖县城10千米。规划面积133.33公顷，总投资2.5亿元，2013年2月开工新建。园区坚持“生态立园、景观造园、休闲养园、科技兴园、产业富园”的发展理念，构建返璞归真、风格各异的建筑群，打造加州长廊、农耕体验区、度假木屋、生态农庄、垂钓文化长廊、湖景休闲区、荷塘月色、高效农业区、芦沟禅寺、生态猪场、樱花岛、桃花岛、桂花岛、自驾游基地等生态景观。登达生态园“登高达远，共赢未来”，鼎力实施城乡统筹战略，建设香飘盐阜水乡，溢彩锦绣苏北的乡村旅游，并反哺农业，辐射周边，带动农民增收致富。

建湖现代农业示范园 省三星级乡村旅游点。于2007年投资兴建，总占地面积666.67公顷。是以花卉苗木、果蔬、优质粮新品种展示、无公害水产品养殖为主，以农耕文化、科普教学、生态休闲和旅游观光为辅的综合型园区。景区已建成植物博览园、果蔬采摘园、花卉盆景园、特种水产品和保健蔬菜生态混合种养区、生态餐饮服务区等多个功能区和60多个景点及游览、体验项目，2011年创建成为升三星级乡村旅游点。

盐都朱升文化生态园 省三星级乡村旅游区，位于盐都区北龙港街道，朱升文化园是为纪念元末明初政治家、文学家朱升而设立，占地12万平方米，建筑面积3000平方米，拥有朱升墓、正德庵、东岳禅寺、五谷神树、桃花岛等景点，2010年10月5日经改造对外开放。2013年，被省旅游局评定为江苏省三星级乡村旅游区。

大丰七彩花田 省三星级乡村旅游区，位于盐城市大丰区草堰镇三元村。规划面积666.67公顷，核心区66.67公顷，以玫瑰为主题，打造核心观光旅游花卉主题公园、玫瑰种植园、科普研发区、生态加工区、专业市场区“一园四区”的总体布局分期实施。至2015年底已建成接待中心、玫瑰剧场、儿童乐园、萌宠园、农具展示馆、月季园、玫瑰园、梦田花园、花田里、垂钓中心、采摘园、红枫林等。2015年12月份获批省三星级乡村旅游区(点)。2016年计划实施重点打造观光旅游花卉为主题，围绕赏景、体验做文章，以“田园、河流、木屋、鲜花”为元素，以英国国花玫瑰为特色打造颇具浪漫风情的七彩花田，让游客徜徉绚丽花韵，融入自然生态，体验乡村慢生活。

射阳黄沙港生态园 省三星级乡村旅游区，位于黄沙港镇海星路，总体规划面积18.67公顷，其中核心区面积10公顷。园区东临临海高等级公路(228国道)进出口及黄沙港国家中心渔港，距射阳县城16千米，地理位置佳，交通十分便捷，可进入度高。园区以农业旅游休闲观光及体验为主，各景点将现代旅游业与现代农业融为一体，富有参与性，是集休闲、娱乐、疗养、健身、垂钓、采摘观光、家禽养殖园、饮食服务为一体的生态农庄，农庄内旅游要素齐全。现建有垂钓中心、生态农场、果品采摘园、观光游步道、篮球场、健身房、家禽散养基地等项目。充分体现了乡村文化气息，适宜城乡居民观光、休闲、度假和健身。

阜宁羊寨黄河故道乡村游 省三星级乡村旅游区，位于阜宁县羊寨镇329省道南侧，景区规划面积333.33公顷，地势高亢，田园秀美，春有花，夏有荫，秋有果，冬有景，是游客踏青采摘、野趣美食、乡野观光、乡村度假、乡俗体验的梦中乐园。现建有苹果自摘园、紫金葡萄庄园、木子美桃园等核心采摘区，游客服务中心、生态停车场等设施配套完善。

阜宁晓光村乡村旅游景区 省三星级乡村旅游区，位于阜宁县罗桥镇境内，占地面积100公顷，建有竹海听涛、东塘观月、农事展览、垂钓中心等景点，农家院落错落有致，田园风光恬静秀美，充满乡野乡趣。

阜宁花木大世界 省三星级乡村旅游区，位于阜宁县204国道沟墩段条岗村，项目占地面积40公顷。是集农业旅游观光、花卉苗木生产、盆景苗木交易为一体综合景区。园内设有花卉观赏交易区、花器工艺品交易区、鱼鸟观赏交易区、绿化布置样板区、苗木生产区、儿童游乐区、水果采摘区、旅游接待区、露天烧烤区、垂钓区等。景区旅游基础设施配套完善，2015年12月获批省三星级乡村旅游区(点)。

东台富安茧丝绸旅游景区 全国农业旅游示范点，景区以蚕家乐、茧丝绸历史文化为特色，现有茧丝绸文化馆、采桑问茶园、染整园、茧都花园、丝腺园、丝绸园、科技园、富安大厦8个景点。其中，茧丝绸文化馆于2006年建成并对外开放，建筑面积2300平方米，是一个系统介绍茧丝绸历史、文化知识和富安茧丝绸产业化发展历程，展示古、今丝绸实物、制品的大观园。采桑问茶园建有简易蚕房，游客可以看到蚕宝宝四个龄期不同的发育生长以及上蔟结茧的全过程，真正领悟“春蚕到死丝方尽”的内涵。染整园有世界最先进的丝绸织造染整生产工艺设备。茧都花园展示茧都新农村、新文化、新生活的新民居文化。丝腺园内游客可以亲身体验缫丝工艺。丝绸园展示茧丝绸从半成品到成品的过程。科技园内集中展示了先进的育蚕技术和独特的“富安模式”。

射阳“十里菊香”景区 全国农业旅游示范点，位于“中国药材之乡”射阳县洋马镇境内。该镇中药材种植历史悠久，药材种植面积达6666.67公顷，其中菊花种植面积2666.67公顷，是华东地区最大的中药材种植基地。每年11月菊花盛开时节，绵延数十里的菊花竞相开放，黄白相间，景色蔚为壮观。每当此时，射阳都会举办“菊花节”，以花为媒，以花会友，广邀国内外游客前来赏菊、品菊，尽享大自然的无限风光。1998年，原全国政协副主席钱伟长欣然留下“十里菊香”墨宝。

宋曹故居 位于市区儒学街。宋曹(1620～1701年)，字臣，号射陵，明朝崇祯时官至中书，后辞官隐居，蔬秤养母。宋曹居山林隐逸，博学鸿词，屡招不就；性好游，善书法，工诗文，有真草书石刻、书法约言、会秋堂诗集等作于世，是古盐城唯见史册的著名书法家。宋曹故居庭院奇石抱水拥竹，屋宇亭廊古朴典雅，更有书碑墨迹之古今大观，是别具明清风貌的人文景观。

陆公祠 省级文物保护区单位。位于市区儒学街陆公祠巷内，是为纪念南宋末丞相、爱国民族英雄陆秀夫而设的祠堂，建于明代嘉靖十年(1531年)。陆公祠占地1500平方米，建筑面积554平方米，为“三进两厢”式，整个建筑和面饰充分体现了明、清古建筑的风格和特点，庄严素雅，古朴大方。一进为门厅，正中保留了原“宋丞相陆公祠”碑刻；二进为仰止堂；三进为浩然堂。浩然堂内主匾“海嶽忠贞”系原国务委员兼国防部部长张爱萍题写。祠内还有许多古今碑刻、历代古井陈列、名人楹联和有关陆秀夫的史料、研究资料等。陆公祠总占地面积约6750平方米，修复、扩建面积共2680平方米，其中祠堂等占地3375平方米，文化街区占地2250平方米，总投资3000多万元。2009年11月24日，经过修扩建后的陆公祠在陆秀夫诞辰771周年纪念日开馆。（王常江）

2015年全市主要旅游景区（点）

表01－02

景区（点）名称	景区（点）级别	地　　址
大丰麋鹿国家级自然保护区（中华麋鹿园）	国家级自然保护区（国家AAAAA级旅游景区）、省自驾游基地	大丰区草庙镇
盐城国家级珍禽自然保护区（盐城市丹顶鹤湿地生态旅游区）	国家级自然保护区（国家AAAA级旅游景区）	亭湖区黄沙港镇
盐城海盐历史文化风景区	国家AAAA级旅游景区	市区东进中路9号
盐城大纵湖旅游景区	国家AAAA级旅游景区、省自驾游基地、省级旅游度假区	盐都区大纵湖镇
新四军纪念馆	国家AAAA级旅游景区	市区建军东路159号
阜宁金沙湖旅游度假区	国家AAAA级旅游景区、省级旅游度假区、省级生态旅游示范区	阜宁城南新区
东台市西溪旅游文化景区	国家AAAA级旅游景区	东台市西溪景区
大丰荷兰花海	国家AAAA级旅游景区、省四星级乡村旅游区	大丰区新丰镇健康路1号
大丰上海知青纪念馆	国家AAAA级旅游景区	大丰区海丰农场
大丰港海洋世界	国家AAAA级旅游景区	大丰盐土大地海洋生物产业科技园内
射阳息心寺	国家AAAA级旅游景区	射阳县海通镇射阳岛上
新四军重建军部旧址——泰山庙	全国重点文物保护单位	市区建军西路118号
东台永丰林农业生态园	国家AAA级旅游景区、全国农业旅游示范点、省四星级乡村旅游区（点）	东台市新曹镇
东台甘港旅游景区	国家AAA级旅游景区	东台市五烈镇甘港村
东台黄海森林公园	国家AAA级旅游景区	东台市弶港镇新曹社区
盐都世纪公园	国家AAA级旅游景区	盐都新区
盐城科技馆	国家AAA级旅游景区	市城南新区
建湖九龙口风景名胜区	国家AAA级旅游景区、省级旅游度假区	建湖县九龙口镇
建湖西塘河景区	国家AAA级旅游景区	建湖县城南新区
大丰中华水浒园	国家AAA级旅游景区	大丰区白驹镇
大丰东方湿地公园	国家AAA级旅游景区	大丰区新丰路
盐城市护国永宁禅寺	国家AAA级旅游景区	市永宁路11号
大丰丹顶鹤珍禽园	国家AAA级旅游景区	大丰港经济区青岛港路6号
阜宁庙湾古城景区	国家AAA级旅游景区	阜宁县射河外滩
阜宁县铁军纪念馆	国家AAA级旅游景区	阜宁县城河路47号
东台安丰古街	国家AAA级旅游景区	东台市安丰镇
射阳后羿公园	国家AAA级旅游景区	射阳县城新客运站对面
东台黄逸峰故居	国家AA级旅游景区	东台市区
东台新街九莲寺	国家AA级旅游景区	东台市新街镇

续表 01－02

景区(点)名称	景区(点)级别	地　　址
东台市龙王古寺	国家 AA 级旅游景区	东台市弶港镇
东台市通海湖公园	国家 AA 级旅游景区	东台市弶港镇通海大道
东台市弶港文化展示馆	国家 AA 级旅游景区	东台市弶港镇港龙广场
大丰刘庄净土院	国家 AA 级旅游景区	大丰区刘庄镇
盐都大云山寺	国家 AA 级旅游景区	大冈镇新冈南路
阜宁马家荡旅游湿地景区	国家 AA 级旅游景区	阜宁县马家荡居委会
便仓枯枝牡丹园	国家 AA 级旅游景区	亭湖区便仓镇
建湖陆秀夫纪念馆	国家 AA 级旅游景区	建湖县建阳镇
建湖县延寿寺	国家 AA 级旅游景区	建湖县颜单镇兴颜路西首
建湖弘宇生态园	国家 AA 级旅游景区、省四星级乡村旅游区(点)	建湖县沿河镇沿河西路 999 号
射阳农建四师纪念馆	国家 AA 级旅游景区	射阳县淮海农场
滨海南湖公园	国家 AA 级旅游景区	滨海县人民南路 191 号
大丰区姜尚公园	国家 AA 级旅游景区	大丰区草庙镇
大丰区施耐庵公园	国家 AA 级旅游景区	大丰区幸福东大街 21 号
大丰区银杏湖公园	国家 AA 级旅游景区	大丰区常新路和益民路交汇处
大丰区斗龙庄园	国家 AA 级旅游景区、全国农业旅游示范点	大丰区三龙镇斗龙港南闸
射阳华中工委纪念馆	国家 AA 级旅游景区	射阳县后羿公园西侧
阜宁县桃花源生态农庄	国家 AA 级旅游景区	阜宁县羊寨镇黄河堆堤
阜宁县盘龙古寺	国家 AA 级旅游景区	阜宁县合利社区大街北首
盐城市通榆河水利枢纽风景区	国家 AA 级旅游景区	滨海现代农业产业园套坎路北侧
盐都区鞍湖三胡陈列馆	国家 AA 级旅游景区	盐都区鞍湖街道
盐都华都森林公园	省四星级乡村旅游区、全国农业旅游示范点、省级森林公园、省自驾游基地	盐都区龙冈镇
盐都郝氏故里旅游景区	省四星级乡村旅游区	盐都区葛武社区党群服务中心
盐都泾口村	省四星级乡村旅游区	盐都区泾口村
盐都区潘黄街道仰徐村	省四星级乡村旅游区	盐都区潘黄街道仰徐村
大丰丰收大地现代农业示范区	省四星级乡村旅游区	大丰区通港大道
大丰恒北村	省四星级乡村旅游区	大丰区恒北村
大丰区希望的田野现代农业示范园	省四星级乡村旅游区	大丰区草苗镇
射阳友爱生态农业观光园	省四星级乡村旅游区	射阳县合德镇友爱村境内
江苏杨侍农业生态园	省四星级乡村旅游区	盐都区郭猛镇杨侍村
盐城市现代农业示范园	省四星级乡村旅游区	盐都区农村经济开发区
东台仙湖农业生态园	省四星级乡村旅游区	东台市西环路与东五公路交界西北侧
盐都三官村	省四星级乡村旅游区	盐都区大纵湖镇三官农家乐
建湖登达生态园	省四星级乡村旅游区	建湖县芦沟镇芦北村
大丰东方桃花洲	省四星级乡村旅游区	大丰区大桥镇

续表 01－02

景区(点)名称	景区(点)级别	地　　址
盐都朱升文化园	省三星级乡村旅游区	盐都区北龙港街道
阜宁黄河故道乡村旅游景区	省三星级乡村旅游区	阜宁县羊寨镇果园村
阜宁县晓光村	省三星级乡村旅游区	阜宁县晓光村
建湖九龙园	省三星级乡村旅游区	建湖县九龙口镇梅苏村金梅路1号
大丰草堰七彩花田	省三星级乡村旅游区	大丰区草堰镇
射阳黄沙港生态园	省三星级乡村旅游区	射阳黄沙港镇
阜宁花木大世界	省三星级乡村旅游区	阜宁县沟墩镇
亭湖曙阳生态园	省二星级乡村旅游区	亭湖区盐东镇曙阳村二组
亭湖鹤鸣轩生态园	省二星级乡村旅游区	亭湖区盐东镇(亭湖高效农业示范园区)
射阳浦港渔村	省二星级乡村旅游区	射阳县合德镇浦港村境内(射阳河边)
射阳特庸万寿墩景区	省二星级乡村旅游区	射阳县特庸镇大码头村
射阳县景隆生态园	省二星级乡村旅游区	射阳县盘湾镇
大丰九州生态农业示范园	省二星级乡村旅游区	大丰区大中镇
建湖绿岛生态园	省二星级乡村旅游区	建湖县芦沟镇淳化村
滨海黄河故道生态大观园	省二星级乡村旅游区	滨海现代农业产业园
响水东林生态园	省二星级乡村旅游区	响水县响城路18号路碑
射阳洋马菊香园	全国农业旅游示范点	射阳县洋马镇境内
东台富安蚕丝绸园区	全国农业旅游示范点	东台市富安镇南街105号
盐城陆公祠	省级文物保护单位	市区儒学街
盐城环保产业园	省级工业旅游示范点	盐城市区东部,新洋港以南,紧邻沿海高速公路
重庆啤酒集团盐城有限责任公司	省级工业旅游示范点	盐都新区盐渎大道80号
东风悦达起亚汽车有限公司	省级工业旅游示范点	希望大道东风悦达起亚汽车三厂
丰海新能源淡化海水发展有限公司	省级工业旅游示范点	盐城大丰港区

二、花木禽兽

盐城是“东方湿地之都”,生态独特,生物多样性特征显著,有着众多的奇花名木和珍禽异兽。湿地保护区内有动植物2500多种,其中鸟类394种(约占全国鸟类总数的三分之一)、有浮游生物89种、腔肠动物8种、环节动物63种、甲壳动物83种、棘皮动物10种、昆虫508种、鱼类284种、爬行类26种、两栖类8种、兽类31种、种子植物539种、固着性海藻83种、浮游植物190种等。其中,属于国家重点保护的一类野生动物有12种,二类国家重点保护野生动物有67种。

奇特的枯枝牡丹　在盐城市区正南12千米处,坐落着一座千年古镇——便仓,这里的枯枝牡丹以奇、特、怪、灵而饮誉古今,驰名天下,与琼花、并蒂莲一道被誉为江苏三绝、花中奇葩。其一枝枯而不朽。每逢花盛时节,便仓牡丹园中的鲜花恰似胭脂凝成,美艳润泽,芬芳馥郁;繁密厚实的叶片,也青翠欲滴。其枝梗,却如摇曳在寒风中的枯枝,憔悴欲朽,若折取一枝,放入火内,如干柴一般,顿时即可燃着。其实,枯枝牡丹枝梗,只是貌似枯朽而实非枯朽,它的枝梗内不仅有营养丰富的水分,而且含有特殊的因子,它能不断地输送养料给花苞和叶片,又易于燃烧。其二是闰月花为单瓣。正常年份,每朵花通常为12个花瓣,而到了农历闰年,花瓣就会奇妙地增加到13个花瓣。其三是放花时节性较强。每年都是谷雨前后三日开始放花,花信儿准确无误。然而这花似乎能感应世事时势,颇有灵性,有时还会在深秋和初冬时节两度开放,枝干无叶却有花,蔚为奇观。尤其神奇的是:中华人民共和国成立的那一年,枯枝牡丹盛开在举行开国大典之日;国庆10周年时,枯枝牡丹曾两度开花;1972年,联合国恢复中国的合法席位时,枯枝牡丹又在隆冬时开放;1987年,

便仓枯枝牡丹。（张友余　摄）

中共十三大之后，园内和园外散植的单瓣红白牡丹，再次开放若干无叶之花。对此，报纸和电视都有过报道。这虽然是自然界生态变化与政治事件的偶然巧合，但却给枯枝牡丹染上了更加迷人的色彩。人们借此以抒怀，赞其为“神花”。殊不知，枯枝牡丹偶尔于秋冬开花的这一现象，与便仓一带的自然环境有着密切关系，这里正好有着北亚热带向南暖温带过渡的温和湿润、四季分明、冷暖适度的气候条件，以及排水性能良好的酸性土壤，再加上护爱管理得当，枯枝牡丹便能一年两度开花。现园中牡丹已有400多株，70多个品种，每年谷雨前后，这里繁花似锦，游人如织。2006年，被评定为国家AA级旅游景点。

神奇的五谷树　盐城有300年以上一级古树名木10株，其中建湖县九龙口镇谭赵村就有一株。它苍劲古老，树高7米左右，有合抱之粗，春天开花，夏天结果，无核，所结果实年年形状各异，有时像小麦，有时像水稻，有时像高粱，有时像谷子，有时像荞麦，由此人们称其为“五谷树”。所结果实只可观赏不能食用，每年长什么，没有定律，结稻谷的年份最多，有些年份结出的果实，还有像鱼虾的。更为奇特的是，五谷树还有预报当地年成丰欠的功能，当年果实形似水稻，则水作物丰收，形似高粱，则旱作物丰收，1991年结的果实似小鱼，夏季就遭了水灾。人们认为五谷树能预测来年的五谷丰收，将其视为神树。五谷树，结五谷，预天灾，兆丰年，令人叫绝。五谷树来自何处？传说不一。据九龙口镇老人介绍，相传此树乃明代郑和下西洋携回的“海外来客”，共两株，这是其中的一株，原种在南京古庙内，后被收成庄渔民移植在此。这棵奇树虽已有了几百年，但依然枝繁叶茂，树干的侧枝由于岁月的消磨都赤条条地伸向半空，显得古老而苍劲，新生的枝叶葱葱郁郁。当地人民十分爱惜这棵树，建湖县将其列为县级保护文物，砌了围栏，吸引了海内外众多人士前来观赏。五谷树，在盐阜大地上其实还不止一株。近年来学者研究发现，在建湖县近湖镇蔡徐村、盐都区北龙港镇正德庵院墙东、东台市安丰镇大港村也均发现有五谷树。有学者通过资料研究得知，“五谷树”的学名原来叫“雪柳”。《辞海》中对“雪柳”给出的注释中，注明“雪柳”亦称“五谷树”，另外还有一个名字叫“过街柳”。五谷树究竟原产哪个国家？它的功用有哪些？专家们还未作出定论，仍有许多未解之谜。

“湿地之神”丹顶鹤　丹顶鹤，属于国家一级保护动物。它身披洁白羽毛，喉、颊和颈为暗褐色，长而弯曲的黑色飞羽呈弓状，覆盖在白色尾羽上。特别是裸露的朱红色头顶，好像一顶小红帽，因此得名丹顶鹤。丹顶鹤素以喙、颈、腿“三长”著称，直立时可达一米多高，它丰姿秀逸，性情幽娴，矜持华贵。在中国、朝鲜和日本，人们常把高雅洒脱的鹤和挺拔苍劲的松画在一起，在中国古代神话和民间传说中被誉为“仙鹤”，成为高雅、长寿的象征，在诗词和中国画中，常被文学家、艺术家作为主题而称颂。丹顶鹤多栖息于开阔的芦苇丛或多草的沼泽地带，主要以鱼、虾、贝类和植物根茎为食，常被人冠以“湿地之神”的美称。是典型的候鸟，每年随季节气候的变化，有规律地南来北往迁徙。盐城东部沿海具有较高自然性和完整性滩涂湿地生态系统，属于典型的亚热带向北温带过渡的海岸带湿地，既是丹顶鹤的典型越冬栖息地，也是大量水禽迁飞栖息点。1983年，经江苏省人民政府批准，建立江苏盐城国家级珍禽自然保护区；1992年10月，经国务院批准为“国家级自然保护区”，成为联合国教科文组织盐城生物圈保护区，并被纳入世界生物圈保护区网络；1996年，被纳入东北亚鹤类保护区网络；2002年，被列入国际重要湿地名录。保护区是丹顶鹤的主要越冬地，每年到这里越冬的丹顶鹤占世界野生种群的60%以上。

“四不像”动物麋鹿　麋鹿是中国特有的珍稀动物，可与国宝大熊猫相媲美，相传是姜太公的坐骑，因其“角似鹿，脸似马，尾似驴，蹄似牛”，俗称“四不像”（亦有人称其“角似鹿，颈似驼，蹄似牛，尾似驴”）。麋鹿是一种非常特殊的大型鹿类，它体长约2米，肩高可达1.3米。雄鹿较大，体重可达250千克，雌鹿较小，雌鹿无角，雄鹿有角。麋鹿的尾巴比其他鹿类长得多，可达65厘米，是鹿科动物中最长的，末端生有丛毛。麋鹿作为世界珍稀动物，曾经仅产于中国。早在五六千年前，盐城沿海湿地就成了麋鹿的生活栖息地。1865年，法国博物学家兼传教士大卫在北京南郊进行动植物考察，无意中在南海子皇家猎苑中发现了这种奇特的动物，这是世人第一次从学术角度知道了麋鹿。此后的几十年间，西方驻清朝公使及教会人士通过明索暗购等手段，从北京南海子猎苑弄走几十头麋鹿，饲养在各国动物园中。1900年,八国联军攻入北京,南海子麋鹿被西方列强洗劫一空。至此,麋鹿在中国故土绝迹,长期漂泊海外。20世纪80年代,经专家考证,中国确定并划出土地近300公顷,建立了大丰麋鹿自然保护区。1986年8月14日,39头漂泊异乡的麋鹿,从远隔重洋的英国返回故土,重新回到了它的野生祖先最后栖息的沿海滩涂。为了拯救濒危物种,恢复其野生种群,1998年开始进行野生放养实验,当年挑选了8头放归大自然。2002年又挑选6头放归大自然。它们分别于1999年、2000年、2001年、2003年在野外顺利地各产下一仔,开创了1000多年以来世界上没有野生麋鹿的历史先河。2003年开始实施大规模野生放养实验,又一次将18头麋鹿放归大自然,次年又产下5头幼仔。2006年又有21头麋鹿奔向大自然。经过20多年的保护,2014年麋鹿种群已增殖到2360头。盐城麋鹿在总量、繁殖率和存活率方面均居世界首位,中国麋鹿已走出《国际濒危动物名录——红皮书》,盐城为人类拯救濒危野生动物物种做出了杰出的贡献。 (严志鉴)

三、名特风味

四鳃鲈鱼 产于响水县灌河中下游,嘴大、鳞细、体侧扁,鱼身呈青灰色,两侧和背鳍上有黑色斑点,因鳃盖上有一条较深的折皱,外观好象是四个鳃而得名。常见每条1.5千克~2.5千克左右,大者可达数十斤。每年“芒种”前后,为鲈鱼最肥美季节。四鳃鲈鱼肉质洁白肥嫩,烹调后肉似蒜瓣,汤汁呈乳白色,色、香、味俱佳,可与“松江鲈鱼”媲美。

何首乌 首乌是药食两用的滋补品。何首乌、灵芝、人参、冬虫夏草历来被称为祖国中草药中的四大仙草。据李时珍《本草纲目》记载:首乌止心痛、益血气、乌须发、悦颜色,久服令人长筋骨、益精髓、延年益寿。相传清咸丰年间滨海就有种植。滨海沿海地区古为黄河故道,由黄河夹带的黄土高原沙土冲积而成,海岸又为侵蚀性地域,海洋性气候昼夜温差很大,生长首乌得天独厚。滨海县形成1300多公顷何首乌种植基地,年产量为2万吨左右,占全国产量90%以上。是全国著名的何首乌生产大县,被誉为中国的首乌之乡。首乌片、首乌粉等系列产品畅销国内外。

建湖藕粉圆子 已有百年历史。以上等藕粉为原料,用白糖、枣泥、芝麻粉拌以荤素油脂及桂花为馅丸,在开水中多次汆制而成。形如弹丸,呈淡紫色,娇嫩肥泽,柔软丰满,甜而不腻,桂香满口,享誉中外。

大纵湖醉蟹 大纵湖蟹个大黄多。洗净后,配以盐城曲酒、米酒、淮盐、花椒等原料醉制。该品具有外观似活、肉质细嫩、味醇浓郁、醉气惹人、佐酒品鲜、营养丰富、不需烹调、携带方便八大特色,为宴席、旅游、馈赠的佳品。

生炝条虾 条虾是盐城沿海地区的特产。制法独特:将生虾先加盐、曲酒杀菌去腥后,再加入腐乳汁、白酱油、白糖等辅料,即可食用。此菜尤以清明前食用最佳。

白炖鲻鱼 鲻鱼是盐城名特海产,肉肥味美,配以猪油丁、火腿片、香菇片、笋片等,上笼以旺火蒸熟。炖熟的鲻鱼肉呈蒜瓣状,汤清味浓,色泽美观,鲜嫩可口。

伍佑糖麻花 又名油绳,相传已有2000多年历史,被载入《中国风味特产指南》。特点是:香、甜、酥、脆,油而不腻,美味可口。

杨五香肠 生产历史悠久,最早为东台台城杨五熏烧店制作经营,故名。杨五香肠色泽鲜艳,味道鲜美,被列入《中国名食指南》。

阜宁大糕 已有2000多年历史,糕片白如雪,柔如云,上口香甜、滋润。以糯米粉为主要原料精制而成。

伍佑醉螺 又名糖泥螺,始于清乾隆年间(1736~1795年),其特点是:香、甜、脆、嫩,为助餐佐酒的佳肴。

龙冈茌梨 产于盐都区龙冈镇北的沙岗地带,该梨形似纺锤,味似嫩菱,平均单果重200克,最大达800克,果肉厚,含糖量在15%以上,在省有关评比会上曾三次夺魁。

葛武嫩姜片 盐都区葛武酱制品厂生产,特点是鲜甜脆嫩、形如薄纸、美味可口。制法是精选寒露前三天采收的鲜嫩生姜,经过13道工序制作而成。 (严志鉴)

四、旅游节庆

中国盐城丹顶鹤国际湿地生态旅游节暨海盐文化节 始于2007年,每年5月18日举办,已成为展示盐城城市形象、旅游风采的城市名片。2015中国盐城丹顶鹤国际湿地生态旅游节暨第八届海盐文化节包括《盐城,一个让人打开心扉的地方》旅游形象宣传片暨“盐城旅游一卡通”发布会、大型广场宣传等活动。文化节期间,总投资21.6亿元的盐城记忆·盘湾文创乐园、荷兰风情购物街主、阜宁西来佛寺、九龙口四星级精品商务酒店和酒店式养老疗养院、响水旅游休闲生态农庄、东台生态休闲旅游等6个项目在《盐城,一个让人打开心扉的地方》旅游形象宣传片暨“盐城旅游一卡通”发布会上签约。

春季乡村旅游节 始于2010年,每年3月为繁荣全市春季乡村旅游市场而举办。2015年,市旅游局联手9个县(市、区)旅游局及重点景区策划了“畅游美好江苏感受生态盐城”2015盐城春季乡村旅游系列活动,主要包括2015年中国盐城丹顶鹤国际湿地生态旅游节暨中国海盐文化节、盐城大洋湾樱花节、东台董永七仙女文化节、大丰麋鹿文化旅游季、建湖登达欢乐乡村旅游节、阜宁金沙湖踏春节等,并在4月9日联合市文明办和建湖县人民政府举办2015年盐城春季乡村旅游季活动。

龙冈"春之美"桃花节 始于2013年，龙冈桃花园以都市旅游休闲目的地的定位，以"桃花文化旅游节""金秋采摘节"两节活动为载体让游客情醉龙冈。2015年两节活动期间近20万游客到桃花园踏青赏景、自由采摘。

仰徐草莓采摘节 始于2012年。2015年仰徐第四届草莓采摘节为期一个月，3.5万名游客从四面八方纷至沓来，在饱览仰徐美景的同时，尽情采摘、购买仰徐的新鲜草莓等。

阜宁金沙湖沙雕。

亭湖枯枝牡丹节 始于1998年，每年谷雨(4月20日前后)在亭湖区便仓镇举行，连续举办18届，形成集旅游观光、节庆活动和经贸洽谈相结合的大型旅游经济文化宣传活动。2015年4月15日至5月5日举办中国亭湖第十九届枯枝牡丹节，吸引了大批游客赏花、农家乐游，使亭湖牡丹文化深入人心。

中国·东台董永七仙女文化旅游节 始于2009年，董永七仙女是江苏最具影响力的七大传说之一，作为传说发源地，东台市以节为媒、旅游搭台，向广大市民及游客传播弘扬孝贤文化，是"瓜儿熟了"旅游季系列活动之一。2015年5月首届"瓜儿熟了"旅游季系列活动包括精品发绣展、绣娘手工展示、少儿书画展、特色农产品展销会、风光摄影展、海春轩塔佛像开光法会、"踏青、赏花、采摘、森呼吸"生态游、仙女抛绣球、董永七仙女文化园杂技表演等活动，共接待游客30.39万人，其中外地组团游客数共计约1.09万人，大大提升了东台旅游的知名度和美誉度。

中国·大丰麋鹿生态旅游季 始于2010年，每年4月至6月在大丰举办，成为展示大丰社会经济对外开放和发展业绩，丰富旅游资源的节庆品牌活动。2015年中国大丰麋鹿文化旅游季主要活动包括：2015年中国大丰麋鹿文化旅游季暨荷兰花海郁金香文化月开幕式、"大丰好玩呢"旅游峰会、鹿王争霸摄影大赛、全国知青文化研讨会、"筝舞飞扬，拥抱海洋"风筝放飞、花海宝贝选拔大赛、婚博会、"梨花闹"美食嘉年华、草莓采摘王评比等活动。开幕式当天，荷兰花海景区单日接待游客突破35万人次，创盐城历史之最。旅游峰会上，江苏裕丰旅游开发公司与市丰盈置业公司合作的荷兰风情项目、市麋鹿生态旅游度假区与上海翔游网络科技公司合作的翔游度假村等15个项目举行了集中签约，协议总投资额达9.2亿元。

阜宁金沙湖沙雕艺术节 始于2012年。2015年金沙湖举行第三届沙文化艺术节活动主要包含沙雕艺术展、沙滩宝贝秀、最美亲子沙雕评选等，打造出具有阜宁地方特色的旅游产品，全面展示阜宁旅游新形象。

江苏·九龙口螃蟹旅游文化周 始于2015年。2015年10月1～7日，第一届江苏·九龙口螃蟹旅游文化周系列活动包括：坐小飞机、游九龙口、看淮杂戏、品大闸蟹、住小渔村等，吸引长三角地区游客2.8万人次。

射阳洋马菊花节 始于1995年，每年金秋十月举办。射阳县洋马镇是中国菊花和药材之乡。借助菊花节机会展示药乡风采，凸现药材资源，打造"药乡名镇"品牌资源。2015年第二十届洋马菊花节包括专场文艺演出、菊文化主题书画展、菊花盆栽展览活动、菊文化专题讲座、参观十里菊香景区等子活动，领略药乡菊海之韵、中药文化内涵。吸引了近4万人参加，节日期间签约了包括菊花培育、菊花销售、菊花展览等内容的多个项目，促进了射阳旅游业的发展。

射阳县丹顶鹤文化艺术节 始于2007年，每年11月初举办，以鹤为媒、以节招商。2015年第九届丹顶鹤文化艺术节包括重大项目集中签约、奠基开工，专场文艺演出、摄影展、民间画展、亲子自驾游等活动。已经成为射阳集文化活动、经贸洽谈于一体的综合性节日，成为具有射阳特色的旅游名片。

响水黄圩风筝节 黄圩镇是江苏风筝制作放飞的故乡，1992年江苏省政府命名"风筝之乡"。2015年4月12日下午，黄圩镇云梯关成功举办第二十二届风筝文化艺术节，吸引了全县上千余名市民前来参加，2015年风筝文化艺术节期间，黄圩镇还邀请了县淮海剧团为游客们准备了许多精彩纷呈的文艺会演，为打造古云梯关黄河故道生态旅游区鼓劲增色。　（王常江）

第02章　年度综述

责任编辑　赵　丽

综　述

2015年是“十二五”规划收官之年，也是全面深化改革取得重要进展之年，为“十三五”实现良好开局奠定了坚实的基础。面对错综复杂的宏观形势和艰巨繁重的改革发展稳定任务，在市委、市政府的正确领导下，全市上下坚持稳中求进的总基调，围绕“三先”追求、“四城”定位、“六大发展”战略布局，积极探索、克难求进，经济社会发展呈现出“总体稳定、结构优化、质量提升、民生改善”的运行态势。

2015年，全市实现地区生产总值4212.5亿元，按可比价计算，比上年增长10.5%；其中第一产业实现增加值516.5亿元，比上年增长3.6%；第二产业实现增加值1923.5亿元，比上年增长10.5%；第三产业实现增加值1772.5亿元，比上年增长12.5%。产业结构持续优化。三次产业增加值比例调整为12.3∶45.7∶42，二三产业比重比上年提高了0.5个百分点，人均地区生产总值达58299元（按2015年年平均汇率折算约9100美元），比上年增长10.5%。2015年，市区居民消费价格总指数（CPI）同比上涨1.6%。八大类商品价格“七升一降”：食品类上涨3.9%，烟酒类上涨3.5%，衣着类上涨1.7%，家庭设备及维修服务类上涨2.5%，医疗保健和个人用品类上涨0.8%，娱乐教育文化用品及服务类上涨1.5%，居住类上涨0.4%；交通和通信类下降0.8%。全市工业生产者出厂价格指数（PPI）同比下降1.5%，工业生产者购进价格指数（IPI）同比下降5%。

第一节　经济社会发展

一、经济建设

固定资产投资　投资结构更加优化　2015年，全市完成固定资产投资3372.9亿元，比上年增长22.6%，其中工业投资2003.1亿元，比上年增长20.4%。投资结构进一步优化，全市第一产业完成投资39.1亿元，比上年增长18.4%；第二产业完成投资2009亿元，比上年增长20.8%；第三产业完成投资1324.8亿元，比上年增长25.6%。民间投资2725.6亿元，比上年增长26.1%，高于投资增速3.5个百分点，对全市投资增长的贡献率达90.7%，拉动全市投资增长20.5个百分点。

重点领域投资较快　2015年，全市工业技改投资1310.7亿元，比上年增长34.4%；高新技术产业投资520.4亿元，比上年增长26.2%；四大支柱产业投资1364.3亿元，比上年增长24.4%。基础设施投资478.4亿元，比上年增长28.9%。文化投资势头强劲。文化产业投资139.6亿元，比上年增长26.7%。

新开工项目稳定增长　2015年，全市新开工项目4316个，比上年增加954个；新开工项目计划总投资2876.3亿元，比上年增长32.2%。亿元及以上新开工项目511个，其中5亿元以上94个，10亿元以上36个。新开工项目多数集中在制造业行业，其中通用设备制造业、化学原料和化学制品制造业、纺织业、专用设备制造业等行业新开工项目数均在200个以上。

房地产销售有所回升　2015年，全市房地产开发投资367.7亿元，比上年下降3.2%，增速同比回落19.2个百分点，其中住宅投资完成274.3亿元，比上年下降0.1%，增速同比回落10.2个百分点。商品房销售有所回暖。2015年，全市实现商品房销售面积716.5万平方米，比上年增长14.7%；商品房销售额341.4亿元，比上年增长8.7%，其中住宅销售额284.3亿元，比上年增长19.9%。

工业和建筑业　工业生产总体平稳　2015年，全市规模以上工业企业实现总产值8532.2亿元，比上年增长15.0%，实现增加值2061.3亿元，比上年增长11.5%。其中轻、重工业分别比上年增长11.3%和11.6%。民营工业持续向好。2015年，全市民营企业实现增加值1466.8亿元，比上年增长13.8%，占规模以上工业比重71.6%，增长贡献率达84.5%。全市规模以上工业企业实现利税总额869.2亿元，比上年增长6.9%，其中利润479.0亿元，比上年增长2.7%。全年工业用电量206.3亿千瓦时，比上年下降1.3%。

支柱产业稳定发展　2015年，全市工业企业实现全口径开票销售4279.5亿元，比上年增长7.5%，其中汽车、机械、纺织、化工四大传统支柱产业实现工业开票销售2990.7亿元，增长0.7%，占工业总量的70%。其中汽车产业实现开票1045亿元，比上年下降4.2%，东风悦达起亚汽车公司销售汽车61万辆，比上年有所下降。

高技术产业发展加快　2015年，全市高新技术产业实现产值2455.4亿元，比上年增长20.1%，占全市规模以上工业产值的比重为28.7%，分别比上年提高4.8个和1.1个百分点。2015年，高新技术产业产值对全市规模以上工业增长贡献率达40.4%，比上年提高8.1个百分点。

建筑业稳步增长　2015年，全市完成建筑业总产值1344.8亿元，比上年增长4.5%，实现增加值271.8亿元，比上年增长4.6%。建筑企业房屋施工总面积达11786万平方米，比上年增长11.9%；房屋建筑竣工面积4300万平方米，比上年下降1.5%，其中住宅竣工面积3018万平方米，比上年下降0.8%。

农林牧渔业　农业生产形势良好　2015年，全市实现农林牧渔业总产值1073.5亿元，可比价增长2.7%。粮食总产量连续十二年实现增收。全市粮食总产量达708.1万吨，比上年增长0.7%；粮食播种面积98.11万公顷，比上年增加2266.67公顷。粮食亩产481.2千克，比上年增加2.3千克。棉花播种面积2.73万公顷，比上年减少2.31万公顷，总产3.0万吨。全市油料作物播种面积9.18万公顷，比上年减少6733.33公顷，油料总产量28.2万吨。

农业产业化进程加快　2015年，全市拥有农业产业化龙头企业1612个，比上年增加69个；农民专业合作组织9603个，比上年增加576个。拥有大中型拖拉机26464台、联合收割机24508台。农业机械总动力666.9万千瓦，比上年增长5.0%，农用排灌动力机械8.3万台、100.6万千瓦，分别比上年增长0.6%和0.8%。机耕作业面积116.3万公顷，机械植保面积116.3万公顷。推广联耕联种面积30.65万公顷。

现代农业规模扩大　2015年，全市高效设施农业发展取得显著成效。全年累计新增设施农业1.39万公顷，总规模达13.85万公顷，占耕地面积比重16.9%。新建千亩以上连片设施农业基地36个、百亩以上连片基地298个，16个"菜篮子"工程蔬菜新增3266.67公顷、总规模达1.33万公顷。全市拥有无公害农产品、绿色食品、有机农产品总数2009个，年内新增491个。全市拥有家庭农场2883家，年内新增1137家。农村劳动力转移201.3万人，其中劳务输出126.4万人。

交通运输和邮电业　运输能力逐步增强　至2015年底，全市共有公路总里程19526千米，其中国道654千米、省道1271千米；拥有等级公路17603千米，其中高速公路359千米，一级公路1394千米，二级公路2495千米。全市基本形成以高速公路为主骨架，以国省干线为支撑，以农村公路为配套的通达城乡的公路网络。全社会客运量9473万人，比上年增长0.4%，旅客周转量83.8亿人千米，比上年增长0.2%；全社会货运量15572万吨，比上年增长4.8%，货物周转量391.8亿吨千米，比上年增长5.0%。航班8840架次，旅客运输量85.2万人次，分别比上年增长59.7%、61.1%，货邮吞吐量3005.7吨，比上年增长39%。沿海港口货物吞吐量7574.8万吨，比上年增长24.1%，其中外贸1717.7万吨，比上年增长157%。

邮电业务平稳发展　2015年，全市完成邮电业务总量64.6亿元，比上年增长12.2%。邮政业务收入12.4亿元，比上年增长24.9%，其中规模以上快递企业实现业务收入5.1亿元，比上年增长40.3%。电信业务收入52.2亿元，比上年增长9.6%。

城市建设和环境保护　城市建设成效显著　2015年，市区55千米的内环高架快速路网工程全面开工建设，完成工程量的60%。市区新辟公交线路7条，新增公交线路里程181.5千米。市区拥有公交车961辆、出租车1250辆。倡导低碳环保出行，建设自行车服务站点400个，投放城市公共自行车10000辆。全面改善农村运输条件，行政村班车通达率达100%。盐城至南京、徐州高速铁路（客运专线）开工建设，盐城至连云港快速铁路加快推进。阜建高速公路建成通车，实现"县县通高速"。获评全国新一轮社会管理综合治理优秀市，"厚德盐城"成为城市新名片。

生态环境持续改善　绿色发展成为盐城鲜明特色。2015年，加快沿海重点园区生态化改造，积极创建国家森林公园和国家湿地公园，顺利通过绿化模范城市验收。积极推动绿色盐城建设，新增绿化造林9400公顷，林木覆盖率达25.9%；整治城乡环境，开展城乡河道综合整治行动，实施通榆河沿线环境专项整治；实施大气污染防治行动计划，夏秋两季秸秆禁烧实现"零火点"，连续两年空气质量全省最好，使盐城真正成为"一个让人打开心扉的地方"。

外向型经济和旅游业　经济贸易稳中有进　2015年，全市实现进出口总额81.2亿美元，比上年增长8.0%；其中出口51.2亿美元，比上年增长16.6%，进口30.0亿美元，比上年下降4.1%。新批利用外资及港澳台资项目146个，比上年增长15.9%。注册外资及港澳台资实际到账8.0亿美元，比上年下降24.1%。加快开发园区转型升级，盐城成为中韩两国政府确定的产业园地方合作重点城市，省政府出台专项政策支持中韩盐城产业园建设。盐城高新区获批国家级高新区，城南新区、建湖高新区创成省级高新区。

旅游业蓬勃发展　2015年，全市共接待海内外游客2271.3万人次，比上年增长12.5%；其中入境游客接待量4.9万人次，比上年增长16.5%。全年实现旅游外汇收入5865.7万美元，比上年增长30%。2015年全市新增国家AAAAA级旅游景区1家、AAAA级2家、AAA级3家。中华麋鹿园创成AAAAA级景区，黄海海滨森林公园创成国家级森林公园，九龙口国家级湿地公园创建通过专家评审。生态湿地游、民俗文化游、康体养生游和乡村旅游成为新的旅游热点。

国内贸易　消费市场保持平稳　2015年，全市社会消费品零售总额完成1468.6亿元，比上年增长11.9%。分城乡看，乡村消费增速领先城镇，全年城乡分别实现社会消费品零售总额1391.8亿元和76.8亿元，比上年增长11.8%和12.6%。分行业看，消费市场平稳增长。批发、零售、住宿、餐饮业分别实现零售额179.6亿元、1140.9亿元、15.2

亿元和 132.9 亿元，比上年分别增长 10.2%、12.2%、10.0% 和 11.3%。分规模看，限额以上零售额 70.3 亿元，比上年增长 12.8%；限额以下零售额 748.3 亿元，比上年增长 11%。

生活消费增长较快　在限额以上批发和零售业主要经营类别中，信息类消费需求趋旺。通信器材类消费 3.9 亿元，比上年增长 45.3%；居民生活消费增长较快，食品类消费 64.2 亿元，比上年增长 14.6%，穿着类消费 50.5 亿元，比上年增长 8%，汽车类消费 167.1 亿元，比上年增长 15.5%；健康类消费增长较快，中西药品消费 31.8 亿元，比上年增长 18.6%；家电、娱乐类消费 63.8 亿元、1.5 亿元，分别比上年增长 15.4% 和 6.5%。

财政和金融　财政收支稳步增加　2015 年，全市实现一般公共预算收入 477.5 亿元，比上年增长 14.2%，其中税收收入 384.3 亿元，比上年增长 12.6%，税收占公共财政预算收入的比重达 80.5%。主体税种保持稳定，营业税 190.7 亿元，增长 30.3%，增值税 27 亿元，比上年下降 8.1%，企业所得税 25.4 亿元，比上年下降 6.8%。一般公共预算支出 746.1 亿元，比上年增长 23.9%。

信贷规模持续扩大　2015 年，全市共有银行业金融机构 40 家，年内净增 1 家。金融机构年末本外币存款余额 4414.8 亿元，比上年末增长 18.7%，其中居民储蓄存款 2367.8 亿元，比上年末增长 14.5%。金融机构年末本外币贷款余额 3077.5 亿元，比上年末增长 18.2%，其中中长期贷款 1359.5 亿元，比上年末增长 19.8%。

保险业健康发展　2015 年，全市拥有保险市场主体 71 家，其中市级产险公司 22 家，寿险公司 32 家，保险专业中介一级法人机构 14 家，保险经纪公司 3 家。保险分支机构及营销网点 638 个，保险从业人员 30340 人。全市实现保费收入 105.4 亿元，比上年增长 20.3%，其中财产险 32.6 亿元，比上年增长 21.9%；人身险 72.8 亿元，比上年增长 19.6%。全市各项赔偿和给付 35.9 亿元，比上年增长 5.9%。

二、社会发展

科学技术和教育事业　创新能力不断增强　2015 年，全市科技研发投入占地区生产总值的比重为 1.8%。全市国家级高新技术企业 384 家，新增 149 家。571 个项目获批省高新技术产品，创历年新高。申请专利 22353 件，比上年增长 12.1%，其中发明专利 3686 件，比上年增长 25.2%；授权专利 7840 件，其中发明专利 463 件，比上年增长 72.3% 和 71.5%；万人有效发明专利拥有量 2.44 件，比上年增长 39.4%。

教育事业协调发展　2015 年，全市共有普通高校 5 所，招生 1.7 万人，在校生 7 万人，毕业生 1.5 万人；普通中专 7 所，在校生 2.3 万人；职业高中 10 所，在校生 2.7 万人；普通中学 276 所，在校生 26.6 万人；小学 326 所，在校生 44.2 万人。全市初中毕业生升学率 98%，在校生年巩固率 99.6%；小学毕业生升学率 97.9%，在校生年巩固率 99.8%。学龄儿童入学率 100%。幼儿园在园幼儿 23.5 万人，学前三年幼儿入园率为 98.3%。全市共有教职工数 8 万人，其中专任教师 6.6 万人。

文化、卫生和体育事业　文化建设成果丰硕　文化惠民工程扎实推进。改造提升文化基础设施，市图书馆新增智慧盐城图书馆 APP 平台服务方式，手机客户端可为读者提供各类电子书 90 多万种。继续开展"盐渎风"全民读书活动。群众文化活动有效开展。2015 年，全市共完成送文艺演出 1087 场、放映公益电影 27160 场，送图书 20 万册。着力打造文艺精品。原创现代大型淮剧《小镇》成为全省 2015 年第一部重点投入的剧目。淮剧《良心》获国家艺术基金资助项目。

卫生体系更加健全　2015 年，全市拥有卫生计生机构 3242 个，其中医院、卫生院 284 个，卫生监督机构 10 个，妇幼卫生机构 11 个。各类卫生机构拥有床位 3.72 万张，在职职工 4.96 万人，其中执业（助理）医师 1.78 万人，注册护士 1.46 万人。

体育事业健康发展　2015 年，盐城成功举办沿海湿地国际公路自行车赛，20 支代表队近 200 名运动员"骑越湿地、逐梦盐城"。成功举行盐城市第七届运动会。广泛开展全民健身活动，积极开展群众体育活动，在全省率先实现公共体育服务体系示范区全覆盖，"10 分钟体育健身圈"不断完善。继续加大社会体育指导员培训力度。青少年校园足球活动成果丰硕，获得"团体一等奖"、"国家级青少年校园足球特色学校"等称号。

社会保障和人民生活　人口总量保持稳定　2015 年末，全市户籍人口 828 万人，比上年末减少 0.5 万人，其中城镇人口 476.9 万人，乡村人口 351.1 万人。全年人口出生率为 11.8‰，死亡率为 7.4‰，自然增长率为 4.4‰。年末常住人口 722.85 万人，城镇化率 60.1%，比上年提高 1.6 个百分点。

生活水平不断提高　2015 年，全体居民人均可支配收入 22419 元，比上年增长 9.1%。城镇常住居民人均可支配收入 28200 元，比上年增长 9.1%；人均消费支出 16539 元，比上年增长 7.6%。农村常住居民人均可支配收入 15748 元，比上年增长 9.3%；人均生活消费支出 11819 元，比上年增长 9.6%。

城镇就业基本稳定　2015 年，全市从业人员 445.7 万人，其中第一产业从业人员 114.7 万人，第二产业从业人员 156.9 万人，第三产业从业人员 174.1 万人。私营企业从业人员 136.8 万人，个体从业人员 47.7 万人。新增城镇就业人员 11.1 万人。城镇登记失业率保持 1.89% 的较低水平。

社会保障日臻完善　2015 年，全市城乡居民大病保险实现全覆盖，建立困难群众保障援助和市区困难群众托底救助制度，全市 35.7 万困难群众基本生活有稳定来源，14 万低收入人口完成脱贫。新建各类保障性住房 2.5 万套，完成农村五保供养服务机构提档升级项目，大市区养老呼叫服务平台投入运营，城市社区居家养老服务中心（站）实现全覆盖。

（孙明明）

2015 年全市行政区划、人口及土地面积

表 02 – 03

指标名称	计量单位	全市	亭湖区	盐都区	响水县	滨海县	阜宁县	射阳县	建湖县	东台市	大丰区
镇	个	96	6	8	8	11	13	13	11	14	12
办事处	个	25	10	5		3	4		3		
村民委员会	个	1823	130	170	100	251	247	150	199	368	208
居民委员会	个	627	113	90	52	45	94	90	47	42	54
行政区域土地面积	平方公里	16931	800	1015	1474	1950	1439	2606	1157	3176	3008
年末总户数	万户	271.56	32.72	24.05	16.87	34.13	35.90	31.61	29.69	39.18	27.41
年末总人口	万人	828.03	98.91	71.42	62.37	122.35	112.28	96.32	80.01	112.65	71.72
#男	万人	427.31	50.44	37.40	32.96	64.38	58.81	49.41	41.25	56.84	35.82
#女	万人	400.72	48.47	34.02	29.41	57.97	53.47	46.91	38.75	55.81	35.90
#农业人口	万人	351.10	20.63	24.22	30.05	58.28	62.01	50.13	34.94	44.40	26.45
#非农业人口	万人	476.93	78.29	47.20	32.32	64.07	50.27	46.19	45.07	68.25	45.27
#城镇人口	万人	434.43	79.95	45.08	26.51	49.03	44.84	49.63	41.61	57.14	40.64
年平均人口	万人	828.29	98.36	71.46	62.42	121.91	112.19	96.55	80.07	113.19	72.13
当年出生人口	万人	97590	11907	10031	7718	18205	15281	9610	7810	9442	7586
出生率	‰	11.79	12.03	14.14	12.35	14.88	13.63	9.97	9.75	8.34	10.60
当年死亡人口	人	61201	4171	7440	4600	9080	10841	6138	5216	8124	5591
死亡率	‰	7.39	4.25	10.36	7.38	7.44	9.71	6.33	6.50	7.19	7.81
自然增长人数	人	36389	7736	2591	3118	9125	4440	3472	2594	1318	1995
自然增长率	‰	4.40	7.78	3.78	4.97	7.44	3.92	3.64	3.25	1.15	2.79
迁入人数	人	39776	9590	3396	4563	3934	4406	2751	3156	5770	2210
迁出人数	人	52054	5087	3093	5824	7518	8061	6266	6179	7084	2942

注：盐城市经济技术开发区、城南新区非行政区划未列出，镇（区）、土地面积人口数据在统计之中。

2015 年全市国民经济主要指标

表 02 – 04

指 标 名 称	计量单位	全市	亭湖区	盐都区	响水县	滨海县	阜宁县	射阳县	建湖县	东台市	大丰区
一、地区生产总值（当年价格）	亿元	4212.50	360.30	407.06	244.30	361.30	363.20	407.61	431.05	670.23	535.11
第一产业	亿元	516.53	32.03	41.99	40.35	55.97	52.97	78.41	45.19	87.92	75.36
第二产业	亿元	1923.47	134.97	206.57	113.68	148.98	159.27	147.61	189.25	279.21	214.44
#工业	亿元	1653.90	92.83	179.86	99.46	128.24	118.42	139.38	161.61	243.49	174.49
第三产业	亿元	1772.50	193.30	158.50	90.27	156.35	150.95	181.59	196.61	303.10	245.31
二、规模以上工业主要指标											
工业增加值	亿元	2061.27	173.11	214.61	171.28	163.74	162.37	156.20	214.01	274.58	209.79
主营业务收入	亿元	8038.97	675.60	885	710.29	640.92	674.67	620.99	852.53	1057.30	785.93
利税总额	亿元	980.76	85.58	101.81	112.35	58.56	56.88	55.03	105.68	96.95	86.51
利润总额	亿元	564.34	55.21	48.76	81.15	32.16	31.30	30.13	59.50	57.64	59.99

续表 02－04

指 标 名 称	计量单位	全市	亭湖区	盐都区	响水县	滨海县	阜宁县	射阳县	建湖县	东台市	大丰区
三、农业总产值及主要产品产量											
农林牧渔业总产值(当年价)	亿元	1073.51	56.87	88.95	73.26	107.25	106.85	176.33	89.81	196.33	166.79
粮食产量	万吨	708.06	21.69	63.15	54.37	97.35	94.77	114.54	74.87	101.17	79.94
棉花产量	万吨	3.02	0.30	0.20		0.03	0.01	0.98	0.01	0.41	0.87
油料产量	万吨	28.17	1.02	1.59	2.13	3.60	1.72	3.17	1.87	7.45	5.19
四、固定资产投资完成额	亿元	3372.89	339.12	307.46	250	324.91	277.75	261.24	311.31	504.49	394.95
五、社会消费品零售总额	亿元	1468.60	226.15	187.84	59.90	99.46	117.01	151.19	155.43	228.30	155.58
六、出口总额	亿美元	51.24	3.04	3.13	3.88	3.04	1.66	1.67	3.02	6.81	8.95
七、实际到账外资(商务部口径)	亿美元	7.95	0.24	0.87	0.56	0.64	0.40	0.26	0.63	0.70	1.87
八、一般公共预算收入	亿元	477.50	43.36	36.48	32.54	38.65	39.17	20.56	50.61	71.55	69.33
一般公共预算支出	亿元	746.09	46.10	52.10	53.54	69	74.90	59.38	84.45	96.79	94.76
九、年末金融机构各项存款余额(本外币)	亿元	4414.84			135.22	234.64	321.21	335.65	366.87	634.31	502.11
#居民储蓄存款(本外币)	亿元	2367.82			8.97	20.16	33.73	39.76	39.55	50.53	37.64
年末金融机构各项贷款余额(本外币)	亿元	3077.48			123.40	185.70	213.65	217.42	266.02	348.15	335.03
十、人民生活											
城镇常住居民人均可支配收入	元	28200	33433	30316	23642	24451	23528	24460	27393	30330	28752
农村常住居民人均可支配收入	元	15748	17863	17271	13088	13683	14138	15136	15687	18097	17918

2015 年全省各市国民经济主要指标

表 02－05

指 标	南京市	无锡市	徐州市	常州市	苏州市	南通市	连云港市	淮安市	盐城市	扬州市	镇江市	泰州市	宿迁市
年末总人口(万人)	653.40	480.90	1028.70	370.85	667.01	766.77	530.56	564.45	828.03	461.12	271.67	507.85	586.28
国内生产总值(当年价格)(亿元)	9720.77	8518.26	5319.88	5273.15	14504.07	6148.40	2160.64	2745.09	4212.50	4016.84	3502.48	3655.53	2126.19
第一产业增加值	232.39	137.72	504.76	146.56	215.71	354.90	282.69	307.67	516.53	241.93	132.89	218.93	258.11
第二产业增加值	3916.11	4197.43	2355.06	2516.15	7045.12	2977.53	959	1176.66	1923.47	2011.97	1726.96	1793.04	1031.33
第三产业增加值	5572.27	4183.11	2460.06	2610.44	7243.24	2815.97	918.95	1260.76	1772.50	1762.94	1642.63	1643.56	836.75
规模以上工业主营业务收入(亿元)	12175.58	14113.97	12234.92	11554.95	29869.50	13350	5416.66	6608.73	8010.89	9383.07	8516.39	10826.48	3666.35
规模以上工业利税总额(亿元)	1743.45	1247.75	1788.79	1058.20	2133.83	1635.53	678.33	653.66	864.06	1085.85	887.93	1450.73	509.80
规模以上工业利润总额(亿元)	828.91	886.22	984.01	647.36	1517.59	1027.66	420.87	384.60	473.87	624.38	574.79	848.83	359.12
工业用电量(亿千瓦小时)	300.54	472.24	254.36	325.49	1074.20	253.05	116.57	108.89	206.28	152.49	165.33	172.53	106.04
固定资产投资(亿元)	5425.98	4901.19	4266.12	3398.97	5965.44	4376.03	2077.35	2203.24	3372.89	2856.82	2541.07	2695.66	1838.97
社会消费品零售总额(亿元)	4590.17	2847.61	2358.45	1990.45	4461.62	2379.46	830.71	970.74	1468.60	1236.96	1113.71	1001.64	626.64
进出口总额(亿美元)	532.40	684.67	54.13	280.41	3053.50	315.79	80.45	41.30	81.19	103.38	100.64	102.29	25.99
#出口总额(亿美元)	315.03	422.32	43.89	212.56	1814.59	228.26	40.60	30.09	51.24	77.11	68.73	63.77	18.50
注册外资实际到账(亿美元)	33.35	32.02	14.28	17.21	60.00	23.16	8.01	12.14	7.95	8.48	13.05	10.66	2.98

续表 02－05

指　　标	南京市	无锡市	徐州市	常州市	苏州市	南通市	连云港市	淮安市	盐城市	扬州市	镇江市	泰州市	宿迁市
公共财政预算收入(亿元)	1020.03	830	530.68	466.28	1560.76	625.64	291.77	350.31	477.50	336.75	302.85	316.56	235.67
金融机构存款余款(人民币)(亿元)	25887.77	12710.45	4747.01	7438.68	23659.10	9659.15	2128.22	2328.63	4363.99	4719.40	3969.11	4441.70	1819.81
#住户存款(人民币)	5535.53	4639.66	2780.60	3193.77	7358.04	5115.51	1048.27	1183.92	2397.52	2376.68	1741.48	2242.46	949.51
金融机构贷款余额(人民币)(亿元)	18217.80	9332.27	3069.90	5354.58	19200.10	5997.24	1781.05	1864.76	3045.50	3095.77	2982.60	3228.08	1696.70
城镇居民人均可支配收入(元)	46104	45129	26219	42710	50390	36291	25728	28105	28200	32946	38666	34092	22233
农村居民人均可支配收入(元)	19483	24155	13982	21912	25580	17267	12778	13128	15748	16619	19214	16410	12772

第二节　年度大事

1月

1日　2015盐城市返乡创业项目对接暨引才用工大型招聘会在市国际创投中心举行。356家用人单位参加，提供近8000个岗位，达成初步意向协议3965份。

2日　“盐城，一个让人打开心扉的地方”——盐城城市形象电视宣传片，在央视四套《走遍中国》栏目播出。

3日　在盐务工的两名外地青年彭昌洪和吴红军当选为第五届“江苏见义勇为新市民”。

5日　盐城韩资工业园在省商务厅公布的2013年度全省144家特色产业园考核名单中，位列第一。

6日　华东地区首家阿里巴巴“农村淘宝”项目在大丰市电商产业园正式启动，“农村淘宝”大丰服务中心以及首批6个村级服务站开业。

Δ　经省旅游景区质量等级评定委员会组织评定，大丰港海洋世界被批准成为国家AAAA级旅游景区，阜宁铁军纪念馆和东台黄海森林公园被批准成为国家AAA级旅游景区。

Δ　盐城市民曹荣杰、沈超、范正国当选2014年11月“江苏好人”。

8日　西南交通大学盐城轨道交通研究中心揭牌成立。市委副书记、代市长王荣平，西南交通大学校长徐飞出席揭牌仪式并讲话，并共同为研究中心揭牌。

Δ　盐城环保科技城被国家环境保护部和科技部评为第四批国家环保科普基地。

Δ　在浙江省桐乡市举行的2015江浙沪现代小戏邀请赛中，由市文化馆创作演出的现代小淮剧《录音风波》获创作金奖和最佳演员奖。

11日　市委书记、市人大常委会主任朱克江会见中国国民党副主席郝龙斌一行，就推进盐台合作进行交流。

11～12日　省住建厅巡视员王翔率省优秀管理城市创建调研组对盐城创建工作进行现场考核评估。

12日　江北首家省级人力资源服务产业园——江苏盐城人力资源服务产业园试开园，12家全国知名人力资源公司首批入驻。

Δ　江苏丰东热技术股份有限公司和江苏长虹智能装备集团被认定为国家级企业技术中心。

Δ　盐城市书法家协会原主席、中国书法家协会会员、国家一级美术师臧科被省文联授予“江苏省艺术贡献奖”。

13日　盐城卫生职业技术学院和美国西海岸超声学院签订合作办学协议。

13～14日　二炮装备部原政治委员牛炳祥等全国人大解放军团部分代表在盐视察，了解2014年盐城经济社会发展、“一府两院”依法行政、公正司法以及支持国防和军队建设等情况。

15日　盐城市第二届大学生创业创意项目大赛暨2014盐城市优秀返乡创业项目评选活动颁奖仪式在盐举行。

16日　《盐城市国家可持续发展实验区建设综合配套改革实施方案》经省委书记罗志军主持召开省委常委会研究并通过。方案提出要进一步优化盐城国家可持续发展实验区的空间结构，按照“一核三轴多节点”的城乡发展布局要求，着力构建产业优化升级、资源科学开发、生态环境保护、城乡一体发展、社会治理创新“五大机制”。

Δ　省长李学勇与中国铁路总公司总经理盛光祖在北京举行工作会商，重点就加快推进苏北沿海高速铁路建设达成共识。中铁总公司总工程师何华武，副省长史和平，省政府秘书长张敬华，市委副书记、代市长王荣平等有关方面负责人参加会商。

Δ　市委书记、市人大常委会主任朱克江率盐城市党政代表团赴苏州学习考察。省委副书记、苏州市市委书记石泰峰，苏州市市长周乃翔等出席两市工作交流会。

Δ　市国能投资有限公司在盐成立。

18日　市区饮用水安全保障十大工程之一的城东水厂深度处理工程土建、设备安装竣工。

Δ　盐城市郭猛镇和金沙湖镇被省水利厅评为2014年度“水美乡镇”，大纵湖镇三官村、大中镇恒北村等36个村被评为2014年度“水美村庄”。

19日　央视《新闻联播》和央视一套、央视新闻频道并机直播的《朝闻天下》栏目以《2014中国法治进程“坐标”》为总标题，报道盐城市政法系统公正司法、提升司法公信的情况。

19～22日 市政协七届四次会议在盐城召开。

20日 由江苏奥新新能源汽车有限公司研发、生产的国内首辆碳纤维新能源汽车在盐城下线。

Δ “百花竞放春满园”2015迎新春优秀群众文艺节目展演在盐城举行。

20～23日 市七届人大四次会议召开。

21日 盐城市“射阳大米”“东台西瓜”“阜宁大糕”3件商标在2014省农产品和地理标志商标巡礼活动中，入选全省20强农产品及地理标志商标。

23日 在2014年度全省宣传思想文化工作创新奖评选活动中，“厚德盐城”道德实践品牌建设获全省宣传思想文化工作创新奖。该奖项是省委宣传部综合表彰的唯一奖项。

25日 由市委、市政府主办，市委宣传部、市广播电视台承办的第二届“中国因你而精彩·盐城杰出人士”颁奖仪式在市文化艺术中心举行，於秀敏、吴友建、王俊、于俊崇、苏南永、赵连城、李立涅、曹文轩、孙九林和“盐城舰”全体官兵等获表彰。

27日 盐城市第二届“盐城最美警察”表彰会在市公安局举行。会议表彰10名“盐城最美警察”和10名“盐城市优秀人民警察”。

27～28日 中国科协党组副书记、副主席、书记处书记张勤在盐调研企业科协和海外智力为国服务行动计划工作。

27～29日 大丰市通过国家环境保护模范城市创建工作考核验收。

1月27日～2月1日 盐城代表团出席在南京召开的江苏省第十二届人民代表大会第三次会议。

29日 江苏省人民政府正式发文授权，同意并支持建湖县建设通用机场。建湖成为全省首家获准建设通用机场的县。

31日 在由新华网主办的2014城市民生建设与民生保障典型案例推选活动评选中，盐城获得“全国首批民生改善十佳典范城市”称号。

2月

2日 市委书记、市人大常委会主任朱克江，市长王荣平等市四套班子领导到省军区、省武警总队走访慰问。

Δ 市首届法治事件法治人物颁奖仪式在市文化艺术中心举行，十件法治事件和十位法治人物获表彰。

3～4日 国家人力资源和社会保障部副部长、国家公务员局局长信长星率调研组在盐调研就业创业工作。

4日 盐城首尔医院合作项目签约仪式在盐城举行。市第一人民医院、市妇幼保健院等4家医院分别与韩国首尔汉江秀医院、PROLO医院等4家医院签订国际医疗合作协议。

5日 市纪委六届五次全会在盐城召开。

Δ 江苏省盐城通信行业管理办公室成立揭牌仪式在市图书馆举行。

6日 市委、市政府举行全市“项目载体突破年”推进大会。

Δ 东台市入选全省首批11个生态循环农业示范县。

9日 市设分会场组织收听收看国务院召开的第三次廉政工作电视电话会议和省政府在南京分会场召开的电视电话会议。之后，市召开会议贯彻国务院和省政府会议精神。

10～11日 省委书记罗志军在盐城调研。省委常委、秘书长樊金龙，市委书记朱克江，市长王荣平等陪同。

Δ 省委书记罗志军在盐城市射阳县、阜宁县、响水县等地，看望慰问农村基层老党员、劳动模范、优抚对象，走访生活困难群众。

11日 市委书记、市人大常委会主任朱克江到响水县走访慰问城乡优抚对象、低保户、老党员、困难企业和经济薄弱镇村。

Δ 全市政法工作会议在盐城召开。市委书记、市人大常委会主任朱克江对全市政法工作作出批示。

Δ 市长王荣平到阜宁县走访慰问困难群众、贫困党员、优抚对象、困难企业和镇村。

12日 市设分会场组织收听收看省委、省政府在南京召开的深入实施创新驱动发展战略暨建设苏南国家自主创新示范区工作电视电话会议。

Δ 市委、市政府在盐城召开全市农村工作会议。会上对十佳农业龙头企业、十佳农民专业合作社、十佳家庭农场、农业品牌创建工作先进单位等进行表彰。

Δ 市举行2015“大爱盐城·情暖人间”慈善救助活动。

Δ 国家发改委下发《国家发展改革委关于新建徐州至淮安至盐城铁路项目建议书的批复》，盐城首条高铁正式获批。徐宿淮盐高铁盐城段长约72千米，设阜宁南、建湖、盐城站共3个站，盐城站暂为终点站。

13日 省国信集团与盐城市国投集团在盐城签署战略合作协议。市长王荣平、省国信集团董事长马秋林出席签约仪式并讲话。

14日 市区内环高架快速路网工程全线开工建设。

16日 2014年度盐城市创业之星颁奖活动在市文化艺术中心大剧院举行。

24日 全市返乡创业项目对接暨引才用工大型招聘会在市体育馆举行。416家企业提供近万个岗位，约有1万人进场求职。

25日 市委、市政府召开全市“作风建设深化年”动员大会，年度综合考核总结会合并召开。

Δ 盐城市江苏中恒宠物用品股份有限公司、江苏百科医药有限公司等4家企业和盐城电商快递产业园、盐城电子商务产业园入选2015～2016年度全省电子商务示范企业和示范基地名单。

26日 市设分会场组织收听收看省委省政府召开的机关作风建设电视电话会议。

Δ 悦达集团在盐城召开总结表彰动员大会。集团上年实现营业收入1111.45亿元，列全省企业第四名。

27日　市设分会场组织收听收看省委、省政府召开的推动民生建设迈上新台阶暨综合医改试点工作动员电视电话会议。

28日　全市安全生产工作会议召开。会上，市政府与各县(市、区)、市各有关部门和单位签订2015年安全生产目标管理责任书。

3月

3日　全市机构编制工作会议召开。盐城市获得2014年全省机构编制工作一等奖。

Δ　盐都区潘黄街道农业中心主任程来品当选2月"中国好人榜"之敬业奉献类好人。

4日　《国务院关于同意盐城高新技术产业开发区升级为国家高新技术产业开发区的批复》下发，盐城高新技术产业开发区升级为国家高新技术产业开发区，实行现行国家高新技术产业开发区的政策。

Δ　大丰市公安局指挥中心副主任练学娟在省公安厅和省妇联联合举行的"花开警营别样红——致敬，江苏杰出女警！"报告活动中，被评为"江苏杰出女警"。

5日　"文明盐城"全市志愿服务行动在东台市启动。

5～15日　市委书记、市人大常委会主任朱克江等盐城市9位全国人大代表参加在北京召开的十二届全国人大三次会议。

6日　盐城环保科技城成功申报国家级新型工业化产业示范基地，成为苏北唯一一家入选基地。

7日　省委宣传部和省妇联联合组织《新华日报》、江苏人民广播电台、江苏电视台、《现代快报》《扬子晚报》等省级媒体在盐城集中采访江苏省"最美巾帼人物"王成女先进事迹。

8日　由西南交通大学牵引动力国家重点实验室投资的西南交通大学盐城轨道交通研究中心项目，在盐城环保科技城开工建设。

9～10日　新疆维吾尔自治区政协副主席刘志勇率队，在盐城考察生态文明建设情况。

11日　市长王荣平会见在盐城考察访问的韩国现代汽车集团副会长李炯根一行，双方就推动盐城汽车产业发展进行交流。

11～12日　副省长许津荣一行在盐城，对盐城市2014年度生态文明建设工程推进情况进行考核。

12日　2015盐城(杭州)电商发展说明会在杭州举行。

13日　"打开心扉　唱响盐城"2015全市文化惠民镇镇到文艺演出活动在东台市东台镇启动。

14日　盐城工学院、盐城工业职业技术学院、盐城技师学院等六所院校分别与相关行业企业和科研机构组成盐城市汽车、纺织、工业自动化等六大职业教育联盟。

15日　盐城与俄罗斯联邦莫斯科州奥列霍沃—祖耶沃市建立友好城市关系。

17日　市委召开全市领导干部大会，传达全国"两会"和中央领导人讲话精神，对贯彻落实中央精神和省委省政府部署提出明确要求。

18日　2015年中国新能源汽车推广应用高峰论坛在盐城开幕。

Δ　市开放大道路灯亮化工程(盐城大桥至南新河桥)和阜宁县上海路南延道路工程在2014年度"全国市政金杯工程示范工程"评选活动中，获得"全国市政金杯奖"。

Δ　2015中国盐城环保科技城投资说明会在北京举办。会上共签订合作项目12个，协议总投资额达46亿元。

21～22日　国内农业专家学者20多人在射阳县，现场实地观摩、研讨盐城市联耕联种模式。

22日　东台姑娘伍晶入选"十大杰出新香港青年"。

24日　台湾实联长宜集团总部、三电(电池、电机、电控)总成研发中心项目奠基暨实联长宜江苏租赁公司开幕活动在盐城举行。市长王荣平、省台办主任杨峰、实联长宜集团董事长林伯实等出席活动并为项目奠基。

Δ　盐城市在全国爱国卫生工作会议暨全国城乡环境卫生整洁行动现场会上，被命名为"国家卫生城市"并正式授牌，盐城东台市也一并授牌命名。

25日　盐城大丰市荷兰花海与荷兰IGMPR公司在上海签署战略合作协议。大丰荷兰花海项目入选中荷商务签约活动。

27日　盐城大数据产业园项目集中签约暨中关村(盐城)大数据产业联盟揭牌仪式在盐城举行。

Δ　新四军音乐文化研究与发展中心在盐城成立。该中心由盐城市与上海音乐学院合作成立。

27～28日　全国人大常委会副委员长艾力更·依明巴海率全国人大常委会执法检查组在盐城就贯彻实施《中华人民共和国职业教育法》情况进行执法检查。

30日　市委、市政府在盐城召开全市深入实施创新驱动发展战略暨科学技术奖励大会。会上颁发2014年度全市科学技术奖、市政府专利奖。

Δ　全市散坟整治暨公益性公墓建设工作推进会举行。

Δ　位于阜宁县羊寨镇单家港小学的中共中央华中局第一次扩大会议旧址修缮工程启动。

30～31日　全省人大环境资源城乡建设工作座谈会在盐城召开。省人大常委会副主任、党组副书记张艳出席并讲话。

31日　韩国南原市副市长罗石勋带领该市旅游产业相关部门一行6人在盐城访问。

Δ　盐都区被省政府办公厅命名为江苏省义务教育优质均衡发展县(市、区)。

4月

1日　刘毓标夫妇文物捐赠仪式在新四军纪念馆举行。刘毓标，1930年加入中国共产党，1955年被授予少将军衔。刘毓标及夫人赵倩是曾战斗在盐城地区的老一辈革命家和新四军杰出代表。

△ 盐城市李海龙当选3月“中国好人榜·助人为乐”好人。

1~2日 中纪委驻人社部纪检组组长袁彦鹏、人社部监察局局长胡驰一行在盐城调研人社服务窗口和基层平台建设情况。

9日 盐台经贸合作推介会在盐城举办。

△ 东台市被住建部、科技部正式纳入2014年度国家智慧城市试点名单。

△ 市见义勇为基金会授予潘道奎等20人“盐城平安好人”称号。

10日 盐城在深圳举办的2015第四届中国手机产业年会上，对智能终端等电子信息产业发展情况作专场推介。

11日 2015中国大丰麋鹿文化旅游季暨荷兰花海国际郁金香文化月在大丰开幕。

13日 盐城·普华永道投资合作说明会在盐城举行。

13~14日 市设分会场组织收听收看省委、省政府在南京召开的全省深入实施转型升级工程推动经济发展迈上新台阶视频工作会议。

15日 市组织收听收看全国加强基层宣传思想文化工作电视电话会议及省召开的续会。

18日 市区城市河道整治工作推进会在盐召开。

19日 “让红色记忆永存——听抗战老战士讲中国好故事”活动在盐城启动。

21日 “盐渎风”第三届全民读书月活动启动。

22日 东风汽车公司总经理朱福寿在东风悦达起亚汽车有限公司第三工厂考察。

△ 全市小麦赤霉病防控暨联耕联种与农业结构调整现场推进会在射阳召开。

23日 盐城市与省经信委合作共建的江苏省大数据产业园在盐城揭牌。

△ 江苏省烟气治理新技术新产品推广应用现场会在盐召开。盐城市与省经信委签订合作共建盐城环保科技城协议。

△ 市长王荣平会见在盐城访问的瑞士驻沪总领事霍力轩一行，双方就进一步推动友好交流合作进行交谈。

24日 “微笑武林春蕾小学”在城南新区武林小学落成。

△ 市设分会场组织收听收看省政府召开的全省涉农资金专项整治行动电视电话会议。

25~30日 市委书记、市人大常委会主任朱克江率盐城市经贸考察团到台湾考察访问，开展经贸合作交流活动。在台期间，考察团举办江苏盐城（两岸）经贸合作说明会、2015台湾·盐城旅游活动周启动仪式、盐城（两岸）现代农渔业合作说明会等近30场参访活动。

28日 盐城市10名全国劳模和先进工作者在北京人民大会堂举行的2015年庆祝“五一”国际劳动节暨表彰全国劳动模范和先进工作者大会上，受到表彰。

△ 第八届“盐城市十大杰出青年”结果公布。

29日 市设分会场组织收听收看国务院召开的2015年深化医改工作电视电话会议以及本省召开的深化医改工作电视电话会议。

30日 盐城被中央编办列入开展综合行政执法体制改革试点城市。试点工作从2015年4月开始，到2016年上半年基本结束。

△ 阜宁县公安局东风派出所教导员王成女当选4月“中国好人榜·敬业奉献”好人。

5月

2日 市直及六县（市）和城南新区公开招聘教师统一笔试开考，是首次以“市县联动，以市为主统一笔试，县（市、区）单独组织面试”的方法公开招聘教师。

4日 市举行“新盐城·新青年”纪念五四运动96周年主题团日活动。市委书记、市人大常委会主任朱克江出席并为第八届盐城市十大杰出青年颁奖。

△ 2015中国互联网金融论坛盐城站开幕。

9~11日 全国政协常委、云南省政协常务副主席白成亮率领驻云南全国政协委员考察团在盐城，就产业转型升级进行专题调研考察。

11日 市设分会场组织收听收看省委书记罗志军为党员领导干部做“三严三实”电视电话专题教育党课。省委副书记、省长李学勇主持。市委书记、市人大常委会主任朱克江等市四套班子领导等在盐城分会场收听收看。

△ 国内最大池塘工业化生态养殖系统在盐城市建湖县恒济镇建成，正式分批投放鱼种。

13日 由市演艺集团出品，省淮剧团创作演出的现代淮剧《小镇》列入2015年度省文化厅舞台艺术重点投入剧目。

14日 市区两大饮用水安全保障重点工程——盐龙湖至城东水厂原水互通管道全线贯通，城东水厂每日30万吨深度处理工程正式并网供水。

15日 省检察院和市委在盐城联合召开刘文胜先进事迹表彰学习大会。省检察院检察长徐安，市委书记、市人大常委会主任朱克江出席会议并讲话。最高人民检察院授予刘文胜“全国模范检察官”称号。

△ 省级电子商务示范基地揭牌仪式在城南新区新龙广场举行，30个电商项目签约落户盐城电子商务产业园。

△ 东台被商务部、财政部确认为国家级电子商务进农村综合示范县（市）。

17日 新疆维吾尔自治区伊犁州人大常委会副主任佟瑞清一行在盐城，就人大监督工作、代表工作等情况进行调研。

17~20日 2015中国盐城丹顶鹤国际湿地生态旅游节暨第八届海盐文化节在盐城举行。

18日 市区内环高架快速路网青年路2标段正式开工。

△ 江苏省产业人才“育鹰计划”第16期清华大学高研班开学仪式在盐城举行。

19日 市委书记朱克江对全市开展“三严三实”专题教育作动员部署。

Δ　市设分会场组织收听收看国务院召开的全国就业创业工作电视电话会议。

20日　全市城乡环境综合整治工作推进会在盐召开。

22日　盐城高新技术产业开发区建设推进大会在盐召开。科技部副部长曹健林、副省长徐南平出席并为盐城高新技术产业开发区揭牌。

Δ　2015年第一期全国地市级环保局局长专题培训班在盐城开班，全国83位地市级环保局长参加。

24~28日　市委书记、市人大常委会主任朱克江率团到韩国考察访问，开展经贸交流和招商活动。在韩期间，本市先后举行美容健康产业、沿海开发和经贸合作等说明会。并与韩国庆尚北道、大邱广域市签订共建中韩产业园三方合作谅解备忘录。

28日　盐城南洋机场开通桂林至盐城至日本静冈航线。

28~29日　市委书记、市人大常委会主任朱克江率团到德国慕尼黑考察访问。在德期间，举办中国盐城（慕尼黑）经贸合作说明会。中国驻慕尼黑总领事馆总领事朱万金，德国巴伐利亚州经济部国际工业司副司长乌里奇·康斯坦丁·瑞格尔等出席。

29日　盐城市民刘文胜当选5月“中国好人榜·敬业奉献”好人，郑小祥当选“中国好人榜·助人为乐”好人。

6月

1日　东风悦达起亚杯“相约盐城·打开心扉”市第九届少儿书画长卷展演活动在悦达儿童体验馆举行。

Δ　市公安局在盐举行法律专家顾问团聘任仪式。10名法律专家成为盐城市公安局法律专家顾问团成员。

Δ　信访群众依法逐级走访保障卡制度在全市实施。

2日　《2015年中国工业发展报告》发布。盐城东台市位列2014年全国工业百强县（市）榜单第95位。

4日　“盐城，一个让人打开心扉的地方”旅游城市宣传片登录央视《朝闻天下》和《走遍中国》栏目。

5日　盐城市申报国检的响水县、滨海县、阜宁县、射阳县和亭湖区五县（区）均达到国家规定义务教育发展基本均衡评估认定标准。东台市、大丰市、盐都区、建湖县去年通过国检。全市所有县（市、区）均达义务教育发展基本均衡国家标准。

7日　市杂技精品《惊风荡——旋转软钢丝》在第二届江苏艺术展演月杂技木偶专场暨文华大奖杂技比赛中，获得优秀节目奖第一名。

7~11日　市长王荣平率团在深圳香港两地开展招商活动。

9日　市组织收听收看省委、省政府召开的推动文化建设迈上新台阶工作会议。会议上，盐城市被省文明委表彰为2012~2014年度江苏省文明城市。东台市、大丰市、建湖县、阜宁县、滨海县、响水县同时入选。

Δ　梅花奖得主、淮剧国家一级演员、盐城文化艺术研究会副会长陈澄，获得由省委、省政府颁发的第二届紫金文化奖章。

10日　市区首批21个爱心母婴室建成授牌。

10~25日　市首次采用飞机施药方法，对阜宁、滨海、响水三县境内发生美国白蛾疫情的大型河堤、绿色通道等成片林密集区、农田林网及村庄等区域开展防治工作。

11日　淮安市委书记、市人大常委会主任姚晓东，市长曲福田率党政代表团在盐城考察。

Δ　省人大常委会副主任、党组副书记、省对口支援工作领导协调小组副组长史和平在盐城调研对口援疆工作。

Δ　市设分会场组织收听收看全国加强食品安全工作电视电话会议。

12日　盐城环保产业发展基金成立发布会在盐召开。北京—盐城、上海—盐城两只环保产业发展投资基金成立，一期拟设资金规模分别为10亿元和3亿元。

15日　央视四套中文国际频道《走遍中国》栏目在晚上8点播出大丰市荷兰花海专题片《百年盐田变花海》。

16日　市委、市政府在盐召开全市文化建设迈上新台阶工作会议，对全市文化建设工作进行专题研究。市首届“盐渎文化奖章”和“盐渎文化新人奖”获得者受到表彰。

Δ　市委、市政府在盐召开全市工业经济转型升级推进大会，对全市工业经济转型升级进行专题研究部署。会议表彰盐城市优秀企业和优秀企业家。

Δ　盐城市与省文化厅、省文物局在盐城签订战略合作协议，合力推动盐城文化建设迈上新台阶。

Δ　全市镇村经济发展工作会议在盐召开。会议专题部署镇村经济发展和镇村环境工作。

20日　市首届狮舞邀请赛在盐都区秦南镇泾口村举行，全国12支代表队参加比赛。

△　首届江苏省业余足球联赛（盐城赛区）在市体育场开赛。

23~24日　省委常委、省纪委书记弘强在盐城调研经济社会发展、开展党风廉政建设和反腐败工作情况。

25日　盐城南洋机场扩建延长至2800米的跑道零时正式对外开放。

26日　盐城市在北京举行中韩盐城产业园新闻发布会，向中韩两国50多家主流新闻媒体介绍盐城经济社会发展和中韩盐城产业园规划建设情况。

29日　盐城智慧环保云平台项目在盐城环保科技城签约落户。

30日　全国化工行业环境保护与清洁生产会议在盐城召开。

7月

2日　长三角新能源汽车研究院在盐城成立。

△　大丰市安监局副局长陈亚平被评为6月“中国好人榜·敬业奉献”好人。

2~3日　省委书记罗志军就推动全面从严治党迈上新台阶在盐城调研并主持召开调研座谈会。

3日　江苏长江商业银行在盐城设立一级分行。

4日 经江苏省编制委员会、江苏省文化厅研究决定，盐城市杂技团升格为江苏省杂技团。

6日 全省第二批青年志愿者助残"阳光行动"服务基地在盐城集中授牌。

7日 盐城南洋机场福州—盐城—海拉尔航线开通。

8日 临海高等级公路灌江口大桥建成通车。省长李学勇到灌江口大桥工程现场察看建设情况。

△ 东风汽车公司董事长竺延风和总经理朱福寿在盐城考察。市委书记、市人大常委会主任朱克江会见竺延风一行，双方就合作发展进行交流。

△ 省委常委、副省长徐鸣在盐城港滨海港区，连盐铁路跨沿海高速、苏北灌溉总渠特大桥建设工地，调研港口、铁路等重大基础设施项目建设。

10日 市委书记、市人大常委会主任朱克江在盐城会见韩国驻沪总领事韩硕熙一行，双方就推动中韩盐城产业园建设进行交流。

△ 市长王荣平在盐城会见韩国驻沪总领事韩硕熙一行，双方就加快建设中韩盐城产业园、促进两地交流合作进行交谈。华东地区韩国商会联合会会长李相哲及上海等地韩国商会负责人参加。

△ 建湖九龙口通用机场开工建设，为全省首个获准建设通用机场的县。

11日 大丰市高鑫投资有限责任公司、大丰市科技创业园有限公司等4家企业被科技部确认为符合享受2014年度国家税收优惠政策条件的国家级科技企业孵化器。

13日 江苏银宝控股集团有限公司在盐城成立。

△ "2015盐城青年网络创业大赛"在盐城经济技术开发区科技绿洲启动。

16日 盐城市与华为技术有限公司签订合作协议，共同建设云计算数据中心。市委书记、市人大常委会主任朱克江，华为技术有限公司党委书记周代琪出席仪式并讲话。

△ 盐城市和中国农业发展银行江苏省分行在盐城签订战略合作协议。

17日 盐城市被省政府表彰为2014年度大气污染防治优秀城市。

21～22日 市委书记、市人大常委会主任朱克江，市长王荣平率盐城市党政代表团赴南京、无锡考察，学习南京推动创新发展和文化建设、无锡推动转型发展和城市环境建设的先进经验。

22～23日 省环保厅组织国家环保模范城市预评估组，对盐城市"创模"工作进行现场检查。专家组同意盐城市通过创建国家环保模范城市省级预评估。

27日 盐城南洋机场重庆—盐城—大连航线开通。

30日 市长王荣平出席华为技术有限公司在北京举行云战略与业务发布会，并会见华为公司副董事长、轮值CEO徐直军。

7月31日至8月1日 中共中央委员、国家行政学院常务副院长马建堂率国家简政放权第三方评估调研组在盐城，就"简政放权、放管结合、优化服务"相关政策措施落实情况进行专题评估调研。

8月

4日 市节能环保产业联盟在盐城环保科技城成立。

△ 盐都区大冈镇在2015年中国砂带基布产业创新发展论坛上，被评为中国砂带基布产业示范基地。

5日 盐城至台北航班包舱货运合作协议在盐城签署。盐城市首次采取货运包舱的方式运营境外航线。

5～7日 新疆伊犁州察布查尔锡伯自治县党政代表团在盐城考察，交流对口支援工作。

6日 盐城市第四届道德模范、十佳文明新事暨第二届"讲文明、树新风"公益广告大赛颁奖仪式在盐城举行，20位优秀市民当选市第四届道德模范。

10日 盐城大数据产业推介会在京举行。市委书记、市人大常委会主任朱克江出席并讲话。

10～11日 受2015年第13号台风"苏迪罗"影响，盐城市中南部普降大暴雨、特大暴雨，部分地区累计降雨量超过450毫米。强降雨造成部分小区积水、农田被淹、农作物受损。

14日 全省国土资源综合动态智能监管系统建设现场会在盐城召开，会上推广盐城市在全省率先建立的"慧眼守土"国土资源综合动态智能监管系统建设经验。

15日 市集中收听收看全国安全生产电视电话会议。市长王荣平出席盐城分会场。

18日 全市首家跨境电商产业园——盐城邮政跨境电子商务产业园在新都东路2号盐城邮政枢纽中心开园。

18～20日 2015盐城土地推介说明会在深圳举行。

19～24日 "丰山杯"2015全国青少年保龄球锦标赛在市全民健身中心保龄球馆举行。

20日 第五届沿海发展人才峰会首场专项活动——全市校企人才合作交流大会暨就业实习基地对接洽谈会在盐城召开。

△ 盐城南洋机场开通盐城至南京航班。

21日 盐城市部署大丰撤市设区工作。市委书记、市人大常委会主任朱克江出席大丰领导干部会议并讲话。市长王荣平宣读国务院《关于同意江苏省调整盐城市部分行政区划的批复》、省政府《关于调整盐城市部分行政区划的通知》和盐城市委、市政府《关于支持大丰撤市设区后加快发展的意见》。

△ 上海汽车集团股份有限公司总裁、上海汽车集团股权投资有限公司董事长陈志鑫在盐城考察。

△ 科技领军人才盐城创新驱动中心授牌暨科技副总签约仪式举行。

△ 盐城市商务局与盐城苏宁云商销售有限公司签署发展电子商务战略合作协议。

22日 盐城市东台、大丰和建湖被评为全国县域经济与县域基本竞争力百强县。

24日 市委、市政府召开全市"项目载体突破年"推进会。

△ 悦达集团在2015中国企业500强中位列第130，

在江苏省位列第五。

25 日 “浴血奋战 英雄盐城”——新四军抗战大型专题展览在新四军重建军部旧址泰山庙开展。

27 日 市委书记、市人大常委会主任朱克江在盐城会见韩国大邱庆北经济自由区域厅厅长都建佑一行，双方就创新“两国双园”合作模式、拓展地方经济合作，加快中韩盐城产业园建设进行交流。

△ 市委书记、市人大常委会主任朱克江在盐城会见世界技能大赛银牌获得者盐城技师学院电气自动化专业三年级学生惠希奇，代表市委、市政府向惠希奇表示祝贺，向指导技术团队表示慰问。

28 日 全市基层医疗卫生机构基础设施标准化建设工作现场会在盐城召开。

△ 市第三届高层次人才创业大赛决赛在盐城举行。

30 日 市委书记、市人大常委会主任朱克江在阜宁县陈集镇停翅港村新四军军部旧址缅怀革命先烈，并调研阜宁经济社会发展情况。

31 日 第五届沿海发展人才峰会大企业（集团）人才兴企 CEO 研讨会在盐城召开。

9 月

1 日 “纪念中国人民抗日战争暨世界反法西斯战争胜利 70 周年——共和国将军书画展”在盐都博物馆举行。

△ 2015 盐城青年网络创业大赛总决赛在盐城举行。中农网购（江苏）电子商务平台项目获得一等奖。

2 日 市召开“铭记抗战历史 弘扬铁军精神”座谈会。市委书记、市人大常委会主任朱克江出席并讲话。

△ 市委书记、市人大常委会主任朱克江，市长王荣平看望慰问盐城市部分抗战老战士，向他们颁发中国人民抗日战争胜利 70 周年纪念章，并代表市委、市政府向全市抗战老战士老同志致以敬意和问候。

△ 市举行《新四军在盐城》丛书首发式。

3 日 市长王荣平现场督查会办市区水上集中居住区和市肉联厂重大安全隐患整治工作。

4 日 市纪念中国人民抗日战争暨世界反法西斯战争胜利 70 周年活动在新四军纪念馆广场举行。市委书记、市人大常委会主任朱克江出席并讲话。

5～6 日 市在上海举办中国盐城·第五届沿海发展人才峰会之知名媒体人“智兴盐城”恳谈会等三项专场对接活动和“敞开心扉 广纳英才”峰会主题活动。

6 日 盐城国家高新区智能终端产业园 10 个项目集中开工，总投资 13 亿元。

7 日 全省植物检疫宣传月启动仪式暨植物检疫执法工作研讨会在盐城举办。

7～9 日 市委书记、市人大常委会主任朱克江率团赴新疆察布查尔锡伯自治县和青海同德县考察交流，实地察看援疆援青项目建设情况，看望慰问盐城市援疆援青工作组全体人员。

10～12 日 农业部副部长于康震，省委常委、副省长徐鸣在盐城调研现代渔业发展情况。

11 日 省委常委、副省长徐鸣在盐城会见参加第十七届江苏农洽会的部分境外嘉宾。

△ 市委、市政府在盐召开全市深化医药卫生体制改革工作会议。

11～13 日 第十七届（2015）江苏农业国际合作洽谈会在盐城国际会展中心举行。农业部副部长于康震，共青团中央书记处书记徐晓，省委常委、副省长徐鸣出席开幕式，市委书记、市人大常委会主任朱克江讲话。

14～15 日 “发现双创之星”大型主题活动走进盐城。国务院办公厅信息研究中心、省委宣传部联合组织 12 家中央及省级媒体，集中采访盐城市推进大众创业、万众创新工作。

14～22 日 市长王荣平率市经贸代表团赴德国、奥地利、瑞士开展招商推介活动。

15～17 日 中国长江三峡集团公司董事长、党组书记卢纯在盐城考察，加强与盐城在风电领域的合作。

16 日 省教育厅副厅长倪道潜率督查组在盐城督查社会救助专项治理情况。

17 日 盐城籍澳大利亚侨胞、著名抗日将军陈中柱遗孀王志芳在盐城探亲扫墓。

18 日 2015 中国东部沿海（盐城）第四届国际汽车博览会在盐城国际会展中心开幕。

19 日 中国戏曲现代戏研究会第 27 届年会暨江苏省戏曲现代戏研究会第 3 届年会在盐举行。年会上，由省淮剧团创作演出的大型原创现代淮剧《小镇》获评 2014～2015 年度“突出贡献剧目”。

△ 市召开群众体育先进表彰大会，对 2011～2014 年度群众体育工作 103 个先进单位和 83 名先进个人进行表彰。

△ 全市装机容量最大的火力发电项目——中电投协鑫滨海 2×100 万千瓦发电工程，在滨海港区开工建设。

19～23 日 市第七届运动会在盐城举行。全市 11 个代表团，3000 余名运动员参加田径、游泳、乒乓球、羽毛球等 20 个项目的比赛。

22 日 “苏风艺韵”轮展轮演盐城专场活动在省现代美术馆开幕。

22～24 日 由中国发明协会和盐城市联合主办的第一届世界发明创新论坛在盐城举行。28 个国家和地区的发明协会及发明家参加。科技部原部长、中国发明协会理事长朱丽兰，市委书记、市人大常委会主任朱克江出席并讲话，并共同为盐城成为中国发明创业（华东）基地揭牌。

△ 2015 年全省青年职业技能大赛决赛在盐城举行。盐城代表队获团体一等奖。

23 日 盐城市民王立明、姚士群在第五届江苏省道德模范评选中被评为省道德模范，仇爱清等 4 人获省道德模范提名奖。

24 日 盐城市建湖县九龙口镇、大丰区大中镇恒北村在南京举行的第八届长三角投资发展论坛·长三角慢生活旅游峰会上，获得“长三角最美乡村”称号，大丰区被评为

"长三角最佳慢生活旅游目的地",大丰荷兰花海旅游度假区被评为"长三角最佳慢生活乡村旅游度假区"。

26 日　响水女孩周叶苗在南京举行的"德润少年"第三届江苏省美德少年颁奖仪式上,获得省"十大美德少年标兵"称号。

28 日　市设分会场组织收听收看省委召开的全省领导干部警示教育电视电话大会。

△　中国盐城丹顶鹤主题馆在盐城丹顶鹤湿地生态旅游区开馆。

△　市区内环高架快速路一期工程建成通车。

29 日　总投资 11.6 亿元的奥新新能源汽车零部件研发及产业化项目在国家级盐城经济技术开发区开工建设。

30 日　市委书记、市人大常委会主任朱克江率队赴扬州市宝应县,实地考察和商谈盐城市新水源地建设工程取水口选址、管线走向设计及合作推进机制等工作,双方就共同推进新水源地建设工程确立主要原则、基本思路和总体方案。扬州市委书记、市人大常委会主任谢正义,市委副书记张爱军等陪同。

10 月

4 日　由射阳杂技团创作表演的杂技《扇舞丹青·头顶技巧》在第十五届中国吴桥国际杂技艺术节上,获得此届艺术节最高奖——"金狮奖"。

8 日　盐都区郭猛实验学校音乐教师武红梅当选首届全国"好警嫂"。

9 日　盐城环保科技城被科技部命名为盐城国家大气污染防治装备高新技术产业化基地。

12 日　盐城新四军干部学院在市委党校新校区揭牌成立。市委书记、市人大常委会主任朱克江和中组部干部教育局副局长张程为学院揭牌。

△　"伟大的胜利——纪念抗日战争暨世界反法西斯战争胜利 70 周年中国中青年雕塑家作品展·江苏盐城展"在市图书馆开展。

13 日　盐都区获批全省首家乡村旅游创新发展示范区。

14 日　市召开专题工作会议,部署秋季秸秆综合利用和禁烧工作,确保实现全年秸秆禁烧"零火点"目标。

15 日　振兴盐城北京咨询委员会座谈会在盐举行。

△　由中国农业技术推广协会主办、盐城市协办的第十七届全国肥料信息交流暨产品交易会在盐城举行。

△　省旅游局在盐都区召开全省乡村旅游工作推进会。会上公布盐都泾口生态园、大丰荷兰花海为"江苏省乡村旅游创新项目",并授予盐都区"江苏省乡村旅游创新发展示范区"称号。

△　中华麋鹿园晋升为国家 AAAAA 级景区,是盐城市首个 AAAAA 级旅游景区。

16 日　亚洲最大海上升压站——江苏响水近海风电场 220 千伏海上升压站完成安装。

17 日　艾雷奥特(江苏)飞机工业有限公司在西安举办飞机推介暨航空产业项目招商恳谈会。

19 日　市七届人大常委会第二十五次会议在盐召开。会议决定任命庄兆林、葛启发为盐城市人民政府副市长。

△　市表彰 66 名"孝亲敬老之星"和"老有所为之星"。

22 日　全省首个地市级中医"医联体"——盐城市中医院医疗联合体成立。

24～25 日　2015CTCC 中国房车锦标赛暨中韩(盐城)汽车文化交流活动在盐举行。38 支中韩主流整车厂家和俱乐部车队,以及新华社、中央电视台、东方卫视、韩国 KBS 等近 230 家境内外新闻媒体代表参加。

28～29 日　全国政协副主席、致公党中央主席、科技部部长万钢在盐城考察调研科技部重大项目支持地方经济发展工作。

△　中组部副部长陈向群率调研组在盐调研基层党组织建设和党代表任期制工作。

29 日　东台市五烈镇甘港村、建湖县九龙口镇梅苏村被评为第三届"江苏最美乡村"。

△　2015 盐城农产品品牌暨电商推进会在盐城召开。

31 日　盐城市城市公立医院实施药品零差率销售。

11 月

2 日　阜宁至建湖高速公路正式开通,江苏提前实现"县县通高速"。

3 日　省社会科学院盐城分院在市委党校揭牌。

3～4 日　市长王荣平率团参加在南京举行的 2015 两岸企业家紫金山峰会。

4 日　全国水产养殖面源污染防治现场会在盐城召开。

5 日　国家级盐城经济技术开发区在韩国首尔举办 2015 中韩盐城产业园(开发区)智能制造产业投资说明会。

6～7 日　2015 第四届中国盐城·国际环保产业博览会在盐城环保科技城会展交易中心举行。

7 日　中国汽车技术研究中心汽车试验场应用技术研讨会暨中汽中心盐城汽车试验场建成启用仪式在大丰区举行。

10～11 日　四川省资阳市党政代表团在盐城考察。

△　2015 中国盐城沿海湿地国际公路自行车赛举行。

11 日　2015 盐城市艺术节开幕式在市文化艺术中心大剧院举行。

12～14 日　全国绿委办常务副秘书长、国家林业局造林司副司长赵良平带领全国绿化委核查组在盐城考评验收盐城市创建全国绿化模范城市工作。

14 日　市政务服务管理办公室承担的国家级政务服务综合标准化试点项目通过国家标准化管理委员会评估专家组考核验收。

16 日　上将周克玉的家人将其生前珍藏的 5000 余册图书捐赠给盐城市图书馆。

16～19 日　市长王荣平率市经贸代表团在台湾开展招商推介活动。

17 日 沪苏大丰产业联动集聚区开发建设推进协调领导小组第一次联席会议在南京召开。

18 日 苏北地区外贸稳增长工作座谈会在盐召开。

18～20 日 市农业代表团赴广东深圳、广州、佛山考察招商。

19 日 "盐城水稻种子"被国家工商总局认定为地理标志证明商标，为全国唯一的水稻种子地理标志证明商标。

20 日 全市"清洁乡村"行动工作推进会召开。

24 日 江苏省人民医院和盐城市中医院在盐签订合作协议，在市中医院挂牌成立江苏省人民医院技术支持医院。

△ 江苏英达机械有限公司的 WQ35－4 型通过式螺纹钢抛丸机、江苏伯乐达变压器有限公司的 S13 型 10KV 油浸式高过载配电变压器等 183 项产品被省科技厅评为省高新技术产品。

△ 射阳通用机场建设获得批准，将于 2016 年初开工建设。

25 日 盐城市选送的"鹤舞东方"铁艺多功能笔架旅游纪念品在由国家旅游局主办的首届中国特色旅游商品评选活动中，获得中国特色旅游商品银奖。

26 日 由盐城市、常州市妇联联合举办的"打开心扉创赢未来"2015 盐城·常州巾帼创业合作对接会在盐城举行。

30 日 江苏绿色智能轨道交通产业基地在盐城成立。

△ 盐都"好警嫂"武红梅、射阳"侠义老板"高建勇分别当选 11 月"中国好人"。

12 月

11 月 30 日至 12 月 4 日 2015 中国青年涉农产业创业创富大赛全国赛在盐城举行。

2～3 日 省纪委在盐城召开全省案件监督管理工作座谈会。

4 日 中国共产党盐城市第六届委员会第八次全体会议在盐城举行，审议通过《中共盐城市委关于制定盐城市国民经济和社会发展第十三个五年规划的建议》和全会《决议》。

△ 亭湖区公安分局警务督察大队副大队长刘婵被省公安厅等部门联合授予"江苏最美警察"称号，东台市公安局治安大队户政中队中队长林惠云获提名。

△ 盐城市盐城金地超旺农业科技有限公司总经理陈大军、盐城市丝利得茧丝绸有限公司团支部书记苏兰兰等 4 人被团省委、省文明办、省青联等部门联合评为 2015"江苏好青年"。

5 日 2015 全国沿海城市羽毛球精英赛在盐城举行。

△ 在盐城市大丰区荷兰花海工作的荷兰籍技术顾问尼可，获得 2015"情动江苏·杰出国际友人"称号。

7～9 日 省环保厅组织考核组，对盐城市创建省级生态市工作进行考核验收。盐城总体达到省级生态市建设标准，通过考核验收。

8～9 日 市委、市政府在上海举办产业创新经贸合作说明会。

9 日 市见义勇为基金会召开成立 20 周年工作报告会。

11 日 盐城市大型新四军题材舞剧《烽烟桃花飞》在南京前线大剧院参加国家公祭展演。

13 日 省委副书记、代省长石泰峰在盐城调研。

△ 在人民日报社主办的"2015 经济全球化与中国城市创新发展论坛暨'环球总评榜·城市榜'发布典礼"上，盐城市被评为 2015 年中国十佳绿色生态旅游城市。

14～15 日 市组织收听收看全省扶贫开发工作电视电话会议。市委书记、市人大常委会主任朱克江出席省主会场会议，并作题为《创新体制机制 推进精准扶贫》的发言。

16 日 华东江苏大数据交易中心平台在盐城市城南新区上线运营。

16～17 日 省人大常委会党组书记、常务副主任蒋定之一行在盐城，就经济社会发展和人大工作开展情况进行调研。

18 日 市第五届十佳科技标兵、第八届优秀科技工作者颁奖仪式暨 2015 年中国科协会员日盐城主场活动举行。

21 日 中国车用纤维新材料及应用重点成果推广会议暨高性能纤维与汽车轻量化技术创新发展战略研讨会在盐城举行。

△ 市第七届职业技能大赛暨第三届"江苏技能状元"大赛盐城选拔赛在盐城技师学院举行。

23 日 市召开公务用车制度改革工作会议。

△ 盐城市创建国家环境保护模范城市工作通过国家技术评估。

28 日 省人民医院技术支持医院——市城南医院启用。

△ 盐城万达广场举行开工奠基仪式。

29 日 位于市区盐渎公园内的好人馆开馆，展示近年来全市涌现出的 43 位"中国好人"、62 位"江苏好人"和 228 位"盐城好人"的典型事迹。

30 日 市特高压工程建设领导小组第一次会议在盐召开，部署加快推进盐城市境内锡盟（锡林郭勒盟）—泰州特高压直流输电工程建设。

△ 盐城市首本不动产权证书颁出。

31 日 由盐城、延安两地共同举办的《延河恋·黄海情》第三季"致敬经典"2016 新年电视文艺晚会在市体育馆举行，并通过卫星在盐城、延安两地同步直播。

△ 全省交通一卡通盐城市公交卡互联互通正式开通。

（滕建平 王 静）

第03章　组织机构

责任编辑　赵　丽

第一节　市级组织机构及负责人

中共盐城市委

书　记　朱克江
副书记　王荣平
　　　　戴元湖(2015.03～)
常　委　戴元湖
　　　　丁　宇(～2015.12)
　　　　刘德民
　　　　宋修明
　　　　庄兆林
　　　　张礼祥
　　　　陈红红(女)
　　　　潘道津
　　　　倪　峰
　　　　尹卫东(2015.09～)
　　　　王　荣(2015.12～)
秘书长　潘道津
副秘书长　戴红光
　　　　陈健翔(～2015.02)
　　　　徐国均
　　　　卫永标
　　　　蒋国良
　　　　吴富平(～2015.02)
　　　　顾亚军(～2015.05)
　　　　刘向阳
　　　　戴为洋(2015.02～)

盐城市人民代表大会常务委员会

主任、书记　朱克江
副书记、副主任　周德祥
副主任　丁　宇(2015.12～)
　　　　曹友琥
　　　　谷家栋
　　　　陈卫国(～2015.12)
　　　　肖紫英(女)
秘书长　倪崇彦
副秘书长　曹为民
　　　　刘连才

盐城市人民政府

市　长　王荣平
副市长　戴元湖(～2015.03)
　　　　庄兆林(2015.09～)
　　　　朱传耿(～2015.07)
　　　　马成志(～2015.12)
　　　　夏存喜
　　　　王　荣(～2015.12)
　　　　周绍泉
　　　　吴晓丹(女)
　　　　崔　浩
　　　　张京麒
　　　　葛启发(2015.09～)
　　　　李逸浩(2015.12～)
　　　　邹毅实(2015.12～)
秘书长　徐龙波(2015.02～)
　　　　何素成(～2015.02)
副秘书长　姚学龙
　　　　陈　锋
　　　　蒋东仁(～2015.02)
　　　　王政权
　　　　嵇红梅(女)(～2015.03)
　　　　祁从峰(～2015.06)
　　　　陈　斌
　　　　朱金明(2015.02～)
　　　　蒋红萍(女)(2015.02～)
　　　　张步胜(2015.02～)
　　　　仇鼎文(2015.06～)

中国人民政治协商会议盐城市委员会

主席、书记　李　驰
副书记　李长见(～2015.11)
副主席　李长见(～2015.09)
　　　　陈还堂(～2015.09)
　　　　马成志(2015.12～)
　　　　吕拔生
　　　　蒋婉求(女)

孙长春
李纯涛
王锦胜
尹金来
沈洪清(2015.12～)
秘书长　张洪达
副秘书长　杨爱华(女)(～2015.12)
洪承志
赵　勃
李大林(2015.12～)
童　骋(兼)
彭光飙(兼)
唐伯平(兼)
王东升(兼)
王永和(兼)
李巧云(女)(兼)
孙秀丽(女)(兼)

中共盐城市纪律检查委员会

书　记　刘德民
副书记　沈洪清(～2015.12)
肖　力
刘正秀(女)
常　委　孙红亮
王加林
张鹏程
戴为洋(～2015.02)
张炜东(2015.08～)
方仕德(2015.08～)

盐城军分区

司令员　杨　军
政治委员　宋修明
副司令员　陈中华
参谋长　张建中(2015.09～)
王安明(2015.07～2015.09)
政治部主任　王　文
后勤部长　徐启磊

盐城市人民法院

院长候选人　王世华(2015.09～)
院　长　徐　军(～2015.09)
书　记　王世华(2015.11～)
徐　军(～2015.11)
副书记、副院长　吴海龙
副院长　马生安
胡　勇
吴　敦(～2015.05)
许建兵(2015.07～)
叶　巍(～2015.03)
纪检组长　李士俊
政治部主任　李　悦(女)(2015.07～)
许建兵(～2015.07)
执行局局长　刘海玉(～2015.02)
审判委员会专职委员　耿晔明(～2015.02)
宋长琴(女)(2015.06～)
潘华锋

盐城市人民检察院

检察长、书记　戴　飞(女)
副书记、副检察长　岳　岭
副检察长　陈国华
刘必宁
姚　图
纪检组长　刘　杰
政治部主任　童加舟
反贪局局长　李　勤(女)(～2015.02)
张永娣(女)(2015.08～)
反渎职侵权局局长　徐　定
大中地区人民检察院检察长　征汉年
检察委员会专职委员　马　筠(女)
潘跃林

市委工作机构

市委办

主　任　戴红光(2015.02～)
陈健翔(～2015.02)
副主任　黄　实
顾明东(～2015.06)
周　卫
钱　勇(2015.02～)
刘必利(2015.06～)

组织部

部　长　尹卫东(2015.09～)
庄兆林(～2015.09)
副部长　姜友新(女)(2015.12～)
刘　海
华林泰
部　委　成　辉

宣传部

部　长　陈红红(女)
副部长　姜友新(女)
叶茂楼
薛万昌

统战部

部　长　尹金来

副部长　嵇绍乾（～2015.05）
季　放（2015.05～）

农村工作办公室

主　任　徐国均
副主任　周广展
金骏培
赵寿华
栾　峰

政法委员会

书　记　丁　宇
副书记　徐龙波（～2015.02）
顾亚军（2015.05～）
高维华
政治部主任　蔡晓钧（2015.07～）

机关工委

书　记　朱传洲
副书记　刘古佐
陈铁军
纪工委书记　韦　明
工委主任　韦　明（～2015.02）
夏新瑞（2015.02～）

台湾工作办公室（台湾事务办公室）

主　任　董小平
副主任　刘开俊
黄益成

机构编制委员会办公室

主　任　张玉春
副主任　胥晨霞（女）
姜国华（2015.02～）

市委部门管理机构

老干部局

局　长　唐　宏（2015.02～）
副局长　陈　勇
杨松生（～2015.02）
赵光华

信访局

局　长　顾亚军
副局长　戴　道（2015.05～）
俞文全
徐汉林
信访督查专员　陈海峰
唐海峰

保密委员会办公室

主　任　王　琦

机要局

局　长　陈　良

市委直属事业机构

党　校

校　长　戴元湖（2015.04～）
陈正邦（～2015.03）
书记、副校长　朱志和（～2015.02）
蒋东仁（2015.02～）
副校长　李德新
仇金标（～2015.08）
纪委书记　刘汝华
教育长　李建兵
社会主义学院副院长　黄　斌

盐阜大众报报业集团

社长、书记　朱志和（2015.02～）
周爱群（～2015.02）
总　编　宋滨东
副书记　宋滨东（2015.06～）
纪委书记　祁国良
副社长　崔宇宙
颜廷亮（2015.06～）
副总编　顾培德（～2015.02）
李　湖（～2015.02）
周　劲
季学根
孙凤志

盐城广播电视台

台　长　史学健
书　记　史学健（2015.05～）
许新建（～2015.02）
副书记　史学健（～2015.05）
副台长　陈晓光
胥爱华
王　康
唐卫华（2015.08～）
纪委书记　葛明翔

档案馆（局）

馆（局）长　徐晓明（～2015.12）
副馆（局）长　赵弘迈（女）
王明友

房　标

党史工作办公室
地方志办公室

主　任　茆贵鸣(2015.04～)
　　　　徐城生(～2015.02)
副主任　茆贵鸣(～2015.04)
　　　　刘必利(～2015.06)
　　　　石　峰(～2015.04)
　　　　王海燕(女)(2015.04～)
　　　　吴建新(2015.08～)

市委其他挂牌、合署机构

市委研究室

主　任　卫永标
副主任　顾明东(～2015.02)
　　　　周　卫(～2015.02)
　　　　钱　勇(～2015.02)
　　　　张素东(2015.02～)

市委全面深化改革领导小组办公室

副主任　齐　华

市委督查室

主　任　赵国锋

优化办

主　任　沈洪清(兼)(～2015.06)
副主任　王加林

市委巡视工作联络办公室

主　任　孙红亮
专职副主任　刘怀瑞

组织员办

主　任　刘　海

企业工委

书　记　华林泰

社区工委
(2015年8月撤销)

副书记　沈卫民　(2015.04～2015.11)

非公有制企业和社会组织工作委员会
(2015年8月新成立)

书　记　刘　海(2015.11～)
副书记　沈卫民(2015.11～)
　　　　黄　斌(兼)(2015.11～)
　　　　鞠烨平(兼)(2015.11～)
　　　　陈　政(兼)(2015.11～)
　　　　许宝贵(兼)(2015.11～)

外宣办

主　任　叶茂楼
副主任　高爱军

文明办

主　任　姜友新(女)
副主任　陈中才

综治办

主　任　顾亚军(2015.04～)
　　　　徐龙波(～2015.02)
副主任　丛海燕(女)(～2015.02)
　　　　姚世健
　　　　封　潮
　　　　顾海文

事业单位登记管理局

局　长　张玉春(2015.02～)
　　　　张志东(～2015.02)
副局长　姜国华(2015.02～)

市人大机关

办公室

主　任　曹为民
副主任　如　滨(女)
　　　　蔡浩然(～2015.12)

研究室

主　任　刘连才
副主任　曹子洪

内务司法委员会

主　任　王克林
副主任　韩干荣

财经委员会
(2015年8月更名为“预算工作委员会”)

主　任　王　琼
副主任　李　梅(女)

农村工作委员会

主　任　张永春
副主任　陈向前

教科文卫委员会

主　任　蔡浩然(2015.12～)

曹士长(~2015. 12)
副主任　陈益林(2015. 12 ~)

环境资源城乡建设委员会

主　任　杨　柳(2015. 12 ~)
吴爱然(女)(~2015. 12)
副主任　蒋　春

人事代表联络委员会

主　任　杨　刚(2015. 12 ~)
周强宁(~2015. 12)
副主任　金祖亚

民族宗教侨务外事委员会

主　任　崔　潮(~2015. 12)
副主任　冯　佐

法制工作委员会
(2015 年 3 月新成立)

主　任　吴　敦(2015. 05 ~)
副主任　姚长俊(2015. 05 ~)

市政府工作机构

政府办

主任、副书记　姚学龙
书　记　徐龙波(2015. 02 ~)
何素成(~2015. 02)
副主任　韩　健(女)(兼)(~2015. 02)
张步胜(~2015. 02)
李晓奇
杜　玉(~2015. 02)
顾向阳(~2015. 02)
张　波
王　岭
徐金珠
吴志鸿(~2015. 02)
黄　冬
胡柏林(2015. 02 ~)

发展和改革委员会

主任、书记　杨雪峰
副书记、副主任　蔡群华(~2015. 05)
副主任　陈守年
于广华
张子生
朱如万
顾光明
左文亮
傅金龙(~2015. 02)
杨劲松
高晨光
纪检组长　姜雄基

经济和信息化委员会

主任、书记　苏　冬
副书记、副主任　汪寿明
副主任　袁志亚
韦　宁(~2015. 02)
陆达成
陆晓钢
颜开建
薛友祥(2015. 07 ~)
纪检组长　张腾瑶

教育局

局　长　殷　勇
书　记　殷　勇(2015. 04 ~)
常逢生(~2015. 02)
副书记　殷　勇(~2015. 04)
崔成富(~2015. 04)
郑英舜(2015. 05 ~)
副局长　崔成富(~2015. 04)
徐国良(~2015. 02)
郑英舜
江　楫(2015. 05 ~)
教育工委副书记　邹必俊
纪检组长　顾文明
督导室主任　江　楫(~2015. 05)
刘广平(2015. 05 ~)
工委主任　张　斌(2015. 05 ~)
陈旭光(~2015. 02)

科学技术局

局　长　邹毅实
书　记　周晓棣
副书记、副局长　蔡建军(~2015. 02)
副局长　周　捷
倪晓峰
丁桂林
缪志伟(2015. 02 ~)
纪检组长　郭九地

公安局

局长、书记　夏存喜
副书记、副局长　姜学儒
吴柏林
副局长　张满昌
崔恒华
朱晓明

纪委书记　王玉海
政治部主任　孙玉东

监察局

局　长　沈洪清(～2015.06)
副局长　张炜东
　　　　路竞竞(女)

民政局

局长、书记　谷红彬
副局长　姜冠军
　　　　鞠烨平
　　　　彭　涛
纪检组长　杨从农
双拥办专职副主任　戴云峰(2015.08～)

司法局

局长、书记　李从洋
副书记、副局长　孙　亚
副局长　郭乃军
　　　　董清平
纪检组长　王本成

财政局

局长、副书记　肖汝宏
书　记　吴翠娥(女)
副书记、副局长　王乃凤
副局长　孙其录(～2015.02)
　　　　虞　水
　　　　张乃文
　　　　吴启飞(2015.05～)
纪检组长　陈铁流

人力资源和社会保障局

局　长　王　娟(女)
书　记　王　娟(女)(2015.04～)
副书记　王　娟(女)(～2015.04)
　　　　唐　宏(～2015.02)
　　　　吴　刚(2015.04～)
副局长　唐　宏(～2015.02)
　　　　吴　刚(2015.04～)
　　　　汤习成
　　　　顾正钧
　　　　顾红榜
　　　　孙　伟
纪检组长　王道远

国土资源局

局长、书记　王永章
副局长　杨　柳
　　　　樊　荣
　　　　张中俊
纪检组长　王明华

规划局

局长、书记　孔逸忻
副局长　张亚钊
　　　　吴立新
　　　　杨义宽
纪检组长　潘卫东
总规划师　宋迎春

城乡建设局

局　长　吴中良
书　记　吴中良(2015.04～)
　　　　姜　华(～2015.02)
副书记　吴中良(～2015.04)
　　　　季　放(～2015.05)
　　　　苏　林(～2015.02)
　　　　顾慧春(女)(2015.06～)
副局长　季　放(～2015.05)
　　　　苏　林(～2015.02)
　　　　顾慧春(女)
　　　　李爱进
　　　　花　青
　　　　叶小强
纪检组长　沈怡奋(～2015.02)
　　　　　曹　阳(2015.06～)
工委主任　朱端倪
总工程师　魏　炜(2015.06～)

城市管理局

局长、书记　陈　锋
副书记、副局长　王玉新
副局长　樊　玮
　　　　王建安
　　　　刘文明
纪检组长　许学荣

住房保障和房产管理局

局长、书记　羊维元
副书记、副局长　张亚仿
　　　　　　　　刘　朗
　　　　　　　　戚太龙(～2015.05)
副局长　曹晓祥
纪检组长　顾惠祥(～2015.02)
　　　　　刘玉才(2015.06～)

交通运输局

局长、书记　管亚光

副局长　周　忠
葛春宽（～2015.02）
薛　华
裴义婷（女）
崔　花（女）
陈日晓
朱金明（兼）（～2015.02）
纪检组长　赵　明
工委主任　陈志超（～2015.02）
总工程师　陈惠民

港口管理局

局　长　戚太龙（2015.05～）
葛春宽（～2015.02）
书　记　戚太龙（2015.11～）
管亚光（～2015.11）
副书记　葛春宽（～2015.02）
副局长　赵　飞
纪检组长　王世法

水利局

局长、副书记　嵇红梅（女）
书　记　陆道如
副书记、副局长　单玉梅（女）
副局长　何玉良
郑军田（～2015.02）
王国佐
刘智华
纪检组长　皋古庆
工委主任　张建华
总工程师　仲　跃

农业委员会

主任、书记　乐　超
副主任　符文华（～2015.05）
周晨曦（～2015.02）
许德智（～2015.05）
王旭东（2015.05～）
计　宏
孙新建
王甫同（2015.05～）
滕友仁
总农艺师　王甫同（～2015.05）
张玉林（2015.05～）
纪检组长　许岩峰

海洋与渔业局

局　长　糜　海
书　记　糜　海（2015.04～）
卢　峰（～2015.02）
副书记　糜　海（～2015.04）
副局长　陈培岭
朱其平
杨　满
纪检组长　马志军

商务局

局长、书记　王　亚
副书记、副局长　贾子农
严　中
副局长　夏丁华
尹　跃（～2015.05）
朱　晔
工委主任　陈相国（～2015.02）
陈国亮（2015.11～）
纪检组长　陈友根

文化广电新闻出版局

局长、副书记　季德荣
书　记　史学健
副书记、副局长　顾云峰
副局长　王永和
孙为祥（～2015.05）
孙国栋（2015.05～）
吴春杏
王胜利
纪检组长　程霖霞（女）

卫生局
（2015年4月机构撤销）

局长、副书记　徐　杰（～2015.04）
书记、副局长　李大林（～2015.04）
副书记、副局长　吴　刚（～2015.04）
副局长　孙长春（～2015.04）
纪检组长　葛永良（～2015.04）

人口和计划生育委员会
（2015年4月机构撤销）

副书记、副主任　高　定（～2015.04）
副主任　张桂芹（女）（～2015.04）
房安银（～2015.04）
纪检组长　张芬萍（女）（～2015.04）

卫生和计划生育委员会
（2015年4月新成立）

主　任　徐　杰（2015.04～）
书　记　徐　杰（2015.12～）
李大林（2015.04～2015.12）
副书记、副主任　高　定（2015.04～）
副主任　张桂芹（女）（2015.04～）

房安银(2015.04～)
孙长春(2015.04～)
纪检组长　葛永良(2015.04～)
工委主任　陈旭东(2015.07～)

审计局

局长、书记　吴先国
副局长　陈献东
孙红青(女)
刘秋凤(女)
荣乃顺(～2015.07)
纪检组长　郑　琳(女)
总审计师　李树峰

环境保护局

局长、书记　周　俊
副书记、副局长　吴剑波
副局长　孔令逸
王　海
纪检组长　孙　霖
总工程师　曹江林

旅游局

局长、书记　童　健
副局长　吴志宾(2015.04～)
陈锦还
纪检组长　刘亚东

体育局

局长、书记　杨玉成
副局长　杨君明
周继明
杜明东
纪检组长　曹干方

统计局

局长、书记　秦　军
副书记、副局长　单坤刚
副局长　胥传广
魏文华
纪检组长　何成效
总统计师　朱　杰

安全生产监督局

局长、书记　洪家宁
副书记、副局长　李新昌
副局长　付金安(～2015.02)
仲汉鹏
陈爱宏
朱国华
许立设
总工程师　薛家玉
纪检组长　周为勇

盐城工商局

(2015年4月更名为“盐城市工商行政管理局”)

局长、书记　刘永前(2015.04～)
副书记、副局长　季鹏飞(2015.04～)
副局长　刘连荣(2015.04～)
葛　龙(2015.04～)
陈德美(2015.04～)
陈　政(2015.04～)
纪检组长　吴进中(2015.04～)

盐城质量技术监督局

(2015年4月更名为“盐城市质量技术监督局”)

局长、书记　尹贵尧(2015.04～)
副局长　王海南(2015.04～)
孟令永(2015.04～)
王东升(2015.04～)
杨　樾(2015.04～)
王德祥(2015.04～)
纪检组长　胡　铭(2015.04～)

食品药品监督管理局

局长、副书记　赵　宁
书　记　赵满生
副书记　张慧娟(女)(2015.08～)
副局长　张慧娟(女)
钱钦晖
李国光
曹　伟
纪检组长　谭鑫春

物价局

局　长　范建江
书　记　范建江(2015.04～)
路启龙(～2015.02)
副书记　范建江(～2015.04)
副局长　严文龙
潘锦文(～2015.02)
姜桂阳
卞长春
纪检组长　裴磊滨

粮食局

局长、书记　崔成富(2015.04～)
任义才(～2015.04)
副局长　吴　超
朱胜东

万　宏
副书记、纪检组长　曹　阳（~2015.06）
纪检组长　李　虎（2015.06~）
工委主任　刘　兵

市级机关事务管理局

局长、书记　蔡群华（2015.05~）
副书记　陈宝龙（2015.02~）
副局长　陈宝龙
夏仲书
纪检组长　吴高林（~2015.02）
张芬萍（女）（2015.04~）
工会主席　侍晓红（女）（2015.09~）

民族宗教事务局

局　长　季　放（2015.05~）
嵇绍乾（~2015.05）
副局长　马登军
王启东
王尤东

民防局

局长、书记　刘新国
副局长　张永祥
刘汉坤（~2015.02）
滕春青
纪检组长　王　琴（女）

法制办公室

主任、书记　戴红春
副主任　骆海豹
雍庆丰

外事办公室

主任、书记　刘光球
副主任　季卫军（~2015.02）
许世刚
陆　帅（2015.05~）
纪检组长　张湘玲（女）（~2015.02）
周晓晴（女）（2015.06~）

国资委

主任、书记　顾汝华
副主任　徐兆军（~2015.09）
张成中
王　健
何　忠
丁万林
纪委书记　余进成

第一市属企业监事会

主　席　余进成

第二市属企业监事会

主　席　张晓政（2015.06~）

第三市属企业监事会

主　席　张晓鸣（2015.07~）

市委市政府派出机构

政务服务管理办公室

主任、书记　王绍前
副主任　薛杰堂
邢晓峰
张锡良
纪检组长　孙仁宏

驻沪联络处

主　任　顾向阳
副主任　陈新峰

驻宁办

主　任　韩　健（女）

驻京联络处

主　任　顾明东（2015.08~）
吴富平（~2015.02）

驻深圳办

主　任　吴志鸿

苏州盐城沿海合作开发园区

书　记　蒋国良
主任、副书记　蒋林明
副书记　郦思基（~2015.02）
范品才（2015.02~）
副主任　李　铭（~2015.02）
马成华（~2015.02）
韦向东
褚国栋
王　平（2015.02~）
纪工委书记　郦思基（~2015.02）
范品才（2015.02~）

江苏盐城环保科技城

书　记　张利华（2015.04~）
副主任　张伟中（2015.06~）
陆文忠（2015.06~）

阳平坚(2015.09～)

沪苏大丰产业联动集聚区
(2015年5月新成立)

书　记　宋　勇(2015.11～)
副书记、主任　袁冬青(2015.11～)
副主任　张四福(2015.11～)

市政府直属事业机构

接待办公室

主任、书记　刘向阳
副主任　韩植林
　　　　张玉辉

公积金管理中心

主任、书记　李正林
副主任　徐克新
　　　　唐仕洪
　　　　魏彧晖
纪检组长　茅庆中(～2015.02)
　　　　陈　刚(2015.06～)

地震局

局长、书记　唐耀华
副局长　韦凯昌

供销合作总社

主任、书记　施建霞(女)
副主任　周　鸣
　　　　李海宁
　　　　葛广东
纪委书记　赵金华
工委主任　石　峰(2015.04～)

城南科教城管委会

书　记　周键云(女)
主任、副书记　郭庆生
副主任　缪志伟(～2015.02)
　　　　施志彬

黄海经济区建设指挥部办公室

主　任　祁从峰(～2015.06)
副主任　杨亚成

农业科学研究院

院　长　葛汉勤
书　记　葛汉勤(2015.04～)
　　　　姚立生(～2015.02)
副书记　葛汉勤(～2015.04)
副院长　孙明法
纪委书记　王乃顶
副院长　葛兆建
　　　　吴　春
　　　　黄如鑫

江苏盐城国家级珍禽自然保护区管理处

主任、书记　黄金文(2015.04～)
主任、副书记　吴其江(～2015.04)
副主任　朱照伟(兼)
　　　　陈　浩

江苏省大丰麋鹿国家级自然保护区管理处

主　任　孙大明
书　记　宋　勇(兼)(2015.09～)
　　　　陈　平(兼)(～2015.09)
副主任　沈　华

仲裁委秘书处

秘书长　戴红春(兼)

市政府其他挂牌、合署机构及部门下属单位

市政府研究室

主　任　姚学龙
副主任　武正华

市委、市政府总值班室(应急管理办公室)

主　任　徐金珠

市政府督查室

主　任　王　胜(2015.02～)
　　　　胡柏林(～2015.02)

口岸办

主　任　朱　杰

电子政务中心

主　任　邓　伟

金融办

主　任　陈　斌
副主任　俞全新
　　　　吴　江

沿海办

副主任　韦向东

中小企业局

局　长　汪寿明

知识产权局

局　长　邹毅实(兼)

维稳办

主　任　夏存喜(兼)
副主任　陈玉龙

纠风办

主　任　沈洪清(兼)(~2015.06)

专门办

副主任　邱文广
　　　　杨连君

苏北农村人才市场管委会办公室

副主任　陈吕生

城市管理行政执法局

局　长　陈　锋

数字化城市管理监督指挥中心

主　任　陈　锋(兼)
副主任　王玉新
　　　　吴　松

铁路建设办公室

主　任　管亚光(2015.11~)
　　　　潘进山(~2015.02)
副主任　周正雄(~2015.06)
　　　　戴　道(2015.02~2015.05)
　　　　商　颖(2015.02~)
　　　　杨　华(2015.05~)

盐城港港口局

局　长　戚太龙(2015.05~)
　　　　葛春宽(~2015.02)

林业局

局长、书记　符文华
副局长　徐殿波(~2015.02)
　　　　俞全胜
　　　　汤中文(2015.05~)

农业资源开发局

局长、书记　许德智
副局长　宋成荣
　　　　董庆余
　　　　刘井良

招商局

局　长　王　亚

贸促会

会　长　胡凤娥(~2015.02)
副会长　贾祥波(2015.05~)

文物局、版权局

局　长　季德荣

政府侨务办公室、政府港澳事务办公室

主　任　刘光球

人民防空办公室

主　任　刘新国

公安局指挥中心(办公室)

主　任　王　健

公安局国保支队

支队长　刘安民

公安局治安支队

支队长　曹志祥

公安局交通警察支队

支队长　王　炜
政　委　陈卫平

公安局刑警支队

支队长　熊新民
政　委　王晓静

公安局经侦支队

支队长　孙志平
政　委　秦正龙

公安局巡特警支队

支队长　朱一洲
政　委　崔开蕴

公安局技侦支队

政　委　朱长征

公安局监所管理支队

政　委　葛玉龙

国库集中支付中心

主　任　唐　康(2015.05~)

吴启飞(~2015.05)

劳动监察支队

支队长　张益明

市国土资源监察支队

支队长　李荣祥

规划管理监察支队

支队长　唐孝岗

园林管理局

局　长　许国兴

城市管理行政执法支队

支队长　潘建华

房产交易登记中心

主　任　季　峰

市渔政监督支队

支队长　陆为平
政　委　宋建联

文化行政综合执法支队

支队长　高庆云

环境监察局(环境监察支队)

局长(支队长)　王瑞涛

水源保护区环境监察支队

支队长　王　彬

安全生产监察支队

支队长　陈恒洪

国际交流中心

主　任　申　森

新四军纪念馆

馆　长　孙为祥(2015.05~)
副馆长　孙国栋(~2015.05)
铁春燕(女)

海盐博物馆

馆　长　颜世勋

公共资源交易中心

主　任　刘益彬

房屋征收办公室

主　任　阮绍荣

对外建筑管理处

主　任　倪圣江
书　记　严东鸣

公路管理处

主　任　杨　春

航道管理处

主　任　陈建斌
书　记　周　忠

地方海事局

局　长　陈正华
书　记　单永平

运输管理处

主　任　薛　锋

盐城民航站

站　长　崔　花(女)(兼)(~2015.12)

水利工程管理处

主　任　潘明华(2015.04~)

通榆河枢纽工程管理处

主　任　李立公(~2015.12)

市区防洪工程管理处

主　任　张　勇(2015.06~)
潘明华(~2015.04)

新洋农业试验站

站　长　王乃顶

卫生监督所

所　长　严东明

疾病预防控制中心

主　任　沈进进

一　院

院长、书记　李大林
副书记、副院长　查文章
副院长　柏宏坚
嵇友林
李明祥

朱向军
闻国华
纪委书记　卞学梅(女)

一院城南医院

院长、书记　李大林(兼)
副书记、副院长　查文章(兼)(~2015.09)
朱向军(兼)(2015.09 ~)
副院长　邓义军
李　浒
纪委书记　李奇志(女)

妇幼保健院

院　长　宋文亚

中医院

院　长　崔国静(2015.04 ~)
陆生勤(~2015.02)

二　院

院　长　陈旭东(~2015.07)

三　院

院　长　单际平

劳动就业中心

主　任　丁保华

社会劳动保险中心

主　任　陈竹山

医疗保险基金中心

主　任　马新玉

东台沿海湿地旅游度假经济区

主　任　吴晓东

盐城大纵湖湿地旅游度假经济区

主　任　唐小荣

市政协机关

办公室

主　任　赵　勃(2015.12 ~)
杨爱华(女)(~2015.12)
副主任　徐翠华(女)
潘迎华

研究室

主　任　洪承志

副主任　商中兵

教文卫体委员会

主　任　徐晓明(2015.12 ~)
徐于斌(女)(~2015.12)
副主任　孙福军

经济科技委员会

主　任　姚建平

港澳台侨委员会

副主任　程　宁

提案委员会

主　任　吴玉楷
副主任　陆体兵

学习文史委员会

主　任　徐于斌(女)(2015.12 ~)
陈建新(~2015.12)

委员联络委员会

主　任　戴晓春
副主任　孙良成

人口资源环境委员会

主　任　吴雨晴
副主任　祁玉华

社会法制和民族宗教委员会
(2015 年 6 月新成立)

副主任　李立公(2015.12 ~)

民主党派

民主同盟盐城市委员会

主　委　蒋婉求(女)
副主委　唐伯平(兼)
姜菊萍(女)
薛和平(女)(兼)

民主建国会盐城市委员会

主　委　肖紫英(女)
副主委　陈　军(兼)
孙秀丽(女)
穆向明(兼)

民主促进会盐城市委员会

主　委　马成志
副主委　童　骋(兼)

张永辉
张学军(兼)

农工民主党盐城市委员会

主　委　孙长春
副主委　李巧云(女)
左其龙(兼)
陈守年(兼)

九三学社盐城市委员会

主　委　陈还堂
副主委　王启满
刘秋凤(女)(兼)
王东升(兼)

群团机构

总工会

主　席　沈洪清(2015.06～)
陈卫国(～2015.06)
书　记　沈洪清(2015.06～)
仇鼎文(～2015.06)
副主席　仇鼎文(～2015.06)
周新民
许宝贵
周彩枫(2015.07～)
纪检组长　花鲁宁(2015.06～)

团市委

书　记　吴冈玉(女)
副书记　许　刚
夏　威
郝瑞耀

妇　联

主席、书记　陈湘珍(女)
副主席　须卫琴(女)(～2015.05)
徐　丹(女)
董玲玲(女)

科　协

主席、书记　徐瀚文
副主席　张琍琍(女)
高福华

侨　联

主　席　季卫军
副主席　李永红(女)

文　联

主　席　嵇绍乾(2015.05～)
黄金文(～2015.05)
副主席　蒋婉求(女)(兼)
张曙光

社科联

副主席　陈玉林

残　联

理事长　杨　刚(～2015.12)
书　记　刘品轩(～2015.02)
杨　刚(2015.04～2015.12)
副书记　杨　刚(～2015.04)
副理事长　黄文玉
陈汝进
朱友余

工商联

主　席　吕拔生
书　记　曾金钟(～2015.02)
副主席　朱玉春(～2015.02)
赵德生
李建松

红十字会

专职副会长　乔　静(女)

双重及垂直领导单位

盐城国税局

局长、书记　顾一兵
副书记、副局长　周　毅(～2015.05)
副局长　吴　刚
黄斌斌
孟宪春
纪检组长　何国栋
总经济师　余　群
总会计师　张　军

盐城地税局

局长、书记　苏延法
副局长　刘　进
薛振平(～2015.03)
嵇海林
陈洪军(2015.12～)
纪检组长　陈洪军(～2015.12)
王云龙(2015.12～)
总经济师　严汝青
总会计师　胥　峰(2015.12～)

盐城气象局

局长、书记　陈建华

副局长　徐良谋
万洪爱（～2015.12）
张志刚（2015.12～）
纪检组长　刘　青

盐城出入境检验检疫局

局长、书记　赵　建
副局长　于伯华（～2015.06）
申于盐
曹　中（2015.09～）
纪检组长　刘　进

盐城海关

关长、书记　顾克中（2015.05～）
张玉泉（～2015.05）
副关长　陈　立（～2015.05）
王　飞（～2015.05）
史国庆
孙兆定（2015.05～）

盐城海事局

局长、书记　金同跃
副书记、纪检组长　沈道明（～2015.11）
副局长　严进军
马荣飞
丁　波

省统计局盐城调查局

局　长　侯海连
副局长　陈乃钧
卞永来

国家统计局盐城调查队

队长、书记　陆景春
副队长　郭宗林
陈锦龙
纪检组长　徐正洪

盐城邮政管理局

局　长　芮晓峰（2015.02～）
朱金明（～2015.02）
副局长　周　军

盐城邮政分公司

总经理、书记　朱明华（2015.01～）
强　斌（～2015.01）
副总经理、工会主席　刘艳梅（女）
副总经理、纪委书记　黄　海（2015.06～）
张旭东（～2015.06）
副总经理　吴响云
沈晓建（2015.12～）

盐城电信分公司

总经理、书记　石　磊（2015.12～）
黄　斌（～2015.12）
副总经理　张晓非（～2015.06）
副总经理、纪委书记　徐乐华
副总经理、工会主席　钱　进（2015.06～）
副总经理　刘世伟（2015.09～）
卢立超（～2015.06）
吴信和

盐城移动分公司

总经理、书记　徐　宁（女）
副总经理　叶　松
王　俊（女）
杭晓明（2015.12～）
总经理助理　杭晓明（～2015.12）

盐城联通分公司

总经理、书记　吴夕艳（女）
纪委书记　杨　帆（2015.12～）
副总经理、纪委书记　吴延泉（～2015.12）
副总经理　宋文豪（2015.12～）
夷淑华
凌　旭（～2015.12）
徐德徕（女）

盐城铁塔分公司

总经理　沈　文
副总经理　梁茂华

盐城供电公司

总经理、副书记　刘华伟
书记、副总经理　徐　磊
副总经理　姜　淮（～2015.06）
施　展
赵　阳
王国平（2015.06～）
李勇健
纪委书记　崔洪斌
工会主席　范乃荣（～2015.06）
总会计师　马洪端

盐城发电有限公司

总经理、副书记　陈顺全（2015.08～）
单锦宏（～2015.08）
书　记　单锦宏（2015.08～）
刘古文（～2015.08）
副总经理　刘忠德

王爱军
纪委书记、工会主席　沈　军

射阳港发电有限责任公司

总经理、副书记　陈顺全
书　记　刘晓龙
副总经理　姜东升（～2015.10）
纪委书记、工会主席　肖文强
副总经理、总工程师　薛巨勇

盐城烟草专卖局（公司）

局长、经理、书记　张加成
副经理　陈明洋（～2015.11）
　　　　薛抗抗（2015.11～）
副局长　丁　伟
纪检组长　袁　炜（2015.11～）
　　　　　薛抗抗（～2015.11）

省盐业集团苏盐连锁有限公司盐城分公司（盐务局）

局长、总经理、副书记　王绪林
书记、副局长、副总经理　钱海涛
副局长、副总经理、纪委书记、工会主席　尚元富
副局长、副总经理　吴树建（～2015.03）

中石化江苏盐城石油分公司

经理、副书记　毛忠泉
书记、副经理、纪委书记、工会主席　徐立东
副书记、副经理　曾正西
副经理　张　弘

中石油江苏盐城销售分公司

经理、副书记　姚长海
书记、副经理　陆　敏
副经理　彭　伟
　　　　于勤来
财务总监　周　军

省广播电视信息网络股份有限公司盐城分公司

总经理、书记　曹有成
副总经理　李庆龙
　　　　　祝　星
　　　　　郭　政
纪委书记　宦广华

金融、保险机构

人民银行盐城市中心支行

行长、书记　姚盛敏
副行长　荀　嵩
　　　　从　斌
　　　　吴从法
纪委书记　高　瞻
工会主席　王远华

盐城银监局

局长、书记　曹　彤（～2015.05）
副局长　葛步明
　　　　章　峰（～2015.07）
　　　　陆安庆（2015.07～）
　　　　彭松志（2015.10～）
　　　　韩树荣（女）（2015.10～）

工商银行盐城市分行

行长、书记　陈爱民（2015.05～）
副书记　陈爱民（～2015.05）
副行长、纪委书记　曾　理（女）
副行长　范立兵
　　　　王启华
　　　　戴小峰

农业银行盐城市分行

行长、书记　孙羊生（2015.04～）
　　　　　　沈　江（～2015.04）
副行长　钱月军
副行长、纪委书记　朱余明
副行长　王柏俊（～2015.05）
行长助理　陈必森

中国银行盐城分行

行长、书记　陈新宏（2015.01～）
　　　　　　祁　斌（～2015.01）
纪委书记　仲崇启
副行长　张　宏
　　　　周一青（女）（2015.11～）
　　　　薛　峰（2015.02～）
　　　　彭　成（～2015.10）
　　　　蒯海涛（～2015.01）
　　　　黄　健
　　　　裴昌辉（～2015.07）

建设银行盐城分行

行长、书记　潘劲松（2015.01～）
　　　　　　蔡四勇（～2015.01）
副行长　王锡权
　　　　朱洪娣（女）
　　　　左友之（～2015.12）
纪委书记　秦　岭（2015.12～）
　　　　　姚家乐（～2015.09）
风险主管　刘训波（～2015.05）

交通银行盐城分行

行长、书记　王晓松
副行长　杨玉琴(女)
　　　　赵　军
　　　　邓伟民(女)
行长助理　王　军

农业发展银行盐城市分行

行长、书记　姜加强(2015.04～)
　　　　　　陈德林(～2015.01)
副行长、纪委书记　陈中华
副行长、工委主任　肖葆华

江苏银行盐城分行

行长、书记　张建军(2015.04～)
　　　　　　陈松圣(～2015.02)
纪委书记　陈　锋
副行长　张建军(～2015.04)
　　　　王　昊(～2015.04)
　　　　吴建生(2015.09～)
　　　　吴殿波(2015.06～)
行长助理　吴殿波(～2015.06)
　　　　　杨清春(2015.07～)

中国邮政储蓄银行盐城市分行

行长、书记　何道友
副行长　薛　冰
　　　　张中权
　　　　何　敏

中信银行盐城分行

行长、书记　曹亚明(2015.01～)
　　　　　　丁峥嵘(～2015.01)
副行长　钱　俊
　　　　王　军(2015.03～)
　　　　沈志远(～2015.11)
行长助理　王　军(～2015.03)

华夏银行盐城分行

行　长　徐桂林
副行长　张正龙
　　　　丁俊根
　　　　王　斌
行长助理　王　俊
　　　　　孙　强(2015.09～)

浦发银行盐城分行

行长、书记　严向春
副行长、纪委书记　陈　煜
副行长　方正超(2015.07～)
　　　　吴全厚(～2015.04)

招商银行盐城分行

行　长　王　凯
副行长　孙文峰
　　　　曹洪义

盐城黄海农商行

(2015年3月更名为"江苏盐城农村商业银行股份有限公司")

书记、董事长　丁学工
行长、副书记　杭　辉
监事长　丁克鹏(～2015.05)
副行长　李成彬
　　　　陈　旭(2015.05～)
　　　　姜建南
　　　　费　翔
　　　　黄业峰(～2015.05)
　　　　贾中军(2015.05～)

人民财产保险公司盐城市分公司

总经理、书记　朱礼荣
副总经理　刘宏进
　　　　　匡加桂
　　　　　宋建新

人寿保险公司盐城市分公司

总经理、书记　姚盛锋(2015.08～)
　　　　　　　洪　耘(女)(～2015.08)
副总经理　刘成林
　　　　　谈建华(～2015.08)
　　　　　柏根榕
　　　　　刘金扬(2015.08～)
总经理助理　周云飞(2015.08～)
　　　　　　刘金扬(～2015.08)

人寿财产保险公司盐城中心支公司

总经理、书记　高永君
总经理助理　吕　进
　　　　　　孙国志

太平洋财产保险公司盐城中心支公司

总经理、书记　孙学礼
副总经理　唐　冬(～2015.11)
　　　　　王华生

太平洋人寿保险公司盐城中心支公司

总经理、书记　刘文军
副总经理　王振华

总经理助理　王洪宾

江苏省信用再担保公司盐城分公司

副总经理　吴居海

紫金财产保险股份有限公司盐城分公司

总经理、书记　马吉良
副总经理　张秀成
杨海峰(2015.10～)
杨　娟(女)(2015.10～)
总经理助理　杨海峰(～2015.10)
杨　娟(女)(～2015.10)

中储棉盐城直属库

主　任　王　洪
副主任　龚旭升
钱中亚

各类学校

盐城工学院

书　记　姚冠新
院长、副书记　葛世伦(2015.01～)
王保林(～2015.01)
副书记、副院长　张建祥
副书记　胡凤娥(女)
副院长　方海林(女)
董跃进
薛　浩
邵　荣
纪委书记　韩同友(～2015.09)

盐城师范学院

书　记　芮鸿岩
院长、副书记　薛家宝
副书记、副院长　黄志纯
副书记、纪委书记　刘必清
副院长　曹　健
陈昌远
戴斌荣
崔　刚
陈爱蓓(女)

盐城市广播电视大学

校　长　杨怀祥
副书记　吕　祥
副校长　陈海军
周学高

盐城工业职业技术学院

书　记　张荣华(女)
院长、副书记　姜朋明
副书记、纪委书记　董顺锋
副院长　张林龙
翟才新
孙卫芳(女)
刘必千

盐城卫生职业技术学院

书　记　王光文
院长、副书记　乔学斌
副书记、纪委书记　李玉华
副院长　陈国忠
王　辉
高璀乡(女)
侍杏华

江苏省盐城技师学院

书　记　顾强生
院长、副书记　吕成鹰(女)
副院长　王东生
副院长　李成飞

盐城生物工程高等职业技术学校

校长、书记　陈乃军
副校长　成敦杰
朱余清
童朝亮
王　会
纪委书记　谷远钧

盐城中学

校长、书记　张瑞卿
副校长、副书记　王东兵(～2015.02)
副校长　朱　俊(女)
谢兆贵
陈俊江
李　生
纪委书记　树如同

盐城高等师范学校

校　长　张体松
副校长　蒋婉求(女)(兼)
朱成良
杨桂春
戴永湖
纪委书记　徐伯静

阜宁高等师范学校

书　记　刘毓航(女)
副校长　陈长飞

瞿汉荣(~2015.08)
孙永龙
崔　霞(女)
纪委书记　马　力
工会主席　孙永龙

盐城机电高等职业技术学校

校　长　马　松

盐城市经济管理学校

校　长　季万新

盐城市高级实验中学

校　长　李　生(兼)

盐城市初级中学

校　长　朱　斌(2015.02~)

盐城市第一小学教育集团

校　长　瞿汉荣(2015.08~)
张　斌(~2015.08)

第二节　县级组织机构及负责人

响水县

中共响水县委员会

书　记　崔爱国(2015.03~)
副书记　崔爱国(~2015.03)
单永红(2015.04~)
邵礼青(2015.05~)
吴红才
常　委　邵礼青
王旭东(~2015.05)
朱金南(~2015.08)
郭　云(女)
李运连
刘中连
吴瑜君(~2015.05)
孙庆树
王洪亮(2015.05~)
徐　莉(女)(2015.07~)
杨荣生(2015.07~)
谢　伟(2015.08~)

响水县人大常委会

主　任　杨毅坚(2015.12~)
崔爱国(兼)(2015.04~2015.12)
副主任　裴彦贵(~2015.12)
李　刚
刘曙明(~2015.11)
张孝将

响水县人民政府

县　长　单永红(2015.03~)
崔爱国(~2015.03)
副县长　邵礼青(~2015.11)
李运连(2015.11~)
戴翠芳(女)
田国举(~2015.05)
徐　莉(女)(~2015.07)
杨荣生(~2015.07)
张善荣
桑良举(2015.07~)
张　瀚(2015.11~)
曹　亚(2015.12~)

政协响水县委员会

主　席　裴彦贵(2015.12~)
杨毅坚(~2015.12)
副主席　陈　骧
陈苏红(女)
陆从华
于　娟(女)
武　瑾(女)

中共响水县纪律检查委员会

书　记　谢　伟(兼)(2015.08~)
朱金南(兼)(~2015.08)

响水县人民法院

院　长　谭　斌

响水县人民检察院

检察长　陈宏成

滨 海 县

中共滨海县委员会

书　记　李逸浩
副书记　钱武华
刘永轩
王晓明(~2015.11)
常　委　周　岚(女)
陈大江(~2015.05)
张孝荣
沈卫东
李　杰

姚兆春(女)
王海荣
施正祥
徐　亚(2015.05～)

滨海县人大常委会

主　任　李逸浩(兼)
副主任　于峰岭
李运亮
朱福群(～2015.11)
朱乃亮
薛正红(女)

滨海县人民政府

县　长　钱武华
副县长　陈大江(～2015.05)
周　岚(女)(2015.05～)
韩　鸿
崔　峰(～2015.04)
高明荣
李　军
王成松
程　熙(女)(2015.09～)

政协滨海县委员会

主　席　许松柏
副主席　王达军
韩立扩
赵远新
郑成铨

中共滨海县纪律检查委员会

书　记　李　杰(兼)

滨海县人民法院

院　长　詹荣安

滨海县人民检察院

检察长　樊　杉

阜宁县

中共阜宁县委员会

书　记　顾云岭
副书记　徐华明
王　强
常　委　林　进
吴晓飞
王铁根
吴启标
李　强
丁政万
孙厚勇(～2015.05)
朱　玲(女)
卜宪沛(2015.05～)

阜宁县人大常委会

主　任　王　强(2015.12～)
顾云岭(兼)(～2015.12)
副主任　张桂军
计　俊
戴卫东
高曙红

阜宁县人民政府

县　长　徐华明
副县长　吴晓飞
王　飞
陈志国
张哲峰
王　宁
吴正年

政协阜宁县委员会

主　席　仇学善
副主席　朱加国
蔡如航
路宝亚
李德平
嵇　田

中共阜宁县纪律检查委员会

书　记　王铁根(兼)

阜宁县人民法院

院　长　黄旭东

阜宁县人民检察院

检察长　李　响(2015.09～)
钱亚祥(～2015.08)

射阳县

中共射阳县委员会

书　记　戴荣江
副书记　唐　敬
季晓春
常　委　盛　艳(女)
陈允春
邱德兵

周天石
吴昌标
徐年舫
董光威(2015.02～)
田国举(2015.05～)

射阳县人大常委会

主　任　戴荣江(兼)
副主任　舜太运(～2015.12)
王占芬(女)
王家宁
刘向东

射阳县人民政府

县　长　唐　敬(2015.01～)
副县长　季晓春(～2015.05)
田国举(2015.05～)
季　风
尤道俊
徐　曼(女)
顾宝凤
戴　勇(2015.08～)

政协射阳县委员会

主　席　王　勇
副主席　刘守明
陈以奎
刘锦和
刘　慧(女)
周明荣

中共射阳县纪律检查委员会

书　记　陈允春(兼)

射阳县人民法院

院　长　王如平

射阳县人民检察院

检察长　许正胜

建湖县

中共建湖县委员会

书　记　陈　平(2015.09～)
葛启发(～2015.09)
副书记　薛盛堂
张连国
常　委　蒋红萍(女)(～2015.02)
吴　云
须卫琴(女)(2015.05～)
徐宁建
倪世勇
邓小锋
施　伟
孙海山

建湖县人大常委会

主　任　陈　平(兼)(2015.11～)
葛启发(兼)(～2015.11)
副主任　郑　中(～2015.12)
李容鉴
徐为祥
唐　文(～2015.12)
沈玉兰(女)
俞进虎(2015.12～)

建湖县人民政府

县　长　薛盛堂
副县长　吴　云
阮宜春
陈巍亮
何春明
金　明
俞进虎(～2015.12)
刘兆云

政协建湖县委员会

主　席　张连国(兼)
副主席　唐张新
葛正光
郭永霞(女)(～2015.11)
陈秀花(女)
杨海滨
曹征松(2015.12～)

中共建湖县纪律检查委员会

书　记　须卫琴(女)(兼)(2015.05～)
蒋红萍(女)(兼)(～2015.02)

建湖县人民法院

院　长　杨越华(女)

建湖县人民检察院

检察长　胡立东

东台市

中共东台市委员会

书　记　张礼祥
副书记　陈卫红(女)

崔文军
常　委　李志军
陆汉超
黄淑华(女)(～2015.12)
许　峰
夏思军
孟玉春(～2015.05)
陈晓俊
邱海涛(2015.02～)
陈玉龙(2015.05～)
周爱东(2015.09～)

东台市人大常委会

主　任　崔　康
副主任　刘树斌
赵良钢
沈　浓
孟令生
黄淑华(女)(2015.12～)
李春桃(2015.12～)

东台市人民政府

市　长　陈卫红
副市长　李志军
汤冬青
邱海涛(～2015.02)
金学宏
徐　越
李春桃(～2015.12)
徐成文
吴　琼(2015.02～)

政协东台市委员会

主　席　鲍　宇
副主席　郑静波
陈志文
吴善宽
冯　晨(女)
焦小平

中共东台市纪律检查委员会

书　记　夏思军(兼)

东台市人民法院

院　长　周　宏

东台市人民检察院

检察长　张扣华

大丰市

(2015年8月更名为"大丰区")

中共大丰市委员会

(2015年8月更名为"中共大丰区委员会")

书　记　倪　峰
副书记　陈　平(～2015.09)
宋　勇
范大玉(2015.11～)
常　委　袁冬青(～2015.12)
袁国萍(女)
徐卫东(～2015.05)
郭　超
蔡保生(2015.12～)
蒋林明
范大玉
石根美
罗　强
董　坤
张守中(2015.05～)

大丰市人大常委会

(2015年8月更名为"大丰区人大常委会")

主　任　吴家祥
副主任　江志坚
夏继永(～2015.12)
王周斌
江　波(女)
赵晓庆(2015.12～)

大丰市人民政府

(2015年8月更名为"大丰区人民政府")

市(区)长　宋　勇(2015.09～)
陈　平(～2015.09)
副市(区)长　范大玉
黄正桂
顾富昌
赵玉霞(女)
邓既明
董　毅
陈万华
韦应生
朱国新

政协大丰市委员会

(2015年8月更名为"政协大丰区委员会")

主　席　韦　新
副主席　陈同远(～2015.08)
汤小山

陈仕祥
韦　国
韦稳元

中共大丰市纪律检查委员会
（2015年8月更名为“中共大丰区纪律检查委员会”）

书　记　郭　超（兼）

大丰市人民法院
（2015年8月更名为“大丰区人民法院”）

院　长　朱　亮（2015.06～）
宋长琴（女）（～2015.06）

大丰市人民检察院
（2015年8月更名为“大丰区人民检察院”）

检察长　张春山

盐都区

中共盐都区委员会

书　记　羊维达
副书记　吴本辉
顾其斌
常　委　冯明印
方仕德（～2015.08）
朱金南（2015.08～）
单永红（～2015.04）
张建洋
陈志会
葛建华
陈士林（～2015.05）
商建明（2015.02～）
陈育群（2015.04～）
沈潜辉（2015.05～）

盐都区人大常委会

主　任　穆　芹（女）
副主任　谭庚山
丁兴俊
征书和
徐学坤

盐都区人民政府

区　长　吴本辉
副区长　单永红（～2015.04）
陈志会（2015.04～）
张建洋
张云云（女）
肖乐农
刘　源
陈育群（～2015.04）
商建明（～2015.02）

政协盐都区委员会

主　席　顾其斌（2015.12～）
陈广平（～2015.12）
副主席　徐守清
单际平
段学标
张荣銮（女）
刘旺军

中共盐都区纪律检查委员会

书　记　朱金南（兼）（2015.08～）
方仕德（兼）（～2015.08）

盐都区人民法院

院　长　韩　标（2015.07～）
李　悦（女）（～2015.07）

盐都区人民检察院

检察长　钱亚祥（2015.08～）
张永娣（女）（～2015.08）

亭湖区

中共亭湖区委员会

书　记　李东成
副书记　张宏春（2015.02～）
孙红艳（女）（2015.02～）
常　委　孙红艳（女）
戴　道（～2015.02）
颜　彦
祁新桐
张利华
沈　政
徐海宁
吴　兵（～2015.05）
顾　硕
徐维林（2015.05～）
连　倩（女）（2015.08～）

亭湖区人大常委会

主　任　李东成（兼）
副主任　王正方
马汝英（女）
桂余城（～2015.12）
于正亚
吕志平（2015.12～）

亭湖区人民政府

区　长　张宏春(2015.02～)
副区长　戴　道(～2015.02)
　　　　祁新桐
　　　　周晓东
　　　　尹同阳
　　　　周质恂
　　　　李建荣
　　　　孙　红(2015.09～)

政协亭湖区委员会

主　席　吕　锦
副主席　张春秀(女)
　　　　朱淑萍(女)
　　　　徐加宁(女)
　　　　陆建民
　　　　李洁莲(女)

中共亭湖区纪律检查委员会

书　记　连　倩(女)(兼)(2015.08～)
　　　　孙红艳(女)(兼)(～2015.08)

亭湖区人民法院

院　长　龚春光

亭湖区人民检察院

检察长　吕志平(～2015.12)

盐城经济技术开发区

中共江苏省盐城经济技术开发区工作委员会

书　记　马俊健
副书记　郭玉生
　　　　祁从峰(2015.06～)
　　　　黄丽亚(女)
　　　　陈庆林
　　　　张宏春(～2015.02)

江苏省盐城经济技术开发区管理委员会

主　任　郭玉生
副主任　祁从峰(2015.06～)
　　　　陈庆林
　　　　张宏春(～2015.02)
　　　　施　枫
　　　　郑荣文
　　　　黄郁华
　　　　瞿　斌
　　　　孟　晶
　　　　林　彬
　　　　李东前
　　　　陈　鹏
　　　　胡立辉
　　　　李兴国
　　　　邓既明
　　　　郑朝兵
纪工委书记　李新华
工会工委主任　周　翔

盐城经济技术开发区法院
(2015年1月新成立)

院　长　刘海玉(2015.02～)

盐城经济技术开发区检察院
(2015年1月新成立)

检察长　李　勤(2015.02～)

城南新区

中共盐城市城南新区工作委员会

书　记　周键云(女)
副书记　王旭东
　　　　郭庆生
纪工委书记　刘桂湘(女)
组织人事部长　蔡保生(～2015.12)

盐城市城南新区管理委员会

主　任　王旭东
副主任　周柏青
　　　　朱鸿根
　　　　沈影帆
　　　　朱国成
　　　　唐高明

沿海战略　编

□ 沿海开发

□ 园区建设

□ 开放搞活

□ 民营经济

第04章　沿海开发

责任编辑　高兰会

综　　述

2015年，全市70个沿海重点项目完成投资550亿元；列入省沿海开发五年推进计划的78个重点项目，累计完成投资3626亿元。盐城港“一港四区”（盐城港辖大丰、射阳、滨海、响水4个港区）建设加快推进，累计建成19个万吨级以上码头泊位，完成投资45亿元。大丰港区10万吨级深水航道完成试挖、滚装码头竣工，滨海港区5万吨级液体码头加快建设，响水港区万吨级散货公用码头竣工，射阳港区二期导堤工程开工建设。大丰港区新开辟连云港港—大丰港—太仓港支航线。5个沿海经济区（东台沿海经济区、大丰港经济开发区、滨海港经济开发区、响水沿海经济区、射阳港经济区）实现开票销售720亿元、税收62亿元。滨海中电投协鑫火电、东台拓海海洋生物等重大项目开工建设，大丰港海外投资公司在香港上市，海水淡化成套设备出口印尼。深化央企合作，中电投、中海油、中节能、中粮、国机集团等50多家央企在盐城投资落户，实施各类项目85个，总投资1828亿元。完善港城功能，实施临海城镇培育行动计划，5个港城（东台港城、大丰港城、滨海港城、响水港城、射阳港区）完成投资63亿元，大丰港城海洋世界跻身国家AAAA级旅游景区，东台港城建成佛教文化园，滨海港城月亮湾酒店主体竣工。加快载体建设，临海高等级公路经济带75个项目完成投资160亿元。年内，盐城被确定为中韩产业园重点合作城市，盐城高新技术产业开发区获批国家级高新区，盐南高新技术产业开发区、建湖高新技术产业开发区获批省级高新区。国家可持续发展实验区综合配套改革方案获批实施，沪苏大丰产业联动集聚区正式揭牌，苏盐、盐常等共建园区加快建设。至年底，全市实现外贸进出口总额80亿美元，新批外资项目146个，新批境外投资项目25个，中方协议投资额4.34亿美元。（王忠智）

第一节　港口建设

盐城有沿海岸线582千米，规划港口岸线154.7千米，其中深水港口岸线85千米，已利用24.67千米。至2015年底，全市沿海建成一类开放口岸1个，临时开放口岸1个，生产性码头泊位86个，其中万吨级以上泊位19个，泊位总长8770米，综合通过能力6018万吨。全年货物吞吐量7575.94万吨，集装箱17.21万标箱，外贸吞吐量1745.15万吨。全年安全引航国内外船舶1286艘次，其中180米以上的大型船舶400艘次。开通航线27条，其中近洋线3条、外贸内支线5条、内贸线19条，9条国际国内集装箱班轮航线班轮密度每月44班，实现国内沿海主要港口全覆盖，至上海港、宁波港每日有航班。

港口规划　组织新一轮《盐城港总体规划》修订，开展环境影响评价工作，10月获得省环保厅环评批复。开展4个港区的控制性详规的编制，大丰港区委托交通运输部规划研究院等单位研究编制港口发展战略和策应“一带一路”规划，射阳港区委托中交第三航务工程勘察设计院编制现代物流园规划，盐城港“十三五”发展规划初稿完成。

基础设施　盐城港全年完成投资27亿元，建成万吨级以上泊位2个，新增货物通过能力350万吨，新增汽车通过能力23万辆。列入省市沿海港口重点工程建设计划的项目进展顺利。大丰港区10万吨级深水航道开工建设，完成试挖工程；射阳港区进港航道整治二期工程完成投资4亿元，导堤部分完成73%；滨海港区煤炭码头一期工程完成投资6亿元，南区液体散货码头初步设计通过审查、海堤改道工程施工之中，完成投资1亿元。大丰港区南作业区内河二号港池工程、滨海港区北区一期码头一期工程、响水港区大桥作业区码头一期工程和深水航道工程等重点项目进展有序。加快智慧低碳港口建设，大丰港区云计算中心、生产指挥中心建成使用，大宗商品电子交易平台上线运营。大丰港区绿色循环低碳港口项目通过省交通运输厅评审，成为江苏沿海第二个低碳主题性港口，港口能耗监测平台投入使用，岸电技术码头应用，液化天然气清洁能源车辆投放100多台，车辆全球定位系统、场站集装箱网上订单系统全面启用。

生产经营　加强与马士基、韩国南星海运、中远集运等航运企业合作，逐步融入全球航运体系。大丰港区加强与金风科技、东风悦达起亚等企业合作，港口陆域腹地延伸至河南周口、皖北、鲁西南等地区，规模较大的货源客户发展到70家。年内，大丰港区国家进口粮食指定口岸通过国家质量监督检验检疫总局考核验收，中韩陆海联运口岸、汽车整车进口口岸、进境木材指定口岸、活畜进口口岸等建设和申报工作推进之中。射阳港区拓展石材、粮食、煤炭、建材、木材、钢材、油品等货种。

行业管理　年内，市港口管理局推进港口建设市场信用等级考评工作，开展港口未批先建专项整治活动，9个建设项目全部补齐相关手续资料，严格履行设计审查、招投标监管、设计变更、开工备案、竣工验收等港口基本建设程序，严格按规定申报、审批、使用岸线。依法公开各类港口信息，推进电子政务，推行网上申报审批，所有行政许可事项网上公开运行；编制市级港口行政权力责任清单，加强行政审批权力下放后续监管。推进港口企业安全生产标准化建设，组织“打非治违”、安全生产大检查等专项行动，建立第三方安全评价机制，开展港口设施保安专题培训和演习，重点加强对港口剧毒化学品、易制爆危险化学品和重大危险源的日常管理和动态监控，全年检查安全隐患418项，整改率100%，落实整改资金50多万元。

（王　鑫）

一、大丰港区

盐城港大丰港区地处江苏省沿海中部，国家一类口岸，江苏沿海开发的重要节点，盐城港的主港区，省委省政府确定重点建设的三大海港之一。有韩国仁川港、釜山港，日本门司港、博多港及中国台湾基隆港航线，欧美国际集装箱班轮航线和日本、俄罗斯等多条散杂货航线，新开辟连云港港—大丰港—太仓港支航线，在泰州、淮安、徐州、宿迁等地举办推介会并设立办事处，拥有规模较大的货源客户70家。至2015年底，建成码头泊位36个（含内河泊位19个），码头总延长3740.55米，综合通过能力2883万吨，已建成的17个生产性泊位中有5万吨级以上泊位8个。年内，深水航道一期工程开工建设，总投资11.9亿元，其中交通运输部、省财政补助资金拨付6亿元；滚装码头建成投产，总投资8805万元；二期码头改扩建完成主体工程；保税物流园区（B型）完成口岸设施配套；国家进口粮食指定口岸通过国家质量监督检验检疫总局考核验收，粮食仓储中心6座筒仓投产运行；木材熏蒸中心、活牛暂养场等场站配套开工建设；15万吨级散货码头和国际集装箱物流中心等项目前期准备之中。全年货物吞吐量4524.94万吨，集装箱17.21万标箱。

（卞俊成　吴　荣）

二、射阳港区

盐城港射阳港区，国家二类口岸。2015年，盐城港射阳港区完成投资4亿元，开工建设3.5万吨级航道导堤、3.5万吨级航道疏浚及3.5万吨级码头等工程。航道通航等级从1万吨级提升至3.5万吨级。至年底，建成生产性码头泊位21个，综合通过能力700万吨。年内，航道二期导堤工程主体工程抛石工作结束；航道二期疏浚工程完成纳泥区管线布设，码头三期工程完成码头水工、后方场地及港池疏浚部分的施工；射阳港现代物流园规划编制工作由中交第三航务工程勘察设计院负责；一期通用码头后方堆场工程完成扫尾工作，建设后方堆场18万平方米，6月交工验收。全年货物吞吐量1020.43万吨，其中煤炭及制品吞吐量481.72万吨，矿石、建材吞吐量463.13万吨，粮食吞吐量30.45万吨。全年组织开展安全生产大检查48次，查出安全隐患53起，整改率100%，实现安全生产无事故目标。

（孙良洲）

三、滨海港区

盐城港滨海港区位于苏北废黄河三角洲上，国家二类口岸。2015年，滨海港区北区通用码头一期工程及2万吨级临时航道工程通过通航安全核查，取得经营许可证；北区码头二期工程3月完成工程可行性研究报告，10月通过通航安全影响论证报告；南区5万吨级液体散货码头全面建设之中；国家电投煤炭码头一期工程码头主体完工，卸船机安装调试完成，后方球形仓及配套设施建设之中；物流园、锚地等港口配套功能项目前期准备之中；10万吨级通用码头1个开港试航，10万吨级进港航道南北防波挡沙堤工程全面完成，30万吨级航道和淮河入海水道二期工程加快建设。年内，北疏港公路、临海高等级公路滨海段建成通车，疏港航道滨海船闸主体建成，国家一类开放口岸申报进展顺利。

（赵凤刚）

滨海港10万吨干散货码头配套建设施工现场。　（陈其龙　摄）

四、响水港区

盐城港响水港区位于灌河南岸,国家二类口岸,初步形成电力能源、金属冶炼、环保化工、再生造纸、船舶修造五大支柱产业。至2015年底,建成各类码头45座、泊位53个,其中千吨级至3.5万吨级泊位22个,2万吨级以上泊位5个。全年重点建设项目完成投资2.7亿元。其中,灌河口5万吨级航道整治工程,项目批复以及初步设计批复完成,项目报交通运输部审批;大桥作业区公用码头工程,岸线使用通过省港口管理局评审,立项批复获批准,项目初步设计完成审查,施工图设计之中;双港作业区二期码头工程,项目工作可行性与前期支撑性文件办理到位,岸线申请报交通运输厅审批;小蟒牛作业区二期码头工程,前期工作以及项目备案完成,岸线申请报省交通运输厅审批,小蟒牛作业区控制性详细规划完成评审。全年货物吞吐量2030.57万吨,主要货种为红土镍矿、煤炭、矿建材料、化工产品、粮食、海盐、石油、钢铁等。全年核发港口经营许可证5件,辖区内码头现场管理和作业人员持证上岗率100%,港区安全生产无事故。（潘文文）

第二节　综合开发

2015年,盐城组织实施《江苏沿海地区发展规划》,将国家级沿海开发战略向纵深推进,加大沿海滩涂垦区配套开发力度,提升沿海地区农(渔)业生产基础设施水平。全年组织实施沿海滩涂垦区配套项目9个,完成财政投资4700万元,开发面积3133公顷。实施沿海滩涂垦区配套项目,新建灌排站11座、输变电线路30.4千米,开挖疏浚排水渠道49.24千米,修筑渠道15.4千米、衬砌渠道41.31千米、各类渠系建筑物482座,新建机耕路57.53千米,种植防护林9300株。扶持沿海滩涂特色产业发展,扶持东阳、东源等海淡水养殖项目1400公顷,扶持顺泰、新川等种植业项目2733.33公顷,扶持黄海林场等林业项目333.33公顷。至年底,"十二五"期间,全市投入财政资金2.7亿元,开发面积2.31万公顷,重点发展高效水产养殖业,建成银宝达阳、大丰东方绿洲等万亩高效渔业基地和东台笆斗、射阳丫头港、响水三圩盐场等现代渔业基地。

（周郑翔）

第三节　海洋渔业

2015年,全市组织各类渔业安全检查组102个,查出各类安全隐患256起。组织开展执法检查944次,出动执法人员5076名,出动执法车辆1026次,出动执法艇559次,查获电力捕鱼案件552起,收缴电捕工具543台,处罚金额80多万元。组织海洋"护渔"执法行动26次,参巡人数496人(次),累计出航123天,总航时1016小时,航程1.16万海里,登临检查各类渔船432艘(对),处理各类违规案件201起,执法金额480余万元。打击海洋涉渔"三无"(无船检证书、无船舶登记证书、无船舶捕捞证书)船舶,全市沿海港口外省市231艘"三证"(船检证书、船舶登记证书、船舶捕捞证书)不齐、"三无"渔船被驱离;没收涉渔"三无"船舶6艘。10月8日,在东台市召开打"三无"工作推进会,现场拆解涉渔"三无"船4艘、销毁违规渔具30余张(只)。开展伏季休渔工作,海洋伏季休渔期间,全市2803条海洋渔船全部进港伏休,其中2706条渔船在盐城港口伏休,97条渔船在外地港口就地伏休。加强渔业安全技能培训,全年组织渔业从业人员安全教育培训13期,培训人员3500人次,养殖工技能培训2期,培训工人240人次,三级职务及三级以上职务船员培训4期,培训船员400人次。加快国家级平安渔业示范县创建,大丰、射阳成功创建,至年底,盐城有东台、大丰、射阳3个县(市、区)获评国家级平安渔业示范县。（陈卫中）

第四节　海洋管理

2015年,盐城市、县海洋管理部门推进海洋经济创新发展。放大国家科技兴海产业示范基地载体优势,服务海水淡化、海洋生物、海洋新能源产业发展,扶持大丰海水淡化、海洋生物和东台海工装备3个海洋经济创新发展示范园区建设。全市获得项目用海批复8个,批准用海面积558公顷。推进海域使用权"直通车"制度试点,盐城经济技术开发区临港投资股份有限公司仓储建设项目、江苏丰海新能源淡化海水发展有限公司1万吨非并网风电淡化海水示范项目等3宗建设用海项目以海域使用权直接进入项目审批,并办理房屋产权证收。全年办理海域使用权抵押贷款7宗,抵押面积2466.67公顷,抵押金额2.15亿元。组织开展东沙到期海域市场化出让工作,大丰区2.67万公顷的海域招标出让。执行海域管理制度,全市海监机构开展执法巡查657次,派出执法人员3575人次;派出执法车辆500车次,行程7.8万千米;派出执法船舶77航次,航程3.86万海里。其中,开展"海盾"专项行动48次,开展"碧海"专项行动36次,海岛专项检查4航次。全年检查各类用海项目229个,发现涉嫌违法用海行为24起,立案22起("海盾"案件3起),结案23起(2起为2014年案件),共处罚款2584.13万元,当年收缴730.13万元。年内,市海洋渔业局编制完成《盐城市2015年岸线岸滩变化监测报告》;市海域动态监管中心开展对外磕脚与麻菜珩2个领海基点现场巡查、监测工作。

盐城海域三维实景动态监测系统通过验收　9月16日,盐城市海域使用三维实景动态监测数据采集与处理系统验收会在市海洋渔业局举行。国家海洋环境监测中心、江苏省海域使用动态监视监测中心、盐城市海洋与渔业局、南京奕瑞翔天数码科技有限公司等单位代表和河海大学、南京师范大学的特邀专家共14人组成验收组,听取项目承担单位关于项目实施及成果情况的汇报,审阅有关工作报告和相关成果，并观看实景演示，同意项目通过验收。该系统整合无人机、车载视频、摄像机、网络等多元化立体手段，丰富海域使用动态监管的手段，监管操作更加便捷高效。年内，该项目获江苏省2015年优秀测绘工程三等奖。

（陈卫中）

第五节　海事管理

2015年，盐城海事局排查治理辖区危化品运输、砂石码头、载客船、非法载客、内河船参与海上施工5类安全隐患，发现隐患14项，治理完毕6项。配合东海海巡执法总队开展内河船参与海上运输专项整治活动，查处参与海上运输内河船舶30余艘次。打击水上非法运输行动出动执法人员2750人次，检查船舶总数1460艘次，发现各类违章176起，处罚30.32万元，约谈企业8家。全年处置海上险情28起，成功救助遇险人员90人。全年发布台风、寒潮、大雾等恶劣天气预警16次，完成“灿鸿”“苏迪罗”等台风的防汛工作，未发生极端天气导致的重大险情事故。成功处置“闽连渔运60458”沉没、“赣榆渔15928”煤气罐爆炸等涉渔事故。服务沿海大型涉水工程建设。完成盐城港大丰港区深水航道一期工程疏浚物临时海洋倾倒区、响水港区小蟒牛码头工程二期等13项水上工程通航安全影响论证预审工作；完成射阳港区进港航道整治工程（二期）导堤工程、中电投江苏滨海北区100兆瓦海上风电场工程等9项工程通航安全评估工作；协调配合上级机关完成滨海港区北区通用码头等2项工程的通航安全核查工作。支持沿海各港口开港、开放，召开口岸查验单位联席会议2次，跟踪指导滨海港开港后相关口岸工作，协调口岸查验单位配合射阳口岸开放工作，支持响水港区临时开放和大丰港区未开放泊位临时停靠。保障射阳港发电有限责任公司电煤海上过驳作业安全，安全驳运电煤134万吨，为企业节约运费成本7000余万元。加快建设VTS（盐城船舶交通管理系统）；加快建设大丰、射阳、滨海港区VTS雷达站，加快VTS中心设备招标建设。全年完成中央投资2500万元，争取上级“十三五”期间投资2.5亿元。推进滨海、射阳、大丰的海事监管设施，滨海海事趸船建造，射阳海事基地功能增强，响水港区海事监管办公执法条件改善。

救助“赣榆渔15928”渔民　8月5日，盐城海上搜救中心接江苏省水上搜救中心通报组织救助“赣榆渔15928”失踪渔民。8月2日，“赣榆渔15928”因煤气泄漏着火爆炸，造成2人当场死亡，7人跳海逃生，其中3人死亡，4人于5日被商船“华江7”轮在距东台约90海里处救起。盐城海上搜救中心安排“华江7”轮驶往大丰港，调派大丰斯密特拖轮公司“丰港8号”拖轮出海接应，联系“120”急救车待命，联系赣榆县当地政府及相关部门人员到大丰港接应处置。至6日凌晨，4名获救渔民被安全转移上岸，并被送往大丰区人民医院救治。4名获救者中，3人为江苏赣榆籍、1人为山东德州籍；死亡5人均为江苏赣榆籍。

（王　辉）

盐城地方海事　年内，市地方海事局加强水上交通安全管理。监管旅游客船，防范非法载客行为。落实危化品船舶管控制度，对连申线、泰东河危化品船实施夜间禁航，检查危化品运输船舶816艘，检查纠正缺陷409项，责令整改63艘，行政处罚2起。打击船舶非法运输、倾倒工业废液行为。配合撤并渡口工作，撤并渡口16道，至年底，全市有渡口106道，大丰区率先成为无渡区。推进内河船型标准化和吨位丈量工作，完成老旧船舶拆解现场监督1922艘，发放补贴资金2.16亿元。驻厂检验LNG（液化天然气）双燃料混合动力船和LNG清洁能源动力船，为新建的9艘LNG动力示范船发放补贴资金632万元。评估船舶修造企业适检条件，45家船厂通过评估。全年完成建造、换证、中间、年度、临时、入籍、坞内检验1.14万艘次，船用产品检验1817台套。监督检查船员培训机构32次，举办各类船员考试22期，1031人次参加考试；召回参与海上运输的6艘内河船舶。完善基础设施，新建造趸船3艘、海巡艇4艘；完成全市400总吨以上的192艘船舶生活污水处理装置改造任务。年内，市地方海事局将50米以下的一般干货船的中间检验权限全部下放至县级检验。全年全市地方海事系统征收各类规费4208万元，其中对40家小微企业和符合免征条件的1091艘船舶登记免征船舶港务费。

（赵树海）

盐城海事局组织水上救援。

第05章 园区建设

责任编辑 高兰会

综 述

2015年,全市重点开发园区完成公共财政预算收入194.6亿元,占全市比重40.8%;进出口总额62.8亿美元;注册外资实际到账6.1亿美元;工业固定资产投资1514亿元;规模以上工业开票销售收入2542.1亿元。全市重点开发园区新签约总投资超亿元且注册资本2000万元以上工业项目232个、新开工项目148个、新竣工项目104个、在建(含续建)项目516个。其中,在建(含续建)外资项目89个,占比17.2%;节能环保、新能源、电子信息、高端装备等新兴产业项目169个,占比32.7%。加快园区载体建设。中韩盐城产业园区写入中韩自贸协定,盐城高新技术产业开发区获批国家级高新区,盐南高新技术产业开发区、建湖高新技术产业开发区获批省级高新区。先后获得电子商务综合示范区、新型工业化产业示范基地、火炬特色产业基地等国家级载体品牌37项,获得汽车零部件进口交易中心试点、保税物流园区B型、知识产权示范区、电子商务示范基地、出口基地等省级载体品牌72项。年内,在全省省级以上开发区综合考核中,盐城11家省级以上开发区平均综合排名76.4位;大丰经济开发区、建湖经济开发区、东台经济开发区在89家省级开发区中分别列第十二名、第十七名和第十八名;盐城经济技术开发区、大丰经济开发区、建湖经济开发区、东台经济开发区在44家苏北省级以上开发区中分别列第二名、第七名、第九名和第十名;韩资工业园连续两年在全省148家省级特色园区考核中列第一名;常州高新区大丰工业园在全省43家南北共建园区中考核中列第二名。 (周卫鹏)

2015年全市开发园区主要经济指标

表05－06

开发园区	公共财政预算收入(万元)		注册外资实际到账(万美元)		进出口总额(万美元)		工业固定资产投资(亿元)		规上工业开票销售收入(亿元)	
	实绩	同比	实绩	同比	实绩	同比	实绩	同比	实绩	同比
盐城经济技术开发区	289300	-8.90%	12741	-42.30%	291990	20.40%	168	46.10%	992.10	-6.60%
盐城高新技术产业开发区	151080	20.20%	8571	24.70%	39380	-2.20%	75.10	17.70%	114.20	-4.30%
亭湖经济开发区	115650	17.80%	1810	-1.60%	12825	-1.50%	21.20	18.40%	45.50	8.30%
东台经济开发区	175954	22.90%	5299	-16.20%	37896	6.20%	168.70	17.80%	167.30	11.80%
大丰经济开发区	142666	22.60%	9118	59.80%	38533	4.50%	102.50	14.40%	151.90	9.40%
大丰港经济开发区	194092	21%	4772	-46.30%	71013	30.90%	106.20	2.40%	234.10	5.20%
射阳经济开发区	60036	20%	1070	-40.50%	12746	0.90%	60.60	21.20%	80.30	18.10%
建湖经济开发区	134670	19.10%	1906	-54.10%	13722	-14.20%	105.20	20.20%	110.10	2.60%
阜宁经济开发区	105306	18.30%	2713	-18.80%	14042	25%	110.30	20.80%	84.70	-6.20%
滨海经济开发区	79107	19.20%	1260	-34.60%	8522	-8.60%	81.80	20.50%	46.20	6%
响水经济开发区	48600	18.70%	2000	54.40%	2069	-22.80%	41.20	18.40%	40.70	4.10%
盐城环保科技城	42050	21.20%	552	-33.40%	2137	-5.80%	37.80	26.40%	40.10	16.60%
响水沿海经济区	121050	18.40%	2012	-35.50%	40079	11.60%	155.80	20.20%	146.70	4.20%
滨海沿海工业园	154000	18.40%	1114	-52.60%	28751	-6.70%	119.90	19.80%	156.90	-3.40%
射阳港经济区	14230	24.40%	1502	-19.20%	3101	44.10%	27.60	22.10%	34.80	-6.50%

续表 05－06

开发园区名称	公共财政预算收入(万元)		注册外资实际到账(万美元)		进出口总额(万美元)		工业固定资产投资(亿元)		规上工业开票销售收入(亿元)	
	实绩	同比	实绩	同比	实绩	同比	实绩	同比	实绩	同比
东台沿海经济区	49027	21.90%	810	35%	5109	21.50%	56.30	19.80%	28.20	23.10%
建湖高新技术产业开发区	35614	13.30%	2900	31.60%	2657	-13.20%	24.50	23.70%	29.20	3.90%
阜宁澳洋工业园	33478	19.60%	909	27.20%	3703	-17.10%	51.30	20.10%	39.10	-4.60%

第一节　盐城经济技术开发区

盐城经济技术开发区成立于1992年,2010年升格为国家级开发区,辖区面积200平方公里,下辖2个镇(街道),常住人口20万人。有各类企业1500多家,韩国现代、美国江森、日本富士重工、法国佛吉亚等世界500强企业先后落户园区,形成以汽车及零部件产业为支柱,新能源汽车、光电光伏及LED(发光二极管)、软件及服务外包等新特产业为主导,现代服务业、保税物流加工为支撑的现代产业体系。综合实力列江苏131家省级以上开发区第十六位。2015年,实现规模以上工业增加值308亿元,协议利用外资3.1亿美元,企业实际年报率81.9%,地区生产总值336亿元,固定资产投资239.9亿元。

产业发展　发展汽车主导产业,东风悦达起亚形成90万辆产能,全年生产乘用车61.5万辆、销售61.6万辆,累计产销突破400万辆。发展光伏光电、"互联网+"、智能制造、跨境电商等新兴产业,全年签约"互联网+"、智能制造、电子信息、跨境电商等新业态项目72个。新兴产业实现开票销售50亿元。其中,光电光伏产业实现开票销售30亿元;"互联网+"产业实现开票销售15亿元;奥新公司实现开票销售3.5亿元;新增服务业定报企业35家,服务业增加值增长12.9%,服务业投资增长30.8%。

招商引资　全年举办招商推介活动18次,新签约亿元以上项目101个,新注册外资项目55个,其中3000万美元以上项目10个。新开工亿元以上工业项目42个,其中总投资3000万美元以上项目7个,5000万美元以上项目5个。新竣工亿元以上产业项目37个,其中总投资1.5亿美元的摩比斯电子、1亿美元的实联电池、5000万美元的新锐光电3个5000万美元以上项目投产。净增工业定报企业19家、总数120家,新增规模以上工业企业、资质等级建筑业企业、限额以上批零住餐企业、限额以上服务业企业54家、总数226家。招引服务业项目,总投资5亿元的万海国际物流、5000万美元的和顺仓储、3亿元的百度百拓电商平台等项目落户。

载体建设　年内,韩资工业园在全省148家特色园区考核中再夺第一,现代新材料、东洋机电等投资5000万美元以上项目落户。综合保税区汽车零部件进口商品交易中心获批省级试点,一线进出口总额增幅位列全省第一,全市首家进口商品直销中心开业。全国首辆碳纤维新能源汽车在新能源汽车产业园奥新公司成功下线;长三角新能源汽车研究院建成;获批联合国全球环境基金"风电车"项目。软件园新增服务业定报企业13家,华生恒业、星月测绘在"新三板"上市。硕禾光电、米优科技、天合光能二期等产业项目落户光电产业园。漕河泾盐城工业园入驻电商企业20家,招租率80%。大丰港产业园基础设施配套基本到位,通用机场申报工作启动。

社会事业　全年实施十大类24项为民办实事工程,完成投资近10亿元。推进全民创业,新增私营企业400家、增长50%,农(居)民收入突破2万元、增长11.3%,村居新增集体积累2300多万元。步凤中心幼儿园竣工交付,市三小二期工程建成投用,通过国家义务教育均衡发展督导评估,交付安置住房1600余套。在大市区率先实施全民参保登记计划,实现托底救助全覆盖,在全市率先实现"零就业"家庭动态为零。推进平安开发区和法治开发区建设。国家生态工业示范园区通过环保部专家组技术核查,省知识产权示范园区获批,全区万人有效发明专利拥有量6.93件。

中韩盐城产业园区　2014年7月,国家主席习近平和韩国总统朴槿惠达成"共同建设中韩产业园"的共识。2015年6月1日,中韩自贸协定签署,盐城被确定为中韩产业园地方合作城市。同年10月底,国务院总理李克强访问韩国期间,双方确定在江苏盐城等3个城市与韩国新万金地区共同建设中韩产业园。中韩盐城产业园区规划面积30平方公里,初步形成以盐城经济技术开发区为核心区的"一园三区"(中韩盐城产业园区和盐城经济技术开发区、盐城城南新区、大丰港经济区)格局,拥有中国沿海汽车城、韩资工业园、综合保税区、未来科技城、韩国社区、生态智慧康居城、国际美容健康城、盐城海港、盐城空港、韩国风情园"十大功能平台"。重点发展汽车、新能源汽车、大数据、未来科技、智能装备制造、健康美容、重型高端装备、光伏光电、跨境电商、现代服务业"十大合作产业"。年内,盐城经济技术开发区编制中韩盐城产业园区总体规划和核心区建设三年行动计划。加强与韩对接。应邀参加中韩产业园两国副部级合作机制第一次会议,协助成功申办第15届泛黄海中日韩经济技术交流会议;推动省政府出台7个方面20条支持政策,推动建立市厅联席会议制度并召开会议2次,省市确定共同设立20亿元的中韩盐城产业园区发展基金。3月13日,与韩国大邱庆北经济自由区域厅签署合作共建谅解备忘录;5月26日,与韩国庆尚北道、大邱广域市签订共建中韩产业园三方合作谅解备忘录。开展招商引资、宣传推介，举办汽车零部件产业、智能制造产业等专题招商推介活动，签约项目76个，协议总投资105亿元。推进基础设施和功能配套建设，中韩盐城产业园区规划展示馆建成，盐城外国语学校对外招生，韩国社区一期、100万平方米标厂等功能配套项目加快建设，韩文标识标牌改造完成。

江苏奥新新能源汽车有限公司总装车间。 （孙海鹏 摄）

全国首辆碳纤维新能源汽车下线 1月20日，全国首辆碳纤维新能源汽车奥新e25紧凑型A级车在盐城经济技术开发区新能源汽车产业园下线。该车具有核心技术自主知识产权，在国内量产汽车上首次采用全碳纤维材质乘客舱设计，百千米耗能低于10千瓦时，续航里程最高440千米，中等距离城际间往返无需充电。江苏奥新新能源汽车有限公司成为国内第一个2万辆碳纤维纯电动汽车制造工厂，有国内第一条电动汽车铝合金底盘机器人焊接线和第一条高温高压真空辅助碳纤维成型生产线。

天合光能二工厂项目签约落户 6月3日，天合光能盐城组件二工厂项目正式签约落户盐城经济技术开发区。项目总投资5000万美元，新建年产能500兆瓦太阳能组件工厂，项目建成后形成1.2吉瓦太阳能组件的生产能力，可实现销售收入40亿元，将带动背膜、光伏玻璃、铝合金型材等相关配套企业入驻，形成光伏产业集群。

盐城市新能源汽车产业联盟揭牌 8月4日，盐城市新能源汽车产业联盟成立大会暨揭牌仪式在盐城经济技术开发区举行。全市30多家与新能源汽车相关联的企业、高校院所、金融机构等单位代表参加会议。联盟由市经信委批准设立，江苏奥新新能源汽车有限公司牵头发起，整合了产业链配套企业、研发机构、重点用户、服务单位，计划重点开展技术诊断、配套协作、协调创新、推广应用等工作。联盟成立后将推动盐城新能源汽车产业上下游企业深度合作，加快产业做大做强步伐，提高产业核心竞争能力。

中国东部沿海（盐城）第四届国际汽车博览会 9月18～22日，由市政府、中国汽车工业国际合作总公司主办，盐城经济技术开发区、盐城联合国际展览有限公司承办的2015中国东部沿海（盐城）第四届国际汽车博览会在盐城国际会展中心举行。博览会以“展示汽车品牌、促进汽车消费、弘扬汽车文化”为宗旨，展出面积4万平方米，有玛莎拉蒂、奔驰、宝马等70多家整车企业参展，展出车型350种。博览会参观人流量突破25万人次，累计成交预订车辆1.12万辆，成交金额12亿元。其中，东风悦达起亚累计成交预订各系列汽车335台。

2015CTCC中国房车锦标赛（盐城站）暨中韩（盐城）汽车文化交流活动 10月24～25日，由中国汽车运动联合会、韩国汽车运动协会、韩国全罗南道政府、江苏省体育局和盐城市政府共同主办的2015CTCC中国房车锦标赛（盐城站）暨中韩（盐城）汽车文化交流活动举行。盐城站是2015年房车锦标赛的第七站，赛道位于盐城经济技术开发区内，全长2.8千米，共11个弯角，设计最高时速超过200千米。38支中韩主流整车厂家和俱乐部车队，以及新华社、中央电视台、东方卫视、韩国KBS等近230家境内外新闻媒体代表参加。经过激烈争夺，东风悦达起亚车队叶弘历获得2015CTCC中国房车锦标赛（盐城站）超级量产车组冠军。在首次列入本站比赛的中韩（盐城）汽车挑战赛中，4名中国选手和4名韩国选手驾驶赛车比赛，中国选手雷俊斌获得胜利。 （徐红梅）

第二节 城南新区

城南新区位于盐城大市区南部，东至通榆河、西至西环路、北至青年路、南括伍佑街道，规划面积102平方公里，年末人口35万人，是全国首批、苏北唯一的“智慧城市”试点城区，住建部首个智慧“微城市”试点城区。2015年，完成地区生产总值96.2亿元，其中服务业增加值61.2亿元，规模以上工业增加值12.8亿元，全区一、二、三产比重为2.7∶33.7∶63.6。实现一般公共预算收入26.44亿元，其中税收收入24.47亿元。完成固定资产投资151.84亿元，其中服务业投资140.34亿元，工业投资11.5亿元。新增非金融资产投资亿元以上项目87个。注册外资实际到账5734万美元，新批3000万美元以上项目1

个,1000万美元以上项目1个,新开工外资项目4个,新竣工外资项目1个。全年社会消费品零售总额54.38亿元,规模以上企业应用电子商务比例达到80.38%。城镇居民人均可支配收入33433元。年内,城南新区坚持城市智慧化、智慧产业化"两化并举"和产城融合发展战略,集中精力培育大数据、美容健康、电子商务等新兴产业,完善园区配套建设,完成大数据产业园区路网建设,规划建设110千伏专用变电站,建成"双回路"供电系统,建成大数据创新应用中心、软通动力创新产业园、中润普达产业园等现代化园区。11月12日,省政府发文《关于筹建江苏省盐南高新技术产业开发区的批复》(苏政复〔2015〕120号),同意在盐城市城南新区筹建江苏省盐南高新技术产业开发区,实行现行的省级高新技术产业开发区政策。

盐城综合保税区卡口。

江苏省大数据产业园获批 2014年6月,盐城在全省率先布局发展大数据产业,在盐城智慧科技城规划建设大数据产业基地;12月20日,城南新区与软通动力控股有限公司举行盐城大数据创新产业园签约仪式,合作共建产业园。2015年3月27日,盐城大数据产业园项目集中签约暨中关村(盐城)大数据产业联盟揭牌仪式在盐城举行,中润普达、大数据产业基金等11个项目签约产业园,协议投资超过10亿元;4月23日,省经信委与市政府签署共建江苏省大数据产业园合作协议,并为"合作共建江苏省大数据产业园"揭牌,标志着省市共建首个省级大数据产业园在盐城落户;7月20日,省经信委发文《关于同意共建江苏省大数据产业园的批复》(苏经信软件〔2015〕478号),同意盐城大数据产业园为省级大数据产业园,视同为省级软件和信息服务产业园。江苏省大数据产业园规划面积30平方公里,空间布局为"一核三园",即核心区、智能装备制造园、数字生态应用园、高等职业教育园,重点主攻数据中心、云计算、数据分析应用、数据交易四大产业方向。园区建成和在建各类平台载体面积100万平方米,招引落户华为、软通等大数据产业项目123个,其中世界500强、行业100强、国内前10强企业26家,总投资145亿元。年内,华东地区首个大数据资源交易平台上线,中关村大数据资产评估中心在园区设立分中心,南京邮电大学盐城大数据研究院等15个研发机构落户园区。 (周德阳)

第三节 盐城综合保税区

盐城综合保税区于2012年6月16日获国务院批准设立,2013年9月正式封关运转,是江苏第五家、全国第二十二家综合保税区,也是江苏省第一家在无出口加工区基础上批准成立的综合保税区。规划总面积36.6平方公里,其中封关区规划面积2.28平方公里,首期封关区面积1.21平方公里。2015年,综保区完成工业固定投资8.5亿元,一般公共预算收入4700万元,全口径工业开票销售26.5亿元,新增定报企业7家,实现一线进出口8.8亿美元、海关关税4.5亿元。

园区建设 年内,新建厂房库房28万平方米,累计建成厂房60万平方米,完成各类基础设施投入15亿元,封关区内建成道路、绿化、卡口、监管仓库、验货场地、巡逻匝道等各类基础设施和监管设施,海关、国检等业务单位入驻。至年底,综保区内有注册企业35家,其中封关区内投产工业企业9家、物流仓储企业12家,在建工业企业5家,累计完成一线进出口总额12亿美元。推动盐城各专业技术院校与区入驻企业合作,帮助企业提前锁定企业发展中急需的技能人才,每周五定期举办人才市场招聘活动。开展贴身式"一站服务",实行服务问责、现场服务、热线联系和信息反馈等制度,会同海关、国检等驻区机构,开展挂钩服务活动。完善功能配套,新嘉源人才公寓项目投入使用,国际学校、国际医院、人才公寓、新天地美食街等城建项目建设之中,BRT快速公交系统覆盖全区。

招商引资 全年开工工业项目4个、服务业项目10个,晶美光电、耀崴光电、奥夫预拌粉、基源新材料等一批工业制造业项目相继落户,碳纤维新材料、智能芯片制造、隆优国际融资租赁等外资项目推进之中。推动汽车、机械、电子等韩国传统优势行业企业在盐城投资,为韩国企业引进来和盐城企业走出去提供平台。推进通关一体化,争取海关监管便利化政策试点改革,推进与港口、机场通关查验一体化,申请扩大货物保税延展、贸易多元化等政策。

平台打造 推进国投自贸园、新光产业园厂房库房建设,在现有工业加工制造基础上,巩固发展以IT产业为主体的高科技加工制造产业。吸引回转式压缩机、研磨新材料、升举设备等高端制造加工企业入驻保税区。开展进出口货物存储、国际转口贸易、国际采购与分销配送、国际中转等业务，打造国际物流储运分拨基地。做强进口商品直销中心功能平台，利用跨境电商试点平台和汽车零部件进口交易平台，吸引检测维修、研发、服务外包等保税服务业项目入驻，引导区内汽车零部件企业出口海外市场、配套整车企业，打造现代化保税服务产业基地。加快申报国家级跨境电商平台，吸引国内知名电商企业入驻。

（徐红梅）

第四节　盐城高新技术产业开发区

盐城高新技术产业开发区成立于2006年4月，前身为江苏省盐都经济开发区；2012年11月，经省人民政府批准为盐城市首家省级高新区；2013年初，启动创建国家高新区；2015年2月5日，获得国务院批准升格为国家高新区，与盐都区实行“园区合一”体制。辖区面积116平方公里，下辖镇（街道）3个，常住人口15万人。拥有制造业企业365家，服务业企业441家，外资和央企投资企业34家，国家高新技术企业55家。初步形成以智能终端、高端装备、新能源为主导的现代制造业，以电商物流、汽车消费、商务商贸为重点的现代服务业产业为重点，以汽车配件、机床工具、文化产业为补充的现代产业体系。2015年，实现地区生产总值235.9亿元、规模以上工业增加值552亿元，其中高新技术增加值65亿元，完成全社会固定资产投资183亿元。加强园区建设，4月3日，《盐城高新区中心区城市设计和控制性详细规划》通过专家评审。项目建设方面，竣工项目20个、开工项目30个、签约亿元以上项目30个；48个重点项目中，9个竣工投产运营，12个主体封顶、装修、设备进场。其中，总投资150亿元、一期规划200公顷、首期启动20.53公顷的智能终端产业园竣工投产，华星光电、乐洲科技、泰奇科技等15家企业入驻生产。配套设施方面，东进路西延、盐渎路西延、秦川路南延工程建成，实验学校二期投入使用，翔宇商业综合体试营业，盐城万达广场项目开工建设，高创园、公交枢纽中心、公共卫生服务中心、科技广场、高级中学、邻里中心等项目推进之中，节点公园、世纪大道提升等绿化工程完成。平台建设方面，与吉林大学、深圳手机行业协会合作共建智能终端产业研究院，创成省级知识产权示范园区；新增省级企业研发机构10家，规模以上企业研发机构覆盖面97%；创成国家高新技术企业8家，获批境外专利11件；园区企业恒力机床为C919大飞机提供成套设备；瑞和磨具博士海因茨·戴恩入选国家“外专千人计划”。融资方面，盐城高新区投资集团公司发行10亿元企业债券获国家发改委核准批复，其中8.5亿元用于中小企业孵化器和公交枢纽客运站项目建设，1.5亿元用于补充营运资金；农发行盐高新整体城镇化项目16年期20亿元资金已授信，国开行盐高新20亿元地下管廊项目1亿元资本金获批。年内，江苏汉印机电科技股份有限公司在全国中小企业股份转让系统挂牌，成为盐都区继驰翔齿轮、蔚联机械后，第三家在“新三板”挂牌上市的企业。

获批国家高新技术产业开发区　2月5日，国务院下发《关于同意盐城高新技术产业开发区升级为国家高新技术产业开发区的批复》（国函〔2015〕30号），标志着盐城高新区成功跻身国家高新区行列，开始实行现行的国家高新技术产业开发区政策。5月22日，盐城高新技术产业开发区建设推进大会在盐都文化艺术中心召开。科技部副部长曹健林、副省长徐南平共同为国家高新技术产业开发区揭牌。

通过省知识产权试点园区期满验收　6月6日，盐城高新区通过省商务厅和省知识产权局联合组织的江苏省知识产权试点园区期满验收。2012年12月，盐城高新区经省商务厅和省知识产权局批准设立省级知识产权试点园区之后，加快实施知识产权战略，加强与清华大学、上海交通大学等高等院校、科研院所的深度合作和产业链上下游的资源整合，围绕主导产业及其细分领域，招引领军型人才和高层次管理人才。至年底，盐城高新区80%以上的规模企业建有内部技术研发机构，企业主持或参与制定国家技术标准9项、行业标准15项，累计申请国家发明专利7637件、获得授权专利2435件，有国家高新技术企业35家，获得中国驰名商标3个、省著名商标22个，康杰机械、神泰科技、双强管桩3家企业获批江苏省企业知识产权管理标准化示范单位，中恒宠物拥有国际专利1项。

承办全国大学生机器人大赛　7月11日，由共青团中央学校部、全国学联秘书处主办，盐城高新区承办的第十四届全国大学生机器人大赛Robotac赛事在市一中体育馆举行。比赛为期两天，北华航天工业学院、北京工业职业技术学院等12所高校参赛队伍在盐城同场竞技。经过热身赛、小组循环赛、复赛、决赛等14场比赛，北京工业职业技术学院最终夺冠。

承办第一届世界发明创新论坛　9月21～25日，由中国发明协会和市委市政府联合主办，市科协、市科技局和盐城高新区共同承办的第一届世界发明创新论坛在盐城举办。28个国家和地区的发明协会、发明组织以及发明家300多人参加论坛。论坛围绕“发明、创业、共赢”主题，聚焦技术转移和商业化、创新环境、发明方法与成果、世界知识产权局和其他国际组织的重要性等议题，组织展览114项国内外发明。论坛期间，16个国内外发明项目签约，其中盐城市风光渔互补项目找到技术对接合作伙伴，并获得技术转移特别成就奖；中国科协与盐城高新区共同打造的“中国发明创业（华东）基地”正式揭牌。

（王敬国）

第五节　省级开发区

一、江苏东台经济开发区

江苏东台经济开发区成立于2002年，2006年被批准为省级经济开发区。规划面积76平方公里，下辖村居（社区）11个，人口4.2万人，在全省省级开发区中列第十八位，先后获批国家火炬新材料特色产业基地、首批绿色发展优秀开发区，省循环化改造示范试点园区、新型工业化产业示范基地和"两化"融合示范区等。2015年，全区完成公共财政预算收入17.6亿元、规模以上工业开票销售167.3亿元、进出口总额3.8亿美元，注册外资实际到账5299万美元。年内，投资10亿元的嘉泰纤维织造、5000万美元的长隆新材料、5亿元的红拓特种合金等项目先后落户，领胜科技、永坚不锈钢、科森科技、沃特新材料等项目竣工投产，惠亚铝材、佳成特种玻璃、台博电子胶带等项目有序推进。全年实施重点技改项目13个、竣工11个，完成4家企业合作重组，新创国家高新技术企业7家，新创省级工程中心、企业技术中心和研究生工作站等创新平台6家，获批省高新技术产品、新产品等20个；引进各类人才400多名，其中4人入选省"双创计划"人才、"苏北创业领军人才"。加快推进28万平方米富新、三团等安居工程建设，新建农村道路24千米、桥梁10座，达标改造所有村居卫生室，建成覆盖全区的便民服务网络，挂钩帮扶70户低收入农户增收脱贫，实现村村无债务。（陈亚富　张红霞）

二、江苏大丰经济开发区

江苏大丰经济开发区创建于1992年，1997年被省政府批准为省级经济开发区，是环保部批准的唯一生态经济开发区。总规划面积188平方公里，已开发面积88平方公里，重点建设风电产业园、电子信息产业园、韩资集聚区、汽配及高端装备制造产业园等特色园区和南城中央商务区、北城中央生活区等现代服务业中心，有金风科技、南车电机、博敏电子、上海纺控、中国万向、韩国明进等500多家企业。2015年，园区借助台湾电子印制电路板协会、上海电子元器件协会等行业协会，委托招商，招引电子元器件、半导体等电子产业项目及高端印制电路板龙头企业，建设国内领先的印制电路板生产基地。集聚韩国汽车零部件制造企业、韩国电子信息制造企业、海上风电装备制造等韩资装备生产企业，打造大丰韩资集聚区。全年新开工亿元以上项目21个，竣工亿元以上项目12个；规模以上企业开票销售188.20亿元。服务业规模以上企业开票销售11.5亿元，新开工服务业项目3个、新培植服务业规模以上企业5家。（杨金辉）

三、江苏大丰港经济开发区

江苏大丰港经济开发区是依托大丰港而设立的省级开发区，辖区面积500平方公里，规划建设面积396平方公里。大丰港是省委省政府重点建设的江苏沿海三大深水港之一，拥有深水岸线29千米，是江苏沿海开发的重要节点和面向世界的特色产业港，2006年经国务院批准，开放大丰港一类口岸，2008年被列入国家首批对台直航的63个港口之一，已开通韩国、日本等9条国际航线，与中国台湾基隆港实现直航。开发区建成海洋产业研究院，建成产学研联合体45个、工程技术中心26个、院士工作站6个、博士后工作站3个，纳入中韩盐城产业园建设之中。2015年，开发区全年新批外资项目19个，实际到账外资1.87亿美元，其中大丰港完成货物吞吐量4524.94万吨、集装箱17.21万标箱，万吨级以上深水泊位17个。（杨金辉）

四、江苏建湖经济开发区

江苏建湖经济开发区为省级经济开发区，区域面积92平方公里，规划面积47.3平方公里，年末人口8.2万人，有工业企业400多家，形成电子信息、高端装备、新能源、现代物流等产业集群，与高等院校、科研院所共建产学研联合体20多个、研发机构12个，有院士工作站2家、企业博士后科研工作站4家、中国驰名商标8个、国家级高新技术企业19家、国家级企业技术（工程）中心2家。区内上海嘉定（建湖）科技工业园是全省首家苏沪共建园区；区内节能电光源产业园是省级特色产业园，有江苏省电光源产品质量监督检验中心、江苏省绿色照明工程技术研究中心、江苏省电光源工程中心、东南大学建湖电光源研究所、西安交通大学建湖OLED（有机发光二极管）实验室等研发平台，是中国节能电光源制造基地的核心区、全国最大的螺旋节能灯生产基地。开发区先后被评为省级劳动关系和谐园区、省级生态工业园区、省级知识产权示范区、省级服务业集聚区、省级文明单位、省级节能电光源科技产业园、省级节能电光源产品出口基地、市级循环经济园区，在全省省级开发区中综合排名列第十七位。2015年，完成地区生产总值42亿元，一般预算收入13.5亿元，规模以上工业入库税金1.8亿元。全年开工建设台湾金永发薄膜太阳能模组、江苏康宝电子白板及触控一体机、深圳轩能手机触控屏、华锋镍氢动力电容电池、亿能光电、泓蒲纳米新材料、布拉特高档彩印包装等项目32个，完成固定资产投资35亿元。其中，节能电光源产业园完成应税销售20亿元，开工项目12个，固定资产投资15亿元。（吕　霏）

五、江苏省建湖高新技术产业开发区

江苏省建湖高新技术产业开发区成立于2011年，位于建湖城南片区，规划面积27.15平方公里，一期建成面积10平方公里，2012年列入全市18个重点园区，2015年获批省级高新技术产业开发区。建有科创大厦、金钻大厦、省级科技孵化园、人才公寓等创新创业服务平台，有90余家企业（项目）落户，重点发展航空、高端装备制造、新能源汽车、新一代信息技术和软件等产业。其中，石油装备产业有陆地石油开采成套装置、海上油气复合开采设备制造企业近20家，石油装备产业服务集聚区和国家级石油装备产品检验检测中心建成投入使用，是全国最大的

油田井口装置生产基地;航空产业被江苏省列为重点发展的新特产业,被盐城市列为“十大产业创新工程”,通用机场项目获省政府批准列入全省发展规划并启动建设,规划8.15平方公里的航空产业园获批市级园区,被评为省级小型飞机先进制造业基地。2015年,实现财政总收入7.32亿元、一般公共预算收入3.7亿元,完成规模以上工业企业开票销售29.2亿元,工业固定资产投资24.5亿元,注册外资实际到账2657万美元。新上超亿元项目32个,其中超10亿元项目2个、5亿元项目5个。至年底,全区一半以上企业与高等院所建立紧密合作关系,拥有省级高新技术企业5家,累计实施国家星火计划项目5个,国家和省级高新技术产品8个,申请各类专利300多个。

(吕　霏)

六、江苏射阳经济开发区

江苏射阳经济开发区创建于1992年,1993年12月经省政府批准成为盐城市首批省级经济开发区。有辖区面积130平方公里,下辖村居(社区)21个,人口10万人。2015年,完成公共财政预算收入6亿元、规模以上工业增加值40亿元,18家企业投入技改扩能1.83亿元。年内,广和慧云大数据、雷克生物科技等新兴产业项目签约落户;通用机场通过军用、民用各类支撑性文件审批,进入实施阶段;众创空间及射阳特产精品展示馆建成开放,创智汇、全易通、地联网等13个团队、118名创客入驻创业,“我能工场”获批市级示范众创空间。新增国家高新技术企业4家、省民营科技企业7家、省企业工程技术研究中心1家、省研究生工作站3家、省高新技术产品1个,新增中国驰名商标2个。年内,开发区获批省知识产权试点园区。

(钱　前)

七、江苏阜宁经济开发区

江苏阜宁经济开发区成立于1998年8月,规划面积56平方公里,下辖居委会26个,农业人口5.7万人,工业从业人员4.5万人,初步形成新能源(包括风电装备、光电光伏和新能源汽车)、新材料、节能环保3个战略新兴产业和机械电气、轻工食品2个传统特色产业为支撑的产业格局。2002年4月,园区经省政府批准为省级经济开发区。园区有市级以上研发、工程、技术中心18家,有入驻企业300多家,有中粮集团、日本富士通株式会社、中国三峡集团、中铝集团、中材科技股份、香港协鑫集团、阿特斯阳光电力、金风科技股份、北京京冶公司、台湾鑫晶钻、台湾上纬、中一集团等企业投资项目50多个。先后获批江苏省风电装备特色产业园、江苏(阜宁)电子信息产业园、国家级可持续发展试验区示范基地、江苏省特色产业集群、国家级科技孵化器。2015年,园区实现财政总收入12.07亿元;完成工业固定资产投资110.3亿元,规模以上工业开票销售84.7亿元,其中中粮开票销售超10亿元。全年利用外资实际到账4300万美元。实现税收超千万元企业7家,超500万元企业8家,新增规模以上企业5家。

(赵　明)

八、江苏滨海经济开发区

江苏滨海经济开发区创建于2001年8月,2006年4月被批准为省级经济开发区,总规划面积23平方公里。有入园企业200多家,形成流体装备、纺织服装两大主导产业。开发区分为城中区、城南区和城北区。城中区规划面积1.6平方公里,发展纺织服装、机械、医药产业;城南区规划面积9.4平方公里,发展新能源、新材料、纺织印染产业;城北区规划面积12平方公里,发展流体装备、生产型服务业。全年新开工耐斯德阀门、超威二期、旭辉、美伦科技4个项目,在建项目10个,竣工超威一期、森风汽车城一期项目2个。全年签约总投资3亿元的中志机械项目、总投资1.5亿元的博德维气膜项目、总投资1亿元的旭辉医疗器械项目、总投资7000万元的脉动医疗科技项目及总投资500万美元的美伦科技项目项目5个。

滨海·南山高新技术产业园　滨海·南山高新技术产业园位于江苏滨海经济开发区,规划面积3平方公里,其中启动区1平方公里,由滨海县与深圳南山区合作共建。2013年10月22日,双方签订友好区县战略合作协议书;2014年4月28日,正式签订江苏滨海·深圳南山产业园合作协议。重点发展成套设备、电子信息、医疗器械、新材料、现代服务业及其他高新技术产业,建立区域研发中心、试验实验基地和科技孵化器等服务平台,开展创业培训、科技推广、企业孵化、人才培养、科技金融等创投服务。至年底,园区签约深圳脉动医学技术有限公司投资的7000万元新建球囊和支架等医疗器械项目、深圳市博德维环境技术有限公司投资的1.5亿元项目2个,新上高强度柔性薄膜材料1个。

(顾小玲)

九、江苏响水经济开发区

江苏响水经济开发区成立于2006年6月,位于县城东郊,西距通榆运河1.5千米,北依灌河,总面积40平方公里,下辖居委会8个,总人口2.8万人。有企业139家,涉及纺织服装、轴承座(传动件)、医药、电子、环保设备、建材等方面。2015年,工业固定资产投资完成41.2亿元,服务业投资完成4.6亿元,完成服务业增加值7.2亿元,规模以上工业增加值36.5亿元,培植一般纳税人28家,规模以上企业增长面53.85%。组织招商推介,主办响水(上海)春季招商推介会、响水(昆山)夏季招商推介会、江苏响水经济开发区(上海川沙)承接产业转移投资说明会,和上海金桥经济技术开发区签订战略合作协议。全年新开工茂腾纺织、艾迪传动、千峰皮件等项目12个。打造“创客城”,规划占地面积253.33公顷,总规划面积建筑420万平方米,总投资100亿元,包括产业孵化园区、互联网全球订单交易中心、金融中心、创客星球、工业产业园区、生活配套服务区6个板块。全年新增国家实用新型和外观设计专利130项,其中7项获得国家实用新型专利。创建生态园区,园区环境回顾性评价通过省环保厅评估中心评审,建成秋实路、建安路、东进西路等道路,污水处理厂主体工程完工,热电厂基础工程结束，姚湾作业区码头可行性研究报告通过评审。整治农村环境，疏浚河道170万立方米，新建垃圾池910座，新配公益性保洁人员69人，新购环卫车辆5辆。年内，省级知识产权试点园区通过省科技厅批复；江苏九州传动件有限公司在“新三板”上市，江苏快捷士润滑油有限公司、江苏科力普汽车部件有限公司2家企业获评国家级高新技术企业，江苏梦飞斯股份有限公司获评省级“两化”融合示范单位，江苏荣生电子有限公司获批省级工程技术研究中心，盐城亚邦医药有限公司获批10项省级高新技术产品，江苏方正计量检测有限公司获得省级高新技术（后备）企业证书。 （刘必升）

第六节　特色园区

一、中国盐城环保科技城

中国盐城环保科技城有环保企业、研发院所86家入驻，建成国家级企业技术中心11家、国家级研发机构21家；有国家环保装备高新技术特色产业基地、国家燃煤污染物减排工程实验基地、国家环境保护工业炉窑烟气脱硝工程技术中心、国家环保设备质量监督检测实验室等“国字号”公共服务平台6个；建成绿巢、创业投资服务中心、环保科技产业孵化基地、国际会展交易中心等商务类配套及环保实验学校、环保职业技师学院、中国首家低碳示范社区、科学家工作室等生活类配套；先后获批中国首家环保产业集聚区、中国首家雾霾治理研发与产业化基地、中国新型工业化产业示范基地等省级以上品牌24项。2015年，完成公共财政一般预算收入4.2亿元，完成固定资产投资44.5亿元，完成规模以上工业企业开票销售40.1亿元，新增7家规模以上工业企业，园区38家规模以上工业企业的工业增加值、主营业务收入、利税、利润和工业投资5项指标均超额完成年度目标任务。先后在北京组织2015中国·盐城环保科技城招商推介会、在上海举办环保产业高层次经营管理人才需求对接会、在广州举办中国盐城环保科技城（广州）投资说明会、在德国举办中国盐城环保科技城欧洲投资说明会、在盐城举办第四届盐城国际环博会等招商活动，全年签约各类项目25个，其中工业项目19个。全年新开工项目20个，新竣工项目14个。完善基础配套，环保技术职业学院建成交付使用，众创中心5.1万平方米建筑主体完成，金融中心、南大盐城环保研究院建成交付使用，BRT公交回车场项目启动，环保大道沿线10个公交候车厅建成。加快平台建设，中科院高能所、国家脱汞中心、欧洲清洁联盟盐城产业化基地、智慧环保云平台等项目运营。年内，获批国家环保设备质量监督检验中心、国家新型工业化产业示范基地、国家烟气治理品牌培育基地、国家大气污染防治装备高新技术产业化基地等品牌。

创成国家级示范基地　3月6日，经工信部评审，盐城环保科技城成功申报国家级新型工业化产业示范基地，成为苏北唯一一家入选的基地。10月9日，盐城环保科技城被科技部认定为国家大气污染防治装备高新技术产业化基地。亭湖区环保产业在烟气治理、工业固废处理及污水处理等领域已经形成较为完整的环保产业链，其中大气污染治理产业位列行业榜首，盐城环保科技城已经成功招引国内外80多家环保领军企业和20多家知名院校。

2015第四届中国·盐城国际环保产业博览会　11月6～7日，2015第四届中国盐城·国际环保产业博览会在盐城环保科技城会展交易中心举行。环博会包括开幕式、高峰论坛、项目签约、会展交易、客商园区行、环保沙龙等9项活动。全球23个国家和地区的162家企业参展，展示全球数千种包括污水处理、垃圾处理、大气治理、空气净化、场地修复等最新环境解决方案，汇聚超过2000家采购团体。其中，阿里巴巴为参展企业与采购商搭建大型互动平台，进行线上、线下交易。展会期间，集中签约项目13个，协议总投资46亿元。

第四届烟气污染治理技术与产业论坛　12月10～11日，由烟气污染治理产业技术创新战略联盟主办，盐城环保科技城承办的第四届烟气污染治理技术与产业论坛在盐城召开。论坛吸引行业企业、科研院所和高校等近200位代表参加，有23位专家围绕中国燃煤烟气污染物治理技术最新研究进展、脱硝催化剂研究进展、废弃催化剂再生技术与回收利用技术研究、超低排放技术及应用等方面作学术演

12月10～11日，第四届烟气污染治理技术与产业论坛在盐城举行。

讲。烟气污染治理产业技术创新战略联盟有包括环保企业、知名高校和科研院所在内的成员35家，通过加强自身能力建设，充分发挥产业、人才、技术等优势，组织行业关键技术攻关，加快环保先进技术的应用和推广，推动产业整体升级，并结合国家“十三五”烟气污染治理的政策走向和技术发展方向，依托自身现有优势，逐步完善联盟在“产学研”方面的发展，服务于国家烟气治理产业的发展规划。

（吴玉珊）

二、江苏亭湖光电产业园

江苏亭湖光电产业园位于亭湖新区境内，规划面积4平方公里，东至青墩接线、西至东绕城公路、南至新光路、北至迎宾大道，重点发展与光电产业相关的新光源、新元件、新材料。2010年2月，园区启动建设，主要分产业发展区和配套服务区2个功能区；2011年11月，被评为省级特色产业园区。2015年，园区完成开票销售收入9.65亿元，实现注册外到账1401万美元，实现进出口总额670万美元，完成一般公共预算收入5320万元。年内，加快平台建设，高新科技孵化区一期9万平方米建成，清控科创（盐城）产业创新基地、亭湖留学人员创业园、久久创客空间建成。至年底，紫光薄膜太阳能电池、博德维节能气膜材料等企业投资项目入驻，其中江苏万马传动科技有限公司、江苏智海电子技术有限公司等项目落户清控科创（盐城）产业创新基地。

（吴玉珊）

三、盐城市现代物流园区

盐城市现代物流园区成立于2005年7月，地处盐城市区北部，总面积31平方公里，人口9万人，下辖行政村7个、社区居委会5个，重点打造公路港、多式联运中心、大宗物资交易中心、电商物流中心、城乡配送中心。园区有中运物流、国药控股盐城公司、苏石石油运输、德邦物流、佳吉物流、中盐物流、瑞思达物流、超越物流、华健物流、新时空物流等物流企业和义乌国际商贸城、江苏白马商城、明珠世贸商城、金鼎装饰城、五金机电市场、沿海国际灯饰城、广东商城、奥华国际家居城、奥特莱斯商业广场、博联天街广场等市场落户，先后被评为中国物流示范基地、中国物流实验基地、中国专业市场示范区。2015年，园区实现地区生产总值36.4亿元，一般公共预算收入7.36亿元，固定资产投资39亿元，社会消费品零售总额16.6亿元，实现工业增加值19.8亿元，服务业增加值16.9亿元，新增规模以上工业企业4家，新增限上服务业、贸易业企业9家。开展招商引资，先后在上海、浙江、苏南等地拜访客商300多人次，洽谈各类项目60余个，邀请客商考察70余批次。在中国台湾、香港等地举办专题招商引才活动4场，招引亿元以上项目20个，引进高层次人才4人。加快园区建设，实施新洋科创园、长城地块、圩洋商业街等15个搬迁项目，征转用土地地块24个、面积49.07公顷；土地挂牌11个、面积37.4公顷；办结35个项目规划手续，完成工业项目备案19个、商业项目核准2个、项目环评批复11个；投资5000万元实施市政道路项目6个，其中富城路、鹤城路竣工通车；建成新园、展园和川园景点3个、雕塑1座，完成盐城大桥至234省道开放大道段57幢楼、160多户门店立面出新和亮化改造；完成盐靖高速、234省道、开放大道沿线等绿化提升工程，新增绿化面积20公顷；硬化农庄路31.5千米，整治道路35条、175千米，整治河道61条、清淤86千米，整治乱堆乱放1000多处，改厕286户，新建垃圾池141座。加快平台建设，启动建设新洋科创园一期工程；开工建设百帝实业、通盛数控、三陆科汽车部件3个项目，签约入驻浩一贝贝、环保机械等10多个项目；建成万众电商平台，引入百花电商、汇儒供应链等项目，万众电商被评为市级众创空间。

（吴玉珊）

四、上海漕河泾新兴技术开发区盐城工业园

上海漕河泾新兴技术开发区盐城工业园由上海漕河泾新兴技术开发区和盐城经济技术开发区合作共建。2008年7月，双方签署缔结友好开发区合作协议；2009年3月，双方签订合作共建上海漕河泾新兴技术开发区盐城分区协议书；2010年9月，签订合作共建上海漕河泾新兴技术开发区盐城分区补充协议书，成立盐城漕河泾园开发有限公司，注册资本5200万元；2011年6月10日，通过省政府审批；2012年2月，被上海市合作交流办公室评为长三角园区共建联盟示范园区。园区规划面积10.5平方公里。园区成立以来，重点发展新能源汽车及汽车零部件、新光源和新能源装备制造、三创孵化及生产性服务业。2015年，园区有17个项目落户，实联长宜（盐城）科技有限公司、盐城三一伟创汽车零部件有限公司等9个项目建成投产；君雅、奥新二期、华人科创、天合二期等6个项目开工建设；佛吉亚尾气排放装置控制系统项目、平安仕泰隆等项目跟踪之中。至年底，园区累计落户项目65个，累计基础设施建设投入7亿元。全年实现财政收入7.8亿元，开票销售81.3亿元。5月14日，园区通过省共建园区考核评价核查会验收。

盐城科技绿洲　盐城科技绿洲由盐城漕河泾园区开发公司投资开发建设，项目规划总面积28公顷，总建筑面积28万平方米，其中一期开发用地8.67公顷，建筑面积8.35万平方米，投资1.8亿元。项目定位为科技创新创业、生产性服务业、区域总部机构及高端制造业（电子商务、新能源和新材料、汽车零部件），其中盐城市创新创业创意中心重点发展战略性新兴产业、高端制造业、传统产业改造提升等高新技术及其产业、创意设计和电子商务等新型生产性服务业，打造国家级科技孵化基地。至年底，有34家企业入驻，涵盖电子商务、环保科技、中介机构、科技创新类等领域，引入博士生导师2名、博士7人，申报专利17项。先后被评为盐城市科技孵化器、江苏省青年创新创业示范基地、全国青年创业示范园区，其中1家企业被评为市级高新技术企业。12月2日，科技绿洲获评市级电子商务产业园；12月10日，科技绿洲4U空间获得省级众创空间认定。

（徐红梅）

五、东台市城东新区

东台市城东新区位于东台市区东部，成立于2010年6月，规划面积50平方公里、人口15万人，建成省级"两化"融合试验区、省级现代服务业集聚区，拥有省级以上高新技术企业6家，国家和省级高新技术产品7个，申请各类专利200多个。2015年，实现工业服务业主营业务收入125亿元，完成财政公共预算收入5.55亿元。年内，新区推进海关、商检办事处、仁达物流保税库、省信用担保（东台）公司、翔宇科技小贷公司等平台建设，发展新能源装备制造、智能制造和电子信息产业。至年底，西门子、上海电气、上海国盛、捷士通等企业落户；激光发生器及芯片、康复机器人等研发项目入驻；"好创e"众创空间、数据中心、金沄软件、百米生活等信息产业入驻；英莱新能铜铟镓硒太阳能薄膜电池、维福特光电晶体、宏熠多旋翼无人机、莱纳多智能织机、阿尔法节能环保设备、颐高电子商务产业园、上海低碳新天地、伙伴·创新工场等项目实施之中。

（陈亚富　张红霞）

六、东台镇电商产业园

东台镇电商产业园依托镇中小企业园，以发展"互联网+"经济为主线，围绕电商企业化、企业电商化、产业集群化的发展战略，利用闲置标准厂房，引进电子商务上下游企业，建设电子商务城、智能仓储区、生活服务区、物流配送中心、电子软件园，打造综合性电子商务产业园。规划总面积5平方公里，核心启动区占地4公顷，建筑面积2.5万平方米，2015年底建成运营。商贸物流功能配套区规划8公顷，其中总投资1亿元的百世物流项目开工建设。至年底，园区有百度推广、阿里巴巴等平台运营企业10家，森虎、点石等电子商务企业34家，百科、君梦美等电商拓市企业37家，百世汇通、圆通等快递物流企业28家，个体网店近百户。全年园区电子商务交易额突破30亿元，从业人员近3000人。年内，园区被认定为盐城市电子商务示范园区；"东台e工场"众创集聚区获批省众创集聚区建设试点。

（陈亚富　张红霞）

七、大丰风电产业园

大丰风电产业园是江苏省级产业园，是国家发改委批准的战略性新兴产业（海上风电）集聚发展试点区。园区总规划面积10平方公里，建有省风电装备高技术特色产业基地、省新型工业化产业示范基地、省科技产业园、省特色产业园、省科普教育基地、中国新能源产业创新园区等平台，引进金风科技、中车电机等国内风电装备制造龙头企业和双菱重工、广茂电机、锦辉机舱罩、海工塔筒、金悦风电、鉴衡监测、丰能海服等零部件及检测、服务配套企业。2015年，完成财政总收入1.95亿元，规模以上工业开票销售71亿元，新培植规模以上工业企业2家，新开工亿元以上项目4个，竣工亿元以上项目3个。其中，中车电机、金风科技开票销售分别39亿元、25亿元。年内，金风科技"大功率直驱永磁系列风电机组研发及产业化"项目获省科技成果转化专项资金资助、"风电实验中心"项目获国家能源自主创新和能源装备专项资金资助。

八、建阳石油装备产业园

建阳石油装备产业园成立于2009年，位于建阳镇西首，规划总面积13.6平方公里。2015年，建阳石油装备产业园实现开票销售20.8亿元、入库税金7850万元。引进实施总投资5亿元的恒帆锻压、3亿元的生物科技等超5000万元工业项目8个，其中超亿元项目3个，入园项目总投资15亿元。新增省级高新技术产品5个，新增规模以上企业7家，完成技改投入1.2亿元。推进凯卓立公司与芬兰卡哥特公司合作重组、优特莫森公司与上海奥育公司合作重组等项目，全年盘活闲置土地13.33公顷、闲置厂房3.5万平方米。年内，江苏申利达机械制造有限公司被认定为国家级高新技术企业；象王重工股份有限公司和江苏亿德隆石油机械有限公司分别建成省级工程技术研究中心和省级院士工作站；江苏金阳交通工程有限公司等11家企业建成省民营科技企业。　（吕　霏）

九、上冈产业园

上冈产业园成立于2008年，位于建湖县东首，上冈镇西南部，南临盐城大市区，规划总面积26平方公里，建成区12平方公里，是江苏省小企业创业示范基地、盐城市重点园区。园区一期以204国道和串场河为界4平方公里为建成区，有38个企业投产达效；二期串场河至黎明中心河8平方公里为拓展区，30多个项目投资落户；三期黎明中心河至宋楼中心河14平方公里为规划区。园区形成精密机械制造、新能源汽车及汽车配件、纺织服装四大产业体系。2015年，先后投入2.8亿元，实施纬一至纬五、兴业路、园区大道、港口大道的道路硬质化和3座串场河跨河大桥及其配套工程；配套齐全产业园服务中心，110千伏变电所，地面水厂，污水处理厂，园区给水、排水、绿化、亮化、净化等设施，电信、有线电视线路入地到户，医院、学校、物流、商住等设施建设之中。至年底，完成应税销售18.5亿元，有规模企业22户。　（吕　霏）

十、射阳港经济区

射阳港经济区总面积300平方公里，海岸线80千米，常住人口7600人，流动人口2.1万人。2015年，实现公共财政一般预算收入1.42亿元，规模以上工业开票销售34.8亿元、入库税收3.1亿元、工业增加值13.6亿元，实现工业固定资产投资27.6亿元，实际利用外资1502万美元，港口货物吞吐量1020万吨。年内，开工建设3.5万吨级航道导堤延伸、航道疏浚和码头建设等工程。10万吨级航道项目被纳入盐城市"十三五"发展规划，进入前期论证研究。临时开放口岸申报工作进入省级层面审查。全年签约各类项目42个。开工总投资105亿元的辉山乳业全产业链项目、总投资10亿元的钱江石材项目、总投资10亿元华宝香精香料项目等项目16个，辉山乳业全产业链项目同步建设牧场、牛场、乳品加工厂，被列入全省重大项目推进计划。渔

光一体养殖基地通过农业部专家验收，并被CCTV7《科技苑》节目实地拍摄2次。（钱 前）

十一、盐城市纺织染整服装工业区

盐城市纺织染整服装工业区位于射阳县临海镇境内，前身是2003年成立的射阳化学工业园，2008年更名为盐城市生态染整工业集中区，2012年3月更名为盐城市纺织染整产业园，2014年1月更名为盐城市纺织染整服装工业区。园区总体规划由国家纺织规划设计院编制，产业规划由上海东华大学定稿，区内设高端染整产业园、高档织造产业园、品牌服装家纺产业园三大产业园，同时规划科技研发区、仓储物流区、配套服务区三大功能区。园区总规划面积23.3平方公里，已开发利用面积4.3平方公里，有入驻企业30多家。先后获批中国绿色染整研发生产基地、江苏纺织服装跨江发展产业基地、江苏省纺织染整特色产业园、中国纺织服装行业十大活力集群、江苏省特色产业集群。2015年，实现地区生产总值29.5亿元；完成财政总收入1.35亿元，其中公共财政预算收入1.08亿元；完成规模以上工业企业开票销售15.1亿元；完成全社会固定资产投资26.25亿元，其中规模以上工业投资22.6亿元；实际到账外资210万美元。年内，新增国家高新技术企业1家，省研究生工作站1个，省民营企业4家，获得省重点研发计划项目1个，新增市研发中心3家，申请各类专利200多个。（钱 前）

十二、阜宁县现代服务业园区

阜宁县现代服务业园区成立于2013年2月，位于阜宁县城与江苏省阜宁经济开发区结合部，区域面积10平方公里，辖居委会6个，有生活性和生产性服务业企业181家，主要从事新材料研发、金融保险、商品贸易、仓储保值、物流配送等。园区建有钢材、五金专业市场、陶瓷批发市场、石材市场、汽配城、汽车城、港口商务服务中心（仓储物流、装卸配载、停车维修）以及家居生活广场。先后获批市级现代服务业集聚园区、省级重点物流基地。2015年，园区完成阜宁县电子商务产业园一期工程建设，推进产业园二期建设，加快建设电商运营平台。全年实现固定资产投资6.1亿元、服务业增加值1.6亿元。（赵 明）

十三、滨海沿海工业园

江苏滨海经济开发区沿海工业园成立于2002年5月，位于滨淮镇境内，规划总面积25.77平方公里。2015年，滨海沿海工业园完成规模以上工业开票销售156.9亿元，规模以上工业入库税收9.05亿元，进出口总额2.87亿美元。其中，销售超亿元企业53家、税收超千万元企业20家。年内，新签约项目14个，协议总投资47.5亿元；新开工项目9个、新竣工项目8个；累计完成固定资产投入20.34亿元，其中土建投入6.7亿元、设备投入13.64亿元，新增安装车间25幢、投产车间28幢；重组企业14家，减少企业数量9家。加快园区建设。兴඲新城一期11幢多层及门面房封顶，3条道路施工之中；黄海路南延至228国道工程北干渠桥灌注桩完成；春季绿化工程新增、完善绿化面积15公顷，植树38.1万株；省级新医药产学研协同创新基地通过答辩。年内，新增国家高新技术企业10家，累计29家；申报专利百余项，其中授权专利51项。加强环境保护。举办首届环保治理技术交流会；与南京大学合作成立南大滨海环保继续教育学校；园区大气自动监测站有31个点位自动监测设备，建立大气扩散模型和预警平台；园区环境污染第三方治理试点工作方案通过国家发改委答辩；46家企业针对废水特征因子治理实施升级改造工程，33家企业对废气治理系统优化提升，12家企业安装MVR（机械式蒸汽再压缩技术）蒸发析盐装置，9家公司安装RTO（一种高效有机废气治理设备）焚烧炉，企业整治总投入超8亿元。（顾小玲）

十四、滨海医药产业园

滨海医药产业园成立于2014年4月，位于327省道西侧，总规划面积10平方公里，主要承接滨海沿海工业园生物医药原料药产品的终端延伸，形成生物医药完整产业链条。2015年，园区完成新安大道建成段景观提升工程，招商服务中心综合楼工程和纵横全区的田字形黑色骨干路网工程。新签约投资10.6亿元的高科企业加速器项目、投资8.9亿元的环保循环化建设工程项目、投资1.5亿元的上海宝龙成品药项目3个，其中高科企业加速器和上海宝龙成品药项目开工建设。（顾小玲）

十五、江苏响水沿海经济开发区

江苏响水沿海经济开发区前身为2006年成立的陈家港沿海经济开发区，2010年更名为江苏响水沿海经济开发区，规划区域面积220平方公里，一期启动区58平方公里，重点发展能源建材、造船修船、船舶配套、钢铁造纸、合金冶炼、机械电子、港口物流等产业。2015年，完成工业固定资产投资155.8亿元，规模以上工业开票销售146.7亿元，新增工业定报企业3家。全年新储备特种合金、精密机械等亿元以上项目信息23个，新签约亿元以上项目18个。全年实施各类工业项目24个，新开工工业项目12个，其中投资5亿元以上项目5个，在建工业项目19个，新竣工项目5个。其中，合金材料产业方面，投资30亿元的不锈钢精炼项目11月建成试运行，投资40亿元的荣鑫伟业钛合金项目完成设备安装及调试；再生纸产业方面，隆亨纸业与北京环卫重组，12月中旬复工生产；能源产业方面，国华电厂二期发电项目前期申报准备之中，中国三峡集团投资新建总投资40亿元20万千瓦的海上风电项目2台风机完成安装、海工装备项目推进之中；新特产业方面，盈达气体一期项目建成投产、投资2亿元的金穗新材料项目主体竣工。完善基础设施，荣鑫港务6个万吨级码头建成调试运营，宏海港务、海青码头运营正常，响水港区全年货物吞吐量突破2030.57万吨。航道疏浚工程基本竣工，响水港码头作业区全面启动，4个5万吨码头规划建设之中，黄海大港论证之中。（刘必升）

第 06 章　开放搞活

责任编辑　高兰会

综　述

2015 年，全市实现进出口总额 81.2 亿美元，同比增长 8%，其中出口 51.2 亿美元，同比增长 16.6%，进口 29.95 亿元，同比下降 4.1%。全年新批外商及港澳台商投资项目 146 个，协议注册外资及港澳台资 11.31 亿美元，同比下降 11.5%；注册外资实际到账 7.95 亿美元，同比下降 24.07%；新批总投资 3000 万美元以上外资及港澳台资项目 38 个；新批对外及港澳台投资企业 25 家。全市新招引服务外包企业 40 家，服务外包企业突破 120 家，实现服务外包主营业务收入 10.3 亿元，同比增长 21%。全市 18 个重点开发园区在建（含续建）注册资本 2000 万元以上工业项目 516 个，总投资 1796.7 亿元，注册资本 355.2 亿元；完成一般公共预算收入 194.5 亿元，同比增长 14.5%。　（周卫鹏）

第一节　招商引资

2015 年，市委市政府先后在韩国、欧洲组织经贸活动，举办高层次综合招商活动，推介重点招商项目。各县（市、区）、开发区主要负责人在韩国、德国、美国等国家开展招商活动。搭建对韩合作平台，对现有驻韩办提档升级，指导有条件的板块和重点园区建立驻韩办。加强与德国北威州杜塞尔多夫、德国巴符州斯图加特等地联系，与欧洲商会、行业协会、同业分会、专业投资顾问等建立友好合作关系。拓展信息资源，建立由世界 500 强、“4 + 3”产业（新能源、节能环保、电子信息、高端装备四大主导产业以及新能源汽车、航空装备、海洋生物三大先导产业）全球前 10 强、重点行业前 20 强上市公司组成的企业信息库。将对外招商、旅游推介和城市形象宣传有机结合，在仁川国际机场主要进出口通道投放城市形象宣传广告，在韩国《每日经济》、德国《慕尼黑水星报》等主流新闻媒体专题报道盐城经济社会发展情况。全年举办各类对外招商活动 151 场次，签约外资项目 143 个，总投资 48.7 亿美元。

韩德经贸交流　5 月 24 ~ 31 日，盐城代表团在韩国、德国开展经贸交流和招商推介活动，先后围绕中韩盐城产业园、沿海开发、美容健康产业 3 个专题开展宣传，组织中国盐城（首尔）经贸合作说明会、中国盐城（首尔）美容健康产业推介会、中国盐城（首尔）沿海开发投资合作说明会、中国盐城（慕尼黑）经贸合作说明会 4 场活动，参会客商近千人。交流期间，签约重点项目 50 个，总投资 14.81 亿美元，协议外资 5.97 亿美元，涉及新能源汽车、电子信息、航空装备制造及培训、新型建材、文化创意、美容健康等领域。其中，在韩国签约项目 38 个，总投资 11.52 亿美元，协议外资 4.56 亿美元；在德国签约项目 12 个，总投资 3.29 亿美元，协议外资 1.41 亿美元。

2015 中国盐城丹顶鹤国际湿地生态旅游节暨第八届海盐文化节　5 月 17 ~ 20 日，2015 中国盐城丹顶鹤国际湿地生态旅游节暨第八届海盐文化节举行。乌兹别克斯坦、斯洛文尼亚、埃及、爱沙尼亚、塞尔维亚等“一带一路”沿线国家驻沪总领事，国内外众多知名企业、高校院所嘉宾和客商参加。市委书记、市人大常委会主任朱克江出席并致辞，市长王荣平作推介，市委副书记陈正邦主持。活动包括《盐城，一个让人打开心扉的地方》旅游形象宣传片暨“盐城旅游一卡通”发布会、盐城市重点旅游项目签约仪式、中国旅游日盐城旅游惠民活动等。在举行的重大项目签约仪式上，盐城签约项目 12 个，其中外资项目 9 个、总投资 5.51 亿美元，内资项目 3 个、总投资 11.8 亿元。

2015 盐城（上海）跨国公司投资说明会　12 月 8 日，2015 盐城（上海）跨国公司投资说明会在上海举行。23 个国家和地区的 138 家跨国公司与机构的 192 名代表参会，其中任世界 500 强或跨国公司区域执行副总裁以上职务 45 人。乌兹别克斯坦驻沪总领事萨伊达卡摩勒、埃塞俄比亚驻沪总领事由哈纳、韩国驻沪副总领事朴钟硕等外国驻沪领事馆及驻沪机构代表出席会议。活动期间，签约战略协议 3 个，招商项目 12 个，总投资 7.95 亿美元，协议外资 2.94 亿美元，涉及现代服务业、新型材料、光电产业及健康美容等行业。

参加第 14 届泛黄海中日韩经济技术交流会　11 月 3 日，盐城代表团参加在韩国釜山举行的第 14 届泛黄海中日韩经济技术交流会及其系列活动。会议期间，盐城代表团参加泛黄海全体会议、泛黄海商务论坛、韩中日三国工作会议、产业考察等相关活动，举办 2015 中韩盐城产业园智能制造产业投资说明会。在泛黄海全体会议上，副市长周绍泉作《相约绿色盐城——谱写中日韩泛黄海地区合作新篇章》的推介发言，中华人民共和国商务部、韩国产业通商资源部、日本经济产业省九州经济产业局三方同意盐城承办2016年第15届泛黄海中日韩经济技术交流会；在全体会议上，省商务厅副巡视员宋义军作《打造高水平国际合作园区，构造对外经贸交往新平台》的主题发言，将中韩盐城产业园区作为三方重点合作项目推介宣传。

参加中韩产业园合作机制第一次会议 11月30日至12月2日，盐城市代表团在韩国首尔参加中韩产业园合作机制第一次会议，探讨中韩产业园建设相关问题，围绕中韩盐城产业园区建设，开展相关经贸交流活动。在韩国期间，盐城代表团先后拜访中国驻韩大使馆大使邱国洪和现代起亚汽车集团、现代摩比斯集团、因派克株式会社、现代汽车南阳研究所、睿合博世孵化器株式会社，考察首尔城市建设。

（周卫鹏）

第二节 接轨上海

2015年，盐城依靠上海盐城促进会、上海盐城商会，挖掘盐城在上海的资源，加强与上海有关部门、单位的沟通联系，建立正常的联络机制。年初，举办2015年上海盐城经济社会发展促进会年会，介绍盐城经济社会发展情况，播放盐城最新宣传片。在上海申请注册成立异地商会，7月20日，上海市民政局和上海市社会团体管理局联合发文决定准予筹备上海江苏盐城商会；9月18日，上海江苏盐城商会成立大会召开。举办推介活动。5～9月，举办盐城名特优农副产品进上海"大机关、大单位"活动，其间召开盐城绿色产品（上海）新闻发布会和宣传推介活动。9月6日，举办盐城（上海）第五届沿海发展人才峰会，现场签约引进高层次人才328名，其中"两院"院士6名、国家"千人计划"专家16名、长江学者2名、国家杰出青年基金获得者4名；向187个领军人才（团队）项目发放资助资金2.04亿元，其中3个项目分获1000万元资助。年内，还举办2015盐城（上海）生产性服务业投资合作餐叙会、2015盐城（上海）跨国公司投资合作说明会及2015盐城（上海）产业创新经贸合作说明会等推介活动。

沪苏大丰产业联动集聚区成立 沪苏大丰产业联动集聚区位于大丰上海农场南部，规划面积33平方公里，作为上海新增产业转移项目的重点区域，着力发展高端装备、健康食品、电子信息产业以及海洋生物科技、新材料、节能环保、新能源等战略性新兴产业。2014年6月30日，上海市政府、江苏省政府联合印发《关于共同发展沪苏大丰产业联动集聚区的意见》，明确集聚区发展的战略定位、目标任务和政策举措。2015年2月，盐城市政府具文上报江苏省政府，请求尽快组建沪苏大丰产业联动集聚区管委会和开发建设投资公司，建立集聚区协调机制，落实扶持政策，推动集聚区实质性启动建设。3月25日，江苏省编办下发《关于设立沪苏大丰产业联动集聚区管理机构有关事项的批复》（苏编〔2015〕15号），同意设立沪苏大丰产业联动集聚区管理机构。5月19日，盐城市委市政府印发《关于设立沪苏大丰产业联动集聚区党工委、管委会的通知》（盐发〔2015〕15号），同意设立沪苏大丰产业联动集聚区党工委、管委会。11月17日，沪苏大丰产业联动集聚区开发建设推进协调领导小组第一次联席会议在南京召开。会上，盐城市政府与大丰区政府、上海临港集团、上海光明集团共同签署沪苏大丰产业联动集聚区开发建设合作协议，沪苏大丰产业联动集聚区党工委、管委会和开发建设有限公司正式揭牌。这是江苏省和上海市第一个省市层面的合作园区，也是长三角经济一体化的试验区和示范区，标志着盐沪园区合作共建进入新阶段。（朱春天）

第三节 南北挂钩

2015年，全市10家省批共建园区参加省考评合格，争取省财政奖励资金2800万元；10家省批共建园区当年累计投入基础设施建设资金32.8亿元，落户项目56个，总投资78.9亿元，实现开票销售416.6亿元、公共财政预算收入17.7亿元。年内，盐城与常州两市签署2015年度挂钩合作计划，加快共建园区建设、推进产业转移、发展农业经济、增进旅游合作、加强社会事业交流、开展县乡层面结对挂钩等各项工作。至年底，常州向盐城产业转移500万元以上项目11个，实际引资9.9亿元。盐城组织市、县、镇农业科技干部110人次在常州培训，邀请常州农业专家10多人次在盐城现场考察指导；组织赴常州旅游推介活动2次；推进两地20对学校建立合作关系。其中，常州市武进区落实帮扶资金250万元，帮助阜宁县援建村党群综合服务中心5所、新建道路8条、农机合作社1所、桥梁2座等；溧阳市、新北区分别向滨海县投入帮扶资金180万元、350万元；天宁区、钟楼区分别向响水县捐赠帮扶资金38万元、50万元。8月，市委书记朱克江、市长王荣平率盐城市党政代表团在常州调研，学习借鉴常州市加快旅游业发展、加强城市建设管理的先进经验。年内，常州高新区大丰工业园、武进高新区阜宁工业园和武进经济开发区射阳工业园新落户项目25个，总投资17.3亿元，实现开票销售收入151.7亿元、公共财政预算收入3.69亿元。（谢江楼）

第四节 利用外资及港澳台资

2015年，全市新批外商及港澳台商投资项目146个，其中新批（增资）总投资3000万美元以上项目38个；协议注册外资及港澳台资11.31亿美元；注册外资及港澳台资实际到账7.95亿美元。全年全市在建外资及港澳台资项目142个，新开工项目66个。其中，50个项目已投产，6个项目试生产，20个项目设备安装调试，66个项目建设之中。全年列入市重点外资及港澳台资项目计划的68个项目，60个项目开工建设,完成总投资11亿美元,注册外资及港澳台资实际到账4.01亿美元。全年全市新批中外合资及港澳台合资企业31家,协议注册外资及港澳台资1.48亿美元,注册外资及港澳台资实际到账1.3亿美元;中外合作企业1家,协议注册外资1250万美元,注册外资实际到账108万美元;新批外商及港澳台商独资企业114家,协议注册外资及港澳台资9.71亿美元,注册外资及港澳台资实际到账6.65亿美元。全年全市外资及港澳台资企业缴纳税收94.05亿元。7~10月,市商务局会同市财政局、国税局、地税局、统计局等部门继续实行网上联合年报检查,参加年检的外商及港澳台商投资企业有1100家,审核通过的企业有1100家,通过率100%。

韩资集聚区 全年新批韩资企业50个,占比34.25%,同比增长108.33%;注册韩资实际到账1.13亿美元,占比14.17%,同比增长39.89%。东洋机电、现代综合特殊钢、大韩汽车配件等总投资超5000万美元的项目落户盐城韩资工业园。全市对韩国进出口总额23.37亿美元,同比下降1.6%,其中出口4.01亿美元,同比增长60.7%,进口19.35亿美元,同比下降8.9%。韩国是盐城第一大进口国,第二大出口国,其中进口占全市进口比重的64.6%。至年底,全市累计批准韩资企业689个,总投资51.16亿美元,协议注册韩资20.76亿美元,注册韩资实际到账11.19亿美元,分别占全市的10.86%、7.97%和8.11%。 (周卫鹏)

2015年全市各县(市、区)外商及港澳台商直接投资情况

表06-07 单位:万美元、个

	注册外资及港澳台资实际到账		协议注册外资及港澳台资		新批外商及港澳台商投资企业数			
	当年累计	同比%	当年累计	同比%	当年累计	同比%	新批及净增资总投资3000万美元以上项目 当年累计	上年同期
合 计	79519	-24.07	113135	-11.50	146	15.87	38	30
东台市	7049	-26.40	11806	-5.57	19	17.65	5	5
建湖县	6254	-30.88	10635	-46.59	9	-43.75	3	5
射阳县	2572	-57.28	7157	-22.89	8	14.29	2	2
阜宁县	3954	-47.70	10793	1289.06	9	50	3	2
滨海县	6360	-26.18	4247	-61.32	6		2	
响水县	5637	-25.11	5406	-60.88	5	-54.55	4	3
大丰区	18720	-9.14	24249	32.75	19	26.67	7	4
盐都区	8658	0.32	12312	110.82	11	266.67	3	2
亭湖区	2420	-60.50	2790	-65.23	6	-45.45	1	1
开发区	12161	-42.30	24411	8.03	46	84	7	5
城南新区	5734	31.06	-671		8	-11.11	1	1

注:市开发区数据含临港产业园数据;城南新区因项目减资,协议注册外资为负数。

2015年全市外商及港澳台商投资情况

表06-08 单位:万美元、个

国别(地区)	总计	中国香港	印度	印度尼西亚	日本	新加坡	韩国	泰国	也门	中国台湾	塞舌尔	英国
项目数	146	46	1		6	3	50	1	1	15	2	
合同投资	113135	46557	-5	258	4554	4785	22528	2400	800	9279	-1000	
实际投资	79519	47886		155	395		11264	199	220	3609	110	2483

国别(地区)	法国	意大利	荷兰	波兰	瑞士	俄罗斯	开曼群岛	英属维尔京群岛	加拿大	美国	百慕大	澳大利亚
项目数	1	2				1	2	3	3	4		1
合同投资	5	1257				100	2506	2858	1323	1903		3000
实际投资			15	4000	84		645	534	53	1806	540	142

续表 06－08

国别(地区)	萨摩亚	投资性公司									
项目数	2	4									
合同外资	2479	7548									
实际外资	2540	2839									

注:有2个项目为共同投资项目,其中大兴住理工橡塑材料(盐城)有限公司为韩国和日本共同投资项目、上伟(江苏)碳纤复合材料有限公司为中国台湾和开曼群岛共同投资项目;印度和塞舌尔因项目减资,合同外资为负数。

2015年全市总投资/净增资5000万美元以上外商及港澳台商投资企业

表 06－09

所属地区	企业(项目)名称	投资者		项目投资(万美元)		
		名称	国别(地区)	投资总额	注册资本	协议注册外资及港澳台资
市开发区	东洋机电(盐城)有限公司	DY AUTO(株)	韩国	6000	2000	2000
	江苏现代综合特殊钢有限公司	现代综合特殊钢株式会社	韩国	5100	1700	1700
	江苏大韩汽车配件有限公司	Daehan Metal Co. ,Ltd.	韩国	5100	1700	1360
盐都	江苏翔宇环保产业发展有限公司	香港万翔国际有限公司	中国香港	9500	5000	5000
	江苏翔宇港建工程管理有限公司	力富工程有限公司	中国香港	9000	3000	3000
滨海	江苏领晋纺织有限公司	好运来国际贸易有限公司	中国香港	5000	1700	1700
阜宁	上伟(江苏)碳纤复合材料有限公司	上纬企业股份有限公司	中国台湾	5100	1700	1700
	阜宁协鑫光伏科技有限公司	保利协鑫(苏州)新能源有限公司	投资性公司投资	9900	3300	3300
建湖	盐城金合盛光电科技有限公司	戴元钦	中国台湾	5000	2000	2000
	建湖澳电新源科技有限公司	SHARPRICHARD	澳大利亚	5000	3000	3000
东台	江苏国信东台风力发电有限公司	博腾国际投资贸易有限公司	中国香港	7844	2615	654
大丰	江苏绿色联盟农产品发展有限公司	亚洲农副产品有限公司	泰国	8000	3000	2400
	达伯埃(江苏)纸业有限公司	Double A Holdings Limited	开曼群岛	5100	1700	1700

第五节 对外及港澳台经济技术合作

2015年,市政府编印《"一带一路"国家投资合作指南》和《促进企业"走出去"政策文件汇编》,举办首届"一带一路"国家投资合作业务培训班,组织企业到蒙古、东南亚等"一带一路"沿线国家和地区考察市场。全年新批对外及港澳台投资企业25家,中方协议投资4.34亿美元;对外及港澳台投资企业新签合同255万美元。其中,响水德龙镍业在印尼投资的镍合金冶炼项目计划一期投资9.3亿美元。全年外派劳务人员295人,完成营业额338万美元;外派劳务国别以新加坡、日本和阿尔及利亚为主,其中外派日本的护士有50多人次,均为大学毕业且取得中国护士资格证的技术人员,外派前均接受1年的语言培训。

丰海新能源海水淡化援外项目 年内,丰海新能源海水淡化技术被商务部列为2015年度援外培训定点项目。该项目是利用沿海丰富的海水、风电资源,采用孤岛模式下的非并网风电——海水淡化集成系统,通过智能微网技术将新能源与海水淡化产业有效结合,解决海水淡化的清洁能源供给问题,避免利用煤电造成的二次污染,是新能源产业与高能耗产业的结合。6月,盐城完成对斯里兰卡、阿塞拜疆、约旦、巴勒斯坦等"一带一路"国家19名学员为期10天的援外技术培训工作。12月,大丰丰海新能源海水淡化设备出口印尼合同正式签订,该设备由1台2.5兆瓦的永磁直驱风电机组为日产万吨的海水淡化装置供电,是国际首台套大容量非并网风电——海水淡化集成系统。

(周卫鹏)

第六节 对外及港澳台贸易

2015年,全市完成进出口贸易81.2亿美元,同比增长8%。其中,出口贸易51.2亿美元,同比增长16.6%;进口贸易29.95亿美元,同比下降4.1%。

出口贸易市场 全市外贸出口企业出口商品销往177个国家和地区。对亚洲出口贸易21.01亿美元;对北美洲出口贸易12.71亿美元;对欧洲出口贸易9.38亿美元;对非洲出口贸易2.66亿美元,其中对尼日利亚、埃及、肯尼亚、喀麦隆等主要国家出口成倍增长;对拉丁美洲出口贸易4.46亿美元;对大洋洲出口贸易1.02亿美元。美国、韩国和日本是盐城前三大出口国,分别出口贸易11.96亿美元、4.01亿美元和2.61亿美元。

进出口贸易企业 全市有进出口实绩企业1276家,比上年增加72家,其中超千万美元企业133家,超亿美元企业15家。全市进出口前20位企业实现进出口贸易33.48亿美元。全市有出口实绩企业1126家,比上年增加68家,其中出口超千万美元企业98家,合计出口贸易36.48亿美元。全市有进口实绩企业364家,比上年增加13家,全市进口超千万美元企业47家,合计进口贸易26.46亿美元,其中进口超亿美元企业8家。年内,盐城与"一带一路"沿线国家和地区贸易额14.54亿美元。

出口贸易商品 全市主要出口商品有服装、玩具、柴油机、龙虾、肠衣、玻璃制品、有机化学品、家纺、车辆零配件、陶瓷产品和橡胶制品。机电产品出口贸易18.55亿美元,同比增长11.8%;纺织服装出口贸易9.83亿美元,同比增长14.1%,其中服装出口贸易4.61亿美元,同比增长27.7%;化工产品出口贸易9.81亿美元,同比增长1.9%;高新技术产品出口贸易5.84亿美元,同比增长3.6%。全市农产品出口贸易受水海产品、蔬菜出口下降影响,累计出口贸易1.65亿美元,同比下降10.8%。

加工贸易 全市一般贸易走势向好,进出口贸易65.98亿美元,同比增长13.3%,其中出口贸易42.15亿美元,同比增长21.9%,进口贸易23.83亿美元,同比增长0.8%。由于加工贸易高开低走,由年初的两位数增长逐步回落,全年加工贸易进出口贸易11.27亿美元,同比下降14%,其中出口贸易8.27亿美元,同比下降11%,进口贸易3亿美元,同比下降21.1%。

2015年全市进出口贸易完成情况

表06-10　　单位:万美元

地　区	进出口贸易		出口贸易		进口贸易	
	当年累计	同比%	当年累计	同比%	当年累计	同比%
全　市	811930	8	512395	16.60	299535	-4.10
东台市	71182	7.60	68070	9.20	3112	-17.80
建湖县	31555	-20.90	30191	-19.60	1364	-41.30
射阳县	30668	-2.10	16682	5.30	13986	-9.70
阜宁县	21431	-1.30	16572	-10.60	4859	53.30
滨海县	38362	-17.10	30399	-5.50	7963	-43.60
响水县	43710	6.80	38768	15.50	4943	-32.70
市　直	43199	25.70	18517	55.20	24682	10.10
大丰区	151321	9.50	89450	15.50	61870	1.90
盐都区	55424	-4	31335	1.50	24089	-10.40
亭湖区	33088	0.70	30444	-3	2644	78.70
市开发区	291990	20.40	141967	61.70	150023	-3

2015年全市输出贸易主要国家(地区)

表06-11　　单位:万美元

位次	国家(地区)	贸易额	同比%	位次	国家(地区)	贸易额	同比%
1	美　国	119603	2.50	11	英　国	10958	26.90
2	韩　国	40146	60.70	12	荷　兰	9871	-23

续表 06－11

位次	国家(地区)	贸易额	同比%	位次	国家(地区)	贸易额	同比%
3	日　本	26070	8.50	13	越　南	9749	17
4	德　国	20048	55.30	14	澳大利亚	9331	16.10
5	印度尼西亚	18613	99.30	15	俄罗斯	9237	－13.90
6	印　度	17412	5	16	墨西哥	8596	56.80
7	中国香港	15788	－12.90	17	阿拉伯联合酋长国	7537	23.50
8	巴　西	12846	－16.60	18	加拿大	7404	－6.60
9	意大利	11883	－2.10	19	西班牙	6328	19.70
10	中国台湾	11220	25.80	20	新加坡	6254	34.60

2015 年全市出口贸易国际市场分布

表 06－12　　单位:万美元

	出口额	比重%	同比%		出口额	比重%	同比%
亚　洲	210082	41	31.40	大洋洲	10248	2	19.30
非　洲	26645	5.20	88.90	合　计	512395	100	16.60
欧　洲	93768	18.30	6.50	其中:东盟	53801	10.50	50.70
拉丁美洲	44578	8.70	1	欧盟	80958	15.80	8.80
北美洲	127074	24.80	2				

注:2015 年,全市出口商品销往 177 个国家和地区。

2015 年全市输入贸易主要国家(地区)

表 06－13　　单位:万美元

位次	国家(地区)	贸易额	同比%	位次	国家(地区)	贸易额	同比%
1	韩　国	193531	－8.90	11	泰　国	2313	10.10
2	澳大利亚	20347	8.20	12	意大利	1405	－13.40
3	美　国	14792	99.10	13	俄罗斯	1211	48.60
4	巴　西	13890	515.40	14	越　南	904	5.90
5	日　本	10179	－33.90	15	马来西亚	753	20
6	中国台湾	9637	－0.20	16	丹　麦	685	126.80
7	德　国	7885	47	17	新加坡	674	－52.70
8	法　国	5250	61.70	18	以色列	649	108.60
9	印　度	4094	－54	19	波　兰	491	－29.70
10	芬　兰	2844	－28.20				

2015 年全市进口贸易国际市场分布

表 06－14　　单位:万美元

	进口额	比重%	同比%		进口额	比重%	同比%
亚　洲	227347	75.90	－12.50	大洋洲	20967	7	8.30

续表 06－14

	进口额	比重%	同比%		进口额	比重%	同比%
非　　洲	299	0.10	－68.60	合　　计	299535	100	－4.10
欧　　洲	21567	7.20	13.30	其中：东盟	5527	1.80	－36.40
拉丁美洲	14378	4.80	241.50	欧盟	19891	6.60	12.90
北 美 洲	14977	5	68.40				

注：2015 年，全市进口商品来自 71 个国家和地区。

2015 年全市出口贸易千万美元以上企业

表 06－15　　　　单位：万美元

位次	企业名称	贸易额	属地	位次	企业名称	贸易额	属地
1	江苏联化科技有限公司	22381.10	响　水	50	江苏鹏涛供应链管理有限公司	2074	东　台
2	盐城市奥启凡贸易有限公司	19306.90	市开发区	51	江苏宝龙集团有限公司	2055	大　丰
3	大丰信诺贸易有限公司	18967.60	大　丰	52	布雷维尼（盐城）行星减速机有限公司	1992.10	市开发区
4	盐城市宏斯博贸易有限公司	15103.30	市开发区	53	大丰市创意工艺品有限公司	1962.70	大　丰
5	盐城市通达利贸易有限公司	14529.70	市开发区	54	江苏厚睦莱照明科技有限公司	1955.60	建　湖
6	江苏辉丰农化股份有限公司	12276	大　丰	55	盐城市苏普尔化学科技有限公司	1950.60	滨　海
7	江苏摩比斯汽车零部件有限公司	11323	市开发区	56	亚曼缝纫线（盐城）有限公司	1852.70	市开发区
8	盐城市旭升昌贸易有限公司	9808.50	市开发区	57	东台富安环美木业有限公司	1844.40	东　台
9	盐城福汇纺织有限公司	9342.40	市开发区	58	江苏天容集团股份有限公司	1828.20	响　水
10	江苏江动集团进出口有限公司	9170.30	市开发区	59	滨海伟新时装有限公司	1810.70	滨　海
11	江苏斗天汽车配件有限公司	8086	市开发区	60	智美达（江苏）数字技术有限公司	1764.10	市开发区
12	迪皮埃风电叶片大丰有限公司	7526.10	大　丰	61	江苏哈维尔喜万年照明有限公司	1736.20	建　湖
13	盐城天合光能科技有限公司	7049.40	市开发区	62	江苏爱利思达清泉化学有限公司	1726.10	滨　海
14	江苏中恒宠物用品股份有限公司	6951.50	盐　都	63	盐城市怡美食品有限公司	1722.20	射　阳
15	江苏德龙镍业有限公司	6661.90	响　水	64	江苏华威机械制造有限公司	1606.10	建　湖
16	江苏瀚隆家纺有限公司	6383.40	东　台	65	江苏南纬悦达服装有限公司	1567.80	盐　都
17	盐城市对外贸易有限公司	6233.90	亭　湖	66	亚曼捻线（盐城）有限公司	1556.70	市开发区
18	盐城经纬纺织有限公司	5869.50	亭　湖	67	大丰恒卫针织品有限公司	1519.50	大　丰
19	东台市德宝电子科技有限公司	5332.70	东　台	68	东台浩通贸易有限公司	1518.90	东　台
20	江苏荣威塑胶工业有限公司	5147.80	阜　宁	69	盐城恒盛国际贸易有限公司	1509.50	亭　湖
21	盐城国际妇女时装有限公司	4202.40	城南新区	70	江苏金丽达家纺有限公司	1460	东　台
22	百通达科技（东台）有限公司	4040.40	东　台	71	江苏绿叶农化有限公司	1449.70	阜　宁
23	盐城晶美应用材料有限公司	4003.30	市开发区	72	盐城宝鼎电动工具有限公司	1423.60	盐　都
24	江苏生辉进出口有限公司	4000.40	东　台	73	江苏鸿达福石油设备有限公司	1420.70	建　湖
25	江苏里斯特通用机械制造有限公司	3861.20	亭　湖	74	领镒（江苏）精密电子制造有限公司	1384.70	东　台
26	江苏剑牌农药化工有限公司	3834.30	建　湖	75	江苏盛泰克纺织印染有限公司	1382.90	射　阳
27	佛吉亚（盐城）汽车部件系统有限公司	3820.50	市开发区	76	东台市鸿达实业有限公司	1343.60	东　台
28	盐城捷康三氯蔗糖制造有限公司	3460.90	射　阳	77	盐城彩虹纺织品有限公司	1299.70	大　丰

续表 06－15

位次	企业名称	贸易额	属地	位次	企业名称	贸易额	属地
29	江苏华源手套有限公司	3382.70	东台	78	江苏隆基铝业有限公司	1292.10	市开发区
30	盐城联益肠衣制品有限公司	3290.90	盐都	79	江苏博汇纸业有限公司	1282.90	大丰
31	大丰市舒润床上用品有限公司	3065.20	大丰	80	江苏焕鑫高新材料科技有限公司	1274.70	大丰
32	江苏宇翔化工有限公司	3050.90	滨海	81	滨海金海立医药化工有限公司	1273.40	滨海
33	盐城市圣泰阀门有限公司	3039.20	亭湖	82	江苏腾龙生物药业有限公司	1265.60	大丰
34	滨海县万恒铸业有限公司	2992.90	滨海	83	东台市溱标不锈钢有限公司	1258.90	东台
35	东台松冈贸易有限公司	2752	东台	84	盐城世嘉恒业进出口有限公司	1249.60	亭湖
36	江苏丰山集团有限公司	2659.70	大丰	85	盐城市恒欣对外贸易有限公司	1245.80	亭湖
37	江苏海力化工有限公司	2557.20	大丰	86	东台中玻特种玻璃有限公司	1218.70	东台
38	江苏海森威尔机械有限公司	2535.20	盐都	87	江苏中正生化有限公司	1198.80	滨海
39	江苏沙印集团射阳印染有限公司	2474.20	射阳	88	盐城富德制衣有限公司	1192.10	阜宁
40	大丰海聆梦家纺有限公司	2431.40	大丰	89	江苏之江化工有限公司	1133.30	响水
41	盐城中马汽车零部件有限公司	2408.60	亭湖	90	江苏新田时装有限公司	1129.20	滨海
42	盐城市江动汽油机制造有限公司	2392.70	市开发区	91	响水康阳贸易有限公司	1109.30	响水
43	江苏兄弟维生素有限公司	2374.80	大丰	92	盐城威迪进出口有限公司	1092	亭湖
44	江苏捷士通射频系统有限公司	2363.50	东台	93	江苏大华化学工业有限公司	1076.60	滨海
45	江苏九龙阀门制造有限公司	2348.50	建湖	94	盐城捷珈进出口有限公司	1072.20	城南新区
46	盐城天地国际贸易有限公司	2291.10	亭湖	95	盐城同州供应链有限公司	1061.80	市开发区
47	滨海永太医化有限公司	2202.80	滨海	96	江苏梦飞斯服饰有限公司	1044.20	响水
48	纽曼(盐城)阀门制造有限公司	2185.90	城南新区	97	盐城市春竹香料有限公司	1031.50	射阳
49	阜宁金诚家纺有限公司	2112.10	阜宁	98	江苏克胜集团股份有限公司	1006.20	建湖

2015 年全市进口贸易千万美元以上企业

表 06－16

单位:万美元

位次	企业名称	贸易额	属地	位次	企业名称	贸易额	属地
1	东风悦达起亚汽车有限公司	41844.10	市开发区	25	江苏海力化工有限公司	2582.70	大丰
2	江苏摩比斯汽车零部件有限公司	26652.70	市开发区	26	江苏科利新材料有限公司	2482.20	滨海
3	大丰海融国际贸易有限公司	15333.70	大丰	27	利富高(盐城)精密树脂制品有限公司	2205.20	市开发区
4	江苏斗天汽车配件有限公司	13928.70	市开发区	28	江苏海兴化工有限公司	2164.90	大丰
5	江苏捷通保税储运有限公司	13788.40	市开发区	29	江苏辉丰农化股份有限公司	2153.30	大丰
6	江苏京信电子有限公司	13542.10	市开发区	30	耀崴光电(盐城)有限公司	2101.30	市开发区
7	依恩爱汽车部件(盐城)有限公司	11483.80	盐都	31	江苏荣威塑胶工业有限公司	2074.80	阜宁
8	江苏博汇纸业有限公司	10773	大丰	32	佛吉亚(盐城)汽车部件系统有限公司	2040	市开发区
9	伟巴斯特东熙汽车配件(盐城)有限公司	9380.10	市开发区	33	盐城联益肠衣制品有限公司	2021	盐都
10	大丰市明进机械有限责任公司	8765.50	大丰	34	江苏斗源汽车空调有限公司	2019.10	市开发区
11	晨泰物流大丰有限公司	7392.70	大丰	35	江苏东西发动机配件有限公司	2017.30	市开发区
12	江苏省农垦麦芽有限公司	6826.70	射阳	36	盐城世钟汽车配件有限公司	1900.10	盐都

续表 06－16

位次	企业名称	贸易额	属　地	位次	企业名称	贸易额	属　地
13	盐城海越麦芽有限公司	5773.40	射　阳	37	迪皮埃风电叶片大丰有限公司	1876.80	大　丰
14	盐城大圆汽车配件有限公司	4842.80	盐　都	38	江苏富国管路系统有限公司	1592	市开发区
15	江苏韩一模塑有限公司	4593.20	市开发区	39	盐城阿特斯协鑫阳光电力科技有限公司	1573.40	阜　宁
16	盐城东国汽车配件有限公司	3818.20	市开发区	40	江苏恩伟驰复合材料有限公司	1544.60	市开发区
17	盐城福汇纺织有限公司	3812.60	市开发区	41	现代(大丰)工程塑料有限公司	1511.50	大　丰
18	大丰华盛皮业有限公司	3355.90	大　丰	42	联化科技(盐城)有限公司	1387.30	响　水
19	盐城市苏普尔化学科技有限公司	3189.10	滨　海	43	平和精工汽车配件(盐城)有限公司	1342.20	市开发区
20	大丰新韩汽车配件有限公司	3165.60	大　丰	44	盐城世明电子器件有限公司	1206.10	城南新区
21	盐城国际妇女时装有限公司	3027	城南新区	45	江苏大同海瑞克斯车门系统有限公司	1084.40	市开发区
22	江苏裕廊化工有限公司	2844.80	响　水	46	盐城同州供应链有限公司	1061.40	市开发区
23	盐城晶美应用材料有限公司	2761.40	市开发区	47	江苏龙山汽车配件有限公司	1044.60	市开发区
24	江苏东熙汽车配件有限公司	2736.70	市开发区				

展销洽谈会　年内，盐城先后组织企业参加广交会、华交会及境外各类出口展会160多个，接待客商1.26万人次，洽谈成交金额12.58亿美元。4月15日至5月5日，在第117届中国进出口商品交易会上，盐城交易团有分配性展位218个，其中品牌展位22个，特装展位103个，参展企业96家，其中新参展企业6家，参展商代表1000余人。展会期间，交易团接洽客商7200多人次，签订出口合同及贸易意向2300多份，成交金额2.95亿美元。10月15日至11月4日，在第118届中国进出口商品交易会上，盐城交易团有展位218个，其中品牌展位22个，特装展位109个，参展企业92家，其中新参展企业3家，参展商代表1000余人。展会期间，交易团接洽客商6900多人次，签订出口合同及贸易意向2200多份，成交金额2.97亿美元。

（周卫鹏）

第七节　出入境检验检疫

2015年，盐城出入境检验检疫局受理出入境法检商品报检2.47万批次、货值19.95亿美元；检疫出入境人员21.3万人次；检疫出入境交通运输工具2326艘(架)次；检疫查验出入境集装箱2.81万标箱。其中，在交通运输工具及其货物中检疫发现动植物疫情1.29万种次；在出入境人员中检出传染性疾病220例和病原携带者99例；发现检疫性有害生物18种、393种次。全年完成目录外进出口商品监督抽查18批。经检测，有7批不合格，其中不合格出口食品农产品6批次，货值54.9万美元。全年签发原产地证书1.33万份、签证金额6.97亿美元；新增产地证备案企业96家，实施产地证备案和签证调查96次；受理国外退证查询23次，全部为中国东盟自贸区产地证。年内，盐城检验检疫局增强检验检疫能力，先后投入200多万元，增加仪器设备10余台(套)，国家级重点实验室通过中国合格评定国家认可委员会认可机构年度监督、质量管理体系评价及认可收费“三合一”评审。启动关检合作，联合启动“百企走访、千企座谈、万企征询”行动，走访调研盐城联益肠衣制品有限公司等企业5家，涉及汽车、新能源、农产品、化工等支柱产业和特色产业，收集意见建议8条。

检疫执法　年内，盐城出入境检验检疫局行政处罚立案4起，结案4起。完成15家企业管理体系认证行政监管工作；受理8家出口食品备案企业备案申请；实施进出口食品安全风险监控计划、出口动物源性食品残留监控计划、出口动物源性食品疫情疫病监控计划等，涉及风险监控样品1000多个；加强境外通报、退运食品的追溯调查，调查处理国外通报和退运货物10批。年内，在澳大利亚进口湿牛皮集装箱中截获检疫性有害生物纹盾材小蠹，在全国尚属首次；截获台湾航班旅客携带入境水稻种子4包25.84千克；MERS(中东呼吸综合征)防控期间，妥善处置2名韩国入境高热可疑病例。

检疫服务　年内，盐城检验检疫局服务盐城地区特色农产品出口。9月，帮助“陈长荣”牌大纵湖大闸蟹在国家质量监督检验检疫总局注册成功，10月，在韩国注册成功；帮助5家活鱼企业通过注册证书换证复查，2家活鱼企业恢复对韩国出口资格；推动千禧福乳猪出口新加坡的解禁工作，通过国家出入境检验检疫局向新加坡农业食品兽医局发出解禁的申报材料；推荐2家企业成为省级示范基地，至年底，盐城有省级农产品出口示范区(基地)18家。年内，盐城国际妇女时装有限公司成为盐城首家检验检疫AA级企业。服务口岸建设。参与大丰港扩大开放等预验收工作；帮助东台设立检验检疫工作点；针对响水港、射阳港和滨海港申请一类开放口岸和申请临时进靠国际航行船舶的情况，提出加强和完善检验检疫设施要求；为大丰港办事处解决落实集装箱通道式放射性检测仪；推动进口木材检疫除害处理中心建设；帮助盐城港进境粮食指定口岸通过国家质量监督检验检疫总局验收；开展进口奶牛隔离场项目争取、技术论证、市场调研等工作。

科研立项　年内，盐城检验检疫局组织科技骨干申报科研课题14项，成功获得国家质量监督检验检疫总局科研立项1项、省科技厅科研立项1项、江苏省检验检疫局科研立项3项；组织申报2016年度省检验检疫局科研项目8项；参与完成国家质量监督检验检疫总局的政研课题“新常态下的检验检疫发展研究”1项。

8月5日，盐城出入境检验检疫局在大丰港开展调研。

检验检疫区域一体化　年内，全市有118家企业通关实现区域一体化，盐城地区出口玩具、肠衣、部分化工类产品实现沪苏直通放行。至年底，实施沪苏出口直通2546批次，货值4395.66万美元；省内出口直放696批次，货值1.31亿美元；省内进口直通578批次，货值5842.33万美元。推行全程无纸化办公，将玩具和沙蚕作为试点产品纳入全程无纸化办公，涉及企业7家，9214批次，货值9636.21万美元。

（王　义）

盐城机场边防检查　年内，盐城机场边防检查站加强口岸维稳管控，验放出入境旅客数首次突破20万人大关，实现无重大勤务差错、无执勤事故、无旅客投诉的“三无”目标。加强边检服务水平，落实市委市政府《关于支持中韩盐城产业园发展若干政策措施》文件精神，配套出台《服务盐城开发开放八项措施》，在执勤现场安装智能验证台，先后为韩国经贸代表团等重要宾客提供便利通关50余次160余人。加强综合保障能力，与市国税局、总工会及师范学院等多家单位签订共建协议，商定互办实事项目20余个。6月，盐城机场边防检查站在全省边检业务岗位技能实战竞赛中获得预赛、决赛团体第一名，记集体二等功。

第八节　海关监管

2015年，盐城海关征收税收32.4亿元；监管进出口货物1164.9万吨；监管进出口总值27.8亿美元；监管集装箱4.41万标箱；监管进出境国际航行船舶1112航次，进出境航班1644架次；监管进出境人员21.49万人次。年内，盐城海关获得盐城市2015年度市直及省属驻盐单位年度综合先进奖，综合业务规模排名南京关区第十一位。

口岸监管　盐城海关驻大丰港办事处入库税收17.68亿元，监管进出口货运量653.45万吨，进出口总值17.45亿美元（其中非盐城经营单位全年在大丰港口岸进出口总值5.07亿美元），监管进出境国际航行船舶908航次，进出境集装箱3.79万标箱。驻机场办事处监管进出境航班1644架次，监管进出境人员19.84万人次，征收行邮税40.84万元，查获各类非法出版物130份，免税品销售出库1083万元。11月12日，驻东台办事处通过南京海关预验收，向海关总署申请正式验收。年内，盐城海关支持步凤港申报国家二类港口口岸，支持建湖港、射阳港、滨海港、阜宁港国家二类港口口岸建设；推进响水一类临时开放口岸建设，续延响水宏海码头临时进靠国际航行船舶期限。

海关服务　全年审批加工贸易合同备案482份，备案金额3.4亿美元，出具免税证明88份，审批货值3500万美元，减免税款2430万元。在盐城综合保税区推广简化统一进出境备案清单、简化无纸通关随附单证、境内外维修等制度，便捷企业。加大进出口监测预警和统计分析力度，全年报送各类信息超过100篇次，新闻宣传稿件被主流媒体采用70余篇次。

打击走私　全年盐城海关立案侦办刑事案件3起（其中被海关总署缉私局一级挂牌督办案件1起），案值4.27亿元，涉税1.43亿元。行政立案68起（其中简易程序案件37起），案值2985.95万元，涉税618.59万元，罚没入库58.52万元。

（李　玲　杨如辉）

第07章　民营经济

责任编辑　高兰会

综　述

2015年,全市新发展私营企业3.32万户,新发展个体工商户7.79万户。全市私营企业和个体工商户累计登记户数为48.39万户,其中私营企业12.55万户,个体工商户35.84万户。全市新增工业一般纳税人企业2671户,至年底,总数1.96万户。

优化创业环境　在盐城电视台、《盐阜大众报》等主流媒体开辟专栏,宣传解读国省市推进大众创业万众创新相关政策文件,利用"双创周活动"集中开展政策宣传活动。举办盐城科技创业大赛,在《盐阜大众报》刊登大赛公告、《盐城晚报》刊登创业故事、市中心商业大厦电子显示屏滚动播放大赛动态。组织参加全国科技创业大赛,报名总数354个,提交报名数329个,通过审核报名数320个。举办2015盐城青年网络创业大赛,联络30个地方优势产品,筛选出82个品牌项目,开展微商创业培训400余人次,直接服务500余名青年进入微商创业新业态。落实多项创新创业税收优惠政策,为自行申报的3001户小微企业减免税额1547万元;为68户困难创业企业缴纳房产税、城镇土地使用税,依法办理免征房产税、城镇土地使用税865万元。安排3000万元扶持创业专项资金,用于大学生创业专项资助、创业培训(实训)基地建设、初次创业补贴、创业项目征集扶持、创业孵化基地建设、创业场所租金水电补贴、小额担保贷款贴息等方面。重点推进农村电子商务和休闲观光农业发展。发展农产品电子商务,新开"乡旮旯网""丰龙网"等农产品电商平台、网店207家,总数1159家;新增省级农村电子商务示范村5家,总数7家;建成农村淘宝服务站点42家,阿里巴巴农村淘宝第一村落户盐城。

培育创业主体　年内,盐城对大学生、科技人员、在外务工人员、青年、妇女、农民、下岗职工和转退役军人八大类创业主体,进行重点培育、分类指导,建立各类创业主体基本台账,分期分批进行培训和实训。各地各部门根据八大类创业主体培育需要,加快推进创业辅导基地和实训基地建设,利用中小企业公共服务平台网络,举办线上创业大讲堂活动,通过各类培训,为3万多名创业人员提供免费培训和咨询诊断服务。全年发放青年返乡创业宣传单10万份、《盐城青年创业120问》1万余册,寻访返乡创业好青年320名,举办创业的青春最美丽分享会、青春会客厅、新农人论坛等活动11次,覆盖5600余名返乡青年。召开创业恳谈会31场,帮助解决创业需求和困难。建成在外青年微信群118个,吸收在外青年2365名,采集4510名返乡创业青年信息建立数据库。累计培训青年大学生1143名。开展千名总经理助理见习计划,邀请企业家220名,提供总经理助理见习岗位1100个。

2015年全市私营企业情况

表07-17

项　目	新发展户数(户)	新增注册资本(万元)	按组成形式分类					注册资本(万元)
			独资企业	合伙企业	有限责任公司	股份有限公司	合计	
合　计	33226	12421052.98	48953	992	75184	357	125486	41445783.67
农、林、牧、渔业	1932	311541.52	3470	28	1423	2	4923	909310.82
采矿业	1	50	5		3		8	2332
制造业	10319	2586579.60	22718	572	16474	64	39828	13214806.85
电力、热力、燃气及水生产和供应业	45	30087.69	80	13	172		265	191603.24
建筑业	1601	1218739.10	368	8	7599	7	7982	6184745.78
批发和零售业	11563	4763230.07	17371	119	25181	43	42714	7392373.08
交通运输、仓储和邮政业	705	201101	527	19	3016	1	3563	854526.63

续表 07－17

项　　目	新发展户数(户)	新增注册资本(万元)	按组成形式分类					注册资本(万元)
			独资企业	合伙企业	有限责任公司	股份有限公司	合计	
住宿和餐饮业	157	50446	206	15	540	3	764	220781.20
信息传输、软件和信息技术服务业	408	171676.16	510	14	914	2	1440	312235.33
金融业	57	234718	2	19	298	177	496	1228189.78
房地产业	356	184242.45	23	1	3033	5	3062	2958118.48
租赁和商务服务业	1910	864814.86	1193	123	8112	9	9437	2937681.27
科学研究和技术服务业	1864	1473166.97	104	14	5821	42	5981	4285474.40
水利、环境和公共设施管理业	22	6784	17	1	184		202	127386.69
居民服务、修理和其他服务业	2004	227114.52	1987	27	1927	2	3943	419729.81
教　育	38	6727	45	5	110		160	14166.60
卫生和社会工作	14	39130.01	6	1	23		30	41471.89
文化、体育和娱乐业	228	50844.03	319	13	354		686	150789.82
其　他	2	60	2				2	60

2015年全市个体工商户情况

表 07－18

项　　目	新发展数(户)	新增资金数额(万元)	总数(户)	资金数额(万元)
合　计	77858	1216596.22	358435	3129804.77
农、林、牧、渔业	4071	148093.55	8626	279801.36
采矿业			6	73
制造业	2743	63814.68	19494	205037.57
电力、热力、燃气及水生产和供应业			43	614.90
建筑业	53	908.30	595	6864.28
批发和零售业	59676	856132.05	261537	2097001.20
交通运输、仓储和邮政业	213	2535.50	1951	23524.94
住宿和餐饮业	4903	72397.33	23628	235274.18
信息传输、软件和信息技术服务业	171	1414.90	725	5292.30
金融业			5	35.80
房地产业	19	344	134	853.40
租赁和商务服务业	1223	14480.60	6526	59883.73
科学研究和技术服务业	121	1650	1321	7935.44
水利、环境和公共设施管理业	4	44	25	237.50
居民服务、修理和其他服务业	4045	43136.21	30703	173747.98
教　育	114	1529.80	306	3126
卫生和社会工作	5	42	134	391.98
文化、体育和娱乐业	491	9918.30	2664	29920.01
其　他	6	155	12	189.20

2015年全市各县(市、区)私营个体经济情况

表07－19

单 位	私营企业户数(户)		个体工商户户数(户)		注册资本(万元)	
	总数	当年新发展	总数	当年新发展	总数	当年新增资本
合 计	125486	33226	358435	77858	44575588.44	13637649.20
市 直	4595	862			4189220.72	1026435.83
城南新区	5352	584	10695	668	1936528.03	231837.02
市开发区	1600	381	3024	320	1060533.57	251424.79
亭 湖	16832	3160	47495	5873	4858617.98	1246337.53
盐 都	9170	3011	33258	7070	3982104.45	1265024.49
响 水	7345	1916	21754	3005	2527774.58	537848.54
滨 海	8878	2891	37080	10451	3180566.35	730693.81
阜 宁	17954	3485	44697	10922	5790206.94	853210.55
射 阳	9890	3857	40770	9073	2710997.01	801736.05
建 湖	11486	4588	37653	11388	4505028.03	3904167.51
大 丰	13898	3556	39519	9769	5156694.02	1197391.65
东 台	18486	4935	42490	9319	4677316.76	1591541.43

第一节 中小企业

2015年,全市中小工业企业实现工业开票销售2418亿元,占全市工业开票56.5%,固定资产民间投资完成2590亿元,占全市78.6%;吸纳劳动就业76.8万人,约占全市从业人数56.2%,占全市工业企业的92.6%。有规模以上中小工业企业2937户,全年实现总产值6583.3亿元,主营业务收入6316.1亿元,实现利税总额686.4亿元,利润总额384.7亿元,产品交货值227.2亿元。至年底,全市累计培育科技型中小微企业1300多家,其中国家高新技术企业384家,省高新技术(后备)企业160家,50多家企业列为科技企业上市培育计划入库企业,40多家企业被认定为国家火炬计划重点高新技术企业;累计创建市级企业技术中心498家,省级企业技术中心113家;累计建设公共研发及技术服务平台44家,其中省级科技公共服务平台12家。实施中小企业创新驱动战略,鼓励和引导中小企业转型升级,制定下发《盐城市专精特新产品和科技小巨人企业"双百"工程培育办法》,培育认定市级科技小巨人企业35家,市级专精特新产品45个。加快中小企业信息化建设,开展数字企业创建工作,认定盐城市四星级数字企业14家、三星级数字企业8家。

建湖县鸿达阀门管件有限公司生产车间。　　(万者进　摄)

第二节　中小企业园

2015年，全市中小企业园实现全口径开票销售835亿元；新建标准厂房276万平方米，累计建成标准厂房1811万平方米；新入园企业762家，累计入园企业7763家。加快园区建设。开展138个乡镇规划编制工作，编制《盐城市乡镇中小企业园发展规划(2015～2020)》，并通过市政府常务会议讨论。开展乡镇中小企业园区提档升级对策措施的专题研究，市政府下发《全市镇村中小企业园百家园区提档升级行动实施方案》，对园区平台建设、特色产业培育、园区企业培育壮大等重点工作提出具体措施。组织园区实施“成立一支专业管理队伍，建立一套内部管理制度，设立一个公共服务场所，开辟一个园区网站主页，形成一套扶持激励政策，制订一项园区推广计划”的质量提升工程，推进创业园区服务中心建设。制定高标准厂房建设的总体布局和规模，至年底，累计引进和建成各类生产性服务平台268个。组织市级创业示范园区评选活动，评选出20家市级创业示范园区，组织申报江苏省小企业创业基地、特色产业集群、高标准厂房建设等，申报国家小型微型企业创新创业示范基地。年内，大丰大中镇中小企业园获批国家小型微型企业创新创业示范基地，阜宁东沟镇中小企业园获批省小型微型企业创新创业示范基地。

第三节　企业服务体系

2015年，盐城加强中小企业服务体系建设，加大中小微企业培训和融资力度，提升服务机构能力。推进服务中心平台建设，至年底，全市有138家乡镇工业园区服务中心，94家星级公共服务平台，其中五星级公共服务平台2家、四星级公共服务平台9家、三星级公共服务平台31家、二星级公共服务平台52家。年内，在全省新公布的2015年度省级中小企业公共服务星级平台名单中，南京大学盐城环保技术与工程研究院入围五星级公共服务平台，盐城市中路企业管理咨询有限公司入围四星级公共服务平台，盐城市软件行业协会、盐城市大纵湖工业集中区管理有限公司入围三星级公共服务平台。组织星级服务机构申报省、市、县服务体系资金扶持项目，年内争取各类服务体系扶持资金近1000万元。开展中小企业培训活动，组织中小企业经营管理人员到福建、湖北国内知名企业、标杆企业开展体验式培训；组织各县(市、区)中小企业局局长、服务中心主任和行业领军人才参加清华大学、浙江大学、华东理工大学等高校的高端研修培训班；开展企业家大讲堂培训，举办中小企业主管研修班、职业经理人培训班，全年各类专题培训1000多人。组织创业辅导，打造重点创业辅导基地50个，全年开展创业辅导服务5万人次以上。提供融资担保服务，举行滨海、盐都、东台、射阳、大丰、阜宁、亭湖7站金融超市“园区行”活动，有732户中小微企业获得银行授信126.5亿元，至年底，发放贷款87.46亿元；新设立融资性担保公司4家，实现县区融资担保公司全覆盖；成立全省首家担保服务联盟，全年为全市2602户中小企业提供139.64亿元融资担保服务。创新金融服务，邀请深交所专家在盐城对全市50家重点培育中小企业进行上市专题培训；会同财政、科技部门设立“创业贷”“成长贷”，“创业贷”累计为14户中小企业发放贷款2290万元，“成长贷”累计为54户中小企业发放贷款7348万元。

建设盐城市中小企业公共服务网络平台　年内，盐城推进盐城市中小企业公共服务网络平台建设，该平台隶属于盐城市中小企业服务中心，建有云服务、云存储、云呼叫等大数据库系统，建成微信、QQ群、呼叫中心、线上大讲堂等云服务平台，设置创业辅导、人才培训、电子商务、物流信息、产权交易、管理咨询、项目论证、技术信息八大类服务功能，开通与省中小企业公共服务网络平台的链接。至年底，平台注册服务商家528家，签约服务商家213家，全市中小微企业、个体工商户的22万条数据信息入库，每天接待线上和线下各类咨询300个以上。　　（季　鹏）

城市功能　编

- □ 城市建设
- □ 水利建设
- □ 能　　源
- □ 交通运输
- □ 信 息 化

第08章 城市建设

责任编辑 高兰会

综 述

2015年，盐城大市区112个城建重点项目中有103个项目立项，开工建设项目88个，竣工项目52个，未竣工项目大多为结转下年实施项目。全部项目累计完成投资236.6亿元，当年完成投资151.13亿元。全年全市完成房屋征收拆迁118.06万平方米（不含违章建筑7.5万平方米），涉及住宅4633户，非住宅191个。全年新增和完善城镇绿地1707公顷，完成投资22亿元，栽植乔木120余万株、灌木5000余万株、地被600余万平方米。市区实施园林绿化重点工程212项，新增绿地面积700.7公顷，栽植乔木5.97万株，其中72项为园林绿化提升项目。强化城市建设管理，市区创建江苏省优秀管理城市通过省城市环境综合整治工作推进小组现场考核验收，城南新区解放南路被省住建厅命名为江苏省城市管理示范路。

（王 盛 王 健）

第一节 城乡规划

一、规划编制

2015年，市规划局做好大洋湾风景区概念规划、丹顶鹤自然保护区核心区规划、大纵湖旅游度假经济区环湖大道周边地段城市设计、旅游精品路线专项规划，启动老城中心核心区及周边区域城市设计。做好城市功能提升及近期建设规划、城市问题专题研究2个课题研究，谋划城市南延东扩、盐城大丰同城一体化等课题。开展城市重要项目规划前期研究，做好城市综合交通枢纽规划、新饮用水源地选址项目、传统文化街区、智慧无线城市的前期编研工作。组织编制城西片区、聚龙湖组团、海洋路组团、大数据产业园总体规划与城市设计、盐城高新区、世纪大道北侧地段、盐城环保科技城以及城南新区串场河以东控制性规划；加快现代化大街（世纪大道、解放路）规划编制，完善建军路、范公路（快速路）门户节点、老城中心核心区及周边区域、火车站地段、新洋港两侧景观、通榆河两侧景观、城南新区广电中心及周边地区、盐城高新区核心区城市设计。完成城市综合交通规划、停车设施规划、高架快速路两侧景观整治提升规划，推进城市内环高架、高速铁路、机场改造等重大项目建设。做好市区城市色彩、城市路网整合、地下空间利用、地下管线综合、慢行交通、绿地系统等专业专项规划。加强县（市、区）城乡规划技术指导，组织专家评审建湖、阜宁、滨海新一轮城市总体规划，指导射阳、大丰、建湖等地的抗震规划编制，全面完成大市区范围内乡镇新一轮规划编制，9个县（市、区）31个重点镇完成总体规划编制并通过评审。

镇村布局规划 年内，市规划局开展9个县（市、区）镇村布局优化工作，指导全市31个重点镇（响水县陈家港、小尖、大有镇，滨海县八滩、滨海港、蔡桥、天场镇，阜宁县益林、羊寨、沟墩、板湖镇，射阳县黄沙港、临海、海通、盘湾、海河镇，建湖县上冈、九龙口、庆丰镇，大丰区刘庄、南阳、大丰港城、三龙镇，东台市安丰、弶港、头灶、富安、溱东镇，盐都区大冈、大纵湖镇，亭湖区盐东镇）编制完成规划期至2030年的总体规划，并通过专家评审。至年底，盐都区、亭湖区、大丰区、东台市所属重点镇控制性详细规划全覆盖，全市各县（市、区）优化镇村布局规划编制工作基本完成，23个一般建制镇获得规划奖补资金460万元。

市区城市路网整合规划 年内，市规划局编制完成市区城市路网整合规划。规划范围西南至盐淮高速公路，西北至盐靖高速公路及新洋港，东至南洋镇界与沈海高速公路，面积约433平方公里；规划理顺完善路网系统，重点整合次干路等级及以上的骨架路网，明确落实组团间联系通道，加强跨区路网衔接整合研究，形成道路管理红线，对市区道路交通设施进行用地控制（重点为道路定位、红线规划、交叉口用地控制，兼顾公交场站、公共停车场、对外交通枢纽用地控制），形成合交通规划、路网规划、道路红线规划、道路交叉口规划、重要和典型交叉口交通设计的整合规划设计。

市区内环高架路网两侧环境整治规划 年内，市规划局编制完成盐城市市区内环高架快速路网两侧景观环境整治规划。规划范围为已规划实施的市区内环高架快速路网两侧景观带54千米，包括西环路（新洋港—盐淮高速）12千米、南环路（西环路—沿海高速）13千米、范公路（南环路—盐靖高速）19千米、青年路（204国道—长亭路）10千米;规划确立整体整治思路,整体梳理高架路网空间格局,明确重点地段、关键节点、主要功能区的分类指导方案,通过重点地段的设计示范与实施,保证景观环境整洁、有序、美观;规划形成重要节点(门户)空间景观分析、道路功能区段分析、重要节点(门户)空间整治效果等。

解放路沿线城市设计整体鸟瞰图。

解放路沿线城市设计　年内,市规划局开展解放路沿线城市设计。设计北起黄海路,南至南环路,全长11千米,沿线规划总用地面积220公顷,重点地块面积39公顷,主要对沿线现有建筑改造出新,盘活存量土地,提升城市主干道商业街区功能,形成四段(老城商业中心段、城中宜居生活段、城南商务中心段、南环科教文化段)、三条滨水景观带(串场河景观带、第一沟景观带、聚龙湖滨河景观带)、多节点(活力与景观节点、建军路商业中心节点、大庆路社区中心节点、城南商业中心节点、南环路入口景观节点)的空间格局。

世纪大道沿线城市设计　年内,市规划局开展世纪大道沿线城市设计。设计东起开放大道,西至振兴路,全长9千米,沿线规划总用地面积304公顷,重点地块面积86公顷,规划打造景观轴线,分别以解放路、西环路、开创路和204国道为界,形成一带(利民河滨水带)、五区(振兴路至204国道之间形成产业集聚区、204国道至开创路之间形成综合活力区、开创路至西环路之间形成乐活宜居区、西环路至解放路之间形成商业商贸区、解放路至开放大道之间形成文化办公区)、多节点(门户节点、道路交通节点、活力节点)的空间格局。

二、规划审批

2015年,市规划局对规划职权进行清理和调整,除规委会审批项目,其他建设项目规划审批事权全部下放至分局办理,实现规划实施层面所有事权应放尽放。梳理办事流程,重大项目实行容缺预审查制和模拟审查制,即对符合基本审批条件,申报主材料齐全的情况下,先予受理审批,申请人只须在承诺时间内将材料补齐。加快核心管控要素、编审流程、入库流程等标准化程序、制度的制定,对审批业务进行集中梳理形成规范化指南,提升改造规划管理系统,大市区范围内的控制性详细规划数据成果全部入库,12月,系统试运行。至年底,全年办理规划审批项目2973件、选址意见书104份、建设用地规划许可证217份、建设工程规划许可证1012份、临时建设工程规划许可证25份、规划批复216份、各类答复1307份,组织各类公示1085次。

三、规划监察

2015年,市规划局实施规划监察重心下移,明确重心下移后市级和各区的权责划分,解决重心下移过程中出现的难点和重点问题,打造横向到边、纵向到底的规划监察管理新机制。全年接受各类违建举报818起、发出违建通报函297份,督查各区拆除违法建设约2.8万平方米,实施违建举报奖励231起4.24万元。推进公建项目批后管理,全年对966个项目进行批后管理,灰线验线336起,基础验收279起,单体竣工核实490起,全面核实45起,现场跟踪督查395次,追缴罚款110多万元。组织认定市区未登记建筑,组织鹿鸣路和青年路南北侧、水泵厂、家家爱地块等未登记房屋征收认定18处,认定各类建设1574户,违建面积27.3万平方米,协助房屋征收部门清理家家爱地块存量违建120户、9万平方米。　　(钱　成)

第二节　城市建设投融资

2015年,盐城市市政公用投资有限公司融资13.56亿元。其中,发行5亿元中期票据,注册10亿元非公开定向私募债务融资工具并发行首期5亿元;9月,市新水源地建设项目被列入国家发改委专项建设基金支持项目,先期争取农发基金2.6亿元。盐城市国有资产投资集团有限公司完成投资40亿元、完成授信审批67亿元。盐城市城市建设投资集团有限公司全年实施重点项目12个,计划总投资29亿元,年内实现投资17亿元。

一、国投集团

2015年,盐城市国有资产投资集团有限公司总资产219.6亿元,净资产55.4亿元,全年实现营业收入56亿元,实现利税2.37亿元、完成投资40亿元、完成授信审批67亿元、新增融资51亿元、直接融资59亿元。

高新科技板块　至年底,奥新公司有38款专用车列入国家公告目录,全年生产新能源专用车2396辆,销售2121辆,实现产值3.6亿元。1月20日,总投资2.2亿元的新能源乘用车生产工厂(奥新一期)建成,是中国第一个2万辆碳纤维纯电动汽车制造工厂,有中国第一条电动汽车铝合金底盘机器人焊接线和中国第一条高温高压真空辅助碳纤维成型生产线。10月9日,总投资12亿元的新能源汽车产业化项目(奥新二期)开工建设,占地面积21.13公顷,总建筑面积12万平方米,年内完成厂房主体建设;12月24日,奥新二期环评通过省环保厅审核批复。全年奥新公司申请专利30项,累计105项,实现"百项专利企业"目标,企业技术中心获批江苏省企业技术中心。

地产置业板块　年内,集团承建重点工程14项,总投资200亿元,完成投资40亿元。先锋国际广场二、三期工程总投资17.5亿元,年内完成投资4亿元,二期台山寺完成施工图及图审,三期住宅完成土方工程,酒店写字楼完成工程桩施工。12月18日,国投集团与中铁建设集团举行超高层酒店写字楼总承包战略签约仪式,51层216米的超高层酒店写字楼将于2018年6月建成。"国投·幸福嘉园"工程投资总额15亿元,总建筑面积18.7万平方米,年内完成投资6.5亿元,酒店写字楼和住宅1~8号楼主体封顶。综保区国投自贸园2014年11月开工建设,总投资12亿元,总建筑面积24.8万平方米,2015年底建成;香港英税达科技公司、美石科技公司、江苏美之宜进出口贸易公司、江苏悦途电子商务公司4家单位签约进驻。东进路西延工程7月7日开工建设,总投资3.2亿元,年底建成通车。小洋河整治一期工程年内竣工交付。农业示范园绿化提升工程一期项目8月开工建设,占地13.33公顷,总投资2400万元,11月全面竣工。恒力机床地块、水上新村(一期)改造、二农兆泉地块等项目前期工作推进之中。年内,"天骄华庭"房产实现销售收入1.5亿元;"国投·幸福嘉园"实现房产预订200套;国投商务楼项目11~16层自营部分1.86万平方米,有9家单位进驻,出租面积1.25万平方米,全年租金收入898万元。

金融服务板块　年内,以市投资公司为龙头,规范运营小贷公司、担保公司、典当公司、互联网金融公司、融资租赁公司。全年开展资金业务4亿元,实现收入2292万元;小贷公司发生贷款业务169笔,发放贷款1.3亿元,实现营业收入1529万元,服务本地小微企业145家,获评AA级;担保公司完成融资性担保16笔,担保金额1.3亿元,实现收入230万元;典当公司贷款余额2140万元,实现收入302万元;9月,新成立黄金珠宝公司。互联网金融"盐城贷"项目实现网上交易撮合资金9.6亿元,实现收入691万元。3月,融资租赁公司被商务部和国家税务总局联合确认为全国第十三批内资试点融资租赁试点企业;10月,获江苏省融资租赁行业协会2015年度业务突破创新奖。拓展融资渠道,全年新增融资51亿元,贷款余额99亿元,其中三年期以上贷款64亿元。创新融资方式,6月,通过资产证券化募集资金18.45亿元。全年融资成本降为每年7.5%(其中国开行棚户区改造融资专项资金8.4亿元、25年期,利率为每年4.5%),全年为集团节省4000万元财务费用。参股江苏省新能源公司15%股份、4.66亿元,归还到期短融5亿元。优化融资结构,10亿元私募债获交易商协会批准,集团直接融资余额59亿元。

商贸流通板块　年内,先锋国际广场出租率96%,开业率88%,从业人员3000人;全年实现营业收入11.5亿元,税金2500万元;商业运营公司实现租金、物业费、广告费等收入3432万元。广场形成以百货、超市、餐饮、儿童文化、影视娱乐、健身休闲等为核心业态,玉石文化、汽车美容、金融服务等有效补充的业态布局。其中,新增商户11家,储备KTV、儿童教育、美容护理等项目;宴会中心全年200桌以上宴席近150次,就餐总人数超40万人次。盐城迎宾馆全年实现营业收入6978万元,营业毛利426万元,上缴税金448万元;接待境内(外)宾客12万人次,其中旅游团队106批次,出租客房5.5万间;接待大中型生日喜宴190档、5070桌,用餐总人数近30万人次。开拓酒店输出管理业务,与阜宁天鹅湖国际大酒店续签三年合作协议;与市委党校签订新校区学员公寓输出管理协议,接待学员16批。酒店管理公司先后与盐城供电公司、供电"95598"平台、市一院、盐阜大众报报业集团等签订委托管理业务。

物资经营方面　年内,物资集团、中物公司实现合同价销售23.6亿元,其中有色金属销售2万吨,实现营收9亿元;煤炭销售109万吨,实现营收6.5亿元;钢材销售18万吨,实现营收6亿元;机电设备实现营收9196万元;新能源汽车销售357辆,实现营收7200万元;建材(混凝土)销售18万立方米,实现营收6090万元。年内,物资集团、中物公司与武钢集团鄂钢公司、宝钢资源公司签署合作协议,年销售额2亿元;开展出口贸易,主要出口机电产品及设备,远销欧洲等市场。

清洁能源板块　1月16日,国投集团参股30%的国能公司挂牌成立。2月13日,国投集团与省国信集团签订全面战略合作协议,双方将在电力、燃气、房地产等方面展开合作。8月,开工建设建湖30兆瓦"渔光互补"光伏电站项目,一期投资2.5亿元,租用鱼塘80公顷;10月23日,实现并网发电;至年底,发电300万千瓦时,实现营收330万元。年内,集团签订合作项目4个:大唐大丰三龙5万千瓦风电项目49%股份,国信大中农场10万千瓦风电项目20%股份,银宝射阳盐场10万千瓦风电项目10%股份,灌东盐场10万千瓦风电项目10%股份;签订框架协议项目3个:中广核亭湖盐东5万千瓦风电项目20%股份,中广核射阳黄沙港5万千瓦风电项目20%股份,华润亭湖黄尖5万千瓦风电项目20%股份;达成合作意向项目1个:华能大丰10万千瓦风电项目30%股份。　（柏瑜华）

二、城投集团

2015年,盐城市城市建设投资集团有限公司总资产280亿元,净资产110亿元,负债率61%。全年实施重点项目12个,计划总投资29亿元,实现投资17亿元。开展四大园区建设。其中,大洋湾景区位于亭湖区境内,距离市中心约5千米,北接新洋港,南依机场路,西靠绕城公路,年内举办首届大洋湾樱花节,完成大洋湾整体规划调研论证并报市政府;静脉产业园区位于亭湖区新兴镇境内,园区将实现大市区"餐厨垃圾处理、生活垃圾分类回收处理、建筑装潢垃圾处理、生活废品分类回收处理、电子电器垃圾分类回收处理、污泥处理"等垃圾处理项目的统一规划、分期建设、集中管理,同步规划配套服务区,年内完成投资2.5亿元,完成园区范围内的540户住宅房屋和6家企业搬迁工作,用地范围内的各项土地整理和招商工作进行之中;海盐历史文化风貌区将AAAA级风貌区公司化,增加城投品牌资源,调优水街运营定位,改盐镇衙门为永兴寺,打造寺庙文化,常态化演出水街漂舟戏院、盐官巡街和鱼鹰表演,先后举办水街庙会3次,同时抓紧招商,签订明星餐饮、烤全羊、海几味海鲜主题馆等招商合同;串场河文化集聚区位于开放大道西侧、海盐博物院南侧、新都路北、串场河东,主要建设杂技大世界、淮剧传习所和音乐厅3个项目,投资估算20亿元,前期手续、规划设计和征收等前期工作办理之中。推进项目建设,实施棚改项目,完成城中村改造(青年路南侧地块、鹿鸣路周边地块)一期工程、盐渎水泵厂地块改造、悦达起亚一厂周边地块改造一期工程等;开发房地产项目,对石磊石材地块和神州路西、盐渎路南侧地块等实施房产开发;实施文化工程,完成好人馆建设,实施海盐博物馆改造提升工程;确定智能化停车场项目规划,完成项目实施初步方案,编制项目可研报告报市发改委立项。提升融资能力。维护城投集团、城资公司信用等级,全年完成融资90多亿元。调整债务结构,140多亿元的融资债务中,5年期以上的50亿元,10年期以上的34亿元。完善制度建设,制定人财物管理的一整套制度,建立董事会重大事项议事规则,重大资产处置制度、投资合作报告制度,招投标管理制度,工程工作量变更集体会办和变更总量控制在合同价10%的管理制度,以及工程付款会办制度、联合、综合验收制度等,财务系列管理制度等,守好"风控线"。(李有爱)

第三节　城市工程建设与改造

一、城建重点项目

2015年,全市组织实施道路桥梁、公园绿地、河道整治、基础设施配套、社会公益及公共配套、老城改造等市区城建重点项目98项,计112个子项目;立项103项,立项率91.97%;开工建设88项,开工率78.58%;竣工52项,竣工率46.43%;未竣工项目大多为结转下年实施项目。项目总投资571.73亿元,累计完成投资236.59亿元,年度预算204.97亿元,实际完成投资151.13亿元。其中,五星路(范公路—文港路)、戴庄路、新西门桥及周边完成接线改造,北环路(人民路—范公路高架接线)、大星南路(建军路—青年路)建成通车,盐马路鹤翔路交叉口完成拆迁工作;盐龙湖水厂一期工程、内环高架快速路、盐城机场建设工程等跨年度工程实施之中。市区城建重点项目房屋征收总量159.76万平方米,当年完成征收量为102万平方米。

2015年市区城建重点项目

表08-20　　　　**单位:万元**

序号	类别		项目名称	项目建设范围及内容	投资总额	2015年计划投资	2015年完成投资	项目进展情况	实施时间	责任单位	投资主体
一	饮用水安全	小计			142900	85900	59960				
		1	盐龙湖水厂一期工程	建设总规模为每日60万吨的水厂,分两期建设,其中一期建设每日30万吨的水厂,采用"预处理+强化常规处理+深度处理"工艺,并同步建设配套工程设施,盐龙湖泵站新增3台机组及配电控制系统,实施配套清、浑水管线约10千米	71000	40000	40000	基本完成桩基和土方施工,土建和设备招标之中	2015.1~2016.12	市城乡建设局	市市政公用投资公司
		2	通榆河取水口原水预处理净化工程	在现有取水口西侧利用通榆河弃土区和农田开挖蓄水库,蓄水量约100万立方米,改善通榆河取水口原水水质,并在应急状态下保证市区3天的供水量	35000	15000	15000	开工建设	2015.3~2016.6	市城乡建设局 市水利局 市城南新区管委会	市城乡建设局 市市政公用投资公司
		3	通榆河至城东水厂原水互通工程	从新建的通榆河西侧蓄水库增加一条每日供水30万立方米、长9.5千米的管道至城东水厂,实现通榆河水和盐龙湖水原水互通	12000	6000		完成施工图设计	2015.3~2016.6	市城乡建设局	市城乡建设局 市市政公用投资公司
		4	盐龙湖水库调试优化及周边环境整治工程	研究论证优化完善方案并组织实施,对生活污水进行收集处理及周边环境进行综合整治等;取水口增设防护栏,对预处理区进行清淤,委托科研单位对盐龙湖管理进行技术指导	10900	10900	960	完成盐龙湖生态调试工作和盐龙湖综合评估及优化方案编制工作,等待专家评审	2015.6~2015.12	市水利局 市城乡建设局 盐都区政府	市水利局 市城乡建设局

续表 08－20

序号	类别		项目名称	项目建设范围及内容	投资总额	2015年计划投资	2015年完成投资	项目进展情况	实施时间	责任单位	投资主体
一	饮用水安全	5	市区区域供水工程	新建黄尖、永丰2座供水增压泵站	4000	4000	4000	完成	2015.3～2015.12	市城乡建设局 亭湖区政府	市城乡建设局
		6	二次供水设施改造提升工程	对城市二次供水设施进行改造提升，定期进行维护管理、清洗消毒、水质常规检测等	10000	10000		完成二次供水设施现状调查摸底和初步建设方案制定，发布招标文件	2015.3～2015.12	市城乡建设局 市房管局 盐都区政府 亭湖区政府 市开发区管委会 市城南新区管委会	市城乡建设局 市房管局 盐都区政府 亭湖区政府 市开发区管委会 市城南新区管委会
二	道路桥梁	小计			1203300	478300	425253				
		7	内环高架快速路	新建“一环五射”内环高架快速路系统54.6千米，同步实施绿色施工	865000	250000	304963	范公路世纪大道至盐靖高速盐城北出口段建成通车，二期工程施工之中	2014～2017	市交通运输局 亭湖区政府 盐都区政府 市开发区管委会 市城南新区管委会	市交投公司
		8	世纪大道东延（新331省道市区段）	建设10千米一级公路和世纪大道跨沈海高速大桥	70000	20000	20500	跨沈海高速大桥建成通车，其余路段开工建设	2014～2016	市交通运输局 亭湖区政府 市开发区管委会	市交投公司 亭湖区政府 市开发区管委会
		9	戴庄路	北至鹿鸣路，南至世纪大道，全长600米，宽32米，道路拓宽改造；市城南新区负责征地拆迁工作及资金，市城乡建设局负责道路桥梁建设及资金	4000	3000	2500	完成	2014.9～2015.8	市城乡建设局 市城南新区管委会	市城乡建设局 市城南新区管委会
		10	东进路东延	东起范公路，西至开放大道，新建长2000米，宽50米的城市道路，包括市悦达集团办公楼东侧支路；市城南新区负责征地拆迁工作及资金，市悦达集团负责承担部分资金，市城乡建设局负责建设及资金	10000	10000	6120	启动房屋证收，完成公开招标，结转下年城建计划	2015.3～2015.12	市城乡建设局 市城南新区管委会	市城乡建设局 市城南新区管委会
		11	东进路西延	西环路至新204国道，长3570米，宽50米，并配套建设相应绿地	32000	15000	16800	完成	2014.10～2015.12	市国投集团 盐都区政府	市国投集团
		12	鹿鸣路改造	东至解放路，西至西环路，长1500米，宽40米，道路拓宽改造；市城南新区负责征地拆迁工作及资金，市城乡建设局负责道路建设及资金	15000	12000	1200	完成杆线迁移	2015.3～2016.10	市城乡建设局 市城南新区管委会	市城乡建设局 市城南新区管委会
		13	北环路建设	人民路至范公路高架接线，宽70米，长约2300米城市道路；亭湖区负责征地拆迁工作及资金，市城乡建设局负责道路建设及资金	13000	13000	13000	完成	2015.3～2015.12	亭湖区政府 市城乡建设局	亭湖区政府 市城乡建设局
		14	黄海东路整治改造	文港路至范公路，长约600米，宽40米；亭湖区负责征地拆迁工作及资金，市城乡建设局负责道路建设及资金	5000	5000	250	完成公开招标	2015.3～2015.12	市城乡建设局 亭湖区政府	市城乡建设局 亭湖区政府
		15	天辰路大桥	新建天辰路新洋港大桥，桥梁宽24米；亭湖区负责桥梁征地、拆迁、规划设计工作及资金，市城乡建设局负责桥梁建设及资金	16000	10000	8800	完成房屋征收任务，初步设计方案通过初审	2015～2016	市城乡建设局 亭湖区政府	市城乡建设局 亭湖区政府
		16	新西门桥建设及周边改造	拆除钢便桥，建设长48米，宽25米的永久性桥梁及周边接线改造	1000	1000	1000	完成	2015.3～2015.12	市城乡建设局 亭湖区政府	市城乡建设局 亭湖区政府

续表 08－20

序号	类别		项目名称	项目建设范围及内容	投资总额	2015年计划投资	2015年完成投资	项目进展情况	实施时间	责任单位	投资主体
二	道路桥梁	17	文港路整治	潮声路至世纪大道，长约5800米，实施路面出新、绿化、亮化改造及道路两侧立面整治	18000	6000	20	方案设计之中	2015.6～2016.6	市城乡建设局 市城管局 亭湖区政府	市城乡建设局 市城管局 亭湖区政府 市城南新区管委会
				世纪大道至南纬路，长约4500米，实施路面出新、绿化、亮化改造及道路两侧立面整治	20000	10000	500	完成方案设计	2015.6～2016.6	市城南新区管委会 市城管局	市城南新区管委会 市城管局
		18	大星南路	长2200米，宽18米；亭湖区、市交投公司负责提供道路用地，并拆除、迁移道路红线范围内的建筑物、构筑物和电力设施，市城乡建设局负责道路建设	2500	2500	2500	完成	2015.3～2015.12	市城乡建设局 亭湖区政府 市交投公司	市城乡建设局 亭湖区政府 市交投公司
		19	五星路	长700米，宽30米，新建金座广场规划支路；亭湖区、市交投公司负责提供道路用地，并拆除、迁移道路红线范围内的建筑物、构筑物和电力设施，市城乡建设局负责道路建设	2600	2600	2600	完成	2015.3～2015.12	市城乡建设局 亭湖区政府 市交投公司	市城乡建设局 亭湖区政府 市交投公司
		20	育才东路及朝阳河南侧等支路	亭湖区、市土地储备中心负责拆除、迁移道路红线范围内的建筑物、构筑物和电力设施，市城乡建设局负责道路建设	1000	1000	1000	完成	2015.3～2015.12	市城乡建设局 亭湖区政府 市土地储备中心	市城乡建设局 亭湖区政府 市土地储备中心
		21	道路桥梁大修	实施市区主次干道无障碍设施改造，对道路周边破损铺装进行维修，部分路段增设交通隔离栏，对建军西路、太平桥等道路桥梁进行大修改造	2500	2500	2500	完成	2015.3～2015.12	市城乡建设局 亭湖区政府 市城南新区管委会	市城乡建设局 亭湖区政府 市城南新区管委会
		22	道路交叉口渠化改造及路网连通	迎宾路与东进路、鹿鸣路交叉口，大庆路与人民路、迎宾路交叉口等道路交叉口渠化改造，完善腾飞路与人民路交叉口和鹤翔路与盐马路路口	2000	2000	2000	完成	2015.3～2015.12	市城乡建设局	市城乡建设局
		23	开创路北延	世纪大道至大庆路，长3765米，宽50米	25600	25600	11900	完成	2015.3～2015.12	市土地储备中心 盐都区政府	市土地储备中心
		24	智慧科技城配套路	实施智慧科技城核心区内科技城外环路及步湖路建设	12000	12000	12000	完成	2015.6～2015.12	市城南新区管委会	市城南新区管委会
		25	虹桥道	珠溪路至康居路，长400米，宽25米	3000	3000	3000	完成	2015.9～2015.12	市城南新区管委会	市城南新区管委会
		26	康乐道	科技路至大干河路，长1000米，宽32米	8500	8500	8500	完成	2015.10～2015.12	市城南新区管委会	市城南新区管委会
		27	普陀山路	从赣江路至南环路，全长约2300米，宽24米，实施机动车道、非机动车道、雨水管道及沿线板涵、路灯	3600	3600	3600	完成	2015.1～2015.10	市开发区管委会	市开发区管委会
		28	潮声路	小洋河至文港路，长约2000米，宽32米，亭湖区负责征地拆迁工作及资金，市城乡建设局负责道路建设及资金	26000	15000		土地性质变更手续办理之中	2015～2016	市城乡建设局 亭湖区政府	市城乡建设局 亭湖区政府
		29	建军东路（迎宾大道）改造	东至沈海高速南洋出口，西至通榆河，实施路面出新、绿化亮化等改造	45000	45000		因建军路高架方案未定，暂缓推进下一步工作	2014.9～2015.12	亭湖区政府	亭湖区政府

续表 08－20

序号	类别	项目名称		项目建设范围及内容	投资总额	2015年计划投资	2015年完成投资	项目进展情况	实施时间	责任单位	投资主体
三	城市园林绿化	30	市区园林绿化建设	加强一路一景、花卉园、河道绿化、单位居住区绿地、立体绿化等特色园林建设，新增4万株大树，新增绿地面积750公顷以上	279900	160000	160000	完成	2015.1～2015.12	市城乡建设局 亭湖区政府 盐都区政府 市开发区管委会 市城南新区管委会	市城乡建设局 亭湖区政府 盐都区政府 市开发区管委会 市城南新区管委会
四	河道整治	小计			115000	115000	123600				
		31	市本级河道整治	实施利民河、东伏河、小洋河东支等3条河道，总长16.6千米	22000	22000	16600	除小洋河，其余河道整治都已完成；小洋河东支整治完成景观绿化、围墙、驳岸、清淤、栏杆，栈桥架设钢梁之中	2014～2015	市水利局 市国投集团	市水利局 市国投集团
		32	盐都区河道整治	实施前进河等11条河道，总长40千米	38000	38000	38000	完成	2014～2015	盐都区政府	盐都区政府
		33	亭湖区河道整治	实施朝阳河等8条河道，总长13.8千米	13000	13000	27000	完成	2014～2015	亭湖区政府	亭湖区政府
		34	市城南新区河道整治	实施向阳河等16条河道，总长44.5千米	42000	42000	42000	完成	2014～2015	市城南新区管委会	市城南新区管委会
五	城市防洪	小计			20550	14650	14750				
		35	市本级防洪工程	续建完成伍龙河闸站、马中河闸站	10000	6000	6000	完成	2014～2015	市水利局 市开发区管委会	市水利局
		36	盐都区防洪工程	疏浚整治马中河及沿线支河，长60千米，土方40万立方米；拆建福余泵站、改建青龙河泵站、拆建黄刘排涝站、拆建翻身河圩口闸、新建创河东泵站	1900	1900	2000	完成	2014～2015	盐都区政府	盐都区政府
		37	亭湖区防洪工程	新建凤东河闸站、大新河闸站	550	550	550	完成	2014～2015	亭湖区政府	亭湖区政府
		38	市开发区防洪工程	实施仁智河整治，疏浚河道13千米，新建、拆建沿线闸站20座；拆建通榆河沿线支河圩口闸5座	4900	3000	3000	完成盐丰河、隔离河、新尾河等11条河道疏浚任务，其余河道疏浚或前期工作准备之中	2015～2016	市开发区管委会	市开发区管委会
		39	市城南新区防洪工程	新建高产河、永严河西闸站、西伏河闸	3200	3200	3200	完成	2014～2015	市城南新区管委会	市城南新区管委会
六	基础设施配套	小计			216000	91000	78600				
		40	盐城机场建设工程	飞行区扩建、停机坪建设、T2航站楼建设、候机楼扩建、油库搬迁扩建以及航班航线建设	143000	20000	20300	机场跑道延长工程建成使用；T2航站楼完成前期工作，开工建设；油库迁建工程完成	2014～2017	市交通运输局	市交通运输局
		41	市区污水管网建设工程	在市区新建污水收集管网100千米，其中市本级新建污水收集管网50千米	30000	30000	30000	完成	2015.3～2015.12	市城乡建设局 盐都区政府 亭湖区政府 市开发区管委会 市城南新区管委会	市城乡建设局 盐都区政府 亭湖区政府 市开发区管委会 市城南新区管委会

续表 08－20

序号	类别	项目名称		项目建设范围及内容	投资总额	2015年计划投资	2015年完成投资	项目进展情况	实施时间	责任单位	投资主体
六	基础设施配套	42	城南污水处理厂三期及一期提标改造	扩建城南污水处理厂进行三期每日处理量5万吨的污水厂；改造城南污水厂一期每日处理量5万吨的污水厂，使出水排放达到一级A标准污水厂	13000	11000	100	与城南污水厂BOT投资商城就污水处理费等问题商谈中	2015.3～2016.12	市城乡建设局	北京建工环境公司
		43	城东污水处理厂提标改造	改造城东污水厂每日处理10万吨的污水厂，使出水排放标准达到一级A标准污水厂	9000	9000	8000	完成土建施工	2014.9～2015.12	市城乡建设局	市市政公用投资公司
		44	市城南新区道路雨污水管网建设及供电杆线入地改造	对新都路、人民路、府西路等老旧道路雨污水管网进行维修完善，新盐道、虹桥道等新建道路污水管道，对部分路段架空线路进行拆除入地改造	15000	15000	15000	完成	2015.5～2015.12	市城南新区管委会	市城南新区管委会
		45	市开发区污水厂提升改造	设计规模每日处理2万立方米，出水水质达一级A标准的污水厂	6000	6000	5200	完成	2015.1～2015.11	市开发区管委会	市开发区管委会
七	社会公益及公共配套	小计			733350	276850	239310				
		46	新增电动公交车	新增纯电动公交车35辆，建设充电桩56个	5000	5000	5000	完成	2015	市交通运输局	市交通运输局
		47	大市区公交回车场建设	公交调度中心停保场二期工程	7000	4000	4000	完成	2014～2015	市交通运输局	市交通运输局
				解放南路BRT回车场	2000	1500	1500	完成	2014～2015	市城南新区管委会	市城南新区管委会
				青年西路公交枢纽站	2500	2000	2300	主体封顶，外装幕墙施工之中	2014～2015	盐都区政府	盐都区政府
				环保产业园公交枢纽站	2500	1000	1000	完成	2014～2015	亭湖区政府	亭湖区政府
				市中心公交枢纽站	2000	500		规划方案、日照分析等材料已上报市规委会审查	2015～2016	市交通运输局	市交通运输局
				汽车北站公交回车场	3000	3000	3000	完成	2015	亭湖区政府	亭湖区政府
				普陀山路回车场	350	350	10	暂缓实施	2015	市开发区管委会	市开发区管委会
		48	公共自行车二期	完成二期4000辆建设，达到1万辆规模	4000	4000	4000	完成	2015	市交通运输局 盐都区政府 亭湖区政府 市开发区管委会 市城南新区管委会 市城乡建设局	市交通运输局
		49	电召出租车及基地建设	项目占地面积2500平方米，总建筑面积约8000平方米，投入60辆电召出租车	2000	2000	1000	完成	2015	市交投公司	市交投公司
		50	聚龙湖商务中心	建设聚龙城、金鹰国际等聚龙湖周边商业设施	60000	30000	30000	聚龙湖商业核心区提升方案策划和落地方案通过专家评审；聚龙湖水环境治理招标之中，凤凰汇、凤凰文化广场完成主体施工；完成金鹰尚美酒店、海洋馆等商业设施建设，明城锦江酒店开业，欧洲风情街完成商业提升并开街	2015.2～2015.12	市城南新区管委会	市城南新区管委会

续表 08－20

序号	类别	项目名称		项目建设范围及内容	投资总额	2015年计划投资	2015年完成投资	项目进展情况	实施时间	责任单位	投资主体
七	社会公益及公共配套	51	综保区国投自贸区	一期占地面积14.65公顷，建设8幢4层生产仓储物流用房；总建筑面积24万平方米（地上建筑面积18万平方米，地下建筑面积6万平方米）	120000	90000	90000	完成	2014.9～2015.12	盐城综合保税区管委会 市国投集团	市国投集团
		52	新城商务中心	占地5.33公顷，规划建筑面积15万平方米，建设商务办公楼	100000	30000	30000	主体竣工	2014～2015.12	盐都区政府	盐都区政府
		53	汽车城市综合体	建筑面积6万平方米，用地2.67公顷	30000	15000	15500	主体封顶	2014～2016.12	盐都区政府	盐都区政府
		54	商用汽车城	总建筑面积3万平方米，用地4公顷，建设4个商用汽车展销中心	20000	15000	15100	主体竣工	2014～2015.12	盐都区政府	盐都区政府
		55	韩资园邻里中心	A、B、C3幢宿舍楼地上六层，建筑面积约3万平方米；餐饮后勤楼地上二层，建筑面积约5355平方米	50000	20000	12700	3幢公寓楼、1幢食堂楼完成主体验收；幕墙施工之中；另3幢公寓楼完成50%桩基工程	2014.8～2015.12	市开发区管委会	市开发区管委会
		56	跃进河商业街区及水岸人家项目	跃进河南侧，解放路和盐城路之间，占地2.8公顷，共8幢商业楼和4幢住宅楼，约4.5万平方米	30000	10000	10000	安装工程施工之中	2013～2015	市城投集团	市城投集团
		57	翔宇商业综合体	征地4.39公顷，建筑面积17.3万平方米，一期建设一幢7万平方米商业综合楼	60000	10000	10600	主体施工	2015～2016.12	盐都区政府	盐都区政府
		58	黄海街道卫生服务中心	面积约3000平方米	3000	1500	1500	完成	2014.10～2015.12	市城南新区管委会	市城南新区管委会
		59	步凤港物流园	面积2.54平方公里，建设内河港口联运综合物流园	30000	2000	2100	完成港区标高抬升和预埋件安装	2014～2016	市开发区管委会	市开发区管委会
		60	悦达汽车广场	占地16.53公顷	200000	30000		北侧户外广告安装完成，土地、立项手续办结，总平方案通过审查，优化调整之中	2014.10～2016.10	市开发区管委会 悦达地产	悦达地产
		小计			2768500	764500	345596				
八	住房建设及棚户区改造	61	市区保障房建设	新建各类保障性住房4000套（户），全部为棚户区改造安置住房；基本建成各类保障性住房5500套（户），其中公共租赁住房1000套（户）、经济适用房1000套（户）、限价商品住房1200套、棚户区改造安置住房2300套（户）	280000	100000	102100	完成新建各类保障性住房4506套；基本建成各类保障性住房6979套	2015	市房管局 盐都区政府 亭湖区政府 市开发区管委会 市城南新区管委会	市房管局 盐都区政府 亭湖区政府 市开发区管委会 市城南新区管委会 开发企业
		62	低洼易淹易涝片区整治	实施大庆路南侧沟板涵改造、跃进路排水管道等城市排水设施改造	1500	1500	1500	完成	2015.3～2015.12	市城乡建设局 亭湖区政府 市城南新区管委会	市城乡建设局 亭湖区政府 市城南新区管委会
		63	后街巷道改造	完成50条后街巷道改造	1000	1000	1000	完成	2015.3～2015.12	市城乡建设局 亭湖区政府 市城南新区管委会	市城乡建设局 亭湖区政府 市城南新区管委会
		64	老旧小区整治	整治8个老旧小区，其中亭湖区整治6个，城南新区整治2个	3000	3000	3000	完成	2015.3～2015.12	市房管局 亭湖区政府 市城南新区管委会	市房管局 亭湖区政府 市城南新区管委会
		65	青年路南侧地块城中村改造	青年路以南，瑞景花园以西，北港河以北，盐马路以东，项目占地面积6.93公顷，总建筑面积约24.3万平方米	170000	50000	100	入户调查丈量和预评估工作完成，确定征收实施单位	2015～2018	市城南新区管委会 市国投集团	市国投集团

续表 08－20

序号	类别		项目名称	项目建设范围及内容	投资总额	2015年计划投资	2015年完成投资	项目进展情况	实施时间	责任单位	投资主体
八	住房建设及棚户区改造	66	水上新村改造一期	位于沿河西路以南、盐马路以西、西环路以东、长坝路以北。总占地28.47公顷，小区总建筑面积约78万平方米	360000	40000	550	阳春面粉厂2公顷地块开工建设，2号、5号楼施工至13层	2013～2017	亭湖区政府 市国投集团	市国投集团
		67	先锋国际广场二期、三期	位于串场河西、越河以南、蟒蛇河北，二期建设台山寺及部分商业配套开发，总用地面积1.5公顷；三期建设酒店商务楼、三幢高层住宅项目，总用地2.5公顷	175000	40000	13946	三期住宅楼出图完成，底板浇铸完成；酒店写字楼完成工程桩施工；二期土地摘牌，完成施工图设计	2012～2017	市国投集团	市国投集团
		68	恒力机床厂改造	位于毓龙路北、小海路西、莲花路南、市第一人民医院东家属区东侧，用地面积约6万平方米，小区总建筑面积约15万平方米	100000	30000	2100	申领征收令，完成房屋征收协议签订	2012～2016	市国投集团 亭湖区政府	市国投集团
		69	国投嘉园	西环路西，世纪大道南，占地4.27公顷，建筑面积18.69万平方米，其中幸福嘉园11.67万平方米，酒店写字楼7.02万平方米	150000	65000	26800	施工之中	2013～2016	市国投集团 盐都区政府	市国投集团
		70	毓龙路实验学校周边地块开发	临解放路侧，占地约2公顷	65000	30000		因公投体制调整，项目暂缓实施	2015～2017	市市政公用投资公司 亭湖区政府	市市政公用投资公司
		71	荣茂地块改造	大庆路与串场河交叉口的西南角，总用地面积约2公顷	23000	5000		与天津权健集团达成合作意向，概念性方案优化之中	2015～2017	市城投集团	市城投集团
		72	鹿鸣路周边地块改造	东至盐城路，南至碧水豪苑及月湖花城用地，西至金大洋用地，北至向阳河及瑞盛园小区，占地总约面积14.6公顷，户数500户，征收房屋总面积约13.5万平方米	200000	50000	250	完成房屋征收并开工建设	2015～2017	市城南新区管委会	市城南新区管委会
		73	原化学厂地块改造	占地面积2.08公顷，总建筑面积4.15万平方米	20000	10000	10000	房屋征收之中	2014～2017	亭湖区政府 盐都区政府 市土地储备中心	市土地储备中心
		74	人民商场地块改造	解放路以东、建军路以北，县前街以西、纯化路以南地块，占地面积3.97公顷，规划建设45万平方米商业综合体	300000	80000		与市国资委对接，做好挂牌转让工作	2014～2017	亭湖区政府 市国投集团	深圳茂业
		75	盐南东路南侧地块改造	人民路西侧、盐南东路南侧，国飞开发地块东侧、开元路北侧	50000	30000		已申请市政府调整项目，招商之中	2015～2017	亭湖区政府	开发企业
		76	轧花厂宿舍区地块改造	迎宾路西侧、沿河路南侧、怡景花园开发地块北侧	60000	30000		投资方未确定，项目未立项，申请市政府调整项目	2015～2017	亭湖区政府	开发企业
		77	火车站周边地段开发	占地面积45.53公顷（其中火车站西侧8.67公顷、五星工业园区30公顷、换乘中心北侧地块6.67公顷、出租车服务中心0.2公顷）	100000	25000	25100	五星工业园地块杆线迁移基本完成；豪德广场主体施工基本完成	2013～2016	市交投公司	市交投公司
		78	盐城航空大厦（原盐阜报社地块）	占地面积0.39公顷，总建筑面积约2.5万平方米，建设酒店式公寓	20000	10000	10500	完成全部桩基工程施工，完成土建、安装及消防工程招标，并确定中标单位	2015～2016	市交投公司	市交投公司
		79	向阳秀水佳苑二期	占地7.8公顷，建筑面积21万平方米，二期9.5万平方米	30000	13000	12700	完成	2013～2015	盐都区政府	盐都区政府
		80	盐塘家园二期	占地2.5公顷，二期建筑面积6.8万平方米	25000	10000		施工前准备	2015～2016	盐都区政府	盐都区政府

续表 08－20

序号	类别	项目名称		项目建设范围及内容	投资总额	2015年计划投资	2015年完成投资	项目进展情况	实施时间	责任单位	投资主体
八	住房建设及棚户区改造	81	碧桂园城市综合体	建设集商办、公寓、会所、休闲为一体的大型城市综合体，总建筑面积120万平方米	500000	100000	100000	主体竣工	2014～2017	盐都区政府	盐都区政府
		82	楠沁花园	科技路以西，博师路以东，一期工程以南，规划河道北侧，占地面积约4.87公顷，建筑面积14万平方米	60000	15000	15000	完成	2013.7～2015.12	市城南新区管委会	市城南新区管委会
		83	范公路安置房	伏河路以东，新园路以西，新河路以北，用地面积5.33公顷，建筑面积12.6万平方米	60000	16000	20000	地下室施工	2015.3～2017.12	市城南新区管委会	市城南新区管委会
		84	阳光水岸花园一期	一期4.19公顷，新建5万平方米安置房	15000	10000	950	完成桩基施工，土建施工招标之中	2014.12～2016	市开发区管委会	市开发区管委会
九	城市管理	小计			232700	58700	61850				
		85	静脉产业园	核心区初步规划用地约133.33公顷，规划建设的项目主要有9个：建筑垃圾综合利用项目，园区污水集中处理（含生态净化湖）项目，垃圾分类项目，大件垃圾处理项目，生活垃圾焚烧飞灰填埋项目，生活垃圾焚烧发电项目，餐厨垃圾处理项目，生活废品集中交易项目，园区集中管理及宣教中心项目	200000	30000	35000	6月完成立项、环评等前期工作，9月完成征地拆迁，10月开工建设	2014.8～2016.12	市城管局 亭湖区政府	市城管局 亭湖区政府
		86	城市环境综合整治	开展“931”城市环境综合整治，完成10片城郊结合部、12个城中村、15个棚户区、8个老旧小区、29条背街小巷、16条城市河道、10个低洼易淹易涝片区、8个建设工地、5个农贸市场、4处停车设施、1处立体停车设施和40处户外广告的整治工作；推行绿色施工，实施建筑工地扬尘治理及渣土车运输管理，完成市区渣土管理信息化系统建设；“931”城市环境综合整治总投资40亿元，除背街小巷、停车设施、广告整治、绿色施工等投资5000万元外，其余整治资金在城建项目中安排	5000	5000	5000	完成	2015.3～2015.12	市城管局 市公安局 市规划局 市城乡建设局 市交通运输局 市城投集团 市国投集团 盐都区政府 亭湖区政府 市开发区管委会 市城南新区管委会	市城管局 市公安局 市规划局 市城乡建设局 市交通运输局 市城投集团 市国投集团 盐都区政府 亭湖区政府 市开发区管委会 市城南新区管委会
		87	城市北大门环境提升	对城市北片区开放大道两侧实施环境整治，提升北大门市容环境，改造绿化、亮化景观等	5000	5000	5000	完成	2015.3～2015.10	亭湖区政府	亭湖区政府
		88	市区景观照明建设工程	对市区主要道路、重点组团、城市出入口建设完善亮化设施	6000	6000	6000	完成	2015.3～2015.12	市城管局 亭湖区政府 盐都区政府 市开发区管委会 市城南新区管委会	市城管局 亭湖区政府 盐都区政府 市开发区管委会 市城南新区管委会
		89	市区主要道路照明亮化提升及城市照明维护基地	提升市区主要道路照明亮化，照明维护基地位于盐都区福才村，建设城市照明维护基地、仓库和维修车辆停放场地	3300	3300	3300	完成	2015.3～2015.12	市城乡建设局 盐都区政府	市城乡建设局 盐都区政府
		90	创建省级优秀管理城市、省级优秀管理示范路和示范社区	各区各申报创建1条省级优秀管理示范路和1个示范社区，确保创成市区2条省级示范路和3个示范社区，市区创成省级优秀管理城市	3000	3000	3000	完成	2015.3～2015.9	市城管局 亭湖区政府 盐都区政府 市开发区管委会 市城南新区管委会	市城管局 亭湖区政府 盐都区政府 市开发区管委会 市城南新区管委会
		91	市区大型专用公益广告牌建设	在市区重要节点规划建设30块大型专用公益广告牌	900	900	900	完成	2015.3～2015.12	市城管局 亭湖区政府 盐都区政府 市开发区管委会 市城南新区管委会	市城管局 亭湖区政府 盐都区政府 市开发区管委会 市城南新区管委会

续表 08－20

序号	类别	项目名称		项目建设范围及内容	投资总额	2015年计划投资	2015年完成投资	项目进展情况	实施时间	责任单位	投资主体
九	城市管理	92	市区电子显示屏建设	在市区重要节点规划建设20块电子显示屏	2000	2000	2000	完成	2015.3～2015.12	市城管局 亭湖区政府 盐都区政府 市开发区管委会 市城南新区管委会	市城管局 亭湖区政府 盐都区政府 市开发区管委会 市城南新区管委会
		93	公共卫生间及垃圾中转站建设	建设6座公共卫生间(其中盐都新区2座),在新都路与东干渠附近建设1座压缩式垃圾中转站	500	500	400	除市本级1座卫生间建设之中,其余5座全部完成;垃圾中转站建设重新选址	2015.3～2015.12	市城管局 盐都区政府	市城管局 盐都区政府
		94	环卫作业调度中心	占地2公顷,容纳停放100辆环卫作业车辆,配套环卫数字化调度中心、车辆检修用房、全自动清洗房、职工休息室等、购置5台洗扫车等	3500	1000	200	开工建设	2015～2016	市城管局	市城管局
		95	市区停车管理信息化系统建设	建成市区公用停车场、社会停车场和道路临时停车泊位信息收集、智能化收费和监控系统	2500	1000	50	完成道路临时停车泊位信息化管理系统建设	2015.1～2017.12	市城管局 亭湖区政府 盐都区政府 市开发区管委会 市城南新区管委会	市城管局 亭湖区政府 盐都区政府 市开发区管委会 市城南新区管委会
		96	市区城市建设信息系统及管理	完成工程质量检测复核平台(一期),盐城市建筑市场监管系统三期,盐城市区降雨雨型研究	1000	1000	1000	完成	2015.3～2015.12	市城乡建设局 市气象局	市城乡建设局
十	规划编制	小计			5050	4800	2450				
		97	规划编制及管理信息系统建设	市区城市色彩专项规划,聚龙湖组团控规修编,海洋路组团(解放南路东侧)控规修编,世纪大道北侧地段控规修编,环保科技城控规,广电中心及周边地区规划设计	700	700	700	完成	2015.2～2015.10	市规划局	市规划局
				市区地下管网综合规划,慢行系统规划,绿地系统规划修编、城市湿地资源保护规划、生物多样性保护规划、城市园林技术导则编制	1600	1600	1600	完成	2015.4～2015.12	市城乡建设局	市城乡建设局
				城镇垃圾处理设施专项规划,市区户外广告和店招店牌详细设计方案	150	150	150	完成	2015.4～2015.12	市城管局	市城管局
				城市规划管理信息系统二期工程	1200	950		申请政府采购计划	2014.1～2015.12	市规划局	市规划局
		98	盐城市规划展览馆维修改造	城市规划展览馆布展更新及设施改造	1400	1400		初步确定选址方案	2015.3～2015.12	市规划局	市规划局
合 计					5717250	2049700	1511369				

二、房屋征收

2015年,市城乡建设局出台《盐城市市区国有土地上房屋征收项目现场管理暂行规定》,组织对市区房屋征收项目现场进行拉网巡查;印发《盐城市区房屋征收实施单位选定办法(试行)》,提升实施单位征收质量;牵头组织青年路北侧地块等14个重点项目评估价格咨询论证工作,统一市区补偿安置标准。先后完成商业大厦地块房屋征收、五星邻里中心地块房屋征收、盐都新区万胜小区地块房屋征收、城南金大洋地块房屋征收和蟒蛇河杂船清理等工作,解决协调范公路建设和二小、四中等地块征地拆迁。全年完成房屋征收拆迁118.06万平方米(不含违章建筑7.5万平方米),涉及住宅4633户,非住宅191个。市区(含大丰区)累计完成征收搬迁64.22万平方米,涉及住宅3345户、非住宅107个。

万胜小区地块拆迁　万胜小区位于盐都新区,该地块拆迁于2012年启动,涉及150余户村(居)民,完成

132 户村(居)民拆迁工作,剩余 18 户村(居)民。2015 年 9 月 6 日,市重点办工作组进驻该地块,组织工作人员一户一户摸清情况,一户一户研究对策,一户一户开展工作,9 月底,与剩余 18 户村(居)民达成拆迁协议,完成该地块的拆迁扫尾工作。

城南金大洋地块拆迁 金大洋地块原属盐都区潘黄镇,后在区划调整时,划归城南新区新都街道。该地块拆迁涉及 100 余户村(居)民,拆迁工作于 2005 年开始,完成 84 户村(居)民拆迁工作,剩余 16 户村(居)民。2015 年 10 月 13 日,市重点办工作组进驻该地块,通过组建工作班子,固化拆迁补偿标准,加大说服力度,10 月底,与剩余村(居)民签订拆迁协议,完成该地块的拆迁扫尾工作。

8 月 12 日,《盐城晚报》的 40 名小记者参加"饮用水安全市民开放日"活动。

蟒蛇河杂船清理 8 月 27 日,由盐都区政府和亭湖区政府牵头组织实施的蟒蛇河杂船清理工作启动。蟒蛇河杂船清理需清理各类船只 419 条,涉及盐城盐都、亭湖、响水、建湖、滨海、阜宁、射阳 7 个县(区)及市开发区、城南新区和泰州宝应、兴化等县市。市重点办协助做好盐城所属船只的说服、签约、劝离等工作,负责面上的协调和督查工作。至年底,完成全部 419 条船只清理工作。

(王　盛　王道洲　王　健)

三、市政公用设施

2015 年,盐城组织实施饮用水安全工程。确定在京杭运河宝应段新辟水源地,从根本上解决大市区和周边相关县(区)近 500 万群众的饮水安全问题。至年底,完成项目建议书和稳定风险评估,现场工作组进驻宝应开展工作。完成城东水厂三期深度处理工程,处理能力每日 10 万吨扩建至每日 30 万吨,城市自来水品质不断提高。盐龙湖至城东水厂原水互通投入运行,实现"双重水源、双重保障"。盐龙湖水厂一期和市区区域供水完善工程施工之中,通榆河原水预处理净化、通榆河至城东水厂原水互通、盐龙湖水库调试优化等工程推进之中。至年底,盐龙湖提供 III 类以上原水 1.3 亿立方米。加强城市污水收集纳网建设,实施城东污水厂提标改造工程,市区新建污水管网 100 千米以上,污水处理率逐年提高,削减 COD(化学需氧量)8912 吨。全年整治改造后街巷道 72 条、排水管网 7500 多米,新装路灯 1360 盏,更新路灯 5100 多盏,新增景观灯 480 盏。

第四节　城南新区建设

2015 年,城南新区加快基础设施、民生实事、公共配套、产业载体建设。全年实施重点城建项目 92 个,竣工 80 个,年度完成投资 280 亿元(政府投资 69 亿元、社会投资 211 亿元)。新建新盐道、虹桥道、学海路、科教城外环路等道路 24 条,新建新都路和盐渎路跨串场河桥 2 座,完成钱江线、利都线、盐塘线等 17 条供电杆线入地改造工程,人民路、聚亨路等易淹路段的综合管网整治竣工,新建和改造雨污水管网 100 千米。

公共配套 年内,投资 20 亿元的城南医院建成开业,投资 16 亿元的城南体育场全面竣工,总投资 100 亿元的金融城一期 66 万平方米项目投入使用,总投资 15 亿元的凤凰文化广场主体封顶,总投资 10 亿元的凤凰汇城市综合体基本建成,32 万平方米金鹰天地综合体、28 万平方米中南城商业综合体建成营业,宝龙城市广场、金鹰聚龙湖店、缤纷亚洲、钱江财富广场、中南世纪城购物中心、紫薇国际广场、棕榈泉广场七大城市综合体实现营业收入 21.2 亿元。完成日月路小学、新河初中、伍佑初中等改扩建工程,推进黄海、新都 2 个街道公共卫生服务中心,完成 7 个城市社区卫生服务站建设。建成凤鸣缇香、金色果缘等配套小区 10 个,实施金鹰尚美酒店、星聚汇影院、人才公寓等生活配套项目,完成中庚、香苑等 5 个市级标准化菜场建设。

智慧城南 年内,城南新区实施三维地下管线智慧管理、建筑能耗监测平台、智慧社区、智慧医疗等项目建设 26 个,1500 平方米智慧盐城展示体验中心、1000 平方米智慧城市指挥中心投入使用。其中，公共信息平台项目被住建部、科技部列入2015年中欧智慧城市峰会宣传案例，在全国推广。全年编制新区建设规划，编制大数据产业园规划、聚龙湖提升方案等各类规划及建筑单体方案40多项。年内，聚龙湖商务商贸区被省住建厅授予江苏省人居环境奖。

民生实事　开工建设鹏润花园、新河家园等安置房小区，竣工交付柏润花园、楠沁花园、珠溪铭苑等项目80万平方米。实施农村饮用水安全工程，投入3亿元建设自来水管网20千米；投入2亿元建成一批农桥农路，实现村村通公交。全年城南新区销售商品房158.88万平方米（含拆迁安置房4.75万平方米），成交金额98.5亿元（含拆迁安置房1.81亿元），销售面积大市区占比50.24%，销售金额在大市区占比53.12%。实行河道保洁、绿化保洁、道路保洁、垃圾清运、环卫设施维护“五位一体”外包模式，城管机械化作业率92%。推进空气清新、河道清澈、乡村清洁、城市清爽“四清”工程，投入6.5亿元完成市区16条河道整治任务，投入5亿元实施大数据游园、三河子景观带、开放大道绿化提升等绿化工程52项，新增绿化面积200万平方米。开展绿色施工管理、文明工地创建活动，全区新开工项目绿色建筑申报率及绿色施工应用率100%，建成星级绿色建筑面积360万平方米。推进“物业服务标准化”和“平安小区”创建，实现小区管理全覆盖。开展“社区服务小区”工作，建立街道和社区“一门式”公共信息服务平台，惠及全区133个小区、28万群众。

（周德阳）

城南欧洲风情街。　（赵林耕　摄）

第五节　村镇建设

2015年，市城乡建设局指导各重点镇实施城镇基础设施项目467项、完成建设投入3.06亿元。推进城乡区域供水和污水处理设施建设，新建城镇污水管网323千米，建制镇污水设施覆盖率、处理率70%、60%以上。推进城镇绿化建设，组织实施春季绿化会战和秋冬绿化行动，新增和完善城镇绿地面积1500多公顷。开展“清洁乡村”行动，抓好农村环境综合整治，全市1.45万个自然村庄均达到环境整治标准要求。组织开展美丽乡村建设示范工作，加强村庄内部基础设施和公共服务建设，提升规划布点村庄人居环境水平。年内，有19个村庄被列入江苏省美丽乡村建设示范项目，其中盐都区学富镇陈祁村为特色样板示范村庄。

2011～2015年全市入选江苏省村庄规划建设示范项目/江苏省美丽乡村建设示范项目

表08－21

年　份	申报项目	县(市、区)	镇　别	试　点　村　庄
2011年	江苏省村庄规划建设示范项目	滨海县	现代农业园区	洪林村
			五汛镇	港浜村
			滨淮镇	东罾村
			滨海港经济区	友谊村
			八滩镇	新港村
2012年	江苏省村庄规划建设示范项目	滨海县	东坎镇	新安村
			工业园	西坎村
			滨淮镇	长兴村

续表 08－21

年份	申报项目	县(市、区)	镇别	试点村庄
2012年	江苏省村庄规划建设示范项目	滨海县	八巨镇	前冲村
			滨淮镇	东晋村(新生组)
2013年	江苏省村庄规划建设示范项目	东台市	城东新区	红光居委会(红光佳园)
			富安镇	富北村(1、2、5、8、9、10、11、12组)
		滨海县	天场镇	杨庄村(杨庄)
		大丰市	新丰镇	全心村(新龙公路北侧19号桩点)
2014年	江苏省美丽乡村建设示范项目	东台市	弶港镇	海滨村
			安丰镇	红安村
		大丰市	大中镇	新团村
			新丰镇	太兴村
		盐都区	大纵湖镇	滨湖街道倪杨村
		响水县	黄圩镇	云梯关村
		滨海县	东坎镇	新安村
			八巨镇	前冲村
		建湖县	颜单镇	沈杨村韦家舍
		阜宁县	芦蒲镇	临黄村(陈月)
		亭湖区	盐东镇	新建村(新建)
		射阳县	合德镇	友爱村(友爱)
2015年	江苏省美丽乡村建设示范项目	东台市	秦东镇	草舍村(临水路)
			新街镇	方东村(方东村集中居住点)
			五烈镇	东里村(东里居民集中居住区)
		盐都区	大纵湖镇	三官村(小官点)
			学富镇	陈祁村(虞庄)
		亭湖区	南洋镇	洋湾村(洋湾村居民点)
		响水县	张集中心社区	杨回村(杨回村居民点)
			南河镇	兴南村(兴南村居民点)
		建湖县	恒济镇	建河村(谢庄)
			高作镇	季墩村(季墩)
		滨海县	滨海港镇	板桥村(板桥村6、7组)
			八巨镇	前案村(1、2、3组小街)
			东坎镇	东三村(头庄组冲北小组)
		阜宁县	郭墅镇	兴庄村(李舍)
			益林镇	管计村(8组)
		大丰区	草堰镇	三元村(17号庄点)
		射阳县	新坍镇	新潮村(新潮村)
			盘湾镇	中华村(中华)
			洋马镇	药材村(药材新社区)

第六节　园林绿化

2015年，全市新增和完善城镇绿地面积1707公顷，完成投资22亿元，栽植乔木120余万株、灌木5000余万株、地被600余万平方米。市区实施园林绿化重点工程212项，新增绿地面积700.7公顷，栽植乔木5.97万株，其中72项为园林绿化提升项目。年内，组织实施盐渎公园、迎宾公园等21个公园绿地，世纪大道、人民北路等56条主次干道，43条后街巷道的“绿地行动”，覆盖裸土面积30万平方米以上。城南新区聚龙湖商务商贸区被省住建厅授予江苏省人居环境奖，盐渎公园、城南新区建筑节能和绿色建筑示范区建设、盐城市住房保障体系、盐龙湖水源建设4个项目通过省住建厅现场考核。推进风景名胜区管理，亭湖大洋湾申报国家级湿地公园，盐都大纵湖、阜宁金沙湖通过省级湿地公园评审，亭湖大洋湾、东台西溪、盐都桃花园获批市级风景名胜区。管理园林绿化市场，建立和完善市外园林绿化企业进盐施工(养护)动态核查机制，编印《盐城市园林观花、彩叶、竹类适生植物选编》，组织全市园林绿化行业培训，开展园林绿化科技研究、绿化病虫害防治、公园规范化管理等专类培训。

黄尖牡丹园。　　　　　　　　　　　(张友余　摄)

2015年市区园林绿化重点工程

表08－22

类别	项目名称		地点及建设内容	项目面积(公顷)	投资总额(万元)	2015年完成投资(万元)	新增绿地面积(公顷)	项目进展情况	实施时间	责任单位
一、新建道路绿地		小　计	栽植胸径不小于15厘米的乔木不少于1.3万株	235.04	28208	21608	215.04			
	(一)	道路附属绿地		189.54	24433	18433	169.54			
	★1	范公路	世纪大道至北环互通道路及东侧绿带景观建设，栽植胸径不小于15厘米的乔木不少于2000株；市交通局负责规划设计及道路红线范围的绿化建设，亭湖、城南新区负责征地拆迁，市城乡建设局(园林局)负责道路东侧绿地建设	50	7000	1000	30	内环高架建设暂停	2014.12～2016.5	市交通运输局 市城乡建设局 亭湖区政府 市城南新区管委会 市园林管理局
	★2	东环路	道路绿化按花园式道路，打造彩叶景观带改造提升；新建小新河至新洋港约6千米道路绿化建设；栽植胸径不小于15厘米的乔木(银杏、榉树等)，亭湖区不少于4000株，市经济开发区不少于500株	28.20	5000	5000	28.20	完成	2014.12～2015.6	亭湖区政府 市经济开发区管委会
	3	纬二路东延	位于亭湖区新洋经济区，道路两侧长约2000米绿化带建设	0.50	500	500	0.50	完成	2015.9～2015.12	亭湖区政府
	4	新南路东延	位于亭湖区新洋经济区，道路两侧长约2000米绿化带建设	0.50	500	500	0.50	完成	2015.9～2015.12	
	5	光电大道南段	位于亭湖新区，长约800米道路分隔带及行道树建设	1.40	210	210	1.40	完成	2015.4～2015.7	
	6	老机场路	位于亭湖新区，道路西侧绿化带建设	0.30	100	100	0.30	完成	2015.5～2015.6	

续表 08－22

类别	项目名称		地点及建设内容	项目面积（公顷）	投资总额（万元）	2015年完成投资（万元）	新增绿地面积（公顷）	项目进展情况	实施时间	责任单位
一、新建道路绿地	7	经一路道路	位于盐都区潘黄街道境内，道路长3492米，两侧行道树及绿化带建设；栽植胸径不小于15厘米的乔木不少于1000株	10.40	600	600	10.40	完成	2015.1～2015.5	盐都区政府
	8	华锐路	位于盐都高新区，南延薛家港—纬八路段道路两侧绿化带建设	2	200	200	2	完成	2015.1～2015.12	
			北延绿化道路两侧绿化带建设，栽植胸径不小于15厘米的乔木不少于1000株	16	800	800	16	完成	2014.11～2015.6	
	9	规划支路	位于盐都高新区，经五路—经六路段道路北侧绿化带建设	0.58	90	90	0.58	完成	2014.11～2015.2	
	10	经五路	位于盐都高新区，规划支路——星宇汽配东门段道路两侧绿化建设	1.11	170	170	1.11	完成	2014.11～2015.2	
	11	经二路	位于盐都高新区，青年路—纬三路段两侧绿化建设	3.45	500	500	3.45	完成	2015.2～2015.3	
	12	纬三路	位于盐都高新区，经二路—振兴路段两侧绿化建设	3.35	480	480	3.35	完成	2015.2～2015.3	
	13	纬五路	位于盐都高新区盐龙街道境内，经六路—冈沟河段道路两侧绿化建设	3.35	480	480	3.35	完成	2015.2～2015.3	
	14	纬七路	位于盐都高新区盐龙街道境内，振兴路—中心河段道路两侧绿化建设	4.65	680	680	4.65	完成	2015.2～2015.3	
	15	经七路	位于盐都高新区盐龙街道境内，纬五路—纬四路段道路两侧绿化建设	3.50	530	530	3.50	完成	2015.2～2015.3	
	16	经七路	位于盐都高新区盐龙街道境内，柳沟河—世纪大道段道路两侧绿化建设	3.50	530	530	3.50	完成	2015.2～2015.3	
	17	纬四路	位于盐都高新区盐龙街道境内，经四路—振兴路段道路两侧绿化建设	5.35	790	790	5.35	完成	2015.2～2015.3	
	18	外资工业园规划支路	位于盐都高新区盐龙街道境内，冈沟河—华锐路段道路两侧绿化建设	6.50	970	970	6.50	完成	2015.2～2015.3	
	19	振兴路	位于盐都高新区，振兴路南延两侧道路绿带建设，栽植胸径不小于15厘米的乔木不少于1000株	9	630	630	9	完成	2015.2～2015.6	
	20	奋进路	位于盐都潘黄街道，完成道路绿化建设	1.20	600	600	1.20	完成	2015.1～2015.5	
	21	南环路	位于盐都新区，小马沟—双纲河北侧绿带建设，栽植胸径不小于15厘米的乔木不少于1000株	30	450	450	30	完成	2015.3～2015.6	
	22	九华山路	全长约2000米，九华山路两侧各13.5米宽绿化建设，栽植胸径不小于15厘米的乔木不少于2500株	1	1000	1000	1	完成	2015.1～2015.11	市经济开发区管委会
	23	康居路南延	新盐道—虹桥道，两侧侧分带及行道树建设	1	328	328	1	完成	2015.3～2015.5	市城南新区管委会
	24	聚亨路西延	日月路—盐城路，戴庄路—滨河路；两侧侧分带及行道树建设	1	328	328	1	完成	2015.3～2015.5	
	25	蓝海路中段	解放路至景观大道；两侧侧分带及行道树建设	0.40	238	238	0.40	完成	2015.3～2015.5	
	26	金色水岸南侧支路	戴庄路—滨河路道路绿化建设	0.60	268	268	0.60	完成	2015.3～2015.5	
	27	学海路	解放路—景观大道道路绿化建设	0.50	253	253	0.50	完成	2015.3～2015.5	
	28	新盐道	人民路—康居路，道路两侧绿化建设	0.20	208	208	0.20	完成	2015.3～2015.5	
	（二）	道路防护林		40	600	300	40			
	29	盐靖高速两侧绿化提升	位于亭湖新洋经济区，防护绿地提升完善绿化建设	40	600	300	40	完成	2015.5～2015.7	亭湖区政府

续表 08－22

类别		项目名称	地点及建设内容	项目面积（公顷）	投资总额（万元）	2015年完成投资（万元）	新增绿地面积（公顷）	项目进展情况	实施时间	责任单位
一、新建道路绿地	（三）	沿路带状公园		5.50	3175	2875	5.50			
	30	智慧谷游园	西环路至解放路，南环路北侧绿化景观建设4.5公顷	4.50	2675	2675	4.50	完成	2015.3～2015.5	市城南新区管委会
	31	奥特莱斯公园	位于亭湖新洋经济区，建设约800米绿化长廊	1	500	200	1	完成	2015.4～2015.7	亭湖区政府
二、原有道路增绿透绿		小　计			8200	6700				
	32	南纬路	道路绿化按花园式道路，一路一树、一路一花为主改造提升		200	200		完成	2015.1～2015.5	市城南新区管委会
	33	文港路	潮声路至世纪大道，配合道路整治，完善道路绿化		1000			完成规划设计	2015.6～2016.12	市城乡建设局 市园林管理局
	34		世纪大道至南纬路，配合道路整治，完善道路绿化		500			完成规划设计	2015.6～2016.12	市城南新区管委会
	35	道路绿化改造提升	各区对城市主要道路进行梳理，将道路中的偏冠树、半截树、病害树、"小老树"等进行更换，对缺株的进行补植；所有道路节点宜改造的，统一按照透绿、亮化、美化要求进行改造提档		5000	5000		完成	2015.1～2015.12	市城乡建设局 市园林管理局 亭湖区政府 盐都区政府 市经济开发区管委会 市城南新区管委会
	36	道路增花	对市区主要道路节点、分车带顶端，市及各区每年不少于5次时令花卉栽植布置，各区及市本级各300万元		1500	1500		完成	2015.1～2015.12	
三、街旁绿地		小　计		8.10	2700	2000	6.21			
	37	街旁绿地	聚亨路与滨河路交叉口西南角、三河子与西环路节点、三河子与景观大道节点、南环路与景观大道东北角、南环路与西环路节点、南环路与景观大道西北角等绿化景观建设	5	1500	1000	5	完成	2015.3～2015.5	市城南新区管委会
	38		市区街旁绿地建设改造；大庆路串场河桥东南角，沿滨河路向南新增加0.3公顷（由城投集团退让原滨河路建设所占绿地面积），按照青年园原有风格进行整体改造完善，在滨河路增设园门；对创世纪广场北园进行改造、提升；人民路与东闸路交叉口东南角按照街头游园建设；亭湖区负责征收并协调相关矛盾，市城乡建设局负责建设	1.10	1000	800	1.10	完成	2015.1～2015.12	市城乡建设局 市园林管理局 亭湖区政府
	39		盐都商用汽车城广场绿化建设，原有街旁绿地改造提档	2	200	200	2	完成	2015.1～2015.12	盐都区政府
四、河道绿化		小　计	栽植胸径不小于15厘米的乔木不少于1.2万株	157.60	19452	12952	104.54			
	★（一）	市区河道整治绿化工程	按照水清岸绿原则，对市区110千米污水沟河进行整治，打造河道两侧绿化景观	92.60	15552	9052	72.60			
	40	利民河	结合河道整治，新204国道至解放路，增设游步道、座凳、果壳箱等设施；解放路至人民路，现有设施维修，绿化完善		1700	1000		完成	2015.1～2015.12	市水利局 市城乡建设局 市园林管理局
	41	河道绿化提档升级	沿河路（太平桥至南门桥）、油坊沟（鹿鸣路至沿河路）、大寨河（青年路至世纪大道）公园绿地完善功能，完善、维修游憩设施		1000	300		完成	2015.1～2015.12	市城乡建设局 市园林管理局
	42	西伏河景观带	亭湖新洋经济区，234省道南一新园路段，河道东侧建设约700米长绿化景观带	6	800	800	6	完成	2015.1～2015.3	亭湖区政府

续表 08 – 22

类别		项目名称	地点及建设内容	项目面积（公顷）	投资总额（万元）	2015年完成投资（万元）	新增绿地面积（公顷）	项目进展情况	实施时间	责任单位
	43	小新河景观带	盐都新伙，开创路—吴抬路段沿河绿化景观建设，栽植胸径不小于15厘米的乔木不少于1000株	23.30	102	102	23.30	完成	2015.3～2015.5	盐都区政府
	44	小马沟水环境整治	小马沟（盐渎路至南环路）两侧结合沟河整治建设景观绿化，栽植胸径不小于15厘米的乔木不少于2000株	33.30	4000	4000	33.30	完成	2015.6～2015.12	
	45	东干渠景观带	潘黄跃进河—世纪大道，1400米，河道两侧绿化景观建设，栽植胸径不小于15厘米的乔木不少于1000株	1.50	300	300	1.50	完成	2015.9～2015.10	
	46	三河子景观带	西环路—解放路，1400米，河道两侧绿化景观建设，栽植胸径不小于15厘米的乔木不少于1000株	4	1200	1200	4	完成	2015.9～2015.10	
	47	第一沟景观带	日月路—盐城路，450米，河道两侧绿化景观建设	1	300	300	1	完成	2015.9～2015.10	市城南新区管委会
	48	二河子东段景观带	解放路—串场河，1400米，河道两侧绿化景观建设，栽植胸径不小于15厘米的乔木不少于1000株	1.50	450	450	1.50	完成	2015.9～2015.10	
四、河道绿化	49	北中沟景观带	大新河—东伏河，1300米，河道两侧绿化景观建设，栽植胸径不小于15厘米的乔木不少于1000株	2	600	600	2	完成	2015.9～2015.10	
	50	三河公园二期	胜利河（武夷山路—峨眉山路）、团结河（跃进河—峨眉山路）沿河绿化景观建设，栽植胸径不小于15厘米的乔木不少于2000株	20	5100			未完成	2015.1～2015.12	市经济开发区管委会
	（二）	河道防护林		45	3400	3400	45			
	51		通榆河太阳河至青年路大桥段完善防护绿地	19.60	500	500	19.60	完成	2014.12～2015.4	亭湖区政府
	52	通榆河防护林建设（完善）	通榆河东青年路大桥至伍佑大桥段完善防护绿地	8	500	500	8	完成	2014.12～2015.4	市经济开发区管委会
	53		通榆河西青年路大桥至南环路大桥段完善防护绿地	8.40	500	500	8.40	完成	2014.12～2015.4	
	54	丰产河	开放大道至东伏河，2700米，河道两侧绿化，栽植胸径不小于15厘米的乔木不少于1500株	3.50	1000	1000	3.50	完成	2015.9～2015.10	市城南新区管委会
	55	九支渠	串场河至通榆河，2500米，河道两侧绿化，栽植胸径不小于15厘米的乔木不少于1500株	3	600	600	3	完成	2015.9～2015.10	
	56	盐塘河	大寨河至解放路，350米，河道两侧绿化	0.50	200	200	0.50	完成	2015.9～2015.10	
	57	西干渠	西干渠西侧北段绿化景观建设	2	100	100	2	完成	2014.10～2015.10	盐都区政府
	（三）	生产绿地		20	500	500	20			
	58	通榆河生产绿地	世纪大道向北，建设苗木生产基地	20	500	500	20	完成	2015.2～2015.12	市城南新区管委会
五、单位居住区		小　计	栽植胸径不小于15厘米的乔木不少于1.1万株	253.81	55793	54593	236.91			
	（一）	居住附属绿地		187.27	46175	46175	187.27			
	59	美居园	东环路与新南路交界处，绿地二期，居住区庭院绿化建设	4.81	900	900	4.81	完成	2015.1～2015.12	
	60	乐居园	东环路与经四路交界处，绿地三期，居住区庭院绿化建设	5.14	1000	1000	5.14	完成	2015.1～2015.12	亭湖区政府
	61	东方嘉园	南洋镇，居住区庭院绿化建设	1	200	200	1	完成	2015.1～2015.12	

续表 08－22

类别		项目名称	地点及建设内容	项目面积（公顷）	投资总额（万元）	2015 年完成投资（万元）	新增绿地面积（公顷）	项目进展情况	实施时间	责任单位
	62	朗地英郡二期	纬五路与经三路交界处，完成居住区庭院绿化建设	6.67	1000	1000	6.67	完成	2015.1～2015.12	
	63	景山名门	亭湖大道与兴洋大道交界处，完成居住区庭院绿化建设	6.97	1200	1200	6.97	完成	2015.1～2015.12	
	64	翰庭雅苑	纬二路与希望大道交界处，完成居住区庭院绿化建设	9.57	1435	1435	9.57	完成	2015.1～2015.12	
	65	四季新城	位于亭湖新洋经济区，完成居住区庭院绿化建设	5.50	600	600	5.50	完成	2015.1～2015.12	
	66	滨河人家	富康北路，完成居住区庭院绿化建设	1.30	195	195	1.30	完成	2015.3～2015.4	
	67	华建雅苑	兴洋大道与纬五路交界处，完成居住区庭院绿化建设	6.67	1000	1000	6.67	完成	2015.1～2015.12	亭湖区政府
	68	伯乐达城市御墅	希望大道与迎宾大道交界处，完成居住区庭院绿化建设	11.28	1800	1800	11.28	完成	2015.1～2015.12	
	69	东润华庭	兴洋大道南，完成居住区庭院绿化建设	8.67	900	900	8.67	完成	2015.1～2015.12	
	70	新河湾	富康北路，完成居住区庭院绿化建设	4.20	315	315	4.20	完成	2015.7～2015.8	
	71	力拓倾城	飞驰大道与长亭路交界处，完成居住区庭院绿化建设	3.20	240	240	3.20	完成	2015.3～2015.5	
	72	海韵商务楼	希望大道与新河路交界处，完成居住区庭院绿化建设	1.12	135	135	1.12	完成	2015.6～2015.7	
五、单位居住区	73	豪璟半岛	青年路北，完成居住区庭院绿化建设	1.50	450	450	1.50	完成	2014.12～2015.9	
	74	西城府邸	大庆路北，完成居住区庭院绿化建设	1.70	300	300	1.70	完成	2014.12～2015.9	
	75	蝶湖湾	南纬路北，完成居住区庭院绿化建设	1.20	500	500	1.20	完成	2014.12～2015.9	
	76	海润尊品	神州路西，完成居住区庭院绿化建设	0.80	350	350	0.80	完成	2014.12～2015.9	盐都区政府
	77	燕铭华庄	南纬路楠，完成居住区庭院绿化建设	1.70	250	250	1.70	完成	2014.12～2015.9	
	78	向阳水岸	纬十四路南，完成居住区庭院绿化建设	1.50	250	250	1.50	完成	2014.12～2015.9	
	79	刘朋西小区	刘朋，完成居住区庭院绿化建设	4	280	280	4	完成	2014.10～2015.6	
	80	金鹰天地	解放路东，府西路西，新都路南侧商业地块内景观绿化建设	1.50	2000	2000	1.50	完成	2015.2～2015.4	
	81	中海地块一期	日月路东，福裕路北，一沟南，东干渠西侧居住区内景观绿化建设	2	1000	1000	2	完成	2015.3～2015.9	
	82	中南 5A	海洋路北、海潮路南、胜利路东、人民路西居住区内景观绿化建设	8	2500	2500	8	完成	2015.2～2015.4	
	83	中江一期	蓝海路北、纳海路南、解放路东、民富路西居住区内景观绿化建设	1.50	600	600	1.50	完成	2015.2～2015.4	市城南新区管委会
	84	金色蓝庭	日月路西、盐渎路北侧居住区内景观绿化建设	2	1000	1000	2	完成	2015.2～2015.4	
	85	金辉城	纳海路北、康居路西侧居住区内景观绿化建设	3	2500	2500	3	完成	2015.9～2015.12	
	86	观湖壹号	人民路东、二河子北居住区内景观绿化建设	5	4000	4000	5	完成	2015.9～2015.12	
	87	海德公园	解放路东、盐渎路南居住区内景观绿化建设	9	6000	6000	9	完成	2015.9～2015.12	
	88	龙泊湾二期	人民路西，解放路东，绿化景观建设	3	1600	1600	3	完成	2015.2～2015.4	

续表 08－22

类别	项目名称		地点及建设内容	项目面积（公顷）	投资总额（万元）	2015年完成投资（万元）	新增绿地面积（公顷）	项目进展情况	实施时间	责任单位
	89	金色果园	解放路西，卫校北侧居住区内景观绿化建设	3.50	1450	1450	3.50	完成	2015.2～2015.4	市城南新区管委会
	90	中环紫郡二期	南港路南、胜利东、人民路西、盐渎路北居住区内景观绿化建设	3	1000	1000	3	完成	2015.2～2015.4	
	91	南林小区	南林花园（世纪大道与东环路交叉口东北侧），完成居住区庭院绿化建设	1.60	320	320	1.60	完成	2015.1～2015.6	市经济开发区管委会
	92	城东1号	希望大道西侧，松江路南侧，完成居住区庭院绿化建设	2	400	400	2	完成	2015.1～2015.5	
	93	高教公寓	希望大道与世纪大道交叉处，完成居住区庭院绿化建设	14	2000	2000	14	完成	2015.1～2015.5	
	94	馥桂名居	世纪大道与武夷山路交叉口东侧，完成居住区庭院绿化建设	1.30	260	260	1.30	完成	2015.1～2015.9	
	95	十里香溪	世纪大道南侧，华山路东侧，完成居住区庭院绿化建设	14.40	2500	2500	14.40	完成	2015.1～2015.5	
	96	中舍花园	赣江路北侧，完成居住区庭院绿化建设	15.20	1500	1500	15.20	完成	2015.1～2015.5	
	97	天骄华庭	文景路北侧、文景花园西侧，完成居住区庭院绿化建设	0.32	145	145	0.32	完成	2013.5～2015.3	市国投集团
	98	佳和名居	海纯路与海龙路交汇处，完成居住区庭院绿化建设	1.96	320	320	1.96	完成	2015.1～2015.12	盐城地都置业有限公司
五、单位居住区	99	大洋街道城中村改造（一期）	黄海路北侧，完成居住区庭院绿化建设	0.79	280	280	0.79	完成	2015.1～2015.12	万泰房地产盐城有限公司
	100	悦珑湾（二期）	开发大道东侧，完成居住区庭院绿化建设	2	560	560	2	完成	2015.1～2015.12	盐城悦达置业有限公司
	101	国飞尚城D区	人民路西，完成居住区庭院绿化建设	0.47	140	140	0.47	完成	2015.1～2015.12	盐城国飞置业有限公司
	102	伯乐达西厂区地块	黄海路南侧，完成居住区庭院绿化建设	0.93	200	200	0.93	完成	2015.1～2015.12	亭湖区金马置业有限公司
	103	南门华府	解放路东侧，完成居住区庭院绿化建设	0.40	120	120	0.40	完成	2015.1～2015.12	市新达房地产开发有限公司
	104	河畔经典（一期）	沿河路南侧，完成居住区庭院绿化建设	0.70	180	180	0.70	完成	2015.1～2015.12	盐城经典置业有限公司
	105	城中雅苑（二期）	解放路西侧，完成居住区庭院绿化建设	1.20	300	300	1.20	完成	2015.1～2015.12	市中建地产有限公司
	（二）	单位附属绿地		30.84	7083	7083	30.84			
	106	综保区国投自贸园	位于开发区综合保税区，实施单位庭院绿化	4.49	870	870	4.49	完成	2014～2015.3	市国投集团
	107	市粪便处理厂	潮声路与范公路交汇处西北角，实施单位庭院绿化，同步实施立体绿化	1.30	350	350	1.30	完成	2015.4～2015.6	市城市管理局
	108	城交投大楼	亭湖大道与长亭路交界处，实施单位庭院绿化	0.70	422	422	0.70	完成	2014.11～2015.3	亭湖区政府
	109	盐城市现代物流园开发有限公司商办楼	位于亭湖新洋经济区，实施单位庭院绿化	1	200	200	1	完成	2015.1～2015.3	
	110	水文检测中心	位于亭湖新区，实施单位庭院绿化	0.40	120	120	0.40	完成	2015.3～2015.4	
	111	环保科技城实验学校	位于环保科技城，实施单位庭院绿化	1.20	150	150	1.20	完成	2015.3～2015.7	
	112	中小学素质教育实践中心	位于亭湖新区，实施单位庭院绿化	1	100	100	1	完成	2015.3～2015.9	

续表 08－22

类别	项目名称		地点及建设内容	项目面积（公顷）	投资总额（万元）	2015年完成投资（万元）	新增绿地面积（公顷）	项目进展情况	实施时间	责任单位
五、单位居住区	113	腾飞路学校绿化景观	位于潘黄街道，实施单位庭院绿化	1.50	700	700	1.50	完成	2015.1～2015.8	盐都区政府
	114	供电公司培训机构	新都路南，新园路东侧，实施单位庭院绿化	2	500	500	2	完成	2015.9～2015.12	市城南新区管委会
	115	盐城市体育运动学校	景观大道西，纬十四路北侧，实施单位庭院绿化	1.50	400	400	1.50	完成	2015.3～2015.9	
	116	体育场	解放路西、海洋路南侧地块，实施单位庭院绿化	5	1500	1500	5	完成	2015.3～2015.5	
	117	智慧谷科创大厦	景观大道西，纬十五路南侧，实施单位庭院绿化	1.50	500	500	1.50	完成	2015.2～2015.12	
	118	盐城市第三小学	东山路西侧，实施单位庭院绿化，同步实施立体绿化	5	581	581	5	完成	2015.1～2015.5	市经济开发区管委会
	119	创意大厦	新都路南侧，实施单位庭院绿化，同步实施立体绿化	1.05	210	210	1.05	完成	2015.1～2015.5	
	120	光电产业园	五台山路两侧，光电产业园园区内绿化提升	1	150	150	1	完成	2015.1～2015.4	
	121	韩资园	盐渎路两侧，韩资园二、三、四期标准厂房实施周边绿化建设	1.20	180	180	1.20	完成	2015.1～2015.11	
	122	综保区	希望大道西侧，综保区7号～10号保税仓库，1号多层电子厂房实施附属绿化	1	150	150	1	完成	2015.1～2015.11	
	（三）	厂区防护林		35.70	2535	1335	18.80			
	123	孵化区	位于亭湖新区，周边防护绿地建设	3.10	465	465	3.10	完成	2015.7～2015.9	亭湖区政府
	124	亿光伯乐达有限公司	位于亭湖新区，厂区周边防护绿地建设	5.80	870	870	5.80	完成	2015.10～2015.12	
	125	盐城静脉产业园区	位于亭湖区新兴镇洪东村境内，实施园区周边绿化防护林	26.80	1200			未实施	2015.4～2015.10	市城市管理局
六、立体绿化		小　计			239.25	239.25				
	126	驳岸绿化	串场河两侧，栽植悬垂植物野蔷薇等，柔化硬质驳岸		10	10		完成	2015.3～2015.7	市城投集团
	127		跃进河、大寨河、油坊沟两侧，栽植悬垂植物野蔷薇等，柔化硬质驳岸		20	20		完成	2014.10～2015.4	市城乡建设局 市园林管理局
	128	墙体绿化	建军东路（通榆河桥至东环路段）、希望大道两侧围墙、房屋山墙栽植藤本植物		50	50		完成	2014.10～2015.4	亭湖区政府
	129		盐渎路北西环路西，新都路南神州路西天澜湾、港龙华侨城围墙，盐都实验学校、国税局、世纪公园西入口围墙栽植攀援植物		20	20		完成	2014.10～2015.4	盐都区政府
	130		赣江路以北、嵩山路以西、世纪大道以南、通榆河以东绿化带与围墙之间种植夹竹桃、法青；企业镂空围墙种植野蔷薇；通榆河大桥下栽植爬山虎、八角金盘等耐阴树种		50	50		完成	2014.10～2015.4	市经济开发区管委会
	131		盐渎路、新都路、戴庄路沿线串场河东盐渎路南厂区、武警支队、邮政局、科成电子、阳光保险、国家电网、盐开电气、盐都地税局8个单位和领秀家园、恒盛都市豪庭、2009庄园、金色蓝庭、紫薇花园、阳光御园、领秀家园7个居住区围墙，栽植藤本植物		39.2	39.2		完成	2014.10～2015.4	市城南新区管委会

续表 08－22

类别		项目名称	地点及建设内容	项目面积（公顷）	投资总额（万元）	2015年完成投资（万元）	新增绿地面积（公顷）	项目进展情况	实施时间	责任单位
六、立体绿化	132	墙体绿化	范公路、文港路、开放大道、人民路、解放路、西环路、盐马路、东进路、青年路、大庆路、沿河路、建军路、毓龙路、黄海路等沿路围墙、桥梁等种植络石、扶芳藤、紫藤等攀援植物		50	50		完成	2014.10～2015.4	市城乡建设局 市园林管理局
七、公园绿地特色打造		小　计	栽植胸径不小于15厘米的乔木不少于5000株	606	162300	34505	138			
	（一）	综合公园申办及改扩建		200	121800	8005	30			
	★133	申办省第十届园博会	申办省第十届园艺博览会，完成立项、选址以及初步设计方案等工作	150	100000	5		完成选址、项目策划、初步设计方案	2015～2017	市城乡建设局 市规划局 市城南新区管委会 市园林管理局
	★134	大洋湾景区	利用大洋湾地段自然资源，地块整合，在现有120公顷生态公园基础上，新增50公顷，打造特色景区，栽植胸径不小于15厘米的乔木不少于2000株	50	20000	8000	30	完成核心景区	2015.1～2016.12	市旅游局 市城投集团 亭湖区政府
	135	人民公园改造	对原有公园建筑、盆景园、亭廊、假山、道路、桥梁、排水系统、绿化、景观设施进行维修、改造、提升		1800			未完成	2015.1～2015.12	市城乡建设局 市园林管理局
	（二）	城市花园		406	40500	26500	108			
	★136	牡丹园改扩建	原亭湖便仓牡丹园扩建，增设相关基础设施，增加牡丹、芍药的品种和数量	16	3000	1500	8	完成	2015.1～2015.12	亭湖区政府
七、公园绿地特色打造	★137	桃花园改造	龙冈改造建设333.33公顷桃花梨花园，增加地被花卉及游憩休闲等配套设施，栽植胸径不小于15厘米的乔木不少于1000株	330	15000	10000	40	完成	2015.1～2016.6	盐都区政府
	★138	欧堡利亚樱花园	新城街道，建设30公顷以樱花为主的特色花园，栽植胸径不小于15厘米的乔木不少1000株	30	15000	7500	30	完成	2015.3～2016.6	市经济开发区管委会
	★139	四季花海	在农示园建设特色鲜明的近郊花园，栽植胸径不小于15厘米的乔木不少1000于株	30	7500	7500	30	完成	2014.10～2015.12	市城南新区管委会
八、窗口地段		小　计			3000	2000				
	★140	环城高速出入口绿化提升	高速出入口7个节点改造提档完善绿化，提高景观效果		3000	2000		完成	2015.1～2015.6	市交通局 亭湖区政府 盐都区政府 市经济开发区管委会 市城南新区管委会
		合　计	栽植胸径不小于15厘米的乔木不少于4.1万株	1260.55	279892.25	134597.25	700.70			

注：带★为十大重点项目；另有72项园林绿化提升项目未列入此表。

第七节　城市管理

2015年，盐城市调整市区建设管理体制，实施城市管理领域综合执法改革，开展市容环境整治，加强环境卫生管理，做好行政执法工作，建设服务型城管，城市管理工作取得新的成果，市区创建江苏省优秀管理城市通过省城市环境综合整治工作推进小组现场考核验收，盐城市被省政府命名为江苏省优秀管理城市，城南新区解放南路被省住建厅命名为江苏省城市管理示范路，市城管局获得市委市政府年度综合考核综合先进奖。

一、市容秩序管理

2015年，盐城加强城市环境综合整治，完成全市304个“九整治”（整治城郊结合部、整治城中村、整治棚户区、整治老旧小区、整治背街小巷、整治城市河道环境、整治低洼易涝片区、整治建设工地、整治农贸市场）项目、471个

环卫工人清除路面积雪。

“三规范”(规范占道经营、规范车辆停放、规范户外广告设置)项目,其中大市区“九整治”项目135个、“三规范”项目71个。完成城市河道、废旧收购点、老旧小区等整治项目95个。年内,市城管局修订完善《关于加强市区户外临时性宣传促销活动管理工作的通知》,规范建成区范围内商业性促销活动的场地、时间、审批和监理标准。组织开展以流动摊贩、出店经营、车辆乱停放为重点的市容秩序整治行动,发放整治通告2000多份,办理流动摊点占道经营案件396起,规范出店经营800多处,暂扣落地灯箱60多个。组织户外广告集中整治,拆除各类大型户外广告牌280多块,同步对市区户外广告专项规划进行修编;启动市区户外广告市场化运作工作,组织户外广告泊位使用权首次公开竞价出让,拍卖成交价300万元。清理野广告,清除沿街建筑物立面乱张贴7000多处,向公安部门提供涉嫌违法犯罪的广告线索270件。实施市区“美丽夜景,靓丽街区”景观亮化建设工程,对3个城市出入口、6条市区主要道路、6个重点组团、23幢城市地标建筑,计430多幢沿街楼宇进行夜景亮化设计和施工,同步在市区新建20块大型户外电子显示屏。

二、环境卫生管理

2015年,市城管局优化作业保洁模式,加大机械化作业率,购买机械化保洁设备6辆,实现冲洒作业和保洁同步进行,加强对世纪大道、建军路、解放路等主要路段机扫作业频次,加大路面高压冲洗力度,提高路面保洁质量。监督检查市场化保洁公司承担的后街巷道和河道保洁质量,考核结果与经费拨付挂钩,逐月考核兑现。立体式管理市区渣土运输公司和建筑垃圾运输车辆,建立散倒建筑垃圾“定人员、定路段、定标准”的巡查管理机制,加强建筑垃圾处置监督管理,全年查扣违章渣土车辆54台次,办理渣土运输处罚案件98件。指导城乡生活垃圾收运处置体系建设,建立保洁队伍,垃圾收集转运设施运作正常。各县(市、区)按时完成省下达的1镇1座垃圾中转站建设任务,县区垃圾无害化填埋场建设工作不断加快,大丰生活垃圾焚烧发电厂建成投产。盐城静脉产业园区完成园区规划区范围540户居民和6个企业的搬迁让房工作,生活垃圾焚烧发电项目完成项目可行性研究和环评报告编制等前期工作,建设用地获省政府批复;完成餐厨垃圾收运处置系统项目的特许经营协议签订及前期准备工作,落实新增建设用地指标;完成1座垃圾中转站、3座公共卫生间建设任务。

三、市区城市道路综合巡查

8月27日,盐城市市区城市道路综合巡查总队正式成立,设总队长1名、副总队长6名,下设巡查大队3个和综合组1个。主要负责市区道路保洁工作和市容市貌的巡查管理、市区道路市政设施的巡查管理、市区道路秩序的巡查管理、市区道路及其两侧绿色施工的巡查管理、对巡查中发现的动态违法违章行为实施必要的即时执法查处、对全市市政道路巡查及必要的综合督查检查。巡查范围以世纪大道(盐靖高速盐城西出口—青墩连接线)、建军路(毓龙路—东环路)、青年路(204国道—青墩连接线)、开放大道(新洋港—南环路)、解放路(黄海路—南环路)、新都路(解放路—人民路)、范公路(新洋港—南环路)、滨河路(串场河两侧)、人民路(新洋港—南环路)、西环路(新洋港—南环路)10条市直管路段及其两侧区域为主,必要时受市委、市政府委托对全市道路进行巡查。日常巡查时间为7:00~20:00,实行轮转班次巡查制,保证每天13个小时各大队都有一个中队在路上巡查;夜间突击巡查时间为20:00~24:00或3:00~6:00,各大队、中队轮流执勤,重点巡查各种施工作业车辆违法运输以及建筑工地违规作业等问题。年内,市区城市道路综合巡查总队开展内环高架施工路段专项巡查,细化明确施工围挡设置、管杆线施工、路面保洁、道口整治、车辆清洗、路面维修、裸土清理与覆盖、噪音控制等作业标准,确保绿色施工、文明施工;开展市区混凝土搅拌车运输管理专项整治行动,督促混凝土企业实施场地硬化、配置冲洗设备,要求混凝土搅拌车贴上“车干净、挂漏斗”提示标语,改造混凝土搅拌车截污装置,至年底,市区正常运营538辆混凝土搅拌车截污装置改造到位。　(王道洲)

四、创建优秀管理城市

2015年,盐城开展江苏省优秀管理城市创建工作。抓好城市水环境、道路交通、容貌秩序、环境卫生、街景美化亮化、住区环境等整治工作,做好省暗访反馈存在问题的整改落实,推动城市容貌环境品质改善。推进城市建设管理体制改革,推进管理重心下移,强化日常监督考核,落实长效管理措施，巩固整治成果。12月15～16日，接受省城市环境综合整治工作推进小组现场考核验收，市区创成江苏省优秀管理城市。开展城南新区解放南路创建江苏省城市管理示范路活动，清理建筑立面，规范户外广告设置，整治占道经营，改造亮化设施，先后铺装人行道板150处约440平方米，刷新道路标志标线1200米，更换沿街单位门牌31块，修复路名牌5处、窨井盖15处、行道树树池盖板66块，施划路内机动车临时停车泊位80处，非机动车停放线2700多米，组织拆除破损屋顶广告、墙体广告、店招店牌57块。健全网格化管理巡查机制，巩固整治成果。11月10日，接受省住建厅现场考核验收；12月2日，城南新区解放南路被省住建厅命名为江苏省城市管理示范路。

五、城管执法

2015年，市城管局制定出台行政执法文书领取使用、户外广告拆除类案件文书样式、违法停车执法等管理文件，规范案件办理工作。开展法制教育培训，组织153名执法人员参加《中国人民共和国行政诉讼法》和《江苏省行政程序规定》专题培训考试活动。全年办理行政处罚案件2121件，其中一般秩序538件，简易程序1568件，行政强制案件15件，依法追缴128家单位拖欠的年度生活垃圾处理费161.12万元，未发生行政复议撤销和行政诉讼败诉情况。向省住建厅报送稽查执法典型案例4件，推荐11份行政处罚案件卷宗参加优秀执法案例评选，3个案卷入围《优秀执法案例集》。做好行政审批制度改革工作，梳理部门职责、职责边界、公共服务、行政权力、行政权力运行流程、涉及中介项目及收费和加强事中事后监管制度措施7个方面，形成权力事项责任清单，理清城管相对集中处罚权与城建、规划、环保、公安交通等部门的职责边界，清理出部门职责8项、公共服务事项13项，取消行政许可事项3个，部门职责所对应的权力事项126项分别建立行政权力运行流程图。行政权力网上公开运行办件2432件，未发生部门监察、办件内容、办件用时和办件流程异常等方面问题，运行正确率100%。推进数字化城管建设。完成市本级数字化城市管理监督指挥系统功能升级改造，指导城南新区完成二级平台建设，大市区数字化城管系统运行良好，每月在市级新闻媒体公布责任部门办理情况，年派遣案件超过12万件，结案率98%以上。加快县市数字化城管信息系统建设，东台市数字化城管信息系统通过省住建厅考核验收，大丰区、建湖县推进数字化城管信息系统优化完善，射阳县、滨海县、阜宁县、响水县数字化城管系统建设方案通过省住建厅专家审核，射阳县、滨海县完成系统建设工作，阜宁县、响水县完成项目招投标程序。

调整市区城市建设管理体制　6月15日，市政府发文《关于进一步调整完善市区城市建设管理体制的意见》（盐政发〔2015〕86号），对市区城市管理体制进行调整，按照统一管理、规划到边、分级负责、整体见效的要求，推进城市建设管理重心下移，移交管理区域，市本级由管理17条道路调整为8条道路，将涉及区域范围内的户外广告、楼宇亮化等事项移交属地区负责，将违法建设监管和拆除工作下放至属地区负责，确立区级政府及街道在城市管理中的基础地位，明晰市、区、街道（社区）在城市管理中的职责和权限。至年底，相关管理道路按时移交，涉及到的户外广告、建筑渣土、楼宇亮化等职能同步完成调整工作。

城市管理领域综合执法改革　9月，省政府办公厅印发《关于开展综合行政执法体制改革试点工作指导意见的通知》（苏政办发〔2015〕86号）明确，盐城市城市管理领域改革被列为综合行政执法体制改革国家级试点。11月，市政府出台《关于印发〈盐城市城市管理领域综合行政执法体制改革试点工作实施意见〉的通知》（盐政发〔2015〕170号），明确城市管理领域将按照跨部门综合执法的方向推进，实行城管、城建、规划、房产跨部门“四合一”综合行政执法。11月25日，全市综合行政执法体制改革试点工作推进会召开，部署整合城管、规划、城建、房管等部门的全部或部分行政执法职能，依托城市管理行政执法局组建城市管理综合行政执法局，在市城管局挂牌，组建城管综合执法支队，实现一个领域、一个层面、一支队伍执法。各相关职能部门按照市政府的统一部署，组织做好权力清单、责任清单、编制清单、人员清单等梳理确定工作。

六、城管服务

2015年，市城管局加快服务型城管建设，大部分行政许可项目实行“一审一核”，当场办理，少数重大行政许可项目，由市城管局会审办理。优化行政许可流程，结合市区城市管理体制调整，除需统筹规划的广告审批和渣土核准外，所有项目下放到各区，保留项目总体承诺时限为13天，全省最少。全面推行行政许可“容缺预审”制度、重点事项预约上门服务制度，年内受理办结各类行政许可事项2580件，其中即办件2500件。为城市低保户、特困家庭以及每期用水不足3吨的用户做好生活垃圾处理费减免工作，减免低保户、特困家庭等特殊群体生活垃圾处理费126.5万元。做好投诉服务工作，投诉服务中心归口负责“12345”政府公共服务平台、“12319”城建热线、省（市）长信箱、局长信箱、城管“110”热线、网络媒体投诉转办等渠道的诉求办理工作，案件受理、派遣、跟踪和反馈公开透明网络化运作，年内办理数字城管平台案件3.06万件，办理市“12345”政府平台投诉1301件，各类热线电话投诉237件，各类信箱投诉65件。开展公益宣传服务保障，完成创建文明城市、环保模范城市、双拥模范城、盐城城市形象、创建省级优秀管理城市、省沿海工作会议、“5·18”经贸洽谈会、抗战胜利70周年纪念日、省农洽会、“中国好人”现场直播会等20多次活动的宣传服务保障任务，制作各类宣传道旗5000余杆，公益宣传画面400多块7万多平方米。

（陈剑琦）

第09章 水利建设

责任编辑 高兰会

综 述

2015年，盐城争取到中央水利工程投资9.31亿元，争取到19个省水利重点工程项目投资21.44亿元，完成建设投资61.46亿元，其中19项省水利重点工程完成投资21.8亿元。完成农村水利投资35.2亿元，主要实施小农水重点县工程、大中型灌区节水改造、盐都区规模化节水示范、千亿斤粮食、渠北扶贫和圩堤达标建设等项目。完成河道整治投资12亿元，整治市区38条(段)、114.8千米河道；完成农村河道整治投资10.4亿元，疏浚河道土方6085万立方米，拆除坝埂2777处、废桥涵闸站621处、违章搭建4013处，集中整治清除河面水草、垃圾202万平方米，新建涵洞2243座、农桥195座，建设镇村污水处理厂15座，铺设镇村污水管网386千米，农村改厕3.26万座，处理畜禽养殖场粪便乱排1871处。做好防汛抗旱工作，完成防洪工程建设投资1.6亿元，完善防汛抗旱指挥体系，市、县两级修订完善各类防汛应急预案98个，市、县、乡三级储备块石8.7万吨、编织袋730万只、木材1420立方米、土工布15万平方米，建立专群结合防汛抗旱服务队伍约13.9万人，全年调引江水、淮水82.75亿立方米，成功抵御3次台风影响。加强水政执法，全年出动巡查人员2200人次，出动车(艇)450多次，受理群众举报20件，查处各类水事违法案件150余件。

第一节 水利规划

2015年，市水利局修订出台《盐城市水利规划管理办法(试行)》《盐城市水利基本建设项目前期工作管理暂行办法》，开展7项规划编制工作，其中《盐城市城市防洪规划(2015～2030)》通过省水利厅组织的专家审查，《盐城市“十三五”水利发展规划》通过市政府组织的专家审查，《全市新型城镇化和城乡一体化规划——水利基础设施建设专项规划》上报市政府，《盐城市渠北地区水利治理规划工作大纲》上报省水利厅。编制完成《盐城市水源地建设专项规划》《盐城市水资源保护规划》等水资源专项规划。配合省水利厅开展《江苏省治涝规划》编制工作，开始编制《盐城市治涝规划》。完成17项重点工程、23个项目前期工作。重点工程中，10项工程获批开工建设，分别是黄河故道干河治理、灌河治理、仁智河治理工程3项重点水利工程以及斗龙港闸除险加固等7项海堤巩固完善工程；其他7项工程作为2016年度以及“十三五”期间储备项目，其中淮河入海水道二期工程可行性研究报告通过水利部审查并报国家发改委，淮河流域重点平原洼地治理工程可行性研究报告通过水利部淮河水利委员会组织的技术审查，新洋港整治工程通过水利部淮河水利委员会组织的技术审查并完成土地预审、稳评等审批前置工作，黄河故道治理剩余工程、响水海堤河三期工程、滨海淤黄河闸拆建工程可行性研究报告以及响水灌河堤防汛道路初步设计报告上报省水利厅审查。

第二节 水利工程

2015年，盐城淮河入海水道二期、灌区节水改造等5个项目列入全国172个重大节水供水项目，黄河故道干河治理、城市防洪、农田水利等列入省、市重点项目。全年全市水利系统完成建设投资61.46亿元，19项省水利重点工程完成投资21.8亿元。其中，世行贷款泰东河工程、盐城运东套闸除险加固工程、大丰区王港闸下移工程、响水县浦港闸至三圩西闸段工程、响水县一号哨所至浦港闸两段海堤工程、响水县海堤背水坡防护工程、滨海县翻身河北段及陶湾段海堤防护及保滩修复工程、滨海县振东闸南北港堤修复工程、盐城市灌东泵站改建工程完工；里下河洼地治理川东港拓浚工程、大丰区丁溪河段工程、东台市境内老川东港工程完工；东台市何垛河、大丰区老川东港大部分工程开工建设，车路河工程进场施工；银宝集团上老湖闸工程、响水县民生河闸工程、大丰区三里闸工程、盐城市斗龙港闸工程完成底部结构建设，闸身及上部结构施工之中；射阳河治理工程戛粮河段工程、建湖县蔷薇河段工程、阜宁县境内沿岸封闭工程、射阳县境内工程完成；响水县灌河治理工程13座建筑物底部结构完成，闸(站)身及上部结构施工之中；黄河故道干河治理工程滨海、响水排泥场围堰完成，河道疏浚完成总土方的75%，建筑物工程底部结构施工完成，闸(站)身及上部结构施工之中；市枢纽处地涵段险工处理施工完成，自动化改造完成；阜宁童营洞底部结构及洞身完成，险工处理河坡整理结束，模袋砼及连锁块防护施工之中；射阳县双洋闸北侧海堤防护工程顺坝施工完成，块石护坡施工之中。

2015年全市省重点水利建设项目

表09－23 单位：万元

序号	项目名称	总投资	至2014年底已安排投资	至2014年底已完成投资	2015年建设任务			2015年实际完成投资		
					合计	结转	新增	合计	结转	新增
	总计				214400	13836	200564	217979	15313	202666
一	流域性治理项目				117572	13836	103736	120889	15313	105576
（一）	淮河治理	359837	74804	110377	99500	2500	97000	99500	2500	97000
1	泰东河工程	126719		36573	1500	1500		1500	1500	
2	里下河洼地治理川东港拓浚工程	233118	74804	73804	98000	1000	97000	98000	1000	97000
	东台市境内工程	117661	36500		49000	500	48500	49000	500	48500
	大丰区境内工程	115457	38304		49000	500	48500	49000	500	48500
（二）	沿海水利建设五年推进项目	52412	40023	27210	18072	11336	6736	21389	12813	8576
1	大丰区王港闸下移工程	26659	26659	23140	3519	3519		3519	3519	
2	射阳县双洋闸北侧海堤防护工程	2925	2925		1448	1448		2925	2925	
3	响水县浦港闸至三圩西闸段海堤防护工程	2908	2908	2080	828	828		828	828	
4	响水县一号哨所至浦港闸段海堤防护工程	2731	2731	1990	741	741		741	741	
5	滨海县翻身河北段及陶湾段海堤防护及保滩修复工程	2850	2400		2850	2400	450	2850	2400	450
6	省银宝盐业有限公司射阳盐场上老湖闸拆建	1605	600		1400	600	800	1400	600	800
7	盐城市斗龙港闸除险加固工程	3722	1100		2400	1100	1300	2400	1100	1300
8	大丰区三里闸拆建工程	3143	700		2200	700	1500	2200	700	1500
9	盐城市灌东泵站改建工程	859			859		859	859		859
10	响水县民生河闸拆建	3683			500		500	2340		2340
11	响水县海堤背水坡防护工程	267			267		267	267		267
12	滨海县振东闸南北港堤修复工程	1060			1060		1060	1060		1060
二	区域性治理项目	218925	47000	41500	96828		96828	97090		97090
（一）	中央补助项目	218925	47000	41500	96828		96828	97090		97090
1	江河支流治理	152892	30000	36000	48417		48417	48420		48420
（1）	射阳河治理	92242	30000	37000	38417		38417	38420		38420
	建湖县境内工程	64746	24000		24517		24517	24820		24820
	阜宁县境内工程	18148	2000		9100		9100	9100		9100
	射阳县境内工程	9348	4000		4500		4500	4500		4500
（2）	灌河治理	60650			10000		10000	10000		10000
2	病险水闸加固	13706		5500	7170		7170	7170		7170
（1）	盐城运东套闸（四类）	13706		5500	7170		7170	7170		7170
3	重点区域治理	3728			1600		1600	1600		1600

续表 09－23

序号	项目名称	总投资	至2014年底已安排投资	至2014年底已完成投资	2015年建设任务			2015年实际完成投资		
					合计	结转	新增	合计	结转	新增
(1)	盐城市仁智河整治工程	3728			1600		1600	1600		1600
4	黄河故道干河治理工程	48599	17000		39641		39641	39900		39900
	市通榆河枢纽处工程	1392	17000		1350		1350	1340		1340
	阜宁县境内工程	5492			5400		5400	4340		4340
	滨海县境内工程	20138			19500		19500	16710		16710
	响水县境内工程	21577			20750		20750	17510		17510

第三节　河道整治

2015年，盐城开展市区河道整治工程，完成38条(段)、114.8千米河道整治任务，完成投资12亿元。其中，市本级实施利民河、东伏河2条河道、16.57千米整治任务，完成投资1.64亿元；亭湖区实施朝阳河等9条河道、13.75千米整治任务，完成投资2.46亿元；盐都区实施前进河等11条河道、39.99千米整治任务，完成投资3.59亿元；城南新区实施向阳河等16条河道、44.49千米整治任务，完成投资4.31亿元。开展通榆河河道水面漂浮物专项清除行动，清除通榆河上游及其主要支河各类漂浮物219万立方米。实施农村河道整治工程，全年完成投资10.4亿元，疏浚河道土方6085万立方米，拆除坝埂2777处、废桥涵闸站621处、违章搭建4013处，集中整治清除河面水草、垃圾202万平方米，新建涵洞2243座、农桥195座，建设镇村污水处理厂15座，铺设镇村污水管网386千米，农村改厕3.26万处，处理畜禽养殖场粪便乱排1871处。开展农村河道长效管护，各县(市区)投入管护人员9723人，管护船只2997条，其中东台市、大丰区分别组建369个、217个管护队伍；盐都区落实1000多名专职保洁员，实现农村河道长效管护全覆盖；阜宁县建立1909人的河道保洁队伍；建湖县配备1976名保洁员和必要的管护设施；响水县向社会公开招聘867名专业河道保洁员负责已疏浚的36条河道。年内，盐都区大纵湖镇、阜宁县罗桥镇、大丰区大中镇、亭湖城东新区4个镇和东台市梁垛镇张倪村、亭湖区新兴镇石华村等42个村分别被省水利厅评为江苏省水美乡镇、江苏省水美村庄；东台市被省水利厅列为省级骨干河道管护样板地区，成为全国河湖管理体制机制创新试点县。

射阳县盘湾镇中华一中沟整治现场。

第四节　城市水利

2015年，市水利局完成市政府下达的城市防洪工程年度建设投资1.6亿元。市水利局负责实施的马中河闸站、伍龙河闸站汛前主体工程完工，具备应急排涝条件，年内完成年度投资6000万元。盐都区、亭湖区、城南新区、市开发区完成城市防洪工程年度建设投资1亿元。其中，盐都区新建改造闸站9座，河道疏浚马中河及沿线支河60千米，加固冈沟河东侧圩堤1000米；亭湖区新建青墩双泵站、曙阳村林带排涝站；市开发区仁智河整治工程河道疏浚及20座建筑物开工建设，完成建筑物底部结构施工，主体工程施工之中，通榆河沿线5座圩口闸完工；城南新区高产河南、北闸站主体工程完成，西伏河闸站基本完成。

第五节　农村水利

2015年,全市农村水利投资35.2亿元(含社会投资10亿元),重点围绕圩堤达标建设和节水灌溉建设,主要实施小农水重点县工程、大中型灌区节水改造、盐都区规模化节水示范、千亿斤粮食、渠北扶贫和圩堤达标建设等项目。全年新建泵站671座、圩口闸186座、防渗渠425千米、农桥1102座、机耕路54千米,配套小沟级以上建筑物9158座,加修、加固不达标圩堤337千米。全市新增有效灌溉面4933.33公顷,旱涝保收田1.91万公顷,节水工程控制面积2.8万公顷,农业灌溉水利用系数0.621。继续实施农村饮水安全工程,解决39万农村居民饮水问题。

农村饮水安全工程　农村饮水安全工程自2004年实施以来,已实施两轮工程建设。2004~2012年,第一轮饮水安全工程主要解决"吃上水"和水质达标的问题,涉及215万农村人口;2013~2015年,第二轮饮水安全工程主要解决供水保证率提档升级问题,涉及291万农村人口。至年底,第二轮农村饮水安全工程全部完成,累计完成投资17.03亿元,铺设管道3.14千米。

农田水利项目建设　年内,盐城市加快农田水利项目建设。开展圩堤达标工程建设,全市加修、加固不达标圩堤337千米,完成投资9500万元。至年底,全市有一线圩堤9531千米,其中不达标圩堤342千米。全市9个县(市、区)开展中央财政小型农田水利重点县工程建设,投资3.15亿元,兴建闸站56座、泵站279座、水闸82座、农桥176座、防渗渠179千米、各类配套建筑物6803座。阜宁县开展大型灌溉区续建配套与节水改造项目建设,投资7500万元,兴建支渠配套建筑物7座、分支渠渠首泵站30座、排涝闸站6座、分支渠配套建筑物709座,疏浚生产支渠31.92千米、护砌支渠27条58.6千米。盐都区实施规模化节水灌溉增效示范项目,投资2400万元,兴建泵站43座,铺设管道82.87千米,建设大纵湖片区分控中心1座。大丰区、射阳县、建湖县、响水县开展新增千亿斤粮食产能规划田间工程(末级渠系)建设项目,投资9000万元,兴建闸站9座、泵站75座、水闸12座、农桥7座、防渗渠112千米、砼路16.6千米、各类配套建筑物943座,疏浚土方15万立方米。阜宁县、滨海县、响水县开展灌溉总渠以北地区整体帮扶关键性工程滨海县水利骨干排灌及大型泵站建设项目,投资1亿元,兴建泵站113座、桥梁120座、涵洞294座、渡槽5座、4米闸2座、防渗渠45.28千米、生态护坡8.2千米、浆砌块石驳岸800米,疏浚河道土方446.59万立方米。

第六节　防汛防旱

2015年,盐城加快推进防汛防旱信息化建设。其中,亭湖区新建水雨情自动测报点1个和视频监控点3个,开发防汛地理信息系统,并建成高清视频会商系统;大丰区新建水雨情自动测报点5个和视频监控点9个,升级改造视频监控点6个;东台市新增高清视频会商分会场1个;市防汛防旱指挥部办公室对"防汛掌上通"移动查询系统升级改造,增加水位站点35个和雨量站点165个。

汛前准备　全年市、县两级修订完善各类防汛应急预案98个,其中市本级修订预案13个。市水利局指导沿海各县(市、区)编制防台风人员撤离预案,配合省防汛防旱指挥部编制洪水风险图。市、县、乡三级储备块石8.7万吨、编织袋730万只、木材1420立方米、土工布15万平方米,建立专群结合防汛抗旱服务队伍约13.9万人。4月、5月,先后在《盐阜大众报》上公布全市各区域和重点水利工程安全度汛行政、技术责任人;公布第三、四、七防洪区防汛责任单位和责任人,第三、第四防洪区度汛主要隐患整改责任单位和责任人,第三、第四防洪区外围口门、堤防责任单位和责任人,以及市区222个易淹区域防汛责任网络。全年向市委市政府及各县(市、区)防汛责任人发出责任告知信29份,签订防汛责任状21份。

工程调度　全年调引江水、淮水82.75亿立方米,其中江水49.83亿立方米、淮水32.92亿立方米。6月19日,在全市河道水位处于正常偏低的情况下,市防汛防旱指挥部科学调度预降河道水位。6月23日起,盐城市出现持续性强降雨天气,里下河地区河道水位突破警戒值,市防汛防旱指挥部调度沿海射阳河闸、新洋港闸、黄沙港闸、斗龙港闸、城市防洪泵站、大套一站、北坍站等抽排涝水。6月29日22:00,市防汛防旱指挥部发布全市里下河地区防洪涝三级预警;截至6月30日8:00,沿海射阳河闸、新洋港闸、黄沙港闸、斗龙港闸累计排水6.64亿立方米,城市防洪泵站累计排水6167万立方米,大套一站和北坍站累计抽排504万立方米。

防御台风　年内,先后防御第9号台风"灿鸿"、第13号台风"苏迪罗"、第21号台风"杜鹃"对盐城市造成风雨影响。8月10~11日,盐城受第13号台风"苏迪罗"影响,市面平均日降水量149毫米,其中大丰区面平均日降水量285.3毫米,最大464.4毫米;大团站最大日涨幅1.48米,超警戒1.13米。市防汛防旱指挥部启动防台风三级应急响应,发出电传11个,派出工作组5个,对各地、各部门防台工作督查指导,同时调度沿海涵闸开闸排水,预降水位;启用市区防洪工程,降低并控制市区内河水位。8月10~13日,调度沿海射阳河闸、新洋港闸、黄沙港闸、斗龙港闸、西潮河闸一天两潮全力排水,累计运行52潮次、全力抢排涝水11.2亿立方米。

保水活水运行　年内,市防汛防旱指挥部办公室组织对市区核心区河道实施13轮保水活水调度运行,累计补水3250万立方米,排水7460万立方米,改善市区河道水质。

防汛抢险演练　7月28日,市水利局联合盐城军分区、大丰区防汛防旱指挥部首次在市级层面举行大规模防汛抢险演练。演练主要模拟大丰区竹港新闸以南3000米新竹海堤外坡出现80米坍塌险情,组织实施抢险演练,检

7月28日，市水利局联合盐城军分区、大丰区防汛防旱指挥部在大丰区新竹海堤举行防汛抢险演练。（臧滨城 摄）

验防汛组织体系险情上报、应急会商、下达指令、队伍集结、物资调运、抢险作业、通信恢复、医疗救护等快速反应、协调联动能力。盐城军分区驻盐部队、大丰区防汛抢险专业队、大丰区民兵抗洪抢险分队等近300余人参加演练。上午9:00，市防汛抢险指挥部下达防汛抢险指令，抢险人员开始铺设土工布、铲泥沙装袋、筑坝固堤，随后演练增调块石、增调人员、视频中断、人员救护等项目；10:30，基本完成80米坍塌海堤封堵防护的突击抢险任务，填筑土方5000多立方米，抛填块石1000多吨，编织袋装填1.2万只，铺设土工布1000平方米。

第七节 水政执法

2015年，全市水利系统出动巡查人员2200人次，出动车(艇)450多次，受理群众举报20件，查处各类水事违法案件150余件。加强水政执法能力建设，市水政监察支队参与编制的《江苏省水政监察执法能力建设规划(2016～2020)》通过省水利厅专家审查，完成《江苏省河道管理条例》(立法送审稿)资料收集、前期调研、初稿撰写等工作；印发《关于加强对通榆河饮用水源区域严格管理的通告》，完成《盐城市水政监察执法能力建设规划》。全年开展水行政执法业务培训班3期，培训水政监察员100多名。全年新批行政许可项目19个、为23个行政许可期限届满项目办理行政许可延期手续。公布市水利局行政权力清单和行政权力责任清单，清理行政权力事项，编制盐城市行政权力目录163项，其中行政许可权力12项，行政处罚权力111项，行政强制权力18项，行政征收权力4项，行政奖励权力6项，行政确认权力1项，行政征用权力1项，其他类型事项清单9项。开展水行政许可后续监管工作，抽查2014年度省水利厅和市水利局审批的水土保持项目、涉河建设项目40个，对检查中发现的问题，责成受检单位作出情况说明并限期整改，要求相关县(市、区)水(利)务局按照职责做好后续监管工作。至年底，检查中发现的问题均整改到位。开展水行政服务，先后为市区内环高架项目、城东水厂通榆河取水口前置湖项目、大市区新饮用水源地选址方案、江苏国信盐城燃机热电联产工程项目、盐城至海安段铁路项目和徐宿淮盐铁路跨盐城段等项目提供前期咨询，市、县会审联办等服务，并到省水利厅沟通汇报争取支持；牵头对《盐城市水文管理办法》实施效果开展后评估并向市政府提交报告，对省铁路办和市有关部门7个文件征求意见稿提出审查意见。开展全市水行政执法和水行政许可案卷评查工作，聘请省水利厅和市法制办的4位专家对各县(市、区)报送的19件案卷进行评查，选送5份行政许可案卷上报省水利厅，2份报全市行政执法案卷评选，其中市水利局办理的盐淮米业有限公司码头和护岸工程建设方案审批卷在2015年度全省水利系统行政许可案卷评查中获得优秀，市水利局办理的盐城申兴实业有限公司涉河工程建设方案审批卷在全市行政执法案卷评查中获得二等奖。开展行政审批后的事中事后监管抽查，委托市水利勘测设计研究院，对分布在射阳县、响水县、滨海县、亭湖区、盐都区5个县(市、区)的海通镇通海污水尾水排放管道穿海堤项目、黄三水产苗种工程涉海堤项目、射阳洋马风力发电场工程、盐城港响水港区小莽牛作业区建材产业园公用码头一期工程、盐城内河港市区港区凤冈作业区码头工程、盐城热点供热站项目取水口工程、盐城市河道沿线单位河道占用面积测量术报告、盐城市盐田综合开发利用新滩片区起步园区水厂中山河取水工程8个项目测绘检查，对抽查发现的问题要求整改，至年底全面整改到位。

第八节 水利管理

一、水资源管理

2015年，市水利局编制完成《盐城市水源地建设专项规划》《盐城市水资源保护规划》等水资源专项规划，对全市实行最严格水资源管理制度进行考核并公布，实行最严格水资源管理制度考核细则。全年用水总量54.4亿立方米，报省水利厅办理取水许可6个，许可水量4854.5万立方米。完成封井370眼，地下水开采总量6290万立方米。全年申报省级节水型载体6个，省级节水型学校7所，省级节水教育基地2个，创建各类市、县级节水型载体108个。引导企业实施节水技改项目11个，投资1800多万元，年节水2050万立方米。推动农业节水灌溉工程建设，投资3亿元，实施大中型灌区节水改造、规模化节水等节水灌溉工程。组织8次集中式饮用水源地达标建设情况督查，印发督查通报2期、周报9期，10个饮用水源地基本完成达标任务。构建盐城市河湖健康状况评价指标体系框架，对12条河流、15项指标定量分析，10条河流评价结果为良好，2条河流评价结果为中。启动全国水生态文明城市试点建设，实施盐龙湖生态净化提升、中心城区水系连通、水美乡村示范片区等项目；阜宁、东台、建湖推进省级水生态文明试点建设工作。年内，盐都区创成江苏省节水型社会示范区、建湖县申报省级节水型社会示范区。开展节水型园区创建工作，制定以“节水规划、节水项目、节水管理、节水绩效”4项基础工作和“创新管理工作”“群众满意度一票否决”等为主要内容的创建考核标准。其中，大丰区大中工业园区综合产业园组织编制《大中镇工业园区节水措施实施方案》，通过产业结构调整、开展清洁生产、节水技术改造、非常规水源利用、创建节水型企业等措施，园区计划用水率96.5%，非常规水源利用量25.14%，工业用水重复利用率89.26%，单位工业增加值用水量每万元14.44立方米，各项指标达到节水型园区创建标准。

二、水利建设管理

2015年，市水利局印发《关于贯彻落实省水利厅2015年度水利基本建设管理工作目标任务和考核细则的通知》，对创新建管模式、规范项目法人组建、加强招标投标管理、完善信用体系建设等9个方面的内容作出明确要求。出台《盐城市水利工程建设从业单位信用管理办法（试行）》，对工程建设从业单位的信用管理要求、失信行为认定和失信行为惩治作出明确和具体的规定，为水利工程建设信用管理工作开展提供保证。全年全市水利工程招标项目147个，中标金额17.2亿元，50万元以上项目公开招标率100%。加强质量管理，盐城市及下辖9个县（市、区）水行政主管部门均组建专职水利工程质量监督机构或质量监督办公室，实现市、县两级水利质监机构全覆盖；配合省财政厅、水利厅对2014年度省级水利工程维修养护专项资金、2014年度骨干河道管护经费开展检查、审计，现场查勘、批复新洋港闸下游应急处理、射阳河闸堤岸防护、东台方塘河闸闸门控制楼维修等防汛应急、维修养护项目实施方案40多个；配合省水利厅完成海堤达标工程建设情况调研工作，完成各地海堤堤线调整方案的编制工作，指导滨海、响水做好14个在建海堤达标工程项目建设工作。推广工程建设“代建制”，即由项目出资人委托有相应资质的项目代建人对项目的可行性研究、勘察、设计、监理、施工等全过程进行管理，并按照建设项目工期和设计要求完成建设任务，直至项目竣工验收后交付使用人的项目建设管理模式。年内，全市首个水利代建制项目运东套闸除险加固工程基本完工，运行情况良好；开发区仁智河、枢纽处黄河故道整治实行部分代建，工程进展顺利，规范化管理加强。开展水利工程考核创建（复核）工作，印发《盐城市2015年度水利工程管理考核创建（复核）计划》，盐城市射阳河闸管理所通过国家级水管单位复核，东台市安丰船闸管理所通过省二级水管单位验收，新创成东台市通榆河管理所、大丰区竹港闸管理所2个省三级水管单位。年内，阜宁县金沙湖创建成国家级水利风景区，通榆河枢纽通过国家级水利风景区复核。

启动河湖和水利工程管理范围划定工作　年内，市水利局启动河湖和水利工程管理范围划定工作，对市境内需要划定管理范围的129条省骨干河道、11个湖泊和国有闸站工程进行调查摸底。12月2日，市水利局组织召开全市河湖和水利工程管理范围划定工作推进视频会议，明确提出当前重点工作是抓紧编制《河道和水利工程管理范围划定实施方案》，并及时报批。12月18日，市政府办成立市河湖管理范围和水利工程管理与保护范围划定工作领导小组。年内，省级试点县东台市《河道和水利工程管理范围划定实施方案》经东台市政府批复同意后，启动实施2015年度划界工作；阜宁县《河湖和水利工程管理范围划定实施方案》通过市水利局组织的市级符合性审查。

小型水利工程管理体制改革　年内，盐城继续推进小型水利工程管理体制改革工作。改革主要范围为：县级及以下管理的中小河流及堤防、小型水闸、排涝泵站、灌区、高效节水工程等小型水利工程（盐城市区及各县域城市防洪工程、按照规划丧失功能或经鉴定需要拆除重建的水利工程和单一农户自建自用的小型水利工程3种类型工程不纳入此次改革范围）；改革主要内容为：确权登记发证、明确管理模式、落实管理责任、筹集管护经费、制定管理标准等方面，力争到2017年底，全面建立适应盐城工情、水情与经济社会发展的小型水利工程管理体制和良性运行机制，实现小型水利工程设施“产权明晰、权责落实、经费保障、管用得当、持续发展”的目标。10月29日，市政府办公室印发《盐城市小型水利工程管理体制改革实施方案》（盐政办发〔2015〕78号），明确盐都区为省级试点区，溱东镇、梁垛镇、许河镇为市级试点镇。至年底，省级试点盐都区和市级试点镇溱东镇、梁垛镇、许河镇，市级试点村小海镇新窑、大桥镇中港等26个村完成改革任务。

三、水利科技管理

2015年，市水利局开展48个课题研究，组织8项课题申报省水利科技项目，其中沿海水闸自监测智能混凝土安全耐久性关键技术研究课题被列入省水利科技项目。完成河网地区灌溉水利用系数测算、盐龙湖生态净化系统调试维护及调度运行关键技术研究、沿海地区滩涂开发水资源保障研究3项课题验收鉴定工作。年内，课题盐龙湖生态净化系统调试维护及调度运行关键技术研究获2015年江苏省水利科技优秀成果一等奖；课题新型虹吸式出水的竖井贯流泵装置开发应用获得2015年江苏省水利科技优秀成果三等奖。

（史长森　臧滨城）

第10章　能　　源

责任编辑　高兰会

第一节　电　　力

一、电力生产

2015年，全市并网发电企业总装机容量618.31万千瓦，全年发电212.5亿千瓦时。其中，统调火电总装机294万千瓦、发电151.27亿千瓦时；地方调度小机组装机容量28.21万千瓦、发电14.98亿千瓦时；全市风电装机193.32万千瓦、发电28.26亿千瓦时；太阳能光伏装机89.8万千瓦、发电9.61亿千瓦时；生物质装机8.5万千瓦，发电5.99亿千瓦时；沼气发电装机0.29万千瓦，发电688万千瓦时；垃圾发电装机4.2万千瓦，发电2.31亿千瓦时。至年底，全市建成陆上风电场14个，光伏电站项目48个，生物质发电项目7个。　（季　鹏）

江苏盐城发电有限公司　年内，江苏盐城发电有限公司完成发电量24.57亿千瓦时，实现利润总额1.37亿元。全年多争取电量计划1亿千瓦时，安排被替代电量14.93亿千瓦时，替代电价比年度预算低每千瓦时0.0421元。降低发电成本，全年耗煤51.9万吨，耗用标煤含税价每吨610.69元。落实2台9F级燃机项目天然气气源和管道接入条件，11月，项目初步可行性研究报告通过华东电网公司审查。加强安全工作，组织各类重大节日保电和季节性安全生产大检查，开展迎峰度夏、防洪防汛和迎峰度冬、防寒防冻专项活动，全年实现机组"零非停"，至年底，实现连续安全生产4172天。加强各类技术培训，设备管理部机化组QC小组技术课题获江苏电力行业QC成果一等奖、2015年度全国电力行业优秀质量管理小组二等奖。年内，公司被评为全省厂务公开民主管理先进单位、2015年度职业病防治先进集体、盐城市文明单位。　（程国瑛）

江苏射阳港发电有限责任公司　年内，江苏射阳港发电有限责任公司完成电量69.5亿千瓦时、供电煤耗每千瓦时299.95克、综合厂用电率4.54%；实现营业收入23.3亿元、完成经营利润6.82亿元，上缴税收3.13亿元。加强电煤海上过驳管理，全年过驳作业134万吨，累计550万吨；优化5000吨级煤船选型、调运、接卸等环节，累计完成96万吨煤炭直靠码头接卸；加强与陕煤化、中煤、神华、同煤集团的合作，购进原煤210万吨；加大经济性煤种掺烧比例，累计掺烧经济性煤种75万吨。加强供热营销管理，鼓励和扶持供热用户，全年对外供热19.6万吉焦。做好工程核准工作。1月28日，6号机组获得省发改委核准，年内完成6号机组发电许可、容量核定、电量计划、购售电合同等相关手续的办理。启动机组扩建四期工程，完成土地、取水、选址、环保、码头运输等文件审批；6月3日，四期工程初步可行性研究报告通过华东电网公司评审；8月31日，四期工程项目上报省能源局参加江苏省2015年度火电项目优选，并获得1台66万千瓦机组容量份额。提高设备管控水平，开展5号、6号机组生产经营指标对标找差活动，完成5号、6号机组检修，解决5号、6号汽机真空系统改接、5号炉排烟温度偏高等技术难题。做好6机组超低排放改造工程，6号机组烟尘、二氧化硫、氮氧化物分别为每立方米2毫克、10毫克、30毫克，通过环保部门验收，享受环保电价补贴，工程被省环保厅评价为示范工程、绿色样板工程。加强安全生产，全年安全生产无事故，2台66万千瓦机组实现"零非停"目标。至年底，公司连续安全生产5663天。年内，公司获评全国质量管理优秀企业、盐城市文明单位和省、市安全生产先进单位等。　（秦立标）

二、电力供应

2015年，盐城市全社会累计用电280.58亿千瓦时，工业累计用电206.3亿千瓦时。全年全市最高负荷448.9万千瓦，全市最高日供电量9773万千瓦时。

县（市、区）用电情况　东台全社会用电36.63亿千瓦时，其中工业用电27.17亿千瓦时。大丰全社会用电49.97亿千瓦时，其中工业用电41.29亿千瓦时。阜宁全社会用电31.36亿千瓦时，其中工业用电24.21亿千瓦时。滨海全社会用电24.66亿千瓦时，其中工业用电17.06亿千瓦时。响水全社会用电48.11亿千瓦时，其中工业用43.24亿千瓦时。射阳全社会用电19.83亿千瓦时，其中工业用电12.21亿千瓦时。建湖全社会用电20.64亿千瓦时，其中工业用电13.91亿千瓦时。东台、大丰、阜宁、滨海全社会用电负增长。

产业用电　全年全市全社会用电量280.58亿千瓦时。其中，第一产业用电7.39亿千瓦时；第二产业用电208.96亿千瓦时，其中工业用电206.28亿千瓦时；第三产业用电25.38亿千瓦时；城乡居民生活用电38.86亿千瓦时。

行业用电　全年全市化工业用电42.67亿千瓦时，占全社会用电比重15.21%。黑色金属冶炼及压延加工业用电51.82亿千瓦时,占全社会用电比重18.47%。纺织业用电21.25亿千瓦时,占全社会用电比重7.57%。

电网建设 全年盐城电网完成110千伏及以上各类基建工程投运27项,其中220千伏重点基建工程投产8项,新增500千伏变电容量2750万千伏安,新增220千伏变电容量60万千伏安。至年底,盐城电网有500千伏变电所3座,变电容量725万千伏安,线路长度878.8千米;220千伏变电所33座,变电容量1008万千伏安,线路长度2692千米;110千伏变电所115座,变电容量953.25万千伏安,线路长度3050千米;35千伏变电所103座,变电容量218.75万千伏安,线路长度2355千米。基本形成以500千伏盐都变、潘荡变、双草变为支撑,以盐城电厂、射阳港电厂和区域联络线为主力电源的220千伏的环形网架,110千伏及35千伏大多实现N-1方式(手拉手供电方式),大部分装有备用电源自投装置。

充电设施 至2015年底,全市建成充电站11个,换电站和充换电站各1个,建成充电桩749个。其中,公共领域建成充电桩679个,公交公司建成70个充电桩。按照充电模式分,直流充电桩626个,交流充电桩123个。

(季 鹏)

盐城供电公司 年内,盐城供电公司完成固定资产投资28亿元,完成供电量274.52亿千瓦时、售电量264.8亿千瓦时,最高负荷448.9万千瓦,线损率3.54%。至年底,盐城电网有500千伏变电所3座,变电容量725万千伏安,线路长度878.8千米;220千伏变电所33座,变电容量1008万千伏安,线路长度2692千米;110千伏变电所115座,变电容量953.25万千伏安,线路长度3050千米;35千伏变电所103座,变电容量218.75万千伏安,线路长度2355千米。年内,编制完成电网现状诊断分析报告、电网建设三年行动计划报告,"十三五"电网发展规划通过市政府评审;打造配电网单元制规划"先行区"样板,编制完成430个配网单元规划。完成境内特高压及其配套项目的前期工作,核准220千伏电网项目7项、110千伏电网项目18项,核准线路595千米、变电容量210万千伏安。加快电网建设。年内,盐城地区投产500千伏输变电工程3项,220千伏工程8项,110千伏工程16项。投产500千伏变电容量275万千伏安;投产220千伏变电容量60万千伏安,线路169.2千米;投产110千伏变电容量24.15万千伏安,线路180.97千米。淮南—上海1000千伏交流特高压工程盐城境内实现全线贯通;500千伏双草变等3项500千伏主变扩建工程、8项220千伏及以上迎峰度夏项目按期投运;完成配农网建设投资23亿元,全市户均容量小于1.5千伏安的配变全部消除,改造小于70平方毫米的重载线路402.48千米。提供电力保障。推行规划作业许可行政审批前置程序和防外破监督性检查,35千伏及以上输电线路外破事件同比下降40%。开展全市重要客户安全性评价,对全市66个重要客户用电情况进行分析诊断,保障客户用电安全。开展安全生产制度"反违章"活动,全市289个班组有255个实现"零违章"。落实防汛抗灾应急措施,成功抵御"灿鸿"台风影响。完成农洽会、汽车博览会以及高中考等70余项保电任务。夏季用电高峰期实现对企业、居民用户"零限电"。至年底,实现安全生产无事故4653天。提供供电服务。围绕"省心电、省钱电、绿色电"主题,深化供电服务和业扩报装服务,优化业扩流程。推广预付费、代收代扣、网上缴费,推广大客户APP、居民客户微信绑定,实现远程费控。创新岸电商业模式,完成大丰港高压岸电项目建设。建成245套内河小容量岸电桩,港口覆盖率99.19%,率先在全省投入应用小容量岸电"一卡通"系统。投资30万元,对南洋机场廊桥进行"陆电登机"改造,年内建成投运。建成高速公路电动汽车快速充电站10个,至年底,实现充电网络市县全覆盖。公司通过中国质量协会全国实施用户满意工程先进单位复评,第三方满意度调查获全省第四名。

(姜 望)

三、行业管理

2015年,盐城加强电力行业管理。做好有序用电工作,编制《2015年盐城市有序用电方案》,并对列入方案的1600多用户上门了解、沟通,做好演练,尽量保证企业的生产运行和经济效益最大化。加强协调与演练,协助列入有序用电的企业熟知避峰程序和操作步骤,帮助企业细化调整应急预案,召开有序用电工作会议、有序用电大客户座谈会等会议,宣传电力供需形势,明确有序用电工作要求,明确高耗能企业等快速响应负荷清单,对全市高耗能企业专门开会进行交流,明确在电网紧张时企业能按要求快速响应。在2015年迎峰度及迎峰度冬期间全市电网没有发生非事故性的停电,没有出现拉闸限电。在迎峰度夏期间,有31家企业用户主动避峰,参与需求响应,合计响应容量17.7万千瓦。加强电力需求侧管理工作,帮助全市26家企业参加电力用户与发电企业直接交易,交易电量12亿千瓦时,为企业节约成本3000万元。提高电力调度的透明度,6月、12月,市经信委召开全市地方调度机组电网信息披露会2次,加强信息披露工作,及时公布调度执行、电网运行和考核等相关情况。加强可能危及电力设施安全的事前防范,清除电力设施保护区的危险源,在市、县两级政府的行政审批工作中推行电力设施保护范围内建设项目规划和施工许可管理,东台、大丰、射阳、建湖、阜宁、滨海、响水7个县(市、区)完成市、县一级政府的行政审批许可制度,建立会审流程和相关制度,盐都、亭湖、市开发区和城南新区在市行政审批窗口审批。年内,针对危及电力设施的建设项目和施工作业许可工作时间长,部门多等问题,市电力保护领导小组组织市行政审批中心、规划局、城建局、供电公司等窗口单位对大市区范围内10千伏上线路实行现场联合勘察制度,从接受勘察申请到许可批复不超过3天,缩短用户申请流程时间。

(季 鹏)

第二节 天然气

2015年，盐城境内有天然气长输高压管线3条，有城市天然气经营企业18家，大市区由盐城新奥燃气有限公司和盐城中石油昆仑燃气有限公司经营，天然气环网面积约300平方公里，通气居民用户约28万户、工商业用户1025户、天然气出租汽车、公交车和液化天然气客货车3000多辆，天然气冬季最高日需求量70万立方米以上，夏季日最低用气21万立方米。全年全市消费天然气约3亿立方米。天然气应用涵盖民用、商用、工业用、车用和分布式能源等领域。大市区新增住宅全部用上管输天然气。12月30日零时，市区工商业用天然气气中准价格降为每立方米3.42元、3.5元(冬天)，车用天然气降为每立方米3.69元(每千克5.32元)。

输气管线 江苏油田天然气管线隶属于江苏油田试采一厂，全长19.7千米，起始于亭湖盐东镇盐城气田集气站，途经亭湖开发区，终于亭湖大星村七组盐城天然气门站，全年输送天然气1856立方米。"宝丰线"，即西气东输宝应—盐城—大丰港支线，由江苏大通管输天然气有限公司投资建设，新奥大通天然气有限公司经营，起点为扬州市宝应阀室、终点为大丰港，管线自西向东途经宝应、盐都、亭湖、大丰、大丰港，建有4座场站、8座阀室，线路全长136千米，输气规模每年3.5亿立方米。全年大通公司输配天然气2亿立方米，其中向盐城市区输送1.03亿立方米，向大丰区输送1583万立方米，向大丰港输送8151万立方米。东台中石油昆仑燃气有限公司天然气长输高压管线，全线长27.3千米，从东台时堰镇到东台开发区。全年输送天然气1027万立方米。

经营企业 盐城新奥燃气有限公司，由新奥中国投资有限公司与盐城联孚石化有限公司共同出资，于2002年成立的中外合资经营企业。公司特许经营权地域范围为：盐城市规划主城区被高速公路围合的区域，东至沿海高速公路、南至徐淮盐高速公路、西及北至盐靖高速公路，以及亭湖环保产业园、盐都区12个乡镇，区域面积约500平方公里。公司拥有1座LNG(CNG)【液化天然气(压缩天然气)】储配站，建有液化天然气储罐4台，具备储气能力30万立方米。公司在市区铺设燃气管道约1280千米，城市燃气高压管网30千米，建有7座高中压调压站与"宝丰线"对接，接收西气能力每小时4万立方米，全年销售天然气1.24亿立方米。盐城中油紫源燃气有限公司，特许经营权地域范围为：盐城市高新技术产业园区及相邻的龙冈镇、郭猛镇、张庄镇，规划面积70平方公里，全年销售天然气200万立方米。 (季 鹏 周 翔 周秀梅)

第三节 煤 炭

盐城市煤炭生产企业主要是新光集团。2015年，新光集团实现营销收入2.94亿元，亏损4343万元，生产原煤96.39万吨，完成综合进尺1.29万米，其中开拓进尺805米。开展科技攻关，列出地面沉降观测，井下充填，沿空留巷技术，火侵区探采巷道布置优化，钻探固管、试压及快速钻进技术，攻关煤巷、岩巷快速掘进等课题和项目。推进基建工程，金石矿业基建项目建设的水土保持设施、安全设施与条件、环境保护设施等9项单项工程通过验收，煤与瓦斯突出矿井通过鉴定变更为瓦斯矿井。开展集团转型发展、回归发展的风电、光伏等新能源项目取得进展，风电维保项目技术人员到岗培训。抓好安全生产，完善各级管理人员的安全管理责任，做到分工明确，职责明晰；强化跟班、带班纪律和质量，履行工作职责，确保本班不留安全隐患，确保本班次安全生产；严肃责任追究，凡发生事故的，逐级进行追责，严肃处理。提升质量标准，坚持动态检查和静态检查验收相结合，刘东煤矿、昭阳煤矿分别被评为国家二级、一级质量标准化矿井。开展教育培训，健全考务管理体系，实施教考分离，全年开展从业人员各类培训218期培训2.95万人次。对主要负责人、安全管理人员、特殊工种作业人员做到按期外培，持证上岗率100%。做好现场控制，到各矿开展安全专项检查43次，查出问题或隐患308条，全部落实整改到位。至年底，集团实现连续四年实现安全无事故。年内，集团先后被江苏省经信委会评为江苏省信息化与工业化融合转型升级示范企业，被中国煤炭工业协会评为AAA级信用企业。 (陈 洋)

第四节 石 油

2015年，全市消费成品油106.2万吨，主要通过中石化(市场份额占73%)、中石油(占21%)以及从市外地炼流入(6%)。全市有在营成品油库4个，存储规模8.3万立方米。其中，中石化所属3座，分别是新兴油库、灌河油库、周家舍油库，存储规模2.8万立方米；中石油1座，存储规模5.5万立方米。全市油库存储规模相当于全市25天左右消费量。年内，中石化规划建设建湖上冈油库，规划库容9.6万立方米；同步建设淮安—盐城成品油管道，输送能力每年90万吨成品油。至年底，全市有加油站695座，分布在市县区、国省道、高速、乡镇及农村市场。

(周 翔)

第11章 交通运输

责任编辑 高兰会

综 述

2015年,全市累计完成交通基础设施建设投资107.6亿元。公路建设方面:阜建高速公路全线建成通车;盐靖高速盐城西出口改造工程完成,临海高等级公路节点工程灌河大桥、610省道东台204国道以西段、332省道大丰东延段、331省道盐都段、233省道建湖建宝路至204国道段建成通车。铁路建设方面:连盐铁路完成线下工程80%的工作量;徐宿淮盐铁路盐城段按高铁标准开工建设,并增建与连淮扬镇铁路客专的双向联络线;盐泰锡宜城际铁路列入全省"十三五"开工项目;盐城至南通铁路预可研通过铁路总公司审查;大丰港、滨海港、射阳港和陈家港等沿海港口铁路支线以及开发区铁路专用线线位方案调研之中。机场建设方面:实施南洋机场改扩建工程,机场跑道由2200米延长至2800米,满足C类飞机全载起降和部分D类飞机起降,有8个C类机位;开通至日本大坂、静冈航线,新辟深圳、天津、桂林、福州、海拉尔、重庆、大连、南京、成都、海口等国内航线,加密至上海、北京、中国台湾、韩国首尔等航班,至年底,在飞航线22条,周航班量125班次。航道建设方面:构建"通江达海接运河"的骨干航道网,实施建设高等级航道160千米,建成滨海港疏港航道滨海船闸主体工程和运盐河船闸土建工程;盐城港内河港区步凤作业区码头工程投入使用;完成盐邵线、盐宝线航道养护改善工程护岸32千米;启动京杭大运河与通榆运河联络航道小中河改造和阜宁船闸项目建设。城市交通方面:市内环高架快速路网一期工程(范公路北段)建成通车,二期工程开工建设,部分标段经架梁施工完成;新开辟公交线路15条,优化调整公交线路26条,新增公交车192辆,大市区公交车保有量突破1000辆,实现市镇公交一体化"全覆盖",市区公交出行总量突破1.2亿人次,城市公共交通出行分担率20.1%;新增15个乡镇开通镇村公交,全市镇村公交开通率40%;新增投公共自行车4000辆,累计投放1万辆。至年底,全市公路总里程1.95万千米,公路密度每百平方公里115.31千米,其中高速公路总里程359.08千米,二级及以上高等级公路总里程4248.724千米(含高速);航道总里程4490.7千米,其中二级航道25.08千米,三级航道283.05千米,四级航道140.78千米,五级航道347.91千米,六级航道301千米,七级航道465.6千米,等外级航道2782.82千米;铁路总里程157.2千米,火车站8个。全年全市累计完成道路旅客运输量9743万人次,周转量82.83亿人千米;道路水路货运量1.56亿吨,周转量391.83亿吨千米;南洋机场安全保障航班8840架次,年旅客吞吐量85.2万人次,货邮吞吐量3005.7吨。

内环高架青年路解放路施工现场。

2015 年全市交通重点工程

表 11－24

序号	项目名称	项目建设范围及内容	投资总额（万元）	2015 年完成投资（万元）	项目进展情况	实施时间	责任单位
1	市区内环高架快速路网	建设“一环五射”内环高架快速路网【“一环”由范公路南段（青年路至南环路段）、南环路西段（范公路至西环路段）、西环路南段（南环路至青年路段）、青年路西段（西环路至范公路，再向东跨通榆河后至天山路落地）构成；“五射”由范公路北段（世纪大道至盐城北互通，包括北环路枢纽）、南环路东段（范公路至开发区互通）、西环路南延（南环路至盐城南互通）、青年路西延（接至 204 国道后向南接盐城西互通）、西环路北延（至蟒蛇河大桥南）组成】，项目全长 54.6 千米，总投资 86.5 亿元	865000	304963	建成通车范公路北段 9.3 千米，二期工程完成下部结构 85%、上部结构 35%	2011～2016	市交通运输局 亭湖区政府 盐都区政府 市开发区管委会 城南新区管委会
2	连盐铁路盐城段	新建 105 千米双线电气化铁路	1050000	236835	完成路基处理和桥梁下部结构，开展架梁施工	2013～2017	市交通运输局 市铁路办 响水县政府 滨海县政府 阜宁县政府 建湖县政府 射阳县政府 亭湖区政府
3	徐宿淮盐铁路盐城段	按高铁标准建设，盐城境内约 72 千米	550000	5000	开展灌注桩施工	2015～2019	市交通运输局 市铁路办 阜宁县政府 建湖县政府 亭湖区政府
4	阜宁至建湖高速公路	新建 36.3 千米双向四车道高速公路	213495	39000	建成通车	2012～2015	市交通运输局 阜宁县政府 建湖县政府
5	淮盐高速公路大丰港至盐城段	新建 37 千米双向四车道高速公路	207138	40300	完成路面基层	2013～2016	市交通运输局 大丰区政府 市开发区管委会
6	125 省道盐城段	新建 45.6 千米一级公路	130564	15700	建成大纵湖风景区至 229 省道 26 千米，229 省道至 204 国道段开展路基桥梁施工	2012～2017	市交通运输局 盐都区政府 城南新区管委会
7	331 省道盐城西段	新建 49.3 千米一级公路	161825	44968	盐都段建成通车，建湖段基本完成沥青面层	2013～2016	市交通运输局 盐都区政府 建湖县政府
8	331 省道盐城东段	新建 27 千米一级公路	117239	8181	建成跨沈海高速公路大桥，亭湖段完成拆迁	2013～2017	市交通运输局 亭湖区政府 市开发区管委会
9	233 省道射阳至建湖公路	新建 69.4 千米一级公路	202600	42000	建成建湖 204 国道至建宝路段 19.2 千米，234 省道至 331 省道段、射阳段开展路基桥梁施工	2013～2017	市交通运输局 建湖县政府 射阳县政府
10	610 省道东台段	新建 40 千米一级公路	165300	24497	建成 204 国道至 229 省道段 25.96 千米	2013～2017	东台市政府

续表 11－24

序号	项目名称	项目建设范围及内容	投资总额（万元）	2015年完成投资（万元）	项目进展情况	实施时间	责任单位
11	351省道大丰段	新改建44千米一级公路	136000	20000	228国道至草庙镇段13千米开展路基桥梁施工	2015～2017	大丰区政府
12	阜建高速建湖西互通连接线	新建6.63千米一级公路	20800	8500	完工	2014～2016	建湖县政府
13	阜建高速东益互通连接线	新建6.5千米二级公路	11787	5256	完工	2014～2015	阜宁县政府
14	滨海海港大道	新建32千米一级公路	48000	25000	开展沥青面层施工	2014～2016	滨海县政府
15	建湖县九龙大道改扩建工程	改扩建15.7千米一级公路	31500	15000	完工	2014～2017	建湖县政府
16	阜宁火车站连接线	新建12.5千米一级公路	45942	2000	建成通榆河大桥和射阳河大桥	2014～2017	阜宁县政府
17	四明至长荡公路四明段	新建14.9千米二级公路	10599	3200	一期工程6.7千米完成路基施工	2015～2016	射阳县政府
18	阜宁郭板淮线北沙至羊寨段	改扩建12千米三级公路	2600	2600	完工	2015	阜宁县政府
19	海堤战备公路四卯西河桥至中路港段	改扩建36.5千米二级公路	7300	7300	完工	2015	大丰区政府
20	农村公路提档升级及桥梁改造工程	实施农村公路提档升级工程1346千米，改造农村公路桥梁375座	115800	115800	实施农村公路提档升级工程1346千米，改造农村公路桥梁375座	2015	各县（市、区）政府
21	撤渡建桥	建设市开发区通榆河袁坎大桥、建湖双港大桥、大丰海中人行桥、阜宁射阳河大桥、射阳射盐线黄沙港大桥、亭湖西城桥	11100	4700	海中人行桥、射阳河大桥、双港大桥建成通车；袁坎大桥、射阳射盐线黄沙港大桥启动灌注桩施工；亭湖石华村西城桥完成桥梁下部结构施工	2014～2017	市交通运输局 市开发区管委会 大丰区政府 建湖县政府 阜宁县政府 射阳县政府
22	滨海港疏港航道	开挖63千米四级航道，新建船闸2座	114400	29613	完成船闸工程，建成3座桥梁	2014～2017	市交通运输局 滨海县政府
23	小中河及船闸工程	提升17.35千米四级航道，新建船闸工程1座	59208	5700	开展船闸土建及护岸施工	2015～2017	市交通运输局 阜宁县政府
24	盐邵线、盐宝线航道养护改善工程	盐邵线护岸12千米、盐宝线护岸20千米，航道疏浚1.4亿立方米	12000	12000	完工	2015	市交通运输局 盐都区政府 建湖县政府
25	盐城内河港市区港区城西凤冈作业区码头工程	建设6个500吨级散货泊位、3个500吨级件杂货泊位、3个500吨级待泊泊位，设计年通过能力255万吨	10978	3608	完工	2014～2015	市交通运输局
26	市区港区城东新界作业区码头工程	建设2个300吨级散货泊位、1个300吨级通用泊位和3个300吨级待泊泊位，设计年通过能力73.23万吨	6750	1940	完工	2014～2015	市交通运输局
27	盐城阜宁水陆物流服务中心项目工程	建设2个300吨级通用泊位，1个300吨级检修船泊位，4个300吨级待泊泊位，设计年吞吐量50万吨	9696	2350	建成房建工程和进场道路路基工程	2014～2016	市交通运输局 阜宁县政府

续表 11－24

序号	项目名称	项目建设范围及内容	投资总额（万元）	2015 年完成投资（万元）	项目进展情况	实施时间	责任单位
28	盐城内河港盐城开发区作业区码头工程及进港航道	10 个 1000 吨级泊位，6 个待泊位，2 千米进港航道和北侧港区建设	29748	13748	完工	2013～2015	市开发区管委会
29	盐城机场改扩建工程	包括飞行区扩建、停机坪建设、油库搬迁扩建等项目建设	63000	6000	完工	2012～2015	市交通运输局
30	T2 航站楼建设	新建 T2 航站楼及配套建设停机坪和站前广场等设施	124300	5000	开展桩基施工	2015～2018	市交通运输局
31	盐城汽车客运西站	二级客运站，占地面积约 3.73 公顷	4100	3000	完成主体工程	2015～2016	盐都区政府

第一节　空港运输

2015 年，盐城南洋机场安全保障航班 8840 架次，年旅客吞吐量 85.2 万人次，货邮吞吐量 3005.7 吨。年内，实施南洋机场改扩建工程，机场跑道由 2200 米延长至 2800 米，满足 C 类飞机全载起降和部分 D 类飞机起降，有 8 个 C 类机位，T2 航站楼完成桩基工程过半，航站区改扩建可研报告获得省发改委和民航华东局联合批复；开通至日本大坂、静冈航线，新辟深圳、天津、桂林、福州、海拉尔、重庆、大连、南京、成都、海口等国内航线，加密至上海、北京、中国台湾、韩国首尔等航班。至年底，运营国内、国际（地区）航线 22 条，周航班量 125 班次，其中北京、上海、广州、成都、重庆、武汉、沈阳、昆明、长沙、大连等航班达到每天一班以上。

第二节　公路运输

2015 年，全市干线公路完成投资 19.03 亿元，建成通车里程 77.12 千米。阜建高速公路全线建成通车，盐靖高速盐城西出口改造工程完成，临海高等级公路节点工程灌河大桥、610 省道东台 204 国道以西段、332 省道大丰东延段、331 省道盐都段、233 省道建湖建宝路至 204 国道段建成通车。农村公路实施提档升级工程 1372 千米，改造桥梁 401 座，完成投资 11.97 亿元。完成养护专项工程 15 个 175 千米，建成公路绿色通道 222 千米，植草防护 30 万平方米。至年底，全市社会公路总里程 1.95 万千米，其中四级以上等级公路 1.76 万千米，全市基本形成以高速公路为骨架、干线公路网为主体的公路网络，实现市区 10 分钟、县城 20 分钟、乡镇 30 分钟接通高速和市到市通高速公路、市到县通一级公路、县到乡通二级公路、乡到乡通三级公路、所有行政村全部通达四级以上等级公路目标。年内，204 国道 79 千米路段接受国检，受到交通部检查组好评；228 国道沿线路域环境、路容路貌，204 国道沿线集镇段路容路貌整治一新。开展全市公路沿线供电电杆和铁塔专项清理，清除供电电杆 731 根，拔除电杆 575 根。全市路政案件立案 3415 件，处罚 3084 件，处理 331 件，办理路政许可 65 件，大件运输许可 460 件。全市出动治超执法人员 2.3 万人次，检查车辆 1.92 万辆，处罚车辆 4256 辆，卸载 2.36 万吨，公路平均超限率控制在 0.86%。全年全市征收通行费 1.15 亿元，“绿色通道”免费放行车辆 15.07 万辆，重大节假日免费放行小型客车 31.12 万辆。建设公路养护应急处置基地，阜宁、建湖应急处置基地通过验收，盐都、东台应急基地全面建成。参与全省公路交通现代化研究和干线公路网运行监测调研，12 月 1 日，完成全市国省干线公路路网监测点布局规划研究报告；建成 204 国道、228 国道、331 省道路网监测系统，提升公路网“可视、可测、可控”的能力和水平。

610 省道东台 204 国道以西段建成通车　6 月 30 日，610 省道东台 204 国道以西段建成通车。该段起点位于 204 国道，途经台南社区、时堰镇、溱东镇，终点位于溱湖景区东北角东台与姜堰两市交界处。路线全长 25.96 千米，于 2013 年 4 月 1 日开工建设，工程概算投资 9.5 亿元。

盐靖高速公路盐城西互通改造工程建成通车　9 月 28 日，盐靖高速公路盐城西互通改造工程建成通车。该项目通过增加上跨桥和转向匝道，将原有的半苜蓿叶式改为单喇叭式，取消西侧收费区，拓宽并延长东侧收费区，按“五进七出”（五个车道进，七个车道出）布置，于 1 月 31 日开工建设，工程概算投资 1.65 亿元。

城市快速路网工程范公路项目一期建成通车　9 月 28 日，市区内环高架城市快速路网工程范公路项目一期建成通车。该项目位于开放大道东侧，紧邻新长铁路，起点顺接开放大道新兴互通南侧，终点与世纪大道 T 型平交，全长 13.6 千米，概算总投资 24 亿元，于 2012 年 11 月 17 日开工建设。项目主线按双向不少于 6 车道、辅道单向不少于 2

车道的标准建设，设计时速主路每小时 80 千米，辅路每小时 40 千米，桥梁荷载等级为公路 I 级。主线包括特大型桥梁 2 座、立交枢纽 1 处、互通 1 处。其中，新洋大桥全长 1771 米，中间最大主跨 216 米，双塔四索部分斜拉桥结构，是江苏省长江以北地区城市范围内最大的斜拉桥，为盐城地标性建筑。

9 月 28 日，范公路新洋大桥建成通车。（王卫华 摄）

331 省道盐都段建成通车 10 月 1 日，331 省道盐都段建成通车。该段起点位于青年路与新 204 国道交叉处，自东向西穿越盐靖高速、233 省道、盐淮高速、231 省道等公路，跨越冈沟河、盐邵线（朱沥沟）、蟒蛇河等航道，途经盐都区潘黄、盐龙、龙冈、秦南、鞍湖、中兴、学富、楼王等镇、街道，止于盐河与建湖交界处。路线全长 31.52 千米，于 2012 年 4 月 1 日开工建设，工程概算投资 10.5 亿元。

阜建高速公路建成通车 10 月 30 日，阜建高速公路建成通车。公路北起阜宁县城西 329 省道，向南经硕集西，在东益经济开发区以东与规划东益大道东延线相交，设置东益互通，跨越嘎粮河及新长铁路，分别与新老 234 省道、向阳路西延段相交，于向阳西路设置建湖西互通，于建湖高新产业园西侧接淮盐高速公路并设置蒋营枢纽。路线全长 36.2 千米，阜宁境内 20.5 千米，全线采用双向四车道高速公路标准，设计速度每小时 120 千米，桥涵设计汽车荷载等级采用公路 I 级，设计洪水频率为百分之一，路基宽度 28 米，路桥同宽。全线设置主线收费站 1 处，匝道收费站 2 处，在淮安南设置管理分中心；全线有特大桥、大桥 9 座、中桥 17 座，通道 45 道（不含利用桥孔），涵洞 118 道，互通式立交 3 处，于 2012 年 8 月开工建设。全线征用土地 190.58 公顷，征用取土场 226.43 公顷，拆迁房屋 6.7 万平方米，工程概算投资 21.35 亿元。

233 省道建湖建宝路至 204 国道段建成通车 11 月 24 日，233 省道建湖建宝路至 204 国道段建成通车。该段起点位于与 204 国道交叉处，自东向西通过冈西镇南侧，利用建湖开发区预留走廊，止于与建宝路交叉处。路线全长 19.64 千米，于 2013 年 5 月 1 日开工建设，工程概算投资 5.76 亿元。

332 省道大丰东延段建成通车 12 月 31 日，332 省道大丰东延段建成通车。该段起自老海堤西侧与 332 省道交叉处，向东跨老海堤复河、海港复河，终点接中港区新海堤公路。路线全长 5.71 千米，于 2012 年 3 月 5 日开工建设，工程概算投资 1.63 亿元。

第三节 铁路运输

2015 年，盐城铁路里程 157.2 千米，火车车站 8 个。全年完成铁路客运量 222.6 万人次，货运量 95.84 万吨。连盐铁路基本完成路基处理和桥梁桩基工程，架梁施工之中。徐宿淮盐铁路盐城段按高铁标准开工建设，并增建与连淮扬镇铁路客专的双向联络线；盐宁高铁联络线纳入徐宿淮盐铁路建设范围，将与徐宿淮盐铁路同步建成。盐城至南通铁路通过铁路总公司可研审查。盐泰锡宜城际铁路列入全省“十三五”开工项目。年内，盐城市政府和上海铁路局签订东风悦达起亚商品车铁路装车基地项目合作框架协议；开展大丰港、滨海港、射阳港和陈家港等沿海港口铁路支线以及开发区铁路专用线线位方案调研。

推进连盐铁路盐城段建设 年内，连盐铁路盐城段建设完成投资 23.68 亿元，累计完成投资 50.36 亿元。完成项目征地拆迁工作，累计提供全部红线用地 343.2 公顷，临时用地 124.8 公顷，取土坑 287.27 公顷，完成红线内拆迁 1083 户。实行“先安置、后拆迁”，建设集中安置小区 17 个，建设铁路拆迁安置房 710 套，面积 9.58 万平方米，安置拆迁户 588 户；购买集镇安置房 194 套，面积 2.29 万平方米，安置拆迁户 172 户；自拆自建规划集中安置点 4 个，采取统拆自建、统一建设公共配套设施、统一户型的安置方式安置 100 户。“三改”（改水、改渠、改路）工程完成 180 个，占总数的 55.73%。

徐宿淮盐铁路开工建设 2 月 12 日，国家发改委《国家发改委新建徐州至淮安至盐城铁路项目建议书的批复》（发改基础〔2015〕282 号）批复新建徐州至淮安至盐城铁路项目建议书。8 月 28 日，国家发改委批复项目可行性研究报告。10 月 17 日，中国铁路总公司、江苏省人民政府批复徐宿淮盐铁路项目的初步设计。12 月 28 日，徐宿淮盐铁路全线开工建设。该项目线路自京沪高铁徐州东站引出，经睢宁、宿迁、泗阳、淮安、阜宁、建湖，终至盐城，正线全长314千米。技术标准为高速铁路、双线、电力牵引，全线初步设计概算总投资408.9亿元。

第四节　航道运输

2015年，全市航道建设累计完成投资3.79亿元。滨海疏港航道船闸工程加快推进，滨海和运盐河2座船闸主体基本完成，房建工程全面开工，完成投资1.22亿元；盐邵线、盐宝线航道整治工程完成，航道养护改善工程护岸32千米，累计完成投资1.23亿元；城东、城西、阜宁3座水上服务区和内河作业区码头基本建成；阜宁船闸改造和小中河航道整治项目开工建设，完成投资5000万元；盐城内河港口步凤和凤冈作业区完成投资1.23亿元，争取省补资金1900万元，其中步凤作业区码头投入使用。全年全市航政人员巡航10.77万千米，未发生因管理职能履行不到位而造成的48小时以上断航事故，干线航道通航保证率和航标的维护正常率分别达90%和99%以上，船闸通航保证率和优良闸次率分别达95%和99%以上；全市港口经营许可证持证率攀升至80%，危险货物作业附证持证率100%；审批临跨过河建筑设施25处，办结率100%，行政处罚处理案件87件，无一行政复议变更、撤销和行政诉讼败诉案件。全年全市征收过闸费904万元。

内河港区步凤作业区码头建成　12月18日，步凤作业区码头工程完成交工验收并投入试运行。步凤作业区位于盐城经济技术开发区正丰村，占地面积14.19公顷，于2013年10月8日开工建设。项目新建1000吨级泊位5个，泊位长度692米，开挖港池宽度120米，安装16吨码头固定吊2台、45吨码头固定吊1台、集装箱门式起重机1台，工程概算总投资2.97亿元。

第五节　城市公交

2015年，全市新增城市公交车192辆，新辟公交线路15条，优化调整公交线路26条，新增公交回车场4个，停车场2个，大市区实现城乡公交一体化全覆盖；盐城市区公交分担率20.1%；开通盐城至建湖城际公交，开通盐城至射阳盘湾镇的毗邻公交。全省公交“一卡通”市区互联互通于12月20日全部完成测试联调，实现全省公交IC卡的互通和互认结算，12月25日正式对外发售互联互通新卡。镇村公交稳步推进，全市新增15个乡镇开通镇村公交，镇村公交覆盖率40%，亭湖区率先在全市实现镇村公交全覆盖。完成市区公共自行车服务系统完成二期扩容升级，新增自行车服务站点150个，安装锁车器4800个，投放公共自行车4000辆。至年底，累计建设自行车服务站点400个，投放公共自行车1万辆，总投资8680万元，办理公共自行车借车卡6万张，借用公共自行车410万人次，最高日借车量1.78万人次。

第六节　运输保障

2015年春运从2月4日开始，至3月15日结束，历时40天，全市完成旅客发运量782.5万人次。其中，公路旅客发运量753.3万人次，日均投放客车3613辆次，日均投放客位11.3万座，日均发班1.1万班次；民航旅客发运量3.7万人次；铁路旅客发运量为25.5万人次；盐城市区出租车行业完成旅客发运量400万人次；城市公交完成发运量1450万人次。“十一”期间，全市累计安全发送道路旅客117.3万人次，累计发班5.92万班次。全年全市累计完成道路旅客运输量9743万人次，周转量82.83亿人千米；道路水路货运量1.56亿吨，周转量391.83亿吨千米；南洋机场安全保障航班8840架次，年旅客吞吐量85.2万人次，货邮吞吐量3005.7吨；完成铁路客运量222.6万次，货运量95.84万吨。

第七节　行业管理

2015年，市交通运输局实施行政处罚(处理)案件3.25万件，实施许可案件2.24万件，强制案件185件。开展重大决策评估，对徐宿淮盐铁路、内环高架快速路网建设等18项重大工程项目和新增出租车运力、出台内河港口规划等4项重大决策事项开展合法性审查工作。推进重大决策听证制度，对公共自行车站点布设、公交线路设置和调整、客运站场建设、规范性文件制定出台等涉及公共利益的重大行政决策事项，按照规定组织听证，听取各方面意见，把听证结果作为决策重要依据。成功重组交通控股集团有限公司，实现平台的单一性融资向实体型投资转变。改革公共交通服务体制，从公司化改造入手，强化对大市区公共交通服务的管理体制、投资体制、用人体制的规范化运作，对市公交总公司进行法人治理结构改革。开展公务用车改革，成立公务用车服务平台和汽车租赁公司，为公车改革做好善后和服务工作。规范行政许可、处罚程序，全面取消非许可审批，行政权力网上公开透明运行向县级延伸，覆盖率100%。开展基层执法站所规范化建设，强化海事执法队伍职业化建设，执法人员学历全部达大专以上，全部持证上岗；推进执法场所标准化建设，增设职工阅览室、道德讲堂、多功能会议室、档案材料室、执法装备器材库，改造升级办公区设施；制定并完善基础管理制度，分解细化行政处罚、行政强制和内河水上交通事故调查处理流程。开展文明行业创建，市直交通系统全部创建成市级以上文明标兵单位；“刘飞温馨服务示范线”获评江苏省第四批优质服务品牌和全国交通运输行业文明示范窗口，刘飞被交通运输部评为全国交通运输系统劳动模范；盐城民航站“飞燕班组”被共青团中央评为全国青年文明号、盐阜公路运输集团“沙惠林班组”被共青团江苏省委评为江苏省青年文明号、盐城“96196”交通服务被省交通运输厅评为江苏省交通运输行业优质服务品牌；市直交通系统内有1人入选“中国好人”、3人被评为“盐城好人”。

(薛宗林)

第12章 信息化

责任编辑 高兰会

综 述

2015年,盐城市城市家庭基本实现100Mbp/s(兆位/秒)及以上宽带接入能力,农村家庭基本实现20Mbp/s及以上宽带接入能力。在主城区、所有县城城区、部分重点乡镇、部分高速道路和重要景点均实现4G网络全覆盖。全市固定电话用户数152.67万户,全市移动电话用户620万户,有线电视用户242.57万户,数字电视用户159.78万户。开展信息基础设施规划编制工作,按照先建设发展专项规划,再区域基础设施布局规划,与智慧盐城规划并行的规划理念,结合新建区域、开发区建设、重点项目和旧区改造计划,比照供电、供水、供气等生活配套基础设施建设模式,构建"市域—县域—镇域"三级规划体系,并争取纳入市城乡和土地建设规划,逐步嵌入全市规划大流程。全年新建基站4000个,铺设网线管道200千米。市政府出台支持4G/LTE发展的意见,推动相关产业发展。探索和创新跨行业、跨部门信息通信基础设施集约化建设模式,共建共享机制基本建立,共建共享范围从基站、铁塔、城域杆路等设施发展到高铁、隧道、高等级公路、航道沿线等重点工程及重要场所,逐步向小区驻地网管道和室内分布系统延伸。建立信息安全保障体系,全市网络和信息安全领导体制和保障机制普遍建立,政府信息系统安全检查、信息安全风险评估和等级化保护制度全面实施,全市网络与信息安全事件应急体系基本建立。加快发展信息产业,汽车电子、通信数据电缆、电子探伤、电子元器件、半导体照明等行业增幅较大,有盐城国际软件园、城南大数据产业园、盐都电商物流园和大丰国际软件园等软件和信息服务产业园,盐都凤凰科技园、城南新区文化创意园等软件产业载体。信息化和工业化融合取得阶段成果。信息技术在企业管理、经营、营销、生产、研发等方面得到应用,信息化在改造传统行业、节能降耗、提高经济效益方面发挥较大作用,企业装备数字化、生产智能化水平得到提升。基本建成政府体系统一的电子政务内网,税务、金融、工商、公安、教育等重要业务和公共服务系统实现网络化应用,公共卫生信息服务体系初步形成,国家农村综合信息服务试点完成,实现"村村通电话、村村通有线电视、村村通宽带"。

第一节 基础设施

2015年,盐城市城市家庭基本实现100Mbp/s及以上宽带接入能力,农村家庭基本实现20Mbp/s及以上宽带接入能力;4Mbp/s及以上宽带用户渗透率84.4%,8Mbp/s及以上宽带用户渗透率43.3%。至年底,固定宽带家庭普及率36.7%,3G/LTE移动电话人口普及率29.2%。

宽带设施 至年底,全市出口总带宽1.5T,建成具有146万芯公里光缆、4130个光接入点、218万宽带端口、遍及盐城1.7万平方公里,实现城区100Mbp/s覆盖,农村行政村、自然村"村村通宽带"的网络。城市化地区实现光纤到商务楼宇、光纤进住宅小区、光纤入户,满足多业务高宽带承载要求的三网融合的宽带光网络,在城乡集镇和重点行政村实现光纤覆盖,实现城乡信息通信基础设施一体化发展。其中,光纤到户、光纤到楼覆盖用户164.3万户。无线网络覆盖由以3G为主逐渐向4G、WLAN(无线局域网络)融合组网方向演进,4G网络实现城区和乡镇覆盖,WLAN城区重点和热点地区的全覆盖,至年底,主城区4G网络、公共场所Wi-Fi实现全覆盖。加快宽带网络技术演进,推动盐城宽带网络向宽带化、智能化、扁平化为标志的下一代综合信息服务网络演进,打造多样化、高速率的宽带网络,实现光速城市。开展智慧小区建设,投入相关服务平台建设,提供更多更方便的生活应用。

Wi-Fi无线城市 年内,市政府办公室下发《关于加强全市公共区域免费Wi-Fi建设的通知》,全面加快全市Wi-Fi(采用无线局域网络协议中的无线保真技术)新建和开放进度,新建无线接入设备(AP)5062个,实现全市开放Wi-Fi无线热点270个,建立全市统一的免费Wi-Fi品牌"JSYC Free",实现全市主要公共区域免费Wi-Fi全覆盖,并建成和上线运营Wi-Fi城市运营平台,实现全市交通枢纽、公园景区、公共场馆等主要公共场所免费Wi-Fi网络全覆盖,重点推广交通、旅游、健康、美食、商圈、教育、医疗、生活、生产等信息应用服务,达到20万户用户并发能力,月活跃用户8万户。

信息终端 至年底,全市固定电话用户数152.67万户,互联网固定宽带用户数106.49万户;全市移动电话用户620万户,其中3G/LTE用户329.6万户,移动互联网用户 531.24 万户；有线电视用户 242.57 万户，数字电视用户 159.78 万户，高清电视用户 56 万户，IPTV（交互式网络电视）用户 50.19 万户，有线电视网络覆盖全市所有城乡家庭。

第二节 “两化”融合

2015 年，盐城加快利用信息技术对工业体系、流程和模式的再造，实现资源优化整合，转变工业经济发展方式，推动企业信息化深度应用。全年全市工业经济增加值中，以信息技术为支撑的高新技术产业占全市制造业 40% 以上，科技进步对经济增长的贡献率 35% 以上，信息化对示范企业效益增长的贡献率 30% 以上，用信息化技术促进节能降耗工作，确保完成万元地区生产总值综合能耗降低 20% 左右，万元工业增加值综合能耗降低 25% 左右的目标，规模以上工业企业中 50% 实现管理信息化，30% 实现产品设计研发和流程控制信息化。至年底，全市有 80% 的企业在国内知名网站或行业网站设有公司主页，50% 规模企业建立公司网站或内部局域网，全市中小企业财务、库存及供应链管理软件应用率 70%，制造业企业计算机辅助设计普及率 70%，50% 规模企业运用信息化手段开展市场营销。其中，在研发设计方面，以马恒达悦达拖拉机为代表，采用最新的计算机虚拟仿真、数字建模技术，开发出三维数字化设计平台；在生产自动化方面，以东风悦达起亚汽车为代表，采用工业机器人冲压、焊接、喷涂、总装等自动化流水作业；在生产控制方面，以悦达纺织为代表，采用集散控制系统、智能管控系统，简化管理层级，提升管理效率与质量品质；在市场开拓方面，以中恒宠物用品为代表，通过网上营销、电子商务开拓国内外市场，网上销售比重超过 60%；在安全生产与节能减排方面，滨海、响水和大丰化工园区重点企业，以及涉及高危生产环节中小企业的集散控制系统普及率 100%，3 个园区均建成集污染源监控、环境质量监控和图像监控于一体的环保数字化在线监控中心，对重点污染源、重点污染物实行动态监测监控。加快“两化”融合平台建设，打造盐城工业云平台、工业企业软件超市，为企业提供进存销和财务管理软件的云服务以及工业设计、远程控制、智能制造等方面服务。加快建设智慧用能中心，搭建能源计量信息资源共享平台，以重点能耗企业为监测点，对企业能源计量数据进行在线采集、实时监测，全面掌握企业用能情况，促进节能减排目标落实。围绕盐都电商物流园、开发区综合保税区等载体，建设工业企业电子商务网站，利用网络与区位优势，建立网上交易市场和完善的物流配送体系，引导工业企业采用电子商务等现代营销方式。年内，盐城整合产业发展，固定投资、园区建设、重点企业等有关数据，实现全市工业经济运行及时监测。推进“两化”融合试验、示范园区建设，至年底，有省级“两化”融合试点园区 8 家，省级“两化”融合示范园区 4 家；建立国家、省、市三级“两化”融合示范试点和推广应用体系，至年底，有国家“两化”融合示范企业 1 家，国家贯标试点企业 3 家，省“两化”融合示范企业 10 家、省“两化”融合试点企业 42 家，市“两化”融合示范企业 43 家、市“两化”融合试点企业 140 家、市“两化”融合推广应用企业 812 家。

第三节 信息技术应用

2015 年，盐城基本建成政府体系统一的电子政务内网，税务、金融、工商、公安、教育等重要业务和公共服务系统实现网络化应用，初步形成公共卫生信息服务体系。

农业信息化 建成连通省、市、县三级的农村综合信息服务平台，形成由一个市级门户网、3 个区（盐都、亭湖、大丰）门户群（369 个门户网）、6 个服务平台组成的市级平台与 7 个县级平台。推进“三农”热线服务，整合移动、电信、联通等通信营运商平台资源，发展“12316”“平安农机通”“蚕信通”等手机短信用户。推进农业门户网站群建设，改版升级市县农业门户网站群，完善网站服务功能，利用农业门户网站平台，打造“农业政务微博”“农业政务微信”等新媒体。发展农村电子商务，开展首批盐城市电子商务示范村认定工作，21 个村获批，并获得 30 万元奖励。至年底，盐城有 7 个村获评江苏省农村电子商务示范村，大丰辉丰农一网入选国家信息消费示范项目。实施农产品电子商务万人培训计划，组织专业合作组织人员、加工企业代表、农民经纪人、家庭农场主、大学生村官、职业农民等参加电子商务专项培训，提高网上营销技能和水平。开展农村信息化知识普及宣传和实用技能培训，举办农民用网推广活动，有关乡镇的农技人员、种养加大户、农民经纪人近 1000 余人次参加培训。开展农村信息基础设施建设，实现全市行政村宽带全覆盖，协调通信运营商优化通信资费方案，降低农村单位带宽资费和信息通信资费。

卫生信息化 组织各县（市、区）、市直医疗卫生单位统一实施区域卫生信息平台建设，市本级和 9 个县（市、区）区域卫生信息平台通过省卫计委考核验收。推进电子健康档案和电子病历数据库建设，通过加强数据采集、处理及应用等环节质量监控，提高信息的入库率、完整率、准确率与及时率，至年底，全市各地电子健康档案入库率超过 80%。完善传染病疫情报告、免疫规划和卫生监督等信息系统，盐城获评江苏省卫生监督综合管理信息系统应用达标示范单位。提升免疫规划信息系统建设水平，市疾控中心实施“金苗通”计免服务项目，通过付费方式向手机用户发送疫苗信息短信通知，中央电视台作专题报道。加强以电子病历为核心的医院信息系统建设，全市二级以上综合医院电子病历系统全部投入使用。在全省率先建成市级毒麻药品和抗生素使用监管信息平台，全市一级以上医疗机构全部纳入系统统一管理，对毒麻药品实行动态实时监管。开展手机预约挂号服务，打造集线上挂号、线下服务、康复治疗于一体的盐城看病网，为群众提供网上预约挂号、手机取号、付费、取药等便捷服务。改造升级市级新农合信息平台，实施新农合网络改造与接口对接，参合农民就医即时结报。推进居民健康卡发行应用工作，当年制发健康卡 15 万张，投放读卡器300台。

教育信息化　至年底，全市投入学校教育信息化建设资金约20亿元，全市9个县（市、区）全面完成县级教育城域网建设工作，100%的学校校园网实现和市、县（市、区）教育城域网互联互通，“两中心”以上（乡镇的中心小学和中心初中）学校建有校园网，农村小学和教学点实现宽带接入，宽带网络校校通达100%，优质资源班班通覆盖率90.83%，网络学习空间人人通覆盖率63.45%，省级教育资源服务平台覆盖率60.95%。建设市级教育公共服务平台，开展优质资源共建共享，各地各校组织特级教师、名教师、学科带头人等骨干教师进行授课、讲座录像。至年底，全市有公共服务平台资源量20万个，访问量600万人次。引入智能英语学习平台项目建设，通过智能语音技术实现英语学习和评测的人机对话环境，实现中小学英语教育物联网，全市有10万多名学生使用vHomework平台，实现义务教育阶段英语学科网络学习空间人人通。

第四节　无线电管理

2015年，盐城市无线电管理处围绕业务规范、增强服务能力，加强设施和队伍建设、增强管控能力，强化电波秩序监管，完成无线电安全保障任务及无线电管理业务工作。

业余电台　加强和规范业余无线电台管理，举办盐城业余无线电台操作技术能力A类考试2期，组织71人参加考试，合格率52.11%。开展全市旧版业余无线电操作证书换发工作，换发证书人数139人。搭建业余无线电爱好者交流平台，发布业务无线电管理政策规定、无线电通讯技术及活动，有155名无线电爱好者参与平台。组织盐城市业余无线电“五五节”野外通联暨应急通信演练活动，模拟在突然遭到重大灾害事故引起全市固定电话网和移动通讯网络遭到毁灭性严重破坏及网络堵塞后，正规应急抢险力量尚未到达现场的空档期，由民间无线电爱好者临时组织，依靠业余无线电台迅速建立应急临时通信指挥系统，恢复与外界的通信联系，保证救灾初始阶段的信息汇集，为政府提供救灾应急通信，协助救援机构及时施救，减少人员伤亡、降低财产损失，发挥业余无线电台在应急通信中响应时间快、机动灵活、突破环境限制的作用。

行政执法　开展打击非法设置广播电台行动，加强对调频广播频段的不明信号监测，发现非法信号4起，查获盐都区、建湖县非法设置调频广播各1起，协助南通市、淮安市无线电管理处查获非法设置调频广播各1起。受理无线电干扰申诉，全年受理干扰申诉7起，查结4起，干扰现象自行消失3起。继续做好监测识别工作，排查不明信号，全年发现不明信号7个，查明7个，主要涉及外地广播电视越界信号、本地非法广播等。全年利用二期站、南洋站2个固定站和机场小型站实施固定监测累计4264小时；开展各类移动监测212小时。

服务保障　落实重大节日和重要活动期间的无线电监测值班工作，做好各重要频段的监测和监听，保障本地区无线电通信和广播电视业务的正常运行。配合市教育局、市司法局、市人社局等单位做好各类考试保障工作20余次，出动150人次，移动监测车30次，发现作弊信号17起，查获8起，阻断9起。做好预指配频率电磁环境测试工作，完成4起预指配频率电磁环境测试工作。加强民航重点业务频率保护，完善民航频率保护应急预案和长效管理机制，对民航站15个频率进行保护性监测和电磁环境测试，帮助协调民航800兆数字集群频率审批，跟踪服务民航扩建工程。协调盐城广播电视台中波发射台迁址前期准备工作。办理市城管局数字通信网台站设置手续，完成市城管系统450兆赫～470兆赫频段对讲机清理改频工作。帮助盐城中川运输有限公司申请船舶电台呼号，办理船舶电台执照。

承担国家无线电监测中心专项试点工作　12月，盐城市监测站被国家无线电监测中心监测处确定为“超短波监测管理一体化”试点单位，同浙江省无线电监测站一起，共同推动“超短波监测管理一体化”工作。根据国家无线电监测中心监测处要求，盐城监测站将于2016年3月完成试点实施方案的编制工作，并按照国家无线电监测中心下发的《超短波监测管理服务接口规范》要求，在2016年度建设覆盖各县城及重点地区的区域无线电监测网，包括7个三类小型监测站、2个四类小型监测站及监测网应用系统，其中硬件包括无线电专用监测设施（小型站）、通用的信息化设施、运行环境监控设施（含小型站环境监控），软件包括一体化基础平台（含企业服务总线、数据库等）、基本无线电监测应用、各种专项监测应用、数据服务中心、数据分析应用等。（李　鹏）

生态环境 编

□ 绿色发展

□ 湿地保护

□ 环境治理

第13章 绿色发展

责任编辑 潘其锐

综 述

2015年，全市实施绿化重点工程78项，完成成片造林面积7733.33公顷，新建和完善农田林网4.57万公顷，新建和提升绿色通道561千米，新增和提升城镇绿地面积1707公顷，实施森林抚育1万公顷，重点生态公益林面积达2.47万公顷。全市自然湿地保护率达41.5%，林木覆盖率达26%。年内，大市区共完成造林2066.67公顷，市区十大重点绿化工程持续建设，11月通过全国绿化委员会办公室、国家林业局的全面验收，成功建成全国绿化模范城市，《盐城市绿化条例》经市第七届人大常委会第二十六次会议审议通过。

加强组织领导 2014年12月11日市委市政府召开全市绿色盐城建设暨创建全国绿化模范城市推进会议，印发《关于2015年绿色盐城建设工作意见》，部署2015年度绿色盐城建设任务、重点绿化工程和具体推进措施。3月11日，市四套班子领导、市直机关干部在亭湖区环保科技城参加义务植树活动，市委书记朱克江要求全市上下必须高度重视、扎实推进造林绿化工作，为实现科学发展、和谐发展、绿色发展奠定坚实的基础。3月23～27日，由市委督查室、市政府督查室和市监察局牵头，抽调林业、建设(园林)、交通部门人员组成3个督查组，用5天时间对全市绿色盐城建设进行一次综合督查，督查结果向各县(市、区)党委、政府主要负责人反馈。各县(市、区)层层召开会议，细化任务，并根据实际，制定考核办法，组成专项督查组，根据造林绿化的季节性、阶段性特点，分时段、分类别进行专题督查，对存在的问题及时进行反馈和通报，确保建设的进度和质量。

加大财政投入 全市各地政府出台各项政策，投入大量资金，用于土地流转、苗木补偿、考核奖励等。盐都区财政支出4000万元以奖代补资金，加大对重点工程奖励力度；村庄绿化示范村每村奖励10万元。阜宁县对黄河故道地区发展经济林果、花卉苗木实行三年土地租金补助；绿化示范村每村奖励20万元、森林生态示范村奖励40万元。东台市对市级公益性绿化重点工程实行以奖代补，补助30%苗木款；大丰区在义务统筹、“一事一议”资金中确保35%以上用于绿化造林。

扩大宣传力度 市绿盐办与市电视台联手举办2015年绿色盐城建设盐阜行系列宣传活动。在《盐阜大众报》上开辟专栏，专题报道各地造林绿化、重点工程建设等方面的典型。在大市区的45个视频上全年播放创建全国绿化模范城市宣传片，在《国土》绿化杂志上专题宣传全国绿化模范城市创建工作，市林业局网站及时登载全市各地绿化动态，《绿色盐城建设简报》编印78期，全面营造推进造林绿化、创建全国绿化模范城市的氛围。

推动绿化建设 年内，盐城推进绿色沿海、绿色城镇、绿色通道、绿色村庄、绿色产业“五大重点绿化工程”建设。全市实施城镇绿化重点工程39项，年内完成34项，建设绿地510公顷，完成投资10.2亿元；市区实施重点项目10项，年内完成8项；全市景观通道重点工程共16项，310.3千米道路绿化和清水走廊绿化全部建设完成，完成投资2亿多元；全市农村绿化重点工程共23项，完成22项。建成省级绿化示范村92个，其中森林生态示范村14个，规划布点村庄绿化覆盖率达35%以上。成功创建江苏黄海海滨国家森林公园、建湖九龙口国家级湿地公园(试点)，完成投资约4亿元。盐都大纵湖和阜宁金沙湖通过省级湿地公园评审。 (武世清)

第一节 循环经济

2015年，市经济技术开发区、东台开发区园区循环化改造省级试点按期推进并进入验收自评估阶段，建湖开发区等4家园区市级试点基本完成预定目标任务，27个重点支撑项目累计完成投资近20亿元。市发改部门组织召开全市所有园区和发改系统分管领导参加园区公共服务平台对接会，加快推进园区循环化改造平台建设。编制完成《盐城市“十三五”秸秆综合利用规划》。推进海水淡化试点城市建设，江苏丰海公司申报的“孤网风电海水淡化集成系统”获得国家专利；省级科研中心获得批准，模块化设备的研发制造加快推进，出口印尼的日产100吨首台成套设备成功签约装运。 (陈建芳)

第二节 低碳经济

“十二五”期间，全市加大节能降耗工作推进力度，组织实施各类工业节能项目250项，其中市级以上节能项目180项，总节能量约80万吨标准煤。“十二五”期间，全市万元地区生产总值能耗同比下降17%，完成江苏省下达的节能任务目标及江苏省小康社会指标。2015年，市委市政府印发《关于坚持绿色发展引领加快工业转型升级的实施意见》（盐发〔2015〕18号），通过绿色发展撬动增长、引领转型。制定印发《盐城市绿色制造（工业绿色发展）三年行动计划》，重点实施节能环保系统集成服务、工业装备优化提升、绿色制造研发创新、绿色制造技术应用、绿色产业链接发展、绿色制造数字化推进六大重点工程。实施转型升级行动，推进"千企技改"计划，全市千企技改覆盖面达93%，全市技术改造占工业投资比重达58.6%；全市78家企业完成重组，4家企业在"新三板"成功挂牌。发展绿色能源，在582千米海岸线上，建成235万千瓦风电、光电及生物质发电厂。开展万家企业节能低碳行动。鼓励支持企业运用和创新绿色技术，发展绿色产品，开拓绿色市场。加快淘汰落后产能，至年底，全市共淘汰落后水泥产能602万吨、印染产能3100万米、纺织产能4.8万吨、化纤产能1万吨、铜冶炼产能4万吨、小造纸产能5.3万吨、船舶产能25万吨。落实减排工作。全年全市非化石能源占一次能源比例为16.17%，二氧化碳排放控制达到省定目标任务。

（季　鹏）

第三节　生态防护林

2015年，盐城继续实施海堤、国省道以及大中河堤基干林带建设工程，重点突出以352省道、304省道、610省道等新建道路和通榆河、射阳河、黄沙港等5条主干河流两侧的绿色景观通道建设工程和沿海新林场生态基地建设工程，从点线片面完善域内沿海生态防护林体系。开展绿色景观通道建设。市级景观通道重点工程有东台352省道沿海高速至新204国道段、304省道老204国道以西段、610省道新204国道以西段，射阳329省道东段，建湖233省道开发区段、阜建高速连接线、九龙大道，响水326省道，大丰332省道东延段，共90.4千米新建道路两侧宽度不少于20米的景观通道，共投入资金8680万元；226省道、229省道、329省道、327省道和环市区高速圈等220千米重要道路绿化景观提升工程。对列入全市重点水源保护区的通榆河、射阳河、黄沙港、川东港、废黄河5条河流两侧的防护林进行完善提升，完成新植和改造面积666.66公顷。年内建成沿海防护林1400公顷，完成沿海五大新林场成片造林533.33公顷。

（武世清）

位于盐城东台沿海的"风光渔"一体化发电站。

第14章 湿地保护

责任编辑 潘其锐

综述

2015年,按照国家级湿地公园建设标准,围绕《2015年绿色盐城建设工作意见》开展湿地公园创建工作。建湖九龙口国家级湿地公园通过国家林业局评审挂牌试点。盐都大纵湖、阜宁金沙湖建成省级湿地公园。加强湿地资源保护工作,提高自然湿地保护率。市委办、政府办下发盐城市产业转型发展三年行动计划等6个三年行动计划,对未能完成指标任务的县(市、区),要求继续建立湿地保护小区,对已完成任务的县(市、区),按照湿地保护小区建设要求,进一步完善湿地保护小区基础设施建设。2015年自然湿地保护率达到41.5%,完成省下达40.9%的任务。按照"生态优先、修复为主、合理利用、持续发展"的方针,全力推进生态恢复工程,重点推进盐城国家级珍禽自然保护区、大丰麋鹿国家级自然保护区、盐都大纵湖、阜宁金沙湖湿地生态恢复工程,完成省林业局下达恢复湿地面积333.33公顷任务。 (武世清)

第一节 江苏盐城国家级珍禽自然保护区

2015年,江苏盐城国家级珍禽自然保护区完善科室、站、点、卡4个层级责任制,完成东沙港管理站、三里闸管理站、小新河管理站、下坝管理站分区管理。优化巡护路线,完成三里河地区1300余公顷退渔扫尾工作。完成日常监测与调查任务,完成2014~2015年度越冬鸟类调查监测报告;完成风电场、环湖游道和水土气监测报告;配合完成环保部小卫星核查及涉区项目调查、整改工作。落实保护责任,开展拉网式执法行动,改变巡护方式,落实信息通报制度,打击猎杀珍禽的违法行为。落实社区共建工作,开展有机水稻种植项目的探索和实践,通过有机转换期检测,成功获得有机转换证。完成国家AAAA级旅游景区的创建工作,并通过验收;完成省市科普教育基地的申报。全年景区共接待国内外游客9万人次,实现旅游景区收入453万元。

科研协作 多方位开展科研合作,与北京动物园合作开展"丹顶鹤野外放归研究"项目,与盐城师范学院共同向盐城市社科联申报"盐城保护区在盐城市的经济功能研究"项目,完成盐城市可持续发展试验区专项引导资金——盐城保护区旱化湿地修复与管理课题项目验收,出版《江苏盐城滨海湿地生态系统与管理——以江苏盐城国家级珍禽自然保护区为例》一书。先后与南大、南师大、环保部卫星环保中心、沈阳兽医研究所、北京动物园等单位确立合作研究意向。

宣传教育 协助央视媒体拍摄《大秋收·鸟儿的天堂》《候鸟迁徙·大幅降温 丹顶鹤集群准备南飞》《候鸟迁徙·气温降至零下 丹顶鹤飞向南方》《江苏盐城:丹顶鹤越冬地 五彩斑斓水彩画》《山水林田湖,候鸟飞不停》等新闻及宣传片,编辑出版《丹顶鹤》内部季刊,完成网站和微信平台的改版及功能更新。完成世界湿地日、江苏省爱鸟周、国际生物多样性纪念日等宣传活动。

亚行项目建设 为加快江苏沿海开发战略实施,江苏省和盐城市两级政府向亚洲开发银行申请贷款3600万美元,用于盐城湿地的保护与建设工作,其中的2300万美元

人工繁殖的丹顶鹤雏鸟。

用于盐城珍禽自然保护区湿地保护项目。由省环保厅成立“项目办”专门负责该项目的前期准备工作。2015 年，项目累计完成项目投资 1 亿元，完成东沙港监测站、东港监测站、中路港管护点、西潮河管护点等基础设施建设，并顺利投入使用；完成海堤以西主要道路建设；完成丹顶鹤主题馆教育基地建设及布展，丹顶鹤主题展览馆于 9 月 28 日正式对外开放。该馆是中国规模最大、等级最高、唯一以丹顶鹤为展示对象的展馆。（刘美元）

第二节　江苏大丰麋鹿国家级自然保护区

2015 年，江苏大丰麋鹿国家级自然保护区实施绿色发展，新建游客中心、游船码头、生态停车场、生态游步道、麋鹿大看台等景点项目。加快旅游资源和产品开发，配套完善内部基础设施及周边绿化工程，建成了集旅游、科普、观光于一体的智慧旅游景区。至 5 月 18 日麋鹿产仔期结束，大丰麋鹿保护区麋鹿数量由 1986 年建区时的 39 头发展到 2818 头，占世界麋鹿总数近二分之一，其繁殖率、存活率、年递增率均居世界之首。10 月 15 日，国家旅游局官方网站发布公告（2015 年第 3 号），江苏省盐城市大丰中华麋鹿园成功获批国家 AAAAA 级旅游景区，与江苏省淮安市周恩来故里旅游景区同时入选苏北首批国家级 AAAAA 旅游景区，实现了苏北 AAAAA 级旅游景区零的突破。年内，保护区被中国科协命名为 2015～2019 年度全国科普教育基地；被江苏省台办命名为江苏省对台交流基地。全年接待游客 60 万人次，旅游总收入 3000 万元。

功能区划调整　7 月 16 日，国家林业局和环保部批复同意江苏大丰麋鹿保护区功能区划调整，调整后保护区总面积 2666.67 公顷，其中核心区面积 1656.67 公顷，缓冲区面积 288 公顷，实验区面积 722 公顷。大丰麋鹿保护区功能区划调整为麋鹿等野生动物种群发展、湿地保护等重大项目实施提供政策保障，解决了制约麋鹿保护区各项事业发展的瓶颈问题。

景区建设　9 月 18 日，大丰麋鹿保护区中华麋鹿园景区新大门正式落成。11 月 18 日，江苏省大丰麋鹿国家级自然保护区挂牌中共盐城市委党校、盐城市行政学院、盐城市新四军干部学院“现场教学基地”。12 月 8 日，国家林业局组织开展全国范围内的森林保护和野生动植物资源保护及疫病防控工作评选活动，江苏省大丰麋鹿国家级自然保护区管理处被国家林业局评为保护森林和野生动植物资源先进集体。

麋鹿保护与研究　主持国家、省、市级科研课题 6 个，其中国家重点攻关课题 2 个。出版《大丰麋鹿》，并到英国参加书展，在专业刊物上发表科研论文 7 篇。5 月 26 日，经国家林业局批准，江苏省大丰麋鹿国家级自然保护区挑选 6 头麋鹿（2 雄，4 雌）送往厦门市海沧野生动物园，大丰麋鹿移居厦门，是大丰麋鹿保护区探索麋鹿迁地保护研究的重要尝试，对进一步扩大麋鹿生存空间，探索异地选点放养提供借鉴。

麋鹿种群科学管理研讨会　10 月 28 日，大丰麋鹿种群科学管理研讨会在江苏大丰麋鹿国家级自然保护区召开，国家林业局、省林业局及中国科学院、国内部分高校等 20 余家单位的专家、学者参加会议。研讨会探讨大丰麋鹿种群保护与发展的方向、思路和策略，各位专家对麋鹿物种引进的历史与展望、抑制麋鹿种群保护存在的影响因子、麋鹿种群保护的思路和策略、野生麋鹿种群发展方向等问题进行学术交流。

国际重要湿地管理培训班　12 月 1～2 日，国际重要湿地管理计划编制及信息更新培训班在江苏大丰麋鹿保护区举办，培训重点面向国际重要湿地成员及湿地保护科研机构，共计 120 人参加培训。培训班由国家林业局《湿地公约》履约办公室、高原湿地研究中心、南京大学共同主办，大丰麋鹿保护区承办。培训班围绕湿地管理计划编制及信息更新、湿地生态系统管理、湿地保护应用等领域开展交流合作。培训期间，专家教授分别讲解了国际重要湿地管理框架、湿地管理计划编制及实施、国际重要湿地生态修复及保护管理等内容。

鹿王争霸　6 月 6 日，中国大丰鹿王争霸赛在江苏省大丰麋鹿国家级自然保护区上演，江苏省广播电视总台用电视直播的形式记录鹿王争霸历程。此次直播，大丰麋鹿保护区邀请中国科学院动物研究所研究员蒋志刚对鹿王争霸、麋鹿生存习性、南黄海湿地等专业知识进行详细解读。

（侯立冰）

第15章　环境治理

责任编辑　潘其锐

综　　述

2015年,盐城开展创建国家环保模范城市和省级生态市工作,开展环境综合整治,全面实施清水工程、蓝天工程、绿地工程和宁静工程。提高大气、水、固体废物污染防治水平,全市城市环境空气质量稳定向好,饮用水源水质基本达标。“盐城蓝”成为自然常态、生态品牌和城市标识。7月24日,《中国环境报》在头版头条重点宣传盐城好空气,介绍盐城大气污染防治综合治理的经验做法。加强饮用水保护,推进通榆河、蟒蛇河等主要供水河道综合整治工作,强化执法巡查,整治安全隐患,取缔排污口49个,关停企业63家,查处水污染环境违法犯罪行为5起,移送起诉29人,打捞漂浮物74万吨,关闭畜禽养殖场150个,取缔围网养殖3764个。加强污染减排工作,全市列入“十二五”省长减排目标责任书的40个重点项目全面完成,其中18个污水处理厂项目全部建成,14个煤电企业全部配备了脱硫脱硝设施,8个农业减排项目全部到位。

第一节　环境质量

一、空气环境质量

2015年,全市空气环境质量持续改善,继续保持全省最好水平。根据环保部发布的全国74个重点城市空气质量报告,9月连续三年进入全国前十,全年除2月和7月外,其余10个月均列全省第一。

盐城市区　对照《环境空气质量标准》(GB3095－2012),盐城市区二氧化硫、二氧化氮年平均浓度分别为每立方米19微克、每立方米23微克,符合国家空气质量二级标准;PM10(空气动力学当量直径小于等于10微米的颗粒物)和PM2.5(空气动力学当量直径小于等于2.5微米的颗粒物)平均浓度分别为每立方米85微克和每立方米49微克,分别超出国家二级标准0.21倍和0.40倍;一氧化碳无超标现象;臭氧日最大8小时滑动平均超标率为11.5%。按AQI指数(空气质量指数)评价,环境空气质量优良天数比例为72.3%,轻度污染天数比例为20%,中度污染天数比例为4.4%,重度污染天数比例为3.3%,主要污染物为PM2.5、臭氧和PM10。

与上年数据相比,盐城市区空气质量状况有所好转,虽然优良天数比例下降1.9%,但是主要污染物二氧化硫、二氧化氮、PM10和PM2.5平均浓度均有所下降,分别下降了5.2%、13.2%、7.4%和14.8%。

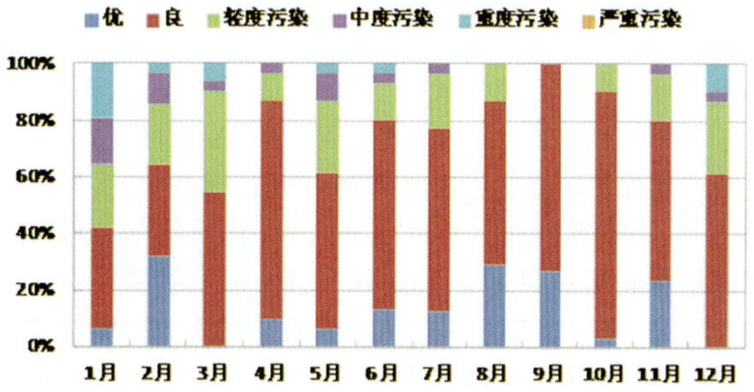

图15－01　2015年市区污染天气统计

从监测数据上来看,全年市区环境空气质量按月呈现先上升后下降的波动趋势,空气质量较差的时段主要集中在年初和年末。1～2月,受春节烟花爆竹燃放及雾霾天气、北方沙尘南下等因素的共同影响,市区环境质量出现连续污染天气,空气质量有所下降;3～11月,主要受海洋季风气候影响,空气流动性好,空气污染物扩散效果明显,空气质量明显好转;12月,受秸秆焚烧及周边大环境的影响,空气质量下降,再次出现严重污染天气。

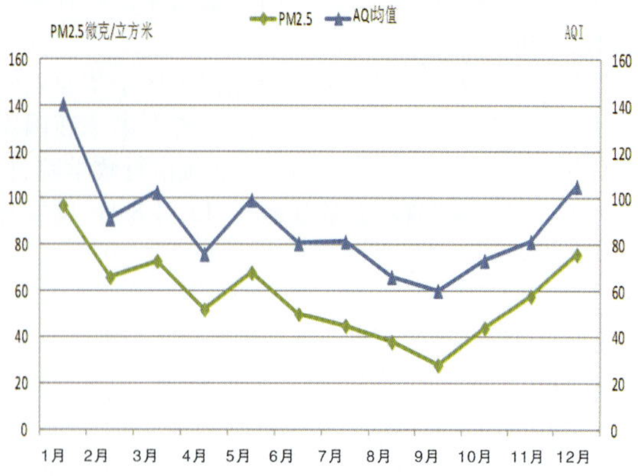

图15－02　2015年市区AQI、PM2.5变化趋势

各县(市)　对照《环境空气质量标准》(GB3095－2012),各县(市)环境空气中二氧化硫年平均浓度均达到国家空气质

量二级标准。其中，响水县二氧化硫浓度最高，年平均浓度为每立方米35微克，占标率为58%。与上年数据相比，各县（市）中除响水县和东台市环境空气中二氧化硫平均浓度分别上升了4.29%和10.1%；其余各地均有不同程度的下降。

图15－03 2015年全市二氧化硫监测结果统计

各县（市）环境空气中二氧化氮年平均浓度均达到国家空气质量二级标准。其中，响水县二氧化氮浓度最高，年平均浓度为每立方米28微克，占标率为70%。与上年数据相比，各县（市）中除滨海县、射阳县和建湖县环境空气中二氧化硫平均浓度有所上升，分别上升34.8%、41.9%和28.2%，其余各地均有不同程度的下降。

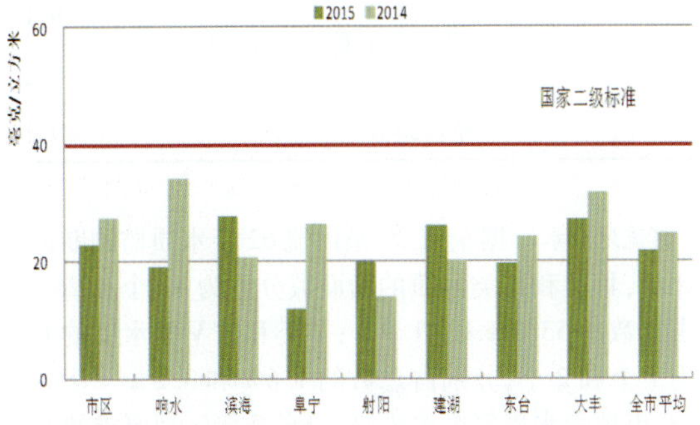

图15－04 2015年全市二氧化氮监测结果统计

各县（市）环境空气中PM10平均浓度在每立方米72微克～106微克之间，均超出国家二级标准。其中，建湖县可

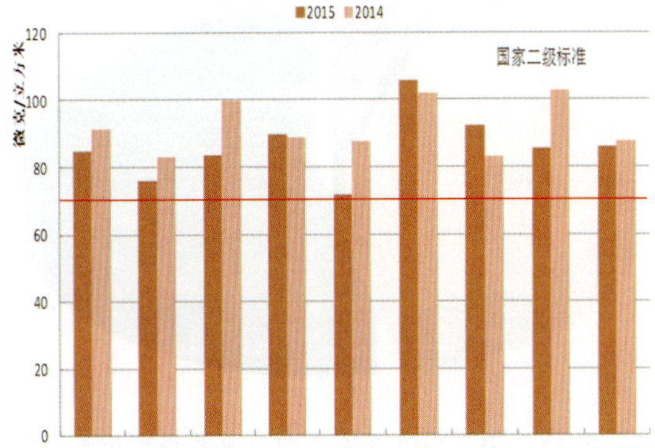

图15－05 2015年全市PM10监测结果统计

吸入颗粒物浓度最高，年平均浓度为每立方米106微克，超出国家二级标准0.51倍。与上年数据相比，建湖县、阜宁县和东台市环境空气中PM10平均浓度有所上升，分别上升4.0%、1.09%和10.5%；其余各地均有不同程度的下降。

各县（市）PM2.5平均浓度在每立方米40微克～62微克之间，均超出国家二级标准，其中滨海县最高，为每立方米62微克，超出二级标准0.77倍。与上年数据相比，各县（市）PM2.5平均浓度均有不同程度的下降，下降幅度在4.88%～17.6%之间，其中射阳县下降幅度最大。

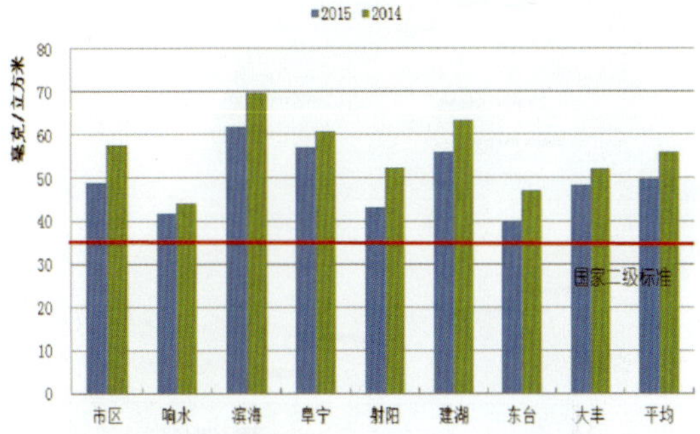

图15－06 2015年全市PM2.5监测结果统计

一氧化碳日均值无超标现象，臭氧最大8小时日均值超标率在0%～16.4%之间。

对照《环境空气质量指数（AQI）技术规定（试行）》（HJ633－2012），各县（市）环境空气质量优良天数比例在70.1%～87.4%之间，其中大丰区空气状况最好，空气优良天数比例达到87.4%。

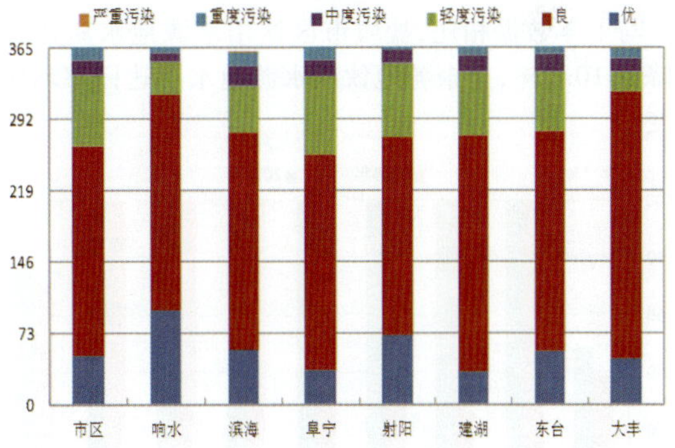

图15－07 2015年全市环境空气优良天数统计

二、水环境质量

2015年，河流地表水总体水质仍无好转，部分城市河流污染依然严重，市区饮用水源地水质不能持续达标。上游入境水质污染仍然较重，近岸海域水质改观不明显，水环境保护的形势依然严峻。

城市饮用水源 全市13个主要饮用水源地取水总量为2.39亿立方米，达标水量为1.72亿立方米，达标率为71.6%，与上年数据相比，达标率下降4.5个百分点。市区饮用水源出现超标，达标率低于100%，其余各主要饮用水源地水质均无超标现象。市区城西水厂超标项目为溶解氧、高锰酸盐指数和氨氮,市区城东水厂超标项目为溶解氧、高锰酸盐指数、氨氮、总磷和锰。

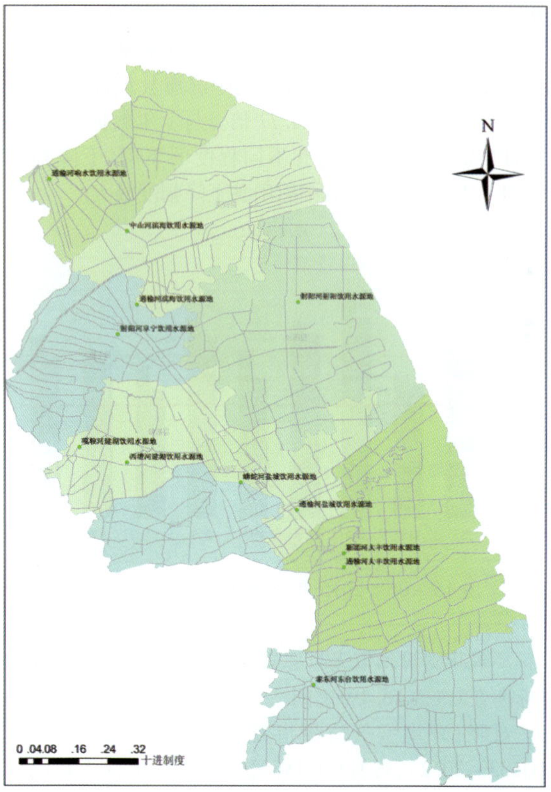

图 15－08　2015 年全市集中式饮用水源地理位置

与上年数据相比,盐城市区饮用水源地水质达标率下降了 10.1%,其余各地饮用水源地水质达标率均保持不变。

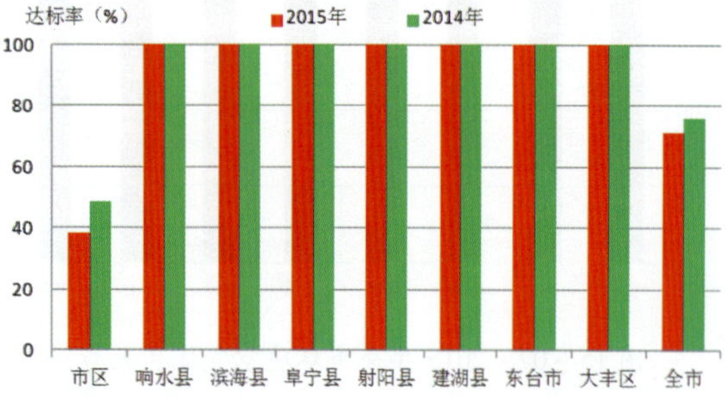

图 15－09　2015 年/2014 年全市饮用水源地水质达标率对比

优选特定污染物监测情况　年内,组织对辖区内饮用水源地水质中的特定项目进行每月监测,监测项目为《地表水环境质量标准》(GB3838－2002)表 3 中 33 项。各地区均有部分项目检出,总体检出率为 9.1%,检出浓度远低于标准限值。6 月,对全市 13 个饮用水源地水质进行 109 项特定指标分析,均无超标现象。

2015 年全市饮用水源地有机物检出情况

表 15－25

城　市	饮用水源地	检出项目	检出率(%)
市　区	城西水厂	三氯甲烷、钼、钴、硼、锑、钡、钒	14.6
	城东水厂		14.6
响水县	洪　圩	甲醛、硼、锑、钡、钒	7.6
滨海县	通榆大桥	锑、钡	5.8
	中山河水站		5.3
阜宁县	杨洼子	甲醛、甲苯、邻苯二甲酸二(2－乙基己基)酯、钴、硼、锑、镍、钡	8.1
	老管大桥		8.1
射阳县	学尖渡口	钡	3.0
建湖县	塘　桥	甲醛、三氯苯、硝基氯苯、钴、硼、锑、钡	8.8
	新阳村	甲醛、三氯苯、硝基氯苯、甲醛、邻苯二甲酸二丁酯、邻苯二甲酸二(2－乙基己基)酯、钼、硼、锑、钡	9.1
东台市	南苑水厂	三氯甲烷、四氯化碳、三氯乙烯、钼、硼、锑、镍、钡	14.6
大丰区	七灶闸	甲醛、钴、硼、锑、镍、钡	9.1
	新胜桥		9.1
全市均值			9.1

河流地表水　据全市 29 条河流 62 个水质监测断面统计和评价,Ⅲ类和Ⅳ类水质的断面数分别为 33 个和 26 个,分别占总数的 53.2% 和 41.9%;Ⅴ类和劣Ⅴ类水质的断面分别为 1 个和 2 个,分别占总数的 1.6% 和 3.2%。从总体上看,全市地表水属轻度污染级,符合功能区划要求的断面数为 55 个,水质达标率为 88.7%,水体污染特征表现为有机污染、氨氮和总磷污染。与上年数据相比,全市地表水水质达标率下降 3.2%。

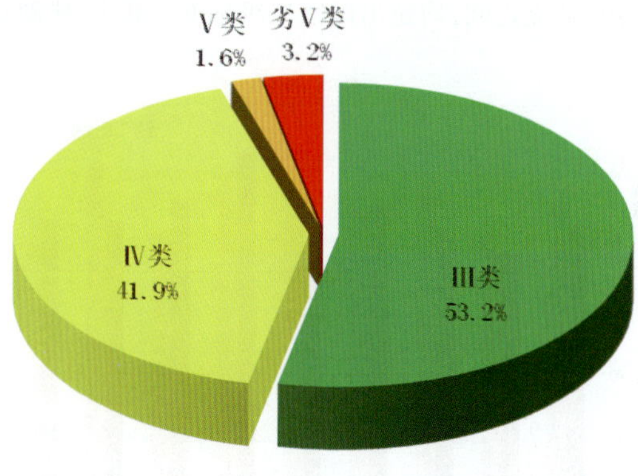

图 15－10　2015 年全市河流水质分类构成

各县(市、区)中,大丰、滨海、阜宁、射阳和响水5地河流水质达标情况较好,达标率为100%。与上年数据相比,盐都和建湖河流水质有所下降,其余各地河流水质维持稳定。

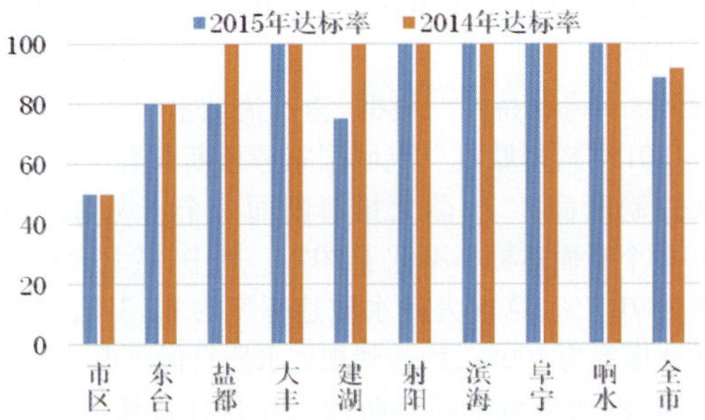

图15-11　2015年/2014年全市河流水质达标率对比

2015年全市河流水质监测断面水质统计

表15-26

区域名称	Ⅲ类	Ⅳ类	Ⅴ类	劣Ⅴ类	统计断面数	符合功能标准断面	2015年达标率(%)	2014年达标率(%)
市区	1	5	0	2	8	4	50	50
东台	3	1	1	0	5	4	80	80
盐都	4	1	0	0	5	4	80	100
大丰	3	7	0	0	10	10	100	100
建湖	1	3	0	0	4	3	75	100
射阳	5	3	0	0	8	8	100	100
滨海	9	0	0	0	9	9	100	100
阜宁	6	2	0	0	8	8	100	100
响水	1	4	0	0	5	5	100	100
全市合计	33	26	1	2	62	55	88.70	91.90

注:上游客水断面未参与统计。

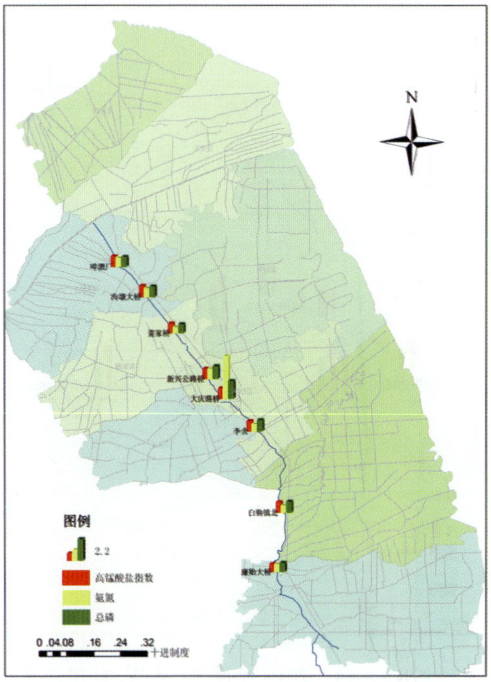

图15-12　2015年串场河主要污染物污染指数分布(以三类水标准计)

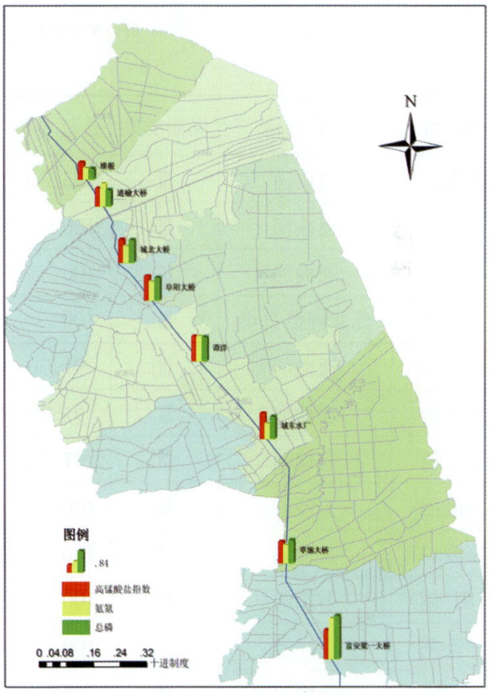

图15-13　2015年通榆河主要污染物污染指数分布(以三类水标准计)

主要河流水质状况　全市5条主要河流中,苏北灌溉总渠和射阳河水质较好,水质状况为优;通榆河和串场河水质状况为轻度污染。

串场河总体水质状况为轻度污染,南北两端水质明显好于腹部河段,各监测断面水质达到功能区划Ⅳ类要求比例为87.5%。与上年数据相比,串场河水质达标率上升12.5%。主要污染物高锰酸盐指数和化学需氧量年平均浓度上升幅度分别为5.5%和5.6%;氨氮和总磷平均浓度下降幅度分别为19.7%和13.2%。

通榆河总体水质状况为轻度污染,Ⅲ类水质断面占62.5%,从流向来看,主要污染物浓度由南向北沿程逐渐下降,位于最南端的富安梁一大桥断面水质为Ⅴ类,主要受有机物和氮磷污染,中部市区及建湖段水质为Ⅳ类,主要污染物为化学需氧量。与上年数据相比,通榆河总体水质无明显变化,主要污染物年均浓度变化幅度均较小。

苏北灌溉总渠水质状况为优,三个监测断面水质均符合Ⅲ类水质,断面达标率为100%。与上年数据相比,苏北灌溉总渠水质基本持平。

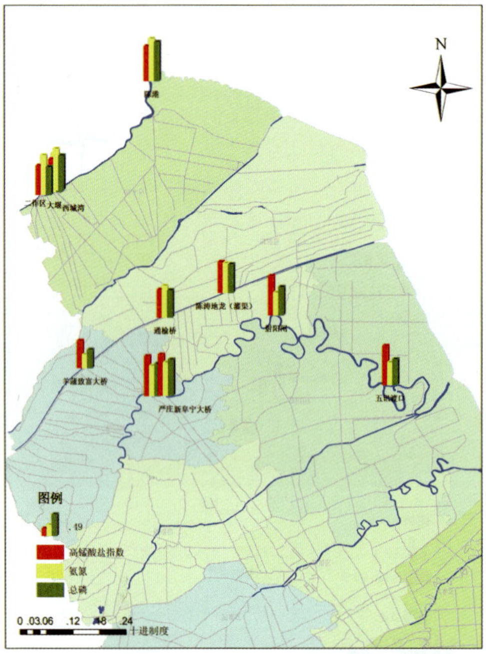

图 15－14　2015 年灌河、总渠、射阳河主要污染物污染指数分布（以三类水标准计）

灌河是盐城市境内唯一的感潮河流，总体水质状况为轻度污染，4 个监测断面均符合Ⅳ类水质，断面达标率为 100%。与上年数据相比，灌河水质基本持平。

射阳河总体水质状况为优，4 个监测断面水质均符合Ⅲ类水质，断面达标率为 100%。与上年数据相比，射阳河水质基本持平。

淮河流域考核情况　根据《重点流域水污染防治规划（2011～2015）》，盐城重点流域国家考核断面有 3 个，其中通榆河控制断面 2 个，苏北排海断面 1 个。规划目标为 2015 年单个断面达标率不低于 80%。其中，城北大桥水质达标率为 91.7%，草堰大桥水质达标率为 83.3%，新洋港闸水质达标率为 100%，均达到规划水质目标要求。

根据《淮河流域水污染防治工作目标责任书（2011～2015）》，盐城"十二五"期间纳入淮河流域考核的断面 17 个，其中通榆河设置考核断面 8 个，入海河口设置考核断面 7 个，串场河和蟒蛇河考核断面各 1 个。规划目标为"十二五"末，新洋港闸断面达到Ⅳ类水质目标，其余断面达Ⅲ类水质目标。

淮河流域 17 个考核的断面中有 14 个断面达到水质目标要求，达标率为 82.4%，不达标的断面为城东水厂、谭洋和斗龙港闸，3 个断面水质均为Ⅳ类，主要超标项目有化学需氧量和总磷。

2015 年淮河流域考核断面水质状况

表 15－27

断面名称	所在河流	规划类别	达标率%	2015 年水质	超　标　项　目
城东水厂	通榆河	Ⅲ	33.30	Ⅳ	溶解氧、总磷、高锰酸盐指数、氨氮、化学需氧量、锰
堆　根	通榆河	Ⅲ	100	Ⅲ	
洪　圩	通榆河	Ⅲ	100	Ⅲ	
六 垛 闸	苏北灌溉总渠	Ⅲ	100	Ⅲ	
通榆大桥	通榆河	Ⅲ	91.70	Ⅲ	总磷
城北大桥	通榆河	Ⅲ	91.70	Ⅲ	生化需氧量
阜阳大桥	通榆河	Ⅲ	91.70	Ⅲ	生化需氧量
黄沙港闸	黄沙港	Ⅲ	100	Ⅲ	
林家渡口	黄沙港	Ⅲ	100	Ⅲ	
射 阳 闸	射阳河	Ⅲ	100	Ⅲ	
新洋港闸	新洋港	Ⅳ	100	Ⅲ	
谭　洋	通榆河	Ⅲ	75	Ⅳ	溶解氧、高锰酸盐指数、氨氮、化学需氧量、总磷
龙冈凤凰桥	蟒蛇河	Ⅲ	100	Ⅲ	
廉贻大桥	串场河	Ⅲ	91.70	Ⅲ	溶解氧
草堰大桥	通榆河	Ⅲ	83.30	Ⅲ	高锰酸盐指数、总磷
大 团 桥	斗龙港	Ⅲ	75	Ⅲ	高锰酸盐指数、挥发酚
斗龙港闸	斗龙港	Ⅲ	25	Ⅳ	溶解氧、高锰酸盐指数、氨氮、汞、总磷、石油类

上游入境水体　全市5个入境断面中淮安市流入盐城的苏嘴灌渠断面符合Ⅲ类标准，达标率为20%。其他4个断面中，扬州市流入盐城的黄土沟断面水质为Ⅳ类，主要超标项目为溶解氧和化学需氧量；泰州市流入盐城的泰东大桥断面水质为Ⅳ类，主要超标项目为总磷；南通市流入盐城的古贲大桥断面水质为劣Ⅴ类水质，主要超标项目为总磷、氨氮、溶解氧、生化需氧量和化学需氧量；淮安市流入盐城的苏嘴排渠断面水质为劣Ⅴ类，主要超标项目为氨氮、总磷和化学需氧量。与上年数据相比，上游入境水体断面达标率下降了20%。

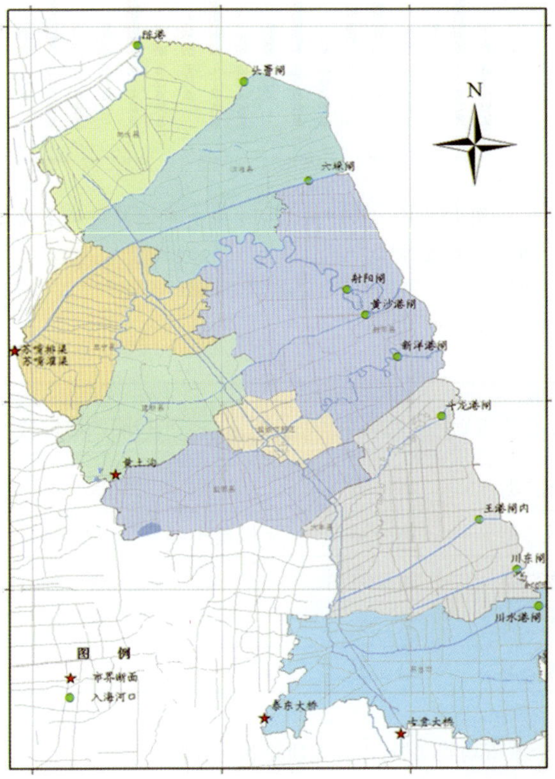

图15－15　2015年盐城市出入境河流监测断面

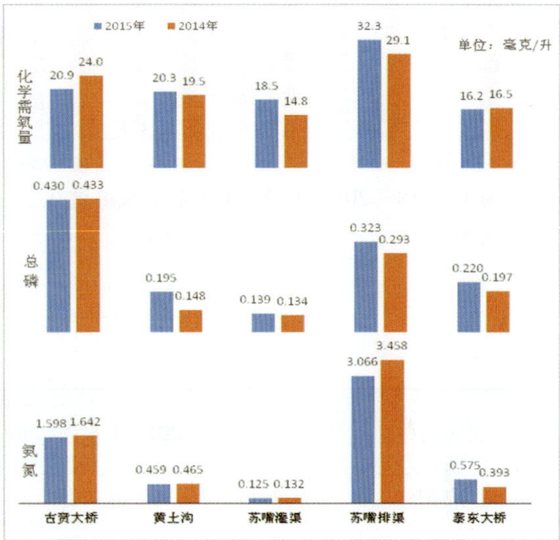

图15－16　2015年/2014年全市入境河流主要污染物指标浓度对比

入海河口　全市入海河口总体水质状况为轻度污染，10个监测断面中，Ⅲ类水断面有5个，Ⅳ类水断面有5个。

主要污染物高锰酸盐指数年均浓度，陈港闸、头罾闸、六垛闸和新洋港闸4个断面较上年数据有所下降，其余6个断面均有不同程度上升。

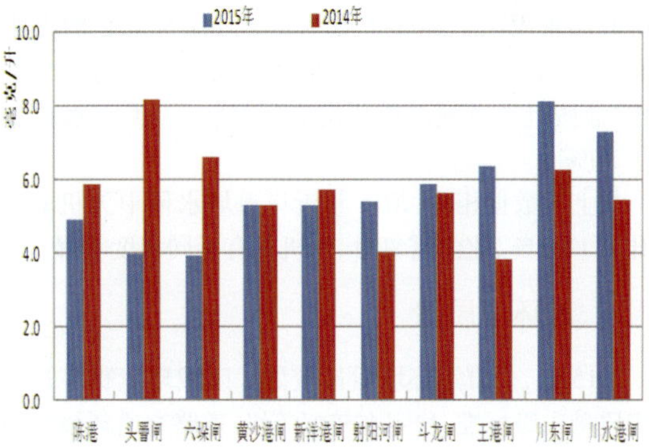

图15－17　2015年/2014年全市入海河流高锰酸盐指数浓度对比

2015年市界断面水质状况

表15－28

断面名称	流　向	规划类别	2015年水质类别	是否达标	超标项目（超标倍数）
黄土沟	扬州市→盐城市	Ⅲ	Ⅳ	×	化学需氧量(0.05)
苏嘴灌渠	淮安市→盐城市	Ⅲ	Ⅲ	√	
苏嘴排渠	淮安市→盐城市	Ⅳ	劣Ⅴ	×	氨氮(1.04)、化学需氧量(0.08)、总磷(0.08)
泰东大桥	泰州市→盐城市	Ⅲ	Ⅳ	×	总磷(0.10)
古贲大桥	南通市→盐城市	Ⅲ	劣Ⅴ	×	总磷(1.15)、氨氮(0.60)、生化学需氧量(0.21)和化学需氧量(0.05)

主要污染物氨氮年均浓度，六垛闸、黄沙港闸、射阳港闸、川水港闸4个断面较上年数据有所上升，其余6个断面均有不同程度下降。

主要污染物总磷年均浓度，黄沙港闸、射阳港闸、斗龙港闸和新洋港闸4个断面较上年数据有所下降，其余6个

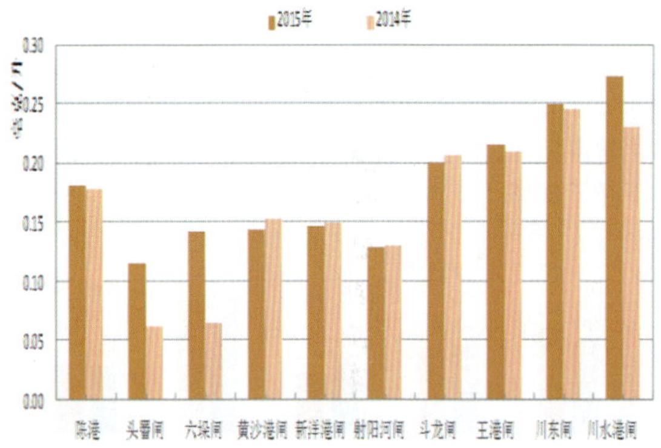

图 15－18　2015 年/2014 年全市入海河流总磷浓度对比

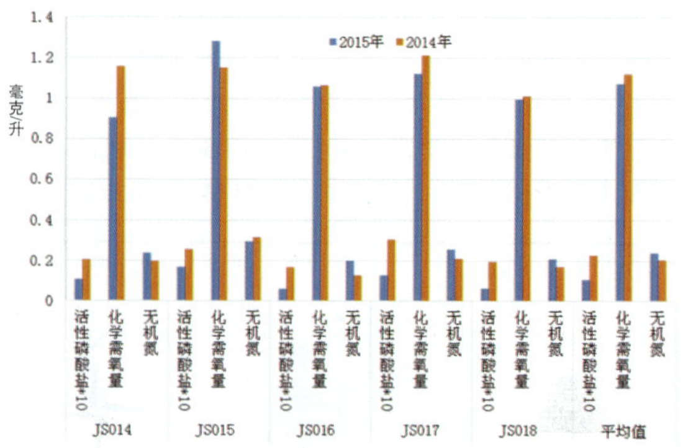

图 15－19　2015 年/2014 年全市近岸海域主要污染物浓度对比

2015 年/2014 年全市近岸海域水质统计

表 15－29

功能区名称	站位名称	2014 年水质类别	2015 年水质类别	规划类别	主要超标项目（超标倍数）	功能区达标情况
沿岸盐业养殖区	JS14	第二类	第二类	第二类		达　标
盐城自然保护中心区	JS17	第四类	第二类	第一类	无机氮	不达标
河口工业用水区	JS15	第二类	第二类	第三类		达　标
功能区外点	JS16	第二类	第二类	第三类		达　标
	JS18	第二类	第三类	第三类		达　标

断面均有不同程度上升。

近岸海域　全市近岸海域 3 个功能区中，沿岸盐业养殖区和河口工业用水区维持第二类水质不变，盐城自然保护中心区水质由第四类上升为第二类。5 个监测点中二类海水比例为 100%，主要污染物是无机氮。与上年数据相比，盐城近岸海域水质状况有所好转，二类海水比例上升了 20%。

与上年数据相比，2015 年近岸海域水体中无机氮浓度上升了 17.2%，化学需氧量、无机氮有不同程度下降。

三、声环境质量

2015 年，全市声环境质量较好。区域环境噪声达到声环境质量二级标准，稳定在较好等级；道路交通环境噪声强度为一级，声环境质量为好，但部分监测路段监测噪声超过 70 分贝标准。

区域环境噪声　盐城市区、东台市、大丰区、建湖县、射阳县、阜宁县、滨海县、响水县按"十二五"认证点位开展监测，共布设 929 个噪声网格监测点。全市昼间平均等效声级为 52.3 分贝，总体水平为二级，区域声环境质量较好。8 个城市昼间平均等效声级分布在 46.3 分贝～54.4 分贝之间。东台总体水平为一级，区域声环境质量状况为好；其余 7 个城市均属二级，声环境质量状况较好。

与上年数据相比，全市昼间区域环境噪声污染状况总体有所下降。其中，建湖和东台区域声环境有所好转，响水和大丰区域声环境质量有所下降，其余城市区域声环境质量无明显变化。影响城市声环境质量的主要声源依然是社会生活噪声，比例为 61.5%；其余依次是交通噪声、工业噪声和生活噪声，所占比例分别为 21.9%、12.3% 和 4.3%。与上年数据相比，全市区域声环境质量的声源结构和声源强度均无明显变化。

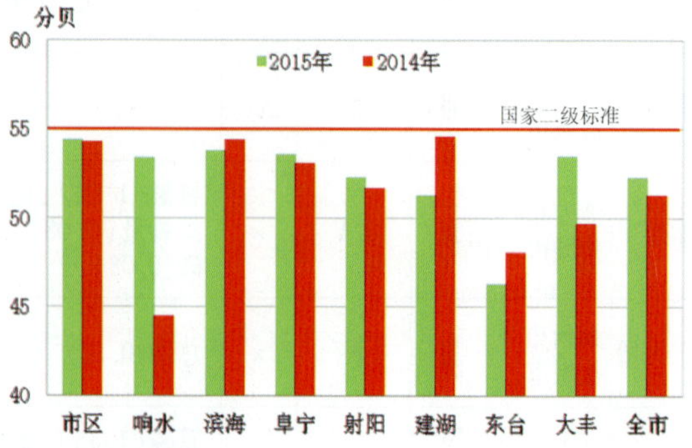

图 15－20　2015 年/2014 年全市区域环境噪声平均等效声级对比

2015 年/2014 年全市区域环境噪声监测

表 15－30　　　　单位：分贝

噪声类别	区域	市区	响水	滨海	阜宁	射阳	建湖	东台	大丰	全市均值
昼间	2015 年	54.40	53.40	53.80	53.60	52.30	51.30	46.30	53.50	52.30
	2014 年	54.30	44.50	54.40	53.10	51.70	54.60	48.10	49.70	51.30
	增(＋)减(－)	0.10	8.90	－0.60	0.50	0.60	－3.30	－1.80	3.80	1

道路交通噪声　全市共监测城市道路交通噪声昼间点位 208 个，实际监测总路长 317 千米，平均等效声级为 65.6 分贝，处于强度等级昼间一级，声环境质量状况评价为好。8 个城市平均等效声级范围为 62.4 分贝～67 分贝，全部达到国家昼间一级标准。监测路段中超过 70 分贝的路段长度为 13.6 千米，占监测道路总长的 4.3%。

与上年数据相比，全市道路交通声环境质量有所下降，超标路段比例上升 0.8%。其中，阜宁、东台和大丰道路交通噪声环境质量有所下降，响水、滨海、射阳和建湖 4 地有所好转，盐城市区基本维持稳定。

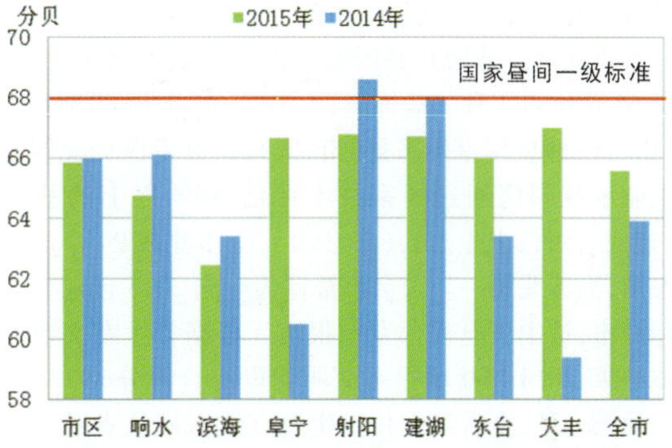

图 15－21　2015 年/2014 年全市道路交通噪声平均等效声级对比

2015 年/2014 年全市道路交通噪声监测

表 15－31　　　　单位：分贝

项目	区域	市区	响水	滨海	阜宁	射阳	建湖	东台	大丰	全市均值
平均等效声级	2015 年	65.80	64.80	62.40	66.70	66.80	66.70	66	67	65.60
	2014 年	66	66.10	63.40	60.50	68.60	68	63.40	59.40	63.90
	增(＋)减(－)	－0.20	－1.30	－1	6.20	－1.80	－1.30	2.60	7.60	1.70

第二节　环境综合整治

2015 年，盐城开展生态环境专项治理、环境保护大检查、环保“利剑斩污”等专项行动，推动监管执法“零容忍、全覆盖、严执法、重实效”。抓好自然保护区环境问题的排查整改，公开曝光响水县大恒纺织有限公司利用暗管偷排废水案等全市十大典型环境违法案件。全年全市出动 5.1 万人次，检查企业 1 万家(次)，排查整改环境隐患 3000 多个，责令停止建设企业 70 家，责令停产企业 185 家，责令限期整改企业 699 家，关停企业 173 家，立案查处企业 487 家，处罚金额 2148 万元；实施按日计罚企业 13 家，查封扣押 22 家，移送公安部门 29 人。推进化工园区整治，邀请省级以上专家对园区存在问题进行会诊，确定整治方案、列出黑名单，关停、重组一批重污染企业和项目，推动化工产业转型升级。加强危废、辐射等监管工作，督促推进危废基础设施建设，滨海经济开发区沿海工业园、阜宁澳洋工业园、大丰华丰工业园、响水生态化工园 4 个化工园区全部配套建成集中焚烧处置设施，建成填埋场 2 个。盐城国控重点污染源自动监控工作列全省第二位。学习宣传《中华人民共和国环境保护法》，在盐城环保局官网开辟宣传专栏，通过举办专题讲座、送法上门等形式，对全市 600 家重点企业负责人进行法制教育。5 月，第一期全国地市级环保局长专题培训班在盐城举办。

大气污染防治　全市共组织实施 720 多个大气治理重点工程，超额完成省下达的 631 个治理工程任务，整治燃煤锅炉 531 台，完成挥发性有机物治理企业 48 家，完成重点企业堆场扬尘治理 16 家，建设岸电工程 120 多套，火电、钢铁、水泥等重点行业的提标改造工作全部到位。推动东风悦达起亚有限公司投资 1 亿元建设废气治理设施，市政府投资 10 亿元对该公司一工厂卫生防护距离内的居民住宅进行征收。市委市政府把秸秆禁烧工作列为“一把手工程”，10 月 27 日的《中国环境报》全文刊登了市委书记朱克江和市长王荣平关于秸秆禁烧工作的批示。全市共成立 15 个市级督查组，236 个县级督查组，2898 个镇(街道)、村督查组督查秸秆禁烧工作。蓝天卫士视频监控系统建设全省领先，全市共安装红外高清激光摄像头861个，基本实现全方位360度自动巡航监控。秋季，盐城秸秆禁烧再次实现考核“零火点”，成为自2014年起全省唯一连续两年4个季度实现考核“零火点”的城市。年内，盐城空气质量综合指数为5.24，空气质量持续保持全省最优。PM2.5平均浓度为每立方米49微克，全省最低，也是全省唯一低于每立方米50微克的城市；优良天数比例为72.3%，全省最高，其中9月为100%。被人民网列为十大洗肺城市之一，连续两年被省政府表彰为大气污染防治工作优秀城市。

生态建设　盐城开展国家环保模范城市创建工作，实施了65项重点工程。盐都区、大丰区、东台市、建湖县4个县（市、区）建成国家生态县（市、区），市开发区创建国家生态工业示范园区通过国家技术评估，80%以上的县（市、区）建成省级以上生态县（市、区）。全市建成94个国家级生态镇，为苏北第一。东台市被评为全国2015创建生态文明标杆市，被中央电视台专题报道。根据省生态文明建设考核结果，2014年盐城生态文明建设综合得分392.28分，列苏北第一位，全省第七位。生态红线区域从省级七大类扩展到九大类，占国土面积的比例为23.5%，其中陆域总面积为3988.74平方公里，全省最大。珍禽自然保护区核心区1333.33公顷鱼塘“退渔还湿”全部到位。根据江苏省生态文明建设领导小组发布的《江苏省绿色发展评估报告（2014年）》，2014年盐城市绿色发展综合指数为71.8，列苏北第一位、全省第八位。其中，生态效益指数列全省第一位。《新华日报》对盐城市推进绿色发展情况进行专版宣传报道。盐城获“全国首批绿色发展优秀城市”称号。

饮用水源保护　全市组织实施总投资超过40亿元的饮用水安全保障工程，启动实施投资65亿元的新水源地建设工程。发布有奖举报公告和加强饮用水源监管的通告，鼓励公众检举揭发环境违法行为。成功查获4月7日在通榆河上游兴化境内河道非法偷倒化工危险废弃物案件。严格落实水污染防治工作责任，在蟒蛇河、通榆河、射阳河主要供水河道断面实行县、镇、村三级“断面长”负责制，在全省率先开展水环境区域补偿工作，实行上下游“双向补偿”，与上游地区环保部门联动协作，定期召开联席会，推动落实上游地区水污染防治的属地管理责任。完成国家重点流域水污染规划工程项目21个，完成率为87.5%，超过考核目标要求。盐都区提前一年完成国家淮河流域整治任务。推进通榆河、蟒蛇河等主要供水河道综合整治工作，重点组织实施“清水雷霆”行动，强化执法巡查，整治安全隐患，查处违法行为，取缔排污口49个，关停企业63家，查处水污染环境违法行为5起，移送起诉29人，打捞漂浮物74万吨，关闭畜禽养殖场150个，取缔围网养殖3764个。争取省、市财政资金近1000万元，购置了色质联机等重要仪器设备，实现在应急状态下的现场随时监测，饮用水源水质的109项全指标检测，提升了环境应急和监测能力。切实加强水质监测预警，加密监测频次，由应急模式转为预警模式，每天坚持对东西取水口及其上游的20个断面34项指标进行监测，确保第一时间发现问题，第一时间预警报告。

污染减排　年内，全市360个污染物重点减排项目已全部完成，东台市、大丰区、盐都区减排任务完成较好。全市有44家单位列入国家重点监控企业，除少数停产、未运行的外，其他单位都已按照规范要求制定方案，正常上传在线监控数据。全市国控重点污染源自动监控数据传输有效率超过75%，企业自行监测结果公布率超过90%，环保监督性监测结果公布率100%，均符合国家要求。探索开展排污权交易试点工作，在全省率先出台排污权有偿使用和交易管理办法。年内，全市有66家企业参加全省排污权交易活动。

（刘青霞）

盐城，一个让人打开心扉的地方。

产业结构　编

- □ 工业经济
- □ 农业及新农村建设
- □ 建筑和房地产业
- □ 商贸流通
- □ 现代服务业
- □ 金 融 业
- □ 经济事务管理

第16章 工业经济

责任编辑 高兰会

第一节 工业综述

一、经济运行

2015年，全市实现工业开票销售4279.4亿元，完成规模以上工业增加值2061.3亿元。新发展规模以上工业企业359家，至年底，全市有规模以上工业企业2974家，有1800多家企业建有研发机构。全年全市完成工业投资2003.1亿元，其中技术改造投资1310.7亿元。年内，德龙镍业成为全市第四家开票销售超百亿元企业，东风悦达起亚汽车有限公司全年生产汽车61.5万辆、销售汽车61.6万辆。

产业结构　年内，高新技术产业产值占规模以上工业产值比重28.7%。节能环保、新能源、电子信息等新兴产业蓬勃发展，实现主营业务收入2200亿元。传统产业中四大支柱产业（汽车产业、服装纺织业、机械装备制造业、化工产业）中20个子行业产值保持增长，汽车行业开票销售超千亿元；丰东热处理公司获批全国首批智能制造试点示范项目，创意产业园获批国家级设计中心。

工业项目　开展“项目载体突破年”活动，完成工业投资2003.1亿元，完成工业技改投资1310.7亿元。工业“三百工程”新开工、竣工亿元以上项目各100项，100个重点新增长点全年新增开票销售280亿元，拉动全市工业增长7个百分点，上海电气、天合光能等10个项目新增开票销售超5亿元。在全市实施500项投资超千万元技术改造项目，推动企业引进国内外先进装备，促进企业技改由单纯扩能、设备更新向新技术、新工艺、新设备和新材料技改方向转变。

“两化”融合　年内，盐城制定《大数据产业发展实施意见》，省市合作共建江苏省首个大数据产业园，推动工信部信息化和软件服务业司、省经信委和市政府开展战略合作，共同打造国家级大数据产业基地，在盐城率先开展大数据安全、工业大数据应用和大数据交易等试点示范。至年底，全市有省级“两化”融合示范园区4家、省级“两化”融合试点园区8家；有国家“两化”融合示范企业1家，国家贯标试点企业3家，省“两化”融合示范企业10家、省“两化”融合试点企业42家。

镇村经济　全年全市镇村工业实现开票销售1536.6亿元。全年实施超500万元镇村工业技改项目355项，完成投资105亿元，竣工310项。实施专精特新产品、科技小巨人企业“双百”工程培育计划，全年培育认定45个市级专精特新产品和35家市级科技小巨人企业。全市138个乡镇中小企业园完成基础设施投资32.63亿元，新建标准厂房276万平方米，新入驻企业762户，大丰大中镇中小企业园被评为国家小型微型企业创业创新示范基地。在全省率先成立盐城市担保服务联盟，推动担保公司为1351家中小企业提供103.9亿元担保服务。

二、工业投资

2015年，全市完成工业投资2003.1亿元，增幅20.4%。从县区看，东台市、阜宁县、盐都区、滨海县、大丰区5个县（市、区）增幅超过全市平均水平，其中东台完成工业投资299.2亿元、同比增长22%，盐都完成工业投资189.9亿元、同比增长21.5%。全市完成技术改造投资1310.7亿元，占工业投资比重65.4%，同比上升6.8个百分点，总量列全省第四位，苏北第一位。全年实施千万元以上技改项目501项，其中当年新开工314项，当年竣工438项，当年完成投资385.1亿元。

重点项目　全市在建亿元以上重点工业项目451项，完成投资721.6亿元；当年新开工205项，超年度计划5项，计划总投资921.7亿元，完成投资339.4亿元；当年竣工202项，累计完成投资455.1亿元。其中，新能源产业，中电投、大唐、龙源等一批重特大海上风电项目开工建设，中广核、华电风电、国信风电等一批陆上风电竣工投产；电子信息产业，东台领胜科技城、吉菲尔光电、捷士通射频等项目进展顺利，东台中方磁电、大丰和顺电子以及盐都智能终端产业园内手机项目签约落户、开工建设；汽车产业，摩比斯三电、奥新轻量化电动专用车等新能源汽车项目竣工投产，东风悦达起亚汽车有限公司第三工厂15万辆乘用车技改扩能项目以及一批汽车零部件生产项目稳步实施。

工业增长　全市258个新增长点项目，投产254项，投产率98.4%，累计新增开票销售294亿元，拉动全市工业增长7.3个百分点。列入2015年工业“三百工程”的100项新增长点项目，投产97项，新增开票销售279.5亿元，拉动全市工业增长7个百分点。从县区情况看，响水县、滨海县、东台市、大丰区各有1个项目未能投产，其他县（市、区）均完成年度目标任务。全年新增开票销售1亿元～5亿元增长点39项，新增开票销售超5亿元增长点9项，分别为东台上海电气、大丰海兴化工、开发区天合光能、响水德龙镍业、东台领胜城科技、大丰丰山集团、大丰正大丰海、开发区江淮动力、射阳沙印集团，其中德龙镍业全年开票销售100.2亿元。

招商引资　全市招引各类工业签约项目557个，协议投资额2189.3亿元，分别比上年增加129个、103.7亿元。从投资规模看，10亿元以上项目51个，协议投资额777.8亿元；从产业类别看，“产业创新”十大工程项目96个，协议投资额584.6亿元；从项目进度看，有185个项目正式备案，招引项目备案率33.2%。年内，投资6亿元的辉山乳业18万吨乳制品、投资10亿元的西南交大轨道交通研究院等项目备案开工。

技改备案　全年备案技改项目1114项，总投资586.8亿元。以阜宁双多化工退城进区提升改造项目、响水德龙镍铁合金生产技改升级项目和大丰森威精锻冷温热精密锻件智能工厂为代表的一批重大项目陆续备案，化工、纺织、医药等行业备案项目数提升较大，同比分别增加105项、42项和26项。年内，日盛纺织、明源纺织、森威冷精锻件、恒利达化工等8个企业申报2015年省技术改造专项，累计获得专项资金840万元。奥新新能源汽车、森威冷温热精密锻件智能生产工厂等项目申报2015年国家第二批、第三批专项建设基金，其中森威冷温热精密锻件智能生产工厂获得国开行2.2亿元专项建设基金。

三、科技创新

2015年，全市新认定省级企业技术中心13家，新认定市级技术中心企业80家。至年底，全市建有市级以上研发机构的定报工业企业约600家，企业研发机构覆盖率约20%。年内，盐城开展“盐城自主创新示范企业”评选活动，评定市自主创新示范企业10家，并给予政策奖励。新认定省创新示范企业3家，其中豪迈照明是全市首家认定国家技术创新示范企业。启动实施制造业创新中心建设工程，制定《中国制造2025盐城行动计划》中的“制造业创新中心行动”方案，引导中科睿赛大气污染治理研究中心、丰东热处理国家级企业中心、丰海新能源公司技术中心等先行先试，制定扶持南玮悦达纺织研究院建设发展的建议报告。

新技术新产品　编制完成《全市新产品开发与推广三年行动计划》，至年底，全市有77个新产品通过省级以上鉴定。承办江苏省烟气治理新技术新产品推广应用现场会，吸引国内200多位烟气治理领域知名专家、龙头企业、重点客户参会，集中展示新产品（技术）30多项，现场签订2.13亿元的新产品采购合同。编发《盐城重点推广应用环保装备新技术新产品目录》，全市有17个新产品（技术）列入省“双新”（新技术、新产品）推广目录。首次开展新技术新产品推广应用示范工程项目评定工作，评出产品项目10项。

智能制造　组织开展信息化走进“新兴产业、特色园区、重点企业”活动，邀请苏州金龙客车公司信息化主管对全市新能源汽车企业和产业园区负责人开展集中培训，邀请中科院高能所专家对市环科城内企业，专题讲解互联网背景下企业创新发展。年内，新认定省互联网与工业融合创新示范企业2家、试点企业2家。启动开展“智能制造专家服务行”活动，组织徐工信息、埃斯顿机器人等智能制造企业技术骨干到盐都、大丰开展服务。编制《盐城市智能制造三年行动计划》，明确智能装备产业中短期发展目标、重点突破领域等，建立完善产业发展台账报表、引导激励机制等，全年实现销售122亿元，增幅15%。年内，东风悦达起亚焊接车间、中粮肉食生猪屠宰加工全流程智能生产车间、荃航高端阀门智能生产车间、摩比斯汽车零部件智能生产车间、博敏高端印制电路板智能生产车间获评省级示范智能车间。

品牌建设　开展“校企合作、科技创新、品牌创建”政策宣讲活动，市经信委为9个县（市、区）和开发区、城南新区450多户企业进行政策解读指导。编制印发《经信系统科技条线创新创牌文件汇编》《盐城工业质量品牌建设三年行动计划》。年内，市经信委帮助市环科城创建国家产业集群区域品牌建设试点，帮助国家风电设备质量检验检测中心申报国家工业产品质量控制和技术评价重点实验室。开展江苏省首台套重大装备质量保险试点工作，有4家企业获得省财政补贴保费。（季　鹏）

第二节　传统产业

一、汽车产业

2015年，全市传统汽车产业拥有规模以上企业125户，较上年增加34户，全市汽车产业实现开票销售1044.7亿元。其中，整车实现销售550.3亿元，零部件产业实现销售494.4亿元。

整车企业　全市有整车生产企业4家，产业规模在650亿元左右。乘用车领域有东风悦达起亚汽车有限公司，产能每年74万辆，全年销售汽车61.6万辆，实现开票销售545.3亿元。商用车领域有江苏登达汽车公司，年初获得新能源汽车生产资质，已开发6.6米、8.5米、10.5米及12米系列纯电动城市客车产品，6米基于海狮车身的纯电动座位客车和物流车，其中6米座位客车、8.5米系列和10.5米系列纯电动城市客车实现批量接单，全年新能源客车实现接单85台（其中6米车5台、8.5米车60台、10.5米车20台），销售收入8500万元，常规车型实现销售47台，销售收入1479万元。专用车领域有江苏悦达专用车有限公司、江苏奥新新能源汽车有限公司。江苏奥新新能源汽车有限公司全年生产汽车2396辆，销售2025辆，总收入3.5亿元；江苏悦达专用车有限公司获得燃料环卫车辆订单490辆，生产车辆453辆，实现开票销售车辆468辆、部装轮胎156.54万只，完成轮毂贸易37.4万只，公司累计实现销售收入2.6亿元。

零部件企业　全市有规模以上汽车生产配套企业121家，主要集中在市经济技术开发区、亭湖区、盐都区和大丰区，主要产品有汽车发动机、车用空调、汽车电子线束、汽车变速器、汽车发动机控制器、汽车座椅、汽车注塑及涂装等，拥有摩比斯、现代海克斯、韩一模塑、星宇科技、京信电子等企业。年内，摩比斯实现开票销售179.43亿元，韩一模塑实现开票销售26.56亿元，京信电子实现开票销售22.3亿元，海斯克实现开票销售18.5亿元，斗源实现开票销售14亿元。

汽车服务　全市有各类汽车服务业企业3000多家，主要以提供汽车维修、汽车美容为主，汽车金融保险、汽车展览、汽车旅游娱乐等处于起步阶段，部分县(市、区)建立相对集中的汽车贸易区，大市区主要集中在盐都区东方汽贸城和开发区森风汽贸城。

新能源汽车　全年新能源汽车产业实现开票销售突破10亿元。全市新能源整车生产企业全年生产各类新能源汽车2404辆，增长134%，销售2186辆，增长185%。其中，奥新公司销售纯电动专用车2007辆，实现开票销售3.5亿元；东风悦达企业汽车有限公司销售纯电动乘用车30辆，实现开票销售690万元；登达公司、悦达专用车公司新能源汽车年内上市销售，其中登达公司销售纯电动客车85辆，实现开票销售8500万元，悦达专用车公司销售纯电动环卫车销售64辆，实现开票销售2200万元。

项目建设　全年全市实施亿元以上新能源汽车产业项目8项，计划总投资74.4亿元，全年完成实际投资10.4亿元。其中，奥新公司一工厂项目改造提升基本完成，成功收购原中大电池13.13公顷土地、4.2万平方米厂房，二工厂项目启动建设，完成主体厂房建设；东风悦达企业汽车有限公司一工厂完成纯电动乘用车生产并线改造，三工厂建成年产1000辆混合动力车生产线；摩比斯三电总成项目竣工试产；实联长宜磷酸铁锂电池项目一期竣工试产；正昀三元材料电池项目竣工投产；华峰镍氢电容电池项目启动建设。

研发创新　年内，长三角新能源汽车研究院成立，奥新公司建成省级企业技术中心，碳纤维车身、轻量化底盘、高比能量动力电池、电机、电控等核心零部件研发项目有序推进。东风悦达企业汽车有限公司“华骐”三代启动性能测试，新K5混合动力车定型；奥新公司启动8款3T~4.5T(涡轮增压)纯电动和燃料电池车试制；登达公司组建专业研发团队，启动5款纯电动通勤车和物流车试制。全年整车企业新获工信部公告目录车型27个，累计59个。全年新申请专利32项，累计申报受理和授权专利近200项，其中奥新公司成为“百项专利企业”。

品牌平台　成功举办中国新能源汽车推广应用高峰论坛、中国车用纤维材料及应用重点成果推广会议，成立市新能源汽车产业联盟，产业配套不断强化，整车零部件本土配套率50%，车身、底盘等结构件以及传动、制动系统总体由本土企业配套，江苏绿城信息技术有限公司成为全省首批获得省级备案的6家充电设施建设运营单位之一，正昀三元材料客车电池组实现供货量2300台套。年内，省经信委初步同意将盐城新能源汽车纳入省市联动推进优势特色产业发展试点，国家动力电源系统质量监督检验中心创建工作启动。

推广应用　全年全市推广新能源汽车2673辆，三年累计推广3929辆，地产新能源汽车推广占比81.7%，财政资金购车比例19%，市区首条纯电动公交示范线路投入运行。全年新建充电站11个，充电桩603个，累计建成充电站11个，换电站1个，充换电站1个，充电桩749个，涵盖小区、医院、市场、宾馆、景区、车站等各类公共及私有领域。

二、服装纺织业

2015年，全市纺织工业主要产品产量：纱121.4万吨，布8.97亿米，蚕丝4852吨，毛绒1407吨，服装2.71亿件，化学纤维56万吨。全市纺织行业规模以上企业实现主营业务收入1335.08亿元，其中纺织业914.36亿元，服装业301.43亿元，化纤业119.29亿元。全市全口径纺织工业完成开票销售451.5亿元，其中规模以上纺织企业实现工业增加值331.27亿元。全市纺织行业规模以上企业实现利税总额144.45亿元，其中纺织业96.1亿元，服装业37.86亿元，化纤业10.49亿元。全市纺织行业规模以上企业实现利润76.75亿元，其中纺织业51.09亿元，服装业19.93亿元，化纤业5.73亿元。

行业投资　全市纺织行业完成规模以上工业投资207.53亿元。年内，江苏邦迪斯顿服装织造有限公司年产450万件羊绒衫织造生产线项目、江苏金宋纺织染整有限公司年织造染整5000万米布料及加工150万件家纺产品项目、江苏格莱特纺织印染有限公司高档面料织造与印染项目、江苏嘉荣纺织有限公司年产1万吨高档面料及100万件服装项目、江苏兰朵针织服装有限公司高档服饰项目、江苏中恒纺织有限责任公司竹纤维项目、江苏润云纺织机械有限公司高档面料织造项目、江苏德赛化纤有限公司低熔点短纤项目等投资超亿元以上项目开工建设。江苏东方滤袋有限公司年产1000万平方米高档环保滤料生产线项目、江苏五环经纬编有限公司染整项目等项目竣工。

技术中心和品牌建设　技术中心方面，江苏亨威实业集团有限公司、盐城金盛装饰面料有限公司、江苏艾文德悦达汽车内饰有限责任公司、江苏悦达棉纺有限公司、江苏惠丰纺织有限公司5家企业技术中心被认定为市级企业技术中心。品牌建设方面，江苏玉人服装有限公司“玉人”牌休闲服、皮鞋、西裤、西服、衬衫，江苏东华纺织有限公司“织宝”牌气流纺棉本色纱，江苏悦达家纺有限公司“悦达家纺”牌家用纺织品，盐城雪尔纺织有限公司“雪尔”牌色纺纱，江苏省华宝纺织有限公司“宝福”牌纯棉色纺纱线，江苏鼎盛滤袋有限公司“鼎盛”牌氟美特斯针刺毡，江苏蓝天环保集团有限公司“蓝宇”牌芳砜纶复合针刺过滤毡，江苏振阳毯业有限公司“振阳”牌拉舍尔毯，射阳县华宏丝绸有限公司“鸿图”牌生丝，东台市银花纺织有限公司“东卉”牌棉本色纱线10家企业的14个产品被评为江苏名牌产品。盐城纺织染整服装工业区被省纺织工业协会评为江苏跨江发展产业示范基地。

参展第17届江苏国际服装节　9月11~13日，由省政府主办，省经信委和省纺织工业协会承办的第17届江苏国际服装节在南京国际博览中心举行。盐城组织企业参展参会，其中悦达集团和射阳县组织所属相关企业、园区参加中国江苏国际服装·家纺·面料博览会，参展面积分别达到650平方米和180平方米。悦达集团还冠名此届服装节时尚创意周开幕式，设立专业展台，跨界展示东风悦达起亚部分热销汽车产品。

悦达家纺参加第17届江苏国际服装节。

三、机械装备制造业

2015年，全市装备制造工业主要产品：工业锅炉5693蒸发吨，金属切削机床2512台，泵9.09万台，交流电动机15.54万千瓦，变压器376.68万千伏安，中型拖拉机1.01万台。全市规模以上装备制造企业实现工业增加值549.51亿元。全市装备制造行业规模以上企业实现主营业务收入2303.31亿元。全市全口径装备制造工业完成开票销售948.78亿元。全市装备制造行业规模以上企业实现利税总额252.93亿元。全市装备制造行业规模以上企业实现利润138.17亿元。智能装备方面，全年智能装备行业实现开票销售165亿元。森威精锻齿轮、长虹涂装自动化生产线、汉印PCB板高速喷印机、闳业自动复合机械等重点产品开票销售增幅均超过20%，国瑞液压件、象王智能起重机实现销售翻番。能源装备方面，16家重点监控新能源装备制造企业实现开票销售115.2亿元。金风科技、南车电机、天合光能、上海电气分别实现开票销售24.7亿元、36.9亿元、15.6亿元、30.1亿元。环保装备方面，中小型除尘设备产销2500余套，30万千瓦以上大型脱硫除尘设备产销90套，实现开票销售42亿元。紫光、菲达、万邦达、东方滤袋等重点企业普遍保持30%以上增幅。石油装备方面，全市石油机械行业实现开票销售106.2亿元。其中，建湖156家石油装备规模企业实现开票销售65.3亿元，滨海泵阀产业园实现开票销售25亿元。农装方面，全年农装行业实现开票销售47.52亿元，江动销售农机装备123万台，马恒达销售拖拉机1.13万台。

行业投资 全市装备制造业完成规模以上工业投资964.75亿元。江苏自强环保科技有限公司年增产20条涂装设备生产线项目、江苏迅兴重工设备有限公司年产6万台(套)涡轮增压器生产线项目、江苏星久轴承制造有限公司轴承传动件项目、江苏天宇科技有限公司高档弹性磨盘生产项目、江苏渝辉数控机械科技有限公司数控机械项目、江苏久驰车轮有限公司农业机械项目、中材科技风电叶片股份有限公司年产500套大功率海上风电叶片项目等投资总额亿元以上项目开工建设。江苏春潮科技有限公司年产3800台套在线分析仪和环保分析系统成套设备生产线项目，盐城市宝鼎机电有限公司新上园林工具、电动工具及汽车配件项目，盐城明星涂装机械设备有限公司年产200台套涂装机械生产线项目，盐城仁恒机械有限公司年产各类高低压柜30万台(套)项目，江苏润发农机装备有限公司年产农业机械配件12万件项目，盐城市威格尔机械有限公司特大型石油机械热加工项目，盐城理研精密锻造有限公司年产480万件精锻外星轮产品生产线项目等项目竣工。

技术中心 江苏江佳机械有限公司、盐城宏景机械科技股份有限公司、江苏和信石油机械有限公司、江苏三得普华智能电力技术有限公司、凯斯博电梯有限公司、江苏吉能达环境能源科技有限公司、盐城市荣南机械制造有限公司、江苏广盛源科技发展有限公司、江苏康杰机械股份有限公司、江苏中色锐毕利实业有限公司10家装备制造企业技术中心被认定为省级企业技术中心；江苏建民工具有限公司、江苏东工环保科技股份有限公司、江苏万和涂装机械有限公司、江苏圣业阀门有限公司、江苏中科重工股份有限公司、江苏安达环保科技有限公司、盐城市金马钣焊厂、江苏中科睿赛污染控制工程有限公司、江苏悦达黄海手扶拖拉机有限公司、盐城万达利针织机械有限公司、江苏大道机电科技有限公司、盐城市海通机械制造厂、江苏恒康机电有限公司、江苏中伟机械制造有限公司、江苏中热机械设备有限公司、江苏瑞洁环境工程科技有限责任公司、江苏维尔思环境工程有限公司、江苏滨盛石化机械有限公司、江苏瑞达环保科技有限公司、中材科技(阜宁)风电叶片有限公司、江苏苏龙环保科技有限公司、大丰海纳机械有限公司、江苏民申机械装备有限公司、江苏荃航阀门有限公司、江苏华祥机械制造有限公司、江苏海特尔机械有限公司、盐城东科机械科技有限公司、江苏禹丰泵业制造有限公司、江苏悦兴机械有限公司、滨海县恒丰粮食机械有限公司、盐城思达德民力阀门有限公司、建湖恒华机电有限公司、东台市富康工程机械厂、东台市三仓节能锅炉有限公司34家装备制造企业被认定为市级企业技术中心。

品牌建设　江苏江淮动力股份有限公司“江动”牌单缸系列柴油机、通用汽油机、多缸系列柴油机，象王重工股份有限公司“象王”牌通用桥式起重机、通用门式起重机，江苏东强股份有限公司“东强”牌通信电缆、铁路信号电缆，盐城市圣泰阀门有限公司“圣泰”牌钢制阀门（闸阀、截止阀、止回阀、球阀），马恒达悦达（盐城）拖拉机有限公司“黄海金马”牌轮式拖拉机，凯斯博电梯有限公司“凯斯博”牌电梯，江苏盐电阀门有限公司“YDF”牌阀门，盐城宝鼎电动工具有限公司“宏鼎”牌石材切割机，江苏华盛电气股份有限公司“华盛电气”牌矿用隔爆型干式变压器及移动变电站，响水县自行车三套轴有限公司“灌河”牌自行车中轴，江苏苏盐阀门机械有限公司“苏盐”牌阀门，江苏金海新能源科技有限公司“精构”牌反向平衡法兰，阜宁县宏达石化机械有限公司“磊特”牌可取式桥塞，江苏扬标石油机械有限公司“阳标”牌采油（气）井口装置，建湖天成液压件制造有限公司“建璟”牌液压控制阀，建湖县鸿达阀门管件有限公司“銮”牌采油（气）井口装置15家企业产品被评为江苏省名牌产品。年内，全市机械装备行业新获江苏省首台（套）重大装备及关键部件认定项目17个，江苏丰东热处理股份有限公司“无人化智能热处理工厂”获国家智能制造专项首批认定，盐城环保科技城成功创建国家新型工业化产业示范基地，江苏豪迈照明科技有限公司成功创建国家技术创新示范企业，盐城天合光能科技有限公司成功创建国家光伏制造行业规范企业。

四、化工产业

2015年，全市化工产业实现开票销售545.84亿元。其中，石化行业实现开票销售17.33亿元，化学原料和化学制品行业实现开票销售388.02亿元，医药制造行业实现开票销售88.13亿元。全年生产盐酸1.84万吨、烧碱67.48万吨、合成氨41.9万吨、化肥28.63万吨，生产化学农药8.92万吨。

园区企业　园区方面，滨海经济开发区沿海工业园完成开票销售167.3亿元，阜宁澳洋工业园实现开票销售34.6亿元，大丰华丰工业园化工产业实现开票销售141.6亿元，响水生态化工园区实现开票销售82.14亿元。企业方面，江苏裕廊化工受石油价格变化的影响，丙稀酸及脂类产品市场需求萎缩，丙烯酸生产线未能满负荷生产，年产丙烯酸7.5万吨，丙烯酸酯6.8万吨，草甘磷价格从年初的每吨2.5万元下降至每吨1.95万元，上半年生产3900吨，下半年全部停产，累计实现开票销售9.93亿元；江苏大和氯碱离子膜烧碱从4月开始恢复生产，累计实现开票销售3.21亿元；江苏吉华化工的主要产品H酸市场价格降至每吨3万元以下，累计实现开票销售17.78亿元。

产业转型　年内，盐城出台《盐城市化工产业结构调整指导目标（2015年本）》（盐政办发〔2015〕7号），对全市化工新上、技改项目实施目录准入管理，抬高环保、安全门槛；出台《全市化工项目审批流程》（盐化治〔2015〕4号），明确提出全市化工项目审批要按照《盐城市化工产业结构调整指导目录（2015年本）》要求，坚持联合会审制度；出台《2015年全市化工产业及园区转型升级推进方案》（盐化治〔2015〕5号），加快化工产业转型；出台《关于进一步加强化工园区安全管理实施意见》（盐政办发〔2015〕9号），从加强体制机制建设、构建风险预警机制、保障安全资金投入、建立三级巡查制度等12个方面，强化化工园区安全生产管理工作。至年底，全市50项5000万元以上化工技改项目中，竣工30项；22户计划重组企业中，有20户企业完成重组，1户进入破产程序，1户因新上技改项目，生产有所起色，暂无重组意向；35户计划关停企业（项目）中，有9户企业关闭并拆除设备，1户转产，11户停产，3户停产整治任务完成；滨海、阜宁关停11个化工生产企业项目，其中7个项目生产设备全部拆除。

五、船舶工业

2015年，全市有船舶修造企业（厂）64家，其中东台有船舶修造企业（厂）东台35家、盐城市辖区有船舶修造企业（厂）11家、大丰有船舶修造企业（厂）7家、阜宁有船舶修造企业（厂）3家、射阳有船舶修造企业（厂）2家、建湖有船舶修造企业（厂）2家、响水有船舶修造企业（厂）4家。盐城船舶制造企业主要是建造30米以上80米以下的一般干货船，少数建造沿海工程船。全年全市造船325艘，实现造船完工量15.66万总吨，其中海船实现造船8艘，实现造船完工量9943总吨。全市有规模定报船舶配套企业25家，配套产品主要有船用轴承系列、舵机、阀门、救生设备、液压件、绳网等。其中，东台市船用配件有限公司、东台远洋船用配件有限公司等企业年销售超亿元。

六、建材行业

2015年，建材行业全口径完成开票销售22.91亿元。全市水泥产量1960.56万吨，人造板产量17.12万立方米。全年全市生产新型墙体材料34.23亿块（折标砖），新墙材建筑竣工面积达418万平方米，新建建筑全部执行节能建筑标准。节约能源17.5万吨（折标煤），节约土地333.33公顷，利用工业废渣285万吨。

行业投资　建材行业完成规模以上投资102.49亿元。盐城市圆融新型建材有限公司年产80万立方米混凝土项目、江苏天洋幕墙材料有限公司年产10万平方米外墙铝板生产线项目、盐城华丰集成房屋有限公司年产20万平方米集成房屋生产线项目、响水金穗新材料有限公司年产1万吨亚克力板材生产线项目、江苏仁发环保科技有限公司防火复合板及防火复合板成套设备生产线项目、深圳市汇益德环保材料有限公司年产3万吨硅藻泥环保壁材生产线项目、江苏恒峰石业有限公司石材项目、大丰宝华石材有限公司年加工120万吨大理石石材项目、江苏隆基铝业有限公司环保铝材项目、上海贵梵石业有限公司高档装饰材料生产线项目、汉通耐火材料滨海有限公司耐火材料生产线项目等投资亿元以上项目进展顺利。盐城耀晖人防防护设备科技有限公司人防工程设备生产线项目、江苏赛纳新型建筑材料有限公司保温装配式围护结构板及钢结构项目、大丰富恒建材有限公司年产商品混凝土60万立方米建材项目等项目建成投产。

科研项目　年内，纳入省墙办2013年科研项目计划的“植物纤维增强粉煤灰蒸压加气混凝土薄块的研究与开发”和“NCF通用保温砖”2个科研项目通过省经信委验收鉴定；纳入省墙办2014年度科研项目计划的“村镇建筑推广应用蒸压加气混凝土砌块技术导则的编研”和“水、气硬复合一体化自保温泡沫混凝土的研制”2个科研项目进展顺利。江苏钟宏新型建材科技发展有限公司生产的“混凝土自保温模卡砌块（复合保温砌块）”产品通过省经信委“新产品新技术”鉴定。“高性能秸秆建筑保温墙体材料的研制”和“加气混凝土超疏水/晶种复合改性”2个科研项目经省财政厅、省经信委批准开题，获得省级补助资金140万元。盐城科教城投资有限公司开发的“盐城市留学生创业园（国际人才公寓）”项目，被省财政厅、省经信委批准为2015年度新墙材应用示范项目，获省级补助资金80万元，在市级墙改基金中同步配套80万元。

新墙材推广　年内，市政府出台《盐城市人民政府关于贯彻〈江苏省发展新型墙体材料条例〉的实施意见》（盐政发〔2015〕58号），推广新墙材。全年为22家认定企业进行认定换证工作，专项检查市区及建湖县45个工程项目，对违法使用“黏土砖”、无“新墙材标志”产品的9个在建项目现场查纠和处理，对13个标段的工程进行新墙材质量抽检，抽取样品14组。全年发放墙改节能政策法规和墙改节能知识资料计500余份，悬挂宣传横幅50多条。

建筑能耗监测平台建设　年内，市级建筑能耗监测数据中心建成，并投入试运行。9月1日，市级建筑能耗监测平台建设项目中的建筑能耗监测数据中心及市教育局等10个监控终端分项计量安装项目通过省住建厅验收。至年底，全市上传省平台建筑数量38个，所有新建绿色建筑公建项目均按规定安装具有远传功能的分项计量设备。

七、轻工（食品）业

2015年，全市轻工（食品）业主要产品产量：机制纸及纸板155.07万吨，白酒3530.53千升，啤酒8.42万千升，皮鞋2178.32万双，原盐11.25万吨。全市规模以上轻工（食品）企业实现工业增加值215.53亿元，其中轻工业82.04亿元，食品业133.49亿元。全市轻工（食品）规模以上企业实现主营业务收入869.29亿元，其中轻工业355.9亿元，食品业513.39亿元。全市全口径轻工（食品）工业实现开票销售678.45亿元，其中轻工业144.16亿元，食品业534.29亿元。全市轻工（食品）规模以上企业实现利税总额81.98亿元，其中轻工业41.67亿元，食品业40.31亿元。全市轻工（食品）规模以上企业实现利润45.21亿元，其中轻工业22.92亿元，食品业22.29亿元。

行业投资　全市轻工（食品）完成规模以上工业投资181.59亿元。江苏中恒宠物用品有限公司年产2亿件宠物尿垫生产线项目，亚固科技（江苏）公司年产60万只节能光源无极灯、150万只节能冷阴极灯生产线项目，盐城合诚磨料磨具有限公司年产2.5万件砂带生产线项目，响水巨合金属制品有限公司年产250万吨不锈钢管材生产线项目，射阳县海发食品科技有限公司食品加工项目，江苏东台宏熠科技有限公司高性能LED产品研发及制造项目，江苏佳成特种玻璃制造有限公司特种玻璃制品开发与制造项目等投资亿元以上项目开工建设。江苏大胜达概念包装研发有限公司新型宽幅高档纸板生产线项目、盐城顶益食品有限公司非氢化植脂奶油项目、辉山乳业发展（江苏）有限公司一期、江苏人酒业江苏有限公司白酒搬迁技改项目、江苏那美实业有限公司高档口杯项目、江苏永超磁性材料有限公司绿色照明材料项目等项目竣工。

技术中心和品牌建设　江苏森宝包装有限公司、盐城康泽源食品有限公司、盐淮米业有限公司、金戈炜业（江苏）壁纸有限公司、江苏美灯纸业有限公司、江苏韩森自动车股份有限公司、东台市赐百年生物工程有限公司、江苏日龙塑料制品有限公司、江苏豪迈实业有限公司9家企业技术中心被认定为市级企业技术中心。江苏中恒宠物用品股份有限公司“Favorite法瑞特”牌宠物用尿垫、江苏美灯纸业有限公司“美灯”牌卫生纸、江苏华伟防水材料有限公司“华伟”牌防水卷材、江苏双灯纸业有限公司“蓝雅”牌纸巾纸、江苏立盛土工材料有限公司“熙源”牌塑料排水板、江苏君梦美床垫有限公司“君梦美”牌席梦思床垫、江苏生辉照明电器有限公司“森辉”牌室内照明灯具、盐城顶益食品有限公司“顶益”牌植脂奶油、陈长荣大纵湖大闸蟹有限公司“陈长荣”牌中华绒螯蟹、盐都区大纵湖多种经营服务有限公司“大纵湖”牌清水大闸蟹、江苏省农垦麦芽有限公司“苏垦”牌啤酒麦芽、江苏省农垦米业集团淮海有限公司“渠星”牌大米、江苏民星茧丝绸股份有限公司“星云”牌干茧、盐城惠民饲料科技有限公司“惠于民”牌鸡用配合饲料14家企业的14个产品被评为江苏省名牌产品。年内，盐城市泰来神奶业有限公司、江苏海亚食品有限公司、江苏人酒业江苏有限公司、东台市宇航奶业有限公司开展食品工业企业诚信管理体系建设。　　（季　鹏）

第三节　战略性新兴产业

一、节能环保产业

2015年，盐城有节能环保企业400家左右，主要涉及大气治理、绿色照明、环保滤料和新能源汽车四大领域。全年全市节能环保产业主营业务收入1013亿元。

园区建设　盐城已被列入江苏省六大节能环保产业基地之一，形成盐城环保科技城、建湖县节能电光源产业园、阜宁县环保滤料产业园、开发区新能源汽车产业园4个主要集聚区。盐城环保科技城规划建设50平方公里，是国内唯一雾霾治理研发与产业化基地，有环保领军企业86家，拥有科行集团、紫光吉地达、宇达环保等一批烟气处理本土优势企业，并成功引进浙江菲达、福建龙净、北京万邦达等国内烟气治理行业龙头企业，全国大气治理前10强企业有7家在盐城环科城投资。年内，省经信委和市政府签订共同推进盐城环保科技城建设合作协议，全力将环保科技城建设成为全国烟气治理行业领军基地，掌握湿电除尘、脱硫脱硝、高浓度有机废水处理等关键核心技术。建湖节能电光源产业园是中国节能电光源制造基地、江苏省电光源产品质量监督检验检测中心、省级特色产业园、省节能电光源特色产业基地。阜宁环保滤料产业园有35家规模骨干环保滤料企业，是中国（阜宁）环保滤料生产基地、江苏环保滤料产业名镇、中国环保滤料产业名镇。开发区新能源汽车产业园规划建设面积20平方公里，一期建成3平方公里，东风悦达起亚、奥新新能源汽车、悦达石墨稀、协鑫动力电池等47个项目入驻园区，园区基本具备新能源汽车研发、展示、孵化、检测、服务和制造六大功能，建成江苏省第一家新能源汽车产业基地、江苏省新型工业化示范基地。

平台建设　环保装备制造领域建成科行集团国家级企业技术中心、江苏省博士后科研工作站等研发平台。环保科技城有中国环境科学研究院、中科院过程研究所、中建材环保研究院、清华大学、德国GEA、日本上岛等21家院所总部、分支机构；有12名“两院”院士、国家“千人计划”专家，科技创新型高层次人才团队12个、产业领军人才48名、博士338名，承担着燃煤污染物减排、工业炉窑烟气脱硝等17项国家级研究课题。节能电光源领域日月照明有节能电光源国家地方联合工程研究中心、江苏省企业技术中心、省级博士后科研工作站等研发平台。豪迈照明是冷阴极荧光灯国家性能标准主导制定者，是冷阴极螺旋型荧光灯全球最大制造和出口商之一，拥有国家级企业技术中心。环保滤料领域建成滤料展示、检测、研发平台——阜宁环保滤料科技中心，东方滤袋公司省级工程技术研究中心。新能源汽车领域有长三角新能源汽车研究院，奥新公司省级企业技术中心。

二、电子信息产业

2015年，盐城电子信息产业实现主营业务收入382.5亿元，其中电子信息产品制造业实现主营业务收入280亿元，软件和信息服务业实现主营业务收入102.5亿元。

电子信息制造业　年内，盐城市建成江苏（盐城）电子信息产业园、江苏省物联网产业基地2个省电子信息产业园区（基地）。至年底，全市有省电子信息产业园2个。全年全市新签约投资5亿元以上电子信息类项目30多个，其中深圳手机协会智能终端手机产业园项目总投资100亿元。领胜二期、科森科技、鸿佳电子、中方磁电、和熙电子、嘉力电气、中德田、恩源科技等项目开工建设，华为云服务江苏节点、江苏集群、东方国信工业大数据等项目落户。领胜、京信、捷士通、东强、德宝等企业年增长速度超过30%，其中领胜、京信主营收入当年突破30亿元。县域电子信息制造业发展加速。盐都高新区围绕智能终端产业发展，与深圳市手机行业协会合作，5年内招引50家整机企业、50家关联企业和5家研发企业抱团转移落户高新区，实现手机产业集聚发展，同时，合作成立智能终端产业研究院。大丰电子信息产业园成为全省唯一一家电子印制线路板园区，3月被中国印制电路行会协会评为中国电子电路示范基地，有鸿邦新能源、江苏博敏电子、双展电子科技、金达莱水务、明微电子等近20家企业落户。东台领胜移动互联产业城由精密电子制造、智能系统集成和高端产品开发三大板块组成，重点发展新一代移动终端、网络设备制造、物联网及云计算应用与服务，打造集产品研发、产业化生产和高端服务业为一体的高科技智慧城。光电产业方面，东台、建湖、亭湖、开发区等光电产业集聚发展，建湖节能电光源重点企业向LED、OLED、智能照明制造转型。

软件和信息服务业　至年底，全市有规模500万元以上软件和信息服务企业126家，带动就业近3万人。建成城南智慧科技城（智慧谷），盐城国际软件园和服务外包基地、大丰国际软件园2个省级软件园，大丰东方1号创意园、盐都电商快递产业园、亭湖文化创意产业园、东台台阳软件园等多个软件和信息服务业载体，建设面积近50万平方米。至年底，全市有“双软认定”（软件企业的认定和软件产品的登记）企业超过40家，其中年主营收入超亿元的企业1家、超5000万元企业3家，超1000万元企业17家，形成以思科、新月测绘、南大苏富特、软通动力、华生恒业、东方赛普物联网研究院、睿泰科技等为骨干优势企业，涉及计算机软件开发、信息化应用、服务外包、医疗软件、物联网应用、数字出版等领域。

大数据产业　盐城在全省率先布局发展大数据产业，在盐城智慧科技城规划建设大数据产业基地，打造中国东部沿海大数据产业集聚区。市委市政府先后召开了盐城大数据产业发展论坛与盐城大数据产业发展专家研讨会，盐城被确定为中国大数据企业大会永久会址。3月27日，盐城大数据产业园项目集中签约暨中关村（盐城）大数据产业联盟揭牌仪式在盐城举行，中润普达、大数据产业基金等11个项目签约产业园，协议投资超过10亿元；4月23日，省经信委与市政府签署共建江苏省大数据产业园合作协议，将盐城大数据产业园列为全省首批互联网产业园加以推进，并纳入省互联网经济和云计算与大数据产业发展总体规划，并举行“合作共建江苏省大数据产业园”揭牌仪式，标志着省市共建首个省级大数据产业园在盐城落户；7月20日，省经信委发文《关于同意共建江苏省大数据产业园的批复》（苏经信软件〔2015〕478号），同意盐城大数据产业园为省级大数据产业园，视同为省级软件和信息服务产业园。江苏省大数据产业园地处盐城市城南新区，是部省市合作共建的重点产业园区，是中韩自贸协定——中韩（盐城）产业园的重要组成部分。园区规划面积30平方公里，空间布局为“一核三园”，即核心区、智能装备制造园、数字生态应用园、高等职业教育园，重点主攻数据中心、云计算、数据分析应用、数据交易四大产业方向。园区建成和在建各类平台载体面积100万平方米，招引落户华为、软通等大数据产业项目123个，其中世界500强、行业100强、国内前10强企业26家，总投资145亿元。年内，华东地区首个大数据资源交易平台上线，中关村大数据资产评估中心在园区设立分中心，南京邮电大学盐城大数据研究院等15个研发机构落户园区。

三、航空装备产业

AT－3通用飞机。

盐城航空装备产业主要在建湖县。至2015年底，建湖航空产业有规模以上企业6家，分别为江苏天一机场专用设备有限公司、艾雷奥特（江苏）飞机工业有限公司、江苏源达线缆科技有限公司、江苏海鑫电气设备有限公司、阿尔卑斯航空精密刀具公司、江苏星华机场设施有限公司。主要产品为机场特种车辆、通用飞机、航空线缆、机场电器设备、航空刀具、机场导航隔离变压器。其中，艾雷奥特（江苏）飞机工业有限公司艾雷奥特AT系列通用飞机、江苏天一机场专用设备有限公司航空食品车被认定为江苏省首台套重大装备及关键部件，江苏天一机场专用设备有限公司生产的特种车辆生产规模列全国同行前列。全年航空装备实现开票销售1.75亿元。

项目建设　与中航重机股份有限公司合作新上航空精密模锻项目，总规划面积20公顷，第一期8公顷，建成后形成年产10万吨模锻造件的生产能力，至年底，南北中心路主体完成，3幢厂房开槽建设通用机场项目。7月10日，江苏省首家县级通用机场——建湖九龙口通用机场正式开工建设，飞行区用地约33.33公顷，总体预留1600米跑道规划，一期建设长800米、宽30米跑道，配套建设升降带、滑行道、停机坪、飞机库、控制塔台、通信导航、燃料供应、气象等附属设施。至年底，场地平整，清苗清障完成，杆线迁移完成，中心路施工之中，围栏主体完成；传达室、特种车库主体建成；机库图纸完成设计并招标进场。射阳通用机场项目前期准备工作推进之中。航空研发培训中心项目占地25.33公顷，总体规划建筑面积约1万平方米，配套建设相关道路、绿化、管网等基础设施。至年底，实训楼、人才公寓主体完工，地坪结束；研发楼内部装潢完成；展厅幕墙完工，内装完成。

招商引资　年内，新签约项目2个，在手跟踪洽谈项目13个。其中，引进深圳赛荣通用航空有限公司旋翼机整机制造、中航工业雷华电子技术研究所2个项目，于12月8日在上海·盐城市产业创新经贸合作说明会上签约。深圳华鹰金石航空设备有限公司通航模拟器项目、北京国鹰航空科技有限公司国鹰无人机项目、江苏星华机场设备有限公司航空集装器项目、浙江聚财源资产管理有限公司航空发展基金及机场运营4个项目签订意向协议；中国航天林泉电机有限公司的航天电机智能化直线抽油机项目等9个项目信息跟踪之中。

建湖航空产业园　建湖航空产业园是中国民用航空运输协会通用航空基地，是江苏省唯一一家小型飞机先进制造基地，于2010年底启动建设，规划范围8.15平方公里，南至盐徐高速、北至唐桥路、西至233省道、东至建宝路，一期规划建设面积约3平方公里，重点打造通航整机制造、航空设备制造、通航运营保障、航空研发培训、航空商业服务五大行业板块，建设江苏省小型通用飞机制造基地、江苏省航空设备制造基地、江苏省航空研发培训基地和苏北通航运营中心“三基地一中心”，成功落户小型通用飞机整机制造、机场特种车辆、机场施工机械、航空电器、航空线缆等航空产业项目12个。2014年4月26日，AT－3通用飞机成功下线，是全国同类飞机中唯一一款同时获得美国FAA、欧盟EASA证书、中国民航CAAC认证的机型，并列装作为空军飞行员筛选用机，填补江苏省飞机整机制造的空白。

四、新材料产业

2015年，全市有新材料企业317家，主要产品集中在特种金属材料、新型纤维、节能环保材料、化工新材料、高分子新材料等新材料。有各类产业创新平台18个，其中国家级1个，省级8个。全年新材料产业实现开票销售347亿元。

产业园区　盐城市新材料产业有3个重点园区。滨海高分子新材料产业园，规划面积10平方公里，位于江苏滨海经济开发区沿海工业园区内，有新材料生产企业38家，其中新增落户企业2家，在建项目4项，全年实现开票销售72亿元，入库税收4.6亿元。东台经济开发区新材料产业园，主要集聚特种金属材料、新型纤维材料、电子信息材料，有投产企业56家，其中特种金属材料44家、特种纤维4家、特种玻璃2家、特种光电6家，在建项目5项，全年实现开票销售116.03亿元。盐城新材料产业园位于盐城高新技术产业开发区西北部，是盐都区三大新兴产业园区之一，规划面积66.67公顷，分为碳纤维及其制品、芳纶纤维及其制品、高模量聚乙烯（PE）及其制品、研发及其展示四大功能区，重点建设新材料产业园与高性能纤维实验中心，全年实现开票销售9200万元，其中锐毕利实现开票6400万元，瑞和磨料磨具实现开票1720万元。

重点企业　盐城市新材料产业有规模以上企业100多家。江苏德龙镍业有限公司主要利用红土矿提炼镍铁合金，在冶金技术上一直处于国内领先水平，镍铁合金产品畅销海内外，全年实现开票销售100.22亿元；江苏吉华化工有限公司主要生产H酸、硫酸等产品，全年实现开票销售17.78亿元；江苏磊达钢帘线有限公司主要产品子午线轮胎用钢帘线和硅晶线切割钢丝，9条生产线正常生产，全年实现开票销售4.09亿元；江苏长海化工有限公司是以生产精细化工和新材料化学品为主的外商独资企业，全年实现开票销售8.5亿元。产品方面，德纳公司CS－12产品属于环保新型材料，获得国家发改委产业结构调整中央预算内投资计划1900多万元的资金支持；科利公司TAIC产品产量占国内市场份额30%，获得江苏省科技成果转化专项资金1000万元；清泉公司MACM是一种高分子合成材料，占国际市场份额35%；鼎龙公司自主研发的PBO纤维产品，处于国际领先水平，填补国内市场的空白，PBO纤维生产的复合材料可用于导弹、航天器、飞机、风机叶片、太阳能电池板等领域。

项目建设　全年新材料产业实施重大工业项目52项。主要项目有：东祥麟（江苏）实业有限公司新建年产50万吨复膜铁新型金属包装材料项目，项目占地30.67公顷，总投资12亿元，累计完成投资8亿元，至年底，10万平方米生产厂房竣工，一期工程25条复膜铁生产线投产，二期工程25条复膜铁生产线调试之中；江苏中方磁电科技有限公司8万吨高性能软磁铁新材料项目，总投资10亿元，产品填补国内空白，应用于军事工业功率电感器、太阳能逆变器、大电流电感器及风力发电等新能源领域；惠亚科技（东台）有限公司特种铝合金材料项目，总投资4000万美元，建筑面积5万平方米，主要生产电子产业专用防静电铝合金地板、金属结构件等产品；滨海锦翔化学助剂有限公司紫外线吸收剂系列产品项目，总投资2.8亿元，年产500吨紫外线吸收剂UV－301、100吨光引发剂PITPO、100吨光引发剂PITPO－L等产品。（李　鹏）

第四节　规模企业

2015年，市政府办公室印发《2015年盐城市大企业（集团）培育工程五项实施计划表》，对全市大企业（集团）的年度开票销售目标、项目投入计划、重组计划、上市计划、创新创牌计划、人才引进与培养等进行细化分解；8月，印发《盐城市工业大企业（集团）培育行动计划（2015～2018年）》，动态调整7户大企业（集团）名单，明确大企业（集团）培育项目审批、资金争取、融资担保、财税政策、人才引培、重组上市、创新创牌、市场拓展八大类绿色服务通道。实施企业战略性重组。6月15日，江苏紫光吉地达环境科技股份有限公司与中电投远达环保工程有限公司正式签约重组协议；9月8日，江苏科行环保科技有限公司与上市公司广东科达洁能股份有限公司签署重组合约。至年底，全市50户重点培育的大企业（集团）实现开票销售收入1543亿元。悦达集团实现营业收入1018.13亿元，利税93.53亿元。东风悦达起亚汽车有限公司全年产销汽车61.5万辆、61.6万辆。德龙镍业全年开票销售为100.2亿元，成为继悦达集团、摩比斯、博汇集团之后第四户开票销售超百亿元级企业。全年大企业（集团）取得国家级品牌4个，其中江苏辉丰农化股份有限公司获得国家信息消费示范项目，盐城天合光能科技有限公司获批国家光伏制造行业规范企业，江苏悦达纺织集团有限公司获批国家互联网与工业融合创新试点企业和国家"两化"融合管理体系评定企业。

（李　鹏）

一、江苏悦达集团有限公司

2015年，悦达集团实现营业收入1018.13亿元，利税93.53亿元。至年底，"十二五"期间，集团累计实现营业收入4807.17亿元，净利润206.28亿元，上缴税收461.25亿元；累计完成项目投入259.54亿元。

汽车产业　年内，东风悦达起亚汽车有限公司第一工厂环保设施改造；30台自主品牌"华骐"纯电动汽车投入示范运营。3月12日，KX3傲跑在郑州上市。10月13日，新K5在上海上市。6月16日，东风悦达起亚汽车有限公司第三工厂15万台扩能项目获得省环保厅环评批复和国家发改委备案批准；9月15日，第一阶段试生产；11月13日，第二阶段试生产。加强汽车营销。9月9日，在四川成都召开全国经销商大会，优化商务政策；10月13日，"起亚天猫"正式上线，开展线上集客、线下交易，成交比例20%；拓展合作银行范围，将合作银行增加至7家，加大对经销商金融支持力度，实施24期、36期信贷优惠政策；加大政策扶持力度，8月，盐城市委市政府出台盐城市民购起亚车购置税减半的优惠政策，集团鼓励发动系统内各单位及员工优先购买东风悦达起亚产品，集团驻外企业协调所在地政府及有关方面，帮助东风悦达起亚拓展市场。全年销售汽车61.6万台，市场占有率3%。汽车销售满意度（SSI）和售后满意度（CSI）分别取得行业第五名和第四名，新车品质调查结果（IQS）上升到行业第五位。

纺织产业　悦达纺织产业实现整体协同发展，7月完成悦达纺织集团与悦达家纺公司资源整合，理顺管理关系，经营绩效改善。黛安芬公司保持稳健发展态势，按时交货率95%以上；"黛安芬"品牌名列2015年度中国文胸十大品牌；公司被全国妇联评为全国"三八红旗集体"。艾文德汽车内饰布项目和南纬服装项目盈利能力持续增强。年内，悦达家纺公司获批国家级高新技术企业，旗下"YUE"品牌在美国市场推广。

金融产业　7月11日，悦达资本公司成立悦达保理研究院；11月，成功开展汽车金融业务，超额完成全年各项目标任务。8月18日，集团财务公司正式获得中国银监会的筹建批复；12月17日，取得江苏省银监局颁发的金融许可证；12月23日，取得营业执照，年内试运营，成为苏北第二家、盐城首家财务公司。9月1日，集团在7家全资公司中试行资金集中管理，运营效果良好。

其他产业　悦达地产销售形势良好，西安悦美国际住宅一期、盐城悦珑湾二期工程、常熟昆承湖G组团销售业绩稳步增长，平均交房率86%以上；十里香溪科技精品住宅市场认同度不断提升；上海房产公司去化新房存量10万余平方米。悦达矿业成功发债融资1.69亿港币。悦达物流推进公铁水联运模式，拓展非东风悦达起亚业务；悦达东方管理的2个4S店在东风悦达起亚全国经销商位次前移。12月，汇金公司包装储运三期项目智能库房全面竣工；6月28日，汇金森林氧吧对外营业。11月，悦达国际大酒店通过四星复核。

产学研合作　全年研发新品400多个，申报专利98项，其中发明专利25项，省级科技成果鉴定38个，省高新产品21个。新增省级"两化"融合试点企业3家。汽车研发中心推进新车开发、品质改善工作。东风悦达企业汽车有限公司第三工厂获批江苏省智能制造示范企业。

合资合作　在国际合作方面，11月29日，集团韩国（首尔）代表处在韩国首尔挂牌成立，推进与现代建设、现代金融、现代乐铁、现代摩比斯的合资合作，其中摩比斯新能源汽车电池项目成功签约并开工建设；成立欧洲代表处，谋求与欧洲企业的合资合作；德瑞医疗项目、佛吉亚汽车排气项目成功签署合作框架协议；家乐福大型连锁超市建成华东、华西、华中、华北四大采购中心，合作开店总数50家；咖世家合作开设门店总数234家；悦达延峰江森座椅项目平稳运营。在国内合作方面，高淳、芜湖房地产项目参与重组"西安民生"，成功实现资产证券化；新合作超市累计开设直营店1401家，加盟店10万多家；陕西黄陵二号矿逆势中保持稳定；中能袁大滩新矿井建设稳步推进；北方车辆资产重组项目有序推进；公路等其他产业合作得到加强，其中京沪、西铜高速公路项目等效益良好。

集团改革　3月，对集团原有40家一级子分公司、251家各类子分公司核心业务进行梳理、归类，形成《关于产业板块整合等改革工作的建议方案》；5月，方案经市委常委会和深改组会议研究通过。8月18日，集团召开"集团多元化、子公司专业化"产业布局改革动员大会，启动集团产业布局改革工作。研究出台《产业布局改革规范实施的指导意见》等系列文件，明确完成专业化管理、股权转让、股权退出的3个时间节点。加大督查，策划编发《改革动态》11期、《改革工作督查通报》10期。10月30日，集团产业布局改革授牌签约仪式举行，标志着产业布局改革工作大头落地。至年底，集团搭建悦达投资、悦达能源、悦达商贸、悦达矿业、悦达地产、悦达资本、悦达汽车发展、悦达健康8个产业平台和综合管理、新兴产业2个事业部的产业布局。实施"一企一策"改革，自7月上旬起，集团制订非主营业务的中小企业"一企一策"改革整体推进方案，确定石化公司、进出口公司、煤炭公司首批3家企业"一企一策"改革方案，年内上报市有关部门，各项工作稳步推进。在投融资决策管理改革方面，出台《集团投资管理制度》、编制集团对外股权投资流程图。在全员人事分配制度改革方面，出台《委派人员年度经营业绩考核管理办法》《关于集团总部机关人员考核的方案》，印发《关于开展2015年度考核工作的通知》《关于加强对重点工作进行考核的通知》，实行严格考核，严格奖惩。

企业文化　开展"希望小学""起亚家园""儿童交通安全教育"等品牌公益活动。1月21日，春季"起亚家园"捐赠仪式在盐城郭猛镇举行。7月23日，夏季"起亚家园"捐赠仪式在广西阳朔县举行。5月31日，全国首家儿童交通安全体验馆——东风悦达起亚儿童交通安全体验馆正式开馆。在天津"8·12"天津港特大火灾爆炸事故发生后，东风悦达起亚捐款100万元设立"消防爱心专项基金"，专门用于因公伤残或牺牲消防官兵家属抚恤金，消防官兵子女助学金，消防安全及交通安全培训等工作。公司获批2015年度中国社会责任公益典范奖。完善集团困难职工三级帮扶机制，全年帮扶职工223人，发放帮扶资金近60万元。加强企业文化宣传。《悦达报》、集团网站和文化展示馆不断创新传播形式；"悦达新天地""安全悦达""清风悦达"等微信平台成功创办。　（周本东）

二、江苏摩比斯汽车零部件有限公司

江苏摩比斯汽车零部件有限公司是由韩国现代摩比斯（株）投资设立的外商独资企业，成立于2002年5月22日，注册资本6000万美元，员工2100多名。公司有工厂3个，其中一工厂总投资600万美元；二工厂总投资5100万美元。2012年，增加投资5800万美元，新上车灯和安全气囊生产线项目，当年10月竣工投产；2012年10月，三工厂开工建设，总投资1.5亿美元，占地约23.33公顷，总建筑面积11.8万平方米，2013年底投产，2014年生产模块45万台套。产品主要包括底盘模块、驾驶舱模块、前围模块、仪表台发泡及骨架模块、水晶车灯模块等系列产品，公司为东风悦达企业提供配套服务，是现代、克莱斯勒、长沙众泰汽车、通用、宝马、标致等企业的车灯供应商。先后通过ISO/TS 16949国际标准化管理系统、ISO 14001环境体系认证、OHSAS 18001职业健康体系认证、安全标准化三级认证、CCC认证和欧洲评价认证等国际质量体系认证。2015年，实现开票销售179.4亿元，实现出口创汇3.79亿美元。年内，摩比斯三电和新能源汽车配件项目建设之中，预计2016年形成对北京现代汽车的混合动力汽车的配套能力，2018年形成对东风悦达起亚混合动力汽车的配套能力。

（季　鹏）

三、江苏博汇集团有限公司

江苏博汇集团有限公司是山东博汇集团在大丰港石化产业园投资的全资子公司，成立于2010年10月。集团公司下设江苏海力化工股份有限公司、江苏海兴化工有限公司、江苏丰源热电有限公司、江苏博汇纸业公司、江苏海华环保工程公司。累计投入160亿元，形成年产30万吨氯碱、13万吨环氧氯丙烷、30万吨己二酸、20万吨己内酰胺、75万吨高档包装纸板及配套40万吨化机浆能力，并配套建设15万吨热电联产项目。2014年，集团实现开票销售百亿元，实现大丰区开票销售超百亿企业零的突破，成为盐城市第三家开票销售超百亿企业；2015年，集团开票销售102亿元。　（季　鹏）

四、江苏德龙镍业有限公司

江苏德龙镍业有限公司是民营股份制责任公司，位于响水沿海经济开发，成立于2010年7月。公司分4期建设，主要生产镍铁合金、不锈钢制品和大型铸造件等。其中，镍合金项目全部采用新技术、新工艺，使用国际先进的矿热炉、环保节能的回转窑等先进设备与工艺，是国家鼓励类项目，全国仅3家企业使用该工艺设备；与中国一重合作的不锈钢热连轧项目采用国际最先进生产设备和国际最先进的不锈钢连轧全自动生产线，是不锈钢产业的中高端。至2015年底，德龙镍业一、二期工程投资60亿元，建成19条镍铁合金生产线，年产100万吨镍铁合金。2015年，实现开票销售100.3亿元，设备抵扣后实现税收2亿元。年内，总投资30亿元新建15条镍铁合金生产线项目建设之中；在印尼计划投资100亿元新建年产200万吨镍铁合金生产线和1500兆瓦发电厂项目前期准备之中，在印尼肯达里购买土地400公顷，厂房建设之中。（季　鹏）

五、东风悦达起亚汽车有限公司

2015年，东风悦达起亚汽车有限公司销售汽车61.6万台，销售满意度(SSI)获行业第五名、售后满意度(CSI)获行业第四名，新车品质调查结果(IQS)上升到行业第五名。

新车型研发　推进中小型SUV KX3车型的研发，首次搭载涡轮增压发动机技术。3月12日，东风悦达起亚KX3在郑州上市，发布1.6L、2.0L和1.6T排量共9款车型，售价区间为11.28万元~18.68万元。研发全新K5车型，采用MX时尚版和SX运动版双外观车型设计，配备1.6T、2.0L、2.0T动力系统及8种车身颜色，官方指导价为15.98万元~23.98万元。10月13日，全新K5在上海上市。对现有量产车型配置升级、技术升级，先后推出新K2两厢车、K4年度款、KX3特别款。推进中型SUV QLc和经济型乘用车UC研发和生产准备工作，确保2016年按计划投放市场。推动MPV车的市场调研和分析，将MPV车纳入到公司五年商品发展计划。加快研发新能源汽车，2代车辆在1代的基础上针对电芯材料进行重新选择匹配，电池包外形进行优化设计，在充分考虑驾乘人员舒适感的基础上增加车辆续驶里程，整车工况法续驶里程达到140千米，每小时60千米等速法续驶里程由138千米提升至156千米。年内，在盐城市场投放40台纯电动轿车示范运行情况良好。加快研究开发K5混合动力汽车和插电式混合动力汽车，计划2016年投放市场。

环保型工厂建设　年内，工厂焊装焊接100%实现自动化，涂装上涂罩光内板自动化；构筑完成联合检测系统(HIVIS)，实现品质问题实时反馈；采用低噪音设备配置，降低噪音；通过远程协助自动切断节约能源、机器人等待/休息时省电功能，降低能耗；通过总装磨具部品挂钩直供、焊装接物部品装载自动化率提高等措施，提高效率；强化工厂设备的互换性和通用性，确保车型柔性化生产；全满升级生产线，提高自动化率。

企业文化　构建“顾客感动”文化，促成每一位员工在日常工作中践行“顾客感动”的方针；构建“NEW DYK”“SMART WORK”经营革新文化体系，强化经营理念传播，提高会议、报告、业务指示的效率性。通过CCTV5及视频媒体集中投放公司广告宣传片，扩大媒体曝光率。通过主要媒体颁奖，传播全新K5等车型的商品性及品牌，推进获得车型品牌及企业品牌领域大奖，提升公司品牌形象。

东风悦达起亚入驻天猫商城　10月13日，东风悦达起亚正式入驻天猫商城，在“互联网+”时代，以“线上+线下”的双线发展模式打造全新营销服务平台。通过电子商务渠道与传统经销商渠道的无缝链接，拉近品牌与消费者之间的距离，消费者不仅可以在线预约试驾，还可以直接通过网络支付定金，实现线上支付线下提车，并且通过参与丰富的线上活动享受更多购车优惠。年内，公司特别推出“‘试’放激情”“‘5’要众筹”“‘型’秀尔　新钜惠”“有大奖‘油’你抢”“定金399抵1399购车款”五大促销活动让利消费者。至年底，成交车辆5159台，其中“双十一”销售4246台，“双十二”销售913台。

第三工厂15万台扩能项目　年内，启动东风悦达起亚有限公司第三工厂15万台扩能项目，推进第三工厂15万台扩能项目的申报批准工作。6月，项目获得省环保厅环评批复和国家发改委的备案批准。9月，完成设施安装调试进入试生产阶段，计划2016年1月建成投产。第三工厂建成达产后，公司年产能规模将逐步提升到100万辆。（华　娟）

六、江苏银宝控股集团有限公司

2015年，江苏银宝控股集团有限公司下辖直属成员企业33个；有土地面积1.37万公顷，其中射阳县境内1.07万公顷，响水县境内0.3万公顷；辖区1.5万人口，职工2666人，离退休职工3469人。全年实现营业收入20.06亿元、利税1.36亿元，资产总额65.88亿元。年内，集团被评为全国企业党建工作先进单位、省厂务公开民主管理示范单位、省农业产业化重点龙头企业、市委市政府综合先进单位。

海盐生产　全年加工品种盐7.97万吨，其中海藻碘盐2.71万吨，粉盐5.26万吨；生产日晒盐6.75万吨，氯化钠含纯96%以上，吨盐卤耗3.8立方米。全年实现销售盐产品25万吨，盐产品、饲料、老卤货运量58万吨，创收1080万元，筑包日产量从500吨提至700吨。

生态养殖　集团拥有海淡水养殖面积0.87万公顷，新增高效设施渔业0.59万公顷，新增市级现代渔区2个、千亩连片高效渔业基地1个，集团所有养殖基地均获无公害水产品产地认定，7个水产品获无公害水产品认证。全年投放海淡水鱼苗种2.16万吨，投放南美白对虾苗1400万尾，海淡水水产品总产量11.5万吨，实现产值13.8亿元。实施生猪养殖项目，投资7亿元的年出栏30万头生猪养殖项目，一期2个畜牧分场、10万头生猪规模投产达效，建成标准化猪舍96栋、附属设施房13栋，建筑面积7.35万平方米；全年引进种猪5543头，产存猪仔3.58万头，出栏生猪1.02万头，实现销售收入1518.99万元。

其他生产　全年盐碱地水稻种植累计实现总产1078.19万千克，平均亩产582千克，最高单产700千克，有机栽培稻平均单产441千克。至年底，集团有省级农业产业化重点龙头企业2个、市级农业产业化重点龙头企业3个。饲料产销加快，新上2条5000吨级的虾蟹线，全年生产饲料3.95万吨，销售饲料3.87万吨，产品取得质量体系认证证书，检测合格率100%。全年生产塑料编织袋427.88万条，生产塑料薄膜273.98吨，实现销售收入950万元。鑫勒电气承接装修开关柜、送变电设施等工程，实现业务收入2431.17万元。

项目建设　年内，集团实施30万头生猪养殖、1066.67公顷生态种植、15万吨矿卤日晒盐、千吨酱醋灌装线、100兆瓦风电、跨境电商、2万平方米水产良种场项目；60万头生猪和300万羽家禽屠宰、3万吨冷链仓储配送、5万吨级灌河码头等项目建设之中；拓展非公开发行公司债券、债务融资工具业务20亿元，降低融资成本20%以上。9月24日，盐城市亭湖区顺泰农村小额贷款股份有限公司在全国中小企业股份转让系统挂牌，成为全市首家在“新三板”挂牌的小额贷款公司。

银宝控股集团成立　7月9日，市政府印发《关于组建江苏银宝控股集团有限公司的通知》（盐政发〔2015〕96号），决定在江苏省银宝盐业有限公司基础上组建江苏银宝控股集团有限公司，更名后的银宝控股集团仍为国有独资公司，市一档企业建制，由市国资委履行出资人职责。文件明确以江苏省银宝盐业有限公司原有公积金、国有土地使用权（评估价值）等转增资本金，将银宝控股集团注册资本增加至20亿元；采取企业国有产权无偿划转方式，对原江苏省银宝盐业有限公司下属企业进行内部整合，最终形成盐城市农业水利发展投资集团有限公司、江苏省发阳水产实业有限公司、江苏银宝生物科技有限公司、江苏省银宝盐业有限公司、江苏银宝创业投资有限公司5个二级子公司的框架结构；银宝控股集团按市场化运营，对国有资产的保值增值负责，继续经营原江苏省银宝盐业有限公司业务。

“盐阜银宝”品牌创塑　2009年，“盐阜银宝”水产品商标成功注册，商标信誉度和产品美誉度逐年提高；2013年11月，商标被市工商局认定为市知名商标；2015年12月，被市质监局认定为市名牌产品，同月，被省工商局认定为省著名商标。　　（沈永龙）

海盐生产工艺——晒盐。

第17章 农业及新农村建设

责任编辑 高兰会

第一节 农业综述

2015年，农业基本现代化进程综合水平跃居苏北第一；"接二连三"工程（推进农业一产向二产、三产延生的工程）取得实效，农产品加工业产值突破2000亿元，与农业总产值比达到2:1。农民人均纯收入突破1.5万元，年均增幅10%以上；村级集体经营性收入突破10亿元，年均增幅15%以上，涌现出百万元以上经济强村160个；年纯收入不足4000元的52万低收入人口全部脱贫，省定322个经济薄弱村全部实现新"八有"目标（有群众拥护的"双强"班子，有科学合理的发展规划，有特色鲜明的主导产业，有健康向上的文明村风，有先进适用的信息网络，有高产高效的基本农田，有持续稳定的集体经济收入，有整洁美观的村容村貌）。建成农业农村信息化全国示范基地，联耕联种改革探索在全国产生影响，农村承包土地经营权确权登记颁证工作全面展开，国家级、省级龙头企业数居全省前列。城乡统筹快速推进，至年底，"十二五"期间新建改建干线公路1120千米、农村公路3800千米，社会公路总里程全省第一，村村开通客运班车；实现城乡区域供水、新农合、新农保、农村低保、被征地农民社保全覆盖；完成1.5万个自然村庄整治任务，19个村通过省"美丽乡村"验收。农村基础设施、公共服务水平不断提高，社会事业加快发展，农民生产生活条件持续改善。（周庆干）

一、现代农业

2015年，全市现代农业发展水平跃居苏北第一位；粮食高产创建，新增高效设施农业面积，农业农村信息化建设，无公害农产品、绿色食品、有机农产品新增数，秸秆机械化还田，农机化等10多项工作位列全省第一；新创成国家农业农村信息化示范基地、农产品质量安全县、休闲农业与乡村旅游示范县等国家级和省级牌子20个。全市粮食亩产481.2千克，以市为单位连续两年整体实现稻麦单产吨粮，新增盐都区、阜宁县、射阳县、东台市4个"亩产吨粮县"，至年底，加上2013年首批被认定的大丰区，全市有5个县（市、区）被省农委认定为"亩产吨粮县"。全年调减大麦、二豆等低产低效粮食面积8333.33公顷、油料面积5666.67公顷、棉花面积2.31万公顷，新发展蔬菜特经4.15万公顷，新增设施农业7066.67公顷、总规模13.17万公顷，其中新增千亩以上连片设施农业基地36个、百亩以上连片基地298个，新增设施农业基地83%以上为标准钢架大棚、连栋大棚和日光能温室，10%为防虫网、遮阳网和喷滴灌。畜牧业基本实现规模化养殖，家禽规模养殖比重92%，生猪大中型规模养殖比重66%。全市农业总产值1073.51亿元；农业增加值547.16亿元，列全国百亿斤产粮大市第二位；农民人均收入15748元，列全国百亿斤产粮大市第一位。

联耕联种 在总结推广"村社合一""镇社合一""分工协作"和"企社合作"等服务模式基础上深入推进联耕联种。全年全市夏季推广联耕联种10.25万公顷，秋季推广20.4万公顷，联管、联营比重由上年的26%提高到42%。

载体建设 推进"一县一带""一镇一园区"建设，每个县（市、区）重点打造一条现代农业示范带，每个乡镇建设一个现代农业园区。全年现代农业示范带新上项目116个，完成投资12.61亿元。至年底，全市建成各类农业园区153个，所有乡镇园区规划建设实现全覆盖，完成在111个镇区的"一镇一园区"布局，其中建成国家级现代农业园区4个，省级现代农业产业园区13个、市级现代农业园区82个。各类园区新上项目356个，总投资18.6亿元，其中省、市园区新招引入园项目202个，累计投资15.65亿元。

绿色农业 全市秸秆综合利用率提高到90%以上，实现秸秆焚烧零火点和空气环境质量优良"双第一"；全市大中型规模畜禽场畜禽粪便无害化处理与资源化利用率87%；东台市创成全省首批生态循环农业示范县，东台市弶港镇、大丰区大中镇、射阳县海通镇、建湖县沿河镇、阜宁县益林镇、滨海县滨淮镇、响水县大有镇、盐都区农村经济开发区、亭湖区现代农业产业园创成生态循环农业示范镇。农产品质量监管基本形成市县镇村"四级网格化监管"体系，建成104个农产品质量安全产地准出示范基地，建湖县、大丰区分别创成国家级、省级农产品质量安全示范县。年内，新增"三品"（无公害农产品、绿色食品、有机农产品）数400个，累计2009个。新创成中国驰名商标3件、省著名商标5件；蔬菜农药残留、畜禽产品违禁药物残留和生鲜乳监测合格率99%、99.8%、100%。至年底，盐城有获农业部农产品地理标志认证产品4个，分别是裕华大蒜、滨海白首马、建湖青虾、阜宁西瓜。

农业信息化 在全省率先建成粮食作物农情监测与指挥系统，创成全国农业农村信息化示范基地市，新建村级信息化服务分站512家，亭湖、大丰、阜宁3个区（县）

创建农业信息进村入户国家级试点县、滨海创建农业信息进村入户省级试点县。至年底，全市建成“益农信息服务社”325家，建成大田粮食、蔬菜园艺、畜禽养殖、水产养殖方面的智能农业示范点200个，农业信息化覆盖率60%。

（花　露）

建湖县农业综合开发项目区茨菰获丰收。　（周郑翔　摄）

二、资源开发

2015年，全市争取2015年度农业综合开发项目120个，总投资7.7亿元，财政资金6亿元，开发面积2.87万公顷。完成2014年度农业综合开发项目，实施高标准农田示范工程项目2.38万公顷；实施黄河故道农业综合开发项目面积6666.67公顷；实施滩涂垦区配套项目面积5000公顷；实施产业化经营项目56个，扶持农业龙头企业38个、农民专业合作社18个。立项实施2015年度国家农业综合高标准农田建设项目，总投资4.9亿元，实际建成高标准农田2.5万公顷，累计开挖和疏浚沟渠578.76千米，修建排灌电站447座、防渗渠299.69千米、输水管道42.71千米、渠系建筑物1.47万座，修筑农村道路684.04千米，新增大宗农产品生产能力粮食4022万千克、棉花156.35万千克、油料65.3万千克，蔬菜1326.6万千克。至年底，“十二五”期间，全市农业资源开发各类项目总投资34亿元，其中财政投资26.2亿元；全市农业资源开发建成高标准农田面积10.52万公顷，完成财政投资18.6亿元，总投资20亿元；扶持龙头企业和农民专业合作社230家，总投资6.7亿元，其中财政投资2.7亿元；实施黄河故道专项1.55万公顷，财政投资2.2亿元，总投资2.3亿元；完成滩涂垦区配套项目总投资5.4亿元，其中财政投资2.7亿元，改造垦区2.31万公顷；建成东台国家现代农业示范区、建湖国家现代农业示范区、盐都台湾农民创业园、大丰国家盐土农业科技园4个国家级园区；打造沿204国道建湖规模开发项目区、沿黄河故道、331省道、双新大道沿线等集中连片现代农业示范带；建成盐都区七星现代化农场、响水南河高效农业示范园、陈家港万亩林产示范园、张集浅水藕示范基地、南洋镇潭尖村蔬菜大棚示范园、黄尖镇草莓种植基地等农业基地和示范园。

黄河故道农业综合开发项目收官　年内，盐城实施2015年度黄河故道农业综合开发项目，开发面积6946.67公顷，财政投入1.3亿元。至年底，黄河故道农业综合开发项目（2013～2015）全部完成，共实施阜宁、滨海、响水3个县8个乡镇的8个项目区开发面积2.05万公顷，其中建设高标准农田1.46万公顷；完成总投资4.68亿元，其中财政投资3.9亿元。

应用项目建设管理平台　年内，盐城在全省率先应用项目建设管理平台，实现对农田、道路、桥梁的位置精确定位至米级，对项目实施过程的音像文字材料超大容量存储。平台将参与工程建设的相关单位纳入管理系统，施工、监理、招标代理、造价咨询等单位可以在线协同办公，实现农业综合开发项目管理过程全覆盖。

应用一体化智能泵站和低压管道灌溉　年内，盐城在全省率先试点应用一体化智能泵站和低压管道灌溉。一体化智能泵站集自动化控制和信息化管理于一体，具有投资少、工期短、面积小、利用率高、自动化和管理现代化等特点。管道灌溉将输配水部分埋在地下，减少占用耕地面积，提高土地利用率，减少对交通和耕作的影响，同时具有使用方便、便于控制、实现自动化、减少清淤的工作量的特点。

（周郑翔）

三、产业化经营

2015年，全市加快发展农产品电子商务，推进环城休闲观光度假圈、沿海高等级公路旅游经济带、里下河休闲农业带、204国道休闲农业带、古黄河休闲农业带“一圈四带”建设。全市建成电商平台和网店3370家，东台市被认定为国家级电子商务进农村综合示范县（市），建湖县被认定为江苏省农村电子商务示范县，东台市新街镇、建湖县恒济镇建成江苏省农业电子商务示范镇；东台市新街镇新街村、建湖县高作镇陈甲村，盐都区大纵湖镇鱼范村等14家建成省农村电子商务示范村，全市农业电子商务销售额52.5亿元。“射阳大米”成功在上海大宗农产品电子商务有限公司挂牌上市。全市新增休闲观光农业景点27个，总数245个，年综合收入24.4亿元。大丰区创成全国休闲农业与乡村旅游示范县，东台市生态苗木示范园获评全国休闲农业与乡村旅游示范点，大丰荷兰花海和盐都杨侍村获全国休闲农业与乡村旅游五星级示范企业，建湖县登达生态园、东台市仙湖农业园被认定为四星级示范企业，东台甘港村、盐都仰徐村被认定为江苏省农家乐集聚村。

“接二连三”工程　全市排定农业“接二连三”重点项目34个，总投资73.7亿元，当年完成投资35.2亿元。全年新办规模龙头企业（项目）68个，完成投资42.77亿元。全市各金融机构为新型农业经营主体，特别是农业“接二连三”重点项目实施主体授信21.4亿元，发放贷款16.94亿元。年内，亭湖区总投资10亿元的百万只湖羊养殖加工项目，当年完成投资4亿元，湖羊存栏1万只；射阳县总投资6亿元的辉山乳业全产业链项目，当年完成投资4亿元；东台市总投资5亿元的生物微藻加工项目，当年完成投资4亿元；建湖县方圆禽业有限公司与上海光明集团合作组建上海城光明食品江苏有限公司总投资6亿元项目，3年可达销售50亿元。发展农村电子商务，全市利用各类农村信息化公共服务平台、自建涉农电商平台、借助第三方平台等进行农产品销售，全市农产品电商销售突破50亿元。拓展农业功能，全市现有休闲观光农业点245个，其中农业观光采摘园65个、休闲生态农庄26个、现代农业示范园64个、农家乐主题公园3个、农家乐50多个，年接待游客700多万人次。

龙头企业　年内，省级农业产业化龙头企业净增13家，累计69家。全市年产值2000万元以上的农产品加工企业实现产值2085亿元。银宝集团、江苏北大荒油脂有限公司、大丰佳丰油脂有限责任公司、中粮肉食（江苏）有限公司等9个企业销售额超10亿元，其中银宝集团21.56亿元。江苏华大海洋产业集团股份有限公司、江苏富安茧丝绸股份有限公司、盐城温氏畜牧有限公司、江苏农垦麦芽有限公司等15个企业销售额超5亿元。推进农产品加工集中区建设。建湖县农产品加工集中区被农业部认定为国家级农业产业化示范基地，大丰区木材产业园被省农委认定为省级农产品加工集中区，至年底，全市省级以上农产品加工集中区8个。全市68个新办规模龙头企业中有18个落户在农产品加工集中区。年内，省级以上农产品加工集中区进区项目197个，其中国家级龙头企业8个，省级龙头企业23个，上市企业3个。

农民专业合作组织　全年全市新增农民专业合作社576个，总数9603个，有1644家农民专业合作社列入政府优先扶持名录。市本级有21个农民专业合作社申报省级财政扶持项目，全市有300个农民专业合作社申报市级财政扶持项目。开展国家级、省级和盐城市级示范社的申报监测工作，全年全市争创省级示范社53个，认定市级示范社302个。至年底，全市省级以上示范社235个，其中国家级72个；市级示范社537个。参与交易会和展销会。12月17～18日，全市12家合作社理事长参加第二届江苏品牌农资暨农技成果（南京）交易会；12月25～27日，全市35家农民专业合作社、150多个产品参加省九届农民合作社产品展销会，获得23个奖项。

“一村一品”　全市新培育“一村一品”（一个村拥有一个主导产品和产业）专业镇村57个，其中新增“一村一品”专业镇6个，专业村51个。年内，射阳县洋马镇药材村（菊花）、东台市富安镇（干桑蚕茧）、大丰区大中镇恒北村（早酥梨）、响水县张集社区韩荡村（浅水藕）、盐都区楼王镇（异育银鲫）3个镇2个村被评为全国“一村一品”示范村镇，大丰区南阳镇城乡村等11个村镇被认定为省首批“一村一品”专业示范村镇。至年底，全市建成“一村一品”专业村601个，专业乡镇44个。　（周庆干）

四、农产品市场流通

2015年，全市农产品出口额1.65亿美元。1月30日至2月1日，全市16家名特优新农产品生产经营企业的105种产品参加首届江苏优质农产品（南京）展销会，现场销售近60万元。6月，盐城名特优农产品在上海市级机关食堂进行为期3周的展示展销；6月30日，在上海举行盐城绿色农产品（上海）新闻发布会，全市108个企业的217种绿色优质农产品现场展示。全年全市在上海设立直销门店800多家，进上海农产品销售107亿元。至年底，全市供销系统商品销售总额896亿元，农副产品收购额475亿元，实现利润1.8亿元。

供销平台　年内，全市供销系统推进农产品市场建设，响水灌江农产品市场一期主体封顶，射阳富民市场三期万吨冷链项目推进之中，大丰苏农国际成为苏北规模最大、经营农资农机品种最多的专业化市场。实施“互联网+”工程，发展农村电商和农产品电商，市直新易电子商务公司上线营运，县级上线运行电商公司有18家。其中，阜宁县供销社参股创办的江苏绿通电子商务公司，以“大瑭”品牌为支撑，走产业电商之路；东台市供销社得到714万元国家财政发展农村电子商务专项扶持资金。全年创办供销合作社家庭农场等新型经营主体52个，建设新型为农服务基层组织30家，创办各类农民专业合作社80个，培育省级以上示范专业合作社20个，培训农产品经纪人3672人次。至年底，全市供销合作社系统有县级社9个、基层社118个、企业135个、兴办农产品市场30个、经营网点超过6000个；有各类农民专业合作社1174个，其中国家农民合作社示范社10个、全国基层社标杆社17个；建成营运农批市场14个，其中大中型市场5个，年交易额110亿元；培育各类连锁经营流通龙头企业43个，连锁配送中心105个，连锁经营销售额86亿元，其中供销社系统30多家5000平方米以上的大卖场和60多家1000平方米以上的镇村超市均设立生鲜区。年内，市供销社系统王青、陈瑞华2名经纪人和“星云”“大瑭”2个商标被评为全国百强农产品经纪人、百佳农产品品牌。

供销服务　年内，全市供销系统新建提升二星级以上为农服务社108个，至年底，全市有为农服务社2077个，基本实现全市行政村全覆盖。加强与大型农产品加工企业合作，实施订单农业种植6666.67公顷。创新农村合作金融服务，创办农民资金互助合作社6家，入社社员4000多户，年投放互助金超过2亿元。组团参加2015海峡（江苏）名优农产品展销会，签订采购意向合同30个，签约金额超14亿元。秸秆综合利用列入市人大1号议案，全系统领办参办秸秆专业合作社79家，年秸秆收购加工销售总量90万吨。成立全市禽蛋产销协会，组织品牌化销售鸡蛋10万多吨。探索农机作业服务、开展植保农技服务、推进订单农业服务，全系统建成农机（植保）专业合作社30多家，有大型拖拉机数百台套，签约纳入统一管理服务的社会机具2000多台套，联耕联种服务及种植托管农田面积1.63万公顷。

供销改革 年内，市供销社制定综合改革工作实施方案，召开全系统深化综合改革动员部署会、综合改革试点现场推进会，与市委农办联合举办全市深化农村及供销社综合改革政策培训班，为各镇（街道）党委或政府分管负责人、农经中心负责人等进行深化农村及供销合作社改革、“三农”政策等方面辅导授课。采取“供销社+涉农部门+村两委+专业合作社”的形式，创办东台市东时为农服务合作联社，创造“时堰模式”，核心是“党委政府主导、供销合作社领办、涉农组织参与、社村合作共建”。各县（市、区）社加快推进复制推广“时堰模式”。盐都区供销社、滨海县供销社等开展镇社、社村共建，创办新型为农服务组织，推进服务规模化。年内，盐城市供销社综合改革试点的做法及成效在全国供销总社现场会上作经验介绍。

承办第十七届（2015）江苏农业国际合作洽谈会 9月11~13日，第十七届（2015）江苏农业国际合作洽谈会在盐城举行。至此，已在盐城连续举办三届。农业部副部长于康震，省委常委、副省长徐鸣等领导参加开幕式，并视察展示展销现场。美国、加拿大、巴西、法国、英国、德国等54个国家与地区的500多名境外客商参观洽谈，现场销售额285万元。期间，洽谈签约合作项目50个。其中，外资投资项目15个，协议投资额1.88亿美元；内资投资项目23个，协议投资额66.86亿元；贸易类项目8个，协议贸易额3330万美元；技术合作类项目4个。

承办第十七届全国肥料信息交流暨产品交易会 10月14~16日，第十七届全国肥料信息交流暨产品交易会在盐城举办，这是农业部首次在非省会城市举办该交易会。全国各地31个代表团近5000人参加会议，参展企业280家、科研教学单位20家，展出面积1万多平方米，现场交易额9.75亿元。 （花 露 肖太高 荣海勇）

五、农业机械化

2015年，全市新增大中型拖拉机3397台、联合收割机3495台、水稻插秧机2533标准台、大中型秸秆粉碎还田机1643台，粮食烘干机367台，高效农业新机具5077台（套）。三麦、水稻机收率99.8%、95%，水稻机插面积24.54万公顷，机插率75.5%，水稻机械化种植率83%，全市基本实现玉米生产机械化。

农机跨区作业 全年免费发放跨区作业证6635份，组织参加跨区作业联合收割机1.29万台次、插秧机4956台，实现跨区作业收入8.2亿元。全市903个农机合作社、10.5万个农机户全面落实机械化作业服务协议，夏秋两季投入作业联合收割机3.35万台次、插秧机2.45万台次、大中型拖拉机4.35万台次。参加跨区作业的所有机手加入“平安农机通”信息服务网，并免费发放“双优加油卡”。

农机合作社建设 全市新增农机合作社114个、总数903个，培植规范化农机合作社124个，有52个家庭农场规范配备农机装备，入社社员7.24万人，农机户入社率54.6%，合作社作业面积占比50%。农机合作社累计流转土地2.46万公顷，服务农户113万户。组织实施省、市农机服务体系建设项目32个，争取扶持资金350万元。年内，民生银行、邮政储蓄银行落实合作社贷款3950万元。

秸秆机械化还田及综合利用 全年市县联动组织召开秸秆机械化还田现场推进会议近20场，举办各类培训152期，培训人员1.65万人次。全市实施省级秸秆还田补助资金1.58亿元，各地用于对秸秆机械化还田资金8416.55万元。全市夏秋两季进行还田作业大中型拖拉机及配套的还田机5.2万台（套），完成秸秆机械化还田面积59.69万公顷，总还田率72.3%。在射阳县开展农机深松整地项目试点，完成深松面积666.67公顷。

农机安全监管 全年上报农机道路外发生人身伤亡事故39起，死亡6人，重伤15人，没有发生重特大恶性事故。拖拉机新发牌证3250台，年检1.66万台，驾驶人考核发证1483人次，落实安全责任主体2.36万人次；联合收割机新发牌证3541台，年检6861台，驾驶人考核发证1064人次，年度审验6946人次。平安农机通在网数2.83万户，农机政策性保险惠及农机手1.55万人。开展“平安农机”创建、农机安全检查整改专项行动、农机安全踏田进村服务活动和“平安农机示范合作社”创建活动，排除整改安全隐患1795起。

农机扶持政策实施 全年使用中央和省农机购置补贴资金3.07亿元，连续两年农机总投入超10亿元，列全省第一位。全年补贴插秧机、大中型拖拉机等各类农机具2.01万台（套），受益农户1.12万户。 （夏正容）

六、农业科技创新

2015年，全市示范推广农业新品种78个，新技术35项，农业良种覆盖率90.5%，主推技术应用率95.2%，农业科技贡献率65%。全年获得市级以上（含市级）科技成果26项，其中获省农业技术推广一等奖2项、二等奖4项、三等奖3项；获省农业丰收一等奖4项、二等奖2项；获市科技进步一等奖、二等奖和三等奖各1项；获得国家实用新型专利证书1份，制定江苏省地方标准2个。全市新增新型职业农民5.23万人，其中认定新型职业农民3821人。至年底，市农科院有部级科研平台7个，新获省教育厅批准设立江苏省研究生工作站1个，成立挂牌江苏省果树品种改良与繁育工程中心盐城市仰徐现代农业科技有限公司分中心。年内，市农广校与盐城生物工程学校联合建立的教学基地，被表彰为全省农民培训工作先进单位；“三点”（首席专家指点、农技人员挂点、业务团队建点）工作法被评为2015年度市级机关“十大创新服务举措”；市农科院在省以上专业杂志上发表论文69篇、其中SCI上发表论文5篇，出版专著《江苏沿海特色盐土农业技术》1部，有5篇论文

(专著)获盐城市2013~2014年度自然科学优秀学术成果二等奖1项、三等奖4项。

科研立项　市农科院组织申报各级各类科研项目161项,有77个项目获准立项,并首次主持国家科技支撑计划项目、国家自然科学基金项目、国家星火计划(重点项目)项目。主持国家现代农业产业技术体系1项、国家星火计划(面上项目)6项,江苏省自然科学基金项目1项,水稻、油菜、甘薯学科成为江苏省农科院重点学科,大麦学科、盐土农业学科成为江苏省农科院预培育学科。全年项目合同经费3792万元,新上合同经费1606万元,到账经费1095万元。

科研成果　全年市农科院有5项科研成果获奖,其中"优质高产抗病广适两系杂交水稻盐两优888选育与应用"获江苏省农业科学院2014年度科学技术奖一等奖、"光温敏两用核不育系盐582S及其两系杂交稻盐两优888选育与应用"获盐城市2014年度科学技术奖特等奖、"农业废弃物资源化利用技术研究及推广"获盐城市2014年度科学技术奖一等奖、"海涂盐土农业产业链研发与创新"获2015年中国产学研合作创新成果奖一等奖、"油菜轻简高效配套栽培技术集成与应用"获市厅级成果推广奖一等奖。推荐的28个新育成的稻、麦、棉、油、蔬菜、特经作物等新品系参加各级中间试验。其中,蔬菜室和经作室有4个新品种通过省农作物品种审定委员会审定(鉴定);有7个农作物新品种申请品种权保护;有6个农作物新品种获品种权保护;油料室育成的"盐油杂3号"获准江苏省主推品种,获准盐城市主推品种和技术3个。全年市农科院有3个项目通过省级标准审查,6个项目通过市级标准审查,有2件产品被省科技厅认定为高新技术产品,申请国家专利16件,获得国家授权专利6件,有1件专利被盐城市政府评为发明专利银奖。

科技服务　年内,市农科院创建高水平农业科技示范基地8个,打造农业科技镇、村7个,培育农业科技示范户1000多个,帮办家庭农场6个,创办规范化农业科技服务站5个。加强盐城市仰徐现代农业示范园区建设,提升园区的示范辐射功能效应,仰徐园区创办的江苏省农村科技服务超市盐城经济林果分店通过省科技厅牵头的江苏农村科技服务超市分店验收。7月2~3日,省委书记罗志军、省委常委、秘书长樊金龙到市农科院科技服务项目核心展示区——盐都区大冈镇佳富村视察,肯定佳富村依托农业科研单位,集成推广农业"三新"(新品种,新模式,新技术)技术,服务"三农"工作取得的成绩。　(邓　晔)

七、农业行政执法

2015年,全市深化农业"六五"普法活动,全年组织参与各类法治宣传集中行动65场次,发放各类宣传手册、资料和明白纸9.6多万份,悬挂标语横幅319条,发放磁带光盘200余张,展示各类展板3000多块(次),接待群众咨询3.3万人次。

农业行政许可服务　实行"一线通"服务模式,将受理环节和现场勘察环节合并,简化审批流程,缩短审批时间。全年市本级办理行政许可事项11项,其他行政审批事项3380件。健全完善行政权力清单制度,精减、归并、下放和备案管理行政权力事项234项,保留41项,完成承接省下放行政审批事项2项。规范政务信息公开,省、市农委门户网公开各类农业法治和农业政策信息60多条,受理各类信息公开申请5件,办理市长信箱15件、主任信箱7件,"12345"政务热线工单33件,答复率100%。

农资打假　开展春季百日行、夏季百日行、农产品质量执法、农资双打、农药市场、秋冬季农资市场等农资打假专项行动。全年立案查处各类农资违法违规案件197起,货值金额3632万余元。其中,市本级立案查处22起,移送公安机关追究刑事责任大要案件2起,被省农委确定为大要案件2件,为农民挽回直接经济损失1450万元;查获违法农用物资284.5万千克,受理农业生产纠纷调处42起(其中市本级6起),协议赔偿金额216万元。

农业执法监督管理　推进行政处罚事项网上办理,打造农业行政执法办案"333"服务品牌,具体为严查上一级进货环节、本级经营环节、下一级销售环节3个关联环节,针对违法行为发生的阶段不同,分别采取预警提示、警告整改、立案查处3种处理方式,根据当事人的违法后果,依法追究行政责任、民事责任、刑事责任3种违法责任。全年办理行政处罚案件27件。年内,全市选送评比的农业行政处罚办案卷宗,1份被评为全国优秀案卷、4份被评为省级优秀案卷。　(马　军　张文进)

农业司法鉴定　全年司法鉴定所承接司法鉴定咨询、委托案件57起,全年完成业务40万元,创造效益26万元,采信率100%。司法鉴定所研究员顾双平被省司法厅评为全省司法鉴定行风建设先进个人。

第二节　种植业

2015年,全市粮食面积98.11万公顷,粮食总产70.8亿千克。全市建成粮食高产增效创建万亩示范片136个。其中,建湖县钟庄街道水稻万亩片攻关田亩产809.5千克、首次突破800千克。

种子产业　市农委加强技术攻关和新品种引进筛选,加快良繁技术和农作物新品种推广。年内,"盐城水稻种子"被国家工商总局认定为中国地理标志商标,这是全国唯一的水稻种子地理标志商标,标志着盐城市成为国内最具知名度和最具竞争力的水稻制种基地。全年全市5家种子企业获得省级现代种业资金扶持1300万元;大丰区杂交水稻种子生产基地建设获中央财政支持3000万元。

肥、药"双减"行动　推进农药和化肥减量使用,全市农药使用量同比减少11%、高效低毒低残留农药占比75%,植保统防统治占粮食作物重大病虫防治面积55%以上,化肥利用率提高0.5%、使用量减少3%。至年底,全市建成国家级耕地质量监测点2个、省级耕地质量监测点43个、市级耕地质量监测点86个和县级耕地质量监测点129个,全年测土配方施肥推广应用1720万亩次,实现所有农户、全部耕地、主要作物的全覆盖。

防灾应急　以开展“千名农技人员挂钩到村”服务活动为载体，强化技术指导和服务，做到政策落实、组织发动、预测预警、技术指导、统防统治和督促检查六到位，先后成功应对小麦赤霉病防控、秋熟后期病虫害防治，以及入梅持续暴雨、第9号台风、第13号台风、秋收秋种连阴雨等恶劣天气应对影响。全市小麦赤霉病防控1114.78万亩次，平均亩防治2次；水稻穗期病虫防治总体战防治1301.36万亩次，平均亩防治2.32次。（陆　叶）

第三节　林　业

2015年，盐城继续加大高效林业建设，成立盐城市林业科学研究所，引进东方杉，弗吉尼亚栎，速生白蜡，滨梅等一批耐盐树种并进行培育试验，江苏沿海盐碱地造林新技术研究与推广项目获得江苏省人民政府农业技术推广二等奖。拓植桑果经济林，有成片果园2.7万公顷，全年果品总产量52.8万吨，实现果品产值23.6亿元。扩大花卉苗木基地的建设规模，有花卉苗木保存面积1.47万公顷，实现花卉销售11.7亿元。发展蚕桑养殖业，全年发放蚕种59万张，有桑园1.43万公顷，桑园综合利用产值1.6亿元。

一、蚕桑养殖

2015年，全市在蚕桑、蚕种生产方面进行新型机械化治虫方式、蚕种生产省力化、方格蔟自动上蔟创新；多次养蚕、蚕室蚕具实施统一消毒，创新原蚕稚蚕人工饲料育方式；开发与使用选蛹机、削茧机，使用蚕座消毒电动喷粉机，对比应用不同材质（木质、纸质）方格蔟具；实施蚕种生产室内环境智能化控制，智能化蚕室种茧育，机械化管护桑园；使用优质蚕品种“野三元”，氯虫苯甲酰胺桑园治虫。全年全市发放蚕种59万张（含社会发种量），占全省总量的50%；生产蚕茧47万担，全年蚕茧价格平均每千克38.96元，比周边地区每千克高4元左右，蚕茧产值9.2亿元；全市有桑园1.43万公顷，桑园综合利用产值1.6亿元。年内，蚕桑高效安全技术集成与推广项目获江苏省农业技术推广奖三等奖。

二、林业防害

2015年，全市设立固定监测样地151个、临时样地148个，专兼职监测调查人员231名，发布病虫情报89期3.72万份，全市应实施调查监测面积为每次120.9万公顷，实际监测面积为每次127.94万公顷，林业有害生物监测覆盖率100%。提高森林病虫害防控意识，制作专题电视片17期，发放病虫情报3.72万份，宣传手册送达到户20多万份。全年全市林业有害生物发生面积1.78万公顷，其中杨树溃疡病139.33公顷，草履蚧49.53公顷，桑天牛157.33公顷，舟蛾2239.4公顷，美国白蛾1.24万公顷，其他虫害2720.8公顷。其中，美国白蛾发生区有所扩大，涉及亭湖、盐都、射阳、建湖、阜宁、滨海、响水7个县（区）91个乡镇1238个村，发生面积2.1万公顷，受害株数48.61万株，比上年增加7个乡镇138个村694.13公顷。

三、林业执法

2015年，盐城加强林政资源管理，坚持采伐限额管理的森林采伐制度。6月，根据《江苏省林业局关于开展全省“十三五”期间年森林采伐限额编制工作的通知》的要求，更新全市森林资源现状，测算全市林木蓄积量，编制全市“十三五”森林采伐限额统计表。至年底，全市森林覆盖面积32.63万公顷，全市林木蓄积量1130万立方米，林木覆盖率26.10%。11月，举办林木采伐管理培训班，各县（市、区）林业主管部门、重点乡（镇）等从事林木采伐管理工作150余人参加培训。全年全市未发生一起超限额审批和发证事件。加强林地管理，加强现场勘察，提高现场核查率，加强督查和跟踪检查，防止不批违占、少批多占等违法行为的发生。先后组织“利剑二号行动”“护蛙2015”专项行动以及集中打击破坏森林和野生动物资源违法犯罪等专项行动，查处各类林业行政案件155起，有157人受到林业行政处罚，林业执法人员出动1589人次，清理整治各类市场141个，收缴鸟类等野生动物826只、青蛙3.13万只，行政处罚30人，清除非法猎捕野生动物窝点43处，收缴、销毁非法猎捕工具1000余件。

四、野生动植物保护

2015年，利用2月2日“世界湿地日”、3月3日“世界野生动植物日”、4月21～26日“爱鸟周”和10月“野生动物宣传保护月”活动，在全市范围内开展野生动物保护宣传教育活动。全年发放《江苏省野生动物保护管理文件汇编》1000本、《野生动物保护法律法规文件选编》3000本、《盐城滨海湿地常见鸟类》5000份、保护鸟类和野生动物保护倡议书各3000份。加强野生动物疫源疫病监测和防控体系建设，防范候鸟禽流感等重大野生动物疫情，全年全市没有发生禽流感等野生动物疫病。开展野生动物救护工作，全年救治受伤或病危的野生动物41只，其中国家一级保护野生动物梅花鹿1只、蟒蛇1条。加强野生动物资源保护，开展执法检查和清理整顿，加强和规范对野生动物的驯养繁殖、经营利用的监管，规范野生动物及其产品的养殖和经营利用行为。组织全市的森林警察和野保工作人员开展“护蛙2015”专项行动以及集中打击破坏森林和野生动物资源违法犯罪等专项行动。全年全市接到举报电话20多个，协助查处野生动物案件22起，捣毁非法猎捕野生动物窝点35处，收缴并销毁非法猎捕工具500余件，涉案人员22人，金额34.71万元。

第四节　园艺业

2015年，盐城市新拓果园466.67公顷，新植果树200万株（含散生果树120万株），改造低产果园400公顷，至年底，有成片果园2.7万公顷（其中露地栽培面积2.45万公顷、设施栽培面积2466.67公顷)，全年果品总产量52.8万吨，其中优质果95%，实现果品产值23.6亿元。新增花卉苗木生产基地733.33公顷，花卉苗木保存面积1.47万公顷，实现花卉销售11.7亿元。至年底，全市有果树生产企业56个、花卉生产企业102个，从业果农10万多人、花(药)农6.5万人，果品批发市场12个、花卉批发市场46个，果品经纪人600多人、花卉经纪人1200多人。全年新引进果树新品种22个、花卉新品种30多个，推广省力化栽培、设施栽培(梨棚架栽培，葡萄限根栽培，葡萄、草莓大棚促成栽培)、简化修剪(葡萄H型整形和短枝或极短枝修剪，桃长梢修剪)、人工授粉、果实套袋、防鸟网应用、果园机械、果园生草、有机物覆草、低产果园更新改良、花卉温室栽培、苗木容器栽培等配套使用技术32项。年内，创建省级水果标准园15个，获评省农业技术推广奖2个，其中一、二等奖各1个，实施市级"企会协作"项目6个。至年底，全市注册果品类商标32个，其中"以勇"牌葡萄获市级知名商标；获中国地理标志商标2个；获各级优质水果奖190多个(次)；经国家权威机构认定认证的果品类"三品"(无公害农产品、绿色食品、有机农产品)产品50多个；6个产品获评江苏消费者最喜爱的绿色食品，6个果树企业加入江苏省放心吃网。继续推进百万亩供沪蔬菜基地建设，拓展产品销售途径，全市蔬菜园艺播种面积475.6万亩次，总产量1342.5万吨，总产值207.8亿元。推进"菜篮子"工程永久性蔬菜基地建设，全市16个"菜篮子"工程永久性蔬菜基地新增面积3266.67公顷，总面积1.33万公顷，规划区域内设施比重80%以上，建成标准钢架大棚7933.33公顷，连栋大棚面积1066.67公顷，日光能温室266.67公顷，防虫网、遮阳网、喷滴灌等生态栽培面积2066.67公顷，每个基地均配备育苗中心。东台三仓等10个基地建成面积均超万亩。推进29个省级蔬菜标准园创建工作，实施3个部级标准化创建项目。健全农药管理制度、生产档案记录制度、产品检测与准出制度，全面应用生态栽培技术，开展品牌创建，推进质量安全追溯系统在标准园中的应用，蔬菜标准园建设水平显著提高，"三品"覆盖率、产品抽检合格率100%。　（武世清　王丽萍）

盐都区秦南镇美满村养鸡场。

第五节　畜牧业

2015年，全市生猪存栏502.88万头，出栏904.25万头；家禽存栏1.16亿只，出栏1.91亿只。肉、蛋总产量为98.2万吨、110.05万吨；全市畜牧业总产值298亿元。

生态规模养殖　组织实施畜牧生态健康养殖示范创建活动，以辉山乳业全产业链项目建设为支撑，重点实施奶牛养殖倍增计划；以中粮肉食为依托，加快打造盐城百万头生猪养殖、屠宰、加工、销售产业链；以悦达夏林肉鸡项目建设为支撑，加快打造亿羽肉鸡养殖、屠宰、加工、销售产业链。全年出栏生猪50头以上的规模养殖场1.2万个，生猪规模养殖比重86%；家禽规模养殖户1.12万户，规模养殖比重92%；奶牛饲养量2.64万头。新建农业部畜禽标准化示范场2个，创成省级生态健康养殖示范基地(场)35个。至年底，全市建成国家级畜禽标准化示范场18个，省级生态健康养殖示范基地(场)564个。

重大动物疫病防控　开展动物防疫春季集中防控行动、夏季高温大消毒和补防行动、秋冬季免疫突击月行动，实施产地检疫报检制度，建设有独立建制机构、有固定工作场所、有基本服务手段、有定编专业队伍、有稳定财政保障的"五有"乡镇畜牧兽医站。全年累计免疫注射使用高致病性禽流感疫苗8790万毫升，牲畜口蹄疫疫苗1952万毫升，猪瘟疫苗1640万头份，高致病性猪蓝耳病疫苗887万头份；累计出具动物A证7827份，动物B证6.4万份，产品A证2.17万份，产品B证41.28万份；至年底，响水、大丰、建湖3个县(区)的22个乡镇都建成"五有"兽医站。

畜产品质量安全　年内，市农委打造"畜产品质量安全360"服务品牌，稳步划转全市生猪屠宰管理职能，开展兽药专项整治，强化"瘦肉精"监测，保障全市畜产品质量安全。全市畜禽产地检疫报检检疫率、定点屠宰检疫率、检疫不合格动物及动物产品无害化处理率均为100%。全年清理关闭不合格屠宰场(点)35个；检测"瘦肉精"样品18.79万份，其中屠宰环节9.72万份，养殖环节9.07万份，未发现一例阳性样品。在全省率先举办"寻找最美乡村兽医活动"，12月，在江苏省"寻找最美乡村兽医活动"中，盐城市推荐的3名兽医中1人当选"江苏省最美乡村兽医"，2

人获“江苏省最美乡村兽医”提名奖。

（葛建东　刘靖清　周魏明）

第六节　渔　　业

2015年，盐城市水产养殖面积12.98万公顷，其中淡水养殖7.66万公顷、海水养殖5.32万公顷，实现水产品总产量116.8万吨、渔业产值252.1亿元、渔业经济总产值414.2亿元。组织实施百万亩沿海现代渔业产业带建设，完成投资13.4亿元。新建和改造标准化池塘1.01万公顷，新建东台光亚、昀汇、赐百年工厂化养殖10万平方米，新建物联网基地8个，黄沙港中心渔港通过农业部渔业渔政管理局专家验收，水产良繁基地及黄沙港水产品交易市场配套设施建设基本完成。年内，东台光亚公司、赐百年公司新建成水产品加工厂房6.2万平方米，江苏海天完成4500平方米工厂化育苗室配套提升，大丰港区紫菜深加工集中区新建江苏理想、美佳佳、东尚诚品、大川食品公司4条紫菜二次加工生产线，江苏银宝控股集团新成立盐阜银宝发展公司开拓水产品销售网络体系。全年新增高效设施渔业面积3167公顷，全市累计建成高效设施渔业面积3.49万公顷。新创东台市方东海水养殖园区、大丰区三龙现代渔业园区、盐都区楼王现代渔业园区、射阳县农牧渔业总公司现代渔业园区、阜宁县马家荡现代渔业园区、建湖县沿河现代渔业园区6个市级现代渔业园区。至年底，全市建成省级精品园5个、省级示范场（基地）8个、市级现代渔业园区30个。

一、水产养殖

2015年，盐城市198家水产品苗种繁育场（其中省级原良种场14家、市级苗种场14家）繁育鱼苗22.3亿尾、虾苗99.9亿尾、河蟹大眼幼体62.1万千克、扣蟹48.1万千克、贝苗3亿粒、紫菜苗2.8万贝壳。示范推广池塘工业化生态养殖系统项目，攻关鲫鱼、草鱼、加州鲈、斑点叉尾鮰等循环养殖技术，建成水槽面积1.1万平方米。实施渔业科技入户工程，全市9个县（市、区）落实渔业科技入户指导专家61人、指导员152人，发展养殖示范户3500户。开展渔民职业技能培训，全年培训职业渔民4200多人。加快渔业合作经济组织发展，新发展渔业专业合作经济组织48个，累计523个，入社渔业户2.3万户，合作经济组织的规模养殖面积达到5.21万公顷。扶持渔业专业大户、家庭渔场等建设，新增家庭渔场105个。

二、水产市场

2015年，盐城市新、扩建水产品加工规模企业3家，至年底，全市有水产品加工企业219家，其中规模加工企业78家。全年完成水产品加工量63.1万吨，加工产值82亿元。新增水产品批发市场2个。至年底，全市有各类水产品批发市场59个，其中专营水产品批发市场16个。在全国设立水产销售专区、专柜68个，有渔业经纪人1.39万人，年交易量45.1万吨、交易额51.2亿元。建成水产电子商务平台20家，销售额超1.5亿元。年内，“大纵湖”大闸蟹、建湖“冠华”青虾等水产品在苏宁易购“江苏优质水产品”电商平台上线；盐都区被评为全国大闸蟹电子商务示范县。

三、标准化与品牌渔业

2015年，盐城市新建和改造标准化池塘1.73万公顷，标准化池塘面积达8.33万公顷。建设物联网应用基地14个，涉及面积1466.66公顷。全年备案企业标准5项，累计制定省、市级地方标准6项、备案企业标准48项。建成市级标准化示范区6个，创建省级水产品示范基地2个，创建部级水产健康养殖示范场2个、累计市级以上标准化示范区43个。全市20家水产品加工企业通过ISO 9000系列质量标准认证，15家水产品加工企业施行HACCP（危害分析和关键控制点）管理模式，创建省级水产品出口示范基地6个。年内，市海洋渔业局组织和协助企业举办30多场次优质水产品推介活动，组织企业参加6场次农洽会、渔博会等，“宝龙”龙虾获得中欧“10+10”互认地理标志产品，大纵湖大闸蟹获批中国地理标志保护产品。全市10个水产品有绿色食品标志，1个水产品获有机认证，140多个水产品注册商标，65个单位的水产品被评为市级以上各类优质、名牌农产品。

四、水产品质量安全

2015年，盐城市开展水产苗种专项整治、养殖执法专项整治等执法行动，出动执法检查人员1244人次，检查生产企业及养殖户662个，发现隐患问题30个，下发整治通知书30份，立案13起，结案13起。完成585个各类水产品抽样送检和204个产地环境例行监测任务。其中，完成农业部32个无公害产地水产品、20个海洋捕捞水产品、60个市场风险监测水产品以及115个贝类样品监测抽检任务；完成省海洋与渔业局产地水产品监督抽检样品353个（指定抽样234个、自行安排119个）、苗种专项3个、市场跟踪样品2个，完成水产品产地环境抽检点204个。经省海洋与渔业局通报，盐城市场风险监测水产品总体合格率93.3%，产地产品合格率99.2%。全市建成水产品质量快检室48个、快检点139个，省海洋与渔业局下达盐城市水产品药物残留快速检测任务4000个，完成4053个，完成率101.3%，未发现疑似阳性样品。至年底，全市新认证无公害水产品19个、总数372个，新认定无公害水产品生产基地3333公顷，累计建成无公害水产品生产基地面积12.22万公顷。

（陈卫中）

第七节　特　　产

一、特色产品

合成昌醉螺　3月20日，第二批江苏省非物质文化遗产生产性保护示范基地名牌公布，盐城合成昌食品有限公司凭借“合成昌醉螺制作技艺”被评为江苏省非物质文化遗产生产性保护示范基地，这也是盐城唯一一家被命名的传统手工技艺类单位。据《伍佑志》记载，清光绪年间，合成昌酱园师傅潘长珍博采众长，探索并改进自家酱园的醉螺糟卤配料比例，经他醉制的泥螺形成自己独特的口味。1929 年，合成昌醉螺曾获得江苏地方物品展览会奖章；1938 年，获得全国物品展览会优胜奖；2008 年，在首届百珍堂杯"盐城八珍"特产征集评选活动中获评"盐城八珍"金字招牌。"合成昌醉螺制作技艺"，在秉承传统制作精髓的基础上，融入现代新工艺，在脱沙、保鲜、食用、储藏、包装等方面，进行较大改进。2011 年，经江苏省非物质文化遗产保护工作专家委员会初评、第三批省级非物质文化遗产名录评审委员会审议，"合成昌醉螺制作技艺"入选第三批省级非物质文化遗产名录推荐项目名单。

张庄威肴藕粉圆 4 月 12 日，中央电视台《城市 1 + 1》栏目走进张庄威肴藕粉圆生产基地，向全球展示和推广盐城地方特产文化名片。威肴食品厂成立于 1996 年，位于盐都区张庄街道，其威肴藕粉圆以纯天然无公害荷藕为原料，经过备料、搓馅、烫制、做汤等多道纯手工工艺制作而成，其配方等关键技术获国家专利，先后获评盐城市旅游特色商品、盐城市十大旅游产品、"盐城八珍"，并被列入盐城市首批非物质文化遗产保护名录项目。

三虹有机大米获国际有机食品博览会金奖 6 月 12 日，建湖三虹有机大米获第九届中国国际有机食品博览会金奖。三虹有机稻米基地隔离条件优越，选用"越光""南粳 46""南粳 5055"等优质品种栽培，组装生态、生物、环保等有机栽培技术，通过稻鸭共作、稻鱼共生、杀虫灯杀虫、种植绿肥、施用农家肥等技术手段，确保不使用任何化学投入品，曾获评中国稻博会金奖、省名牌农产品、市十大绿色生态产品等。2010 年，三虹有机稻米生产基地被评为国家级第七批农业标准化示范项目；2012 年，创成国家农业标准化示范区。

大纵湖大闸蟹获批中国地理标志保护产品 9 月，盐城大纵湖大闸蟹正式获批成为中国地理标志保护产品。大纵湖地处苏北腹地，水网密布，资源丰富，出产的大闸蟹以壳青肚白、蟹黄丰满、肉质鲜美著称。在 1910 年，获南洋劝业会金奖；2003 年，获上海推介会金奖，江苏优质大闸蟹香港推介会金奖；2005 年，被国家认定机构认定为绿色水产品；2013 年，大纵湖被中国河蟹协会认定为"中国河蟹之乡"；同年，通过有机食品认证。有"陈长荣""纵湖 · 御品""渔琪""蟹王"等大闸蟹自主品牌，四海香、御品、纵宝等河蟹加工龙头企业。4 月 12 日，中央电视台《城市 1 + 1》栏目走进陈长荣大闸蟹大纵湖养殖基地，采访拍摄大纵湖淡水养殖螃蟹基地和"纵宝牌"醉蟹的制作工序。

果老首乌 11 月，果老首乌首次突破滨海白首乌不能多年生长的种植历史，成功培育出多年生长的白首乌。滨海白首乌又名首乌、白首乌、何首乌，滨海黄河故道入海口冲积的沙质土壤，黄海侵蚀性海岸形成上淡下咸的阴阳水系，是适合白首乌生长发育和优质高产得天独厚的自然环境，至今已有 200 多年种植历史，先后获得国家工商总局、国家质量技术监督局、农业部 3 项地理标志产品认证，通过国家卫计委新资源食品许可。

2015 年全市中国地理标志保护产品

表 17 - 32

序号	中国地理标志保护产品	获批时间
1	射阳大米	2008.5
2	滨海白首乌	2009.4
3	东台发绣	2009.6
4	阜宁大糕	2010.3
5	大丰东沙紫菜	2014.4
6	盐城海盐	2015.3
7	大纵湖大闸蟹	2015.9

二、展销推介

2015 年，市特产商会组织开展盐城特产展销推介活动，关注食品安全。1 月 30 日，组团参加首届江苏优质农产品（南京）展销会；2 月 1 日，在盐城宝龙城市广场推荐地方特色品牌"乔家棉依"；3 月，支持会员单位陈氏食品和果老首乌在阿里巴巴、天猫商城、淘宝网上开设运营食品专营店，发展电子商务、拓展产品销售市场；4 月 15 日，组织会长单位代表参加放心消费网上行活动，三禾食品儒家优生活网作为活动现场代表作出公开承诺；8 ~ 11 月，在南京、上海、深圳、北京、中国澳门、中国香港及韩国等地举办大纵湖大闸蟹推介会；9 月 11 日，组团参加第 17 届江苏农业国际洽谈会，并协助商会顾问单位盐城市供销合作总社成立市禽蛋产销协会，推广"盐城鸡蛋"品牌；10 月 30 日，组织会长单位参加盐城农产品电商品牌峰会，现场与盐阜大众报报业集团"报团购"签订战略合作协议，帮助会员单位发展电商拓展市场。宣传推广食品安全知识。6 月 16 日，参加全省各地同步举行的食品安全宣传周活动，会同市食品安全监管部门、农委和出入境检验检疫部门及相关单位将食品安全知识送进社区基层，服务居民群众；9 月 30 日，联合盐阜大众报报业集团和盐城食品安全监管相关部门举办《中华人民共和国食品安全法》实施高峰论坛活动；同日，发布《2015 盐城特产行业食品安全共同宣言》。

全国名特优产品巡展盐城行活动 1 月 29 日至 2 月 7 日，盐渎商城、市特产商会、市食品商会和市文化产业商会联合举办上海自贸区进口食品暨全国名特优产品巡展盐城行活动。近 3000 种知名进口食品、进口调味品、香料，进口家居用品、服装、鞋帽、饰品，还有箱包、餐具、礼盒等参加展览，这也是上海自贸区进口商品暨全国名特优产品巡展首次登陆盐城。

盐城名特优产品展销会 5月16～18日，由市政府主办的盐城名特优产品展销会在市体育馆广场举行。参加展销会的产品为消费品类和工业品类。其中，消费品类的农产品包括农副土特产品、绿色食品、有机产品、糖酒茶产品、饮品、保健品等；水产品、海产品包括各类水海产品、水海产品加工食品、水产罐头、海洋生物制品等；轻纺产品包括纺织服装、家纺、鞋帽、家居用品、日化用品、工艺礼品和各类陶瓷、玻璃、不锈钢器皿等；工业品类的五金工具包括手动工具、电动工具、花园工具、五金制品等；电子产品为数码通信产品、家电等。参展企业为全市各级名牌企业，驰名、著名商标企业，国家免检产品企业，省诚信企业，省质量信用产品企业，盐城老字号企业，部分通过QS认证食品企业，以及社会公众信誉度高的其他地方消费类产品企业，包括全市各大中型百货店、超市及卖场等流通企业，共有参展企业101个，参会企业40个，现场成交额300万元。

"津香玉"包粽子大赛 6月20日，由盐阜大众报报业集团商业周刊主办，"津香玉"有机粮油食品有限公司冠名的"津香玉"包粽子大赛在宝龙城市广场举行，全市130名选手参赛。"津香玉"有机粮油体验店设在宝龙广场，主要经营绿色有机非转基因食品，大米类主要有津香玉五常稻花香有机大米、生态大米、营养粥米、富硒米；油类主要有乐买家豆油、野生山核桃油等，兼营果干、果脯、杂粮等食品。

"盐城市民喜爱的农产品商标"公众推选活动 10月9日，市商标战略实施工作领导小组办公室、市工商局、盐阜大众报报业集团、盐城电视台联合主办"盐城市民喜爱的农产品商标"公众推选活动，经过推选，海苑食品、海亚食品、合成昌食品、老周食品、苏香食品、爱生首乌获评盐城市民喜爱的农产品商标。 （姜 琰）

第八节 新农村建设

一、农村改革

2015年，全市上下坚持把深化农村改革作为激发"三农"发展活力的重要举措，以机制创新调动广大农民群众的生产积极性，解放和发展农村生产力，促进农业农村经济持续快速发展。

新型农业经营体系 以农户家庭经营为基础，推进家庭经营、集体经营、合作经营、企业经营等共同发展的农业经营方式。培育专业大户和职业农民、家庭农场、农民专业合作社、农业企业等适应现代农业发展的新型农业经营主体。至年底，全市发展家庭农场2883个，农民专业合作社9603个，农业产业化龙头企业1612个。将农业政策、农业重点项目等向规范的新型农业经营主体倾斜，先后在盐都区秦南镇开展农民合作社综合社试点，在阜宁县沟墩镇、响水县小尖镇开展农民专业合作社内部信用合作试点，在大丰区恒北村开展资产转交合作社持有和管护试点。创新农业产业化经营机制，出现以富安茧丝绸公司为代表的"公司+合作社+农户"、宝龙集团为代表的"公司+种养小区+农户"、海大公司为代表的"公司+专业村+农户"以及多数龙头企业实行的"公司+订单+农户"等农业产业化模式。推进联耕联种等农业适度规模经营。联耕联种自2008年在射阳县部分农民探索、2013年在射阳全面推开、2014年在全市推广之后，至年底，累计推广30.6万公顷。全市稻麦产区按照一位牵头人、一个合作组织、一套集成技术和基础设施、农机配套"3+2"的新型土地合作经营模式，加大政策扶持，加快基础配套，稳步推进。用市场机制，引导农民自愿流转土地，发展多种形式的土地规模经营，发展6.67公顷～20公顷为主的种植大户和家庭农场。健全农业社会化服务体系，至年底，全市农机、植保、种苗等社会化服务组织702个。

农村产权制度改革 推进农村土地承包经营权确权登记颁证，全市开展此项工作的镇（街）131个。至年底，完成资料收集整理的村（居）1893个；完成工作底图绘制的村（居）1345个；完成入户调查的村（居）1170个；完成一次、二次审核公示的村（居）449个。引导农村产权流转交易市场健康发展，至年底，盐都、建湖、东台、亭湖等县（市、区）、镇农村产权交易平台建立并投入运营，大丰、阜宁、响水等县（区）筹建。对有稳定持续集体收入的行政村，特别是城中村、城郊村、园区村，以清产核资、资产量化、股权管理为主要内容，推进农村集体产权股份合作制改革，全市新增社区股份合作社60家，总数200家。

农村金融服务机制 组织开展银农对接活动，全年为新型农业经营主体授信16.55亿元，发放贷款13.05亿元。开展政策性农业保险和农村微型金融服务。全年政策性农业保险实现保费总收入5亿元，其中高效农业保费收入2.5亿元以上，主要种植业保险覆盖率80%以上，高效农业保险保费占农业保险总保费的50%。全市有小额贷款公司42家，注册资本金51.8亿元；村镇银行7家，实现县域全覆盖。有农民资金互助合作社163家，互助金余额25.52亿元，投放余额21.12亿元。创新涉农抵押担保方式。盐都、东台、阜宁等地开展农村土地承包经营权等抵押贷款试点，为现代农业发展、农民创业增收提供贷款支持。盐都区与江苏汇隆投资担保有限公司及其合作银行（农业银行、江苏银行、邮储银行等）进行合作，为盐都区的农业龙头企业、农民专业合作社、种养大户等新型农业经营体从银行贷款提供担保，农业经营主体以其具备的土地承包经营权、林权、资源资产租赁经营权、农机具、农业生产设施、农田基础设施等非传统有效抵质押物作反担保。优化农村金融生态环境。组织开展防范和打击非法集资工作，开展金融稳定工作送下乡和金融生态县（市、区）争创活动，强化对农民资金互助合作社、小额贷款公司等组织的风险管控。

二、富民强村

2015年市委市政府先后出台《关于加快发展村级集体经济的意见》《关于加快镇村经济发展的意见》《2013～2015年全市发展村级集体经济考核奖励办法》《关于市领导2013～2015年挂钩帮扶经济薄弱村的实施意见》等文

件，设立扶持村级集体经济发展和镇村企业发展专项资金，强化考评考核，推动镇村经济加快发展。健全扶贫开发机制，对低收入农户实行项目帮扶、政策兜底、“牵手致富”等精准帮扶措施；对经济薄弱村实行“三位一体”（第一书记驻点、单位挂钩帮扶、企业结对共建）帮扶行动；对重点片区及黄河故道高亢地区推进片区整体开发。年内，完成14.01万人4000元以下建档立卡低收入人口脱贫，111个省定经济薄弱村集体经营性收入达18万元以上，基本实现新“八有”（有群众用户的“双强班子”；有科学合理的发展规划；有高产高效的的农业设施；有特色鲜明的主导产业；有持续稳定的集体收入；有先进适用的信息网络；有健康向上的文明村风；有村容整洁的居住环境）目标。

增加村级集体积累　全年全市2233个村（居）实现集体经济总收入14.95亿元，集体经营性收入10.76亿元。盐都、东台、大丰、亭湖、建湖5个县（市、区）通过省村级“四有一责”（有持续稳定的集体收入，有功能齐全的活动阵地，有先进适用的信息网络，有群众拥护的“双强”带头人，强化村党组织领导责任）创建验收，获评省村级“四有一责”建设先进县（市、区）。

减轻村（社区）负担　市委市政府下发《关于认真开展减轻村（社区）负担专项整治行动的通知》《关于提升服务群众效能，切实减轻村（社区）负担的六项规定》，从村（社区）负担过重的组织机构、活动阵地、工作任务与指标、创建达标评比、信息系统、台账资料等方面入手，构建“权随责走、费随事转”的工作机制，推进村（社区）“回归自治、回归服务”。至年底，各县（市、区）平均清理组织机构24个，平均减少村（社区）工作事务19项，签订政社互动协议事务26项，平均压缩台账资料25项，清理考核评比36项。

推进村务公开　明确每年1月20日、4月20日、7月20日、10月20日4个时间节点为固定村务公开日。由单纯公开村级财务向公开村级党务、财务、事务、政务转变。公开形式更加多样适用。每个村除利用村务公开栏公示外，在农民集中居住点、道路路口、村民小组进行公开。重大村务事项，利用村民会议或村民代表会议上公开，部分县（市、区）通过“阳光村务网”向群众公示。对集体资源发包、资产出租、宅基地分配等涉及农民利益的重大事项，随时公开。对于多数村民或民主理财小组要求公开的内容，及时单独公开。各县（市、区）、镇（街道）、村（居）都成立村务公开工作领导小组，确保这项工作有人抓、有人管，能够落到实处。各县（市、区）在每个村务公开日后及时组织专项督查，确保公开效果。各地普遍建立村务公开监督机构和民主理财小组等民主监督组织。

三、脱贫攻坚

2015年，全市精准锁定低收入农户和经济薄弱村，坚持市县镇三级联动，户村片分类施策，扶帮促多措并举，构建全方位立体式广覆盖的扶贫开发体制机制。为低收入农户量身定制项目带动型、培训就业型、创业致富型、惠民增收型等帮扶菜单。年内，《人民日报》头版专题报道盐城精准扶贫做法。

精准扶贫　4月，经排查确认，全市有12.52万低收入人口，其中有劳动能力低收入人口7.41万人、无劳动能力低收入人口5.11万人。低收入人口主要集中在射阳、阜宁、滨海、响水4县共11.59万人。实施产业帮扶有劳力农户增收脱贫，发挥联耕联种和设施农业的带动效应，推广“农民专业合作组织、公司、大户+基地+贫困农户”的多种生产经营模式，加大扶贫小额贷款投放力度，落实农业保险垫缴、农田机耕机收免费等特惠政策，促进贫困农户从土地产出上增收入。全市联耕联种服务面积占总耕地面积的50%，设施农业发展到13.33万公顷，占总耕地面积的16%，全年投放扶贫小额贷款3.16亿元，带动贫困农户人均增收3400元。实施购买公益性岗位、组织劳动力技能培训等形式实现贫困劳动力转移就业。安排公益性岗位1.1万个；举办各类贫困劳动力培训班245期，培训劳动力3.25万人次，实现转移就业2.8万人次。低保兜底保障无劳力农户同步脱贫。健全特殊困难人群社会救助体系，将符合条件的低收入农户全部纳入保障体系，做到应保尽保，确保实现同步脱贫。针对5.11万无劳动能力低收入人口中还有1.36万人未纳入低保，9月底全部办理到位。组织近7万名机关党员干部与低收入农户结对帮扶，捐赠结对帮扶资金4582万元，对部分已脱贫但基础薄弱的“一有三缺”（有劳动能力，缺资金，缺项目，缺技术）户继续实行项目帮扶，防止因病、因灾等因素返贫。

经济薄弱村扶贫　2014年全市集体经营性收入低于15万元的村有391个，其中省定经济薄弱村111个。2015年将391个经济薄弱村全部纳入帮扶范围。针对111个省定经济薄弱村大多没有集体资源、资产，更没有集体经营项目，集体增收乏力情况，市委组织部、市委农办、市经信委联合下发《关于在未达新“八有”省定经济薄弱村中开展“三位一体”帮扶行动的实施意见》，选派111名机关优秀干部担任经济薄弱村第一书记，其中处级干部8人，科级干部51人；安排249个有经济实力的直属部门挂钩帮扶经济薄弱村，利用各单位自身资源优势，帮助经济薄弱村增加集体经营性收入；牵线落实302个规模企业与经济薄弱村结对共建，利用国企民企资本、技术、人才和管理等优势，帮助经济薄弱村发展集体经济；市委选派的15支帮扶工作队、各县（市、区）委派驻178支帮扶工作队，驻点帮扶薄弱村落实产业帮扶项目，增加薄弱村经营性收入，同时为各“后方单位”牵线搭桥，开展好党员干部“牵手致富”活动；安排29名市领导挂钩帮扶30个发展难度较大的经济薄弱村，市财政每村奖补50万元，县、镇再配套不低于100万元，推进资产收益扶贫，确保物业租金收入高于15万元。各县（市、区）参照市里模式组织150名领导干部挂村帮扶。

重点片区扶贫　继续对省定灌溉总渠以北片区，市定阜宁渠南片区、射阳河南片区重点实施整体帮扶，切实改善片区基础设施、民生事业、产业结构。安排市直部门挂钩，统筹各类项目向驻点镇、村倾斜，确保区域经济加速发展，盯牢各项帮扶措施、帮扶政策到村到户到人。灌溉总渠以北片区整体开发方面，推进灌溉水系改善、高标准良田建设和土壤改良“三大基础工程”，为集体增积累、农民增收入搭建平台，省发改委确定的2015年渠北片区124个帮扶项目，全部启动实施；利用高亢沙质土壤，在2015～2017年拓展经济林果产业带2000公顷，当年完成666.67公顷成片经济林果建设；推广"旱粮＋马铃薯＋设施蔬菜"等高效栽培模式，新建6666.67公顷马铃薯种植基地；打造阜宁林果生态旅游观光带、响水云梯关生态旅游风景区，实现生态效益和经济效益的互补互动；加大财政支持力度，片区所在县将各部门争取的项目资金、各类财政支农资金的60%投向片区，将新增财力的10%用于扶贫开发，至年底，筹集到位各类帮扶资金1.69亿元。对于市定阜宁渠南片区、射阳河南片区，继续选派15个市委帮扶工作队驻点帮扶，筹措帮扶资金1841万元，启动实施112个帮扶项目。

四、城乡统筹

2015年，全市推进新型城镇化与城乡一体化工作，9个县（市、区）完成城乡统筹发展规划。

农村实事工程建设　至年底，全市村通公路实现全覆盖，大市区镇通公交基本完成，区域供水镇95个，解决251万人安全饮水问题，城乡垃圾无害化处理率70.86%，县（市）城污水处理率75%，建制镇污水处理设施覆盖率80%，城乡居民低保差距逐渐缩小（城市低保标准每人每月490元，农村低保标准每人每月380元）。城乡居民养老保险实际参保191.76万人，有121万人享受养老金待遇。新型农村合作医疗参合587.48万人，人均筹资每年每人420元，基本实现全覆盖。累计建成星级村庄2743个，环境整洁村庄1.03万个。

城乡统筹示范带建设　盐都双新大道城乡统筹示范带围绕"四区"（城乡统筹先导区、现代农业示范区、生态旅游集聚区、农村改革试验区）定位，在双新大道两侧打造尚庄番茄主题公园、潘黄仰徐休闲观光农业园、三官农家乐等乡村旅游项目和台创园、大纵湖大闸蟹养殖基地等规模农业产业项目，注重植入旅游元素，逐步将各项目串点成线，充实市区至大纵湖风景区目的地旅游路线间的重要景观节点。亭湖将市区与丹顶鹤保护区间331省道作为重点项目建设节点，打造盐城农展馆、海上花田、野生动物园等项目，创新向东向海生态旅游示范带旅游元素。2条示范带完成投资36.08亿元，超额完成年度投资计划。

市级示范试点镇村建设　明确18个村、18个镇作为市级城乡统筹试点镇村，分别由县（市、区）委书记、县（市、区）长各挂钩一镇一村。全年全市36个市级试点镇村实施项目98个，完成投资51.5亿元。至年底，36个试点镇村全部完成达标创建工作。

"一镇一示范社区"创建　根据《盐城市新型城镇化和城乡发展一体化规划》（盐发〔2014〕34号）关于加快"632"布点［6个县（市）城、30个重点中心镇和200个新型农村社区］建设和《关于加强农村改革创新　以绿色发展推动现代农业建设上台阶的意见》（盐发〔2015〕1号）提出的开展"一镇一示范新型社区"创建要求，全市98个乡镇推荐105个农村新型社区作为市创建"一镇一示范社区"的示范点。至年底，纳入创建的105个农村新型社区按照市级统筹城乡发展试点村基础设施和公共服务配置标准，通过抓项目推进，社区功能和配置得到逐步提升。（周庆干）

滨海县东坎镇新安村村民住宅小区。　　（陈其龙　摄）

第18章 建筑和房地产业

责任编辑 高兰会

第一节 建筑业

2015年，全市建筑业总产值1550亿元，实现增加值434亿元，其中外出施工903亿元，实现增加值253亿元。至年底，全市有总承包企业763家，专业施工企业612家，其中特级资质累计2家，新增一级资质8家、累计58家。全年新增建造师2538人、安全员4079人。

一、绿色建筑

2015年，全市完成新建建筑节能建筑面积902.8万平方米(住宅709.6万平方米，公建193.2万平方米)，可再生能源应用面积累计347万平方米，总节能量5.9万吨标煤。全年获得省、部级绿色建筑标识项目48项，面积387.48万平方米，二星级以上面积255.28万平方米，运营标识项目2项，至年底，全市获得绿色建筑设计标识项目88项，建筑面积771.92万平方米。召开绿色建筑现场观摩推进会，鼓励支持市区40家建设单位申报绿色建筑示范项目，落实专项引导资金计划1800多万元。建成市级建筑能耗监测数据中心，38幢大型建筑能耗数据上传至省机关办公建筑和大型公共建筑能耗监管平台。推进新墙材和散装水泥等绿色建材发展，“植物纤维增强粉煤灰蒸压加气混凝土薄块的研究与开发”和“NCF通用保温砖”2个科研项目通过省经信委验收鉴定，江苏钟宏新型建材科技发展有限公司生产的混凝土自保温模卡砌块(复合保温砌块)产品通过省经信委新产品新技术鉴定，“农作物秸秆在水泥土中的应用技术研究”等4个课题被确定为2015年度江苏省建设科技指导项目。全年通过新技术、新产品认定备案的企业40多个，推广新技术、新产品10多项，建立11家技术咨询单位组成的全市绿色建筑技术支撑体系。至年底，全市应用散装水泥1128万吨、散装率83.9%，推广预拌砂浆15.43万吨，新增省散装水泥示范乡镇10个。

二、勘察设计

2015年，市城乡建设局制定《关于实施建设工程勘察设计合同备案工作有关事项的通知》《盐城市外进盐勘察企业管理办法(试行)》和《盐城市外进盐设计企业管理办法(试行)》，全面落实勘察设计合同备案管理制度，完成勘察设计合同备案550项。组织全市勘察设计单位参加全省文化产业创意设计大赛和全市勘察设计项目评选活动，盐城市建筑设计研究院有限公司设计的江苏省射阳中学新校区规划及建筑设计项目、盐城市车管所及驾考中心综合办公楼项目获得省建设优秀设计三等奖，射阳县恒隆新时代广场项目获得市工程勘察二等奖，盐城市水利勘测设计研究院的滨海闸下移项目获得市工程勘察三等奖，盐城市勘察测绘院的盐城市柏润花园竣工规划核实测绘项目获得市工程测量三等奖。

三、行业监管

2015年，市城乡建设局推进工程质量治理两年行动和安全质量标准化活动。全市检查在建工程2032项次，发出督促局部停工整改通知书165份，事故隐患整改通知书637份，整改意见4816条。创建市级标化工地136个，评出市优工程59项，获国家市政“金杯奖”2项，省优工程11项，省文明工地65项，开展外施诚信自律承诺活动，打造廉政文化示范工程13项。开展建筑施工安全专项整治，同步加强工地扬尘防治，开展混凝土搅拌运输车“洁车行动”。全年招投标交易项目390个，工程造价45.1亿元，实现电子招投标全程无纸化。放开非国有资金投资项目招投标管理，实行标前现场勘察制度，强化从业人员和流程规范管理，整治围标串标、弄虚作假行为，净化招投标市场秩序。改进施工图审查管理系统，强化系统电子化监管功能，全年受理各类施工图审查项目1521项，审结项目建筑面积923万平方米，纠正违反建设工程强制性条文数2412条。探索建立重点城建工程全过程造价服务和计价行为监管工作体系，创新推行重点业务难题和重大课题行业协作制度。全年进场招标379个项目、造价40.63亿元，其中公开358个项目、30.88亿元，邀请21个项目、9.74亿元。全年审查招标控制价项目590个，上报典型工程指数指标18个，调解处理计价纠纷争议90余次。加强建筑企业管理。市城乡建设局修订完善《盐城市建筑业企业信用管理实施细则》，将招投标市场行为、拖欠农民工工资行为纳入企业信用考核，实现企业市场行为全过程考核。年内，通报批评项目经理2名、建筑企业30家。引导企业重点关注基础设施互联互通优先领域、关键节点和重点工程，有14家企业取得对外签约权，其中8家建筑企业在蒙古、俄罗斯、越南、印尼、肯尼亚等11个国家和地区承揽工程20项。10月，在尼日利亚总承包的首个亚投行项目——维岛大桥建设正式启动，项目造价7.1亿美元。推进市本级城乡建设领域日常稽查，开展联合执法近百人次。全年查处各类建设行政违法行为121起，发出限期整改通知书37份，立案查处90件，处罚结案86件，罚没收入448万余元。组织燃气行业安全生产从业资格大检查，市区12家燃气经营企业有从业人员575人，主要负责人持证17人，持证率100%；安全管理人员持证50人，持证率98%；特种作业人员持证148人，100%；其他从业人员76人，持证率100%。（王　盛　王　健）

11月21日，市房产管理局举行市区2015年度外来务工人员和新就业大学生经济适用住房摇号仪式。

第二节　保障性住房

2015年，全市新开工建设各类保障性住房2.45万套，基本建成3.25万套，完成棚改征收（拆迁）1.88万户。其中，市区新开工建设各类保障性住房4506套，基本建成6979套。全年全市新增保障家庭3.72万户，其中市区新增7908户。全市累计保障家庭29.03万户，其中市区8.04万户。至年底，全市住房保障覆盖率21.01%。年内，市区及各县（市）调整住房保障家庭收入标准，市住房保障和房产管理局先后出台《关于对市区现有经济适用房继续拓展保障范围试点的通知》（盐房管〔2015〕2号）和《关于市区已购经济适用住房上市交易有关问题的通知》（盐房管〔2015〕125号），拓宽保障性住房范围。各县（市、区）加强保障性住房管理，其中盐都区、亭湖区核查取消保障房轮候资格295户，清退不再符合廉租房保障条件家庭24户；大丰区对选择货币补偿的被征收人给予每平方米600元的补助，货币安置补偿率46.7%；阜宁县开办安置房超市，鼓励居民选购商品房进行棚改安置；建湖县推行经适房共有产权新模式；滨海县建立保障家庭收入联动审核机制。年内，盐城市住房保障体系建设工程被省住房和城乡建设厅评为2015年江苏人居环境范例奖。

公共租赁（廉租）住房　年内，市区廉租住房准入条件中家庭人均收入标准由每月1360元调整为每月1480元；市区公共租赁住房准入条件中家庭人均收入标准由每月1540元调整为每月1670元。市本级实施住房保障动态管理“季审”工作，年内审核取消25户廉租房轮候资格，清退不符合保障条件的廉租房保障家庭26户。对市本级201户公共租赁住房租金补贴保障家庭实施转实物保障措施。全年市区发放廉租房租赁补贴1067户，资金161.23万元。

经济适用住房　实施住房保障动态管理“季审”制度，年内审核取消372户经济适用房保障资格；核查发放经济适用房准购证450户。全年完成市本级297户经济适用房轮候家庭放号、选房、签约等组织工作，其中城镇中等偏下收入住房困难家庭116户，通过经济适用房拓展保障范围试点工作保障外来务工人员和新就业大学生181户。市区经济适用住房准入条件中家庭人均收入标准由每月1540元调整为每月1670元。全年市本级基本建成（竣工）经济适用住房1000套。

限价商品房（安置房）　全年市区基本建成（竣工）限价商品房（安置房）1200套，其中市开发区500套、城南新区700套。为市区10个城建重点项目提供599套房源计划，全年安置1198户、1409套。

棚户区（危旧房）改造　全年全市棚户区（危旧房）改造安置住房新开工1.88万套、基本建成2.05万套。其中，市区棚户区（危旧房）改造开工4410套、基本建成3683套。完成棚户区（危旧房）改造（征收）1.88万户，其中市区3528户。全年全市争取省国开行政策性贷款50亿元，其中市区39亿元。全市累计争取国开行融资额度90亿元，已拨付37.89亿元；争取中央和省棚改补助、引导资金5亿元，其中市区约1亿元。

（蒋　政　孙维兵　王　莉）

第三节　房地产市场

一、房产开发

2015年，全市房产开发投资202.06亿元，其中住宅146.26亿元，非住宅55.8亿元。住宅竣工441.77万平方米，办理新开工359.63万平方米，销售库存352万平方米；

10 月 17～19 日，'2015 中国·盐城秋季房地产博览会在市体育馆举行。

非住宅竣工 99.64 万平方米，办理新开工 147.25 万平方米，销售库存 163.07 万平方米。全市有资质有效房地产企业 617 家，比上年增加 214 家。至年底，"十二五"时期，市区住房发展规划总建筑面积 1609.4 万平方米，其中保障性住房 327.35 万平方米，普通商品住房 1282.05 万平方米。实际完成住房总建筑面积 1675.94 万平方米，其中保障性住房建筑面积 306.2 万平方米，普通商品住房建筑面积 1369.74 万平方米。

二、房产销售

2015 年，全市商品房新增供应 799 万平方米，同比下降 34.6%，其中主城区商品房新增供应 374 万平方米，同比下降 13.7%。全市商品房销售 931 万平方米，同比增长 18.1%，其中主城区商品房销售 336.5 万平方米，同比增长 15%。全市商品住房（不含保障房）销售合同备案均价为每平方米 4404 元，其中主城区（不含保障房）商品住房销售合同备案均价为每平方米 5539 元。年内，市区举办房地产博览会 2 次。5 月 16～18 日，'2015 中国·盐城春季房地产博览会举行；10 月 17～19 日，'2015 中国·盐城秋季房地产博览会举行。展会共成交房屋 29 套，面积 3285 平方米，金额 1939.8 万元。（孙厚东　夏玉凤）

三、市场管理

2015 年，盐城加强房地产市场分类调控。落实 2014 年 10 月 28 日市住房保障和房产管理局、市人力资源和社会保障局、市教育局、市财政局、市城乡建设局、市住房公积金管理中心出台的《关于深化住房保障制度改革加快推进新型城镇化的意见（试行）》（盐房管〔2014〕118 号），对在 2014 年 10 月 28 日至 2015 年 7 月 31 日期间购买新建非住宅用房的创业就业人员给予总房价 1.5% 的奖励，在盐城的普通高校毕业生或职业技术院校毕业生、拥有初级以上职称或单位业务骨干给予总房价 2% 的购房补贴（不超过 2 万元），在盐城创业就业的普通高校博士毕业生及以上层次人才 3 年内按实给予购房贷款贴息每月贴息不超过 3000 元。落实 2015 年 3 月 30 日市委、市政府出台的《盐城市"515"人才引进三年行动计划》，凡到盐城企业就业或自主创业、并首次在盐城参加各项社会保险且正常缴费 6 个月以上的大学生，由各级人社部门统一发放三星级人才绿卡和就业创业证，在盐城购买新建普通商品住宅的给予购房总价 5% 的补贴；对各类专门人才，发放四星级人才绿卡，在盐城购买新建普通商品住宅的给予购房总价 5% 的补贴；对领军人才发放五星级人才绿卡，在盐城购买住房的发放 20 万元～50 万元购房补贴。全市 2.21 万户可享受相关补贴政策，预计发放补贴资金 2.5 亿元。至年底，发放补贴资金 1964 万元。建立健全全市房产交易信息日报制度，市住房保障和房产管理局每天向市委市政府领导及国家和省住建部门上报交易信息，每月形成分析报告。加强房地产开发企业资质监管，市城乡建设局完善房地产开发企业资质管理机制，全面掌握辖区内房地产开发企业资质运行情况，及时提醒资质过期的企业在规定的时间内申报企业资质的延长、延续等手续，对未能按照要求申报的企业，及时发出整改通知书，限期整改，超过期限的，依法处理。

第四节　房产管理

一、房管改革

2015 年，盐城完成房产登记交易改革和市房屋投资经营有限公司改革。

不动产统一登记　8 月 13 日，市机构编制委员会印发《关于成立市不动产登记局的通知》（盐市编〔2015〕16 号），明确将不动产登记职责统一到市国土资源局，成立市不动产登记局，为市国土资源局直属行政机构，正科级规格，其主要职责为，牵头负责本区域内土地登记、房屋登记、草原登记、海域登记等不动产登记职责。11 月，市机构编制委员会印发《关于不动产登记职责整合的通知》（盐市编〔2015〕39 号），将不动产登记职责统一到市国土资源局，市住房保障和房产管理局负责制定房屋交易政策、制度并监督执行，指导监督房屋产权管理等工作，协同市国土资源局指导房屋登记工作，负责建设个人住房信息系统。11 月 2 日，市委常委会第 17 期会议纪要明确，原隶属市住房保障和房产管理局的市房产交易登记中心改为隶属市国土资源局，并更名为市不动产登记中心，挂市房产交易中心牌子，在其原承担职责的基础上，增加土地、林地、海域等不动产登记具体业务工作职责，其他机构编制事项不变。12月，市编办核定市不动产登记中心主要职责、内设机构和人员编制“三定”方案，完成划转移交手续。12月30日，射阳县发放第一本不动产登记证书。至年底，各县（市、区）不动产机构整合全部到位。

房投公司改革 根据市委出台的《关于深化国有企业改革的实施意见》《市属国企及国资平台改革工作总体方案》，市房屋投资经营有限公司整体并入市城市建设投资集团有限公司。8月，市国资委下发《关于划转市房屋投资经营有限公司整体资产的通知》（盐国资〔2015〕77号），当月完成人员、财务、资产、项目等整体划转交接工作。

（毛者友）

二、商品房预销售管理

2015年，盐城市区办理商品房预售许可163件，批准预售总面积402万平方米，其中住宅281万平方米，办公40万平方米，商业38万平方米，辅助用房43万平方米；办理商品房现售备案9件，现售备案总面积6.4万平方米。年内，市住房保障和房产管理局印发《关于进一步加强市区新建商品房预售资金监管工作的通知》（盐房管〔2015〕23号），对预售资金入账和拨付管理、监管信息报表填报提出要求，重申监管主体责任；印发《关于加强市区商品房预售方案管理的通知》（盐房管〔2015〕48号）和《关于完善土地抵押商品房项目预售许可审批手续的通知》（盐房管办〔2015〕88号），修订预售方案格式文本，简化预售方案审核环节，优化预售方案变更流程，加强预售方案的动态监管，完善预售审批手续。（吴从国）

三、房屋专项维修资金管理

2月9日，市住房保障和房产管理局、市财政局联合印发《关于调整市区房屋专项维修资金交存标准的通知》，对市区首期房屋专项维修资金交存标准进行调整。通知规定自2015年3月1日起，多层住宅（七层以下）按照每平方米87元交存；高层住宅（七层及七层以上）按照每平方米110元交存；非住宅按照每平方米110元交存；非机动车库、非人防车位（车库）按照每平方米43元交存。年内，市住房保障和房产管理局优化维修资金归集方式，对重点楼盘采取上门服务，市区新交付楼盘基本实现由业主到房管部门服务窗口缴纳维修资金。全年归集维修资金2.56亿元，归集户数2.37万户，归集面积255.65万平方米。

（赵丽蕾）

四、公房管理

2015年，市住房保障和房产管理局做好市本级保障性住房管理工作，实行规范化、动态化管理，保障房分配安置实行“一站式”办理、“一条龙”服务。开展公房区专项安全检查，制定汛期应急预案，实行24小时报修、入住回访制度，定期开展“优质服务进保障房小区”活动。创新租金收缴方式，维修模式，年内，通过直管公房非住宅网上招租，重签租赁合同16份，年增加租金8.6万元。全年办理房屋租赁备案768户，建筑面积10.46万平方米。

（王 莉）

五、房产监察

2015年，市住房保障和房产管理局查处涉房违规行为，做到有案（诉）必查，确保查处率、结案率100%。全年检查房地产开发企业、物管企业30多家，受理、答复市长热线、局长信箱等投诉100多件，答复咨询近千次。通过网上公开、设立举报投诉电话、完善行政执法投诉及回访制度、现场巡查等措施，加强房地产市场行为监管，加大对违法违规行为的查处。对退房率高、价格异常以及消费者投诉集中的项目，进行重点核查。对存在违法违规行为的，责令限期整改，发放限改通知，情节严重的立案查处。

（祁文静）

六、房产服务

2015年，市房产政务服务中心受理各类办件58万件，按时办结率100%，社会评价满意率98.9%，电话回访满意率99.8%。盐城房产服务热线“81610000”全年接听来电1.13万个，受理来信924件，受理率、反馈率、按期办结率100%，满意率100%。全年印发《房产服务热线运行情况简报》12期。加快房产信息化建设，按照房产服务“一站式”的工作要求，探索开发业务系统，年内开发建成启用市房地产交易信息日报、领导干部房产信息核查报送等信息系统4个；整合个人住房信息、商品房备案、商品房预售等信息系统8个，初步建成市房产数据中心，实现房产信息的互联互通。其中，盐城市房地产交易信息日报系统、盐城市房地产分析监测市辖区系统和盐城市存量房合同备案暨资金监管系统3个信息系统获得国家计算机软件著作权。年内，市房产政务服务中心先后被市政务服务中心评为先进分中心；被市文明办、市信用办评为诚信服务示范窗口；被省住建厅工会评为江苏省住房和城乡建设系统窗口单位和服务行业优质服务竞赛先进单位。

白蚁防治 全年市白蚁防治所完成新建房屋白蚁预防工程503幢，计343.61万平方米（含跨年度工程及二次以上施药），签订白蚁预防合同219份，开展工程竣工验收403栋，发放白蚁防治验收合格证403份。对军分区干休所、新盐纺集团宿舍区、龙冈镇、大冈镇等区域白蚁危害进行检查和灭治处理，控制白蚁危害蔓延。对钱江方洲、公园道1号、汇景新城、恒盛都市豪庭、西城逸品等示范小区安装的2万多套地下型饵剂系统进行检查维护，更换霉变饵料，对丢失和损坏的饵站补充安装，确保房屋建筑安全。

房屋安全鉴定 全年盐城市房屋安全鉴定中心完成房屋安全鉴定767起，鉴定面积152万平方米。年内，9名鉴定技术人员参加省全省房屋安全鉴定机构从业人员岗位培训，刘艳琴获评2014年度盐城市有突出贡献中青年专家，盐城市房屋安全鉴定中心通过省质量技术监督局实验室资质认定监督评审、被中物协房屋安全鉴定委员会评为全国房屋安全鉴定先进单位、并获得盐城市"五一劳动奖状"。

（邹中华　沈加中）

第五节　物业管理

2015年，市住房保障和房产管理局开展物业管理规范年活动。建立健全以街道为主体的市、区、街道、社区四级物业管理体系，建立完善物业服务业主满意度评价机制，落实"一考核、三挂钩"制度，将业主满意度测评结果与企业年度考核、评先评优、招投标挂钩。创新矛盾纠纷调处机制，成立房产物业巡回法庭，开通重大矛盾纠纷调解诉讼绿色通道，年内接受调解案件319件，组织送法进小区现场巡回咨询6次。提高老旧小区物业管理覆盖率，对暂时无法实施市场化物业管理的老旧小区、住宅组团及零散楼幢，采取业主自治管理、街道社区托底管理等方式落实基本的物业服务。规范物业履约服务，向业主公示小区基本情况、物业服务内容和标准、收费项目和标准等，并按照公示内容提供标准化物业服务。加强物业服务督查考核，开展物业服务企业资质专项整治，对物业服务企业人员、项目和经营管理情况等进行专项检查，组织"我的服务我的对照"考核活动。出台规范物业招投标管理、物业标准化建设等文件，调整物业维修基金的归集标准和交存方式。加强物业资质审批下放后的监督考核，强化事中事后监管，提升行业监管水平。各县（市、区）建立健全以街道为主体的政府、街道、社区三级管理体系，促进物业管理水平提升。年内，物业管理行业协会召开二届二次会员代表大会，听取审议协会年度工作报告及财务报告，新吸纳会员单位17家，审议并表决通过《盐城市物业管理行业诚信承诺倡议书》。

老旧小区整治　年内，全市对116个老旧小区进行综合整治，整治面积382.4万平方米，受益人口13万人。其中，市区有亭湖区负责实施的锦绣苑、棉麻公司家属区及周边、八十间北区、农机公司宿舍及周边、小海新村二期、通榆新村三期、城南新区负责实施的新河商贸小区、高登建设组团8个老旧小区纳入综合整治范围，至年底，8个老旧小区整治任务全面完成，累计完成投资约3000万元，整治总面积约36万平方米，受益户数3300户。

（周　晨　徐明建）

第六节　公积金管理

2015年，全市新增住房公积金缴存职工7.48万人，归集住房公积金41.6亿元，提取住房公积金32.67亿元，发放住房公积金贷款37.9亿元，个贷逾期率0.049‰，个贷比108%（其中大市区个贷比150%），实现增值收益3.52亿元。

归集拓面　7月，市政府出台《关于推进全面建立住房公积金制度的实施意见》（盐政发〔2015〕99号），启动实施"住房公积金扩面三年行动计划"，从2015年起至2017年，确保用3年时间实现全市住房公积金制度覆盖率达到98%。9月，市政府成立住房公积金专项督查组，全面督查全市住房公积金扩面工作推进情况；同月，市住房公积金管理中心与市信用办联合出台《盐城市住房公积金单位信用认定与奖惩办法（试行）》（盐房公积金〔2015〕41号），对住房公积金建制失信单位实施联动惩戒。年内，江苏雅家乐集团有限公司、盐城市益盾生活服务总公司、江苏吉华化工有限公司、江苏联华科技有限公司等1420个单位建立住房公积金管理制度，全年归集住房公积金41.6亿元，归集额同比增长13%，新增开户人数同比增长67%。

资金管理　先后4次降低贷款利率，将住房公积金个人贷款最高可贷款额度提高至50万元，取消累计贷款额度限制，二套房、首套房的首付款比例下调至20%，新开展办理异地缴存本地购房贷款、"公转商""商转公贴息贷款"业务。在省内率先开展住房公积金"资产证券化"业务，向兴业国际私募基金2亿元，缓解资金供需矛盾。至年底，全市提取住房公积金42万人次、发放住房公积金贷款1.33万笔，提取、贷款总额70.57亿元，资金运用率109%。

行政执法　全年全市住房公积金行政执法立案34起，发放行政处罚听证通知书14份，发放行政处罚决定书10份，终止执法流程8起，举办听证会1场次。规范行政执法行为，健全完善《住房公积金重大违法案件审议制度》，开展执法人员培训工作，通过在全市公积金执法QQ群上开展执法讨论、执法典型案例剖析等形式，缩短执法人员之间的交流距离，提高执法能力。

公积金服务　以"一站式"服务窗口建设为抓手，依托城住房公积金综合业务系统建设，加强政策业务培训，优化窗口岗位配置，规范业务办理流程。继续落实服务承诺、限时办结、"零"收费等惠民政策，新增设中国邮政储蓄银行盐城市分行、兴业银行盐城市分行等住房公积金服务网点9家。至年底，全市有住房公积金服务网点52家。

公积金信息化　4月，市住房公积金管理中心启动建设住房公积金信息系统改造项目；5月，新版住房公积金门户网站开通运行；12月，公积金业务系统核心功能模块及"12329"短信服务平台正式上线使用。至年底，完成住房公积金综合服务平台、"12329"热线、微信公共平台、手机APP等服务渠道的建设。市住房公积金管理中心成为全国第二个按照住建部《住房公积金基础数据标准》《住房公积金银行结算数据应用系统与公积金中心接口标准》设计和开发信息系统的公积金管理中心，分别被邀请在全国住房和城乡建设工作会议、全国贯标及银行结算工作推进会上作经验交流发言。

（宋得蓉）

第19章　商贸流通

责任编辑　高兰会

综　　述

2015年，全市实现社会消费品零售总额1468.6亿元，同比增长11.9%。其中，批发业、零售业、住宿业、餐饮业分别实现179.6亿元、1140.9亿元、15.2亿元、132.9亿元，同比分别增长10.2%、12.2%、10%、11.3%。

2015年全市社会消费品零售总额

表19－33　　　　单位：亿元

指标及分类	实　绩	比上年同期%
全　　市	1468.60	11.90
1. 东台市	228.30	12.30
建湖县	155.40	11.80
射阳县	151.20	11.80
阜宁县	117	12
滨海县	99.50	11.80
响水县	59.90	11.80
市　区	657.30	10.60
#大丰区	155.60	11.80
#盐都区	187.80	11.80
#亭湖区	226.20	11.80
#开发区	33.40	11.80
#城南新区	54.30	12.10
2. 城镇的零售额	1391.80	11.80
#城区	708.40	11
乡村的零售额	76.80	12.60
3. 批发业	179.60	10.20
#限额以上企业	94.40	7.10
零售业	1140.90	12.20
#限额以上企业	558.80	14.30
住宿业	15.20	10
#星级以上企业	4.90	2.50
餐饮业	132.90	11.30
#限额以上企业	62.20	9.30

第一节　市场秩序

2015年，盐城加强单用途商业预付卡管理，预付卡专项检查行动出动执法人员400多人次，检查和指导企业33家，其中市商务局会同市国税局、工商局对市区13家重点商贸企业重大节假日期间单用途商业预付卡销售情况开展检查。4月中旬至5月中旬，开展非法集资风险专项排查工作，出动执法车辆100余台次，执法人员220人次。开展互联网打击侵权假冒、农村和城乡结合部市场、车用燃油、中国制造海外形象维护“清风”行动等专项整治活动，规范市场秩序。规范成品油市场管理，下发《关于加强成品油市场管理工作的通知》《关于做好成品油分销体系“十三五”发展规划编制工作的通知》，综合治理全市501座加油站、储油库的油气回收，年内完成469座。开展餐饮、典当行业专项整治行动，出动执法人员280余人次，对12家无证经营网点依法取缔典当经营业务。服务农业产销对接，开展产销服务活动300余场次，其中“5·18”盐城市名特优产品展销会参展企业101家，有江苏老字号企业4家、盐城老字号企业9家、电子商务企业25家，现场成交额300万元。

移交生猪屠宰监督管理职责　3月31日，根据盐城市机构编制委员会《关于印发市政府机构改革有关职责、机构、编制和人员调整的通知》（盐市编〔2015〕7号）要求，将市商务局的生猪屠宰监督管理职责划入市农业委员会，市商务局完成相关移交工作。

第二节　市场建设

2015年，盐城推进31个市级以上服务业集聚区建设，完成投资227.5亿元，已运营的29个服务业集聚区完成营业收入534亿元，实现税收21.2亿元。其中，列入市政府为民办实事工程的市区的先锋、新兴、三河、刘朋、鞍湖、步凤、中庚海德7个农贸市场完成建设改造任务。年内，市商务局会同市财政局、市城管局和市工商局等部门，考核评比大市区农贸市场标准化建设工作，确定标准化示范菜市场4个和标准化菜市场6个。加快鲜活农品直供社区建设，至年底，全市建成鲜活农产品社区直供店(点)120个、新增农产品销售面积8000多平方米，新增鲜活农产品加工配送中心3个、新增加工配送面积5000多平方米，累计投资8000万元，惠及全市城乡120多个社区100多万居民。加快商业网点规划建设工作，11月27日，市政府发文批准实施《盐城市市区商业网点规划(2015～2030)》。打造特色商业街区，推介特色商业街区运营情况。年内，接待省考察组对建军路地下商业街的考察2次。6月，遴选5家商业特色街的建设和运行情况上报至省商务厅，经评定，盐城建军路地下商业街、大丰港沙士比亚小镇商业街入围江苏特色商业街。

电子商务 全年实现电子商务交易额1200亿元，其中网络零售额158亿元。营造电商发展氛围，编印《盐城百家电商手册》和《电子商务政策汇编》，举办盐城农产品电子商务论坛，成立市电子商务协会，开通微信平台，服务、指导重点电子商务企业。年内，江苏中恒宠物用品股份有限公司成为苏北首家国家级电子商务示范企业，鼎鸿电商在全市电子商务企业中率先实现Q板上市。至年底，全市有电子商务园区6个，建成国家级电子商务进农村综合示范县(市)1个，省级农村电子商务示范县1个，省级农村电子商务示范镇5个，国家级电子商务示范企业1个，省级电子商务示范企业4个，省级电子商务示范村7个。培养电商人才，盐城师范学院和大丰职教中心被评为省级电子商务人才培训基地；南京大学盐城电子商务研究院正式成立，实现产学研合作促进电子商务发展局面；全年培训电子商务相关人员1.5万名，其中提升培训电子商务中高级管理人员200多名。

(周卫鹏)

第三节 粮油购销

2015年，全市收购粮食36亿千克，其中最低收购价小麦8.7亿千克、稻谷2.6亿千克。全年国有粮食企业收购粮食22亿千克，全市粮食系统通过托市收购粮食11.3亿千克，促进种粮农民增收5亿元以上。全年新建立粮食价格测报点8个，落实应急加工企业23家、应急供应网点152个。全年新增地方储备粮1600万千克，市县地方储备粮总规模2.17亿千克，投放地方储备粮2.6亿千克。全市新(扩)建粮食仓储项目18个，新建仓容46.65万吨，总投资3.19亿元，其中争取国家、省补助资金1.17亿元；建成仓容14万吨。争取省财政补助510万元新建粮食烘干设施，新增烘干能力每日1300吨，至年底，全市地方国有粮食企业配备日烘干能力200吨以上的粮食烘干机12套，总烘干能力达每日5000吨。投资3425万元建设粮库智能化升级项目17个，争取省补资金1323万元。至年底，建成数字粮库7家，159个粮食收储库点建成收购“一卡通”系统。推广粮食收购非现金结算，全市粮食收购非现金结算比86%。加快粮油品牌建设，“阜宁大米”被国家工商总局认定为中国驰名商标，“射阳大米”“阜宁大糕”入选江苏农产品和地理标志20强。至年底，全市粮食行业拥有中国驰名商标4件，省著名商标、省级名牌产品22个，市知名商标、市级名牌产品56个。年内，市禾丰粮油储备有限公司被评为江苏省农业产业化龙头企业、全国百佳粮油企业。加快国有粮食企业改革，在全市总结推广建湖县国有粮食企业改革经验。至年底，全市有7个县(市、区)出台国有粮食企业改革方案，68.13公顷划拨地变更为出让地，全市国有粮食企业净资产5.5亿元。

夏粮收购现场。

粮食流通监管 年内，市政府出台《关于建立健全粮食安全责任制的实施意见》，明确市、县政府及相关部门的粮食安全责任，落实产粮大县、超级产粮大县奖励资金50%以上用于粮食仓储物流、粮油生产和产业发展支出等保障措施。规范粮食收储行为，市粮食局会同市工商部门，印发《关于加强粮食经纪人队伍建设的通知》，加强粮食经纪人管理，推动粮食收购向规范化方向发展。在全省首创出台《政策性粮食收购工作标准》，并在全省粮食工作会议上作经验介绍。全年全市查处涉粮违法违规案件52起，取消不符合《粮食流通管理条例》规定的粮食收购主体的收购资格39家。年内，市粮食局、大丰区粮食局、江苏宏健粮油科技发展有限公司等单位被评为全省粮食安全生产先进单位，阜宁县粮食局、建湖县粮食局被评为全省粮食流通监督检查示范单位，建湖县楼夏粮库主任祁建杉被评为全国粮食系统传承“四无粮仓”精神先进个人。

（傅　刚）

第四节　烟草专卖

2015年，江苏省盐城市烟草专卖局（江苏省烟草公司盐城市公司）下辖响水、滨海、阜宁、射阳、建湖、大丰、东台7个县（市、区）局（分公司），设职能部门14个，有基层服务站31个、客户服务部31个、专卖监管中队31个，员工1060人。全年销售卷烟24.03万箱，实现税利16.94亿元，其中实现入库税收11.01亿元。

专卖管理　与市公安局治安支队建立案件跟踪督办制度，与检察院、法院建立案件沟通协作制度，加大对全市重大案件和难点案件的会商督办，增强共同打击涉烟违法活动合力。全年查处各类违法违规经营卷烟案件1447起，总案值3902.18万元，卷烟市场平均净化率98.1%，获江苏省烟草专卖局嘉奖17次，获得省烟草专卖局、省公安厅颁发的卷烟打假特殊贡献奖。至年底，全市有持证卷烟零售户3.95万户。12月22日，市政府印发《关于印发盐城市烟草制品零售点布局管理办法的通知》（盐政规发〔2015〕7号），明确经营场所设置烟草制品零售点的条件，办法于2016年1月22日起施行，同时废止2013年1月15日颁布的《盐城市卷烟零售点布局管理办法》（盐政发〔2013〕4号）。

课题研究　全年完成8个省级课题，实施6个市级创新课题(5个课题结题)，完成2014年立项的所有128个基层创新课题成果的评审工作，89个课题成果通过评审，评审合格率69.5%。其中，作为试点单位参与“应招尽招，真招实招”保障机制建设试点课题暨省级创新课题——“投资采购一体化建设”的探索、研究以及采购过程创新管理的探讨、尝试，并在课题组转为项目组后，配合“投资采购一体化管理应用系统建设”，按照业务运作、监督监管、公开公示“三线并轨”管理模块全面梳理采购需求、固化工作流程，为全省采购数据集成、降低成本提高效益发挥作用；参与全省系统预算和资产管理系统项目创新课题，开展财务管理信息化实施方案项目的试点工作，配合召开财务信息化项目启动会和推进会，梳理预算审批流程、预算指标体系，对预算测算底表的类型、内容和格式进行统一设置和要求，统一资产类别和资产卡片信息，完成资产系统模块上线运行，与预算系统和核算系统实现有机融合；参与省级课题“安全生产信息化建设”，承担全省系统精益安全管理信息化项目建设试点任务，完成所有功能模块的初步开发，进入适用反馈阶段；开展构建“人岗匹配、能上能下、能进能出”体系的精益改善课题，对员工分组管理、指标体系设计以及员工积分运用等内容进行研究和实践，并以员工积分管理信息管理系统进行固化，3月24日，员工综合积分与岗位动态管理机制构建的研究与实践创新课题通过省烟草专卖局专家评审组评审验收，成为全省系统首个通过验收的创新课题；基层服务站标准化建设课题形成基层客户服务站标准化管理体系等7项成果。

内管建设　编制《市局（公司）、县级局（公司）岗位定编方案》、“全市系统人岗匹配情况表”，修订《员工岗位积分考核晋升办法》，完善员工积分管理信息管理系统。优化物流线路26条，节省67人（含5个站长，5个内勤，5个保管员）的人力成本。制定印发“市烟草专卖局（公司）2015年目标策划表”、《达标晋位争先绩效合约书》《县（市）局（分公司）综合工作管理评价体系》《县（市）局（分公司）营销管理工作综合评价及管理体系》《县（市）局（分公司）专卖管理工作综合评价及管理体系》《全市系统开展县级局、分公司精益创优达标活动实施方案》和《基层客户服务站综合评价及管理体系》，开展市、县、基层站三级目标策划，促进目标管理和综合评价体系化。成立精益管理工作推进领导小组，制订《盐城市烟草专卖局（公司）精益管理实施方案》《盐城烟草精益改善课题管理办法（暂行）》《盐城烟草合理化建议管理办法（试行）》《盐城烟草系统精益管理内部培训师管理办法》等，开展精益改善工具应用培训8次，3000余人次参与，开展“精益改善月”主题活动，征集精益改善课题策划表68份，172个改善点，最终形成优秀精益改善案例9个、报告12份、精益故事38篇、优秀办法29个，岗位明星25名，合理化建议319条。制定《安全生产标准化岗位规范和评价办法》，3月获评江苏省安全文化建设示范企业，8月被市安委会推选为全省安全月活动优秀单位，11月获2015年度全国“安康杯”竞赛安全文化宣传工作“优秀组织单位”奖，12月通过江苏省企业劳动保护示范工会检查验收。

通过省“六五”普法验收　年内，市烟草专卖局开展《中华人民共和国行政诉讼法》知识培训，举办法治烟草大讲堂，开展“法治，在身边”普法征文活动及“法耀盐烟”法制书法、摄影作品比赛，收集普法征文47篇，书法及摄影作品20余份。以“3·15”“6·29”“12·4”等纪念日为契机，会同工商、质监等单位举行宣传活动，现场讲解法律法规知识，传授真假烟识别技巧，发放宣传材料1370余份。5月，市烟草专卖局获评市级诚信行政执法示范单位；8月，市烟草专卖局、响水县烟草专卖局、滨海县烟草专卖局、建湖县烟草专卖局、东台市烟草专卖局被评为2015～2016年市级依法行政示范点，阜宁县烟草专卖局被评为市级依法行政示范单位。11月16日，市烟草专卖局全面总结“六五”普法工作成效，举办“六五”普法成果展，通过江苏省“六五”普法检查验收。

第二届创新论坛　12月31日，盐城烟草举办第二届创新论坛。论坛围绕“创新是驱动力”工作主线，总结企业年度创新工作开展情况，研究部署2016年创新工作任务。会议发布2015年度立项基层创新课题成果75篇，汇编学术论文123篇，对12个优秀精益改善案例和27个基层创新优秀成果课题组予以表彰，其中“一体两翼”构架下的基层客户服务站标准化管理体系建设等2个市级创新课题、构建“人岗匹配、能上能下、能进能出”体系等2个优秀精益改善案例、“降低卷烟包翻卸时间”等4个获奖基层创新优秀成果作汇报演讲。

（陈志岗）

第五节　盐业经销

2015年，盐城市盐务管理局（江苏省苏盐连锁有限公司盐城分公司）实现营业总收入2.07亿元；购销各类盐产品9.91万吨；销售小包装食盐2.47万吨。加强盐政管理，8月10日至9月30日，开展保障全市食盐安全“雷霆风暴”联合执法专项行动；11月，与市卫生计生委联合制定《开展全民减盐行动宣传月活动实施方案》，集中开展全民减盐行动宣传月活动；开展清灶台、搞宣传、查线索、办案件的“食盐安全访万家劳动竞赛”，对重点地区进行重复走访，做到走访一个区域净化一片市场。全年全市查处各类盐业违法案件709件，其中移送司法机关案件21件，立案16件，涉案28人，判决9人；查处违法盐产品522.83吨，罚没款66.25万元。

（靖　江）

第六节　石油经营

2015年，中国石油化工股份有限公司江苏盐城石油分公司实现成品油经营58.47万吨，天然气销售4385吨；实现销售收入35.42亿元（含非油品）；上缴税收4438.36万元，其中上缴增值税3630.05万元。新增加油站3座；完成油气改造29座，累计完成86座。至年底，公司有在营加油站121座，在营油库3座，库容为2.8万立方米。年内，公司被市委市政府评为盐城市文明单位标兵，盐城青年路站、东台二站、大丰九站被省公司评为“为民服务创先争优”金牌示范站。

成品油经营　在全省首推“他有我营”的轻资产经营模式，与市公交公司建立合作关系。年内，盐城公交公司下属1个加油站、4个加油点全部纳入中石化盐城分公司现场管理范畴，油品由盐城分公司统一配送供应；与东台弶港六里供应站、射阳黄沙港供油中心达成合作意向。与上海农场合作，成立盐城大丰临海成品油销售有限公司，双方合资组建228国道联营加油站，相关审批手续办理之中。解决库容与油品需求间矛盾，在组织资源、加大投放的同时，协调承运商增加一次物流运力2000吨，二次物流运力48吨，增强跨区提货及资源配置能力，完成13座自助半自助加油站改造及6座站的大流量改造。持续推行农机“双优”卡，开辟农机、特殊车辆专用通道，开展“送油下乡”“送油到田头”活动等。年内，公司开展非油新业务，率先在全省推行油站自助洗车业务。至年底，区内有洗车点26个，江苏公共频道对其专题报道。

管道及配套库建设　继续推进苏北成品油管道上冈配套库工程建设，工程库容10.4万立方米。12月28日，中石化盐城公司与建湖县上冈镇政府签署配套中心油库征地土地补偿协议，油库项目进入实质性建设阶段。在管道建设方面，52千米管道具备开工条件，从淮安进入建湖九龙口2680米定向钻施工之中。

商标打假维权　对辖区内64家社会成品油经营单位进行拉网式摸底排查，清理拆除过期加盟铜牌商家6家，清理6座社会站点的商标侵权行为。通过与法律顾问单位签订商标打假维权风险代理合同，清理1个长期侵权行为。

（许菁菁　严国英）

第 20 章　现代服务业

责任编辑　高兰会

综　　述

2015 年，全市完成服务业增加值 1770.5 亿元，同比增长 12.5%；完成服务业投资 1328.2 亿元，同比增长 25.5%；实现全社会消费品零售总额 1468.6 亿元，同比增长 11.9%；实现服务业税收收入 291.4 亿元，同比增长 13.2%。推进载体建设，加快 31 个市级以上服务业集聚区建设，全市 31 个市级以上服务业集聚区完成投资 227.5 亿元，已运营的 29 个服务业集聚区完成营业收入 534 亿元，实现税收 21.2 亿元。全市 100 个投资亿元以上服务业重点项目完成投资 334.6 亿元。30 个服务业龙头企业实现营业收入 205.2 亿元、税收 7.5 亿元，分别增长 18.9% 和 15.1%。新兴服务业发展加快，大数据、“互联网 +”、电子商务、科技服务等新兴服务业态亮点纷呈，产业结构从以生活服务业、传统业态为主向生产服务业、新兴业态快速发展转变，江苏省大数据产业园、城南电子商务产业园等园区发展势头强劲。　（徐　静）

第一节　旅　　游

2015 年，全市接待游客 2282 万人次，实现旅游收入 227 亿元。盐城城市形象亮相央视《新闻 30 分》《朝闻天下》《走遍中国》以及北京、上海、南京高铁站、首都机场、沪宁高速、盐徐高速、沿江高速等。加强与新浪江苏、凤凰江苏、人民网、腾讯、同程等主流网络媒体合作营销，开通盐城城市问候语短信等。盐城先后被评为“亚洲金旅奖 · 首批最美生态旅游目的地”“首批十大休闲（度假）旅游目的地”“一带一路”生态宜居旅游名城、中国十佳绿色生态旅游城市等。加快旅游景区建设，中华麋鹿园成功创建为国家 AAAAA 级旅游景区，大丰荷兰花海、丹顶鹤湿地旅游景区创建为国家 AAAA 级旅游景区，盐都区被命名为江苏省乡村旅游创新发展示范区，大丰荷兰花海和盐都泾口生态园成为首批江苏省乡村旅游创新项目，大丰东方桃花州被评为江苏省四星级乡村旅游区，大丰区新能源淡化海水产业示范园区被评为江苏省工业旅游区（点）。至年底，全市形成以东台甘港村、盐都杨侍村为代表的 38 个乡村旅游集群。开展旅游推介，举办 2015 台湾 · 江苏盐城旅游活动周、盐城旅游（日本静冈、大阪）推介说明会、2015 丹顶鹤国际湿地生态旅游节暨第八届海盐文化节旅游活动、2015 美丽中国行 · 聚焦生态盐城大型媒体采风行活动等，与中青旅日本株式会社、韩国塔亚旅游公司、上海旅游行业协会等多家境内外旅行商签署游客输送合作协议。提升旅游要素。开展以旅游厕所创建为重点的旅游公共服务提升行动，加快旅游精品线路建设，推进房车露营、低空飞行等新兴业态发展，大纵湖绿丘露营基地获批江苏省房车露营地。年内，举办盐城首届金牌导游大赛，评定出 10 佳金牌导游员（讲解员），联合南京银行发行“旅游一卡通”金融 IC 卡，“鹤舞东方”铁艺多功能笔架荣获中国旅游商品银奖，生态盐城三日游精品线路获评 2015 年“美丽中国”主题旅游线路 TOP10。

一、旅游城市建设

中华麋鹿园创成国级 AAAAA 级旅游景区　10 月 15 日，全国旅游资源规划开发质量评定委员会发布公告，中华麋鹿园景区达到国家 AAAAA 级旅游景区标准要求，获批成为国家 AAAAA 级旅游景区，填补盐城乃至整个苏北地区 AAAAA 级旅游景区的空白。中华麋鹿园位于江苏东部黄海之滨，是保存完好的半原始湿地，占地面积 2666.67 公顷，是世界上第一个、也是面积最大、种群数量最多的野生麋鹿园，是全国唯一、中国仅有的以麋鹿文化为主题的国家级景区。至年底，麋鹿园内的麋鹿发展到 2360 头，其中野生种群达 235 头。除麋鹿外，还有兽类 27 种，两栖类和爬行类 21 种，鸟类 204 种，植物 499 种，昆虫 599 种，建成具有海滨特色、以麋鹿为主、多种动物共存的海滨野生动物园，堪称太平洋西岸的“动物天堂”和“植物王国”。

获评“一带一路”生态宜居旅游名城　7 月 10 日，在由中国旅游品牌发展促进会、中国民族品牌战略发展协会和“一带一路”旅游先通先锋工程管委会联合举办的“一带一路”（中国）旅游品牌战略发展峰会在上，盐城获评“一带一路”生态宜居旅游名城。

获评最美中国 · 绿色生态、休闲度假旅游目的地城市　8 月 18 日，在第三届旅游业融合与创新论坛暨 2015 年最美中国榜发布仪式上，盐城获评最美中国 · 绿色生态、休闲度假旅游目的地城市。

获评2015年中国十佳绿色生态旅游城市 12月13日，在人民日报社《环球时报》主办的2015经济全球化与中国城市创新发展论坛暨“环球总评榜·城市榜”发布典礼上，盐城获评2015年中国十佳绿色生态旅游城市。

47家单位和个人获乡村旅游国家级表彰 8月12日，国家旅游局公布评定中国乡村旅游模范村、中国乡村旅游模范户、中国乡村旅游致富带头人和金牌农家乐名单，盐城有47家单位和个人上榜。其中，盐都区大纵湖镇三官村、大丰区大中镇恒北村、东台市五烈镇甘港村、盐都区郭猛镇杨侍村获评中国乡村旅游模范村；盐都区大纵湖镇三官村北京农庄获评中国乡村旅游模范户；潘国昌等20人获评中国乡村旅游致富带头人，甘港农家乐等22家农家乐获评金牌农家乐。

“鹤舞东方”铁艺多功能笔架旅游纪念品获得中国特色旅游商品银奖 11月，在国家旅游局主办的中国特色旅游商品评选活动颁奖典礼上，盐城选送的“鹤舞东方”铁艺多功能笔架旅游纪念品获评银奖。

特色旅游线路获评2015年“美丽中国”主题旅游线路TOP10 12月25～26日，在中国旅游协会、中国旅游报社主办的第五届中国旅游产业发展年会上，盐城申报的“‘观鹤赏鹿，打开心扉’盐城生态之旅三日游”特色旅游线路获评2015年“美丽中国”主题旅游线路TOP10。

二、旅游推介活动

2015台湾·江苏盐城旅游活动周活动 4月28日，盐城在台北圆山大饭店举办2015台湾·江苏盐城旅游活动周启动仪式。活动主要包括“品盐阜美味”盐城美食（台湾）推广展、“盐城，一个让人打开心扉的地方”盐城旅游图片展、盐城特色旅游商品展以及盐城旅游推介、市场互动交流、旅游投资恳谈等活动。

2015中国盐城丹顶鹤国际湿地生态旅游节暨第八届海盐文化节 （参见第81页同名条目）

2015美丽中国行·聚焦生态盐城大型采风行活动 12月1～5日，盐城与中国旅游报社联合主办2015美丽中国行·聚焦生态盐城大型采风行活动。《中国旅游报》《人民日报》《经济日报》、香港《大公报》《中国日报》、央视网、中青在线、搜狐网13家国内主流媒体的记者在盐城记录“生态盐城”的独特魅力。 （王常江）

第二节 餐 饮

一、餐饮比赛

2015“水街杯”盐城首届特色小吃烹饪技能大赛 2月10日，由市人社局、市烹饪行业协会、盐城城投水街资产管理有限公司主办，八大碗餐饮管理有限公司承办的2015“水街杯”盐城首届特色小吃烹饪技能大赛在盐城水街举行，有110名选手参赛。经过比赛，评比产生“盐城名小吃”20道、“盐城风味小吃”20道；获得大赛总分前六名的选手被市人社局评为盐城市技术能手。

2015年盐城市饭店业职工服务技能大赛 6月，市总工会、市人社局、市旅游局、市烹饪行业协会联合举办2015年盐城市饭店业职工服务技能大赛。全市近60名选手参赛。经过比赛，悦达大酒店王丽等6名选手被市总工会授予盐城市五一劳动奖章，被市人社局评为盐城市技术能手，并分别获得3000元、2000元和1000元奖金；盐城迎宾馆张文娟等14名选手被市总工会评为盐城市五一创新能手、并获颁发高级工职业资格证书。

参加第二届江苏当家菜大赛 11月11日，由省职业技能鉴定中心、省烹饪协会、苏州市烹饪协会联合主办，全省13个市烹饪（餐饮）行业协会协办的第二届江苏厨师节暨第二届江苏当家菜大赛在苏州市吴江区吴江宾馆举行。市烹饪协会选派6名选手参加大赛，先锋国际的“金牌乾坤掌”、盐城师范学院的“蛤蜊斩肉”、晓诚大

12月1～5日，2015美丽中国行·聚焦生态盐城媒体采风活动在盐城举行。
（王长宇 摄）

酒店的"盐城晓诚藕粉圆"等5个菜品被评为江苏当家菜(点)。

二、烹饪协会

2015年,市烹饪行业协会加强协会管理,在安徽迎驾集团召开二届四次理事会,64名理事参会。推动餐饮业转型升级,鼓励全行业结合实际搞经营,1月,在江苏省烹饪协会年会上,盐城市江苏先锋国际宴会中心、大丰花都宴会中心被评为江苏省餐饮业转型升级示范单位。支持餐饮龙头企业带技术、资金和品牌下乡,从事"从田园到餐桌"的全产业链建设。实施农餐对接,支持餐饮企业主食加工配送中心(中央厨房)建设,提高菜品的半成品化和成品化率。推荐3名选手参加由省烹饪协会、共青团江苏省委、扬州大学旅游烹饪学院,金龙鱼国际烹饪研究院联合举办的第二届江苏省"十大青年名厨"评选活动,盐城厨师陈盛军获评2015年十大青年名厨。开展公益创投活动,申报的市社会组织公益服务"关爱老年居民饮食健康"被市公益创投评审委员会立项,全年开展关爱活动8次。组织9人参加12月1~4日在北京举办的国家钻级酒家评审员培训班,9人经考核成绩合格,获得国家钻级酒家等级评定委员颁发的国家钻级酒家等级评定评审员资格证书。年内,盐城市国家钻级酒家等级评定工作专家库正式建立。支持理事单位实施股份制改造,4月5日,江苏幸福一家人酒品有限公司获得上海股权托管交易中心同意在上海中小企业股权中心挂牌上市,这是市烹饪行业协会首家在上海中小企业股权中心挂牌上市的企业。(徐加忠)

第三节　软件和信息服务业

一、邮政服务

2015年,中国邮政集团公司盐城市分公司实现业务总收入7亿元,实现有效收入5.76亿元,有效收入劳动生产率同比增长17.46%。快递业务实现业务收入5408万元,其中"双十一"期间(11月11~22日),全区收寄快递包裹33.2万件,单日峰值5.7万件。实施金融业务三年"百亿工程",首年实现66亿元目标。盐城邮政跨境电子商务产业园一期投产,日发件量5000件,日最高峰8000件。全年举办分销业务各类订货会30余场次,各类市场化营销活动取得收入1100万元。投入2255万元,改造邮政网点44个;投入850万元,新增ATM(自动柜员机)、CRS(自动循环存取款机)设备22台,补登折机50台、清分机180台;投入近400万元对132个农村网点硬件设施改造;投入64万元,新增各类车辆9辆。至年底,全市邮政普遍服务营业网点227个,其中大市区37个、东台35个、大丰33个、建湖20个、射阳27个、滨海31个、阜宁25个、响水19个。

平台建设　至年底,全市建成农村电商服务中心2个,网点体验区21处,农村电商服务站样板精品示范店76个,普通店600个,布放邮掌柜系统632处,全年邮掌柜系统累计交易金额5305.6万元。推进苏邮商务会员平台建设,邮商联盟特约商户205户,全年开展各类会员活动22场次,人数1500人次。成立文化传媒中心,策划各类综合营销方案11个。建成主题邮局15个,开发文化传媒类创新产品30余种。创新盐城邮政官微功能,粉丝活跃度超40%,利用微店、淘宝店进行产品推广与销售。推进区内包状邮件散件外走,直封格口从原来的93个减少为27个,处理速度大幅提高。

内控管理　加强资金管理,存量资金持续增加。全年全市邮政227个支局实现结算收入2.88亿元,全年累计实现支局结算收支差3685.59万元,网点结算后净利润点增长4.95万元。优化用工结构,全年实施在岗聘用工转聘199名。实行网点周末轮班歇业等方式,精减约2.2万工时。提升金融风险防控水平,各类金融问题低于目标控制数,金融网点合规检查平均得分92.04分。实现全年安全生产无重大责任事故,无重大通信服务质量问题。全年累计审计工程结算金额1917.57万元,核减各项不合理费用306.48万元,平均核减率15.98%。年内,公司获评全国文明单位、市文明行业标兵;射阳阜余支局投递员封殿龙入围12月"中国好人榜·助人为乐"好人;市公司工会主席刘艳梅获评全国优秀工会工作者。

邮政信息化　先后完成邮政储蓄个人业务集中授权、邮政ERP(企业资源计划)项目、邮政储蓄理财"两录"系统、清分机及点钞机新版人民币配套升级等信息网工程。"薪酬手机查询系统"等3个科技项目获得中国邮政集团公司江苏省分公司立项开发,包裹快递新客户开发申报系统等项目7个由市本级立项开发。机房新增网点传输设备1台,实现网点电路均衡负载,消除单点故障隐患,保障网点专线运行。

企业更名　根据《中国邮政集团公司关于实施法人体制调整有关事项的通知》(中国邮政〔2015〕86号)文件精神,4月9日,江苏省邮政公司盐城分公司正式更名为中国邮政集团公司盐城市分公司。4月底,完成市公司,东台、大丰、射阳、建湖、阜宁、滨海、响水7个县(市、区)分公司和所辖各分支机构的名称变更工作,并启用新印章。

(刘　嘉)

邮政市场管理　年内,市邮政管理局下发信报箱验收工作程序规范信报箱管理,实地验收32个住宅小区信报箱;联合市规划局、市建设局、市住房保障和房产管理局出台《关于加快推进住宅小区智能信包箱和邮政服务用房建设有关事项的通知》,推广应用住宅智能信包箱。全年新建具有为农综合服务功能的村邮站676个。开展全国地级以上城市间信件全程时限监测工作,完成672封全国时限测试信件的收发统计工作。加强快递市场管理。全年累计出动检查173人次,下发书面通报5期,约谈企业7家,下发责令改正通知书33份;办理许可委托核查22项;核发快递企业分支机构名录6家,办理分支机构备案32家;全年处理有效申诉915件,其中快递业务840件,处理申诉准时率

100%，处理申诉正确率97.8%，消费者对企业处理申诉满意率94.2%，对政府处理申诉满意率95.98%。

（郭泽萱）

二、电信服务

2015年，中国电信股份有限公司盐城分公司推进光网建设，开展"双百兆光网争先""双百兆光融之战""冲刺全覆盖"等劳动竞赛，推进光纤入户，普及家庭高速宽带，宽带光纤入户覆盖率100%。持续开展4G建设，保持2G、3G质量稳定，提升无线网络覆盖能力。提升宽带网络品质，城域网出口带宽新增200G；接入网络持续优化，铜缆端口不断缩减；无线网络性能不断优化，持续开展深度覆盖优化，打造4G标杆网络，打造4G+品牌。Wi-Fi运营支撑及高价值热点持续整治优化。强化网站备案、IP（网络之间的互联协线）地址报备、网络安全防护、垃圾短信治理、实名制等工作，网站备案率100%，IP地址报备准确率100%。适应用户消费行为变化，探索客户服务方式创新，加快服务互联网化转型，提升服务质量和服务效率。发挥百兆带宽和应用优势，提升宽带主导地位，宽带市场份额超60%，网络电视份额超30%。

智慧城市 助力市政法委搭建覆盖全市9个县（市、区）和市开发区、城南新区130个乡镇的维稳指挥中心，实现市、县、镇三级视频远程接访。通过该中心，可以实现与公安视频监控图像系统相连，实时查看全市重点地区、重点场所的监控图像，同时将乡镇村村通监控平台的图像，送到市、县综治维稳指挥平台解码显示，实现图像系统的调用。助力市委组织部打造远程教育平台，建设全市党课管理系统，建成管理监控点位2600个，覆盖市、县、镇三级现代党员干部远程教育工作站点，平台实现跨区域、全市范围内的统一管理和资源共享。实施智慧医疗。2014年，中国电信盐城分公司实施智慧医疗项目，承建150个"双定"单位（医保定点医疗机构、医保定点零售药店）的监控，规范医疗行为，提高医保监管水平，筛查"双定"单位的疑似违规行为，同步调查取证，监督减少医保违规行为。2015年，承建10多个社区的健康小屋项目，提高社区卫生服务质量，做到"早预防、早诊断、早治疗"，将疾病消灭在萌芽状态，带动百姓的健康管理向多样化、全面化、系统化、个性化、信息化方向发展。

信息化服务 为大中型企业提供云计算服务及基于云端的大数据分析服务，提供企业信息化系统、网络信息安全方案、网络信息化系统维护及物联网等信息化应用服务，"企企通"服务支撑全市万余家大中型企业的信息化建设。"数字企业"面向中小企业提供信息化服务，为中小企业捕捉商业机会、快速拓展业务、提高工作效率、降低运营成本、提高服务水平等多方面诉求提供支撑。"e企云"构建数字企业云服务平台，助力大众创业、万众创新，服务小微企业，为小微企业提供信息服务，提高企业管理水平。（单康政）

三、移动服务

2015年，中国移动通信集团江苏有限公司盐城分公司客户480万户，全年运营收入25.03亿元，企业固定资产40亿元；4G客户150万户，手机上网用户270万户，宽带用户50万户；掌厅客户端用户120万户，服务网点有自有营业厅41家，合作营业厅1249家，各级服务网点遍及城区、乡镇、村（社区），覆盖率100%。有2G、3G、4G手机上网，WLAN宽带上网，飞信，掌上营业厅，手机支付，移动商城，彩信，服务密码，短信息，信息点播，呼叫等待，呼叫转移，话费清单自助打印等移动数据和服务业务。

网络建设 新增4G宏站1220个、室分511个，累计完成LTE（基于3G的长期演进项目）站点5941个。铺设光缆6570千米，建设管道195千米，新建杆路655千米（不含4G配套建设工作量）；4G基站配套建设计铺设光缆945千米，建设管道56千米。至年底，4G整体综合覆盖水平超过TD-SCDMA（中国提出的第三代移动通信标准）。根据2G业务发展情况，完成弱覆盖区域2G基站补点建设128个。对市区、县城及各级乡镇进行拉网测试，测试里程1.5万千米。4G方面，在完成基站建设的基础上，通过专项网络优化，全市4G网络覆盖率98%以上，平均下载速率40Mbp/s（兆位/秒）。采用质量控制手段提升基础网络4G传输承载能力，新建6个PTN（分组传送网），并对15个环网优化改造，解决PTN成环率、汇聚逻辑大环、接入逻辑大环等网络结构类隐患，实现网络故障管理零事故。

客户服务 围绕客户NPS（净推荐值）提升核心，完善服务管理体系。构建客户NPS闭环监测体系，全年调查覆盖78万客户，成功回复客户15万户；设立服务专席，强化在线服务能力，以一线接触点、真实客户体验平台为收集重点，安排专人负责关键时刻服务的补位工作，修复后转化满意度率69%；聚焦客户焦难点问题解决，建立投诉预警与响应机制，整治4G网络、弱覆盖区域投诉等焦难点问题；开展"因为有我，用户选择移动""您的吐槽我来听"系列服务宣传活动，树立"移动优服务"口碑，全年参与用户1.74万人次，收集客户问题1548个，用户问题解决率96.3%。

智慧城市 开展蓝天卫士、国土卫士、阳光信访、电视电话会议系统、数字城管、村村通、审务通、水利通、智慧旅游、4G手机执法等信息化项目建设，参与盐城智慧城市项目建设。至年底，盐城9个县（市、区）全部建设蓝天卫士，上线858路前端摄像头；建设国土卫士点位628个；村村通项目累计签约建设492个点位，覆盖盐都、响水和滨海3个区县。完成全市信访接待室千里眼视频监控项目，累计签约建设95个点位。实施市行政中心八楼电视电话会议室设备改造以及射阳县数字城管项目。签约全市各级法院审务通平台，累计发放1500余部审务通工作手机。智慧旅游信息化项目助力中华麋鹿园获评国家AAAAA级景区。

（朱　磊）

四、联通服务

2015年，中国联合网络通信有限公司盐城市分公司完成主营业务收入4.34亿元，完成利润4788万元。至年底，发展移网用户32万户，其中2G用户19.9万户，3G标准用户2.9万户，2G、3G融合用户2.2万户，上网卡产品0.3万户，4G标准用户12.3万户；固网宽带用户 1.93 万户，智慧沃家用户 8400 户。全年新建自营渠道 4 家、社会主营渠道 90 家、零售渠道 681 家，其中本地连锁新增 3 个核心卖场。实施班班通 95 个、互动宝宝 15 所、平安校园 3 所。发展互联网用户 3.18 万户，其中盐城天猫店发展用户 2.02 万户。

网络建设　新增 3G 基站 321 个，4G 基站 404 个，U900 试验站点 30 个；完成沃超越精品网工程前滚开通 4G 基站 1438 个，G900 及 SDR 开通基站 361 个。完成公众宽带小区覆盖 7 万户，实现 96 个乡镇 OLT（光线路终端）开通。完成集团客户接入 465 个，组织实施盐城社会面监控、大丰权健集团、第一人民医院及城南医院的综合业务接入等重大项目。改造和优化网络。完成 4 个汇聚机房割接搬迁，完成阜宁邮政局等 13 个主要接入机房数据设备路由保护。实施 16 个网格的集中优化及无线网“三大高速优化、WCDMA（3G 蜂窝网络）LTE（第三代合作伙伴计划组织制定的移动通信系统）联合优化、金属音专题、全网扰码调整”等专项优化工作。做好金融行业中心机房二路由建设，完成客户端设备 1+1 热备份。开展百万用户大提速活动、出台高带宽低资费包年政策、开展老旧小区光改造等提速工作，在小区宽带接入方面，对 519 个小区约 10 万户覆盖区域进行提速改造，主要采取 FTTH（光纤到户）方式进行改造，改造完成后全部具备 100 兆的接入能力。在全市乡镇普遍部署 OLT，具备千兆接入能力。全网 4G 流量占比 80% 左右，4G 实际平均使用速率较快。3GHSPA+（3G 增强型高速分组接入技术）功能全面开放，3G 平均实际使用速率 20 兆以上。

10 月 25 日，盐城市实验小学小记者在江苏有线盐城营业厅解放南路店了解数字电视背后的“学问”。

客户服务　开展“手拉手，心连心”活动，在提升业务能力、完善首投处理、开展缺陷排查、落实服务责任倒逼、推进渠道转移、实现价值提升 6 个方面开展大服务工作。制定《盐城联通服务质量责任倒逼机制实施办法》，开展一线服务人员业务能力提升活动。组织营业一线人员培训 15 场，450 人次参加；集中上机考试 14 场，360 人次参加；分 5 期对 25 名营业不满意人员开展专项服务提升培训。组织整理编写《典型服务案例汇编》3 期，梳理更新客服知识库信息 1409 条。严控升级投诉，快速落实首次投诉的有效解决，百万 VIP 客户申诉率为 35.6 件，发生工信部申诉 63 件。

内控管理　实施各项费用管理，完成运维成本 6950 万元，实现成本管控目标。完成 28 个网络瘦身专项工作，节约能耗成本约 125 万元。开展资产盘点，完成 1729 个基站 3.6 万条资产盘点工作；完成 692 个宏站、202 个拉远站，净值近 1.9 亿元铁塔相关资产移交工作。　（杨　芳）

五、广电服务

2015 年，江苏省广电有线信息网络股份有限公司盐城分公司实现经营收入 4.7 亿元，利润 6214 万元（不含盐都），其中市公司实现经营收入 1.61 亿元、利润 3327 万元；县级分公司实现经营收入 2.2 亿元，利润 1586 万元；县级子公司实现经营收入 9279 万元，利润 1300 万元；公司本部累计发展高清互动用户 6.9 万户、宽带用户 2.5 万户，发展云媒体用户 1.4 万户。

业务发展　开展爱迪德卡置换、“3·15”现场咨询、“缤纷五月、感恩回馈”“暑期特价”和“双十一”等促销活动，突出高清互动、数据宽带和特色频道等宣传。构建全业务电子营销渠道，在完善淘宝网店、网上营业厅、掌上营业厅功能的同时，相继开通微信、支付宝电子渠道，实现用户续费和节目适时开通，业务销售较上年增长 70% 以上。进入集团单位采购市场，先后中标盐城技师学院、盐城市委党校等单位项目，实现收入 200 多万元。开展信息发布业务，全年实现创收 827 万元。配套费业务新签合同 47 份，合同额 3570 多万元，全年实现配套费收入 3800 多万元，并先后与市委党校、金鹰酒店等 110 多家集体单位签订业务合作协议。智能化业务，全面介入全市教育卫生、智慧小区、数据业务、安防监控等领域智能化业务的市场竞争，先后中标签订盐城范公路快速交通监控、建湖实验小学、建湖医院等智能化项目 5300 多万元。参与“智慧城市”项目建设，8 月，与建湖县政府签订以“共享平台、智慧民生、中小企业服务”为内容的“智慧建湖”战略合作协议，项目进入具体项目规划启动阶段。

网络建设　完成广电中心机房整体搬迁，累计割接主干接入光缆 28 根，割接熔接光纤 4800 多芯。完成云媒体前端平台搭建，通过内部测试、大网升级，为新业务推广提供支撑。升级改造市县骨干城域网和数据网，推进光纤到户工程，新建改造光节点 530 个，完成 EOC（基于有线电视同轴电缆网使用以太网协议的接入技术）小区12万户网络优化扩容工作，新建双向网络覆盖用户2.8万户，开通数据专线项目50多个；推进IP城域网络系统扩容，对EPON（以太网无源光网络）主控板进行全面升级，实行分机房核心交换机互连；采取试点先行、分步实施的办法，对县级公司未实施双向建设的镇村、城区新建楼盘、城区散户采用光纤到户技术，无法实施光纤到户的老小区进行升级改造，先后完成160多个重点区域网络改造。成立IT支撑工作组，完成省运营远程虚拟桌面上线联调，加强与省公司技术交流、区县的业务指导，形成常态化的省市县三级管理机制。加强安全管理，定期开展巡查，重点盯防和改造内环高架路管网光缆线路，确保全年安全无事故运营。

客户服务　做好基本用户维系管理。开展上门回访和进小区服务，"从心开始，让用户满意"出柜销售，各乡镇站推进数字电视村村通、户户通网改工程，推广联通4G外交互无线覆盖业务。加快新型网格化服务营维体系建设。以公司本部、大丰、东台为试点，开展专项培训，强化数据采集，加强对用户、业务和网络资源信息的融合管理，实现动态服务、精确化管理。全面推进统一客服平台建设，配合各县级公司做好系统调制、数据处理及内部维护，实现盐城地区"96296"全覆盖。

网络整合　7月，江苏有线盐城分公司完成滨海、建湖、盐都、东台、射阳、阜宁6家分公司合并运营和滨海、建湖、东台、射阳、阜宁5家分公司人员、资产划转；12月，滨海、建湖、东台、射阳、阜宁5家分公司完成二次资产评估。

（李建忠　胡中耕）

第四节　物　流

2015年，全市物流总额12056.4亿元，物流增加值308.1亿元。至年底，全市有省重点物流基地6个，省重点物流企业12家，全市物流企业中物流营业收入1000万元以上的企业超百家。年内，盐城现代物流园区、大丰港物流园区、建湖里下河物流园区、盐城城西南物流园区等省重点物流园区的基础设施和公共平台建设取得新进展，入园企业不断增加。射阳港物流园、盐城亚邦物流产业园、盐城传化公路港、盐都粮食物流园、河海联运物流园、五联物流园商贸中心等新物流园项目启动和建设之中。全市各级开发区、综保区、重点工业园区、重点产业园区陆续开始启动物流功能区、电商快递产业园建设。阜宁县阜宁港物流集聚园区被省经信委认定为省重点物流基地，国药控股盐城有限公司等31家物流企业被认定为市重点物流企业。加快智慧物流建设，新一代信息技术在物流各个环节的推广应用由重点物流企业向面广量大的中小物流企业延伸，一批区域和行业物流公共信息平台发挥作用。发展现代物流新业态，涌现出一批第三方物流、冷链物流、供应链物流、电商快递物流、城市配送物流等现代物流新业态的典型代表，江苏伟运物流有限公司等现代物流新业态的新企业创办之中。推进物流重点项目建设，全年全市物流业重大工程在建或新开工项目27个，总投资190亿元。其中，大丰港现代物流中心项目、江苏神龙控股集团的盐城神龙公路港项目、光盛纺织（香港）有限公司的仓储物流项目、江苏鹏涛供应链管理有限公司的供应链物流管理项目、江苏金韩河蔬果专业合作联社的农产品冷链物流中心项目、江苏快捷士现代物流有限公司的同城电商与配送服务系统项目等物流项目建设进展顺利。

快递业务　年内，全市新建高校和社区快递服务中心3个；市政府为民办实事工程项目新建智能快件箱35组，包含包裹格口3000个，拉动社会投资建设智能快件箱130组，包含包裹格口8500个，服务全市30万人口。至年底，全市依法取得快递业务经营许可证的企业88家，比上年同期新增18家。市法人企业设立分支机构累计32家，外地法人企业在盐城设立分支机构累计49家，合计分支机构81家，比上年同期新增21家。其中，盐城核发分支机构名录6家，办理分支机构备案32家。全市快递专业营业网点新增73个、累计398个；新增建筑面积1.68万平方米、累计6.24万平方米；新增分拣场地面积6500平方米、累计4.9万平方米；19家企业新增自动化传输线61条；新增运输干线运输26条、累计99条；新增车辆107辆、累计866辆，其中新增新能源汽车58辆运能50吨；新增客服人员96人、累计302人。全年有575人次参加3次快递业务员职业技能鉴定考试，全市快递从业人员持证比例超50%。

苏宁智能快递柜。

盐城电商快递产业园 至年底,有江苏省邮政速递物流有限公司盐城分公司、盐城顺丰速运有限公司、杭州百世网络技术有限公司盐城营业部(汇通分拨中心)、盐城苏宁物流有限公司、盐城韵达速递服务有限公司、盐城市速尔货运代理有限公司6家公司入驻园区,实现有效投入1.6亿元,新建分拨中心场地3.2万平方米,日处理快件量3万件。其中,由中国邮政集团公司盐城市分公司推进盐城邮政跨境电子商务产业园一期工程建设,项目面积2600平方米,有产品展示室、产品摄影棚、培训室,能提供独立仓储、邮件处理、封发、运输等配套服务设施,同步建立盐城邮政跨境电子商务创业中心、盐城邮政跨境电子商务孵化培训基地。年内,顺丰公司投资建设顺丰盐城智慧电商物流园二期占地14公顷项目正式签约。

(季 鹏 郭泽萱)

第五节 中介服务

一、典当行业

2015年,全市有典当企业36家、典当分支机构1家和拍卖企业30家。7月20日至9月20日,市商务局开展全市典当行业清理整顿专项行动,对非法集资、超范围经营、吸收存款或者变相吸收存款、收当赃物、违规办理股票典当业务等违法行为和抽逃注册资本及发放信用贷款等行为进行查处,依法取缔12家无证经营网点。8月,市商务局抽查大市区部分典当企业的经营状况;11月,协助省厅随机抽查3家典当企业的经营状况,未发现违规经营现象和非法集资现象。

(周卫鹏)

二、人力资源市场

2015年,市政府出台《关于加快人力资源服务业发展的意见》,连续三年开展人力资源诚信服务主题创建活动,对人力资源服务机构进行诚信等级评定和示范机构评选,评选全市诚信人力资源服务机构30家、市级示范窗口15家,表彰行业先进个人30名和服务标兵15名。培育盐城人才网、人才金港等诚信机构30家,盐城人才网被评为江苏省人力资源服务行业骨干企业。引入博尔捷欧孚视频、英格玛人力资源服务外包、中智管理咨询等创新服务产品,新设立人力资源服务机构3家。开展人力资源服务机构年检工作,对市直42家机构业务开展情况进行检查登记、年度审验。对4500名人力资源服务机构从业人员进行政策法律知识、职业道德、服务意识等方面培训。开展劳动保障事务代理服务,建立健全劳动代理工作基础台账,做好失业登记建档和录入处理工作,为企业改制分流职工办理失业登记手续,核发失业保险待遇,提供档案代管、社会保险关系续接等服务。至年底,累计代保管各类人员档案4.91万份,为7.59万人次的劳动代理人员代缴社会保险金2882.5万元,为8206名劳动代理人员代办退休手续。

江苏盐城人力资源服务产业园 1月,江苏盐城人力资源服务产业园开园。产业园是以集聚产业、服务发展、孵化企业、培育市场为功能的现代人力资源服务产业集聚区,是江苏省首批、江北地区首家省级人力资源服务产业园,位于盐城市城南新区新龙广场。园区一期主体建筑15层,总建筑面积1.9万平方米,分为大市区人力资源市场,留学回国人员创业孵化基地、人力资源培训基地、众创空间等公共服务区,人力资源服务机构入驻区3个功能区,采用市场化运营模式。年内,城南新区出台《鼓励知名机构入驻人力资源服务产业园的优惠政策》,产业园一期集聚博尔捷、中智、英格玛、北美人才交流中心等14家人力资源服务企业,其中与上海博尔捷人力资源公司合资成立江苏盐城人力资源服务产业园有限公司。至年底,园区产值超20亿元,为近2000多家企业提供人才招聘、人力资源配置、管理咨询、培训发展、人力资源外包、人才测评、人力资源信息等整体人力资源服务,服务人才超过80万人次,被评为2015年度中国人力资源服务产业园最具潜力园区。

就业服务 全年全市举办各类招聘会467场次,进场招聘企业9422多家,提供招聘岗位22.81万个,进场求职数近33.82万人,达成就业意向11.85万人。

2月13日,举办新春返乡创业暨引才用工大型招聘会,累计有515家用人单位进场招聘,提供大数据信息、环保科技、机械电子、医药生物等百余个行业就业岗位1.28万个,吸引1.5万人进场求职,达成意向性协议5978人。

4月21~27日,举办全国民营企业招聘周活动。组织各类招聘洽谈会22场,有2万多人次进场求职,有5544人与用人单位签订就业意向,其中高校毕业生2801人、进城务工农民425人、就业困难群体108人,签订职业技能培训意向人数1.65万人,维权及法律援助568人次,印发就业宣传材料5万多份。

6月6日,在盐城工学院举办"515"引才计划高校毕业生大型专场招聘会,组织悦达集团等国有企业16家,江淮动力等大型股份制企业78家,中小民营企业200余家单位进场招聘,推出大专以上岗位2916个,其中本科生岗位1759个,涉及金融、交通、电子、IT、互联网、医药、化工、房产、建筑、机械、制造、纺织等各个行业,进场求职应聘7000多人次,初步达成聘用意向者1200余人。

11月16日,在科技电子大学举办中国盐城"515"招才引智专场招聘洽谈会,全市100多家用人单位进场招聘,达成意向就业协议500多份。

三、律师事务所

2015年,全市有律师事务所97家,执业律师724人,其中党员律师181人;在执业律师中,大学以上学历的占91%,其中硕士、博士16人。全市律师有42人担任本届县级以上党代表、人大代表、政协委员,其中全国人大代表1人,市级党代表3人,市级人大代表、政协委员15人,县级人大代表、政协委员23人。全年全市律师办理各类案件

1.72 万件，其中刑事案件 1785 件，民事案件 1.10 万件，行政案件 242 件，非诉讼案件 513 件，解答法律咨询 1.48 万人次，担任法律顾问 2272 家，业务收费 4220.02 万元。至年底，全市所有律师事务所和法律服务所普遍建立进村（居）服务登记制度。（吴　晋）

四、会计师事务所

2015 年，全市有会计师事务所 20 家，其中 AAAAA 级分所 1 家、AAA 级 1 家；从业人员有 321 人，其中执业注册会计师 121 人（部分人员有多种执业资格），中国注册会计师协会资深会员 3 人，各级人大代表、政协委员和党代表 13 人；非执业会员 400 人；党员 73 名，设立独立和联合党支部 14 个；有盐城市注册会计师协会（管理服务中心）1 家。业务范围包括财务报表审计、注册资本验证、高新技术企业认定、绩效考核评价、涉税鉴证、工程预决算审核、经济案件司法鉴定、企业清算（破产管理人）、管理咨询、政府和企业投融资服务、会计审计咨询和培训等。全年全市会计师事务所服务单位 4852 家，业务收入 4950 万元，缴纳税费 496 万元。年内，江苏仁禾中衡事务所被评为全国青年文明号。

2015 年全市会计师事务所

表 20－34

名　称	主任会计师	通　讯　地　址	电　话	注册会计师人数	综合评价等级
江苏苏亚金诚会计师事务所盐城分所	饶景丽	盐城市青年西路 8 号	88335251	23	AAAAA
江苏中信仁华会计师事务所	刘正华	东台市八达城 C－405	85214212	6	AAA
盐城天翔丰华会计师事务所	李　凯	大丰区人民北路纺织大楼 3F	83515441	13	AA
盐城信盛会计师事务所	宋兰芬	射阳县朝阳街医药公司 3F	82364626	6	A
盐城正源会计师事务所	王　庚	建湖县兴建东路 22 号	86232418	8	AA
盐城友信会计师事务所	徐　镇	滨海县东坎镇新建南路 237 号	84236549	7	AA
盐城正信联合会计师事务所	王中林	盐城市康乐路 1 号	88366368	4	AA
盐城正中联合会计师事务所	阚兆贵	盐城市迎宾南路 29 号 5F	88362933	2	A
盐城金穗联合会计师事务所	沙中林	盐城建军东路 86－1 号景福大厦 805 室	88282052	2	AA
盐城中博华联合会计师事务所	滕大勇	盐城市解放南路 157 号 4F	88119008	7	AA
盐城兴阳会计师事务所	赵其军	射阳县合德镇双拥路 163 号	82315149	7	AA
建湖苏盛联合会计师事务所	张利平	建湖县冠华路盈佳经典花苑 1 号楼	86223826	4	AA
盐城天则会计师事务所	樊克俭	阜宁上海路 35 号 19 楼 201 室	87295866	3	AA
盐城万园联合会计师事务所	陈当兵	阜宁阜城大街 171 号	87233991	2	A
盐城天方会计师事务所	陈德祥	盐城市人民中路 188 号飞驰国际 918	88223901	5	A
盐城方天园会计师事务所	李　杰	建湖县东方御花园 D6－111 室	86265051	4	AA
盐城山川会计师事务所	卞志山	盐城市人民南路华邦国际东 A503	88197718	6	AA
盐城立信如良会计师事务所	殷如良	东台市金海中路 20－3 号	89515158	5	A
盐城安顺会计师事务所	刘　宏	盐城市中茵海华广场银座 19F	88929831	4	AA
盐城国和会计师事务所	吴曙光	盐城市毓龙西路 21 号	88235517	3	A

注：上表按执业证书编号排序；综合评价等级由高到低为：AAAAA、AAAA、AAA、AA、A 和 B。（何同志）

第21章 金融业

责任编辑　高兰会

综　述

2015年，全市金融机构本外币各项存款余额4414.84亿元，比年初增加694.52亿元。其中，非金融企业存款新增273.43亿元；储蓄存款新增299.79亿元，储蓄存款余额2367.82亿元。全市金融机构本外币各项贷款余额3077.48亿元，比年初增加473.66亿元；工业贷款余额679.95亿元，比年初增加31.90亿元。全市表外融资余额795.37亿元，比年初增加218.81亿元。全年累计发行各类直接融资237.54亿元，其中发行直接债务融资工具190.5亿元。新成立长江商业银行盐城分行、中信银行大丰支行、南京银行城区支行3家银行业金融机构，总数36家；新开业国泰君安1家证券机构，总数21家；新开业泰山财险1家保险机构，总数54家。年内，银监会正式批复同意悦达集团筹建财务公司。3月16日，黄海农商行正式更名为盐城农商行。

专项检查　2015年，市金融办、市物价局、中国人民银行盐城市中心支行、盐城银监分局等部门联合对银行机构进行专项检查，重点检查以贷转存、转嫁成本、借贷搭售等不合规行为，切实减轻企业融资负担。至年底，全市新发放贷款加权平均利率为5.8660%。其中，大型、中型和小微企业贷款加权平均利率分别为4.9666%、5.3631%、6.029%；个人住房贷款加权平均利率为4.5636%。在全市范围内开展防范和打击非法集资宣传活动，以“拒绝高息诱惑，远离非法集资”为主题，在盐城广播电视台一套黄金时段播放宣传视频16条；在盐城一套、二套、三套、四套不定时、不定量播放打击非法集资滚动字幕；在《盐阜大众报》刊登通讯报道、专题宣传、有奖问答、典型案例等60余条；向各个县（市、区）发放2000份宣传海报和200个打击非法集资购物袋。在全市范围内集中开展涉嫌非法集资广告资讯排查专项清理活动，对全市以投资理财、私募基金、P2P、农民专业合作、民办教育、养老、项目开发、种植养殖、原始股等名义发布传播涉及高额回报集资和变相集资的广告咨询信息重点排查，撤销涉嫌非法集资广告，查处广告发布单位。

业务管理　年内，市金融办创新融资抵押业务。引导银行机构发展农村“林权、海域使用权、土地承包经营权、集体建设用地使用权、农民住房所有权和宅基地使用权”等抵质押新业务，东台农商行、阜宁农商行在农村“五权”进行先行先试，至年底，农村“五权”抵押融资贷款新增153万元，贷款余额703万元。创新发展科技金融。支持金融机构创新科技融资产品，苏北首家科技支行——农行开发区科技支行累计发放科技型贷款8.05亿元，科技型企业贷款余额2.07亿元。至年底，全市新增科技贷款40.53亿元，贷款余额112.27亿元。引导科技小额贷款公司支持科技型中小微企业发展，至年底，盐城科贷公司累放贷款36.25亿元，贷款余额6.45亿元。发展直接融资。5月，召开银行间市场直接债务融资工具发展推进会，邀请中国银行间市场交易商协会就直接债务融资工具相关政策作专题讲座，引导企业扩大银行间市场直接债务融资工具利用规模，会上达成149亿元的直接债务融资协议。全年全市发行29个总额为237.54亿元直接融资项目，其中全市直接债务融资工具累计发行190.5亿元。悦达集团先后发行30亿元超短期融资券和30亿元“永续债”，其中“永续债”为苏北首单。11月12日，2015中国盐城基金投资峰会在盐城举

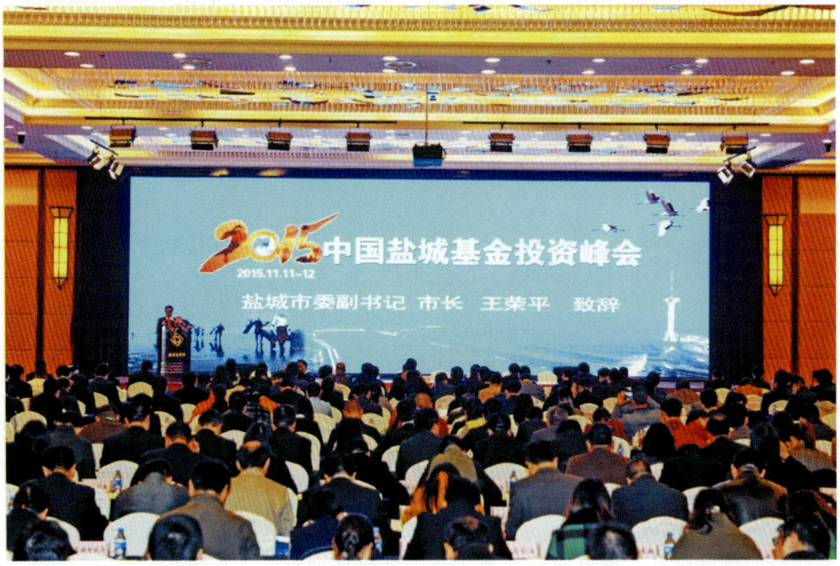

11月12日，2015中国盐城基金投资峰会在盐城举行。

行,170多家投资机构与盐城150家有融资需求企业进行对接,市政府与国家发改委国际合作中心签订战略合作协议,同时成立总规模110亿元的基金2个,集中签约合作项目10个,实现股权投资3.63亿元。加快企业上市和新三板融资。7月,深交所对全市50家重点上市后备企业作证券改革和上市路径专题培训辅导。全年新增上市企业1家,新增新三板挂牌企业16家,挂牌企业中,大丰焕鑫股份、盐都驰翔齿轮、响水九州传动、开发区华生恒业、阜宁中成发展、亭湖高和机电和东台凯润精密7家企业分别定向增发1.44亿元、8985万元、4500万元、3240万元、1013万元、3200万元和24.7万元,累计在资本市场融资3.53亿元。规范发展互联网金融。国投集团创新设立的"盐城贷"互联网金融P2P平台,发挥支持小微企业和全民创业作用,实现累计成交资金20亿元,全年贷出9亿元。

金融服务　市金融办、中国人民银行盐城市中心支行、盐城银监分局联合出台金融支持实体经济6条意见,明确推进授信联合管理、开展让利减费、创新金融服务、拓宽融资渠道、推动扩面增量、强化考核引导6个方面措施,鼓励和引导金融机构帮助解决企业融资难、融资贵问题。扩大市级中小企业应急过桥资金池至5亿元,至年底,为企业提供过桥资金8.5亿元。加强重点领域金融支持,加大对"三重"项目、"双十"工程、小微企业和全民创业等领域信贷投放力度。7月,市政府与省农发行签订战略合作协议,协议约定农发行于2015~2018年,为盐城26个项目投放贷款412亿元。争取国开行、进出口银行信贷资源,至年底,新增国开行贷款46.9亿元,同比增加38.07亿元。至年底,基础设施贷款余额329.57亿元,与基础设施行业密切相关的租赁和商务服务业贷款192.65亿元。小微企业贷款新增182.74亿元,余额1122.67亿元;全民创业贷款新增150.09亿元,同比增加86.13亿元。出台《2015~2017年盐城市金融生态环境建设规划》,深化金融生态县创建,东台市、大丰区、建湖县、滨海县被认定为江苏省金融生态优秀县,阜宁县、响水县、盐都区被认定为江苏省金融生态达标县。深化金融生态县创建。推进农村金融综合服务站建设,提前实现辖区无银行网点行政村全覆盖。制定出台《加强农村金融综合服务站风险防控的指导意见》,开展"风险防控月"活动,加强风险、分类、规范管理。

(王俊勇　王　慧)

第一节　银　　行

一、中国人民银行盐城市中心支行

2015年,中国人民银行盐城市中心支行引导银行业金融机构加大对实体经济的投入,全市金融机构实现各项贷款余额3077.48亿元。推进民生金融发展,强化金融对"三农"和小微企业的信贷支持,出台《关于金融支持农业现代化建设的指导意见》,推进农村土地承包经营权抵押贷款试点工作。至年底,全市小微企业贷款余额692.57亿元,比年初增加96.03亿元;涉农贷款余额1575.57亿元,比年初增加209.38亿元。全市累计发放土地承包经营权抵押贷款8830.2万元。扩大直接债务融资规模,联合出台《直接债务融资引导奖励资金管理办法》,举办直接债务融资工具发展推进会,编印《盐城市企业直接债务融资服务手册》,全年全市直接债务融资工具发行额190.5亿元。

金融稳定　推进金融生态县创建,联合射阳县委开展"加强金融生态建设"中心组专题联学活动,联合市金融办、银监局等部门召开金融支持阜宁发展对接会,研究县域金融环境改善的措施和办法。协助地方政府处理驿都金陵、富建集团等12家企业(集团)重大信贷风险事件。落实存款保险制度各项要求,辖内地方法人银行业金融机构全部参保,保费缴纳工作顺利启动。加强金融消费权益保护,提升金融消费者金融素养,开展金融维权和基础知识宣传活动,提高金融消费者风险识别和防范能力,稳妥处理金融消费者投诉。

金融服务　维护支付系统平稳运行,全年全市大小额支付系统处理往来业务1260.48万笔,金额88675.18亿元。其中,大额支付发起247.61万笔,金额42172.54亿元;大额支付接收289.65万笔,金额45158.03亿元;小额支付发起265.05万笔,金额587.78亿元;小额支付接收458.15万笔,金额756.83亿元。同城清算系统办理业务41.42万笔,清算资金5560.47亿元。全国支票影像交换系统提出业务0.67万笔,金额0.94亿元;提入业务0.55万笔,金额0.56亿元。全市新设人民币银行结算账户1.48万户,其中基本存款账户8169户,专用账户579户,临时存款账户100户。全市个人征信查询9.32万人次。推进农村金融服务站建设,至年底,全辖建成站点1719个,实现无银行网点行政村全覆盖。推广粮食收购非现金结算,解决农村粮食收购资金结算难问题。扩大金融IC卡应用范围,在市区出租车行业实现IC卡投入应用。推动缴税方式创新,实现POS刷卡缴税直接入库。推进人民币流通满意工程,小面额现金供应网络实现市、县(区)和金融机构全覆盖。推广借款企业信用评级使用方付费模式,实现县域全覆盖。中国银行盐城分行、江苏银行盐城分行、盐城农村商业银行3家商业银行网点正式对外提供代理征信查询。全年新增主办银行网点27个,新增自助服务取款机43台,实现市、县(区)和金融机构全覆盖。

外汇管理　全年全市跨境收支总额118.88亿美元。其中,跨境资金流入65.84亿美元,跨境资金流出53.04亿美元,跨境资金净流入12.8亿美元。全年银行结售汇总额87.14亿美元。其中,结汇额46.42亿美元,售汇额40.72亿美元,实现净结汇5.7亿美元。全市跨境人民币结算总量238.13亿元。其中,跨境人民币流入额144.8亿元,跨境人民币流出额93.33亿元。外汇存款余额7.83亿美元,外汇贷款余额4.92亿美元。出台《外汇支持韩资密集区企业发展指导意见》,参与起草市委市政府《关于加快中韩产业园发展的若干意见》。加大为企服务力度,2家企业获准开办跨国公司外汇资金集中运营管理,1家中资企业成功借用外债1000万美元。推进人民币跨境结算业务,全年银行为548户进出口企业办理跨境人民币结算业务，同比增加199户。加强外汇业务检查监督，全年对1家企业和3家外汇指定银行开展执法检查。

监督管理　修订《盐城市银行业金融机构执行人民银行政策情况评价办法》，构建市县联动的金融监管格局。对2014年度执行人民银行政策情况综合评价等级为C类的农业发展银行盐城市分行、中信银行盐城分行、响水农村商业银行等3家金融机构主要负责人进行约见谈话，并对中信银行盐城分行、响水农村商业银行开展综合执法检查。加强金融市场管理，指导2家农村商业银行加入银行间债券市场，对5家农村商业银行开展贵金属业务资格初步审查。加强第三方支付机构管理，对瑞祥商务公司、大丰区民卡公司等机构开展专项调查。开展打击利用离岸公司和地下钱庄转移赃款专项行动，立案2起，破获1起。查处地下钱庄涉案企业，单笔处罚金额均超百万。全年中心支行系统实施行政处罚456.79万元。做好反假货币工作，建立健全假币纠纷冠字号码查询举证机制，全面完成自助柜员机分类贴标工作。分批组织对商业银行从业人员、公安干警举办反假业务知识培训，开展反假货币知识进公路、进铁路、进水路宣传活动。

8月25日，市经信委、人民银行盐城市中心支行联合组织开展盐城市金融超市“东台园区行”活动。

征信管理　扩大小微企业信用信息管理系统数据征集范围，与市信用办、法院达成共享协议，实现企业欠税、欠费、法院被执行人“黑名单”、交通严重违法行为等信息连续采集。推广应收账款融资服务平台应用，平台实现成交金额75.80亿元。规范担保机构信用评级市场，对24家融资性担保机构开展信用评级。推广借款企业信用评级使用方付费模式，实现全辖地方法人金融机构全覆盖。拓宽公众征信查询渠道，全辖有3家商业银行网点对外提供代理查询服务。（王俊勇）

二、银行业监督管理

2015年，盐城银监分局推进银行机构改革转型，强化全面风险监管，提升金融服务水平，加强效能建设。年内，盐城银监局法规工作、消保工作的做法在江苏银监局有关会议上作经验交流，射阳农商行操作风险检查项目和东台农商行操作风险检查项目被江苏银监局评为优秀现场检查项目，分局工会被评为江苏银监局系统先进职工之家。

金融改革　年内，长江银行盐城分行正式开业，浙商银行盐城分行取得筹建批复，全市各县（区）新设立14家支行。至年底，全市有银行业金融机构36家。提出“南北挂钩”的中小商业银行市场准入指导性政策，首次在北部县区规划华夏银行滨海支行、南京银行滨海支行以及中信银行射阳支行3家中小银行支行。大丰农商行、盐城农商行作为信贷治理改革、运营治理改革的试点行，改革得到江苏银监局认可。探索“阳光信贷”新模式，推进“村村通”服务，盐城农商行打造“农户信息大数据平台”、东台稠州村镇银行设立村级“金融服务站”等做法被宣传推广。

风险监管　推进“案防压力传导、案件风险排查、员工行为管控、合规教育培训、案防工作评估、案防工作联动”6项机制，全年签订各级责任状3110份，开展风险排查92次，排查网点292个、2.32万人次，发现问题1297个，实施经济处罚261人、纪律处分17人。出台《盐城银监分局飞行检查暂行规定》，制定网点负责人和信贷人员飞行检查办法，扩大检查覆盖面，做到农村中小法人机构“行行到”、邮储银行“县县到”，全年对31家银行机构的61个网点实施检查，发现27个方面的186个具体问题，通报5次。推动中小商业银行调整业务结构，辖内中小商业银行票贷比、保证金比例分别从2014年初的115%、41.49%下降到2015年底的45.64%、29.29%。

金融服务　推动银行反哺实体经济，出台支持实体经济推动方案，推广实施续贷报批限时制、转续贷业务试点制、特色业务推广制、监管标准适度制等机制。年底，辖内所有农商行和大部分中小商业银行开办转续贷业务，推出“税喜贷”“小企业E助贷”等快捷式产品。实施地区重要授信客户联合管理制度，先后试点开展博汇集团等授信总余额达88亿元的7户企业授信联合管理工作。整治乱收费、强迫企业开具银行承兑汇票等不规范经营行为，全市银行承兑汇票余额较年初减少27亿元，相关银行向企业退还不合规收费634万元。整合银行业消保人力资源，并在全省银行业率先举办银行从业人员“消费者权益保护”业务技能知识竞赛。引导机构履行社会责任，开展“银行业社会责任奖”评比及“惠民服务典型性好事、创新服务有影响大事”评选等活动，召开银行业社会责任报告发布会。

（徐佳珠）

三、中国农业发展银行盐城市分行

2015年,中国农业发展银行盐城市分行年末各项存款余额52.06亿元,同比增加25.17亿元,日均企事业单位存款26.26亿元,同比增加6.54亿元。实现中间业务收入768万元,同比增加96万元;国际结算量3472万美元,国际业务收入25.87万元,同比分别增加712万美元和5.14万元。实现账面利润1.29亿元。累计发放各类贷款76.82亿元,年末各项贷款余额136.42亿元,比年初增加16.15亿元。其中,中长期项目贷款23.23亿元。获批中长期贷款项目12个,总额74.5亿元;农发重点建设基金项目5个,总额5.54亿元。投放粮油购销储贷款46.89亿元,支持企业收购小麦14.91亿千克,稻谷3.5亿千克。支持农业农村基础设施建设。7月16日,中国农业发展银行江苏省分行与盐城市政府签订412亿元银政战略合作协议,合作项目26个。开展银政合作,全额收回滨海县金纺纺织有限公司5940万元逾期贷款和江苏新金威麦芽集团有限公司1000万元银票垫款。强化管理。围绕利润、存款、项目营销、不良清降等重点指标,完善绩效考核机制,加大财务资源挂钩分配和精准奖励力度。开展专项检查和财会基础工作专项整治活动,发现问题213个,建立问题整改台账。开展"依法经营、合规管理"达标创建活动,东台、阜宁支行通过达标行验收。 (戚国庆)

四、中国工商银行盐城分行

2015年,中国工行银行盐城分行各项贷款余额比年初增加12.85亿元。各项表外业务余额较年初增加2.53亿元。储蓄存款各项指标超额完成省行指标;拨备前利润完成省行计划121.5%。不良贷款率控制在省分行计划内。年末项目贷款比年初增加7.23亿元,房地产贷款比年初增加0.35亿元。全年通过审批项目贷款21笔、70.95亿元,已批未放项目贷款25笔、86.23亿元,已过预审会项目贷款25笔、82.53亿元,已报预审会2笔、3.5亿元。年末在手营销的项目19个。小企业监管口径余额58.76亿元,比年初增加8.19亿元。小微直贴贷款余额5.56亿元,比年初增加2998万元。年末全行个人贷款余额82.4亿元,比年初增加2.3亿元。其中,个人住房贷款68.7亿元,比年初增加2.6亿元;个人消费贷款4.0亿元,比年初增加0.9亿元;个人商用房贷款9.6亿元,比年初下降1.2亿元;个人质押贷款2.1亿元,比年初增加1.9亿元,可质押资产渗透率4.04%。15户省级行、105户市级行攻关项目增存7.25亿元,新开结算账户3430户。新拓代发户154户,常规代发工资金额同比增加12.2亿元,含批量揽存项目累计总额103亿元。在中间业务上,加强品牌投行、资产管理、国际业务、信用卡业务等13种业务发展,年末主要专业产品线收入同比均实现增长。推广实施网点运营标准化,年末,开柜率从78.66%提升至100%,网点总人数净减少71人,网点综合评价五级分类A、B类网点占比35%以上。新建成6家智能化网点,建设4家"自助+理财"网点,完成全辖网点客户等待区无线Wi-Fi投产。加强操作风险控制,完成核算印章综合改革,深化业务集约运营体系建设,提升现金后台处理能力,开展大额和异常差错专项整治,推广款箱物流管理系统,加强自动柜员机集约运营管理,强化核算质量管理,加强集中业务和远程授权管理,完成市分行集约运营后台中心改革,全年无重大差错事故和案件,在2015年度盐城市银行执行外汇管理规定情况考核评价中被评为A类银行。 (王誉名)

五、中国农业银行盐城分行

2015年,中国农业银行盐城分行各项存款余额599.33亿元,比年初增加51.17亿元。各项贷款余额323.75亿元,比年初增加38.13亿元;实现拨备后利润6.82亿元。全行实现营业净收入18.72亿元。不良贷款率控制在省分行下达的计划之内。开展信贷市场调查,推进权限内信贷事项不定期会商制度,召开贷审会38次,审议信贷事项357个,涉及金额57.31亿元。全年在重大基础设施项目新增贷款投放48.14亿元。新确立17个经营网点准入小微信贷业务,小微企业贷款余额41.8亿元,比年初增加12.95亿元;科技型企业贷款余额2.72亿元,比年初增加0.65亿元。支持县域城镇化建设项目23个,贷款余额32亿元;全年与191家市级以上龙头企业建立业务合作关系,其中信贷支持27家、贷款总额8.13亿元;与全市13家国有农场建立业务合作关系。年末涉农贷款余额149.09亿元。农户贷款余额2.62亿元,比年初增加1.17亿元;农户贷款日均增量1.19亿元;支持专业大户、家庭农场、合作社社员740户、贷款总额3.52亿元。"金农贷"余额8746万元,增量7481万元。成功分销江苏省政府债券1亿元、响水水投15亿元企业债募集资金监管账户业务、"驰翔齿轮"新三板定增资金2000万元监管账户业务、民生银行黄金租赁204千克业务;与盐城、响水、阜宁农商行签订年金托管业务合作协议,新增托管资金3.5亿元。新办理融资性保函3.3亿元,跨境参融通3.89亿元,跨境结汇2807万美元,跨境保付通109万美元;实现境内外联动业务量9.2亿元;拓展供应链融资业务2单,其中悦达起亚供应链融资业务为全省首创。新增掌银客户8.58万户,新增个人网银活跃客户5.65万户;成功上线农行掌银代收盐城电信话费、射阳水费两个移动金融项目;新增"e商管家"入驻企业18个,实现"e商管家"平台交易量2.75亿元。新增信用卡有效客户2.82万户;存量汽车分期合作商户112户,营销汽车分期业务1737笔、交易额2.17亿元;信用卡消费额52.2亿元,比年初增加24亿元。销售各类实物黄金97.9千克、实物白银697.7千克;代理销售货币基金14.48亿元。不良贷款余额5.83亿元,不良占比1.8%,控制在省分行管控目标内;累计收回自营不良贷款本息8996万元,委托不良资产本息4035万元。全年堵截各类欺诈案件375起,金额2169万元。 (肖立春)

六、中国银行盐城分行

2015年,中国银行盐城分行本外币存款余额389.53亿元,比年初新增38.64亿元。本外币各项贷款余额363.86亿元,比年初新增30.14亿元。实现中间业务收入5.59亿元。国际结算量35.58亿美元。全年办理经常及直投项下跨境人民币业务35.16亿元,其中累计办理易汇通、转收款、易证通等特色业务18.8亿元。为东风悦达起亚汽车公司开立全市首笔4000万元海关集中汇总征税保函业务;办理各类福费廷二级市场买入业务17笔;办理易证通+双币种协议付款组合产品1.13亿元;办理首笔对公网银跨境汇款业务。开展“百亿直融”活动,承销债券3支,承销规模49亿元。成功发行省辖首单永续中票暨全省首单AA+评级主体发行的永续中票,成功发行盐城地区首支超短期融资券。其中,1月独自承担江苏大丰海港控股集团有限公司4亿元短融,3月成功承销省辖首单悦达集团永续债中票15亿元,4月独自承担悦达集团30亿元省辖最大超短融。开展投行非标项目储备工作,获批项目金额31.5亿元,落实投放10亿元。开展资产质量管控“鹰眼行动”,完成1234户授信企业的盘存工作,实现授信客户的现场走访全覆盖。开展清收“攻坚战”活动,化解不良资产9.32亿元。　（刘　冬）

七、中国建设银行盐城分行

2015年,中国建设银行盐城分行一般性存款日均余额334亿元,日均新增35亿元。全行各项贷款278亿元,新增27亿元。全年实现中间业务收入4.07亿元。战略创新类收入占比稳步提高,较上年提升14.52个百分点。全行不良贷款额4.89亿元,比年初净增1.99亿元;不良率1.76%,比年初上升0.6个百分点。现拨备前利润9.42亿元,经济增加值3.25亿元。资产业务方面,投放盐城市快速路网建设有限公司6.08亿元、盐城土地储备中心3.5亿元、阜宁土储4.5亿元、国投置业1.6亿元、响水县水务发展有限责任公司1亿元等。加强对大公司客户、新型产业客户的支持,完成对磊达集团、悦达集团、大丰海港等客户的综合授信工作。其中,完成江苏豪迈照明科技有限公司授信1.6亿元、江苏裕丰旅游开发有限公司拟授信0.5亿元。全年与政府签订“助保贷”协议3份,“苏科贷”协议3份,“税易贷”协议1份。全年发放各类个人贷款24.35亿元,个贷余额99.5亿元,新增10.76亿元。新增“快贷”客户546户,授信额度1541万元,贷款余额990万元。加快非信贷融资业务发展,为城南投资发行私募债5亿元,实现债券承销业务收入400万元。股权收益权理财发展较快,市城投和高新区分别投放6亿元和1亿元。与中投证券合作,为建湖城投发行14亿元企业债,实现新型财务顾问收入211万元;与建信信托合作为市国投发行信托1.9亿元,实现新型财务顾问收入53万元。盐都高新区5亿元股权收益权理财、开发区东方投资3亿元股权收益权理财和东台城投3亿元资产收益权理财,总计11亿元理财产品通过审批。负债业务方面,机构一般性存款余额92.71亿元,新增争办机构项目16个,其中银医通新增2个,银校通新增1个,公共资源招投标新增4个,土地网上招拍挂新增6个,财政集中支付新增2个,代收财政费税新增1个。中央财政资金承接率近50%,省级财政资金承接率40%。全年现金管理活跃高级客户净增481户;对公网络活跃客户新增1111户。做好非存款类客户金融资产,全年累计销售理财产品96亿元,余额24.29亿元,实现中间业务收入599.33万元。新增高端理财产品8200万元,新增私人银行客户5户,在苏北行首次成功营销2笔家族信托业务。中间业务方面,实现信用卡中间业务收入8019万元,实现分期交易额9.04亿元,交通龙卡完成4.46万张。加快国际业务产品运用,营销办理首笔“存汇盈存款”产品1亿元,产生中间收入37万元。为海兴化工代理金交所开户并成功办理省行首笔“汇金宝2号”产品。拓展人民币利率掉期业务,增加代客衍生产品收入。抓住非保本理财收益较高的窗口期,批量办理保证金理财2号业务4期。联动东京分行,办理全省首笔中资企业借外债内保内贷业务。加快渠道建设,新增10个离行式自助银行、2个附行式自助银行,全行移动金融柜面替代率42.6%。加强风险管控,实现风险管理从“非常措施”向持续性、常态化管理转变,落实风险防控“一把手”责任制,实行风险和业务条线“双线”控制。全年处置不良贷款2.44亿元。开展案件风险专项治理活动,重点围绕信贷及表外业务、理财业务、印章管理、企业异地结算账户等业务领域的案件风险和基层机构负责人及重要岗位员工行为管控进行排查。加大对违规失职问题责任追究力度,保持对违规失职问题“零”容忍。

（邓洪卫）

八、江苏银行盐城分行

2015年,江苏银行盐城分行各项存款余额332.73亿元,较年初增加46.67亿元。其中,对公存款263.09亿

7月13日,江苏银行盐城分行为2015盐城青年网络创业大赛参赛项目授信1000万元。

8月30日，邮储银行职工在黄沙港码头为渔民服务。

元，比年初新增37.21亿元；储蓄存款69.64亿元，比年初新增9.46亿元。各项贷款余额232.18亿元，较年初增加56.91亿元。实现拨备前利润6.58亿元，实现中间业务收入1.39亿元。对接地方重点项目、新特产业，向地方重点基建项目提供资金36亿元；支持企业转变发展方式，新增投放绿色信贷8.4亿元。服务小微企业，至年底，小微企业授信客户1599户，较年初新增54户，贷款余额111.82亿元，较年初新增32.97亿元。服务青年创业，与共青团盐城市委合作，冠名2015盐城青年网络创业大赛，并为大赛参赛项目提供1000万元的授信额度。推进税e融业务，办理税e融业务183笔8247万元；加大人才贷业务营销力度，成功办理人才贷60笔1.31亿元。推行主动资产管理，向投商行一体化运作模式转变。推进结构化融资项目，做好重点项目和重点企业的主动联系，完成提款9户21.95亿元。做好银团贷款的牵头组建，新增9笔银团贷款项目，放款14.13亿元。实现全系统首笔契约型城市发展基金业务的落地，全年获批城市发展基金52.6亿元额度，具体项目获批19.6亿元，提款6亿元。与异地城商行、本地农商行、信托公司沟通对接，营销同业存款、理财资金托管及委托投资等业务；与苏兴金融租赁公司合作办理12.3亿元融资租赁业务。办理各类新兴业务，审批落地15亿元能源产业发展基金；营销大丰港理财直融业务8亿元；实现全行首单互联网金融稳银计划B款业务的上线销售，全年累计获批24.5亿元，募集资金13.8亿元。

（周　维）

九、中国邮政储蓄银行股份有限公司盐城市分行

2015年，中国邮政储蓄银行股份有限公司盐城市分行个人储蓄余额66.43亿元，累计净增7.19亿元。公司存款余额42亿元，同比增加8.77亿元。全年各项贷款净增36.11亿元。实现自营总收入4.77亿元，实现利润2.07亿元。不良资产余额1.08亿元，不良率1.61%。信贷余额136.82亿元，新增信贷投放77.34亿元。建立农村小额信贷服务点21个，发放再就业贷款6000万元。缴纳各种税费3600万元。办理票据贴现金额89.15亿元，办理国内信用证福费廷业务12.11亿元，融贷通业务34.87亿元，购买永续中票5亿元。年末金融市场业务余额66.62亿元。至年底，下辖7个一级支行、3个区支行、32个二级支行，有网点237个，其中195个分布在县域，与全国4万个邮储银行网点实现联网，建成覆盖全市城乡的个人金融服务网络。有养老金客户近16万人，月代发养老金1.6亿元。服务“三农”和小微企业，直接降贷款融资成本，下调涉农贷款、小微贷款的利率水平；杜绝捆绑信贷，降低间接融资支出；建立专营机构，打造“特色产品+特色支行”“新型农业经营主体+产业链”等集约化商业模式。小额贷款净增1.03亿元，余额5.31亿元。商务贷款净增1.94亿元，余额14.71亿元。协助总行将2亿元房贷资产纳入证券化产品资金池。支持国家和地方重点项目，其中中电投滨海港务公司10万吨级航道和煤炭码头一期工程、中电投协金火电2×1000兆瓦火电项目、东风悦达起亚汽车三工厂扩建项目等，获批授信金额47亿元。

“邮储银行杯”2015中国青年涉农产业创业创富大赛　11月30日至12月4日，“邮储银行杯”2015中国青年涉农产业创业创富大赛全国赛在盐城举行。大赛以“创新引领未来·创业改变生活·奋斗成就梦想”为主题，4.3万个项目参加比赛，经过海选、地区赛，150个项目晋级全国赛，其中江苏省有10个项目进入全国赛（盐城有4个项目）。经过角逐，“喀斯特民族创意生活馆”项目获得创意组金奖、“木瓜蛋白酶产业化”项目获得初创组金奖、“法式鹅肥肝网销开拓计划”项目获得成长组金奖。

省内首单公积金贷款资产证券发行　7月24日，中国邮政储蓄银行股份有限公司盐城市分行完成国内第二单、省内第一单个人住房公积金贷款为基础的资产证券化产品的认购，认购资金2亿元。该产品是银行为盐城市住房公积金中心设计发行的，用于解决盐城市缴存住房公积金职工的住房贷款需求。

（张　伟）

十、盐城农商银行

2015年，盐城农商银行各项存款余额177.78亿元，日平余额170.13亿元，各项存款比年初增加27.95亿元。其中，储蓄存款余额131.18亿元，比年初增加22.81亿元；对公存款余额46.6亿元，比年初增加5.14亿元。各项贷款

余额127.34亿元,比年初增加17.4亿元。其中,实体贷款86.2亿元,比年初增加1.67亿元;个人贷款29.98亿元,比年初增加1552万元;公司贷款56.22亿元,比年初增加1.51亿元;公司贷款客户849户,比年初增加90户;个人贷款客户1.8万户,比年初增加2488户。全年"农务通"贷款发卡2.65万张,完成操作流程2.37万张,用信金额1.1亿元,发卡率55.51%。按照五级分类不良贷款余额2.95亿元,比年初增加7120万元;瑕疵类贷款余额4.27亿元,较年初增加3.22亿元;不良贷款风险拨备金6.48亿元。至年底,银行实现各项收入12.65亿元,同比增加1.36亿元;拨备前利润为4.34亿元;利润总额2.21亿元,净利润1.39亿元。金融增加值6.23亿元,比年初增加3441万元。网上银行客户2.48万户,比年初增加5932户;新版手机银行开户数2.78万户,比年初增加1.84万户;累计发行借记卡58.3万张,其中正常卡40.98万张,比年初增加17.2万张;发展销售终端商户1156户,比年初减少310户;汇金通商户573户,比年初增加18户;自助设备234个,比年初增加77个,全年交易305万笔,交易金额79.17亿元;全辖电子银行柜面平均替代率63.53%。全年实现非信贷业务收入5.46亿元,实现非信贷业务净收入4.32亿元。全年发行个人理财产品44期,累计发行金额15.18亿元;全年发行同业理财41期,累计发行金额38.6亿元;全年自有资金投资理财58期,累计投资金额119.61亿元。全年办理国际业务结算654笔,结算金额6041.47万美元,贸易融资全年发生58笔,金额254.3万美元,全年实现外汇业务收入57万元,创新外汇业务品种3个。

银行更名 3月16日,黄海农商银行召开新闻发布会,正式更名为盐城农商银行。盐城银监分局向盐城农商银行颁发金融许可证,盐城工商局向盐城农商银行颁发营业执照,市政府领导为盐城农商银行揭牌。发布会上,盐城农商银行向小微企业和"三农"客户授信10亿元,并向盐城慈善总会捐款50万元。（万长勇　曹　溪）

第二节　保　　险

2015年,盐城有保险市场主体71家,其中市级产险公司22家,寿险公司32家,保险专业中介一级法人机构14家,保险经纪公司3家。金融类保险兼业代理机构12家,保险分支机构及营销网点638家。其中,包含涉农保险机构6家,专业养老保险机构1家,责任保险机构1家。盐城保险行业年度保费105.44亿元。其中,财产险业务保费收入32.6亿元,人身险业务保费收入72.84亿元。全年全行业累计为盐城地方经济社会提供风险保障2.85万亿元,累计支付各类赔款和给付35.9亿元,缴纳和代收缴税费3.9亿元。盐城保险深度(保费收入占地区生产总值的比例)2.5%;保险密度(人均保费)为每人1273.4元。

支持重点工程项目　全年为6738家企业提供近万亿元财产风险保障;通过信用保证保险支持50家企业获得融资5.8亿元;通过短期出口信用保险为百余家小微企业提供约超亿元的应收账款非风险保障;通过国内贸易信用保险为小微企业提供约3485.97万元的信用风险保障。

服务民生保障　全年全市大病保险承保城乡居民826.91万人,保费收入1.73亿元,累计赔付5.05万人次,支出赔款9673.53万元;为73.6万名农民提供风险保障。发挥道路救助基金作用,紫金保险盐城中支作为承办机构,累计接受垫付申请1936件,成功垫付抢救费1829件,垫付抢救费金额4074.31万元。推进和扩大环境污染责任保险、社会公众责任保险、火灾责任保险、医疗事故责任保险等,全年为837家安全生产、化工及科技企业,394家医疗卫生机构和542家养老机构,提供300多亿元的风险保障。年内,江苏省首张首台套重大技术装备保险在人保财险盐城东台支公司出单,该公司为江苏江佳机械有限公司研发生产线提供80万元的风险保障。

支持"三农"产业　至年底,全市农险品种22个,基本覆盖粮油、蔬菜、畜禽、林木等主要农业生产品种,全年全市农险保费收入5.17亿元。其中,种植业保险实现保费收入3.54亿元,承保总面积84.35万公顷,累计参保农户202.46万户,为农户赔付1.83亿元;养殖业保险实现保费收入1.64亿元,累计参保农户14.46万户,为农户赔付3572.5万元;农村住房、农业生产工具以及农民短期意外伤害保险、涉农贷款保证保险等普惠涉农保险业务有新发展,中华保险盐城中支独家承办农业机械综合保险试点工作,为全市2万台农机提供800万元驾驶员、第三方意外伤害、农机损失等方面风险保障。

道路交通事故理赔　推进道路交通事故处理一体化向全市延伸,道路交通事故快速处理由大市区向辖内(市、区)实现全覆盖。年内,人保、太保、平安、国寿、安邦和紫金6家公司处理车损3321件,人伤1242件,涉及金额1604.3万元,保险公司驻点理赔服务"零投诉"。市保险行业协会、市文明办、公安局、教育局、人社局联合签订关于对交通失信实施联合惩戒措施的合作备忘录,对交通失信、保险欺诈等行为进行规范。（蔡中源）

一、盐城市保险行业协会

2015年,盐城市保险行业协会加强协调引领,促进行业发展。

规范产险秩序　发挥产险高峰会组织职能,召开会议商议解决行业突出问题和发展走向,健全产险高峰会组织架构,成立盐城市财产险公司自律领导小组,完善自律检查小组成员,修订《盐城市财产保险公司机动车保险自律公约补充规定》《盐城市财产保险公司非车险自律公约》等4项规定,组织签订盐城市机动车辆保险依法合规经营承诺书,形成完善的产险行业自律体系。开展2015年财产保险市场自律检查工作,从承保、理赔和财务3个方面,对全市21家产险公司进行自律检查工作并进行自律约谈,自律处罚相关产险公司8.85万元。

寿险风险防控　成立盐城市寿险营销管理委员会,制定盐城市人身险公司合规经营自律公约,拟定盐城市人身

8 月 17 日，人保盐城市分公司在苏迪罗台风后了解农户受灾情况。

保险公司风险防范自律公约，建立完善行业约束和监督体系。建设盐城市保险销售从业人员奖惩平台，将销售人员业务品质等纳入平台管理，加强对销售行为监督；开展2014年寿险公司自律检查“回头看”，对问题公司下发整改通知，开展“高风险销售团队”风险排查，对存在虚假人力、虚假保费的销售团队主要成员，纳入行业黑名单。在行业内完善历史保单客户信息清查补正工作，核查保险公司保单客户回访记录820余条；开展2015年满期给付风险防范工作，发布关于防范保险销售（经纪）从业人员非法销售非保险金融产品的风险提示，督查各保险公司应急处置方案，排查处理“E租宝”行业涉事人员，拟定《盐城市人身保险销售从业人员警示信息管理办法》，并提交江苏保监局审核，建立健全行业黑名单制度。

规范中介机构　引入第三方会计师事务所，对全市15家保险专业中介法人机构开展财务外部审计工作，针对部分机构审计出的问题下发整改通知书，并进行“回头看”；开展中介非法机构专项清理，对紫金销售擅自迁址、爱车管家无证经营、射阳私设违规出单点、阜宁龙啸假保险代理公司等情况，联合江苏保监局中介处进行情况摸排，对相关公司责任人进行约谈并责令整改；做好保险专业中介会员服务工作，全年对9家中介机构（包括法人机构和分支）进行地址变更预审核，对11家中介法人机构进行开业、到期换证预审核，对26位高管人员任职资格进行预审核。

放心消费创建　下发《盐城保险业持续深入开展放心消费创建活动方案》（盐保协发〔2015〕12号），建立由市工商局、市放心消费创建办公室、市消协和保险协会组成的四方联席会议机制、检查机制和通报机制，制定并引导各保险主体签订盐城保险业消费者权益保护自律公约；开展创建盐城保险业放心消费示范园区活动，提升保险服务效率，培植园区创建标杆，发挥典型引路作用。

加强消保维权　推进道路交通事故快速处理由大市区向辖内（市、区）实现全覆盖，对大市区道路交通事故快赔中心进行重新整合，确立常态与非常驻点模式；从基础平台着手，搭建车险理赔服务岗位人员信息数据库，录入行业车险从业人员320余名，开展车险理赔服务测评2次；市保险协会、市文明办、市公安局、市教育局、市人社局联合签订关于对交通失信实施联合惩戒措施的合作备忘录，规范交通失信、保险欺诈等行为。加快行业调解机构建设，在全省率先与市交警支队、法院、市仲裁委等职能部门携手构建保险公司自主调解、交警快处中心前置调解、仲裁裁前调解和法院庭前调解的“四方联调”机制；与亭湖法院合作成立盐城保险纠纷诉调对接工作室，1月16日在盐城市道路交通事故处理服务中心正式挂牌，开展试点工作，全年成功调处行业疑难案件5起。加强保险纠纷调处机制建设，组建50名业内调解员队伍，向盐城仲裁委报送16名拟增聘仲裁人员。做好案件防范，制定包括信息系统故障事件、内控管理事件、群体性事件、新闻危机事件等内容的应急预案，先后与市政府公共服务热线“12345”，市、县级消协组织建立案件衔接沟通机制。

出台《关于加快发展现代保险服务业的实施意见》　6月，市政府出台《关于加快发展现代保险服务业的实施意见》，全面梳理新“国十条”在盐城落地的33个政府职能部门和28项政保合作项目，共9章28条。从完善社会保障体系、创新社会治理体系、服务发展“三农”、扩大保险资金运用等8个方面提出行业发展具体措施和要求，明确“到2020年，保险深度力争达到5%，保险密度确保达到人均4500元，力争达到人均6000元”。行业发展目标，对财政、税务、卫生计生、环保等33个相关部门职责、28项政保合作项目，通过《重点任务职能分工表》进行落实。随后出台《盐城市深化医改综合试点2015年重点工作任务及分工》《盐城市人民政府加快发展养老服务业的实施意见》《关于做好2015年农业保险工作的通知》等相关配套文件，全面落实建立城乡居民大病保险制度，推进并规范商业保险机构受托承办城乡居民大病保险等工作。

反保险欺诈“安宁行动”　年内，市保险协会贯彻落实《安宁2015行动方案》，实现保险公司案件处理移交、协会反欺诈组织建设、公安经侦协同办案三方面效能提升。聘请公安系统老干部担任协会反保险欺诈工作站专职工作人员，开展行业反保险欺诈工作。加强与市公安局的联系协调，定期开展业务对接座谈，进行专案通案，加强警保合作，强化工作合力；做好与涉案公司对接联系，梳理可疑案件线索，细化到可疑车辆从出险到理赔赔款、从事故车施救到残值处理的每一环节，组织研判涉嫌保险欺诈案情；举办打击保险欺诈犯罪专项行动培训，邀请南通反保险欺诈工作站和市公安局的专业人员进行授课，提升梳理研判可疑案件线索及现场调查、固化证据方面能力。至年底，累计清理涉嫌保险欺诈案件线索40条，经协会牵头组织保险公司进行串案分析，向公安部门移送线索24条，涉及金额499万元。公安部门受理案件2件。（蔡中源）

二、中国人民财产保险股份有限公司盐城市分公司

2015年，中国人民财产保险股份有限公司盐城市分公司实现保费收入15.63亿元，缴纳各项税金7924万元，代收车船税6076万元。全险种市场份额48.23%，车险保费首次突破10亿元。处理赔案9.03万件，支付赔款8.62亿元。其中，车险处理赔案7.53万件，支付赔款5.43亿元；非车险处理赔案8759件，支付赔款1.08亿元。年内，农险处理赔案6224件，支付赔款1.37亿元。大病医疗保险为464.8万人提供大病医疗保险保障，支付赔款7491.7万元，单笔最高赔付25.5万元。年内，江苏省首张首台套重大技术装备保险在人保财险盐城东台支公司出单，全年分公司为艾雷奥特（江苏）飞机工业有限公司等4家高新技术企业的重大技术装备提供保险。为39家企业提供5300万美元的小微企业出口信用险保障。为181家养老服务机构及分布在147个乡镇的2018个居家养老服务站点提供综合责任保险保障。优化客户服务，整合服务商户75家，涵盖优惠洗车、维修工时优惠、保养工时优惠、美容工时优惠、免费出行检测、代办年检及酒后代驾服务，增值服务满意度99.14%。全年开展微信平台线上俱乐部活动4次，线下俱乐部活动3次。（陈远远）

三、中国人寿保险股份有限公司盐城市分公司

2015年，中国人寿保险股份有限公司盐城市分公司实现总保费24.4亿元，寿险首年8.3亿元，首年期交3.7亿元，10年期交2.3亿元，短险保费1.4亿元，长险标保1.9亿元，续收保费14.8亿元。全市个险月均持证7979人，银保客户经理队伍174人、理财规划师队伍880人，团险销售队伍持证168人。做好理赔工作。5月19日，被保险人张某在甘肃省兰州永登中堡镇祁连山水泥厂工地高空坠落，抢救无效身故，经核实，赔付死亡保险金60万元；6月17日，被保险人蔡某在江苏恩威驰符合材料有限公司装卸垃圾时从货车上摔下，经抢救无效死亡，经核实，赔付死亡保险金共计35.22万元；7月3日，被保险人成某在河北省石家庄辛集市澳森钢铁有限公司工地意外坠落，当场身故，经核实，赔付死亡保险金85万元。年内，公司获评全国模范职工之家、江苏省放心消费示范单位。（吴少春）

第三节　融资担保

2015年，全市新设立盐城高新区中小企业信用担保有限公司、盐城市城南新区中小企业信用担保有限公司、江苏省信用担保有限责任公司建湖分公司和江苏省信用担保有限责任公司阜宁分公司4家担保公司，至年底，全市有融资性担保公司29家（分公司4家），其中国有全资14家、国有控股10家、国有参股2家、民营2家、外资1家。全市29家融资担保机构注册资本42.64亿元，总资产55.15亿元，净资产45.16亿元，收入3.06亿元，利润4923万元。从规模情况看，除阜宁东方担保和阜宁金源担保公司注册资本5000万元外，其余注册资本都在亿元以上。全年为全市2602户中小企业提供担保服务139.64亿元，代偿49笔，代偿金额1.38亿元。“十二五”期间，全市融资担保公司累计为6401户中小企业提供711.5亿元的担保服务；累计代偿总额2.65亿元。加强融资性担保机构的监管。市经信委专门下发《关于进一步加强融资性担保机构监管工作的通知》，明确每月的10日为融资担保机构监管日，要求各县级监管部门对辖区内监管机构进行常规性现场检查，市经信委进行随机抽查。全年没有发生违规事件。市经信委还与各县（市、区）经信委和市直融资性担保机构、各县（市、区）经信委与辖区内融资性担保机构签订监管责任书，层层落实责任。（季　鹏）

第四节　企业上市

2015年，新增大丰港和顺科技在香港上市，累计有上市企业10家。新增新三板挂牌企业16家，累计有新三板挂牌企业20家。新三板挂牌企业中，7家企业通过定向增发在资本市场融资3.53亿元。（季　鹏）

第22章 经济事务管理

责任编辑 高兰会

综 述

2015年,全市实现地区生产总值4212.5亿元,固定资产投资3372.9亿元,一般公共预算收入477.5亿元。农业生产总体稳定。全市粮食总产实现"十二连增",农产品加工产值突破2000亿元,与农业总产值之比达2:1。工业经济运行平稳。实现规模以上工业增加值2061.3亿元,全口径工业开票销售4279.5亿元。汽车产业开票销售1044亿元,东风悦达起亚汽车公司销售汽车61.6万辆;50家大企业(集团)开票销售1543亿元,其中超百亿工业企业4家。服务业快速发展。全市完成服务业增加值1770.5亿元,社会消费品零售总额1468.6亿元。全市有省级服务业集聚区8家,继续位居苏北第一。财政金融运行稳健。全市一般公共预算收入477.5亿元;税收占比80.5%。金融机构存款余额4414.84亿元,贷款余额3077.48亿元;新增存款694.52亿元,新增贷款473.66亿元。转型升级步伐加快。产业结构加快调整。全市二、三产业比重达87.7%,同比提高0.5个百分点。年内,东风悦达起亚汽车15万辆扩能项目投入试生产、德龙与一重合作年产250万吨1.25毫米不锈钢薄板项目加快建设。新能源、节能环保、新能源汽车等新兴产业加快发展,主营业务收入突破2200亿元。电子商务交易额1320亿元,其中网络零售额135亿元。项目带动作用增强。启动实施总投资3000多亿元的"双十工程",完成投资550亿元。全市"三重"项目完成投资805亿元,八大类重点工程完成投资1397.5亿元。新开工、竣工、签约、洽谈"四类"亿元以上产业项目1690个。创新能力逐步增强。全社会研发投入占地区生产总值比重1.8%,实现高新技术产业产值超2000亿元。全市新认定32家省级企业研发机构、176家市级企业研发机构、3家省级企业院士工作站、30家省级企业研究生工作站。新注册各类商标4500件,新认定驰名商标14件。全年专利申请量突破2万件、授权专利超过7100件。沿海开发快速突破。全市70个沿海重点项目完成投资550亿元;列入省沿海开发五年推进计划的78个重点项目,累计完成投资3626亿元。港口能级持续提升。盐城港"一港四区"建设加快推进,累计建成17个万吨级以上码头泊位,完成投资45亿元,新开辟连云港—大丰港—太仓港支航线。港产集聚效应显现。5个沿海经济区实现开票销售720亿元、税收62亿元。有中电投、中海油等50多家央企投资落户,实施各类项目85个,总投资1828亿元。港城功能日趋完善。5个港城完成投资63亿元,大丰港城海洋世界跻身国家AAAA级旅游景区,东台港城建成佛教文化园,滨海港城月亮湾酒店主体竣工。载体建设不断突破。盐城被确定为中韩产业园重点合作城市,盐城高新技术产业开发区获批国家级高新区,盐南高新技术产业开发区、建湖高新技术产业开发区获批省级高新区。国家可持续发展实验区综合配套改革方案获批实施,沪苏大丰产业联动集聚区正式揭牌。对外贸易逆势上扬。实现外贸进出口81.2亿美元。重点改革稳步推进。深化行政审批制度改革。市级部门行政权力事项和审批事项精简率为73.6%和55%;启动17家涉批中介机构脱钩改制,取消62项中介服务事项。推进商事登记制度改革。推行"先照后证"、注册资本认缴登记制,实施"三证合一"(将企业依次申请的工商营业执照、组织机构代码证和税务登记证三证合为一证),"一照一码"(在"三证合一"基础上,通过一口受理、并联审批、信息共享、结果互认,实现由一个部门核发加载统一社会信用代码的营业执照),实行涉企收费"一表一卡"(依照《盐城市涉企收费项目目录及标准》,实施企业付费登记卡,按照登记卡上记录的涉企收费项目名称、标准、数额及收费部门、单位、人员和付费日期缴费)制度。实施政府机构改革。推进机关事业单位养老保险制度改革,启动实施公车改革。加快财税金融改革。全面公开政府部门预决算,实施市区政府性基金征缴方式改革,江苏悦达集团财务有限公司获批筹建。推进农业农村改革。全市80%以上的行政村推进农村土地承包经营权确权登记颁证;推广联耕联种面积30.65万公顷,联管联营比重提高到42%。 (沈振兴)

第一节 财政税务

一、财 政

2015年,全市完成一般公共预算收入477.5亿元,增幅全省第一位,首次跻身国内同类地级市前十强。全市一般公共预算支出完成746亿元,比上年增支142亿元。国库集中支付制度改革深入推进,实现县以上预算单位国库集中支付全覆盖。全年向国家和省争取到各类财政资金230亿元。全年争取地方政府债券资金279.1亿元。

资金支持　设立专项资金支持支柱产业稳增长，支持新产业、新业态发展壮大，对汽车全产业链、环保科技、新能源汽车、大数据等投入引导资金11.26亿元。设立特色产业基金，联合北京、南京等专门投资机构，设立高新技术产业发展等7项基金，总规模35亿元。出台加强重点工程建设资金管理意见，建立重点工程建设资金“借、用、还”筹集与管理新机制。保障重点工程建设资金，对内环高架快速路网、高速铁路等城市重点工程投入14.27亿元。支持市区平台、园区优化融资结构，通过国泰公司平台，累计投放资金38.1亿元，用于支持各类园区和平台公司兑现工程款、拆迁款。服务企业，市财政担保公司担保过桥资金规模10亿元，成为苏北最大的财政担保机构，手续全省最简、费率全省最低，实现与市区18家银行合作全覆盖。全年市财政担保公司为1148户中小企业提供担保资金103亿元、过桥资金115亿元。创建“初创贷”“科技贷”等资金池，各类资金池累计投放信贷资金2.16亿元，扶持119户小微企业。

民生财政　全年全市财政民生支出548亿元，占一般公共预算支出的73.5%。投入财政资金13.7亿元，保障市政府为民兴办20件实事资金需求。投入资金1.1亿元推动教育布局合理调整，大市区通过全国义务教育阶段学校基本均衡评估验收；落实政府债券资金4.1亿元，市直学校所有社会集资债务全部化解到位，年节约支出3700万元。在全省首创利用地方政府债券资金11亿元、市财政贴息1亿元，分三年推进基层医疗卫生机构基础设施标准化建设，省示范乡镇卫生院、村卫生室总数分别位列全省地级市第一、第二。提高城乡低保、困境儿童等6类困难群体补助标准。市低保标准从每人每月450元提高到490元，农村低保标准从每人每月340元提高到380元；各地2015年农村五保户集中供养和分散供养标准分别不低于每人每年7800元和6600元，原标准高于市定指导线的仍按原标准就高不就低执行；60年代初精减退职老职工生活困难补助各地最低标准不得低于每人每月1100元，具体标准由各县（市、区）确定后报市政府备案。社会散养孤儿和机构养育孤儿生活保障标准分别提高到每人每月1000元、1700元。市区困境儿童生活补贴由每人每月450元提高到500元，其中监护人监护缺失的儿童基本生活补贴提高到每人每月800元。市区城市“三无”老人供养标准提高到每人每月1230元。盐城农村低保、五保户供养和城市“三无”老人供养标准苏北第一。7月，盐城被确定为全国“救急难”综合试点单位，在2016年部门预算安排中落实各项救助和专项工作经费。10月，市政府出台《盐城市企业职工基本养老保险市区统筹实施办法》，改革市区企业职工养老保险统筹实施办法，减轻市本级财政支出压力。

财政监管　在全省首家建立财税信息“大数据”平台，适时对重点区域、重点产业、重点企业的税源结构进行监控，对110万条涉税信息进行运用比对，组织开展市区防洪保安资金等4项基金（费）专项检查和全市车船税专项检查，查实追缴基金（费）4500万元，追缴纠正违规扣缴车船税7000万元。在全省率先推行市区政府性基金征缴方式改革，实现计划下达、收入缴库、财力划转、经费结算“四个统一”，全年大市区降低征管成本5000万元。制定市级财政借出资金管理办法，严格控制预算单位新增借款，停止财政向非预算单位借款，加大存量借款清理力度，清理回收往年借出资金1.44亿元。　（吴济民　曹志康）

二、国家税务

2015年，全市国税系统完成国税收入214亿元，完成公共财政预算收入55.4亿元。至年底，“十二五”期间，全市国税系统累计组织国税收入991.7亿元。年内，盐城市国税局获评江苏省国税系统绩效管理先进单位。

依法治税　年内，各级国税机关在行政审批制度改革中取消行政审批事项35项，全面清理非行政许可审批事项，依法公布行政权力清单。规范税务行政裁量权，实现涉税处罚“一把尺”。争创法治税务示范基地，对照创建标准加强推动、指导和评估。加强税收优惠政策落实台账管理，开展国务院政策措施落实专项督查。严格执行风险应对法律指引，强化风险应对全流程监管。落实税收执法责任制，统筹开展执法督察，加大稽查打击力度，全年查处大要案72件，其中查处虚开发票涉案金额42.7亿元，移送公安机关案件58件。

纳税服务　推进非接触式服务，整合线上线下7类服务渠道，网上办税面95.5%。加强政策宣传辅导，特服号全年受理咨询3.2万次，网上纳税人课堂在线受众4万人次。推进音视频系统上线，推进营业执照、组织机构代码证、税务登记证“三证合一”登记模式，实行营业执照上加载法人和其他组织统一社会信用代码的“一照一码”编码规则。完善诚信纳税体系，依托税银协作机制，对1025户依法诚信纳税企业提供贷款9650万元。推行增值税发票系统升级版，全市3.5万户纳税人全部推行到位。依托“税银互动”协作机制，对依法诚信纳税的小微企业提供无抵押、免担保的金融授信服务，化解小微企业融资难题，降低银行授信风险，促进企业依法诚信纳税，实现税、银、企“三方共赢”。发挥税收政策稳增长、促改革、调结构、惠民生作用，全年办理出口退税25亿元；落实高新技术企业所得税优惠2.27亿元，落实研发费用加计扣除优惠3.1亿元；落实小微企业税收减免2亿元，落实资源综合利用、民政福利企业增值税优惠1.17亿元。

税收管理改革　全面推行风险应对模板和法律指引，以创建“风险应对标准化示范单位”为载体，制定创建标准，出台风险应对配套管理办法，开展创建组织推进和检查验收活动，争创市级示范单位。制定全市风险管理重点工作规划，合理安排风险应对任务，推送各类应对任务3593户；参与省国税局风险建模工作，完成行业建模任务26个；实施项目化管理、团队化运作，组建应对实施团队348个；强化应对任务深度分析，科学编制应对预案，组织预案竞标320户；开发网上评审平台，开展各类评审900余次；强化风险应对绩效考核，推行模板和指引后，全市应对成效面达98%。　（杜　彦）

三、地方税务

2015年，全市地税系统各项收入511.37亿元，组织地税收入375.95亿元，其中公共财政预算收入329亿元，社保费收入115.47亿元，各项基金费收入19.95亿元。年内，市地税局稽查局被国家税务总局评为全国打击发票违法犯罪活动工作成绩突出单位，大丰地税局第一税务分局征收股被全国妇女联合会评为全国巾帼文明岗，大丰地税局工会委员会被中华全国总工会评为全国工会职工书屋示范点，阜宁地税局第三税务分局被中华全国总工会评为全国职工模范小家，滨海地税局办税服务厅被全国妇女联合会评为全国巾帼文明岗，响水地税局被中华全国总工会评为全国模范职工之家。

4月16日，市国税局开展“便民办税春风行动”在线访谈活动。

依法治税　举办依法行政、规范执法、行政处罚等专题讲座，组织税源管理事项清单、权力事项清单宣传。探索税务行政强制办法，制订强制执法流程和文书。制作风险应对证据指引，建立证据清单和应对证据模板。明确税收处罚范围和尺度，规范滞纳金加收、罚款。优化重大案件审理流程，市地税局审结案件20件，无一件有异议。税收环境更加有序，全年查办千万元以上案件17件。完善法治税务示范基地、示范点和示范岗创建考评体系，全系统8家单位被评为市级依法行政示范点，东台地税局、市地税局四分局被省地税局评为法治税务示范基地，市地税局被评为市诚信执法示范单位。

纳税服务　开展“税收优惠全落实，服务发展准发力”“全民创业，地税助梦”等活动，发放《地方税收优惠政策汇编》等资料1.5万份。全年减免各项税收优惠6.2亿元。实行办税厅工作日午间和双休日不间断服务，推行五星礼仪服务。深化登记制度改革工作，推进营业执照、组织机构代码证、税务登记证“三证合一”登记模式，实行营业执照上加载法人和其他组织统一社会信用代码的“一照一码”编码规则，全系统累计核发新设立营业执照1934户，办理变更营业执照1316户。开发纳税人培训辅导管理系统，开通盐城地税微信公众号，拓宽服务渠道。全年向市委市政府报送税收、行业、企业等调研报告10多篇。

征管改革　深化税收征管体制改革，发挥风险管理和基础管理“双轮驱动”作用，提升涉税数据分析、风险识别、风险应对的综合质效，强化税收综合服务职能，在完成市区征管改革的基础上，统一县(市、区)地税局征管模式、机构设置、职能配置、岗责体系，至年底，盐都、大丰、东台、建湖、射阳、阜宁、滨海、响水8个县(市、区)地税局征管改革到位。实行国税、地税、财政派员在市财政局综合治税办公室常驻办公，综合治税进入实体化运行。升级完善市区经营房屋税收管理系统，累计输入个人出租房屋基础信息3856户，初步建立楼宇经济税收管理机制。

风险管理　畅通第三方数据采集渠道，将34家单位98项数据进入日常数据采集通道，采集利用第三方数据100多万条。与中国招标采购网等签订数据采集协议，获取工程建筑类信息1万多条。创新风险联动机制，探索建立纳税服务、基础管理、风险监控、风险应对以及机关业务处室和综合治税组织共同参与的“5+1”风险管理联动机制，实行对全局风险管理工作的统筹领导。加强风险管理与税种管理、事项管理融合，深化国地税两家、市县两级风险联动识别。创新风险应对方式，完善风险提醒、分类辅导、集中约谈、实地核查等方法。改进风险应对绩效评价办法，涉税风险应对数量、质量、绩效明显提高。累计组织风险任务推送1.42万户，其中高中等风险6916户，累计实现税收18.6亿元。　(沈　琦)

第二节　审　计

2015年，全市审计机关完成审计项目435个，查出主要问题金额907.81亿元；审计处理处罚金额82.04亿元，其中应上缴财政13.07亿元，应减少财政拨款3.7亿元，应归还原渠道16.89亿元，应调账处理48.37亿元；向纪检、检察、公安等部门移送案件线索32件；提出审计建议909条；提交审计报告和审计调查报告484篇，提交审计信息材料843篇，获得市级以上领导批示53篇次。年内，市审计局被评为江苏省审计系统先进集体、盐城市目标任务考核综合先进单位；实施的射阳县原党政领导经济责任审计项目获评全国地方表彰审计项目。

政策措施执行跟踪审计　对全市贯彻落实国务院稳增长、促改革、调结构、惠民生、防风险政策措施落实情况进行跟踪审计，全年上报政策措施贯彻落实情况审计报告8份。先后跟踪审计2014年国务院《政府工作报告》和各项政策任务未完成事项后续情况，取消和下放行政审批事项、推进简政放权政策措施落实情况，加快棚户区改造、加大保障性安居工程建设力度政策措施落实情况，促进生态环境保护和节能环保产业发展政策措施落实情况，加强审计工作等方面；审计扩大“营改增”试点减轻和公平企业税负和盘活财政存量资金等2项政策措施落实情况，促进盘活财政资金上亿元；审计扶持小微企业健康发展、加强科技资金管理推进科技服务业发展等2项策措施落实情况，抽查财政资金15.76亿元，促进125万元专项扶持资金拨付到位。10月，省审计厅在盐城市组织召开全省政策跟踪审计座谈会，对盐城审计工作予以肯定。

预算执行审计　市本级预算执行审计以财政、地税、市开发区、市城南新区等地区和部门为重点，摸清全部财政收支、政府性资金基金规模；揭示预算管理、国库集中支付、政府采购和部门预算执行等方面存在的问题；摸清税收任务完成情况，分析收入结构。部门预算执行审计检查中央“八项规定”执行情况、政府采购情况、吃空饷情况、存量资金管理情况，抽查水利局、规划局、文广新局、市委农办、住房公积金中心等20个部门和单位。专题审计市直部门信息化建设及维护专项资金管理使用情况、中小企业税收优惠政策落实情况、盐靖和盐通高速公路资本金收支情况、政府性债务化解和风险控制情况、重点民生工程情况、财政转移支付资金情况等。在对大丰区审计中，促进盘活财政性存量资金5亿多元；在对市规划局审计中，促进追缴到位建设规费3亿多元。

经济责任审计　全年全市审计机关实施领导干部任期经济责任审计项目112个，其中省厅授权项目2个。市本级已形成对市直重点部门和县（市、区）领导干部每3～4年轮审一遍、其他单位领导干部任期内至少审计一次的良性循环机制。市纪委定期与市审计局对接，将审计发现问题作为查处案件的重要信息之一。市委组织部根据经济责任审计结果，对存在问题较多单位的主要负责人进行约谈。纪检部门对新洋试验站“三公经费严重超标”问题立案调查，案例被省纪委在全省通报。

固定资产投资审计　全年全市审计机关核减政府投资项目造价26.81亿元。市审计局对2000万元以上的政府性投资项目实行审计监督“全覆盖”，对市区内环高架路、大洋湾景区、盐龙湖、串场河景观带等重点工程实行重要节点跟踪审计，全年在手审计项目108个，具备条件的项目均在盐城市政府投资项目审计管理平台上实施。其中，在东风悦达企业汽车三工厂研发中心审计中，核减工程造价近3亿元。

民生审计　全年开展涉及人民群众切身利益的社保资金、文化卫生、生态环保、农田水利、拆迁补偿等专项审计39项。其中，连续四年开展城镇保障性安居工程审计，揭示棚户区改造、工程建设管理、保障性住房分配和后续管理、资金筹集管理和使用等方面存在的问题；大市区公共交通营运绩效情况审计帮助健全完善公交运行补贴、线路优化等方面的长效机制；审计十年前实施的老小区改造工程，挽回国有资产流失540万元；审计一个民生工程前期拆迁成本，核减支出592万元；完成2015年度援疆资金和项目跟踪审计。

专项资金调查　将“三公经费”使用管理情况作为审计项目必审内容，全年向纪检、公安、检察等部门移送案件线索11件、24人，有关部门跟进执纪执法，14人被立案审查或刑事处理。组织各县（市、区）审计局开展“公务支出公款消费”专项审计调查，发现问题27个，提出审计建议42条，促进被审计单位出台相关制度规定21份，公开相关审计结果22份。11月，市纪检、审计、监察、财政等部门联合出台《关于进一步加强经费管理严肃财经纪律的通知》，对进一步严肃财经纪律、推进厉行节约提出要求，明确惩罚措施，建立联合监督的常态化机制。针对市开发区特色园区个别园区未能形成规模产业集聚、部分标准厂房未能充分利用、闲置低效项目亟需清理等问题提出审计建议，市开发区根据审计建议采取系列措施，提升园区发展绩效。

5月13日，市审计局在串场河绿化带开展现场复核。

数字化审计管理平台建设　年内，市审计局启动预算执行审计系统构建，完成财政、地税、公积金、社会保险等应用模块的部署测试，嵌入审计方法400多个。扩大政府投资项目审计管理平台使用范围，至年底，有2400多个政府投资项目通过平台实施，有效解决工程审计中的资料报送不完整、隐蔽工程难跟踪、签证变更不规范、承建单位不配合和中介管理不到位等难题，节约财政性资金近20亿元。　　（郭　红　陶振华）

第三节　工商行政管理

2015年，全市新增私营企业3.32万户，总数12.55万户；新增个体工商户7.79万户，总数35.84万户。新申请商标注册4888件，全市各类商标总数2.57万件；新增地理标志商标6件，总数25件。年内，市工商局履行监管执法职责，推进信用监管体系建设，实施企业年报信息公示和抽查工作，2013年度、2014年度的年报率分别为80.5%和76.3%。整治市场秩序，查办各类经济违法违章案件1364件，案值4815.8万元。拓展消费维权领域，受理消费者各类咨询、投诉、举报2.1万件，为消费者挽回经济损失927.5万元。帮助企业解难拓市，建立与重点困难企业挂钩服务机制，全年帮助企业融资211.93亿元。市工商局党组被江苏省委组织部、宣传部联合表彰为全省2014～2015年度学习型党组织建设工作先进单位。

一、工商登记注册

2015年，市工商局推进工商登记制度改革。未开业和无债权债务企业、个体工商户简易注销登记2项改革被国家工商总局列为全国改革试点，改革后市场主体申请材料齐全即可当场办结注销登记，注销时间从45个工作日缩短到1个工作日。在全省率先推行外商投资企业“五证联办”和“一表式”并联审批改革，通过“一窗受理、一表填报、内部流转、统一发证”，在工商登记窗口一次性办结企业设立涉及到的工商营业执照、外商投资企业批准证书、组织机构代码证、国税登记证、地税登记证审批事项，实施后审批登记周期从15个工作日缩短到3个工作日。实施工商营业执照、组织机构代码证、税务登记证“三证合一”“一照一码”登记改革和“先照后证”改革，核发加载市场主体统一社会信用代码的营业执照1.6万份，调整前置审批事项改为后置审批事项187项。探索实施工商登记便利化，将市区注册资本1000万元以下的企业登记事权下放至县（市、区）市场监管局，开发应用“企业名称在线预查询系统”，办理公司网上登记1.69万户，网上登记率97%，支持876户市场主体将住宅登记为经营场所。全年全市新增各类市场主体11.32万户。

二、市场监督管理

2015年，市工商局构建以信用监管为核心的事中事后监管新机制。推行企业年检改年报公示制度，全市有27.7万户、30.9万户市场主体分别申报2013年度、2014年度年报，年报率分别为80.5%和76.3%。在全省率先试点建立检查人员、检查对象“双随机”抽查机制，组织开展农资市场主体、广告市场主体公示信息定向抽查工作，完成企业年报信息、即时公示信息、出资信息等省级抽查试点任务。加强经营异常名录、严重违法企业名单、“黑名单”管理，依托企业信用信息公示系统，规范实施和解除市场主体登记管理警示，先后帮助8577户各类市场主体移出经营异常名录。

三、工商执法

2015年，市工商局推进执法重心由主体资格监管转向竞争行为监管。开展“打霸促公平”“打假保民生”“打传保稳定”“红盾网剑”等专项执法行动和全市工商、市场监管部门“百日执法竞赛”活动，集中整治垄断行业不正当竞争行为和家用电子电器、服装鞋帽、住宅装饰装修、旅游商品销售等重点行业侵权假冒、虚假宣传等行为，查处各类违法案件1364件，案值4815.8万元。落实《中华人民共和国广告法》，组织开展医疗广告、金融投资类广告等专项整治行动，集中监测各类广告55.73万条（次），全市大众传媒广告违法率降至2.23%。加强网络交易监管，对全市85家重点平台网站开展网上集中监测，网上检查网站3286个，实地检查网站经营者1460个，责令整改网站5个，查处各类网络案件28件。

10月1日，全市首张“三证合一”“一照一码”营业执照颁发。

四、商标管理

2015年，市工商局推行以“找重点、查信息、理情况、问需求、促成效”为主要内容的商标品牌培育精准工作法，编发《商标一册通》指导手册1万余册，强化对投资者、创业者、经营者商标品牌创建指导。实施“农产品品牌提升工程”，推广“射阳大米”品牌管理模式、“品牌农产品＋电商”营销模式，举办2015盐城农产品品牌暨电商推进会，组织

700 余家涉农龙头企业与知名电商现场达成合作销售意向 2.6 亿元。年内，新申请注册商标 4888 件，总数 2.57 万件。其中，新创成中国驰名商标 14 件，总数 48 件；新认定江苏省著名商标 31 件，总数 207 件；新认定盐城市知名商标 68 件，全市盐城市知名商标总数 593 件；新申报马德里国际商标注册 8 件。

2015 年全市中国地理标志商标

表 22－35

序号	商标名称	注册人/所有人	商品/服务	认定时间
1	射阳大米	射阳县大米协会	米	2005.4.21
2	东台西瓜	东台市西瓜产销协会	西瓜	2006.3.28
3	滨海白首乌	江苏省白首乌产业协会	白首乌	2008.3.28
4	阜宁大米	阜宁县粮食行业协会	米	2008.4.28
5	建湖大米	建湖县粮食行业协会	米	2009.5.28
6	建湖烟花 JIANHU FIRE WORKS	建湖县花炮商会	烟花	2009.12.14
7	东台蚕茧 DONG TAI CAN JIAN	东台市蚕业协会	蚕茧	2010.3.28
8	阜宁大糕	阜宁县粮食行业协会	大糕(米糕)	2011.3.21
9	建湖大米	建湖县粮食行业协会	米	2013.3.21
10	灌河四鳃鲈鱼	响水县特色农产品种养技术协会	鱼(非活)	2013.8.14
11	东台发绣	东台市发绣协会	绣花饰品	2013.3.7
12	大丰裕华大蒜	大丰市裕华镇大蒜协会	大蒜	2014.1.28
13	九龙口大闸蟹	建湖县九龙口大闸蟹协会	螃蟹(活的)	2014.4.7
14	洋马菊花	射阳县菊花研究会	药用菊花	2014.5.14
15	龙冈茌梨	盐城市果树良种场	梨	2014.5.28
16	响水浅水藕	响水县浅水藕协会	浅水藕	2014.8.14
17	东台陈皮酒	东台市陈皮酒经销商协会	黄酒	2014.7.7
18	恒北早酥梨	大丰市麋鹿早酥梨专业经济协会	梨	2014.12.14
19	葛武嫩姜片	盐都区葛武嫩姜片协会	嫩姜片	2015.6.7
20	大丰南阳辣根	大丰市南阳镇农产品协会	辣根	2015.6.28
21	大丰南阳韭菜	大丰市南阳镇农产品协会	韭菜	2015.6.28
22	大丰南阳柿子	大丰市南阳镇农产品协会	柿子	2015.6.28
23	大纵湖大闸蟹	盐城市盐都区水产技术推广站	螃蟹	2015.8.28
24	建湖草鸡	建湖县盐阜草鸡协会	鸡(活家禽)等	2015.10.27
25	盐城水稻种子	盐城市杂交水稻种业协会	水稻种子、谷种	2015.10.28

2015 年全市中国驰名商标

表 22－36

序号	商标名称	注册人/所有人	核定使用商品/服务	认定时间
1	森達	江苏森达集团公司	皮鞋	1997.4.9
2	克胜 KESHENG	江苏克胜集团股份有限公司	农药	2004.2.25
3	江动	江苏江动集团有限公司	柴油机	2004.11.13

续表 22－36

序号	商标名称	注册人/所有人	核定使用商品/服务	认定时间
4	丰山	江苏丰山集团有限公司	农药	2006.1.5
5	亨威 HENGWEI	江苏亨威实业集团有限公司	制服	2006.6.1
6	东强	江苏东强股份有限公司	电缆	2008.3.5
7	威特 VEECTORY	江苏威特集团有限公司(盐城市)	陆地车辆用离合器	2009.4.20
8	森源	江苏正大森源集团有限公司	玻璃纤维布	2010.12
9	星云 XINGYUN	江苏民星茧丝绸股份有限公司	茧、生丝	2010.10.8
10	玉人 YUREN	江苏玉人服装有限公司	男女西装裤、衬衫	2010.10.8
11	豪邁 Haomai	盐城豪迈照明科技有限公司	灯、电灯	2011.5.27
12	双灯	胜达集团江苏双灯纸业有限公司	卫生纸	2011.5.27
13	射阳大米	射阳县大米协会	米	2011.5.27
14	志荣	江苏东方滤袋有限公司	过滤布、无纺布等	2011.12
15	象王	象王重工股份有限公司	起重机	2011.11.29
16	科行 KEHANG	江苏科行国际工程集团有限公司	选粉机、除尘机、收尘器	2011.11.29
17	起亚	东风悦达起亚汽车有限公司	汽车	2012.4.27
18	绿利来	江苏绿利来股份有限公司	除草剂	2012.4.27
19	华鸥	盐城市华鸥实业有限公司	理化试验、成份分析用仪器和量器	2012.4.27
20	宁富	江苏宁富食品有限公司	肉制食品	2012.4.27
21	磊达	江苏磊达股份有限公司	水泥制品	2012.12.31
22	双达	江苏紫光吉地达环境科技股份有限公司	清洁用除尘装置	2012.12.31
23	辉丰	江苏辉丰农化股份有限公司	杀虫剂	2012.12.31
24	泰隆祥	江苏泰隆祥床具制造有限公司	弹簧床垫	2012.12.31
25	阳标	盐城市阳标石油机械厂	石油开采、石油精炼工业用机器设备等	2012.12.31
26	法瑞特 Favorite	江苏中恒宠物用品股份有限公司	狗用链子、金属带铰链、金属狗屋	2013.12.27
27	大丰港	江苏大丰海港控股集团有限公司	海上运输、货物贮存、装卸货物等	2013.12.27
28	欣悦	江苏日月照明电器有限公司	灯、照明灯、照明用放电管	2013.12.27
29	TNE	东台市溱标不锈钢有限公司	金属螺丝、金属铆钉、金属螺母	2014.1.13
30	金威	江苏新金威麦芽集团有限公司	酿酒麦芽	2014.9.4
31	龙灯	江苏华兴变压器有限公司	变压器	2014.9.4
32	老周	盐城市老周食品有限公司	豆腐干等	2014.9.4
33	恒喜	大丰市佳丰油脂有限责任公司	食用油	2014.9.4
34	剑牌	江苏剑牌农化股份有限公司	农药	2014.9.4
35	鑫金昉	江苏金昉纺织有限公司	纱、线、棉花线	2015.6.5
36	FUAN	江苏富安茧丝绸股份有限公司	厂丝、长丝、人造丝	2015.6.5
37	舒恒	舒恒管夹制造有限公司	鱼尾形接轨夹(铁路)、紧线夹头、缆绳及管道用金属夹	2015.6.5
38	阜宁大米	阜宁县粮食行业协会	米	2015.6.5

续表 22－36

序号	商标名称	注册人/所有人	核定使用商品/服务	认定时间
39	鋆	建湖县鸿达阀门管件有限公司	金属阀门(非机器零件)、金属管道配件、油井用金属套管	2015.6.5
40	巨轮	盐城神力制绳有限公司	三股拧绞绳、八股编绞缆绳、网络	2015.6.5
41	丰群	江苏联合利丰铝业有限公司	普通金属合金、金属建筑材料	2015.6.5
42	桃园家饰	江苏桃园家饰有限公司	苇席、墙纸、地毯	2015.6.5
43	双山	江苏双山集团股份有限公司	纱、线	2015.6.5
44	YDF	江苏盐电阀门有限公司	阀门	2015.6.5
45	JIANQIAO	江苏剑桥涂装工程有限公司	静电喷涂成套设备	2015.6.5
46	长虹	江苏长虹汽车装备集团有限公司	喷漆烤漆设备、自动喷漆设备	2015.6.5
47	FL	东台市华威标准件有限公司	钨丝网、金属螺栓、金属铆钉	2015.6.30
48	闪奇	江苏闪奇电器集团有限公司	电线、电缆	2015.6.30

五、消费维权

2015年，市工商局开展“争做维权实事、感知地产商品、走近寻常百姓”系列活动，推进放心消费创建“百千万”工程，在全市培育放心消费诚信品牌10个、先进示范企业、行业和区域100个。农村“六有”放心消费村居创建(有食杂放心店、有农资放心店、有药品放心店、有食盐放心店、有消费维权投诉站、有消费教育基地)得到全国人大调研组肯定。集中整治餐饮、汽车销售服务业“霸王条款”和家用电器、服装鞋帽、成品油等重点商品质量，抽检商品1444批次，查处案件291件。开展放心消费网上行系列活动，设立先行赔付基金，开展“盐城电商、精彩有我”系列宣传、“强网手牵手”等活动，规范网购市场。拓宽维权渠道，“盐城掌上消协”微信平台和网上“消费监督站”点击量超过30万次，全市消费纠纷调处回访满意率96%。

六、机构改革

2015年，全市工商行政管理系统由省级以下垂直管理调整为地方政府分级管理，职能、机构和编制成建制下划，移交同级政府管理。4月，盐城市工商行政管理局挂牌成立，原盐城工商行政管理局招商场分局、解放路分局分别更名为盐城市工商行政管理局招商场分局、网络商品交易监督管理分局，组建盐城市工商行政管理局城南分局，均为盐城市工商局派出机构。6月，盐城市工商局承担的流通环节食品安全监督管理职责划入盐城市食品药品监督管理局。3～7月，响水、滨海、阜宁、射阳、建湖、大丰、东台、盐都、亭湖及市经济技术开发区相继组建市场监督管理局，实行工商行政管理、质量技术监督管理、食品药品监督管理“三合一”体制。年底，盐城市工商局完成职能转变、编制人员分流划转等工作。

(周鸿铭)

第四节　价格管理

一、价格改革

2015年，市政府出台《关于深化价格改革加强价格监管的实施意见》(盐政发〔2015〕175号)，明确盐城深化价格改革的目标任务、工作重点和保障措施等。市物价局制定《盐城市物价局深化价格改革加强价格监管重点工作任务分解表》(盐市价〔2015〕10号)，分解落实重点任务43项，确保价格改革工作落实到位。

实施环境资源价格改革　年内，出台排污权有偿交易收费标准、建筑工地扬尘收费标准，运用价格杠杆促进生态建设和环境保护。调整非居民天然气价格。4月1日，实现非居民用存量气和增量气价格并轨。工商业用天然气中准价格由每立方米3.77元降为每立方米3.71元，1月、2月、3月、12月可在中准价基础上上浮不超过10%，其余月份上浮不超过5%；车用天然气由每立方米4.20元降为每立方米4.14元。12月30日零时，市区非居民用天然气实施调价，工商业用天然气气中准价格由每立方米3.71元降为每立方米3.26元，1月、2月、3月、12月可在中准价基础上上浮不超过10%，最高不超过每立方米3.50元，其余月份上浮不超过5%；车用天然气由每立方米4.14元降为每立方米3.69元。

实施居民生活价格改革　实施市区居民生活用水、用气阶梯价格。定于2016年1月1日起实施完善市区居民生活用管道天然气阶梯价格政策以及调整市区自来水价格。居民用气量分三个阶梯：第一、二、三阶梯每户年用气量分别为300立方米(含)以下、300立方米～600立方米(含)、600立方米以上。销售价格第一阶梯每立方米2.1元，第二阶梯每立方米2.52元，第三阶梯每立方米3.15

元。居民生活用水量分为三个阶梯：第一、二、三阶梯每户年用水量分别为200立方米（含）以下、200立方米～350立方米（含）、350立方米以上。到户价格第一阶梯每立方米2.8元，第二阶梯每立方米3.63元，第三阶梯每立方米6.1元。其中，居民生活类用水基本水价由每立方米1.35元调整为每立方米1.65元，生产类用水由每立方米1.714元调整为每立方米2.114元，特种类用水由每立方米2.594元调整为每立方米2.994元。

城市公立医院医药价格综合改革　10月31日，市一院、二院、三院、四院、妇保院、中医院、口腔医院7家城市公立医院实施城市公立医院医药综合价格改革，参改医院药品实行零差率销售，将医院补偿由医疗服务收费、药品加成收入和政府补助3个渠道改为医疗服务收费和政府补助2个渠道，药品差价总额通过合理调整部分医疗服务价格和政府财政补偿，保持公立医院人均费用水平相对稳定，总体上不增加患者个人支付的费用负担。

二、价格调控

2015年，盐城居民消费价格指数（CPI）同比上涨1.6%，低于年度调控目标1.4个百分点，价格总水平保持平稳。年内，市政府办下发《盐城市2015年价格调控目标责任制实施意见》（盐政办发〔2015〕34号），市物价局每月编制发布各县（市）居民消费价格指数，加强价格监测预警，先后开展原奶、生猪、棉花和夏粮秋粮价格专项监测，开展药品价格放开价格监测、棉花目标价格补贴改革监测等政策效应监测，开展市区瓶装水、房地产、车展汽车价格监测等热点价格监测，及时报送价格信息，为领导决策服务。春运期间，抓好农村客运班线票价管理，编印发放《盐城交通价格手册》（春运版）3000册。开展市区出租车运营和负担调研，提出相关建议上报市政府。每季度发布大市区8个片区40个代表性楼盘价格，引导市场价格预期，对大市区所有在售楼盘销售现场家家到督查不少于2次，规范销售价格行为。核定12个地块限价商品房价格，平均价格每平方米4081元。首次出台市区政府投资建设的公共租赁住房租金标准，其中老城区每月每平方米6元、建成区每月每平方米5元、新区每月每平方米4元，租金标准远低于市场价格且是全省最低水平，减轻中等偏下收入住房困难家庭和新就业人员、外来务工人员两类特定人群住房负担。将原市总工会、市民政部门认定的城市特困职工家庭和城市低保户每月每户免费供水由3立方米增加到5立方米，免费用气由5立方米增加至6立方米。

平价商店建设　年内，市物价局加强对平价商店的监管，清退考核不合格的平价商店10家，提档升级现有平价商店。全年全市103家平价商店销售平价农副产品6989万千克，惠及3486万人次，让利市民3394万元，帮助农民增收723万元。

三、价格监管

2015年，市物价局探索价格行为大监管，适应主要由市场决定价格的机制，推动价格管理由直接定价向规范价格行为、营造良好价格环境、服务宏观调控转变。先后制定价格行为大监管工作实施方案和工作任务分解表，重点规范物业服务收费、商品房销售、网络购物、宾馆酒店等11个行业价格行为，引导经营者价格自律。9月，开展“推进大监管、规范市场价格行为检查月”活动，组织检查组18个、出动检查人员200多人次、检查经营者400多个、发放行政执法提醒函32份，点名通报存在问题商家3户。在城南新区4个街道建立价格社会监督服务站，通过会议培训、上门指导、监督检查、提醒告诫等方式，实现涉农收费、物业收费、商品房销售价格、药品和医疗服务收费、教育收费、商业零售及餐饮客房价格6个收费（价格）公示全覆盖。从4月1日起，暂停实施广告服务收费、人才中介服务机构收费等11项价格备案项目。加强价格信用建设，细化价格诚信单位的量化考核细则，推进价格诚信开发区创建，开展“明码实价上门服务家家到”活动，定期上门督查规范价格行为，盐城经济技术开发区、响水镇桃花源路、大丰港蓝色旅游度假区被命名为省价格诚信城区（街区）。开展收费大检查，重点对国土、建设、医疗、教育等部门收费行为进行检查，查处价格违法案件40件，实施经济制裁1100多万元。全年受理价格投诉举报咨询1853件，妥善处理停车收费、物业收费等问题。

四、收费管理

2015年，市物价局编制公布行政事业性收费目录清单、实行政府定价或政府指导价的经营服务性收费目录清单、涉企行政审批中介服务项目及收费目录清单、涉企收费目录清单、涉房收费目录清单、涉车收费目录清单6个收费目录清单，并及时更新目录内容，实行动态管理。其中，组织开展涉企行政审批中介服务收费专项清理，对19个单位的109项涉企行政审批中介服务收费项目和标准进行审核，提出保留47项、取消62项的清理意见，经市审改办审核后在全省率先公布涉企行政审批中介服务项目及收费项目清单。动态压降收费标准。在贯彻落实国家和省取消、暂停、减免172项收费项目的基础上，再次“取消、暂停、压降”交通影响评价费、船舶登记费、白蚁防治费等22项收费项目。2次启动煤热价格联动机制降低热力价格，年可减轻用热企业负担900万元。改变市区同城同价做法，实行一厂一价，下发《关于切实强化供热价格管理工作的通知》，督促县（市、区）结合实际及时启动联动机制，化解供用热双方矛盾。运用差别化电价政策引导江苏成日钢铁有限公司等7家企业进行设备改造和工艺调整，淘汰落后设备。2次启动公路客运票价与油价联动机制，调整公路客运票价燃油附加费标准，重新核定全市1500多条客运线路票价。组织对盐都区、亭湖区、开发区、城南新区20个小区的物业收费公示进行互查，重点检查物业服务收费项目公示、能耗分摊公示和收支情况公示3项公示，剖析存在问题，培植样板小区。规范救护收费管理政策，清理救护车收费项目，制定救护车收费标准。

五、价格服务

2015年，市物价局办理刑事涉案财产价格鉴证116起，鉴证标的额128万元，完成3件涉纪财物价格认定，受理9起涉税房地产开发成本认定，认定标的物建筑面积40多万平方米、认定金额近9亿元。成功调处嘉英阳光小区30户业主因室内出现大面积裂缝与开发商产生的赔偿纠纷。服务政府事项，受理盐城公交公司、盐城供电公司等国有资产价格认定11起，为国有资产处置提供价格依据。开展定调价成本监审（调查），先后开展救护车收费、城市供水价格、市区新建商品房有线电视配套工程费用、市妇幼保健院“早产儿视网膜病变探查术”和“使用多功能培养箱”收费、居民用管道天然气价格等成本监审和中医院制剂药品、非居民用管道天然气、城市燃气管网建设费用等成本调查工作。年内，将一般农调户补助标准由每户每年500元增加到每户每年1000元。开展价格信息服务，构建由盐城价格网、盐城价格微信、“盐城物价通”手机客户端等组成的价格信息发布平台，及时发布价格政策、价格指数、民生价格信息等，引导经营者合理定价、消费者理性消费。

（陈金荣　陈　军）

第五节　统　　计

一、统计管理

2015年，市统计局做好统计服务工作。撰写统计专报，其中《今年新增定报企业骤降亟待高度重视》《今年以来盐城经济取得三大突破》《生态文明体制改革背景下的盐城发展建议》等统计专报受到市委市政府领导批示和肯定。服务企业，为企业发展提供决策判断所需相关经济数据。升级统计产品，《统计年鉴》实现电子化，《统计快报》改版为实用手册，《盐城经济社会概览》彩色印刷。提升统计信息化水平，对统计内网进行全面改版，完成高清视频会议系统建设工作，数据盐城APP和移动协作办公（OA）投入使用。

统计改革　推进地区生产总值核算改革。做好本地区地区生产总值统一核算改革意见、实施方案的制定和落实；加强基础数据的跟踪监测，做好核算数据的衔接。推进投资统计改革。固定资产投资统计从按项目形象进度统计，转向按单位财务资料采集数据。推进能源统计改革。探讨“供应端”和“消费端”两种能源核算方法的科学性与统一性，强化相互验证、审核评估，保障能源核算工作规范统一、科学合理、数据可信。推进服务业统计改革。建立规模以上服务业单位月度统计制度，加强家庭服务业、其他金融业、科技服务业等新兴服务业统计。开展贸易统计改革，完善网上零售统计，开展第三方电子商务平台交易情况调查。

普查监测　开展第三次全国经济普查资料的深度开发利用工作。8月，完成第三次全国经济普查课题的招标工作，年内，形成相关研究报告。启动第三次全国农业普查准备工作，制定工作方案，启动普查机构组建、落实普查经费和物资需求等工作。开展1%人口抽样调查，至年底，1%人口抽样调查进入数据核查、汇总阶段。开展“八项工程”、全面小康建设、民生幸福等重点监测，经济社会运行情况主要指标的常规监测，升级评价、社会发展评价、文化发展绩效考核等专项监测工作，每季度召开统计监测专题会议，研判统计监测数据变化情况和运行质量，对结构调整、转型升级、全面小康建设、“八项工程”推进情况开展专项深度分析研究。

统计法治　执行统计执法程序、统计行政处罚裁量基准、统计行政执法责任制度，探索柔性执法方式，推进统计行政指导，推进统计政务公开。落实普法责任制，创新普法宣传形式，拓展普法平台，结合统计开放日、统计法治宣传周，开展普法宣传教育活动，强化依法统计意识。开展联网直报违规“捆绑上报”专项整治工作，对“捆绑上报”、违规纳入联网直报和重复报送数据等问题进行专项整治。将“一套表”专项整治制度化、常态化，对单位拒报、迟报、虚报、瞒报行为，从严处理，公开曝光，维护统计工作秩序。

二、统计调查

2015年，国家统计局盐城调查队撰写调查分析113篇，信息301篇，其中4篇信息被省两办采用，5篇专报被市领导批示，85篇信息被市两办采用，201篇信息被政府门户网站采用。其中，“‘一带一路和中国制造2025’战略背景下盐城经济发展优劣因素分析研究”被列为市级重点研究课题，“新常态下盐城金融服务业发展评价与对策研究”入选全市第三次全国经济普查招标课题，“盐城平价菜店现状及发展前景研究”和“盐城市人口老龄化问题研究”获得市社科应用研究优秀结项课题二等奖。

民意调查　开展文明城市创建满意度、公众满意度、党风廉政建设满意度等民意调查工作，完成省级对盐城考核调查工作任务。开展省级贫困县乡村小学教师待遇、幼儿园收费情况、农村留守儿童暑期生活情况、基层对设立国家中小企业发展基金反映、小微企业对税收优惠新政反映等快速调查，反映民情民意，为各级政府提供决策参考。

农村调查　开展农产品生产价格、畜禽监测、农村劳动力转移、中间消耗和秋冬播种面积等调查工作。开展贫困地区小学教师待遇情况调研工作，开展家禽规模户样本核对工作，做好万头猪场联网直报工作，组织畜禽生产排污处理和用药情况调查，做好中小规模户摸底工作。年内，首次和市畜牧兽医站进行数据对接，得到全市面上数据；首次采用全覆盖电话回访方式核查数据质量，提升调查数据质量。

住户调查　开展调查样本家家到活动，夯实住户调查基础工作质量。开展住户专业快速调查月月有活动，组织养老金并轨基层反映、盐城农村留守儿童暑期生活情况等快速调查。定期召开数据质量分析会，开展样本点工作巡查，推动电子记账工作，提高调查数据质量。年内，调查队被评为全省住户调查基础工作示范点。

价格调查　推进 PPI(生产价格指数)联网直报工作,提高联网直报率。推进基期轮换权数调查工作,做好权数评估。推进 PPI 样本企业增补工作。完善全市调查企业电子台账建设。加强对县(市、区)的数据质量审核和检查。开展楼市新政影响、纺织业等专题调查。召开各季度价格形势分析座谈会,定期向新闻媒体发布价格指数信息。

企业监测　开展规模以下服务业抽样调查、限下贸易抽样调查、小微建筑业抽样调查、新设立小微调查、改进小微抽样调查试点等专项调查。构筑三道防线,规范规模以下工业采购经理和服务业企业抽样调查。完善数据审核查询制度,深入基层开展检查和指导,确保数据质量。挖掘小微企业发展的热点、难点问题,开展调查研究,撰写调查报告,为上层决策提供参考。撰写的《小微企业调查制度改革基本构想》被《中国信息报》全文采用。

(丁祺晋)

第六节　质量技术监督

一、名牌创建

2015 年,市质监局制定 2015 年江苏省和盐城市市长质量奖以及江苏名牌、盐城市名牌培育计划,确定 2 个省质量奖、10 个市长质量奖、119 个江苏名牌、265 个盐城市名牌重点培育单位,推荐 1 个企业申报江苏省质量奖、93 个企业申报江苏省名牌、156 个企业申报盐城市名牌。至年底,全市新增江苏名牌 19 个,总数 189 个。制定 2015 年质量信用企业培育计划,确定 167 个 A 级、33 个 AA 级和 4 个 AAA 级重点培育企业名单,3 个 AAA 级、5 个 AA 级企业通过省考评组的现场考核。

2015 年全市新增江苏名牌产品

表 22－37

序号	产　　品	企业名称
1	“小彩”牌环己基氨基磺酸钠(甜蜜素)	江苏联威生化实业有限公司
2	“华伟”牌防水卷材	江苏华伟防水材料有限公司
3	“精构”牌反向平衡法兰	江苏金海新能源科技有限公司
4	“WX”牌热采井口蒸汽阀	江苏万兴石油装备有限公司
5	“宝福”牌纯棉色纺纱线	江苏华宝纺织有限公司
6	“苏盐”牌阀门	江苏苏盐阀门机械有限公司
7	“青蒲”牌中华绒螯蟹	东台市溱东镇农业服务中心多种经营服务部
8	“森辉”牌室内照明灯具	江苏生辉照明电器有限公司
9	“苏金鼎”牌 JG197－2006	江苏金鼎基础建材有限公司
10	药品分销与配送业务	江苏康生药业有限公司
11	“大纵湖”牌清水大闸蟹	盐城市盐都区大纵湖多种经营服务有限公司
12	“宏鼎”牌石材切割机	盐城宝鼎电动工具有限公司
13	“悦达家纺”牌家用纺织品	江苏悦达家纺有限公司
14	“熙源”牌塑料排水板	江苏立盛土工材料有限公司
15	其他服务业	建湖县台北小站餐饮管理有限公司
16	“丰山”牌烟嘧磺隆	江苏丰山集团股份有限公司
17	“辉丰”牌咪鲜胺原药	江苏辉丰农化股份有限公司
18	“圣泰”牌钢制阀门	盐城市圣泰阀门有限公司
19	“凯斯博”牌电梯	凯斯博电梯有限公司

二、标准化管理

2015 年,全市完成企业标准备案 589 件,新增采标产品 32 个,6 个省级地方标准通过审查。市质监局出台《盐城市加强标准化工作实施办法》,承担起草的第一个国家标准《烟花爆竹升空　第 3 部分　旋转升空烟花》获批发布。年内,“大纵湖大闸蟹”获批中国地理标志保护产品,射阳县城乡居民养老保险试点获批国家服务业标准化示范项目;建湖生态养殖区和响水优质稻米种植区获批省级农业标准化示范区。

三、计量管理

2015 年,市质监局开展“5·20”世界计量日系列活动和“两免费”检定工作,免费检定计量器具。免费检定全市 185 个农贸市场的 1.22 万台计量器具和 185 个乡镇卫生院、1996 个村卫生室及 128 个计划生育指导站、4 家社会福利院的 1.03 万台医用计量器具,集贸市场、乡镇医院、村级医疗卫生机构受检率 100%。检查超市、餐饮饭店在用衡器 831 台件,合格率 100%;定量包装商品检查 514 批次,抽查检验 479 批次,合格率 96.2%;商品包装 207 批次,合格率 98.1%。开展能源计量工作,培训 130 家重点用能单位,完成万家企业能源计量审查工作,上报省质监局盐城工学院、东台苏中环保热电有限公司 2 家能源计量示范单位。

四、质量监管

2015 年,市质监局受理 108 家企业生产许可证的申请,协助发证 88 张;对 255 家获证企业进行年度审查,实地核查企业69家。市政务服务中心窗口办理组织机构代码、计量和特种设备行政许可1.67万件，帮助企业、检验机构协调有关事项5件，为各类单位减轻负担150多万元。推进企业建立首席质量官、总经理质量奖、企业质量专项基金3项制度，至年底，全市156个企业建立首席质量官制度，96个企业设立总经理质量奖，238个企业建立质量发展专项基金滚动金额6亿元。

认证认可工作　推进ISO 9000质量管理体系认证、环境管理体系认证、职业健康安全管理体系认证等自愿性认证活动，开展认证管理体系的网格化检查、有机产品监管和实验室检查工作。宣传贯彻《检验检测机构资质认定管理办法》，制定《盐城市资质认定获证实验室授权签字人考核条件要求（试行）》，开展检验检测机构开放日活动，监督评审39家检验检测机构。年内，国家风电质检中心拓展领域，与国内外多家检测认证机构签订并履行振动、内窥镜服务合同；江苏省新能源汽车检测设备计量中心通过法定机构授权考核，CNAS（中国合格评定国家认可委员会）新扩展项目9个；江苏省环保设备质检中心工业滤布成分检测方法研究科技项目报告《环保过滤用聚合物纤维定性、定量方法研究》获得国家质量监督检验检疫总局2015年科技项目立项批准。

检验检测服务　至年底，市质检中心完成检验批次8261个，其中省监抽批次1131个，委托检验批次5230个，工商市场监督任务1402批次，生产许可证检验438个。市纤检所完成委托检验批次4964个，省工商市场监督抽查检验和省质监监督抽检632批，在新疆检验棉花1.8万吨，与盐城南纬纺织品检测公司合作，新开辟冲锋衣检测项目，首次争取省工商抽检任务200批次。市计量所承接2015年国家质量监督检验检疫总局汽车膜风控项目，中央电视台《每周质量报告》专题报道。

执法检查　开展钢筋、建筑防水卷材产品、危险化学品、危险化学品包装物和容器生产许可证获证企业专项监督检查以及事中事后监管工作；开展冬季预拌混凝土执法检查、化肥农药专项打假行动、“迎元旦、迎新春”专项执法检查、儿童用品质量安全专项行动、车用发动机和车用燃油“质检利剑”行动、学生和儿童用品专项执法检查等6个专项执法行动；开展妇女用品专项监督抽查；处理19家省抽、国抽不合格产品生产企业；组织阀门、抛丸机、空压机3个地方重点产品省专项抽查和不锈钢制品等11个产品的市级监督抽查。全年向公安机关移送涉刑案件6起。

特种设备安全监察　年内，全市新增特种设备9894台，注册率100%；新增特种设备使用单位438家，落实安全责任告知100%；有1298家单位开展隐患自查自纠，市质监局出动监察人员1632人次；检查特种设备使用单位591家，生产单位36家；计划检验设备3.1万台，实际检验3万台，定检率96.8%；发现一般隐患777家、2065台、725条，严重隐患111家、336台、143条，下达安全监察指令书113份，未发现重大隐患，隐患督促整改率100%。开展电梯、气瓶、危化品企业、燃气行业及长输（油气输送）管道等安全大检查和专项整治行动。推进电梯应急处置平台建设，建立以“119”为应急报警平台的统一应急救援指挥中心，形成以电梯使用单位和签约维保单位为救援主体、就近应急救援点为支持、消防专业救援队伍为保障的三级救援响应机制。全年全市未发生安全监管责任事故。

（耿　忠　沈　可）

第七节　食品药品管理

2015年，全市有持证食品生产企业893家，食品加工小作坊2990家；食品流通经营主体3.6万户；持证餐饮服务单位1.41万家；保健食品化妆品生产经营单位2433家。全市药品生产企业33家，药品包装材料企业9家；药品批发企业18家，药品零售连锁企业23家，零售药店2118家；各类医疗机构3082家；医疗器械生产企业62家，医疗器械经营企业1411家。全市5亿元以上规模药品流通企业7家，源普科技公司成为江苏唯一通过中国药品电子监管系统集成商认证的高新企业。加快推进食品药品监管体制改革，整合食安办、工商、质监、卫生和食药监部门的食品监管职能，组建新的食品药品监管机构，对生产、流通、消费环节的食品安全和药品安全实施统一监督管理。市本级成立新的市食品药品监督管理局、组建城南分局。9个县（市、区）成立市场监督管理局（同时挂牌食品药品监督管理局），设立派出机构86个，职能、机构、人员调整全部到位，初步构建覆盖市、县、镇的食品药品监管体系。全年出动执法人员6112人次，检查各类餐饮单位1.1万余户次、涉药单位2585家次，立案94起，涉案总值182.36万元，罚没款255.45万元，向公安机关移送案件6件，28名涉案人员被采取刑事措施。办理“12345”办事热线、“12331”投诉平台交办的投诉咨询78件。年内，市食药监局被评为2015年度全市综合考核深化改革工作先进奖、2015～2016年盐城市依法行政示范点，“说理式执法操作指南推进全程说理式执法”项目获盐城市首届十大法治事件提名奖，药品安全信息化惠民工程入选2015年智慧江苏食品药品监管行业示范工程，“打假保名牌”工作在全省首届食药打假战略联盟峰会上作经验交流，2件案件卷宗被国家食药监总局评为食品药品稽查执法优秀案例。

一、食品安全监管

2015年，盐城调整充实盐城市食品安全委员会成员单位，成员单位增加到35个，市食药监局承担盐城市食品安全委员会办公室职责；将食品药品安全工作列入市委全面深化改革工作要点，成为全市目标任务综合考核和综治平安建设考核的重要内容；出台《盐城市食品安全委员会成员单位工作职责》《盐城市食品安全委员会工作规则》《盐城市食品安全工作考核办法（试行）》和《盐城市食品安全工作责任制与责任追究办法（试行）》，明确各县（市、区）政府及市食安委成员单位工作职责，建立健全食品安全监管责任追究和考核机制；市、县、镇各级层层签订食品药品安

12月2日，市食药监局检查盐城餐饮单位中央厨房。

全目标责任书，推动各级政府食品药品安全责任的落实。全年受理262家食品企业换发证申请，发放食品生产许可证296张。新发食品流通许可证5097个，全市领取食品流通许可证的食品经营主体3.6万户。全市餐饮服务单位量化分级管理率100%，实施“明厨亮灶”餐饮单位741家。11月，开展“食品安全盐阜行”活动，营造食品安全社会共治氛围、打造“食安盐城”城市品牌，《中国食品安全报》等多家媒体对活动进行报道。推进江苏省食品生产环节电子追溯系统建设，盐城市泰来神奶业有限公司和江苏天成酒业有限公司完成试点阶段目标。组织抽样检验。年内，市食品安全委员会办公室下发《全市食品监督抽检计划》。至年底，全市抽检原料生鲜乳262批次、成品乳1258批次、合格率100%，抽检食品流通市场重点品种1640批次、合格率为95.2%，核查国家食品抽样不合格报告书14份、风险监测隐患报告书6份，依法处置相关单位、产品。

“多美瘦身果”案 1月19日，东台市食药监局与东台市公安机关联合查办吴某等人生产销售有毒有害食品“多美瘦身果”案，抓获犯罪嫌疑人9名，捣毁制假售假窝点7个，查明案值2800万元。

2件案件卷宗被评为食品药品稽查执法优秀案例 4月15日，国家食药监总局公布2014年全国食品药品稽查执法46个优秀案例，市食药监局查办的“5·6”田某等人利用互联网制售假冒玫琳凯等知名品牌化妆品案、滨海县市场监管局查办的“3·23”利用互联网制售非法添加有毒有害物质保健食品案2件案件入选全国优秀案例，市食药监局、滨海县食药监局和办案人员被通报表扬。2014年6月，市食药监局告破田某等人利用互联网制售假冒玫琳凯等知名品牌化妆品案。案件先后被国家食药监总局、公安部挂牌督办，并由公安部发起集群战役。查明涉案网店29个，抓获涉案犯罪嫌疑人12人，捣毁生产、储存及销售窝点7个，案件涉及上海、广东、安徽等6个省市，涉案金额5000余万元；现场查获制假设备8套和原料大桶8个，假冒玫琳凯公司、克缇（中国）日用品有限公司、雅芳（中国）有限公司、上海丽达日化有限公司和北京慕妮春天科技发展有限公司等公司20多个品牌化妆品成品近25万瓶（盒），成品实物货值380万元（其中，单品种货值金额5万元～10万元的9个、10万元以上的11个），各种制假用外包装、材料近60万张（个）。2014年3月23日，滨海县食药监局与滨海县公安局破获以李某为首的制售非法添加有毒有害物质保健食品案件，抓获嫌犯2人，捣毁制假窝点1个、售假窝点1个、非法网站5个。案件销售金额1538万元，现场查获减肥成品品种9个2808盒，制假用打印批号设备1套，制假售假用公章6枚，售假用汽车1辆，包装盒、说明书、防伪标志、合格证及宣传资料等包装材料2万份，电脑11台，手机12部，银行卡8张，快递单存根1628张，订单520张。

二、药品和医疗器械监管

2015年，市食药监局严格行政许可，加强资料审核和现场检查，全年新开办药店153家，注销34家，办理许可事项变更手续936件，单体药店转型为连锁门店405家。抓好药品医疗器械《生产质量管理规范》（GMP）、《经营质量管理规范》（GSP）认证实施工作，全年6家企业6个车间取得新版GMP证书；全市18家药品批发企业和23家药品零售连锁企业和848家单体零售药店全部通过新版GSP认证。对高风险药品和医疗器械生产质量开展飞行检查和专项检查，强化特药管理和药品注册管理。开展银杏叶药品、中药饮片、利用互联网销售假劣药品化妆品、体外诊断试剂、装饰性平光隐形眼镜、胶囊剂生产及中小学和幼儿园医务室药品、“蓝剑”行动、节日期间药品安全整治等专项治理行动。加强互联网药品信息和交易服务监管，推动药品电子追溯系统建设。全市23家药品零售连锁企业和2118家零售药店全部完成系统数据导入，完成信息确认并缴费的1474家，领取电子监管数字证书的1190家，23家零售连锁企业全部领取数字证书并入网，实现核注核销零售药店达430家。推进药品安全信用体系和医疗器械生产、经营企业信用等级评定工作，试点推行违法违规企业及其主要责任人信用审查制度。开展对夸大药品适应症、夸大保健食品功效等虚假违法广告的监测检查，向工商部门移送非法广告723条次。3月，市药品检验所通过实验室资质认定和国家实验室能力认可监督评审，被列入中国食品药品检定研究院化学药品检定所“化学标准物质及对照品标化”伙伴实验室协作成员。至年底，市药品检验所完成检品

961 批，不合格检品 18 批，不合格率 1.87%，检品全检率 91.6%；上报药品不良反应报告 2817 份、器械不良事件报告 349 份。

"4·25"生产销售假药枸橼酸西地那非片案 4 月，市食药监局联合市公安局破获"4·25"生产销售假药枸橼酸西地那非片案，涉案 2400 余万元，抓获犯罪嫌疑人 19 名。

（崔 伟）

第八节 国有资产管理

2015 年，全市国资系统深化国资国企改革，优化国资监管，强化服务发展，各项工作取得新突破。纳入全市企业国有资产统计报表汇编范围的国有企业（第一级次）有 208 户，其中市直企业 34 户、县（市、区）企业 174 户。全市国有及国有控股企业资产总额 5397 亿元，净资产 2115 亿元，实现营业收入 1209 亿元。市属监管企业资产总额 1836 亿元，净资产 634 亿元，实现营业收入 1073 亿元。

国企改革 在加强国资国企改革谋划方面，市委常委会及市委全面深化改革领导小组 4 次研究国资国企改革问题，审议通过《市属国有企业分类改革总体方案》《市属重点国企及国资平台改革实施方案》和悦达集团等 5 家重点企业改革工作方案，明确各企业改革的目标定位、改革方向和主要措施。在国企和政府平台整合方面，悦达集团产业布局改革加快实施，财务公司获批并试运营，悦达成大、悦太贸易等低效资产顺利退出；银宝集团、交通控股集团成功组建，房投公司整体并入城投集团。在加快实施公益类企业市场化运营改革方面，盐城民航站"事改企"——盐城南洋机场公司正式成立，公交总公司公司制改建方案获得市政府批准，汇津水务公司外方 49% 股权回购协议签署。在推进上一轮企业改革遗留问题的扫尾方面，百货总公司等 7 户停产歇业企业大部分改革任务完成，已破产或注销终结的 5 户，实施 2 户；盐城肉联厂破产清算工作开始启动，盐城联孚石化有限公司对外重组有新进展。

国资监管 协调推进外派监事会组建和派驻，健全市属企业监事会架构，出台相关配套制度，推进监事会规范履职，外派监事会工作实现当年提出、当年组建、当年派驻、当年全覆盖、当年有效运营。完善国资监管体制，建立权力清单和责任清单，合理界定职责范围，减少核准备案事项 6 项。印发《关于完善市属企业国有资产监管体制的意见》，围绕健全出资人制度、建立国有资本投资运营体系、加强重大事项监管等方面，研究提出贯彻落实意见 22 条。组织推动市属企业研究制定《"三重一大"决策制度实施办法》，将"三重一大"决策机制融入企业治理、经营管理以及内部控制体系的各领域、各环节。

服务企业 开展"走进国企、转变作风、靠前服务"活动，全年帮助企业新增投资 182 亿元、融资 52 亿元、申请注册登记债券额度 217 亿元，办理国有产权转让事项 27 宗，协调安排国有资本经营预算支出 3476 万元，支持市属企业加大电动汽车、风光电新能源等战略新兴产业和跨境电子商务、"互联网+"等新业态项目投资。支持悦达集团北京华图供应链公司、银宝集团顺泰小额贷款公司、开发区江苏华生恒业公司登陆"新三板"。协调解决悦达集团大宗土地资产的评估、划拨和注入，改善企业的资产负债结构。

（单正兵）

第九节 国土资源管理

2015 年，全市国土面积 16931.3 平方公里，其中农用地 109.61 万公顷、建设用地 27.74 万公顷、未利用地 31.96 万公顷，分别占全市国土面积的 64.74%、16.38%、18.88%。全市海岸线长 582 千米，占全省海岸线总长度的 56%；滩涂总面积 45.53 万公顷，占全省滩涂面积的 70%。矿产资源方面，主要矿种有黏土矿、地热、矿泉水及部分石油天然气，其中已探明石油天然气储量 800 亿立方米，高硅粘土储量 281.5 万吨。

一、土地保护利用

2015 年，全市通过控增量、调流量、用存量争取省批准规划空间指标 7300 公顷，其中大市区 2200 公顷。新增建设用地计划 2869 公顷，其中省下达计划 1238.67 公顷，城乡增减挂钩指标 586.67 公顷，独立选址项目用地指标 461.93 公顷，工矿废弃地复垦指标 433.33 公顷，重大产业项目等指标 148.8 公顷。实施占补平衡补充耕地项目库项目 307 个，新增耕地 2100 公顷，实施城乡建设用地增减挂钩入库项目 80 个，新增耕地面积 400 公顷，建设高标准基本农田项目 105 个，整治土地面积 7.67 万公顷。加强土地整治项目管理，出台《盐城市耕地占补平衡项目验收办法》（盐国土资发〔2015〕63 号），探索项目验收业主申报举证制，引入第三方对项目实施效果进行评估，保证项目实施质量。在盐都区试点建成"慧眼守土"综合智能动态监管系统，提升土地利用和监管的质量和效率，相关经验在全省推广。科学规划落实市区周边永久基本农田布局，完成核实举证工作。

二、建设用地管理

2015 年，全市供应建设用地 4209.19 公顷，其中商服和住宅用地 1227.07 公顷、工业用地 1924.35 公顷、基础设施等其他用地 1057.77 公顷。注重节约用地，市委、市政府出台《关于全面推行节约集约用地的实施意见》（盐发〔2015〕37 号），涉及优化国土空间开发格局、深化土地征收和使用制度改革、盘活利用存量建设用地、引导土地立体开发利用等方面内容。全年全市整合利用存量低效建设用地 1700 公顷，供地率 75.9%；对投资总额小于 5000 万元的项目全部安排进驻标准厂房，对单宗用地较大的工业项目实行分期供地。开展市区批而未供、供而未用、用而不足和闲置经营性用地专项清理，全面排查情况，初步建立台账，排查出未利用经营性用地 151 宗、土地面积 691 公顷。开展土地网上交易工作，各县（市）网上交易系统全面建成。年内，亭湖区被评为2014年度江苏省国土资源节约集约模范县（市、区）。

三、地籍管理

2015年，市国土局开展全市2014年度土地变更调查工作。工作时间为2014年12月至2015年3月，全面查清以2014年12月31日为全国统一变更时点，以县为单位的2014年度内全市土地利用现状、权属变化，以及各类用地管理信息，重点查清建设用地、耕地的年度变化情况，并形成市级调查和汇总报省国土局。推进不动产统一登记工作。8月13日，市机构编制委员会印发《关于成立市不动产登记局的通知》（盐市编〔2015〕16号），明确将不动产登记职责统一到市国土局，成立市不动产登记局，为市国土局直属行政机构，正科级规格，其主要职责为，牵头负责本区域内土地登记、房屋登记、草原登记、海域登记等不动产登记职责。11月，市机构编制委员会印发《关于不动产登记职责整合的通知》（盐市编〔2015〕39号），将不动产登记职责统一到市国土局，市住房保障和房产管理局负责制定房屋交易政策、制度并监督执行，指导监督房屋产权管理等工作，协同市国土局指导房屋登记工作，负责建设个人住房信息系统。11月2日，市委常委会明确，原隶属市住房保障和房产管理局的市房产交易登记中心改为隶属市国土局，并更名为市不动产登记中心，挂市房产交易中心牌子，在其原承担职责的基础上，增加土地、林地、海域等不动产登记具体业务工作职责，其他机构编制事项不变。12月，市编办核定市不动产登记中心主要职责、内设机构和人员编制"三定"方案，完成划转移交手续。12月30日，射阳县发放第一本不动产登记证书。至年底，各县（市、区）不动产机构整合全部到位。规范土地登记行为，5月25日，出台《关于规范土地登记行为加强土地抵押融资管理工作的意见》（盐国土资发〔2015〕73号），防范违规登记及金融风险。

12月30日，盐城市第一本不动产权证书在射阳县颁发。

四、土地市场

2015年，市国土局根据市场规律及市场行情确定土地出让起始价，推行用地出让预申请制度，合理确定地块规模和规划指标，适当调低车位配比，取消户型比例限制。加强土地储备，全年核批融资57.8亿元，新增储备土地148.2公顷。市财政局和市国土局联合出台《加强市区土地出让金管理的意见》（盐财综〔2015〕33号），严格执行招拍挂程序，规范解决历史遗留问题，全年实现经营性土地出让金243.2亿元。年内，盐城在杭州、福州、深圳、上海等地召开土地推介说明会（恳谈会），举办2015盐城（苏州）房地产投资新机遇暨优质地块品鉴会。

五、土地行政执法

2015年，市国土局开展执法检查工作，全市违法用地面积占新增建设用地总面积的2.84%，占耕地面积的1.87%。加大对土地违法行为立案查处力度，全年发现违法案件10起，立案6起，结案4起，拆除构建物2444平方米。加强违法用地整改，完成省挂牌督办滨海县境内"江苏万衡铸业有限公司违法占地案"及"土地执法重点管理镇"东坎镇的整改工作。加强矿产资源整治，对全市167家矿山企业生产行为进行检查，关闭2家无证开采的窑厂，对2家超深开采的企业下达整改通知。全年市国土局受理跨区办件1000多件，办理送证上门和土地登记流动服务1130件，办理延时服务项目781件、预约服务项目1342件。

（吕景林）

第十节　安全生产监督

2015年，全市发生各类事故643起，死亡402人。列入省考核的工矿商贸、生产经营性道路交通、农机3个行业（领域）发生事故255起，死亡203人。其中，工矿商贸事故18起，死亡18人；生产经营性道路交通事故203起，死亡177人；农机事故34起，死亡8人。至年底，连续九年实现事故起数和死亡人数"双下降"，工矿商贸领域连续两年未发生较大以上事故。推进标准化建设，全年新增安全生产标准化企业1762家，其中一级1家，二级239家，三级341家，小微企业1181家。至年底，全市有5372家企业通过安全生产标准化评审，其中一级标准化企业3家，二级标准化企业308家，三级标准化企业2975家，小微企业1972家。年内，盐城标准化创建和隐患治理体系建设工作均列全省第一，全市安全生产工作经省政府考核确定为优秀格次。

一、安全生产责任制

2015年，市政府出台《盐城市安全生产目标考核管理办法》，细化考核措施，加大奖惩力度；修订《盐城市生产安全事故行政问责暂行办法》，加大行政问责力度；下发《加强大市区中央、省和市属企业安全生产属地监管意见》，明确市、区两级安全监管责任；出台《盐城市人民政府关于切实加强全市经济技术开发区和重点经济园区安全生产监管监察能力建设的意见》，规范全市各类开发园区安监机构建设。市安委会先后出台《重点行业领域试行安全总监制度实施方案》《进一步推进安全生产责任保险工作的意见》等，加强安全生产基础工作。落实安全生产目标，市长与各位副市长，市政府与县（市、区）政府及市直53个部门、单位签订安全生产目标管理责任书，明确年度工作目标任务和监管责任。严格执行安全生产"一票否决"、约谈和黑名单制度，对246家单位、59名个人受表彰、授予荣誉称号资格进行审核，否决8家单位和10名个人的表彰提名。

二、安全培训宣传

2015年，市安监局利用上门培训、定制化培训、远程培训等培训形式，运用讲授式、研讨式、案例式等培训手段，拓展培训内容，提高培训质量。全年培训"三项岗位"人员（生产经营单位主要负责人、安全生产管理人员、特种作业人员）5.28万人，其中生产经营单位主要负责人1.58万人，安全生产管理人员2.36万人，特种作业人员1.33万人，班组长、农民工、新工人等其他从业人员12.13万人；"三项岗位"人员持证上岗率100%，班组长、农民工、新工人先培训后上岗率100%。邀请省级专家为全市危化品生产、烟花爆竹批发、冶金铸造、涉氨等高危行业领域500多家企业主要负责人解读《中国人民共和国安全生产法》，就落实企业安全生产主体责任专题辅导。组织安全生产宣传，开展"安全生产月""安康杯""生命之歌大家唱"安全生产书画摄影比赛、道路客运驾驶员安全承诺宣誓等活动，9238家单位、11.72万人参与活动，出动宣传车船3171辆（艘），设立宣传咨询点962个，发放宣传资料49.31万份，悬挂和张贴横幅、标语、宣传画、墙报、板报等8.13万个，开展知识竞赛299次、演讲比赛146场、文艺演出136场、安全展览620场，征文2354篇、电视报道374次。召开全市安全生产宣传文化工作会议，对年初通过验收的5家省级安全文化建设示范企业和17家市级安全文化建设示范企业进行集中授牌。修订市级安全文化建设示范企业创建标准，对17家单位进行验收并推荐5家单位申报省级安全文化建设示范企业；组织相关人员参加江苏省安全社区创建工作培训班。7月25日，《中国安全生产报》以"盐城精准发力推动企业主体责任落实"为标题，专题报导盐城安全工作做法。

三、安全隐患防控

2015年，盐城加强隐患治理体系建设，提高市级隐患治理体系运行质量，将体系建设与标准化创建、日常监管和执法检查相结合，推动企业按照"三全两规范一及时"的要求（即全员、全方位、全过程、规范化的开展事故隐患排查整治，规范统计预警分析，并及时将排查出的隐患录入系统）进行隐患自查自报自改，全市有1.26万家企业、149个镇（园区、街道）、211个安全管理部门上网运行，全年自查自报事故隐患17.12万条，整改16.81万条。市安委会分2批对22个重大事故隐患实施市级挂牌督办，逐一明确整改责任人、属地管理责任人和行业监督部门责任人，落实整改责任、整改措施、整改资金、整改时限和应急预案；推进盐城肉联厂隐患整治，完成冷库液氨抽除工作。加强安全源头管理，推进化工园区区域安评工作，4个化工集中区委托中国安全生产科学研究院等单位编制的区域安评报告通过专家评审，并完成相关整改工作。推进化工集中区封闭化管理，大丰区华丰工业园和滨海经济开发区沿海工业园北区实现封闭化管理，滨海经济开发区沿海工业园南区、阜宁澳洋工业园和响水生态化工园有序推进。加强危化品企业的自动化改造，全市162家涉及重点监管危化品、182家涉及重点监管危险化工工艺企业全部完成改造。对危化品企业重大危险源进行评估分级和备案，重抓工贸及烟花爆竹行业监管，摸清监管底数，对工贸高危行业开展全面普查，围绕企业生产规模、重点设备和重点部位等建立基础台账资料。建立完善烟花爆竹批发企业、零售单位安全隐患自查自纠对照表，明确批发企业三大项34分项117子项和零售点13项检查内容。开展烟花爆竹隐患排查，不定期与相关部门联合开展打击烟花爆竹"四私"（私产、私销、私储、私运）工作，开展联合执法检查337次，查获非法储存38起、非法经营209起、非法运输15起，没收非法产品2.42万件，行政处罚34件、行政拘留8人，罚款7.8万元。落实安全生产经济政策，加大政府安全投入，落实市级安全生产专项资金700万元，重点用于基层安监能力建设、重点工作推进等。健全安全生产社会化风险防范机制，降低和分担企业事故风险、提高事故协同赔偿能力。在化工生产、危化品生产及经营（带储存）、烟花爆竹批发、船舶修造与拆解、冶金铸造、涉爆粉尘、涉氨制冷以及职业危害严重等行业全面推行安全生产责任保险。全年全市有239家企业参保安全生产责任保险，参保员工1.6万人，投保金额827万元。

四、安监执法

2015年，市安监局按照年度安全监管执法计划，对照《安全生产行政执法检查表》要求，开展执法检查，全年检查企业2150家，排查事故隐患近8800条，立案查处安全生产违法案件398起，实施经济罚款1200多万元，责令停建、停产企业建设项目64个。其中，市级执法检查40家，专项检查45家，排查事故隐患785条，立案查处违法案件35起。开展说理式执法和权力网上公开运行，实现违法案件查处率100%，执法行政复议"零纠错"、行政诉讼"零败诉"。

安全生产大检查与打非治违　市委市政府在全市部署开展安全生产大检查，确保重点时段安全稳定。8月，组织开展打非治违行动，突出粉尘防爆、涉氨制冷、交通运输、油气管道、建筑施工、消防、特种设备等重点行业领域，采取市县联动、联合执法、暗访抽查等形式，严查严打各类非法违法生产经营建设行为，组织各类检查组3143个，检查企业2.13万家，排查各类隐患3.77万项，完成整改3.6万家，打击非法违法行为1.18万起，整治违规违章行为2003起，处罚罚款522万元。年内，市安委办组织暗访暗查3次，6月对危化品、冶金、涉氨制冷等行业暗访暗查，突击抽查28家企业和单位，排查整改问题和隐患584条。

10月30日，市政府在射阳举行2015年纺织企业涉险事故应急救援综合演练。

专项整治行动　建立健全道路交通、建筑施工、危险化学品、职业病危害、烟花爆竹等重点行业联席会议制度，定期召开联席会议，组织联合执法行动，形成整治合力。开展道路（水上）交通、建筑施工、消防、冶金工贸行业、有限空间作业、涉氨制冷、危化品、海洋渔业、职业卫生、农机等重点行业领域的安全生产专项整治，部署开展港口危化品储存、危化品道路运输、化学品罐区、建筑工程落实施工方案、油气输送管道、劳动密集型企业消防等整治行动，促进重点行业领域安全管理主体责任全面落实；组织开展危化品生产、涉爆粉尘、建筑施工、危化品运输、消防、铁路、内环高架快速路网工程等联合执法检查专项行动。

职业健康监督管理　开展职业卫生监督执法年活动，全年执法检查企业702家，下发责令整改指令书627份，限期改正、停止作业185家。推行职业卫生基础建设活动，培植21家典型示范企业，推动311家职业危害重点行业重点企业全部达标。开展全市职业卫生基本情况摸底调查，存在职业病危害企业1.29万家，接触职业病危害员工17.63万人。年内，网上普查的职业病危害普查企业1.02万家，有5904家企业申报职业病危害项目。将建设项目职业卫生"三同时"（同时设计、同时施工、同时投入使用）监管列入重点工作考核范围，每月报告工作进展情况，并进行情况通报。全面启动化工园区化工生产企业职业卫生"三同时"工作。全年举办95期职业卫生相关培训班，6430名企业负责人、2.13万名职业卫生管理人员参加培训。

五、应急救援与事故处理

2015年，全市有企业专业救援队伍65支，各类应急装备物资691件（台、套、辆），泡沫、碳酸钾和烧碱等应急物资1660吨。年内，响水生态化工园获省安全生产补助资金800万元，逐步建成沿海应急救援基地；市安监局建立24小时专人在岗值班制度，及时报告事故情况；市安监局加强事故统计分析，每月汇总，每季度通报事故案例，分析事故原因，提出防范措施。8月、9月，市安委会对各县（市、区）贯彻落实安全生产应急救援九条规定和应急救援开展情况进行联合检查，对22家企业应急管理落实情况进行抽查，完善4个化工集中区重大危险源集中监控平台，提高专门消防站的应急能力。10月30日，市政府在射阳举行2015年盐城市纺织企业涉险事故应急救援综合演练，各地、各部门和单位分别举行灭火疏散、运输船舶碰撞、防汛防台风和海洋渔业等应急实战演练，提高一线应急防范能力。组织事故调查处理。先后对"7·5"城市快速路网基坑坍塌事故、中石油盐城公司伪造许可证案件进行调查处理，全年因事故被追究刑事责任1人，党纪处理6人，行政处分3人。在全市安监系统集中开展深化规范生产安全事故查处维护群众利益专项整治活动，会同市检察、监察部门对2013年以来所有事故查处和责任追究落实情况进行"回头看"，逐一过堂分析，逐条检查对照，排查出问题69条，逐条落实整改。（苏　峰　孙成刚）

政治生态 编

- □ 中共盐城市委员会
- □ 盐城市人大常委会
- □ 盐城市人民政府
- □ 政协盐城市委员会
- □ 纪检监察
- □ 民主党派　工商联
- □ 人民团体
- □ 法治盐城
- □ 军　　事

第23章 中共盐城市委员会

责任编辑 冯 刚

综 述

2015年，盐城市委深入学习贯彻中共十八大、十八届三中四中五中全会精神，坚持以习近平总书记系列重要讲话特别是视察江苏重要讲话精神为指导，围绕“四个全面”（全面建成小康社会、全面深化改革、全面依法治国、全面从严治党）战略布局，落实“五大发展理念”（创新、协调、绿色、开放、共享），团结带领全市人民，统筹做好稳增长、调结构、推改革、惠民生、防风险、保稳定各项工作，全面展开“建设新盐城、发展上台阶”生动实践，盐城面貌呈现新变化。

学习贯彻习近平总书记重要讲话精神 市委把深入学习贯彻习近平总书记系列重要讲话特别是视察江苏重要讲话精神，作为贯穿全年工作主线来抓。市委常委会深入开展调查研究，多次召开中心组学习会和全市领导干部大会进行学习交流。组织县处级以上领导干部开展集中专题培训，实施市县镇村四级干部普遍轮训，依托“周一大讲堂”“星期六党校”等载体，先后培训党员干部6.5万人次，把总书记重要讲话精神和省委部署要求，转化为推动盐城发展的思路举措。在县处级以上领导干部中开展“三严三实”（即严以修身、严以用权、严以律己；又谋事要实、创业要实、做人要实）专题教育，突出以上率下、从严要求、问题导向、融入日常，查摆和切实解决“不严不实”问题，全面落实立根固本、落细落小、修枝剪叶、从谏如流四个方面要求，带动形成良好作风和饱满精神状态。

全力保持经济健康发展 把握经济工作主动权，加强形势研判，重视风险防范，顶住下行压力，全市经济稳中向好、逆势上扬。12项主要经济指标基本保持两位数增长，全口径工业开票销售、服务业增加值、一般公共预算收入、进出口总额、存贷款余额、全体居民收入及农村常住居民人均可支配收入等指标增幅全省第一，地区生产总值、固定资产投资、规模以上工业增加值、新发展私营企业数等指标增幅全省第二。各项经济总量连年赶超，全国排名持续前移。支柱产业稳健，汽车产业实现触底反弹，单月销量突破7万辆。商品房销售连续8个月回升，商品住房去化周期由上年底21个月降至17个月。机械、纺织、化工等产业平稳运行，面上企业稳定，新增定报企业171家，开票销售超百亿工业企业4家；总体实力稳升，经济总量突破4000亿元，一般公共预算收入突破400亿元。绿色发展理念深入人心，绿色发展的盐城样板显现；能源转结构，全市风光发电量占全省40%以上；产业转形态，启动实施产业创新“十大工程”（汽车全产业链、新能源汽车、环保科技、海洋经济、清洁能源、大数据、智能终端、航空产业、金属新材料和健康产业），电子信息、新能源汽车、节能环保、大数据、智能终端、合金新材料、海洋经济及健康产业等达到全国领先水平，引领盐城产业直奔中高端。农业发展水平稳步提升，实施“接二连三”（连接第二产业和第三产业）工程，农产品加工产值与农业总产值之比达2:1。顺应外向、高新和“互联网+”发展方向，研发、生产和销售全产业链的信息化、智能化水平提高，国家高新技术企业新增数和累计数均居苏北第一，新三板挂牌企业数苏北第一，“项目载体突破年”活动显见成效。加快实施“515”人才引进三年行动计划，一大批非盐城籍高校毕业生和外籍专家落户盐城，推动从“打工经济”转向“人才经济”。

拓展对内对外发展新空间 多次召开市委全面深化改革领导小组会议，出台全面深化改革的实施意见，对行政体制、国企国资、文化体制、党建制度、户籍制度和城市管理综合执法、交通运输管理综合执法等重点领域、关键环节改革进行具体部署，盐城被确定为全省简政放权转变政府职能改革试点市。在所有镇和80%以上的行政村开展土地承包经营权确权登记颁证工作，联耕联种的推广提高土地产出效益，带动耕作机械化、农民职业化以及农村基础设施的全面改善。实施“北联央企、南接沪深、西向开拓、东向出海”战略，构建“东南西北”全方位开放新格局。加强对沿海新一轮开放开发方向、重点和力量摆布的研究部署，明确“一核五区多节点”（大丰港为核心，大丰港经济区、滨海港经济区、东台滩涂经济区、亭湖射阳生态经济区和响水工业经济区）沿海发展新布局，把沿海打造成“经济走廊”和“生态走廊”。着力突破重大载体，以盐城被中韩两国政府确定为中韩产业园地方合作城市为新的起点，全面启动“一园三区”（中韩盐城产业园，盐城经济技术开发区、盐城城南新区和大丰港经济区）、“十大功能”（中国沿海汽车城、韩资工业园、综合保税区、未来科技城、韩国社区、生态智慧康居城、国际美容健康城、盐城海港、盐城空港、韩国风情园）、“十大产业”（汽车、新能源汽车、大数据、未来科技、智能装备制造、健康美容、重型高端装备、光伏光电、跨境电商、现代服务业）规划布局，韩资落户项目大量增加。盐城高新技术产业开发区获批国家级高新区，盐南高新技术产业开发区、建湖高新区获批省级高新区。重大基础设施快速推进，

高铁路网、高速公路、综合枢纽、机场、内环高架等全面开工建设，盐城迈入高铁时代，盐城港跻身亿吨大港行列，空港旅客吞吐量增幅全国前三，公铁水空港互联互通的全要素大交通体系加快形成。开放型经济蓬勃发展，推动在韩国、德国等国家和中国台湾等地区开展招商，出口及进出口增幅连续居全省第一。

人民生活水平不断提高 加强对重大民生问题的部署实施和制度性安排，全面小康监测综合得分及民生水平指数、民生发展指数、民生满意度居苏北第一位。深入推动全民创业，以创业带动就业，全市居民人均可支配收入增长全省第一位。困难群众托底救助实现市域全覆盖，盐城被列为全国"救急难"综合试点地区。黄河故道片区14.01万低收入人口完成脱贫目标，111个省定经济薄弱村实现新"八有"目标（有群众拥护的"双强"班子、有科学合理的发展规划、有高产高效的农业设施、有特色鲜明的主导产业、有持续稳定的集体收入、有先进适用的信息网络、有健康向上的文明新风、有村容整洁的居住环境），新一轮扶贫开发作出部署，建档立卡工作全面启动。推动实施城市提升"十大工程"，跨区域引水的新水源地工程等一批重大民生实事正式启动。教育、卫生、文化等各项社会事业繁荣发展，实现义务教育发展基本均衡县（市、区）全覆盖，基层基础设施标准化、卫生人才队伍、预约诊疗及远程就诊平台建设"四项工程"顺利实施，现代公共文化服务体系加快构建。年内，盐城通过全国绿化模范城市考核验收和环保模范城市国家评估。实施空气清新、河道清澈、乡村清洁、城市清爽"四清"工程，加快沿海万亩林场建设，推进"三清"（田头清、道边清、河边清）、"五化"（秸秆燃料化、肥料化、基料化、原料化以及饲料化）管理，秸秆禁烧连续两年实现"零火点"，空气质量综合指数保持全省最好、全国前列，基本实现"空无烟、地无尘"，"盐城蓝"成为常态，城市品牌形象显著提升。加强安全生产监管和信访积案化解工作，构建"七访"（领导接访、干部下访、重案包访、基层吸访、应急控访、依法处访、事结息访）工作机制，健全立体化社会治安防控体系，社会大局平安和谐稳定。

营造和衷共济良好氛围 支持市人大及其常委会依法行使职能。7月，省第十二届人民代表大会常务委员会第十七次会议确定盐城自7月31日起，可以制定地方性法规。年内，盐城制定第一部地方性法规《盐城市绿化条例》。支持市政府及各部门机构单位创新举措，为民服务，务实开展工作。支持市政协围绕团结和民主两大主题履行职能，支持各民主党派、工商联、无党派人士参政议政提高实效。重视国防动员和后备力量建设，开展争创全国双拥模范城"五连冠"活动。做好民族、宗教、对台、港澳、侨务及外事等工作，充分发挥工会、共青团、妇联、科协、文联、社科联、残联等团体的桥梁纽带作用，为协调推进"四个全面"战略布局不断凝聚强大力量。

奋力推动全面从严治党 切实加强思想引领，引导党员干部铸魂补钙。培育和践行社会主义核心价值观，加快建设厚德盐城，连续月月有人当选"中国好人"，好人馆建成开馆，大爱盐城和好人频现效应激发起强大正能量。贯彻"好干部"标准，选优配强各级领导班子，实施年轻干部培养选拔计划。深化党建制度改革，党代表任期制试点工作得到中组部肯定。坚持上抓机关作示范、下抓基层强基础，开展市级机关履行党建责任书记述职评议，推行村务公开，基层党建工作得到加强。加强党风廉政建设和反腐败斗争，学习贯彻新修订的《中国共产党廉洁自律准则》和《中国共产党纪律处分条例》，严格落实党风廉政建设"两个责任"（党委负主体责任、纪委负监督责任），建立县镇村三级责任清单和问责办法，抓好中央和省委巡视反馈意见后续整改，连续五年开展反腐倡廉制度执行巡查。深入开展"作风建设深化年"活动，支持执纪执法机关查办违纪违法案件。全市纪检监察机关共立案1922件，其中县处级27件，乡科级148件；党政纪处分1598人、移送司法机关69人；查处违反作风建设规定问题78个，责任追究130人，以严惩腐败的高压态势，推动形成全面从严治党新常态。

第一节　重要会议

7月17日，市委六届七次全体会议在盐城召开。全会以习近平总书记视察江苏重要讲话精神为根本遵循，按照省委十二届十次全会和省委书记罗志军在盐城调研考察指示要求，总结上半年情况，部署下半年工作，对推动全面从严治党迈上新台阶作部署，动员全市上下再接再厉、奋发作为，确保实现全年和"十二五"规划各项目标任务，在"建设新盐城、发展上台阶"的实践中迈出坚实步伐。全会由市委常委会主持。市委书记朱克江代表市委常委会作工作报告。会议审议通过《中共盐城市委关于推动全面从严治党迈上新台阶的意见》和全会《决议》，讨论相关制度文件。市委副书记戴元湖就《意见（讨论稿）》向全会作说明。全会强调，全市推动全面从严治党迈上新台阶的总体要求是做到"四个坚持、八个从严"：坚持思想建党和制度治党同向发力、统筹推进和突出重点辩证统一、集中整治与长效治理互促共进、源头预防与严厉查处紧密结合，在思想理论武装、依规管党治党、党员队伍建设、干部管理监督、深化作风建设、严肃党内生活、强化执纪问责、坚决惩治腐败等方面进一步严起来、实起来、紧起来，进一步推动形成风清气正的良好环境。重点做好五个方面工作：一是筑牢铸魂补钙这个根基，全面从严加强理论武装；二是突出选人用人这个重点，全面从严管理干部队伍；三是紧扣常态长效这个目标，全面从严深化作风建设；四是抓住正风肃纪这个关键，全面从严推进反腐倡廉；五是夯实基层基础这个保障，全面从严推进固本强基。东台市、射阳县、滨海县纪委、大丰市新丰镇、亭湖区大洋街道作大会交流发言。市委委员、市委候补委员出席会议。市纪委委员、有关方面负责人和市第六次党代会全体党代表列席会议。

12月4日，市委六届八次全体会议在盐城召开，全会由市委常委会主持，市委书记朱克江讲话。全会学习贯彻中共十八届五中全会和省委十二届十一次全会精神，听取和讨论朱克江受市委常委会委托所作的工作报告，审议通过《中共盐城市委关于制定盐城市国民经济和社会发展第十三个五年规划的建议》和全会《决议》。朱克江就《建议（讨论稿）》向全会作说明。全会提出盐城“十三五”发展的指导思想、目标任务、基本理念、重大战略和重大举措。全会指出，“十三五”时期，全市经济社会发展要围绕“全面建成小康社会”总体目标，以“五大发展理念”为精髓、“强富美高”为方向、“建设新盐城、发展上台阶”为定位、“绿色发展”为路径，突出民生优先、改革创新、绿色发展三个导向，秉持沿海当先、苏北领先、全省争先“三先”追求，统筹推进经济、政治、文化、社会、生态文明建设和党的建设，加快建设万众创新的创业盐城、合作包容的开放盐城、绿色宜居的生态盐城、协调共享的幸福盐城、风清气正的厚德盐城。全会强调，实现“十三五”规划确定的目标，必须充分发挥党的领导核心作用，加快构建组织领导、民主法治、党风廉政、人才队伍、基层基础等工作体系；加强作风建设，开展“三严三实”专题教育，各级干部始终坚持实干导向，为群众多办看得见、摸得着、得实惠的实事好事，以靠实工作、真实数字、踏实做事、务实行动回应人民群众期盼，创造经得起实践检验和群众认可的业绩，加快建设创业开放生态幸福厚德的美丽盐城。

12月28日，市委工作会议在盐城召开。市委书记、市人大常委会主任朱克江在讲话中分析国际国内经济形势和盐城经济发展走势，根据中央和省经济工作会议精神，结合全市实际，提出2016年经济工作的总体要求、目标思路、工作重点、需要研究把握的几个方面以及加强和改进党对经济社会发展领导的新要求。市委副书记、市长王荣平在讲话中总结全年经济工作情况，对2016年经济社会发展重点工作进行具体部署。市委副书记戴元湖主持会议。会议强调，2016年是全面建成小康社会决胜阶段的开局之年，也是推进结构性改革的攻坚之年。全市经济工作重点是“瞄准两大目标、突出两大重点、强化两大支撑”。中高速增长和中高端水平“两大目标”，是新常态经济发展的核心要求。中高速增长，主要经济指标增长预期目标基本与“十三五”一致，总体上体现“三先”追求的增长水平；中高端水平，致力产业创新，继续在新能源产业上做大规模，在节能环保产业上做出特色，在海水淡化产业上做好示范，在大数据产业上做响品牌，实现产业提质增效升级，以此带动沿海开发、新型城镇化、生态环境、民生幸福等发展水平的快速提升。内强动力和外扩空间“两大重点”，是盐城当前发展的迫切任务。高度重视供给侧结构性改革，探索具有盐城特色的改革路径，不断释放改革动能，推动新旧动力有效接续和顺利转换；加快建设中韩盐城产业园，推进沿海全方位开放开发，进一步拓展对内对外开放新空间。项目载体突破和城市功能提升“两大支撑”，是保障未来发展的必然选择。在重大项目开工建设、对接争取和落地见效等关键环节和带动强的大项目、调结构的新项目、做示范的好项目等项目形态上取得突破，完善载体功能，扩大有效产出，实现由载体平台向载体经济转变；在转变管理方式、补足发展短板、提升建设环境，着力打造和谐宜居、富有活力、彰显特色的魅力城市。市委常委，市人大、市政府、市政协领导，市有关方面负责人，各县（市、区）、盐城经济技术开发区、城南新区党政负责人，省级开发区、沿海经济区、服务业集聚区负责人，各镇（街道、中心社区）党委负责人，重点工业企业、服务业企业负责人等参加会议。

第二节　重要活动

9月4日，市委在盐城新四军纪念广场举行纪念中国人民抗日战争暨世界反法西斯战争胜利70周年活动。朱克江、王荣平、李驰、戴元湖、刘德民、宋修明、庄兆林、张礼祥、陈红红、潘道津、倪峰、周德祥等市四套班子，盐城军分区党委常委，市法院院长、市检察院检察长，盐城经济技术开发区党工委、管委会负责人，市各有关方面负责人及社会各界代表参加纪念活动。市委副书记、市长王荣平主持活动。市委书记朱克江作重要讲话。他指出，在中国人民抗日战争的历史丰碑上，铭刻着新四军和盐阜儿女的光辉业绩；在中华民族抵御外侮的英雄史册里，记载着盐城军民谱写的不朽篇章。在血与火中熔铸而成的新四军铁军精神，与井冈山精神、长征精神、延安精神、西柏坡精神一脉相承，是伟大民族精神和抗战精神的重要组成部分及鲜明体现。在铁军精神的引领感召下，“红色盐阜”发生着历史性的深刻变化，经济保持稳健增长、产业转型快速推进，环境品质显著提升、城乡面貌焕然一新，社会风气持续向好，各项事业蒸蒸日上，连续五次荣获“全国双拥模范城”称号，革命前辈和先烈们毕生追求的伟大理想在盐阜大地变为生动实践。新四军老战士代表刘则先、驻盐部队代表宋修明、青少年学生代表李心琪在纪念活动上分别发言。纪念活动后，朱克江等市领导和各界代表走进新四军纪念馆，参观“组建铁军　开赴敌后”“重建军部　挺进华中”“驰骋江淮　浴血奋战”“战略反攻　夺取胜利”等展厅以及《铁军精神与盐城》专题展。（浦玉生）

第三节　组织建设

2015年，市委组织部制定全市深化党的建设制度改革实施方案，推进22项改革工作任务，有关做法被《人民日报》《中国组织人事报》《新华日报》等省级以上报刊宣传报道，市委改革办专题推介市委组织部改革工作。开发远程教育精品课件，《筑梦月亮山》和《我们的乡村之恋》两部党员教育电视片获得全国党员教育典型事迹片一等奖。党建创新工程监测指标连续三年保持100%，58名村书记被省委评为“吴仁宝式优秀村书记”。完成1317名市管干部以及2.4万名各县（市、区）和市直单位其他干部档案的专项审核，对全市党员的基本情况、身份信息、底数现状等情况全面摸底核实。制定出台《关于加强平时考察干部工作的意见》，设计干部平时考察工作的方法和路径，严肃乡镇干部日常工作、住镇、值班纪律，有效防范乡镇干部“走读”问题。建立健全"12380"信访、电话、网络、手机短信"四位一体"举报平台,拓宽发现问题渠道,营造风清气正的选人用人环境和干事创业环境。构建服务型远教新格局。实施抓党建"七一工作法",出台县镇村三级党组织落实全面从严治党责任清单,市委书记带头,推动县(市、区)委书记定期主持召开抓基层党建和机关党建述职评议会,引导各级党组织书记牢记主责、聚焦主业。制定《关于进一步深化全市村务公开的实施方案》,做到"四个必须",即制度规定的必须公开、上级要求的必须公开、群众关注的必须公开、存有疑问的必须公开。持续深化"基层党组织统一活动日"工作,作法入选全国"党的群众路线工作法100例";《关于党代会常任制试点工作的实践与思考》入选省创新创优案例汇编。

一、基层组织建设

基层党建工作责任制 2015年,市委组织部组织召开市委党建工作领导小组会议,制定出台《县(市、区)委党建工作责任清单》《2015年党建工作要点》《2015年全市基层党建工作目标责任书》,进一步细化工作项目、落实推进措施、明确责任单位。推动各地查摆问题,制定整改清单,逐一整改落实。定期汇报党建工作创新工程进展情况,做好数据指标的采集汇总、动态监测和上下衔接工作。分层分级组织开展2015年书记抓基层党建工作述职评议,推动各级党委书记把"抓工作部署、抓党建项目、抓责任分解、抓工作指导、抓学习研讨、抓经费保障、抓督查考评"要求落到实处。

基层党组织统一活动日 年内,市委组织部每月围绕"党员学习教育、党员联系群众、党务政务公开、基层民主议事、为民服务奉献""五日"主题,分支部类型确定活动重点、分党员群体确定活动方式、分从业特点确定活动目标,教育引导农村党员争"双强"(科学发展能力强、带民致富能力强)、社区党员促和谐、机关党员强服务、"两新"组织(新经济组织和新社会组织)党员当"五好"(政治素质好、业务能力好、带头作用好、工作业绩好、服务群众好)。有关做法入选"全国党的群众路线工作法100例",《农民日报》头版报道经验做法,重庆永川区、广东中山市、深圳盐田区等地在盐城专题调研。

整顿软弱后进村(社区)党组织 年内,市委组织部按照不低于全市村(社区)党组织总数10%的标准,倒排确定软弱后进村(社区)党组织。开展全市农村党建专题调研,查找软弱后进原因,"一村(社区)一策"制定整改方案。建立整顿台账,实行"销账式"动态管理,做到整顿项目、目标任务、工作措施、时限要求和责任人员"五个明确"。每村(社区)派驻整顿工作组,坚持党群部门帮弱村、经济部门帮穷村、政法部门帮乱村,对225个软弱后进村(社区)党组织开展集中整治,每村(社区)安排1名市县领导班子成员结对挂钩、1名党员干部挂任第一书记、1个工作组蹲点帮扶,进行专项扶持。将整顿软弱后进村(社区)党组织纳入基层党建工作目标责任书和书记抓党建工作责任清单、述职评议范围,将整顿情况纳入每月统一活动日必查内容,市县督查组进行明察暗访,督促整顿工作深入推进。

村级"四有一责"建设 年内,市委组织部加强对村书记考核管理,形成"岗位有目标、工作有待遇、干好有前途、退职有保障"的村书记队伍建设长效机制。按照一职一备要求,调整充实村级后备干部,突出选拔培养35周岁左右的优秀青年党员人才。每年拿出1200万元资金,专项补助经济薄弱村书记工资报酬。至年底,全市各村均建立产业链和农民经纪人党支部,建立家庭农场党支部44个、农民专业合作社党组织2623个,直接带动124万农户增收致富。

二、干部队伍建设

"三严三实"专题教育 5月19日,市委书记朱克江以"弘扬铁军精神、践行'三严三实',做忠诚干净担当的共产党人"为题,为全市所有县处级以上领导干部讲党课,并对专题教育进行动员部署。5月20日,"基层党组织统一活动日"期间,组织全市基层党员干部集中观看党课实况录像,教育引导全市党员对照党课中列出的"不严不实"问题具体表现,认真进行深查细照,解决"不严不实"问题。制定出台《盐城市"三严三实"专题教育一把手责任清单》,明确要求各地各部门各单位一把手做到"八带头",即带头落实领导责任、带头讲好专题党课、带头进行专题研讨、带头组织专题调研、带头过好组织生活、带头抓好整改落实、带头加强立规执纪、带头开展督查指导。推出全国模范检察官刘文胜、全省林业系统先进模范汤中文等一批全市"三严三实"典型人物,通过周一大讲堂、星期六党校等载体组织集中学习先进事迹。同时,以严重违纪违法案件为反面教材,教育引导党员领导干部受警醒、明底线、知敬畏。制定出台《关于提高"三严三实"专题教育学习研讨质量的通知》,探索实施"1+X"模式,即集中学习研讨时分别确定重点发言人和补充发言人,每人重点发言后,至少要有1名以上其他人员补充发言;每次集体交流研讨,确定2个以上具体交流研讨问题,指定半数左右班子成员进行重点发言,其他班子成员补充发言。在全市组织开展"争当'三严三实'好干部,推动盐城发展上台阶"大讨论活动。党员领导干部对照对党忠诚、个人干净、敢于担当要求,联系本地区本部门本单位发展现状、联系工作岗位职责、联系个人思想实际,开展讨论,着力解决"推动发展怎么干"的问题。通过开展大讨论,广大党员领导干部全面查找"不严不实"表现,认真完善个人问题清单。

推行干部配备职数预审工作 年内,市委组织部对县(市、区)和市直机关事业单位的科级干部配备全面实行"清单式"预审,严格把关职务名称、核定职数、现配职数、拟配职数,切实做到干部配备"凡提必审"。严格按照职数目录进行职数预审,做到职数目录之外无审批。

完善职数预审信息数据库，实时查看各地各单位以往的职数预审情况，确保所有职数调整动态掌握、所有预审审批前后一致，提高审核把关的针对性、实效性。实行科级职数预审对账审核制度，定期对县（市、区）和市直机关事业单位科级干部配备职数预审情况进行专项检查、随机抽查，了解各地各单位科级干部配备职数预审、审核意见贯彻落实等情况。

干部驻村下访 年内，启动第二轮干部驻村下访活动，市委组织部制定出台《关于进一步深化干部下访活动的意见》，成立11个干部下访工作组分驻各地，由市直副处职干部任组长，并挂任下访县（市、区）委常委。实行市县联动，从市直机关选派100名、县（市、区）选派400名优秀年轻干部到村级组织涣散、基础条件薄弱、社会矛盾较多的村居开展为期一年的下访活动，重点完成宣传政策法规、联系服务群众、化解矛盾纠纷、兴办民生实事、推进农村改革、加强基层党建、促进农村发展七大任务。全年下访工作组和下访干部梳理各类矛盾纠纷和稳定隐患9727件，化解8267件，帮助村（社区）向上争取资金7868万元，引进项目242个，修建道路950千米、桥梁490座，受到干群普遍好评。

县镇村干部集中轮训 年内，市委组织部对全市935名县处级和231名乡镇（街道）党政正职分5批次进行为期3天集中培训，先后邀请中央党校教授董振华，环保部宣教中心主任贾峰，中国浦东干部学院教授刘昀献、钱春海、赵泉民，南京大学教授顾江以及省委政法委、法制办、省委党校有关专家、领导授课。做好科级、村（社区）干部的轮训，全年全市举办轮训班43期，轮训各级干部1.02万人次，实现县镇村三级干部全覆盖。

三、党代会常任制工作

2015年，盐城市委按照全国落实和完善党代表任期制联系点工作要求，围绕“履职行权、组织方式、履职平台、组织保障”四个方面，探索建立18项工作设计，打造“教育培训、履职尽责、宣传展示”三大平台，发挥党代表参与民主决策、民主监督、党的自身建设和联系服务党员群众“四个作用”。制定出台《市委常委联系市党代表实施办法》，明确每名市委常委结合挂钩联系县（市、区）、分管部门，采取“请上来”“走下去”的办法，与3～5名基层一线市党代表保持经常联系。市委委员和全体市党代表进行结对分组，按照“市委委员＋市党代表”“领导干部＋市党代表”的方式，组织全体市党代表结对进驻党代表工作室，参加4月20日、8月20日党代表活动日，接待服务党员群众，征求“三严三实”专题教育方面的意见建议，了解党的群众路线教育实践活动后续整改工作在基层落实情况及“作风建设深化年”活动在基层开展情况，听取联系点党建工作情况汇报，帮助研究解决实际问题。5月14日，围绕党的群众路线教育实践活动后续整改工作列出的专项整治问题，召开党代表询问质询会议，基层一线市党代表现场向市文广新局、市物价局、市政务服务管理办公室3个部门主要负责人面对面谈问题、实打实提意见，对改进工作、解决问题提出意见建议。10月23日，召开党代表推进基层党务公开决策听证会，邀请17名基层一线市党代表，对以党务公开为重点的村务公开工作进行决策听证。市委组织部根据听证情况，修改完善村务公开工作实施意见，同时形成书面听证报告，经市委分管领导审查后，向参加听证的党代表反馈，并通过红色盐阜网向社会发布，接受党员群众监督。

（刘宇译）

第四节 宣传工作

一、思想政治教育

2015年，通过党委（党组）中心组集中学习、领导干部集中轮训、专题报告会、研讨会等形式，市委中心组先后组织17次集中学习和交流活动，推动各级党员领导干部在学而信、学而用、学而行上下功夫。市级机关“周一大讲堂”累计开讲40余期，受众2万多人次，带动广大党员干部读原著、学原文、悟原理。市县两级全部建立讲堂（坛），依托“星期六党校”“基层党组织统一活动日”、党员电化教育、夜话课堂等平台，组织全市干群开展常态化理论学习。依托理论宣讲专家库，组建市、县宣讲团，组织510名市县机关下访干部，市县镇村四级联动宣讲中共十八届四中、五中全会精神近4600场次，宣讲“四个全面”重大战略思想160多场次；阜宁县委讲师团获评全国基层理论宣讲先进集体。开展冬训工作，引导38万名基层党员干部“学理论、学典型、学本领”，冬训工作获2014～2015年度全省组织奖。运用网络、手机报、微信、微博等手段，深化拓展“东亭学苑”“冬训微课堂”“鹿乡学堂”“理论微发布”“射阳微播”等平台，推动理论宣讲向新媒体覆盖、向最基层延伸。实施特色化理论研究，整合全市社科理论资源，开展绿色发展、国家可持续发展实验区建设等重大课题研究，组织“铁军精神与新四军抗战”理论研讨，编辑《新四军在盐城》系列丛书。“苏北地区‘互联网＋’文化新业态发展研究”等3个项目纳入省社科协作项目选题研究方向，24项课题获省社科应用研究“精品工程”项目立项，为全市经济社会发展提供智力支持。

二、新闻宣传报道

2015年，市委宣传部坚持主旋律引领舆论、正能量团结鼓劲的要求，讲述盐城好故事，传播盐城好声音，为全市改革发展稳定提供强有力的舆论支持。充分发挥各类媒体优势，做好贯彻落实“四个全面”战略布局和全国、省、市两会精神报道，精心策划绿色发展、转型升级、全民创业、厚德盐城、文化盐城、文明城市等重大主题宣传，成功举办中韩盐城产业园（北京）、盐城大数据产业（北京）、盐城绿色农产品（上海）、智汇盐城媒体专场（上海）等4个专场新闻发布会，形成正面舆论强势。全年《人民日报》用稿32篇，央视《新闻联播》用稿37条；《新华日报》头版用稿66篇，其中头版头条（导读）25篇；江苏卫视用稿636条。围绕“盐城，一个让人打开心扉的地方”主题，策划城市形象广告片在央视《朝闻天下》《新闻30分》和《走遍中国》等栏目推出，在首都机场T2航站楼、北京高铁南站等国际级宣传平台及人民网、《新华日报》等主流媒介展播展示；围绕美丽盐城主题，制作中文、英文、日文、韩文版城市简介音频投放国航、东航经盐航班。开展对外文化交流，与央视中文国际频道《城市1+1》《走遍中国》栏目合作，策划制作与澳大利亚墨尔本城市文化交流专题片，制作播出《百年盐田变花海》《寻访施耐庵》等专题片；在韩国经济TV举办“盐城日”活动；编辑出版《今日中国》盐城专刊；组织“一带一路”沿线国家驻沪总领事馆及商会50多名代表参加盐城湿地行活动，扩大盐城在海内外的影响力。通过“属地论坛挖掘、新闻网站媒体加工、重点商业网站展示”的三位一体模式，加大网上正面宣传力度。在新华网、人民网、新浪网、凤凰网、腾讯网等重点新闻网站和商业网站首页推送涉盐“正能量”信息共338篇704次。年内，盐城宣传工作获2015年度全省外宣工作七项考核所有奖项。

三、文化建设

2015年，盐城加快现代公共文化服务体系建设，推进文化产业持续健康发展，提升文化发展水平，满足群众文化需求。在全省率先召开全市推动文化建设迈上新台阶工作会议。盐城杂技团升格为省杂技团。建成开放盐城市博物馆和水浒文化博物馆。110家农家书屋纳入图书馆总分馆体系，新增三星级以上农家书屋114家；举办市首届“亲子阅读”论坛，开通“智慧盐城·天天悦读APP图书馆”平台；在大市区新建“盐读书吧”10个。获第三届省公共图书馆优秀服务成果一等奖。央视《新闻联播》专题报道文化预约工程经验做法。艺术生产“攀高峰”，戏剧创作“盐城现象”获2015年度全省宣传思想文化工作创新奖。淮剧《小镇》获省第二届文化艺术节优秀剧目和省第二届文华大奖，射阳杂技团的《扇舞丹青·头顶技巧》获第十五届中国吴桥国际杂技艺术节金狮奖，省杂技团《惊风荡——旋转软钢丝》获首届“江苏杂技奖”金奖。大型电视纪录片《新四军1941》在央视和数十家省市电视台播出；连续剧《我的绝密生涯》在央视电视剧频道黄金时段播出。原创舞剧《烽烟桃花飞》参加国家公祭展演。创作演出大型综艺节目《多彩的家园》。编纂出版历史文化图书《文韵盐城》。《美丽的森林》首冲奥斯卡动画短片奖。陈明矿获第二十七届中国戏剧梅花奖，陈澄获省第二届紫金文化奖章。“东方一号”创意园被命名为省重点文化产业园区，聚龙湖文化产业集聚区被认定为省文化科技园区，城南大数据产业园已入驻文化企业近30家，“互联网+”“文化+”新兴业态企业加速集聚。江苏华恒兄弟动漫制作公司等4家企业被认定为省重点文化科技企业，江苏桃园家饰被认定为国家文化进出口重点企业。盐阜大众报报业集团探索“党报+Wi-Fi”模式，先后中标承建山东菏泽、安徽宿州等地的“智慧城市”建设。全年全市文化产业增加值150亿元。（陈　伟）

第五节　精神文明

2015年，盐城有13人当选“中国好人”，6人当选省道德模范或提名奖，1人当选省第三届“十大美德少年标兵”，8人当选省第三届“百名美德少年”。在全省地级市中率先建成好人馆，省委常委、宣传部部长王燕文，市委书记、市人大常委会主任朱克江为好人馆揭牌，中央、省等20多家媒体进行报道。厚德盐城经验做法在全省交流，“文明旅游、你我同行”系列主题活动被多家媒体报道；推进文明城市创建做法在中央调研组座谈会上发言；12家单位、村镇被中央文明委表彰为全国文明先进集体；未成年人思想道德建设稳步推进，“四仪”创新案例被中央、省级媒体报道；志愿服务全面推进，志愿服务注册人数占城镇人口比例居全省第六位；15篇经验做法在《省精神文明建设简报》刊登，全年向江苏文明网报送信息1万多条，获省文明办信息报送优秀组织奖。

一、“厚德盐城”建设

2015年，盐城完善市、县（市、区）、镇（街道）、村（社区）四级推荐评选机制，深化典型学习、宣讲、激励机制。全市设立各级“厚德盐城”榜1000多块，全面开展“每月一星”评比，充实道德典型库。启动盐城市第四届道德模范暨精神文明建设十佳新事评选，400多人、100余件新事参评，评选出盐城市第四届道德模范暨十佳文明新事并予以表彰。9月，中国好人榜9月发布仪式暨全国道德模范与身边好人交流活动在盐城举行，中央、省文明办领导，重庆南岸区及江苏省内各地级文明办负责人在盐城观摩。《新华日报》《盐阜大众报》等党报党刊以《“厚德盐城”催生“好人现象”》为题深度解析盐城典型产生的根源。组织开展道德典型宣讲“十百千”活动，举办公民道德百场文艺演出进社区活动50余场；开展道德典型走基层千场宣讲活动600多场；组织开展“遵守道德规范、争当道德模范”万人签名承诺活动20多场。市委市政府在全省率先下发《盐城市关爱道德典型的实施办法》，明确14条具体关爱措施，在全社会造浓“崇德向善”的社会氛围。通过为道德典型定制个性化志愿服务、道德讲堂宣讲、公共场所事迹巡回展等多种形式，关爱道德模范和身边好人。开展“美丽盐城人”道德实践活动，出台《关于在全市组织开展“美丽盐城人”活动的实施意见》。开展普通话应用推广、仪表仪容、文明礼仪等宣讲培训进机关、进学校、进社区、进企业“四进”活动。通过特色展览、摄影图片和微电影等形式，展示盐城市民行为举止之美、日常生活之美和多元融合之美等。制定《盐城市关于进一步加强公益宣传的实施意见》，开展盐城市第二届“讲文明树新风”公益广告大赛，收到各类作品1000多件。修改完善《盐城市社会信用体系建设规划纲要》《盐城市公共信用信息归集和

12月，进驻好人馆的孙益海、武红梅夫妇给少先队员介绍好人故事。2014年11月，孙益海被公安部授予"全国公安系统二级英雄模范"称号；2015年11月，武红梅当选为"中国好人"。（张友余 摄）

使用管理试行办法》《关于对重大税收违法失信当事人实施联合惩戒措施的合作备忘录》《关于对交通失信实施联合惩戒措施的合作备忘录》等文件，在全市21个部门17个重点行业开展创建活动，500多家单位参加创建，151家创成诚信建设示范点。

二、文明创建

2015年，市委办、市政府办下发《盐城市创建全国文明城市三年行动计划(2015～2017)》，出台《盐城市常态长效创建文明城市的实施意见》，建立完善组织机制、责任机制、督查机制、考核机制和保障机制。召开盐城市创建全国文明城市部署会，市直创建单位、大市区16个街道、14个镇负责人参加会议。下发《盐城市创建全国文明城市任务分解表》，将测评体系逐条逐项分解落实到位。制定《城市文明程度指数测评操作手册》，共分10类1000分，对大市区16个街道、110多个社区、20多个村镇及市直300多个现场点进行8轮实地测评；组织对未成年人思想道德建设工作进行专项测评。组织专业督查组、市民巡访团对文明城市创建工作分类分批进行大规模督查4次，专项督查10多次。完善归档台账资料。对文明城市测评体系涉及的100多项1000多份文件、图片、情况说明，逐条分解到位，逐条落实到单位部门。变达标制为评先制，组织开展新一轮群众性文明创建先进集体的创评工作，对全市900多家申报集体进行测评，坚持好中选优，从上届800多家的表彰数削减到500多家，确保文明创建质量的提升。开展文明社区创建。以"文明进社区、和谐进家园"为主题，开展文明街道、文明社区(小区)、文明家庭、"邻里互助角"等创评活动。农村文明创建创先争优。6月15日，央视播出《美丽乡村大挑战》，展示盐城市"最美乡村"创评业绩。组织开展第二届"盐城最美乡村"暨第三届"江苏最美乡村"创评活动，甘港、梅苏当选省最美乡村，东南、喻口获提名奖。在全市123个镇中全面开展实施农村精神文明创建示范工程。开展结对共建活动，全市近200家省市级文明单位参与结对帮扶，投入帮扶资金800多万元。打造乡贤文化特色，新华社记者对阜宁、射阳、建湖等地进行乡贤文化采集。

三、未成年人思想道德建设

2015年，盐城编印社会主义核心价值观学习宣传读本，开展美德少年评选表彰和展评活动，引导未成年人遵德守礼。开展"我们的节日"、网上祭英烈，学习雷锋、做美德少年，童心向党等活动。加强未成年人法制宣传教育，组织模拟开设少年法庭，增强未成年人法制意识。开展文明礼仪养成教育工作，开展文明礼仪教育读本进校园、进家庭、进社区"三进"活动，利用社会力量组建文明礼仪宣讲员进校园活动，开展讲文明礼仪故事比赛、"四仪"创新案例征集、文明礼仪歌曲征集等活动。打造文明礼仪教育工作品牌，推进"行知剧场演礼仪"活动。加强未成年人校外活动阵地建设，分层分类规范完善阵地建设与管理。筹建市未成年人成长指导中心。加强市及各地未成年人实践基地建设，完善活动教程，开展"八礼四仪"["八礼"指仪表之礼、仪式之礼、言谈之礼、待人之礼、行走之礼、观赏之礼、游览之礼、餐饮之礼；"四仪"指入学仪式(7岁)、成长仪式(10岁)、青春仪式(14岁)、成人仪式(18岁)]教育活动。组织推进中央及省级乡村学校少年宫项目建设，实行标准化建设，规范化管理，顺利通过全省检查评估工作。推进校外辅导站建设，为广大农村未成年人提供活动平台。

四、志愿服务

2015年，盐城集中开展点赞盐城、全民创业、文明秩序、文明旅游、"八礼四仪"、生态文明、结对共建、关爱特殊群体、关爱生命健康和文化惠民十大"文明盐城"志愿服务行动。先后出台《关于进一步做好注册志愿者登记工作的通知》《关于成立盐城市志愿服务联合会的通知》《盐城市志愿服务联合会经费管理办法》等文件。每月1日在《盐阜大众报》、盐城文明网、各单位门户网站、各级行政中心电子屏幕公示志愿服务重点项目。志愿服务专业化不断拓展，认定23个志愿服务培训基地，并进行授牌。"救在身边"应急救护志愿服务培训活动实现全覆盖，全年与30家机关单位合作培训志愿者1005人。全市新注册志愿服务一类的公益社会组织39家，是上年同期的3倍。报名参加社会义工师考试的人员9630人，是上年同期的1.9倍。

（郑智勇）

第六节　统战工作

2015年，全市统一战线围绕中心服务大局，凝聚共识、凝聚智慧、凝聚力量，民主党派参政议政、党外干部和知识分子以及非公有制经济人士工作科学有序开展。年内，召开市委统战工作会议，市委书记朱克江出席会议并讲话。出台《中共盐城市委关于加强新时期统战工作的实施意见》，表彰统战系统17个先进集体和60名先进工作者。研读《中国共产党统一战线工作条例》，举办"会议精神大家谈"活动，形成的《中央统战工作会议呈现六个鲜明特点》被省委办公厅采用。以"三严三实"专题教育为抓手，切实改进机关工作作风，整改26个"不严不实"问题，健全完善《部机关管理十项制度》，三公经费均有所下降。开展争当"五好"基层统战干部活动，并在省委统战工作会议上作经验介绍。加强统战宣传调研，全年形成调研、宣传文章50多篇，向省委统战部和市委办报送信息1200多条，市委统战部被中央统战部宣传办表彰为宣传先进单位，获得2015年度全省统战信息工作先进单位二等奖，被市委表彰为2015年度全市党委系统工作先进单位。

一、民主党派工作

2015年，市委统战部先后开展协商活动5次，向市各民主党派团体通报大丰区划调整情况、传达市委六届七次和八次全会精神、征求"十三五"规划意见建议。引导各民主党派团体围绕中韩盐城产业园建设、完善医疗分级诊疗体系等全市改革发展的重点难点问题，提出意见建议93条。其中，致公党盐城市总支部委员会关于淮河流域经济发展及入海水道航运建设的建议被致公党中央直接转化为重点调研课题，致公党中央副主席严以新专门带队赴滨海县调研，建议淮河出海航道与滨海港直接连通实现"海河联运"，并帮助争取将淮河出海航道建设列入国家"十三五"规划。在市委与市各民主党派团体负责人座谈会上，市各民主党派团体提出"重视科技人才队伍的建设""加大扶持中小企业力度"等18条建议，被市委书记朱克江批示。深入市各民主党派团体机关调研，与市各民主党派团体协商，建立党派团体联席会议制度。协助市各民主党派做好组织发展工作，形成《关于共同把好市各民主党派成员入口关的协商纪要》，为源头上提升党派成员整体素质提供保证。牵头组织市各民主党派团体与市政府15个部门逐一对接，协助双方共同制定对口联系工作实施方案，明确各民主党派团体与市政府对口联系部门具体的联系方式、联系内容及工作措施，推动对口联系工作规范化和制度化。

二、党外干部工作

2015年，在大丰、建湖分片召开全市统战系统干部科长会议，部署建立党外人才信息库的任务，组织各县（市、区）为统战部和市直30多个单位共同做好信息采集、汇总、建档工作，完善75名处级党外领导干部、350名科级党外干部的信息库，并按照部门行业、年龄结构、学历层次等分类归档，编制完成《处级以上党外领导干部卷》《市直单位党外科级干部卷》《县（市、区）党外科级干部卷》，为加强党外干部管理、培养和使用奠定基础。至年底，配备党外科级以上领导干部431名，其中厅级6名，处级75名；协助做好市政协七届委员会调整工作，增补委员19名、常委4名，调减委员16名、常委3名；向省委统战部推荐8名非公有制经济代表人士作为培养对象，为省人大、政协、工商联换届储备人选；协助市委组织部选派14名党外干部挂任村（社区）主任助理，开展驻村（社区）下访工作，配合村（社区）化解信访矛盾。年内，大丰和盐都分别成立无党派知识分子联谊会，9个县（市、区）无党派知识分子联谊会实现全覆盖，共有成员929名。加强社会主义学院建设，在党校新校区重新挂牌市社会主义学院，全年共举办党外干部培训主体班15期，培训党外干部和统战干部370多名。指导滨海、建湖两县共同举办统战干部暨党外代表人士培训班，开创县（市、区）在市社会主义学院联合办班的先河。协助省社会主义学院在盐城召开第十二次全省社会主义学院院长会议，安排省市县三级社院100多名负责人交流各地办学经验。

三、非公有制经济人士工作

2015年，市委统战部服务非公有制经济，有力促进"两个健康"（非公有制经济健康发展和非公有制经济人士健康成长）。开展以守法诚信为重点的非公有制经济人士理想信念教育实践活动，联合宣传部、经信委等8个部门在全市非公有制企业中开展第一届"百名诚信之星""十大诚信标兵"推选活动，在全市行业商会、异地商会中开展征集诚信宣言活动。坚持把综合评价作为非公有制经济人士推荐表彰和政治安排的前置程序，对15名市第四届优秀中国特色社会主义事业建设者候选人和市第三批18名非公有制企业"五好"出资人候选人实施综合评价，做到凡进必评、评用结合；对已作省级以上政治安排的20名非公有制经济代表人士实施届中评价，审查市总商会党委增补的6名副会长、常委候选人，发挥综合评价对非公有制经济人士科学推荐和严格把关作用。指导市总商会党委加强行业商会、协会和基层商会的党建工作，年内，全市已建立非公有制经济党组织5553个，党组织组建率达到98.3%。与市人社局、总工会组成盐城市协调劳动关系三方委员会，维护和谐稳定的非公有制企业劳动关系。会同市工商联、税务、司法、金融部门成立民营企业纳税人之家、盐城市民营企业法律服务中心和银企对接互助平台，为非公有制企业提供信息、技术、法律、融资等服务。联合市工商联、市仲裁委举办公司股权知识和法律知识专题讲座，培训新阶层联谊会企业家会员和市工商联部分常执委企业家共152人，增强非公经济人士投资风险控制意识和防范能力；联合市经信委举办为期4个月的全市中小企业主管理研修班，邀请南京师范大学和盐城师范学院20名教授，系统培训全市160名中小企业家。帮助盐城九州汽配有限公司申报光彩事业重点项目，并获得中国光彩事业贴息扶持贷款6000万元，用于发展汽车全产业链项目，有效化解企业资金“瓶颈”难题。密切联系在香港同乡，引导盐城旅港同乡会和香港盐城商会做好香港第五届区议会选举的助选工作。年内，在市政协七届五次全会上，增补1名盐城旅港同乡会秘书长为市政协常委，1名盐城旅港同乡会副会长为市政协委员。

（王琦玥）

第七节 机关党建

一、机关党组织建设

2015年，市级机关工委下辖党组织561个，其中直属机关党组织87个（机关党委38个、机关党总支32个、机关党支部17个），下属党组织474个；有党员9479人（在职党员6984人，其中研究生560人、本科4334人）。4月27～30日，市委市级机关工委举办2015年度市级机关入党积极分子培训班，市直各有关单位265名入党积极分子参加培训。8月、9月，先后在井冈山、延安开办市县机关党务干部培训班，培训以“加强党性锻炼，践行三严三实”为主题，按照专题教学和现场教学相结合的方式组织办学。邀请知名教授为学员作“三严三实”专题辅导，安排市县机关党务干部实地参观井冈山革命博物馆、井冈山革命烈士陵园等教学点，重走朱毛挑粮小道，与井冈山革命烈士后代进行真情访谈，重温革命历史，缅怀革命先烈，接受革命传统教育，感受井冈山精神。邀请延安党校教授为学员作《党中央在延安十三年》《恪守“三严三实”转变党的作风》《延安时期水乳交融的党群干群关系》等专题讲座，参观杨家岭、枣园、王家坪等革命旧址和延安革命纪念馆等教育基地，赴延川县参观习近平总书记曾经插队的梁家河村，回顾峥嵘岁月，追忆历史风云，感受红色文化。做好“周一大讲堂”品牌，先后举办48期，重点开设政治、法律、经济、科技、文化艺术以及健康养生等专题。“周一大讲堂”成为“紫金讲坛联盟”的成员，并被人民网等众多主流媒体报道。

二、党建活动

中组部调研机关党建 10月28～29日，中组部调研组在盐城调研机关党建工作。中组部副部长陈向群率队，省委常委、组织部部长王炯陪同。在市质监局和市工商局调研时，陈向群详细了解机关党建工作开展情况，现场观摩党员活动室，查看党建资料台账，强调要紧扣“服务中心、建设队伍”两大核心任务开展好机关党建工作，服务和促进经济发展。调研期间，陈向群组织召开机关党建工作座谈会，对盐城切实加强机关党建工作，推进全面从严治党各项举措落到实处取得的成效给予肯定。

作风评议 2015年起，市委市级机关工委首次承担对市级部门（单位）工作满意度进行评议的职能。接受评议的对象为129个市级部门（单位）、省属驻盐单位。评议工作以社会各界广泛参与为基础，以人民群众满意为标准，以服务经济为重点，以提升机关效能为目标，以绩效考核为抓手，精心制定评议工作方案，邀请有关领导，组织服务对象、市人大代表、市政协委员、优化发展环境义务监督员以及社会公众近万人参加评议，同时邀请社会公众登陆盐城机关党建网进行网上直评。在组织评议过程中，严格执行纪律规定，坚持公开、公平、公正原则，保证评议活动阳光操作，健康有序开展。

共建绿色盐城行动 3月6日，市委市级机关工委联合市文明委、市环保局、市交通局、市城建局等单位在盐渎公园、通榆河游园等地开展“绿色盐城，你我同行”市级机关党员志愿者共建绿色盐城行动。活动旨在响应市委市政府号召，充分发挥市级机关广大党员在建设美丽盐城中的先锋作用，引领公众树立绿色发展理念，倡导低碳生活方式。市级机关党员志愿者代表向全市机关党员干部和广大市民发出“绿色盐城，你我同行”的倡议，向市民发放1200余份环保资料及环保购物袋，邀请市民一同签名，表明共建绿色盐城的信心和决心。启动仪式结束后，160名市级机关党员志愿者分三条线路进行公共自行车骑行宣传，并集中到市通榆河游园进行义务植树，种植树木1000余棵。

机关体育比赛 4月25日至9月6日，市机关工委举办市第七届运动会机关部比赛暨市级机关第七届体育运动会。市级机关70个单位1046名运动员参赛，比赛项目设乒乓球、羽毛球、中国象棋、围棋、保龄球、游泳等。此外，市级机关工委在6月27～28日面向盐都区、亭湖区、开发区、城南新区区级机关单位干部职工举办“江苏有线杯”市级机关第七届保龄球友谊赛；在11月下旬至12月上旬举办市级机关2015年度男子足球比赛（8人制）。

“读书月”活动 4月16日，市委市级机关工委举办市级机关第六个“读书月”活动暨“‘悦’读引领人生，畅想青春之梦”演讲比赛。市级机关“读书月”活动贯穿全年，是“盐渎风”全市全民读书活动的重要组成部分，是市级机关党建的重要内容。启动仪式上，市机关事务管理局机关党委向市级机关全体党员干部发出读书倡议，市委市级机关工委印发《关于在市级机关开展读书活动的实施意见》，向机关基层党组织及党员代表赠送《“四个全面”——党员干部读本》《智慧政府——大数据治国时代的来临》《党员干部不可不知的党建常识》等书籍近万册。市级机关10名青年党员围绕新常态下市级机关青年为什么读书、读什么样的书、怎样读书以及通过读书引领人生之路进行演讲。

关爱留守儿童公益行动 6月1日，市委市级机关工委组织市城建局、市城管局、市水利局、市药监局、市物价局、市农科院、市工商局等单位的党员志愿者，带着价值近10万元物资、助学金，在阜宁县东沟镇开展“让爱传递，助梦飞翔”的公益行动，与孩子们欢度“六一”国际儿童节。志愿者们给孩子们送去2000余册的图书，为青墩小学每个班级配备书架、设立图书角、赠送2个足球，还为东沟镇

41 名孩子送去 3.5 万元的助学金，帮助他们改善学习生活条件。

召开县级机关党建工作观摩座谈会 7月28日，全市县级机关党建工作观摩座谈会在阜宁县召开。参会人员观看阜宁县委县级机关工委的工作专题片《党旗在这里飘扬》，现场观摩阜宁地税局、住建局、法院、政务中心机关党建工作。活动中，各县（市、区）就上半年机关党建工作开展情况、下半年工作计划以及机关党建工作存在的问题和建议作交流发言。市委市级机关工委书记朱传洲要求，各县（市、区）要增强全面从严治党的责任和意识，紧紧围绕“走前头、作示范”的目标，筑牢思想根基，在坚定理想信念上从严从实；强化服务职能，在抓党建促发展上从严从实；夯实基层基础，在实现固本强基上从严从实；锻造党建品牌，在落实创新机制上从严从实；紧扣常态长效，在深化作风建设上从严从实。

三、党建制度

督查中央《条例》贯彻落实情况 3月12～23日，市委组织部会同市委市级机关工委对市级机关各部门和县（市、区）贯彻落实《中国共产党和国家机关基层组织工作条例》情况进行专项督查。督查内容包括各地各部门贯彻落实《中国共产党和国家机关基层组织工作条例》、省委《关于贯彻〈中国共产党和国家机关基层组织工作条例〉实施办法》和市委《关于贯彻〈中国共产党和国家机关基层组织工作条例〉实施意见》情况，重点检查机关党组织隶属关系理顺问题和机关党务干部选配问题。同时，检查各地各部门在职党员到社区服务群众情况、开展活动的典型事例、主要推进措施和成效，存在的问题及下一步工作打算。市委组织部、市委市级机关工委汇总督查情况，形成书面材料，并向市委作专题汇报。7月6日，省委省级机关工委就盐城贯彻落实中央《条例》和省委《实施办法》情况进行检查调研。调研组通过听取情况介绍、问卷调查、个别访谈、实地走访、查看资料等全面了解贯彻落实中央《条例》和省委《实施办法》情况，并在盐城、东台分别召开座谈会。市委市级机关工委向省调研组汇报机关党建工作责任落实，机关党组织设置、运行和保障，机关党务干部队伍建设等方面情况。在盐期间，调研组深入市质监局、市工商局，听取党建工作汇报，实地考察党建工作阵地，对有关单位外抓服务发展、内抓勤廉规范、严抓管党治党的做法和成效给予肯定。

推广机关党建工作三方“责任清单” 年内，市委市级机关工委在全市推广东台市机关党建工作三方“责任清单”的做法。“责任清单”重点明晰市委市级机关工委、市直各部门单位党委（党组）、市级机关基层党组织三方责任。市委市级机关工委的领导责任具体包括：注重规划指导、开展工作巡查、加强理论武装、强化作风建设、推进创先争优、严肃政治生活、党风廉政建设、加强上下沟通、抓好队伍建设、健全责任体系等方面。市直部门、单位党委（党组）主体责任主要包括：摆上重要位置、抓好《中国共产党和国家机关基层组织工作条例》贯彻、密切联系沟通、支持基层组织、加强工作通报、抓好作风建设、参加支部活动、推进廉政建设、保障政治待遇、加强工作考评。市级机关基层党组织的直接责任主要包括：加强理论武装、建设“服务型”组织、深入贯彻《中国共产党和国家机关基层组织工作条例》、加强党务工作、抓好作风建设、思想政治工作、加强党内民主、严肃政治生活、履行“两个责任”、加强报告考评。市委组织部、市委市级机关工委通过定期现场观摩、不定期督促检查、全过程目标考核以及履行责任双向评议等措施，切实保证三方“责任清单”的落实。 （王 淼）

第八节 侨务工作

2015年，新建滨海、响水县级侨联2家，至年底，有县（市、区）侨联组织8个，新建盐城工学院高校侨联1家。建立党委领导侨联工作的体制机制，市委副书记分管市侨联，市政府、人大、政协明确联系侨联工作的具体领导，市侨联主席列席市委常委会。2月28日，召开市侨联五届十次全委（扩大）会议，会议学习传达中国侨联九届二次全委会、省侨联六届四次全委会和市委六届六次全委会精神，表决通过9名委员3名常委卸免和9名委员2名常委增补名单以及全委会工作报告的《决议》。年内，组织参加省侨联举办的抗战书画作品展，9人获得入展证书、7人获得收藏证书；3月6日，召开2015年全市侨联系统庆祝“三八”国际劳动妇女节暨第二届“侨花贡献奖”“侨果成就奖”颁奖座谈会，10人获“侨花贡献奖”，2人获“侨果成就奖”；9月23日，举办“中国人民抗日战争暨世界反法西斯战争中的华侨华人”大型图片开展仪式，市侨联领导班子、市区市民和侨界人士近500人参加；12月27日，举办首届市侨界摄影联谊会暨“亲情中华·相约侨联”获奖作品汇报会，近百人参会。开展招才引智工作，全年各级侨联引进海外高层次人才20名，引进经济科教项目5个，利用资金600万美元，实际到账250万美元。全年在《人民政协报》、共产党员网、光明网等媒体及网站上刊登稿件223篇，被中国侨联和省侨联采用侨情专报6篇。

一、建言献策

1月23日，政协盐城市第七届委员会第四次会议上，市侨界政协委员撰写政协提案12件，其中2件获市政协优秀提案；参加大会发言4人，其中提案《借鉴上海自贸区经验，推动盐城开放型经济又好又快发展》，得到市委和与会委员肯定，全文刊登在2015年《黄海学坛》《盐城宣传》《江苏外事》《江苏侨联》上。12月3日，市侨联组织市侨台界政协委员一行16人调研江苏正大丰海制药有限公司、江苏长盈机械有限公司、大丰荷兰花海生态景区和东台现代农业园区，委员们听取企业情况介绍，深入车间督查工作流程和安全生产，并就进一步统筹规划、完善功能定位等方面建言献策。

市侨界专家委员会成立 10月25日，市侨联举办市首届侨界专家委员会成立暨第二届中国梦·侨联情——盐城最美侨界之星事迹报告会，近百名归侨侨眷、华侨华人、侨干侨委、侨资企业家和海归新侨人参加。市侨界专家委员会由在盐城工作的华侨华人、归侨侨眷、留学归国人员、港澳同胞中具有一定专长的专家学者、企业家和管理者，以及与盐城有联系的海外市外高层次人才所组成的侨界社会组织，首届侨专委委员共36人。江苏通软科技有限公司董事长夏志杰、盐城市第一人民医院感染管理科副主任护师徐权、东台市天地经纬织品有限公司董事长陆爱萍、大丰区大中镇中心幼儿园园长苏卫萍、射阳县国家税务局副局长李坚、建湖县建新实业公司工会主席赵建娅、盐都区江苏华兴投资集团海归博士杨旭、亭湖区检察院办公室副主任潘玮8人获第二届中国梦·侨联情——盐城最美侨界之星称号。获奖人员结合自身经历和人生追求，讲述胸中装有家国情怀，怀揣梦想到异国他乡求学创业的心路历程，立足岗位敬业奉献和建功立业的励志故事，兑现承诺"去是为了更好地回来"，陆续"凤还巢"回国创业报效祖国的爱国言行。

二、慰问侨胞

2月10日，省侨联副主席镇翔一行慰问盐城困难归侨许远（泰国归侨）和李贤（朝鲜归侨）。2月11～16日，市侨联在东台、射阳、阜宁、建湖等县（市）及市直开展春节走访慰问"三送"（送上春节慰问金、送上医疗保险单、送上赠书祝福卡）归侨侨眷活动，共送去慰问金近4万元、老归侨意外伤害险13份和特困老归侨大病求助险5份，赠书祝福卡33份。3月13～14日，市侨联在广东深圳走访慰问盐城籍马来西亚老归侨吴东友、印度尼西亚老归侨陈秀甘和廖华。4月8日，市侨联开展关爱侨界空巢老人"春风行动"启动仪式，聘请"侨界志愿者"53名，颁授"侨界志愿服务队旗"7面，发布侨界志愿者"春风行动"倡议书。年内，市侨联以"温暖侨心·幸福盐城"为主题，实行"四个一"服务（每月电话问候一次、每季度上门探望一次、每半年办一件实事、每年组织一次集体活动），确保全市"侨帮侨""一对一"志愿者与空巢老人结对服务持久常态化。

三、侨胞公益

7月10日，值纪念中国人民抗日战争暨世界反法西斯战争胜利70周年和著名抗日英烈"断头将军"陈中柱的遗孀王志芳百岁寿辰之际，先烈之子、澳洲侨胞陈志，首次以父母名义在盐城中学设立"陈中柱王志芳奖学金"，24位品学兼优的盐中学子分获3万元奖学金。至2015年，"陈中柱奖学金"已连续发放17届，共发放奖学金30万元。12月14日，省华侨公益基金会、市侨联和市教育局在盐城市特教学校举办魏基成"天籁列车"江苏行盐城站捐赠仪式。"天籁列车"是由澳大利亚侨胞、ABC纸巾公司总裁、省华侨公益基金会荣誉会长魏基成于2009年创办的慈善项目，旨在向贫困听障者和聋哑儿童提供免费的助听器，帮助他们走出无声世界，解决其学习、就业和生活中实际困难。捐赠仪式上，共向盐城听障儿童和青少年捐赠近50万元的助听器262台、语音教学机53台、"暖心"棉衣500件；2名专业听力师为参加活动的近30名0～7岁儿童检测听力并验配助听器，并培训指导特教教师、听障学生及其家长使用助听器和开展康复训练。（乔 连）

第九节 台湾事务

2015年，盐城组织赴台团组128个，712人（次），交流团组17个，78人（次），商务团组55个，70人（次），其中公务团组和人次位列全省第一，赴台团组总数和人次位列苏北第一。年内，市委调整完善市台湾同胞投资权益保障协调委员会，市委市政府分管领导担任正、副组长，成员单位由过去24家市行政执法部门增至30家。同时，增设了联络员，由成员单位相关业务处室负责人担任。8月，省人大常委会副主任张艳率检查组在盐城检查《江苏省保护和促进台湾同胞投资条例》贯彻实施情况，实地参观南纬悦达纤维科技有限公司、台玻悦达汽车玻璃有限公司2家台资企业，组织召开6名台商代表座谈会，对盐城落实《条例》工作给予肯定。市台办对全市台资企业基本信息进行整理归档，建立台资企业数据库，健全台资企业动态管理长效机制。年内，大丰麋鹿保护区正式获批为江苏省对台交流基地。

10月25日，市侨联举办首届侨界专家委员会成立暨第二届中国梦·侨联情——盐城最美侨界之星事迹报告会。

一、交流合作

3月2～5日，市长王荣平率盐城经贸代表团赴台湾参访，重点跟踪推进2014年底两岸紫金山峰会期间洽谈的意向项目。4月25~30日，市委书记朱克江率盐城经贸代表团赴台湾参访，组织盐城（两岸）经贸合作说明会、盐城（两岸）现代农渔业说明会、台湾（盐城）风情节、盐城旅游（台湾）活动周等活动，签订一批合作意向协议，邀请一批客商到盐考察洽谈。11月15~20日，市长王荣平率团赴台湾开展参访活动，代表团秉持“两岸一家亲”的理念，本着深化合作、互利共赢原则，从台中到台北，举办5场产业合作恳谈会，参访芝柏集团、旭阳国际精机股份有限公司、兆如集团等多家台资企业，与岛内300多名企业家进行接触和交流，开展招商推介活动。9月11~13日，第十七届（2015）江苏农业国际合作洽谈会在盐城国际会展中心举行。台湾总渔会代表团、新竹县农会代表团、云林县农会代表团、南投县农会代表团、宜兰县农会代表团、台湾中小企业协会参展代表团等7个团队近两百人受邀参加。6月10~11日，召开台属创新创业现场观摩交流会，各县（市、区）台办分管主任，台属联谊会会长，台属企业代表共40人参加了会议。与会代表现场观摩由响水县台属联谊会会长孙桂发创办响水县自行车三套轴有限公司，各县（市、区）台属企业代表作交流发言，共同分享创业的经验和心得体会。

二、对台宣传

2015年，全市在国家级、省级刊物《台湾工作通讯》《海峡广角》，台湾主流媒体和同乡会刊物《阜宁人》《盐城乡情》等各类杂志上刊登宣传文章200多篇。在盐城时代网站发布涉台信息100多条，向国、省台办媒体网络和中国台湾网报送稿件300多篇，全方位宣传产业发展总体布局和经济社会发展情况，被评为2015年度中央台办“两刊”宣传工作先进单位。与相关航空公司合作，在盐城—台湾航班上播放宣传盐城的高清电视短片。与岛内工商业团体联系，分别在工业总会、电电公会、工商协进会会刊上介绍宣传盐城。在台湾《工商时报》上刊登《东方湿地之都　仙鹤神鹿故乡》专版，宣传盐城产业发展总体布局和经济社会发展情况。在台湾桃园机场出入口处和台北高铁站台等人流密集处，投放宣传盐城的大型户外广告。（丁　峰）

第十节　老干部工作

2015年，全市有离休干部2680人（不包括部、省属单位），平均年龄为88岁。其中，机关840人，事业单位699人，企业单位1141人。按享受待遇分，副省（部）级医疗待遇4人，地（厅）级待遇1人，副地（厅）级待遇60人，县（处）级待遇1052人，其他1563人。按参加革命时间分，一、二次国内革命战争时期1人，抗日战争前期132人，抗日战争后期482人，解放战争时期2065人。全市党员离休干部2152人，占离休人数的80.3%，共有690个离退休干部党支部。全市有各级老年大学（学校）1830所，累计毕业人次突破10万人次。有各级老干部活动中心（室）375所，日均活动学习的离退休干部1.5万人次。年初，召开全市离退休干部先进集体和先进个人表彰大会，会议表彰35个离退休干部党支部和65名离退休干部先进个人。年内，有3名离退休干部获“中国好人”称号；市委老干部局机关党支部被表彰为市五好机关党组织，2人分别被表彰为市优秀党务工作和优秀共产党员，11人被评为全省老年大学百佳优秀教师。

一、学习教育

2015年，全市广大离退休干部学习中共十八大和十八届三中四中五中全会精神，深入贯彻落实习近平总书记等中央领导在全国离退休干部“双先”表彰大会上的重要讲话精神，坚持为党的事业增添正能量价值取向，开展“展示阳光心态、体验美好生活、畅谈发展变化”主题活动。在主题活动中，全市共召开71次老干部座谈会，40多场老干部报告会，各级老干部艺术团走进镇区和街道演出120多场次，结对帮扶留守儿童1300多名，有1700多名老干部参与关心下一代工作，2500多名老干部参与党风监督、行风评议、维护社会治安、开展法律宣传等活动。抗战胜利70周年期间，举办“让红色记忆永存——听抗战老战士讲中国好故事”活动。从4月中旬开始，历时近5个月，组织300多名志愿者利用节假日时间，对全市健在的100多名抗战老战士进行采访录像，采访材料汇编成册，音视频资料剪辑刻录成光盘，利用电视新闻媒体宣传抗战老战士的英勇事迹。8月，阜宁县承办纪念抗战胜利70周年苏北片区离退休干部歌咏比赛，14支代表队近300多名离退休干部参赛。9月，组队参加全省纪念抗战胜利70周年离退休干部歌咏比赛，盐城获一等奖3个，二等奖5个。在重阳节与市委组织部联合举办“展示新成就、凝聚正能量”全市离退休干部书画摄影作品展，题材涵盖纪念抗战胜利70周年、中国梦、中华传统文化、盐城发展新貌等方面，提振精气神，传播正能量。

二、待遇落实

2015年元旦、春节对全市离休干部进行全覆盖慰问，市委市政府主要领导亲自到医院看望住院离休干部。2015年春节前夕，召开四套班子老领导座谈会，向老同志通报全市经济社会发展情况并征求政府工作报告意见。2月，完成原机电、轻纺、物资、化建、商贸5个改发办企业136名离休干部向市经信委的交接工作，确保每一名改制企业离休干部的政治、生活待遇有人管，有人问。年内，对全市700多名抗战时期离休干部发放纪念抗战胜利70周年纪念章并进行专项慰问。投入200万元，对市第三人民医院南院老干部病房进行改造。11月，组织356名市直离休干部健康检查，全年帮助600多名离退休干部解决生活中遇到的问题和困难。

三、服务管理

4月，组织召开2015年市直老干部党支部联络组组长会议，重新划分联络组，调整选聘20名联络组组长。出台《盐城市市直离退休干部党支部工作暂行规定》，从思想政治建设、组织建设、制度建设、基本活动和阵地、联络组建设和组织领导6个方面作具体规定，促进盐城离退休干部党支部建设工作具体化、规范化和制度化。6月中旬，举办第七期全市离退休干部党支部书记骨干培训班，100多名离退休干部党支部书记参加。为充分发挥新型网络平台的作用，更好地服务老干部、老同志，8月，"盐城老干部"微信公众订阅号正式开通。在学习活动平台建设方面，全市各级老年大学（学校）不断挖掘自身办学潜能，提升教学质量，年内，有15所老年大学（学校）通过"江苏省示范老年大学"和"江苏省示范老年学校"的评估验收。（万　凯）

第十一节　信访工作

2015年，市、县（市、区）两级信访部门受理群众来信上访3.2万件次，同比下降3.1%，全市未发生有影响的信访事件。年内，市信访局开展领导干部接访下访、"五项排查"、信访积案攻坚化解等活动，试点施行群众依法逐级走访权益保障卡制度，推进信访工作体制机制创新，全省信访工作绩效考评再次名列前茅，盐城被省信访工作联席会议表彰为全省信访工作先进单位。

一、信访工作机制

2015年，市委市政府提出领导接访、干部下访、重案包访、基层吸访、应急控访、依法处访、事结息访"七访工作法"，落实信访稳定各项工作举措，维护社会大局稳定。年内，市信访局创新服务举措，全面加强"五个规范"（规范就地受理、规范逐级办理、规范综合处理、规范履职尽职、规范双向追究），不断完善访诉分离、阳光信访、依法逐级走访等系列创新措施，引导群众依法逐级有序反映问题，提升信访工作质效。

信访渠道　开展领导干部定期接访下访活动，市委市政府主要领导带头参加，协调解决群众反映的信访问题。年内，市领导共参加信访接待13次，接待信访群众20批67人次，化解矛盾20件。4月和8月，组织开展领导干部下访"金桥行动"，全市近4000名乡科级以上领导干部深入基层一线，接待群众6800人次，化解矛盾8000件，帮助基层把问题处理在源头、矛盾化解在萌芽。

信访秩序　通过专项督查、重点督查、约谈督查、驻点督查等方式，开展全方位督查，全年共开展各类督查14次，推动基层责任落实、工作规范到位。加强责任追究和倒查，以责任追究推动责任落实，对已落实包案责任又重复越级上访、非访的信访事项，组织责任倒查，全年对29名责任人启动调查问责、追究责任。按照中央、省关于依法处置涉访违法行为精神，推动公安机关对集访挑头人、恶意进京非访、到省缠访闹访及时固定证据，坚决依法处置，维护正常信访秩序，促使信访人回归理性诉求。

信访信息化　推进软硬件设施建设，建成市、县、镇三级互联互通视频接访室，各级信访接待场所都配备"信访一体机"，方便群众查询信访办理情况。10月，组织开展信访信息录入"百日会战"，及时清理"休眠账户"，并对全年登记录入情况开展"回头看""回头补"，做到应用尽用，不断提高信访信息化利用率。

"阳光信访"信息系统上线　1月4日，全市"阳光信访"信息系统正式上线，实现对全市信访形式、工作过程和工作范围的"三个全覆盖"。拓展"阳光信访"应用范围，开通市委书记、市长、市信访局局长电子信访信箱，开发微信、手机短信等信访平台，畅通群众诉求表达渠道，实现信访问题集中办公，形成全市信访投诉一网通。

试行权益保障卡制度　5月，市信访局在全市试点施行群众依法逐级走访权益保障卡制度，在广泛调研基础上，组织制定实施办法和工作方案，召开动员大会全面动员部署先后召开全市信访局局长会议、视频会议、市直部门现场会进一步压实工作责任，分层级组织培训，多渠道开展宣传报道，常态化督查指导，全市发放权益保障卡1834本。12月21日，省信访局在东台召开全省观摩座谈会，肯定盐城相关做法。

二、化解信访积案

2015年，市信访局组织"横向到边、纵向到底"全方位排查，重点排查全市面上可能引发重大矛盾纠纷的群体、涉众信访事项以及相关利益群体挑头人、扬言制造个人极端事件的重点人员，排查出涉法涉诉类群体、企业改制类、房产开发类等六大类24个群体和25名重点人员，落实各地化解稳控责任，所有重点问题都得到规范办理，一批矛盾问题得到有效化解。先后组织开展"百日千案专项化解行动""百日百案"专项化解行动，召开攻坚化解信访矛盾推进会，推进矛盾化解。全年共交办各类信访积案1458件，化解921件，化解率63.2%，其中省化解办交办的54件进京到省重复访事项化解36件。开展"百县千案"化解工作，组织筛选重点信访问题提请市、县党政主要领导在接访下访中化解，市主要领导每人每半年化解1件，县（市、区）党政主要领导每人每季度包案化解1件，全年全市组织化解84件。（吴汇文）

第十二节　党校工作

一、干部培训

2015年，市委党校先后举办4期县处级干部进修班、5期科级干部培训班、1期青年干部培训班、1期党外干部培训班，累计培训各级各类干部483人次。围绕学习贯彻中共十八届四中全会精神，对全市1256名县处级领导干部和乡镇（街道）党政正职干部进行集中轮训。首次对285名新录用公务员开展初任培训。扩大委托培训规模，争取市内办班扎口管理，主动走访市直部门单位和企业，把握培训需求。联合市纪委、市委组织部、市委宣传部等部门单位举办全市县处级干部廉洁从政专题培训班、非公企业党组织书记培训班、城南新区社区党组织书记培训班等各类班次26个，培训3986人次。依托盐城新四军红色资源优势和绿色发展特色，打造对外培训品牌，实现市外委托培训层次和规模新突破。承接南京、无锡、苏州和省委党校等各类班次在盐城培训或现场教学。首次承办中国浦东干部学院原中央苏区振兴发展专题培训班、环保部2015年第一期地市级环保局局长培训班和国家行政学院教务管理人员培训班，市委书记朱克江、市长王荣平等领导为培训班作专题辅导。

二、教学改革

2015年，市委党校注重挖掘盐阜老区红色资源，打造铁军精神党性教育特色品牌。打造新四军党性教育精品线路，策划新四军精神党性教育线路暨"重走新四军足迹"现场教学专题研讨会，确定皖南泾县云岭新四军军部旧址、镇江茅山新四军纪念馆、盐城新四军纪念馆等市内外现场教学点10个，并连点成线，初步形成各有侧重、有机衔接的现场教学精品线路。开发党性教育课程，举办全市党校系统精品课程竞赛活动，评选出"新四军文化建设"等6个精品课程和优秀课程。在全市范围内遴选并挂牌成立10个干部党性教育现场教学点，聘请12名党性教育兼职教授。加强学员管理，出台《学员综合考核办法》，在主体班试行新的培训学习考核模式，重新修订和完善学员考核内容，增强学员考核效果。

三、科研资政

2015年，市委党校以发挥智库作用为切入点，推进科研转型发展。主动跟进市委市政府的重大决策部署，突出应用对策研究，不断探索党校科研发展新路径。在《盐阜大众报》开辟《党校智库》理论专版，围绕增强党校竞争力、"十三五"规划、产业转型升级等议题，全年发表调研文章12篇。举办首届盐城智库论坛。加强课题研究，全年有1项省社科课题结项；新申报省社科课题1项、省社科精品课题1项，完成省党校调研课题3项，申报省党校调研课题6项、完成市政府奖励基金项目与社科研究课题12项，申报市政府奖励基金项目5项（其中1项为重点项目）。强化科研导向，出台决策咨询考核办法，围绕盐城"十三五"规划，确定选题并跟进研究，全年有2篇决策咨询报告分别被市政府主要领导、分管领导批示肯定。经过专家评审、实地考察，确定首批12家全市党校系统教学研究基地。出台党校科研考核办法、党校科研成果奖励办法，全年共在公开刊物上发表文章89篇，其中核心期刊8篇；提交研讨会论文17篇。新四军数据库建设进入常规补充和运用阶段，完成数据录入8080条，至年底拥有文献、图片、人物等数据2万多条，电子图书152册。承办全省地市级党校唯一公开发行的省级刊物《铁军·纵横》，加强新四军人物和历史纪实性事件宣传。

四、阵地建设

党校搬迁 10月，市委党校新校区建设工程和搬迁工程基本结束。新校区位于盐城经济技术开发区天山路2号，占地11.2公顷，建筑面积5.41万平方米，绿化率达56%。建成后的新校区拥有综合楼、教学楼、图资信息中心（学术报告厅）、文体活动中心和学员公寓5个单体建筑，内设600人学术报告厅1个、300人会议室1个、200人会议室1个、120人阶梯教室2个，普通教室和讨论室24个，具备同时容纳500人住宿、800人用餐、1500人培训的办学条件。10月8日，市委党校整体搬迁进新校区，为盐城干部培训教育事业发展提供了良好的条件。

盐城新四军干部学院挂牌 10月12日，盐城新四军干部学院挂牌仪式在市委党校新校区举行，市委书记、市人大常委会主任朱克江和中组部干部教育局副局长张程为学院揭牌。省委组织部副部长胡金波出席，市委副书记戴元湖主持。这是全国首家以新四军命名的干部学院。学院建有新四军暨华中抗日根据地干部教育展厅、铁军精神主题教室、党性修养主题教室等主题教育馆。学院承办全省地市级党校唯一公开发行的省级刊物《铁军·纵横》，弘扬传承新四军铁军精神和铁军文化，加强新四军人物和历史纪实性事件的研究和宣传。至年底，有2100多人次参观主题教育馆。

江苏省社科院盐城分院挂牌 11月3日，省社会科学院盐城分院在市委党校新校区揭牌。省社会科学院院长王庆五，市委副书记、市委党校校长戴元湖共同为盐城分院揭牌。省社会科学院盐城分院是由省社科院与盐城市委市政府合作举办、市委党校具体承办的决策咨询智库机构，是省社科院在地级市建立的第五家分院。 （杨庆雷）

11月，市委党校开展"铁军精神"特色教育活动。

第十三节 保密工作

一、保密检查

2月上旬，组织开展军工单位网络公开保密信息清理检查工作，对全市11家军工单位门户网站进行拉网式排查清理，确保涉军、涉密信息安全。3月，开展涉密网络保密检查工作，组织涉密网络建设使用单位开展自查整改。4月中旬，全面完成2014年度中央、省发文件和涉密文件资料清理回收工作，共回收各类文件资料6300余份。6月，开展国有企业保密专项检查情况，重点围绕8个方面、29项工作，对悦达集团、市中行、建行等6家国有企业进行全面检查和督促整改。做好国家统一考试保密监管工作，制定应急预案，明确工作职责，在对全市试卷保密室进行全面检查的基础上，组织对4个县（市、区）的试卷保密室进行了重点抽查。11月中旬，联合市国防科工办开展武器装备科研生产单位保密资格复查工作，采用现场复查和集中评议的方式，对全市符合条件的军工单位进行认真复查，并逐家发放复查意见书。年底，对9个县（市、区）和9个市级机关保密工作领导小组年度保密工作进行检查考核、考评，期间共抽查了15个机关单位。

二、保密管理

1月下旬，完成市县两级检察院涉密信息系统建设，并顺利通过国家涉密信息系统测评中心江苏分中心测评审批。做好政府信息公开保密审查工作，全年未发生涉密及敏感信息上网事件。11月6日，举办定密责任人培训班，结合工作实际对定密权、定密责任人、定密依据和定密程序作重点讲解。在此基础上，完成全市机关单位定密责任人统计报备工作。12月下旬，联合市委组织部、市公安局、市安全局、财政局等部门转发《江苏省国家保密局等八部门转发〈关于进一步加强涉密人员保密管理的意见〉〈涉密人员保密管理指南〉的通知》，对涉密人员的确定、审查、教育培训及日常监管等作出明确具体的规定，并对涉密岗位和涉密人员的分类确定和审查报备工作进行部署。

三、宣传教育

2015年，市保密局与市人力资源与社会保障局、市公务员局共同商定，正式将保密教育纳入全市初任公务员岗前培训。11月13日、12月17日，先后2次为全市2015年度初任公务员培训班作保密知识专题讲座，全市近700名新录用公务员集中观看保密警示教育片，系统接受保密基础知识与保密常识教育。继续开展保密法制巡回宣讲活动，为部分县（市、区）、市政府办、市中行等8个单位作保密法制、保密知识、保密形势专题讲座，受教育人数1000余人。利用专题学习会、保密委扩大会、保密宣传月等形式，宣传学习《党政领导干部保密工作责任制规定》等保密法规。7月，组织开展“六五”保密法制宣传教育总结验收工作，对“六五”期间全市保密法制宣传教育工作进行了全面总结回顾。全年在《保密工作》《江苏保密》刊稿33篇。

四、技术保障

6月5日、11日，市保密局组织对东台市人民印刷厂涉密防伪票据印制资格申报工作进行现场指导服务，并于6月17日顺利通过省联合检查组检查验收。加强对军工单位的指导服务，全年对中核科技有限公司、射阳远洋辅机有限公司等8家军工资格申报单位开展业务指导和上门服务。从8月开始，围绕安全保密工作方案、安全保密产品、安全保密技术与管理措施等方面，为市电子政务内网建设提供全程技术支持、业务咨询和监管服务，确保建设工作的顺利进行。9月中旬，配合市国土局组织开展地理信息保密专项检查工作，对全市8家地理信息生产和使用单位认真检查。 （黄传标）

第24章 盐城市人大常委会

责任编辑 冯 刚

综 述

2015年,盐城市第七届人民代表大会召开全体会议2次,七届人大常委会召开常委会会议10次,主任会议18次,听取和审议市"一府两院"专项工作报告20项,作出决议决定9项,对5部法律法规实施情况进行检查,对9件规范性文件进行备案审查,依法任免国家机关工作人员93人次,听取和讨论工作汇报28项,开展代表视察30多次,组织专题调研20多项。

坚持突出重点,扎实抓好重要工作 年内,市人大召开市七届人大五次会议,设立盐城市第七届人民代表大会法制委员会,在全省率先实现组织架构健全、人员配备到位,为承接地方立法权做准备。7月31日,盐城成为苏北唯一被省首批确定赋予地方立法权的设区的市。获批地方立法权后,市人大常委会研究确定15个民主立法联系点,组建立法咨询专家组和市人大代表法制专业组;向社会各界公开征集立法建议,筛选符合立法权限、体现盐城特色的立法项目。市人大常委会第二十七次会议审议提出《盐城市制定地方性法规条例(草案)》,并决定提请盐城市第七届人民代表大会第六次会议审议;制定全市首部地方性法规《盐城市绿化条例》,并报请省人大常委会批准后施行。推进县乡人大工作和建设。市人大常委会认真学习领会中央、省委文件和会议精神,并就全市贯彻落实上级文件和会议精神,及时向市委报告、提出建议。市委主要领导专门听取情况汇报,市委常委会研究出台《中共盐城市委关于加强全市县乡人大工作和建设的实施意见》,并在全省率先召开全市县乡人大工作和建设座谈会,为全面推进全市县乡人大工作和建设提供了有力保证。在市县乡党委、人大的共同努力下,9个县(市、区)人大常委会已有5个配备专职主任,人大机构名称已全部统一;全市97个乡镇已有72个配备人大专职主席,22个街道已有14个配备人大工委专职主任或副主任,大丰区、盐都区、响水县所有乡镇(街道)实现专职配备全覆盖。组织省、市人大代表报告履职情况,率先组织省人大代表省直盐城组和15名省人大代表向市人大常委会报告履职情况,并及时制定出台《市人大代表向原选举单位报告履职情况的办法》,在全省率先组织107名市人大代表,向县(市、区)人大常委会报告履职情况。

坚持围绕中心,服务发展大局 推进主体经济加快发展,视察电子信息、大数据、环保产业发展和环保科技城建设情况,听取和审议全市新产业经济发展情况报告;对全市所有省级开发区发展情况进行深入调查,提出建设性对策建议;听取和审议全市镇村经济发展情况报告,促进镇村经济加快发展。推进计划预算健康运行,视察调研"十三五"规划纲要编制情况;听取和审议计划、预算执行及审计工作报告,做出批准预算调整决议,跟踪监督审计查出问题整改落实情况,推动政府及相关部门依法理财;学习贯彻《中华人民共和国预算法》,坚持和完善人代会预算专题审议机制;强化预决算公开工作监督,促进了预决算公开工作的落实。推进城乡统筹发展,听取和审议全市房地产建设情况的报告,促进房地产市场平稳健康发展;对城乡公交一体化建设情况进行视察,合力推进镇村公交发展;对全市推广联耕联种情况开展调研,促进联耕联种向联管联营拓展,将土地流转和联耕联种有机结合起来,不断提高农业生产效益,实现土地收益和农民收入双提高。推进开放型经济发展,对《江苏省保护和促进香港澳门同胞投资条例》实施情况开展执法检查,听取和审议市政府关于侨资企业发展情况的报告;对外事工作进行调研,推动加大对外交往力度,更好地服务开放型经济发展。

坚持依法治市,推进法治盐城建设 深化法治宣传教育,对全市"法律六进"工作情况进行深入调查,并听取和审议市政府关于全市"法律六进"(法律进机关、进乡村、进社区、进学校、进企业、进单位)工作情况的报告;通过任前法律知识考试、任前发言、当场颁发任命书等形式,强化国家机关工作人员特别是领导干部的宪法意识和法治观念。加强司法公开监督,对全市审判公开、检务公开、警务公开进行专项调研,听取并审议市中级法院、市检察院、市公安局关于公开工作的情况报告;审议通过《关于人民陪审员选任工作实施办法》,任命270名人民陪审员,为全市开展人民陪审员改革试点工作提供制度保障。促进法律法规实施,采取全市统一部署、市县同步检查、明察与暗访相结合的方式,对《中华人民共和国安全生产法》《江苏省安全生产条例》《中华人民共和国渔业法》《江苏省渔业管理条例》贯彻实施情况,开展全面执法检查,并进行专题审议,组织代表视察《江苏省全民健身条例》《江苏省社区卫生服务条例》贯彻实施情况,保障相关法律法规的贯彻执行。强化备案审查工作,落实中央和省、市委关于加强备案审查工作的最新要求,修订并通过《盐城市人大常委会规范性文件备案审查实施办法》，进一步完善审查体制和报送备案、主动审查等规定；开展备案审查工作，对市政府和响水县人大常委会报送的9件规范性文件进行了备案审查；重视做好群众来信来访工作，全年受理群众来信620件次，接待群众来访648人次。

坚持以人为本，推动保障改善民生 关注饮用水安全保障，采取市县联动方式，对全市城乡饮用水安全保障工作情况开展视察调研，并进行专题审议，推动全市饮用水安全保障工作扎实推进，视察跨区域引水的新水源地工程启动实施情况。关注义务教育均衡发展，在认真调研、充分准备的基础上，结合市政府关于全市义务教育均衡发展工作情况的报告，开展专题询问。关注生态环境建设，采取市县联动、专题调研、集中视察等方式，加大市七届人大四次会议《关于进一步加大全市秸秆综合利用和禁烧禁抛力度的议案》（第1号）的督办力度，听取和审议市政府关于议案办理情况的报告，推进秸秆综合利用、禁烧禁抛工作取得成效；听取和审议全市农村河道整治工作情况的报告，推动提升农村河道整治质量；视察工地扬尘、城市永久性绿地建设等工作，打造天蓝地绿、水清气爽的宜居宜业环境。对市政府为民办实事工程，以及食品药品安全监管、基层医疗卫生基础设施标准化建设、民营医疗机构建设、文化市场监管、物业管理、地震等工作开展视察调研，推动相关工作开展。

坚持尊重主体，发挥代表作用 以主题活动为载体，发挥代表模范作用，举行代表小组和代表工作报告会，组织2个代表小组和9名基层代表宣讲履职先进事迹，进一步调动代表为民履职的积极性。深入开展“科学发展走在前”主题活动，密切代表联系群众，帮助群众排忧解难，带领群众创业致富。全年代表们共联系扶持贫困家庭187户、服务企业267家、为群众办好事310件、解决实际问题248个、提出事关民生大局的建议286条。增强代表工作实效，完善常委会组成人员与基层市人大代表联系制度，通过走访、约谈、发放征求意见函等方式，每名常委会组成人员与3名以上基层代表保持经常性联系。坚持邀请代表列席常委会会议，参加视察调研、执法检查等活动，听取代表的意见，畅通社情民意反映和表达的渠道。全年代表们共参加市、县（市、区）人大常委会组织的视察920多人次，专题调研640多人次，执法检查130多人次，专项工作评议150多人次，共有88名省、市人大代表列席了常委会会议。激发代表履职热情，督办代表建议，确定提高农村环境综合整治成果、完善养老服务等19件事关经济社会发展大局和人民群众切身利益的建议，由主任会议、常委会领导和工作机构重点督办，推动相关问题解决。至年底，市七届人大四次会议上代表提出的194件建议、批评和意见，全部办理并答复代表，代表对建议办理工作的满意率较上年又有新提高。

坚持与时俱进，提升履职能力水平 突出思想政治建设，把学习贯彻习近平总书记系列重要讲话精神和省、市委决策部署作为首要政治任务，多次组织学习交流，统一思想、凝聚力量、推动工作，坚决贯彻市委的决策部署，使党的主张通过法定程序成为人大的决议决定，转化为全市人民的自觉行动和内在要求；坚持重要事项及时向市委请示汇报制度，保证了人大工作正确政治方向。注重增强监督实效，贯彻落实《中华人民共和国预算法》，设立财经专委和预算工委，为依法开展预决算审查监督工作提供组织保证；推进专题询问常态化，事前深入调研，事中精心组织，事后跟踪落实，对专题询问活动进行全程录像、在市人大网站播放，赢得良好社会反响；推进市县联动执法检查常态化，合力解决共性问题，扩大监督社会效果；实行审议意见落实情况再报告、再审议和满意度测评制度，保证了人大监督工作质效提升。着力改进工作作风，严格执行中央“八项规定”和省、市委“十项规定”，坚持深入基层、深入田间地头和项目工地，深入开展调查研究，倾听群众呼声，反映群众意愿，全年开展视察调研40多项，配合省人大开展视察调研20多项，提出许多有价值的建议；建立基层人大工作联系点制度，召开全市人大工作理论研讨会、全市乡镇人大工作座谈会，及时总结推广县（市、区）人大工作的好经验好做法，支持鼓励基层探索和创新；常委会领导带领机关党员干部，多次深入帮扶点开展调研，帮助村（居）和群众理清发展思路，解决实际困难。

第一节　重要会议

一、市第七届人民代表大会第四次会议

1月20～23日，市第七届人民代表大会第四次会议在盐城召开。大会应到代表553名，实到代表534名，符合法定人数。会议听取并审议代市长王荣平所作的政府工作报告，市人大常委会副主任周德祥所作的市人大常委会工作报告，市中级人民法院院长徐军所作的市中级人民法院工作报告，市人民检察院检察长戴飞所作的市人民检察院工作报告，审议《关于盐城市2014年国民经济社会发展计划执行情况和2015年国民经济社会发展计划草案的报告》《关于盐城市2014年财政预算执行情况和2015年财政预算草案的报告》。会议表决通过关于政府工作报告的决议，决定批准这个报告；表决通过关于盐城市2014年国民经济社会发展计划执行情况和2015年国民经济社会发展计划的决议，决定批准《关于盐城市2014年国民经济社会发展计划执行情况和2015年国民经济社会发展计划草案的报告》，批准盐城市2015年国民经济社会发展计划；表决通过了关于盐城市2014年财政预算执行情况和2015年财政预算的决议，决定批准《关于盐城市2014年财政预算执行情况和2015年财政预算草案的报告》，批准盐城市2015年市本级财政预算；表决通过关于盐城市人大常委会工作报告的决议、关于盐城市中级人民法院工作报告的决议、关于盐城市人民检察院工作报告的决议，决定批准这3个报告。大会以无记名投票的方式，选举王荣平为盐城市人民政府市长，补选王克林、冯佐、华林泰、吴冈玉4位市人大常委会委员，王娟、尹金来、孔令科、何忠、姜冠军、徐晓阳6位委员辞职报告报人代会备案。大会主席团成员，市政府、市政协负责人，市中级人民法院、市人

民检察院主要负责人，曾任地市正职和市人大常委会副主任的老干部在主席台就座。列席大会的有：出席市政协七届四次会议的全体委员；不是市七届人大代表的市政府组成人员，市委副秘书长及市委各部门、群众团体主要负责人，市政府副秘书长、市政府有关直属单位主要负责人，县（市、区）人民政府、盐城经济技术开发区管委会、城南新区管委会主要负责人，市中级人民法院副院长、市人民检察院副检察长，市区大中专院校、省属驻盐单位、市政府驻外联络处主要负责人，县（市、区）人民法院院长、人民检察院检察长，市区部分重点企业主要负责人。

二、市第七届人民代表大会第五次会议

6月24日，市第七届人民代表大会第五次会议在盐城召开。大会应到代表552名，实到代表519名，符合法定人数。会议表决通过《关于设立盐城市第七届人民代表大会财政经济委员会、法制委员会的决定》和盐城市第七届人民代表大会财政经济委员会和法制委员会主任委员、副主任委员和委员人选。市委书记、市人大常委会主任朱克江主持会议并作重要讲话。

三、市第七届人大常委会会议

2015年，市七届人大常委会召开常委会会议10次，听取和审议市"一府两院"专项工作报告20项，做出决议决定9项，依法任免国家机关工作人员93人次。

1月16日，市七届人大常委会召开第十八次会议。会议审议了市七届人大四次会议建议议程（草案）、市七届人大四次会议主席团和秘书长建议名单（草案）、市七届人大四次会议国民经济社会发展计划和预算审查委员会建议名单（草案），听取并表决通过市七届人大常委会代表资格审查委员会关于个别代表的代表资格的审查报告，审议通过有关委员辞职事项、人事任免事项、市七届人大四次会议列席人员范围，听取关于市七届人大四次会议筹备工作情况的汇报，审议并原则通过市人大常委会工作报告（提请审议稿）。

3月27日，市七届人大常委会召开第十九次会议。市委书记、市人大常委会主任朱克江主持并讲话。会议听取和审议市政府关于全市"法律六进"工作情况的报告、市人大常委会农村委《关于进一步加大全市秸秆综合利用和禁烧禁抛力度的议案》（第1号）处理意见的报告，审议通过有关人事任免事项。

5月28日，市七届人大常委会召开第二十次会议。会议审议并通过《关于设立市人大常委会法制工作委员会的决定》，听取和审议市人大常委会执法检查组关于检查全市贯彻实施《中华人民共和国安全生产法》和《江苏省安全生产条例》情况的报告、市政府关于农村河道整治情况的报告、市政府关于市区房地产建设情况的报告，审议通过了有关人事任免事项。

6月17日，市七届人大常委会召开第二十一次会议。市委书记、市人大常委会主任朱克江主持会议。会议审议通过了《盐城市人大常委会关于召开盐城市第七届人民代表大会第五次会议的决定》，审议市七届人大五次会议建议议程（草案）、市七届人大五次会议主席团和秘书长建议名单（草案），通过市七届人大常委会代表资格审查委员会关于个别代表的代表资格的审查报告，听取关于市七届人大五次会议筹备工作情况的报告。

7月30日，市七届人大常委会召开第二十二次会议。会议听取和审议市政府关于上半年国民经济计划和财政预算执行情况的报告、关于市本级2014年财政决算情况的报告、关于2014年市本级预算执行和其他财政收支情况的审计工作报告、关于全市镇村经济发展情况的报告，审议并通过《盐城市人大常委会关于批准2014年市本级财政决算的决议》，专题询问市政府关于全市义务教育均衡发展情况。

8月24日，市七届人大常委会召开第二十三次会议。会议听取和审议市政府《关于大丰市撤市设区有关情况的报告》，审议通过《盐城市人大常委会关于撤销大丰市设立盐城市大丰区有关事项的决定》。

9月22日，市七届人大常委会召开第二十四次会议，市委书记、市人大常委会主任朱克江主持会议。会议听取和审议市政府关于全市新产业经济发展情况的报告、关于全市城乡饮用水安全保障工作推进情况的报告，市中级法院关于审判公开、市检察院关于检务公开、市公安局关于警务公开情况的报告，市人大常委会执法检查组关于检查全市贯彻实施《中华人民共和国渔业法》和《江苏省渔业管理条例》情况的报告；审议通过《盐城市人大常委会关于人民陪审员选任工作的实施办法》、市七届人大常委会代表资格审查委员会关于个别代表的代表资格的审查报告；盐城部分省人大代表向市人大常委会报告履职情况。

10月19日，市七届人大常委会召开第二十五次会议，市委书记、市人大常委会主任朱克江主持会议。会议决定任命庄兆林、葛启发为盐城市人民政府副市长，批准徐军辞去盐城市中级人民法院院长职务的请求，任命王世华为盐城市中级人民法院副院长，决定王世华代理盐城市中级人民法院院长职务，审议通过《盐城市人民代表大会常务委员会关于盐城市人民代表大会常务委员会财政经济委员会更名的决定》、盐城市中级人民法院《关于提请任命丁才生等270人为盐城市中级人民法院人民陪审员的议案》及其他人事任免事项。

11月26日～27日，市七届人大常委会召开第二十六次会议。会议听取和审议市政府关于2014年度市本级预算执行和其他财政收支审计查出问题整改情况的报告、《市政府关于提请审议2015年市本级预算调整方案（草案）的议案》、市政府《关于进一步加大全市秸秆综合利用和禁烧禁抛力度的议案》（第1号）办理情况的报告、关于市七届人大四次会议代表建议批评和意见办理情况的报告、市人大常委会执法检查组关于检查全市贯彻实施《江苏省保护和促进香港澳门同胞投资条例》情况的报告，审议通过《盐城市人大常委会关于批准2015年市本级预算调整方案的决议》和《盐城市人大常委会规范性文件备案审查实施办法（修订）》，听取省人大代表省直盐城组履职情况报告，并对盐城组履职情况进行了评议，审议市人大常委会主任会议关于提请审议《盐城市制定地方性法规

条例（草案）》的议案、市政府关于提请审议《盐城市绿化条例（草案）》的议案及有关人事任免事项。

12月30日，市七届人大常委会召开第二十七次会议，市委书记、市人大常委会主任朱克江主持会议。会议审议通过有关人事任免事项、《盐城市人大常委会关于召开盐城市第七届人民代表大会第六次会议的决定》，通过市人大常委会关于提请审议《盐城市制定地方性法规条例（草案）》的议案，通过《盐城市绿化条例》，待报请省人大常委会批准后公布施行。

四、市第七届人大常委会主任会议

2015年，市七届人大常委会召开18次主任会议，讨论研究并具体处理市人大常委会的重要日常工作，听取市政府、法院、检察院及有关部门专项工作汇报，以及市人大常委会各工作机构关于调查工作情况的汇报，讨论有关人事任免事项。

会议先后讨论市七届人大四次、五次、六次会议有关事项。讨论市人大常委会2015年工作要点、《关于批准2014年市本级财政决算的决议（草案）》《市人大代表向原选举单位报告履职情况的办法（草案）》《关于撤销大丰市设立盐城市大丰区有关事项的决定（草案）》《关于人民陪审员选任工作的实施办法（草案）》《关于盐城市人民代表大会常务委员会财政经济委员会更名的决定（草案）》、盐城市中级人民法院《关于提请任命丁才生等270人为盐城市中级人民法院人民陪审员的议案》、《盐城市人大常委会规范性文件备案审查实施办法（修订草案）》《盐城市制定地方性法规条例（草案）》的议案、《市政府关于提请审议2015年市本级预算调整方案（草案）的议案》《关于批准2015年市本级预算调整方案的决议（草案）》、市政府关于提请审议《盐城市绿化条例（草案）》的议案、《盐城市人大常委会2016年立法计划》《盐城市人民代表大会财政经济委员会工作职责》《盐城市制定地方性法规条例（草案）》的议案、《盐城市绿化条例（表决稿）》，听取市政府关于2015年市本级预算编制情况的汇报、市人大常委会财经委关于预算初审情况的汇报、关于全市“法律六进”工作情况的调查汇报、市人大常委会农村委《关于进一步加大全市秸秆综合利用和禁烧禁抛力度的议案》（第1号）处理意见的汇报、市体育局关于贯彻实施《江苏省全民健身条例》情况汇报、关于检查全市贯彻实施《中华人民共和国安全生产法》和《江苏省安全生产条例》情况的汇报、关于农村河道整治情况的调查报告、关于市区房地产建设情况的调查报告、关于盐城新水源地比选论证有关情况的汇报、关于上半年国民经济计划和财政预算执行情况的调查汇报、关于市本级2014年财政决算情况的审查报告、关于全市镇村经济发展情况的调查汇报、专题询问市政府关于全市义务教育均衡发展情况准备工作的汇报、关于市人大常委会组成人员联系代表情况的汇报、关于主任会议重点督办市七届人大四次会议代表建议批评和意见办理情况的汇报、市农委关于全市推广联耕联种情况的汇报、市政府关于全市省级经济开发区发展情况的汇报、全市侨资企业发展情况的汇报、大丰市撤市设区有关情况的汇报、市政府关于环保产业发展和环保科技城建设情况的汇报、关于全市法院审判检察院检务公安局警务公开情况的调查汇报、关于全市新产业经济发展情况的调查汇报、关于检查全市贯彻实施《中华人民共和国渔业法》和《江苏省渔业管理条例》情况的汇报、关于全市城乡饮用水安全保障工作推进情况的调查汇报、关于2014年度市本级预算执行和其他财政收支审计查出问题整改情况的调查汇报、市人大常委会农村委《关于进一步加大全市秸秆综合利用和禁烧禁抛力度的议案》（第1号）办理情况的汇报、关于市七届人大四次会议代表建议批评和意见办理情况的汇报、关于检查全市贯彻实施《江苏省保护和促进香港澳门同胞投资条例》情况的汇报、市人大常委会上半年部分审议意见办理情况的汇报、市人大法制委关于《盐城市制定地方性法规条例（草案）》准备情况的汇报、关于《盐城市绿化条例（草案）》准备情况的汇报、市人大法制委关于《盐城市制定地方性法规条例（草案修改稿）》修改情况的汇报、关于《盐城市绿化条例（草案修改稿）》修改情况的汇报，讨论常委会会议相关事项、人事任免及其他有关事项。

五、出席省、全国人民代表大会

1月27日至2月1日，江苏省第十二届人民代表大会第三次会议在南京召开。市委书记、市人大常委会主任朱克江，市委副书记、市长王荣平，市人大常委会副主任周德祥，市委常委、组织部部长庄兆林等盐城市省人大代表出席会议。省长李学勇，省人大常委会副主任赵鹏，副省长史和平参加盐城代表团审议。会议期间，盐城代表团向大会共提交了49件议案和建议，其中2件议案被大会主席团确定为正式议案，交省人大常委会在大会闭幕后审议。

3月5～15日，第十二届全国人民代表大会第三次会议在北京召开。市委书记、市人大常委会主任朱克江，市政协副主席、民盟盐城市委主委蒋婉求，悦达集团董事局原主席陈云华，阜宁县委书记、县人大常委会主任顾云岭，市疾病预防控制中心主任沈进进，市耕地质量保护站站长、党支部书记秦光蔚，亭湖区五星街道雅和社区党委书记、居委会主任苏珍，盐都区潘黄街道仰徐村党委书记徐荣春，江苏瑞信律师事务所主任刘玲9位盐城市十二届全国人大代表出席会议。盐城全国人大代表共向大会提交议案5件、建议46条。

第二节　重要活动

一、执法检查

2015年，市人大常委会分别对《中华人民共和国安全生产法》《江苏省安全生产条例》《中华人民共和国渔业法》《江苏省渔业管理条例》《江苏省保护和促进香港澳门同胞投资条例》等法律法规的实施情况进行专项检查。

4月，市人大常委会副主任肖紫英带领市人大常委会执法检查组，就全市贯彻实施《中华人民共和国安全生产法》和《江苏省安全生产条例》情况进行执法检查。5月8日,市七届人大常委会第二十次会议听取和审议执法检查报告。会议要求市政府及有关部门要进一步加大宣传力度,增强全社会安全生产法制意识;要推动企业履行安全生产主体责任,推进企业安全生产标准化建设;要抓好隐患排查治理工作,研究落实长效管控措施;要加大安全生产监管力度,坚决依法查处安全违法行为;要抓转型升级促安全生产,在推进经济转型升级中提升企业安全生产水平。

9月,市人大常委会副主任周德祥、秘书长倪崇彦带领市人大常委会执法检查组,就全市贯彻实施《中华人民共和国渔业法》和《江苏省渔业管理条例》情况进行执法检查。9月22日,市七届人大常委会第二十四次会议听取和审议执法检查报告。会议要求市政府及有关部门加大法律法规宣传力度,提高全社会依法治渔、依法护渔、依法兴渔意识;发展绿色现代渔业,促进水环境保护与渔业生产的协调发展;提高渔业产品质量安全,确保不经检验的水产品不得进入市场。

10月,市人大常委会副主任肖紫英带领市人大常委会执法检查组,就全市贯彻实施《江苏省保护和促进香港澳门同胞投资条例》情况进行执法检查。11月26~27日,市七届人大常委会第二十六次会议听取和审议执法检查报告。会议要求市政府及有关部门加大条例宣传力度,完善港澳同胞权益保障机制;掀起港澳投资的新高潮,引进高端绿色先进的港澳企业和项目落户盐城,提升经济合作的层次和水平;优化投资环境,提高服务质量和水平,吸引更多的港澳企业在盐城投资兴业。

二、专题询问

7月30日,市七届人大常委会第二十二次会议对全市义务教育均衡发展工作情况开展专题询问。询问会听取副市长马成志所作的关于全市义务教育均衡发展工作情况的报告,8名市人大常委会委员和3名市人大代表分别就教育资源配置、财政投入、师德师风建设等人民群众普遍关心的问题对市发改委、教育局、财政局、人社局、规划局5个市直部门提出询问。市政府相关部门负责人逐一做出回应,同时表示将加大推进义务教育均衡发展的工作力度,对询问中指出的问题,认真研究会商,限时整改到位。

第三节　议案及建议

2015年,市七届人大四次会议上,市人大代表十人以上联名提出议案73件,经大会主席团研究决定,将其中的1号作为大会议案,其余72件转为建议办理。加上代表提出的建议122件,全年建议总数为194件,较上年增加11%。其中,发展规划、综合经济方面16件,农业、农村、水利方面17件,工业、交通、能源方面8件,财政、税收、金融方面10件,流通、旅游、服务方面8件,城乡建设、资源环境方面33件,科、教、文、卫、体方面22件,社会及公共事务方面24件,行政法制、廉政建设方面17件,其他方面19件。属于市人大常委会和党群部门主办的23件,占11.9%;属于市"一府两院"主办的171件,占88.1%。从办理结果看,已经解决或基本解决的62件,占32%;逐步解决或措施基本落实的117件,占60.3%。

1号议案　市七届人大四次会议上,建湖代表团郑中等11位代表提出《关于进一步加大全市秸秆综合利用和禁烧禁抛力度的议案》被确定为大会1号议案。大会主席团决定闭会后交市人大常委会审议。市七届人大常委会第十九次会议听取和审议市人大常委会农村委《关于进一步加大全市秸秆综合利用和禁烧禁抛力度的议案》(第1号)处理意见的报告,决定交市政府研究办理。会上,市委书记、市人大常委会主任朱克江对议案办理工作提出明确要求。市委市政府高度重视全市秸秆综合利用和禁烧禁抛工作,连续召开3次专题会议,研究会办、协调解决工作中的矛盾和问题。市委书记、市人大常委会主任朱克江专门召开各县(市、区)党政一把手会议,对秸秆综合利用和禁烧工作提出要求。市委副书记戴元湖多次召集各县(市、区)党政分管领导研判秸秆综合利用和禁烧形势,推进秸秆综合利用和禁烧禁抛工作。市人大常委会采取市、县联动方式,通过专题调研、集中视察、代表活动等形式,加大议案督办力度。11月上旬,市人大常委会副主任周德祥带领部分市人大代表对议案办理情况进行专题视察,听取市政府及有关部门的情况汇报,对如何进一步做好此项工作提出要求。市七届人大常委会第二十六次会议听取和审议市政府关于市七届人大四次会议第1号议案办理情况的报告。会议充分肯定1号议案办理工作对推动全市秸秆综合利用和禁烧禁抛所起的作用。会议要求市政府及有关部门加强宣传教育力度,让综合利用和禁烧禁抛成为广大群众的内在要求、自觉行动,依法管理,提高执法力度,切实杜绝违法行为;提高机械化还田质量和水平,加大农机补贴力度,加强农田基础设施建设,提高农业机械化水平;拓宽秸秆综合利用的渠道,建立收储用体系,提高政策性支持力度,推动秸秆综合利用工作。

(袁　悦　姜　枫)

第25章 盐城市人民政府

责任编辑 冯 刚

综 述

2015年，盐城市全面贯彻中共十八大以及十八届三中四中五中全会和习近平总书记系列重要讲话特别是视察江苏重要讲话精神，坚决落实省委、省政府和市委的决策部署，牢牢把握稳中求进总基调，秉持"三先"（沿海当先、苏北领先、全省争先）追求，统筹推进稳增长、促改革、调结构、惠民生、防风险等各项工作，完成"十二五"规划主要目标任务和市七届人大四次会议确定的年度目标任务。

经济运行稳步增长　全年地区生产总值增长10.5%，一般公共预算收入增长14.2%，固定资产投资增长22.6%，社会消费品零售总额增长11.7%，规模以上工业增加值增长11.5%。其中，一般公共预算收入、全口径工业开票销售、服务业增加值、进出口总额8项指标增幅列全省第一位，地区生产总值、规模以上工业增加值、固定资产投资3项指标增幅列全省第二位。支持实体经济发展，制定出台稳定工业经济增长10条政策措施和金融支持实体经济发展6条意见，实行领导挂钩服务、部门跟踪服务企业制度，开展服务企业百日行动，稳定东风悦达起亚汽车公司产销水平，全年销售61万台；50户大企业（集团）开票销售1540亿元，占全市工业开票销售比重达到36%。德龙镍业成为继悦达集团、摩比斯、博汇集团之后全市第四家开票销售超百亿元企业。增加有效投入，推进"项目载体突破年"活动，新开工投资超10亿元重大项目28个，完成工业投资2003亿元，增长20.4%。着力培育新型消费业态，打造信息、健康、旅游等多点支撑的消费增长格局，消费对经济增长的贡献率达到48.7%。突出抓好房地产市场健康发展，全市商品房库存去化周期由2014年年底的21个月降至17个月。推动外贸稳定增长，进出口总额突破80亿美元，其中出口总额51.2亿美元，增长16.6%，是全省唯一正增长地区。充分发挥金融机构服务实体经济主渠道作用，全市存款和贷款余额分别比年初增长18.7%、18.2%。

结构调整步伐加快　落实最严格的环境保护制度、最严格的水资源管理制度、最严格的节约用地制度、最严格的耕地保护制度，严守生产安全和公共安全、生态环保、耕地保护和节约用地、民生保障和社会稳定"四条底线"，倒逼绿色发展、绿色转型。启动实施产业创新"十大工程"（汽车全产业链、新能源汽车、环保科技、海洋经济、清洁能源、大数据、智能终端、航空产业、金属新材料和健康产业），培育新增长点，推动产业迈向中高端。发展战略性新兴产业，新能源及其装备、节能环保、新能源汽车等新兴产业实现主营业务收入2200亿元，增长30.7%，高于工业增速18.7个百分点。制定出台《加快工业转型升级的实施意见》，推动传统优势产业加快向智能制造、绿色发展方向转变，四大支柱产业中20个子行业产值保持增长，汽车、机械成为千亿元级产业。加快推进服务业集聚区和重大项目建设，服务业发展提速、比重提高、结构优化，占地区生产总值比重达到41.6%，提高0.8个百分点。实施创新驱动发展战略，全市规模以上工业企业建立市级以上研发机构比重达50%以上，省级以上企业技术中心、"两化"（信息化和工业化）融合企业数苏北第一，获省认定首台（套）重大装备数量全省第一，全社会研发投入占比达到1.8%，科技进步贡献率达到53.3%。高新技术产业产值2440亿元，占规模以上工业产值比重达28.7%，比"十一五"末提高10.5个百分点。实施人才强市战略，全面启动"515"人才引进三年行动计划，累计引进市外非盐城籍高校毕业生1万多人。盐城经济技术开发区、盐城高新技术产业开发区、环保科技城、智慧科技城"两区两城"标志性产业创新高地建设不断取得新的成效。

沿海开发取得新突破　充分发挥"一带一路"和长江经济带连接点、江苏沿海中部枢纽城市的地缘优势，实施"北联央企、南接沪深、西向开拓、东向出海"战略，逐步形成"东南西北"全方位开放新格局。推进省沿海开发"六大行动"（港口功能提升、沿海产业升级、临海城镇培育、滩涂开发利用、沿海环境保护和重大载体建设），实施市沿海开发三年行动计划，沿海板块已成为全市经济发展的重要增长极。沿海五县（市、区）对全市工业和财税增长贡献率分别达到90%和50%以上。列入省沿海开发五年推进计划的78个重点项目，累计完成投资3626亿元。盐城港"一港四区"建成万吨级码头17个，货物吞吐量同比增长24%。启动建设南洋机场新航站楼，开通22条国内国际航线。对外开放合作取得新突破，成为中韩两国政府确定的产业园地方合作城市，省政府出台专项政策支持中韩盐城产业园区建设。盐城高新技术产业开发区获批国家级高新区，盐南高新技术产业开发区、建湖高新技术产业开发区创成省级高新区。沪苏大丰产业联动集聚区正式成立，苏盐、盐常等合作共建园区加快建设，国家级滩涂综合开发试验区建设取得新进展。

3月，亭湖区盐东镇新龙村一景。　　（陈昌娣　摄）

城乡统筹迈出新步伐　中心城市现代化步伐加快，市区十大类112个城建项目完成投资151亿元，城南体育场、金融城等一批城市综合体全面建成，市区内环高架快速路网工程全面开工建设，成功创建国家卫生城市。重大基础设施加快突破，跨区域引水的新水源地工程通过专家评审，并获得省政府批准。盐城至南京、徐州高速铁路（客运专线）当年立项、当年设计、当年开工建设，盐城至连云港快速铁路加快推进。阜建高速建成通车，实现"县县通高速"。发展现代农业，新增设施农业面积全省第一。实施"接二连三"（连接第二产业和第三产业）工程，农产品加工产值突破2000亿元。推进农村改革，所有镇和80%以上的行政村开展土地承包经营权确权登记颁证工作，累计推广联耕联种30.7万公顷。全面推进农村环境综合整治和新型农村社区建设，完成5930个规划布点村庄整治任务，在苏北率先实现城乡公交一体化，常住人口城镇化率由"十一五"末的52.5%提升到59.5%。

改革措施落地见效　按照中央和省市委统一部署，以经济体制改革为主轴，重点抓好简政放权、农村、医疗卫生、文化、交通和城市管理执法等方面一系列改革举措的推进落实，做到改有所进、改有所成。在全省率先制定市级政府"权力清单"和市场准入"负面清单"，市级部门（单位）行政权力事项精简73.6%，行政审批事项精简55%，实施建设项目"多图联审"、投资项目"多评合一"和涉企收费"一票制"，打造盖章最少、收费最少、材料最少、流程最短的"三少一短"政策服务环境。推动竞争类国企加大股改力度、政府平台类企业加快优化重组、公共服务类企业建立健全法人治理结构；全面整合城市资产资源，创新重点工程投融资体制，做到低息负债、适度负债、循环负债、永续发展。着力深化商事制度改革，推行涉企收费"一表一卡"制度，激活市场、搞活主体，规模以上工业企业开票销售增长达60%。研究出台加快镇村经济发展意见和众创空间建设三年行动计划，全市新增各类市场主体8.17万户，增长30.2%；新登记注册个体工商户5.89万家，增长32.6%。

生态建设迈上新台阶　坚持以建设国家可持续发展实验区和生态文明先行示范区为抓手，坚定不移推进生态文明建设，促进生态环境不断改善。加大节能减排力度，加快淘汰小化工、小钢铁等落后产能，推进沿海重点园区生态化改造，万元地区生产总值能耗下降率达6.47%，单位工业增加值用水量下降率提高到7.2%。实施绿化造林十大工程、市区园林绿化十大工程，开展国家森林公园、国家湿地公园创建工作，扎实抓好秸秆禁烧和综合利用等工作，PM2.5平均浓度比2013年考核基准数下降24.6%，空气质量继续保持全省第一、全国前列。开展城乡环境综合整治，实施空气清新、河道清澈、乡村清洁、城市清爽"四清"工程，市区核心区38条河道和农村河道整治三年行动计划年度疏浚任务达到序时要求。清洁能源加快发展，全市风力发电量和光伏发电量分别占全省50%和40%，创新运用"风电车""风电水""风光渔"等"新能源+"商用模式，成为国家首批新能源示范城市、新能源海水淡化试点城市、新能源汽车推广试点城市。持续推进绿色盐城建设，加快沿海5个万亩林场建设，林木覆盖率达到26%，新增绿化造林面积全省第一，通过全国绿化模范城市考核验收和环保模范城市国家评估。良好生态有力带动观光旅游业的发展，盐城已成为中国十佳绿色生态旅游城市，全年接待游客总量和旅游收入总量同比实现翻番。

社会民生持续改善　推进基本公共服务建设，全市财政用于民生投入548亿元，新增财力80%以上用于民生改善。20件为民办实事项目年度投资113亿元，超额完成年度目标任务。城乡居民人均收入分别达28200元和15748元，城镇常住居民人均可支配收入和全体居民人均可支配收入增幅全省第一。实施新一轮促进就业创业工程，全市新增城镇就业8.95万人。健全社会保障体系，全市新农合参合率100%，实施社会保险全民参保登记工作，提高城乡低保、农村五保供养、20世纪60年代初精减退职老职工生活困难补助和孤儿等八类特殊人群生活保障标准，织密社会保障制度网眼。深化医药卫生体制改革，全市720万常住人口免费享受11类43项基本公共卫生服务。实施中小学校舍建设工程，实现义务教育发展基本均衡县（市、区）全覆盖。加大精准扶贫力度，14万低收入人口完成脱贫目标，111个省定经济薄弱村基本实现新"八有"（有双强班子、有科学规划、有高效农田、有特色产业、有配套设施、有保障机制、有整洁村容、有文明村风）目标。严格落实工作责任制，切实做好安全生产、信访化解、社会治理等工作，全市信访总量持续下降，安全生产形势持续好转，社会大局保持和谐稳定。

作风建设得到新加强　开展“三严三实”专题教育，在坚持问题导向、坚持从严要求、坚持领导带头、坚持讲求实效4个方面下功夫，落实好讲专题党课、专题学习研讨、专题调研以及抓好整改落实和立规执纪等关键动作，把专题教育各项重点任务一件一件落实到位。推进“作风建设深化年”活动，倡导“马上就办、真抓实干”工作作风，勇于担当，苦练内功，不断提升履职尽责能力。落实全面依法治市要求，坚持把政府工作全面纳入法治轨道，依法行使权力履行职责，建立重大决策合法性审查、终身责任追究及责任倒查机制。深化政务公开，自觉接受党内监督、人大法律监督、政协民主监督、司法监督、审计监督，重视人民群众监督和社会舆论监督，年内，共有81个重要文件提交人大、政协和网上公示征求意见。办理人大代表建议174件、政协委员提案228件，办结率100%，代表、委员满意和基本满意率100%。认真贯彻民主集中制，按规则议事和决策，坦诚相待、相互支持、维护团结，在贯彻中央精神、落实省委省政府和市委要求、改进工作作风上做出表率。严格落实党风廉政建设责任制，坚持在政府系统实行“一岗双责”，把政府系统的廉政建设与政府工作同安排、同部署，年初签订目标管理责任书，年终考核兑现奖惩，形成了一级抓一级、层层抓落实的廉政建设工作机制。严格执行中央“八项规定”和省、市委“十项规定”，深化“四风”整治，公务接待、因公出国（境）、公车购置运行费用大幅下降，公车改革任务基本完成，群众对政府满意度不断提升。

第一节　重要会议

一、市政府常务会议

2015年，市政府召开常务会议11次。

2月26日，市政府召开第一次常务会议。会议审议并原则通过《关于加快发展养老服务业的实施意见》《盐城市沿海港口岸线使用管理办法》《关于加强全市内河干线航道岸线使用和港口建设管理的意见》《关于市区国有土地上企业房屋征收补偿和其他有关问题处理的意见》《关于贯彻〈江苏省发展新型墙体材料条例〉的实施意见》《盐城市市区地下管线管理办法》《盐城市气象灾害应急预案》《盐城市气象灾害防御规划（2014～2020）》；部署全面小康社会建设、市政府机构改革等工作。

3月18日，市政府召开第二次常务会议。会议部署政府系统廉政建设工作；研究部署全市安全生产工作；审议并原则通过《2014年度盐城市科学技术奖励的决定》《引进重大外资项目考核奖励、重点开发园区表彰奖励方案》。

4月16日，市政府召开第三次常务会议。会议听取《盐城市临海高等级公路经济带发展规划（2015～2020年）》和2015年重大项目投资计划汇报；审议并原则通过《关于加快工业转型升级的实施意见》《关于加快镇村经济发展的意见》《关于扶持镇村经济发展的政策措施》《2015年度全市重点开发园区考核办法》。

5月26日，市政府召开第四次常务会议。会议听取“双十”工程具体项目编制情况和全市深化医改工作情况汇报，审议并原则通过《深化医改综合试点实施方案》《安全生产目标管理考核办法》《关于进一步调整完善市区城市建设管理体制的意见》《关于推动现代保险服务业加快发展的实施意见》。

7月6日，市政府召开第五次常务会议。会议听取新水源地工程建设方案汇报，对新水源地方案进行比选论证；审议并原则通过《盐城市中心城区供水规划（2014～2030年）》《关于进一步推进户籍制度改革的意见》；部署全市安全生产工作。

8月13日，市政府召开第六次常务会议。会议听取盐城市“十三五”规划编制思路汇报；审议并原则通过《市级行政权力事项目录清单管理办法（试行）》《关于促进社会组织改革发展的实施意见（试行）》《关于进一步深化行政审批制度改革加强事中事后监管的意见（试行）》《行政审批违法违纪行为责任追究办法（试行）》；部署当前安全生产工作。

9月10日，市政府召开第七次常务会议。会议审议并原则通过《关于加强重点工程建设资金筹集与管理的实施方案》《关于深化改革提升行政效能的实施意见》《综合行政执法体制改革试点实施方案》《建设项目“多图”联审工作实施意见》《关于深化价格改革加强价格监管的实施意见》《规范性文件实施效果评估办法（草案）》。

10月21日，市政府召开第八次常务会议。会议听取加快推进教育现代化建设相关情况汇报，审议《关于加快推进教育现代化建设的实施意见》；审议并原则通过《关于加快发展现代职业教育的实施意见》《盐城市城市消防规划（2015～2030）》《关于建立健全粮食安全责任制的实施意见》。

11月9日，市政府召开第九次常务会议。会议学习中共十八届五中全会精神；督查推进2015年为民办实事项目，听取全市残疾人工作情况汇报，审议并原则通过《关于在全市实施留守儿童关爱工程的意见》《盐城市排污权有偿使用和交易管理办法（试行）》《关于加快互联网平台经济发展的实施意见》；部署消防安全工作。

12月15日，市政府召开第十次常务会议。会议研究公务用车制度改革系列文件；审议《关于加快发展互联网经济的实施意见》《盐城市高标准农田建设规划（2015～2020）》；审议并原则通过《关于在市区禁止燃放烟花爆竹的规定》；学习《中华人民共和国食品安全法》和《中华人民共和国安全生产法》。

12月31日，市政府召开第十一次常务会议。会议审议《政府工作报告（讨论稿）》《盐城市国民经济和社会发展第十三个五年规划纲要（草案）》《关于盐城市2015年国民经济社会发展计划执行情况和2016年国民经济社会发展计划草案的报告（征求意见稿）》《关于盐城市2015年财政预算执行情况和2016年财政预算草案的报告（征求意见稿）》。

二、市政府全体会议

7月20日，市政府召开全体会议，贯彻市委六届七次全会精神，总结上半年工作，分析当前经济形势，部署下半年任务。市长王荣平出席会议并讲话，要求深入贯彻习近平总书记系列重要讲话精神特别是视察江苏重要讲话精神，按照省委省政府和市委决策部署，紧盯“三先”定位，强化责任担当，狠抓工作落实，攻坚克难、奋发有为，确保全面完成全年目标任务。市委副书记、市政府党组副书记戴元湖主持会议，副市长马成志、夏存喜、王荣、周绍泉、吴晓丹、张京麒等出席会议。盐城经济技术开发区、市发改委、经信委、农委、交通运输局、卫计委作会议交流发言。

三、其他会议

4月22日下午，市委市政府召开全市加快推进供给侧结构性改革工作会议。市委书记、市人大常委会主任朱克江，市长王荣平分别讲话。市政协主席李驰等出席。会议强调，全市上下要深入贯彻落实中共十八届五中全会、中央和全省经济工作会议及市委工作会议精神，以习近平总书记系列重要讲话特别是关于供给侧结构性改革的重要讲话精神为根本遵循，对推进供给侧结构性改革工作进行具体部署，促进全市经济持续平稳健康发展。市委常委、副市长，市人大有关领导人，市法院院长、市检察院检察长，市有关方面负责人，各县（市、区）委书记、县（市、区）长，盐城经济技术开发区、城南新区党工委书记、管委会主任，部分市重点骨干企业主要负责人参加会议。响水县、滨海县、亭湖区和悦达集团作交流发言。

6月16日下午，市委市政府召开全市工业经济转型升级推进大会。市委书记、市人大常委会主任朱克江出席会议并讲话。市长王荣平作工作部署，市委副书记戴元湖主持会议。朱克江强调，面对经济下行压力，要始终保持清醒头脑，提振精神状态，以严、实作风狠抓各项任务落实；广集要素资源，着力招引项目，优化为企服务，大力引进人才，汇聚发展合力；统筹抓好稳增长、调结构、推改革、惠民生，做好农业农村、防汛防旱、安全生产等各项工作，确保全市经济社会持续健康发展。王荣平指出，要顺应新形势、因应新变化、适应新常态，推进产业创新“十大工程”，实施调高调轻调新调绿调强行动，推动产业优化升级，做大做强战略性新兴产业，增创传统产业发展新优势，提速发展生产性服务业，发展互联网经济；实施创新驱动战略，聚焦产业创新“十大工程”，完善科技研发创新体系，推进“两化”深度融合；促进集聚集约发展，强化开发园区带动，坚决淘汰落后产能，推动生产方式绿色化；培育转型主体力量，抓好大企业大集团培育，促进中小企业健康成长，提高企业经营管理水平。会议表彰了盐城市优秀企业和优秀企业家。东台市、市经信委、盐城环保科技城和悦达集团作书面交流。市委常委、副市长，市人大、市政协有关领导，市法院院长、市检察院检察长，市各有关部门和单位主要负责人，各县（市、区）、盐城经济技术开发区和城南新区党政主要负责人等参加会议。副市长周绍泉宣读表彰决定。

9月11日，市委市政府召开全市深化医药卫生体制改革工作会议。市委书记、市人大常委会主任朱克江出席会议并讲话，强调要深入学习贯彻习近平总书记视察江苏重要讲话精神，按照省委、省政府部署要求，进一步坚定信心决心，强化责任担当，大胆探索实践，努力在深化医改方面先行一步、先见成效、先出经验，让人民群众有更多获得感，增进全市人民健康福祉。市长王荣平作工作部署。会上，各县（市、区）、盐城经济技术开发区和城南新区主要负责人向市委递交了深化医药卫生体制改革工作目标责任书。建湖县、大丰区卫生局、东台市人民医院作交流发言。市领导张礼祥、潘道津、谷家栋，各县（市、区）、盐城经济技术开发区和城南新区主要负责人，市深化医改暨综合医改试点工作领导小组成员以及市有关方面负责人等参加会议。副市长马成志主持。

第二节　重要活动

2015年，盐城市政府加强对外交流，组织招商活动，涉及到政治、经济、社会民生等方面。

2015年市政府举办的重大活动

表25－38

活动名称	活动时间	主要内容
中国·盐城丹顶鹤国际湿地生态旅游节暨第八届海盐文化节	5月17～19日	举办百家上市公司盐城行、盐城经济技术开发区智能制造投资环境说明会、盐城沿海开发推介会、盐城市第四届海盐文化艺术品展销会、盐城城市旅游形象宣传片暨盐城旅游一卡通发布会等活动，涉及经贸、文化、旅游等领域。
盐城市经贸代表团赴深圳香港开展招商推介	6月7～11日	市长王荣平率团赴深港两地，开展招商活动，推进项目合作。参观华为、腾讯、长江基建、港中旅等知名大企业集团和具有代表性的科技创新园区，会晤深圳证券交易所、深圳中小企业家联谊会、香港中华厂商联合会、全港各区工商联等机构团体负责人，围绕引进创新资源、推动项目落地、开展人才培训、扩大合作领域等进行交流对接。

续表 25－38

活动名称	活动时间	主 要 内 容
中韩盐城产业园区新闻发布会	6 月 26 日	在北京举行中韩盐城产业园新闻发布会，介绍盐城经济社会发展和中韩盐城产业园规划建设情况。《人民日报》、新华社、中央电视台等中央主流新闻媒体，人民网、新华网等知名网站，《亚洲经济》《东亚日报》等海外驻京媒体，大韩贸易投资振兴公社等部分韩国在华商会、协会代表参加发布会。
第五届沿海发展人才峰会	8 月 20 至 9 月 6 日	峰会分别在盐城、上海两地举办，先后开展高层次人才创业大赛等 8 个场次的人才、项目、资本对接活动。“两院”院士、国家“千人计划”专家、教育部长江学者、国家杰出青年科学基金获得者等海内外高层次人才近千人应邀参加。
第十七届江苏农业国际合作洽谈会	9 月 11～13 日	举办盐城现代农业合作说明会、盐城农产品电子商务论坛暨合作洽谈会、盐城休闲观光农业暨乡村旅游专场推介会、盐城现代农业装备展、投资环境考察等活动。美国、法国等 54 个国家和地区的 500 多位境外嘉宾参会，共设展销展示展位 700 多个，其中境外展位 145 个，海内外 1000 多家农业企业、2000 多种农产品和农机设备参展。
盐城市经贸代表团赴欧开展招商推介	9 月 14～22 日	市长王荣平率团赴欧洲，拜会中国驻 WTO 大使俞建华、国际电信联盟秘书长赵厚麟，与瑞中经济协会、奥地利华人商会等经贸团体进行交流，会见盐城籍旅欧华人华侨代表，全面推介盐城投资环境和发展前景，围绕汽车产业、高端装备、现代物流等洽谈合作项目。
第四届中国东部沿海（盐城）国际汽车博览会	9 月 18～22 日	展出面积约 4 万平方米，整车参展商 70 家，参展车型 350 种。期间，举办了汽车漂移表演、新车发布、市民文明出行公约万人签名等活动。
盐城市经贸代表团赴台开展招商推介	11 月 16～19 日	市长王荣平率团赴台湾，举办 5 场产业合作恳谈会，与岛内多个工商团体的 300 多名企业家进行接触和交流，开展招商推介活动。海基会原董事长、三三会会长江丙坤，工商协进会理事长、台玻集团董事长林伯丰等多位台湾工商界知名人士分别参加相关活动。
第四届中国盐城·国际环保产业博览会	11 月 6～8 日	环博会以“环保科技沙龙、低碳产业盛会、合作交易平台”为主题，汇集 23 个国家和地区的 162 家环保领域领先企业，其中世界 500 强企业 5 家、上市公司 42 家，展品涵盖环保技术与装备、资源综合利用、节能惠民产品、循环经济项目等领域。其间还举办了高峰论坛、洽谈对接、战略研讨、产品推介等系列活动。

第三节　实事工程

2015 年，市政府 20 项为民办实事项目完成投资 113.3 亿元，占年度投资计划的 128.9%。

1. 创业扶持工程完成投资 4800 万元，占年度投资计划的 120%。举办第五届沿海发展人才峰会等活动，组织大学生创业意识培训 1.05 万人、创业模拟实训 1.03 万人、就业能力提升培训 1.12 万人，扶持高校毕业生、下岗失业人员、返乡农民工等各类群体创业 1.56 万人，新增各类市级创业载体 32 个、省级创业载体 5 个。

2. 扶贫开发工程完成投资 1.2 亿元，占年度投资计划的 100%。组织 7 万名党员干部与“一有三缺”（有劳力，缺资金、缺技术、缺项目）低收入农户结对帮扶，落实产业帮扶项目 2046 个，发放扶贫小额贷款 3.8 亿元，惠及农户 3.4 万户，渠北片区 124 个帮扶项目全部启动实施。

3. 供水设施建设工程完成投资 4.6 亿元，占年度投资计划的 100%。盐龙湖水厂桩基和土方工程基本完成，通榆河至城东水厂源水互通工程完成前期手续办理和施工图设计。

4. 污水处理设施建设工程完成投资 2.3 亿元，占年度投资计划的 100%。完成利民河整治、盐马路、大庆路等 50 千米截污管网和城东污水厂提标改造工程土建建设。

5. 城乡河道整治工程完成投资 17.1 亿元，占年度投资计划的 109.7%。市区核心区 38 条河道综合整治顺利推进，全市农村河道整治疏浚河道土方 6085 万立方米。

6. 市区城市防洪工程完成投资 1.6 亿元，占年度投资计划的 100%。市本级伍龙河、马中河闸站全部完工；盐都区马中河疏浚、冈沟河圩堤加固、新建黄刘排涝站、样板河东闸、龙冈青龙河泵站、果林场泵站、新区福余双泵站、冈中创河东闸站全部完成；亭湖区新建青墩双泵站、曙阳村林带排涝站完成；市开发区仁智河整治工程河道疏浚基本完成，20 座建筑物主体工程完工，通榆河沿线 5 座圩口闸全部结束；城南新区高产河南、北闸站主体工程、西伏河闸全部完成。

7. 市区公共自行车服务系统建设完成投资 4000 万元，占年度投资计划的 100%。至年底，建成公共自行车站点410个，安装锁车器1.17万个，共投放公共自行车1万辆。

8. 市区内环高架快速路网完成投资30.5亿元，占年度投资计划的122%。一期工程建成通车，至年底，完成征地拆迁98%、灌注桩1.47万根、承台2300个、墩柱3369个、盖梁浇筑826个、预制箱梁3615片、箱梁安装2741片、支架搭设141联、箱梁现浇76联。

9. 中小学校舍建设工程完成投资13.2亿元，占年度投资计划的442.3%。年内开工64.65万平方米。其中，大市区11.08万平方米。

10. 基层医疗卫生机构建设完成投资3.9亿元，占年度投资计划的100%。全市完成58个乡镇卫生院（社区卫生服务中心）、999个村卫生室（社区卫生服务站）标准化建设。

11. 市区医疗急救体系建设完成投资1572.3万元，占年度投资计划的100.1%。13辆急救车和13套医疗设备顺利交付，4个急救点建设完成。

12. 保障性安居工程建设完成投资17.3亿元，占年度投资计划的106.7%。全市新建各类保障性住房（含货币补偿）2.45万套（户），基本建成3.25万套（户）。其中，市区新建各类保障性住房4506套（户），基本建成各类保障性住房6979套（户）。完成老旧小区整治任务。

13. 社会养老服务体系建设完成投资2.6亿元，占年度投资计划的105.7%。全部完成"三有三能六达标"（敬老院每个房间或套房内有卫生间、有保暖降温设备、有电视机，老人不出院能洗澡、能看病、能康复娱乐，消防、卫生、环境、五保老人供养标准、管理服务人员配比、管理服务人员工资待遇达到省民政厅要求）升级改造任务；大市区按计划推进综合服务阵地建设，对各区申报补助的13个示范社区、12个薄弱社区给予600万元资金的奖补；大市区485个城乡社区全部建成居家养老中心（站），城市社区全部接入平台，50%的农村社区已接入平台；市社会福利院二期工程土建主体验收，外墙装饰工程基本完成。

14. 文化"五个一"亮点工程完成投资2亿元，占年度投资计划的100%。成功创作排演体现盐城特色的大型舞台综艺节目《多彩的家园》；组织开展"打开心扉·唱响盐城"文化惠民镇镇到演出活动、第三届"盐渎大舞台"全市广场舞展演活动，举办2015年中秋水街庙会和盐城市艺术节，全年送演出1087场；完成《文韵盐城》编纂出版工作；推进年度15个红色革命遗址保护修缮项目建设，其中3个项目竣工开放；做好串场河文化集聚区建设的规划论证工作，实施水浒文化博物馆（市博物馆）和好人馆建设工程，好人馆年底竣工开放。组织文化企业参加第四届苏州创博会、第十一届深圳文博会展览、第五届省文创版权展、2015香港国际文化创意产业博览会等展会活动。

15. 市区健身步道建设完成投资3300万元，占年度投资计划的110%。完成盐城市市区健身步道规划（2014～2030）年度建设任务，盐渎公园内环建设1.5千米和市文化广场建设3.5千米健身步道由市规划局批复同意纳入2015年建设计划。

16. 食品安全建设工程完成投资2000万元，占年度投资计划的117.6%。农产品质量安全产地准出建设工程完成投资200万元，对全市104个农产品质量安全产地准出示范基地名单予以确认；盐城市农产品质量安全追溯信息平台招标成功。市食品药品检验检测中心投资1800万元，对大楼进行局部加固。

17. 农产品市场建设完成投资2.7亿元，占年度投资计划的102%。农产品批发市场整合完成投资1.24亿元，由盐城市惠民农产品批发市场经营管理公司实现统一办公、统一经营、统一管理、统一账户，接纳大市区果蔬等批发市场经营户入驻。市区农贸市场建设完成投1.45亿元，7个农贸市场全部竣工。

18. 农村面貌改善工程完成投资12.1亿元，占年度投资计划的221.4%。农村公路提档升级工程完成1346千米，桥梁完工375座，农村卫生改厕8.3万户。

19. 社会治安防控体系建设完成投资2530万元，占年度投资计划的100%。完成社会视频图像资源共享平台建设开发工作，并整合市、区两级20家单位、830条路视频资源；完成300万条标准地址数据入库；滨海、东台、大丰DNA实验室建成投入使用，并通过省公安厅验收；建湖、射阳、响水DNA实验室投入实战使用；刑事侦查实战平台二期工程、SIS平台等专业系统在建设之中；完成176个灯控路口信号机联网，市区世纪大道等10条道路调试为"绿波"通行。

20. 法律援助惠民工程完成投资1526.8万元，占年度投资计划的127.2%。全市共办理法律援助案件6953件，特定群体对法律援助知晓率达83.2%，受援群众满意率达99.5%，全市法律援助中心建设全部达到规范化标准。

第四节　政务公开

2015年，市政府深化行政权力运行、财政资金使用、公共资源配置、公共服务和公共监管等重点领域信息公开工作，在全省首家公布了市级政府责任清单，财政预决算、"三公"经费等热点内容均按要求对外公开，全年累计主动公开政府信息12.3万条，其中各县（市、区）公开6.5万条，市直部门公开5.8万条。按照"依法、服务、开放、便民"的原则，继续完善网上受理平台功能，方便公众申请政府信息，全市共收到政府信息公开申请774件，同比下降18%，在全省政府信息公开行政复议、行政诉讼总量大幅增长的背景下，盐城市行政复议、行政诉讼总量下降了15%，依申请公开满意率显著上升。继续深化载体平台建设，市政府门户网站公开市政府及市级机关文件2500余件，设置内环高架工程建设、生态市创建等专题专栏57个，举办养老体系建设、服务农民工等在线访谈47场。严格执行例行新闻发布会制度，全市各地、各部门共举办新闻发布会99场，其中县（市、区）举办50场，市直部门举办49场，市政府先后以中韩盐城产业园区、为民办实事工程、支持制造业中高端发展等为主题举办新闻发布会18场，被省政府网站采编数量位居全省前列。健全新媒体发布渠道，"盐城发布"政务微博、微信及"智慧盐城"APP全部开通，新媒体公开体系全面建立，提供市政府重要会议、市政府公告公示、政策解读、关切回应等内容服务，在引导社会主流声音方面发挥作用。推进全市政务公开和新闻发言人队伍规范化建设，开展政府信息公开工作情况和新闻发言人队伍建设情况专项调查，先后组织全市政务微博微信联络员培训会议、全市政务公开和新闻发言人培训班等活动。（夏　斌）

第五节　机构编制

2015年，市编办围绕市委中心工作，提供机构编制服务，市环保科技城、城南科教城、沪苏大丰产业联动集聚区，列入省正处级行政事业机构"目录"，为盐城核增副处职领导职数13名。实施机构编制管理，建立机构和领导职数预审制度，加大编制监督检查力度，完善机构编制实名制管理。制订全市控编减编工作方案，成立3个督查小组，开展超编进人专项清理工作，对全市消化超编进人问题实行月督查、月通报，至年底，消化率达99.9%。推进"三责联审"（由组织部门、编制部门、审计部门联合对党政领导干部开展用人责任审查、编制责任审核、经济责任审计）工作，对市规划局、市级机关事务管理局、盐阜大众报报业集团、市住房公积金管理中心、市农科院、阜宁县、大丰区、开发区等联审对象进行机构编制责任审核。强化事业单位管理，出台《关于对机关事业单位违规超编制进人进行问责的暂行办法》，事业单位法人治理结构建设第二批试点实现市县改革试点全覆盖，完成市县两级事业单位分类工作。制定市直部门（单位）职能工作目标，完成全年机关绩效管理工作任务。市编办获全省机构编制系统绩效考评综合一等奖、市委市政府目标任务综合考核先进单位；系列改革举措得到国家行政学院第三方评估调研组和省政府督查组的肯定；整治"红顶中介"的做法获中编办机构编制工作"一招鲜"评选二等奖。年内，政务和公益专用中文域名注册率、覆盖率均达100%。

一、事业单位管理

2015年，市编办开展构建机构编制管理长效机制研究，创新公益二类事业单位的人员编制管理，在全省率先出台文件，推动公立医院管理体制改革试点工作。会同市有关部门联合印发《关于公立医院管理体制改革试点的指导意见》和《关于创新公立医院人员编制管理的实施意见（试行）》，创新公立医院人员编制管理，推进公立医院管理体制改革试点。探索"标准核定、备案管理、岗位设置、分类聘用"新机制，做好医疗卫生等公益二类事业单位编制管理备案制试点工作，在总量内通过统筹调剂、内部挖潜等方式解决基层卫生和民生基本公共服务等领域编制需求。开展事业单位法人治理结构试点建设。年内，各试点单位完成法人治理架构搭建，完善相关配套管理制度。4月，市编办牵头对市文峰中学、市妇幼保健院和市市政设施管理处3家首批试点单位事业单位法人治理结构建设试点工作进行阶段性绩效评估，并依据评估结果分别兑现奖励政策，首批试点工作取得阶段性成效。6月，市编办扩大试点单位范围，新增23家事业单位参加法人治理结构建设试点工作。

二、机关绩效管理

2015年，市编办牵头负责市直101个市直部门（单位）、省属驻盐单位绩效管理工作。完善绩效管理工作组织机构，根据实际情况，调整市绩效管理工作领导小组成员。树立"新绩效"理念，对接目标管理抓绩效，建立新型绩效管理体制和运行机制，围绕市委市政府重点工作，增加行政审批制度改革作为绩效考评一级指标，会同市法制办、市政务服务办、市优化办、市级机关工委等部门对市直各部门（单位）职能工作、行政审批制度改革、依法行政（依法履职）、服务创新、效能建设、公众满意度6个方面进行细化考评。树立"常绩效"理念，强化考评抓绩效，规范绩效管理程序、跟踪评价体系，采取季度考评、年终考评、随机抽查相结合的方式，随时掌握市直各部门（单位）职能工作开展情况，全程监督绩效管理工作情况。（张银瑛）

第六节　体制改革

2015年，盐城不断健全和完善全面深化改革的组织领导体系和工作机制，4次召开全面深化改革领导小组会议，出台《关于深化改革提升行政效能的实施意见》《深化国有企业改革实施方案》《文化体制改革实施方案》《深化党的建设制度改革实施方案》《关于进一步推进户籍制度改革的意见》等改革方案，健全督查推进机制，完善考核评价体系，强化舆论宣传推广，推进各项改革举措落实。

国有企业改革　研究制定悦达集团、市国投、城投、交投、银宝集团等重点企业深化改革方案并组织实施，完成盐城民航站转企改制和公交公司公司化改造工作，推进经营困难企业重组和破产，8户困难企业破产注销清算工作基本完成，研究出台《市级行政事业单位所属企业改革实施方案》。改进和完善国有资产监管方式，市属国有企业监事会派驻全部到位，建立出资人履职清单和责任清单制度，出台《市属企业"三重一大"决策制度实施办法》。

农业农村改革　培育职业农民、家庭农场等新型农业经营主体，制定规范标准和名录制度，建立职业农民、示范家庭农场、示范合作社、市级农业产业化龙头企业认定机制，发展家庭农场2808个，农民专业合作社9212个，农业产业化龙头企业1543个。引导农民自愿流转土地，发展多种形式的土地规模经营，全市农业适度规模经营面积42.53万公顷，发展农机、植保、种苗等社会化服务组织702个。加快推广联耕联种改革试点，引导向联耕联管、联耕联营过渡升级，联耕联种推广面积30.59万公顷，其中夏季推广10.25万公顷，秋季推广20.34万公顷。推进农村土地承包经营权确权登记颁证，在全市80%以上的行政村推广。引导农村产权流转交易市场健康发展，推进农村社区股份合作制改革。

财税体制改革　全面实行预决算公开制度，县级以上政府的一般公共预决算、部门预决算、“三公经费”预决算均向社会公开。改革预算管理制度，将政府全部收支纳入预算管理，全面编制一般公共、政府性基金、国有资本经营和社会保险基金四本预算。扩大营改增范围至建筑业、房地产业、金融业、生活服务业等领域。规范市区政府性基金征收分配，制定《政府性基金征收改革实施方案》。加大初创中小企业融资支持力度，设立盐城市初创中小企业创业贷款风险补偿资金池和成长型企业贷款风险补偿资金池。深化政府性债务管理改革，规范债务审批流程，将政府性债务纳入目标考核范围和经济责任审计内容。深化政府购买服务改革，推动落实政府购买公共服务集中采购指导目录，全市购买公共服务节约率15%。

行政管理体制改革　按照“职责整合、机构组建、人员划转、‘三定’印发、挂牌运转”20字要求，完成市工商、质监、食药监和卫计委的相关改革工作。各县（市、区）工商、质监、食药监“三合一”也全部完成。完成县级市场监管领域综合行政执法体制改革工作；实施城市管理领域综合执法改革，市政府出台《关于印发〈盐城市城市管理领域综合行政执法体制改革试点工作实施意见〉的通知》（盐政发〔2015〕170号），明确城市管理领域将按照跨部门综合执法的方向推进，实行城管、城建、规划、房产“四合一”综合行政执法。实施不动产登记制度改革，将不动产登记职责整合到市国土资源局，成立市不动产登记局，为市国土资源局的直属行政机构，正科级规格；按照便民原则，房屋交易职责随登记职责一并整合，市房产交易登记中心成建制划给市国土资源局并更名为市不动产登记中心，挂市房产交易中心的牌子。稳步推进经济发达镇（盐东镇）行政体制改革试点工作。建立并规范运行市县政务服务管理体系和公共资源交易平台。

行政审批制度改革　建立政府“权力清单”，在全省率先出台46个部门权力事项责任清单，制定《盐城市行政权力清单管理办法》等政策意见。加强对保留、取消和下放行政审批事项的事中事后监管，制定出台《进一步深化行政审批制度改革加强事中事后监管的意见》《盐城市市级行政权力清单管理办法》《行政审批违法行为责任追究办法》等权力监管办法。规范承接上级下放审批事项，印发《盐城市承接下放行政权力事项实施细则》，并动态调整审批事项，规范审批流程。年内，盐城在全省率先编制并公布《盐城市级涉企行政审批中介服务项目及收费项目清单》。出台《关于深化改革提升行政效能的实施意见》《建设项目“多图联审”工作实施方案》《企业投资建设项目“多评合一”工作实施》《推行涉企收费“一票制”的实施办法》《综合行政执法体制改革实施方案》《关于优化“互联网＋绿色生态”审批实施意见》等文件，实施17家中介机构脱钩改制，行政审批事项精简率75.3%，各类审批服务事项按时办结率100%。研究制订《进一步扩大“两区两城”行政审批权限的实施意见》，明确17家市级部门审批事项委托下放到盐城经济技术开发区、盐城高新技术产业开发区、环保科技城、城南科教城，实现区（城）内事区（城）内办结。

政务服务体制改革　推进政务服务体制改革，推动各部门单独设立行政许可处，整建制进驻市政务服务大厅，以确保“清单之外、大厅之外无审批”。建设便民服务中心，至年底，全市132个镇（街道）全部建成便民服务中心，大丰区被定为相对集中行政许可权改革国家级试点。推进政务服务标准化建设，巩固提升国家级政务服务标准化试点工作成果，通过国家标准化管理委员会评估验收。

商事登记制度改革　继续推进注册资本认缴登记制、“先照后证”、放宽经营场所登记条件等改革举措。推行公司登记全程电子化，将网上登记范围从公司设立扩大到公司注销、分公司设立、股权出质设立登记，全市办理外资企业网上登记率100%。在全国率先启动企业和个体工商户简易注销改革试点，对未开业企业和无债权债务企业试行简易注销流程。推动在全省率先将外商投资企业准入由过去的审批登记制改为直接登记备案制，除国家禁止和限制类项目外的外商投资企业可直接向工商部门申请登记注册。通过实施“一窗受理、一次填报、内部流转、统一发证”，实行外商投资企业“五证联办”和“一表式”并联审批登记，企业完成审批登记从15个工作日缩短到3个工作日。（王劲松　张银瑛）

第七节　外事工作

2015年，盐城市外办共接待各类境外来宾64批800多人次。其中，接待韩国、瑞士、印度、斯诺文尼亚、英国5个国家总领事在内的14个国家驻华使领馆官员31人次；接待韩国驻沪总领事韩硕熙、南原市副市长罗石勋、蔚山南区副区长李春实、南原市议长张钟汉等韩国嘉宾220多人次；接待日本鹿岛日中友协会长中山宣美、西门子（中国）有限公司副总裁王伟国、美国硅谷城市群行政长官安提俄克市长韦德·哈珀等外国政府、企业及驻沪领馆主要负责人洽谈交流，达成合作事项20多项。开展友好交流活动。5月20～25日，市委书记朱克江率团访问韩国、德国；9月14～22日，市长王荣平率团赴德国、奥地利、瑞士开展经贸招商活动；11月18～21日，副市长周绍泉率团赴韩国参加第14届泛黄海中日韩经济技术交流会；12月5～11日，市长王荣平率团赴韩国参加中韩产业园合作机制第一次会议。盐城市青少年艺术交流团和旅游代表团先后访问韩国全罗北道南原市，还向南原市派出1名短期友好交流公务员。盐城市与俄罗斯奥列霍沃祖耶沃市建立正式友好城市关系、与韩国蔚山南区建立合作交流城市关系，东台市与韩国大邱达西区建立正式友好城市关系。先后参与承办外国驻沪领馆及商务机构代表盐城行、华东地区韩国会年会、《幸福向前冲》在盐外国友人专场、2015CTCC中国房车锦标赛暨中韩（盐城）汽车文化节、美国硅谷高层次人才及项目盐城行、2015中国沿海湿地国际自行车赛等活动。加强出国（境）管理。全年市外办审批因公临时出国（境）团组323批864人次。其中，自组团组229批757人次；中央双跨团组3批3人次；省内双跨团组91批104人次。年内，共计发出邀请外国人签证通知函电305批389人次；申办APEC商务旅行卡32批54人次。

7月23日,2015"中国寻根之旅"夏令营盐城营开营。

"中国寻根之旅"夏令营盐城营 7月23日,2015"中国寻根之旅"夏令营盐城营开营仪式在盐城举行。40余名来自美国、台湾、日本的华裔青少年进行为期9天的中华文化学习体验之旅。市外侨办主任刘光球、纪检组长周晓晴,江苏省盐城中学副校长朱俊等出席开营仪式。开营仪式上,刘光球向营员们介绍盐城的历史渊源、文化积淀、风土人情和自然资源,希望学员在夏令营期间多与盐城的青少年深入交流,互相学习,做友谊的传播者和推动者。学员们将分别到盐城新四军纪念馆、海盐博物馆、江苏省盐城中学、国家级珍禽自然保护区、国家级麋鹿保护区、最美乡村——杨侍村等地进行交流体验,并学习剪纸、书法、武术、古典舞等中国传统文化项目。 (顾其军)

第八节 人才工作

2015年,盐城市加大人才工作在全市目标任务绩效考核中的权重,将人才专项资金占地方公共财政预算收入比重、申报入选国家"千人计划"、省"双创"人才数量等,纳入县(市、区)综合奖考核内容,组织县(市、区)委书记进行"专项述才"。启动实施"515"人才引进三年行动计划,整合和创新28项人才激励政策,计划三年投入40亿元,每年引进5万名大学生、1万名专门人才、500名领军人才。将实施"985"高校村官工程纳入全市人才工作大局,全年选聘108名"985"高校毕业生到村任职,数量位居全省第一。设立"515"人才服务窗口,开辟网上办理服务。联合江苏银行制作发放三星、四星、五星级人才绿卡,所有人才激励资金直接拨付到人才绿卡上。

一、人才引进

2015年,开展招才引智"百日攻坚"行动,组织全市18个重点园区、1000家科技型企业,举办人才政策推介会100多场次,与北京大学、清华大学等共建人才服务团。全面推进省级人力资源产业园建设,先后招引14家知名人才机构入驻。加大海外引才力度,新增海外人才工作站8个,先后组织开展硅谷高层次人才盐城行、长三角海外人才盐城行等系列活动,组团参加大连海创周、广州留交会,全市获资助的187个领军人才(团队)中,有50%以上人才有海外学习或工作经历。全年全市新引进长期外国专家65人,江苏鼎晟阀门有限公司聘请的英国专家和江苏华东砂轮有限公司聘请的德国专家成功入选第五批"外专千人计划",入选人数与苏州并列全省第二位。组织实施国家、省引智项目23项,下拨引智项目经费65.9万元,发放国家"外专千人计划"专家长期项目一次性补助和工薪补助393.48万元,省"外专百人计划"专项经费80万元。江苏裕丰旅游开发有限公司"大丰·荷兰花海"被省人力资源和社会保障厅命名为2015年省引进国外智力成果示范推广基地。

"515"人才引进三年行动计划 年内,市委组织部牵头人社、科技等职能部门,研究制定出台《盐城市"515"人才引进三年行动计划》和《实施细则(试行)》。在各地紧盯高端人才的同时,率先将人才引进的范围由高层次人才向专门人才和大学生群体延伸。在高校建立140个"515"引才工作站,聘任230名引才联络员,118所高校在盐城建立大学生见习(实习)基地;组织盐城·西安校地合作交流会、"5·18"校地合作高校校长盐城行、"8·20"校企人才合作交流大会暨就业实习基地对接洽谈会、盐城·成都校地合作交流会。在全国范围内公开征集"515"形象Logo,加强与国内30余家主流媒体的深度合作,在200多所高校网站进行专题推介,全市3000多家规模以上企业开展政策宣传,百度"盐城'515'计划"关键词搜索量突破1000万次。全年全市共引进各类高校毕业生5.38万人,专门人才1.04万人、领军人才427人。

第五届沿海发展人才峰会 8月中旬至9月上旬,盐城以"敞开心扉·广纳英才"为主题,分别在上海、盐城两地举办第五届沿海发展人才峰会,重点围绕"515"计划的宣传推介、人才对接和成果展示等,先后开展国家领军人才创新驱动中心专家对接会、人才兴企恳谈会、知名媒体人"智兴盐城"恳谈会等系列专场活动。在峰会现场共向187个"515"领军人才项目发放资助资金2.04亿元。峰会期间共签约引进高层次人才328名,其中"两院"院士6名、国家"千人计划"专家16名、长江学者2名、国家杰出青年基金获得者4名,与20家上海高校院所签订人才合作协议。

省驻盐第八批科技镇长团　年内，江苏省第八批“科技镇长团”共70人到盐城挂职。70名团员中，中科院、“985”高校的21名，占30%；省外的35名，占50%。11名团长中，省直机关的5名，占45%。各科技镇长团聚焦“515”引才计划，围绕新兴产业发展，先后邀请714名专家到盐考察，与后方单位签订合作协议56个，实际到账资金4657万元；走访企业1258家，解决技术问题592个，帮助地方申报各类项目120个，争取资金5.3亿元，协助园区和企业新建研发平台72个，引进高层次人才206名。

二、人才培养

2015年，全市共申报入选省“双创人才”24人、“双创团队”2个、“双创博士”28人、苏北发展急需人才134人。跟踪对接国家“千人计划”申报，2人成功入选第十一批国家“千人计划”，入选数列全省外专项目第一位。全年争取省级以上人才项目资助资金3035.6万元。其中，4人入选省“双创博士计划”，省财政给予每人15万元资助；2人入选省博士后科研资助计划，分别获得C类资助各2万元。创建城南新区省级留学生创业园，博士马列伟被评为江苏省十大优秀回国人员。博士高立军入选人社部留学人员回国创业启动支持计划优秀项目，获得创业支持资金20万元。新增4个博士后科研工作站，5个博士后创新实践基地。全年新增留学回国人员65人，新注册留学回国人员创办企业20家。年内，召开全市有突出贡献中青年专家表彰会议，对2014年入选的5名享受政府特殊津贴人员、4名江苏省有突出贡献中青年专家、50名盐城市有突出贡献中青年专家进行集中发证和表彰。加快高技能人才培养。启动实施盐城市企业家能力素质提升工程，邀请国内外知名企业家和高校专家学者，每月定期举办企业讲堂活动，全年累计培训科技型企业家5000余人次。组建汽车、纺织、工业自动化、装备制造、现代农业和电子信息六大职业联盟，主攻高技能人才培养，培训新增高技能人才1.6万余人，在第43届世界技能大赛中，盐城技师学院学生惠希奇获得电子装置项目银牌，实现江苏在世界技能大赛史上奖牌零的突破。

三、人才创业

高层次人才创新创业　2015年，继续实施高层次人才创业三年行动计划，全面推进高层次人才创业工作，全年高层次人才创业总数106个。探索实施“双招双引”（招商引资、招才引智）工程，推广滨海·深圳南山智汇园合作共建模式，促进各地深度融接北上广深等人才集聚区。围绕新能源汽车、智能终端、大数据等新兴产业，举办第三届高层次人才创业大赛，吸引海内外476名高层次人才（团队）报名参赛，评审遴选30名优秀人才，其中有20个获奖项目落户盐城，注册资金1.87亿元，同比增长83.3%。

高校毕业生就业　年内，市人社局扶持困难毕业生就业，累计安排1800多名未就业高校毕业生就业见习，发放见习补贴28.8万元；为371名享受城乡居民最低生活保障家庭高校毕业生发放一次性求职补贴37.1万元，解决毕业生实际困难。落实优惠政策，分别为2013年77名、2014年58名高层次高校毕业生发放政府专项资助经费295.2万元。引导高校毕业生服务基层，共选拔50名大学生到村任职，招募49名高校毕业生到基层支教、支医、支农和扶贫。创新工作举措，运用互联网思维做好毕业生就业工作，全年开展网络招聘39场，为3000多家企业和4.5万名各类人才提供供需平台服务。全年有1.33万名非盐城籍大学毕业生在盐就业创业，盐城高校毕业生就业服务工作满意度和毕业生就业现状满意度分别为85.2%和60.8%，均为全省最高。

大学生创业　全年新建大学生创业园4个，盐城工学院大学生创业园等5家创业基地获批2015年度省级创业示范基地。对1.05万名大学生进行创业意识培训、1.03万人进行创业模拟实训、1.12万人进行就业能力提升培训。举办创业大赛，首次面向全国举办中国盐城2015年大学生创业创意项目大赛，在东北、华北、西北、西南、中原、长三角和盐城7个地区、城市分别设立分赛区，征集项目749个，56个优秀项目入围决赛并获奖。

四、人才服务

2015年，全市共有14个项目入选江苏省第十二批“六大人才高峰”。实施“互联网+”人才服务工程。全面升级流动人员档案管理系统，实现市、县（区）流动人员人事档案互联互通。做好人事代理、人才派遣工作。全年共接收、调出市本级毕业生档案1.24万份；办理单位人事代理828人、个人代理578人，鉴别、归档人事档案材料3.8万份，出具政审材料4587份。为37家金融单位490名派遣人员代发工资1290万元、代缴各类保险729万元、代缴公积金308万元。加强流动党员服务与管理，强化流动党员宗旨意识，印发《致流动党员一封信》，开展送党章、送政策“双送”活动，鼓励流动党员做回盐就业创业带头人。

（刘宇泽　孙海燕）

第九节　人力资源管理

一、公务员管理

公务员录用和职位管理　2015年，全市公务员考录共设置职位507个，计划招录629名，有1.41万人网上报名、1.29万人在盐城参加笔试、1998人参加面试，经过体检、考察（政审）和公示等程序，最终录用公务员和参照公务员法管理事业单位工作人员605名。继续开展参照公务员法管理事业单位人员登记工作。出台《市级机关公务用车制度改革中妥善安置司勤人员的指导意见》，市级机关公务用车制度改革需安置司勤人员1079人，其中编制内263人，编制外816人；市级机关公务用车制度改革车贴发放审核备案5833人。为全市12个重点开发区（园区）公开选调

15 名商务专门人才。组织实施县以下机关建立公务员职务与职级并行制度工作，全市 5847 人符合晋升条件。

公务员考核奖励 年内，市人社局按期完成市直行政机关、事业单位工作人员 2015 年度考核结果的审核备案和奖励工作，共有 2932 人年度考核优秀被嘉奖。执行国家、省、市关于严格控制达标评比表彰的有关规定，严格按计划实施行政奖励。选树培养先进典型，全年累计推荐 14 名省级先进工作者（劳动模范）候选人，12 个省级先进集体候选单位，5 名国家级先进工作者（劳动模范）候选人，8 个国家级先进集体候选单位。

公务员培训和监督 年内，市人社局举办新录用公务员初任培训班 3 期，培训 669 人；举办市级机关科级公务员任职培训班 2 期，培训 159 人；举办苏南苏北对口培训班 4 期，培训 60 人；举办党政系统军转干部岗前培训 1 期，培训 94 人；开展科级及以下公务员网络培训工作，培训 1.18 万人。创新思路办法做好公务员申诉案件办理工作，做到公务员申诉案件有案必受，即时办结；公务员申诉信访案件及时会同有关部门调处。省人社厅、省公务员局年初下达的公务员在职培训人次、公务员依法行政能力培训人次两项指标分别完成 8.87 万人次、5.62 万人次。

二、事业单位人事管理

2015 年，市人社局举办学习贯彻《事业单位人事管理条例》骨干培训班，开设 7 个专题讲座，全面解读《条例》规定。研究制定《关于开展机关事业单位“吃空饷”问题集中治理工作的实施意见》，开展“吃空饷”问题集中治理，按期完成治理任务。采用自查自评、集中抽查、系统评估和总结反馈的方式，对全市事业单位岗位管理、人员聘用制度落实情况进行了检查评估。瞄准打造全省事业单位人才引进效率最高地区的总体定位，优化公开招聘程序，缩短公开招聘时限，建立紧缺急需人才引进“绿色通道”，引进高层次、紧缺专业人才，不断提高公开招聘的科学性和适岗性。全市事业单位岗位管理制度、人员聘用制度和公开招聘制度推行率均达 100%，全市事业单位公开招聘各类人才 2924 人。

三、军转干部人事管理

2015 年，全市共接收军转干部 132 名，计划安置 121 名，其中安置到党政群机关 111 名，事业单位 10 名，自主择业军转干部 11 名。市直接收安置军转干部 52 名，安置到党政群机关 49 名，事业单位 3 名，其中安置随调家属 6 名。做好自主择业军转干部服务管理，至年底全市已累计接收自主择业军转干部 131 名，完成当年自主择业军转干部审核上报退役金、市直自主择业军转干部办理入户和医疗保险手续工作；做好之前的全市自主择业军转干部退役金调整工作，缴纳医疗保险费并组织健康体检；指导、推荐、扶持全市自主择业军转干部就业和创业。

四、专业技术人员管理

2015 年，盐城强化专业技术人员队伍建设，通过签署诚信承诺书、建立诚信档案、完善学历认证制度、论文成果审验制度、公开公示制度和责任追究制度等措施，建立职称诚信体系，通报查处了一批弄虚作假的当事人和责任人，取消了 298 人考试成绩和评审资格，促进专业技术人才队伍整体素质提升。探索专业技术人员资格分类管理办法，在事业单位全面实行评聘结合，通过岗位竞争，优胜劣汰，增强了职称评聘工作活力。推进专业技术人才知识更新工程，创办一批专业技术人员继续教育平台基地。自筹资金 800 多万元，创办具有独立产权的专业技术人员继续教育基地。依托驻盐高校教学资源，创办省级专业技术人员继续教育基地。新增 100 门网络教育公需课程，完成 150 万课时学习计划。建立公需课程与专业课程学时、学分互认机制，促进专业人才继续教育综合协调管理。组织 5483 人参加省专业技术人员信息化素质培训考核。组织举办江苏省电子商务人才、盐城市交通工程、建设工程、水利工程、石油机械、工业设计和知识产权等专门人才高级研修班，共有 1700 多人参加研修活动。完善职称申报评审办法，开发网上职称申报系统。全市共有 2266 人通过高级职称评审，有 2839 人通过中级职称评审；市直通过初次认定（评审）有 423 人取得了初级职称，112 人取得了中级职称；各县（市、区）通过初次认定（评审）有 3010 人取得了初级职称；有 6043 人通过考试取得了全国和省职（执）业技术资格。年内，向省工考办推荐 36 人参加全省高级技师考评。全市 35 个专业 587 名机关事业单位工勤人员报名参加技师选拔考试，307 人通过省工考办培训考核取得技师资格。全年培训考核 3155 人次，完成年初省下达培训计划的 120%。

五、工资福利和退休管理

2015 年，完成 2014 年 10 月起机关事业单位工作人员基本工资标准调整工作。按照国家和省的统一部署，制定市直新的津贴补贴（绩效工资）标准，及时对市级机关、事业单位近 2.6 万人调整新的工资标准。指导各县（市、区）按期推行县以下机关公务员职务与职级并行制度。全面实施乡镇工作补贴，及时布置乡镇工作补贴实施工作，指导督促各县（市、区）抓紧兑现。为市直和省属驻盐机关 6000 多名工作人员晋升级别工资和调整了津贴补贴，为机关人员审批年终一次性奖金，为事业单位 1.2 万多人晋升薪级工资。及时为军转干部和机关事业单位新进人员审批工资。印发《关于下达 2015 年度市直行政机关、事业单位新增工作人员计划的通知》，为机关、事业单位新增加的 200 余名工作人员办理增人计划审批手续；布置新一年度增人计划管理工作。完成了市级 44 个部门所属 244 个事业单位 2014 年度绩效工资总量审批工作，同时审批非驻宁省属质监、药监、国土和省农科院等在盐城事业单位绩效工资总量。完成市级机关事业单位工作人员应休未休年休假报酬的审批工作。汇总并向省厅上报全市机关事业单位 2014 年度工资收入统计信息数据。审批市直机关事业单位 500 多名到龄人员退休手续，完成

300多名遗属补助年审工作。组织市级机关优秀公务员健康休养活动,落实福利待遇。全年为全市1.46万名企业参保人员办理退休手续,其中市直3680人。办理县(市、区)企业职工特殊工种和因病提前退休手续1257人。

六、人事考试

2015年,组织各类考试50余场次,应试考生6.06万人,累计14.04万科次;完成全国专业技术人员计算机应用能力考试1万个模块、江苏省职称外语2570人的考试任务;配合专技处加强对学历、证书的核验;与公安、无线电监测站等部门合作开展人事考试环境综合整治,打击各类考试中的高科技作弊,全年查处各类违纪考生92人。1月21日,人事考试中心证书发放窗口搬迁至市政务服务大厅;3月22日,组织全市考录公务员笔试,1.41万人报名,1.29万人选择在盐城参加考试,安排6个考点、433个考场;5月9~10日,组织考录公务员面试,通过考官选派公信化、面试全程透明化、现场管理严密化、操作环节规范化和便民措施精细化5项举措,确保面试工作更加规范有序和阳光透明;5月16日,组织盐城市部分事业单位公开招聘人员笔试,招录271人,7030人报名应试,考录比例25.9:1;5月30~31日,组织二级建造师考试,安排4个考点,743个考场,1万人报名参加考试,开考3.26万科人次;7月,组织开展公务员录用面试考官队伍建设调研工作,加强面试考官队伍建设;7月29至8月1日,市人事考试中心组团参加全省人事考试业务培训班;8月,组织开展人事考试工作人员警示教育活动,学习习近平总书记系列讲话精神,开展"三严三实"教育;同月,首次在全国专业技术人员计算机应用能力考试和江苏省职称外语考试中推出合格证书邮寄服务;9月19~20日,组织一级建造师考试,安排3个考点,660个考场,6509人应考,计开考1.94万科人次;10月17~18日,组织执业药师、造价工程师、审计和统计等4项考试,共3957人报考,其中执业药师2660人报考;11月9~14日,选调青年干部赴浙江大学培训学习;11月20至12月4日,考试中心全员参加局组织学法知识竞赛活动,获优秀组织奖和优秀成绩奖;12月19~20日,组织2015年度一级注册消防工程师资格考试,计开考3341科人次。全年在盐城人事考试门户网站宣传人事考试政策法规、考试工作信息,答复各类考试咨询解答1000余条;维护盐城人事考试官方微信公众平台,全年发布考务安排、成绩、准考证打印、证书领取等各类考试信息170余条,方便考生及时了解人事考试准确信息,关注人数达6500余人。改造升级考试基地,全市标准化考场增加到597个,逐步实现人事考试都在标准化考场举行。 (孙海燕)

第十节　政务服务管理

2015年,市政务服务管理办公室抓好行政审批服务、公共资源交易监管、"12345"平台建设等重点工作,被市委市政府评为2015年度全市综合考核综合先进单位。政务服务"马上就办"被市优化办、市委市级机关工委、市编办、市人社局等部门联合评选为全市"十大服务实事"。市政务服务中心全年办理行政审批和便民服务事项37.98万件,日均办件量达1040件。人民网、光明网、《中国质量报》《新华日报》等省级以上媒体对有关经验做法作了报道。

一、行政审批服务

2015年,加强市政务服务大厅建设。1月,完成市政务服务中心搬迁工作,设立"515"人才引进服务专区,将水、电、气、公交卡及交通违章处理等23个单位30项便民服务,集中纳入市政务服务大厅办理。升级改造行政审批管理信息系统,集行政审批、便民服务、政务公开、效能监察等功能为一体的网上办事大厅上线试运行。完成光纤连接,实现行政审批服务市、县中心联网"全覆盖"。加强镇(村)级便民服务中心(站)建设。全市132个镇(街道)已全部建成便民服务中心,2401个村(社区)已建2069家,覆盖面达95%以上。优化再造全市单个项目审批流程,将行政审批项目平均承诺时限压缩至3.98天。完成"三证合一""一照一码"登记制度改革,做到2个工作日内完成"三证合一""一照一码"登记,免收工商查询费、代码证工本费、技术服务费等各项费用。出台《实施联合审批、勘察、验收和测绘工作暂行办法》《盐城市投资建设项目"多图联审"工作实施意见》《盐城市投资建设项目"多评合一"工作实施意见》《盐城市投资建设项目"多评合一"工作实施细则》《盐城市推行涉企收费"一票制"实施办法》等文件,实施项目联审联办。

建立"中介服务超市"　年内,市政务服务管理办公室按照"垄断性中介必须进驻,竞争性中介择优进驻,缺位中介(全市部分行业暂时没有符合资质条件的中介)外来引进"的原则,通过报纸网站公告、发函、报名、审核、择优等程序,选择20类40家中介机构进驻市政务大厅开展配套服务。进入"中介服务超市"的中介机构,统一对外公开中介服务项目、设定依据、服务范围、服务内容、收费依据及标准、办理时限等服务信息,并作出服务承诺,提高服务水平。

推进国家级政务服务标准化建设　年内,市政务服务管理办公室以市政务服务中心作为全国首批政务服务标准化试点单位为契机,制定完善适用法律法规并符合中心工作实际的服务通用基础标准、服务保障标准和服务提供标准1204项,与政务服务管理有关国家标准、行业标准、地方标准和企业标准的覆盖率、实施率均达100%,群众满意率达98%以上。11月13~14日,以97.8分通过国家标准委评估验收。省政府副秘书长、省政务办主任肖泉在12月17日第37期《江苏政务服务动态》上作出批示,要求推广盐城做法。

二、公共资源交易

2015年，实现大市区进场交易项目1056宗，交易总额174.03亿元，节资率达11.87%。严格执行《江苏省房屋建筑和市政基础设施工程远程异地评标管理办法》，对大型工程需要采用“综合评分法”评标的国有投资项目，全部实行网上远程异地评标。实现招投标项目网上报名、下载购买标书、招投标流程管理和计算机辅助评标。在全省首家成立货物与服务评标专家库，征集、培训500多人次，经省政务办批准确认专家资格417名。制定出台《盐城市人民政府关于进一步规范应急工程项目招投标办法（试行）》《关于进一步优化招投标服务方式，打击围标串标、规避招标、资质挂靠等违法违规行为的意见》《关于进一步细化和完善保证金管理工作的通知》等政策文件规范招投标管理。深化公共资源交易市场秩序问题专项清理，先后组织2次督查围标串标、资质挂靠、虚假招标等问题的排查、整改情况，全市共落实整改相关问题26件，其中大市区落实9件。对2013年以来投资额在500万元以上的482个交易项目“回头看”，查处不规范和影响招投标效率的故意诽谤、恶意投诉等问题项目14个。强化招投标过程中违规行为实时查处，即时锁定限制投标过程中发现的借用挂靠资质、涉嫌围标串标等行为企业47家、弄虚作假企业13家。坚持有诉必查、及时反馈和限时答复，年内受理投诉89件，较上年同期减少20%。

招投标诚信库　年内，市政务服务管理办公室在公共资源交易和监管平台专门增设诚信库模块，建立了市公共资源交易中心“一站式”服务窗口，做好各类潜在投标人基本信息和项目经理信息录入、CA锁、电子签章等服务工作。至年底，完成6000多个招标人、施工、监理、勘察、设计、招标代理、造价咨询和货物与材料供应商等诚信信息的收集、整理和录入，实现投标人基本信息事先网上公开，接受招投标各方主体的监督，为电子化评标和信息查询提供基础数据。

三、“12345”平台建设

2015年，市“12345”平台共收到群众来电来信14.38万件，向成员单位派发电子工单和信件4.66万件，办结率99%。回访群众3.18万件，满意率92.84%。健全完善运行机制，先后帮助解决了原市农垦化肥厂家属区400户近2000人口吃水难，以及群众反映窨井盖损坏、垃圾清运、公厕清扫、职业教育无证办学、地沟油、市区农贸市场管理等一大批重点难点问题。创新联合办理办法，对城南红绿灯移交、单身证明、住房补贴、车站周边黑车等责任主体不明确、各方相互推诿的问题，组织40次会办交办；牵头市公安、城管、物价等部门会商，开展市区宝龙城市广场周边机动车乱停乱收费整治试点，建立公安、城管、广场单位三方联动机制；协调市城管、公安等部门，先后开展渣土车运输、噪声治理等联合整治行动，取得良好效果。

（孙宏军）

第十一节　机关事务管理

2015年，市级机关事务管理局完成市两会和中国盐城丹顶鹤国际生态旅游节暨第八届海盐文化节等活动的服务保障工作，重大活动、重要会议跟踪服务率达100%。与江苏悦达集团签订了新能源汽车租赁合同，10辆新能源汽车交付市直10家单位使用；通过召开产品说明会等多项措施，推介“中盐海露”纯净水，协助销售1.2万箱，完成销售额38万多元。市行政中心服务保障严格落实ISO 9001:2008质量管理体系，完善了服务硬件，服务保障标准化水平不断提高。全年共提供“一站式”服务6726次，其中会议服务2248次、维修服务4478次，服务保障做到“零失误”，安全工作实现“零事故”。科学组织施工，高质量完成2楼中庭、8楼电视电话会议室和人大、政协会议室，以及餐饮中心后厨改造等工程。餐饮中心针对服务需求变化和服务量显著增加的实际，强化食品安全规范化、源头化管理，服务质量稳步提升。机关小区强化物业服务质量监管，对部分设施进行修缮和提升，小区环境不断改善。开展“三解三促一加强”和扶贫帮困等活动，帮助挂钩村解决致富项目资金难题，安排了7万元扶贫资金，为37户农户发放了1.85万元牵手致富资金，捐赠部分更换的桌椅及音响设备给阜宁县三灶镇5个村使用。到大丰区龙心村走访慰问困难群众，深入众想、新丰社区开展党员结队帮扶和金秋助学，组织志愿者到大丰区刘庄镇农村小学开展关爱贫困儿童活动。落实《盐城市公共机构节能实施办法》，强化执法检查，采取“公开招标、集中打包”方式，对全市部分公共机构开展能源审计，深入挖掘节能潜力，寻找节能工作突破点。牵头会同财政、人社等部门，落实中央和省、市的部署要求，做好组织推进、专题调研、信息统计分析、文件研究制定、风险评估、停驶封存等车改各项工作，年底前按时完成取消车辆的停驶封存。组织对各县（市、区）和82个市直部门的办公用房清理整改工作进行全面复查，对发现的问题责令限期整改，从严从紧做好办公用房维修改造初审、租用面积审批等工作。指导、督促各单位建立健全办公用房基础台账资料，研究出台《盐城市市级党政机关办公用房管理暂行办法》，办公用房管理进入制度化轨道。全市有3家单位通过国家“第二批节约型公共机构示范单位”创建验收，6家单位被评为省级公共机构节能示范单位。宣传和信息工作再次在全省位居第一，被省管局评为宣传和信息工作先进单位；分别获评市文明机关、“周一大讲堂”组织工作先进单位、全民阅读先进机关、市安全生产优秀单位，获得市五一劳动奖状。

（袁万龙）

第26章 政协盐城市委员会

责任编辑 冯 刚

综 述

2015年，市政协学习贯彻习近平总书记系列重要讲话特别是视察江苏重要讲话精神和省、市委决策要求，围绕"五型"(学习型、服务型、务实型、创新型、和谐型)、"五新"(在思想政治建设上进行新实践、在服务发展上创造新业绩、在促进社会和谐上发挥新作用、在关注民生上做出新贡献、在加强自身建设上迈出新步伐)目标，政治协商有序推进，民主监督扎实开展，参政议政富有实效，为改革发展聚共识，为民生幸福建真言，为社会和谐献良策，完成七届四次会议确定的目标任务。

注重学习教育，夯实思想基础　通过多种形式，学习中共十八届三中四中五中全会精神，引导广大政协委员和社会各界人士把思想和行动统一到全会精神上来。学习贯彻中共中央《关于加强人民政协协商民主建设的实施意见》、全国政协《加强和改进调研工作实施办法》，中央和省、市委统战工作会议，市委六届八次全会等重要会议精神，保证中央和省、市委的最新要求在政协工作中得到落实。开展"三严三实"专题教育。按照中央和省、市委部署要求，市政协党组和机关党委紧紧围绕"六查六看六整治"这条主线，计划安排，组织实施。举办形式多样的学习培训活动。邀请国内知名专家学者讲解"世界格局变动与中国大国外交""走进音乐世界""新常态下的城市文化软实力建设"和"大棋局：'一带一路'战略"。

发挥政协优势，服务全市大局　建言"十三五"规划编制。在全体委员中开展"我为'十三五'规划建言"活动。献策园区经济发展。将"打造绿色发展引擎、建设园区经济高地"列入年度重点协商课题，市政协七届十九次常委会议进行专题协商，从坚持绿色发展理念、突出招商主旋律、释放园区活力、打造人才新高地等方面咨政建言。促进"三农"措施落实。主席会议就"发展壮大村级集体经济"进行专题协商，建议拓宽增收渠道、注重以工哺农、强化政策驱动、激发内生动力。助力民生民计改善。围绕加快全市饮用水安全工程及新水源地建设，组织专题调研，市政协七届十七次常委会议进行专题协商。主席会议就"重视蔬菜生产流通监管、强化全市食品安全工作"开展专题协商，为"舌尖上的安全"献计。突出协商主体广泛性。将专题协商与基层调研、推动市委市政府决策落实相结合，各专委会寓协商于调研、视察、约谈、评议、提案督办之中。增强提案实效。落实中央《关于进一步加强人民政协提案办理工作的意见》。精选关注弱势群体、优化高等职业教育结构、加强公共安全、构建现代交通网络、打造水绿盐城等8类24件重点提案，由市委市政府、市政协领导共同督办，既推动重点提案的落实，又增强提案工作实效。年内，市政协委员和政协各参加单位共提交提案283件，审查立案251件，意见和建议采纳落实率96.1%，对办理工作的满意和基本满意率为100%。重视社情民意。拓宽信息渠道，完善党派团体、专委会和市县政协联动的信息工作格局，及时将百姓呼声和委员建议报送党委政府领导和相关部门。文史资料"存史、资政、团结、育人"的作用得到进一步发挥。

注重务实创新，营造和谐氛围　开展民主监督。邀请市委市政府领导通报全市经济社会发展情况、党风廉政建设工作、委员提案办理情况以及有关专项工作，帮助委员了解市情，增强监督的针对性。深化合作共事。密切与各民主党派、工商联和无党派人士联系。广泛交流联谊。充分发挥人民政协对外交流的优势，进一步扩大"朋友圈"，务实开展联谊交往。强化理论研究和舆论宣传。围绕新常态下人民政协工作的新实践新思路，组织理论学习研讨。加强同主流媒体的交流合作，《人民政协报》《中国政协》《江苏政协》等省级以上媒体，专题报道市政协履职创新工作10余次。《盐城政协》进一步突出对委员的宣传，通过《委员声音》《常委论坛》《艺苑》等栏目，展现委员风采。

加强自身建设，提升履职能力　重视发挥委员主体作用。加强与驻盐省政协委员联系，在市政协委员中继续开展"双岗双优"活动，组织开展"委员传递正能量""进园区、走企业、解难题、促发展""进百家门、查百户情、代百姓言"等主题活动，倡导委员献良策、行善举。拓展活跃界别工作。主席会议成员分别联系2~3个界别，每个专委会联系3~4个界别。组织委员结合工作实际，以界别名义参加各项参政议政活动，通过调研视察、提交提案、反映社情民意信息等形式建言献策。切实加强机关建设。各专委会立足自身特点，开展专题调研、监督评议、扶贫帮困等活动。严格按照中央和省、市委要求，加强党风廉政建设，执行各项规章规定，机关建设和管理更趋规范。做好机关党委、工会和老干部等工作，机关上下务实创新、尽职奉献、和谐协作、风清气正的氛围更加浓厚。

第一节 重要会议

一、政协盐城市七届四次会议

1月19～22日，政协盐城市七届四次会议召开。市七届政协506名委员中，477人出席会议。中共盐城市委、市人大常委会、市人民政府在盐城全体负责人，盐城军分区和市中级人民法院、市人民检察院主要负责人和曾担任过市政协领导职务的老干部等出席大会开幕式和闭幕式。市委各部委办、市各委办局、市各直属单位、省属驻盐部分单位主要负责人参加了大会的开幕式和闭幕式。市委书记朱克江到会讲话。市政协主席李驰向大会作常委会工作报告。市政协副主席李长见向大会作提案工作报告。会议期间，委员们列席市七届人大四次会议，听取并讨论代市长王荣平所作的政府工作报告。21日，会议举行联组协商议政。朱克江、王荣平等市委市政府领导听取委员发言。会议期间，共收到提案281件，立案251件；印发《委员意见》10期，反映社情民意200多条。会议补选尹金来为政协盐城市第七届委员会副主席，吴雨晴等4人为政协盐城市第七届委员会常务委员。22日上午，大会闭幕，通过《中国人民政治协商会议江苏省盐城市第七届委员会第四次会议决议》。市政协主席李驰致闭幕词。闭幕式上对30件优秀提案和49名“双岗双优”委员进行表彰。

二、市七届政协常委会议

2015年，市政协召开常委会议7次。

1月8日，政协盐城市七届十三次常委会议召开。会议听取市政府关于政协盐城市七届三次会议以来提案办理情况的通报，听取市纪委关于全市党风廉政建设情况的通报，听取市政协七届四次会议筹备情况的通报，审议通过市政协七届四次会议有关事项、“双岗双优”委员表彰《决定》和有关人事事项。

第十四次常委会议在市政协七届四次会议期间召开，研究涉及选举的市政协有关人事事项，审议相关事项和会议决议（草案）。

2月6日，政协盐城市七届十五次常委会议暨学习报告会召开，会议传达学习省政协十一届三次会议精神和市委部署要求，审议通过《政协盐城市委员会2015年工作要点》，邀请中央音乐学院副院长周海宏作《走进音乐世界》专题讲座。

4月1日，政协盐城市七届十六次常委会议召开。会议学习贯彻全国两会精神和市委部署要求，研究安排市政协当前工作，邀请上海社会科学院文化产业研究中心主任花建作《新常态下的城市文化软实力建设》专题讲座。

7月9日，政协盐城市七届十七次常委会议召开。会议传达学习省委书记罗志军视察盐城重要讲话和市委常委（扩大）会议精神，专题协商加快全市饮用水安全工程及新水源地建设问题，听取市政府关于全市上半年经济社会发展情况通报。

8月25日，政协盐城市七届十八次常委会议召开。会议听取市政府关于大丰撤市设区有关情况的通报，审议通过有关事项。

11月5～6日，政协盐城市七届十九次常委会议召开。会议学习贯彻中共十八届五中全会精神，就“打造绿色发展引擎，建设园区经济高地”进行专题协商议政，举办学习讲座，研究下一阶段工作。

三、市七届政协主席会议

2015年，市政协召开主席会议13次。

1月5日，政协盐城市七届二十八次主席会议召开。会议传达学习市委六届六次全会精神和市纪委关于切实加强2015年元旦春节期间党风廉政建设监督执纪问责的《通知》精神，研究讨论七届十三次常委会议和七届四次全会等事宜，并对下阶段工作作出安排。

政协盐城市七届二十九次、三十次、三十一次主席会议在市政协七届四次会议期间召开，研究涉及选举的市政协有关人士事项，听取相关情况汇报，审议会议决议（草案）。

2月4日，政协盐城市七届三十二次主席会议召开。会议传达学习省两会和省纪委十二届五次全会精神，研究市政协2015年主要工作安排，审议七届四次会议提案审查立案情况，确定重点提案，研究市政协七届十五次常委会议事宜和下阶段工作。

2月28日，政协盐城市七届三十三次主席会议召开。会议学习贯彻全市“作风建设深化年”动员大会和市委常委会议精神，研究安排相关工作。

3月26日，政协盐城市七届三十四次主席会议召开。会议围绕加快滨海港建设进行视察调研，研究讨论厚实镇村经济土壤主席会议专题协商议政课题调研工作方案，研究安排相关工作。

6月30日，政协盐城市七届三十五次主席会议召开。会议讨论“加快饮用水安全工程及新水源地建设”常委会议专题议政调研报告，学习《全国政协加强和改进调研工作实施办法》，研究确定市政协七届十七次常委会议有关事宜和七月主要工作安排。

7月28日，政协盐城市七届三十六次主席会议召开。会议学习贯彻市委六届七次全会精神，专题协商“挖掘古淮河口文史资源，彰显盐城历史文化新亮点”课题，考察调研响水县经济社会发展情况，研究确定市政协八月主要工作安排。

8月28日，政协盐城市七届三十七次主席会议召开。会议专题协商“加快推进中韩盐城产业园建设”议题，研究部署市政协九月主要工作安排。

10月13日，政协盐城市七届三十八次主席会议召开。会议专题协商“发展壮大我市村级集体经济”议题，考察调研盐都区经济社会发展情况，研究部署市政协下阶段主要工作安排。

10月28日，政协盐城市七届三十九次主席会议召开。会议讨论“打造绿色发展引擎，建设园区经济高地”常委会议专题议政调研报告，研究确定市政协七届十九次常委会议有关事宜和下阶段主要工作安排。

11月27日，政协盐城市七届四十次主席会议召开。会议专题协商“重视蔬菜生产流通监管，强化我市食品安全工作”议题，研究安排市政协下阶段工作。

四、其他会议

6月4日，市政协召开驻盐省政协委员座谈会，围绕“我市饮用水安全工程及新水源地建设”，深入座谈讨论，积极建言献策。市政协主席李驰主持会议，市人大常委会副主任肖紫英，市政协副主席李长见、吕拔生、孙长春、王锦胜，秘书长张洪达和驻盐省政协委员等参加。会上，与会人员就综合治水、净水工艺改进、管道改造升级、减少农业面源污染、城乡河道整治、加强水质监测，特别是新饮用水源地的选择与建设等问题，提出意见和建议。

7月23日，市政协召开党组扩大会，学习贯彻市委六届七次全会精神，围绕“严以修身”主题进行“三严三实”专题教育学习研讨。市政协党组书记、主席李驰主持会议。市政协党组副书记、副主席李长见，市政协副主席陈还堂、吕拔生、孙长春，市政协党组成员、副主席尹金来，市政协党组成员、秘书长张洪达等，分别联系思想、工作实际和成长经历，围绕严以修身，畅谈学习“三严三实”的所感、所悟、所思、所想，交流学习体会。与会人员表示，要在深入学习上下工夫，加强党性锻炼和个人修养，锻造过硬的思想品格和政治素质，从严从实抓好各项工作，把专题教育的成果转化践行“三严三实”的实际行动和推动政协事业发展的强大动力。

9月25日，市政协组织召开各界人士中秋座谈会，大家欢聚一堂，畅叙友情，共话发展。市委书记、市人大常委会主任朱克江出席并讲话。市政协主席李驰主持会议。市委常委、秘书长潘道津，市政协副主席李长见、陈还堂、吕拔生、王锦胜、尹金来，秘书长张洪达等出席。朱克江指出，盐城的发展变化，凝聚着广大老同志、凝聚着全市政协组织、政协委员和各界人士的智慧、心血和汗水；市政协切实履行政治协商、民主监督、参政议政职能，发挥协调关系、汇聚力量、建言献策、服务大局作用，为“建设新盐城、发展上台阶”做出积极贡献。李驰在讲话中要求，全市各级政协组织，市各民主党派、工商联、无党派人士和社会各界人士，不断增强全局意识、进取意识、创新意识和责任意识，与市委市政府思想上同心、行动上同向、工作上同步，围绕中心、服务大局，为建设创业开放生态幸福的美丽盐城做出新的贡献。市民主党派、工商联、港澳台侨、宗教界人士等5位代表围绕“叙友情、话亲情、谋发展、促和谐”主题，畅谈全市转型跨越、科学发展的强劲势头和取得的显著成效，对盐城未来发展寄予美好期待，表达爱国爱乡之情，并表示将自觉主动围绕市委中心工作，为盐城改革发展多建睿智之言、多献务实之策。曾担任市政协领导职务的老干部，驻盐省政协委员、市政协常委，市委统战部、市各民主党派、工商联负责人，台侨、民族、宗教界人士代表，部分境内外企业家代表，非公经济、无党派和新的社会阶层人士代表等出席座谈会。

10月10日，市政协召开党组扩大会议，以“严以律己，严守党的政治纪律和政治规矩，自觉做政治上的‘明白人’”为主题，进行“三严三实”专题教育第二专题集中学习交流研讨。党组书记、主席李驰主持会议。党组副书记、副主席李长见，党组或主席会议成员陈还堂、吕拔生、蒋婉求、孙长春、王锦胜、尹金来、张洪达交流学习体会。李驰带头发言。他指出，要深入学习贯彻习近平总书记关于“三严三实”专题教育的重要讲话精神，认真落实市委常委会“三严三实”专题教育第二专题集中学习交流研讨要求，切实增强思想自觉、行动自觉，政治上讲忠诚、组织上讲服从、行动上讲规矩，自觉做政治上的“明白人”。要细学、深学必读书目和篇目，做到入脑入心，进一步完善“不严不实”问题清单，推动边学边查边改；以“严”的要求和“实”的作风，自觉把讲规矩守纪律落实到政协各项具体工作中去，通过专题教育的实际成效推动政协履职水平的新提升。

12月7日，市政协召开党组扩大会，传达学习市委六届八次全会精神。市政协党组书记、主席李驰主持会议。市政协副主席吕拔生、蒋婉求、孙长春，市政协党组成员、副主席王锦胜、尹金来，市政协党组成员、秘书长张洪达等出席。会议要求，以全会精神为指引，将学习贯彻中央和省市委全会精神作为改进、提高政协工作的重要举措，把学习成效转化为人民政协履行职能的实际成果，把谋划和推动“十三五”发展作为政协履行职能的重中之重，充分发挥政协作为协商民主重要渠道和专门协商机构的作用，紧紧围绕“五大盐城”建设中的重点任务，履行政治协商、民主监督、参政议政职能，推动“五型”“五新”政协建设，为加快建设创业开放生态幸福厚德的美丽盐城贡献智慧和力量。

第二节　重要活动

张连珍在盐城调研　4月4日，省政协主席张连珍在建湖县调研。市委书记、市人大常委会主任朱克江，市长王荣平，市政协主席李驰等陪同。张连珍先后视察九龙口旅游度假区、331省道建湖段改扩建工程、盐徐高速建湖东互通工程。在视察九龙口旅游度假区时，张连珍希望建湖县坚持高起点、高标准规划，大力弘扬龙文化，使生态、文化、水等独特元素融为一体，力争早日建成省级旅游度假区和国家AAAA级旅游景区。

驻滇全国政协委员在盐城考察　5月9～11日，全国政协常委、云南省政协常务副主席白成亮，率领驻云南全国政协委员考察团，在盐城就产业转型升级进行专题调研考察。全国政协常委、云南省政协副主席曾华参加，省政协副主席、党组副书记杨新力陪同，市委书记朱克江、市长王荣平看望委员并陪同考察。在盐城期间，考察团实地察看盐城经济技术开发区东风悦达起亚汽车第三工厂、奥新新能源汽车公司、盐城国际软件园，建湖县江苏艾雷奥特飞机工业公司、建湖石油装备产业服务集聚区及江苏鸿达阀门公司、江苏豪迈照明公司，东台市江苏捷士通公司、上海电气东台公司、沿海风光渔互补产业基地、条子泥围垦等企业和项目现场，并座谈听取经济社会发展及产业转型升级情况。考察团对盐城秉持绿色发展理念、推动经济社会发展取得的显著成效给予肯定。

杨新力调研沿海开发工作 10月13～15日，省政协副主席杨新力率队在盐城调研沿海开发工作。市政协主席李驰陪同。13日下午，调研组在滨海县召开座谈会，听取市、县两级工作汇报，详细了解沿海工业园环境保护工作情况。座谈会结束后，调研组实地察看滨海县沿海工业园科利新材料公司、艾思伊环保公司。调研组肯定盐城沿海工业园环境保护工作取得的成绩，希望市、县两级顺应经济新常态，正确处理好经济发展与环境保护的关系，加强环境保护，强化园区长效管理，提高园区整体发展水平，打造环境美的新园区，促进园区可持续发展，助力沿海大开发。14日上午，调研组视察滨海港。杨新力深入项目工地，察看了解滨海港总体规划、码头建设和临港产业发展情况，对盐城主动融入国家战略，高起点推进沿海开发取得的显著成效给予肯定，要求抢抓新常态孕育的发展新机遇，推进沿海开发，发挥港口龙头作用，形成港产城联动发展、相互促进的良好局面，为全省沿海发展做出贡献。

周健民调研公共体育服务工作 10月21～23日，全国政协常委、省政协副主席、农工党江苏省委主委、中科院南京分院院长周健民率省政协部分委员，在盐城调研公共体育服务体系建设情况。周健民一行实地察看盐城体育运动学校、盐城体育中心、市全民健身中心、盐城市实验小学、平湖社区、盐渎公园健身步道，以及大丰大中镇恒北村体育设施、城东实验小学、奥体中心、全民健身中心。对盐城贴近基层群众需求，不断提高公共体育服务能力取得的显著成效给予肯定。周健民指出，盐城要全面贯彻落实《全民健身条例》，创新体制机制，坚持城乡均衡发展，加大体育公共设施建设的投入，形成惠及全民的基本公共体育服务体系，打造公共体育服务体系示范区；开展并努力形成更多地方特色体育活动，不断加大服务保障力度，切实提高公共体育服务水平，带动越来越多的群众参与全民健身。

万钢在盐城考察 10月28～29日，全国政协副主席、致公党中央主席、科技部部长万钢在盐城考察调研科技部重大项目支持地方经济发展工作。省政协副主席、致公党江苏省委主委麻建国，市委书记、市人大常委会主任朱克江，省科技厅厅长王秦，市长王荣平，市政协主席李驰等陪同。万钢一行先后到大丰区、亭湖区和国家级盐城经济技术开发区，深入园区企业、科研院所考察调研，与基层干部、企业负责人和科研人员亲切交流，详细了解高新技术产业发展、科技研发平台建设和企业技术创新等情况，对盐城经济社会发展和科技创新工作取得的成绩给予肯定，勉励盐城加快实施创新驱动发展战略，让科技创新成为产业转型升级的强大动力，以此推动经济社会持续健康发展。朱克江向万钢一行汇报了盐城经济社会发展情况。在盐城期间，万钢专程参观新四军纪念馆，深切缅怀老一辈无产阶级革命家的丰功伟绩。

第三节 重要提案

市政协七届四次会议以来，政协委员、政协各参加单位和各专门委员会，通过提案履行职能，共提交提案283件。经审查，立案251件，占提交提案总数的88.7%。在立案的提案中，集体提案33件，占13.1%；委员个人和联名提案218件，占86.9%。提案内容涵盖盐城经济、政治、文化、社会、生态文明各个领域。其中，围绕促进经济持续健康发展等方面的提案共88件，占立案数的35.1%；围绕保障和改善民生等方面的提案共117件，占立案数的46.6%；围绕促进社会和谐稳定等方面的提案共46件，占立案数的18.3%。立案的提案由80个市直承办部门单位和9个县(市、区)人民政府办理。2月4日，政协盐城市七届三十二次主席会议审议确定《强化依法行政，建设法治政府》等8类24件提案作为重点提案。邀请市委市政府7位领导和市政协各位主席共同督办。督办领导深入承办单位了解办理进度，视察相关现场，与提案人当面交流，协调解决难点问题。市政协各专门委员会分别领办督办重点提案，对落实起来具有长期性、复杂性和反复性的提案，给予重点关注、跟踪督办。通过各方共同努力，立案提案办复率100%；意见和建议采纳落实率96.1%，其中采纳并已解决的占23.9%，列入计划逐步解决的占72.2%；委员满意和基本满意率100%。

(夏斯馨)

第27章 纪检监察

责任编辑 冯 刚

综 述

2015年，全市各级纪检监察机关推动全面从严治党，坚持把纪律挺在前面，着力深化“三转”（转职能、转方式、转作风），聚焦主业主责，坚守责任担当，把握运用监督执纪“四种形态”（党内关系要正常化，批评和自我批评要经常开展；让咬耳扯袖、红脸出汗成为常态；党纪轻处分和组织处理要成为大多数；对严重违纪的重处分、作出重大职务调整应当是少数；严重违纪涉嫌违法立案审查的只能是极少数），落实“两个责任”（落实党风廉政建设责任制，党委负主体责任，纪委负监督责任）、提升纪律审查数量质量、转变干部作风，党风廉政建设和反腐败工作取得新的进展和成效。强化从严执纪，用好监督执纪“四种形态”，扩大谈话、函询、诫勉覆盖范围，让有反映的干部讲清问题、认识错误、及时改正，对反映失实的予以澄清了结。强化压力传导，推动“两个责任”落地生根。协助市委在全省率先出台落实全面从严治党县镇村三级党组织责任清单，牵头组织县（市、区）委履行主体责任情况汇报会，健全市级机关主要负责人向市纪委全委会述廉述责和接受评议机制，督促各级党组织落实主体责任双报告、全委会述廉等制度，促进责任传导到位。制定出台党风廉政建设“两个责任”追究和纪检监察机关“一案双查”办法，加大问责力度，以问责倒逼责任落实。扎实推进“作风建设深化年”活动，抓住重要节点，紧盯“四风”问题，言出纪随、从严查处。深入开展奢侈浪费、为官不为等专项整治，严肃查处群众身边的不正之风和腐败问题，省市纪委挂牌督办的27个问题线索均按期办结。全力保障省委对5个县（市、区）的常规巡视，协助市委扎实抓好巡视反馈意见整改落实。保持高压态势，执纪审查力度持续加大。坚决遏制腐败蔓延势头，全市纪检监察机关立案总量和增幅均列全省第三位。加强案件监督管理，构建“制度+科技”安全风险防控模式，严格依纪依法安全文明办案。在全省率先出台执纪审查对象相关职务先期处理办法，编印《党纪案件立卷指南》，推动执纪审查工作规范化、程序化。注重标本兼治，源头治理工作深入推进。落实市委惩防体系建设五年工作规划，加强权力制约监督，健全完善机制制度。强化宣传教育引导，不断深化领导干部“510”警示教育制度，举办“正风肃纪在盐城”展览和第二期县处级领导干部廉政专题培训。深入挖掘整理新四军廉政建设史料，编撰出版《新四军廉政建设》丛书。围绕把权力关进制度笼子，丰富拓展“一把手”“四不直接分管”和末位发言制度，制定党风政风监督员工作办法，建立反腐倡廉规范性文件备案审查机制，开展第五轮制度执行巡查。深入推进纪律检查体制改革，40项重要改革措施中16项已基本完成或全面完成，其余达到序时进度。出台纪委书记副书记等4个提名考察办法，全面完成县级纪委内设机构调整，县级纪委监督执纪部门数达63个、人员编制数281个，分别占总数的70.8%、79.2%。履行从严管干部、带队伍的主体责任，健全完善纪检监察干部行为规范、机关目标绩效考核等制度。

第一节 重要会议

2月5日，市纪委召开六届五次全会。会议共分3个阶段进行。在上午召开的第一次大会上，市委常委、市纪委书记刘德民主持会议，市四套班子领导，市中级法院院长、市检察院检察长，市直各部门（单位）主要负责人，市纪委委员以及列席市纪委全会的代表在市主会场出席会议，各县（市、区）、盐城经济技术开发区、城南新区在分会场收听收看会议。市委书记、市人大常委会主任朱克江发表讲话。会上签订党风廉政建设责任书。在上午召开的第二次大会上，市纪委常委会主持会议，全会传达学习了中央纪委五次全会、省纪委五次全会精神，市委常委、市纪委书记刘德民代表市纪委常委会作了题为《全面从严治党，严格执纪监督，推动党风廉政建设和反腐败工作迈上新台阶》的工作报告。下午召开第三次大会，表决通过市纪委六届四次全会工作报告和全会决议（草案）。

1月15日，市纪委召开市直部门主要负责人向市纪委全委会述廉述责评议工作会议。专题听取市城乡建设局、市交通运输局、市农委3家单位主要负责人述廉述责情况汇报，3个督查组组长结合前期督查情况逐一进行点廉点责，参会的市纪委委员和部分市党代表、人大代表、政协委员进行询廉询责，并对3家单位履行主体责任和执行廉洁自律规定情况进行现场测评。市委常委、市纪委书记刘德民对进一步做好述廉述责评议工作提出明确要求。

4月9日，市委常委、市纪委书记刘德民主持召开市委反腐败协调小组联席会议。市政府副市长、市公安局局长夏存喜，市中级法院院长徐军，市检察院检察长戴飞等出席会议。会上，各成员单位分别汇报近几年参与反腐败协调工作的有关情况及下一步工作思路。市纪委常委、市纪委书记刘德民出席会议并讲话。

4 月 17 日，市委召开各县(市、区)委履行党风廉政建设主体责任情况汇报会。会议传达学习省委书记罗志军在省委常委会听取各市委落实主体责任汇报时的讲话精神，专题听取东台、大丰、建湖、阜宁、滨海、盐都 6 个县(市、区)委履行主体责任情况汇报，审阅射阳、响水、亭湖 3 个县(区)委和盐城经济技术开发区、城南新区党工委的书面报告。市委书记、市委党建工作领导小组组长朱克江主持会议并讲话。《中国纪检监察报》以《盐城传递"责任"到"最后一公里"》为题，对落实党风廉政建设"两个责任"作专题报道。

12 月 2～3 日，省纪委在盐城组织召开全省案管工作座谈会，省纪委常委陈志扬出席会议，市委常委、市纪委书记刘德民出席会议并致辞，省纪委案件监督管理室主任王唤春主持会议，各省辖市纪委分管负责人参加会议。会议分 2 个阶段进行，12 月 2 日下午，省纪委案管室推介相关软件系统，各省辖市纪委进行工作交流；12 月 3 日上午，省纪委常委陈志扬作讲话，省纪委案管室负责人解读了中央纪委和省纪委相关文件精神，并对各地 2015 年案管工作情况进行通报。

第二节　重要活动

弘强在盐城调研指导　6 月 23～24 日，省委常委、省纪委书记弘强调研经济社会发展、开展党风廉政建设和反腐败工作情况，听取基层部门对落实"三严三实"要求的意见和建议。省纪委常委、秘书长、办公厅主任朱俊友，市委常委、市纪委书记刘德民，省纪委干部监督室主任陈琪宏等陪同调研。调研期间，弘强先后走访察看中材科技风电叶片、阿特斯协鑫阳光电力科技、艾雷奥特飞机等企业，实地视察建湖县城东都市农业示范区、县行政服务中心、县农村产权交易中心、县建南村和阜宁县社会托底救助中心、县实验初级中学、县兴庄村等基层单位，并与县(市、区)纪委书记、部分镇(街道)负责人和企业家代表座谈交流，面对面听取大家对全面从严治党、践行"三严三实"的意见建议。

整改落实省委巡视反馈意见　年内，市纪委协助市委抓好中央和省委巡视反馈意见的整改落实。4 月 24 日，市委印发《关于巡视整改情况的通报》，向下一级党委(党组)通报巡视整改情况；4 月 17 日，巡视整改情况通过中国盐城政府网站向社会公开。同时，强化巡视联络工作，11 月 15 日至 12 月 30 日，配合省委巡视组做好对建湖县、射阳县、东台市、盐都区、亭湖区的常规巡视。中央和省委巡视组交办的 1515 件信访件全部办结，立案调查 221 件 187 人；制定的中央和省委巡视反馈意见整改措施年内均落实到位，盐城巡视整改工作得到省委巡视组肯定。

重信重访化解专项行动　5～7 月，市纪委利用三个月时间，在全市纪检监察系统开展重信重访集中化解专项行动。5 月 20 日，召开动员部署会议，对全市 18 件重点疑难复杂信访件进行"面对面"现场逐一交办。7 月中旬，组织对各县(市、区)重信重访专项行动开展情况进行检查、量化考核。专项行动中，市纪委排查出的 18 件重点信访件已化解、基本化解 13 件；各县(市、区)排查出的 108 件重信重访和到省去京访等疑难复杂信访，已化解、基本化解 86 件。

第三节　监督检查

2015 年，市纪委加强监督检查工作力度。7 月 30 日，市纪委制定出台《关于专项督办群众身边"四风"和腐败问题线索的工作方案》，分 6 个批次挂牌督办反映群众身边"四风"和腐败问题线索。全年督办 2 批 27 件问题线索，其中中央纪委督办问题线索 2 件，省纪委督办问题线索 12 件，市纪委督办问题线索 15 件，给予党政纪处分 39 人，诫勉谈话、提醒谈话等处理 30 人，移送司法机关 2 人。9 月 9 日，市纪委召开市党风政风监督员工作会议暨聘请仪式，35 名首批市党风政风监督员受聘上岗，聘期三年。监督检查作风建设规定执行情况。在《盐阜大众报》、盐城电视台、镜鉴信息网开通监督举报"直通车"和"曝光台"，完善直查快处和通报曝光制度。围绕公款购买赠送年礼年货、烟花爆竹、公车私用、公款旅游、公款购买赠送购物卡、公款吃喝发放津贴福利等问题，采取市县联动、交叉互查的方式，深入酒店宾馆、娱乐健身场所、商场超市、旅游景点、机关单位、住宅小区进行不间断明察暗访。全市累计派出检查组 531 个，组织明查暗访 1479 轮次，督查部门单位 659 个，发现问题及时查纠。开展整治奢侈浪费、"为官不为"、虚假浮夸、"红顶中介"以及领导干部在各类社团和协会兼职等"五项专项整治"行动。3 月底，召开专项整治推进会，督促相关职能部门启动"作风建设深化年"活动明确的整治任务。4 月 16 日，市纪委印发《奢侈浪费专项整治工作方案》，解决公款吃喝、公款旅游、公款送礼、违规发放津补贴 4 个方面的突出问题。通过整治，全市党政机关公务接待、因公出国(境)、公车购置运行费用同比分别下降 11.6%、32.5%、14.9%，查纠为官不为问题 27 个，排查纠正 30 名领导干部在各类社团(协会)违规兼职取酬问题。

党的纪律检查体制改革　2 月 14 日，市纪委协助市委制定出台《盐城市党的纪律检查体制改革实施方案》，明确落实派驻机构建设、深化推进"三转"等 40 项重要改革措施，逐项落实改革进度和责任部门。7 月、10 月，2 次对牵头单位承担的纪律检查体制改革任务落实情况进行督查，督促相关责任单位明确牵头领导，落实工作责任，严格工作要求，稳妥推进各项任务落实。年内，40 项重要改革措施中，16 项基本完成或全面完成，其余 24 项均达到序时进度。

第五轮反腐倡廉制度执行巡查 10月29日，市纪委召开全市反腐倡廉制度执行巡查工作动员部署会议，市委常委、市纪委书记刘德民出席会议并作动员讲话。10月30日至11月15日，集中半个月时间，组织对市交通运输局、市药监局、市城乡建设局、市教育局、市卫计委、市体育局、市财政局、江苏银宝控股集团、市国土局、盐城地税局、市规划局、盐城检验检疫局12个单位进行巡查，查纠13类287个违反作风建设规定的行为。

第四节 案件查处

2015年，全市纪检监察机关共立案1922件1927人，立案数同比上升69.5%。其中，县处级干部27件、乡科级干部148件；十万元以上案件226件、百万元以上案件67件；给予党政纪处分1598人，移送司法机关69人；通过查案，为国家和集体挽回直接经济损失1.49亿元，没收非法所得1121.55万元。市县两级纪委共自办案件417件。其中，市纪委自办37件、县级纪委自办380件；实施"两规"（要求有关人员在规定时间、地点就案件所涉及的问题作出说明）"两指"（责令有违反行政纪律嫌疑的人员在指定时间、地点就调查事项涉及的问题作出解释和说明）案件57件。市纪委重点查处市新滩经济开发投资有限公司原党委书记、董事长、总经理王某某，盐都区人大常委会原副主任潘某某，建湖县环保局原局长徐某某（副处级），市盐务局原副局长吴某某，东台市人大常委会原党组成员、市总工会原主席顾某某（副处级），东台市政协原党组成员、市委统战部原部长秦某某（副处级）等一批县处级领导干部案件。全年共函询党员干部76人，诫勉谈话79人，信访谈话87人。市纪委在不采用"两规"措施的情况下，对21名县处级干部违纪问题进行处理，全市非"两规""两指"案件占比达97%。

第五节 廉政教育

12月25～27日，市纪委在市委党校举办第二期县处级干部廉洁从政专题培训班，全市2014年12月以来新任职的343名县处级干部参加培训。11月18～24日，市纪委联合清华大学举办第五期纪检监察领导干部创新管理与领导力提升高级研修班，全市54名纪检监察领导干部参加培训，集中学习宏观经济政策分析、领导干部素质提升、舆情应对等方面知识。12月4～13日，市纪委在中国纪检监察学院举办初任纪检监察干部培训班，全市近三年新录用选调的50名纪检监察干部参加培训，集中学习纪检监察基础业务知识。12月底，组织对各地2015年度反腐倡廉和作风建设情况进行考核，确定滨海县、射阳县、建湖县、大丰区、东台市、城南新区，响水县陈家港镇、滨海县陈涛镇、阜宁县芦蒲镇、建湖县冈西镇、大丰区新丰镇、东台市头灶镇、亭湖区毓龙街道、盐都区大纵湖镇、盐城经济技术开发区新城街道为全市"反腐倡廉和作风建设工作奖"获奖单位。

市尚德昭廉教育馆建成开馆 9月22日，市尚德昭廉教育馆建成开馆。该馆位于市党风廉政教育中心内，建筑面积约380平方米，分"勤廉楷模 德厚流长""前车之鉴 警钟长鸣""踏石留印 硕果累累"3个部分，以直观、生动、现代的视听媒体，展示勤廉兼优的先进模范、触目惊心的腐败案例和党风廉政建设和反腐败工作取得的成效，是党员干部接受廉政教育、加强党性锻炼、培养勤廉意识、弘扬清风正气的新阵地。8月19日，市委书记朱克江到市党风廉政教育中心调研，要求发挥好市尚德昭廉教育馆的宣传教育阵地作用，弘扬勤廉文化，用身边的典型案例警示教育全市党员干部增强廉洁自律意识，提高拒腐防变能力。至年底，全市有128批次6000多名党员干部参观接受教育。

12月7日，党员干部在"尚德昭廉"教育馆接受廉政教育。

编撰出版《新四军廉政建设》丛书 年初，由江苏人民出版社出版首届新四军廉政建设理论研讨会研讨论文集《烽火砺廉》，全书分为"铸廉立本""砺廉扬清""廉火相传"3个部分，45万字，收集论文60余篇，该书由市委常委、市纪委书记刘德民作序。9月，在抗日战争胜利暨世界反法西斯战争胜利70周年之际，由江苏人民出版社出版第二届新四军廉政建设理论研讨会研讨论文集《战地扬清》，全书共分"实践与启示""内涵与要素""历史与传承""精神与风范"4篇，39万字，收录各地专家学者论文59篇，该书由原南京军区司令员、中国新四军研究会会长朱文泉作序。 （崔立祥）

第28章 民主党派 工商联

责任编辑 潘其锐

综 述

盐城市有民盟、民建、民进、农工党、九三学社5个民主党派市委会，致公党总支1个，工商联1个。2015年，各民主党派新发展成员86名，新成立总支1个，支部1个。至年底，各民主党派共有基层组织79个，成员1841名。民主党派成员担任全国人大代表3人、省人大代表1人、省政协委员6人、市人大代表12人、市政协委员98人。市工商联成员担任省人大代表19人，省政协委员4人，省工商联副会长1人，省联常、执委17人；市人大代表59人，市政协委员107人。年内，全市8个民主党派基层组织、3个县(区)工商联获省级以上表彰，有8名成员获得省级以上荣誉。年内，各民主党派继续开展坚持和发展中国特色社会主义学习实践活动，组织开展专题讲座、参观学习和征文演讲等活动12次。5月15日，工商联召开非公有制经济人士理想信念教育实践活动推进会，确定以守法诚信为重点，开展非公有制经济人士理想信念教育实践活动，并制定《盐城市深入开展非公有制经济人士理想信念教育实践活动实施意见》。7月29日，各民主党派、工商联负责人参加市各党派团体联席会议，学习中央、省、市委统战工作会议精神和《中国共产党统一战线工作条例》，交流学习体会。开展社会服务活动。各民主党派、工商联在盐城经济技术开发区步凤镇共建各党派团体社会服务基地，开展送医疗、送科技、送文化、送教育等社会服务活动共6次，为困难群众提供帮扶资金9.5万元；参与盐城中韩产业园区建设，提出建议16条，为盐城大捷实业有限公司向中央统战部争取中国光彩事业贴息货款6000万元。盐城市各党派团体共建社会服务基地的做法被江苏省委统战部评为2015年全省统战工作实践创新成果。至年底，各民主党派、工商联累计开展医疗救助、科技培训、教育支持、贫困帮扶等社会服务48项，捐助款物价值44万元，惠及群众10万余人。其中，九三学社盐城市委"亮康行动"被九三学社中央命名为"江苏模式"在全国推广。

(郑建峰)

第一节 民盟盐城市委员会

2015年，民盟盐城市委员会发展新盟员16名，至年底，有盟员379人，平均年龄52岁。其中，高等教育界盟员142人，普通教育界盟员123人，文艺界盟员27人，科技医卫界盟员25人，机关、团体中盟员23人；盟员中有高级职称233人，中级职称150人；有全国人大代表1名，省政协委员2名，市人大代表3名，市政协委员20名，区人大代表3名，区政协委员13名。民盟盐城市委下设总支5个：盐城师范学院总支、盐城工学院总支、亭湖区总支、盐都区总支、盐城中学总支；支部9个：机关一支部、机关二支部、盐阜中学支部、田家炳中学支部、农科院支部、文化支部、悦达支部、盐城高等师范学校支部、盐城卫生职业技术学院支部。

参政议政　参加市委市政府、市政协以及"两院"的政情通报会、视察调研、民主评议、征求意见会，对盐城市重大项目和重要民生工程建设、深化行政审批制度改革等发表意见，就盐城市多党合作、民主协商、民主党派队伍建设等工作提出建议。市政协七届四次会议期间，提交集体提案3份，盟员个人提案21份；市人大七届四次会议期间，盟员共提交议案5份、建议2份。其中，《关于加快推进中韩(盐城)产业园建设的建议》被列为市政协主席督办案。在盐城两会期间，民盟盐城市委集体提案《加快培育和发展我市文化创意产业的建议》与3份个人提案被市政协表彰为优秀提案，盟员王会珍、姚兵、唐晓斌3人被市政协表彰为"双岗双优委员"。民盟盐城市委主委蒋婉求在出席全国人代会期间，提交《关于加快制定〈图书馆法〉的议案》等10多份涉及文化、教育和食品安全等方面的议案和建议。民盟盐城市委向民盟省委报送的《江苏城市水污染现状及其防治对策》《江苏省战略性新兴产业发展问题研究》被民盟省委采用，并作为集体提案提交省政协。

组织建设　年内，盐城高等师范学校支部完成换届改选。民盟盐城市委创新活动模式，组织骨干盟员暨新盟员培训班赴亭湖区盐东镇进行拓展训练，并举办《从民盟的成立看知识分子的担当》主题讲座。组织盟内参政议政骨干与上海民盟参政议政骨干进行专题交流；联合民盟南通市委进行《关于水环境整治》课题调研工作；协同民盟江苏省委机关支部就红色文化旅游资源保护、挖掘与开发进行走访调研；推动基层组织参与跨区域交流学习，组织民盟盐城市委机关二支部同民盟扬州江都区支部、民盟淮安楚州区总支切磋交流。

社会服务　年内，民盟盐城市委开展"黄丝带"(由民盟牵头，与司法部门合作开展的，对监狱服刑人员、社区矫正人员等特殊人群进行的帮教工作)活动探索创新服务社会模式，试行服务进社区，在推进社会公益事业方面取得进展。暑假期间，民盟盐城市委与民盟镇江市委携手承担了民盟省委“烛光行动”农村支教任务。组织宝福娃幼儿园陈晋园长等3名幼儿骨干教师，赴甘肃天祝藏族自治县开展师资培训活动。盛夏时节，组织百余名盟员在亭湖区文峰街道开展了为期一周的“活力基层天天行”系列活动，先后走进三元巷、文曲、解放桥、双元、长坝等社区，一日一主题，将“书画、义诊、环保、美容、健康”等送进社区。组织15名盟员和2名入盟积极分子，赴盐城经济技术开发区步凤镇开展“送文化、送教育”下乡活动。

成立30周年座谈会 5月29日，民盟盐城市委召开成立30周年座谈会，市委统战部副部长季放出席会议并讲话，民盟盐城市委主委蒋婉求作专题报告，介绍了盐城民盟30年的发展历程以及在这30年中取得的成果、获得的荣誉。大会对一批先进基层组织和优秀盟员予以表彰。

（孙 波）

第二节 民建盐城市委员会

2015年，民建盐城市委发展新会员17人。至年底，全市有会员231人，平均年龄45.5岁，其中高、中级职称以上169人。年内，民建盐城市委开展全国先进基层组织、优秀会员的评选、推荐工作，交通支部获得全国民建先进基层组织，张梅被表彰为全国民建优秀会员，陈军被表彰为全国民建参政议政工作先进个人。加强宣传工作，创建会员QQ群和微信群，定期出刊《盐城民建》，宣传报道民建盐城市委重要会务活动。全年被各级媒体录用稿件40余篇。

思想教育 民建盐城市委通过全委扩大会、座谈会、报告会等形式，组织会员学习领会中共十八届四中、五中全会精神。组织会员学习习近平总书记在中央统战工作会议上的重要讲话和《中国共产党统一战线工作条例（试行）》以及《中共江苏省委关于贯彻〈中国共产党统一战线工作条例（试行）〉的实施办法》。开展纪念抗战胜利暨民建成立70周年系列活动，包括举行纪念民建成立70周年征文活动、组织骨干会员赴台儿庄大战纪念馆参观学习、组织市委委员、基层组织负责人赴民建发祥地——重庆开展会章会史专题教育活动、举行纪念民建成立70周年大会暨演讲比赛等。

参政议政 参加市委市政府召开的征求意见会、通报会、座谈会和协商会，就推进全市经济社会发展和产业转型升级、《政府工作报告》《中共盐城市委关于制定盐城市“十三五”规划的建议》等发表意见，发挥参政党作用。在市政协七届四次会议上，民建盐城市委提交《关于加快我市电子商务发展的建议》等联组发言2篇，集体提案6件，其中《关于对市政府重大协议行为建立法律咨询和合法性审查机制的建议》的集体提案被盐城市政协列为重点提案督办。在政协大会闭幕式上，民建盐城市委1件集体提案和1件个人提案被表彰为优秀提案。

组织建设 强化基层组织建设，先后组织8名基层组织负责人参加民建中央和民建江苏省委举办的基层组织主委培训班。坚持机关周一工作例会、学习等制度，组织机关干部参加各类学习培训。做好各种会议、调研、学习考察活动的组织服务以及各种文字材料工作、基层组织活动的联络服务工作。先后做好民建江苏省委、民建湖南省委、民建宿迁市委在盐城调研参观的接待工作。

社会服务 做好社会服务工作，为政府分忧，为群众解难。7月，民建盐城市委在盐城经济技术开发区新城街道阳光社区成立盐城民建法律服务工作站，每双周星期日半天在阳光社区坐班提供法律咨询、调处民事纠纷等；为社区困难家庭无偿代理诉讼案件，提供法律援助；为社区提供法律宣传服务。争取民建江苏省委和爱德基金会合作的爱民项目支持，资助50名阜宁县贫困高中生助学金10万元，并新增孤儿助学项目以及一次性资助金5万元。全年组织开展送医、送法活动，服务群众达500多人次。

（唐修祥）

第三节 民进盐城市委员会

2015年，民进盐城市委共有会员243人。其中，省政协委员1人，市人大代表1人；市政协委员14人，其中副秘书长1人，常委2人；亭湖、盐都区政协委员17人，其中常委3人。下设支部12个：机关支部、经济支部、文化支部、教育支部、盐城中学支部、高级职业学校支部、明达中学支部、一小支部、盐城师范学院支部、盐城工学院支部、盐阜中学支部、田家炳支部；总支2个：亭湖总支、盐都总支。年内，民进盐城市委被评为全国社会服务工作先进集体，杨建群被评为全国社会服务工作先进个人，左兵被评为民进全省社会服务工作先进个人，文化支部和亭湖总支被评为民进全省社会服务工作先进集体。石惠被评为民进全省“十佳”信息员，民进盐城市委被评为民进全省信息工作先进单位。

参政议政 在市政协七届四次会议上，民进盐城市委提交提案20件，其中集体提案4件。《关于加快推进“无线城市 智慧盐城”建设的建议》等3件提案受表彰，3名委员获评“双岗双优”委员。在市政协七届十七次常委会、各党派团体联席会议上，就《构筑通榆河清水走廊，守好饮用水安全第一道防线》《大力弘扬先进文化，加快农村文化建设》2篇调研报告做大会交流发言。参加省招标课题工作，《我省对接“一带一路”战略的问题与对策》《整合优化职教资源，创新高校人才培养机制》《推动我省（市）制造业向工业4.0发展迈进》3个课题中标。至年底，民进盐城市委共上报至民进中央、省委以及盐城市委统战部103条信息，其中被民进中央采用2条，中央统战部采用3条，省委、省委统战部采用26条，民进省委采用66条，盐城市委统战部采用103条。

组织建设 全年发展新会员10名，并召开新会员入会前培训会。激发基层支部活力，在推荐“民进全国先进集

第三届百姓春晚演出现场。

体、先进个人”和评选“民进江苏省先进集体、先进个人”活动中，盐阜中学支部获评全国先进基层组织，陈金山获评全国先进个人；一小支部获评省先进基层组织，肖丽获评省先进个人。组织学习活动。通过专题报告会、学术研讨会、会员座谈会、市委扩大会等多种形式组织会员学习全国两会精神、十八届五中全会精神和民进中央十三届十次中央常务委员会精神，学习习近平总书记关于“四个全面”战略布局的重要论述等。开展民进成立70周年及抗战胜利70周年相关纪念活动，邀请党史专家做盐城红色文化讲座，开展“我身边的先进”宣讲活动。利用《盐城民进》、微信群、盐城民进网站等宣传载体，加强宣传工作。

社会服务　春节期间，在南映社区举办民进书法家迎新春送春联进社区活动；采用汇报演出的形式，在盐都文化馆举办2015年网络春晚；举办第四期陈氏太极拳义务培训班，自2013年首次开班以来，太极拳免费培训活动已连续开展四期，免费教授会员、市民200余人；举办盐城市庆“六一”大型文艺晚会；举办送艺术到校园——何山笛子教学成果展演音乐会；与多个单位联合主办“瑞鹤缘·故乡情”——季承业丹顶鹤艺术中国画作品展。参与民进中央“书香彩虹”捐赠图书公益活动，为省委对口帮扶的贵州省金沙县沙土镇中小学校捐赠书籍1257册，价值1.5万余元；与宿迁市泗洪县曹庙小学开展教学结对交流活动，举办《托起明天的太阳》家庭教育讲座，捐赠爱心图书共1000多册，价值5000余元；在步凤镇小学开展以“跨越人生的栏杆”为主题的公益讲座；组织淮安、盐城20余名书画界会员在毓龙路实验学校进行书画交流。

（石　惠）

第四节　农工党盐城市委员会

2015年，农工党盐城市委有党员人数309人。其中，全国人大代表2人，市人大代表1人，各级政协委员35人。下设工作委员会5个：参政议政委员会、经济与科技委员会、医卫与教育委员会、社会服务委员会和妇女委员会；法律援助中心1个；总支部委员会3个：市第一人民医院总支、亭湖区总支、盐都区总支；支部委员会8个：机关支委、盐城生物工程高等职业技术学校支委、盐城卫生职业技术学院支委、市疾控中心支委、市第二人民医院支委、市第四人民医院支委、市卫生监督所支委、市妇幼保健院支委；支部9个：市中医院支部、盐城工学院支部、盐城高等师范学校支部、阜宁高等师范学校支部、法律支部、农林支部、经济支部、综合支部、环保支部。盐都区总支、四院支部委员会、综合支部等3个基层组织被农工党中央表彰为中国农工民主党先进基层组织。

思想教育　加强思想政治理论学习。通过全委会、座谈会、报告会等形式，组织全市农工党员学习领会中共十八届四中、五中全会和习近平总书记系列讲话精神；组织党员学习贯彻中央、省委、市委统战工作会议精神。围绕纪念抗战胜利70周年开展专题活动。组织基层党员，参观由新四军纪念馆承办的“浴血奋战　英雄盐城”——新四军抗战大型专题展。结合纪念中国农工民主党成立85周年，组织全市农工党员参与农工党中央举办的“学讲话、学党章、学党史”问卷知识答题活动。组织市委委员、基层组织负责人等近20名骨干党员，前往广东惠州等地开展党史教育活动，实地接受农工党党史教育，重温多党合作历史。

参政议政　参加市委市政府及有关部门召开的政治协商会、通报会、座谈会、征求意见会，并就重大决策、重要人事安排、政府工作报告、党风廉政建设等发表意见。市两会期间，担任各级人大代表、政协委员的党员审议各项工作报告，为全国、省、市、区经济、政治、文化和社会事业发展建言献策。市政协七届四次全会上，提交《整合资源大力扶持，全面推进我市医养融合养老事业发展》《关于加强我市传染病防治工作的建议》《关于积极扶持我市民营医院健康发展的几点建议》3件集体提案，委员个人提案22件；6名党员在政协联组协商议政中发言，15篇提案和建议被编入《委员意见》。先后组织广大党员开展调研、视察活动10多次，形成调研报告7篇，社情民意50多篇。围绕“实施综合治水工程”进行调研，向市政协常委会提交《推进水生态文明，建设美丽盐城》调研报告。围绕“建设园区经济高地，打造绿色发展主引擎”主题开展调研，形成《抢抓发展机遇，扎实推进我市共建园区建设》调研报告。围绕“医药卫生事业改革”主题，开展调研活动，形成《抓住“十三五”战略机遇期，扎实做好我市分级诊疗体系建设》调研报告，并在市政协“十三五”规划座谈会上交流发言。完成《全面推进依法治省，努力建设法治江苏》《加强水资源管理，确保我省重点流域水质稳定改善》《加快特色高效农业发展，推进农民创新创业》3个省委招标调研课题论文。全年整理上报社情民意信息近百篇，其中，中央统战部采用2篇，农工党中央采用2篇，省委统战部采用8篇，农工党江苏省委采用31篇，盐城市委办采用1篇，市委统战部采用55篇。

组织建设　强化基层组织建设。规范和完善基层组织制度建设，推动基层组织工作正常化。根据《农工党盐城市委基层组织综合工作考核试行办法》，对各基层组织2014年工作全方位进行考核评比，对9个先进基层组织进行表彰奖励。做好组织发展工作。根据市各民主党派组织发展座谈会会议纪要，规范发展程序，全年发展17名新党员，其中医卫界8人，文教界5人，科技界2人，非公有制经济界2人，平均年龄40岁。加强机关干部学习培训教育。市委会专职副主委完成中央统战部主办的为期3个月的中央社院2015年春季班学习；有2名党员参加农工党江苏省委举办的骨干党员培训班；组织机关干部参加农工党江苏省委组织的社情民意信息相关知识培训会、江北片会等，开展学习交流。动员广大党员为农工党第一次全国干部会议会址维修和布展工作缴纳特别党费，总额1.73万元。

社会服务　与市环保局等部门联合开展第八届“中国环境与健康宣传周”活动。开展“国际科学与和平周”活动，组织专家党员赴盐都区秦南进行义诊，免费为80名村民进行腹部超声检查、心电图检查和健康体检，对50多位患者进行免费诊疗。全年，分3批向步凤镇、泾口村、李灶村等地捐赠总价值近14万元的图书。市疾控中心支部在全国儿童预防接种日，奔赴社区、街头开展儿童免疫规划宣传咨询活动。卫生职业技术学院支部走进文峰街道长坝社区新城花园小区，开展“进社区，送健康”咨询、义诊活动。盐都区总支16名党员参与“民主党派百名专家进村居”活动，向泾口村困难村民捐款1000元，并开展健康咨询、义诊活动。阜宁高等师范学校支部开展植树活动。农林支部联合市林业局开展爱鸟周活动。市四院支部到盐城市社会福利院老年公寓，进行老年健身广场歌舞表演。疾控中心支部会同市疾控中心工会、关工委，邀请国内资深文化讲师、北京世纪坛艺术馆义务讲解员杨小俭，举办以“西方油画欣赏”为主题的艺术讲座。（戴舒婷）

第五节　九三学社盐城市委员会

2015年，九三学社盐城市委有社员282人。其中，市级以上人大代表5人、政协委员25人；有高级职称182人，中级职称89人。下设专业委员会8个：提案委员会、科技委员会、教育委员会、环保委员会、农业委员会、医卫委员会、妇女委员会、老龄委员会；基层委员会1个：第一人民医院基层委员会；支社16个：机关支社、环保支社、农林支社、科技支社、经济支社、水文支社、农科院支社、盐城师范学院支社、盐城工学院支社、中医院支社、妇幼保健院支社、盐都支社、亭湖支社、东台支社、药监支社、燕舞支社；直属小组1个：生物工程高等学校直属小组。

思想教育　年内，结合社员思想实际，开展坚持和发展中国特色社会主义学习实践活动，进一步统一思想，引导社员自觉坚持和接受中国共产党的领导，不断巩固多党合作的思想基础。历次召开主委会和市委会，均将学习教育活动作为一项重要内容纳入会议议程。加强思想调研工作，通过召开小型座谈会等形式，了解社员的思想动态和愿望诉求，摸清社员真实思想状况，有针对性地开展好学习教育活动。

参政议政　就新能源汽车产业发展、构建绿色增长新常态、大力实施知识产权战略、继续推进节能减排等主题开展调研，形成集体提案4件。九三学社盐城市委副主委王东升以《坚持质量效益中心，构建绿色增长新常态》为题在政协联组会议作了发言。参加九三学社中央、九三学社省委调研课题的投标工作，组织社员参加第二届“九三学社中央坚持和发展中国特色社会主义论坛”、九三学社中央宣传部与九三学社思想建设研究中心召开的“法治精神与规则意识研讨会”征文活动。

社会服务　开展“亮康行动在盐城”活动，普查眼疾“村村到”共1602村次，免费普查群众眼疾共4.58万人次，免费为幼儿园、中小学生视力健康筛查3万多名，开展免费白内障手术3772台，群众直接受益960多万元。4月，开展“百名专家进乡村”活动，对创业大学生在生态农业旅游休闲观光园建设过程中存在的技术难题进行现场指导。10月，组织九三学社盐城市第一人民医院基层委员会10名成员，赴盐城市经济开发区步凤镇开展“送医下乡”活动，为当地农民进行义务医疗咨询服务，就诊人数300余人次。11月，经济支社和亭湖支社开展“国际科学与和平周”活动，组织社员赴盐东镇敬老院慰问孤寡老人并赠送生活用品和食品。（王　瑶）

第六节　致公党盐城市总支部委员会

2015年9月25日，中国致公党盐城市总支部委员会召开成立大会，致公党江苏省委副主委吴晓蓓，市委统战部副部长、市民宗局局长季放出席并讲话。会议选举邹毅实任总支主委，何坚强、王育林任总支副主委，并成立一支部、二支部，于胜博任一支部主委，刘长波任二支部主委。全年新发展党员15人。至年底，有党员32名，其中省政协委员1人。总支有主委1人，副主委2人。

思想教育　2月7日，召开党员大会，学习致公党省委会议精神，邀请市政协领导就如何提高参政议政水平作专题辅导。会后，全体党员到大丰调研盐城沿海新兴产业发展情况。3月27日，举办专题学习培训班，邀请致公党省委秘书长米其智专题辅导，对致公党党员进行党史教育和业务培训。8月14～15日，组织全体致公党党员参加在泰州举办的省直属基层新党员培训班，接受党史党章教育。

参政议政　参加致公党省委调研课题招标活动，其中"关于江苏沿海滩涂湿地开发和保护情况的调研""关于我省促进沿海工业产业发展的建议"项目得到致公党江苏省委立项资助。4月30日，致公党中央副主席严以新到滨海县调研淮河流域发展及入海水道航运建设情况，协助致公党中央形成《关于促进淮河流域经济与生态环境协同发展的建议》与《关于淮河入海水道建设的建议》，被中共中央政治局常委、国务院副总理张高丽作"请发改委、环保等部门研酌"的重要批示。10月28～29日，协助接待全国政协副主席、致公党中央主席、科技部部长万钢一行在盐城调研科技创新工作。

社会服务　致公党盐城市总支部委员会协助省创新协会，成功引进德国巴戈利亚集团与市开发区共建"生态科技园"；协助盐城经济技术开发区完成《盐城中韩汽车国际创新园实施方案》的编制。致公党总支委员、二支部主委刘长波成功引进华大网安科技有限公司落户盐城；帮助香港亚洲脉络公司与城南新区合作共建大数据产业园。6月28日，致公党南京市委组织南京鼓楼医院、南京市第一医院等5所医院的18名专家、教授，在盐城市中医院举办义诊及学术讲座，为300多名群众进行义诊。（郑建峰）

第七节　盐城市工商业联合会

2015年，市工商联有各类会员1.45万个(家、人)，其中企业会员8341家，团体会员286个，个人会员5902人。全市有各类商会组织241个，其中行业商会94个，乡镇商会90个，街道商会15个，园区商会14个，异地商会10个，其他类商会18个。全市94个行业商会中，省级行业商会1个，地市级行业商会23个，县级行业商会69个，乡镇级行业商会1个。市工商联直属商会27个，其中异地商会4个，产业商会13个，服务类3个，贸易类4个，文化类2个，科技类1个。

参政议政　两会期间，工商联界别共提交集体提案4个，个人提案58个。市工商联提出的《关于建立多层次融资体系，缓解小微企业融资难的建议》提案被评为优秀提案。各县(市、区)工商联和政协委员利用两会和其他民主渠道，共提交个人提案、建议和意见达225件。开展对民营经济发展情况的调研，撰写《2014年盐城市民营经济发展报告》。结合市委"三解三促一加强"活动，深入挂钩联系企业了解企业的发展情况、存在的问题，帮助企业协调相关矛盾。为引导民营企业参与国家"一带一路"战略，配合省工商联开展民营企业"走出去"情况调研，组织部分民营企业参加座谈，对民营企围绕"三解三促"工作开展驻点调研。

组织建设　印制"盐城市民营企业调查表"，分发到各县(市、区)工商联及市工商联七届执委，对全市规模以上非公有制企业形成较全面的调研材料，并依据调查结果对会员工作进行部署安排。按照全国工商联的统一部署，落实"五好"(领导班子好、会员发展好、商会建设好、作用发挥好、工作保障好)县级工商联建设工作。先后有建湖、盐都、阜宁、大丰4家县级工商联通过全省"五好"县级工商联考核。其中，建湖、盐都、阜宁3家被评为全国"五好"县级工商联。加强商会组织建设工作，从制度建设、调查研究、培训教育、联络联谊、队伍建设5个方面提升商会组织的规范化建设水平。

服务企业　参与2015年度盐城市非公有制经济组织"五好出资人"推荐评选工作，18家非公有制经济组织被表彰为"五好出资人"。协同宣传部、经信委等8个部门在全市工商企业及个体工商户中组织开展盐城市第一届"百名诚信之星""十大诚信标兵"推选活动。组织符合条件的5家企业申报2015年国家火炬计划、星火计划。跟踪服务中体地产"奥林匹克花园"项目五期工程，与相关部门多次协调，推进项目实施。帮助浙商企业协调解决金大洋三期工程拆迁工作。帮助江苏集云置业有限公司解决建设项目中遇到的困难。促进协调劳动关系三方委员会开展活动。坚持联合召开会议、组织调研、签发文件、开展培训、指导帮助、督查推动的"六个联合"工作法，保护企业和劳动者的合法权益。推进中小微企业监测点工作。

商会工作　市总商会党委召开一届二次会议，讨论通过《中共盐城市总商会委员会党建工作制度》。年内，泉州盐城商会、无锡盐城商会、郑州盐城商会、重庆盐城商会、上海盐城商会和宁波盐城商会先后成立。市眼镜业商会会长单位盐城吴良材眼镜公司举办"吴良材眼镜社区献爱心光明行"公益活动。泉州盐城商会扶贫济困、捐资助学金额8万多元。市文化产业商会参与发起成立市慈善总会文化教育分会暨关爱困难儿童111爱心助学工程素质教育基金会。文化产业商会会长单位冠名赞助市第七届运动会职工部"津香玉杯"象棋、围棋比赛。特产商会和食品商会举办一系列活动，宣传食品安全，倡导放心消费。举办2015盐商回乡创业暨迎新春联谊恳谈会，全国各地盐城籍企业家200余人参加活动。参与江苏盐城(广州)现代农业合作恳谈会，在成都举办驻蓉盐城籍企业家返乡创业恳谈会。

（王　岚）

第29章 人民团体

责任编辑 潘其锐

第一节 盐城市总工会

2015年，盐城新建独立基层工会497家，涵盖法人单位1152家，工会组建率、入会率均达95%以上，居全省前列。农民工会员总数达44.6万人，农民工入会率达97.3%，列全省第四位。启动普惠服务工作，探索由面向特殊群体转变为面向全体工会会员的普惠化服务，建成工会会员服务基地72家。全年"模范职工之家"递增8%，"合格职工之家"递增15%。开展"五一"劳动法律宣传服务月、"12·4"法治宣传等活动，工会系统印发宣传资料2.1万份，解答法律咨询4200人次，进企业服务1600次。推荐评选市以上表彰的劳模、先进个人183名，先进集体235个。

一、劳动竞赛

2015年，市总工会组织多种竞赛活动。开展市区内环高架建设、连盐铁路（盐城段）等省、市重点工程劳动竞赛，开展节能减排达标竞赛和创新升级示范性劳动竞赛，组织全市近2800家单位53万名职工参加"安康杯"竞赛活动，组织第七届职业技能大赛，举办20多场、50多个工种的技能竞赛。至年底，盐城产生全国技能竞赛优秀奖1人，省"五一劳动奖章"1个，市"五一劳动奖章"18个，400多名职工获评高级工以上职称。

二、劳动保护

2015年，市总工会履行工会劳动保护监督检查职责，全面排查安全生产隐患，维护职工安全健康权益。构建和谐劳动关系。创建和谐劳动关系先进企业，129家先进企业受市政府表彰，江苏悦达专用车有限公司等10家企业被评为盐城市履行社会责任达标企业。推进企业协商民主工作，全市共有1000多家规模企业开展协商民主工作，1.6万家企业开展工资集体协商，1.73万家企事业单位实行厂务公开民主管理。市总工会被评为全省推动厂务公开民主管理工作先进单位。健全劳动关系矛盾调处机制，成立职工援助律师团，排查劳动关系矛盾隐患221件，受理劳动争议案件820件。开展夏季安康"三送"（送清凉、送安全、送法律）活动，全市各级工会共计投入资金1800万元，覆盖一线职工18万人，其中农民工8万多人。建成28个工会劳动监督检查员片区服务站、74个安康驿站。加大困难职工帮扶力度，市县两级工会筹资374万元帮扶大病困难职工3680户，筹资285万元"金秋助学"资金帮扶贫困学子1852人，筹资1259万元为2万户困难职工送温暖，为困难学子争取勤工俭学岗位800多个，指导创业培训基地开展创业培训30期3200多人，帮助困难职工创业500多人。开展"我身边的安全隐患随手拍"作品征集活动，44件作品参加省评比活动，1人获一等奖、1人获三等奖、2人获优秀奖。

女职工工作 年内，开展2015盐城最美新娘评选活动，帮助广大职工树立健康的婚恋观，展示美好家庭内涵，传播正能量。建成"爱心母婴室"76个，为广大女职工提供贴心服务。以环卫女工、女农民工、留守女职工和单亲困难女职工及其家庭为重点，开展女职工关爱行动，对困难女职工实施大病救助，组织有关医务专家为基层企业一线女职工送健康，普及健康知识，加强女性疾病的预防和自查机制建设，提高广大女职工对心理健康的重视程度。

全省工会劳动关系矛盾化解工作经验交流会 11月，省总工会在盐城大丰区举办全省工会劳动关系矛盾预防化解工作经验交流会，全省各市总工会分管主席、法工部部长，县（市、区）总工会分管主席及部分产业（厅、局、公司）工会负责人等115人参加会议，市总工会、大丰区总工会等单位在会上作了交流发言。盐城市县两级工会推行的劳动关系状况季季清、当季矛盾当季清、潜在矛盾预先清的工作方法得到省总工会的认可。

农民工入会集中行动 年内，市总工会开展农民工入会集中行动，聚焦全市省级以上开发区（工业园区）、物流（快递）业、家庭服务业等重点区域和领域农民工。至年底，全市农民工会员总数达44.6万人，农民工入会率达97.3%，居全省第四位。

三、劳模工作

2015年，盐城推荐评选出全国劳模和先进工作者10名、全国"五一巾帼标兵"3名、"五一巾帼标兵岗"3个。共获省、市"五一劳动奖状"51个、"五一劳动奖章"110个、"工人先锋号"121个，市"五一巾帼标兵岗"60个、"五一巾帼标兵"60个。命名市级示范性劳模创新工作室31个。加强劳模服务，组织8批173名劳模先进赴省内外疗休养，发放全

国劳模专项补助金61.8万元，省部级劳模专项补助金191万元，市劳模专项补助金97.16万元。（罗发富）

第二节 共青团盐城市委员会

2015年，盐城市14周岁至35周岁青年184.61万人（农村户籍45.83万人），14周岁至28周岁青年132.57万人，团员28.62万人。全市流动青年61.34万人，流动团员8.4万人。共青团盐城市委下辖县（市、区）团委9个、经济开发区团工委1个、城南新区团委1个、市级机关团（工）委1个、市直属机关企事业单位团（工）委45个、直属院校团委8个，各县（市、区）下设基层团委574个、基层团支部（总支）9876个，建立盐城驻外地团工委27个、产业团工委10个，规模以上企业建立团组织2393家，成立盐城市青年社会组织联盟并建立团组织、成员56个。9个县（市、区）全部成立县域农民专业合作社团工委，下辖专业团委75个，覆盖1386个专业合作社团支部（总支）。盐城生物工程高等职业技术学校团委被评为全国五四红旗团委，国家电网江苏省电力公司盐城供电公司调控中心团支部被评为全国五四红旗团支部，29家团组织获评省级五四红旗团组织。

一、青年人才培养

2015年，共青团盐城市委加快青年人才工作体系建设。开展盐城市“515”引才计划LOGO有奖征集活动，举办6场“515”青年就业大型招聘会活动，提供岗位2万多个。举办盐城青商“五好”出资人对话市长活动，开展“盐城，我们来了”大学生暑期训练营活动，全市各级团组织先后接待全国120多所高校的千余名高校大学生在盐城实地开展活动56场次。举办高层次青年人才走进新能源汽车产业园、长虹涂装机械有限公司等活动。3月，组织开展第八届盐城市“十大杰出青年”评选活动，通过层层推荐、申报、考察、公示、微信投票和候选人答辩，组委会综合微信投票、大众评审团评分和评委评分结果，经过层层评选，市公安局交警支队法制宣传科民警王勇等10人被授予第八届“盐城市十大杰出青年”称号，同时由市人社局记三等功一次；市图书馆副馆长戈建虎等10人被授予第八届“盐城市十大杰出青年提名奖”称号，同时由市人社局、团市委授予“盐城市新长征突击手”称号。5月4日，在“新盐城 新青年”纪念五四运动96周年主题团日活动中，市委书记朱克江为盐城市十大杰出青年颁奖。

全省青年职业技能大赛 9月22～24日，2015年全省青年职业技能大赛决赛在盐城举办。大赛设有数控车工、维修电工、电子商务师和快递业务员4个竞赛（职业）工种，包括理论知识竞赛和实际技能操作竞赛2个比赛环节，全省13个地市和省部属企业的161名选手同台竞技。经过角逐，盐城代表队获团体一等奖。其中，盐城市文吉机械有限公司纪传军，盐城技师学院陈晓波、徐艳龙分别获得数控车工组、维修电工组、电子商务组第一名。盐城技师学院张军、盐城盛世普科技有限公司凌久生分别获得数控车工和电子商务组第二名。

二、服务青年创业

2015年，共青团盐城市委开展青年创业学院“送课进校园”活动，相继走进盐城工学院等9所驻盐高校，累计培训青年大学生1283名。举办第四届盐城市大中专生职业生涯规划大赛、盐城青年网络创业大赛等活动。推荐优秀创业项目参加江苏创新创业大赛、江苏青年创新创业大赛，“互联网+优质快长高繁型新品种火鸡”“归园田居乡村民宿”2个项目获得现代农业组创业类、创意类一等奖，“蜻蜓农服电商平台”“智能多功能护理（病）床”“中国盐塑”3个项目分获现代农业组创业类二等奖、商工组创业（创意）类三等奖。开展微商创业培训1530人次，直接服务500多名青年进入微商创业新业态。鼓励返乡青年创业，召开创业恳谈会31场，采集4510名返乡创业青年信息建立数据库。成立盐城青年电商创业联盟，指导建成15家创业空间（园区）。

2015青年网络创业大赛 7～9月，举办2015青年网络创业大赛，共有370多个创业项目报名参赛，涵盖电子商务、网络服务、网络媒体、网络游戏等领域。大赛通过海选、复赛、半决赛的角逐，6个项目进入决赛。9月1日下午，总决赛在盐城广播电视台演播大厅举办。中农网购（江苏）电子商务平台获得大赛一等奖，百花电商、家庭大厨2个项目获得大赛二等奖，鑫航网仓、丰龙大地电子商务平台、佳富农产品电子商务平台3个项目获得大赛三等奖。

中国青年涉农产业创业创富大赛 11月30日至12月4日，“邮储银行杯”2015中国青年涉农产业创业创富大赛全国赛在盐城举行。此次大赛全国赛分为初赛、半决赛和决赛3个阶段。大赛30强项目通过“资本邀约”“实战对碰”和“创业论道”等环节的层层考验分别决出金、银、铜奖，分享119万元奖金，成长组10强项目获得中国邮政储蓄银行1.2亿元现场授信。全国赛期间，举办项目赶集会、产业考察、创业精英训练营等活动。

三、青少年权益保护

2015年，共青团盐城市委赴镇江未成年犯管教所、南通女子监狱组织开展“折翼修复”回访帮教活动，举办法律阳光润校园、“护蕾2015”专项行动等活动。开展“星星的孩子”自闭症儿童公益讲座、“手心手背儿童安全公益沙龙”等各类主题活动25场次，帮助解决青少年意愿诉求532件。建立人大代表、政协委员联系青少年事务工作中心（站）20家，开展“面对面”集中活动共计11场次，市县二级提出建议、提案共计13篇。开展2015年“青春自护”系列主题教育活动315场次，5万余名青少年参与，发放青少年自护教育文化产品2万余册，发布自护提示400余条。举办第二届盐城市中等职业学校在校生模拟法庭大赛，累计开展巡演活动36场，15万余名学生接受法制教育。开展青少年公益活动。全市圆梦行动共发放助学金189万元，惠及457名贫困学生，募集爱心岗位125个。向省青少年发展基金会争取120万元资金援建响水县义新小学、阜宁县安陈小学和滨海县天场镇绿杨小学3所希望小学，并筹资8.4万元建设27个"快乐读书角"。开展青年社会组织思想沙龙活动，推报70个公益项目参加全省公益项目大赛，并组织盐城市5个优秀青年社会组织骨干负责人参加大赛决赛暨骨干培训班活动。响水助力微梦公益协会助力微梦计划获第二届中国青年志愿服务项目大赛铜奖。统筹协调援疆援青各项工作，援助资金22.1万元。举办"荷兰花海"杯2015"向上·向善"盐城市第六届少儿春晚，全市417名小演员参加演出。（马艳琳）

第三节 盐城市妇女联合会

2015年，全市有妇女400.72万人。市妇联下辖县（市、区）妇联9个、经济技术开发区妇联1个、城南新区妇联1个、市级机关妇工委1个、市直机关单位妇委会42个，省及市属高校妇女组织9个、民办高校妇女组织1个，乡镇（街道）妇联112个、村（社区）妇代会2431个，"两新"妇女组织（新经济组织和新社会组织）和企业女工委、妇女小组452个。年内，市妇联加强组织建设，寻访"最优女性社会组织""最美女性草根组织领袖""最佳公益社工服务项目"，并进行集中宣传展示。开展女性社会组织公益服务创投活动，评选推荐优秀创意项目，参加全市公益服务创投。出台《关于进一步加强女性社会组织建设的意见》，规范全市女性社会组织管理与服务。各地妇联、市直单位妇委会通过举办孤贫儿童"爱心之旅"、圆梦"微心愿"、免费健康体检、慰问儿童福利院等活动，帮助1623名孩子完成"微心愿"。新募8108名"爱心妈妈"、5035名成长伙伴与留守儿童结对。组织女性社会组织开展法律咨询、心理辅导和结对帮扶等活动。组织开展创建省级标准"妇女儿童之家"和"妇女儿童之家"优秀服务案例征集评选活动。全市32个经济薄弱村、278个社区建成省级标准"妇女儿童之家"。年内，市妇联获评全市目标任务综合考核综合先进集体、五好先进基层党组织等。

一、关爱妇女儿童

2015年，市妇联落实"十二五"妇女儿童发展规划及实事项目推进、重点工作评估督查，女性创业就业、困境儿童关爱、贫困母亲帮扶等工作。全市初步建立困境儿童基础台账、电子档案、结对信息库。出台《关于在全市实施留守流动儿童关爱工程的意见》等文件，健全关爱困境儿童工作制度体系。成立市妇联法制宣传总队、17个志愿者分队，组织开展禁毒宣传、社区矫正帮教等系列活动百余场，受益妇女10多万人（次）。联合市中级法院开展"崇法尚德好家庭、好母亲"评选表彰活动，召开"十大青少年维权案件"新闻发布会，建立健全家事纠纷多元解决机制，督办典型侵权案件。为大市区100名单亲贫困母亲举办心理调适专题讲座，发放慈善购物卡，开展就业服务、情感关怀及生活帮扶。联合相关部门开展"护蕾行动"，举办"平安呵护成长"安全知识讲座，提升困境儿童安全防护水平。创办"爱心图书馆"1个，新办"春蕾班"15个、春蕾小学1所。联合市总工会等部门召开全市爱心母婴室建设现场推进会，新建爱心母婴室76个。

培育和美家庭 市妇联举办"最美家庭讲好家训"千场巡讲活动、"最美家庭"推荐会、故事会，征集好家风、好家训。全市参与活动的妇女群众20多万人次，推荐"最美家庭"1000多户，其中董兵家庭、崔九宁家庭等4个家庭获评省"最美家庭"。开展百场家教巡讲活动；评选展播优秀家庭教育情景剧；举办儿童安全自护知识讲座、留守儿童夏令营等活动500余场；印发宣传资料1.5万份，宣讲法律法规、心理健康知识，传播科学家教理念技巧，提升家长家教水平。组织"紫薇微讲堂"进社区，开办家风家训评议会、"和教育·我的家风家训"书法展评等活动；开展女子书画展、"爱的全家福"农民工子女书画作品展、"紫薇携手·书香万家"主题读书、"廉政文化进家庭""百佳书香家庭"评选表彰等活动，培育和美家庭。

二、服务巾帼创业

2015年，市妇联推进巾帼创业工程。联合市委组织部、市教育局举办女大学生村官电子商务、农村妇女"网上行"培训23期。开展巾帼电商孵化基地、农家乐等示范基地创建活动，选树现代农业等5类示范基地市级50个、省级19个。联合市经信委举办"适应新常态，巾帼创新业"经济形势分析报告会，开展第二届"十大巾帼创业之星"评选表彰活动。举办第三届妇女创业大赛，奖励扶持优秀项目；开展适宜女性创业的项目征集推广活动，市县联动举办项目推介会6场，推介小本创业项目118个。全年累计为创业女性授信13.3亿元，用信10.1亿元；全市发放妇女贴息小贷8027万元。做强"十万妇女发展现代农业"品牌，带动39万名妇女增收致富，《中国妇女报》《新华日报》等媒体予以报道。

盐城·常州巾帼创业合作对接会 11月26日下午，由盐城市、常州市妇联共同举办的"打开心扉·创赢未来"2015盐城·常州巾帼创业合作对接会在盐城迎宾馆举行。活动分为盐城·常州巾帼创业合作对接会、盐城常州两地女企业家论坛交流2个阶段。会上颁发了盐城市第三届妇女创业大赛、盐城和常州获省"百名巾帼科技创新典型人物"奖项；两市11对企业当场签订11个合作项目；中国银行盐城分行为部分女性企业家提供贷款授信1.15亿元。（周凯征）

第四节 盐城市科学技术协会

2015年，全市有市级学会（协会）51个、市直科协26个，乡镇（街道）科协126个，行政村（社区）科普协会2026

个，企业科协557个，农技协1137个。全市公民具备基本科学素质比例达7.1%，位于苏北第二，完成与省签订的目标任务。年内，盐城市科协落实海外招才引智、科普惠及民生、学会能力提升、推进企会协作等一系列工作，获得省文明办、省科协等单位联合表彰的“金钥匙”科技竞赛突出贡献奖（1996～2015），先后被省科协表彰为综合优秀单位、全国科普日活动优秀组织单位。

一、科普工作

2015年，市科协开通“盐城科普”微信公众平台，完善鹤鸣亭《科汇》频道，推广科普大屏，加大电子科普画廊宣传力度。在盐城电视台播出《科普大篷车》栏目，在全市BRT公交车车载电视、楼宇广告屏上滚动播放以家庭卫生等为主题的科普宣传片。与市农口部门合作，推动成立盐城市农村专业技术协会。与市教育局共同举办科技辅导员培训班，承办省机器人教练员培训班。常年开展科普进社区活动，组织市科学传播专家团成员到社区举办科普讲座50多场次。开展“倡导全民科普，共建书香盐城”主题读书活动、科普志愿者集中行动、兴农富民工程集中服务活动等100多场主题科普活动。组织青少年科技创新大赛、“金钥匙”科技竞赛、科技模型竞赛等活动，20多万人次参加比赛。开展青少年科学调查体验活动，3所学校被列为全国2015年青少年科学调查体验活动推广试验单位。

科普示范创建 年内，全市8个县（市、区）被命名为省科普示范县（市、区），新增全国科普教育基地3个、省级科普教育基地9个、市级科普教育基地17个，市级以上科普示范乡镇（街道）5个、科普示范村（社区）13个、科普惠农服务站23个，其中2个单位被评为省优秀科普惠农服务站。10个农技协和科普示范基地、4名农村科普带头人获中国科协、省科协表彰，共获奖补资金135万元。

二、科技人才

2015年，市科协健全海智工作网络，建立《海智工作站管理办法》，新建阜宁经济开发区、江苏和信石油机械有限公司、江苏丰东热技术股份有限公司3个海智工作站。举办海智人才（项目）对接活动，邀请14名海外高层次人才与全市6个园区、28家企业代表进行洽谈，重点推介19个海智人才（项目），9个项目现场签订协议。组织10多家企业、县级科协参加第十三届中国国际人才交流大会，分别与英国、澳大利亚等国家科研人员洽谈“符合国际标准的快速充电桩”“降低海水淡化成本”等一批项目。推荐10个项目参加第三届中国江苏创新创业大赛，“全裸眼虚拟现实平台”项目获三等奖，“新能源城市防灾应急微型勤务车设计”等3个项目在海智分赛上获奖。年内，盐城海智工作基地被中国科协表彰为海智计划先进工作基地。评选优秀科技人才。与市委组织部、市人社局联合开展第五届十佳科技标兵、第八届优秀科技工作者评选工作，共评选产生史践等10名科技标兵、姜海波等20名优秀科技工作者。

三、学术交流与成果

2015年，市科协举办长三角海洋生物医药产学研科技论坛暨盐城市第四届自然科学学术活动月和“互联环保与区域经济转型升级”第十一次江苏科技论坛盐城分论坛，邀请中国工程院院士朱蓓薇、蒋士成参加开幕式并做主报告。活动月和论坛期间，100多名市内外专家学者在盐城开展40项各类学术活动，评选产生优秀成果17篇，为盐城科技创新、经济转型升级献计献策。全年市级学会开展各类学术活动近100场次，交流学术论文2000多篇。年内，市科协组织对2013～2014年度全市自然科学优秀学术成果进行评选表彰。共征集学术成果800多篇。经专家组评审、选手答辩以及媒体公示等程序，评选产生150项优秀学术成果，市政府为获奖成果颁发了证书和奖金。

四、科技服务

2015年，持续开展“企会协作”行动，实施农业、健康安全等项目50个。推动市计算机学会等学会与企业签订互联环保科技技术产业化开发项目合作协议，盐城工学院科协与200多家企业进行了项目对接，市物理学会会员深入阜宁、建湖等地光伏企业开展技术攻关。帮助江苏德赛化纤公司聘请中国工程院院士蒋士成担任企业顾问。加强产学研用合作，建成8个省级科技服务站、9家省级首席工程师工作室、5个市级协同创新基地。持续推送企业科技专利信息。先后组织培训2次，邀请省科技咨询中心项目主管、专利使用和保护方面的律师进行实务操作和法律知识讲解，为企业配发数据盘，安装数据库。全年全市新增注册使用科技专利信息库的企业近200家。（王海洋）

第五节 盐城市台湾同胞联谊会

2015年9月，盐城市台湾同胞联谊会变更为参照公务员管理的事业单位。至年底，在盐台胞有10个家族23户共60人，其中高山族15人、汉族45人，第一代台胞1人、第二代台胞22人、第三代台胞31人、第四代台胞6人，分别居住在盐城市区、东台市、阜宁县和滨海县。年内，市台湾同胞联谊会先后组织开展在盐台胞参加省台联组织的老台胞踏青活动、重阳节活动、苏中苏北片区台胞联谊活动、纪念“七一”建党94周年暨抗战胜利70周年省台籍党员学习教育活动，参加全省台联九届五次理事（扩大）会，省台联组织的“江苏台商看江苏”在镇江市的考察活动。以活动为纽带，引导在盐台胞增强两岸和平统一的意识。春节期间，逐户走访慰问18名在盐城台胞和2名台胞遗孀，发放困难补助金1.74万元，另外为生活困难的2名台胞申请到全国台联补助费8000元。（祝春燕）

第30章　法治盐城

责任编辑　潘其锐

综　述

2015年，全市推进依法行政、公正司法、基层民主法治、全民知法守法各项重点工作，科学民主立法实现突破，依法行政公正司法水平明显提升，全民法治意识进一步增强。全年相继部署了“春风行动”“德法同行·法润校园”“法治文化基层行”“法耀盐阜”等主题宣传活动。组织开展盐城首届法治事件法治人物大型评选活动，共有40.6万人次参与群众投票，产生广泛影响。全市政法系统共有143名干警被评为全国、全省业务能手，63件案件被评为省级以上优秀案例，盐城政法队伍建设成果被中央政法委录入百家经验汇编，并在全省政法工作会议上作经验交流。《人民日报》、央视《新闻联播》4次报道盐城市依法行政、公正司法、村规民约、村务公开等法治社会建设工作。

特警夜间巡逻。　　（张友余　摄）

完善法治社会建设考评体系　江苏省《法治江苏建设指标体系（试行）》出台后，盐城对标找差，对2014年2月在全国率先制定的《盐城法治社会建设评价指标（试行）》进行修改完善。将《评价指标》从原来的依法执政、法治政府建设、公正廉洁司法、基层民主法治建设、全民知法守法五大部分，调整为推进民主政治建设、法治政府建设、公正廉洁司法、基层民主法治建设、全民知法守法、法治工作队伍建设、法治社会建设组织领导七大部分。在内容上突出群众参与及主体地位，将群众法治满意度从全民知法守法部分单列出来，权重从原来的5分提高到8分。修订后的评价指标任务安排更加明确，措施责任更加务实。

地方立法新突破　7月31日，经省十二届人大常委会第十七次会议审议通过，盐城成为苏北唯一被江苏省首批赋予地方立法权设区的市。确定响水县小尖镇等15个基层单位为盐城市人大常委会首批民主立法联系点，聘请陈爱蓓等10位专家学者组成市人大常委会立法咨询专家组，聘请周俊等15位市人大代表组成法制专业代表组。8月上旬，在《盐阜大众报》、市人大网站等媒体发布《盐城市人大常委会关于征集立法建议的公告》，面向社会各界公开征集立法建议。出台《盐城市制定地方性法规条例》，为有效行使立法权、发挥立法引领和推动作用做出重要保证。围绕盐城绿色发展方向和城市增绿化、工地控扬尘、秸秆禁焚烧的要求，制定《盐城市绿化条例》，通过立法建立最严的生态保护制度。

依法行政显成效　推进依法行政，开展“红顶中介”专项整治，对19个部门和单位的109项涉企中介服务事项进行清理，取消中介服务事项62项，保留47项。推进县级政务服务与公共资源交易一体化管理，东台市获批国家级行政服务标准化试点单位，大丰区列入国家改革试点。推进政务服务标准化建设，盐城以97.8分通过国标委评估验收。加强基层民主法治建设，全市创成平安法治示范社区240个，形成了县、镇有公共法律服务中心，村（社区）有司法行政服务站，村（居）民小组有法律服务社的四级公共法律服务体系。推进全民知法守法，编印全民知法守法系列学法读本14.4余万册，免费发放给全市干部群众。开展以“宪法进万家”为主题的法治理念传播行动，利用盐城电视台《普法专栏》《盐城晚报》、盐城普法网、盐城广播电台《天天说法专频》、微信等阵地，加强普法教育。全面完成“六五”（2011～2015年）普法任务。东台、大丰、滨海、阜宁、射

阳、建湖创成全省法治创建先进县(市、区),东台、大丰获评全国法治创建先进单位。(傅月萍)

第一节 社会治安

2015年,全市政法系统推进平安、法治社会和政法队伍建设,各项工作取得新成效。盐城连续四年蝉联全省综治和平安建设工作先进市,连续八年被江苏省命名为"平安市"。中央电视台《新闻联播》《新闻30分》及《人民日报》《法制日报》、新华社《内参选编》等国家级媒体多次报道盐城政法工作。组织开展社会矛盾纠纷、安全生产隐患、社会稳定风险、网络负面舆情、干部作风问题"五项排查",全市共排查化解各类矛盾隐患6.1万个,完成纪念抗战胜利70周年等活动安保任务。探索建立领导接访、干部下访、重案包访、基层吸访、应急控访、依法处访、事结息访"七访"工作机制,信访总量逐年下降,盐城成为全省唯一连续两年实现全国两会期间进京非正常访问零登记的省辖市。

平安建设 健全调解工作机制,调处各类矛盾纠纷4.68万件,交通事故一体化处理做法被公安部推广。落实社会稳定风险评估工作制度,实施重大稳评事项863件。加快构建立体化现代化社会治安防控体系,9个"110"接警区全部通过省级技防城验收,成为继苏州、无锡之后的第三个通过验收的省辖市。依法防范打击各类违法犯罪,主要刑事案件发案率持续下降。加强重点人群服务管理,全面推行易肇事肇祸精神障碍患者免费救治,流动人口信息登记率95%以上,刑满释放、社区服刑人员重新犯罪率分别控制在1.5%、1‰以下。群众安全感居苏北第二位。

基层建设 全市117个镇(街道)全部建立党委政法委,配备专职政法委员,2432个村(居)全部配备副村级综治维稳专干。推进三级服务中心规范化建设,推行社会服务中心、社会矛盾调解中心、人民来访接待中心"三个融合",实行政法维稳视频指挥中心、远程视频接访、社会面视频监控、视频会议"四频合一",县镇两级平台规范运行率100%,村级平台建成率95%以上。加强基层政法单位规范化建设,全市80%以上的派出所户籍窗口完成标准化改造,东台、阜宁检察院驻看守所检察室被最高检评为一级规范化检察室。组织开展平安法治示范社区创建活动,建设了一批网格化、便民化、信息化、法治化的城乡社区。

(傅月萍)

第二节 依法行政

2015年,全市加强依法行政工作领导,依法行政工作取得实效。建立以市政府主要领导为组长的全市依法行政工作领导小组。出台《2015年全市依法行政工作要点》,确定了2015年全市依法行政工作的七大类主要任务和22项具体措施,明确牵头部门和责任单位。年底,组织对101个市级部门单位和9个县(市、区)政府、市开发区、城南新区管委会进行依法行政、依法履职和法治政府建设年度考核。

完善行政决策机制 建立重大行政决策法律咨询平台。设立市政府财经法律顾问小组、聘请4名兼职法律顾问,面向全市律师事务所公开选聘3名执业律师,专职从事政府法律事务服务工作,形成"专、兼"结合的法律顾问制度。年内,经市政府常务会和市长办公会讨论决定的"新水源地建设""中韩产业园建设"等重大行政决策项目,均履行了完整的公众参与、专家论证、风险评估、合法性审查、集体讨论等程序。

提升依法行政执行力 对领导干部进行任前法律知识测试,对22名副处级以上领导干部开展任前法律知识测试。开展县处级领导干部法制培训工作,举办2期依法行政专题研究班,培训超过100人次。出台《盐城市行政执法人员资格管理和持证上岗规定》,坚持政府法制机构工作人员法制培训专业化,开展法律知识与业务技能学习培训活动,全年组织1500多名行政执法人员参加培训和在线学习考试。

依法行政示范点建设 经推荐申报、复核检查和社会公示等环节,筛选确认市食药监局等47家单位为2015~2016年市级依法行政示范点,盐城的省市两级依法行政示范点单位达51家。7月,出台《关于开展依法行政示范项目建设活动的意见》,在示范点单位中开展示范项目建设活动。8月,组织召开全市省市两级依法行政示范点示范项目建设动员部署会议。11月,开展优秀示范项目申报评比活动,选取部分示范项目进行专题推介。

镇级法治政府建设 1月,全市政府法制工作会议对镇级法治政府建设工作进行动员部署,要求每个县(市、区)确保1个以上镇政府率先完成法治政府建设阶段性目标任务。6月,出台《盐城市镇级法治政府建设阶段性工作目标考核评价办法》,并明确了10个镇区为2015年重点督查单位。10月,召开全市镇级法治政府建设工作座谈会。12月底,组织考评验收,部分镇政府率先完成法治政府建设阶段性工作目标。(周 洋)

第三节 政府法制

2015年,全市政府法制工作在健全政府法律顾问制度、规范政府文件制定、探索行政复议办案方式、行政执法监督和开展法制工作研究等方面取得新突破。依托江苏省行政与经济法研究会、盐城市法学会、盐城市行政管理学会等平台,开展依法行政理论和政府法制工作研究工作。完成《盐城法治政府建设问题及对策思路研究》《盐城市行政执法监督工作创新实践与思考》《我国应急管理"五化"思考》《政府常务会议学法制度"三化"思考》《新形势下地方政府法制力量构建路径思考》《盐城市探索备案审查工作新机制》《盐城市行政复议结果网上公开实践探索和思考》等调研文章,并先后在新华网、《政府法制》《法治时代》等省级以上刊物和媒体上发表。

规范性文件制定　印发《2015年度规范性文件制定计划》，确定年度规范性文件计划项目14件。全年审核各类规范性文件91件。其中，涉及宏观经济调控类15件，公共产品服务类9件，市场监管类11件，科教文卫类19件，社会管理职能类25件，民主政治类12件。在规范性文件制定审核过程中，推动社会公众参与。召开《盐城市市区烟花爆竹禁（限）放安全管理办法（试行）》听证会及《盐城市人民政府关于进一步加强仲裁工作的意见（草案）》听证会。所有规范性文件草案都通过中国盐城网站和盐城政府法制网站向社会公开征求意见。全年共向相关部门发放征求意见函500多份、召开征求意见座谈会8次。出台《盐城市规范性文件实施效果评估办法》，对评估范围、评估程序、评估主体等事项进行规范管理。

行政复议案件办理　召开市行政复议委员会全体人员会议，出台《盐城市人民政府行政复议委员会工作规则（试行）》等4项工作制度。全年组织召开市政府行政复议委员会案审会2次，共审议不服公安派出所不予办理户口登记等案件3件，形成专家参与办案制度。全年共办理各类行政复议案件81件，其中做出维持决定39件，终止14件，撤销、责令履行职责或确认违法6件，驳回申请1件，不予受理17件、补正4件。案件办理结果全部通过盐城政府法制网站公布。

行政执法监督　出台《盐城市行政执法人员资格管理和持证上岗规定》，对执法人员资格条件、执法证申领注册、注销、监督、投诉等方面的问题进行详细规定。下发《盐城市行政执法人员严格执法行为规范》，开展全市行政执法卷宗评查活动，评出"十佳"卷宗，并下发通报。加强备案审查，探索规范性文件、重大行政处罚决定等工作。

（王　杨）

第四节　公　安

2015年，全市公安系统完成抗战胜利纪念活动、国际汽车博览会等安保任务和等级警卫任务。开展严打暴恐活动、严打严重暴力犯罪、打击侵财犯罪、禁毒会战、缉枪治爆等专项行动。全市刑事案件保持平稳，现行命案全部告破；全市道路交通、火灾事故死亡人数同比分别下降6.3%、60%；9个"110"接警区全部通过技防城建设省级验收评估；全市公众安全感94.33%。深化公安行政审批制度改革，提请市政府出台深化户籍制度改革意见，推行交通事故一体化处理机制，推行"一站式""一号窗口""1+N"窗口受理模式，拓展网上公安服务内容，年内，"盐城交警"微信平台位居"全国政务微信影响力排行榜"全国第四名、公安类第一名，获评江苏十大最具影响力政务微信。

一、安全保卫

2015年，深化"五项排查"（排查化解社会矛盾纠纷、排查整治突出治安问题、排查整改公共安全隐患、排查治理治安安全隐患、排查解决队伍管理薄弱环节）常态机制，组织开展社会矛盾隐患风险排查整治行动，集中排查解决各类矛盾问题隐患2100余件，对776个项目实施稳评。组织开展"'110'规范建设年"活动，探索推行"一窗联接、一班联研、一台联网、一键联调、一线联指、一体联动"为重点的"六联"模式，打造情报、指挥、行动一体化的实战指挥体系，修订完善七大类59项应急预案，在内部整合500余人的梯次应急力量、在外部整合800余人的应急救援力量，成立处突机动队，加强应急演练。全年未发生因处置不当引发的不稳定事端。

二、案件侦破

2015年，全市破获侵财案件3928起。开展打击通讯网络诈骗犯罪"净网行动"，建立完善通信诈骗犯罪警银联控、智能拦截、防范宣传等防控机制，打掉通信网络诈骗团伙20余个，抓获作案成员142名。开展打黑除恶犯罪专项斗争，抓捕一批涉黑涉恶类犯罪嫌疑人。开展"百城禁毒会战"，破获一批毒品刑事案件，抓获一批涉毒犯罪人。打击食品药品和污染环境犯罪，立案侦办食品药品环境犯罪案件210起，抓获一批犯罪嫌疑人。处置涉众型经济案件，侦办一批非法集资案件，挽回经济损失10亿余元。

阜宁县公安局破获系列飞车抢夺案件　7月6～7日，阜宁县公安局破获系列飞车抢夺案件，抓获犯罪嫌疑人周某某（男，46岁，江苏阜宁人）、王某某（男，39岁，江苏阜宁人）。经审查，自2015年6月10日以来，两人先后在阜宁县境内的阜城、施庄、三灶镇等地，驾驶二轮摩托车飞车抢夺作案23起，抢得金项链等首饰，总价值5万余元。

响水县公安局抓获网上逃犯　8月20日，响水县公安局抓获外省潜逃10年网上命案逃犯凌某某（男，汉族，江苏省沭阳县人）、林某某（女，布依族，贵州省黔西县人）。经审查，2004年10月4日晚，凌某某与林某某在贵州省黔西县绿化乡大海子村将计生干部马某某杀死。

盐都区公安局破获"6·14"制造毒品案件　7月底，盐都区公安局经前期工作侦察，捣毁在山西省临汾市尧都区刘村镇境内西首的制毒工厂，成功告破公安部督办的"6·14"制造毒品案件。现场抓获犯罪嫌疑人张某某、严某某，缴获毒品甲卡西酮360千克，案值2000余万元，缴获作案车辆2辆，现场发现反应釜5个、离心机1个及搅拌机、水泵等制毒设备，查获稀料、溴素、甲胺、苯丙酮等制毒原料。

三、治安管理

2015年，盐城出台《关于进一步加强基础防控工作的实施意见》，抓好人口管理、单位管控、科技防范、卡口建设6项工作。年内，在完成市区8个智能化出城治安卡口的基础上，布建一批机动应急卡口，同步建设信息采集前端和传输网络，配齐勤务装备器材，建立健全勤务指挥、情报支持、网上监控、查缉堵控等运行制度。全年全市治安卡口抓获违法犯罪嫌疑人323人，查获盗抢机动车53辆。深化"技防城"

建设,组织开展道路监控"亮眼"行动和"村村通"工程,把技防设施向城镇老旧小区、城中村、沿街商铺、农村等区域延伸,至年底,全市有社会面监控探头14.7万台。组织开展全市交通安全百日攻坚战、隐患大排查大整治百日行动,全市交通事故4项指数(事故起数、死亡人数、受伤人数、直接财产损失)同比均下降。组织开展消防隐患排查整治专项行动,提请市县政府挂牌整治多家重大火灾隐患单位,推进市区水上棚户区重大消防安全隐患整改,整治盐城招商场火灾隐患。组织实施市区禁止(限制)燃放烟花爆竹工作,挂牌整治多家重点涉危单位,全年全市没有发生被监管单位危险物品丢失、被盗、被抢及重特大涉危安全事故。

全国模范检察官刘文胜调查安全生产渎职案件。　　(张友余　摄)

四、行政服务

2015年,公安系统提升基层派出所实战效能,新建派出所业务用房34个、改造派出所业务用房75个,市公安局新建境外人员服务站6个,新增出国境受理点5个,在市行政服务中心建设标准化、智能化出入境服务窗口,全年为16.58万名中外申请人提供办证服务。完善派出所基础设施,改进勤务运行机制,推广亭湖分局东城派出所"互联网+"派出所勤务模式,实行"互联网+小平台+微信群+视频监控+智能执法柜+N",促进情报指挥、视频应用、执法监督、勤务管理一体化。推进户籍窗口规范化建设,出台《户籍窗口服务管理八项制度》《全市公安派出所户籍窗口建设规范》等文件,全市80%以上的派出所户籍窗口按标准完成改造建设。实施全警"上门入户"工程,走访家庭180万户,帮助群众解决实际困难2.4万件。在车管窗口单位实行每周"5+2"工作模式,开发车驾管业务智能告知平台,建立网上车管所、流动车管所,更新盐城交警微信平台,提升车管服务效能。　(束东升)

第五节　检　　察

2015年,全市检察机关履行检察职能,依法打击刑事犯罪,批准或决定逮捕1900人,提起公诉6163人。立案查办职务犯罪案件119件154人。深化检务公开工作,主动公开法律文书3571份、案件程序性信息8396条。加强司法人文关怀,救助刑事被害人78人,发放救助资金17万余元。开展信访法治建设年活动,在全省率先建成远程视频接访系统,成功开展全国首例四级院远程视频联合接访,工作经验被省检察院转发推广。加强队伍建设,全市检察机关共有69个集体、178名个人受到市级以上表彰。滨海县检察院刘文胜被中共中央、国务院授予"全国先进工作者"称号。

刑事检察　全市检察机关严厉打击严重刑事犯罪,妥善办理了一批涉黑涉毒案件,依法办理公安部挂牌督办的李某等人非法买卖14.5吨制毒物品案,批捕起诉20年前发生的一起重大抢劫杀人案。落实宽严相济刑事政策,以无逮捕必要不捕277人,犯罪情节轻微不起诉72人,依法建议对42名犯罪嫌疑人、被告人变更强制措施。强化未成年人刑事检察工作,全年为未成年犯罪嫌疑人提供法律援助261人次。亭湖区检察院以青少年思想道德教育基地为载体,加强未成年人检察工作的做法被省检察院评为未成年人刑事检察工作十佳创新事例。

贪污贿赂检察　全市检察机关立案侦查贪污贿赂犯罪案件86件109人,为国家挽回经济损失5000余万元。依法查办省检察院交办的泰州市原副市长贾某、南京体育学院原院长张某等厅级干部2人,查办县处级领导干部6人,科级干部29人。立案查办行贿案件12件16人。加大职务犯罪追逃工作力度,成功追捕及劝返归案在逃犯罪嫌疑人5人,滨海县检察院运用侦查技术,将潜逃15年涉嫌贪污犯罪的杨某抓获归案。

渎职侵权检察　全市检察机关共立案侦查渎职侵权犯罪案件33件45人,其中立案查办科级干部9人。查办中央财政关闭小企业补助资金、国家农业综合开发财政资金等领域渎职犯罪15件18人,其中重特大案件9件12人,依法保障转型升级财政补贴资金的规范使用。重点查办发生在金融、涉农惠农、安全生产等民生领域渎职犯罪案件。立案查办非法吸收公众存款犯罪背后的渎职犯罪案件5件5人。大丰区检察院办理的周某滥用职权、受贿、贪污案被省检察院评为十大精品反渎案件。

生态检察　市检察院成立环境资源检察保护领导小组,开展专项立案监督,监督行政执法机关移送犯罪线索5件;实行案件集中办理制度,全年依法提起公诉破坏环境资源犯罪69件127人。强化宣传教育,通过检察长宣讲团、发放宣传手册、发布典型案例等方式,深入机关、企业、社区等场所开展环保专题宣讲20余次,发放宣传资料1.2万余份。响水县检察院实施“蓝剑行动”服务生态文明建设，相关做法被《检察日报》头版报道。

职务犯罪查办及预防　全市检察机关依法立案查办国企领域贪污贿赂犯罪4件4人、执法司法领域贪污贿赂犯罪9件9人、生态环境领域渎职犯罪6件11人、专项补贴资金领域渎职犯罪18件23人、农村基础卫生设施建设领域贪污贿赂犯罪24件37人。查办市盐务局原副局长吴某挪用公款950余万元、贪污120余万元的贪腐要案。查办基层乡镇国家工作人员邢某、王某等人不作为、乱作为，造成国家损失近千万元、破坏基本农田千余亩的渎职犯罪案件。市检察院丰富职务犯罪预防载体，开通3D网上警示教育基地、网上行贿犯罪档案查询系统，提出预防检察建议55件、开展警示教育和预防宣传328次，受理查询约2.1万次。组织召开典型案例剖析会10次，以典型案例警示教育国家公职人员依法用权、拒腐防变。

4月29日，市中院少年家事法庭成立。

刑事侦查和审判监督　全年全市检察机关书面纠正侦查活动违法82件次、纠正漏捕漏诉36人、监督立案7件。推进驻交警检察室、驻派出所检察室工作，强化对侦查活动的全程、动态监督。健全完善侦查质量逐案评议反馈制度，对3000余件刑事案件进行评议反馈。加大对刑事裁判审查力度，书面纠正刑事审判活动违法14件，提出刑事抗诉案件16件。

刑罚执行和监管活动监督　市检察院组织对2013年以来全市法院财产刑执行情况进行专项检察，监督执行罚金等财产刑近390万元。开展社区服刑人员脱漏管专项检察，依法建议收监执行4人。开展特赦检察工作，对拟申请特赦的120名罪犯逐案审查，确保特赦工作稳妥进行。响水县检察院办理的沈某掩饰、隐瞒犯罪所得案，被最高检评为羁押必要性审查十大典型案例。东台、阜宁两家驻所检察室被最高检评定为一级规范化检察室。

民事行政检察监督　全市检察机关开展民事行政案件检察监督，提出抗诉11件，提出再审检察建议20件。监督虚假诉讼案件23件，向侦查机关移送犯罪线索4件5人。制定出台《关于提起公益诉讼试点工作的实施意见》，对群众反映强烈的张某等11人污染环境案，层报最高检审核提起环境公益诉讼。与方强强制隔离戒毒所联合制定《强制隔离戒毒检察监督工作实施办法》，依法保障强戒人员的人身、财产权益。　　　　（王　盟）

第六节　审　　判

2015年，盐城两级法院审执结案件9.93万件，其中市中院审执结9421件。全市一线法官人均年结案153件，其中年结案超300件的法官有39名。全市法院12个集体、34名个人受到省级以上表彰。市中院被省法院表彰为全省法院文化建设示范单位；滨海法院被省法院记一等功；东台法院被最高人民法院、人力资源和社会保障部授予“全国模范法院”称号。推进以审判为中心的诉讼制度改革，“依法落实非法证据排除制度”被评为全市十大法治事件。做好失足青少年帮教挽救工作，对省少管所58名盐城籍未成年犯开展“折翼修复”工程，促使其改过自新、回归社会。保护未成年人合法权益，成立少年家事法庭，成为全省第四个拥有少年家事法庭的城市。

刑事审判　全年全市法院审结各类刑事案件4696件，判处罪犯6308人，其中判处5年有期徒刑以上刑罚238人。依法判决故意杀人犯夏某、抢劫犯李某等死刑，对2527名犯罪情节较轻、社会危害性较小的被告人依法从轻或免除处罚。依法惩治职务犯罪，对20名科级以上干部判处刑罚。规范减刑假释案件审理程序，审结减刑假释案件996件。

民事审判　全年全市法院审结各类民事案件3.02万件。平等保护各类民事主体合法权益，姚某诉环卫处特殊侵权案被《最高人民法院公报》发布，成为全国法院审理此类案件的重要指引。坚持调解优先，调解、撤诉结案1.68万件，调撤率占可调撤案件总数的56.2%。发挥人民法庭化解民事纠纷的前沿阵地作用，全市41个人民法庭审结民事案件1.63万件，占基层法院民事案件总量的54.2%。

行政审判　全面实施《中华人民共和国行政诉讼法》，落实依法行政。受理行政案件1994件，其中判决行政机关败诉32件，对137件非诉行政案件裁定不予执行，依法保护当事人合法权益。推动行政机关负责人履行出庭应诉法定职责，实现“告官能见官、出庭又出声”，央视《新闻联播》对此进行专门报道，展示了盐城法治社会建设成效。加强行政与司法良性互动，召开行政复议与行政审判联系会，促

进法治政府建设。

环资审判　贯彻执行《中华人民共和国环境保护法》，推动国家环保模范城市建设，审结各类环境资源案件 379 件。依法严惩破坏环境资源犯罪，对恣意倾倒、排放危险废物的张某等 24 名犯罪分子予以打击。倡导生态环境修复，对环境侵权损害赔偿案件，探索“异地补植”（在审理破坏植被的环境资源案件中，判令侵权责任人原地补植复绿难以实现或可能造成社会财富浪费的，改在异地补植复绿以恢复生态容量）等新型责任承担方式。参与环保执法联动，配合化工园区安全环保专项整治，依法支持行政机关对 45 家污染企业做出行政处罚，维护生态环境安全。

审判监督　发挥审级监督功能，依法改判、发回重审案件 524 件，挂牌督办清结 12 个月以上未结案件 2370 件。受理申诉、申请再审案件 955 件，启动再审纠错 36 件，依法支持当事人合理诉求。开展规范司法行为专项活动，以信访投诉、发回改判、检察抗诉等案件评查为切入点，排查整改不规范行为，全市法院 23 人被问责。市中院相关工作经验被省法院在全省予以推广。

案件执行　开展“清理执行积案件、化解涉执信访”专项活动，全年执结案件 2.56 万件，执行到位金额 97.12 亿元。建立完善“点对点”查控机制，及时查获被执行人银行存款、房产、车辆等财产线索 2.6 万条。强化执行强制措施，对抗拒执行和规避执行的被执行人司法拘留 909 人，罚款 335 万元，追究刑事责任 28 人。运用信用惩戒手段，公开曝光“老赖”8208 人，通过限制出境、贷款、招投标等方式，促使被执行人主动履行义务。

便民诉讼　建立“12368”诉讼服务热线、网上诉讼服务中心、案件短信提示系统，为当事人提供全方位案件查询服务。探索“互联网＋”时代司法服务新模式，加强法院微博、微信、微网建设，当事人通过扫描二维码，即可获得全面、全程、全覆盖的司法服务。开通远程视频系统、远程视频开庭 248 件、远程接访 102 次，减轻当事人讼累。完善诉讼服务职能，开辟公益律师和志愿者服务岗，为当事人提供便利司法服务。强化司法救助、依法减缓免诉讼费 371.8 万元，对 95 人发放司法救助金 157.55 万元。

（王　峰　沈　楠）

第七节　司法行政

2015 年，全市司法行政系统推动基层民主法治创建工作，新创成国家级民主法治示范村（社区）2 个、省级民主法治示范村（社区）135 个，建湖县基层法律服务社特色做法得到省司法厅的肯定。全年全市司法行政系统获国家级表彰的先进集体 8 个，先进个人 5 人；获省级表彰的先进集体 59 个，先进个人 54 人。提供公证服务，深化公证体制改革，全年全市共办结各种公证 3.8 万余件，公证事项无错证、无假证、无有效投诉。提高司法鉴定质量和公信力，全年共出具司法鉴定意见书 1.57 万份，采信率达 99.5% 以上，无错假司法鉴定文书，无有效投诉。

普法宣传　盐城以争创“六五”（2011～2015 年）普法先进城市为目标，完成江苏省“六五”普法终期考核验收任务。健全“谁执法、谁普法”责任制，建立法官、检察官、行政执法人员、律师等参与的“以案释法”制度。部署开展“春风行动”（省司法厅在全省统一部署的公共法律服务活动，主要开展：“走进企业”法律服务活动、农民工和困难群众权益保障活动、特殊人群帮困扶助活动、法律服务提质增效活动）、“宪法进万家”（省司法厅在全省统一部署的主题宣传活动，引导市民树立宪法意识、增强宪法观念，自觉履行维护宪法尊严、保障宪法实施职责）、“法治文艺基层巡回演”等一系列专题活动。

人民调解　全市县镇两级调处中心和各类人民调解组织共接待群众 5.12 万批次 9.39 万人次，受理矛盾纠纷 4.68 万件，调解成功 4.66 万件，调处成功率 99.46%，劝阻群体性上访 571 批涉及 7424 人，防止矛盾纠纷激化 466 起，防止民间纠纷引起自杀 18 件 26 人，防止民间纠纷转化为刑事案件 69 件 180 人，全市 300 人以上企业人民调解组织建成率达 90% 以上。10 月 28 日，成立盐城市医患纠纷矛盾调处服务中心，为全市医患纠纷矛盾调处工作提供服务保障。年底，在省委省政府组织的年度考核中，盐城市人民调解工作在苏北排名第一、全省排名第三。

律师管理　全年全市律师共办理各类案件 1.71 万件，其中刑事案件 1785 件，民事案件 1.1 万件，行政案件 242 件，非诉讼案件 513 件，担任法律顾问 2272 家。全市律师事务所和法律服务所普遍建立进村（居）服务登记制度，组织律师参加领导干部信访接待日、“金桥行动”和政风热线等活动，指派 24 名资深律师接待来访群众 263 人次，重点参与化解涉法涉诉信访案件 21 件次。

法律援助　全年全市共为经济困难群众办理法律援助案件 7129 件，列全省第三位，向社会免费提供法律咨询 2.76 万件次，免除诉讼代理费 217.3 万元，为受援人挽回经济损失 9105 万元；特定群体法律援助知晓率达 83.2%，受援群众满意率达 99.3%。

社区矫正和安置帮教　开展社区矫正无缝隙监督管理专项行动，依法严格执行刑罚。加强信息平台运用，获江苏省司法厅“法网杯”社区矫正信息化建设奖。招募 1 万多名志愿者，常年开展帮学、帮教、帮困活动。建成盐城解除强制隔离戒毒人员后续照管工作指导站。全市县（市、区）安置帮教管理服务中心建成率 100%。（吴　晋）

一、盐城监狱

2015 年，盐城监狱持续安全稳定，连续 17 年 8 个月实现“四无”（无服刑人员脱逃、无重大狱内案件、无重大疫情、无重大安全生产事故）目标，连续 10 年未发生安全生产事故，连续 18 年 2 个月无民警职务犯罪。监狱先后获评全国司法行政系统先进集体、江苏省文明单位、全省人民满意的政法单位、全省司法行政系统勤廉示范单位等荣誉，并获记集体一等功 1 次。

监狱安全　推进监区规范化建设，确保监狱安全稳定。落实区域隔离和门禁改造，在围墙蛇腹网安装了微震动报警系统，有效增强监狱周界安全；安装楼宇移动信号屏蔽器，安装落水管防攀爬倒刺，消除安全防范死角。规范监区大门管理，设立专职安检员，实施24小时专人安检。严格罪犯离监管理，罪犯外出就医50人次，外出住院8人次，未发生安全事件。加强夜间管理，指挥中心指挥长实行3个班次24小时全程坐班指挥，监区实行3人每3小时轮岗坐班监控，备勤民警驻点备勤，确保夜间安全。

监狱执法 严格减刑假释工作，共办结994件减刑假释案件，其中三类减刑假释94件，依法办案率100%。做好罪犯特赦工作，先后3次对符合特赦第二类、第四类共9名罪犯予以特赦释放。依法办理暂予监外执行案件，为3名病情危重罪犯适时快办保外就医，对16名保外就医到期的罪犯开展现场实地考察。推动狱务公开，制定出台《盐城监狱深化狱公开实施意见》，在会见中心增设狱务咨询台，改版升级狱务公开查询系统，在候见室LED大屏上滚动播放专题片，向罪犯亲属介绍监狱执法和罪犯一日改造生活情况。

教育矫正 开展"以文化人、崇德向善"主题教育活动，开展劳动教育、抗战70周年主题教育和法治道德教育。推进"文化铸魂"工程，举办"春之声""汇聚青春力量　传递高墙心声""金秋文化月"等文艺活动。落实个别教育和心理矫治工作，建立新犯心理档案281份，入监评估面100%，重新犯罪危险性评估968人次，出监评估面100%。启动第二轮援建地方司法所工作，成立大丰区法律援助中心盐城监狱工作站，先后为136名罪犯提供法律咨询服务。

（赵少杰）

二、江苏省方强强制隔离戒毒所

2015年，江苏省方强强制隔离戒毒所创新隐患排查机制，深化"违禁品、违规品"清查成果，实行所区重点活动挂屏监控，安全敏感点得到有效控制。安装人行通道闸机，改造监控、会见系统，实行虚拟换证、人脸识别、全员安检等新安全措施，物防技防水平得到提升。改善戒毒人员医疗康复条件，配齐心电图、B超、X光机等医疗设备，筹建特殊病房，提升戒毒医疗保障水平。提升场所应急处置能力，多次组织开展消防、突发疾病、所内结伙斗殴、脱逃等不同主题的应急演练。开展行为规范整训、百日安全竞赛活动，从源头上减少所内不稳定因素，保障场所安全稳定。

戒毒矫治 开展戒毒典型现身说法、所区开放日等禁毒教育活动，强化戒毒人员的戒治意识。举办第九届"读书节""光明书香节"等活动，引导戒毒人员自主阅读、自律矫治，重塑核心价值理念，励志戒毒，重塑人生。举办缝纫、烹饪、电脑等职业技能培训，215名戒毒人员通过初级缝纫工考核鉴定。运用心理干预、亲情帮教等手段，成功转化13名难改重点人员。推行"互联网+"课堂教学新模式，录制道德、法治、文化、创业、健康、心理6类视频教学节目，利用晚间"每日讲堂"开展网络辅助教学，相关做法得到司法部和省司法厅的肯定。

农场经济 全年实现主营收入2.1亿元，利润4599万元。全年常规稻麦单产、总产再创新高，大小麦平均亩产468.2千克；水稻亩产632.5千克。成功申报创建优质稻米基地项目1个，创建部省级稻麦万亩示范片4个，争取国家及省级项目资金800多万元。收购水稻1.5万多吨，销售大米1.04万吨，实现销售收入4900多万元。销售汽缸盖62万只，实现销售收入3620万元。电子厂实现主营收入71万元。全年实现劳务加工产值1570万元，人均增加值1.9万元。安全生产经营方面，签订303份物资采购及工程合同，履约率达100%；定期组织开展安全生产教育和隐患排查活动，年内未发生安全生产等级事故。

（戴鼎霖）

第八节　仲　裁

2015年，盐城仲裁委员会受理各类仲裁案件715件，审结757件（含2014年及以前结存案件109件），案件争议标的额18.19亿元，案件裁决自动履行率达93%，调解、撤回仲裁申请率达65%。贯彻实施《中华人民共和国仲裁法》，全市企业仲裁选择率为37%，国有和国有控股企业仲裁选择率为40%，行政机关仲裁选择率为35%。

办案制度化 加强案件程序"精细化"与案件审限管理。坚持仲裁员办案主体地位，仲裁案件裁决、调解实行仲裁庭负责制，案件裁决结果以仲裁庭或仲裁庭多数意见为准，秘书处依法对仲裁庭进行引导、监督与管理。研究制定《盐城仲裁委员会涉案委托鉴定管理办法》。年内，审限内结案率达94%。严格执行案件会办制度，全年组织案件会办54场次。完善仲裁员管理制度，细化仲裁员的仲裁专业（方向），方便当事人有针对性选定仲裁员，发挥仲裁专家办案的优势与特点。

仲裁宣传 健全仲裁宣传工作机制和扩建仲裁宣传平台，开展纪念《中华人民共和国仲裁法》施行20周年宣传活动，利用《江苏法制报》《盐阜大众报》《盐城晚报》、盐城广播电视台等媒体，对盐城仲裁事业发展状况进行宣传报道。新组建保险合同纠纷调解仲裁中心和东台仲裁办事处。加强滨海仲裁办事处、校园纠纷仲裁中心的管理与分类指导，提高其宣传、推介、办案能力。

"两化"试点 推动仲裁案件受理多样化、处理纠纷方式多元化"两化"试点工作。向拆迁征用、不动产确权以及物业管理等非典型商事领域宣传推广"两化"制度，设立"两化"试点工作专门办公机构——友好仲裁工作室，提供非裁决性解决纠纷服务，专职开展"两化"试点日常工作。全年，共计受理非典型商事案件209件，涉案争议标的5.7亿元。对涉及民商事纠纷案件进行调处，通过仲裁文书的裁决确认形式巩固调解成果、确保调解协议的法律效力和可执行力。年内，市仲裁委解决各类商事纠纷调处案件84件，涉案争议标的5000多万元。

（熊　玮）

第31章 军 事

责任编辑 潘其锐

第一节 人民武装

2015年，盐城军分区党委以强军目标为统领，加紧作战准备，依法从严治军，强化整风整改，完成以军事斗争准备为龙头的各项任务，部队和后备力量建设全面发展、稳步提升。

思想政治建设 学习贯彻中共十八大、十八届三中四中五中全会精神和习近平总书记系列重要讲话精神，分2期组织全区93名副团职以下干部理论集训。抓主题教育活动，开展“新一代革命军人”“战斗力标准”大讨论，组织“正确面对得与失，凝心聚力抓准备”专题教育。宣传“全国见义勇为英雄”徐兆学等先进事迹，加强正面教育引导和网络舆情监控。坚持党管武装制度，推进新形势下双拥工作，牵头组织驻盐部队争创全国双拥模范城“五连冠”，军政军民关系更加紧密。

军事斗争准备 落实战备工作，抓好作战值班综合整治，投入近600万元推进战备设施建设。组织实战化训练，全员完成“三实”（实弹、实投、实爆）训练，开展战斗体能训练、野外驻训和民兵“跨区联训”，射阳海防营模拟蓝军分队与全省民兵预备役防空兵分队对抗。参加省军区师级单位首长机关训练考核，2人进入前十名。推进作战准备，抓好军地联合实兵演练，严密组织军事斗争准备和“十二五”规划落实普查自评，通过省军区检验评估，如期形成整体防卫作战能力。推进军民融合，全市共申请5个重点项目，引导资金954万元。深化民兵组织建设调整改革，大丰区人民武装部迎接省军区民兵整组点验取得综合成绩第一名。

基层建设 开展“三帮”（帮建党支部、帮带干部、帮抓骨干）活动，建强基层“六支骨干队伍”（训练尖子、思想骨干、理论骨干、文体骨干、网络骨干、安全骨干），射阳海防营全面建设质量整体提升。抓好基层武装规范化和民兵基层党组织建设，巩固深化试点成果，2015年全部达标，基层武装“两个前沿”［基层武装部和基层民兵营（连）］发展基础更加牢固。指导军分区干休所开展创“三先”（先进干休所、先进离退休干部、先进老干部工作者）活动，投入30万元补助老干部饮食和遗孀医疗费用，向上申请立项经费129万元整修干休所营院。坚持部所营挂钩帮建制度，设立补助困难群体专项基金，帮助官兵解决实际困难，营造良好环境。

安全管理 开展“学法规、明职责、严纪律、正秩序”活动，组织依法从严治军大检查，部队正规化管理水平得以提高。防范重大安全问题，加强重点单位和重要部位安全警戒，投入近20万元购置防暴器材，常态组织处突演练，防暴恐能力不断提升。突出重点时节和大项活动风险评估，强化“三实”训练、武器封存调运、部队野外驻训期间安全管理，把握安全工作主动权。加强检查督导，采取每周不打招呼检查、每月通报情况等方式，查纠解决安全工作苗头隐患，保持部队安全稳定。

后勤装备综合保障 把财力物力向练兵备战聚焦，落实党委理财制度，强化后勤精细管理，控制经费使用，加强物资集中采购统管。推进政策性保障住房常态供应机制，确保驻盐部队官兵职工住房应保尽保。现役干部医疗保障纳入地方医保体系，实现军地就医“双保险”。加快推进干部职工经济适用房建设，使军队住房优惠政策

12月22日，盐城市盐都区人武部民兵训练基地教员、全国见义勇为英雄徐兆学为市一小少先中队授旗。（张友余 摄）

落到实处。落实武器弹药动态管理，完成民兵轻武器调运封存任务。抓好装备基础设施配套建设，全区各级投入资金扩建市民兵武器装备仓库、升级安防系统，建成多个兵器室，完成全区民兵武器弹药集中统管任务。

"苏防－2015A"演习 4月27～30日，盐城军分区全程参加"苏防－2015A"系列演习，完成预备役高炮二师四团成建制快速动员任务。演习包括"组织筹划、指挥控制、需求对接、收拢集结、协同保障"5个关键环节，采取"市县联动、机制融合、军地联合、力量整合"方法，达到了演练目的。（陈广春）

武警支队进行棍术训练。

第二节 武警支队

2015年，中国人民武装警察部队盐城市支队组织"学习践行强军目标，做新一代革命军人"主题教育，开展"当可靠兵、站忠诚哨"主题实践和"新一代革命军人样子大讨论"活动，邀请市委党校专家教授与官兵座谈交流，培塑官兵忠诚品质。开展"四互四有"（人格上互相尊重，人人有尊严；工作上互相理解，事事有信任；生活上互相关爱，处处有温暖；学习上互相帮助，日日有提高）活动。打造充满亲情味的集体，解决5名转业干部工作安置，为6名干部申请发放特困补助。组织开展"盐阜卫士强军风采""学法规、读好书、记笔记、写体会"系列文化活动，邀请盐城演艺集团、书法家协会到队慰问，编写传唱盐阜卫士之歌。支队连续14年被中国人民武装警察部队评为预防事故案件工作先进单位，被武警江苏省总队评为正规化执勤优秀单位；支队纪委被武警江苏总队政治部、纪委表彰为先进纪检监察集体，建湖县中队被武警江苏总队评为基层建设标兵中队，立集体二等功；滨海县中队、直属大队一中队被武警江苏总队评为基层建设先进中队，直属大队被武警江苏总队评为基层建设先进大队。

军事管理　及时整治177处执勤隐患，推动备勤室前置和AB门改造等工作。抓好冬训、新训、勤训轮换工作，结合"卫士－15"演习开展战法训法研究、实兵实装演练，军事训练力度和成效全面提升。按照先试点、后铺开的形式，投入110万元，推进训练场地建设。夯实部队安全基础，支队连续8年实现"三无"（无事故案件、无行政责任事故、无执勤事故）。5月，参加武警江苏总队特战分队比武，取得团体第三名。10月，建湖中队中队长袁茂堂被武警总部评为优秀教练员，立个人二等功。

后勤保障　修订完善13类46份后勤保障预案，与驻地9家公司签订应急保障协议，先后组织12次野战食品食用、复杂道路驾驶、战场救护等实战化训练，提高保障多样化任务能力。推进支队本级财务自查自纠工作，查阅经费凭证460余册，收缴违规款项12笔共计3.12万元。投入227万元，推进实体墙、网络学习室、厨房改造等设施建设。开展"伙食管理规范年"活动，官兵对伙食满意率在98%以上。定期组织巡诊和官兵及家属健康体检，做好营区消毒和药品发放工作，开展卫生常识讲座，增强官兵防病意识。

省军区在盐城调研双拥工作 11月9日，省军区政治部副主任、省双拥办副主任李光玉一行在盐城调研双拥工作开展情况。先后实地查看武警盐城支队机关营房、板报橱窗建设情况，观看支队双拥工作汇报录像片，了解官兵执勤、工作、生活情况；听取支队关于近年来部队双拥共建工作的情况汇报。考核组对支队军地双拥工作所取得的成绩给予肯定。

第五次军地隐蔽斗争协作工作会 12月10日，盐城地区第五次军地隐蔽斗争协作工作会议在武警盐城支队召开。会上，有关单位汇报了隐蔽斗争工作开展情况，盐城军分区政委宋修明宣读了《关于调整盐城地区军地隐蔽斗争协作工作领导小组成员的通知》，市委常委、盐城地区军地隐蔽斗争协作工作领导小组组长丁宇就进一步推进军地隐蔽斗争协作工作提出了具体意见。（宋扣勤　储云伟）

第三节 公安边防

2015年，盐城市公安边防支队提升新常态下依法履职能力和从严治警水平，各项公安边防工作和部队建设取得新进展。年内，推出《与鹤共舞》《"红帆老人"的边防情结》

等专题系列报道20次,在中央电视台等各级媒体刊发稿件800余篇,微电影《鹤之恋》点击量超10万次,获全国公安微电影第七名。全年有35个集体66人获得部局、总队和省、市各级表彰。

边防执法　全年查破案件1200余起,打击处理违法犯罪人员800余人。先后抓获“三逃”人员20余人,其中成品油案件打击成效明显,先后查处5起,收缴成品油400余吨,位列全省第一。结合盐城地域特色,有效打击非法狩猎活动,捣毁窝棚窝点23个,查获野生动物450余只。开展矛盾纠纷滚动摸排,化解矛盾纠纷隐患4000余起,妥善处置重大群体性事件和个人极端事件21起。推进爱民固边工作,开展“谈感受、讲故事、给点赞”活动。开展“上门入户”工程,走访群众8.6万余户17.2万余人次。

四项建设　推动基础信息化建设,自主研发干部绩效考核、警用装备管理等系统平台,升级改造大丰港等5个边防派出所勤务指挥室,大丰港边防派出所通过图侦法破获系列盗窃电缆案件,工作经验被省公安厅推广。推动警务实战化建设,全省边防派出所勤务指挥室建设座谈会在盐召开,总结推广盐城先进经验做法。推动执法规范化建设,部署执法“条令禁规学习月”活动。推动队伍正规化建设,将干部绩效考核系统改为干部量化考核系统,将日常工作量化和年终工作量化相结合;建立指挥中心随机抽点和视频巡查制度;推行支队抽查、边防大队检查、边防派出所自查三级督察以及部队互查机制。

综合保障　推进大项工程,落实机关公寓房、机关营房改造项目。为基层办实事工程28个项目全部完成。协调6名干部子女入学、22名随军家属进社区工作或领取未就业补助。与6家医院共建,定期为官兵和家属体检;投入200余万元购置基层执勤办公装备、净水器等生活设备,以及医疗设备、药品。筹集和捐款31万元“关爱基金”,慰问患病、困难官兵和烈士家属。　　（皋亚成）

第四节　人民防空

2015年,盐城民防系统贯彻《中共中央国务院中央军委关于深入推进人民防空改革发展若干问题的决定》,从机构设置和人员配备等源头问题上入手,主动查找差距,推进各项工作落实,民防事业取得新进展。市民防局获批成立人防工程质量监督站,县(市、区)人防办组织机构得到加强。定期开展机动指挥所分组训练、跨区联训,全年共组织跨区联训十余次。利用“9·18”全省防空警报集中试鸣契机,开展演练十多场次,投入人员1.3万余人、装备484台(套)。全市人防工程布局更加合理,结构进一步优化,标识标注率达100%。

基础建设　完善组织指挥体系,建立健全市、县、街道、社区四级人防指挥体系;根据人员变动,调整充实人防指挥部成员,修订完善防空袭预案和各项保障方案。市人防地下指挥所被列为市防震减灾应急指挥平台,并成功保障预备役四团参加全省指挥演练。抓好人防专业队和志愿者队伍的组建和能力提升,在盐都区、建湖县组建心理防护、引偏诱爆2支新型专业队伍。指挥通信体系逐步完善。全年,市民防局新增和更换防空警报器20台,全市192台防空警报器成功参加全省“9·18”防空警报集中试鸣。城市警报音响覆盖率、鸣响率均达100%。

综合开发　编制《盐城市城市人防工程与地下空间开发利用专项规划》《盐城市“十三五”民防建设发展规划》,起草《关于深入推进人民防空改革发展的实施意见》。推进城市综合防护体系建设和地下空间开发利用。第三人民医院等医疗救护工程、自来水公司等专业队工程和市本级人口疏散基地指挥中心及配套工程基本建成。根据《人防军事斗争准备检验评估标准》,建成“两室两库”(人防指挥室、战备值班室、战备资料库、战备器材库),配齐了应急物资,通过省民防局人防军事斗争准备检验评估。各县(市)无平战转换的示范工程全部建成。

民防宣传　民防知识进学校(初级中学和驻城小学)普及率达100%,全年为中小学解决民防知识教材2.5万册。在盐渎实验学校建成首个小学生民防体验馆,累计接待参观体验近万人次。依托主流媒体和网络宣传阵地,开展人防宣传教育活动,与盐城市电视台协同制作3集60分钟的防灾减灾专题片,在盐城电视台循环播放;在《盐阜大众报》国防专版、《盐城晚报》刊登民防知识和问题解答25期,民防宣传教育工作取得新成效。

（杜阿全）

文化强市 编

- □ 科学技术
- □ 教育事业
- □ 文化事业
- □ 新闻出版
- □ 档案史志

第32章　科学技术

责任编辑　赵　丽

综　述

2015年，全市科技工作实施创新驱动发展和知识产权强市两大战略，加快推进国家创新型试点城市、国家可持续发展实验区建设，着力推动高新技术产业发展，全市科技创新工作继续保持良好的发展势头。八项指标完成量明显增长，高新技术产业产值达2455.4亿元；举办首届世界发明创新论坛，吸引28个国家和地区参加；盐城高新区成功创建国家高新区；盐城市成为全国可持续发展实验区联盟常任主席单位。

第一节　自然科学

一、科技计划项目

2015年，盐城市新增国家火炬计划项目17个，国家星火计划项目50个。10个项目获得省重点研发计划（产业前瞻和共性关键技术），8个项目获得省创新资金。象王重工股份有限公司“永磁同步式高效驱动部件及智能控制信息集成系统的开发研究”作为“桥式起重机械轻量化关键技术研究与应用”子课题获批2015年度国家工业科技支撑。23个项目获省自然科学基金立项，青年基金项目13个，每个项目分别获20万元无偿资金；面上项目10个，每个项目分别获10万元无偿资金。2015年度，盐城市政策落实减免税额4.43亿元，其中高新技术企业减免所得税3.14亿元，加计扣除减免税额1.29亿元，政策惠及企业320家。年内，市、县（市、区）两级财政兑现资金7721.91万元，其中市本级财政兑付资金3679.16万元，县（市、区）财政兑付资金4042.75万元。

二、高新技术产业

2015年，全市高新技术产业实现产值2455.42亿元，占全省高新技术产业的比重为4%。149家企业被认定为国家高新技术企业，24家高企通过复审，29家企业获批省高新技术（后备）企业，240家企业被认定为市高新技术企业。414家企业被认定为2015年省民营科技企业。171家企业获批2015年省科技型中小企业。全年获省认定高新技术产品571个。年内，大丰汽车零部件特色产业基地获批为国家火炬大丰汽车零部件特色产业基地，环保科技城获批为盐城国家大气污染防治装备高新技术产业化基地。东台城东科技创业园、大丰大中创业园被认定为国家级科技企业孵化器。大冈科技创业园、大丰东方1号科技创业园、大丰开发区留学生创业园被认定为省级孵化器。盐城中小企业（创业）园被认定为省级科技创业孵化链条。江苏盐城高新区成功创建国家高新技术产业开发区。盐南高新区、建湖高新区获批筹建省级高新区。

科技金融　年内，市科技局与市财政局、江苏银行盐城分行合作协同开展“苏科贷”（江苏省科技成果转化风险补偿专项资金贷款）业务，缓解科技型中小微企业融资难问题。全年全市发放“苏科贷”274项，共计8.81亿元。市科技局与南京银行盐城分行合作，开展遴选科技型企业贷投联动业务，盐城宏景包装机械有限公司、东台市赐百年生物工程有限公司成功获批南京银行总行贷投联动业务。参与盐城农商行、农行科技支行“科技贷”业务会商，为15家企业发放“科技贷”共3480万元。

盐城市第二届科技创业大赛　年内，市科技局举办盐城市第二届科技创业大赛，报名总数达320个，列全省第一。此次创业大赛中有38个项目在省科技创业大赛获奖，其中二等奖1项、三等奖2项、优秀奖35项。25个项目入围参加国家创新创业大赛，获奖15项，其中裸眼虚拟现实创业团队的“全裸眼虚拟现实平台”获三等奖，江苏丰信不锈钢制造有限公司的“飞机起落架、发动机叶片超音速火焰喷涂”，裸眼虚拟现实创业团队的“全裸眼虚拟现实平台”获最佳人气奖，盐城清语信息科技有限公司的“智能英语平台vHomework”等12个项目获优秀奖。盐城市科技创业大赛2014年首次举办。

启动“众创空间”建设　众创空间是通过市场化机制、专业化服务和资本化途径构建的低成本、便利化、全要素、开放式的新型创业服务平台的统称。年内，盐城启动“众创空间”建设，起草《关于发展众创空间推进大众创新创业实施方案》《盐城市关于支持众创空间发展的若干政策》。命名2批盐城市众创空间29家。13家众创空间、3家众创集聚区获得省级认定，其中9家众创空间、3家众创集聚区获得省级资金资助，受资助金额仅次南京、苏州，位列全省第三。

三、知识产权

2015年，全市共申请专利2.24万件，其中发明专利申请3686件，占申请总量的16.49%；企业专利申请1.18万件，占申请总量的52.61%；专利授权7840件，其中发明专利授权463件，占授权量的5.9%；企业专利授权5126件，占授权量的65.38%。组织第二届市政府专利奖评选，评选盐城市政府专利金奖10项、专利银奖20项。建湖县获批国家知识产权强县工程试点县。盐城经济技术开发区、盐城高新技术产业开发区被评为省级知识产权示范园区。江苏响水、射阳经济开发区被列入省级知识产权试点园区。江苏辉丰农化股份有限公司、江苏云马农机制造有限公司获批国家知识产权优势企业。结合“苏科贷”项目申报抓专利权质押，256家企业完成专利质押贷款8.83亿元。大丰区、盐都区和响水县知识产权局分别被省科技厅和省知识产权局表彰为省知识产权工作先进集体；罗利民、王勇、孙海峰和沈晶被省科技厅和省知识产权局评为省知识产权工作先进个人；东台市、大丰区和建湖县知识产权局被省知识产权局表彰为省知识产权宣传培训工作先进单位；陆伟被省知识产权局评为省专利行政执法先进个人。

企业知识产权贯标服务　年内，市科技局举办企业知识产权管理标准化示范创建培训班。通过《江苏省企业知识产权管理规范》解析、企业实施知识产权管理规范实务辅导、企业知识产权管理标准化示范创建绩效评价体系解读的培训，加深企业对贯标工作意义和重要性的认识和理解，提高企业知识产权管理工作从业人员的业务水平。组织33家企业由省标向国标过渡，已有13家企业通过国标认证；组织44家企业开展2015年度贯标示范创建。江苏和信石油机械有限公司、江苏金风科技有限公司、江苏谷登工程机械装备有限公司、江苏创一精锻有限公司、江苏鑫悦汽车零部件有限公司、江苏正大丰海制药有限公司、盐城市智成机械制造有限公司被评为2015年度江苏省企业知识产权管理标准化示范创建工作先进单位。

知识产权培训　年内，市科技局组织第七期知识产权工程师培训，125人参加自学阶段的学习，其中111名学员进入面授阶段学习，并获得知识产权工程师结业证书。组织75家企业总监或分管副总进行为期3天的知识产权总监培训，培训内容有省内外知名知识产权管理专家学者授课、典型企业交流发言等。

多项专利获全国、省专利奖　年内，全市有2项专利获第十七届中国专利奖。其中，由江苏江淮动力股份有限公司研发的一种切碎器及应用该切碎器的全喂入收割机获优秀奖（专利号：ZL201420073693.2）；由程瑞琪研发的庭院灯头（一）（专利号：ZL201230221489.7）获外观设计优秀奖。东台市东方船舶装配有限公司研发的多级生化生活污水处理方法及其处理装置（专利号：ZL200810196658.9）和大丰丰泰流体机械科技有限公司研发的旋转式压缩机（专利号ZL200810006714.8）获江苏省第九届专利优秀奖。

知识产权“护航”行动　年内，全市开展知识产权执法维权“护航”专项行动，重点查处群体性专利侵权行为、反复侵权行为、假冒专利行为及专利诈骗行为。全市共有假冒专利立案92件，全部结案，鉴于其违法行为轻微并已及时纠正，且未造成危害后果，市科技局决定不予行政处罚。

四、国际交流与合作

2015年，市科技局开拓国际科技合作渠道。美中联合发展商会会长谢春华在盐城考察交流，拟共同建立技术转移中心，定期开展中美技术合作交流，产品推广应用。俄罗斯托木斯克州政府代表什韦多夫·马克西姆、省对外交流中心主任王宇行一行在盐城考察参观。加拿大巴拉德公司、氢能集团先后在盐城考察调研，合作成立江苏兴邦能源科技有限公司。在“5·18”科技成果交易会上，盐城阜光工程新技术有限公司与美国Rhino Linings公司合作开发“景观道路用耐寒强力型聚合物改性多色道路工程材料”项目、江苏明纯给排水设备有限公司与澳大利亚格林科公司合作开发“滚塑模具”项目、江苏金松生物科技有限公司与韩国（株）Meta Biomed公司合作开发的“聚乙交酯拉丝项目”等6个项目在市科技成果交易会上成功签约。市科技局组织企业赴以色列参加项目对接交流活动暨第十四届生物医药展，赴美国麻省理工学院、加拿大安大略省、法国、比利时、芬兰、荷兰、俄罗斯等开展生物医药（含器械）、节能环保、新材料、电子信息、清洁技术、电子信息通讯、医药健康、先进制造、新材料等专题技术项目对接洽谈活动。市圣泰阀门有限公司赴俄罗斯参加技术项目对接洽谈活动，与俄罗斯迈克荣福生有限责任公司、俄罗斯托州发展集团签订“煤化工阀门联合研发”合作协议。

五、科技活动

2015年，全市以国家可持续发展实验区建设为抓手，探索绿色发展、创新驱动的盐城路径，取得明显成效。认定一批国家可持续发展实验区示范基地，推进示范基地项目先行先试，起到以点带面的示范作用，有效地带动区域可持续发展。4月，在全国社会发展科技工作会议上，盐城作为唯一的实验区代表作经验交流。盐城市成为全国可持续发展实验区联盟常任主席单位。8月21日，成功举办盐城市第五届沿海人才峰会科技专场活动——国家领军人才驱动创新中心专家对接暨科技副总洽谈会，会上24位科技副总与企业签订合作协议。9月21～24日，成功举办首届世界发明创新论坛，此次论坛共举办三场专题分论坛和两个技术交流对接会，发布500多项科技成果，成功签约16项。全市科技投入明显增加，全社会研发投入占地区生产总值比重增长到1.83%，全市新增省工程技术研究中心15家，省企业院士工作站3家，省企业研究生工作站30家。新增1家省级创新型区（亭湖），新增盐都区秦南镇、东台时堰镇2家省级创新型试点乡镇。

举办盐城市科技成果交易会 5月18日，盐城举办以"创新驱动 众创共赢"为主题的市科技成果交易会。国内外80多所高校科研院所150多位专家教授与市200多家科技型企业代表参加大会。下午举办的签约对接会上，市政府副市长马成志作专题推介；特邀嘉宾分别就"建设战略新兴板市场，促进科技创新企业发展""互联网+——新时代新思维新未来""移动办公——微办公的时代"作主题演讲；市企事业单位与高校科研院所、科技金融机构大会签约55项，涉及科技项目合作、国际科技合作、园区平台合作、科技创新合作、科技金融合作、科技人才合作等领域。

六、科技成果转化

2015年，全市成果转化工作成效明显。3个项目获省重大成果转化专项资金项目立项，争取省科技经费3000万元；首次启动市本级成果转化项目资金，6个项目获有偿支持，共拨付资金300万元。年内，盐城市科学技术奖共收到申报材料210份，经形式审查和公示，符合条件185项。经过专业评审和综合评审，共评出奖项93项，其中一等奖13项(含特等奖)，二等奖30项，三等奖50项。全市在省科学技术奖评奖中再创佳绩，共8个项目获奖，其中一等奖1个、二等奖2个、三等奖5个。由江苏丰源生物工程有限公司等共同完成的"益生优良芽孢杆菌发酵关键技术研究开发与应用"项目获一等奖，是全市历年最好成绩。

七、农村科技

2015年，盐城农村科技工作着力实施科技资源集聚工程、培育农业科技特色产业，为全市农业现代化建设、推动农业迈上新台阶，发挥引领支撑作用。年内，盐城工学院的"沿海滩涂异育银鲫高效生态养殖模式示范推广"等50个项目被列为国家星火计划项目，其中江苏沿海地区农业科学研究所的"海水蔬菜深加工技术应用与示范"被列为重点项目，获立项资金60万元；盐城市盐海拖拉机制造有限公司的"多功能设施农业小型作业机械开发"等4个项目被列为省重点研发计划(现代农业)项目，共获资金400万元；盐城市雨露农业科技有限公司的"食用菌液体菌种发酵技术研究与示范推广"等45个项目被列为省苏北科技专项(富民强县)项目，共获资金1850万元。盐城迈克瑞机械有限公司的"5HN-NOOT/D型数控节能环保式粮食烘干机"等32个项目被列为市农业科技创新专项引导资金项目，共获资金500万元。至年底，全市已建成12个省级农村科技服务超市分店、32个便利店。年内，有9家分店共获省农业科技社会化服务奖补资金176万元，超市建设数、优秀数、优秀率和资金额均列全省首位。年内，新建盐城市盐土农业产业链工程技术研究中心(大丰)、盐城市特种家禽养殖工程技术研究中心(建湖)、扬州大学技术转移阜宁分中心(阜宁)等农业科技创新平台。市科技局组织全市农业园区、企业和超市共30人参加第二十二届中国杨凌农业高新科技成果博览会，江苏丰收大地实业发展有限公司代表盐城国家级农业科技园在农高会实用技术展馆设展位。邀请台湾凯馨实业股份有限公司、北京碧青园生物科技有限公司等出席第十七届省农洽会，东台市赐百年生物工程有限公司与以色列 Green Nature TL. Ltd 成功签约"海洋微藻高效养殖与高附加值产品开发"项目。

2015年全市列入省政策引导类计划(苏北科技专项)项目

表32-39

序号	项目名称	承担单位	金额(万元)	地区
1	红壳文蛤池塘高效养殖试验示范、技术集成与推广	江苏三圩盐场	40	响水
2	海水小杂鱼制备风味鱼松关键技术研究及新产品开发	盐城费氏食品有限公司	40	
3	海水虾蟹、蛏绿色饲料研发与示范推广	盐城华农牧业有限公司	40	
4	金针菇工厂化高效栽培关键技术集成示范	滨海天扬生态农业有限公司	35	滨海
5	设施辣椒新品种引进及绿色防控技术集成示范	盐城野塘生态农业有限公司	35	
6	沿海食用秋葵标准化生产技术集成与示范	滨海木楼蔬菜专业合作社	35	
7	大棚瓜果蔬菜优质高效长季节栽培技术集成示范	滨海随耕生态农业有限公司	35	
8	蔬菜嫁接育苗技术创新提升与示范应用	阜宁县金丰源蔬菜育苗专业合作社	35	阜宁
9	莲藕设施高效栽培新技术及水旱轮作生态栽培新模式创新与示范推广	阜宁县民悦农业技术推广有限公司	35	
10	优质低硝腌制蔬菜生产新技术的集成创新与应用	盐城中绿食品有限公司	35	
11	设施蔬菜标准化栽培技术集成示范	阜宁县安源农业科技有限公司	35	
12	全雄黄颡鱼种苗产业化关键技术的研究	射阳康余水产技术有限公司	50	射阳
13	梭子蟹冷冻麻醉保活及精深加工关键技术研究	射阳县泰和水产品有限公司	50	

续表 32 - 39

序号	项 目 名 称	承 担 单 位	金额(万元)	地区
14	沙蚕人工育苗及特殊医学用途食品关键技术研究	盐城丰悦源钓饵有限公司	60	射阳
15	红海蜇养殖用优质大规格成苗工厂化配套培育技术研究	射阳县盛海海蜇育苗有限公司	50	
16	“太湖1号”青虾保种及大规格苗种生态繁育技术研究与开发	射阳县达福沅特种水产养殖专业合作社	50	
17	“建湖青虾”苗种繁育、养殖及深加工关键技术研究与应用	盐城冠华水产有限公司	35	建湖
18	藕田连作养殖小龙虾种养技术集成与示范	建湖登达生态园有限公司	35	
19	中华绒螯蟹长江2号新品种培育及生态养殖关键技术研究与应用	建湖邵记水产养殖专业合作社	35	
20	南美白对虾健康养殖及深加工关键技术开发	建湖县鼎丰水产品购销专业合作社	50	
21	罗氏沼虾加工及冷储技术集成应用示范	盐城市鼎云阁冷储有限公司	35	
22	馅心类绿色蔬菜速冻加工关键技术研究与产业化	东台市奥力维食品有限公司	60	东台
23	纤维寡糖绿色饲料添加剂生产技术研制与开发	江苏康维生物有限公司	35	
24	高品质甜菊糖工艺研发及产业化	江苏华晶生物科技有限公司	35	
25	银杏全粉加工关键技术研发及产业化	东台市捷尔银杏科技有限公司	35	
26	耐盐蔬菜产品加工技术研究及产业化	江苏绿海有机食品发展有限公司	35	
27	鮰鱼片快速结冻与保鲜新技术的集成和应用	盐城亚欧海产有限公司	50	大丰
28	沿海滩涂梭鱼生态高效健康养殖创新模式的示范与推广	大丰市龙辰特种水产养殖专业合作社	50	
29	南美白对虾工业化生态养殖关键技术的示范与推广	大丰市巨龙渔业专业合作社	50	
30	高效环保酵香型双齿围沙蚕生物饲料研发与产业化	通威(大丰)饲料有限公司	50	
31	食用菌液体菌种发酵技术研究与示范推广	盐城市雨露农业科技有限公司	35	亭湖
32	灵芝的高产栽培技术集成、示范及深加工	江苏德芝林生态农业有限责任公司	35	
33	鲜食蚕豆与羊角椒轮作促早栽培技术集成示范	亭湖区盐东镇盐红羊角椒专业合作社	35	
34	哈密瓜设施早熟栽培技术集成与应用	盐城德昕农业有限公司	35	
35	速生樱花快速繁殖及栽培养护技术集成示范	盐城市盐都区腾飞花木专业合作社	40	盐都
36	耐盐木槿新品种的引种与示范	盐城市路路景观园林工程有限公司	40	
37	蕨类植物高效生产技术示范与推广	江苏翡翠湾花木有限公司	40	
38	猕猴桃新品种引进及高效栽培技术示范	盐城市润春生态农业发展有限公司	40	
39	薄壳山核桃引种、快速繁殖和早实丰产技术研究及应用示范	盐城康泰蔬菜产销专业合作社	40	
40	基于热辐射技术的果蔬低温干燥设备的研究与开发	江苏正大永达科技有限公司	50	开发区
41	菌箱传输智能控制系统研发及产业化	盐城市昱博自动化设备有限公司	50	

续表 32－39

序号	项目名称	承担单位	金额(万元)	地区
42	高性能大扭矩农机专用离合器的研发及产业化	江苏名豪汽车零部件有限公司	40	开发区
43	制动器双控制农机刹车连动系统的研发与产业化	江苏新岛机械有限公司	40	
44	基于人机工程学大马力拖拉机驾驶室的研发及其产业化	盐城协同机械有限公司	40	
45	农业机械用 QDY 系列小起动电流稀土减速起动机开发与产业化	盐城泰辰机电科技有限公司	40	
合计			1850	

八、科技管理

2015 年，市科技局成功将国家级盐城大学科技园申报材料上报科技部和教育部。推荐东台生物医药产业园申报省级科技产业园。长三角新能源汽车产业研究院正式成立，南京大学环保科技产业研究院成为江苏省产业研究院下属研究所。一批面向产业服务的创新平台建设为产业技术发展升级提供了有力的支撑。东风悦达起亚三工厂新建技术中心占地面积 47 万平方米，其中建筑面积 3.8 万平方米，专业从事传统汽车整车和新能源汽车的研发设计、试制、试验及零部件的研发、试验工作。盐城国家高新区与中关村软件园共建“中关村盐城创新中心”洽谈进展顺利。盐城工学院技术转移中心被认定为国家技术转移示范机构，盐城工业职业技术学院联合技术转移中心被列为省级技术转移中心。

科技型中小企业奖励政策落实 年内，通过企业自主申报、县级政府部门初审、市级部门复查、结果公示等，全市最终奖励有效企业数 407 家、各类有效项目 1370 项。市、县(市、区)两级财政共兑现资金 7721.9 万元。做好 2014 年度科技创新券的兑现工作。发放科技创新券 939.12 万元，其中省科技创新券 437.08 万元，市创新券 502.04 万元，发放企业 265 家。 (市科技局)

第二节 社会科学

2015 年，市委决定开展“盐城绿色发展”重大研究课题，市社科联接到任务后，迅速组成由南京大学、江苏师范大学、南京社科院专家参与的课题组，负责“盐城绿色发展”课题研究工作。主动做好课题组的联络服务、资料收集等工作。10 月，《盐城绿色发展之路》由中国社会科学出版社正式出版发行。组织申报省社科应用研究“精品工程”项目。全年，盐城共有 24 项课题获省社科联立项，其中立项重点资助课题(A 类)4 项，立项一般资助课题(B 类)10 项，立项不资助课题(C 类)10 项。编辑出版 4 期《黄海学坛》，调整栏目设计，刊物的编辑水平和办刊质量明显提高。编发 12 期《社科咨政》简报，重点摘登有重要应用价值的研究成果，为领导、部门决策提供参考，推动社科研究成果的转化。

社科普及宣传 年内，盐城新建市级社科普及基地 4 家，大丰区图书馆被评为全国优秀教育科普基地，海盐博物馆、盐都图书馆、阜宁图书馆和华中工委纪念馆 4 家单位创建成为省级社科普及基地。全年在社区“社科学堂”、高校“社科讲坛”和省、市社科普及基地举办社科知识讲座 100 场次以上。以社科普及宣传周为载体，举办宣传咨询活动。突出专家咨询、资料分发、图片展览等形式，以丰富宣传咨询活动内容。争取省社科普及宣传资金的支持，全市共有 6 项社科普及项目获省资助。

社科应用研究课题立项结项 年内，市社科联开展 2015 年度课题评审立项工作。课题突出市委、市政府年度工作中心，重点突出盐城经济社会可持续发展、新型城镇化建设、沿海开发、生态环境、文化强市、农业现代化等事关全局性、战略性、前瞻性的重大问题。共收到申报课题 295 项，经过专家评审、领导审定，有 41 项优秀成果列入 2015 年度市政府奖励基金项目，有 140 项列入 2015 年度市社科应用研究立项课题。对 2014 年度社科项目进行评审结项。对 36 项市社科奖励基金项目、145 项社科应用研究立项课题通过评审进行评审结项，并对优秀成果汇编成册，推动社科研究成果的转化。

学会工作 年内，市社科联指导各学会开展理论研究工作。全年市税务学会、图书馆学会、金融学会、教育学会等 10 多个学会、研究会分别召开学术会议，形成成果汇编。市行政管理研究会拟定 10 个课题，组织 10 个课题组进行研究。年内，新成立盐城国智区域经济与社会发展研究会、盐城市网络文化研究会，壮大社科类学会队伍。集中开展学会年检工作。在市民政部门的配合下，上半年对市社科联所属的 63 家学会、研究会上年度工作进行年检。

召开铁军精神与新四军抗战理论研讨会 8 月 7 日，为纪念世界反法西斯战争暨中国人民抗日战争胜利 70 周年，市社科联联合市委宣传部、市委组织部、市委党校、市委党史办、市新四军纪念馆、新四军研究会等单位召开铁军精神与新四军抗战理论研讨会，共征集市内外论文 112 篇。研讨会上，中央党史研究室、中国新四军研究会和上海市新四军研究会的 5 位新四军研究专家及盐城 5 位论文作者做交流发言。 (陈法全)

第 33 章 教育事业

责任编辑 赵 丽

综 述

2015 年,全市各类教育保持协调发展,学前三年入园率达 98.32%,义务教育阶段学龄儿童少年入学率 100%,小学年巩固率 99.81%、毕业率 101.45%、升学率 97.86%,初中年巩固率 99.63%,毕业率 102.37%、升学率 98%。普通高中招生规模和班额得到有效控制,普职比继续保持大体相当。各类本科达线人数 1.37 万人,文化本科达线率达 31.6%,高考录取率达 85%。全市 18 周岁高等教育入学率达 66.5%,终身学习网络覆盖率达 55.6%,从业人员继续教育年参与率达 40.18%,城市和农村居民社区教育活动年参与率达 92.8%,新增劳动力人均受教育年限 12.79 年。全市各地普遍实行适龄儿童少年按施教区免费就近入学,90% 以上进城务工人员子女安排公办学校。全市 9 个县(市、区)高水平整体通过国家督导评估。义务教育学校校际差异系数全面缩小,办学条件得到全面提升。年内,盐城成立青少年校园篮球活动领导小组,推荐组织 25 所学校申报 2015 年省青少年校园篮球特色学校。

教育投入 年内,全市教育经费总投入 153.85 亿元,其中预算内教育经费投入 140.4 亿元;共发放学前教育、义务教育、普通高中和中职学校家庭困难学生生活费补助和助学金 1.21 亿元,免费发放义务教育教科书、作业本 66 万套,约 1.09 亿元;全市 5015 名大学生申请生源地助学贷款 3707 万元。市教育局学生资助工作获评全省绩效评价优秀单位。

校舍安全 年内,全市投入资金 13.27 亿元,实施校舍安全工程 64.65 万平方米;投入资金 11.4 亿元开工新建学校 29 所,启动“改薄”工程学校 611 所。

教育对外开放 全年累计派出 150 名校长赴境外学习,组织 6 名中小学校长赴美国、加拿大、荷兰等国参加省中小学校长国际论坛,开拓新的教育国际合作交流新渠道。盐城中学、盐城市第一小学等市内优质资源学校与境外友好学校、姊妹学校合作交流进一步深入,在国际课程开设、师生人员往来方面取得新的进展。全市新增国际友好学校 10 所,100 多名教师校长和近千名中小学生赴海外境外参加进修学习和社会实践活动。

2015 年全市各级各类学校基本情况

表 33－40

类 别	学校数(所)	毕业生数(人)	招生数(人)	在校生(人)	教职工(人)	专任教师(人)
总 计	1292	267711	278591	1069259	83147	70588
普通高校	5	14903	16516	70250	3795	3049
普通中专	7	8168	7672	23339	1508	1260
成人中专	5	2945	1027	3201	192	124
职业高中	10	8467	8755	26901	2303	2057
高 中	54	36955	31095	97965	10628	9167
初 中	222	58287	57120	168031	20230	17020
小 学	326	58370	74561	442182	27353	25601
幼 儿 园	653	79319	81549	235263	19051	11986
特殊教育学校	10	288	296	2127	407	324

第一节　幼儿教育　特殊教育

2015 年，全市新建幼儿园 50 所，改扩建幼儿园 98 所。强化落实幼儿园独立法人资格登记工作，“独立法人”资格幼儿园占比达 68.99%。19 所幼儿园顺利通过验收被确认为省优质园，全市省优质园达到 246 所。贯彻落实《3～6 岁儿童学习与发展指南》，召开全市幼儿园课程游戏化活动建设工作研讨会，4 所幼儿园课程建设游戏化建设项目被确认为省级项目。大丰、盐都、建湖、东台、阜宁 5 个县(市、区)被确认为江苏省学前教育改革发展示范区。组织 8 所特教学校申报省特教发展工程项目，其中特教办学条件改善项目 3 个、资源教室建设项目 3 个、医教结合项目 1 个、送教上门项目 1 个。加大创建工作指导力度，4 所申报学校顺利通过省级答辩，接受省特殊教育发展工程建设专项检查。对全市残疾儿童接受教育“一人一案”情况进行调查。开展青年教师优质课比赛、“校际合作教研”、微型讲座等教研活动。举办市首届听障儿童演讲比赛，组织推荐选手参加省盲校学生古诗文朗诵大赛。

市幼儿园　年内，市幼儿园共有班级 39 个，近 1220 名幼儿，180 多名教职工；有省特级教师 1 人，盐城市名教师 2 人，盐城市学科带头人 20 人，盐城市教学能手 2 人，盐城市教坛新秀 4 人。市幼儿园秉承“幼儿喜爱，家长信赖，员工幸福，社会赞誉”的办园宗旨，打造“和谐的、绿色的、童话的、温馨的家”校园文化，践行“让每一个孩子享受游戏，自主探究，快乐学习”的教育理念，培养“健康快乐，胸襟宽阔，行为文明，好奇好学，富有个性，多才多艺”的孩子。2015 年获得“省巾帼文明岗”、盐城市“诚信学校”“平安校园创建工作先进集体”等称号。

市聋哑学校　市聋哑学校创建于 1958 年，是盐都区一所集听障义务教育、康复教育、职业教育于一体，并承担全区随班就读工作业务指导的特殊教育学校。2011 年学校顺利通过省、市特殊教育学校教育现代化建设评估验收。学校有 9 个教学班，在校生 63 名，教职工 43 名，其中市、区学科带头人、教学能手、教坛新秀 14 人，30 多人次受到国家、省、市、区表彰。学校坚持以烹饪、缝纫、木工为主的职教特色和以剪纸、舞蹈为主的艺体特色，努力提升办学品位。先后有 40 多名学生考取天津理工学院、金陵职业大学、南京特教学院等院校，学生顾芳芳参加全国少儿模特大赛获得金奖，葛裕菲、卞钰森、蒋玉洁等参加省残疾人运动会游泳比赛分别获得金、银、铜牌。

第二节　义务教育　高中教育

2015 年，全市完善初高中阶段教育招生工作意见和市区义务教育生源资格认定办法，年内市区初中招生 9238 人，高中招生 3.12 万人。初中、高中分别新增课程基地 5 个和 4 个，盐城市初、高中课程基地建设项目分别达到 20 个和 19 个。年内，全市各地推进小学特色文化建设工程、初中优质均衡发展五年行动计划和普通高中质量提升三年行动计划，引领全市小学推进精致管理、课程改革、特色文化建设。在首批省基础教育课程建设项目视导调研中，盐都区北龙港小学的剪纸项目得分再获全省第一。亭湖区永丰小学、盐城市新河实验小学、盐城市神州路小学被确认为省 2015 年小学特色文化建设工程项目。组织“中国汉字听写大会”盐城赛区选拔工作。盐城市代表队在全省“中国汉字听写大写”选拔赛上获二等奖(全省一、二等奖总数只有 4 个)。在省“少年传承中华传统美德”阅读知识竞赛中，盐城市代表队获银奖。开展全市小学生“悦读之星”评选活动。推荐作品参加《童心里的诗篇》——江苏首届全国少儿诗会比赛。争取“中央彩票公益金”扶持项目，16 所校外教育机构成功申报中央专项彩票公益金支持校外活动场所能力提升工程。市教育局与市科协联合举办第 27 届科普宣传周和 2015 年全国科普日活动、青少年科技辅导员培训班，开展省第五届青少年发明家、2015 全国青少年科学营营员、青少年科技创新奖、省优秀科技辅导员和科技标兵等推荐评选工作。

市第一小学　至年底，市第一小学教育集团实小校区、盐渎校区、聚亨路校区和六一幼儿园 4 个直办成员单位共有 228 个班级，1.2 万多名学生，700 多名教职员工。在岗省人民教育家培养工程培养对象 4 名、正高级教师 2 名、省特级教师 20 名、市名教师 10 名、市级学科带头人 63 名、市级教学能手 83 名。2015 年，学校被评为全国文明单位，全国学校体育工作示范学校、全国青少年校园足球特色学校、省少先队文化建设特别贡献奖、省学生体质健康优秀监测点校、市小学内涵建设先进学校、市依法治校示范校、市首批生态环保型学校等。

盐城中学　至年底，盐城中学教育集团有教职工 801 人，其中省人民教育家培养对象 3 人，正高级教师(教授级中学高级教师)12 人，特级教师 22 人，高级教师 321 人，盐城市名校长、名教师 28 人，盐城市学科带头人 98 人，盐城市教学能手 199 人。在校学生 1.3 万余人。学校先后被评为全国精神文明建设先进单位、全国思想道德实践创新建设先进单位、江苏省文明单位、江苏省素质教育先进集体、江苏省课程改革先进集体、江苏省教育成果奖、江苏省德育工作先进集体、江苏省教科研工作先进集体、江苏省体育工作先进集体、全国教育系统先进集体、全国五四红旗团委、国际生态绿旗荣誉学校等。

中小学德育　年内，各地各学校加强德育课程建设，市教育局组织开展少年传承中华传统美德之墨香书法展示活动，4 件作品获国家展示，5 件作品获省一等奖。全面推进社会主义核心价值观教育，盐城市第二小学案例《六字美德育英才　同心共筑中国梦》被评为全国中小学社会主义核心价值观教育优秀案例。62 所学校获评盐城市诚信示范学校，36 所学校被评为盐城市首批心理健康教育特色学校，5 所学校获省级心理健康教育特色学校称号；62 所学校成功创建成盐城市和谐校园，新创建 109 所盐城市依法治校示范校。

盐城市初级中学勇夺“省长杯”初中组冠军。

第五届中小学校园体育艺术节　年内，举办第五届全市中小学校园体育艺术节。全市1万多名师生参加16个项目的比赛，近4000名学生参加舞蹈、戏剧曲艺等6个单项艺术展演活动，共演出大型集体节目150个，展出绘画、书法、摄影作品200幅。盐城参赛代表队获江苏省第五届中小学生艺术展演苏北片区艺术表演类一等奖7个，二等奖8个。

校园足球　青少年校园足球继续捷报频传。年内，盐城市初级中学和盐城市实验小学足球队分别勇夺“省长杯”初中组冠军和“鲁能杯”全国少儿足球邀请赛年龄组冠军。盐城青少年校园足球获2015年度江苏省青少年校园足球比赛团体一等奖、国家级青少年校园足球特色学校、最佳运动员、优秀教练员四项大奖。

第三节　职业教育　社会教育

2015年，全市有各类中高等职业学校33所，其中高职院校3所，高等师范学校2所，五年制高职校3所，其他各类中等职业学校25所，各类职工培训中心和社会培训机构480个。对口单招达线3361人，达线率为99.5%，其中本科达线401人，达线率为11.87%。职教师生在全国、全省职业学校技能大赛中获得金牌11枚、银牌27枚、铜牌69枚，盐城技师学院学生惠希奇在第43届世界技能大赛中勇夺银牌。落实教师参加国培57人、省培551人、市培380人。公共基础课“两课”评比市级一等奖54个，二等奖69个，三等奖31个，获省示范课2个，研究课13个。在省信息化教学大赛中，盐城市职教师生获得6个二等奖，4个三等奖。新创建省品牌专业6个，五年制高职专业6个；省名师工作室3个，市技能大赛领军人才工作室10个、培植对象6个；17个省级以上立项课题。江苏省盐城技师学院、盐城生物工程高等职业技术学校、盐城机电高等职业技术学校被正式确定为国家中等职业教育改革发展示范学校。建立全市职业教育发展联席会议制度，成立盐城市汽车、纺织、工业自动化、装备制造、现代农业、电子信息六大职业教育联盟，现代职业教育体系初步构建。盐城高等师范学校、阜宁高等师范学校整合成盐城幼儿师范高等专科学校，升格为专科层次的普通高校，盐城市高等教育资源扩展取得新成效。年内，市教育局组织市区民办教育机构年检，合格机构29个，整改3个，注销1个。

社区教育示范区建设　年内，东台市获评2015年度首批省级社区教育示范区，盐都区社区学院获评2015年度江苏省标准化社区学院，滨海县蔡桥镇社区教育中心等11家社区教育中心获评2015年度江苏省标准化社区教育中心，盐城庆丰新建种业农科教结合示范基地获评2015年度江苏省高水平农科教结合示范基地。

第四节　高等教育

一、盐城工学院

2015年，盐城工学院有固定资产18.89亿元，教学科研仪器设备近3亿元，图书馆藏书170多万册。学校设置64个本科专业，面向全国31个省、市、自治区招生，全日制本科在校生2万余人，年底普通本科毕业生就业率98.96%，537名毕业生考取国内外高校硕士研究生。学校有专任教师1223人，其中高级职称589人，具有博士、硕士学位教师1053人，占专任教师总数的86.10%；国务院和省政府特殊津贴获得者、省“333工程”、省“青蓝工程”“六大人才高峰”培养人选等130余人，省级教学名师、省市有突出贡献中青年专家等12人；省高校优秀教学团队1个，省高校科技创新团队5个；119名教师被东南大学、江苏大学等高校聘为博士或硕士研究生导师，在校研究生181人。聘请中国工程院院士麦康森等特聘教授12人。学校拥有国家级特色专业建设点3个，省重点专业（类）7个，省品牌专业建设点3个，教育部“卓越计划”试点专业4个，省“卓越计划”试点专业4个，教育部专业综合改革试点项目2个，教育部产学合作综合改革项目5个，国家级工程实践教育中心（基地）2个，省级工程实验教学中心11个；有国家级技术转移转化中心1个，国家级大学生校外实践教育基地1个，全国高校学生科技创业实习基地1个，省大学生创业示范基地1个，教育部科技查新工作站1个，省高校协同创新中心1个，省级重点实验室11个，省级科技服务中心5个，省级大学科技园1个，校级科技服务平台3个。年内，学校《新能源材料》《单片机原理及应用》《无机非金属材料工程案例分析》《财务管理理论与实务

（第2版）》4部教材获省级重点教材立项。纺服学院获“纺织之光”中国纺织工业联合会教育教学成果奖二等奖1项，三等奖2项。学校获批省高等教育教改研究课题8项，居同类高校前列；获批国家大学生创新训练计划项目24项，江苏省大学生创新训练计划项目45项。技术转移中心获批国家级技术转移示范中心，入选科技部第六批国家技术转移示范机构，实现国家级科技平台零的突破。年内，学校被省政府、省军区评为2015年度高校征兵工作先进集体；学生获第十四届“挑战杯”全国大学生课外学术科技作品竞赛总决赛一等奖，“梦之声”合唱团获全国第四届大学生艺术展演声乐比赛一等奖。

科学研究　年内，学校组织申报各类科研项目993项（理工类468项，社科类525项）。年内，获批“863”子课题1项；获批国家自然科学基金项目31项，列全省高校第25位、全国高校前250位；获批省科技厅项目54项，其中省产学研创新资金项目39项；获批国家社科基金项目2项、教育部人文社科研究项目3项、省社科基金项目5项。年内，联合申报省产学研联合创新项目42项，获批省产学研联合创新项目39项。全年，纵向科研项目经费2980万元，横向科研项目经费2843万元。

学科建设　年内，学校建有机械工程、化学工程与技术、材料科学与工程、生物工程4个省重点建设一级学科，在“十二五”省重点学科考核中获“一优三良”，获省学科建设经费207万元；获中央财政支持地方高校发展专项资金资助项目4项，经费1400万元。年内，研究生培养合作高校38所，全程培养或联合培养研究生专业方向包括材料、化工、机械、土木、电信、管理等学科。全年，大学生参加省级以上学科竞赛58项，获奖近200项，其中获第十四届“挑战杯”全国大学生课外学术科技作品竞赛总决赛、全国大学生“西门子杯”工业自动化挑战赛全国总决赛、第七届全国三维数字化创新设计大赛等国家级一等奖3项。

专业建设　年内，学校开设本科专业64个，新增酒店管理、材料成型及控制工程2个专业。材料科学与工程、机械设计制造及其自动化、土木工程3个专业获省品牌专业立项建设；材料科学与工程、机械设计制造及其自动化、土木工程、环境工程4个专业是教育部“卓越工程师教育培养计划”试点专业；软件工程、计算机科学与技术、电子信息工程、自动化4个专业是江苏省“卓越工程师（软件类）教育培养计划”试点专业；材料科学与工程、机械设计制造及其自动化2个专业是教育部“本科教学工程”专业综合改革试点项目，另有教育部“产学合作专业综合改革”项目5项；材料类、机械类、土木类、设计学类、电气工程及其自动化、环境工程、化学工程与工艺7个专业（类）是省级重点建设专业（类）。

科技成果　2015年，学校获省级以上成果奖励6项，其中省科学技术奖3项、中国机械工业科学技术奖2项、中国轻工业联合会科技进步奖1项；获省社科联应用精品工程奖5项，获市科学技术奖8项，获市2013～2014年度自然科学优秀论文成果奖30项，其中一等奖2项。全年，申请各类专利667件，其中发明专利实审公开429件；获授权专利379件，其中授权发明专利88件。发明专利受理公开量列全省本科院校第12位，全国高校第78位；授权发明专利列全省本科院校第20位，全国高校第114位；获首届世界发明创新论坛金奖1件，市第二届专利奖银奖1件，省高价值专利资助5件，苏北发明授权资助10件，苏北实用新型授权资助16件，重点、新兴资助2件。

师资建设　年内，学校晋升教授等正高级专业技术职务8人，晋升副教授等副高级专业技术职务47人；教师取得博士学位14人，教师考取博士研究生14人，引进博士研究生53人。另聘有国家“千人计划”特聘专家3人。

学生管理　年内，学校获省表彰三好学生11名、优秀学生干部11名、先进班集体9个。学校表彰2014～2015学年度三好学生1304名、优秀学生干部634名、优秀毕业生420名、先进班级98个。全年共向1.60万名学生颁发奖学金，其中一等奖学金获得者1318人，单项奖学金获得者2088人。学生获国家奖学金38.4万元，国家励志奖学金363万元，国家助学金1320.45万元；为1434名学生办理助学贷款979.38万元；设置勤工助学岗位371个，发放勤工助学酬金69.64万元。

招生就业　年内，学校招生录取5778人，其中普通本科5199人，专转本579人。少数民族预科生46人。全国招生省份保持31个，生源涉及23个少数民族。普通本科艺术类提前录取超过省控线58分，所有招生专业或专业方向中有27个录取最低分超过省控线10分以上，普通本科理科专业录取最低分超过省控线7分。12人文化总分超本一省控线，最高351分。全年，毕业生总数5310人，普通本科毕业生就业率98.96%。537人分别考取南京大学、中山大学、同济大学、澳大利亚悉尼大学等国内外知名高校硕士研究生，应届生考研录取率13.24%。年内，学校获批省大学生创业示范基地，“加法创客空间”等5个项目获批成为省大学生优秀创业项目，每个项目获省10万元专项创业资助。

国际合作　年内，学校新增国（境）外友好高校4所，国（境）外友好学校达34所；与格林威治大学、底特律大学合作办学3个专业，中外合作办学在籍学生608人。全年，接待国外高校、研究机构来访68人次，组团5个共30人次出访国外高校。年内，学校聘请外籍教师、外国专家6人，招收外国留学生55人，申请出国读硕或参加校际交流学生75人。

继续教育　年内，成人教育设置19个专升本、16个高起本、38个高起专函授专业，录取成人高考新生4656人，其中专升本1869人，高起本174人，高起专2613人，各类成教在籍生1.45万人；联合培养硕士专业学位研究生录取102人，在校生规模250人。11月，盐城广播电视大学更名为盐城开放大学，开放教育在籍生13850人，其中开放本科教育5078人、开放专科教育8772人。年内，招收开放教育学生3050人，其中开放本科1298人，开放专科1631人，“一村一名大学生计划”专科121人。　　（智通海）

二、盐城师范学院

2015年，盐城师范学院有全日制本科在校生2.1万人，成人教育学员1.5万余人，联合培养专业硕士、学术硕士600多人。有教职员工1390人，其中专任教师1046人。专任教师中有正高职人员122人、副高职人员370人、博士291人(含在读)、硕士632人。有65名教师应聘担任南京大学、武汉大学、河海大学、苏州大学等高校博士生导师或硕士生导师。有65个本科专业,其中师范类18个,非师范类47个。建有国家级特色专业建设点3个、国家级综合改革试点专业2个、国家级大学生校外实践教育基地1个、省级特色专业5个,省品牌专业4个,省重点专业(类)7个,省级实验实训教学示范中心10个,是国家级语言文字规范化示范校、国家级教师培训基地,省级卓越工程师教育培养计划试点校、省级人才培养模式创新实验基地、省级国际服务外包人才培训基地,是省教育厅指定的驻盐城市高校教学联合体牵头单位。学校拥有文、理、工、史、经、管、法、艺、教9个学科门类,建有省级重点建设学科4个、省级重点实验室2个、省级哲社研究基地1个、省级决策咨询研究基地2个、省高校哲学社会科学重点研究基地1个、省级工程实验室1个、省级协同创新中心培育点1个、省级大学科技园1个。学校与英国、俄罗斯、澳大利亚、韩国等国家的30所高校建立友好协作关系,进行国际合作办学,开设国际课程实验班,联合培养本科生。毕业生就业率稳定在97%以上,每年有500多名学生考取研究生,连续六次被表彰为江苏省高校毕业生就业工作先进集体。在教育部组织的本科教学工作水平评估中获得"优秀"成绩。2015年,学校获第八届全国高校校园文化建设优秀成果特等奖、第十四届"挑战杯"全国大学生课外学术科技作品竞赛省赛特等奖、全省第二届普通高校军事微课教学竞赛一等奖、第三届全国高校廉政文化作品大赛二等奖和江苏省第八届校园廉洁文化周优秀作品一等奖等荣誉。

人才培养　年内,学校英语、思想政治教育、应用化学、数学与应用数学四专业入选江苏省品牌专业建设工程一期项目。组织修订完成2015版人才培养方案。构建区域教师教育联盟体制,牵头成立盐城市U-G-S教师教育联盟,师范生培养进入校政合作、校校协作新阶段。持续开展新疆实习支教工作,全年先后选派两批共124名学生和6名老师到新疆哈密、伊犁、克州等地区开展支教工作。开展"一院一赛"活动,学生在高层次竞赛中屡屡获奖,获2015年美国大学生数学建模大赛一等奖、"网中网杯"财务决策大赛全国总决赛特等奖、全国小学教育专业语文片段教学竞赛特等奖、全国红十字青少年文化衫设计大赛一等奖、第五届"开拓杯"全国地理课件制作大赛一等奖、第八届全国大学生海洋知识竞赛电视总决赛二等奖、第十四届"挑战杯"全国大学生课外学术科技作品竞赛省赛特等奖、江苏省紫金合唱节铜奖等。555名应届毕业生考取硕士研究生,其中219人被"985""211"高校录取。

产学研结合　年内,学校共获批市厅级以上纵向课题124项,其中国家级课题25项、省部级课题24项。国家社科基金艺术学专项、国家自然科学基金工程材料学部项目取得零的突破。高教研究实力再次进入全国前百位。盐土重点实验室顺利通过省科技厅验收。大学科技园建设成效显著,23家科技型企业入园孵化。联合技术转移中心顺利通过中期检查,并成功加入"江苏省技术转移联盟"。签订横向合作协议89份,到账经费830多万元。新能源汽车动力电源协同创新中心获2015年度省高校优秀科技创新团队。加强智库建设研究,创办《农村教育发展研究》,出版《沿海发展研究》集刊。

师资建设　年内,学校开展"师德师风建设月"主题教育活动,在全校师生中发起"为好老师点赞"及"师德关键词"调研和征集活动,促进师德水平提升。研究制订引进人才暂行办法和高端人才支持计划、海外研修支持计划。引进博士27人、引进紧缺专业硕士27人。培养博士6人,考取博士17人,进入博士后流动站5人。1人获省"六大人才高峰"资助项目、4人通过省教育厅中青年骨干教师境外研修审核。新晋升正高8人、副高35人。注重青年教师教学能力和业务水平提升,61名教师参加47个企事业单位实践锻炼活动。

开放办学　年内,学校新增法国、韩国、澳大利亚等国6所友好学校。年度派出留学生100多人,接受韩国、俄罗斯和法国留学生近100人次。做好引智聘专工作,聘用英、法、俄、韩等语言和音乐、舞蹈、计算机等专业15名外籍教师。承接中小学教师国家级培训计划(简称"国培")成绩显著,在北京召开的2015年"国培计划"和"能力提升工程"管理者高级研修班上,学校作为全国6个代表之一作经验交流发言。2015年新承接"国培"项目29项35个班,共培训7027人。

学生工作　年内,学校普高录取新生总数5463人,毕业生初次就业率达91.38%,年终就业率达98.66%。完成《2015年毕业生就业质量年度报告》编制与发布工作。1个团队被评为全国优秀暑期社会实践团队,学校连续11次被表彰为省社会实践先进单位。开展创新创业教育和就业指导工作,大学生创业园2015年入园孵化项目50个,3个项目被评为省优秀创业项目。

承办第四届江苏省师范生教学基本功大赛(中学文科组)　11月6~8日,第四届江苏省师范生教学基本功大赛(中学文科组)在盐城师范学院举办,全省16所院校119名师范专业学生选手参加比赛。大赛分参加国家教师资格统一笔试的基础知识的应用部分和在现场举办的书写(含钢笔字、粉笔字)、口语表达和模拟授课三项通用技能比赛两部分,共产生一等奖11名、二等奖24名、三等奖35名。　(章春杰)

三、盐城工业职业技术学院

2015年,盐城工业职业技术学院有教职工400余人,在校生8000多人,开设专业45个,建有国家及省财政资助的实训基地5个、省级技术研发中心2个、专业实验实训室156个,创建国家和省级特色专业、精品课程、精品教材、优秀教学团队30余项。3月14日,学校牵头6所院校和25家行业企业组建盐城市纺织职业教育联盟,并成功召开联盟第一次理事大会。该联盟旨在开展合作办学、合作育人、合作就业、合作发展,实现资源互补与共享,为盐城地区纺织服装产业发展提供人才支撑和技术支持。9月23日,学校科技创业园在全省遴选中以同类项目总分第一的成绩被江苏省人力资源和社会保障厅认定为江苏省创业示范基地(创业培训实训基地)。年内,师生获得国家级奖项35个、省级47个、市级6个。其中,汽车技术服务与营销团队获得全国高职院校学生技能大赛团体二等奖1项、省技能大赛团体一等奖1项，纺织面料检测项目连续四次获得全国高职高专院校学生技能大赛团体一等奖。年内，学校债务全部偿清，获得省高校化债奖补200万元。加强财务绩效管理，获得省绩效考核奖补150万元。加强实验实训室建设，开放实验实训室10个，保障学生技能训练。建成大学生创业一条街，大学生文化中心即将竣工，推动青年教师周转公寓建设，做好实训室改造、校舍维修和示范验收考察现场文化环境改扩建工程。学校是省首批高等教育人才培养模式创新实验基地，获省级以上优秀教学成果奖10多项。毕业生就业率一直保持在98%以上。

品牌专业　6月8日，学校现代纺织技术专业获批江苏高校品牌专业。该专业是中央财政支持的重点建设专业，建有国家级纺织服装实训基地，拥有省高校优秀科技创新团队和省优秀教学团队，产学研合作论文数量位列全国同类院校第一。该品牌专业建成后，将形成完善的技能型纺织人才的培养模式，施行基于技能菜单的“双线并行”课程体系，搭建技术技能积累创新的协作平台，达到国内一流的建设水平。

科研工作　年内，获得国家自然科学基金面上项目1项、教育部人文社科研究专项1项、省产学研前瞻性项目2项、省社科基金项目1项，市厅级以上课题53项，盐城市科学技术一等奖1项，学校被评为江苏省2015年全国科普日优秀组织单位。教师在省级以上刊物发表论文483篇，授权发明专利3件、实用新型79件、外观设计82件。“生物质功能纤维的制备”团队被省教育厅评为2015年度江苏高等学校优秀科技创新团队，并获财政经费支持。学校联合技术转移中心项目被省科技厅获批立项建设，全省仅有3所高职院校获批立项。

国防教育　学校加强军训和国防教育，在南京军区普通高校军事教师考核比赛中获“组织参赛突出贡献单位”称号。在全省高校国旗班大比武中获二等奖，是盐城地区高校在此次比赛中获得的最好成绩。在全省普通高校学生军训成果汇报大会光盘评比中获一等奖，全省仅有两所高职院校获此荣誉。

示范建设　年内，学校全面完成省级示范性高职院校建设任务。办学体制机制、实习实训、双证书、校企合作等8个方面的预设指标全部实现。其中，正高职称人数、专利数、设备总值、科研经费到账等26个具体指标超额完成。学校示范建设项目实际总投入6362万元，总投入达到预算总经费的138%。2012～2015年，学校示范建设形成“一体突破、四轮齐驱”的总体构架，“一体突破”即创新四方合作办学体制机制，突破苏北地区“政行校企”深度融合的难题。“四轮齐驱”即重点专业建设、师资队伍与管理团队建设、社会服务能力建设、创业型实训基地建设“四轮”并驾齐驱。通过实施示范建设项目，学校办学实力大幅提升，综合办学水平在苏北同类高职院校中领先。

艾力更·依明巴海在校考察　3月27日，全国人大常委会副委员长艾力更·依明巴海率全国人大常委会执法检查组莅临考察，就学校贯彻实施《中华人民共和国职业教育法》情况开展检查指导。全国人大常委会教科文卫委副主任委员严以新、李长才，全国人大常委会民委副主任委员吴仕民等参加。省人大常委会副主任史和平、省人大常委会教科文卫委主任许洪祥等陪同调研。艾力更·依明巴海对学校服务地方经济社会建设、引领区域高职教育发展给予充分肯定。对学校贯彻实施《中华人民共和国职业教育法》，加快推进现代职业教育体系建设给予高度评价。　　（郭泽忠　闫　超）

四、盐城卫生职业技术学院

盐城卫生职业技术学院是一所全日制专科层次的普通高等学校。设护理学院等7个二级学院（部），开设临床医学等25个专业。至年底，学校有普通教育和继续教育学生近万名，有教授34人，硕士以上学位教师143人，校内外专兼职教师655人，双师素质教师占校内专任教师的84.91%，2014～2015学年生师比为13.06∶1，达到优秀标准。学校继续发挥全国职教学会卫生教育专业委员会主任单位作用，做好2015年全国卫生职业院校技能竞赛高职组、中职组护理技能竞赛的赛事组织工作，牵头开好学术年会。2015年，学校综合办学实力得到较大提升，成为江苏省唯一一所由行业和教育主管部门及地方政府共同建设的高职院、省示范性高等职业院校立项建设单位。加大新媒体建设力度，开通学校官方微信，发布微信200多条。学校护理专业开创人奚家凯因捐资设立奖教金、奖学金60万元入选“中国好人”。为充分发挥先进典型的引领作用，学校成立奚家凯先进事迹宣讲团，在校内举办6场专题报告会，5000余名师生聆听讲座。学校先后获省卫计委直属单位综合目标责任制考核优胜奖、省职业院校技能大赛先进单位、省红十字示范学校、省教育信息工作表扬单位、盐城市文明单位等荣誉，当选为全国康复治疗类专业教学指导委员会主任委员单位。

专业建设　学校不断完善品牌专业建设体系。出台《专业设置与动态调整实施办法（试行）》，持续推动专业结构优化和调整；开展校内第二轮专业建设质量评估，进一步完善品牌特色专业建设体系，药学专业入选江苏高校品牌专业建设一期工程A类项目。推进临床医学专业建设，遴选高邮等10所县（市）人民医院为临床学院，成立教学组织、聘任兼职教师同时分批开展集中培训，建立临床医学专业建设联席会议制度，制定和审核核心课程标准。

人才建设　引进博士和行业专家3名，招聘硕士研究生17名；聘任4名国内外专家担任学校兼职专业带头人、客座教授和20余名国内知名专家教授担任药学等专业建设指导委员会专家，聘任首批临床学院兼职教授58名、兼职副教授42名。加大校内师资培养力度，遴选优秀中青年专业带头人和青年骨干教师培养对象22人；1名教师获博士学位，55名教师在职攻读博士、硕士学位；43人次参加省培、国培项目，32名教师赴美国乔治梅森大学、加拿大圣劳伦斯学院等境外高校学习研修。青年教师在省信息化教学设计等比赛中获奖20余项。4名教师获正高、副高职称。启动人事代理人员竞争入编试点工作，首批6名教师入编。

产学研结合　学校共获省级以上科研立项47项，其中省自然科学基金项目2项、省社科基金项目2项；市级科研立项15项，引入横向课题6项；省市级科研成果奖18项，其中省社科联优秀成果二等奖1项、市科技进步奖和自然科学优秀学术成果奖一等奖各1项、二等奖各3项。发表SCI论文13篇，中文核心期刊42篇；设立院内科研立项45项，全年共发放科研奖励累计80余万元。加强科研应用平台建设，成功申报省级博士后创新实践基地、省级科普教育基地。完成1788名村卫生室人员合理用药规范培训，合格通过率达98.88%，做好324人次全市住院医师规范化考试机考及公共课考试工作，承办常熟市第五人民医院中高层管理人员能力提升专题培训班。

招生就业 学校普通类文科投档分273分，理科投档分249分，分列苏中苏北地区第一名、第三名；高职本科分段培养文理科投档分均为294分，居全省同类项目前列；超本三分数线的本省考生479人，占比21.4%。组织大型双选会2次，428家用人单位入场招聘和委托招聘，提供就业岗位5000多个。至年底，2015届毕业生就业率达到99.02%。

人才培养 年内，学校参加技能大赛成绩显著，在全国职业院校"康缘杯"中药传统技能大赛中获1金1银，在其他各类全国职业院校技能大赛中获奖项23个，其中一等奖7个、特等奖1个。护士执业考试通过率100%，平均成绩182.7分，名列全省36所参考学校之首；南医大专接本第一轮考试课程通过率100%，在与南医大对接的各学校中位居第一。全年发放奖助学金659.77万元，国家生源地助学贷款511.45万元。

合作交流 年内，学校与南京医科大学联合举办康复治疗技术专业高职本科"3+2"分段培养项目，与省内外4所中专校开展中职高职"3+3""4+2"分段培养项目。深化校际合作成果。与南京医科大学举行第二次合作共建联席会议，开展第二轮科研顾问聘任工作；与盐城师范学院签订结对共建合作协议，与宁波卫生职业技术学院、重庆医药高等专科学校联合进行项目申报和建设。成立盐城—长庚健康照护学院和樱花国际看护师育成学院，与美国西海岸超声学院签订友好合作协议，与美国兰道尔夫—麦肯学院、省国际教育交流协会签订医学和护理专业海外本科直通车项目合作协议，与江苏海伊斯科普公司签订留学生招生协议。

（夏燕萍）

五、江苏省盐城技师学院

2015年，江苏省盐城技师学院设有计算机、机械、汽车、数控、电气、环境、经贸与服装7个教学系，拥有技师、高职、高技、中技办学层次，全日制在籍生1.5万人，先后被表彰为全国职业教育先进单位、全国教育系统先进集体、全国德育工作先进集体、省级文明单位。学院获国家高技能人才培育突出贡献奖、省政府高技能人才摇篮奖，被授予国家综合职业培训基地、全国首批中等职业教育改革发展示范学校优秀建设单位、全国全省高技能人才培养示范基地，全国全省技工院校师资培训基地，江苏省人民政府高技能人才培养协调领导小组成员、全省创业培训基地、江苏省联合职业技术学院分院、江苏省退役士兵培训学院。

招生就业 坚持高级工+成人大专、技师+成人本科的双高技能人才培养模式，高技能人才培养96%以上，成人大专、本科学生85%以上，办学规模连续五年保持2万人。就业率多年保持100%，企业满意率98%以上。有5人就业于四川绵阳工程物理研究院，200多人被中国电子科技集团南京第14研究所、中国印钞造币行业企业以事业编制录用，300多人被省内外职业院校聘用执教。

人才培养 在第43届世界技能大赛中，惠希奇获电气装置项目银牌，首次实现江苏在世界技能大赛奖牌零突破，受到国务院副总理马凯、副省长张雷、市委书记朱克江等领导接见。共培养世界技能大赛1个银牌、2个第六名，全国18个第一名、14个第二名，全省78个第一名；23人被授予"全国技术能手"，35人被授予"全省技术能手"称号。承办全省第三届技能状元大赛盐城市选拔赛，获10个项目的9个第一名。参加第九届"振兴杯"青年职业技能竞赛，取得维修电工第五名。

师资建设 专职教师队伍中，教授级讲师19人，高级讲师、高级实习指导教师、高级技师200多人，讲师、一级实习指导教师、技师321人，专业教师中一体化教师占87%；学科带头人省级59人、市级39人、院级59人，占教师总数的30%；拥有世界技能大赛专家组成员3人、教练10人，全国全省技能大赛的裁判长、裁判员及教练100多人。全国五一劳动奖章获得者3人，国务院特殊津贴2人，全国模范教师1人，全国全省技能大师工作室各1个；获省五一劳动奖章5人，省"333高层次人才培养工程"培养对象4人，全省首席技师7人，全省有突出贡献的技师、高级技师13人。

专业建设 承担人社部机床切削加工、服装制作与营销两个专业一体化课程改革试点，结合国示范校优秀成果，推广覆盖学院七大专业群建设，评定一体化课程128门，形成22个专业人才培养方案。数控加工专业一体化课程改革省版教材开发，完成9门课程的教材学材。在全省首次创办数控加工、电气装置2个专业的初中六年制技师班。建有省级示范专业5个、重点专业24个、精品课程19门。教科研工作连续六年获得中国职协优秀科研成果单位奖，获奖项目159个，其中一等奖15个。承担8个省人社厅课题并结题，其中获课题优秀奖2个。在各类专业刊物发表论文100多篇。组织一体化教学项目建设，中央财政拨款500万元，学院自筹配套资金1500万元。

校企合作 校企合作共同培养向深广度发展，与东风悦达起亚有限公司合作，实施从招生、教学、就业、生活环境等工学一体化培养学生，进校即入企产学高度融合。与甲骨文公司合作引企入校，实施"互联网+"的新专业新技术技能人才培养。与南京翼马数控机床公司合作，新建智能制造应用技术中心。与中电二建公司合作冠名办班互为基地，共同培养高新技术人才。与科行集团公司合作推进弹性学制教育，探索多元办学；与全球500强企业ABB公司及山东栋梁科技设备有限公司合作，共建盐城市工业自动化职教联盟工业机器人技术应用中心。

服务社会 承办全国全省技工院校师资培训，120人参加培训；组织20多名教师赴新疆任教，培训伊犁技师学院、重庆酉阳中专等大赛选手37人；承办青海省教育厅、扬州高职等学校培训教师200多人；帮助地方高等院校毕业生创业

培训524人。培训各类社会人员1.08万人次，其中农民工提升培训4260人、企业职工培训2000多人，退役士兵学制培训1500多人。首次承办江苏省数控专业33名企业高级技师岗位技能提升培训，承办中国印钞造币行业的14家公司专用设备安装维修电工28名高级技师进修学习、173人企业骨干技能提升培训；专门制定文件鼓励召回毕业生培养技师高级技师，培训社会化高级技师165人、技师500多人。

国际合作　与英国北沃里克与欣克利学院联合办学，开展教学研究、师资队伍培养、互派留学生、技能大赛等领域的合作。与英国诺丁汉中央学院合作共建IMI认证中心，开展国际级汽车专业人才培养。中央学院校长马尔科姆·考格尔、副校长尧娭·梅勒、董事总经理安迪·摩尔及艾蒙特克公司史蒂夫先后在校考察。邀请韩国电气装置项目首席技术专家李相国、教练曹永灿及世界技能大赛电气装置项目副首席专家到校指导中国选手集训，组织选手赴澳大利亚参加大洋洲技能大赛交流学习。（葛富有）

六、盐城高等师范学校

2015年，盐城高等师范学校设有学前教育、音乐表演、美术、英语、韩语、综合外语、初等教育共7个系科12个专业，127个班级，4420名在校学生。学校有50万册纸质图书和万方数据知识服务平台；有图书阅览室3个，有电子阅览室、音像资料馆、学生自修室；教学用计算机1200台，语音室、多媒体教室、动画制作教室等各种实验实训室30多个；多功能实验剧场1个；音乐教室10间、舞蹈房10个、画室38个、学术报告厅2个、美术展厅2个；新建学前教育16个专用教室、朱泽书画展示馆、添置144台电子钢琴和50套多媒体设备，为淮剧专业添置15万元教学设备，新建70个标准化考场。年内，加大与市演艺集团，射阳、阜宁等淮剧团合作，推进淮剧舞蹈专业建设；韩国国立交通大学、延世大学到学校交流访问，并签署联合办学协议。学校校外辅导站在省关工委组织的2015年度阳光少年网专题教育活动中获"老少携手千站万人走访抗日老英雄"先进集体；校团委被省教育厅、共青团江苏省委员会评为江苏省优秀中职学校共青团组织。

师资建设　年内，学校有在编教职工298人，专任教师268人，其中教授4人，副教授103人，硕士59人，在读硕士40人。省音乐家协会副主席1人，省名教师1人，省特级教师6人，省劳模2人，省"333"工程培养对象3人，省青蓝工程培养对象2人，省、市级学科带头人18人，国家级、省级普通话测试员18人，全国公共英语等级口语测试考官10人，外籍教师7人。年内，1名教师晋升正高职称、6名教师晋升副高职称，新录用6名教师。3名教师通过江苏省英语雏鹰培育项目选拔考试，4名教师参加国家级培训。

教学科研　年内，学校完成七项省级课题、四项市级课题的结题，成功申报1项省教育科学"十二五"规划2015年度研究课题；出版专著、教材、作品集等8部；发表论文、作品200多篇（幅），其中孙曙获江苏省委宣传部颁发的"江苏省文学评论奖"和盐城市政府颁发的"盐城市政府文艺奖"。年内，学校师范生"5+2"专转本考试中，文化达线160人，达线率74.4%，高于全省平均达线率近20个百分点。职教类专转本考试再创佳绩，韩语综外系7名学生参加考试，6名被本科院校录取。在第四届全省师范生教学基本功大赛中，学校获一、二等奖各1个，三等奖5个，获奖层次、人数和获奖率都位居全省同类学校前列。

校园文化　年内，学校开展纪念中国人民抗日战争暨世界反法西斯战争胜利70周年活动。暑期学校关工委校外辅导站开展老少携手，走访抗日老英雄活动，共走访老八路、新四军及其遗孀、子女8人次，参观历史遗址、遗迹3次，召开抗战故事会1次；开展"诵读经典，为学生立根、立魂、立德"教育，被市教育局评为特色德育一等奖。成立第二届国学实验班，联合企业人士为每个国学实验班捐赠图书。开展第二十四届校园文化艺术节系列活动。开展比学赶超评先创优活动，评选"每月之星"等。组织学生参加市生态文明知识竞赛获市区竞赛组三等奖，组织学生合唱团参加市五四主题团日活动，承办市第四届职业生涯规划比赛，选手分别获一、二等奖。

招生就业　年内，学校招收新生915名。和师范学院合作自考助学学前专科招生近70人，韩语本科招生15人。做好教师职后培训。暑期期间，学校承担省小学语文、音乐、体育骨干教师培训，共300人，市级小学英语教师100人，市级普通话培训100人。学校获得育婴师培训资质，首次招生400多人。组织夏、冬季两次大规模的校园招聘会，2015届毕业生就业率达到95%。

省专家组考察评估　11月10～11日，省教育厅委派专家组一行8人对盐城高等师范学校与阜宁高等师范学校合并升格进行实地考察和现场评估。专家组听取升专迎评工作汇报，考察校容校貌、教学场所、专业实训平台建设，观摩学生的职业技能展示汇报，查阅申报材料及相关资料数据。经过讨论评议，专家组认定：两校建校历史较长，办学经验丰富，办学规模、专业设置很有特色，具备建设幼儿高等师范专科学校的条件，建议提请省政府批准设置并报教育部备案。（陆立新）

七、阜宁高等师范学校

2015年，阜宁高等师范学校有教职员工289人，专任教师243人，专业技术人员中，正高职称4人，副高职称104人，中级职称81人，博士4人，硕士93人，盐城市名校长1人、名教师1人，省高校青蓝工程中青年学术带头人培养对象1人，优秀骨干教师培养对象2人，省、市级学科带头人19人，赴美、英、加、澳、德访问学者20多人。学校有学前教育、小学教育、建筑工程技术、工程造价管理、市政工程技术、旅游管理、通信工程等主干专业。班级118个，全日制学生5406人，另有非全日制专科、本科函授学员1500多人。年内，学校参加省职业技能大赛，取得3银5铜的成绩。69名师生参加市职业技能大赛，55人获奖。在江苏省第四届师范生基本功大赛中，2人获二等奖，2人获三等奖。2015年，学校致力于与盐城高等师范学校整合资源，申报盐城幼儿师范高等专科学校，谋求全面升专转型，顺利通过江苏省教育厅考核评估。

师资建设　年内，学校加强"教授候选人"培养工作，遴选出首批"教授候选人"；骨干教师赴省内知名高校访学2人。

全年新增市学科带头人3人、市教学能手2人。鼓励青年教师提升职称、学历,有3人获副高级职称;近10人考取硕士,兑现硕、博学历进修费用近8万元;支持教师参加各类教育教学培训,10多名教师完成国培项目学习,近20名教师参加省级培训,近60名优秀教师参加校际交流、学习观摩;培育"双师型"教师,形成科学合理的师资梯队。鼓励教师参与教学比武、科研等活动。在2015年"人教杯"全国中等职业学校学前教育专业理论课教师教学技能大赛中获一等奖1人;在省基础课、专业课"两课"评比中,2名教师获"研究课"奖,20多名教师市赛获奖。重视教科研工作,省级课题立项12项;在省级以上公开刊物上发表论文、作品150余篇;出版学术论著5部,首次在建筑系统行业协会获得最高层次立项课题5项,在国家、省、市各类教育、教学、科研方面共计100多人次获奖。

专业建设　年内,学校优化免费男幼师班级组织形式,调优配强师资,架构阅读、体验、展示课程,定期召开男幼师班教学工作座谈会。召开专家论证会,不断完善小学教育体育方向、旅游信息港口通信等新增专业人才培养方案,总结教育教学经验,实现专业课程的匹配,增强新专业实力。

学生管理　年内,学校实施安全责任制和24小时值班制,将学生管理工作做细、做实、做出成效;注重文化育人,突出"红色文化、经典文化、生态文化、职业文化、创业文化"主题教育,校园文化品位不断提升。开展"八礼四仪"系列教育活动,倡导学生做知礼、习礼、达礼,做有魅力的现代文明人;开展大课间、"文化艺术节"、经典诵读比赛、"音舞节"等系列活动,进一步提升学生综合素质,营造高雅的文化氛围。

招生就业　年内,全校招收新生近900人。学校针对学生实际做好个性化就业指导,加强对毕业生就业观念、就业定位、就业心态和职业道德等方面教育,帮助学生完成社会角色转换;组织毕业生就业双向选择招聘洽谈会,为学生的实习、就业创造良好条件;完善就业跟踪调研体系,建筑专业、旅管、市政、商务英语专业毕业生就业率为100%,师范类专业保持96%左右的就业率,学前专业供不应求。

教育培训　年内,学校发挥盐城市小学教师培训中心、建筑行业技能型紧缺人才培训基地的职能,拓展培训空间,提高培训质量。教师培训工作逐渐形成品牌。12月,盐城市小学语文教师精英研修班开班,教育专家、清华附小校长窦桂梅受邀开课讲学。全年,学校承担"八大员"和安全员建筑类培训9批次,培训学员1.18万人次;承担省市师训、干训项目4个,培训学员600人次;组织安全员、二级建造师、教师资格、普通话等考试及中高级测量工等职业资格鉴定3.67万人次。　　(吴海东)

八、盐城生物工程高等职业技术学校

2015年,学校有亭湖南洋、建湖上冈两个校区,校园建筑面积16万平方米,有在校生5545人,教职工351人,专任教师296人,其中教授、副教授131人,博士、硕士研究生102人,"双师型"教师173人,全省领军人才和"333"培养对象4人,全国金牌教练3人,省市名师工作室5个。有生物工程系、动物工程系、机械工程系、数控技术应用系、电子工程系、计算机工程系、经贸与服务系7个系29个专业,有高职、中职和高技3个办学层次,还与南京金陵科技学院、盐城师范学院、盐城工学院等高校开展"中职与普通本科'3+4'分段培养"试点工作。学校有果蔬花卉生产技术、汽车运用技术、机电一体化技术、计算机应用技术、农业经济管理5个江苏省品牌专业,有园艺技术、园林技术、蚕桑技术、农业经济管理、机电一体化技术5个江苏联合学院重点专业。学校建有全省一流的现代农业实训中心、数控技术、机电技术,计算机信息中心、农机、汽车实训中心、服装制作与设计中心、财会实训中心等85个实验实训室,105个校外实习基地,规划建设2万平方米现代农业实训中心。校园环境优美典雅、绿草如茵、树木葱茏,教学、生活设施齐全。

学科建设　年内,学校做特现代农业专业,做优制造类专业,做强经贸服务类专业。学校设有生物工程系、动物工程系、汽车电子工程系、数控技术应用系、机械工程系、计算机工程系、经贸与服务系7个系10个五年制高职专业、18个中职专业,其中国家改革发展示范校重点建设专业5个。校企合作共同开发精品课程58门,专业课程标准283个,校本教材15门,技能训练方案33个,典型教案265个,建立与现代职业教育相适应的课程体系。与盐城师范学院、盐城工学院联合举办汽车运用与维修、计算机应用、会计等三个专业中高职衔接"3+4"分段培养项目。

师资建设　年内,学校申报立项江苏省职教学会课题1项,市职业教育改革创新课题2项,获联合学院教学成果三等奖1项。新立项建设江苏省职业教育名师工作室1个,技能大赛领军人才工作室3个,技能大赛领军人才工作室培植对象1个。全年引进具有硕

阜宁高等师范学校校园一景。

士以上学位的专业人才9人,新增副高级职称11人,2名教师参加全国技能大赛获得一等奖和全国技能大赛优秀指导教师奖,1人获得盐城市科技进步一等奖,出国培训教师14人次,省级培训达82人次。建成18个教学团队,5个名师工作室。

学生工作　年内,学校始终把"德技双馨"校训落到实处,五四前夕,经团省委审核、团中央批准,学校团委被表彰为2014年度全国五四红旗团委,成为当年全省职业院校中唯一获此殊荣的单位。有2个班级获"江苏省先进班集体"称号。专转本考试中有24人顺利升入苏州大学等本科院校深造。

竞赛获奖　学校再获江苏省职业学校技能大赛先进单位,连续三年获省技能大赛团体优胜奖;获全国一等奖1个,省赛获一等奖2个,二等奖9个,三等奖28个;在10月底举行的全市职业学校师生技能大赛中,学校七大类24个项目82名选手获省赛资格。年内,获省创新大赛作品获一等奖1人,三等奖1人;获省级研究课2人,市级教学竞赛一等奖6人,二等奖9人,市级信息化教学比赛一等奖3人,二等奖11人。

招生就业　年内,学校共招收各类新生3923人,其中全日制学生1329人("3+4"分段培养新生135人,五年制高职762人,五年制高技95人,中职252人,高技能85人),退役士兵学员1029人,农民工"双提升"培训学员1565人。学校全年共组织21场招聘会,安置顶岗实习学生1233人,就业率达97.85%,对口就业率达86.2%。

产学研结合　全年开展基层农技骨干人才等各类培训6470人次。学校获"2015年度农业部新型职业农民培训先进单位"称号,江苏省农业广播电视学校盐城市分校教学基地成功揭牌,首次承办省旅游基地项目培训。抓"挂县强农",提高服务质量,培育科技示范户132户,推广新品种5个,新技术、新模式4个。争取各类教科研项目、课题7个,公开发表论文128篇,其中已发表核心期刊论文6篇,12篇论文获省级以上各类各级比赛奖项。《沿海农业》全年组织稿件60多篇。校蚕种场全年生产蚕种1万张,承接各类社会化考试46批。年内,盐城市职教联盟成立,学校成为现代农业职教联盟理事长单位。企业捐赠设备价值近100万元。1名教师被明康汇生态农业集团聘为农机外聘专家,各专业系企业开展订单培养、"工学交替"合作,产教融合办学模式进一步推进。　(朱德军　许　涛)

第五节　招生考试

2015年,全市普通高校招生报名人数为3.83万人,被各类院校录取新生3.44万人(不含保送生、提前单招)。艺术、体育类考试3534人。有3人被空军飞行学院录取。普通高校对口单招报名4802人,录取3310人,另注册录取1280人。4332名考生报名参加硕士研究生招生考试。有1.93万人报考各类成人高校。有1.20万人报名参加高等教育自学考试,其中8694人参加增考、特色自考、专接本考试。全市共有3.85万人参加高中学业水平测试,3.47万人参加中学生信息技术等级考试;5.57万人参加初三毕业生综合Ⅲ考试。社会考试项目增加到7项,报考硕士研究生总人数达4332人,组织大学英语四、六级考试5.59万人,全国计算机等级考试3.66万人,全国英语等级考试4444人,书法水平等级证书考试10.24万人,教师资格证书考试5529人。

第六节　教师队伍

2015年,全市首次采取"市县联动、全市统一组织笔试、县(市、区)单独组织面试"的办法公开招聘新教师,市直及7个县(市、区)共招聘教师906名,其中市直学校共招聘88人。完成29名免费师范生和免费男幼师安置就业工作。落实《盐城市"515"人才引进三年行动计划》,选聘引才联络员200名,引进两位高层次人才并得到政府资助19万元。全年认定高级中学、中等职业学校教师资格计1472人。共评选中学学科带头人120名、教学能手300名、教坛新秀500名。年内,全市教育系统选树先进典型,评选盐城市师德标兵22名,市优秀共产党员50名、优秀党务工作者22名,表彰市优秀教育工作者238名。刘红等12位老师获评2015年度最美盐城教师,王丽梅等8位老师获2015年度最美盐城教师提名奖。暑期,组织市直义务教育学校203名教师参加交流。共选派援疆教师3名、援藏教师9名。年内,全市有4名教师被新确认为江苏人民教育家培养对象,盐城市实验小学教师王咏梅作为全省唯一的小学教师代表入选教育部"万人计划"教学名师。

师资培训　年内,盐城市精英教师培养计划启动实施,市教育局与盐城师范学院共建"盐城市U-G-S教师教育联盟",为教师专业成长搭建优质平台。组织2000名校长教师参加省集中培训,涵盖长三角名校长、京苏粤浙名校长、名教师等高端项目。组织4000名中小学教师参加省网络培训。配合省开展"名师团送培到县"项目,培训教师近2100人。引进近10名外籍专家赴盐都、建湖、滨海开展引智培训,培训中小学英语教师450人。组织1000名校长教师参加"国培计划"专项培训。

第七节　教育管理

2015年,在全省基础教育青年教师教学基本功竞赛中,盐城获一等奖7人,二等奖12人,三等奖6人。开展自制教具评选,全市71件作品参评,涉及理化生、数学、科学、综合实践、特教等学科;16件作品被评为优秀作品,其中教师作品11件,参加全省自制教具评选活动。组织47人参加全市初中生物比赛,评选出一等奖8人,其中4人参加全省初中生物实验教学操作技能大赛。利用省公共服务平台,开展优质资源共建共享,各地各校组织特级教师、名教师、学科带头人等骨干教师进行授课、讲座录像,形成富有本地本校特色的教育教学资源,盐城公共服务平台的资源量24万个,访问量610万人。联合教研部门组织全市教师参加教育部"一师一优课、一课一名师"活动,注册教师用户数1.68万人,晒课9592节。　(陈富裕)

第 34 章 文化事业

责任编辑 赵 丽

综 述

2015 年，盐城市文化发展遇到新契机，率先在全省地级市中召开全市文化建设迈上新台阶工作会议，会上印发《关于推进文化建设迈上新台阶的实施意见》和《盐城市文化重点项目建设三年(2015～2017)推进计划》等相关系列文件。年内，市政府分别与省文化厅、省文物局、省盐务管理局及上海音乐学院签订战略合作协议。市政府设立文化惠民和舞台艺术精品工程专项资金，出台《关于"盐渎文化奖章""盐渎文化新人奖"评审授予办法》。配合"盐城——一个让人打开心扉的地方"主题宣传活动，创作排演体现盐城特色的大型舞台综艺节目《多彩的家园》。编纂出版图书《文韵盐城》。从 248 处革命遗址中遴选出 25 处重要遗址进行三年规划建设。实施红色文化"六个一"工程，构建"红色文化村"。大型文化综合体——串场河文化集聚区建设列入"城市提升十大工程"。促成上海音乐学院与新四军纪念馆、盐城师范学院合作，成立新四军音乐文化研究中心，编撰出版《新四军音乐文化图册》。好人馆、东台文化艺术中心、建湖美术馆博物馆、亭湖文化馆、盐都文化馆百姓剧场等一批文化场馆建成开放。盐城博物馆、水浒文化博物馆、盐都民俗博物馆、射阳文化艺术中心、大丰图书馆新馆和文化会展中心基本竣工。盐城市杂技团升格为江苏省杂技团。盐城市"4＋X"流动文化服务模式入选省委宣传部创新工作案例。东台、建湖入选第三批省公共文化服务体系示范区创建资格单位。打造智慧盐城，滨海成为全省第一家有线网络试点县。全市建成图书馆分馆 319 个，80%以上县(市、区)完成乡镇分馆建设。开展"打开心扉 唱响盐城"文化惠民镇镇到文艺演出，举办中秋水街庙会，全市第三届广场舞展演、第九届庆"六一"少儿书画长卷展演，第十届"十馆联动"先进文化下基层巡演及阜宁"国际牛歌会"、东台"哈哈周末"、滨海"文化预约网"、大丰"百姓星光大舞台"、盐都"狮舞邀请赛"、响水"四市五县"文化联谊演出，射阳"丹顶鹤艺术节"、建湖"淮杂文化节"、亭湖"周周演"等系列活动，深受群众欢迎。推进"三送"工程，全市完成送文艺演出 1087 场、放映公益电影 3.04 万场、送图书 18 万册。开展"盐渎风"第三届全民读书活动，在市区建成"盐渎书吧"10 个，110 家农家书屋纳入图书馆总分馆体系，开通智慧盐城·天天悦读 APP 图书馆平台。"盐渎风"国学经典诵读活动被团中央评为 2015 年度全国优秀国学教育项目奖。

艺术生产 年内，全市创作剧本 36 部，新排演舞台剧目 12 部。现代淮剧《小镇》成为市政府与省文化厅签约的重点投入剧目和国家艺术资金资助项目，获 2014～2015 年省舞台艺术精品工程剧目榜首和 2015 年省文华大奖，并参加中国戏剧节展演。主演陈明矿获第二十七届中国戏剧梅花奖，陈澄获省第二届紫金文化奖章。淮剧《菜籽花开》、原创舞剧《烽烟桃花飞》被列为 2015 年省舞台艺术精品工程资助剧目。举办盐城市艺术节，调演的 12 部剧目中，有淮剧 7 部，舞剧、话剧、音乐剧、淮海戏、综艺晚会各 1 部。中国戏曲现代戏研究会第二十七届年会暨江苏省戏曲现代戏研究会第三届年会在盐城召开，建成全国唯一的现代戏创作基地。引进木偶剧《飞吧，丹顶鹤》、评剧《母亲》、舞剧《孔雀》等 7 部优秀舞台剧目。

文化产业 年内，全市命名首批市级文化产业示范基地 20 家，其中示范园区 7 家，示范企业 13 家；省级基地 2 家，国家级基地 2 个；入库文化产业企业数 5000 家。申报国家文化双出口重点企业 3 家，获批 1 家；申报国家省产业项目 49 个，获批 13 个；成功申报国家艺术基金项目 4 个、省紫金文化投资基金项目 3 个、省文化科研课题 1 个。聚龙湖文化产业集聚区创成省文化科技园区，城南大数据产业园已入驻文化企业近 30 家。举办盐城市首届文化建设成果展示会。先后组织参加第四届苏州创博会、第十一届深圳文博会、2015 香港国际文化创意产业博览会、第十二届中国(常州)国际动漫艺术周。江苏华恒兄弟被认定为国家级动漫企业，卡洛泽科技公司两件作品获设计界"奥斯卡"之称的德国红点奖，动画短片《美丽的森林》首冲奥斯卡动画短片奖。世纪龙科技公司等产品市场占有率位居同行业前列。

文化遗产保护 年内，市政府与省盐务局签署战略合作协议，加强海盐文化传承、研究和宣传。完成《盐城中国海盐博物馆基本陈列提升内容脚本》，实施海盐博物馆展陈提升工程。盐城博物馆、水浒文化博物馆和盐都民俗博物馆进入陈列布展施工阶段。做好红色革命遗址修缮提升工作，从 248 处革命遗址中遴选出 25 处重要遗址进行 3 年规划建设，新四军重建军部旧址提升项目竣工并对公众开放。在第一次全国可移动文物普查工作中完成疑似文物认定 3943 件，建立文物数据登录平台 34 个，上传文物数据 1.71 万件(套)文物数据，完成率达 84%。组织海盐文化遗产图片展、南宋丞相陆秀夫生平图片展等展览进机关、学校、社区、军营，其中铁军印记——新四军在江苏抗战文物展展览被省文物局遴选为2015年全省馆藏文物展，并在全省进行巡回展出。东台良渚文化遗址考古发掘入选2015年中国考古六大新发现。出台《市非遗保护项目和传承人管理办法》，通过举办淮剧音乐研讨会，成立传习所等举措，做好国家非遗淮剧、杂技的保护传承。举办第八届海盐文化节暨盐城市第四届海盐文化艺术品展销会、江浙沪国家级非物质文化遗产传统戏剧类项目展演、京杭大运河非遗摄影巡回展、新疆察布查尔锡伯自治县非遗项目展演、箭乡文化盐城行等活动。

文化行政执法　年内，全市文化市场执法部门重点开展网吧、游戏厅、娱乐演出、非法卫星电视接收设施、广播电视广告、非法出版物等专项整治，共出动车辆2600余辆次、人员3.6万余人次，检查单位1.65万余家次，警告270余家次，下发责令整改通知120份，立案249起，处罚违法违规经营行为249起，停业整顿22家次。查处滨海、阜宁等3起侵权盗版教材教辅案，查缴各类非法及盗版出版物1.4万余册，收缴、拆除非法卫星地面设施3670件，有效规范全市文化市场经营秩序。

第一节　文艺创作

2015年，市文联所属团体会员瞄准年度重点国家级和省级赛事，组织创作一批在全省乃至全国有影响的文艺作品。杂技领域：杂技《扇舞丹青·头顶技巧》问鼎西班牙菲格拉斯国际杂技艺术节最高奖金象奖和第十五届吴桥国际杂技艺术节金狮奖。在首届“江苏杂技奖”杂技作品大赛中，盐城获得2金、1银、4铜的好成绩，获奖作品数名列前茅，金奖作品《惊风荡——旋转软钢丝》蝉联第二届江苏艺术展演月杂技木偶专场暨文华大奖杂技比赛优秀节目奖第一名。戏剧领域：大型现代淮剧《小镇》参加第十四届中国戏剧节。在2015年国家艺术基金（重点剧目）评选中，大型现代淮剧《半车老师》《小镇》、大型现代锡剧《杨家碾坊》、小淮剧《良心》入选，其中《小镇》和《杨家碾坊》获得2014～2015年度“中国戏曲现代戏突出贡献剧目”称号。评选出的江苏省文华奖·文华大奖7部，前三名均为盐城作者的作品。在第十三届江苏省戏剧文学奖评比活动中，盐城获奖作品占获奖总数近三分之一。陈明矿获第二十七届中国戏剧梅花奖。曲艺领域：王红专的快板书《血染的浪花》获江苏省第六届曲艺芦花奖·节目奖，音乐快板《文化强国谱华章》获“中华颂”第五届全国曲艺大展作品三等奖。李更生、王红专等创作的《我是中国人》《血染的浪花》参加“李润杰杯”全国快板书展演。多部小戏小品参加第六届全国小戏小品展演活动，小品《真相》被评为优秀入选剧目。书法领域：王润松、陆成荣、沈红军等入展全国第十一届书法篆刻作品展览，郭列平、吴奇、孙苏奎、孙环勇等入展江苏省篆刻展。美术领域：耿金龙的水粉画《这里的黎明》获首届江苏美术奖，4件作品获奖提名，9件作品入选。摄影领域：杨国美的《麋鹿·白鹭·海滩》获江苏摄影艺术领域最高个人成就奖首届“江苏摄影奖”。舞蹈领域：盐城首部大型原创舞剧《烽烟桃花飞》参加国家公祭展演。刘瑞琪、王朝永、周小雅在江苏舞蹈“莲花奖”第四届青年舞蹈演员大赛中获优秀表演奖。文学领域：浦玉生的《施耐庵传》《罗贯中传》作品研讨会在北京举行，中国作家协会副主席、书记处书记吉狄马加等与会作家、专家对这两部作品的文学价值作了高度评价。周湛军的《盐城诗人的温馨家园　乡土文学的精神高地》等两篇作品获江苏省报纸副刊论文评选和优秀作品评选一等奖。文艺评论领域：孙曙的《苍老的脐带：贾平凹的修辞与乡愁》获省第四届“长江杯”文学评论奖二等奖，2部作品获三等奖。电视艺术领域：在2014年度江苏省优秀广播电视节目评奖活动中，盐城53件作品获奖，全市电视艺术创优保持稳中有进的良好态势。民间文艺领域：郭开亮的农民画《乐在其中》《幸福梦》被省委宣传部、省文联编印成年画首页。

文艺展示　年内，围绕纪念抗战胜利70周年开展主题文艺活动；8月，举办纪念抗战胜利70周年暨新四军主题书画展；9月，举办“老战士——老战场“纪念抗战胜利70周年摄影作品巡展。承办纪念抗战胜利70周年——中国梦·铁军情共和国将军书画展、伟大的胜利——抗战胜利70周年中国中青年雕塑家邀请展，铭记历史，缅怀英烈。组织作家赴盐都三官村开展“深入生活、扎根人民”主题实践活动。配合盐城好人馆建设，组织画家对“盐城好人”进行素描，放大好人形象，激活好人效应。组织书法家赴盐都倪杨村、厉民居委会等地开展“书写社会主义核心价值观，送书法进万家”活动。

文艺展赛　围绕“中国梦”和“美丽盐城人”开展主题文艺活动；2月，举办“中国梦·丹青盛绘”市优秀美术作品展；8月，举办“圆梦高架，幸福盐城”摄影大赛；12月，举办“美丽盐城人”摄影大赛。5月，承办第二届江苏紫金合唱节盐城地区选拔赛，2支队伍在省决赛中分别荣获银奖和铜奖，盐城获得优秀组织奖，获奖层次和数量在全省名列前茅。9月，赴省举办“苏风艺韵”《故土家园》——陆庆龙油画、水粉画作品展和市淮剧团《人间万象》演出专场，展览和展演分别获得省文联“苏风艺韵”轮展轮演项目评比二等奖，市文联获优秀组织奖。

文艺交流　打造文艺活动品牌，发挥示范带动作用，举办“纵湖秋月”江苏青年书法十家巡展盐城展、市第四届企业家书法展、第三届端午诗会。举办全国书画名家作品邀请展、江苏刻字艺术提名盐城展、中国美术家第十九届江山行画家组画展（盐城展）、两岸三地书法展暨盐城市书法精品展、全国名家心经邀请展、“军旅乡情”——毕研顺·盐城书画作品联展、“禾丰之夜”江苏三大男高音音乐会等一系列活动。12月，承办省作协苏北片创作交流会，对全市文学创作有指导作用。

文艺志愿服务　1月，参与全市文化卫生科技“三下乡”服务活动，组织6名书法家赴阜宁为群众书写春联400多幅。5月，赴武警盐城市支队开展“庆五一·强军

10 月，射阳杂技团的《扇舞丹青·头顶技巧》节目获国际杂技节比赛最高奖项——“金狮奖”。（崇 旭 摄）

风采”书法交流活动。组织摄影家“八一”前夕到武警训练营开展为战士们留影服务活动，重阳节前走进市社会福利院开展“捐作品、献爱心”活动。组织戏剧和曲艺工作者坚持每周五、周六参加在水街开展的“百姓大舞台、淮剧大家唱”和“哈哈笑曲艺专场演出”文艺活动。1 月起，开展“盐城文艺大讲堂”惠民活动，举办舞蹈、民俗、美术、摄影、诗歌 4 场专题讲座和 1 场诗歌朗诵会。在浠沧诗词网开辟诗教园地，开设“星光诗校”“枫叶秋雨诗校”等 6 个班级，为在线诗词爱好者 800 多人提供交流学习平台。

（市文联）

一、戏　曲

5 部作品获第十三届江苏省戏剧文学奖　1 月，“第十三届江苏省戏剧文学奖”评奖结果揭晓，盐城市共有 5 部作品获奖。全省各类奖项共评出 16 个，一等奖空缺，二等奖 3 名，三等奖 4 名，提名奖 4 名，新人新作奖 5 名。市剧目室杨蓉创作的新编历史剧《庄公叹》、大丰区吴振林创作的话剧《收官》获得二等奖；市剧目室程旭江创作的现代戏曲《胖婶当官》获得三等奖；东台市仲春梅创作的儿童音乐剧《寻找迅哥儿》、射阳县丁晓东创作的现代戏曲《乡下女人》分别获得新人新作奖。江苏省戏剧文学奖是江苏省文化厅主办的全省戏剧文学类最高奖，每年一届。

陈明矿获第二十五届白玉兰戏剧表演艺术奖配角奖与第二十七届中国戏剧梅花奖　3 月 31 日，国家一级演员、江苏省淮剧团团长陈明矿凭借在淮剧《祥林嫂》中成功塑造贺老六这一角色，获第二十五届上海白玉兰戏剧表演艺术奖配角奖。全国各地 144 名演员参评此届“白玉兰”奖，最终产生主角奖 8 名、配角奖 5 名、特殊贡献奖 1 名等奖项。5 月 20 日，陈明矿又凭借现代大型淮剧《小镇》中的朱文轩一角，在第二十七届中国戏剧梅花奖颁奖典礼上摘得盐城市戏剧界第四个梅花奖，梅花奖是中国戏剧表演艺术最高奖。

4 个作品在江苏文华奖上获奖　6 月 18 日，第二届江苏省文华奖揭晓，由市演艺集团出品、江苏省淮剧团演出的淮剧《小镇》《祥林嫂》分获江苏文华大奖和江苏文华优秀剧目奖。《小镇》导演卢昂、《祥林嫂》导演王友理获江苏文华奖导演奖。市杂技团杂技《惊风荡——旋转软钢丝》、射阳县杂技团杂技《顶·梦——头顶技巧》获江苏文华优秀节目奖。江苏省文华奖是专业艺术政府奖，其中舞台艺术类设有集体奖与单项奖两大类，集体奖中最高奖为文华大奖，美术类设有文华美术奖和文华美术提名奖。参评剧目都是曾获得江苏省舞台艺术精品剧目，及江苏省戏剧节优秀剧目一等奖的作品。

市杂技团升格为江苏省杂技团　7 月，经江苏省编制委员会、江苏省文化厅研究决定，同意将盐城市杂技团升格为江苏省杂技团。该团的挂牌成立标志江苏首家省级文艺团体在县域层面成功组建。它的成功升级为其打开广阔发展空间，利于整合全省杂技资源，强化传统杂技节目的抢救整理编排工作，提升现代杂技节目的研发生产能力，为打造中国南部杂技之都奠定基础。

射阳杂技团魔术《羽》在美获大奖　8 月，射阳县杂技团魔术《羽》在美国获得第三十届夏季国际艺术节银奖。此次艺术节的参赛国有中国、美国、日本、墨西哥、以色列、蒙古、波利尼西亚 7 个国家。

射阳杂技《扇舞丹青·头顶技巧》获吴桥国际杂技艺术节金狮奖　10 月 4 日，由射阳杂技团创演的杂技《扇舞丹青·头顶技巧》获得第十五届中国吴桥国际杂技艺术节最高奖“金狮奖”。中国吴桥国际杂技艺术节是由文化部和河北省人民政府共同主办，每两年一届，是举办历史最长、规模最大的国际性杂技艺术节，与摩纳哥蒙特卡洛国际马戏节、法国“明日与未来”国际马戏节并称世界杂技三大赛场。俄罗斯、美国、法国、德国、中国等 20 个国家的一流杂技团的 30 个节目参加此次艺术节。

江苏省杂技团获首届“江苏杂技奖”金奖　11 月，江苏省杂技团的《惊风荡——旋转软钢丝》在首届“江苏杂技奖”评选活动中获得金奖。该节目特邀中国杂技团艺术总监、总导演、国家一级编导何晓彬创意执导，并聘请中国知名乐团“爱乐团”谱曲录制。《惊风荡——旋转软钢丝》是一个创意特别的杂技节目。演员在一艘龙船外形的高架上表演一系列高难度动作，于不露声色之中尽显惊人平衡技巧，旋转道具加强表演难度系数，具有较高艺术观赏性。

舞剧《烽烟桃花飞》参加国家公祭展演 年内，盐城市演艺集团成功打造大型原创舞剧《烽烟桃花飞》。12月11日，该剧在南京参加国家公祭展演，纪念新四军在盐阜抗日根据地保家卫国的英勇壮举。该剧是一部以新四军在盐城重建军部为历史背景，以华中鲁艺师生抗击侵略的真实故事为题材，反映华中鲁艺师生勇于抗争的民族精神的舞台作品。它以现实主义与浪漫主义相结合的手法讲述革命，以诗意现实主义表现手法演绎战争。

二、书　画

纪念陆秀夫书画展举办 4月2日，纪念陆秀夫书画展在陆公祠举办。此次展览共展出68幅书画作品，其中40幅为陆秀夫第二十六世孙陆华所作，涉及书法及绘画等艺术作品，内容以赞颂陆秀夫的伟大爱国壮举和民族精神为主。还有28幅为名家友好作品，如刘大羽的国画，丁芒、汪曾琪的书法等。展览结束后，陆华将68幅作品全数无偿捐赠给陆公祠，由中国海盐博物馆收藏。陆氏后裔陆华和书画爱好者近百人参加开展仪式。

海韵淮魂——邵秉仁·唐晓斌师生书法作品展举行 5月19日，中国当代著名书法家邵秉仁师生书法展在盐城市文化艺术中心开展。此次展览是邵秉仁和他的学生唐晓斌在盐城首次举办的大型书法展，展览为期10天，集中展出邵秉仁师生近三年创作的近百幅书法艺术精品。各地多名书法名家，各县(市、区)书法协会会员及书法爱好者等数百人参观。

中国中青年雕塑家作品展盐城站开幕 10月12日，由中国城市雕塑家协会、中国雕塑院、盐城市政府主办的伟大的胜利——纪念中国人民抗日战争胜利暨世界反法西斯战争胜利70周年中国中青年雕塑家作品展·江苏盐城展在市图书馆开幕。主办方广泛征集全国中青年著名雕塑家作品，并甄选出具有代表性的150余件作品在北京、青岛、盐城三地展出，吴为山担任此次展览的学术总主持。其中，吴为山创作的《小号手》《大屠杀群雕》等19件作品在盐城首次亮相。

市优秀书法艺术作品展与第四届地方文献展开展 11月20日，盐城市优秀书法艺术作品展、盐城市第四届地方文献展在市图书馆开展。优秀书法艺术作品展共展出各类书画作品86幅。作品题材广泛、风格各异，体现广大书画工作者深入生活的创作导向，展示盐城书画家们的艺术追求和精神风貌。第四届地方文献展共展出地方史志、行业史志、地方年鉴、家谱族谱、革命文献、特色文化、人士著述、地方资料370本，内容丰富，资料详实。

第二节　社会文化

小淮剧《录音风波》获2015江浙沪现代小戏邀请赛金奖 1月6日，盐城市现代小淮剧《录音风波》获2015江浙沪现代小戏邀请赛创作金奖与最佳演员奖。该剧反映一群来到城市创业的农民工的生活，演绎他们多年纯朴的兄弟情谊，呼唤人世间能长留那一份纯真，一份真爱。江苏、上海、浙江的文艺代表队分别有8个新创作的现代剧目参演这次邀请赛。其中有江苏的淮剧、锡剧，上海的沪剧、山歌小戏，浙江的桐乡花鼓戏、甬剧、越剧、松阳高腔等。

市民族乐团获省展演优秀演出奖 5月21日，由江苏省文化馆、苏州市吴江区文广新局共同主办的江苏省优秀业余民乐队展演在吴江人民剧场举行。全省13个市文化馆选送的30多支民乐团参加此次展演。盐城市文化馆民族乐团以一部《滩涂畅想曲》摘取此次演出的最高奖——优秀展演奖，市文化馆获得优秀组织奖。盐城市民族乐团成立于2014年下半年，是市文化馆精心打造的一支年轻业余团队。此次展演是该团首次在全省大赛中崭露头角。

江苏“蛟龙杯”首届狮舞邀请赛在盐都举行 6月20日，由江苏省群文学会、盐城市文广新局、现代快报社、江苏蛟龙集团联合举办的2015年江苏“蛟龙杯”首届狮舞邀请赛在盐都区秦南镇举办。省内外的12支代表队参加比赛。秦南狮舞作为盐都非物质文化遗产名录项目，具有悠久的文化传统和深厚的群众基础，成为大家喜爱的一项群众性文化活动项目。

滨海小淮戏《鸟归巢》获首届华东六省一市现代地方小戏大赛银奖 11月14~16日，首届华东六省一市现代地方小戏大赛在安徽歌舞剧院举行，滨海参赛的淮剧小戏《鸟归巢》获银奖。此届大赛由华东六省一市文化厅(局)共同主办、华东六省一市文化(群艺)馆共同承办。在3天赛程的4场比赛中，22个优秀现代地方小戏作品精彩上演。

红山文化艺术 盐城公益性红山文化艺术馆2009年开馆，由中国收藏家乔木个人创建。至2015年底，该馆红山文化藏品红山C形玉龙、玉凤、太阳神图腾、石制面具、玉磬、骨笛、石埙以及文化研究论文，相继入选联合国科教文组织举办的中法、中德文化交流大会和在上海举办的世界面具文化交流大会。2015年底，德国黑森州特派文化使者团到盐城考察交流红山文化艺术，对该馆红山文化藏品表示赞赏。（周阳生）

铭阳艺术馆与“雅昌艺术网”等结成战略联盟 3月，盐城市首家民营群众文化机构铭阳艺术馆先后与“雅昌艺术网”和《现代快报》结成战略联盟。其创建的“铭阳文投”公众平台与“铭阳艺术网”投入运营后，为广大市民搭建一个公益性书画艺术学习、交流、培训、欣赏的文化平台。铭阳艺术馆自2013年成立以后，定期举办“书法名家迎新春楹联展”，组织书法家到社区、乡村、军营、企业现场书写送春联；还举办盐城市少儿书画大奖赛，邀请外地艺术家到盐城举办书画作品展、做艺术讲座等活动，满足盐城市民对书画艺术的审美需求，受到广大市民的喜爱。

第三节　文化设施

一、新四军纪念馆

2015年，新四军纪念馆共接待海内外游客136万人次，其中青少年学生46万人次，提供讲解服务2000多场次，接待省部级以上领导58批次。完成全国政协副主席万钢，中组部副部长陈向群，共青团中央书记处书记徐晓，国家旅游局原局长邵琪伟等接待任务。年内，纪念馆争取到国家专项资金503万元，进一步完善馆区基础设施建设，改造游客服务中心、旅游厕所、文物库房；增设图书阅览室、电子安检门、验包机，更换灭火器110个；安装自动语音讲解导览系统。增设数字化展馆，升级改造新四军纪念馆官方网站，制作推出党性教育基地新四军纪念馆网上展馆，廉政教育基地网上展馆。年内，纪念馆先后征得文物60件、字画11件、资料28份，“400反间谍工作小组”成员抗战时期运送火药的皮箱、田长华大校1955年使用的将校礼服箱、盐城建湖发现的良民证等，填补馆藏空白。完成可移动文物的登录工作，完成库存文物交接工作，解决了十多年的遗留问题。5月，为满足广大市民和游客参观军部旧址泰山庙和新四军人物馆的需求，纪念馆同时开放新四军重建军部旧址（泰山庙）和新四军人物馆。开放6个多月，仅泰山庙就接待游客20多万人次，得到社会各界一致好评。参与全国性学术研讨活动，组织编纂出版《和衷共济—统战谋略卷》和《盐城抗战影像记忆》等书籍。与市委组织部、市委宣传部、市委党校等部门联合举办盐城市铁军精神与新四军抗战理论研讨会，纪念馆有8篇论文入选研讨会。为加强对新四军音乐文化的研究工作，市政府与上海音乐学院共同成立新四军音乐文化研究中心，研究中心的办事机构设在新四军纪念馆；7月，双方合作举办《我们是铁的新四军》专场音乐会，出版《新四军音乐图谱》。年内，纪念馆应邀参加国际二战博物馆联盟，成为该国际组织的首批成员单位，也是国内唯一入选的新四军题材馆，有效提升纪念馆的国际知名度。

举办纪念抗战胜利70周年系列纪念活动　年内，纪念馆利用红色文化资源和阵地优势，突出纪念抗战胜利主题，举办具有新四军文化特色的系列活动。举办系列主题展览，弘扬铁军精神。举办铁军忠魂——抗战中的新四军全国巡展，先后在天津、武汉、孝感、大悟、常熟等地展出，历时2个多月，观众10万余人；铁军印记——新四军在江苏抗战文物展入选省文物局主办的2015全省馆藏文物巡回展项目，先后在宿迁、徐州、张家港等地博物馆展出，成为江苏纪念抗战胜利70周年的重要活动之一，观众8万余人；8～12月，“浴血奋战　英雄盐城”——新四军抗战大型专题展，在新四军重建军部旧址（泰山庙）集中展出，累计参观人数近20万人，创全市单个专题展参观人数之最，社会影响力最高；引进南京抗日航空纪念馆碧血忠魂——抗日战争中的中外航空英烈展，国庆期间在纪念馆主馆区集中对外展出。新四军纪念馆入选全国13家抗战题材纪念馆纪念邮票专册，9月3日与全国13个城市同步举行了邮票首发式并在纪念馆广场设立抗日邮局；9月4日，市委市政府在纪念馆广场举行盐城市纪念抗战胜利70周年大型纪念活动，盐城四套班子领导，在盐新四军老战士代表，驻盐官兵代表，以及各界群众近3000人参加纪念活动。

（新四军纪念馆）

二、中国海盐博物馆

2015年，中国海盐博物馆接待观众70万人次，讲解1800场，为观众提供免费讲解近200场次，服务观众近9万人次，观众零投诉。年内，博物馆以海盐馆展陈提升改造和市博物馆新馆建设工程的全面启动为契机，加快博物馆陈列、文物保护与研究水平的提升。在“5·18”国际博物馆日活动中，除了非物质文化遗产现场展示和海盐文化产品展销活动外，举办刘光典眼中的老盐城（1955～2015）大型历史图片展，展示近百幅盐城老照片。同时还与市摄影家协会共同举办刘光典摄影艺术60年学术研讨会，市摄影家协会和大丰、射阳、建湖摄影家协会及文化界的老领导、照片中当年的主人翁等50余人参加研讨会。先后举办多场惠民临时展览，胡公石书法作品展、盐城市优秀美术作品展、江苏省第一次全国可移动文物普查宣传资料展、陆华书画展、海盐雕塑艺术展、吴江博物馆馆藏香具精品展、“盐阜丰碑”盐城革命烈士纪念碑寻访之旅及陈毅与泰州——泰州抗战老电影展等，让观众畅享文化盛宴。丰富文化惠民工作，送展进校园。制作海华盐晶——中国海盐历史文明图片展、千古忠烈陆秀夫——陆秀夫史料图片展两套展板，送至盐城中学、盐城市实验小学、盐城市田家炳中学等16所学校，讲解98场次，宣传海盐文明及盐城地方历史文化，取得良好的社会效益。年内，博物馆成功申报江苏省社会科学普及示范基地（2015～2017）。

（中国海盐博物馆）

三、盐城市图书馆

2015年，盐城市图书馆通过网站，手机客户端为读者提供地方文献、古籍图书等各类电子图书90多万种。通过云服务平台，为读者提供近万种图书附带光盘的远程下载。新增智慧盐城图书馆APP平台服务方式和两台“歌德”电子书借阅机。市图书馆被江苏省全民阅读活动领导小组表彰为江苏省全民阅读工作先进单位，被江苏省社科联表彰为江苏省社会科学普及示范基地，被南京图书馆表彰为江苏省公共图书馆联合参考咨询工作先进单位，“盐渎风”国学经典诵读项目被团中央评为2015年度全国优秀国学教育项目奖。在2015年全省公共图书馆业务竞赛中，盐城市图书馆6人包揽全省个人一等奖。

全民阅读总指数位居全省第三 在年内公布的2014年度江苏省居民阅读调查结果中，盐城市居民阅读总指数为73.44点，位居全省第三，较上年度高出3.04点，高出全省平均水平0.25点。其中，个人阅读指数为78.32点，公共阅读服务指数为68.93点。盐城市综合阅读率85.6%，位居全省第七，分别高出全国平均水平7个百分点。

四、盐城市科技馆

2015年，市科技馆做好对外宣传工作，组织开展多种科普活动。加强校馆沟通联系，开展"七色花·科普在行动进校园"活动；将"七色花家庭科普实验"送进市毓龙路实验学校、市二小、盐渎学校、市一小等多个学校，受到广大师生的好评。参加第四届全国科技馆科技辅导员大赛实验赛、个人讲解赛以及科普剧表演，均获佳绩。开展数字科技馆青稞沙龙主题活动，9月完成第一期"交通与安全"主题策划与拍摄并初步完成第二期、第三期"花卉与生活""生命只有一次"活动方案策划，10月完成拍摄；11月第四期"食品与安全"完成拍摄。参加江苏第四届科普剧大赛，9月与学校联合组织开展科普剧评选活动，并推送优秀科普剧上报至省科技馆。完成中国科技馆针对"全国地市级科技馆内容建设指导性规范研究"课题研究的资料整理工作，并完成课题研究报告。

五、新华书店

2015年，盐城地区新华书店加大图书宣传陈列，丰富各类营销活动，加强星级门店建设，不断提升服务质量，拉动销售，全地区新华书店实现销售5.3亿元，实现利税1029万元。年内，盐城公司组织第六届"红盾书市"、盐城中学"书香伴我行""书香国税　阅读人生"图书展销等活动。盐城公司设在市行政中心的"清风书屋"完成营业额112.7万元，东台公司与市教育局联合举办"新华杯"双语阅读竞赛活动，累计销售阅读类图书20多万元。响水公司开通微信商城，实现线上销售。滨海公司协助县实验小学举办第四届"小红帽读书节"活动，销售各类少儿读物码洋9.2万元。同时地区各公司创新发展方式，以现代书业卖场为平台，加快门店多元化拓展。10月，总投资2000多万元，占地面积1.67万平方米的盐城新华书店图书物流中心正式启用。该物流中心坐落于盐都新区现代物流园区内，紧邻盐城高速西、南出口，交通便利，区位优势明显。（王　旭）

第四节　文化产业

市文化建设成果展示 2015年，盐城市文化建设成果首次集中向社会公开展示，以"简约高效、展示特色、突出重点"为原则，全方位、多角度、高浓缩展现盐城近几年文化建设发展进步的成果。此次展示在市图书馆设置2个展厅，共12个展位，集中展示近年来盐城在厚德盐城建设、公共文化建设、文化产业发展和艺术精品生产等领域取得的重要成就。文化产业累计展示九大类100多个品种的文化产品，主要包括新闻出版发行、广播影视、文化艺术、创意设计、工艺美术等产业和企业。各县（市、区）和市直近50家重点文化单位和文化企业参加展示活动。现场还有剪纸、棕编、书法等现场展演。

盐城文创企业首次亮相香港国际文化产业博览会 8月20～23日，东台天工工艺品有限公司、东台中意发绣有限公司、东台嘉丽发绣研究所、江苏东方创意文化产业有限公司、大丰瓷刻工艺品有限公司5家文创和非遗项目代表性企业首次亮相香港亚洲国际博览馆，参加2015香港国际文化创意产业博览会。此次活动为香港规格最高、规模最大具有专业化及学术性的弘扬中华文化及拓展文化创意产业的国际化大型主题论坛与发展平台，首度以文化创意来拓展商贸、经济、文化、艺术等领域。

文化产业投资基金设立 11月13日，盐城国泰投资公司和信达国信资本管理（北京）有限公司联合成立盐城信达国泰文化产业投资基金，基金总规模为6亿元，分三期进行募集，预计3年内可撬动60亿元社会资本。该基金将采用企业化运作模式，以股权和债权投资方式，优先投资盐城市文化旅游、影视基地、文化演艺、会展、网络创意和动漫等产业及其延伸配套产业，更好地整合市内外文化和金融资源，助推盐城文化体制改革和文化产业提质增效。

第五节　地域文化研究

一、海盐文化研究

2015年，盐城市海盐文化研究会配合安徽电视台《徽商》摄制组在盐城境内寻踪觅迹，先后到东台西溪、大丰草堰以及射阳盐场等地考察，拍摄海盐文化相关外景，发掘历史资料。专题研讨中国海盐博物馆内部陈列提升纲要，为新的海盐馆展陈出谋划策，优化方案。开设专家讲座，走进机关"文化大讲堂"和高校课堂。王骅书的《璀璨多姿的盐城历史文化》、于海根的《盐城海盐文化历史探源》等专家讲座在市直及驻盐高校产生良好的社会反响。组织专家组赴山东潍坊，参加全国海盐文化与盐业史研究学术研讨会。参与市委市政府重大工程项目建设，在大洋湾风景区建设中负责文化建设素材储备，报送文化资料30万字，为园区建设规划方案导则发挥独特作用。筹备组织抗战70周年学术研讨会，与中盐协会、省盐业公司等机构合作，组织召开抗日战争中盐区开发与建设研讨会，收到会议论文30余篇。加强沿海考察，撰写提案《关于在沿海开发中设置保留海盐生产基地"红线"的建议》，呼吁市委市政府保护盐田；该提案引起市委市政府高层关注，政府七部门均针对此建议拿出补救方案；提案列入市政协年度优秀提案，收录入《委员建言献策文论集》。发挥海盐文化专家团队作用，为盐城的地名文化建设进言献计，王骅书、于海根、夏春晖担任全市首批地名专家咨询委员会专家，于海根、王骅书分别担任主任、副主任。

（于　盐）

二、水浒文化研究

2015年，市水浒学会专家提出创办水浒文化博物馆的建议被市委市政府采纳。根据"一本书(《水浒传》)、三个人(施耐庵、罗贯中、张士诚)、一座城"的设计理念，利用盐渎明城闲置的资产布展陈列。1月28日，市水浒学会与施耐庵研究会、施耐庵纪念馆举办施耐庵研究联席会议；4月，学会代表以论文形式出席山东省水浒文化学术研讨会，撰写《施耐庵和〈水浒传〉》《采花　织网　化蝶》《施耐庵与江阴大宅里徐氏关系考》《〈湖海散人——罗贯中传〉创作絮语》等论文，发表于中宣部《党建》《文艺报》《水浒争鸣》《沿海·城市》等报纸杂志。中宣部还将《施耐庵与〈水浒传〉》，首次以微信的形式向海内外传播。

《湖海散人——罗贯中传》首发式　12月23日，由市作家协会主办的《湖海散人——罗贯中传》首发式在大丰区白驹镇施耐庵纪念馆举行。《湖海散人——罗贯中传》是一本描写罗贯中生平的传记文学作品。该书以历史资料为纲，博采前代和当代学者研究罗贯中的众多成果，借助政治、经济、军事、宗教、哲学、风土人情、官场礼俗等各方面的丰富知识，详尽地描绘出元末明初动乱前后的历史画卷，并将罗贯中交游的数十位人物编织在这张社会的大网之中，运用综合考察、纵横比较的方法塑造出罗贯中的真实形象和复杂性格，适合各年龄层读者阅读。（望　海）

第六节　文化遗产保护

铁军印记——新四军在江苏抗战文物展入选2015年江苏省馆藏文物巡回展　4月21日，江苏省文物局公布入选2015年江苏省馆藏文物巡回展的10个展览。由新四军纪念馆制作的纪念抗战胜利70周年铁军印记——新四军在江苏抗战文物展入选。此次展览是唯一入选2015年江苏省馆藏文物巡回展的新四军题材专题展。展览以新四军的抗战历史为背景，由"抗战爆发""铁流东进""驰骋江淮""迎接反攻""还我河山"5个部分组成。展览共40块版面，200余幅照片，40多件抗战文物，展现新四军在江苏辉煌的战斗历程，新四军与江苏人民建立的亲密的鱼水深情和新四军将士铸就的不朽的铁军精神。

江浙沪三地非遗传统戏剧类展演在建湖举行　6月4日，国家第十个"文化遗产保护日"前夕，由江苏、上海、浙江三地国家非遗保护中心精心打造的国家级非物质文化遗产传统戏剧类展演在建湖文化艺术中心大剧院举行。代表江浙沪三地非遗传统戏剧的优秀剧目精彩上演，有第23届梅花奖得主魏佳宁主演的淮海戏《借靴》、锡剧"彬彬腔"第三代嫡传王子瑜主演的锡剧传统戏《珍珠塔·赠塔》、著名陆(锦花)派传人徐标新的越剧《梁祝·回十八》选段等，呈现剧种丰富、名家荟萃、剧目众多的特点。该活动是江苏省2015年"文化遗产日"重点活动项目之一。

新疆锡伯"西迁圣地·和谐家园"非遗项目在盐展演　6月17日，由盐城市文广新局与中共新疆察布查尔县委员会共同主办的"西迁圣地·和谐家园"主题宣传非遗展演展示活动在市文化馆开展。此次展演以新疆察布查尔锡伯自治县精选的国家级和省级非物质文化遗产项目为主体，分为文艺表演类、手工技艺展示类和民俗文化类。锡伯族民歌、锡伯族刺绣、锡伯族蝴蝶舞等国家级、省级非遗项目传承人作品参加展演，并配合图片及文字，多视角、全方位向盐城人民展示锡伯族人民绚烂多姿的非遗文化。

东台蒋庄遗址入围2015年中国考古六大新发现　年内，由中国社会科学院主办的"2015年中国考古六大新发现"评选结果公布，江苏兴化、东台蒋庄良渚文化遗址（东台地段的蒋庄遗址俗称五星遗址）考古等6项考古新发现入围获评。2011年10月，南京博物院考古研究所开始对蒋庄遗址进行考古钻探与抢救性发掘，共清理墓葬278座、房址8座、灰坑110余座、水井10口，出土玉、石、陶、骨器1000余件，为江苏乃至全国已知发现墓葬数量最多、埋葬最为密集的良渚文化墓地，且葬式葬俗丰富多样，人骨保存情况较好，为研究当时的丧葬习俗、人群迁徙与人种交流提供实物资料。（陆　颖）

6月4日，江浙沪三地非遗传统戏剧类展演现场。

第35章　新闻出版

责任编辑　赵　丽

第一节　报　刊

一、《盐阜大众报》

2015年，盐阜大众报报业集团发展成为由传统纸媒市委机关报《盐阜大众报》，子报《盐城晚报》《东方生活报》，新媒体盐城市门户网站盐城新闻网、三报官方微博、微信、“文明盐城”移动客户端，新闻研究期刊《盐阜通讯》，以及发行公司、印务公司、科技发展公司、文化传媒公司等组成的全媒体集团。集团新媒体用户突破30万户，参与举办全国百城网站“致敬抗战老兵”巡礼活动，承办的新四军纪念馆党性教育专题网站入选全国首批党性教育基地网上展馆。年内，报业集团先后获得全国最具创新活力城市报社十强、全省十强报纸、全市文明单位标兵等十多项集体荣誉，涌现出江苏省有突出贡献的中青年专家、全市优秀共产党员、全市十大杰出青年等一批先进典型，在江苏省报纸优秀作品评比中获得一等奖4件，再次获江苏新闻奖。

新闻宣传　年内，集团利用“三报一网”“两微一端”媒体矩阵开展新闻宣传工作，把握正确舆论导向，为“建设新盐城、发展上台阶”营造舆论氛围。宣传市委中心工作，采编发表有重要影响的报道，如：“全市园区经济看亮点”“来自冲刺‘双过半’一线的专题报道”“行进盐城精彩故事”“创业盐城人精彩好故事”“敞开心扉广纳英才大力实施‘515’计划”“弘扬铁军精神践行‘三严三实’”“创建国家环保模范城市推进绿色发展”“创新创业的新盐城人”“创建文明城市　共享美好生活”“大干四季度全力稳增长”“2015年经济发展回眸”等等。加强要闻报道工作，集团所属各媒体都对党的十八届五中全会、省委十二届十次、十一次全会和市委六届七次、八次全会等重要会议精神进行重点宣传解读。抓好重大主题宣传，围绕纪念中国人民抗日战争和世界反法西斯战争胜利70周年，策划实施“寻访盐阜报铭刻的抗战印记”全媒体系列报道；策划实施“辉煌新成就　美丽新盐城”全媒体系列报道。《盐阜大众报》参加全省“1+13”省市党报联动抗战胜利70周年专版宣传，获得最佳视觉奖，组织的“红色盐阜铁血丰碑”史料图片专版获“最佳整合奖”。强化对外宣传工作，全年，《盐阜大众报》编辑记者累计在国家级、省级媒体发表外宣稿件35篇，其中《人民日报》稿件5篇，《新华日报》头版头条稿件2篇，头版稿件6篇，集团稿件被外网转载2000多篇，其中首页近百篇。

作品获奖　年内，在江苏新闻奖评选中，消息《建湖民企造出江苏首架通用飞机》（作者：崔宇宙　周俊）获奖。在年内揭晓的2014年度江苏省报纸优秀作品评选中，《盐阜大众报》获得一等奖3件、二等奖6件、三等奖10件，一等奖分别是消息《建湖民企造出江苏首架通用飞机》（作者：崔宇宙　周俊），副刊《也谈狗、猫及捕鼠》（作者：孙凤志），此作品同时获得编辑奖（编辑：周湛军）；在中国地市报新闻评选中，获得一等奖1件、二等奖3件、三等奖3件，一等奖为消息《我市选手韦奕获得国际象棋世界冠军》（作者：夏泓泉）。

报业经济　2015年，报业集团广告现金到账8000多万元，成为苏中苏北唯一一家广告经营没有负增长的地级市党报集团。通过开发新平台、新市场、新产业、新项目，寻求报业经营新增长点，全年策划组织中国互联网金融峰会、市首届广场舞大赛、市秋季房地产博览会、杨丽萍舞蹈巡演、金沙湖龙舟公开赛等各类活动近百场；推动“党报+演艺”“党报+Wi-Fi”“党报+电商”等项目，Wi-Fi项目入选全市产业创新“十大工程”智慧盐城建设计划，在江苏省大数据产业园建立中国报业文化产业联盟云计算中心，举办“双+”模式研讨会，为集团跨界经营打下基础。报纸征订发行稳中有升。印务公司业绩全面提升，全年实现销售收入近3300万元，净利润380万元。公司获“江苏省印刷行业先进集体”称号，在省报协举办的报纸印刷质量评比中再次获得优质奖。

二、《盐城晚报》

2015年，《盐城晚报》重点实施“纪念抗战胜利70周年”主题报道，以“口述史”的形式，组织抢救性民间寻访，记录盐城人在抗战中的亲历亲见亲闻，牢记家国苦难，传递铁军精神，弘扬民族正气，承继先辈荣光。在年度揭晓的全国和省级等各类好新闻评选中，《盐城晚报》共有近20件作品获奖，作品等级和数量在同行中均名列前茅。其中，通讯《“红色特工”戴龙的隐秘往事》、消息《“丘东平”，还是“邱东平”?》，分别在江苏省报纸优秀作品和赵超构新闻奖评选中获一等奖。为了适应移动互联时代的新变化和新要求，《盐城晚报》加快媒体融合的发展速度，官方微博用户13万户，微信用户逾5万户。同时以全媒体手段开展《有滋有味盐之城》《市区小吃地图大家拼》等专题报道，进一步加强与广大读者和网友的互动，吸引更多的人参与。《盐城晚报》热心倡导并组织开展社会公益事业，开展《笑靥如花——走近福地盐城百岁老人》《帮办进社区公益行动》《爱心点亮微心愿》《爱心改变生活》等系列报道。小记者社会实践活动丰富多彩，晚报品牌效应和社会美誉度日益彰显。

三、《东方生活报》

2015 年，《东方生活报》策划实施系列服务大局、服务民生、弘扬社会主义核心价值观的重大主题报道，大型系列报道创业故事会、众创空间、盐城孝子汇、抗战老兵、抗战文物等，每篇 1500 字左右，图文并茂，全年发稿 200 多个版面。开辟《微感动》栏目，呈现有温度的爱心片段，再配短评，具有感染力和说服力。针对本土读者推出的耐读性、新闻性、服务性强和文化品位高的周刊《东方周末》，形成优势板块，成为本地纸媒中的文化名片。其中，《好吃好玩》专刊策划推出《味道盐城》栏目，挖掘、整理、推荐盐城地方美食，服务大众消费，深受读者欢迎；同步推送《味道盐城》优质内容的“吃玩盐城”微博，互动频繁，粉丝达 8 万多人；《家里家外》专刊适时策划各种家庭服务专题，贴近实用；《亲子》版面成为众多家长喜爱的明星版面；《悦读》专刊立足挖掘盐城历史文化，推荐全民阅读优秀书目，影响力日见增长。在年内揭晓的 2014 年度江苏省报纸优秀作品评选中，《东方生活报》获得二等奖 2 个、三等奖 2 个，获奖率在省内同类媒体中名列前茅。（倪同永）

四、《今周刊》

全年《今周刊》编辑出版报纸 52 期，其中自采稿件近 300 篇，摘编稿件 3000 多篇。受传统纸媒严重下滑的影响，7 月，《今周刊》精简部分版面，并以“都市文化生活”为核心定位，进一步调整和优化版面。《今周刊》在 2014 年度省级政府奖好稿评比共有 9 件作品获奖，其中一等奖 1 件；在全国城市广电报专业评比中共有 21 件作品获奖，其中一等奖 2 件；在中国广播电影电视报刊协会评比中，获二等奖 1 件。获奖等级和数量均在全省前列。8 月，《今周刊》又与江苏悦达集团合作出版《江苏悦达报》，对开每月两期，编辑出版 10 期，受到读者的广泛好评。同时，《今周刊》还打造 3 个微信公众号，有粉丝 10 多万人。

（王建怀　王春明）

第二节　广播电视

2015 年，盐城市广播电视台上下坚持正确舆论导向，策划推出“建设新盐城，发展上台阶”“转型升级在盐城”“创建文明城市，共享美好生活”等 30 多个新闻行动和主题报道，承担制作“‘建设新盐城，发展上台阶’汇聚精神力量”“‘三严三实’党课课件”“对台招商”等内容的重点宣传专题片 10 多部。对外宣传有力突破。在央视《新闻联播》用稿 37 条，同比实现翻番，在省台《江苏新时空》用稿 32 条，稳居全省城市台首位；省台国际频道外宣专题用稿连续十三年位居第一；盐城电视台黄金时段收视份额江北领先，位居全省第五；节目创优成果丰硕。在 2014 年度全省广播电视优秀节目评比中，电视台共有 34 件作品获奖，其中社教科普专题《风光渔——绿色能源点亮新生活》等 4 件作品获一等奖，“延河恋・黄海情”第二季“走进春天”新年电视文艺晚会获特别奖。完成第二届“中国因你而精彩・盐城杰出人士”评比活动，期间 50 多万人次参与活动的评选投票和网络点击；如期完成六集电视文献纪录片《新四军 1941》的拍摄，8 月 10～12 日，在央视 10 套播出；8 月 9 日，创作的电视剧《我的绝密生涯》，在央视 8 套播出，为庆祝中国人民抗日战争暨世界反法西斯战争 70 周年隆重献礼。

产业发展　开发“智慧盐城”手机 APP 功能 30 个，发展用户 15 万户以上，户外大屏联盟累计整合大屏资源 36 块，广告牌资源 2000 余块，大圆普洱茶上线交易，新产业布局不断完善；弘扬感恩文化，回报社会关爱，牵头组建全市媒体行业首家慈善机构——盐城广电公益联盟，以“温暖他人、快乐自己”为理念，组织 10 多场公益慈善活动。

安全播出　年内，电视台组织多次安全播出大检查，根据不同时段不同季节特点有针对性地进行排查整治；通过国家级重要信息系统和重点网站安全执法检查、省安全播出检查小组对抗战胜利 70 周年的专项安播检查、2015 年江苏省网络安全检查等。年内，全台共安全播出 3.97 万小时，未发生一起责任停播事故或非法插播事件，远低于地级台重要时段停播率每百小时 60 秒和非重要时段每百小时 240 秒的部颁标准。（王建怀　王春明）

第三节　出版（版权）印刷管理

2015 年，市全民阅读领导小组下发近 10 个全民阅读活动指导性文件，部署重点阅读活动，推动全民阅读活动深入开展。至年底，全市建成“盐读书吧”10 个，全部对外开放。114 家农家书屋被评为全市第二批星级书屋，11 家农家书屋、9 名书屋管理员参选省五星级书屋和优秀农家书屋管理员。市图书馆新建田家炳小学等 3 家分馆。射阳、大丰、盐都、东台等地 300 多家农家书屋实现与图书馆通借通还工作。大丰、盐都、射阳被评为全省农家书屋建设先进地区，建湖冈西、响水双港等 7 家乡镇被评为全省农家书屋建设示范乡镇。组织收看收听全国全省“扫黄打非”工作电视电话会议，制定下发《盐城市 2015 年扫黄打非行动方案》对全年“扫黄打非”工作进行具体部署。

全民阅读　4 月，市全民阅读领导小组下发开展“盐渎风”第三届全民读书月系列活动通知，联合市委宣传部、文明办、教育局、团市委、市妇联等单位制定第三届全民读书月活动方案。8 月，制定出台盐渎书吧建设管理方案，指导大市区书吧建设。全民阅读基础设施建设速度进一步加快。盐渎书院（国学馆）经多次论证并实地勘察，进入装修

5 月 8 日，“阳光阅读”关爱外来工子女和农村留守儿童活动在市图书馆举行。

环节。全市以县级以上图书馆为主阵地、镇（社区）图书馆（分馆、室）为依托，村农家书屋为服务点，便民书吧、流动图书馆为补充的全民阅读基础设施网络进一步完善。4 月 21 日，“盐渎风”盐城市第三届全民读书月活动启动。全市围绕“推广全民阅读、建设书香盐城”主题，安排十大类 100 项 500 场次活动，其中组织 500 人参加的较大活动 5 场以上。打造黄海讲坛、周一大讲堂、铁军文化大讲堂、三贤讲堂、海盐文化讲座、农业科技大讲堂、“撒播幸福的种子”周周故事会、“阳光阅读”等阅读品牌，涌现出一批阅读先进地区、先进单位、书香家庭和“阅读达人”。黄海讲坛连续两年被省委宣传部等部门表彰；周一大讲堂已成为盐城打造学习型机关的文化品牌，被省“紫金讲堂联盟”吸收为优秀讲堂。

行业管理 年内，市文广新局联合市印刷包装行业协会分别举办 2015 年度印刷企业培训班及新设立印刷企业负责人法规培训班，布置年检换证工作，对新进行业人员开展岗位培训。4 月，组织相关单位开展“绿书签”系列宣传活动，培养少年儿童自觉远离和抵制有害出版物。5 月，召开全市软件正版化工作推进会，部署落实使用正版软件工作。为 310 家印刷企业、30 多家发行单位及时完成换证工作，确保企业正常经营需要。

扫黄打非 开展专项行动，以封堵查缴政治性非法出版物和有害信息为重点，专项整治出版物和文化娱乐市场，净化网络环境和文化市场。强化版权保护工作，全年组织机关事业和企业单位使用正版软件培训班 2 次，400 多人参加学习培训，接受举报投诉 30 多起，督促 15 家单位完成正版化。东台等地查处网络侵权案件受到国家版权局表彰，建湖等地网络淫秽色情案件被省“扫黄”办列为重点督办案件，将给予表彰和经费补贴。协调市文化行政综合执法支队及滨海、阜宁等地执法部门查处滨海、阜宁非法出版案件两起，收缴涉嫌盗版出版物 600 余册。配合、移交上级和其他执法机构查处案件 2 起。在组织调查盐城供电公司、省电力公司驻盐培训机构、悦达家纺、大丰新丰镇相关人员从境外携带政治性非法图书情况中，克服时间长、调查取证难等困难，及时摸清情况并上报。 （卢云岭）

2015 年全市新闻出版行业情况

表 35－41

地　区	出版物发行网点数	印刷企业数
市　直	27	21
亭　湖	78	40
盐　都	44	35
大　丰	43	80
东　台	130	62
射　阳	63	27
建　湖	65	32
阜　宁	43	27
滨　海	71	9
响　水	24	
合　计	588	333

2015 年全市公开发行报刊

表 35－42

序号	报刊名称	主办单位	刊期	开张页码	刊　号
1	《盐阜大众报》	中共盐城市委	日　刊	对开 12 版	CN32－0047
2	《盐城晚报》	盐阜大众报社	日　刊	4 开 32 版	CN32－0106
3	《东方生活报》	盐阜大众报社	日　刊	4 开 24 版	CN32－0048
4	《东台日报》	东台日报社	周六刊	4 开 8 版	CN32－0072
5	《江苏声屏·盐城广播电视》	盐城市广播电视学会	周　刊	4 开 40 版	CN32－0082/10
6	《盐城师范学院报》	盐城师范学院	半月刊	4 开 4 版	CN(G)32－0843
7	《盐城工学院报》	盐城工学院	半月刊	4 开 4 版	CN(G)32－0826
8	《盐城师范学院学报(人文社会科学版)》	盐城师范学院	双月刊	大 16 开 124 页	ISSN1003－6873 CN32－1053/G4
9	《盐城工学院学报(自然科学版)》	盐城工学院	季　刊	大 16 开 80 页	ISSN1671－5322 CN32－1650/N
10	《盐城工学院学报(社会科学版)》	盐城工学院	季　刊	大 16 开 96 页	ISSN1008－5092 CN32－1499/N
11	《大麦与谷类科学》	省沿海地区农科所	季　刊	大 16 开 64 页	ISSN1004－0296 CN32－1769/S

2015 年全市内部资料性出版物

表 35－43

序号	名　称	主办单位	准印证号
1	《盐阜汽运》	江苏盐阜公路运输集团有限公司	苏新出准印 JS－J001 号
2	《上海盐商》	盐城市在沪企业联合会	苏新出准印 JS－J002 号
3	《关心与希望》	市关工委办公室	苏新出准印 JS－J003 号
4	《小学校园文化》	市教育局	苏新出准印 JS－J004 号
5	《盐阜卫生》	市疾病预防控制中心	苏新出准印 JS－J005 号
6	《盐城电力》	《盐城电力》编辑部	苏新出准印 JS－J006 号
7	《盐城政府法制》	市政府法制办	苏新出准印 JS－J007 号
8	《盐城税务》	市税务学会	苏新出准印 JS－J008 号
9	《沿海风电》	市风电行业协会	苏新出准印 JS－J009 号
10	《党建与经济》	市委组织部	苏新出准印 JS－J010 号
11	《盐城工作》	市委办公室	苏新出准印 JS－J011 号
12	《盐城青年》	共青团盐城市委员会	苏新出准印 JS－J012 号
13	《镜鉴》	市纪委	苏新出准印 JS－J013 号
14	《黄海学坛》	市哲学社会科学联合会	苏新出准印 JS－J014 号
15	《盐城高等师范》	盐城高等师范学校	苏新出准印 JS－J015 号
16	《盐城宣传》	市委宣传部	苏新出准印 JS－J016 号
17	《企业之声》	市企业联合会	苏新出准印 JS－J017 号
18	《盐城工运》	《盐城工运》编辑部	苏新出准印 JS－J018 号
19	《盐城审判》	《盐城审判》编辑部	苏新出准印 JS－J019 号

续表 35－43

序号	名　　称	主办单位	准印证号
20	《盐阜通讯》	盐阜大众报报业集团	苏新出准印 JS－J020 号
21	《机关党建》	市委市级机关工委	苏新出准印 JS－J021 号
22	《盐城检察》	市检察官协会	苏新出准印 JS－J022 号
23	《盐城价格信息》	市物价局	苏新出准印 JS－J023 号
24	《盐城妇女》	市女知识分子、女企事业家协会	苏新出准印 JS－J024 号
25	《新光通讯》	新光集团党委	苏新出准印 JS－J025 号
26	《江苏悦达》	江苏悦达集团有限公司	苏新出准印 JS－J026 号
27	《沿海农业》	生物工程高等职业技术学校	苏新出准印 JS－J027 号
28	《沿海新论》	盐城市委党校	苏新出准印 JS－J028 号
29	《盐城青商》	盐城市青年商会	苏新出准印 JS－J029 号
30	《沿海·城市》	沿海开发研究会	苏新出准印 JS－J030 号
31	《盐城文化与传媒》	《文化与传媒》编辑部	苏新出准印 JS－J031 号
32	《先锋》	市国投集团	苏新出准印 JS－J032 号
33	《大丰知青(大丰·上海知青)》	大丰区上海知青纪念馆	苏新出准印 JS－J033 号
34	《盐城政法》	市综治办、综治协会	苏新出准印 JS－J034 号
35	《体育健身健康》	市体育局	苏新出准印 JS－J035 号
36	《盐城房管》	市房地产协会	苏新出准印 JS－J036 号
37	《盐城工程造价》	市工程造价管理协会	苏新出准印 JS－J037 号
38	《盐城民政》	市民政局	苏新出准印 JS－J038 号
39	《食药苑》	市药监局	苏新出准印 JS－J039 号
40	《盐城政协》	市政协办公室	苏新出准印 JS－J040 号
41	《教育研究》	盐城师范学院	苏新出准印 JS－S209 号
42	《南大盐城环保研究院院刊》	南京大学盐城环保技术与工程研究院	苏新出准印 JS－J041 号
43	《盐城文博》	中国海盐博物馆	苏新出准印 JS－J042 号
44	《盐城人大》	市人大常委会研究室	苏新出准印 JS－J043 号
45	《盐阜特教》	盐城市聋哑学校	苏新出准印 JS－J044 号
46	《盐城民防》	盐城市民防局	苏新出准印 JS－J045 号
47	《盐城图书馆通讯》	盐城市图书馆	苏新出准印 JS－J046 号
48	《丹顶鹤》	盐城国家级珍禽自然保护区管理处	苏新出准印 JS－J047 号
49	《盐城慈善》	市慈善总会	苏新出准印 JS－J048 号
50	《盐城市政》	市市政工程协会	苏新出准印 JS－J049 号
51	《盐城银行业》	市银行业协会	苏新出准印 JS－J050 号
52	《银宝通讯》	银宝集团	苏新出准印 JS－J051 号
53	《盐城旅游》	市旅游局	苏新出准印 JS－J052 号
54	《盐城机关事务管理》	市机关事务管理局	苏新出准印 JS－J053 号
55	《农村教育发展研究》	江苏农村教育发展研究中心	苏新出准印 JS－J054 号

第36章 档案史志

责任编辑 赵 丽

第一节 档案管理

2015年，市档案局继续做大做强档案服务"程序最简、时间最短、服务最优"的快捷通档案服务品牌，努力为利用者提供"一站式"快捷服务。全年累计接待查档1800多人次，复印档案近4万页。查档服务满意度问卷调查优良率达到100%。各县(市、区)综合档案馆查档利用人次屡创历史新高：东台市档案馆接待查档5369人次，调阅档案1.48万卷；大丰区档案馆接待查档3124人次，调阅档案5941卷、2701件；建湖县档案馆接待查档1903人次，调阅档案4015卷；阜宁县档案馆共接待查档、咨询1456人次，调阅档案4985卷、203件；滨海县档案馆接待查档2100人次，调阅档案3500卷、1.71万件；响水县档案馆接待查档人员900人次，利用档案1700余卷；亭湖区档案馆接待查档2770人次，利用档案1210卷、1566件；盐都区档案馆接待利用者5000多人次，利用档案8000卷、3500件。

一、档案馆室

2015年，全市各县(市、区)有8家档案馆建设完成或正在进行新馆建设，东台市新馆正式启用，射阳县新馆进行内部装修，大丰区档案馆新馆筹备搬迁工作。建立健全完善全市档案安全保障机制，完善安全规章制度，构筑完善三位一体的档案安全防范体系。加强档案信息安全管理，严格物理隔离措施，规范信息发布保密审批和等级制度，确保档案信息数据和信息系统安全。继续按要求做好重要档案数据的异质、异地备份工作。

二、馆藏档案

2015年，全市各级档案馆全面完成收集档案范围细则的修订工作。市档案局下发《关于做好档案资料移交进馆准备工作的通知》，并对相关单位进行督促指导，接收整理市委办等15家单位的档案1776卷、5.88万件，整理各种资料90册。接收市糖烟酒公司、市华联商厦有限公司、市百货公司和市五交化公司四家破产歇业企业档案1644卷，接收社保中心退休职工人事档案3.14万盒、3.18万件进馆。做好存量档案数字化，市档案馆完成130万页馆藏重要和利用频繁档案数字化扫描工作；接收、合并立档单位移交文件级目录数据6.8万余条。至年底，市馆馆藏有215个全宗，文书档案11.86万卷、9.04万件，全文数字化进度60%。

三、征集编研

2015年，市档案馆开展反映盐城老城区面貌的图片征集工作，继续进行盐城籍院士和名人档案资料的征集工作。配合纪念抗日战争胜利70周年，与市党史联合编纂《铁血铸魂——盐城抗战百名英烈传》、挖掘馆藏编著《铁血丰碑——盐阜区人民抗日斗争资料汇编》共53万字，完成月度大事记9万多字、年鉴大事记2万字摘编工作；参加全省档案文化精品评比工作，组织报送档案文化精品38件，获一等奖1个，二等奖4个，三等奖16个。

四、指导服务

2015年，市档案局配合省档案局对东台市开展建设全国新农村建设档案工作示范市的指导，先后多次到东台市各涉农单位、镇、村，为其顺利通过全国新农村建设档案工作示范市"回头看"检查提供服务。配合市委农工办组织召开全市农村土地承包经营权确权登记颁证档案工作推进会，指导各县(市、区)档案局及有关单位开展土地确权档案工作。推动全市的档案工作规范化建档，为盐城水文分局、大丰区审计局、射阳农商行等数十个单位提供指导服务；年内，2家单位达五星级，2家单位达4星级，1家单位通过五星级复查。加强南水北调里下河水源调整盐城段征地拆迁项目、射阳港电厂三期2×600兆瓦扩建等重点工程项目档案指导验收；组织开展市直12个档案协作组的149个单位2015年度应归档文件材料检查。 (王 磊)

第二节 史志工作

一、地方党史

2015年，为配合市委市政府纪念抗日战争胜利暨世界反法西斯战争胜利70周年系列活动，市委党史办完成《新四军在盐城》6卷7部系列丛书的编纂出版任务。与此同时，市委党史办还配套编纂出版《铁血铸魂——盐城抗战百名英烈传》和《盐城抗战影像记忆》2部专著，并与《新四军在盐城》丛书整体推出，受到社会各界普遍好评。突击完成《刘瑞龙与盐城》选题项目的资料选编和专题画册2部书稿采编任务，完成省委党史工办布置的抗战课题调研《江苏见证》《江苏惨案》修订核实和《江苏改革开放实录》有关盐城的3个专题。各县(市、区)党史办推出多部党史编研成果，滨海编辑出版《滨海史话》《顾正红传》《滨海英烈》《正义伟力——滨海铁血抗战印记》等系列图书；阜宁编纂出版《阜宁抗战纪实》；大丰编纂出版《中国人民海军初创时期海防史迹》《李增援纪念文集》等。盐都完成《中共盐城县历史》二卷本的复审和验收。建湖在完成《中共建湖县历史》二卷本评审的同时，组织编辑《串场涛声——盐阜人民抗日斗争纪实》书稿。

《新四军在盐城》丛书首发 (参见第3页相关条目)

纪念中国人民抗日战争暨世界反法西斯战争胜利70周年座谈会 (参见第3页同名条目)

二、地方志书

2015年，按照省政府办公厅提出的2016年底前全面完成市县两级志书编纂出版这一目标，市志办奋力推进修志工作。10月，以市政府名义召开督查推进会，副市长马成志分别与修志滞后的3个县和市直16个部门单位签订责任状，敦促其加快进度。会后，市志办与市政府督查室一起，对市直相关部门进行督查。至年底，《盐城市志》已基本完成初稿，130多家市直承编部门单位，绝大多数已通过评审，基本实现整部市志稿捆扎的"第一步"目标。响水、阜宁、射阳三县的县志也已形成初稿。市志办发挥自身专业优势，指导市交通局、市水文局等部门单位编纂并出版部门志。大丰区志办组织力量加大对镇村志和部门志的指导和审验力度，《大中镇志》《大丰方言志》等一大批志书陆续交付出版。东台市志办组织推进并完成《东台水利志》的编纂和审验工作。在首届江苏省优秀乡镇(街道)志、村志评选活动中，盐都区志办组织并指导编纂的《龙冈镇志》《大孙居志》两部志书获二等奖。建湖县志办帮助指导《建河村志》的编纂出版，该志获首届省优秀村志综合类三等奖。射阳县志办指导《新坍镇志》《合德镇志》《淮海农场志》的编修工作，其中《淮海农场志》已出版面世。阜宁县志办组织推进《沟墩镇志》《阜宁城管局志》和《古河镇志》的启动和编纂工作，成效明显。市志办先后参加盐城大洋湾风景区建设论证，组织编写大洋湾风景区文化建设规划方案并形成30多万字的基础材料；参与盐城好人馆、《水浒》文化博物馆的调研论证和展陈设计，参与完善新四军纪念馆和中国海盐博物馆的内部陈列方案，参与安徽电视台《徽商》纪录片摄制组在盐城拍摄；组织撰写专题调研报告和政协提案，其中《关于在沿海大开发中坚守海盐生产基地红线的思考》引起市领导及相关部门的高度重视。

三、综合年鉴

2015年，《盐城年鉴》注重内容和形式整体提升，力求在创新中体现个性，在规范上彰显品味，不断提升年鉴品牌影响力。11月，《盐城年鉴(2015)》由方志出版社出版，共117.6万字。2015卷年鉴尝试章节体辅以条目体架构编目，以章节的宏观结构结合条目的微观形式组成整部年鉴资料体系，力求全面反映盐城年度综合状况。推出多版本系列，编纂出版具有查询快捷、便于阅读、易于携带的袖珍型"口袋"本《市情手册》。年内，在全省综合年鉴优秀框架设计和条目评比中，除《盐城年鉴》获优秀框架设计一等奖和特色栏目二等奖外，《响水年鉴》获整体框架二等奖，《射阳年鉴》《阜宁年鉴》获特色栏目一等奖，《建湖年鉴》《东台年鉴》《盐都年鉴》分获特色栏目二等奖、三等奖，《大丰年鉴》《射阳年鉴》《盐都年鉴》《滨海年鉴》分获综合性条目二等奖、三等奖，实现了盐城参评年鉴的获奖全覆盖；《大丰年鉴(2014)》还另获中国版协第五届年鉴综合评比特等奖。与此同时，市县两级十分重视年鉴的业务研讨和理论研究，全市计有12篇论文参加全省年鉴创新研讨交流，其数量质量均位居全省前列，实现了市县两级参会论文的全覆盖。年底前，市志办组织召开第二届全市年鉴工作创新研讨暨2015建湖年鉴点评会，全市从事年鉴工作人员全部参会。为提高年鉴编纂人员业务水平，规范年鉴编纂工作要求，响水县志办出版发行《年鉴编纂指导手册》，射阳县志办编印《射阳年鉴编纂和地方志资料年报工作手册》。

四、史志宣传

2015年，市委党史办先后与《江南时报》联合推出5个通版专刊、与盐阜大众报报业集团三报协同推出15期特色专版，纪念抗战胜利70周年；与市委宣传部、社科联等联合组织召开铁军精神与新四军抗战理论研讨会，组织全市党史系统16篇论文参会；与市委宣传部、文广新局共同主办"浴血奋战　英雄盐城"——新四军与盐城抗战大型图片展。纪念活动期间，以"解读铁军精神内涵""新四军与江苏抗战""新四军与盐城抗战"等主题，通过周一大讲堂和专场授课等形式，为基层和部分市级部门单位宣讲50余场次。在协作互动及开发利用上，参加央视4套《城市一对一》节目录制，向海内外详细推介盐城的历史文化，与澳大利亚墨尔本进行城市文化"一对一"交流。这也是盐城市与国外城市进行文化交流的首个电视节目，盐城的声音和盐城的故事，通过央视平台走向世界。先后接受央视、凤凰卫视等诸多主流媒体采访，为其节目制作提供支持。如央视一套《朝闻天下》推出的《新儿女英雄传——陈中柱》，二套《财经评论》推出的《抗战军工：从弱到强》，十套(与盐城电视台联合录制)播出的6集纪录片《新四军1941》，十三套推出的系列纪录片《根据地》之"宋公堤"，凤凰卫视的《刘少奇长孙阿廖沙重走抗战路——追寻爷爷的足迹》等一批专题栏目和纪录片，有效宣传盐城抗战，扩大盐城的知名度。下半年，市委党史办又与市委宣传部、老干局、盐城师范学院等联合举办互联网+"红色印记"网站建设活动，以互联网数据系统展示全市重要革命遗址，让更多人了解并知晓盐城红色文化。　　(党史办)

社会民生　编

- □ 医疗卫生
- □ 体育事业
- □ 社会保障
- □ 社会事务
- □ 人民生活

第37章 医疗卫生

责任编辑 赵 丽

综 述

2015年,全市有卫生机构3242个,其中医院149个,乡镇(中心)卫生院135个,社区卫生服务中心23个,社区卫生服务站165个,门诊部、所458个;卫生防疫监督机构20个;妇幼保健机构11个;村卫生室2132个,社区卫生服务站165个;其他卫生机构149个。全市有病床3.72万张,每千人拥有病床5.15张。全市卫生行业在职职工4.96万人,其中卫生技术人员3.95万人,占职工总数的79.64%。至年底,全市政府办医疗卫生机构固定资产总值70.37亿元,业务总收入85.87亿元;业务总支出为96.54亿元。

卫生体系建设 年内,市政府印发《基层医疗卫生机构基础设施标准化建设实施方案》(盐政办发〔2015〕8号),明确用三年时间,通过省转贷地方政府债券,并采取市政府贴息方式,计划投资11.51亿元,全面完成全市157个乡镇卫生院(社区卫生服务中心)、1193个村卫生室(社区卫生服务站)基础设施标准化建设任务。年内,将50个乡镇卫生院和社区卫生服务中心、456个村卫生室和社区卫生服务站标准化建设列入2015年市政府为民办实事项目,全市共投入3.93亿元,完成58个乡镇卫生院(社区卫生服务中心)、999个村卫生室(社区卫生服务站)的标准化建设工作,分别占年度盐城市政府下达为民办实事项目建设任务的116%、219%。完善急救医疗服务体系建设,市财政投入1572万元购置13辆高标准急救车及车载医疗设备,新建盐都(龙冈、郭猛)、亭湖(盐东)、开发区(惠民)、城南新区(城南医院)急救点设置,进一步优化急救医疗资源布局,提升急救能力和效率。按照三级甲等综合性医院标准新建城南医院,年底市城南医院正式启用。全市民生幸福基本医疗卫生体系监测综合得分列全省第六位,较上年上升1个位次。

市第一人民医院 至年底,市第一人民医院有34个临床科室,23个医技科室,60个护理单位,实际开放床位2100张。有硕士生导师35人,博士30人,硕士研究生325人,具有高级职称373人、中级职称366人。医院有省“333”工程人才14人、市级医学人才38人,有7人被评为省、市“有突出贡献中青年专家”。有省级临床重点专科5个,市级临床重点专科30个,市级临床重点学科18个,市医学创新团队10个,13个科室通过GCP认证,具备Ⅱ期药物临床试验资质。先后与南京、上海、北京等国内知名医院建立8个临床诊疗中心,聘请15位著名医学专家担任首席顾问。年内,医院获省新技术引进奖2项,在研省级以上课题达18项;获市科技进步奖5项、市新技术引进奖11项。发表学术论文273篇,其中SCI收录44篇。全年,医院诊治门急诊病人105.19万人次,收治住院病人8.95万人次,全年收入为15.51亿元,平均住院人次费用为12638元,比全省同级医院平均费用少1044元。在第三方组织的出院病人满意度调查中,综合满意度达93.67%。医院先后被评为全国医药卫生系统先进集体、省级文明单位、省文明医院、全省“诉调对接”工作先进集体、省“全面改善医疗服务,推进医德医风建设”专项行动医疗服务先进单位、江苏省城乡医院对口支援工作先进集体、江苏省群众满意的医疗卫生机构。

9月22日,市一院与韩国光州和顺全南大学医院签订合作协议。

市中医院 至年底,市中医院设病区20个,实际开放病床800张;有职工755人,其中高级职称专业技术人员134人,省级名中医6

名，市级名中医21名，享受政府特殊津贴6人，博士研究生导师1人，硕士研究生导师8人。医院拥有国家级重点专科2个，省级重点专科4个，省级重点学科建设单位2个，市级重点专科7个。其中，肿瘤科拥有中医中药、手术、放疗、化疗、生物治疗等多种综合治疗手段，是全市首家国家级重点临床专科；儿科是国家级重点专科，市首家省级重点专科、盐城市医学重点学科，特色疗法、特色制剂治疗儿科疾病效果显著。全年，医院门急诊诊疗47.72万人次，实现业务收入3.22亿元。年内在全省率先成立中医医疗联合体，成为省人民医院技术支持医院，成立江苏省人民医院冠心病中心盐城市中医院分中心和杨志健工作室，被评为市文明单位。

市第二人民医院 至年底，市第二人民医院实际开放床位435张。有职工405人，其中卫技人员343人；卫技人员中高级职称78人、中级职称120人。肿瘤内科、结核病科和感染科3个科室为市级临床重点专科，其中感染科为市级重点学科，肿瘤生物治疗中心为创新团队。先后建成江苏省肿瘤医院盐城协作中心、盐城卫生职业技术学院教学医院、江苏省耐多药结核病定点医院。全年，医院诊疗5.18万人次，出院6131人次；床位使用率达72.4%，平均住院日17.2天，实现业务收入8886.89万元。结核病人诊治病人1995例。年内，医院被评为诚信示范医院。

市第四人民医院 至年底，市第四人民医院设有1个门诊，8个病区，核定床位500张，实际开放床位350张，有职工总数283人，其中卫技人员总数249人。设有普通精神科、老年精神科、儿童精神科、医学心理科、神经内科、司法鉴定科、急诊科、内科、外科、妇科、康复科、碎石科等科室，其中精神科和神经内科为市级临床重点专科。全年，医院门诊诊疗人次7.92万人，住院人次2447人，出院人次2445人，平均每门诊人次费用467.81元，全年实现业务收入6432.77万元，总收入7985.63万元。年内，市机构编制委员会同意在市第四人民医院增挂盐城市民政救助优抚医院牌子。院司法鉴定所被省司法厅表彰为司法鉴定行风建设先进集体。

市妇幼保健院 市妇幼保健院是三级甲等妇幼保健院，是扬州大学医学院、盐城卫生职业技术学院附属医院，苏州大学医学部、安徽医科大学教学医院，江苏省人民医院战略协作医院，江苏省首批“爱婴医院”。医院有床位400张，职工743人，其中卫生专业技术658人，高级职称118人，博士3名，硕士40名。2015年总收入2.04亿元（其中财政补助436万元），门诊36.65万人次，出院1.56万人次。新生儿科是省妇幼保健重点学科，市级医学重点学科、专科7个，名医工作室1个。2015年获省市级科研立项9项，市级科技进步三等奖3项，市级新技术引进奖11项，发表省级以上论文90篇，SCI文章2篇。

市口腔医院 市口腔医院（江苏省口腔医院盐城分院）是市区唯一的一所三级口腔专科医院。医院有在职职工160人，其中卫技人员146人，高级专业技术人员30余人。医院设有口腔内科、牙周粘膜科、牙体牙髓科、儿童口腔科、口腔颌面外科、口腔修复科、口腔正畸科、口腔种植中心、口腔综合科、口腔医学影像中心、显微超声治疗中心、外科、内科、五官科、放射科、医学检验科、药剂科、麻醉科、预防科等临床医技科室，其中口腔正畸科、口腔内科、口腔种植科为市临床重点专科。7月，与南京市口腔医院合作成立南京市口腔颌面外科盐城协作中心。医院年门诊量10万人次，总收入3278.62万元。

2015年全市卫生基本情况

表37－44

类 别	数量	与上年比增长数	与上年比增长率（%）	类 别	数量	与上年比增长数	与上年比增长率（%）
卫生机构（个）	3242	25	0.78	卫生人员（人）	49614	1699	3.55
医院（卫生院、社区卫生服务中心）（个）	307	5	1.66	卫生技术人员（人）	39494	2860	7.81
床位（张）	37169	1887	5.35	乡村医生（人）	3667	－1154	－23.94
医院（卫生院、社区卫生服务中心）床位（张）	36446	1943	5.63	个体诊所开业人员（人）	315	5	1.61
平均每千人口医院（卫生院、社区卫生服务中心）床位（张）	5.04	0.26	5.44	平均每千人口卫生技术人员（人）	5.46	0.39	7.69

常住人口	总数（万人）	722.85	卫生费用	医疗卫生经费（万元）	179316
	出生率（‰）	11.80			
	死亡率（‰）	7.40		卫生系统固定资产（万元）	703656.55
	自然增长率（‰）	4.40			

续表 37－44

医疗服务	诊疗总人次(万)	4075.34	卫生费用	卫生系统基建投资(万元)	126210.32
	门诊人次(万)	3802.12			
	急诊人次(万)	183.52		平均每一门诊人次医疗费用(元)	135.75
	住院总人次(万)	100.51			
	出院总人次(万)	100.12		平均每一出院病人医疗费用(元)	6453.19

第一节　卫生保健

2015年,市卫生计生委编写《健康与保健》读本3期,向市级机关和市区居民发放2.58万本。完成248家市直机关事业单位1.6万人年度健康体检工作。做好重大活动医疗卫生保障工作,派出医护人员和卫生监督员627人次,出动医疗急救车42辆次,顺利完成43次重大活动期间医疗卫生保障任务。

妇幼保健　年内,全市推进妇幼保健体系建设,滨海通过妇幼健康优质服务示范工程省级评审。以市妇幼保健院为主体,由亭湖区、盐都区、大丰区、响水县等9家妇幼保健所(院)为成员单位组建盐城市妇幼健康服务联合体,实行理事会领导下联合体自主管理的运行模式,推动保健、临床、科研学术等妇幼保健综合服务能力的提升。巩固出生缺陷综合防治成效,全市免费婚检率93.3%、产前筛查率91.67%、新生儿血筛率为99.7%,听筛率为99.68%。推进妇幼重大公共卫生服务项目实施,完成农村孕、产妇补助2.9万人,叶酸补服4.05万人,宫颈癌、乳腺癌分别筛查17.9万人、18.4万人。全市孕产妇艾滋病、梅毒、乙肝检测率均达100%,阳性干预率100%。全市无孕产妇死亡,婴儿死亡率2.72‰,新生儿出生缺陷发生率3.27‰,均控制在较低水平。推进计划生育免费技术服务,完成免费孕前优生健康检查7.9万人,完成率达105.7%。全市避孕药具不良反应监测3479例,达到每10万人口300例要求,监测质量明显提高。在全省避孕药具不良反应监测试点工作总结会上,全市3个县(区)、12人受到表彰,建湖县不良反应监测试点工作获得国家、省现场督导评估好评。

第二节　疾病控制

2015年,全市开展居民健康教育,落实疾病综合防控措施,控制传染病疫情,加强疾控体系标准化建设,达标率100%,全市甲、乙类传染病报告发病率为111.19/10万。全市常住居民电子健康档案建档率85.63%,适龄儿童国家免疫规划疫苗接种率稳定在98%以上,孕产妇健康管理率99.3%,7岁以下儿童健康管理率99.45%,65岁以上老年人健康管理率86.3%,高血压、糖尿病、重性精神病人规范化管理率分别达89.22%、88.25%、96.96%。

重点传染病防治　年内,全市切实加强以人感染H7N9禽流感、埃博拉出血热等为重点的重大传染病防控工作,疫情保持在平稳状态。强化疫情监测,落实综合防控措施,年内未发生霍乱病例;强化手足口病防控业务培训,全市未发生手足口死亡病例。率先在全省二级以上医疗机构全覆盖建成基于HIS系统(医院管理和医疗活动中进行信息管理和联机操作的计算机应用系统)的传染病监测报告系统,全省医疗机构基于HIS系统传染病监测报告工作现场会在盐城召开。加强结核病管理,及时发现并处置多起学校结核病聚集性疫情,年内发现活动性肺结核病人2832例,涂阳病人586例,确诊耐多药肺结核病人37例,疾控追踪医疗机构网报病人的总体到位率为96.1%,治愈率为92.3%。艾滋病防治监测网络不断完善,共监测77万人,发现HIV感染者和病人197例。强化艾滋病宣传教育活动,在盐城师范学院举办了"关'艾'青春,你我同行,美好青春我做主"红丝带进校园公益活动、广场宣传及咨询、快闪和朗读相结合的进社区和车站宣传等世界艾滋病日系列宣传活动。稳步推进省级麻防项目工作,发现3例早期麻风病人。

免疫规划　推行数字化门诊建设,全市已建成数字化接种门诊99个,占预防接种门诊数的57.9%,领先苏北。全市适龄儿童免疫规划疫苗接种率均达到90%以上,其中乙肝、卡介苗、脊灰、百白破、麻疹等疫苗基础免疫接种率全部达到95%以上;消除麻疹成果得到进一步巩固,全市麻疹报告发病率5.64/10万,排除病例报告发病率3.28/10万,全年累计应急接种4万人次;巩固无脊灰区成果,完成冬春季两轮脊灰疫苗查漏补种工作。组织和参与"最美接种医生"活动,盐城推荐的"最美接种医生"代表徐艳梅,作为全省唯一推荐选手,参加国家"寻找最美接种医生"下一轮评选。

慢性病防治　加强慢性病防控工作,医疗机构慢性病报告信息化取得突破,市一院肿瘤网报试点工作正式启动,阜宁县、盐都区、大丰区、响水县使用省肿瘤登记报告系统,滨海县使用社区卫生服务平台,亭湖区自主开发亭湖区恶性肿瘤与心脑血管事件报告系统。推广慢性病自我管理项目,规范开展糖尿病区域化一体化综合管理试点项目,全市各乡镇均建立一个以上糖尿病和高血压自我管理小组,实行项目管理,每个区有400名糖尿病人纳入"5+1"(饮食治疗、运动、合理用药、自我监测、糖尿病教育及自我管理与技能培训)管理;加强重性精神病人管理项目,重性精神病人发现率、管理率、规范管理率分别为4.36‰、93.98%、80.84%。

血吸虫病、地方病防治　年内,全市查螺面积6162万平方米,发现有螺环境3处;全市共上报疟疾病人19例,继续保持无本地疟疾病例发生,并首批通过省以市为单位消除疟疾达标考核;组织开展全市寄生虫防治技术培训,并组队参加全省寄生虫防治技术竞赛,获团体三等奖。

第三节　中医中药

2015年,全市中医系统组织开展中医医院持续改进、治未病一体化服务和中医药慢病防治、社区中医康复功能建设现场观摩等系列活动,加强基层中医药服务能力建设。至年底,全市98.7%的乡镇卫生院(社区卫生服务中心)、94.6%的村卫生室(社区卫生服务站)能够提供中医药服务。盐城市中医院儿科、肿瘤科通过全国中医重点专科检查评审,2个省级中医重点专科通过专家现场检查督导;全市7个中医专科被列为江苏省基层中医特色专科建设项目;2个名中医工作室被列入江苏省名中医传承工作室建设项目,1个入围国家基层名中医工作室建设项目。实施盐城市中医院南扩工程,完成市委党校原校区1.9万平方米建筑及资产交接接收工作,筹划开展中医医师规范化培训实训中心、健康管理中心和体检中心、治未病中心、慢病防治中心等项目建设。东台市中医院城东新区分院一期门诊住院综合楼新增设4个病区、140张床位。阜宁县中医院综合改扩建项目完成2550平方米消化内科病房、400平方米急诊科的新建工程。年内,射阳县、建湖县、盐都区、大丰区乡镇卫生院示范中医科建设项目通过省考核验收,盐都区龙冈镇等6个乡镇卫生院被命名为江苏省乡镇卫生院示范中医科,亭湖区文峰卫生服务中心被命名为江苏省中医药特色社区卫生服务中心,大丰区南阳镇等2个基层中医科被列入省级乡镇示范中医科建设项目。响水县通过基层中医药工作先进单位省级和国家级评审,东台市通过全国基层中医药工作先进单位复核评审、获命名认定。

中医"治未病"服务项目　年内,市(县)中医医院规范"治未病科"、预防保健科室设置,与基层机构试点对口支援协作,开展中医药业务指导和双向转诊,发展中医康复保健特色服务项目,促进重点人群重点病种诊疗康复服务提供。盐城市中医院加入江苏省中医院战略联盟医院,牵头46家医疗机构率先在省内组建地市级中医"医联体"(区域医疗联合体),推广开展中医康复保健、体质辨识、中医药综合调理等"治未病"特色服务项目。市中医院作为国家级中医全科医师规培基地,开展中医类别住院(全科)医师规培学员招录培训,完成63位中医住院医师青苗工程规范化培训,新招56位学员进入基地接受规范化培训。推进实施基本公共卫生服务老年人、儿童重点人群和糖尿病、高血压重点病种的中医药健康管理服务项目。年内,65岁以上老年人、0~3岁儿童中医药健康管理目标人群覆盖率分别为52.17%、75.41%。

中医药科普　年内,全市组织第五届"中医药就在你身边"中医药文化科普惠民服务活动,市县联合开展82项进镇村、进社区、进机关、进院校文化惠民服务活动。组织省级专家走进盐都区楼王镇、建湖县上冈镇,针对重点人群和服务对象需求,开展社区居民健康教育大型讲座;市县中医药专家进基层举行文化科普巡讲18场次、广场惠民义诊12场次,为近万人次群众提供传统文化知识和中医药保健服务。年内,市中医药学会、中西医结合学会组织举行中医药文化书法作品展、举办中医保健技能培训,面向社会普及推广传统健康保健知识。中医药文化推广项目通过省级检查验收。

第四节　院前急救

2015年,市卫计委统一协调有关部门,财政划拨专项经费购置13辆急救车及配套急救设备,缓解急救车辆、设备老化,数量严重不足的问题;与高速部门沟通,为所有急救车辆安装高速公路ETC通行卡,保证在转运或急救病人过程中,减少缴费程序,为抢救患者生命赢得时间。年内,新建龙冈、郭猛、盐东、城南医院急救点,正式对外开展院前急救服务。至年底,大市区建成13个急救点,填补开发区、城南新区和盐都区急救网络的空白,实现偏远乡镇呼救后30分钟到达目的地。3月、4月,市急救医疗中心对纳入大市区院前急救系统的救护车建立档案、统一编号,并制订计划、合理安排,在保证正常开展院前急救工作的前提下,分批对中心所有车辆统一喷涂国际通用急救标识,保质保量按期完成换装工作;8月10~14日,由市卫计委医政处牵头、盐城市急救医疗中心协助,组织部分专家对7个县(市、区)急救医疗站及急救分站、点及驻城医疗机构的院前急救及救护车使用、管理工作开展督查。检查组通过查资料、看台账、现场检查的方式开展督查,在对各县(市、区)检查时,还现场随机抽查5辆乡镇救护车,做到检查对象全覆盖、检查内容系统化、流程透明化、结果积分化。8月18~25日,举办三期全市院前急救人员岗位培训班,共培训急救、调度、护理等各类人员320人次,给受训人员颁发院前急救上岗合格证书。　(急救中心)

第五节　农村卫生

2015年,盐城在全省率先出台《关于进一步深化城乡基层医疗卫生机构运行机制改革的实施方案》,深化用人机制、补偿机制、分配机制、考核机制,增强基层卫生发展活力。开展示范创建活动,盐都区楼王中心卫生院等10个乡镇卫生院被评为全国群众满意的乡镇卫生院,占全省总数的14.1%，位列地级市第二；盐都区大纵湖镇卫生院等9家卫生院、亭湖区新兴镇石华村卫生室等28个卫生室分别建成江苏省示范乡镇卫生院、省示范村卫生室，占全省总数的15.5%、10.5%，位列地级市第一、第二；东台市五烈镇广山卫生院眼科等3家卫生院特色科室被确定为第一批省乡镇卫生院特色科室，明确响水县六套中心卫生院中医科等16个科室为市特色科室建设单位。全面推开乡村医生签约服务，共有88个乡镇的408个村卫生室开展签约服务，签约41.36万人，覆盖全市60%的乡镇和22%的行政村。加强基层卫生人才建设，安排310名医疗卫生机构骨干医师、728名乡村医生到县级以上医疗卫生机构参加进修，培训基层卫技人员2.35万人次。建湖、大丰、射阳、亭湖等地探索实施对乡村医生实行乡聘村用，单独设置"村医"编制，共有61名乡村医生纳入乡镇卫生院编制管理。东台市、射阳县强化绩效考核和分配制度改革，健全补偿机制，完善分配机制，明确基层医疗卫生机构年度收支节余部分提取10%和30%用于职工福利基金和奖励基金。切实提高乡村医生收入待遇，乡村医生基本药物补助标准提高到人均1.6万元，基层一般诊疗费标准全部调整到每人每次10元；以县(市、区)为单位全面建立乡村医生医疗责任险；大丰区、阜宁县、建湖县、滨海县等地为在岗村医办理工伤保险，通过多渠道补偿政策，稳定乡村医生队伍。

第六节　社区卫生服务

2015年，全市100%的社区卫生服务中心推进城市社区家庭责任医生制度。亭湖区五星街道、盐都区潘黄街道、大丰区城西社区卫生服务中心作为全省家庭医生服务模式创新建设单位，在医保付费、与医院合作、医务人员性调动等方面开展尝试。亭湖区、大丰区作为全省糖尿病区域一体化综合管理试点，组建服务团队，划片包干，实行主动服务、上门服务。制定盐城市市区医疗卫生单位支持社区卫生服务工作方案，组织市区二级以上公立医疗机构与社区卫生服务中心签订定点支持协议，免费接受社区卫技人员进修，共派出30余名副主任以上临床医师到社区坐诊，方便群众就医。建立激励性考核机制，考核重点向服务质量数量、患者满意度、任务完成情况和辖区居民健康状况等方面倾斜。依托信息化手段加强量化考核，引入第三方考核，实行平时动态考核和年终综合考核相结合；考核结果与绩效工资总量、财政补助、医保支付、干部使用、个人职称晋升等挂钩。

第七节　医教科研

2015年，盐城落实临床医学生"凡进必培"规定，284名新招录本科以上学历医学生全部进入国家级基地参加培训；501名住院(全科)医师规培学员完成三年规范化培训，通过省统一考试考核结业获证。全市有33名乡镇(社区)院长(主任)参加省统一培训、118名基层医师参加全科转岗培训，1788名乡村医生脱产免费参加用药知识业务培训，119名2014～2015级全科医师转岗培训学员考试考核合格。市卫计委出台全市医学重点人才青年人才建设计划，遴选确定新一批135名医学重点人才青年人才、50名中医药重点人才青年人才。年内，市卫计委组织11项省级、212项市级继续教育和远程网络项目继续教育，开展6项省级、24项市级基层适宜技术的项目推广培训活动。全市3595名高级专业技术职务人员、6567名中级专业技术职务人员、1.28万名初级专业技术职务人员年度学分审验合格，学分达标率98.51%。年内，市一院获省自然科学基金资助科研项目1项；全市6个项目获省卫生科技立项、125个项目获市科研立项。组织11场、79个医学科研项目现场验收、成果鉴定活动；65项医学新技术项目填补区域空白、获省市新技术项目引进奖；2项科研成果获省级医药科技进步奖，40项医学科研成果获盐城市科技进步奖、占全市获奖项目总数的39.4%。

第八节　爱国卫生

2015年，市政府将改厕工作列入市政府为民办实事工程加以推进，并专题下发农村改厕实施方案，在全市9个县(市、区)的85个乡镇(街道)、153个项目村(居)开展卫生改厕。全年共完成改厕8.36万座，完成年度指标的100.76%，农村无害化卫生户厕普及率达78.74%；全市545座农村水厂饮用水监测实现了水厂、乡镇全覆盖。其中，省级监测点265座水厂监测水样1649份，合格率为67.62%。全市巩固扩大国家卫生城市创建成果，通过以城带乡、以乡促城、城乡联动、整体推进，促进卫生城镇村创建，盐城大市区和东台市被全国爱卫会命名表彰为国家卫生城市；阜宁县创建国家卫生县城通过技术评估；盐都区大纵湖镇、大丰区万盈镇、东台市安丰镇创建国家卫生镇通过考核，实现全市国家卫生城镇零突破；射阳县通过省卫生县城复审，继续保持荣誉称号；射阳县黄沙港镇、建湖县庆丰镇、大丰区草庙镇创成省级卫生镇；建湖县芦沟镇、宝塔镇、亭湖区便仓镇创成市卫生镇；全市创成省卫生村60个、市卫生村102个。结合爱国卫生月和健康教育宣传月、全民健康生活方式行动等，年内组织开展全市第二届"健康之星"评选，评出健康之星、健康先行者和健康使者各10名；东台市"花季里·我们与你同行"入选全国健康教育实践50篇优秀案例。加强健康场景建设，全市新增健康主题公园10个、健康社区8个、健康步道10条、健康小屋16个、健康主题馆2个、健康示范单位11个。市爱卫办在江苏省2015年健康教育宣传材料设计竞赛活动中获优秀组织奖；"盐城疾控微健康"微信公众平台，列全国疾控机构微信影响力周排行榜前10名。

控烟检查　年内，全市强化控烟督查，首次委托第三方对全市医疗卫生系统控烟工作进行暗访；依据《江苏省爱国卫生条例》等相关法律规定，组织开展医疗机构、学校、网吧、公共交通工具、文化娱乐场所、餐饮、宾馆等公共场所控制吸烟工作专项检查，共检查了811个单位，下达整改意见书220份，处罚单位和个人33个，罚款5700余元。举办全市控烟知识竞赛，参赛人数超过2万人，评选出组织奖三名，一等奖10名、二等奖20名、三等奖30名，并进行健康实物奖励。

第九节　卫生监督

2015年，市卫计委全面实施公共场所卫生监督量化分级管理，量化分级管理率100%。开展室内空气质量及公共用品和托幼机构的玩具、桌面等监督抽检，全年非样品采样监测录入587个单位次。组织公共场所卫生示范单位创建活动，新建成公共场所卫生示范单位30家。开展放射诊疗单位的监督指导，放射诊疗许可证持证率、放射工作人员个人剂量监测率、防护用品配备率、放射防护建档率均达100%。会同教育部门开展春、秋学期开学后学校卫生综合监督检查，对托幼机构进行春季传染病防控监管，及时召开综合检查情况通报暨培训会议，督促学校落实整改措施。

卫生法治　年内，市卫生行政许可案卷管理被省卫生监督所表彰为全省综合质量优秀奖，市卫生监督所2份许可案卷获全省“十佳”案卷，射阳县、阜宁县、东台市获县级一等奖各1件，滨海县、建湖县、亭湖区获三等奖各1件。在市法制办组织的案卷评比中，市卫生监督所1件许可案卷获第一名，市政务服务中心卫生窗口蝉联流动“红旗窗口”称号，并被市文明办评为盐城市四星级文明窗口。全面实行说理式执法，全市共查处570起案件，未发生一起行政诉讼败诉、行政复议撤消或更改案件。参加省卫生行政处罚案卷评查，市卫生监督所获市级二等奖1件，东台市、滨海县获县级一等奖各1件，射阳县获三等奖1件。

打击非法行医　年内，全市加强医疗机构执业行为日常监管，组织打击非法行医专项行动4次，查处非法行医案件127件，取缔无证行医非法诊所69家，移送公安机关案件7起。开展以查处医疗机构超范围执业和违法医疗广告等为主要内容的放心就医工程，监督检查各类医疗机构122家，查处违法案件8件，约谈医疗单位负责人2人。会同宣传、公安、工商等部门开展打击医托、打击代孕专项行动，净化就医和人类辅助生殖技术服务环境，维护正常的医疗卫生秩序。结合创卫、创模开展医疗机构传染病防治和院感控制监管，在强化医院感染组织和制度建设、完善传染病疫情报告制度的基础上，重点突出对85家医疗卫生机构的医疗废物和医院污水的监督管理，并对22家医疗卫生机构的病原微生物实验室生物安全管理情况开展监督检查。

饮用水卫生　创新监测方式，建成10个饮用水在线监测点，每5分钟自动对水质进行5项指标的检测和数据上传报告，进一步提高监测工作的效能。对千吨以上水厂、学校自建供水设施、二次供水储水设备进行全覆盖监督监测，每月对汇津水务有限公司的出厂水和管网末梢水进行采样监测，及时将监测结果在《盐阜大众报》和所内网站进行公告。开展市区生活饮用水卫生安全群众满意度调查，为市委市政府决策新水源建设提供依据。

食品安全　组织开展食品安全风险监测工作，完成食品中微生物致病因子监测样品311份任务，全市食源性疾病主动监测哨点医院增加至11家，完成1320例监测病例信息的报送，检出致病菌11株。开展食源性突发事件的调查处置和报告工作，对大丰发生的一起因副溶血弧菌引起的食源性暴发病例进行调查并网报；对盐城市一院报告的一起疑似食用小龙虾引起的横纹肌综合征进行调查并进行网报。制定《2015年盐城市食品安全企业标准跟踪核查工作实施方案》，对射阳县、盐都区、东台市、亭湖区等地食品安全企业标准进行跟踪核查，累计核查9家企业的71项企业标准，并根据核查结果，建立食品安全企业标准管理本地档案。开展食品安全标准宣传“五进”（进社区、进学校、进农村、进企业、进机关）活动，全市累计完成100场食品安全标准宣传，将标准知识普及到广大市民群众。组织地方标准立项调研，向省标委会申报制定藕粉圆地方标准项目。牵头组织的《生食即食水产品地方标准》跟踪评价和参与开展的《预包装食品标签通则》和《预包装食品营养标签通则》跟踪评价等工作按计划有序实施。开展餐饮具集中消毒专项整治，组织餐饮具集中消毒抽检，全年抽检样品983

9月18日，市卫生监督所在盐阜中学开展食品安全标准进校园知识讲座。

份，对12家抽检不合格的单位进行立案查处，共处罚款2.8万元。组织全市消毒产品生产企业专项整治，对辖区内所有的消毒产品生产企业进行拉网式的检查，认真核对、更新“消毒产品被监督单位信息卡”信息，完善生产企业卫生监督档案。

第十节　卫生管理

一、医政管理

2015年，全市深入推进公立医院改革，改善医疗服务，提高医疗质量。在全省2015年三级医院护士临床工作能力抽考中，市一院和市三院分别获小组第一名和第二名。盐城市连续四次被表彰为全国无偿献血先进城市。

医疗服务　年内，市卫计委编制《盐城市市区医疗机构设置规划(2015～2030年)》，经市政府常务会讨论通过。推进优质护理服务示范工程，400个病区达到示范标准，其中三级医院开展优质护理服务示范病区159个。组织全市第二批专科护士培训基地、实习基地评审工作，确认4个市级专科护士培训基地、12个专科护士实习基地作为市级专科护士基地。深化对口支援工作，印发《关于进一步做好城乡医院对口支援工作的意见》，签订“城乡医院对口支援工作责任书”，做到城市卫生支援城乡基层卫生工作全覆盖。落实10名新疆察布查尔县卫生技术人员到市直医院进修学习；选派市中医院、射阳、建湖、阜宁县人民医院4名医务人员参加第八批援疆干部人才中期轮换工作。

内涵质量建设　加强临床重点专科建设与管理，制定《盐城市市级临床重点专科评分标准(2015版)》，修订《盐城市市级临床重点专科管理规定(2015版)》，确认104个临床专科为市级临床重点专科。制定“盐城市省市级临床重点专科运行报表”，加强对省、市级临床重点专科的动态管理。组织对全市部分二级以上医院医务人员进行“三基”(基本知识、基本技能、基本方法)抽考，市一院、大丰区人民医院分别获护士考试和医生考试平均分排名第一位。做好新一轮等级医院评审工作。举办全市二级以上综合医院评审培训班。组织26名专家对射阳县人民医院进行新一轮等级医院评审。继续做好无偿献血工作，全年全市无偿献全血6.03万人次，共9.25万个单位，机采成分血3318人次，5214个单位，核酸检测覆盖率100%，临床用血占无偿献血比例继续保持100%。

医院基础管理　年内，市卫计委组织全国执业医师盐城考点2136人考试报名、审核、实践操作和综合笔试。完成2014年考试合格的565名执业医师、355名执业助理医师医师资格证书发放工作。组织对全市38所二级以上医院医疗质量检查，开展病历、处方质量检查，“落实三合理规范”、抗菌药物合理使用、依法执业检查，共抽查病历1140份，处方7600张，住院病历平均甲级率为96.84%，处方平均合格率为89.26%。组织对全市42家二级以上医院大型设备检查阳性率进行检查，共检查X线2239例、CT2695例、MRI2263例，阳性率基本达到省定标准。加强医院感染管理，召开市院感质量专业委员会会委员会议，制定《盐城市基层院感工作手册》。按照行政审批“一站式”服务要求，将医疗广告审批纳入市行政服务中心卫生局窗口统一受理，集中受理盐城艾美莉整形美容医院等22家医疗机构的医疗广告发布申请。

平安医院创建　年内，市卫计委开展市级平安医院考评活动，确认东台市人民医院等8家医院为盐城市首批市级平安医院。全年全市共有363个医疗机构参加医疗责任保险，其中一级以上公立医院全部参加医疗责任保险，覆盖率达100%。联合召开医疗纠纷鉴定、调处和审理工作座谈会。充分发挥医患纠纷人民调解委员会作用，引导患者到当地调委会进行调解。市区医患纠纷人民调解委员会共接待医疗纠纷来访群众613批次，接受调解申请65例，调处成功61例，成功率94%。

二、卫生改革

2015年，盐城坚持把深化医改作为服务民生的重要任务，推进先行先试，市委、市政府印发《关于深化医药卫生体制改革建设现代医疗卫生体系的实施意见》，强化组织领导，层层落实责任，细化工作措施，加强督查指导，医改各项工作取得成效，受到省政府、省医改办调研督查组好评。

公立医院综合改革　推进城市公立医院医药价格综合改革。10月31日，市区7所城市公立医院全部取消药品加成，实行零差率销售，并在苏北率先将诊察费在城镇职工、居民基本医疗保险统筹基金中按每次6元标准纳入报销范围。从实施情况看，患者普遍理解，社会反应坦然，医院运行平稳。创新公立医院运行模式，着力构建分级诊疗制度，制定《盐城市推进分级诊疗制度建设的实施方案》，全面推开分级诊疗制度建设工作。开展医疗联合体和医疗集团试点，市中医院加入江苏省中医院战略联盟医院，牵头46家医疗机构率先在全省组建地市级中医“医联体”；建湖县组织区域医疗联合体，开展县镇村三级联动，县外转诊同比下降7.2%，乡镇卫生院业务收入上升14%；盐都区、射阳县被列为全省分级诊疗试点，盐都和大丰区分别组建医疗技术密集型合作组织和丰医集团，推动城乡医疗有机融合、协调发展。

新型农村合作医疗　年内，全市参合人口达586.37万人，参合率100%，人均筹资480元，其中各级财政补助380元。优化补偿方案，镇、村门诊医药费用补偿比例分别提高到45%、50%，县、镇两级住院医药费用补偿比例分别达70%、85%，共有2248.92万人次享受到新农合补偿，补偿金额达26.22亿元，县、乡两级住院医药费用政策补偿比达75.73%。完善大病保险制度，人均筹资标准提高至15元～20元，共有2.16万人获得大病保险补偿1.02亿元，大病患者实际报销比例在新农合基本补偿的基础上再提高11.21个百分点。全面推开新农合混合支付方式改革，促进契约服务关系建立和分级诊疗制度建设。继续实施农村20类重大疾病医疗保障工作，共有1.96万位重大疾病患者获得新农合补偿2.2亿元，实际补偿比达70.66%。实行定点医疗机构信用等级管理，全市共有17

家定点医疗机构被评为信用等级AAA级。强化基金预决算管理，定期开展基金绩效评价，提高资金使用效益，年度资金使用率达91.49%，累计结余率为15.88%，资金运行安全、平稳。

基本药物制度　年内，全市160家政府办、6家非政府办基层医疗机构、2186家村卫生室（社区卫生服务站）全部实施基本药物制度，实行零差率销售，共销售基本药物6.27亿元，减轻群众负担5.23亿元。二级及以上医疗机构将基本药物作为首选药物，配备和销售金额比例达到规定要求。落实《江苏省短缺药品供应保障方案》，按时完成医疗机构短缺药品信息季度报省工作，规范实施短缺药品调剂和省储备点网上采购，全年全市各级医疗机构通过省平台共采购短缺药品190.68万元，基本保障临床使用。开展《国家基本药物合理使用》培训，市、县、乡三级集中面授培训700余人、网络培训6254人。规范实施高值医用耗材网上集中采购，组织二级及以上医疗机构按时完成第一批现用高值医用耗材库存清理、采购合同签订，加强日常监管，全年二级及以上医疗机构共采购第一批高值医用耗材4971.88万元。落实高值医用耗材备选产品采购政策，组织二级及以上医疗机构开展备选产品遴选、价格谈判、申报，确定备选产品79个。按省统一部署完成公立医院药品集中采购准备工作，报送2016年度二级及以上医疗机构临床用药目录6336条，推荐国家药品价格谈判专家23名、省药品集中采购评审专家89名，为新一轮药品集中采购工作开展奠定基础。

援疆医疗专家乡村义诊。

基本公共卫生服务　按照常住人口人均40元补助标准落实项目经费。明确县、乡、村三级任务分工，进行项目资金成本测算分配，细化年度项目绩效考核方案，保证项目任务有效实施。共为722.96万常住居民提供12类45项基本公共卫生服务。与市财政局联合出台《关于推进全市基本公共卫生服务项目绩效管理的实施意见》，进一步提高项目工作效率和财政资金使用效益。组织全市基本公共卫生服务项目培训，重点强化结核病和精神疾病健康管理、项目资金管理，提升基本公共卫生服务质效，全市常住居民电子健康档案建档率等主要工作指标均达到或超过省定要求，以优异成绩通过省公共卫生服务项目绩效考核。

合作办医　年内，盐城在韩国举办中国盐城（首尔）美容健康产业推介会，会上签署合作意向16项，其中涉及医疗项目9项。在盐举办中韩美容健康产业发展峰会，举办盐城首尔医院合作项目签约仪式，市一院等4所医院分别与韩国首尔汉江秀医院等签订国际医疗合作协议，与韩国首尔汉江秀医院等12家医院签订国际医疗合作协议和意向书；首家中韩合作医疗美容机构——盐城新爱美容医院已获省批准建设；中韩合作共建的艾琪尔妇产医院建成使用；市二院与伯仕利生物治疗有限公司合作的肿瘤生物治疗中心投入运营。

三、行风建设

2015年，全市卫生计生系统深化廉政文化教育活动，市一院和滨海县卫计委被认定为市级廉政文化示范点。评选表彰盐城市“最美健康卫士”，市一院内科主任左其龙被评为全国医德标兵，宋俊彪被评为省十大医德标兵。落实改善医疗服务行动计划，开展诚信示范医院创建，“健康快车”服务行动被授予市级文明优质服务品牌，市直6所医院获评诚信示范医院。完善医德考评制度，二级以上医院医德考评电子档案实现率达100%。推进廉洁风险防控机制建设试点工作，逐步建立职务权力、职业权力等重点部位廉洁风险防控系统。推进患者满意度第三方评价机制，对全市19家二级以上医院年度满意度评价工作及结果运用情况进行督查，各医院重视结果运用，与科室、个人绩效考核挂钩，奖优罚劣，积极整改，优化服务。严格统方权限和审批程序，二级以上医院全部安装使用药品防统方软件，及时发现和调查不正常统方行为。参与政风热线活动，进一步畅通投诉渠道，信访投诉办结率100%。　（刘海峰）

第38章　体育事业

责任编辑　赵　丽

综　述

2015年，盐城市在全省率先、苏北唯一实现公共体育服务体系示范区市、县全覆盖。成功举办盐城市第七届运动会。常态化开展全民健身活动。组织全民健身月暨老年人体育节启动仪式、全民健身日、迎新年长跑等大型活动和乒乓球、保龄球、太极拳等群体赛事。全民健身设施取得新发展。完成年度大市区33.8千米健身步道建设任务。体育组织不断健全。制定出台《盐城市市属体育社会组织服务全民健身实施办法》，新成立2个单项协会，新创建AAA级、AAAA级社团11家，全年新增二级社会体育指导员1238人、三级1356人。盐城籍棋手韦奕成为国际象棋史上突破2700分的最年轻棋手。业余训练实现新突破。市青少年校园足球队在全国青少年校园足球冠军杯赛中获得三等奖，男子初中组首次获得“省长杯”冠军，小学乙组首次获得省锦标赛一等奖。在全国青少年保龄球锦标赛中，盐城代表队获得所有21个项目中的19枚金牌。9个青少年俱乐部被命名为省级青少年奥林匹克体育俱乐部。体育产业再上新台阶。举办2015中国盐城沿海湿地国际公路自行车赛和全国沿海城市羽毛球精英赛、2014～2015中国羽毛球俱乐部超级联赛江苏队全部5个主场比赛等体育赛事，协助举办2015CTCC中国房车锦标赛暨中韩（盐城）汽车文化交流活动。体彩销售继续保持良好态势，销量居苏中、苏北前列，市场份额全省领先。整合已建成各类体育场馆，大力发展健身休闲、技能培训等体育服务业，引导体育消费，实现社会效益和经济效益的双丰收。

韦奕成为国际象棋史上突破2700分最年轻棋手　在1月30日举行的2015年直布罗陀国际象棋赛上，韦奕战胜格鲁吉亚女将霍特纳什维利，以15岁零8个月的年龄突破2700分等级分大关，成为国际象棋历史上突破2700分的最年轻棋手。4月28日，韦奕继2014年首夺国际象棋奥林匹克团体赛男团冠军并打破欧美国家长达87年的垄断后，在亚美尼亚萨卡索举行的第十届国际象棋男子世界团体锦标赛上，首次夺得国际象棋世锦赛男团冠军。9月22日，在阿塞拜疆首都巴库举行的2015年国际象棋男子世界杯赛上，成为继叶江川之后又一位打进国象世界杯八强的中国棋手。12月1日，在2015中国国际象棋棋王棋后赛上，韦奕勇夺“棋王”称号。

第一节　全民健身

8月8日上午，快乐健身队代表盐城参加在南京江宁举行的2015年全省社会体育指导员健身技能交流展示活动，获得一等奖。10月10～11日，盐城代表队在南通举行的第三届江苏省广场健身操（舞）交流比赛中，获得广场舞规定套路“站在草原望北京”第一名，自编套路第三名，并获得团体一等奖和体育道德风尚奖。12月29日上午9时，盐城市第26届“今世缘”迎新年庆元旦长跑活动在体育馆北广场举行，6000余名长跑爱好者参加。长跑活动从市体育馆出发，经大庆路、盐马路、希望路至市城市规划展览馆结束，全程约4千米。

举办市第七届运动会　9月19～23日，盐城市第七届运动会召开。此届运动会在历届市运会中，参赛人数最多、规模最大，全市9个县（市、区）和职工部、市级机关部的11个代表团，3000余名运动员参加，设中小学部、职工部和市级机关部，开展田径、游泳、乒乓球、羽毛球等20个项目的比赛。

举行省“全民健身日”活动盐城市分会场启动仪式　8月8日上午，市体育局和射阳县人民政府共同在射阳县体育场举行2015年江苏省“全民健身日”活动盐城市分会场暨射阳县分会场启动仪式。射阳县直、乡镇（街道）、社区的156支代表队2000多名社会体育指导员和广大健身爱好者，为观众们表演第九套广播操、柔乐球、八段锦、太极拳以及广场舞等节目。当天还举行乒乓球、篮球、老年门球、社会体育指导员技能展示等比赛和交流活动。

成立首批市级体质测定与运动健身指导站　为加强对群众健身的科学指导，不断提高公共体育服务能力和水平，推动全市建成功能明确、网络健全、城乡一体、惠及全民的公共体育服务体系示范区，5月8日，盐城市命名盐城市体育科学研究所、东台市体质监测站、大丰区体质监测站、盐都区体质监测站、建湖县体质监测站、射阳县体质监测站、阜宁县体质监测站、滨海县体质监测站、响水县体质监测站、亭湖区体质监测站10个单位为首批市级体质测定与运动健身指导站。

第二节　群众体育

2015 年，全市新增二级社会体育指导员 1238 人，三级体育指导员 1356 人，培养一级社会体育指导员 208 人，组织 49 人申报国家级社会体育指导员。常住人口平均每万人拥有社会体育指导员 31.8 人。承办省级社会体育指导员健步走、健身气功和排舞广场舞等项目培训，自主举办瑜伽、太极拳和健身教练技能等项目社会体育指导员培训 7 场，共 900 余人。年内，响水县第一初中等 103 个单位被授予“盐城市群众体育先进单位”称号，崇加刚等 83 人被授予“盐城市群众体育先进个人”称号。

举办最美一线社会体育指导员技能展示　12 月 12～13 日，盐城举办最美一线社会体育指导员（公益类）太极拳项目技能培训班和太极拳项目技能展示。此次活动由盐城市武术协会承办，邀请省武术协会专家宋万煦进行太极拳理论和 42 式太极拳教学，并通过推荐和考核，评选出倪菊香（大丰）、戴立珍（射阳）、陆从海（滨海）、陈建吾（建湖）、邵春林（东台）、朱培兰（响水）、孙仁伯（阜宁）、尹秀（城南）、姚如兰（亭湖）、韦建华（盐都）10 名盐城市最美一线太极拳项目十佳社会体育指导员（公益类）；还评选出李海磊（大丰）、陈必军（射阳）、王应中（滨海）、姚素萍（建湖）、景粉萍（东台）、鲍秀芹（响水）、高梅林（阜宁）、季秀芳（城南）、朱月才（亭湖）、周平（盐都）10 名优秀学员。

第三节　训练竞赛

2015 年，盐城共承办江苏省青少年田径跳远项群赛暨训练营、江苏省青少年田径锦标赛（县组第二赛区）、江苏省青少年足球锦标赛赛（男子乙组）、江苏省少年儿童乒乓球传统校和俱乐部比赛、江苏省青少年举重冠军赛、江苏省青少年击剑冠军赛（第二站）、江苏省青少年国际象棋锦标赛 7 项省青少年赛事和省青少年校园足球精英训练营（苏北女子组）1 项。举办市中小学生阳光体育运动联赛，设田径、羽毛球、篮球、游泳等 14 项比赛，9 个县（市、区）的近 4000 名中小学生和青少年分别参加此次联赛。组织田径、游泳等 15 个项目参加各类省级比赛。向省和部队优秀运动队输送 2 人，向省体校输送 23 人，向省和其他训练单位代培代训4 人。

一、体育竞赛

举办 2015 中国盐城沿海湿地国际公路自行车赛　11 月 10～11 日，2015 中国盐城沿海湿地国际公路自行车赛在盐城举行。该项赛事由国家体育总局自行车击剑运动管理中心、江苏省体育局、盐城市人民政府联合主办，在 2014 年成功举办首届赛事的基础上，2015 年赛事由单日赛升级为 2 日赛，赛事等级提升至 2.2 级，在赛道设计上也由 2015 年的 140 千米增加为 324 千米，10 日举行盐城站比赛，共 189 千米，由盐城经济技术开发区东方集团至市灌东新材料产业园，途径市开发区、亭湖、射阳、滨海、响水五县（区），纵贯沿海滩涂湿地；11 日举行东台站比赛，共 135 千米，由东台市民广场至东台沿海湿地旅游度假经济区。20 支 UCI 洲际职业队、洲际队、国家和地区队参与角逐。作为全省继环太湖之后的又一项国际公路自行车赛事，此届自行车赛沿途既有盐阜大地独特的湿地滩涂，又能经过中欧生态园、中韩（盐城）产业园等特色产业集群。最终，法国马赛洲际队的艾维塔斯、中国恒翔洲际队的马光通和丹麦蓝水洲际队的帕蒂森分别获得此届赛事个人总成绩的冠、亚、季军；马光通还获得青年个人总成绩冠军和大中华个人总成绩的冠军；中国恒翔洲际队获得大中华团体最佳，法国马赛洲际队获得团体总成绩最佳。

举办 2015CTCC 中国房车锦标赛暨中韩（盐城）汽车文化节　（参见第 72 页相关条目）

举办 2015 全国沿海城市羽毛球精英赛　12 月 5～6 日，2015“奥强体育传媒杯”全国沿海城市羽毛球精英赛在盐城市体育馆开赛。此届赛事总奖金为 10 万元，北京、上海、山东、浙江、广东、江西、福建等 17 个省（市）的 19 支队伍报名参赛，近 200 名全国最高业余水平的运动员在盐竞技。最终宁波兴明液压羽毛球俱乐部、江苏华晟羽毛球俱乐部、江苏新程队分别获得团体冠、亚、季军，盐城的英大财险俱乐部名列第八位。

11 月 11 日，2015 中国沿海湿地国家公路自行车赛东台站开赛。

（陆文龙　摄）

市实验小学获全国青少年校园足球"冠军杯"总决赛三等奖 8月10～14日,2015年"常佰通"全国青少年校园足球冠军杯总决赛在北京举行,盐城市实验小学男子足球队获三等奖。该项赛事由全国青少年校园足球工作领导小组办公室主办、中国足协作为赛事指导单位,国家奥林匹克体育中心承办。此届总决赛从长沙、东营、包头、重庆、南昌、西宁6个分赛区128支队伍中挑选出8支初中组队伍、16支小学组队伍和8支小学女子组队伍,共32支队伍600余名小球员、教练员参与角逐,5天共进行88场比赛。在6月举行的东营分区赛中,市校园足球代表队获团体一等奖,取得参加总决赛资格,小学组江苏仅盐城和常州两家入围。这也是自2012年该赛事举办以来,盐城代表队连续四次进军总决赛,在分区赛中,学生唐锦、鲁耀辉获希望之星,唐锦入选最佳阵容、庄广东获全国优秀教练员等荣誉。在这项全国共有7000多所小学参加的全国少儿足球最高赛事中,市代表队连续三年进入16强,并连续两年获得全国第五名。

市保龄球队在2015全国青少年保龄球锦标赛中获佳绩 8月19～24日,由国家体育总局小球运动管理中心、中国保龄球协会主办,盐城市体育局、盐城市保龄球协会承办的2015全国青少年保龄球锦标赛在盐城市保龄球馆举行,全国12支代表队共89名运动员参加比赛。盐城市保龄球队在所有的18个单项中,获得16枚金牌、11枚银牌、10枚铜牌,并获得男子团体、女子团体和总团体冠军。

在"省长杯"青少年校园足球联赛中获佳绩 年内,在2015江苏省"省长杯"青少年校园足球联赛上,盐城市初级中学获得初中男子组冠军,并获团体一等奖,学生马辅渔被评为最佳运动员。盐城市新河实验小学获小学组总决赛男子乙组亚军和女子乙组季军,并分别获团体一等奖,该校学生温竹新被评为最佳运动员,教师王康被授予"优秀教练员"称号。盐城市实验小学获小学组总决赛男子乙组季军。在2015江苏青少年阳光体育运动联赛青少年男子足球(05～06年龄组)锦标赛上,由盐城市实验小学、建湖县二小的小学生们组成盐城代表队以全部比赛3胜1平的不败战绩,首次获得省青少年锦标赛冠军。作为全国首批、全省唯一通过竞争入选的校园足球布局城市,盐城拥有136所布点学校,其中81所小学、45所初中、10所高中,注册运动员近3000人,参与校园足球活动的中小学生10万余人,初步形成较为完备的校园足球体系。

二、体育训练

2015年,盐城向省优秀运动队输送优秀体育人才1名:梁泽坤(游泳)。周玉坤(田径)晋升为国家级裁判员。阜宁县实验小学教育集团蓓蕾田径俱乐部(阜宁县实验小学)、盐城市翔健青少年乒乓球俱乐部(盐城市迎宾路小学)等9个俱乐部被省体育局命名为江苏省第九批青少年奥林匹克体育俱乐部。盐城市毓龙路实验学校、盐城市新区实验学校、盐城市第一中学、盐城市多伦多国际学校、盐城市聚亨路小学、东台市唐洋镇小学等7所学校被省体育局命名为省青少年校园篮球特色学校。盐城市体育场被省体育局命名为省青少年足球校外活动中心。

向省体校输送23名优秀体育苗子 年内,全市共向省体校输送23名优秀体育苗子。具体人员为:裴仁俊、陆玮、朱艳(田径),于青云、丁蕊、丁怡(足球),耿安晨(摔跤),徐坤、路兆春、赵悦、肖炜(跆拳道),王颖、左娜娜、杨巍、戴鹏(自行车),郑耀宇、王志楼(游泳),刑雨涵(花样游泳),茆华熙(举重),别萌洁(排球),沈建辉(沙排),沈烽(乒乓球),崔爱东(赛艇)。

15人被授予"国家一级运动员"称号 年内,共有15人被省体育局授予"国家一级运动员"称号。具体人员为:裴仁俊(田径),姚璐、董一成、顾亦男、王璐(射击),严琪宸、李欣颜、胡雨佳(乒乓球),李昊泽(摔跤),孙文杰、李昌峰、张睿、徐丹、蒋镇宇、时琨杰(高尔夫球)。

25人晋升为国家一级裁判员 年内,全市有25人晋升为国家一级裁判员。具体人员为:陈明杰、朱近赤、王志浩、孙朋、许先露、姜正墙(篮球),陈瑞祥(足球),杨苏(花样游泳),臧倩雯(体育舞蹈),张文飞(散打),顾珊、徐明东、刘军秀(龙舟),夏劲、苏南(航空模型),徐尚军、纪龙法(钓鱼),郑惠君、钱红娟(自行车),王磊、张涛、程丰、岳建军、张锋、杜波(拔河)。

第四节 体育产业

2015年,全市体育产业的质量、效益和增加值稳步提高,赛事运作、场馆经营和彩票销售等居全省前列。共承办中国盐城沿海湿地国际公路自行车赛、中国·射阳第六届"丹鹤杯"国际高尔夫球业余公开赛、美国弗莱克斯职业篮球队VS古巴国家队对抗赛3项国际赛事;2014～2015赛季中国羽毛球超级联赛、全国沿海城市羽毛球精英赛、全国青少年保龄球锦标赛、全国男子排球冠军赛、中国龙舟公开赛江苏阜宁金沙湖站5项全国赛事。10月13～15日,由省体育局、省人力资源和社会保障厅、省总工会联合举办的2015年江苏省健身教练职业技能大赛于在南京举行。全省各地和省直的23支队伍163名运动员参加比赛。盐城代表队由7名选手组成,获团体三等奖。盐城市体育实业发展有限公司申报的2015年中国盐城沿海湿地国际公路自行车赛项目、江苏杨侍农业生态园发展有限公司申报杨侍生态园体育设施开发新建项目获得150万元省体育产业引导资金资助。全市体彩销售保持良好态势,销量依然保持苏中、苏北前列。

职业技能培训鉴定 年内,市体育局开展体育行业国家职业技能培训鉴定工作,有301人取得国家职业资格证书,其中游泳救生员114人、游泳社会体育指导员68人、网球社会体育指导员18人、健身教练社会体育指导员101人。

(潘允和)

第39章　社会保障

责任编辑　赵　丽

第一节　劳动就业

一、就业创业

2015年5月，全市全民创业工作牵头抓总职能调整到市人社局。全市贯彻实施国家和省推进"大众创业万众创新"的一系列政策举措，创业环境更好、活力更强、规模更大、层次更高。精准培育创业主体。在统筹推进八大类主体创业的基础上，突出推进返乡人员、大学生、科技人员三类群体创业。全市新增各类市场主体11.3万户，增速、增量均居全省前列；新增一般纳税人工业企业2155户，累计达2.13万户，增量和总量均列苏北第一。新增实名登记返乡创业人员8302人，位居全省前列。推进金融创新。运用财政资金建立创业贷、科技贷、成长贷和盐信贷，并支持金融机构针对各类不同群体需求设立金融产品。年内，全市金融机构新增存款694.52亿元、储蓄存款300亿元、贷款473.66亿元，增速分别为18.67%、14.50%、18.19%；存款增速、储蓄存款增速、贷款增速均列全省第一。建设特色载体。中韩盐城产业园区、盐城环保科技城、盐城高新技术产业园、江苏省大数据产业园等一批新园区拔地而起，众创空间、桌面工场、创客咖啡等一批新载体不断涌现。年内，全市投入32.7亿元新建276万平方米的标准厂房，入园企业达到762户，创业创新项目达1.1万个；建成众创空间52家，众创集聚区12家。

就业服务　2015年，全市以高校毕业生、城镇登记失业人员、农村转移劳动力为重点，将服务企业引才用工和促进就业有机结合，实施创业带动就业，促进返乡创业就业。组织2.70万人参加创业培训，扶持1.75万名下岗失业人员实现自主创业，通过扶持创业带动7.51万人就业。定期组织召开小额担保贷款联席会议，推进小额担保贷款发放工作，提高发放额度，扩大发放范围，协调解决逾期贷款催收方面的问题，创新实施年度工作。年内，全市共向2982名城乡创业人员发放小额担保贷款2.11亿元。建立创业引导专项基金，建立创业孵化基地，充分利用各类创业园区、各类市场等平台，结合城乡创业者的需求，建设一批市场型、门面型、楼宇型等多元化的创业载体，为城乡创业人员提供场地和资金支持，进行孵化培养，提高创业成功率。组织有创业愿望的城乡各类人员参加创业培训和专业技能培训，为符合条件创业者发放小额担保贷款，面向全市征集切合当前实际和需求的小本创业项目，进一步充实、完善小本创业项目库，举办盐城市小本创业项目推介暨创业成果展示会。在全市组织开展以促进双失业人员、零就业家庭人员就业为重点，以社区为依托，以街道保障平台为载体，以落实再就业优惠政策为内容的"充分就业示范社区"创建工作，实施组织交流、现场观摩、评估验收等创建活动，全年共有9家社区达到省级充分就业示范社区创建标准。全面推进"零就业家庭"就业援助工作，围绕确保"零就业家庭"至少一人实现稳定就业、动态消除"零就业家庭"的目标，建立完善申报登记制度，实施动态管理服务，采取落实就业扶持政策，多渠道开发就业岗位，采取托底安置就业，鼓励扶持自主创业和自谋职业，开展技能培训提高就业能力，通过积极主动的就业服务，动态消除"零就业家庭"32户。全年举办各种类型的下岗失业人员招聘洽谈会467场次，共为下岗失业人员提供有效岗位信息22.81万个，进行职业指导33.82万人次，职业介绍成功11.85万人次，帮助8008名就业困难的再就业援助对象实现再就业。

二、职业技能培训

2015年，全市以就业前培训、岗位技能提升培训和创业培训为重点，加快政策落实，密切校企合作，着力提升城乡劳动者就业创业能力。全市共组织城乡劳动者技能培训6.46万人，企业职工岗位技能提升培训11.43万人，创业培训2.7万人。

高技能人才培养　全年新增高技能人才2.16万人，列全省第五位。盐城被列为全国第二批百城技能振兴专项行动城市。成功申报1个国家级高技能人才培训基地、1个省级高技能人才专项公共实训基地，1名高技能人才享受国务院特殊岗位津贴，1个大师工作室被评为省级技能大师工作室，7名高技能人才被评为省级首席技师，认定4个市级技能大师工作室。选派11名高技能人才赴美国、德国、瑞士进行研修，组织38名高级技师参加省厅组织的技能提升培训班。

技能竞赛　举办盐城市第七届职业技能大赛暨第三届江苏技能状元大赛盐城选拔赛，1名选手代表中国参加第43届世界技能大赛，获得电气装置专业银牌，实现江苏省在世界技能大赛上奖牌零的突破。国务院副总理马凯、省政府副省长张雷、盐城市委书记、市人大常委会主任朱克江分别接见获奖选手及技术团队；盐城市人力资源和社会保障局、江苏省盐城技师学院被人力资源和社会保障部表彰为突出贡献单位。

培训机构　年内，全市技工学校共招生 1.10 万人，应届毕业生 6190 人，就业率 99.6%。全市新增省级示范专业 1 个、精品课程 3 个、教学名师 2 名、重点专业 2 个、专业带头人 12 名。全市共有民办职业培训机构 89 个，全年培训 4.55 万人，结业 3.81 万人，结业率 83.38%。

技能鉴定　全市有 11.07 万人参加职业技能鉴定，9.13 万人获得相应资格证书。组织全国、全省职业资格统考 7710 人。结合企业生产实际、开展规模企业技能人才评价 19 户，评价 7848 人，取得职业资格证书 6392 人，其中 1549 人取得高级工以上证书，7 人获得技师职业资格证书。

三、农村劳动力转移

2015 年，按照市委市政府的部署要求，市人社局加快推进农村劳动力转移，农村劳动力转移就业呈现出转移总量持续增长、培训规模不断扩大、增收贡献稳步提高的局面。全市累计转移农村劳动力 204.16 万人，其中劳务输出 127.16 万人，转移率为 67.61%。全年新增转移就业 3.75 万人，完成年度目标的 144.3%。做好农村劳动力职业技能培训鉴定获证奖补工作，全年共有 8634 人享受省级财政安排的农村劳动力职业技能培训鉴定获证奖补资金 766.25 万元。深化外省劳务协作，全市在巩固原有的劳务协作基地的基础上，新建劳务招聘联盟，共享各地劳务协作基地和资源，组织到陕西、云南、四川、河南等劳务协作基地，开展跨省招聘活动 13 场次，参加企业 34 家，提供招聘岗位 2722 个，协议录用人数 465 人。组织农村劳动力充分转移镇、村创建工作，按照创建工作方案，指导各县（市、区）成功创建农村劳动力充分转移就业乡镇 99 个、充分转移就业村 2143 个。

春风行动　1～3 月，市人社局制定春风行动实施方案，做好春运期间农民工有序流动工作，组织开展以“求职就业有门路，岗位信息送到家”为主题的春风送岗位活动周。通过开展摸底调查、集中发放“春风卡”、送岗下乡、多渠道发布就业信息、开展劳务对接、结合基础设施建设项目吸纳就业、鼓励职业中介开展诚信服务、组织技能培训等，为进城务工的农村劳动者提供有针对性的就业服务。活动期间发放“春风卡”18 万张，岗位信息 23 万条、春风行动专用手机卡 3000 张，农民工维权手册 16.6 万本，提供免费服务 15.4 万人次，提供劳动维权服务和法律援助 6288 人。

四、基层平台建设

2015 年，市人社局持续推进全市基层人社服务平台标准化建设和服务前移、职能下移工作。至年底，大市区共建立镇（街道、园区）人力资源社会保障所 54 个，其中亭湖区 13 个、盐都区 19 个、开发区 2 个、城南新区 4 个、大丰区 16 个；共建立村（社区）人力资源社会保障站 720 个，其中亭湖区 175 个、盐都区 256 个、开发区 33 个、城南新区 41 个、大丰区 215 个；共为镇（街道、园区）人力资源社会保障所配备工作人员 272 名；共为村（社区）人力资源社会保障站聘用专（兼）职工作人员 870 名。全市 100% 的镇（街道、园区）、93% 的村（社区）人社平台达到标准要求。

第二节　社会保险

一、职工养老保险

2015 年，全市参加企业职工养老保险人数 112.07 万人，实际缴费人数 108.52 万人，企业职工养老保险基金总收入 86.63 亿元；全市企业离退休人数 39.64 万人，全市全年支付企业离退休人员养老金 77.42 亿元，社会化发放率达 100%。其中，市区参加企业职工养老保险人数 24.65 万人，实际缴费人数 23.78 万人；企业职工养老保险基金总收入 17.42 亿元，市区企业离退休人员 6.82 万人，市区全年支付企业离退休人员养老金 17.01 亿元。调整提高全市 2014 年 12 月 31 日前退休的人员基本养老金。此次调整是自 2005 年后的第 11 次，共惠及 35.19 万人。人均增资每月 202.6 元，调整后的平均养老金每月 2065 元。出台《盐城市企业职工基本养老保险市区统筹实施办法》，在市本级、亭湖区、开发区和城南新区范围内实行统一的企业职工基本养老保险制度和政策规定、统一的缴费基数和比例、统一的支付制度、统一基金收支管理、统一基金预算编制管理、统一业务经办流程。将养老保险爱心助保范围从原来的破产改制企业大龄下岗失业人员扩大到失独人员、残障人士、因病致贫的个体就业人员。至年底，全市累计助保 2744 人，提供助保资金 3747 万元，有 1058 名助保对象办理退休手续，按月领取养老金。

全民参保登记计划试点　年内，全市实施社会保险全民参保登记计划试点工作。在启动阶段，印发《盐城市社会保险全民参保登记工作实施方案》，建立人社、公安、卫计等十部门信息共享机制，形成常住人口参保情况数据库，对筛查出的未参保人员、参保不全人员按照县（区）、镇（街道）、村（社区）三级进行定位，分配调查任务。在入户调查阶段，由村（社区）工作人员根据分配的名单，以户为单位，上门开展走访、调查、登记，了解居民就业状态和未参保原因，填写全民参保登记表，并将采集信息录入、上传至全省全民参保登记信息平台。至年，全市共完成入户调查 193.51 万人。

二、医疗保险

2015 年，全市职工基本医疗保险参保人数 127.5 万人，征收基金 33.39 亿元，城镇居民基本医疗保险参保人数 128 万人。全市帮扶低保、特困、重残等困难群体交纳城镇居民医疗保险费，托底保障受益人群总计 4.66 万人。在全省率先实现市、县、乡三级网络异地就医全覆盖。年内，各县（市、区）人民医院、中医院及新增 35 家乡（镇、街道）卫生院全部纳入省异地就医联网结算平台。全年核查参保患者

3.69 万人次。首次联动开展医保稽查专项行动，探索建立大市区联动稽查机制，对市区 325 家医保定点医疗机构和定点零售药店进行核查；开展异地稽查行动，与商业保险公司合作，逐步建立异地协查机制。

实行医疗保险经办服务规范化管理 年内，盐城在全省首家出台《盐城市医疗保险经办机构服务规范》，并于 9 月 1 日起在全市范围内推广实施。该规范从工作准则、服务标准、考核奖惩等方面做出详细规定，具体阐述医疗保险经办服务的职业精神、经办制度及纪律规章等，对医保经办工作人员的形象、行为、语言及经办机构场所等做出细致要求，并配套修订相应的考核奖惩办法，明确考核结果与绩效挂钩，实现服务质量目标化、服务模式规范化、服务过程制度化。

医保付费方式改革 年内，进一步扩大复合式结算实施范围，全市实现 100 个病种和 20 种日间手术按病种、按术种付费结算。支持城市公立医院医药价格改革，将公立医院价格综合改革后提高的医疗技术服务收费纳入医保支付范围，统筹基金对门诊诊察费进行定额贴补。支持分级诊疗，实行不同等级医疗机构差别化报销政策，医保报销比例向基层倾斜。

三、失业保险

2015 年，全市失业保险参保人数 72.63 万人，失业保险参保率达 90%，征收基金 4.46 亿元。全市共为 2.03 万名(新增 1628 人)失业人员发放失业保险金 1.06 亿元，市直共为 4487 名失业人员发放失业保险金 2895.4 万元。认真清收改制破产企业陈欠的失业保险费，加强失业保险的审核和稽核工作，规范参保单位的缴费行为，全年追收陈欠失业保险基金 1660.93 万元，其中市直清收 73.79 万元。落实省人社厅、财政厅《关于进一步做好失业保险支持企业稳定岗位工作的通知》精神，全年共为 4 家企业发放失业保险稳岗补贴 76.5 万元。

四、工伤保险

2015 年，全市参加工伤保险人数 84.49 万人，其中市区参加工伤保险人数 18.77 万人；全市工伤保险基金总收入 3.26 亿元，其中市区工伤保险基金总收入 0.82 亿元；全市工伤保险待遇支付 1.83 亿元，其中市区工伤保险待遇支付 0.35 亿元。制定《盐城市建筑施工企业务工人员参加工伤保险实施办法》，明确参保主体、参保程序、缴费费率、参保期限、人员管理、工伤待遇，建立部门联动把关机制。其中，按项目参保的缴费费率标准为市政工程按项目总造价的 0.06%，房屋建筑工程按项目总造价的 0.15%，拆除工程按拆除面积每平方米 1 元计缴工伤保险费。全年全市共有 220 个施工项目参加工伤保险。

五、生育保险

2015 年，全市参加生育保险人数 69.44 万人，其中市区参加生育保险人数 18.45 万人；全市生育保险基金总收入 1.29 亿元，其中市区生育保险基金总收入 0.4 亿元；全市生育保险待遇支付 1.12 亿元，其中市区生育保险待遇支付 0.48 亿元。

六、机关事业养老保险

2015 年，全市共有参保单位 3780 个，在职参保职工 12.42 万人，离退休人员 3.86 万人；全市机关事业单位养老保险收入 18.64 亿元，总支出 20.16 亿元。全市养老保险费当期收缴率为 99.95%，养老金社会化发放率 100%。市人社局开展调研，广泛征求意见，探讨改革难点问题以及人员编制解决思路，制定《盐城市机关事业单位养老保险制度改革实施办法》(讨论稿)。开展制度改革准备，梳理试点期间遗留问题，会同财政部门探讨研究相关问题的处理办法；按照省厅个人缴费核对工作方案，集中人力对参保职工信息进行整理和核对，确保历年缴费数据完整准确；开展视同指数测算工作，创新建立苏北五市协同开展指数测算的工作模式。

七、城乡居民社会养老保险

2015 年，盐城贯彻落实国务院、省政府办公厅《关于建立统一的城乡居民基本养老保险制度的意见》，开展春季扩面征缴突击工作，进一步巩固城乡居保参保和发放“两个全覆盖”，夯实被征地农民社会保障经办工作基础。全市城乡居民基本养老保险累计参保 190 万人，参保率 99.84%，续保缴费 174.29 万人，续保率 91.34%；新征城乡居保基金 10.31 亿元，累计结余 44.26 亿元；城乡老年居民领取基础养老金 126.34 万人，领取率 100%，发放基础养老金 15.63 亿元；全市被征地农民社会保障 28.16 万人，领取征地保障养老金 8.16 万人，被征地农民社会保障覆盖率达 100%。进一步提高城乡居民基础养老金待遇，由每人每月 90 元提升到 105 元。对残疾人、低保户、失独家庭等弱势群体爱心助保，地方政府给予部分或全部最低缴费档次的财政代缴补贴。2015 年全市共爱心助保 2.6 万人，地方财政补助 342.52 万元。

出台城乡居民基本养老保险制度 年内，市委、市政府出台《关于进一步完善城乡居民基本养老保险制度的意见》，将盐城市城乡居民社会养老保险制度更名为盐城市城乡居民基本养老保险制度，进一步完善缴费档次，设为每年 100 元～3000 元 15 个档次，其中 100 元的缴费档次，原则上只适用于重度残疾人、低保户等缴费困难群体。健全“多缴多补多得”激励机制，细化缴费补贴标准，市区执行统一的补贴标准：选择 100 元档次缴费的，每人每年补贴 30 元；选择 300 元～400 元档次缴费的，每人每年补贴 40 元；选择 500 元～900 元档次缴费的，每人每年补贴 60 元；选择 1000 元～1200 元档次缴费的，每人每年补贴 80 元；选择 1500 元及以上档次缴费的，每人每年补贴 90 元。对重度残疾人、低保户等缴费困难群体，各区财政为其代缴最低标准的养老保险费。建立丧葬补助金制度，参保人员死亡的，其个人账户资金余额可依法继承，并可享受城乡居民基本养老保险丧葬补助金，一次性发放1300元的丧葬补助金。

"四个不出村"标准化建设　贯彻落实《城乡居民基本养老保险服务规范》国家标准，打造升级版"四个不出村"（参保登记不出村、个人缴费不出村、权益查询不出村、待遇领取不出村）标准化服务，与市质监部门合作，联合制定《盐城市城乡居保四个不出村服务规范》，在服务平台、服务环境、服务人员、服务模式、服务内容及服务评价6个方面全面规范"四个不出村"便民服务，为全市社会保险标准化建设奠定基础。12月30日，《盐城市城乡居保四个不出村服务规范》正式发布。同时，在2014年调研认证基础上，建成人脸识别资格认证平台，试点推进社保卡和城乡居保标准化服务人脸识别系统，让参保人员通过网络及普遍摄像头完成身份认证，进一步提升经办服务水平和标准化程度。

被征地农民社会保障　1月起，全市上线运行征地保障信息管理系统，运用统一的信息软件经办征地保障个人账户、资金发放等项工作，实现数据动态监管。完善被征地农民社会保障人员和资金落实情况报批审核工作流程，推进征地保障工作规范化、制度化建设。按照农村最低生活保障新标准，同步调增大市区被征地农民社会保障资金标准，由原来的4.5万元调高到5.2万元，确保政策执行到位、保障落实到位。

八、规划财务和基金监督

2015年，市人社局按照"强化服务，规范管理"的工作理念，强化经费预算编制，硬化预算刚性，实行事前、事中、事后全程控制，严格执行八项规定和省、市委有关厉行节约规定，杜绝铺张浪费，全年三公费用保持较低水平。强化规划引领，组织相关力量编制"十三五"人社事业规划。强化调查统计，推进数字人社，初步建成覆盖市区、县（市、区）、乡镇（街道）、社区（村）的四级人力资源和社会保障统计工作平台，建立完善数据联网直报采集系统；编制月度统计资料，下发指标完成情况公布表，组织开展统计分析工作，全年向省厅推荐统计调查分析材料25篇。强化基金预、决算编制。对基金预算执行情况进行监督，确保基金预算编制科学合理，基金收入实现较快增长。强化基金监管，实行网上监督和现场监督，开展机关事业养老保险基金检查，组织射阳县开展社会保险基金安全评估试点，并对企业职工基本养老保险等8项保险基金进行内部审计。

（孙海燕）

第三节　社会救济

2015年底，全市共有城乡低保对象14.33万户24.02万人，其中城市低保对象2.44万户4.59万人，农村低保对象11.9万户19.43万人；城乡低保标准分别为每人每月490元和385元。"十二五"期间，共支出救助资金38.7亿元。全市共有农村五保供养对象2.72万人，其中集中供养1.08万人，集中供养率为40%；平均供养标准为集中供养每人每年8174元、分散供养每人每年6817元。同时，全市农村敬老院提档升级步伐加快，"十二五"期间新建、改扩建农村敬老院147个，达到省星级标准147个。全市慈善系统募集资金（款物）9314.68万元，支出资金（款物）8409.42万元，救助困难群众39.46万人次，其中市慈善总会募集资金（物资）6774.8万元，支出资金（款物）6513.2万元，救助各类困难群众26.5万人次。

临时救助　10月，全市下发《关于进一步做好困难群众临时救助工作的通知》，将所有遭遇突发性、紧迫性、临时性困难的家庭和个人纳入救助范围，给予临时救助。同时，对临时救助制度的对象范围、标准制定、申请审批程序、资金渠道等进行细化、实化。2011～2015年，全市累计实施临时救助9.5万户次，累计支出临时救助资金1亿元，帮助遭遇急难情况的家庭和个人渡过难关。

流浪乞讨人员救助　年内，全市各救助管理机构按照等级评定和规范化管理工作要求，推行人性化管理和服务，共救助各类求助对象4320人。其中，大市区共救助未成年人53人次，长期医疗寄养无主流浪精神人、智障人员96人，街头劝导、疏散流浪乞讨600多人次。

第四节　社会福利

2015年，全市新办福利企业5家，共有福利企业105家；新增残疾职工74人，共安置残疾人2452名。所有福利企业均与残疾职工签订一年以上劳动合同，为残疾职工缴纳基本养老、基本医疗、失业和工伤等社会保险，执行不低于当地最低工资标准的工资制度，并全部实现银行卡发放，维护了残疾职工的合法权益。根据《盐城市人民政府办公室关于加强孤儿保障工作的意见》要求，全面建立孤儿养育标准自然增长机制，机构养育孤儿基本生活保障标准每月1700元，社会散居孤儿每月1000元。

构建适度普惠孤困儿童福利体系　年内，市政府出台《关于推进适度普惠型儿童福利制度建设的实施意见》，成立市未成年人社会保护和适度普惠型儿童福利制度工作领导小组，进一步加快适度普惠型儿童福利制度试点工作步伐，努力打造适度普惠型儿童福利制度盐城品牌，构建以家庭养育为基础、机构收养为骨干、社会服务为依托、资金保障为后盾的适度普惠的孤困儿童福利体系，困境儿童基本生活补助为每月500元，监护人监护缺失儿童基本生活补助为每月800元。

（刘　苏）

第五节　执法维权

一、监察执法

2015年，全市接待来访咨询人员2.7万人，受理举投诉报案件1364件，书面审查用人单位2.05万户，巡查用人单位8740户；开展农民工工资支付情况、清理整顿人力资源市场秩序、社会保险全覆盖、劳务派遣用工企业专项检查等一系列专项行动。通过专项检查，共责令用人单位累计为3365万名劳动者补签劳动合同；责令176户用人单位为1023名职工办理社会保险登记手续；督促518户用人单位为2070名劳动者补缴社会保险费1011.9万元。全面运行全省联动举报投诉平台，所有举报投诉信息全部通过平台予以反映和运行，实现“一点举报投诉，全市联动受理”。2015年全市联动举报投诉平台共受理咨询、投诉、举报等2.13万条，全省联动举报投诉平台的有效运行，进一步畅通劳动者举报投诉渠道，开辟劳动者维权绿色通道。开展“劳动监察效能提升年”活动，加强劳动保障监察队伍及作风建设。全市共配备81名专职劳动保障监察员、192名兼职劳动保障监察员和488名劳动保障协理员。

“两网化”管理　年内，进一步优化网格设置，全市共设置一级网格137个、二级网格466个，兼职监察员192人，网络联通率100%。结合“两大体系建设”工作要求，提升网格运行效能，动态维护用人单位信息2.29万条，网上办理案件1263条，录入书面审查用人单位信息2.04万条，采集入库用人单位2.33万户，录入日常巡查用人单位信息8740条，录入专项检查信息2321条，网格预警监测单位837户，开展法律法规宣传276次，指导服务单位8633户，网格调处矛盾纠纷3495户。开展劳动保障监察两网化示范县（市、区）创建活动，亭湖区被评为省级示范创建区。

农民工工资支付专项检查　年内，全市建立住建、工会、工商、国资、公安等部门解决农民工工资支付问题长效机制，实行24小时值班待警制度，投诉举报电话“12333”畅通，建立农民工工资支付绿色通道，并在全市范围内开展农民工工资支付专项检查活动。全市共抽调185人成立36个检查组，对831个用人单位进行检查，涉及劳动者9.66万人，督促责令支付1.04万农民工工资6283万元。全市20起拖欠工资案件移送公安部门处理，维护了农民工的合法权益。

二、劳动人事争议调解仲裁

2015年，全市各级劳动人事争议仲裁机构和调解组织共接处案件3596件。其中，基层调解组织调解受理案件1980件，仲裁机构立案受理案件1616件。在仲裁机构立案受理案件中，涉及职工1853人，涉案金额达6629万元，当期结案1610件，累计结案率为98.1%。另外，调解专家通过省劳动人事争议调解服务平台受理案件151件，调解成功率81.76%，专家工作满意度达100%。集体争议引发群体性事件为零。仲裁重点指标全面超额完成。抓好省级调解服务平台的推广运用。下发《盐城市人力资源和社会保障局关于进一步提升调解服务平台运行效能的通知》（盐人社法〔2015〕9号），指导县（市、区）加强省级平台运行工作，对省级平台的媒体宣传、窗口公示、案件考核作了统一规定。年末公示县区平台运行案件量，按标准组织考核，有效提升县区重视程度。全年全市上调解平台案件数占立案总数比例近10%，调解专家的工作得到省厅肯定和推广，在《新华日报》刊文宣传。年内，东台市金海街道、阜宁县郭墅镇（澳洋工业园）作为全省基层调解组织建设示范试点项目，受到省人社厅通报表扬。9月，人社部调解仲裁司领导到大丰检查指导工作，乡镇（街道）基层调解组织建设得到上级肯定。

三、农民工服务

年内，盐城研究出台《盐城市关于进一步完善新盐城人服务体系的实施意见》（盐政办发〔2015〕55号），为外来人才在盐就业创业、安家落户提供政策支持和组织保障。组织开展盐城市农民工综合服务中心建设提升年活动，指导各地整合公共服务资源，步完善服务功能，提升服务水平，为农民工提供一站式、一条龙服务。至年底，全市建成农民工综合服务中心82个，创建3家省级示范服务中心，评选14家市级示范综合服务中心。盐城陈二霞等3人被国务院农民工工作领导小组评为全国优秀农民工。推进家庭服务业技能培训工作，全年有8398人参加家政服务员、育婴师、养老护理员等专业培训并获得技能证书，有2964名农民工享受农村劳动力培训补贴。组织举办第四届盐城市家庭服务业职业技能大赛，60名选手参加家政服务员、养老护理员和育婴师3个专业比赛。组队参加2015年全省家庭服务业职业技能大赛，获团体总分第一名和家政服务员、养老护理员2个单项第一名的优异成绩。

四、劳动工资水平

2015年，为进一步深化收入分配制度改革，提高劳动报酬在初次分配中的比重，落实企业职工工资正常增长机制，形成合理有序的收入分配格局，根据省人力资源和社会保障厅《关于促进居民收入七年倍增中缩小不同群体收入差距工作指导意见》（苏人社发〔2012〕277号），结合全市2014年经济和社会发展状况及2015年经济和社会发展目标，明确2015年全市企业工资增长指导线为12%。

（孙海燕）

第40章 社会事务

责任编辑 赵 丽

第一节 双拥优抚

一、双 拥

2015年，盐城市顺利通过新一轮全国双拥模范城省级考评。全市7个县（市、区）获“省双拥模范城”称号，47个镇（街道）被表彰为盐城市双拥模范镇（街道）。年内，盐城制定下发《2015年度军地互办实事计划》的通知，全市与驻盐各部队继续开展“军地互动、互办实事，我为双拥争贡献”活动，结对子数450个，办实事数439个，重点实事数16个，重点实事投入资金3007万元，合计总投入资金3582.6万元。同时，部队主动与地方基层单位及个人结对子数217个，实事数204个，投入资金62.5万元。年内，大市区在部队子女就学方面，凡符合学前教育及义务教育条件的42名军人子女全部进入到具有优质资源的学校就读；报考高中及职业教育的，有40多名军人子女按有关规定享受到升学优惠政策。加大行政调配安置及补偿办法，按积分选岗方法，一次性安排军嫂进社区工作46名，另有110人选择领取一次性自谋职业补助金，落实8名军人及部队职工经济适用房指标。

二、优 抚

2015年，全市共为6.15万名重点优抚对象支付抚恤、定补经费达3.33亿元。各县（市、区）全部按不低于上年度城镇居民人均可支配收入45%标准发放的要求，兑现2014年度城乡义务兵家庭优待金，共为7350多名义务兵家庭发放优待金7825万元。优抚对象的抚恤补助标准得到大幅提高，至2015年，一级因战残疾军人抚恤补助标准增加到每年52360元，农村烈属抚恤补助标准增加到每年19373元，抗战复员军人抚恤补助标准增加到每年13283元。

三、安 置

2015年，盐城出台《盐城市市直符合政府安排工作条件退役士兵积分选岗办法（试行）》，进一步加强组织领导，制定科学方案，健全考核体系，完善监督机制，推进积分选岗工作健康持续发展。年内，全市接收上一年冬季退役士兵学员3985人，参加教育培训3513人，参训率88.2%。参加中高级职业技能培训并通过技能鉴定2638人，通过率达85%，参加初级职业技能培训并通过技能鉴定345人，通过率达97.5%，合计通过技能鉴定2983人，通过率达90%以上。（刘 苏）

第二节 慈善事业

一、盐城市红十字会

2015年，全市各级红十字会通过“人道万人捐”“企业专项救助基金”“定向捐款”等方式共筹集各类人道救助金751.98万元，为红十字会开展人道救助工作奠定基础。举办以“博爱百年、惠及民生——红十字在行动”为主题的盐城红十字会建会100周年系列宣传纪念活动，召开“我与红十字的故事”——盐城红十字会建会100周年座谈会。组织红十字青年参加总会纪念红十字运动基本原则通过50周年红十字青少年文化衫设计大赛，盐城师范学院红会推荐章馨月的作品获得一等奖。年内，市红十字会在媒体用稿605篇，被中国红十字会总会表彰为地（市）级报刊宣传工作先进集体特等奖；被省红十字会、省文明办、省教育厅、省卫计委、团省委、省志愿者协会6单位表彰为2015年高校“博爱青春”志愿服务活动组织奖；获全国红十字青少年自救互救知识竞赛一等奖。至年底，全市共有基层组织1198个，会员64.15万人，志愿者1.71万人。

备灾救灾　年内，做好尼泊尔和西藏地震募捐救灾工作，全市红十字会系统共接受社会各界尼泊尔、西藏地震捐款6.6万元。修订完善《盐城市红十字会自然灾害应急预案》，提高市红十字会备灾救灾工作水平和应急救援能力。普及防灾减灾知识，举办防灾减灾知识竞赛，在全市大、中、小学校组织6万名学生参加全国红十字青少年自救互救知识竞赛，市红十字会获地（市）级单位一等奖。市红十字会联合市消防支队在市明达中学开展中学生火灾逃生演练活动，1200名师生参加演练。

博爱助困　2015年元旦、春节期间，全市红十字会系统开展第19个“红十字博爱送万家”活动，累计发放368.55万元救助款物。其中，市红十字会组织筹划七项送温暖系列活动，救助社会困难群众。参加全市2015年文化科技卫生“三下乡”活动，向响水县响水镇捐赠价值13.58万元的慰问物资；慰问社区困难群众、失能老人、麻风休养员、贫困中小学生、结对帮扶、牵手致富困难家庭等。

博爱助学　推进“红十字博爱助学”项目，加大对孤儿和贫困学生的救助力度。市红十字会与爱心企业、爱心人士分三批次为110名贫困学生发放定向助学款；开展2015年“圆梦起航——红十字博爱助学”活动，向全市50名贫困家庭大学新生发放15万元助学款。市红十字会向市儿童福利院捐赠2万元慰问金和60份“六一”礼物。市红十字会“仁爱妈妈”志愿者每周双休日安排志愿者服务市儿童福利院孤残儿童。2015年，全市红十字会系统共救助孤儿和贫困学生4385人次，发放救助款物251.85万元。

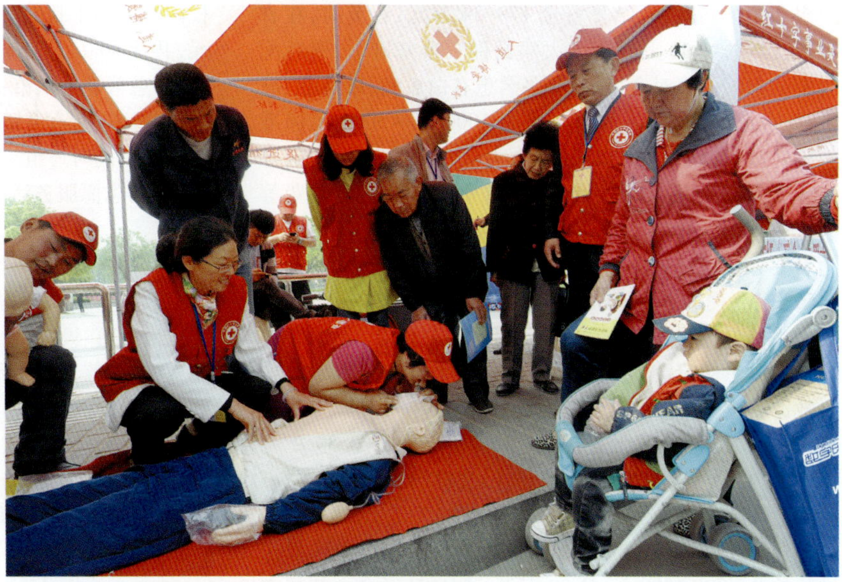

市红十字志愿者指导市民学习救护技能。

博爱助医　实施“红十字博爱助医”项目，市红十字会每周会办重大疾病困难群众救助申请，确保符合救助条件的大重病困难群众一周内领到红十字会救助金。市红十字会与市卫生局联合开展“关爱生命红十字助医惠民”助医款发放活动。2015年，全市红十字会系统博爱助医，共救助困难患者3691人次，发放助医款202.43万元。

博爱助老　开展2015年情暖夕阳——红十字博爱助老捐赠活动，市红十字会向市社会福利院捐赠2万元慰问金，向亭湖区5个街道150名生活困难老人、失能老人发放15万元救助款。慰问大丰区麻风残老村10名休养员、亭湖区2个街道50位失能老人。市红十字会“仁爱之子”志愿服务队每周安排志愿者排班服务市社会福利院老人，为老人做保健足疗、理发、读书、表演节目，陪老人聊天、逛公园等。3月，中国红十字会总会事业发展中心在射阳县举行中央专项彩票公益金支持失能老人养老服务项目江苏省资助物资发放活动，全市2家养老机构获得40万元捐赠。全年，市红十字会系统博爱助老，共慰问关爱老人1951人次，发放救助款物107.69万元。

志愿服务　年内，市红十字会与市文明办联合开展“救在身边”应急救护志愿服务培训项目，市红十字会无偿献血志愿服务队队长陆仁平成为盐城市和全省红十字会系统唯一入选“全国志愿服务‘四个100’先进典型”。省红十字会在盐城召开全省志愿服务工作现场会，市红十字会“仁爱妈妈”关爱孤残儿童项目在总会志愿服务工作会议上交流。市红十字会与市文明办联合在全市开展优秀红十字志愿服务组织和优秀红十字志愿者评选活动，共表彰优秀红十字志愿服务组织20个，优秀红十字志愿者51名。

群众性应急救护培训　年内，全市各级红十字会组织实施省公益性百万救护培训项目。全年，完成公益性救护员培训1.14万人，普及性培训9.23万人。市红十字会在市明达中学组织实施总会红十字生命健康安全教育项目，共完成救护员培训1200名、亲子讲座1600人、群众性应急演练1000人、主题宣传活动任务4次，学校安全教育与体验活动2次，并在总会项目推进会上介绍全市项目开展工作经验。

造血干细胞及器官捐献　年内，全市共完成造血干细胞采集884份，初配再动员172人，高分辨检测41人，体检13人，成功捐献6人，其中有1人二次捐献，2人涉外捐献。至年底，累计有33名造血干细胞志愿者成功捐献。年内，全市有3人实现器官捐献，1人实现眼角膜捐献，共捐器官10个，眼角膜1对。累计有11人捐献器官31个、眼角膜2对，3人捐献遗体。市红十字会捐献造血干细胞志愿服务队李海龙、郑小祥分别被评为2015年“中国好人”。

无偿献血　年内，市红十字会发挥无偿献血志愿服务队的作用，每周安排志愿者在市、县采血点开展宣传服务工作。市级机关红十字会开展“崇德向善　奉献爱心”为主题的市级机关党员干部无偿献血活动，175名党员干部无偿献血4.5万毫升。盐都区红会组织教育系统开展连续第15年无偿献血活动，又在郭猛、大冈、龙冈、北龙、新区等地开展10场次集中献血活动，参与的会员和志愿者达1250人，献血总量超30万毫升。（王　蕙）

二、盐城市慈善总会

2015年，全市慈善系统募集资金（款物）9314.68万元，支出资金（款物）8409.42万元，救助困难群众39.46万人次，其中市慈善总会募集资金（物资）6774.8万元，支出资金（款物）6513.2万元，救助各类困难群众26.5万人次。至年底，全市有2512个乡镇、村居以互助联合会、村帮办等形式，完成慈善分会和慈善工作站建设任务，基本实现基层慈善组织全市全覆盖。市慈善总会建立注册志愿者队伍8支，成员3000多名；个人注册志愿者300多名。

大病救助　年内，市慈善总会为201名患者向省总会申报儿童大病救助，结算资金179.34万元；春节前，在省总会支持盐城60万元成人大病救助资金基础上，继续配套资金50万元，对全市1000多名患有白血病、尿毒症、肝重症、肿瘤、各类癌症等患者实施1000元～5000元标准的临时救助；利用协和助医资金为低保、残疾人、大病等3350名困难对象减免医药费、挂号费、手术费、住院费等共计40.1万元；慈善特药发放点为全市近400名格列卫、达希纳、易瑞沙、特罗凯特药患者提供赠药发放服务，发放3356人次，援助药品价值6275.2万元；举行血友病患者援助项目启动仪式，建立血友病项目专项资金，组织3次血友病医患交流会。年内为全市32名血友病患者发放项目救助资金11万元；建立健全慈善血透中心，募集专项资金120万元，救助尿毒症患者110名，支出资金30.2万元。年内，慈善总会及各级慈善、民政机构用于爱心超市资金达340多万元。

特困救助　联合市妇联对大市区300户特困单亲母亲进行救助，每户1000元，计30万元。同时还联合永辉超市举办“永辉助困爱心卡”发放仪式，现场向受助的100名特困单亲母亲发放每人1000元超市爱心卡，计10万元。春节前，慈善总会支出65万元，采购大米、食用油等物资，对全市城乡近3300户特困家庭、下岗失业困难人员、低保对象等进行慰问。开展“情系困境儿童”资助行动。在助残日期间，慈善总会支出4万元专门对市儿童福利院、残疾儿童康复中心的孤残儿童进行慰问。支出10万元对残疾儿童康复中心各教室装备现代化电子教学设备。联合盐城四季服装城、盐城书城募集价值10万元童装，2000册图书及书包、雨伞等学生用品，分别资助市儿童福利院、市康复中心及盐都区部分困境儿童。为射阳卢公祠小学招募专业志愿者老师，开展送教进校园活动，向省总会争取10台热水器，初步解决在校学生的洗浴困难。开展“暖心助学”行动。市慈善总会联合中行分会对3名特别困难的大学生进行资助，每人每年1.2万元。联合市福彩中心开展驻盐高校困难大学生救助活动，救助困难大学生200名，每人2000元，共计40万元。开展“夕阳助老·亨威有爱”助老活动。年内，慈善总会从市亨威集团募集了价值100万元的西服，赠送给全市所有乡镇敬老院的8900多名住院老人，每人一件西服。同时还组织志愿者到市福利院开展“夕阳下的温暖”慈善志愿服务活动。

“大爱盐城·情暖人间”慈善救助活动　1月18日，市委市政府举行“大爱盐城·情暖人间”慈善救助活动。动员全市教育、民政、人社、卫计、工会、妇联、残联等部门筹集资金，建立慈善救助大平台，对大病患者、特困对象、残疾家庭、失独家庭、单亲母亲、困境儿童、孤寡老人、优抚对象、困难职工等开展救助慰问活动。仪式上播放“厚德广行·大爱盐城”慈善专题片。市领导为各类困难对象代表发放慰问金，同时举行慈善项目认领仪式，共有10家单位参与项目认领，募集2016年度慈善项目资金1.66亿元。

第三节　民政管理

一、基层政权

2015年，全市第十届村委会换届选举进行，各村都建立健全村民议事制度、村委会工作制度、村务公开制度、民主理财制度和《村(居)民公约》五项民主管理制度，推选产生村民代表和小组长以及村委会下属配套组织，重新修订完善《村民自治章程》，建立村民代表会议和村民议事会等民主决策、民主协商制度，有效促进村民自治制度化、规范化和程序化，提高村级自治组织的自治能力。各地将民主议事作为城乡基层民主协商活动的有效途径，推行完善以“四个民主”即民主选举、民主决策、民主管理和民主监督为主要内容的民主议事制度，总结推广村民道德评议会、党群民主议事日、村情发布会、开门议事制等做法和经验。

建湖颜单镇马路村民主选举村干部。（张友余　摄）

二、社区建设

2015年，全市继续抓好“政社互动”(即推动实现政府治理和社会自我调节、社区居民自治的良性互动)、社区减负和“三社联动”(推动形成以社区为平台、社会组织为载体、社会工作专业人才队伍为支撑的融合发展机制，不断提升社区专业化社会化服务水平)三项重点工作。建立政府购买服务制度，保证社区责、权、利相统一，坚持示范带动、面上推进，每个县(市、区)重点抓好10个典型示范社区，培育社区社会组织，建立孵化中心，降低登记门槛，将更多的社区草根社会组织纳入到社区建设的体系中来。逐步改善社区工作者队伍的素质结构，提高报酬待遇，统一大市区社区工作者的工资标准，加强培训考核，增强社区工作者的业务能力、服务水平和责任意识。在大市区，社区工作者工资中财政补助部分提高到每月2300元，社区办公经费从8万元提高到12万元。

三、区划地名

2015年8月，经国务院批准，撤销县级大丰市，设立盐城市大丰区。全年，全市共有96个镇、25个街道办事处、1823个村、627个居委会。年内，市政府制定《盐城市地名管理办法》，规范地名更名工作，全市命名、更名道路和小区地名命名、更名共30条，其中命名、更名道路5条、小区地名命名30条，并及时在盐城地名网站予以公布。

四、社团管理

2015年，全市登记社会组织7987个，其中社团4409个，民非3575个，基金会3个，全市万人拥有社会组织9.7个。市政府制定出台《关于促进社会组织改革发展实施意见》，对改革社会组织登记管理办法、鼓励社会组织加快发展、推动政府管理体制改革、加大政策培育扶持力度和加强社会组织自身建设等方面都作明确规定。

五、婚姻收养

2015年，推行免费婚姻登记制度，婚姻登记规范化建设不断加强，服务管理水平明显提高，并与全国婚姻登记系统联网，大丰、盐都、阜宁3个婚姻登记机关获"国家AAA级婚姻登记机关"称号。开展收养评估工作，规范收养行为。全市共办理结婚登记9.52万对，离婚登记1.65万对，收养登记126例。

六、殡葬管理

2015年，全市所有县(市、区)实行全民普惠殡葬政策，全年共迁移散坟7.4万座，遮挡较大规模墓群830处，规划公益性公墓459个，建成330个，在建89个。(刘　苏)

第四节　人口和计划生育

2015年，全市人口出生政策符合率96%，全市人口自然增长率稳定在4.39‰以内，出生人口素质进一步提高，出生人口性别比逐步趋于正常，流动人口计划生育免费服务实现全覆盖。修改实施《盐城市关于特殊情形再生育一个孩子的规定》，深化生育服务证制度改革，出台《关于进一步规范办证服务工作的通知》。强化出生人口动态监测，"单独两孩"政策平稳实施，全年全市共受理再生育申请1.9万户，其中单独两孩受理1.22万户。全面落实计划生育特殊家庭帮扶政策，年内，全市奖扶对象累计11.7万人、特扶对象0.74万人，市直和县(市、区)退休企业职工、城镇非从业居民一次性奖励金发放初步建立长效机制，实行常态化登记逐年发放。出台《关于进一步做好计划生育特殊困难家庭扶助工作的通知》和《计划生育特殊困难家庭救助资金管理办法》，市财政每年安排100万元设立计划生育特殊困难家庭专项资金，同时为49周岁以上独生子女父母购买人身意外伤害综合保险，共发放救助金29.9万元。走访慰问计划生育困难家庭7.5万户，帮扶1.3万户，关爱留守老人和留守儿童1.6万户。在全省率先开展失独家庭心理援助工作，举办2期计划生育心理援助培训班，组织编写的《失独群体心理援助工作指南》在全省印发。

幸福家庭建设　开展"婚育新风进万家"活动、"关爱女孩行动"和"圆梦女孩志愿行动"，转变群众生育观念，促进社会性别平等。加强对大丰区大中镇恒北村"新家庭计划——家庭发展能力建设"的典型培植，以家庭保健、科学育儿、养老照护、家庭文化为重点内容，实施新家庭计划，提升家庭发展能力。年内，评选表彰2015年幸福家庭建设示范县(市、区)3个、示范镇(街道)20个、示范村(居)200个，示范户500户。

"十二五"人口计生终期评估　召开全市"十二五"人口计生终期评估及人口协调发展先进县(市、区)评审工作会议，印发《"十二五"人口和计划生育目标管理责任制终期评估及人口协调发展先进县(市、区)评审工作方案》，成立市委、市政府分管领导任组长的"十二五"人口计生评审工作领导小组。市卫生计生委成立评估创建迎查迎评工作机构，组织县级自查市级复查工作。对照人口协调发展先进县(市、区)三大类19项指标，围绕单独二孩及稳定低生育水平等12项重点，组织县级自查工作。9月下旬，全市组成4个调查组，对各地"十二五"人口计生目标管理责任制终期评估、人口协调发展先进县(市、区)评审县级自查情况进行复查。12月上旬，市本级及射阳县、大丰区顺利通过省级评审验收。

流动人口计生服务　开展元旦、春节流动人口卫生计生关怀关爱专项行动，关爱在流入地过节的流动人口，关爱返乡农民工，关心留守老人、妇女和儿童。开展流动人口便民维权工作，规范办事程序。办理流动人口卫生计生政策咨询、相关投诉和举报，实行一次性告知，限时办结，首接责任和承诺制度，实现"一站式"办理。建立健全"一站式"计生便民服务窗口，方便流动人口15分钟之内能得到更加便捷的服务。开展全员跨省流动人口个案信息核查，共核查个案信息31.42万条。开展2015年全国流动人口卫生计生动态监测工作。强化社区流动人口卫生计生网格化服务管理，流动人口卫生计生服务管理率达95%。全市创新流动人口计划生育药具"关怀式服务"新机制，免费避孕药具获得率100%。加强与苏南、上海、浙江等地盐城流动人口集中区卫生计生部门的协调配合，建立协管协议，开展流动人口卫生计生服务管理"一盘棋"工作。开展"流动人口服务到户、满意百分百"服务品牌创建活动，举办"牵手留守儿童、贴心生育关怀"主题活动，组织留守儿童代表演讲，举

办文艺演出，现场召募志愿者与留守儿童结对，发动全社会关爱留守儿童。（刘海峰）

第五节　关心下一代工作

2015年，市关工委编写《铭记历史，缅怀先烈，珍爱和平，开创未来》宣讲稿发到各基层关工委。全市各级关工委参与宣讲的“五老”（老干部、老党员、老劳模、老工人、老教师）3076人，共宣讲1950场次，受教育青少年113万多人次。暑假期间，组织青少年走访新四军老战士、抗日老民兵、亲历亲闻日军暴行的老人和抗日英烈亲属举行座谈会，听老人讲抗日故事。各地还组织青少年参观抗日纪念地、烈士陵园102处，组织“弘扬抗战精神”演讲1383场次，参加听讲的大中小学生81.2万人次。举办抗战图片展览和抗日文艺节目演出1345场次，观看展览、演出的大中小学生67.05万人次。组织青少年参加省关工委“阳光少年网”举办的“我心目中的抗日老英雄”征文评比活动，有29人获特等奖，136人获一、二等奖，市关工委和大丰区关工委获优秀组织奖。8月25日，在纪念中国关工委成立25周年暨全国关心下一代工作表彰大会上，滨海县关工委、市民营经济关工委被中央文明办、中国关工委表彰为全国关心下一代工作先进集体，阜宁县李永光、大丰区卞文乐、射阳县李余礼、东台市杨健、盐都区王云玲被表彰为全国关心下一代工作先进个人。

结对帮教青少年　年内，全市关工委系统开展“学法崇德”主题教育活动。盐都区关工委的“夕阳红”青少年法治宣传队，分成4个小组，对全区48所中小学校逐一登门，宣讲一次青少年必知的法律知识，受教育中小学生5.6万人。参与社区矫正工作。全市有社区矫正犯人3762人，其中青少年1450人，各级关工委共动员组织“五老”3425人参与帮教。各级关工委组织2500多人参加“五老”网吧义务监督员队伍，每个网吧均有2～3人保持常年监督。监督内容从网吧逐渐延伸到电子游戏机经营场所；监督范围从市区、县城扩大到城乡结合部和基层镇村；监督形式从就地就近发展到异地查访。

科技帮扶农村青年　年内，市、县（市、区）两级关工委先后动员组织老科技1599人，在镇、村设立实用科技咨询点707处，通过定期不定期送科技下乡，先后培训青年农民9.73万人。市关工委与市农委每两年评选一次青年农民创业示范基地和青年农民创业之星。至年底，全市评选出青年农民创业示范基地514处，青年创业之星430名。10月，市农委关工委在全省农业系统关工委青年农民创业示范基地建设（盱眙）现场推进会上作经验介绍。

扶困助学　全市各级关工委继续开展扶困助学活动。8月，市关工委在“金秋助学行动”中，在大市区直接资助大中小学生63名，共资助5万元。市民营经济关工委成立省关心下一代基金会盐城分会并捐资77万元，资助大中小学生45人。全市关工委系统向省“利群阳光助学行动”推荐贫困大学生105人，在《扬子晚报》公示后，每人获得资助5000元，共52.5万元。向南京爱德基金会推荐贫困中小学生38人，共资助5.12万元。向省《关心下一代周报》申报“冰凌花”助学金133人，其中一等奖10人，每人1000元，其余每人500元，共7.15万元。全市各县（市、区）关工委扶困助学总人数1.03万人，资助总金额236.11万元。

全省民营经济关心下一代工作现场推进会在盐城召开

12月29～30日，省工商局、省关工委在盐城召开全省民营经济关心下一代工作现场推进会。总结推广盐城市工商局党组重视并抓好关心下一代工作的做法和经验，研究部署在市场监管体制调整和基层机构改革的新形势下，进一步推进全省民营经济关工委工作不断创新发展。与会人员参观市工商局民关工委、盐城市直属市场民关工委和江苏森风集团关工委的工作现场，市工商局、民营经济关工委和阜宁县市场监督局等在会上作经验介绍。省关工委主任曹鸿鸣、省工商局局长王元慧先后讲话，要求认真学习盐城经验，进一步做好全省民营经济关心下一代工作。（陆　舰）

第六节　老龄事业

2015年，全市继续推进“安康关爱行动”，低保、“三无”“五保”及80周岁以上老年人群的基本保险费用由县（市、区）财政承担。鼓励老年人积极参保，在限额内多购老年人意外伤害综合保险的，地方财政可予适当补贴，全市参保率达到20%以上。各县（市、区）均落实尊老金发放制度，全市426名老人按照80周岁至89周岁每月50元，90周岁至99周岁每月100元，100周岁以上每月300元的标准享受到尊老金政策。至年底，全市有公办养老机构156家，其中城镇福利院9家、镇敬老院147家，民办养老机构95家，城市社区居家养老服务中心（站）覆盖率为100%，农村社区居家养老服务中心（站）覆盖率达80%，共有各类养老床位5.36万张，每千名老人拥有养老床位数36.5张（按常住人口算），社会养老服务体系建设和养老服务业发展取得了初步成效。全年，全市培训初级养老护理员2500余名，全市养老护理员持证上岗率达85%以上，“医养融合”模式全面探索推行。大部分县（市、区）均建成一所床位300张以上的综合性福利机构。

2015年全市百岁老人分布情况

表40－45

地　区	人　数
合　计	500
响水县	36
滨海县	73
阜宁县	50
射阳县	57

续表 40－45

地　区	人　数
建湖县	20
东台市	176
大丰区	49
亭湖区	21
盐都区	16
开发区	1
城南新区	1

第七节　残疾人事业

2015 年，市残联开展残疾人就业、残疾人康复、特困残疾人救助等各项工作。为整合大市区残疾人教育、康复、托养资源，3 月 27 日，市残疾人托康教就一体化综合服务基地项目开工建设，工程主体完成封顶，同时启动市残疾人康复中心建设工程。12 月初，举办全市第二期镇(街道)残联理事长培训班。不断争取提高镇(街道)残疾人专职委员待遇，全市残疾人专职委员待遇普遍提高到最低工资标准的 1.3～1.5 倍。年内，盐城市残疾人运动员汤红霞在参加第九届全国残疾人运动会比赛中，获铅球和铁饼项目 2 枚银牌。汤红霞、杨长春被表彰为全省自强模范，彭亚玉、欧海龙被表彰为全省优秀残疾人工作者，李凤祥、姚明祥、龚仕宏被表彰为全省扶残助残先进个人，大丰义工联合会、响水县黄海残疾人互助互济会、建湖县特殊教育学校被表彰为扶残助残先进集体，市残疾人就业服务中心、盐城博爱康复医院、阜宁县残疾人康复中心被表彰为残疾人之家。

一、残疾人康复

2015 年，全市加快残疾人康复服务体系建设。与市人社局、卫计委等部门组成专家组，对全市残疾人康复服务机构进行等级认证，全市共确认 33 家定点康复机构，其中一级机构 27 家，二级机构 5 家，三级机构 1 家。年内，市残联争取国家和省听力残疾人助听器救助项目，通过项目向上争取贫困聋儿助听器 176 台、西门子成人助听器 50 台及省残疾人福利基金会捐赠的成人助听器 290 台。至 9 月底，全部捐赠适配到位。落实贫困精神病人免费服用二代抗精神病药物政策。与市人社局、卫计委、财政局、民政局等部门联合出台《盐城市区贫困精神残疾人免费基本用药实施办法(暂行)》，建立病情稳定期贫困精神残疾人日常基本用药保障机制，为纳入基本医保范围的城乡贫困精神残疾人免费提供基本的精神类药物治疗。

0～6 岁残疾儿童基本康复　年内，全市建立残疾儿童筛查及随报工作机制，对所有 0～6 岁残疾儿童提供免费基本康复服务，新筛查 1559 名残疾儿童，并且落实定点康复机构；开展 7～14 岁残疾儿童康复救助试点工作，有 198 名符合条件的残疾儿童得到康复救助。累计向上争取残疾儿童康复资金 2000 多万元。对全市 7300 多户残疾人家庭实施辅助器具适配和家庭无障碍环境改造。6 月 1 日，市委书记朱克江视察市残疾儿童教育康复中心，提出要将全市聋儿人工耳蜗植入等费用采取政府扶持、社会募捐和儿童家庭自筹的方法解决，让符合条件的聋儿能及时接受手术，并经过康复训练让他们更好地融入、参与社会。市残联在全市组织开展植入人工耳蜗聋儿筛查工作，争取将全市聋儿优先纳入中央财政专项补助资金实施的中低收入家庭聋儿(人工耳蜗)康复救助项目、中国残疾人福利基金会实施的“听力重建　启聪行动”项目。至年底，有 25 名聋儿进行植入手术，还有 23 名聋儿将在2016 年接受手术。

二、残疾人就业创业

2015 年，市残联共举办 11 期培训班，包括就业工作人员培训班、岗前培训班、雇主培训班、淘宝客服培训班、电子商务培训班等，培训残疾人 472 人。全市共培训 2286 人，推荐和实现就业 1700 人。与市财政局联合出台《盐城市区扶持残疾人自主创业意见(暂行)》，对残疾人自主创业或农村残疾人从事种植、养殖业给予 3000 元～5000 元的资金扶持，市区共向 27 个自主创业残疾人发放补贴资金 10.3 万元。市残联还争取到盐城农商银行 50 万元捐款，用于扶助贫困残疾人自主创业和扶持残疾人扶贫基地。与财政部门协商，对按比例和超比例安排残疾人就业单位发放按比例补贴和超比例奖励，共对 228 个单位发放补贴和奖励资金 99 万元。开展残保金征缴工作，市残联共年审单位 1.16 万家，其中市区 3104 家；认定小微企业 2801 家，其中市区 1586 家；就业残疾人 3586 人，其中市区 765 人；共征收残保金 9048.24 万元，市区 2766.64 万元。2015 年，全市已进入运行或试运行的 6 家县级托养中心共对 336 名残疾人开展托养服务，并初步开展残疾人辅助性就业劳动项目，安排 117 名残疾人就业，残疾人月收入100 元～300 元。

残疾人专场招聘会　年内，盐城举办“助残就业、同奔小康”千企万人专场招聘会，市内外 40 多家企业参会，用人单位进场招聘残疾员工，提供 380 多个就业岗位，近 600 名残疾人寻找就业岗位。机关事业单位单列职位招考残疾人取得突破，在全市事业单位统一招聘考试中，响水县残联下属事业单位录用 1 名残疾人。

三、残疾人生活保障

2015 年，盐城在现有市区重度残疾人实施托底救助的基础上，向各县(市、区)延伸，实现全市残疾人享有基本民生托底救助。有 4.5 万名残疾人纳入城乡低保；5.3 万名残疾人领取无固定收入重度残疾人生活救助、低保家庭重度残疾人生活救助、低保家庭重度残疾人生活补贴和一户多残、以老养残家庭生活补贴，年发放金额近 1.8 亿元；向 1.7 万名重度残疾人发放护理补贴 1660 万元，全年累计发放各项补贴资金近2亿元,其中省补资金近5000万元,补贴对象达7万人次。努力将残疾人全部纳入国家基本社会保障制度,全市有2.3万名和7.6万名困难残疾人分别享受城乡居民基本养老保险和基本医疗保险补贴的政策,14.5万名持证残疾人基本实现城镇居民医疗保险和新型农村合作医疗全覆盖,8.3万名残疾人获得医疗救助。

残疾人服务状况和需求专项调查 按照全国统一部署,从2015年1月1日起,全市2618个调查队、5300多名调查员、陪调员开展全国残疾人服务状况和需求专项调查的入户调查。全市共调查2609个村(社区),13.77万名残疾人和4089名非持证残疾儿童,完成率和入户调查率均在96%以上。经逐级验收,数据质量符合国家和省标准。为充分发挥调查数据的作用,市残联委托盐城师范学院公共管理学院对调查数据进行分析研究,并根据分析的初步成果,针对调查中反映出来的残疾人社会保障方面存在的突出问题,提交市政府常务会议研究。市政府决定对县(市、区)落实残疾人社会保险补贴等政策情况开展专题督查。

(夏景林)

第八节　民族宗教事务

2015年,全市民宗系统准确把握新时期民族工作主题和党的宗教工作基本方针,主动作为,全市保持民族和睦、宗教和顺、社会和谐的良好局面。4月,中央政治局常委、全国政协主席俞正声在江苏省专题调研基督教工作,期间召开有关方面座谈会,听取盐城和滨海县基督教工作情况汇报,并给予充分肯定。6月,市民宗局被省政府表彰为全省民族团结进步模范集体。王启东、王朝献、陈志蔚3人被表彰为全省民族团结进步模范个人。

民族团结进步 年内,市民宗局争取少数民族发展资金55万元、民族事业专项资金28万元,用于少数民族流动人口服务管理、民族团结进步创建活动、清真网点建设等项目,惠及全市近6000名少数民族同胞,带动200户少数民族贫困户就业;指导8家民品企业申请贴息资金414.88万元;为民族小学争取教育专项资金,用于民族小学食堂改造、基础设施建设、仪器设备购置等,惠及学生100多人。组织召开南通、盐城、连云港伊斯兰教协会第五次联席(扩大)会议;举办全市少数民族大学生返乡创业设计比赛,激起少数民族学生回乡创业的热情。

宗教活动 年内,全市开展星级宗教活动场所创建工作,市基督教灵恩堂被认定为四星级宗教活动场所,盐城永宁寺被认定为全省五星级宗教活动场所;组织开展宗教团体和宗教活动场所申领组织机构代码证、开立单位银行结算账户"两个专项"工作;完成主要教职人员任职备案、宗教网络媒体基础信息统计工作;做好佛道教寺观管理服务和露天造像专项治理工作;指导市佛教协会完成换届工作;组织第四届永宁书画交流笔会,促进宗教文化发展;组织开展全市第四届"宗教慈善周"活动,募集款物合计200多万元,就近开展助残、养老、助学、修路、修桥等公益慈善活动,共支出善款数100多万元,受益人数达2000多人;为尼泊尔和西藏灾区募捐11万元。

(周立菲)

第九节　公共安全

一、气象测报

2015年,全市天气整体平稳,但低温、暴雨、台风、强对流、连阴雨、大雾等灾害性天气均有发生。市政府出台《盐城市气象灾害防御规划(2014~2020年)》、修订《盐城市气象灾害应急预案》,明确各级人民政府和部门在气象灾害防御和应急工作中的职能。全年市气象部门共发布预警信号508条,其中市级发布75条预警信号,县级发布433条预警信号,气象短信接收人次2985万人次。与市广播电台、市电视台、三大通讯运营商建立重大气象灾害预警信号绿色通道,年内实现电视节目悬挂预警信号图标和滚动字幕。市局向市委市政府及相关部门发送各类决策气象服务材料1720期、决策气象服务短信1.66万余条。至年底,全市有气象信息服务站135个、气象信息员3272名,决策服务用户3385人,自建大喇叭185套,利用外单位大喇叭5713套,自建电子显示屏56块,利用外单位电子屏187块。开展新型农业经营主体"直通式"气象服务工作,为1000多户种养大户,近50家涉农企业,近千家农业生产合作社,全市所有乡镇政府、乡镇农技站和180个农场及36户农机大户提供精细化、针对性气象服务。做好春耕春播、赤霉病防治、夏收夏种等农事关键期和农作物生长、病虫害预报服务工作,及时向政府相关部门发送各类为农服务材料706期。盐城农村气象灾害防御和气象为农服务信息纳入政府农村综合信息服务平台。年内,成功申报大丰为中央财政"三农"气象服务专项县。滨海县、盐都区的郭猛镇和东台市的弶港镇分别被省局列为第三批全国标准化气象为农服务县和气象灾害防御乡(镇)重点申报对象。盐都区和大丰区的南洋镇分别被列入省级标准化气象为农服务示范县和气象灾害防御乡(镇)的重点申报对象。

重大天气、灾害 秋季大雾频发。2015年,盐城市区域性大雾的天数为50天,较上年总体频次增加,强度也有所增强。10月14~24日,全市连续出现大雾天气,境内沈海、盐靖、盐徐等高速,夜间连续产生团雾现象,为确保行车安全,多条高速路段连续多日在大雾期间采取交通管制措施。

1月末暴雪。1月28日夜里到29日,全市普遍降下中到大雪,南部地区更是达到暴雪量级。此次降雪过程的积雪深度明显,东台、大丰、盐城和建湖在5厘米以上,东台最深达9厘米。积雪压坏农业大棚的塑料膜和支撑钢管,砸坏棚内青椒、韭菜、莴苣、马铃薯等生长成本较高的非季节性农作物,造成较严重的经济损失。

入梅后连降3场暴雨。6月24日,盐城市入梅,比常年偏晚(常年6月18日)。入梅后,7天内连续降下3场暴雨,尤其是24~25日出现全市性的大暴雨,建湖上冈镇雨量达252.1毫米,为特大暴雨量级。盐都区、东台市以及建湖县仅7天的雨量就已超常年梅雨量。强降水给玉米、棉花等旱作物,以及露地蔬菜带来不利影响,中部次高地和北部部分排水不畅地区的农田积水严重。

强对流天气频发。2015年,全市强对流天气频发,其中以雷雨大风为主,全年共发生13次雷雨大风,集中在春夏期间。7月14日下午,阜宁和射阳地区出现9~10级的短时雷雨阵风,阜宁县多个镇区发生灾情,受灾人口超过6300人,因灾死亡1人,受伤6人,若干房屋倒塌获严重损坏;水稻和旱作物受灾严重,共计直接经济损失近3000万元。除此以外,冰雹、龙卷风、短时强降水等强对流天气也引发了不同程度的灾情。

台风活动频繁。2015年共有4个台风影响盐城,较常年偏多。其中,第13号台风"苏迪罗"作为近5年深入内陆影响范围最广的台风,给全市带来较严重的风雨影响。8月9日夜间到11日早晨,盐城南部地区出现特大暴雨,中北部达到暴雨到大暴雨量级,大丰区西团镇雨量最大达466.7毫米,东台市安丰镇出现1小时71毫米的短时强降水。同时还伴有内陆7~10级(射阳24.8米/秒,10级),沿海海面9~11级(大丰海北垦区31.8米/秒,11级)的偏东大风。强降水和大风造成不同程度的城市内涝、农田积水、树木折断、电线杆倾倒等灾情,直接经济损失超过2.1亿元。

秋季连阴雨。11月4~25日,全市出现持续阴雨寡照天气。与常年同期相比,各地区雨日增加7~10天、降雨量偏多2倍以上、日照时数为历年最少。持续的阴雨天气严重延缓全市秋收秋种进度,各地较常年偏迟10天左右,为近30年最慢的一年。持续阴雨导致水稻倒伏,大型机械因泥土松软无法下田,部分水稻出现变霉腐烂现象,收割后的稻茬田过湿,无法进行小麦的播种。连阴雨后寒潮天气接踵而来,已播小麦遭遇低温部分被冻死。

11月下旬寒潮。11月23~26日受较强冷空气影响,全市出现寒潮天气。伴随着7级偏北大风、中到大雨以及北部地区的小雨夹雪,强冷空气一路南下,开启速冻模式,48小时最低气温下降幅度超过8℃,27日早上最低气温降至-5℃~-7℃,响水最低-7.1℃,创11月历史最低气温极值。盐城市气象台为此发布寒潮蓝色预警信号。

(唐存良　郭人杰)

二、防震减灾

2015年,全市防震减灾工作立足本地实际,致力创新创优,突出项目推进,倾力服务发展,各项工作取得显著成绩。盐城市地震局获2015年度全省防震减灾工作综合考核先进单位第一名、全国防震减灾工作综合考核先进单位。

监测预报　建立防震减灾信息化管理平台和地震信息速报平台,及时更新信息数据,基本实现防震减灾信息服务自动化、智能化。至年底,全市有测震台8个,强震台12个,有地磁、电磁波、水化学、GPS观测形变等前兆观测手段,形成了集前兆、测震、强震等监测手段为一体的地震监测网络。全市各种监测台网运行正常,资料连续可靠、准确有效,市级测震台网和纳入省级前兆台网所有测项全年资料连续率均达95%以上。在全省地震观测资料和强震动观测资料评比中多次获奖,盐城市地震局组织撰写的《2016年度地震趋势研究报告》获全省第一名。组织地震趋势会商4次,及时核实处理地震异常现象3起。

灾害预防　年内受理审批建设工程项目20项,对3项重大建设工程进行地震安全性评价,安评率和安评结果使用率均为100%。全年参加结构图审查和竣工验收20次。新建国家级地震安全示范社区1个、省级地震安全示范社区3个、省级防震减灾科普示范学校4所。开展防震减灾科普"进机关、进学校、进社区、进乡村、进企业"活动,利用"5·12"防灾减灾日、"7·28"唐山大地震纪念日和科普宣传周等重点时段,组织开展"平安中国"等科普宣传和咨询活动。适时组织地震工作者到基层开展宣讲防震减灾科普知识。

地震应急　建成地震应急与联动协同技术支撑系统,实现与省地震局应急指挥中心、各县(市、区)地震局音频视频互联互通,并能通过统一通信服务器与地震现场工作队音频视频互联互通,完善测震、强震监测、前兆监测、地震速报、大中城市应急决策等功能等。在全省率先建成覆盖全市地震部门的无线电应急通信网络系统,并更换2部卫星电话与之配套,一旦发生破坏性地震,在正常通讯工具瘫痪的情况下,确保能与全市各县(市、区)保持联系。组织开展规模较大的市级层面的地震应急桌面演练。推进地震应急避难场所建设,全市建成地震应急避难场所71处。

重点项目　年内,集测震监测、前兆监测、强震监测、宣传教育和应急指挥等为一体的盐城市防震减灾中心建设项目在实施之中。涉及地震危险性分析与设定地震、震害预测与损失评估等9个子项目的盐城市震害预测项目试运行。设在市科技馆的市防震减灾专题馆的29个展项在安装调试之中。城市地震活断层探测和地震小区划项目已纳入市政府城建重点项目,并已立项。　(陈玉龙)

三、应急救援

2015年,全市共发生火灾2463起,死11人,伤13人,受灾272户,烧毁建筑4.28万平方米,直接财产损失3024.8万元。年内没有发生较大以上火灾事故。全市消防部队共接警出动5979次,出动人员5.68万人次,出动各种消防车辆1.08万车次,抢救613人,抢救财产价值915万元。从发生火灾的原因上看,电气火灾和用火不慎引发火灾较多。全年因违规用电引发的火灾1328起,占火灾总起数53.9%;生活用火不慎引发火灾418起,占火灾总数17%;另外吸烟引发的火灾37起,自燃引发的火灾77起,生产作业不慎引发的火灾85起,各类放火引发的火灾34起。从起火场所上看,住宅、宿舍类火灾起数居高不下。全年共发生住宅、宿舍火灾类1262起,占火灾总起数51.2%;交通工具火灾290起,占火灾总起数11.8%;厂房火灾87起,占火灾总起数3.5%;物资仓储场所火灾44起,占火灾总起数1.8%。另外,厂房、物资仓储场所类火灾起数较少，但造成的经济损失较大。年内，全市共发生厂房、物资仓储场所火灾133起，造成直接经济损失达797.7万元，占总经济损失的34.9%。从行业类别上看，第三产业引起火灾146起，占总数的5.93%；第二产业引起火灾129起，占总数的5.24%；第一产业引起火灾61起，占总数的2.48%。从火灾发生的时间看，10～12时和16～18时为全天火灾高发时段，共发生火灾630起，占火灾总数24.6%。0～8时亡人火灾相对集中，该时段火灾共造成5人死亡，7人受伤，死亡人数、受伤人数分别占总数的45.6%、53.8%。年内，消防支队年度工作综合考评和党委班子考核均位列全省第一，被公安部消防局表彰为安全防事故先进支队，被省消防总队表彰为执法先进支队和执勤岗位练兵先进单位，消防支队政治处被公安部政治部表彰为全国公安现役部队优秀政治机关。5个集体和5名个人受到省部级以上表彰，127名官兵立功受奖。

设施建设　年内，市政府第20次常务会议审议通过《盐城市城市消防规划（2015～2030）》。全市累计投入5000余万元新购消防车15辆、器材装备3000余件（套），有效优化车辆装备结构，提升装备建设水平和部队整体战斗力。全市共新建、补建市政消火栓1225只。将城南新区消防站建设纳入2016年城建重点建设任务，将灭火救援中心、车辆装备、联网监测系统、模拟训练设施等重大项目建设经费纳入2016年度市财政预算予以保障，累计经费预算总额约为2500余万元。推动政府专职队建设，完成省政府责任状要求的20名政府专职消防队员和60名消防文员征召任务，完成5家政府专职队建设任务，额外增建亭湖区城东、大丰刘庄2个政府专职队，全市114家政府专职消防队实现统一调度指挥体系。

2015年全市火灾情况

表40－46

地　区	起数	死人	伤人	直接经济损失（万元）	直接财产损失（元）
合　计	2463	11	13	3055.13	3024.80
市辖区	1			1	1
亭湖区	266		2	811.98	809.85
盐都区	54	1		285.17	278.74
城南新区	55	3	1	59.30	55.81
响水县	259	2		103.19	103.19
滨海县	430			170.45	169.85
阜宁县	78		6	306.83	300.01
射阳县	317	1	2	106.02	105.42
建湖县	285	1	1	189.73	188.27
开发区	28			11.26	10.69
东台市	361	1	1	730.45	723.02
大丰区	329	2		279.75	278.95

监督执法　年内，全市消防部门联合安监、民政、教育、卫计委、文广新等部门开展化工企业、社会福利机构、劳动密集型企业等专项治理，整改火灾隐患1.51万处。通过百日会战消除具有20年重大火灾隐患顽疾单位——盐城招商场和省消委会书面警示督办重大安全隐患——市区水上集中棚户区等28家重大火灾隐患和9处区域性火灾隐患。市政府第21次常务会议现场交办6处重点区域火灾隐患，全力推动隐患整改。全市连续16年未发生重特大火灾事故。全年共举办12期消防控制室从业人员职业技能培训班，1100人参加培训，760人通过全省实际操作考核。接处群众消防咨询4300余次，受理、办结业务1200件，现场办结率、按时办结率和群众满意率均达100%。

处置"8·23"创业园王忠南布厂火灾　8月23日下午16点47分，响水县公安消防大队接到报警，小尖创业园布厂发生火灾，过火面积约650平方米。接警后，大队值班领导向支队指挥中心汇报警情，指挥中心先后调动响水中队5车15人，滨海中队3车18人，化工园区专职队3车13人、共计11车46人到场处置。第一力量到场后，指挥员迅速组织力量实施扑救，疏散无关人员，集中优势兵力控制火势的扩大和蔓延；增援力量基本到场后，指挥部又及时实施分片消灭、围歼消残，全体参战官兵遵循"先控制，后消灭"的原则，于当日20点成功完成灭火任务。

处置"9·20"永丰镇黎明村3组塑料厂火灾　9月20日下午14点11分，市消防支队119指挥中心接到报警，位于盐城市亭湖区永丰镇一化工小作坊发生火灾。接警后，支队指挥中心先后调动北闸中队4车11人，毓龙路中队2车10人、特勤中队3车18人，共计9车39人到场处置并通知公安、医疗、环保等联动单位到场协同处置。北闸中队到场后，火势已成猛烈燃烧状态，指挥员组织多个搜救小组，搜救出2名被困人员，同时命令攻坚组全力控制火势扩大蔓延，强化火场安全，严防二次爆炸。增援力量基本到场后，全勤指挥部制定战斗方案，命令毓龙路中队全力负责供水，北闸中队和特勤中队协同作战，出抗溶性泡沫扑灭大火。经过一个多小时的艰苦作业，大火被成功扑灭。毓龙路中队和特勤中队收整器材归队，北闸中队清理现场，并搜救出一名因爆炸被埋压人员。　（徐开伟）

第41章　人民生活

责任编辑　赵　丽

综　述

2015年，盐城市委市政府坚持统筹推进稳增长、调结构、促改革、惠民生，经济社会保持平稳较快发展，城乡居民收入稳步增长。2015年盐城全体居民人均可支配收入22419元，同比增长9.1%。增幅与宿迁市、连云港市、淮安市并列全省第一位，总量位居苏北第一，全省第九。其中城镇常住居民人均可支配收入28200元，增长9.1%，增幅全省第一位；农村常住居民人均可支配收入15748元，增长9.3%，增幅低于南京市、宿迁市，与淮安市并列全省第三位。随着收入水平稳步提高，生活条件不断改善，盐城居民的消费能力和消费需求正逐步升级，在满足基础消费的同时也不乏精神消费。2015年盐城居民人均生活消费支出14348元，比上年增加1106元，同比增长8.4%。分城乡看，城镇常住居民人均生活消费支出16539元，增长7.6%；农村常住居民人均生活消费支出11819元，增长9.6%。

第一节　城镇居民生活

一、城镇居民收入

2015年，盐城城镇常住居民人均可支配收入28200元，比上年增加2346元，同比增长9.1%，扣除价格因素后实际增长7.4%。从增幅看，盐城在全省十三个市中排名第一，增速比全省平均水平高0.9个百分点；从绝对水平看，盐城位居苏北第一，全省第九，比第八位的扬州低4746元。盐城市区居民人均可支配收入32330元，同比增长9.2%。各县(市、区)城镇常住居民人均可支配收入水平依次为：亭湖33433元，东台30330元，盐都30316元，大丰28752元，建湖27393元，射阳24460元，滨海24451元，响水23642元，阜宁23528元。各县(市、区)城镇居民人均可支配收入增幅依次为：亭湖和阜宁9.2%、盐都、东台、大丰9.1%、滨海和射阳9.0%、响水8.9%、建湖8.8%。

城镇常住居民人均可支配收入构成情况：

1. 工资性收入仍是收入增长的主要动力。2015年盐城城镇常住居民人均工资性收入为15673元，比上年增加1466元，增长10.3%，占城镇居民人均可支配收入总量的55.6%，拉动城镇居民人均可支配收入增长5.7个百分点，贡献份额为62.5%。与2014年相比，工资性收入比重提高0.7个百分点，贡献份额提高12.1个百分点。

2. 经营净收入平稳增长。2015年盐城城镇常住居民人均经营净收入为5498元，比上年增加362元，增长7.0%，占城镇居民人均可支配收入总量的19.5%，拉动城镇居民人均可支配收入增长1.4个百分点，贡献份额为15.4%。与2014年相比，经营净收入占比下降0.4个百分点，贡献份额下降5.4个百分点。分项看，由于部分城乡结合地区农业生产规模缩减、粮食下降下跌等因素影响，一产经营净收入1003元，同比下降8.1%；二产经营净收入1195元，同比增长15.7%；三产经营净收入3300元，同比增长9.6%。

3. 财产净收入增幅回落。2015年盐城城镇常住居民人均财产净收入为2208元，比上年增加137元，增长6.6%，占城镇居民人均可支配收入总量的7.8%，拉动城镇居民人均可支配收入增长0.8个百分点，贡献份额为5.8%。与2014年相比，财产净收入增幅下降5.3个百分点，占比下降0.2个百分点，贡献份额下降4.3个百分点。受存款利率不断下降等因素影响，城镇居民人均利息净收入和红利收入合计558元，同比仅增长3.3%。

4. 转移净收入持续增长。2015年盐城城镇常住居民人均转移净收入为4821元，比上年增加381元，增长8.6%，占城镇居民人均可支配收入总量的17.1%，拉动城镇居民人均可支配收入增长1.5个百分点，贡献份额为16.2%。与2014年相比，转移净收入增幅占比下降0.1个百分点，贡献份额下降2.6个百分点。

二、城镇居民消费

随着收入水平稳步提高，生活条件不断改善，盐城城镇居民的消费能力和消费需求正逐步升级，在满足基础消费的同时也不乏精神消费。2015年盐城城镇常住居民人均生活消费支出16539元，增长7.6%，剔除价格上涨影响，实际增幅为5.9%。八大类消费支出全面增长。

城镇居民消费特点：

1. 食品烟酒支出增长6.5%，恩格尔系数同比下降。全年人均食品烟酒支出5219元，同比增加317元，增长6.5%，对消费支出增长的贡献率为27.2%。城镇居民家庭恩格尔系数为31.6%，比上年下降0.3个百分点。四类食品支出三增一减，其中人均食品支出3802元，增长16.1%；

人均烟酒支出632元，增长3.7%；人均饮料支出83元，下降38.0%；人均饮食服务支出703元，增长38.8%。

2. 衣着支出平稳增长。全年人均支出1459元，比上年增加86元，增长6.3%，对消费支出增长的贡献率为7.4%。其中，衣类消费1186元，增长0.8%；鞋类消费273元，下降12.6%。

3. 居住支出小幅增长。全年人均居住支出2776元，同比增长3.2%。2015年房地产市场回暖趋势明显，房租价格稳定增长，调查户住房装潢活动明显增加。全年人均租赁房房租69元，增长8.8%；人均住房维修及管理支出372元，增长25.7%；人均水电燃料及其他支出544元，下降2.2%；人均自有住房折算租金1825元，下降3.4%。

4. 生活用品及服务支出平稳增长。全年人均支出989元，增长7.1%，对消费支出增长的贡献率为5.6%。其中家用纺织品、个人用品、家庭服务支出分别为108元、152元、60元，分别增长7.3%、45.9%、30.8%；家具及室内装饰品、家用器具、家庭日杂用品支出分别为153元、226元、290元，分别下降12.3%、11.3%和9.5%。

5. 交通通信支出快速增长。全年人均支出达2073元，比上年增加230元，增长12.5%，对消费支出增长的贡献率达19.7%。其中交通类支出1215元，增长5.3%；通信类支出858元，增长27.6%。2015年乘用车市场增速较上两年放缓，市民交通类消费相对平稳。至年底，每百户城镇居民家庭拥有家用汽车21.3辆，比上年增加1.6辆，增长8.1%。4G网络的发展和智能手机的爆炸式增长，带动新一轮通信类消费。2015年人均通信支出858元，增长27.6%。

6. 教育文化娱乐服务支出持续火热。全年人均支出达2673元，比上年增加291元，增长12.2%，对消费支出增长的贡献率为25.0%。其中全年人均教育支出1533元，增长5.9%。由于社会竞争日益激烈，对知识的需求日益增强，以素质教育、技能培训为目的的各种教育投资成为市民消费的新时尚，推动教育支出走高，成人教育费、培训班、托幼费等均快速增长；人均文化娱乐支出1140元，增长11.9%，参观游览、健身活动、团体旅游和其他文娱活动支出增长较快。

2015年全市城镇居民人均消费支出构成

表41－47

指　　标	总量(元)	增幅(%)
消费支出	16539	7.60
食品烟酒	5219	6.50
衣着	1459	6.30
居住	2776	3.20
生活用品及服务	989	7.10
交通通信	2073	12.50
教育文化娱乐服务	2673	12.20
医疗保健	813	7.40
其他用品和服务	537	6.80

7. 医疗保健支出平稳增长。全年人均支出813元，比上年增加56元，增长7.4%，对消费支出增长的贡献率为4.8%。主要分项支出中，人均医疗器具及药品支出256元，增长11.4%；医疗服务支出557元，增长5.8%。

8. 其他用品和服务支出平稳增长。全年人均支出537元，比上年增加34元，增长6.8%，对消费支出增长的贡献率为2.9%。其中，人均其他用品支出273元，其他服务支出264元。

第二节　农村居民生活

一、农村居民收入

2015年全市农村常住居民人均可支配收入15478元，同比增长9.3%。增幅低于南京市、宿迁市，与淮安市并列全省第三位；从总量看，盐城位居苏北第一，全省第九，比第八位的泰州低662元。各县(市、区)农村常住居民人均可支配收入水平依次为：东台18097元，大丰17918元，亭湖17863元，盐都17271元，建湖15687元，射阳15136元，阜宁14138元，滨海13683元，响水13088元。各县(市、区)农村常住居民人均可支配收入增幅依次为：建湖、响水9.4%、亭湖、盐都、滨海、射阳和东台9.3%、大丰9.2%，阜宁9.1%。

农村常住居民人均可支配收入构成情况：

1. 工资性收入是农民收入增长的主要拉动力。2015年，盐城市农村常住居民人均工资性收入7017元，同比增长9.5%，占可支配收入的比重为44.6%，对可支配收入增长的贡献率达45.6%。工资性收入的增长，一是由于最低工资标准连年提高，盐城大市区和东台市提高到每月1600元，增加每月140元，建湖等县提高到每月1400元，增加每月130元；二是全市新型职业农民培育步伐加快，提高了农民创业和就业能力。2015年全市投入专项培训资金2500多万元，开展农业职业技能、农民创业、阳光工程等新型职业农民培训4.89万人次以上。培育新型职业农民4.03万人，培育程度达27.1%，列全省第八位、苏北第一位。

2. 经营净收入结构优化。2015年，盐城农村常住居民人均经营净收入5779元，比上年增长7.7%，占可支配收入的比重为36.7%，比上年下降0.5个百分点，对可支配收入增长的贡献率为30.9%。农民经营净收入来源中，受2015年下半年粮食价格下跌影响，第一产业经营净收入增速下降，人均4171元，同比增长4.5%；第二产业经营净收入324元，增长15.8%；第三产业经营净收入1284元，增长17.2%。

3. 财产净收入持续增长。随着农民投资理财意识不断增强和投资渠道进一步拓展，参与入股合伙分红股息、投资房地产增加房屋出租等，使投资收益稳定提高。尤其是随着土地流转进程加快和相关管理办法逐渐完善，农民土地流转后获得了稳定的收益。2015年，盐城农村常住居民人均财产净收入503元,比上年增长11.4%,占可支配收入比重为3.2%,对可支配收入增长的贡献率为3.8%。财产净收入构成中,人均转让承包土地经营权租金净收入244元,占比达48.5%。

4. 转移净收入增长最快。2015年,盐城农村常住居民人均转移净收入2449元,比上年增长12.0%,占可支配收入的比重为15.6%,对可支配收入的贡献率为19.7%。企退人员养老金上调是农村居民转移净收入提高的主因,此外2015年农村低保标准从每人每月340元提高到每人每月380元,增长11.8%。

二、农村居民消费

2015年,盐城市农民人均生活消费支出11819元,比上年同期增加1037元,同比增长9.6%,剔除价格上涨影响,实际增幅为7.9%。盐城市农民八大类生活消费支出全面增长。

农民生活消费支出的主要特点:

1. 食品烟酒支出增长9.5%。全年人均食品烟酒支出3675元,同比增加318元,增长9.5%,对消费支出增长的贡献率为30.7%。农村居民家庭恩格尔系数为31.1%,与上年持平。四类食品支出全面增长,其中人均食品支出2603元,增长6.9%;人均烟酒支出523元,增长10.6%;人均饮料支出40元,增长25.3%;人均饮食服务支出509元,增长22.0%。

2. 衣着档次提升,成衣趋势显著。随着农民收入的持续增长,农民更加注重个人形象,得体的衣着更能展示出个人的气质和精神面貌,农民衣着消费时尚化、品牌化、个性化倾向日益显现。2015年农民衣着人均支出1223元,比上年增加88元,增长7.8%。其中,人均购买服装支出989元,增长7.7%;购买鞋类支出234元,增长9.3%。

3. 住房焕然一新,环境今非昔比。农民更加注重居住环境的优美舒适,住房面积更加宽敞,档次进一步提高。2015年盐城农民人均居住类支出2047元,比上年同期增加78元,增长4.0%;农村居民家庭人均住房面积已达50.4平方米,比上年增加2.4平方米,增长5.0%。

4. 用品更新换代,家电二次升级。随着农村居民居住条件的改善,2015年盐城农村居民用于购买家庭设备用品的支出平稳增长。2015年盐城农民家庭设备及用品人均消费支出502元,比上年增加35元,增长7.5%。随着住房条件的改善,农村居民家庭厨卫设备发生根本改变,不仅整洁卫生,而且大大降低了劳动强度。至2015年底每百户已分别拥有洗衣机87台、电冰箱93台、热水器74台、空调72台、彩电131台。

5. 交通便捷发达,通讯异军突起。农村居民对现代化交通、通信工具的需求日益增加,交通通信工具不断翻新,特别是智能手机、4G网络的迅速普及,交通和通信继续成为居民家庭消费的热点。盐城农村居民人均交通通信支出1447元,增长13.9%。其中,人均交通支出830元,同比增长14.6%;人均通信支出617元,同比增长12.9%。百户家庭电话(含手机)拥有量228部,生活用汽车6.5辆。

6. 文教蓬勃发展,旅游成为时尚。社会的进步必然带来知识的更新,加大教育投资已经成为当今社会普遍接受的一种观念,物质生活水平的稳步提高也使得农村居民更加注重发展精神文化生活,带动了盐城农民教育文化娱乐消费的持续增长。2015年盐城农村居民人均教育文化娱乐消费支出2047元,同比增长15.8%。其中人均教育支出1270元,人均文化娱乐支出777元。

7. 医疗保健支出平稳增长。全年人均支出643元,比上年增加46元,增长7.7%,对消费支出增长的贡献率为4.4%。主要分项支出中,人均医疗器具及药品支出149元,增长7.2%;医疗服务支出494元,增长7.9%。

8. 其他用品和服务支出平稳增长。全年人均支出235元,比上年增加15元,增长6.9%,对消费支出增长的贡献率为1.5%。其中,人均其他用品支出123元,增长7.9%;其他服务支出112元,增长5.7%。

(王明富　赵同庆)

2015年全市农村居民人均消费支出构成

表41-48

指　　标	总量(元)	增幅(%)
消费支出	11819	9.60
食品烟酒	3675	9.50
衣着	1223	7.80
居住	2047	4
生活用品及服务	502	7.50
交通通信	1447	13.90
教育文化娱乐服务	2047	15.80
医疗保健	643	7.70
其他用品和服务	235	6.90

第三节　居民消费水平

2015年,盐城市场物价总水平整体呈温和上涨态势。盐城居民消费价格总水平(CPI)同比上涨1.6%,比全年物价调控目标低1.4个百分点,顺利完成全年价格调控任务。其中,消费品价格上涨1.8%,服务项目价格上涨1.2%。

2015年盐城市区CPI运行特点:

1. 总体涨幅较低。1~12月盐城CPI累计平均上涨1.6%,比2014年低0.7个百分点,涨幅为2009年以来最低。9月和10月CPI一度跌进"1"时代,同比均上涨0.5%,创下70个月以来的新低。2015年计算居民消费价格指数的八大类商品和服务消费价格"七升一降",虽然价格上涨面较宽,但年度平均涨幅都不是很大。与2014年相比,食品类上涨3.9%,烟酒类上涨3.5%,衣着类上涨

1.7%，家庭设备及维修服务类价格上涨2.5%，医疗保健和个人用品类上涨0.8%，娱乐教育文化用品及服务类上涨1.5%，居住类上涨0.4%；交通和通信类下降0.8%。

2. 季度涨幅呈明显回落态势。2015年月度CPI指数虽然呈不规则上涨，但CPI季度涨幅呈明显回落态势，总体上是每个季度逐季走低。一季度上涨2.1%，二季度上涨1.9%，三季度上涨1.4%，四季度上涨1.3%。

3. 食品价格上涨仍是影响CPI上涨的主要因素。2015年食品类价格上涨3.9%，在八大类中涨幅居于首位，对总指数的影响达到1.09个百分点，占68%。其中最为突出的就是猪肉和鲜菜：猪肉价格上涨10.2%，影响总指数上升0.49个百分点；鲜菜价格上涨17.7%，影响总指数上升0.28个百分点。蔬菜价格在食品中的涨幅最大，波动也较大，价格远高于上年同期。与上年同期相比，全年蔬菜价格上涨17.7%；猪肉价格连续上涨，受生猪价格上涨影响，全年猪肉价格平均比上年同期上涨10.2%；鸡蛋价格冲高回落，全年鸡蛋价格平均比上年同期下跌8.5%；烟草受政策性因素影响价格上涨明显，财政部下发通知，从5月10日起卷烟批发环节从价税税率由5%提高至11%，并按每支0.005元加征从量税，导致全年烟草价格平均比上年同期上涨4.8%。

4. 居民消费价格高位运行。尽管2015年盐城CPI同比涨幅波动较大，但消费价格水平仍处于高位运行，其中1月环比上涨0.3%，2月环比上涨1.3%，3月环比下降0.7%，4月环比下降0.2%，5月环比下降0.2%，6月环比上涨0.2%，7月上涨0.3%，8月上涨0.8%，9月下跌0.2%，10月下跌0.7%，11月上涨0.1%，12月上涨0.6%。以2010年1月为基期，2015年1～12月各月消费价格水平均在113以上，9月和12月为2010年以来的最高点。

5. 教育和医疗保健价格成为CPI上涨的新增长点。随着人们对教育的重视程度不断提高，教育投入也逐年增加。2015年教育类价格上涨2.8%，拉动CPI总指数上涨0.23个百分点。同时，人们对个人健康的重视程度不断增强，医疗保健产品成为新的价格增长点。2015年医疗保健类价格上涨2%，拉动CPI总指数上涨0.09个百分点。

（王亚男　程　鑫）

2015年全市居民消费和商品零售价格指数

表41－49

项目名称	上年同期＝100
居民消费价格总指数	101.60
一、食品	103.90
1. 粮食	102.60
2. 淀粉及制品	103.40
3. 干豆类及豆制品	101.10

续表41－49

项目名称	上年同期＝100
4. 油脂	98.70
5. 肉禽及其制品	106
6. 蛋	92.70
7. 水产品	103.70
8. 菜	115.80
9. 调味品	105.60
10. 糖	103.20
11. 茶及饮料	103
12. 干鲜瓜果	99.30
13. 糕点饼干面包	99.40
14. 液体乳及乳制品	96.90
15. 在外用膳食品	101.30
16. 其他食品	105.20
二、烟酒	103.50
三、衣着	101.70
四、家庭设备用品及维修服务	102.50
五、医疗保健和个人用品	100.80
六、交通和通信	99.20
七、娱乐教育文化用品及服务	101.50
八、居住	99.60
商品零售价格总指数	101.30
一、食品	103.50
二、饮料、烟酒	103.40
三、服装、鞋帽	101.60
四、纺织品	104.40
五、家用电器及音像器材	100
六、文化办公用品	99.40
七、日用品	100
八、体育娱乐用品	100.40
九、交通、通信用品	100.20
十、家具	105.50
十一、化妆品	99.80
十二、金银珠宝	92.10
十三、中西药品及医疗保健用品	101
十四、书报杂志及电子出版物	103.50
十五、燃料	94.20
十六、建筑材料及五金电料	98.30

区域发展 编

□东 台 市
□大 丰 区
□亭 湖 区
□盐 都 区
□建 湖 县
□射 阳 县
□阜 宁 县
□滨 海 县
□响 水 县

第42章　东台市

责任编辑　高兰会

综　述

东台地处江苏中部平原，位于南通、泰州、盐城三市交汇处，东濒滔滔黄海，西襟江淮平原，南望沪宁，北接连淮，属经济发达、交通便捷的长江三角洲沿海经济开发带覆盖区域。市域总面积3221平方公里，辖镇14个及经济开发区、沿海经济区、城东新区、西溪景区。2015年，年末总人口112.65万人。全年实现地区生产总值670亿元，人均突破1万美元；二、三产业比重较上年提高0.8个百分点，三产产业比调整为13∶42∶45；一般公共预算收入71.55亿元，固定资产投资504.49亿元，外贸进出口总额7.12亿美元；城镇居民人均可支配收入30330元、农村居民人均可支配收入18097元。全年实现自营进出口贸易7.12亿美元。11月12日，盐城海关驻东台办事处通过南京海关预验收。全市综合实力继续位居苏北之首，在全国县域经济基本竞争力百强排名中前移3位、上升至第42位。

2015年东台市各镇基本情况

表42－50

镇(区)	土地面积(平方公里)	耕地面积(公顷)	年末人口(万人)	行政村(居)(个)	地区生产总值(亿元)				财政收入(万元)	固定资产投资(亿元)	工业用电量(万千瓦时)	一般公共预算收入(万元)	农村居民人均可支配收入(元)	规模以上工业投入(亿元)	规模以上工业总产值(亿元)
					合计	一产	二产	三产							
开发区	73.83	3526	4.59	11	66.61	1.68	51.53	13.40	159338	75.88	53469	120641		61.59	291.55
沿海区(弶港镇)	435.68	13285	4.70	29	32.09	8.36	11.62	12.11	59470	75.24	2314	52926	23400	46.28	44.80
城东新区	38.46	1855	2.43	8	17.01	1.21	6.20	9.60	67246	74.55	4452	55513		31.01	63.82
西溪景区	10.63	494	1.50	5	4.22	0.55	1.59	2.08	13082	10.03		10002			
东台镇	296.72	16037	21.82	63	128.74	6.67	37.67	84.40	155996	31.54	20205	129373	22400	18.81	140.75
溱东镇	75.74	4422	4.19	14	43.90	2.24	27.02	14.64	48186	19.20	23365	26800	26670	14	75.39
时堰镇	102.26	6041	6.82	33	42.42	3.33	26.09	13	34991	20.92	40634	25092	22720	15.33	97.98
五烈镇	134.28	8469	8.65	35	38.69	5.81	18.28	14.60	33700	19.34	10160	13595	19540	13.95	47.92
梁垛镇	132.17	7913	8.09	34	50.21	4.32	31.01	14.88	45735	27.33	40106	37456	21650	19.03	107.02
安丰镇	71.28	4059	4.94	21	37.24	4.38	15.66	17.20	24335	18.50	6240	16542	21230	12.90	58.01
南沈灶镇	103.22	6580	5.21	18	19.20	5.18	6.32	7.70	10042	9.44	5563	5468	19320	5.82	18.86
富安镇	170.01	10029	9.53	37	49.79	8.21	24.23	17.35	29828	25.53	10402	22091	21540	15.90	73.21
唐洋镇	107.44	6404	4.89	21	22.01	4.45	8.76	8.80	7397	10.92	5120	5007	20190	6.52	18.75
新街镇	102.89	5831	4.04	18	19.13	7.02	5.31	6.80	7469	8.33	1288	4339	19710	4.72	8.10
许河镇	106.91	6856	4.71	20	20.65	5.89	7.91	6.85	7252	8.12	1339	4518	21910	4.35	12.31
三仓镇	157.26	9997	6.84	33	37.87	8.56	9.11	20.20	14210	13.93	4924	9809	21570	9.25	14.24
头灶镇	206.75	13992	7.43	34	40.56	7.24	20.57	12.75	25928	20.20	8735	13101	21260	15.53	75.16

第一节 经济发展

一、工业经济

2015年，东台市首次跻身全国工业百强县(市)。全年完成全口径工业开票销售650亿元；新材料、机械装备、电子信息、新能源和绿色食品五大新特产业开票销售首超300亿元；30家重点企业完成开票销售236亿元、入库税金4.5亿元。全市开票销售超亿元企业85家，其中开票销售超10亿元企业11家，磊达、上海电气开票销售超30亿元。新签约英莱薄膜太阳能电池等亿元以上项目63个，新开工领胜科技二期等亿元以上项目20个，26个项目被列为省级工业经济新增长点。组织实施转型升级项目120个，其中千万元以上技改项目69个，规模以上企业转型达70%。新创成国家高新技术企业16家、省科技型中小企业43家，新批省高新技术产品62个，高新技术产值占规模以上工业产值30%，科技进步贡献率55%。年内，全市有9个项目入选国家星火计划和火炬计划，2件商标获批中国驰名商标，神龙药业、和信石油等6家企业获批省级工程技术研究中心、企业技术中心，金瀚电子、凯润机械、宏景科技、维福特科技4家企业在“新三板”挂牌上市，宏景机械ZX系列高速全自动粘箱机、江佳机械1560A型全自动梳齿指接生产线、恒舜机械HYQ全自动多功能无缝针织机组等装备获得江苏省首台(套)重大装备认定。全年新建标准厂房34万平方米，新入园企业116户。新发展私营企业4771户，新增工业一般纳税人254户。

新增2件中国驰名商标 8月4日，国家工商总局商标局和商标评审委员会公布2015年第一批驰名商标名单，东台市江苏富安茧丝绸股份有限公司“FUAN”商标和东台市华威标准件有限公司的“FL”商标被认定为中国驰名商标。

二、农业经济

2015年，东台市有高效农业面积9.8万公顷、设施农业面积4.4万公顷、高效设施渔业面积8200公顷。建成省级农业园区2家，新增盐城市最具魅力休闲农业园区2家，新认定家庭农场59家、总数263家。有农民专业合作社2464个，入社农户超过32万户；建成国家级示范合作社22家、江苏省“五好”示范社22家、盐城市“五好”合作社133家，市供销合作总社被评为全国百强县级社，12家基层供销合作社跻身全国标杆社。加快构建为农服务新机制，东时为农服务合作联社“供销合作社+村‘两委’+专业合作社(家庭农场)”建设模式被确定为省供销社综合改革试点。新增适度规模经营面积5533.33公顷，总面积7.87万公顷；新增土地流转面积5333.33公顷，总面积6.85万公顷；新发展土地股份合作社9家、总数369家，入股农户4万户，入股土地1.17万公顷。全市村平集体经营性收入53万元，村村消除实质性债务。新上投资2000万元以上农产品加工项目11个、总投资11.2亿元；国家级、省级龙头企业总数13家。有农产品“三品”(无公害农产品、绿色食品、有机农产品)品牌375个，新增农业科技平台、农村电商平台15家，农业科技进步贡献率65%。全市农业综合发展水平继续位列全省第一板块，国家现代农业示范区建设水平列全国第六位；获批全国平安渔业示范市、国家级海洋生态文明建设示范区、河湖管护体制机制创新试点市和江苏省生态循环农业示范市、江苏省秸秆综合利用试点示范市、江苏省智能农业示范市。

获批国家级海洋生态文明建设示范区 12月25日，国家海洋局公示第二批国家级海洋生态文明建设示范区名单，东台市名列其中，是江苏省首批获批国家级海洋生态文明建设示范区的县(区)级单位。东台市海岸线长85千米，所辖海域面积2697平方公里，沿海滩涂面积1040平方公里，拥有各类海洋生态保护区面积450平方公里。东台市国家级海洋生态文明建设示范区主要任务是优化沿海地区产业结构，转变发展方式；加强污染物入海排放管控，改善海洋环境质量；强化海洋生态保护与建设，维护海洋生态安全等。

三、第三产业

2015年，东台市实现服务业增加值303.1亿元，同比增长12.8%；完成社会消费品零售总额228.3亿元，同比增长12.3%；服务业固定资产投资194亿元，同比增长29.3%。电商产业方面，总投资20亿元的颐高电商产业园开工建设，年内建成电商产业园5个；有电商企业280家，农村淘宝服务站超100个，电商交易总额突破100亿元。3月，东台市被商务部、财政部确认为国家级电子商务进农村综合示范县(市)；东台镇电商产业园被列为省众创集聚区建设试点，新街镇方东村被认定为省电子商务示范村。现代物流业方面，有规模以上物流企业54家，鹏涛公共型保税仓库获批运营。科技服务业方面，全年获批省级工程技术研究中心1个、总数11个，省级技术中心4个、总数13个，省级工程中心1个、总数4个；城东新区创成省级现代服务业集聚区，国家级科技企业孵化器创建对外公示。旅游业方面，全年旅游游客262.4万人次，实现旅游收入27.5亿元；西溪景区入选江苏省十大新景区，获评2015年现代最佳生态旅游目的地，创成全国四星级休闲农业与乡村旅游园区，入选盐城市级首批风景名胜区；甘港景区、安丰古街创成国家AAA级景区；新街生态苗木示范园被认定为全国休闲农业与乡村旅游示范点；甘港村被评为中国乡村旅游模范村，获评江苏最美乡村、江苏最具人气乡村休闲地。

黄海森林公园升格为国家级森林公园 12月29日，经国家林业局批准，东台黄海森林公园升格为国家级森林公园，正式更名为江苏黄海海滨国家森林公园。江苏黄海海滨国家森林公园前身为国营东台市林场，始建于1965年11月，是华东平原地区规模最大的人工森林，所有林地均为国家沿海防护林建设基地;2004 年 6 月,被省林业局批准为省级黄海森林公园;2014 年,景区创建成为国家 AAA 级旅游景区;同年,组织国家级森林公园创建工作,先后投入 3 亿元,建成游客中心、停车场,配套硬质道路 90 千米、桥梁 15 座,合理布设公共服务设施,购置游艇、电动观光车、双人自行车等游览交通工具,景点环境实时监测系统、指路系统、导览系统、科普牌示系统、景点解说系统一应俱全,突出林相改造、鸟类观测平台建设,在植被演替代提升、绿色长廊出新、森林体验项目打造等方面塑造特色景观。至年底,公园有各类植物 652 种、鸟类 342 种、兽类 30 种,负氧离子平均达到每立方厘米 3500 个,林地面积 2770 公顷、活立木蓄积量 31 万立方米。

获评国家级电子商务进农村综合示范县(市) 3 月 17 日,东台市被商务部、财政部确认为国家级电子商务进农村综合示范县(市)。东台市重视电子商务发展,专门编制完善《东台市电子商务发展规划(2015～2017)》,出台支持电子商务发展意见,成立盐城首家电子商务行业协会,成员企业 100 多家。百度推广、阿里巴巴等平台运营企业,颐高国际电子商务产业园、深圳百米电子商务、金沄商城、搜猫电子商务、地道电商服务公司等电子商务企业落户东台。金沄商城、森虎商贸、百科药业、溱标不锈钢等企业网上销售超亿元。

第二节 社会事业

一、城乡建设

2015 年,东台市组织实施城建及基础设施重点工程 64 项,建成运营一级客运站,完成人民公园改造提升工程,改建工农桥竣工通车。610 省道一期建成通车,新建改建农村等级公路 466 千米,完成重点镇快速通达一级公路目标。实施连申线航道、泰东河、川东港整治等水利工程,组织实施南苑水厂 10 万吨扩能工程,仙湖备用水源库扩容工程竣工投运。完成高标准农田重点县项目、中央统筹资金项目和小流域水土保持综合治理工程。110 千伏子午变建成投运,220 千伏润元变和 110 千伏方塘变等电网工程开工建设,完成总投资 5.8 亿元。完成农村环境综合整治任务,累计建成江苏省美丽乡村 12 个、省级生态村 11 个;东台市建成苏北县级唯一省优秀管理城市,富安镇、新街镇获评 2015 年中国最美村镇,梁垛镇临塔村获评全国文明村,新街镇方东村获评全国生态文化村。创成国家卫生城市、国家园林城市,国家生态市、国家环保模范城市创建通过考核验收。年内,东台市获评全国创建生态文明标杆市,国家级生态镇实现全覆盖;被列为国家智慧城市试点,设置无线接入热点 1080 个,重点公共区域免费无线网实现全覆盖,入选省信息消费试验区。

二、社会民生

2015 年,东台市完成 20 件民生实事工程。推进校舍提升工程,新建、改扩建农村幼儿园 22 所,镇级公办幼儿园实现全覆盖,获批省学前教育改革发展示范区。完善公共卫生医疗,市人民医院新住院楼投入运营,通过三级乙等综合医院评审,新建改造村卫生室 271 所,市域内就诊率 90%,建成省药品安全示范市。新建医疗康复护理院,"虚拟养老院"建成运营,新增居家养老服务中心 52 家,农村敬老院全部达到省星级标准;新延伸镇村公交线路 41.8 千米,新建城市公共停车场,配建老旧小区管道天然气;推行"互联网 + 政务服务"新模式,在全国率先推出"东台政务"手机客户端,政务服务中心通过国家级行政服务标准化试点验收。全年引进高校毕业生 6200 多人,发放人才绿卡 300 余张。建成众创空间 8 个,其中省级众创空间 2 个,盐城市级众创空间 3 个。江苏绿苑农业产业园创业项目在 2015 中国青年涉农产业创业创富大赛全国赛中获创意组银奖。全市各类保险综合覆盖率 98% 以上,城乡居民基本养老保险基础养老金标准提高到每人每月 105 元,6 万余名企业退休职工养老金待遇调整到位。提高居民医保财政补助标准和市区居民医疗费用补偿标准,减轻参保人员负担 6100 多万元。实行大病救助、大病保险,累计补偿 1600 多万元。全年发放社会救助资金 1.4 亿元,救助困难群众近 50 万人次。开展脱贫攻坚工作,4044 户低收入农户全部脱贫。

刘怀仁当选全国劳动模范 (参见第 370 页相关条目)

郑小祥当选"中国好人" 5 月 29 日,东台市疾控中心青年医生郑小祥当选 5 月"中国好人榜 · 助人为乐"好人。郑小祥,男,1982 年生,毕业于南京医科大学,市疾控中心医护人员。2006 年,郑小祥注册成为东台市首批捐献造血干细胞志愿者;2010 年,郑小祥与一名 18 岁的女性白血病患者配型成功;当年 10 月 25 日,捐献造血干细胞 146 毫升;2014 年 12 月,当年受捐的女孩有复发迹象,郑小祥决定二次捐献;2015 年 3 月 12 日,郑小祥捐献淋巴细胞混悬液 177 毫升,他是江苏第三例二次捐献者,是盐城市首例二次捐献者。

2015 中国沿海湿地国际公路自行车赛东台站开赛
(参见第 321 页相关条目) (陈亚富 张红霞)

第43章　大　丰　区

责任编辑　高兰会

综　　述

大丰是江苏东部、上海北翼的沿海城市。2015 年 8 月撤市设区,总面积 3059 平方公里,拥有 112 千米黄金海岸线,总面积 1000 多平方公里的滩涂湿地和总面积 1000 多平方公里的辐射沙洲——东沙岛,是亚洲东方最大的湿地。大丰区辖镇 12 个,省级开发区 2 个,境内有江苏省属农场 3 家和上海市属农场 1 家。年末总人口 71.72 万人。2015 年,全区实现地区生产总值 535.11 亿元,一般公共预算收入 69.3 亿元,固定资产投资 394.95 亿元,地区生产总值增幅盐城第一,人均地区生产总值、全口径工业开票销售和进出口位列苏北第一。城镇居民人均可支配收入 28752 元、农村居民人均可支配收入 17918 元。在全国县域经济基本竞争力百强县(市)中列第 45 位。

2015 年大丰区各镇基本情况

表 43－51

镇	土地面积(平方公里)	耕地面积(公顷)	年末人口(万人)	行政村(居)(个)	地区生产总值(亿元)				财政收入(万元)	固定资产投资(亿元)	工业用电量(万千瓦时)	一般公共预算收入(万元)	农村居民人均可支配收入(元)	规模以上工业总产值(亿元)
					合计	一产	二产	三产						
草堰镇	95.86	6092	3.84	13	14.49	3.70	4.86	5.93	14630	3.24	3186	6910	17895	21.55
白驹镇	113.27	7013	3.90	17	18.67	4.09	6.88	7.70	16115	6.72	4193	9213	18408	22.44
刘庄镇	96.40	5529	4.24	15	22.53	4.06	10.17	8.30	14547	5.17	4634	9188	18428	40.46
西团镇	86.69	5499	2.89	14	30.35	2.89	16.54	10.92	26542	8.56	8384	15487	18479	72.28
小海镇	123.81	8195	3.90	15	14.44	4.32	4.05	6.07	7716	4.95	14864	5212	17818	11.03
大桥镇	101.47	6425	3.22	13	11.66	3.78	2.80	5.08	10512	2.58	3405	6016	17915	6.72
草庙镇	123.84	8086	2.74	16	19.21	3.70	8.69	6.82	12924	6.69	2260	7809	18344	42.26
万盈镇	142.04	9379	4.69	18	17.04	4.77	5.27	7	12902	4.61	6869	8713	18026	12.70
南阳镇	94.30	5167	3.59	13	20.58	3.96	9.33	7.29	16320	8.19	9777	10589	19542	25.88
三龙镇	153.17	10082	5.41	22	20.46	8.20	4.25	8.01	9717	2.45	2417	6146	18142	4.80
新丰镇	277.54	16162	10.41	38	48.90	10.76	17.93	20.21	33581	15.41	13952	21913	19484	48.05
大中镇	199.27	10132	18.49	53	92.66	8.94	27.27	56.45	181485	67.02	338966	150789	20857	69.25

注:大中镇的用电量包括开发区、港区在内。

第一节　经济发展

一、工业经济

2015 年,大丰区开展韩国,中国香港、上海、深圳、北京等境内外招商活动 11 次,累计签约亿元以上项目 204 个,其中 5 亿元以上项目 24 个,协议引资 561.8 亿元,协议利用外资 16.5 亿美元。组织项目开竣工活动 6 次、抢工会战现场观摩活动 7 次。巴伦电子、源源山富数码喷绘材料等 68 个亿元以上项目开工建设,和顺电视机、联鑫二号线、理研精锻、迪皮埃风电叶片等 54 个亿元以上项目竣工投产。百项重点工程累计完成投资 95.6 亿元。全年实施千万元以上技改项目 55 个,其中亿元以上项目 14 个。实施大企业大集团培育战略,20

家工业大企业(集团)开票销售382.4亿元。开票销售超亿元企业73家。入库税收超千万元工业企业28家,其中辉丰股份、正大丰海、金风科技入库税收超亿元。新能源装备制造、海洋生物、电子信息等战略性新兴产业开票销售182.5亿元。海上风电装备产业集聚区建成省新型工业化产业示范基地。新能源海水淡化成套设备通过省首台(套)产品认定,丰东"无人化智能热处理工厂"项目获得国家智能制造专项认定。

港口建设 年内,大丰港深水航道工程开工建设,7万吨级滚装码头建成运营。至年底,大丰港万吨级泊位17个,泊位总长339米,设计年通过能力40万辆商品汽车,甩挂2.18万标箱货物。全年完成货物吞吐量4524.94万吨、集装箱17.21万标箱。推进中韩陆海联运口岸建设,大丰港保税物流中心(B型)获批设立,木材除害处理中心获国家立项批文,进口粮食指定口岸通过国家质检总局验收。集群发展临港产业,石化新材料、港口物流等临港产业形成百亿级规模。大丰港海洋世界建成AAAA级科普教育基地,新能源淡化海水产业园建成国家海洋经济创新发展区域示范区,中汽中心汽车试验场建成运营。盐城首家跨境电商孵化中心落户运营。港区公共租赁房项目开工建设,港城小学主体工程竣工,港城幼儿园、公共自行车系统投入使用,城市污水处理系统全面建成,生活污水处理实现全覆盖。年内,大丰港经济开发区纳入中韩盐城产业园"一园三区"建设,沪苏大丰产业联动集聚区党工委、管委会和开发建设公司揭牌成立,通用码头对外开放工作通过省级验收,非并网风电海水淡化系统成套设备纳入商务部项目援外计划。

中汽中心盐城汽车试验场建成启用 11月7日,中国汽车技术研究中心汽车试验场应用技术研讨会暨中汽中心盐城汽车试验场建成启用仪式在大丰区举行。中汽中心盐城汽车试验场总投资20亿元,试验道路总长60千米,主要为汽车产品道路试验和测试提供服务,涵盖机动车法规性检测试验、整车及零部件的开发测试、底盘类工程技术开发、车辆主观评价测试以及汽车运动文化类体验和培训服务等,致力打造国内汽车工程技术开发、产品优化升级和技术创新的重要基地。研讨会上,汽车生产企业、研发机构和行业协会的与会人员,围绕"汽车试验场与汽车产业发展"主题探讨交流。

沪苏大丰产业联动集聚区 (参见第82页相关条目)

二、农业经济

2015年,大丰区实现农林牧渔业总产值166.79亿元、农林牧渔业增加值78.84亿元,实现农村常住居民人均可支配收入17918元,粮食总产实现"十二连增"。新发展高效农业6733.33公顷,其中设施农业面积2040公顷,南阳、大中2个万亩"菜篮子"工程永久性蔬菜保供基地基本建成,双草线现代农业示范带初具规模。华东首家阿里巴巴"农村淘宝"落户并建成运营淘宝村80家,创建自主电商平台3家。开展农村土地确权登记颁证工作,完成农村土地流转6666.67公顷,发展农业适度规模经营8000公顷,落实联耕联种面积2.67万公顷。年内,大丰区成功创建全国平安渔业示范县(市、区)、建成全国休闲农业与乡村旅游示范县(市、区),荷兰花海建成全国五星级休闲农业与乡村旅游示范点,丰禾大地、荷兰花海、九州农园获评盐城市最具魅力休闲农业园区。

三、第三产业

2015年,大丰区接待国内外游客1000万人次,实现旅游综合收入65亿元。中华麋鹿园创成盐城首家国家AAAAA级旅游景区,全区建成国家AAAA级旅游景区3个、国家A级旅游景区11个、省级旅游度假区1个、省四星级乡村旅游点4个。荷兰花海成为盐城最富人气景点。大丰被评为中国最佳休闲小城、最美中国文化旅游城市、长三角最佳慢生活旅游名城、全国休闲农业与乡村旅游示范县(市、区)。发展电子商务,全省首家阿里巴巴落户电商产业园,京东商城、苏宁易购、农一网等企业相继入驻。推进服务业项目,东方1号创意产业园一期工程、3D打印技术中心运营良好,被认定为国家级工业设计中心。国际软件园引进中兴通讯、百度推广等领军企业150多家,大数据产业园云计算数据中心投入使用。现代服务业态占服务业比重超50%。

第二节　社会事业

一、城乡建设

2015年,大丰区实施新一轮城市总体规划,编制完成新型城镇化与城乡发展一体化规划、农贸市场布局规划、大丰区域"十三五"综合交通规划等,修编完善各镇总体规划、控制性详细规划和村庄规划。全年组织实施城建重点工程50项,完成投资51亿元。新建和修复城市道路面积60万平方米;新增城市家具、小品106处;档案馆、老干部活动中心交付使用;图书馆新馆主体竣工;老旧小区基础设施改造、明达停车场等民生工程全面建成。人居环境持续改善,全年新增城市绿化面积80万平方米,成功创建国家园林城市。实施城市河道综合整治,对城区主要水系定期更换,二卯酉河、红花中心河等污水截流工程竣工。实施城市环境综合整治项目56项,完成投入2000万元;实施"清洁乡村"行动重点项目274项,完成投入2.4亿元;开展村庄环境整治,全区1763个自然村庄点环境整治任务全面完成,成功通过省、市村庄环境整治全域验收。草堰镇三元村创成省级"美丽乡村"。城乡管理更加精细。依托数字化城管,完善"网格管理、三级巡查、综合执法"的管理模式,建立"大城管"格局;各镇全部成立城管机构,实现镇容镇貌、经营秩序等常态化管理。

二、生态文明

2015年，大丰区科学划定省级六类生态红线保护区域1212.66平方公里，珍禽自然保护区核心区1333.33公顷鱼塘“退渔还湿”全部到位。新增城镇绿地面积80万平方米，城区绿化覆盖率36.3%，实施农村绿化重点工程，新增成片造林1386.67公顷，新建和完善绿色通道132千米、高标准农田林网1.03万公顷。加强环境监管和整治，华丰工业园环保专项整治工作全省首家通过考核评估，总投资6300万元的畜禽粪污集中处理综合利用项目建成试运营，秸秆禁烧实现“零火点”。加大生态创建力度，建成国家园林城市，国家生态市、国家环保模范城市通过国家级考核验收，国家级生态镇实现全覆盖。

三、社会民生

2015年，大丰区推进12件为民办实事工程，竣工保障性住房5.12万平方米，建成AAA级居家养老服务中心14个。教育事业优质均衡发展，在全省率先引进并首批开通国标校车29辆，惠及18所学校1500名学生。年内，大丰区建成江苏省学前教育示范区。科技工作持续进步，专利申请量和授权量苏北领先。新建和改扩建村卫生室79个，所有村卫生室达到省定标准，省示范乡镇卫生院覆盖率60%。公共自行车服务网点全面铺开，新增公共自行车站点80个、总数100个，新增自行车1050辆、总数1350辆，累计办理借车卡3800余张。城市公交实现免费Wi－Fi全覆盖。参与投资拍摄的电视连续剧《于无声处》获得第30届中国电视剧“飞天奖”。举办国际篮球明星挑战赛、全国男子排球冠军赛等省级以上赛事6场，建成首批江苏省公共体育服务体系示范区。实施社会保险全民参保计划，办理全民参保登记28万人，城镇职工基本医疗保险医疗费用限额提高至7万元，城乡居民基础养老金标准上调到115元，建成全省被征地农民社会保障工作示范县。深化平安大丰、法治大丰建设，群众安全感盐城第一，全省领先，被表彰为全国法治县（市、区）创建活动先进单位、全省综治工作先进县（市、区）。加强精神文明建设，大中镇恒北村、大丰区实验小学获评第四届全国全国文明村镇、全国文明单位，大丰区委宣传部副部长、文明办主任顾保获评全国未成年人思想道德建设工作先进个人。

通榆河取水口工程 年内，大丰区投资9110万元，启动建设通榆河取水口整治提升及强化预处理工程。工程结合本区域及水系特征，采用生物预处理工艺，开工建设膜处理示范工程。该工程建成后在通榆河水质符合Ⅲ类水水质标准时，通过预处理可提高水源水质一个等级，达到Ⅱ类水原水标准；在通榆河水质劣于Ⅲ类水水质标准时，可使饮用水源水质稳定达到Ⅲ类水标准，确保安全优质供水。 （杨金辉）

大丰荷兰花海。

第44章 亭湖区

责任编辑 高兰会

综 述

亭湖地处中国江苏东北部、黄海之滨，是盐城市的中心城区，南与大丰区接壤，西与盐都区毗邻，北与建湖县、射阳县交界，下辖镇5个、街道5个、经济区3个，年末总人口70.82万人，区域面积800平方公里。2015年，全区实现地区生产总值360亿元，一般公共预算收入43.2亿元，实现规模以上工业增加值170亿元、服务业增加值188亿元，社会消费品零售总额230亿元，固定资产投资340亿元，进出口总额3.3亿美元。城镇居民人均可支配收入33433元、农村居民人均可支配收入17863元。全面小康建设指标达标率超过80%，综合得分95分，列苏北第一位。综合实力处于盐城第一板块。

2015年亭湖区各镇基本情况

表44－52

镇(区、街道)	土地面积(平方公里)	耕地面积(公顷)	年末人口(万人)	行政村(居)(个)	地区生产总值(亿元)				财政收入(万元)	固定资产投资(亿元)	一般公共预算收入(万元)	农村居民人均可支配收入(元)	城镇居民人均可支配收入(元)	规模以上工业总产值(亿元)
					合计	一产	二产	三产						
环保科技城	39.99	2366	2.32	6	9.40	0.31	8	1.09	50074	44.52	34660		29572	142.27
亭湖新区	25.50	412	3.13	9	45.04	0.50	30.58	13.96	134555	35.40	105743		30327	207.68
新洋经济区	29.59	918	6	12	36.41	0.39	19.10	16.92	90295	39	73579		31865	81.98
南洋镇	125.77	7272	7.58	25	34.70	6.40	20.14	8.16	24419	29.10	19913	20108		67.56
盐东镇	132.63	7473	5.23	14	24.40	6.11	14.94	3.35	16717	22.71	10856	20273		83.36
黄尖镇	261.76	9002	3.99	10	13.40	5.65	5.03	2.72	9265	17.44	5745	17750		13.77
新兴镇	90.62	4987	6.44	24	31.50	6.59	17.57	7.34	26499	28.24	16849	20358		33.29
便仓镇	71.97	4520	3.77	13	10.60	6	1.11	3.49	9372	16.87	6478	17074		23.60
大洋街道	7.78	110	4.81	8	26.67	0.02	4.16	22.49	35683	21.80	27645		34388	3.30
五星街道	2.83	7	5.03	11	27.69	0.01	3.12	24.56	36914	19.94	24115		34438	16.66
文峰街道	5.53	9	8.92	15	41.55	0.02	8.24	33.29	42511	21.86	34508		34493	14.06
先锋街道	6.08	50	5.35	14	23.26	0.02	1.21	22.03	41501	19.82	24649		34363	17.28
毓龙街道	5.44	4	8.24	14	35.67	0.01	1.76	33.90	40521	21.40	31935		34227	15.16

第一节 经济发展

一、工业经济

2015年，亭湖区规模以上工业增加值173亿元，二、三产业比重提高到91.2%。新兴产业增势强劲，环保产业实现开票销售45亿元；高新技术产业产值占规模以上工业比重提高2个百分点。全区新增规模以上工业企业、资质等级建筑业企业、限额以上批零住餐企业、限额以上服务业企业130家，新增纳税超百万元企业10家，新增开票销售超亿元工业企业4家，其中三菱公司开票销售超10亿元，至年底，纳税超千万元企业35家。全年完成工业投资139亿元。全年新引进投资超亿元项目171个，其中中车轨道交通产业基地、紫光薄膜太阳能等超10亿元项目22个。推进项目建设,试行重大项目落地评审制度,推行容缺预审、联审联办,环保产业孵化基地、中科清洁能源、清华易程、科能防爆新材料等产业项目建成运营。全年新开工亿元以上项目53个,新竣工亿元以上项目42个。鼓励企业加大技改投入,48个技改项目全部开工建设,设备抵扣税增长30%。支持企业重组上市,顺泰、新亚公司在“新三板”挂牌。全年新增国家重点新产品和省高新技术产品30个。环保科技城建成环保职业技术学院、环保科技众创中心等配套项目,成功招引中德环保、美国西尔玛等企业,承办全国烟气污染治理技术与产业论坛、工业节能与清洁生产年会,获批国家新型工业化产业示范基地、国家大气污染防治装备高新技术产业化基地,主营业务收入增长11.6%。年内,盐城金意光电科技有限公司等9家企业获批国家高新技术企业,江苏凯斯博电梯有限公司等9家企业被认定为省“两化”融合示范、试点企业。

二、农业经济

2015年,亭湖区新增设施农业面积900公顷,建成高标准农田面积1466.67公顷。27个农产品通过“三品”认证(无公害农产品认证、绿色食品认证、有机食品认证)。实施湖羊养殖等龙头项目,新增规模农业龙头企业5家,其中省级龙头企业2家。发掘乡村旅游观光功能,创成市最具魅力休闲农业景点3个,枯枝牡丹园入选全国最美花园。发展农村电子商务,南洋头灶村被认定为市级电子商务示范村。发展村级集体经济,集体经营性收入超百万元村30个。培育新型农业经营主体。新增家庭农场50家、农民专业合作社省级示范社4个、投资百万元以上农业企业18个、新型农业适度规模经营面积2666.67公顷。

启用建设“智农通”应用系统 12月,亭湖区作为全市唯一、全省13个试点县(市、区)之一,正式启动“智农通”系统的建设和应用。“智农通”是与国家农业科技服务云平台的调度平台系统相配套的、基于移动互联的终端业务和服务应用系统,主要包括管理人员版、专家版、农技人员版、农户版4个版本。通过“智农通”的使用,可实现与国家农业科技服务云平台各类核心业务系统的有效对接,打通农资选购、技术指导培训学习、产销对接、农村金融等农业科技信息服务“最后一米”,为广大农民和新型农业经营主体提供精准、及时、全程顾问式信息服务。年内,亭湖区加强宣传推介力度,让农户特别是新型经营主体知晓和了解“智农通”的特点和优势,同步加快云平台建设,统计调查有一定规模的、会用智能手机的、有意愿开通“智农通”的核心示范户的信息。

三、第三产业

2015年,亭湖区实现服务业增加值193.3亿元,完成服务业投资199亿元,实现社会消费品零售总额230亿元。新招引金山污泥处理设备、赢圣科技激光机、万华电商物流园、野生动物乐园等环保、光电、物流、旅游产业项目78个。新洋经济区推进东风物流、明珠电商园等项目建设,新洋科创园启动,主营业务收入增长29.2%,新洋现代物流园区在2015中国物流企业家年会上获批中国专业市场示范区、中国物流示范基地。街道依托城市中心商圈和服务业集聚区加大文化创意、电子商务、金融等现代服务业项目招商力度,发展注册经济、楼宇经济、总部经济,新增楼宇33.8万平方米,新注册企业2150家,新入库税收1.26亿元。

首届大洋湾樱花节 3月28日至4月8日,首届大洋湾樱花节举办。大洋湾樱花园坐落在大洋湾景区西北侧,占地33.33公顷,栽植各类植物130余种,其中樱花32个品种、1万株,其他乔木1.3万株。樱花园定位为以樱花为主要景观,将樱花的自然美与人文美有机统一,集旅游观光、度假休闲、养生健体为一体的精品园中园、生态健康谷。清明节期间,接待游客16万人。

第二节 社会事业

一、城乡建设

2015年,亭湖区推动实施城建重点工程174项,累计完成投资152亿元。启动城乡提升十大工程,完成6个城中村、15个棚户区、7个老旧小区、31条背街后巷、11条城市河道、2个农贸市场等整治项目;新增城镇绿化面积254公顷;加快旧城改造步伐,房屋征收工作提速,签订拆迁搬迁协议1526户;顺接市区城市建设管理体制调整,完善职能、机制,强化人员、设备保障,通过省级优秀管理城市考核验收。开展农村环境综合整治灭点行动、清洁乡村行动,新建、改造水利闸站35座、农桥72座,整治河道162条,硬化道路920千米,改造户厕5000座,镇村成片造林546.67公顷,秸秆禁烧实现“零火点”,创成星级康居示范村庄42个,完成99个行政村整治任务,通过省级农村环境综合整治验收,创成省级生态区。开工建设234省道至东环路连接线,建成黄尖镇至临海高等级公路连接线、环保科技城公交枢纽,拓宽改造农村公路66千米,实现市镇公交、镇村公交全覆盖。环保科技城、黄尖污水处理厂投入运营,新建污水支管网9.4千米。农村垃圾无害化处理体系覆盖率95%。

二、社会民生

2015年,亭湖区优化教育布局,启动河东、城北3所义务教育学校建设。创成全国义务教育改革发展基本均衡区、省公共体育服务体系示范区。加强基层卫生服务阵地建设,新洋、大洋卫生服务中心投入运营,新建成标准化卫生室16个。黄尖卫生院创成全国群众满意乡镇卫生院。亭湖区人民医院创成二级甲等综合医院。区镇村三级药品“零差率”实现全覆盖。实施文化惠民工程,全年送戏36场、送电影1500场、送图书1万册,数字化农家书屋实现全覆盖,举办“七彩亭湖”“书香亭湖”“厚德亭湖”主题文化活动120场次。年内，亭湖区文化馆通过国家一级馆复评；《亭湖区志（1983～2003）》公开出版；文化创意产业园阳春动漫制作的《美丽的森林》成为首部奥斯卡提名奖的中国动画作品。深化“平安亭湖”建设，健全社会治安防控体系，保障公共安全。开展打非治违专项行动，排查消除各类事故隐患，全区安全生产平稳可控。强化基层基础建设，推行“一委一居一站一办”管理体制，推动村务公开，推进薄弱村帮扶工作，新建村党群服务中心15个。全年新增就业、再就业2万人，新转移农村劳动力1万人，帮助企业引才用工6600人。推进精准扶贫，帮助2299名低收入人口脱贫。城乡居民收入分别增长9.3%、10.3%。提升社会保障水平，养老保险待遇增长10%，建立“五险合一”（城镇职工基本养老、城镇职工医疗、失业、工伤和生育五项社会保险实行统一登记、统一基数、统一征缴和统一稽核）工作机制，被征地农民参保人数3.3万人。提高城乡居民低保标准，建立困难群众托底救助制度。启动建设亭湖区社会福利中心，亭湖区残疾人综合服务中心二期工程建成运营，新增省级示范性社区养老服务中心4个。全年新开工保障性住房2219套、基本建成855套，发放公租房补贴136户，提供经济适用房283户。

“厚德亭湖”建设 年内，亭湖区培育城市精神，强化典型引领，放大凡人善举示范效应。房艳入选8月“中国好人榜”、陆春銮入选11月“中国好人榜”，陈清花入选12月“中国好人榜”；王立明当选为第五届江苏省道德模范、仇爱清获省道德模范提名；景山小学黄诗茜被评为第三届江苏省“百名美德少年”；高昌凤、李凤祥被评为江苏省第二届“百佳孝星”。

盐城环保职业技术学院建成 盐城环保职业技术学院位于盐城环保科技城内，以三年制高职教育为主，每年招生1000人，2015年与盐城工学院、盐城工业职业技术学院联合办学，2016年独立办学，设环境监测与治理技术、环境工程技术、机械设计与制造、焊接技术与自动化等专业，全面推行“订单式”培养。5月8日，学院开工建设，一期工程占地6.67公顷，投资1.5亿元，建筑面积4.5万平方米，整个学院建筑总面积10万平方米，总投资5亿元。9月14日，盐城环保职业技术学院正式开学，本学期入校师生800多名，分为3个批次，首批与盐城工学院联合办学的230名学生已入校，239名盐城工业职业技术学院学生16日入驻、220名盐城工学院学生9月底入校。

刘成铭青运会夺冠 10月12日，在福州市海峡奥体中心游泳跳水馆举行的全国青年运动会男子3米跳板决赛中，亭湖区刘成铭以总分494.70分获得2015年全国青年运动会冠军。

（吴玉珊）

东亭湖公园。

第45章 盐都区

责任编辑 高兰会

综 述

盐都位于江苏省沿海中部，地处江淮之间，为盐城市主城区之一，盐淮高速、盐靖高速、204国道贯通全境。区域总面积1015平方公里，辖镇8个、街道办事处4个、国家级高新区1个，行政村(居委会)246个。年末总人口71.42万人。2015年，实现地区生产总值407.1亿元，一般公共预算收入36.48亿元，全社会固定资产投资307.5亿元，注册外资实际到账8658万美元，外贸进出口5.53亿美元，城镇居民人均可支配收入30316元、农村居民人均可支配收入17271元。

2015年盐都区各镇基本情况

表45-53

镇(街道)	土地面积(平方公里)	耕地面积(公顷)	年末人口(万人)	行政村(居)(个)	地区生产总值(亿元)				财政收入(万元)	固定资产投资(亿元)	一般公共预算收入(万元)	农村居民人均纯收入(元)	规模以上工业投入(亿元)	规模以上工业总产值(亿元)
					合计	一产	二产	三产						
大纵湖镇	131.42	5942	6.81	26	33.39	4.45	12.10	16.84	15849	25.40	11527	18670	14.92	48.45
楼王镇	153.21	6727	7.10	28	30.72	4.50	16.79	9.43	9271	13	6392	16651	9.67	39.47
学富镇	83.48	5266	5.13	20	14.10	1.98	6.05	6.07	7169	10.76	4581	17149	7.31	13.33
尚庄镇	103.37	6376	6.78	26	24.81	2.44	9.81	12.56	7487	10.76	5583	16875	8.29	26.23
秦南镇	127.51	7897	8.69	32	45.02	3.71	25.69	15.62	15234	17.59	10115	18085	13.57	47.18
龙冈镇	93.95	5637	7.65	31	54.42	3.70	30.90	19.82	27958	33.86	21045	20053	22.26	103.23
大冈镇	130.82	7985	8.64	27	33.37	2.10	18.77	12.50	14527	14.63	9520	17888	10.93	74.83
郭猛镇	62.16	3999	4.96	14	29.83	2.38	17.73	9.72	12826	15.06	9137	18829	11.16	53.32
潘黄街道	25.54	1075	4.49	13	55.21	0.50	29.82	24.89	61578	40.22	52499	20043	24.61	71.45
张庄街道	22.85	1130	3.05	9	23.53	0.70	17.63	5.20	22766	16.39	18095	18557	11.87	60.35
盐龙街道	52.63	2653	4.91	15	60.71	0.50	53.71	6.50	80776	66.33	60590	18961	55.44	288.08
盐渎街道	32.47	1245	3.21	9	38.48	0.30	18.16	20.02	142228	43.34	93561	18401	8.17	90.99

第一节 经济发展

一、工业经济

2015年，盐都区完成规模以上工业增加值214.6亿元，实现规模以上工业总产值910.4亿元。其中，大型企业总产值为58.21亿元，中型企业总产值391.55亿元，私营总产值442.63亿元。实现全口径开票销售246.6亿元，全口径入库税金9.5亿元。50强重点工业企业完成开票销售102.6亿元，占定报企业开票销售65.1%；入库税金4亿元，占定报企业入库税金61.5%。全年新签约、新开工、新竣工5000万元以上工业项目75个、59个、56个。汽配行业23家定报企业实现开票54亿元，星宇科技、大园汽配、世钟汽配分别实现销售17.66亿元、9.93亿元、8.89亿元；纺织行业全年实现销售29.2亿元，悦达纺织实现开票销售13.1亿元，日升纺织全年开票销售3.46亿元；新特产业智能终端产业园首批15个项目开工建设，西锐3D打印、工业机器人、惠普软件创新基地等项目落户。全年实施重点技改项目101个，华盛电气、苏力机械、东九重工成功实现合作重组，华鸥实业和剑桥涂装被认定为省科技小巨人企业。

鼓励企业节能改造，全年实施各类资源综合利用项目5个、淘汰落后设备140台（套），单位地区生产总值能耗降低至4.35%。发展循环经济，推广新能源汽车90辆。年内，新认定省级以上"两化"融合示范（试点）企业13家，规模以上工业企业应用电子商务比例达70%，中恒宠物获评全省首家国家级跨境电商示范企业。新认定国家高新技术企业27家，建成省级以上研发平台18个，新开发省高新技术产品153只。驰翔齿轮、蔚联机械、汉印机电在"新三板"挂牌，中恒宠物主板上市进入辅导期，"闪奇"牌电器、"盐电"牌阀门、"剑桥"牌涂装获批中国驰名商标。推进载体建设，盐城高新技术产业开发区获批国家高新技术产业开发区；韩资工业园落户企业27家；全民创业园建成标准厂房30万平方米，新增入园企业100家；盐城中小企业园获评省级创业示范基地；大冈镇获批中国砂带基布产业示范基地，大纵湖镇被认定为国家火炬涂装设备特色产业基地。

智能终端产业项目集中开工 9月6日，盐城高新技术产业开发区举行智能终端产业项目集中开工活动。深圳手机协会会长孙文平，以及珠三角、长三角等地的100余名企业家代表出席开工活动。活动集中开工华星光电、乐洲科技等10家手机整机及零部件配套项目，总投资13亿元，标志着高新区智能终端产业发展迈出新步伐，盐都与深圳手机行业协会合作取得新突破。智能终端产业是高新区重点打造的三大产业之一，也是全市产业创新"十大工程"之一。年内，智能终端产业园项目建设快速推进。至年底，有10家企业投产。

举办创新创业招商推介活动 12月7～8日，盐都区在上海举办创新创业暨智能终端招商推介活动，现场集中签约30个项目，总投资39.45亿元。区委书记羊维达出席推介活动并致辞，区委副书记、区长吴本辉主持推介会。推介会期间，羊维达、吴本辉等区领导调研上海电气集团股份有限公司、上海贝思特电气有限公司、上海联泰三维科技有限公司，并会见上海电气集团股份有限公司董事长黄迪南、生物芯片上海国家中心主任部恒俊、上海森与淳合电子科技有限公司总经理赵珉等客商，就如何进一步加强合作进行交流。

江苏驰翔精密齿轮股份有限公司挂牌"新三板" 2月2日，江苏驰翔精密齿轮股份有限公司正式在"新三板"挂牌，发行股票1050万股，发行价格为每股人民币4元，成为全市第五家、盐都首家在"新三板"挂牌的企业。江苏驰翔精密齿轮股份有限公司成立于2002年4月，主营业务是各类硬齿面、高精度齿轮的研发、制造、销售，有变速箱齿轮、机油泵齿轮、纺机齿轮等系列产品，具备年产500万件的生产能力。

大冈镇获批中国砂带基布产业示范基地 8月4日，大冈镇在2015年中国砂带基布产业创新发展论坛上获评中国砂带基布产业示范基地，是全市唯一获此殊荣乡镇。砂带基布是大冈镇的传统产业，全镇有砂带基布企业82家，其中工业定报企业9家，资产总额13亿元，净资产7亿元，从业人员突破5000人，有各类生产设备1350多台（套），年产能5000万平方米，产量占全国砂带基布总产量18%左右，全年砂带基布销售12亿元，税收2亿元。

二、农业经济

2015年，盐都区实现农林牧渔业总产值88.95亿元，全年农作物总播种面积10.31万公顷，其中粮食播种面积8.25万公顷。粮食总产量63.15万吨，油料产量1.59万吨，蔬菜产量43.2万吨，生猪饲养量83.8万头，家禽饲养量2122万只，肉类总产量6.42万吨，水产品总量12.64万吨。现代农业发展水平达到81.16%，综合排名位居苏北、苏中前列。全区发展高效农业面积3.91万公顷，覆盖率72%，其中设施农业面积1.04万公顷，占耕地面积18.4%；设施渔业面积2533.33公顷，占养殖面积30%。新增机插秧（机条播）面积6666.67公顷，农业机械总动力52.5万千瓦，有大中型拖拉机1512台，插秧机1968台；稻麦机械化收割率、三麦种植机械化率100%，农业综合机械化水平81%。推广联耕联种，发展家庭农场和合作经济组织，全区累计认定家庭农场347家，经营总面积4480公顷，其中当年新增183家，新增经营面积2013.33公顷。累计认定龙头企业142家，其中省级重点龙头企业7家，大纵湖镇鱼范村创成省级电子商务示范村。鼓励发展连锁专卖、配送直供、冷链物流、农超对接等现代流通业，禽蛋、大米等农产品区外供货量不断增加。年内，盐都被认定为省"亩产吨粮县"，"大纵湖大闸蟹"获评中国地理标志保护产品。

大纵湖大闸蟹出口韩国 11月22日，100千克大纵湖清水大闸蟹通关从盐城机场直飞韩国仁川，是"大纵湖大闸蟹"取得出口资质之后的首批订单。大纵湖大闸蟹，出产于江苏盐城大纵湖及盐都地区条件相似水域。蟹终生生活在水质清新的环境中，俗称清水大蟹。青背白肚，金爪黄毛，螯足强健，肉鲜味美，营养丰富。至年底，盐都区大闸蟹养殖面积8000公顷、产值超10亿元；盐都区先后被评为中国河蟹之乡、中国河蟹产业先进县、中国河蟹电子商务示范县、江苏省生态大闸蟹养殖标准化示范区。9月30日，盐都区"大纵湖大闸蟹"出口备案基地通过国家质量监督检验检疫总局的现场验收，取得出口资质。

三、第三产业

2015年，盐都区实现服务业增加值158.5亿元、社会消费品零售总额187.8亿元。其中，批发和零售业实现零售额167.2亿元，住宿餐饮业实现零售额20.6亿元。现代服务业提速发展，东方汽车广场后服务市场启动建设；电商快递产业园获批省级电子商务基地，入驻电商、快递项目65个，EMS、顺丰、百世汇通等6家快递企业日订单处理量13.8万件。年内，顺丰盐城智慧电商物流园项目签约，计划总投资5亿元，建筑面积10万平方米，主要建设集顺丰电子商务办公、仓储、配送等功能为一体的智慧电商物流园。全年完成房地产开发投资56亿元，新开工面积160万平方米，竣工面积159万平方米，商品房销售额53亿元。举办畅游盐都金秋行等活动，全年接待游客320万人次，实现国内旅游收入32亿元、创汇1500万美元。新创成AAAA级旅游景区1家，省五星级乡村旅游点1家、省四星级乡村旅游点1家、省三星级乡村旅游点1家。10月15日，在盐都区举行的全省乡村旅游工作推进会上，盐都区被评为江苏省乡村旅游创新发展示范区，盐都泾口生态园获批江苏省乡村旅游创新项目。至年底，盐都区有全国农业旅游示范点1家、省四星级乡村旅游点7家、中国最美休闲乡村1家、省最美乡村2家、全国"美丽乡村"创建试点村2家、农家乐(客栈)30余家。

第二节　社会事业

一、城乡建设

2015年，盐都区实施城建重点工程八大类133项，年度计划投资161.94亿元，开工竣工126项，完成投资121.35亿元，占年度计划投资额的74.9%。列入市城建重点项目12个项目，开工建设11项，开工率91.7%，竣工项目8项，竣工率67%，完成投资20.39亿元，占全年计划的83.2%。腾飞路实验学校开学招生，新城商务中心、碧桂园、汽车城市综合体建设推进之中。"城中村"改造加快，新城区功能完善，恒大名都、碧桂园等居住项目和万达广场、翔宇城市综合体等功能性项目落户，公园绿地、健身步道、公共自行车站点、公园健身步道等公益配套项目建成使用，在大市区率先成立区级城市管理委员会。构建交通网络格局，125省道四期工程等10项交通重大工程开工，其中331省道盐都段、双新北路跨蟒蛇河大桥建成通车；推进农村公路提档升级，全年完成农路提档升级改造70千米、桥梁239座；推进城乡客运稳步提升，新增K10公交4辆，完成全区最后14辆农公班车改造工作；推进镇村公交建设，全区开通镇村公交线路21条，投入车辆48辆，实现镇村公交行政村全覆盖。组织实施景观式道路、滨河式绿带、园林式小区等城镇化重点项目建设90项，竣工64项，完成投资16.1亿元。大冈、龙冈、张庄、郭猛等重点镇(街道)实施园区升级、集镇改造，153个农民集中居住点规划提升，推进农村新型社区建设。实施农村绿化工程，布局331省道、双新大道、环城高速、229省道和231省道5条骨干道路绿化，新建环城高速圈生态林133.33公顷，林木覆盖率21.6%，区内每镇新发展规模经济林33.33公顷、完成圩堤绿化20千米以上、新建村庄绿化示范村2个。完成园林绿化重点项目32项、市区园林绿化提升完善项目19个以及高新区重点绿化建设项目7个，栽植大树1.6万株；实施公园游园、道路节点和水系景观等重点绿化项目32个，城市绿化覆盖率45.2%。年内，大纵湖获批省级湿地公园，市级生态镇实现全覆盖。铺设污水收集管网145千米，城镇污水集中处理率85%以上。推进城乡河道三年整治行动，累计整治城市河道21条，疏浚农村河道1861条。

通过国家生态区考核验收　4月2~3日，中国生态文明研究与促进会秘书长朱广庆率领国家生态区考核验收组在盐都考核验收国家级生态区创建工作。通过核查资料、考察现场并召开考核验收汇报会、通报会，考核组同意盐都区通过国家级生态区考核验收，并按程序报环保部审议批准。盐都区成为全市率先通过国家生态区考核验收的县(区)。

盐城万达广场项目开工　12月28日，总投资60亿元，占地面积18.4公顷，建筑面积60万平方米的盐城万达广场项目在潘黄街道奠基、破土动工。盐城万达广场位于市区西环路以东、腾飞路以南，是万达第五代商业运作模式产品，包括国际连锁超市、大型数码城、电玩中心、万达影城、购物中心、餐饮服务等项目，周边交通配套成熟。项目分为两大块，一块为万达自持纯商业、一块为配套商住，由中国建筑一局(集团)有限公司承建。

二、社会民生

2015年，盐都区实施十大类28件为民办实事工程，计划总投资12.8亿元，当年完成投资11.8亿元，建成高新区实验学校(二期)、腾飞路实验学校、学富实验学校、区二院放疗中心、尚庄镇文化活动中心，区残疾人康复托养中心和老年人社会福利院主体完工。推进学校标准化建设，所有中小学实现网络校校通、班班多媒体、校校田径场。全区义务教育阶段巩固率100%，三类残疾儿童少年入学率99.1%，外来务工人员子女入学率和公办学校吸纳比例均为100%，义务教育阶段学生学业合格率为97.2%，教育现代化综合得分84.46分。年内，盐都创成省义务教育优质均衡发展区、学前教育改革发展示范区、公共体育服务示范区。推进医药卫生体制改革，实施基本药物制度，启动村卫生室(站)标准化改造，建成一批省示范卫生院、卫生室，区镇村三级医疗服务水平提升。完善公共文化服务网络，提升图书馆、文化馆、博物馆数字化水平，全区有公共文化设施816个，总面积48.62万平方米，打造城乡一体化"15分钟文化圈"，文化信息资源共享工程和农家书屋村村实现全覆盖，被评为全国文化先进县(区)。年内，盐都淮剧团被评为全国服务农村服务基层先进集体，淮剧《半车老师》获第十三届中国戏剧节优秀剧目奖和省首届文华大奖。助力创业，开展"返乡圆梦行动"系列活动30多场，推介创业项目150个，签约意向项目82个。开发就业岗位，对就业困难人员实行实名制即时援助，保持城镇"零就业"家庭动态清零，新增城镇就业1.25万人，全年新发展私营企业2372户、一般纳税人工业企业305户、"个转企"41户、个体工商户6269户。完善社会保障体系，新增各类参保人员24.59万人，城乡基本社会保险覆盖率98.6%，居家养老实现区域全覆盖。农村居民大病保险启动实施，新农合人均筹资标准从180元提高到480元，政策补偿比提高到

75.01%。城乡低保标准分别提高到每月490元、380元;居家养老实现区域全覆盖,被评为全国养老示范县(区)。

全面小康综合得分领先苏北 10月,由省统计局、省委研究室联合发布的2014年江苏全面建成小康社会进程统计结果表明:盐都区全面建成小康社会总体实现程度为92.7%,名列苏北28个监测县(市、区)第一位。其中,盐都区2014年民主法治类实现程度为99.4%;社会发展类实现程度为99.3%,生态环境类实现程度为97.5%,经济发展类实现程度为89.9%,人民生活类实现程度为82%。36个指标中,城镇化率、信息化发展水平、城市万人公交拥有量、每千名老人拥有养老床位数、文化产业增加值占地区生产总值比重等18个指标达到目标值,有13个指标达到目标值的80%以上,综合得分测算92.7分。

市三院医疗联合体 11月26日,市第三人民医院医疗联合体启动仪式举行。该医疗联合体以市三院为龙头,联合区二院、区中西医结合医院、大冈中心卫生院、郭猛镇卫生院、龙冈镇卫生院和潘黄街道社区卫生服务中心,建立资源共享、技术合作、管理协同、责任共担、利益分享、辐射带动的"1+6"医疗技术密集型合作组织。通过该医疗联合体,6所基层卫生医疗机构可以依托区域卫生信息平台,借助市三院的人才、技术、服务等方面的优势,在"技术支持、远程会诊、双向转诊、人才培训、业务管理、信息共享"等多方面开展服务型合作,为辖区群众提供更加优质高效、安全便捷的医疗服务。

程来品当选"中国好人" 3月3日,盐都区潘黄街道农业中心主任程来品当选2月"中国好人榜·敬业奉献"好人。程来品,男,1964年3月出生,盐都区潘黄街道农业中心主任,高级农艺师。程来品自1984年从盐城农校毕业以来,一直在潘黄街道农科站从事农技推广工作。2009年8月,经过组织推荐和职工测评,担任潘黄街道农业中心主任。他在全国文明村——仰徐村围绕省级高效农业园区创建标准,构建现代农业基础框架,建起千亩标准蔬菜园、千亩设施草莓园、千亩设施葡萄园、千亩绿色景观园和千亩标准良田示范区"五千工程",直接带动当地1500多户农民走上现代高效农业致富路,园区年产值5000万元以上。2013年10月,被评为全国十佳"农民满意的农技员"。2014年2月,央视7套、《农民日报》和《农村工作通讯》在"寻找最美农技员"栏目中集中宣传报道先进事迹;同年,当选7月"江苏好人"。

(王敬国)

盐都龙冈冈北村元宵夜景。 (赵林耕 摄)

第46章　建湖县

责任编辑　高兰会

综　　述

建湖地处盐城市中西部，土地总面积1157平方公里。全县辖镇11个和建湖经济开发区（省级）、城南新区、高新技术经济区（省级）和九龙口旅游度假区，年末总人口80万人。2015年，全县实现地区生产总值431亿元，公共财政预算收入50.6亿元，固定资产投资311亿元，注册外资实际到账6254万美元，完成进出口总额3.1亿美元。城镇居民人均可支配收入27393元、农村居民人均可支配收入15687元。在全国县域经济基本竞争力百强县中列第84位。

2015年建湖县各镇基本情况

表46－54

镇（区、街道）	土地面积（平方公里）	耕地面积（公顷）	年末人口（万人）	行政村（居）（个）	地区生产总值（亿元）				财政收入（万元）	固定资产投资（亿元）	工业用电量（万千瓦时）	一般公共预算收入（万元）	农村居民人均纯收入（元）	规模以上工业投入（亿元）	规模以上工业总产值（亿元）
					合计	一产	二产	三产							
近湖街道	45.48	2211	18.13	24	109.51	2.71	56.60	50.20	116386	22.40	11509	93285	17686	16.80	249.60
上冈镇	245.30	11620	18	44	53.10	9.21	18.30	25.59	35234	33	14860	29099	14165	26	96
建阳镇	93.60	4211	5.38	22	30.13	3.34	18.71	8.08	32878	27.05	5157	26500	16789	18	55
颜单镇	49.60	2467	2.46	8	15.60	2.30	10.10	3.20	19900	12.60	12358	14100	14500	8.40	26
恒济镇	80.08	3692	3.20	12	17.83	2.93	8.98	5.92	15665	13.90	1208	12491	14183	12.78	35.39
庆丰镇	103	5399	6.05	21	27.56	2.99	16.82	7.75	21769	15	5720	15652	17489	13.40	72.20
九龙口镇	68	3115	3.25	11	18	3.47	7.43	7.10	11000	9.13	979	8391	14786	7.30	12.32
高作镇	70.10	4729	3.66	16	13.95	3.16	6.07	4.72	12405	8.80	4039	8483	14172	5.61	3.16
芦沟镇	76	4587	4.28	16	14.84	3.54	5.18	6.12	11263	14.82	746	8101	13823	10.37	28.20
沿河镇	84.13	4466	3.90	15	14.26	2.80	5.41	6.05	9321	7.78	1958	7041	13830	7.38	13.58
冈西镇	68.11	4103	3	15	10.92	2.55	3.12	5.25	6978	7.42	3600	5301	13275	2.30	12.07
宝塔镇	50.80	2954	2.73	12	7.28	1.96	2.52	2.80	6412	7.12	364	4637	12140	5.70	7.88
开发区	86.32	4546	6	22	41.99	2.53	34.12	5.34	186750	34	13542	135184	17863	11.23	154.56
高新区	70.10	4729	3.66	16	13.95	3.16	6.07	4.72	12405	8.80	4039	8483	14172	5.61	3.16
城南新区	38	303	1.99	3	4.10	0.60	2	1.50	581	5.50	212		12500		

第一节 经济发展

一、工业经济

2015年,建湖县新开工超亿元工业项目135个,竣工超亿元项目16个,石油装备产品质量监督检验中心建成国家级中心,省节能电光源产品质量监督检验中心升格为国家实验室,登达新能源电动车5种车型列入工信部生产目录并进入市场,航空产业列入市产业创新"十大工程"。推进政产学研合作,举办第三届科技与人才节,与100所高校院所签订科技合作项目110项;打造创新平台,新增省级院士工作站2家、省级工程(技术、研究)中心3家,规模以上企业研发机构实现全覆盖。强化品牌建设,新增"銮""巨轮""丰群"中国驰名商标3件,省著名商标3件,省高新技术产品74件,建湖县先后被认定为石油装备全国知名品牌创建示范区、国家知识产权强县工程试点县、全省首批创业型城市。全年新发展私营企业4588户、个体工商户1.14万户,新增一般纳税人企业519户。

二、农业经济

2015年,建湖县新增高效农(渔)业面积6666.67公顷,家庭农场实现村村全覆盖,粮食生产实现"十二连增",农业综合机械化水平达到80%。全年引进实施北大荒米业集团等农产品加工项目10个,县农产品加工集中区建成国家农业产业化示范基地。推行农村土地承包经营权确权登记工作,县农村产权交易中心在全市率先投入运行,完成交易额1.5亿元,列全市第一位。打造农产品绿色品牌特色,加大无公害、绿色、有机食品认证力度,全县新增"三品"43个、"三品"产量11.58万吨,"九龙口大闸蟹"获中国北京国际渔业博览会金奖,"建湖青虾""建湖草鸡"被认定为中国地理标志证明商标,"三虹有机米"获评省著名商标,建湖县先后被评为全省发展现代高效农业成效显著县、国家农业产业化示范基地,建湖现代渔业产业园被认定为省级水产品出口示范基地。

三、第三产业

2015年,建湖县实现服务业增加值196.61亿元、社会消费品零售总额155亿元、服务业税收27亿元,实现营业收入16.1亿元、税收6100万元,江苏三航等3家企业被认定为省级重点物流企业。成功运营阿里巴巴"农村淘宝"项目,建湖县被评为全市唯一的省级农村电子商务示范县。全年全县旅游总收入15亿元。九龙口旅游度假区成功建成省级湿地公园、省级旅游度假区,5月举办"十一"江苏·建湖九龙口旅游文化周活动。西塘河风光带建成开放,通过国家AAA级旅游景区验收。

第二节 社会事业

一、城乡建设

2015年,建湖县加强城乡环境治理,整治后街巷道和老旧小区,完善亮化设施,新增停车泊位1200个。启动"智慧城市"创建工作,创建国家级"智慧城市"试点县通过省级验收。加快雨污分流改造和污水处理设施建设,县城主城区小区"雨污分流"实现全覆盖,污水日处理能力8.65万吨,县城、建制镇污水处理率分别达85%、60%。加快交通基础设施建设,盐徐高速建湖东互通、阜建高速建湖西互通开通运营,九龙大道、向阳大道等16个项目竣工,在全市率先实现镇镇通一级公路目标。推进农村基础设施建设,新建农桥106座、农村公路118千米。新建改建排涝泵站305座,全县平均排涝模数0.91。成功申报省高标准农田建设整县推进试点县,争取专项资金6.1亿元。

二、社会民生

2015年,建湖县优质均衡发展教育事业,实施建湖县高中城南分校等工程,城南国际小学竣工投用,全县中考、高考成绩稳步提升,获市高考质量奖,创成省学前教育改革发展示范区、省公共体育服务体系示范区。发展卫生计生事业,在全市率先成立医患纠纷调解中心,新建改建村级标准化卫生室118所,建湖县被列为全国第二批县级公立医院综合改革试点县、省深化医药卫生体制改革"先行先试"地区和全省医保付费方式改革试点县,在全省率先建立以县级医院为龙头,镇村级医疗机构为纽带覆盖全县的医疗联合体,并作为全省典型被推荐上报国家卫计委。实施文化惠民工程,县美术馆、博物馆建成开放,县杂技团升格为江苏省杂技团,杂技《惊风荡》获得首届江苏杂技奖金奖,淮剧《北秦庄之恋》获市艺术节文华优秀剧目奖。全年新增城镇就业8238人、失业人员再就业3813人、农村劳动力转移就业7634人。城乡居民个人账户养老金、基础养老金及被征地农民社会保障金发放率100%;在全市率先启动城镇医保付费方式改革,新农合人均保障水平提高到480元,大病医疗救助结报比例提高到70%。启动实施机关事业单位养老保险制度改革,完善住房保障体系,推进城乡住房保障规划、供给、管理和要素配置一体化,住房公积金新增扩面5000人,发放公积金贷款2.1亿元。扶贫济困,全年发放各类补贴2544.2万元,全县5000元以下低收入人口全部脱贫,城乡低保标准分别提高到490元、380元。

(吕 霏)

第47章 射阳县

责任编辑　高兰会

综　述

射阳地处江苏沿海中部，是中国大陆南北地理分界线的东部起点。全县土地总面积2606平方公里，其中陆地面积1948.23平方公里、水域面积482.09平方公里。海岸线总长100.4千米，海域面积5130.67平方公里。辖镇13个、经济区3个（射阳经济开发区、射阳港经济区和盐城市纺织染整服装工业区），其中射阳经济开发区为省级开发区。境内有省属农场3家、市属盐场1家。拥有国家二类对外开放口岸射阳港和国家中心渔港黄沙港，射阳港形成万吨级通航能力，3.5万吨级航道建设之中；沈海高速、临海高等级公路、陈李线3条交通干道贯穿南北；连盐铁路建设之中，境内设有客运站。2015年，全县总人口96.32万人，性别比为105.31∶100，人口自然增长率3.6‰。全年实现地区生产总值407.61亿元，实现一般公共预算收入20.56亿元，固定资产投资261.24亿元，协议利用外资7200万美元，注册外资实际到账2600万美元，外贸进出口总额3.07亿美元，社会消费品零售总额151.19亿元。城镇居民人均可支配收入、农村居民人均可支配收入分别为24460元和15136元。

2015年射阳县各镇基本情况

表47－55

镇(区)	土地面积(平方公里)	耕地面积(公顷)	年末人口(万人)	行政村(居)(个)	地区生产总值(亿元)				财政收入(万元)	固定资产投资(亿元)	工业用电量(万千瓦时)	一般公共预算收入(万元)	农村居民人均纯收入(元)	规模以上工业总产值(亿元)	工业投资(亿元)
					合计	一产	二产	三产							
合德镇	301.46	173	19.70	51	60.30	3.12	17.44	39.74	25230	34.38	15225	17904	18333	98.46	18.38
临海镇	184.89	116	7.84	20	29.49	5.79	9.06	14.64	13536	26.25	7970	10819	18540	48.86	22.60
千秋镇	157.54	104	6.13	18	21.62	6.22	6.21	9.19	4738	5.63	1890	2743	15406	22.94	3.84
四明镇	174.57	106	8.27	23	22.46	7.04	6.93	8.49	2941	4.94	799	2273	12852	8.24	3.54
海河镇	243.16	158	10.54	28	25.09	6.67	8.67	9.75	5851	10.68	1942	3461	16286	31.17	6.78
海通镇	88.59	48	3.39	10	25.44	4.62	10.99	9.83	7387	15.83	2676	5275	19989	63.99	13.30
兴桥镇	127.28	86	5.55	15	20.59	4.67	6.90	9.02	4346	7.39	2437	3157	17992	21.03	5.52
新坍镇	97.97	65	5.06	14	16.72	4.24	5.28	7.20	2919	3.96	836	2154	15759	14.39	2.82
长荡镇	95.99	64	4.57	14	19.06	3.30	7.80	7.96	3209	4.79	1348	2703	16735	28.54	3.14
盘湾镇	94.95	58	3.99	12	27.79	4.66	14.38	8.75	6856	17.14	3570	5591	20821	57.51	14.60
特庸镇	102.48	59	4.12	9	18.52	3.83	6.17	8.52	4305	6.96	2804	3091	17868	18.89	4.50
洋马镇	98.57	64	3.18	8	18.40	3.83	5.79	8.78	4342	6.97	1748	2790	18920	18.58	4.86
黄沙港镇	364.89	78	1.91	8	28.09	9.93	5.82	12.34	8212	16.63	11887	5509	19350	21.51	11.46
开发区	15.33	4	8.89	10	50.88	3.72	23.58	23.58	59515	56.40	29337	50065	16766	123.91	39.25
射阳港经济区	94.04	21	0.70	4	15.50	3.26	8.82	3.42	13581	32.88	9373	12465	17757	38.90	28.50

第一节　经济发展

一、工业经济

2015 年，射阳完成全口径开票销售 245 亿元，完成规模以上工业开票销售 180 亿元，完成规模以上工业入库税收 7.3 亿元，新增工业定报企业 34 家，实现全社会工业用电量 11.8 亿千瓦时。累计实施技改扩能项目 95 个，其中千万元以上技改项目 45 个，累计完成投资 12.76 亿，其中设备投资 8.05 亿元。盘活停产企业及停建项目 55 个，盘活闲置厂房 25.12 万平方米，通过盘活闲置资产新增设备净值 1.35 亿元，新增开票销售 2.6 亿元。纺织染整服装工业区集聚企业 38 家，获批全省唯一的国家级绿色染整研发生产基地。与相关高校和科研院所新建立产学研合作关系 30 多个，规模以上企业产学研合作覆盖面 60% 以上。全年税收超 1000 万元、超 500 万元、超 100 万元工业企业同比分别增加 5 家、7 家、17 家。新签约亿元以上项目 58 个、新开工亿元以上项目 43 个、竣工亿元以上项目 33 个，9 个列入市"三百工程"的项目全部通过市验收。加快实施总投资 105 亿元的辉山乳业全产业链健康产业项目、总投资 10 亿元的钱江石材等 30 个石材产业集群项目，引进总投资 6 亿美元的苏·台海峡两岸渔业合作示范区项目。总投资 25 亿元的射阳港电厂四期 1 ×66 万千瓦项目获批纳入江苏省 2015 年度火电规划建设方案。新增国家高新技术企业 6 家，省、市企业工程技术研究中心 11 个，省级研究生工作站 7 个。年内，"桃园家饰""双山"商标被认定为中国驰名商标。

辉山全产业链（江苏）项目　辉山全产业链（江苏）项目位于射阳县射阳港经济区内，由辽宁辉山乳业集团和江苏综艺集团联合投资，总投资 105 亿元，通过"自营牧场"模式，建设主要涵盖 6666.67 公顷种植项目、20 万吨精饲料加工项目、10 万头良种奶牛繁育项目、年产 36 万吨乳品加工项目、5 万头肉牛饲养及屠宰项目、沼气浓缩及加气站等子项目的全产业链乳品产业集群综合项目。一期项目主要有液奶车间、办公楼、宿舍楼、化学品库、综合洗车检测车间 5 个部分，达产后，预计年可实现综合产值 30 多亿元，新增就业岗位 3000 个。至年底，项目一期工程初具雏形。

二、农业经济

2015 年，射阳县建成千亩以上设施农业示范园 48 个、国家级菜篮子万亩基地 2 个，粮食生产实现"十二连增"，获评全国粮食生产先进县，黄沙港国家中心渔港项目通过农业部验收。引进阿里巴巴农村淘宝、一亩田、云农场等电商平台，全年各类电商平台实现农产品网上销售 5 亿元。全县高效农业面积 8.33 万公顷，获评全国平安渔业示范县，《人民日报》整版报道《联耕联种能否推动中国农业新飞跃》。全年争取土地储备贷款 6.1 亿元、耕地占补平衡和土地整理项目资金 5.7 亿元，被列入国家高标准农田建设示范县。新上农产品加工企业 7 家，总投资 8.3 亿元，其中投资额超亿元以上的 2 家，6 家试运营。

洋马菊花再获丰收　10 月 31 日，射阳县第 20 届洋马菊花节拉开帷幕。全镇 94 家菊花加工企业及菊花加工会的 200 多名经纪人向全镇 8000 户药农发出市场保护价收购倡议，鲜花每千克 6 元，花蕾每千克 10 元，保证菊农平均产量亩效益 5000 元左右。全年洋马镇菊花种植面积 2666.67 公顷，干品总量 6000 吨。至年底，与加多宝、王老吉、和其正等饮品企业、天江药企、长江药企及浙江桐乡、广州清平等药市客商签订菊花销售协议 300 多份，销售干品 4000 吨左右，总成交额 3 亿元以上。

"射阳大米"获评 2015 富有竞争力的江苏地理标志品牌　12 月 19 日，由扬子晚报社、省商标协会、省广告协会联合主办，南京大学商学院技术支持的第二届江苏品牌紫金奖评选活动暨"30 年品牌照耀江苏"大型品牌调查颁奖盛典在南京举行，"射阳大米"入选第二届江苏品牌紫金奖"2015 富有竞争力的江苏地理标志品牌"，是盐城唯一获此殊荣的地理标志品牌。

三、第三产业

2015 年，射阳县实现服务业增加值 181.59 亿元，同比增长 12.5%；完成服务业投资 76 亿元，同比增长 21.8%；实现社会消费品零售总额 151.19 亿元，同比增长 11.8%；实现服务业税收 15.9 亿元，服务业地税占全县地税总额的 75%；新增服务业规模企业 25 家。突出发展城市服务业，特色旅游业、生产性服务业，至年底，建成众创空间 6000 平方米，成功引进 13 个大学生创业团队和阿里巴巴农村淘宝、一亩田、云餐厅等电商平台，新增服务业规模企业 30 家。

启动实施射阳岛旅游区项目　年内，射阳县委县政府启动实施射阳岛旅游区项目。射阳岛位于射阳河入海口，与射阳新城区隔湖相望，周围明湖环绕。岛屿面积 11 平方公里，水域面积 5 平方公里，生态环境优良，明湖水质清澈，常年保持在国家二类水质。岛内有射阳岛生态体育公园、射阳息心寺等旅游景点。开发射阳岛旅游资源，重点建设羊角村、沧海桑田等风光带，适度开发温泉、夜游景区等项目，建成适合旅居的观光度假胜地，将射阳岛打造成江苏沿海独特的海滨新生湿地生态体验景观、国家生态旅游示范区。4 月 19 日，射阳岛旅游区及黄海湿地公园策划规划专家研讨会召开，与会专家就射阳岛旅游区及黄海湿地公园未来发展方向、功能定位、核心吸引力塑造等方面发表意见和建议。6 月 26 日，发布《射阳岛旅游区开发策划及概念性规划招标公告》，共收到 16 家国内外的旅游规划机构报名材料。8 月 29 日，召开第三轮射阳岛旅游区开发策划及概念性规划思路评选会召开，最终确定幻方（北京）旅游规划设计院为射阳岛旅游区规划编制单位。12 月 7 日，召开射阳岛旅游区开发策划及概念性规划中期评审会，与会专家肯定北京幻方旅游规划设计院关于射阳岛项目的规划设计。

第二节　社会事业

一、城乡建设

2015年，射阳县开展十大类130项城建工程，完成幸福大道、黄海路、德发路等15条道路维修，启动双山路南延工程、交通桥改建工程，启动北一中沟污水管道工程、完成垃圾场二期工程，建成1000辆公共自行车系统，完成廉政中心内装，基本完成全民健身中心、双山科技大厦装修，启动实小新校区等项目建设。抓好卫生县城复评、县城环境综合整治工作，实施亮化建设，加大棚户区改造力度，实施园林绿化工程，县城绿地率38.05%，绿化覆盖率42.1%。全县实现建筑业总产值60.18亿元，上市商品房41.43万平方米，实际销售75.51万平方米，成交额27.56亿元，实现税收5亿元。开展城乡水环境综合整治，清理全县农村沟、河7946条8130千米，清淤整治11条核心河道，新建6座调水引流泵站。继续保持秸秆禁烧"零火点"记录，秸秆机械化还田率居全省首位。通过省级生态县验收，12个镇通过国家级生态镇考核，省级生态镇实现全覆盖，建成省级绿化示范村13个，建成省级以上生态村19个，市级生态村186个；建成省级绿色社区3个、市级绿色社区6个；建成国家级绿色学校1个、省级绿色学校17个、市县级绿色学校40个。

二、社会民生

2015年，射阳县推进区域供水城乡一体化工程，铺设村到组供水管网143千米、改造1024千米，铺设组到户供水管网2368千米、改造7590千米。建成农村公路300千米、300座桥梁，开通6个镇的镇村公交和盘湾镇至大市区公交。完成21所农村薄弱学校改造，建设新城区小学、幼儿园和镇公办幼儿园，通过全国义务教育发展基本均衡县验收。实施基层医疗卫生服务体系和县城卫生阵地建设工程，通过省卫生县城和"十二五"人口协调发展先进县考核验收，被确定为省幸福家庭建设项目县，临海镇中心卫生院通过国家级群众满意乡镇卫生院评审，乡村医生签约服务试点工作在全省推广。县养老中心完成规划设计并获得国家开发银行政策性资金支持，海通镇成功引进苏北首家外商投资的养老中心项目，县社会福利院获评全国敬老文明号。托底救助全县1903名无依无靠的困难儿童、学生从出生到大学毕业前的生活、学习费用，初步形成覆盖城乡的社会救助网络。实施全民参保登记工作，提供就业岗位1.47万个，新增城镇就业1.02万人，扶持创业1680人，成功创建江苏省创业型城市。3456户8375个农村低收入人口如期脱贫，20个省定经济薄弱村全部实现"新八有"目标。举办第九届丹顶鹤文化艺术节，协办第二届沿海湿地国际公路自行车赛，率先建成全省第一批省级公共体育服务示范区，获评省农家书屋提升工程先进县、全省文化行政执法先进集体、第六届全国服务农民服务基层文化建设先进集体。建成县镇村三级公共法律服务体系，法律援助实现全覆盖，获评省平安县、省法治县创建工作先进单位。

杂技《扇舞丹青》获国际杂技艺术节金狮奖　（参见第299页相关条目）

魔术《羽》获第30届夏季国际艺术节银奖　（参见第299页相关条目）

（钱　前）

射阳中华后羿坛。

第48章 阜宁县

责任编辑 高兰会

综 述

阜宁地处江苏沿海中部，南北长52.5千米，东西宽48千米，面积1439平方公里；人口112.28万人，辖镇（社区）14个、街道4个和江苏阜宁经济开发区、阜宁县现代服务业园区、澳洋工业园、金沙湖旅游度假区、阜宁县现代农业产业园区，村居341个。年末男女性别比为110∶100，人口自然增长率3.92‰。2015年，实现地区生产总值363亿元，二、三产业比重提高到85.4%，实现公共财政预算收入39.2亿元；完成社会固定资产投资278亿元，注册外资实际到账4000万美元，外贸进出口2.1亿美元，社会消费品零售117亿元；城乡居民人均可支配收入分别达23528元和14138元。

2015年阜宁县各镇基本情况

表48－56

镇（区、街道）	土地面积（平方公里）	耕地面积（公顷）	年末人口（万人）	行政村（居）（个）	国内生产总值（亿元）				财政收入（万元）	一般预算性收入（万元）	农村居民人均纯收入（元）	工业投资（亿元）	定报工业增加值（亿元）
					合计	一产	二产	三产					
阜城街道	72.81	2952	20.07	26	59.52	1.47	38.50	19.55	72828	62373	20063	20.90	30.58
吴滩街道	78.14	4828	5.35	21	10.09	3.91	1.25	4.93	4548	2307	13944	17.30	0.32
金沙湖街道	25.17	1013	2.18	7	3.42	1.13	0.25	2.04	2448	2243	14759		
沟墩镇	115.20	6904	6.39	22	27.56	6.71	11.93	8.92	14673	10148	17738	20.10	6.60
陈良镇	67.52	3916	4.28	16	13.01	3	5.36	4.65	4336	2191	14637	19.19	2.41
三灶镇	91.20	5986	5.55	18	7.99	2.16	2.49	3.34	4091	2498	12301	19.32	0.26
新沟镇	77.42	4232	5.09	15	15.81	3.68	7.90	4.23	8640	6351	16651	20.81	8.15
陈集镇	87.27	5500	5.45	19	8.99	2.79	1.49	4.71	4808	3105	12695	20.02	0.85
羊寨镇	94.20	5101	5.73	19	8.36	2.31	2.14	3.91	5875	3071	11973	20.19	0.89
芦蒲镇	86.73	4298	5.05	19	8.01	2.26	2.18	3.57	4159	2434	11870	19.73	0.18
板湖镇	69.06	4581	4.81	18	9.64	2.07	3.18	4.39	5634	2811	13609	19.44	0.75
东沟镇	169.68	9790	5.14	40	38.92	6.81	20.02	12.09	16064	12584	15073	20.44	14.04
益林镇	109.18	5024	9.53	24	44.81	4.04	28.65	12.12	38033	31298	16097	20.22	22.08
古河镇	89.79	5986	5.79	20	8.99	2.71	2.63	3.65	4323	2192	13028	19.85	0.50
罗桥镇	88.10	5500	5.94	20	11.75	3.70	3.45	4.60	4067	2109	13462	19.87	1.47
开发区（花园街道）	48.87	2199	4.04	17	31.57	1.89	25.73	3.95	121783	84703	15873	19.43	38.19
澳洋工业园（郭墅镇）	70.71	4320	4.57	17	26.26	1.71	21.48	3.07	31988	24189	13671	19.79	35.09
现代服务业园区	7.33		0.65	3	1.48		0.21	1.27	8313	5134		2.75	

第一节　经济发展

一、工业经济

2015 年，阜宁县新开工、竣工超千万元项目 114 个、95 个，新批总投资 5000 万美元以上外资项目 3 个，其中超亿美元项目 1 个，盘活闲置存量项目 37 个、闲置厂房 8.6 万平方米。全年实现规模以上工业增加值 162 亿元，完成全口径工业开票销售 271 亿元。规模以上工业企业实施技改项目 126 个，新增规模以上工业企业 33 家，开票销售超亿元企业 36 家，入库税金超千万元企业 10 家。开发区、澳洋工业园工业开票销售、工业投资分别占全县的 44%、40%，开发区成功申报中韩盐城产业园联动区，澳洋工业园工业企业入库税金增幅达 48%。全年实施重点产学研合作项目 30 个，引进高层次人才 10 名，其中院士 1 人、千人计划专家 1 人；发放全民创业奖励资金 1141.2 万元，新增民营企业 3485 家、个体工商户 1.09 万户、"个转企"52 户，新建标准厂房 18 万平方米，实现镇级全民创业集聚区全覆盖；获批国家高新技术企业 8 家、省"双创"博士计划项目 3 个，新建省工程技术研究中心 1 家、省企业研究生工作站 7 家，创成江苏省科普示范县。年内，阜宁澳洋科技有限责任公司建成国家粘胶纤维研发中心，中成紧固技术发展股份有限公司在"新三板"挂牌，"舒恒"牌管夹获评中国驰名商标；先后被评为新能源产业百强县、全国食品工业强县、省级创业型城市、省级创业型示范城市。

中国·阜宁首届滤袋节　9 月 8～11 日，由中国环境保护产业协会袋式除尘委员会主办的中国·阜宁首届滤袋节在阜宁举办。300 多名国内环保除尘领域知名专家学者、业界精英和优秀企业家参加活动。活动期间，举行中国环境保护产业协会袋式除尘委员会年会、上海纺织集团监测标准有限公司阜宁检测中心、中国产业用纺织品行业(上海)检测中心阜宁中心揭牌仪式。与会人员一起观看阜宁形象宣传片《江淮乐地·物阜民宁》和阜宁环保滤料产业宣传片；观摩阜宁环保滤料科技中心、东方滤袋、瑞达科技、蓝天环保、华隆环保、阜升环保等现场。阜宁县环保滤料产业起步于 20 世纪 80 年代初，至年底，拥有各类企业 130 多家，从业人员近万人，建成 5.5 平方公里的环保滤料产业园，有国家级高新技术企业 4 家，有"志荣""森源"2 个中国驰名商标，先后被评为中国环保滤料产业基地、国家火炬计划环保滤料特色产业基地。

二、农业经济

2015 年，阜宁县粮食生产实现连续十二年增产，稻谷总产量稳列盐城市第一位，江苏省前五名。新增设施农业面积 1613.33 公顷，建成市级特色园区 6 个，234 省道沿线"菜篮子"工程示范基地通过省级验收，"七彩阜宁"农业公园初具雏形，获批省级生态健康养殖示范基地 5 家，连续六年获评省高效农业先进县。新培植为农服务合作社 102 个、家庭农场 175 个、专业大户 570 个。新发展农业龙头企业 7 家，县农产品电子商务中心运行，现代农业产业园建成全国青少年农业科普示范基地。年内，"阜宁大米"获批中国驰名商标；阜宁被省农委评为"亩产吨粮"的县(市、区)；农业综合机械化水平和夏季秸秆还田率居全省前列。

"阜宁大米"获批中国驰名商标　阜宁大米，品质优良、晶莹透亮、口感绵软、清香四溢而享誉全国。6 月，阜宁县粮食局粮食行业协会使用的"阜宁大米"及图注册商标被国家工商行政管理总局认定为中国驰名商标。

县农产品电子商务中心运行　9 月，阜宁县农产品电子商务中心正式运行。中心涵盖销售展示、在线交易、创业孵化、企业入驻四大功能，集中展示地区农产品概况，同时满足线上线下购买需求，对个人创业免费进行培训指导孵化，助推全民创业。至年底，进驻电子商务公司 8 家，合作社 1 家，工作室 1 家。

三、第三产业

2015 年，阜宁县实现服务业增加值 150.95 亿元、社会消费品零售 117.01 亿元，同比分别增长 12.6%、12.3%。推进服务业重点工程 21 项，现代服务业园区建成省级重点物流基地。启动县电商产业园建设，培育电商示范企业 4 家，东沟镇获批全省首批省农村电子商务示范镇，永兴居委会建成省级电商示范村，金沙湖获评国家级水利风景区、全国十佳生态旅游示范景区和省级生态旅游示范区。

金沙湖获批国家水利风景区　阜宁金沙湖旅游景区，国家 AAAA 级旅游景区，风光秀美，金沙碧水资源得天独厚，自然景观与人文景观融为一体。11 月 17 日，阜宁金沙湖旅游景区通过水利部水利风景区建设与管理领导小组会议审议，获批第十五批国家水利风景区，全省只有 5 家入选。

第二节　社会事业

一、城乡建设

2015 年，阜宁县国家卫生县、国家生态县创建通过省初检，县城建成区面积 44 平方公里，全县城镇化率 53%。实施老城改造三年计划，新建污水管网 23.3 千米，铺设燃气主管网 12 千米，县城绿化覆盖率 42.2%。加快城南新区配套设施建设，实验初中东校区投入使用，厦门路、天津路南延、府右街改造工程竣工。创新城市投融资体制机制，争取国开行棚户区改造专项资金 5.5 亿元，成为苏北唯一国家深化县城基础设施投融资体制改革试点县，益林镇成为国家新型城镇化综合试点镇。省信用担保公司在阜宁县设立分公司。阜建高速建成通车，城市公交线路不断优化，日均载客1.2万人次。连盐铁路、阜宁船闸改造及小中河航道提升工程稳步推进,徐宿淮盐高铁开工建设,改造提升农村公路305.6千米、桥梁101座。开工建设110千伏谈庄变电所,新增及更换10千伏线路350千米。

国家级深化县城基础设施投融资体制改革试点县 6月12日,国家发改委、住建部下发《关于印发深化县城基础设施投融资体制改革试点县名单的通知》,阜宁县被列入国家深化县城基础设施投融资体制改革试点县名单,全省获此殊荣的仅有太仓市、阜宁县、如皋市3个县(市)。深化县城基础设施投融资体制改革试点工作是国家发改委、住建部按照《国家新型城镇化规划(2014~2020年)》的总体要求,深化相关领域投融资体制改革,加强县城薄弱基础设施建设,推进新型城镇化,增强中小城市对农业转移人口吸纳能力的重要措施。通过试点创新,为全国县城基础设施建设提供可复制、可推广的经验和模式。国家将在项目投资、融资政策等多方面给予倾斜和支持,阜宁县首批县城基础设施投融资项目筹备申报之中。

阜建高速公路建成通车 (参见第134页同名条目)

二、社会民生

2015年,阜宁县完成10项为民办实事工程,完成40个整村制河塘疏浚工程,实施农村卫生改厕1.1万座,失能"五保"老人养护院建成运营,未成年人救助中心改扩建工程竣工,建成国家三级救助站,完成5处红色遗存修缮提升,串场河大桥及接线工程建成通车,整治提升老旧小区8个。全年实现城镇新增就业9642人,转移农村劳动力9420人,城镇调查失业率1.83%。全年新增参保职工1.13万人,新农合参合率100%,城乡居民基本养老保险便民服务标准化和被征地农民社会保障机制示范建设被评为省级示范项目。全年受理社会托底救助申请2.84万件,办结率99%。累计发放农村危房改造资金730万元,惠及农户800户。创新拆迁安置模式,运作"安置房超市"。完成学前教育五年行动计划,成功创建国家义务教育发展基本均衡县、省教育基本现代化县、省学前教育改革发展示范区、省公共体育服务体系示范区。完成319个村卫生室标准化建设,省级标准化村卫生室在全市率先实现全覆盖。实施文化强县三年行动计划,建成农家文化大院10个,县图书馆34个分馆正常运行。阜宁烈士陵园被评为国家国防教育示范基地。"阜宁牛歌"和"公兴面塑""阜宁大糕"制作技艺入选省级非物质文化遗产。完成年度扶贫工作任务,省定贫困人口人均年收入全部达到4000元。推进渠北片区连片扶贫开发、黄河故道综合开发,35个扶贫开发项目全部竣工。探索村级经济发展路径,多渠道化解村级债务,26个省定经济薄弱村实现"新八有"(有双强班子、有科学规划、有高效农田、有特色产业、有配套设施、有保障机制、有整洁村容、有文明村风)目标。开展"平安阜宁"建设,技防城建设通过省级验收。开展诚信守法进万家、依法治理惠民生活动,连续十年获评省社会治安安全县,连续四年获评省法治县创建工作先进单位。

阜宁烈士陵园获批国家国防教育示范基地 "八一"前夕,阜宁烈士陵园成功入选国家国防教育办公室公布的第三批80个国家国防教育示范基地名录,江苏省有3家入选。阜宁县烈士陵园位于县城中心,占地13.33公顷,始建于1959年9月,陵园内安葬革命烈士628名,其中团体无名烈士墓7座,园内烈士英名墙上嵌刻着1854名阜宁籍革命烈士姓名,是红色旅游重要景点,省级重点烈士纪念物保护单位、国家AAA级旅游景区。

三、生态建设

2015年,阜宁县组织栽植乔木245万株,全县林木覆盖率25.5%。开展环境执法大检查、集中式饮用水水源地整治、化工企业专项整治等行动,澳洋工业园工业污水处理改造提升工程竣工。实施"美丽乡村"建设,芦蒲镇临黄村通过省"美丽乡村"验收,金沙湖喻口居委会获"江苏最美乡村"提名,创建省"三星级康居乡村"2个。集中实施集镇环境整治及功能提升工程,新建集镇示范小区20个、农民集中居住区16个。农村环境整治通过省级全域制验收。年内,阜宁县被评为省建筑节能与绿色建筑示范区,80%以上的镇建成国家级生态镇,市级生态镇村实现全覆盖。

获评江苏省绿色建筑示范县 7月20日,阜宁县被省财政厅、省住房和城乡建设厅联合确定为江苏省绿色建筑示范县,是全市唯一、全省4家获此荣誉的县(市)之一。阜宁县坚持把保护环境作为立足点,加强建设领域节能减排,推广以地源热泵、太阳能光热等为重点的新能源技术运用,加快推动绿色建筑发展、推动生态宜居城市建设,先后投入配套资金3000万元,建设绿色建筑示范区242.2万平方米,其中二星级以上示范区53万平方米。

(赵　明)

第49章 滨海县

责任编辑 高兰会

综 述

滨海地处苏北平原、黄海之滨，盐城市北部，总面积1950平方公里（其中水域面积440.3平方公里、耕地面积10.04万公顷），海岸线总长度446千米。辖镇（区）14个、村（居、社区）296个，省级经济开发区1个，省现代农业产业园区1个，年末总人口122.35万人。2015年，全县实现地区生产总值361.3亿元，完成一般公共预算收入38.65亿元，完成规模以上工业投资201.18亿元，规模以上工业增加值163.74亿元，实现自营出口3.04万美元，注册外资到账6360万美元。完成服务业投资119.81亿元，社会消费品零售总额99.46亿元。城乡居民人均可支配收入分别达24451元、13683元。

2015年滨海县各镇基本情况

表49－57

镇(区)	土地面积(平方公里)	耕地面积(公顷)	年末人口(万人)	行政村(居)(个)	地区生产总值(亿元)				财政收入(万元)	固定资产投资(亿元)	规模以上工业用电量(万千瓦时)	一般公共预算收入(万元)	农村居民人均可支配收入(元)	规模以上工业投入(亿元)	规模以上工业总产值(亿元)
					合计	一产	二产	三产							
五汛镇	152.54	9523	8.79	31	30.14	6.08	14.19	9.87	19217	26.27	4000	15269	19054	19.59	38.96
蔡桥镇	92.07	5439	6.20	17	13.43	2.40	6.24	4.79	13671	15.73	1804	11932	15676	11.82	32.77
正红镇	145.29	8101	10.86	31	31.30	7.10	11.23	12.97	10878	6.40	332	9201	17396	5.27	13.37
通榆镇	55.80	3225	4.06	11	10.13	1.58	5.49	3.06	14007	10.45	1594	13333	15806	7.79	25.52
天场镇	81.93	4261	5.09	14	11.81	1.28	8.14	2.39	19287	13.10	2320	11757	11854	9.82	41.82
东坎镇	133.59	6079	22.65	35	57.96	5.59	29.42	22.95	96401	46.34	23870	85678	17242	26.51	100.79
界牌镇	122.69	7587	7.96	21	19.87	4.38	9.44	6.05	15774	18.83	5853	13275	12114	15.14	47.66
陈涛镇	110.89	6665	6.99	19	14.02	3.21	5.21	5.60	11633	9.79	2491	10058	12390	6.88	15.71
八巨镇	69.02	4207	5.30	12	14.33	2.33	7.24	4.76	13917	13.11	3735	10036	12794	9.76	35.71
八滩镇	111.14	6021	9.04	22	26.09	3.63	14.10	8.36	15994	30.71	5029	14701	16336	21.80	63.38
滨海港镇	139.62	5631	5.97	15	18.06	4.48	8.74	4.84	12421	15.13	5795	9030	15967	10.86	44.75
滨淮镇	198.76	12144	10.84	27	26.38	4.44	16.45	5.49	27522	35.81	9494	22702	15570	26.13	107.16
现代农业产业园区	63.17	3443	4.69	13	9.09	1.73	3.86	3.50	11470	10.71	1829	10679	12576	8.41	8.95
滨海港经济区	195.06	8320	9.11	21	19.33	4.54	7.77	7.02	16120	8.15	5987	12421	13397	6.12	36.73
开发区工业园	37.29	1482	2.92	6					32815	51.75	22067	28026		43.51	
开发区沿海工业园	28.62	27	0.62	1					95008	74.59	85984	58850		67.41	

注：开发区工业园、开发区沿海工业园部分指标不统计。

第一节　经济发展

一、工业经济

2015年,滨海县实现全口径工业开票销售311.5亿元,规模以上企业开票销售220.84亿元,规模以上企业增长45%以上。全县规模以上工业企业有229家,开票销售超亿元工业企业65家,其中5亿元以上4家、10亿元以上1家;入库税收超千万元工业企业22家,其中吉华化工入库税收2.5亿元。全年新签约亿元以上项目40个,新开工亿元以上项目25个,新竣工亿元以上项目20个,总投资2亿瑞郎的奇华顿香原料、1亿美元的东盈新材料等项目相继落户。实施千万元以上技改项目240个,重组企业60家,奕帆科技、日明消防上市。县开发区工业园和县医药产业园创成新材料、新医药、流体装备3个国家级特色产业基地和省"两化"融合试验园区;医药产业园、农产品加工园、南山产业园、南山智汇园建设加快,电商产业园获批省级众创空间;江苏金昉集团公司的"鑫金昉"牌棉纱获批中国驰名商标,成为滨海首个中国驰名商标。

二、农业经济

2015年,滨海县粮食总产量97.35万吨。推广联耕联种2.67万公顷,建成千亩设施农业基地15个。新增家庭农场122家,累计认定家庭农场580家,新推荐市级示范家庭农场6家,新发展合作组织20家,累计发展农民农业合作社940个,农户入社率94%。新增设施高效农业1.67万公顷、规模农业龙头企业28家,申报农业"三品"(无公害农产品、绿色食品和有机农产品)产品48个,农业"三品"产地面积9.13万公顷。引进投资超3000万农业龙头企业5家,签约投资6亿元的中农批项目,全县规模农业龙头企业186家,新申报省级龙头企业3家,总数8家;创成省名牌农产品6个,市名牌农产品13个。年内,县农产品加工园被认定为省级农产品集中加工区。

三、第三产业

2015年,滨海县完成服务业增加值156.35亿元,服务业占地区生产总值42%,全年完成社会消费品零售总额99.46亿元。打造327省道服务业经济带,森风汽车城一期全面建成,苹果国际、机动车交易市场、昌兴壹城等7个项目完成投资7亿元。举办春季房产交易会暨城建服务业专题招商活动,全年销售商品房76万平方米。发展电商产业,县电商产业园有42家电商企业入驻,电商产业园获评省级众创空间和市级电子商务产业园,阿里巴巴农村淘宝项目成为全市首家实现村淘站点超百家县份,首乌村获省级电子商务示范村。全县电子商务交易额20亿元,网络零售额8亿元。

第二节　社会事业

一、城乡建设

2015年,滨海县完成城市四轮修编和23个专项规划编制工作,58个城建重点项目完成投资75亿元;连盐铁路滨海段加快建设,老城区改造一期工程进度加快,锦绣园项目主体建成;完成城建育才路西延、彩虹城、昌兴壹城、西湖路北延等工程54项,完成10个镇区的污水处理厂建设工程,新建开发商品房84.2万平方米。城乡交通基础设施建设累计完成投资60亿元,实现全县农村公路通达全覆盖。投资14.74亿元实施城乡供水一体化工程,八滩、蔡桥、东坎3个水厂建成,铺设一级管网156千米、二级管网367千米,供水范围覆盖县域全境。整治城乡环境,14个镇区1732个村庄的农村环境整治通过省级验收,实施东坎镇新安村和八巨镇前冲村2个省级美丽乡村建设,全县新增绿化面积100万平方米,完成327省道绕城段和村镇断绿化建设,完成沿海风光带第一期,西湖路中分带、育才路两侧等绿化建设。完善基础设施,总投资7.9亿元的海港大道完成投资2.5亿元。204国道桥、大有公路桥、新滩盐场桥建成通车,运盐河航运5千米先导段完工,连盐铁路滨海段沿线6个镇区全部完成拆迁任务,建成集中安置点7处。新建农村公路179千米,改造危桥45座,完成5条港口道路建设。新建一线海堤3.77千米,实施滨海港区10万吨级航道一期工程主海堤线调整工程。实施农村河道疏浚和村庄河塘整治工程,疏浚县乡河道57条,整治河塘490个。

二、社会民生

2015年,滨海县20件为民办实事项目完成资金投入50亿元,财政用于民生支出占比提高到75.3%。新建中小学10所,完成八滩二中、港城初中整体搬迁,实施中小学校舍安全工程项目111个、建筑面积11.6万平米。全县职高毕业生双证书获取率95%以上,就业率95%。新建改造村卫生室97个,远程会诊等5个中心平台基本建成。实施个体经营项目6538户、互助合作项目46个、基地扩张项目21个、片区开发项目53个,新增年经营性收入15万元以上村40个,化解村级债务2200万元,全县4.86万低收入人口全部脱贫。全年创成星级农家书屋12家,八滩镇、蔡桥镇获评省公共文化服务示范镇。全年新增城镇就业人员9798人,城镇失业再就业7289人,其中困难人员再就业1361人,新增农村劳动力转移1.18万人,城镇登记失业率控制在1.79%。全县新发展个体工商户1.05万户,私营企业2911家,全年发放扶贫小额贷款2.68亿元。城乡居民养老保险保费征收首次突破亿元,全县新农合参保率100%,新建保障性住房2200套。年内,滨海县检察院副检察长、反贪局局长刘文胜当选5月"中国好人·敬业奉献"好人,滨海县八滩烈士陵园园长周万平当选9月"中国好人·诚实守信"好人。　　(顾小玲)

第50章　响水县

责任编辑　高兰会

综　　述

响水地处江苏省东北部，位于盐城、连云港、淮安三市交汇处，沈海高速、临海高等级公路、204国道、326省道、通榆运河贯穿境内，拥有43千米的黄海岸线和46.5千米的灌河岸线。县域面积1474平方公里，辖镇8个、中心社区4个、省级经济开发区1个和沿海经济开发区1个，村居152个，年末总人口62.37万人。2015年，实现地区生产总值244.3亿元，一般公共预算收入32.5亿元，外贸进出口总额4.5亿美元，固定资产投资250亿元，城镇居民人均可支配收入23642元，农村居民人均可支配收入13088元。年内，响水县获评全国中医先进单位、江苏省文明城市。

2015年响水县各镇基本情况

表50－58

镇	土地面积（平方公里）	耕地面积（公顷）	年末人口（万人）	行政村（居）（个）	国内生产总值（亿元）				财政收入（万元）	固定资产投资（亿元）	工业用电量（万千瓦时）	一般预算性收入（万元）	农村居民人均可支配收入（元）	规模以上工业总产值（亿元）
					合计	一产	二产	三产						
响水镇	68.6	2709	8.56	11	46.99	3.06	29.37	14.56	91094	34.32	67247	78115	17548	169.01
陈家港镇	83.9	3629	6.97	19	109.32	5.86	86.55	16.91	117643	165.92	321849	94077	16594	456.20
小尖镇	188.3	12618	10.39	30	26.88	7.82	9.41	9.65	28041	8.36	19034	24100	14607	44.26
大有镇	112.5	7491	6.11	14	16.79	4.59	6.57	5.63	17203	3.81	4317	14810	12203	18.57
双港镇	126.1	8210	6.31	17	18.39	4.75	7.61	6.03	8911	2.83	5246	5400	12558	23.66
南河镇	116.7	8259	6.25	19	13.81	4.60	5.16	4.05	18942	1.34	3058	16400	12927	2.82
运河镇	131.3	8632	7.61	22	16.35	3.90	6.82	5.63	14741	2.93	3810	12480	11437	12.35
黄圩镇	68.8	4385	3.51	10	8.75	2.16	3.32	3.27	7679	2.33	7523	6587	13368	21.52

第一节　经济发展

一、工业经济

2015年，响水县实现规模以上工业增加值171.3亿元，实现全口径工业开票销售收入343.7亿元，企业设备抵扣增值税2.38亿元，工业用电量43.2亿千瓦时。全年新申报规模以上工业企业25家，开票销售超亿元、入库税收超千万元工业企业分别有48家、18家，其中德龙公司开票销售超100亿元、国华电厂纳税3.58亿元。举办沿海新产业等招商推介活动，全年新引进实施亿元以上项目64个。其中，德龙镍业公司与中国一重集团签订总投资50亿元年产250万吨不锈钢制品项目开工建设。全年新建标准厂房20万平方米，新增入园企业60家。推进港口建设，编制响水港控制性详规，组建县港务公司，推动灌河深水岸线和腹地资源回收利用，启动响水港中心港区5万吨级码头群建设，荣鑫港务6个万吨级码头建成。发展临港产业，推进德龙公司金属新材料产业链项目建设，荣鑫伟业新材料产业项目竣工，隆亨纸业与北京环卫集团完成合作重组，临港产业开票销售占全县53%。

二、农业经济

2015年，响水县新增设施农业2133.33公顷，推广联耕联种2.53万公顷，新发展家庭农场81家、农民专业合作社39家，粮食总产量54.37万吨。南河万亩现代农业园区成为全市现代农业新亮点，陈家港、南河、双港、老舍等镇区在326省道沿线新建千亩连片设施农业基地。全年新增大中型机械790台套，全县主要粮食作物机械化率达80%以上。

年内，由世界500强中粮集团在响水县投资兴建的中粮50万头现代化生猪养殖项目一期竣工投产；温氏50万头现代化生猪养殖项目平湖第一种猪场竣工投产。

三、第三产业

2015年，响水县实现服务业增加值90.3亿元，实现社会消费品零售总额59.9亿元，服务业增加值、投资、税收分别增长12.5%、20.5%、13.8%，新增规模以上服务业企业、限额以上批零住餐企业34家，润生广场城市综合体、华都不夜城、港城大润发等建成营业，港城迎宾馆、美食城等项目开工建设。发展旅游经济，提升改造旅游景点设施规划建设云梯关旅游景区。

第二节　社会事业

一、城乡建设

2015年，响水县完成县城城东新区规划，开工建设市民服务中心等项目，完成东海路等骨干道路绿化，完成灌江路提升工程，珠江路全线贯通。开工建设市民服务中心、创客城金融中心、电信综合楼、移动大厦、创客产业孵化园区、港城迎宾馆、美食城、港城医院8个项目，总投资120亿元；完成港城中学建设。推进镇村建设，36项集镇重点工程、8个新型农村社区完成投资16.5亿元，新增农民集中居住面积5.6万平方米。改造提升农村公路280千米，新建农桥175座，响陈线等5条县道完成大中修，灌河治理等水利工程完成投资6.9亿元，完善电力、邮政、通信等基础设施。提升环境质量，生态红线保护区域扩大至300平方公里，占县域面积五分之一以上。抓好秸秆禁烧和综合利用，连续三年实现"零火点、零通报"。创建生态县，响水镇、陈家港镇、小尖镇、黄圩镇、大有镇、南河镇、双港镇7个镇通过国家级生态镇验收；894个自然村庄通过省环境整治全域考核验收，云梯关村成为全市最美乡村。全年新增绿化造林560公顷，城市绿化率41.2%，林木覆盖率27%；全年空气优良天数308天。6月9日，响水被省委省政府评为江苏省文明城市。

二、社会民生

2015年，响水县财政用于民生支出37.8亿元，占一般公共预算支出73.6%。建成12所镇区中心幼儿园，完成259项教育新建改造工程，新建6所异地学校，获评国家义务教育发展基本均衡县、省定县域教育基本现代化县。推进城乡供水一体化，2930千米的镇区二三级管网全面铺设到位，推进3220千米的入户管网和11.2万户的"一户一表"安装工程。推进23个不达标农村党群服务中心建设，推动便民服务事项进村居。完成3个镇卫生院、21个村卫生室标准化改造，基本公共卫生网格化管理创新做法被央视报道，入编《国务院办公厅关于推进分级诊疗制度建设的指导意见》。建成县社会福利中心，成立全国首家县级红十字备灾救灾中心、苏北首家县级美德基金会。全年新增城镇就业1.66万人，下岗失业人员再就业7693人，城镇登记失业率控制在1.84%。推进扶贫开发，年人均纯收入4000元以下的低收入人口全部脱贫，资产收益扶贫等创新做法得到国务院扶贫办肯定、在全国推广，连续九年获评全省扶贫开发工作先进单位。城乡居民基本养老保险实现全覆盖，企业退休人员基本养老金月均1850元，城乡居民低保月标准分别提高到490元、380元，新农合政策范围内住院报销比例76%，困难群众托底救助基本实现全覆盖。至年底，全县社会保险覆盖率97%。全年建成各类保障性住房10.2万平方米。年内，中国电信响水分公司大有支局的一名线务员李海龙当选3月"中国好人·助人为乐"好人；响水县张集中心社区华余村人周仁甫当选9月"中国好人·助人为乐"好人。推进社会治理网格化管理，乡规民约等创新做法被《人民日报》专题报道，获评全省社会管理综合治理先进县。

国务院扶贫办专题调研资产收益扶贫工作　7月24日，国务院扶贫办在响水专题调研资产收益扶贫工作，对响水县投入扶贫资金购买大型农机具交村出租，实行管理归县、产权归村、收益到村到户的做法给予肯定。2014～2015年，响水县结合推广联耕联种经营，先后投入扶贫财政奖补资金1836万元，购置大型农机具121台套，交给村集体公开发包使用，让扶贫资金通过资产收益帮助村集体增加积累、低收入户分红增收。

淮海戏《贴春联》获全国小戏小品大展金奖　在11月22～24日举行的"放歌中华、筑梦北京"2015"中华颂"第六届全国小戏小品大展上，响水县淮海戏《贴春联》获得全国小戏小品大展金奖，同时获得优秀编剧、优秀导演、优秀演员、优秀舞美设计、优秀音乐创作等7个奖项。该剧由响水县演员王体苏、刘素琴搭档主演，曾先后获得过盐城市小戏小品大赛一等奖、江苏省五星工程奖、"梁祝杯"小戏小品大赛一等奖等奖项。　（刘必升）

人　　物　编

- □ 人物简介
- □ 人物名录

第51章　人物简介

责任编辑　潘其锐

第一节　市级领导

一、新任（提名）市级领导

尹卫东　男，汉族，1966年12月出生，江苏镇江人，1992年7月参加工作，1988年6月入党，研究生学历、博士学位，研究员。1985年9月至1989年7月，苏州大学政治系政治教育专业读书并毕业，获法学学士学位；1989年9月至1992年7月，苏州大学政治系马克思主义哲学专业研究生读书并毕业，获哲学硕士学位；1992年7月镇江市委研究室干部；1994年6月镇江市委研究室城市科副科级秘书；1995年10月镇江市委研究室城市处副处长（主持工作）；1996年9月镇江市委研究室城市处处长；2000年8月镇江市委组织部办公室主任、副处级组织员；2001年3月镇江市委办公室助理调研员；2002年1月镇江市委办公室副主任（其间：1999年9月至2002年7月在苏州大学政治与公共管理系马克思主义哲学专业在职研究生学习，获哲学博士学位）；2003年4月镇江市委副秘书长；2003年5月镇江市政府副秘书长、市政府研究室主任；2005年8月句容市委副书记、代市长；2006年1月句容市委副书记、市长；2012年9月句容市委书记、市长；2013年1月句容市委书记、市人大常委会主任；2015年9月盐城市委常委、组织部部长。

葛启发　男，汉族，1962年3月出生，江苏泰兴人，1983年7月参加工作，1986年6月入党，党校研究生学历。1979年9月南京林产工业学院林学系读书；1983年7月射阳县多管局技术员、副股长、副站长；1989年1月射阳县特庸乡副业助理；1989年12月射阳县特庸乡副乡长、副书记；1994年1月射阳县黄尖镇党委副书记、镇长；1995年2月射阳县黄尖镇党委书记；1996年1月射阳县黄尖镇党委书记、人代会主席；1998年12月射阳县新洋乡党委书记；2000年5月射阳县盐东镇党委书记；2001年1月大丰市委常委、纪委书记；2002年9月大丰市委副书记；2003年12月盐城市委副秘书长；2006年2月盐城市委副秘书长（正处级）；2006年6月东台市委副书记、代市长；2007年1月东台市委副书记、市长；2012年9月建湖县委书记；2012年10月建湖县委书记、县人大常委会主任候选人；2013年1月建湖县委书记、县人大常委会主任；2015年9月提名为盐城市副市长人选；2015年10月盐城市副市长。

李逸浩　男，汉族，1963年4月出生，江苏灌云人，1982年1月参加工作，1985年2月入党，省委党校研究生学历，研究员。1978年12月江苏农学院盐城专科班植保专业读书；1982年1月射阳县农业局植保植检站技术员、副站长、站长；1985年1月共青团射阳县委副书记；1989年3月共青团射阳县委书记；1991年12月射阳县洋马乡党委副书记、乡长；1992年11月射阳县耦耕乡党委书记；1997年7月射阳县委农工部部长、耦耕乡党委书记；1997年11月大丰市委常委、宣传部部长（其间：1998年9月至2000年6月在南京师范大学领导干部研究生课程进修班法律专业学习，2000年9月至2002年12月在江苏省委党校政治经济学专业在职研究生学习并毕业）；2001年1月大丰市委常委、常务副市长；2002年12月盐城市农科所党委书记；2003年7月盐城市农科院党委书记；2005年6月盐城市政府副秘书长、政府办公室党组成员（正处级）；2006年12月滨海县委副书记、代县长、县长；2012年9月滨海县委书记、县长；2013年6月滨海县委书记，县人大常委会主任候选人；2014年1月滨海县委书记、县人大常委会主任；2015年12月提名为盐城市副市长人选，滨海县委书记、县人大常委会主任。

邹毅实　男，汉族，1960年7月出生，江苏东台人，1981年2月参加工作，致公党员，研究生学历、博士学位。1978年2月扬州医学专科学校医学专业读书；1981年2月东台县卫生防疫站医师；1985年3月东台县卫生防疫站结防科副主任；1988年5月东台县卫生防疫站结防科主任；1992年7月东台市卫生防疫站副站长；1995年6月东台市卫生局局长助理；1995年11月东台市政府办公室副主任；1996年4月东台市政府副市长（其间：1998年8月至2000年12月在中央党校函授学院行政专业本科学习毕业，2003年9月至2006年6月在南京林业大学化学工程学院林产化学加工工程专业博士研究生学习毕业）；2007年11月盐城市科技局副局长；2010年2月盐城市科技局局长、知识产权局局长；2015年12月提名为盐城市副市长人选。

沈洪清　男，汉族，1962年10月出生，江苏张家港人，1982年8月参加工作，1988年4月入党，函授本科学历、硕士学位。1979 年 9 月江苏商业专科学校商贸财会专业读书;1982 年 8 月盐城地区企财科驻厂员;1984 年 10 月盐城市财政局预算科办事员、科员;1987 年 12 月盐城市财政局预算科副科长;1991 年 8 月盐城市财政局预算科科长;1994 年 12 月盐城市财政局副局长(其间:1995 年 9 月至 1997 年 6 月在东南大学领导干部研究生课程进修班科技与哲学专业学习);1997 年 4 月盐城市财政局副局长、市国有资产管理局局长;1999 年 5 月盐城市财政局党委副书记、副局长,市国有资产管理局局长;2000 年 6 月盐城市财政局党委副书记、副局长,市国有资产管理局局长,市国有资产管理委员会办公室主任(正处级);2001 年 5 月盐城市财政局党委副书记、副局长,市国有资产管理委员会办公室主任(正处级)(其间:2001 年 9 月至 2003 年 7 月在上海理工大学会计学专业夜大本科学习并毕业);2003 年 1 月盐城市财政局局长、党委书记,市国有资产管理委员会办公室主任;2005 年 7 月盐城市财政局局长、党委书记,市政府国有资产监督管理委员会主任;2006 年 1 月东台市委副书记、代市长、市长;2006 年 6 月东台市委书记(其间:2006 年 7 月至 2009 年 7 月在苏州大学法学专业在职研究生学习,获硕士学位;2006 年 10 月至 12 月参加省第九期城市规划专题研讨班学习);2007 年 1 月东台市委书记、市人大常委会主任;2007 年 11 月盐城市委副秘书长、市委办公室主任;2009 年 12 月盐城市纪委副书记、市监察局局长、市优化办主任兼市政府纠风办主任(其间:2011 年 3 月至 4 月参加省委党校第一期省管干部进修班学习);2015 年 6 月盐城市纪委副书记,市总工会主席、党组书记;2015 年 12 月提名为盐城市政协副主席候选人,市总工会主席、党组书记。

王世华 男,汉族,1962 年 9 月出生,江苏泰州人,1984 年 6 月入党,1984 年 7 月参加工作,研究生学历、博士学位。1980 年 9 月西南政法学院法律专业读书;1984 年 7 月江苏省高级人民法院刑一庭书记员;1985 年 8 月江苏省高级人民法院业余法律大学江苏分校书记员;1989 年 6 月江苏省高级人民法院业余法律大学江苏分校助理审判员(副科级);1992 年 10 月江苏省高级人民法院业余法律大学江苏分校助理审判员(正科级);1995 年 6 月江苏省高级人民法院经济审判庭审判员(副处级);1998 年 6 月江苏省高级人民法院民二庭审判员(副处级)(其间:1998 年 1 月至 2000 年 7 月在中国人民大学法学院法律专业学习,获法律硕士学位;2000 年 1 月至 2001 年 5 月借调国家法官学院工作;2004 年 1 月至 2004 年 11 月在陕西支援西部法官培训工作);2004 年 4 月江苏省高级人民法院民二庭副庭长(正处级);2006 年 9 月江苏省高级人民法院审判委员会委员、民二庭副庭长(正处级)(其间:2004 年 9 月至 2008 年 7 月在中国人民大学法学院民商法学专业在职研究生学习,获法学博士学位);2008 年 5 月江苏省高级人民法院审判委员会委员、民一庭副庭长(正处级);2009 年 1 月江苏省高级人民法院审判委员会委员、立案一庭庭长;2014 年 7 月江苏省高级人民法院审判委员会委员、一庭庭长;2015 年 9 月提名为盐城市中级人民法院院长候选人;2015 年 10 月盐城市中级人民法院副院长、代理院长;2015 年 11 月盐城市中级人民法院副院长、代理院长、党组书记。

二、市级领导职务变动

戴元湖 2015 年 3 月,任市委副书记。(简历详见《盐城年鉴(2008)》)

庄兆林 2015 年 9 月,任市委常委、常务副市长。(简历详见《盐城年鉴(2012)》)

王　荣 2015 年 12 月,任市委常委。(简历详见《盐城年鉴(2013)》)

丁　宇 2015 年 12 月,提名为市人大常委会副主任候选人。(简历详见《盐城年鉴(2008)》)

马成志 2015 年 12 月,提名为市政协副主席候选人。(简历详见《盐城年鉴(2008)》)

陈卫国 2015 年 12 月,不再担任市人大常委会副主任。

朱传耿 盐城市人民政府副市长。2015 年 6 月,调离。

徐　军 盐城市中级人民法院院长。2015 年 9 月,调离。

第二节　模范先进

一、国家级荣誉获得者

沙惠林 女,1969 年 3 月出生,江苏亭湖人,大专文化,江苏盐阜公路运输集团有限公司服务班班长。从业 20 多年,敬业奉献,为众多旅客提供优质服务。不断探讨服务工作的好经验、好做法,在实践中树立"服务零缺陷、满意百分百"的服务理念,确立把"把自己比旅客、视旅客作亲人"的服务定位,总结推广出"沙惠林工作法"。带领服务班投身公益事业,10 多年共助行困难旅客 600 余人次,无偿资助旅客 6000 余元。所在的江苏盐阜公路运输集团有限公司专门成立"沙惠林工作室",以该平台推广劳模经验、实现交流互动、提升整体服务技能。2006 年 4 月,被评为江苏省劳动模范。2015 年 4 月,被中共中央、国务院表彰为全国劳动模范。

仇爱清　男，1964年6月出生，江苏亭湖人，大专文化，盐城仇宽水产品专业合作社理事长。自1998年下岗后，白手起家、自主创业，做卖鱼生意，经多年拼搏，从零售到批发、批发兼零售，水产生意逐步做大做强。致富后帮扶一大批下岗职工做水产生意，带动一大批农民水产养殖户走上共同致富道路。仇爱清省吃俭用，生活清贫，积蓄全部用于扶贫济困和拥军优属，累计奉献300多万元。受其资助的特困对象和家庭达1000多人(户)。先后被评为中国好人、中国十大爱心人物、江苏省爱心捐助先进个人、江苏省劳动模范。2015年4月，被中共中央、国务院表彰为全国劳动模范。

丁振友　男，1964年12月出生，江苏射阳人，大专文化，盐城捷康三氯蔗糖制造有限公司总工程师。参与最新一代甜味剂三氯蔗糖的研制工作，2006～2013年承担100吨、1000吨三氯蔗糖一、二期工程、2000吨精烘包的设计工作，进行工艺改进和优化，采用DCS系统(集散控制系统)自动控制，完成近千张工艺、设备、电气仪表图纸的设计。2007年负责DMF(二甲基甲酰胺)溶剂回收项目，成功解决水份和酸度高问题，回收DMF(二甲基甲酰胺)技术在国内同行领先，为所在公司增加年净收益900万元以上。设计酯化、氯化脱溶的真空泵循环液回收5号油工艺，每天回收5号油3000千克，每月节约开支60万元；提出去除尾气二氧化硫回收装置杂质的方法，月降低成本达120万元以上。2011年4月，被评为江苏省劳动模范。2015年4月，被中共中央、国务院表彰为全国劳动模范。

高为正　男，1963年3月出生，江苏阜宁人，大专文化，中铝稀土(阜宁)有限公司质量检验员。从业20余年，钻研业务知识，追求技术创新，配合公司工程技术人员开发高、精、尖稀土产品，并利用国际先进的ICP质谱仪(电感耦合等离子质谱仪)和ICP光谱仪(等离子光谱仪)，对产品进行准确分析，确保产品合格率100%。先后参与开发低氯根无油碳酸铈、高纯氧化镧等20多种高纯产品，填补国内外市场空白。低氯根无油碳酸铈获江苏省科技进步二等奖，产品畅销日、美、欧市场。2013年、2014年国家收储其所在公司各种稀土产品近千吨，上千个批次，经过分析稀土杂质和非稀土杂质近万个指标，批批合格，在同行中仅一家，为公司多创效益1500多万元。2006年4月，被评为江苏省劳动模范。2015年4月，被中共中央、国务院表彰为全国劳动模范。

刘怀仁　男，1955年8月出生，江苏东台人，大专文化，东台市五烈镇甘港村村党委书记。20多年奉献基层，将甘港村从一个负债累累的薄弱村，发展成为省新农村建设示范村。坚持创新思路、科学发展。关闭多家小化工、小橡胶企业，将甘港村建成国家AAA级乡村旅游景区。始终心系群众，利民惠民。先后建成一流的党员服务中心、农民广场，省级示范卫生站、农民生态居住区。甘港村被表彰为国家级生态村，江苏省文明村、三星级康居示范村。2006年4月，被评为江苏省劳动模范。2015年4月，被中共中央、国务院表彰为全国劳动模范。

薛志明　男，1963年4月出生，江苏响水人，大专文化，中国电信股份有限公司响水分公司维护安装部主任。从事电信服务工作36年，在其组织带领下，响水分公司装维服务质量连居全市前茅，平均客户修障时长11.6小时、客户装移机时长19.7小时、客户履约率99.86%、满意度99.20%；所负责的4G网络建设质量位列全省第一。其创新制订的“装维工作管控十项制度”“服务工单日结日清制度”等得到上级公司推广。开展“结对帮扶”活动，先后帮助十几名贫困大学生完成学业。领头创办的“劳模创新工作室”培养业务骨干20多名。2012年5月，被中华全国总工会授予全国五一劳动奖章。2015年4月，被中共中央、国务院表彰为全国劳动模范。

张大友　男，1961年7月出生，江苏盐都人，大专文化，盐城市明都稻米专业合作社理事长。长期从事水稻遗传育种研究和农技服务工作，育成水稻新品种20个(主持育成8个)，获国家植物品种权8项，累计推广新品种200万公顷以上，取得效益近10亿元。其中，“扬育粳2号”为江苏省水稻主推品种，通过农业部“超级稻”测产验收，被评为“江苏好品种”。“十二五”期间，主持或参加国家财政支农、省农业三新工程、省农业自主创新等科技项目11项。先后获省、市、区科技进步奖、农业技术推广奖、农业丰收奖等15个奖项，其中《盐城水稻高产增效技术集成与推广》获省第七届农业技术推广三等奖。曾被评为江苏省粮食生产突出贡献农业科技人员(享受省劳模待遇)。2015年4月，被中共中央、国务院表彰为全国劳动模范。

王　健　男，1963年12月出生，江苏建湖人，研究生学历，建湖县人民医院院长，主任医师，硕士生导师，盐城市骨科学会副主任委员，建湖县人大常委委员。从事骨科临床工作30余年，在脊柱、关节、创伤、骨病等各专业均有较高建树，尤其对骨科疑难复杂病例有丰富的临床经验，处于同级领先水平，成功施行上千例高难度手术，填补市、县医学上多项空白，所主持的骨科为全省唯一县级医院省市共建创新团队，也是市级重点临床学科。曾先后作为第一完成人获得省卫生科技进步奖、省新技术引进奖、市科技进步奖等奖项10余项，发明专利1项，在医学核心期刊发表论文20余篇。先后被评为江苏省先进工作者、江苏省优秀科技工作者、江苏省有突出贡献中青年专家、江苏省新长征突击手、全省卫生行风先进个人、江苏省优秀院长、盐城市有突出贡献的科技人员、盐城市名医。2015年2月获国务院政府特殊津贴。2015年4月，被中共中央、国务院表彰为全国先进工作者。

邵海霞　女，1972年5月出生，江苏滨海人，本科学历，江苏省盐城滨海港经济区第二中心小学教师。多年来在三尺讲台上尽情施展才华。一直任教毕业班，为了学生，奉献全部的精力和爱心。在做好本职工作的同时，先后收留50名留守儿童，无偿为之提供食宿，辅导学习。曾被评为全国模范教师、全国小学优秀班主任、中国百名优秀母亲、江苏省优秀共产党员、江苏最美教育人。2015年4月，被中共中央、国务院表彰为全国先进工作者。

刘文胜　男，1966年8月出生，江苏滨海人，本科学历，中共党员，滨海县检察院党组副书记、副检察长兼反贪污贿赂局局长。参加工作以来一直坚守在反贪污贿赂大要案侦查第一线，2006年走上反贪污贿赂局领导岗位后也始终没有离开审讯室。他带领全局干警先后查办盐城市规划局用地规划处处长、江苏农垦集团新洋农场场长、盐城高等师范学校校长等一系列有影响的大要案件，其中新洋农场原场长刘某受贿案获评全省检察机关十大精品案件、滨海县国土局原局长祖某某受贿案获评全省检察机关十大优秀案件。15年反贪生涯，由他之手被绳之以法的贪污贿赂犯罪分子有200余人。刘文胜多次被盐城市检察院记三等功并被江苏省检察院记二等功一次，先后获全国模范检察官、江苏最美法治人物、盐城市劳动模范、盐城市知名检察官、盐城市十佳检察干警等荣誉。2015年2月，高票当选全国检察机关"守望正义——群众最喜爱的检察官"。2015年4月被中共中央、国务院表彰为全国先进工作者。5月，获评中国好人榜·敬业奉献好人。

李兴国　男，1966年6月出生，江苏邳州人，硕士研究生学历，江苏省盐城经济技术开发区管委会副主任。2015年4月，被表彰为全国先进工作者。（2016年5月31日，因涉嫌严重违纪，接受组织调查。）

郑巧玲　女，1969年1月出生，江苏盐城人，中共党员，本科学历，中共盐城市委党校后勤服务中心主任。从事党校后勤服务工作近30年。盐城对口援疆以后，资助察布查尔县第三中学维吾尔族、哈萨克族、回族、锡伯族等21名10万多元，成了这些孩子眼中的"郑妈妈"；慷慨解囊，捐钱捐物帮助当地受到冰雹、洪水灾害的农牧民重建家园。《中国民族报》《新疆日报》和人民网、中国共产党新闻网、新华网、凤凰网等媒体刊发或转载了郑巧玲的事迹，先后被评为盐城好人、江苏好人、中国好人、全国民族团结进步每周一星、盐城民族团结先进个人，被誉为"最美盐城人"。2015年4月，被中华全国总工会评为全国五一巾帼标兵。

刘　婵　女，1967年7月出生，江苏滨海人，大专文化，盐城市公安局亭湖分局警务督察大队副大队长。以破解信访疑难问题为工作重点，综合运用多种工作方法，成功办结多起重大疑难信访案件。通过办理信访案件提供线索，公安机关依法打击处理105人，破获各类案件138起，为群众挽回经济损失90多万元。先后被评为全国公安机关爱民模范、全省公安重点信访案件专项治理工作成绩突出个人、全省公安机关巾帼建功标兵等荣誉。2015年1月，被公安部表彰为全国公安机关二级英雄模范。

唐耀华　男，1962年1月出生，江苏亭湖人，本科学历，研究员（自然科学研究），研究员级高级工程师（电子信息类），享受国务院特殊津贴，"省333高层次人才培养工程"第二层次培养对象，盐城市地震局局长、党组书记。科学应对和有效处置建湖钟庄、东台梁垛和南黄海等多起有感地震。

曾获省青年科技标兵、省优秀科技工作者、省五一劳动奖章、省有突出贡献中青年专家、省劳动模范、市十大杰出专业技术人才、市青年五四奖章等荣誉；获省级以上科技进步奖6次、市级科技进步奖一等奖3次、省级防震减灾综合管理工作优秀成果奖3次。2015年12月，被中国地震局表彰为全国防震减灾先进工作者。

单　平　男，1963年3月出生，江苏大丰人，本科学历，盐城市大丰区侨联主席。围绕侨界群众做好维权工作，解决协调涉侨日常事务和涉侨权益纠纷数十件。先后被评为省市归侨侨眷先进个人、盐城市先进个人、大丰区先进工作者等荣誉，其所在单位多次获评省市侨联工作先进集体、先进单位等。2015年10月，被中国侨联表彰为2011～2015年度全国侨联系统维权工作先进个人。

丁　伟　男，1967年6月出生，江苏东台人，本科学历，盐城市烟草专卖局副局长、党组成员。自2013年起，带领盐城烟草专卖队伍，以专卖法律法规为武器，在打假破网工作中取得优异成绩。2014年，全市系统共查获涉烟违法案件1448起，总案值3348万元，其中100万元以上案件3起，实现了全市现场案值百万元以上涉烟案件“零”的突破；全市涉烟案件刑拘38人，逮捕19人，判刑33人。2015年5月，被公安部、国家烟草专卖局表彰为全国卷烟打假先进个人。

祁建杉　男，1957年8月出生，江苏建湖人，大专文化，建湖县楼夏粮库主任，助理工程师。1979年5月参加工作，一直从事粮油防治技术和粮油仓储管理工作。应用科学保粮技术，采用的氧化钙储藏小麦试验填补国内空白，露天囤移动式箱机械通风降温降水技术在全市得到推广运用。建成数字粮库，实现粮情监测、数据查询、视频监控、仓室自动控制、制冷降温控制等功能，提升粮库现代化、智能化管理水平，成为盐城市粮食行业的仓储专家。2015年12月，被国家粮食局表彰为全国粮食系统传承“四无粮仓”精神先进个人。

刘艳梅　女，1971年4月出生，辽宁盖州人，本科学历，中国邮政集团公司盐城市分公司副总经理、工会主席。在其带领下，盐城邮政工会致力于推动企业转型发展，提升员工素质，开展各类员工培训、技能大赛及合理化建议征集活动，崇尚典型引路，在窗口单位推行先进

集体、先进个人的挂牌服务工作，设立荣誉栏，表彰先进，激励先进，营造学习先进的氛围。盐城邮政工会先后被评为全国模范职工之家单位、全国三八红旗集体单位。2015年12月，被中华全国总工会表彰为全国优秀工会工作者。

二、省部级荣誉获得者

孙益海　男，1969年10月出生，江苏盐都人，中共党员，高中文化，盐都区公安局郭猛派出所民警。1995年11月30日，在治爆缉枪行动中英勇负伤，手术后左腿高位截肢，被省民政厅评定为因公三级伤残。1997年底，经过康复治疗，他以惊人的毅力克服身体遭受重创、生活无法自理及手术后遗症等困难，戴着假肢，带着残留在体内的20余颗铅弹，毅然重返工作岗位。17年来，他坚持用一条腿走村入户，为群众办理户口和身份证件1.2万多人次，调解矛盾纠纷280多起无反复，是群众公认的好警察。其事迹先后被《法制日报》《中国青年报》《新华日报》《人民公安报》、人民网、中央人民广播电台、江苏电视台等数十家媒体报道，被150多家网站转载，受到近万网民跟帖、留言、赞誉。曾获“江苏最美警察”“全国公安系统二级英雄模范”等称号，记个人一等功1次、个人三等功2次，多次被评为优秀共产党员，其家庭被省妇联评为全省五好家庭。2015年3月27日，被省委、省政府表彰为全省人民满意的公务员。

薛红军　男，1965年3月出生，江苏射阳人，本科学历，盐城市公安局刑警支队副支队长，分管刑事技术、打黑除恶工作。1985年7月参加公安工作，忠诚执著、秉公执法、屡破大案。2013～2015年，先后主导并参与50多起重大命案的现场勘查和侦破，指挥20余起有影响的涉黑涉恶案件的侦破，推进全市6个县级DNA实验室基础建设工作，推动基层刑侦部门的核心破案力实现质的飞跃。2015年2月，被省委省政府表彰为全省人民满意的政法干警。

肖兆玉　2015年6月2日，被首届国际和平艺术家评审委员会、中国书画名家研究会授予“国际和平艺术家”称号；6月5日，被中国文艺家创作协会授予“中国梦艺术缔造大师”称号。其论文《中国优秀传统文化传播为实现“中国梦”提供精神支撑》入编《艺术中国梦——中国梦缔造大师创作成果高峰论坛专辑。6月20日，被中国现代艺术研究会聘为名誉会长。8月2日，被中国书画黄页网、新华人

物网、中国民族文化研究院共同授予中国文化艺术类终身成就奖。8月12日，由中国国学学会、中国国家诗书画院提名担任中国国家诗书画院名誉主席。9月6日，被中国艺术院、中国国学学会联合授予“中国学院派艺术家”称号。11月，被中国文化史学会授予荣誉中华——中国艺术终身成就奖。简历详见《盐城年鉴(2014)》。

彭亚玉　女，1978年11月出生，江苏射阳人，本科学历，射阳县残疾人劳动就业服务所所长。从事残疾人工作15年，在2006年全国残疾人抽样调查工作中加班加点，在工作最后阶段累倒，住院2个多月；2007～2011年，走访射阳县100多户监测户家庭，落实残疾人状况监测工作；2009年，每天工作10多个小时，确保全县第二代残疾人证换发工作圆满完成；2014年，全程参与全省就业年龄段持证残疾人就失业情况调查和全国残疾人基本服务状况和需求专项调查两项重点工作。2015年11月，被省人社厅、省残联、省公务员局表彰为全省残联系统先进工作者。

欧海龙　男，1977年5月出生，江苏响水人，中专文化，响水县响水镇残疾人联合会残疾人专职委员。自走上残联专委岗位，养成网上取经、剪报阅读、下村走访、入户解难的习惯。对所在镇1024名持证残疾人的健康、生活、婚姻、家庭状况了如指掌。切实保障残疾人康复、就业、维权、教育等合法权益。自费购置数码相机，免费为残疾人提供摄像服务，方便残疾人办证办事；自费印发服务残疾人爱心联系卡，保证行走不便的残疾人得到及时的上门服务。2013年5月，为全县肢残人服务，为肢残人维权，当选响水县肢残协会主席。2014年，自费上万元建起6间房屋，在响水镇小浦居兴办小浦居残疾人托养中心。2015年11月，被省人社厅、省残联、省公务员局表彰为全省残联系统先进工作者。

汤红霞　女，1976年8月出生，江苏东台人，大专文化，东台市第一小学教师。中国著名残疾人运动员，先后获得北京残奥会女子F12铅球冠军，伦敦残奥上女子F12铅球、铁饼亚军，广州亚运会铁饼冠军、铅球亚军及其他国内外比赛多个奖项。先后获得全国“五一劳动奖章”、中国“青年五四奖章”、全国三八红旗手、江苏省劳动模范等荣誉。2006年9月，首次参加江苏省残运会，取得铁饼和标枪冠军、铅球亚军。此后加入省、国家集训队，成绩稳步提升，最终走上残疾人奥运会的最高奖台。2015年11月，被省人社厅、省残联、省公务员局表彰为全省自强模范。

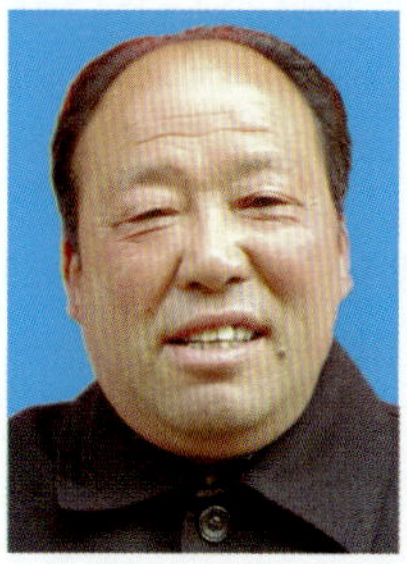

杨长春　男，1952年7月出生，江苏盐都人，大专文化，大冈镇残疾人躬休乐园主任、盐都区残联肢协副主席、大冈镇残联综合协会主席。因公伤残失去右手后的19年中，坚强毅力苦练、坚定信念蛮拼、坚持不懈助残。2013年，用自家三分之二的房子和自己5万元伤残赔偿金购买健身器材、娱乐设施，创建一个为周边27个村居残疾人健身康复、文化娱乐、培训自立服务的躬休乐园。躬休乐园建立后，17人经过健身理疗，身体逐渐康复，21名接受知识培训后自主创业。躬休乐园被70多家新闻媒体宣传150多期次，杨长春被评为2014年度“盐城好人”。2015年11月，被省人社厅、省残联、省公务员局表彰为全省自强模范。

第52章　人物名录

责任编辑　潘其锐

第一节　新闻人物

2015年，盐城大力培育和践行社会主义核心价值观，学习宣传凡人善举，重大典型、最美人物、身边好人不断涌现。“反腐先锋”刘文胜、跨国捐献造血干细胞的李海龙、为民致富“放样子”的最美农技员程来品、坚守公安基层默默奉献的王成女、盐城护理教育事业开创人奚家凯等13名好人代表入选“中国好人榜”。另有23名好人代表入选“江苏好人榜”，有60名好人代表入选“盐城好人榜”。

一、中国好人

敬业奉献　李永光　程来品　王成女　刘文胜　陈亚平　奚家凯　袁卫国

助人为乐　李海龙　郑小祥　周仁甫

诚实守信　周万平

见义勇为　高建勇

孝老爱亲　武红梅

二、江苏好人

助人为乐　李永光　唐光真　李海龙　郑小祥　周仁甫　李余礼

诚实守信　房　艳　蔡必沛

敬业奉献　陈晓娟　王成女　刘文胜　陈亚平　奚家凯　袁为国　赵长欧　杨怡林　陈扣连

见义勇为　高建勇　封殿龙

孝老爱亲　常义凤　陆春銮　武红梅　孙环江

三、盐城好人

见义勇为　姜启义　陈　勇　杨文学　王圣萍　曹征吉　孙永军　沈光亮　蔡　慧　王桂勇　王永忠　虞　鹏

诚实守信　帮忙捡拾橙子的路人群体　孙　进　徐　强　周为华　倪　涛　王高云　葛国平　刘德波　袁　生

助人为乐　郑小祥　宋俊彪　马荣荣　陆仁平　张富宏　奚家凯　辅忠成　李余礼　徐　波　王　剑　唐文祥　张月萍　嵇绍兵

孝老爱亲　葛进军　吴金龙　施丽萍　陈秀凤　萧立相　王正明　陆文斌　顾启华　陶德海　孙秀兰　吴成用　张秀英

敬业奉献　张从友　丁德勤　陆立海　肖兆玉　邓　敏　张大友　吴昌江　周仁甫　潘克林　赵怀灿　袁为国　吉林娟　孙秀芝　丁志清　王国林

第二节　年度先进

2015年，全市各层级深入贯彻中共十八大和十八届三中、四中、五中全会精神，坚持以习近平总书记系列重要讲话精神为指导，紧紧围绕“四个全面”战略布局，主动适应新常态，牢牢把握新机遇，全面展开“建设新盐城，发展上台阶”生动实践，经济保持稳健增长，调整转型加快步伐，民生水平显著提高，改革开放渐入佳境，顺利完成了年度各项目标任务。全年有108人获盐城市综合考核先进个人。（详见附录第393页考评内容）

附　　录

- □ 文献选编
- □ 文件目录
- □ 综合考评
- □ 荣 誉 榜
- □ 出版书目
- □ 媒体报道

附 录

责任编辑 潘其锐

文献选编

关于进一步推进户籍制度改革的意见

盐政发〔2015〕155号 2015年10月22日

为深入贯彻落实党的十八大、十八届三中全会和中央、省关于进一步推进户籍制度改革的要求，有序实现有能力在城镇稳定就业和生活的常住人口市民化，稳步推进城镇基本公共服务常住人口全覆盖，根据《国务院关于进一步推进户籍制度改革的意见》（国发〔2014〕25号）、《省政府关于进一步推进户籍制度改革的意见》（苏政发〔2014〕138号）和《中共盐城市委关于全面深化改革的实施意见》（盐发〔2013〕19号），现提出以下意见：

一、总体要求

（一）指导思想。以邓小平理论、“三个代表”重要思想、科学发展观为指导，深入贯彻习近平总书记系列重要讲话精神，适应推进新型城镇化和城乡发展一体化需要，进一步推进户籍制度改革，落实放宽户口迁移政策。统筹户籍制度改革和相关经济社会领域改革，合理引导农业人口有序向城镇转移，有序推进农业转移人口市民化。统筹推进工业化、信息化、城镇化和农业现代化同步发展，推动城市和城镇协调发展、产业和城镇融合发展。

（二）基本原则。

——坚持积极稳妥、规范有序。立足基本市情，积极稳妥推进，优先解决存量，有序引导增量，合理引导农业转移人口落户城镇的预期和选择。

——坚持以人为本、尊重群众意愿。尊重城乡居民自主定居意愿，依法保障农业转移人口及其他常住人口合法权益，不得强迫办理落户。

——坚持统筹配套、提供基本保障。统筹推进户籍制度改革和基本公共服务均等化，不断扩大教育、就业、医疗、养老、住房保障等城镇基本公共服务覆盖面。

（三）发展目标。进一步调整户口迁移政策，放宽城镇落户条件，全面实施居住证制度、本市范围内本地居民户口通迁制度，加快建设和共享人口基础信息库，稳步推进义务教育、就业服务、基本养老、基本卫生计生、住房保障等城镇基本公共服务覆盖全部常住人口。到2020年，基本建立与高水平小康社会相适应，有效支撑社会管理和公共服务，依法保障公民权利，以人为本、科学高效、规范有序的新型户籍制度，实现城镇基本公共服务均等化全覆盖的常住人口城镇化率达到66%左右，户籍人口城镇化率达到56%左右，户籍人口城镇化率与常住人口城镇化率差距缩小2个百分点左右。

二、进一步调整户口迁移政策

（一）放开城镇落户限制。

放开“有合法稳定住所”落户限制。公民在本市有合法稳定住所（含租赁），不受住房面积限制，可准予其本人及其共同生活的配偶、未婚子女、父母在合法稳定住所所在地落户。对租赁房屋申请落户的，需取得房屋所有权人同意、在房产部门办理租赁登记备案，且在拟落户县（市、区）范围内无产权房。

放开“有合法稳定就业”落户限制。公民依法与用人单位签订劳动合同且连续交纳社会保险六个月以上或依法取得工商营业执照且经营满六个月并依法纳税的，可准予其本人在用人单位或经营场所所在地落户。

放开投靠亲属落户限制。公民及其配偶、未婚子女在现户口所在地和拟迁入地均无合法稳定住所，但其父母有合法稳定住所且取得房屋所有权证和国有土地使用证，可准予其本人及其共同生活的配偶、未婚子女在其父母户口所在地落户。

放开人才落户限制。应届大中专院校毕业生（含具有中国国籍且无华侨身份的海外留学人员）依法被用人单位录（聘）用，可准予其在工作单位所在地落户；引进持有三星级人才绿卡的大学生，其单位或经营场所在县（市）的，可准予其在大市区落户；引进持有四星级人才绿卡的专门人才、五星级人才绿卡的领军人才，可准予其本人及其共同生活的配偶、未婚子女、父母在其单位或经营场所所在地落户，单位或经营场所在县（市）的，可准予在大市区落户；对产业发展需要的技术工人（具有中级以上职称）以及尚未就业的非本市生源应届普通高校本科及以上学历的毕业生，可准予其在本市落户。

（二）全面实行本市范围内本地居民户口通迁制度。本地居民在本市范围内凭合法稳定住所或合法稳定就业自由迁移。

（三）明确合法稳定住所、合法稳定就业范围。合法稳定住所，指购买、自建、继承、受赠的产权房和政府提供的保障性住房以及在房产部门办理租赁登记备案的租赁房屋。合法稳定就业，指有合法职业、依法签订劳动合同、参加社会保险，或取得营业执照并依法纳税。

（四）有效解决户口迁移中的重点问题。认真落实优先解决存量的要求，重点解决进城时间长、就业能力强、可以适应城镇产业转型升级和市场竞争环境的人员落户问题。不断提高高校毕业生、技术工人、留学回国人员等常住人口的城镇落户率。

三、创新人口管理

（一）建立居住证制度。外省市、本省外市公民离开常住户口所在地，在本市行政区域内居住半年以上的，在居住地申领居住证。本市公民离开常住户口所在县（市、区）在本市行政区域内居住半年以上的，可自愿申领居住证。符合条件的居住证持有人，可以在居住地申请登记常住户口。以居住证为载体，建立健全与居住年限等条件相挂钩的基本公共服务提供机制。居住证持有人享有与当地户籍人口同等的劳动就业、基本公共教育、基本公共卫生计生服务、公共文化服务、证照办理服务等权利；以连续居住年限、就业年限和参加社会保险年限等为条件，逐步享有与当地户籍人口同等的中等职业教育资助、就业扶持、住房保障、养老服务、社会福利、社会救助等权利，同时结合随迁子女在当地连续就学年限等情况，逐步享有随迁子女在当地参加中考和高考的资格。各地要积极创造条件，不断扩大向居住证持有人提供公共服务的范围。

（二）健全人口信息管理制度。建立健全实际居住人口登记制度，加强和完善人口统计调查，全面、准确掌握人口规模、人员结构、地区分布等情况。大力推进以公民身份号码为唯一标识、以人口基础信息为基准的市级人口基础信息库建设，并列入智慧盐城重点工程。分类完善劳动就业、教育、收入、社保、房产、信用、卫生计生、税务、婚姻、民族等信息系统，以市政府信息资源中心为依托，逐步实现跨部门、跨地区信息整合、共享和综合利用，为制定人口发展战略和政策提供信息支持，为人口服务和管理提供支撑。

四、切实保障农业转移人口及其他常住人口合法权益

（一）加快推进农村土地确权登记颁证。按照中央关于引导农村土地承包经营权有序流转发展农业适度规模经营的意见要求，积极推行农村土地三权分置，有效激活农村土地承包经营权权能，全面开展农村土地承包经营权确权登记颁证试点，维护农民土地承包权益，推进现代农业发展。进一步巩固农村集体土地所有权登记颁证成果，推进宅基地使用权确权登记颁证工作，做到符合发证条件的证书应发尽发。

（二）推进农村集体产权制度改革。按照“归属清晰、权责明确、保护严格、流转顺畅”的现代产权制度要求，推进农村集体产权制度改革，发展农村社区股份合作社，在确保村集体经济组织稳定积累、集体经济和社会事务发展的基础上，采取按人分配、按股分红等多种方式，增加村集体经济组织对其成员的直接利益分配。积极推进“政社互动”，有条件的村探索村经济职能与自治职能分离、经济组织与自治组织分设。落实好农民对集体经济活动的民主管理权利；探索赋予农民对集体资产股份的占有、收益、继承等权利，建立符合市场经济要求的农村集体经济运营新机制。

（三）建立农村产权流转交易市场。加快推进农村产权流转交易市场建设，2017 年年底前，在全市建立市、县、镇三级联动的农村产权市场交易体系，县（市、区）和镇全面建设农村产权流转交易市场。现阶段，不得将农民进城落户与退出土地承包经营权、宅基地使用权、集体收益分配权相挂钩。根据中央、省统一部署，探索建立农民土地承包经营权、宅基地使用权、集体收益分配权自愿有偿退出办法。

（四）推进农业转移人口随迁子女平等接受教育。保障农业转移人口及其他常住人口随迁子女平等享有受教育权利。将随迁子女接受义务教育纳入教育现代化建设和财政保障范围，逐步纳入输入地普惠性学前教育和免费中等职业教育招生范围。采取政府购买服务等方式，保障未能在公办学校就学的随迁子女在民办学校接受义务教育的权利。完善随迁子女异地中高考制度和招生制度，推动各地不断完善随迁子女接受义务教育后在流入地参加升学考试的实施办法。到 2020 年，随迁子女与户籍学生在流入地接受义务教育、参加升学考试等方面享受同等待遇的比例达到 100%。

（五）增强农业转移人口就业创业能力。加快县城和重点中心镇产业发展，积极开发适合农业转移人口的就业岗位，拓展农民就近就地就业空间。完善城乡就业失业登记制度，整合职业教育和培训资源，面向农业转移人口全面提供政府补贴职业技能培训服务，加大创业扶持力度，促进农业转移人口就业创业。完善促进农业转移人口就业的基本公共服务，保障与城镇户籍就业人员平等享有就业创业服务、培训指导、劳动人事争议调解和仲裁等服务。

（六）提高农业转移人口基本公共卫生计生服务水平。调整农业转移人口基本公共卫生计生服务管理体制，并根据常住人口规模和社区分布状况，均衡合理配置城镇基本公共卫生计生服务资源，将进城务工人员及其随迁家属纳入社区基本公共卫生计生服务体系，享有与城镇居民相同的基本公共卫生计生服务。有条件的地方将符合条件的进城务工人员及其随迁家属纳入当地医疗救助范围。

（七）健全并不断完善农业转移人口社会保障体系。建立健全各类居民的社会保险电子档案管理信息系统，在市内实现联网运行和各类社会保险关系跨地区、无障碍转移接续。落实市征地补偿和被征地农民社会保障办法，将被征地农民纳入城乡社会保障体系。推进进城务工人员与城镇职工同工同酬，平等参加养老、医疗、失业、工伤、生育保险并享受相应待遇，在农村参加的养老保险和医疗保险规范接入城镇社保体系。加大帮扶救助和“爱心助保”力度，帮助参保困难的进城务工人员早参保、长缴费。

（八）推进基本养老服务均等发展。加强护理型养老机构建设。扩大居家养老服务范围，增加服务内容，不断满足多样化、个性化养老需求。提升农村养老服务能力和水平，开展农村互助式“关爱之家”建设，推进农村“五保”供养服务机构“三有三能六达标”改造建设，拓展功能、提档升级，在保障好农村“五保”供养对象的基础上，面向社会老年人开展养老服务。

（九）完善以低保制度为核心的社会救助体系。积极推进城乡社会救助统筹发展。按照《江苏省居民最低生活保障工作规程》，实现低保制度在政策设计、操作流程、管理服务上的城乡一体统筹发展，稳步缩小城乡低保标准差距，实现城乡居民在社会救助方面权利公平、机会公平、规则公平。

（十）拓宽农业转移人口住房保障渠道。将已在城市落户的农民纳入城镇住房保障体系；通过合理布局建设公共租赁住房，鼓励产业园区和具备条件的大中型企业配套建设公寓楼、集体宿舍或租金补贴，多途径解决外来务工人员住房需求；健全制度，完善政策，逐步将符合条件的外来务工人员家庭纳入城镇住房保障范围。加快推进住房保障体系和住房供应体系建设，支持具有消费能力的农业转移人口通过商品住房市场自主购买或租赁住房。

（十一）建立财政转移支付同农业转移人口市民化挂钩机制。完善促进基本公共服务均等化的公共财政体系，逐步理顺事权关系，建立事权和支出责任相适应的制度，按照地方事权划分承担和分担相应的支出责任。深化财税制度改革，完善转移支付制度，加大财力均衡力度，保障地方政府提供基本公共服务的财力。

五、切实加强组织领导

（一）抓紧落实政策措施。进一步推进户籍制度改革，是涉及农业转移人口的一项重大举措。各地、各有关部门要充分认识户籍制度改革的重大意义，深刻把握城镇化进程的客观规律，进一步统一思想，加强领导，周密部署，敢于担当，按照走中国特色新型城镇化道路、全面提高城镇化质量的新要求，切实落实户籍制度改革的各项政策措施。各县（市、区）人民政府要根据本意见，统筹考虑，因地制宜，抓紧贯彻落实。公安、发展改革、教育、民政、财政、人力资源社会保障、国土资源、房产管理、城乡建设、规划、农委、卫生计生、法制办等部门要按照职能分工，抓紧制定教育、就业、医疗、养老、住房保障等方面的配套政策，落实经费保障。市公安局和市发改委、市人社局要会同有关部门加强对各地实施户籍制度改革工作的跟踪评估、督查指导。全市公安机关要加强户籍管理和居民身份证管理，严肃法纪，做好户籍制度改革的基础工作。

（二）积极做好宣传引导。全面阐释适应中国特色新型城镇化发展、进一步推进户籍制度改革的重大意义，准确解读户籍制度改革及相关配套政策。大力宣传各地在解决农业转移人口及其他常住人口落户城镇、保障合法权益、提供基本公共服务等方面的好经验、好做法，合理引导社会预期，回应群众关切，凝聚各方共识，管控网络有害信息，形成改革合力，为进一步推进户籍制度改革营造良好的社会环境。

关于推进智慧盐城建设的实施意见

盐政发〔2015〕124号　2015年9月2日

为积极抢抓新一轮信息技术发展机遇，在互联网经济发展的大潮中赢得先机，推动信息化工业化深度融合，加速产业集聚和转型升级，进一步增强城市服务功能和综合竞争能力，现就推进智慧盐城建设提出如下实施意见。

一、总体要求

（一）指导思想

全面贯彻落实党的十八大、十八届三中全会精神和市委六届六次、七次全会精神，紧紧围绕“城市智慧化、智慧产业化”的总体要求，坚持以智慧应用为导向，以智慧产业发展为基础，以市场需求和创新为动力，以信息资源整合共享为关键，突出政府创新服务、产业转型升级、民生改善三个重点，加快形成新兴产业融合发展战略格局，大力提升城市运营管理和公共服务水平，全力加快信息基础设施建设，实现新型工业化、信息化、城镇化和农业现代化同步发展，为“建设新盐城、发展上台阶”作出更大贡献。

（二）基本原则

——改革创新，转型升级。以改革创新为动力，充分利用信息化条件下高效配置物质、信息和智力资源的有效途径，激发市场主体活力，大力促进技术创新、管理创新、制度创新和商业模式创新，大力发展新产业、新业态、新技术、新模式，通过信息化引领发展方式转变和经济转型升级，提高经济发展质量和效益。

——依托应用，发展产业。推动云计算、物联网、移动互联网、大数据等新一代信息技术产业集约集聚发展，加快新一代信息技术在政务、经济、社会管理和公共服务领域的深化应用、共享应用和融合应用，推动制造业企业、软件与信息服务企业、信息内容服务企业和行业用户深化合作、协同创新，加快培育领军企业，形成一批具有自主产权、自主品牌的智能产品和智慧服务。

——以人为本，惠民优先。把保障和改善民生作为智慧盐城建设的出发点和落脚点，以需求为牵引，推进以人为核心的信息化、智慧化，切实解决居民群众、企事业单位和社会各方最关心最现实的重点难点问题。充分应用智慧手段提供多样化服务，有效提升居民幸福感受，使全市城乡居民共享智慧化建设成果。

——顶层设计，资源整合。坚持整合、共享、服务、安全的建设原则，根据智慧盐城顶层设计，依托市政府信息资源中心，建设统一的信息共享交换平台，大力推进标准体系建设，进一步强化信息资源整合，完善数据更新机制，全面推动信息共享体制机制建设和创新发展。

——开放合作，注重实效。聚焦开放引领、合作共赢，以及吸引多元化社会资本与技术参与智慧盐城建设，坚持科学性、前瞻性和可操作性的原则，建立健全智慧盐城经济效益与社会效益评价体系，注重实效，服务民生。

——安全可控,统筹推进。坚持智慧盐城建设和网络安全保障齐头并进,完善网络与信息安全保障体系,增强信息采集、处理、传播、利用和安全能力,形成部门协同、上下联动的良好格局。加强顶层设计,加快资源整合,统筹协调各部门、各领域网络安全和信息化发展,大力推进跨部门、跨层级、跨行业的集约化建设,避免重复建设和资源浪费。

(三)主要目标

1. 近期目标:

到2017年,智慧盐城基本建成"一个系统、一个中心、六大平台"总体框架,即智慧盐城信息管理服务系统、政府信息资源中心(智慧盐城云计算中心)和政务服务平台、民生服务平台、智慧产业平台、信息融合平台、信息基础设施平台、信息消费推广平台,信息消费空间不断拓展,智慧盐城运行体系初步形成。

——信息基础设施不断完善。光网城市建设进入全国前列,光纤入户率达到85%以上,社区和商务楼宇网络固定接入速率能力达到1千兆,高端功能区和重点企业固定接入速率能力达到10千兆;市区全免费Wi-Fi、3G信号全覆盖;全市互联网普及率达到95%以上,家庭宽带普及率达到90%,市区上网平均带宽达到100兆比特,农村上网平均带宽达到20兆比特;全市有线电视数字化整体转换率达100%。

——智慧产业发展初具规模。全市实现智慧产业销售收入超700亿元,年均增长30%,智能装备、通讯设备、移动终端、大数据、软件和服务外包、工业设计、数字内容、创意文化和新一代信息技术研发制造应用等一批智慧产业基地初具规模,在全市国民经济和社会发展中发挥更加重要的支撑和带动作用。

——产业转型升级取得进展。信息化与工业化"两化"深度融合走在地区前列,信息技术更好地融入企业产品研发设计、生产过程控制、产品营销及经营管理等环节,50%以上规模企业生产经营全面实现自动化、集成化、网络化、智能化和协同化,形成一批信息化应用示范企业;工业机器人、3D打印技术在生产过程中得到应用,形成一批智能制造示范企业和智能生产车间示范点。

——智慧应用广泛深入。新一代信息技术在一产、二产、三产得到广泛应用。市地理信息系统、市农村综合信息服务平台、盐城工业企业云、盐城中小企业云、市公积金综合服务平台、盐城电商谷、阿里巴巴盐城产业带等一批公共服务平台建成运行,智能农业、智能电网、智慧建造、智慧环保、智慧物流、智慧旅游、智慧园区和产业协同一批智慧应用项目稳步推进。

——政府行政效率和公共服务能力大幅提升。市政府信息资源中心(云计算中心)、智慧盐城运营中心、智慧城市信息安全中心先后建成投运,并形成较为完善的信息资源共享机制。政务公开信息网上发布率达到100%,90%以上行政许可审批事项实现网上办理,人口、法人、宏观经济、自然资源和地理空间信息、地名地址等基础信息数据库等各类数据库建设,覆盖率达到100%。

——民生服务水平明显提高。无线城市、智慧社区、智慧医疗、智慧教育、智慧食品药品溯源、智慧城管和智慧安全等一批等项目初见成效,市民出行、就医、教育等活动更加方便,网上就诊预约、网上诊疗信息查询、网上医疗咨询、远程医疗等服务更加普及,医疗卫生机构诊疗信息共享基本实现,公众获取信息和科学技术知识渠道进一步拓宽,机动车、非机动车电子车牌上牌率达到100%,民生公共服务体系逐步形成。

——信息消费空间不断拓展。全市信息消费总体规模达到600亿元,基于互联网的信息消费规模达到320亿元,网络零售交易额突破360亿元,企业利用互联网开展电子商务超过90%,建成国家级信息消费示范基地。在互联网金融、个性定制、众包服务、智慧家庭、移动互联网增值业务等业态领域创新取得实质性进展,并形成一定规模。

2. 远期目标:

到2020年,按照"城市智慧化、智慧产业化"总体要求,智慧盐城全面建成。建成高水平的信息基础设施,信息网络架构高端;城市运行管理、民生和公共服务全面实现智慧化融合应用,公共服务领先,生活环境和谐友好;以云计算、大数据、移动互联网为代表的智慧产业体系融合发达,信息安全体系先进完善,信息化和工业化深度融合,区域信息化指数达到90%以上,智慧盐城建设在全国地级城市中处于领先位置。

二、重点任务

(一)着力提高信息基础设施水平

按照规划引导、集约建设、资源共享、规范管理、满足需求、适度超前原则,以加快提升信息基础设施服务水平、普遍服务能力和信息安全保障为主线,加大建设投入,促进机制完善和模式创新,不断满足政府和社会的要求。

1. 优化升级信息基础设施。加快实施"宽带盐城""无线盐城""高清盐城",推进城市光纤到楼入户,有效提升城乡宽带接入能力。积极推进全免费Wi-Fi无线城市建设,切实加大无线宽带网络建设力度,扩大3G网络覆盖范围。积极开展4G网络建设,加快下一代互联网协议(IPv6)商用试点部署。

2. 统筹推进三网融合发展。加快电信和广电业务双向进入,推进电信网和广播电视网基础设施共建共享,积极开展融合业务创新、合作模式创新,普及推广宽带业务、融合业务和移动互联网应用,提升信息基础设施普及应用和普遍服务水平。鼓励发展移动多媒体广播电视、手机电视、数字电视与宽带上网的融合业务,带动产业链上下游企业协同发展。

3. 加快信息安全基础工程建设。加快智慧盐城安全监控平台、信息安全测评中心建设,健全安全评估体系、应急响应体系、灾难恢复和应用级备份体系。重点推进信息安全容灾中心(双活中心)和数字证书(CA)认证中心以及保密网、政务网、无线通信政务专网建设。

4. 加强基础网络和重要信息系统安全保障。加强对电力系统等重要领域工业控制系统的安全监管。加强涉密信息系统安全管理,增强公共基础信息网络态势感知能力,提高应对网络攻击的防护和快速恢复能力。加强三网融合网络信息安全技术管控手段建设，加快信息安全技术攻关和产业发展。

（二）大力培育新兴智慧产业

坚持市场导向与政府引导相结合，以智慧应用带动智慧产业发展，大力培育大数据、云计算、智能装备、软件和服务外包、工业设计和智慧服务业等智慧产业发展，打造盐城智慧产业特色基地。

1. 推动大数据产业集聚发展。切实加快市政府信息资源中心（云计算中心）建设，加快盐城市级数据中心建设，实现数据共享与交换，在不涉及数据安全及隐私的前提下，逐步免费向社会开放公共数据，促进大数据在高端装备制造、汽车、化工、能源等行业应用，放大数据价值，实现数据增值利用。全力推动软通动力城南大数据产业园建设，加快启动首期创新园建设，针对腾讯、百度、阿里巴巴、中石化等国内大企业、大集团和部分金融机构、国家部委需要建设云计算中心的需求，加快华云、华为、浪潮等商用数据中心落地，推动数据中心服务外包产业发展，积极探索建立数据采集、存储、处理、应用于一体的大数据生态产业链，建设国家级大数据产业发展基地。

2. 推动智能装备研发和制造。研究数字化、智能化、网络化特征的自动控制系统和装备。大力发展智能汽车、高档数控机床、智能工业机器人、自动化成套设备、智能仪器仪表、智能工程机械、智能家电、智能家具、智能家庭成套设备、移动终端等，培育发展新一代宽带移动通信装备、信息传感装备、智能交通装备、智能工业控制装备、智能环保装备、智能光电及显示技术装备、智能健康医疗装备、智能供水供气装备和智能电网装备等。

3. 创新软件和信息服务业发展。以专业化、特色化为目标，加快在工业软件、大数据应用、服务外包、电商物流、工业设计、数字内容、信息服务等八个领域全面提升软件产业的水平和层次，积极推动软件企业向网络化、智能化、融合化、服务化和平台化转型发展。加快发展集成电路设计服务业，加快我市集成电路公共技术平台的建设与共享。结合盐城区位特点和发展现状，以盐城国际软件园、城南智慧谷为核心，鼓励大丰软件园、台阳软件园等载体，开发适合我市特色的应用软件，壮大产业规模。切实加快大丰东方1号二期工程建设，加快引进一批设计创意机构，推动创业产业集聚发展。

4. 加快电子信息产品制造业发展。大力开展物联网和传感器的研发，实施物联网重大应用示范工程，推动技术进步和产业化进程。加快发展汽车电子、船舶电子等智能终端研发生产，推动产品的高度集成和功能整合，促进终端、应用与服务一体化发展。加快数据电缆、LED等传统电子信息产业技术创新和转型升级，培育壮大一批具有自主创新能力的电子信息产品制造企业。支持盐城经济开发区以国家物联网研究院平台为抓手，大力发展以物联网、汽车电子、北斗导航为重点的电子信息产业。积极建设盐城综合保税区电子信息产业园，将其打造成为全省重要的高新技术产业基地和高新电子技术产品出口基地。

（三）促进产业转型升级鼓励企业广泛采用数字化、网络化、可视化、自动化、智能化的信息系统并实现集成应用，充分发挥信息技术对工业、农业、服务业转型升级的带动作用。

1. 加快工业企业智慧化改造。积极推动信息化和工业化深度融合，引导和支持企业综合应用CPS、工业互联网、虚拟制造等技术，构建智能化、网络化生产系统。加快工业机器人、增材制造（3D打印）等先进制造技术在生产过程中应用，促进企业信息化集成应用和融合创新，通过相关信息系统的综合集成应用，培育发展智能生产车间、智能工厂，在有条件的产业集聚区开展智能制造示范试验区建设。加快盐城工业企业云、中小企业云建设和应用，切实降低企业信息化建设门槛，为工业企业，提供涵盖研发设计、数据管理、协同营销、销售撮合、工程服务、信息咨询等各项云服务，提高企业信息化应用水平。

2. 推动智慧园区建设。充分借助云计算、物联网和泛在网络等现代信息技术，以建设现代园区为统领，以“效能园区、可靠园区、实力园区、美丽园区、平安园区、幸福园区”六大目标为核心，形成面向园区“公共管理、基础配套、经济发展、生态保护、安全保障、社会服务”六大领域，提供覆盖园区“社区管理、社会服务、政务管理、协同办公管理、控制中心、土地管理、规划管理、建设管理、市政管理、效能管理、招商管理、企业服务、生产制造，物流服务、质量监督，生态管理、环卫管理、水务管理、景区管理、公共安全管理、生产安全管理、消防安全、防灾减灾”的应用服务，为园区提供信息化、智慧化建设的综合式模块化的技术服务。

3. 大力发展电子商务。积极推动电子商务在工业、农业、旅游等重点领域的应用，重点培育盐渎商城等本地电子商务平台做大做强，大力发展以本地特色、优势产业为主导的重点行业、重点产品B2B电子商务平台。切实加快盐城电商谷、阿里巴巴·电商谷、食乐淘、软通跨境电商等重点电商项目落地，引进各类电子商务专业运营服务机构，提供专业运维服务。积极组织盐城名特优新产品在国家、省、市重点电子商务平台上展示、销售，不断创新网络营销和服务模式，拓宽产品销售渠道。加快建设盐都电商快递物流园，大力推进电子商务及快递集散服务，着力打造立足盐城、服务苏北、辐射全省、面向全国的快递集散中心和电商物流基地。

4. 促进智慧农业发展。引进物联网、云计算、大数据、移动通信等技术和手段，加大农业生产环境信息及生长、养殖信息的采集与处理、农产品生产过程质量控制和质量安全跟踪与溯源技术等智能农业应用的推广力度和示范点创建，推行农业种养过程的自动化、集成化、网络化，大力发展智能农业、感知农业；建立农产品交易服务平台，鼓励实行订单农业、促进农业电子商务发展；加快农村综合信息服务平台建设，为农村居民提供信息查询、远程教育、文化娱乐、村务管理、农业科技等服务，提升新农村建设水平。

5. 推动服务业信息化应用。加强服务业信息资源开发，加快公共服务平台建设与信息资源共享，加强公共信息库建设，鼓励发展教育教学库、医疗医药信息库、影视娱乐信息库等。在物流、文化传媒、信息服务、旅游会展、房地产、科教卫生、社区服务等领域，积极引入智慧应用，加快智能设施普及，提高服务层次。在服务企业推广应用信息技术，实现服务提供自动化、管理网络化、决策智能化，降低服务成本，提高服务质量。

（四）拓展信息消费空间挖掘消费潜力、改善消费环境、推进业态创新、做大信息产业、提高全社会信息化水平，使信息消费成为我市扩内需的新动力、稳增长的新引擎、调结构的新举措和惠民生的新途径。

1. 大力发展智慧家庭。综合利用物联网、云计算、移动互联网和大数据技术，结合自动控制技术，以通过“端、云”结合的手段实现对家庭用户行为习惯的大数据统计、自动需求分析和预测为核心，实现自主决策的人工智能，将家庭设备智能控制、家庭环境感知、家人健康感知、家居安全感知以及信息交流、消费服务等家居生活进行有效地整合；以独居老人、残障人士等特殊人群为重点，推广应用防盗、烟雾及气体泄漏自动报警和紧急呼叫等服务；以老式小区为重点，推广应用智能门禁；在有条件的住宅小区试点开展家电设备智能化管理和监控，推广水、电、气远程抄表；推广家庭高清影院、体感游戏、可视电话等应用。

2. 推进信息消费业态创新。支持发展面向个人消费的个性化定制，推动大数据分析、在线互动产品配置、3D扫描造型和打印等技术的研究和应用，发展在居民衣、食、住、行、休闲五大生活领域的个性化产业，引导个性化定制向大规模定制转变，推动企业在柔性生产线、产业链协同等方面的信息化应用。提升金融信息和数据的集聚度，发展与国际接轨的财经、证券、保险等大型信息资讯平台；鼓励促进第三方支付在相关单位和公共服务机构中规模化应用，培育发展基于生物特征识别技术的新型支付方式；支持互联网企业和银行、保险、证券等机构的业务融合与嫁接，不断创新面向消费者的金融服务，构建各类金融产品信息交互平台。鼓励开发个人消费领域移动应用产品与解决方案，提升生活领域移动应用软件数量和品质，重点发展移动支付、移动娱乐、移动视频、移动阅读、移动资讯、移动搜索等。支持基于位置服务（LBS）的数据内容整合、定位平台建设以及商业模式创新，发展融合导航、通信、娱乐、安全、增值服务等功能的综合性LBS。

3. 推动智能卡推广应用。组织实施市民卡工程，鼓励各类智能集成电路（IC）卡的广泛应用和多卡集成，以智能卡为重要信息载体，实现城乡一体、全面覆盖、普遍服务的新局面。以市民卡为基础，建设面向全体市民公众服务的统一公共智能卡服务平台，实现全市公共服务类智能卡的统筹规划、统一发行，方便公众持卡在各应用领域间的互通互用，完善服务体系，拓展政府业务、社会保障、文体教育等的服务应用，不断提高服务水平。

（五）推动政务服务和城市管理创新加强信息资源共享整合和协同应用，推动政务服务智慧化，建立全面覆盖、动态跟踪、联动共享、功能齐全的城市管理与服务综合平台，创新政务服务与城市管理方式。

1. 建设高效便民的政务服务平台。深入推进行政许可、行政审批事项网上审批、并联审批，全面梳理和优化办事流程，构建全生命周期、全方位、个性化、主动式的政府在线服务平台。全面推进政务信息资源共享，促进政务信息资源深度开发利用，建立面向市民和企业的各类个性化政府服务平台，实现与各政府部门网上办事系统无缝对接，提供政府个性化服务和云服务。完善和全面推广社区综合服务信息化平台，实现市、县各级部门电子政务在街道和社区的信息共享和一站式办理。

2. 建设政府智能化办公决策系统。基于市政府信息资源中心建设全市一体化的协同办公系统，全面实现电子公文交换和数字档案管理。推广视频会议、移动办公等技术，创新政府会议、会商和决策模式。积极推动政民网上互动，拓展政府信息网上公开的深度和广度，建设政府网络问政平台，完善网上百姓热线系统，推动政府部门开展网络直播和建立政务微博。建立政府决策支持平台，对城市经济社会发展和热点事件进行监控、分析、预警和趋势预测。建立健全智能化廉政风险防控体系。

3. 推进城市基础设施智能化。全面加快智慧交通、智能公交、智慧邮政、智慧港口、智能电网、智能安全供气等项目建设，以信息技术优化现有基础设施，提高效率，降低运营成本，提高安全性和抗打击能力，并减轻环境负担。研究推进政府向社会力量购买公共服务，探索城市基础设施智慧化新路径，以群众需求为导向，拉动有效投资和消费，增强城市综合承载能力、造福广大群众、提高新型城镇化质量。

4. 推进城市管理智能化。加快推进全市应急平台体系建设，汇聚公安、人社、国土、环保、城建、交通、质监等各部门信息，实现城市设施广泛接入和城市关键运行系统状态自动感知，实现突发事件监测防控、预测预警、指挥调度、应急保障等。全面实施公共安全智能化工程，重点面向校园、医院等公共场所推进治安视频监控的智能化应用，实现市区视频监控点的全面联网。建立全市设施设备安全监测系统，推进食品、药品安全监管智能化，支持食品药品安全溯源应用。建设城市智慧型管理平台，推广网格化管理方式，形成综合管理、执法、监督和社会公众参与“四位一体”的城市综合管理体系。

（六）优化民生服务与生活环境加快实施信息惠民工程，建设智慧盐城综合门户，着力发展智慧民生服务、营造智能化生活环境，构建优质高效、方便快捷的公共服务信息平台，进一步保障和改善民生，优化生活环境，切实提升人民生活水平。

1. 加快智慧盐城综合门户建设。加强资源整合，加大智慧盐城综合门户与政府各部门系统对接和信息共享的广度深度，把门户资源整合作为加强政府与市民、企业联动的有效手段，加快从服务部门向服务社会转变。

2. 着力发展智慧民生服务。切实加快智慧社保、智慧交通、智慧医疗、智慧食药监、智慧教育、智慧环保、智慧养老等民生智慧工程建设，以市民为中心，整合政府社会管理和公共服务功能，依托市民卡、智能手机、数字电视等多种渠道开展服务。制定引导扶持政策，鼓励企业开展融合服务平台建设运营，面向社会提供公共服务和商业化服务。

3. 着力营造智能化生活环境。加快建立涵盖气象、水、大气、噪声等方面的全区域生态状况实时感知体系，大力推进以4C（计算机、通讯、消费电子、内容）融合和三网融合为特征的数字家庭发展。大力推广物联网、新材料、新能源等技术在楼宇建设中的综合应用，改善居住和办公环境。建设智慧社区工程，建设和推广全市统一的社区服务管理信息平台，为居民提供行政管理、社会事务、家政等"一站式"服务。

三、保障措施

（一）加强组织领导和统筹协调。各级党委、政府要高度重视智慧盐城建设工作，建立完善的领导体制和工作机制。市智慧盐城建设领导小组负责智慧盐城建设发展战略、建设策略、工作方针和重大政策的制定，统筹智慧盐城重大工程建设，做好智慧盐城建设的整体规划和实施意见制定工作。市智慧城市建设领导小组办公室要加强与有关部门的协作，统筹开展各项工作。各有关部门（单位）要按照法律法规和职责分工全面履行智慧盐城建设的各项任务。市经信委和市财政局要研究出台智慧盐城项目扎口管理办法，进一步整合资源，通过智慧盐城项目实施带动促进智慧产业的发展。成立市信息资源监管中心，具体负责市政府信息资源中心（智慧盐城云计算中心）、智慧盐城运营指挥中心和智慧盐城信息安全中心的运行、维护和管理。

（二）建立智慧盐城多元投融资机制。建立公共财政对智慧盐城建设的稳定投入机制，加强对重点建设工程的财政投入。市政府每年在市工业和信息化转型升级专项引导资金中专门安排资金，重点对智慧产业、智慧应用、智慧服务、智慧消费、人才引进和培养等方面给予政策支持。每个县（市、区）政府应在年度预算中安排资金，专项用于信息化建设。积极引导社会资金投入智慧盐城建设，建立政府投资为引导，企业投资为主体，金融机构、民间资本广泛参与的多元化智慧盐城建设投融资机制。鼓励上市公司、外资企业、金融机构、民间资本以投资、承包建设、BOT、服务外包等形式参与智慧盐城项目建设。

（三）建立信息资源共享交换机制。制定公共信息资源开放共享管理办法，建立信息采集、动态更新、普遍共享机制，在全市建立信息资源目录体系、交换体系、共享体系、服务体系，完善地理、人口、法人、金融、税收、统计、信用等基础信息资源体系。同时，积极推动信息资源综合开发利用，建立信息资源开发与服务的长效机制，围绕两化融合、电子商务、电子政务、社会信息化、农村信息化、公共信息服务平台等信息化重要领域，组织实施20个在信息资源综合开发利用方面具有重大推广应用价值的信息化示范工程，大力推进交通、教育、测绘等信息资源公益性开发，鼓励企业、公众和其他社会力量以各种方式开展公益性信息服务。

（四）建立决策支撑和评估考核体系。成立由国内智慧城市研究、规划、服务、实践的权威专家学者组成的智慧盐城建设专家咨询委员会，为智慧盐城建设提供决策咨询支持。建立智慧盐城评价考核体系和发布机制，每年对智慧盐城建设的成效进行总结和评价，并及时发布评估信息。把智慧盐城建设纳入各级政府年度目标考核管理，对智慧盐城建设项目进展和按责任分解任务完成情况进行全面考核。

（五）加强人才支撑体系建设和宣传推广。积极实施人才战略，着力培养、引进与物联网、云计算等新一代信息技术研发、智慧盐城运营管理等领域相关的高层次创业创新领军人才。推进企业与高校、科研院所的合作，实现科技人才交流、科研成果共享。依托当地高校、园区、企业和社会办学机构，联合建立各类智慧人才教育培训基地，提供教育、培训和执业资格考试等服务。以建立"智慧盐城体验中心"，举办高峰论坛、专题交流会，新闻媒体的宣传和引导等多种形式，营造智慧盐城建设良好的社会环境，提高全社会对智慧盐城建设的认知度和参与度。

关于加快发展养老服务业的实施意见

盐政发〔2015〕78号　2015年6月5日

为认真贯彻落实《国务院关于加快发展养老服务业的若干意见》（国发〔2013〕35号）、《省政府关于加快发展养老服务业完善养老服务体系的实施意见》（苏政发〔2014〕39号）等文件精神，加快养老服务业发展，现结合我市实际，提出如下实施意见。

一、总体思路

深入贯彻落实党的十八大、十八届三中、四中全会精神，充分发挥政府的主导作用和市场配置资源的决定性作用，通过深化改革，创新体制机制，激发社会活力，调动社会力量逐步成为养老服务业发展的主体，统筹养老服务事业及产业的政策举措，不断完善养老服务体系，有效满足日益增长的多样化养老服务需求，努力使养老服务业成为保民生、扩内需、促就业、稳增长、推动经济转型升级的重要力量，助推幸福盐城建设。

二、发展目标

到2020年，全面建成以居家为基础、社区为依托、机构为支撑、信息为辅助，规模适度、功能完善、服务优良、覆盖城乡的养老服务体系。

——服务体系更加健全。进一步完善居家养老、社区养老、机构养老服务体系。生活照料、医疗护理、精神慰藉、紧急救援、文教体娱服务覆盖社区全体老人。标准化居家养老服务站点覆盖所有城乡社区。每千名老年人拥有养老床位数40张，护理型床位占养老机构总床位50%以上。养老服务信息管理系统实现市到镇（街道）三级互联互通，居家呼叫服务和应急救援服务信息网络实现城乡全覆盖。

——保障功能更加有力。持续加大对养老服务业的投入，统筹规划各类养老服务资源，促进基本养老服务均衡发展。以政府为主导，充分发挥社会力量作用，面向所有老年人提供基本养老服务。建立健全经济困难老年人养老服务补贴制度，着力保障困难老年人的养老服务需求，确保人人享有基本养老服务。家庭、个人承担应尽养老责任。

——产业规模显著扩大。推动以老年生活照料、老年产品用品、老年健康服务、老年体育健身、老年文化教育、老年金融服务、老年旅游等为主的养老服务业全面发展，养老服务业增加值在服务业中的比重显著提升，从业人员规模不断扩大。培育一批产业链长、覆盖领域广、经济社会效益好的产业集群或知名品牌。

——发展环境不断优化。养老服务准入、退出、监管体系不断完善。政策法规体系、人才培养体系、标准评估体系不断健全。规划、土地、税收、财政、金融、投资、价格等制度措施不断完备。尊老、敬老、爱老、助老的社会氛围不断浓厚。为老志愿服务活动深入开展，志愿者队伍不断壮大。

——体制机制充满活力。进一步转变政府职能，创新养老公共服务供给方式，加大政策支持和引导力度，激发各类市场主体开展养老服务的积极性，形成市场化、多元化、社会化的养老服务机制，不断提高公建民营、民办公助等养老机构比例，社会力量举办或经营的养老机构床位数占比达到70%以上。

三、主要任务

（一）强化政府主导和引领作用

1. 统筹规划养老服务业发展。市、县（市、区）两级政府把发展养老服务业纳入国民经济和社会发展总体规划，列入民生幸福工程建设重要内容和议事日程。依据省级规划，按照老年人口结构和分布情况，编制当地的养老服务业发展规划和养老服务设施专项规划。在制定城乡发展规划时，合理规划养老机构和社区养老服务中心布局，避免重复建设、资源浪费。

2. 建立基本养老服务制度。以政府为主导，充分发挥社会力量作用，为所有老年人提供基本养老服务。公办养老机构要充分发挥托底作用，重点为农村“五保”老人、城市“三无”人员以及特困、低收入、经济困难的失能、半失能老人提供无偿或低收费的供养、护理服务。完善供养标准自然增长机制，根据经济社会发展水平和职工平均工资增长、物价上涨等情况，稳步提高老年人基本养老、基本医疗、基本生活等保障水平。

3. 完善养老公共服务设施。各地在制定城市总体规划、控制性详细规划时，按照人均用地标准，分区分级规划设置养老服务设施。新建住宅小区按每百户20至30平方米配套建设社区居家养老服务用房，并与住宅同步规划、同步建设、同步验收、同步交付使用。已建成的住宅区无养老服务设施或现有设施未达到标准的，应由当地政府通过新建、置换、改造、租赁等方式，按每百户15至20平方米的标准调剂解决。农村养老服务设施要纳入农村公共服务设施统一规划、优先建设，全面推进“关爱之家”等农村互助型养老服务设施建设。各类养老服务机构都要配备康复设施，到2020年，50%的城市社区和有条件的农村社区设立适合老年人的康复场所。逐步实施无障碍设施改造工程，在新的城建项目审批时，发改、规划、住建部门要把老年人无障碍设施作为必要的建设指标把好审批关。对没有设置无障碍设施的公共场所，各级政府要统一制定改造计划，按照任务分解抓好落实。积极扶持老年人家庭无障碍设施改造工作，加快推进社区坡道、电梯等与老年人日常生活密切相关的公共设施改造。

4. 推进公办养老机构改革。建立适应市场经济要求的运行机制，稳步推进公办养老机构改革。在确保公办养老机构托底作用、国有资产不流失、养老用途不改变及服务水平不降低的前提下，可将政府投资兴办的养老机构（含农村敬老院）和养老床位通过公建民营等方式运营管理，积极鼓励民间资本通过总体承包、部分承包、委托运营等方式，运营公有产权的其他养老设施。有条件的地方可以积极稳妥地把专门面向社会提供经营性服务的公办养老机构转制成为企业，完善企业法人治理结构。

5. 加强人才培养和队伍建设。支持高等院校、中等职业学校和职业培训机构增设养老服务类专业，加快培养老年医学、康复、护理、营养、心理、社会工作和服务管理等方面的专业型人才。养老机构应依法为工作人员缴纳养老保险、医疗保险、人身意外伤害保险等费用。通过政府购买服务的方式，在养老服务行业中探索设置社会工作岗位。在养老机构就业的专业技术人员，实行持证上岗制度，执行与医疗机构、福利机构相同的执业资格、注册考核制度。采取政府补贴的方式，对养老护理员进行培训，到2020年，养老护理员岗前培训率达到100%，持证上岗率达到95%以上。努力提高养老护理员的工资水平，力争使本地区养老护理员工资不低于当地职工平均工资。加快志愿者队伍建设，各县（市、区）要逐步建立为老服务志愿者库和服务登记制度，为独居、空巢、高龄老人和机构内老年人开展长期稳定的服务。

6. 营造尊老敬老助老社会氛围。各地要加强道德宣传教育，大力倡导尊老爱老、子女尽孝的社会风尚，形成良好的尊老敬老孝老社会风气。支持社会服务窗口行业开展“敬老文明号”创建活动。积极开展老年精神关爱行动，建立老年人精神关爱服务组织，加强老年人生活和思想交流，开展心理讲座和培训，提供专业心理咨询、辅导和康复服务。依托社区学院、开放大学、职业院校、社区教育中心校、居民学校等各级各类教育机构，广泛开展老年人文化教育活动。到2020年，市、县（市、区）人民政府重点支持建设1至2所老年大学，强化老年教育，满足老年人的学习需要。

（二）支持社会力量进入养老服务业领域

1. 引导社会力量发展居家和社区养老服务。各地要充分利用社区（村）现有资源，抓住老小区整治、新农村建设和小城镇建设的有利契机，加快标准化居家养老服务中心、农村老年关爱之家、城市社区小型托老所和“虚拟养老院”等重点项目建设。引导专业化社会组织、家政和物业等企业和机构，加盟、参与、托管社区居家养老服务。培育一批政府购买服务的居家养老服务定点单位，支持其连片辐射、连锁经营、统一管理，打造特色品牌，为老年人提供生活照料、医疗护理、精神慰藉、紧急救援等基本服务。支持基层群众自治组织开展居家养老互助服务。

2. 鼓励社会力量兴办养老服务机构。加大政策保障、资金扶持力度，鼓励社会力量对企业厂房、闲置校舍、商业设施及其他可利用的社会资源进行整合和改造，兴办养老服务机构。扶持不同档次的民办养老机构向老年人提供多样服务，重点发展以提供生活照料、文化娱乐、医疗康复、精神慰藉等综合性服务的护理型养老机构，推动形成一批具有知名品牌和较强竞争力的养老机构，逐步形成多元化、多层次的养老服务市场格局。

3. 培育养老服务社会组织。培养老年产品研发联盟、养老服务行业协会、老年学专业研究会等社会组织，支持专业组织开展行业标准制定、服务质量评估、服务行为监督等事务。培育发展为老年人服务的公益慈善组织，支持慈善组织重点参与养老服务机构建设、养老产品开发、养老服务提供等领域发展。

（三）统筹发展农村养老服务

1. 加快推进农村"五保"供养服务机构提档升级。紧密结合新型城镇化建设，统筹规划、科学合理确定农村"五保"供养服务机构建设布局。各地要坚持"实用适用"原则，抓好农村"五保"供养服务机构提档升级工作，2015年底前农村"五保"供养服务机构实现"三有三能六达标"。进一步优化管理，提升农村"五保"供养服务机构服务水平，所有乡镇敬老院增挂本地区养老服务中心牌子，在满足本地区"五保"老人供养服务的同时，优先为经济困难的失能、半失能、高龄、空巢等老人提供养老服务，有条件地区可为本地区所有老人提供养老服务。到2020年，全市农村"五保"供养服务机构基本具备养老服务、康复护理、心理慰藉等功能，成为区域性养老服务中心。

2. 推进农村"关爱之家"建设。按照"村级主办、互助服务、社会参与、政府扶持"的原则，支持和引导村民自治组织发挥主导作用，在老年人特别是留守老人较多、照料需求大、居住相对集中、经济条件较好的行政村或自然村，通过新建或整合改造现有设施资源，按照"村建养老区"或"村办互助养老院"的形式，大力兴建农村老年关爱之家，满足农村高龄、空巢、留守老人的养老服务需求。

3. 拓宽农村养老资金筹集渠道。农村可以依法将未承包的集体所有的部分土地、水面、滩涂等作为发展养老产业基地，其收益优先用于老年人养老。各级政府要建立多来源、有固定渠道的筹资长效机制，养老服务的财政性资金应重点向农村倾斜，同时整合多部门相关资金，统筹使用农村养老资金。加强城乡养老合作，鼓励城市资金、资产和资源投向农村养老服务市场。

（四）全面推进医养融合发展

1. 加快推进医疗机构开展养老服务。二级以上综合医院应当开设老年病科，增加老年病床数量，做好老年慢性病防治和康复护理。基层医疗卫生服务机构应当为老年人建立健康档案，与有需求的老年人家庭建立医疗契约服务关系，定期开展健康查体、保健咨询、上门巡视等服务。以签订健康服务协议为抓手，为行动不便的老年人提供上门服务。鼓励医院将闲置资源改造成康复医疗机构或增加老年病科床位，鼓励部分非建制镇卫生院积极开展养老服务。

2. 积极促进医养融合发展。人社、卫生、民政、财政等部门要研究出台鼓励和支持护理型养老机构发展的具体措施。积极构建养老、医护、康复、临终关怀服务相衔接的服务模式，鼓励医疗卫生资源进入养老机构和社区养老服务中心，设立卫生室或医务室，规模较大的养老机构可与医疗机构合作设立护理院，实现养老机构与医疗机构之间的卫生健康服务有机对接。卫生行政管理部门要支持有条件的养老机构设置医疗机构，制定实施养老机构内设医疗机构设置标准和服务规范。养老机构内设医疗机构及其医护人员应纳入卫生部门统一管理，在资格认定、职称评定、技术准入和推荐评优等方面，与公办医疗机构享有同等待遇。

3. 完善养老医疗保障制度。养老机构内设置的医疗机构，符合城镇职工（居民）基本医疗保险和新型农村合作医疗保险定点条件的，人社、卫生部门可将其纳入定点范围，入住的参保老年人按规定享受相应待遇。完善医保报销制度，切实解决老年人异地就医结算问题。

（五）推进养老服务产业发展

1. 培育养老产业集群。按照集中、集聚、集约发展的要求，合理规划布局养老服务业集聚区和养老服务特色产业基地。鼓励建设一批功能突出、辐射面广、带动力强的休闲旅游、生态养老、健康养生、医疗康复、教育培训、商贸服务、现代信息等方面的养老服务产业。着力培育老年产业集群，鼓励竞争力强、有实力的养老服务企业走集团化发展道路，扶持有一定规模的品牌养老机构发展连锁经营。支持有条件的地区建立老年生活用品用具和服务产品特色产业制造基地。各地要根据自身情况，积极进行养老服务产业园及吸引国内外养老服务领域知名企业入驻的探索，对主导产业突出、产业链条完整、服务功能完善的养老服务产业园区，支持其申报省级现代服务业集聚区。对评为省级"现代服务业创新示范企业"，由省级现代服务业发展专项引导资金给予100万元的一次性奖励；对列入国家和省级服务业标准化计划的项目，省级现代服务业发展专项引导资金给予20万元的一次性奖励。

2. 开发养老金融产品。引导和规范商业银行、保险公司、证券公司等金融机构开发适合老年人的理财、信贷、保险等产品，提升个人养老能力。引导商业保险公司大力发展长期护理保险和商业养老保险，为居民提供多样化保障服务。

四、政策保障

（一）加大土地保障力度

1. 保障养老用地指标。将各类养老服务设施建设用地，纳入土地利用总体规划和年度用地计划。市、县（市、区）要按照到2015年、2020年养老床位占老年人口总数30‰、40‰的目标，测算建设规模，预留养老服务机构建设用地。各地在制定城市总体规划、控制性详细规划时，必须按照人均用地不少于0.2平方米的标准，分区分级规划设置养老服务设施。

2. 实行分类供地优惠扶持。政府和社会力量举办的非营利性养老机构可以依法使用国有划拨土地或者征用农民集体建设用地。对营利性养老服务机构建设用地，按照国家对经营性用地依法办理有偿用地手续的规定，优先保障新增供应，鼓励利用存量自有土地。对社会力量提供的床位数在200张、500张和1000张以上的养老服务，其投资项目可分别列入县（市、区）、市和省级服务业重点项目，优先给予用地保障。养老服务设施因城市建设需要依法征收时，要优先安排同等面积的回迁或异地建设用地。积极出台土地置换优惠政策，对异地新建养老机构的，原有土地的出让金原则上可用于新建养老机构建设。

3. 加大土地使用监管。养老用地要专业用于养老，经规划、国土、民政部门确定的养老服务设施用房用地，不得擅自改变规划用地性质和土地属性，未经批准不得擅自转让养老机构。对于采取划拨方式供地的养老机构，在机构停办后，土地使用权由政府按原土地取得成本回收。严禁养老设施建设用地改变用途、容积率等土地使用条件搞房地产开发。

（二）落实税费优惠政策

1. 落实税收优惠政策。落实好国家现行支持养老服务业的税收优惠政策，对养老机构提供的养老服务免征营业税。非营利性养老机构自用房产，土地免征房产税、城镇土地使用税。非营利性养老机构符合免税条件的收入免征企业所得税。对企业事业单位、社会团体和个人通过非营利性社会团体及政府部门向非营利性养老机构的捐赠，符合相关规定的，准予在计算其应纳税所得额时按税法规定比例扣除。

2. 落实收费优惠政策。对非营利性养老机构建设免征有关行政事业性收费，对营利性养老机构建设减半征收有关行政事业性收费，对养老机构提供养老服务适当减免行政事业性收费，养老机构用水、用电、用气、用热按居民生活类价格执行。养老机构安装电话、有线（数字）电视、宽带互联网免收一次性接入费，有线（数字）电视基本收视维护费按当地居民用户终端收费标准减半收取，有条件的地区应当加大优惠力度。

（三）加大公共财政扶持力度

1. 加大养老机构补贴力度。各级财政要不断加大对养老服务业的投入，积极支持引导养老服务业健康快速发展。从2015年起，对符合条件的以自建产权用房举办的养老机构，每张护理型床位给予不低于1万元的一次性建设补助；对符合条件的以租赁用房举办且租期5年以上的养老机构，每张护理型床位给予不低于5000元的一次性改造补助；对经考核评估合格的养老机构，按入住满6个月以上的全护理、半护理和自理老人，分别给予每人每月50元、40元和30元运营补贴，各地可根据财政收入情况适时调整。自2015年起，取消市、区按5:5比例分担床位补贴和运营补贴的政策，采用因素法分配下达市级补助资金，市对各区的专项补助不再指定到具体项目，由各区按照相关要求筛选本地项目，制定实施方案，并具体负责实施，除省、市奖补资金外，不足部分由各区财政承担；各县（市）所需补助资金，除省财政奖补资金外，不足部分由各县（市）财政承担。各地要增加福利彩票公益金的投入，落实中央关于福彩公益金50%以上用于养老服务的规定，体育彩票公益金要为本地区老年人配备健身器材。

2. 加大居家养老服务投入。各县（市、区）通过购买公益性岗位的办法，为每个社区居家养老服务中心（站）配足配齐专（兼）职工作人员。采取政府购买服务、培育服务机构、招募企事业单位和个人服务商等方式，引导各类实体进入居家养老服务领域，支持发展连锁经营，扩大服务范围，提高服务水平。

3. 完善养老服务补贴制度。在现有政策的基础上，逐步放宽条件，把社会困难老年群体纳入保障范围，发挥好政府托底作用。各地要建立政府购买养老服务制度，采用发放服务券等形式，为城乡低保对象等经济困难的失能、半失能、高龄等老年人入住养老机构、接受社区居家养老服务提供无偿或低收费的供养、护理服务。有条件的地区，可将养老服务补贴范围扩大到重点优抚对象和中低收入家庭中的失能、半失能老人以及空巢、高龄老人。

4. 设立护理岗位补贴。对取得国家养老护理员技师、高级工、中级工、初级工职业资格证书后，在养老机构护理岗位连续从业2年以上的人员，各地要分别给予每人3000元、2000元、1000元、500元的一次性补贴。

（四）加大金融、保险扶持力度

1. 加大金融支持力度。通过贷款贴息、直接融资补贴、融资担保和风险补偿等办法，让更多信贷资金和社会资金投向养老服务业。积极争取国债投资等资金，支持发展养老服务项目。各金融机构要加大对养老服务机构的信贷支持，优先安排贷款资金，拓宽信贷抵押担保物范围，合理确定贷款期限，适当给予利率优惠。支持非营利性养老服务机构资产抵押贷款和优质企业信用贷款。鼓励慈善捐赠资金投向养老服务设施建设。

2. 建立老年人政策性保险制度。按照机构投保、保险公司运作、政府支持的原则，建立养老机构综合责任保险和老年人意外伤害保险制度。鼓励老年人投保健康保险、意外伤害保险等人身保险。对符合条件的养老机构投保养老机构综合责任险，以及70周岁以上的经济困难老年人投保老年人意外伤害险，有条件的地区要给予一定补贴。由政府供养的城市“三无”、农村“五保”人员购买意外伤害险基本保险费用由各级财政承担。

五、推进措施

（一）加强组织领导。各级政府是促进养老服务业发展的责任主体，各部门要协作配合、各司其职，积极推进，确保各项目标任务落到实处。发改部门要将发展养老服务业纳入国民经济和社会发展规划。民政部门要牵头履行业务监管职能。人社部门要加强养老服务人员职业技能培训与鉴定。卫生和人社部门要研究和推进医养结合服务模式。财政部门要对养老服务业发展给予财力保障。规划、国土、房管和城乡建设部门要统筹规划养老服务设施建设和土地供应。教育、公安、消防、商务、金融、税务、物价、文化、体育、质监、工商、食品药品监管等部门要按照各自职责，加大对养老服务体系建设和养老服务业发展的扶持及监管力度。

（二）建立养老服务评估制度。以县（市、区）为单位，建立养老服务调查评估制度，采取政府购买服务的方式，鼓励专业机构对养老服务需求进行调查，鼓励社会组织和养老机构开展养老服务评估。科学确定老年人服务需求类型、照料护理等级和养老服务补贴领取资格等。各地要完善评估指标体系，严格评估流程，综合利用评估结果，加强对评估工作的监督。到2020年，全面建立科学合理、运转高效的长效评估机制，实现养老服务评估科学化、常态化和专业化。

（三）健全养老服务行业规范。根据国家、省有关文件精神，结合实际，推动我市养老服务标准建设，逐步健全和完善养老机构、社区托老机构、居家养老机构行业标准体系，建立健全公开、平等、规范的准入、退出、运营、监管机制，到2020年，逐步形成以国家标准、行业标准和地方标准为主体、企业标准为补充、覆盖养老服务主要环节的服务体系。

各地、各有关部门要根据本意见精神，结合实际抓紧制定具体实施方案或实施细则。

文件目录

一、盐发文件

关于加强农村改革创新　以绿色发展推动现代农业建设上台阶的意见　盐发〔2015〕1号　（2015年2月27日）

关于进一步组织推动学习贯彻习近平总书记系列重要讲话精神的意见　盐发〔2015〕2号　（2015年1月5日）

中共盐城市委全委会工作规则（试行）　盐发〔2015〕3号　（2015年1月12日）

印发《关于认真落实全面从严治党要求的规定（试行）》的通知　盐发〔2015〕4号　（2015年1月23日）

关于开展“作风建设深化年”活动的实施意见　盐发〔2015〕5号　（2015年2月17日）

关于进一步深化平安盐城建设的意见　盐发〔2015〕6号　（2015年2月27日）

关于全市年度目标任务综合考核的意见　盐发〔2015〕7号　（2015年3月20日）

关于印发《盐城市“515”人才引进三年行动计划》的通知　盐发〔2015〕8号　（2015年3月30日）

关于促进全市重点开发园区转型发展的实施意见　盐发〔2015〕9号　（2015年4月22日）

关于深入学习贯彻落实习近平总书记视察江苏重要讲话精神的意见　盐发〔2015〕10号　（2015年4月22日）

关于做好新形势下双拥工作的意见　盐发〔2015〕11号　（2015年4月24日）

关于印发《中共盐城市委常委会2015年工作要点》的通知　盐发〔2015〕12号　（2015年4月24日）

关于加快镇村经济发展的意见　盐发〔2015〕13号　（2015年5月3日）

关于盐城高新技术产业开发区加快发展的指导意见　盐发〔2015〕14号　（2015年5月19日）

关于设立沪苏大丰产业联动集聚区党工委、管委会的通知　盐发〔2015〕15号　（2015年5月19日）

关于支持盐城高新技术产业开发区加快发展的政策意见　盐发〔2015〕16号　（2015年5月21日）

关于深化医药卫生体制改革　建设现代医疗卫生体系的实施意见　盐发〔2015〕17号　（2015年5月21日）

关于坚持绿色发展引领　加快工业转型升级的实施意见　盐发〔2015〕18号　（2015年5月22日）

关于推动全市文化建设迈上新台阶的意见　盐发〔2015〕19号　（2015年6月15日）

关于推进产业创新“十大工程”的实施意见　盐发〔2015〕21号　（2015年7月6日）

关于推进城市提升“十大工程”的实施意见　盐发〔2015〕22号　（2015年6月17日）

关于印发《盐城市县镇村三级党组织落实全面从严治党责任清单》的通知　盐发〔2015〕23号
（2015年7月16日）

印发《关于认真落实全面从严治党要求的规定》的通知　盐发〔2015〕24号　（2015年7月16日）

关于加快中韩盐城产业园发展的意见　盐发〔2015〕25号　（2015年7月31日）

关于支持大丰撤市设区后加快发展的意见　盐发〔2015〕26号　（2015年8月18日）

关于推动全面从严治党迈上新台阶的实施意见　盐发〔2015〕27号　（2015年8月17日）

关于印发《盐城市关爱道德典型实施办法（试行）》的通知　盐发〔2015〕28号　（2015年8月18日）

关于进一步深化干部下访活动的意见　盐发〔2015〕29号　（2015年8月25日）

关于推进大丰撤市设区的实施意见　盐发〔2015〕30号　（2015年8月25日）

关于加快建设知识产权强市的意见　盐发〔2015〕31号　（2015年9月28日）

关于1949年至2012年12月党内规范性文件的清理决定　盐发〔2015〕32号　（2015年10月9日）

关于深化改革提升行政效能的实施意见　盐发〔2015〕34号　（2015年11月17日）

关于制定盐城市国民经济和社会发展第十三个五年规划的建议　盐发〔2015〕35号　（2015年12月9日）

关于全面推进节约集约用地的实施意见　盐发〔2015〕37号　（2015年12月31日）

二、盐委文件

关于履行党风廉政建设主体责任的情况报告　盐委〔2015〕1号　（2015年1月26日）

关于报送市委书记朱克江同志履行党风廉政建设主体责任情况的报告　盐委〔2015〕2号　（2015年1月26日）

关于落实省委巡视反馈意见整改情况的报告　盐委〔2015〕3号　（2015年1月29日）

关于表彰2014年度先进新型农业经营主体和农业品牌创建等先进单位的决定　盐委〔2015〕4号
（2015年2月11日）

关于表彰“慈善之星”、慈善先进单位（企业）和先进个

人的决定　盐委〔2015〕5号　（2015年2月11日）

关于我市贯彻落实省委罗书记在盐视察重要讲话精神的情况汇报　盐委〔2015〕6号　（2015年2月12日）

关于公布2014年度盐城市创业之星评选结果的通知　盐委〔2015〕7号　（2015年2月14日）

关于印发《全市2014年度综合考核结果》的通知　盐委〔2015〕8号　（2015年2月24日）

关于表彰2014年度全市信访工作先进个人的决定　盐委〔2015〕9号　（2015年2月28日）

关于成立盐城高新技术产业开发区管理机构并明确为副厅级规格的请示　盐委〔2015〕10号　（2015年3月10日）

关于做好信访稳定工作的情况汇报　盐委〔2015〕11号　（2015年3月26日）

关于调整市关心下一代工作委员会组成人员的通知　盐委〔2015〕12号　（2015年3月26日）

关于对省委"十三五"规划建议问题意见情况的报告　盐委〔2015〕13号　（2015年3月31日）

关于盐城市社会管理综合治理委员会更名为盐城市社会治安综合治理委员会及组成人员任职的通知　盐委〔2015〕14号　（2015年4月2日）

关于印发《创建国家卫生城市暨创建全国文明城市提名城市工作考核结果》的通知　盐委〔2015〕15号　（2015年4月6日）

关于印发《盐城市各县（市、区）委、盐城经济技术开发区和城南新区工委党建工作责任清单》的通知　盐委〔2015〕16号　（2015年4月3日）

关于调整完善全市重大项目推进工作组织领导体制的通知　盐委〔2015〕17号　（2015年4月10日）

关于授予刘文胜同志"优秀共产党员"荣誉称号的决定　盐委〔2015〕18号　（2015年5月11日）

关于表彰盐城市优秀企业和优秀企业家的决定　盐委〔2015〕19号　（2015年5月19日）

关于表彰2014年度扶贫开发工作先进单位和先进个人的决定　盐委〔2015〕20号　（2015年5月23日）

关于报批大丰市相对集中行政审批权改革试点方案的请示　盐委〔2015〕21号　（2015年5月26日）

关于调整盐城市生态文明建设领导小组成员的通知　盐委〔2015〕22号　（2015年6月8日）

关于举办中韩盐城产业园推进工作汇报会活动的请示　盐委〔2015〕23号　（2015年6月10日）

关于命名市双拥模范镇（街道）、表彰双拥模范单位和个人的决定　盐委〔2015〕24号　（2015年6月17日）

关于表彰优秀共产党员、优秀党务工作者的决定　盐委〔2015〕25号　（2015年6月26日）

关于贯彻落实省委罗书记在盐视察重要讲话精神的报告　盐委〔2015〕26号　（2015年7月4日）

关于成立盐城高新技术产业开发区管理机构并明确为正处级规格的请示　盐委〔2015〕27号　（2015年7月7日）

关于贯彻落实省委苏北和沿海各市党委主要负责同志座谈会精神的报告　盐委〔2015〕28号　（2015年7月30日）

关于大丰撤市设区工作情况汇报（报省委）　盐委〔2015〕29号　（2015年8月25日）

关于大丰撤市设区工作情况汇报（报省政府）　盐委〔2015〕30号　（2015年8月25日）

关于同意丁宇等同志为盐城市法学会第六届理事会常务理事和正副会长、秘书长候选人的批复　盐委〔2015〕31号　（2015年8月25日）

关于资助2015年度首批"515"领军人才的决定　盐委〔2015〕32号　（2015年9月11日）

关于请求批准《省委、省政府关于支持中韩盐城产业园发展若干政策措施的意见》的请示　盐委〔2015〕33号　（2015年9月14日）

关于申请参加评选"全国双拥模范城"的报告　盐委〔2015〕34号　（2015年9月22日）

关于推荐申森同志作为高级外交官人选的报告　盐委〔2015〕35号　（2015年9月24日）

关于命名表彰2013～2014年度盐城市文明行业、文明机关、文明单位、文明镇、文明村、文明社区标兵的决定　盐委〔2015〕36号　（2015年10月13日）

关于成立网络安全和信息化领导小组的通知　盐委〔2015〕37号　（2015年10月19日）

关于贯彻落实省委十二届十一次全会精神情况的报告　盐委〔2015〕38号　（2015年12月9日）

关于贯彻落实中央扶贫开发工作会议和全省扶贫开发工作会议精神的报告　盐委〔2015〕39号　（2015年12月25日）

关于成立江苏省盐南高新技术产业开发区管理机构并明确为正处级规格的请示　盐委〔2015〕40号　（2015年12月24日）

关于邀请省领导观看现代淮剧《小镇》的请示　盐委〔2015〕41号　（2015年12月30日）

三、盐政发文件

盐城市人民政府关于下达2015年市政府为民办实事项目任务的通知　盐政发〔2015〕1号　（2015年2月3日）

盐城市人民政府关于印发2015年盐城市八大类重点工程项目任务的通知　盐政发〔2015〕2号　（2015年2月15日）

盐城市人民政府关于张京麒副市长工作分工的通知　盐政发〔2015〕3号　（2015年2月16日）

盐城市人民政府关于印发2015年度规范性文件制定计划的通知　盐政发〔2015〕9号　（2015年1月21日）

盐城市人民政府关于加快电子商务发展的意见　盐政发〔2015〕10号　（2015年1月21日）

盐城市人民政府关于朱金明等同志职务任免的通知　盐政发〔2015〕26号　（2015年2月4日）

盐城市人民政府关于戴同彬郭峥嵘二同志任职的通知

盐政发〔2015〕27 号 （2015 年 2 月 4 日）

盐城市人民政府关于仲明同志任职的通知 盐政发〔2015〕28 号 （2015 年 2 月 4 日）

盐城市人民政府关于黄伟同志任职的通知 盐政发〔2015〕29 号 （2015 年 2 月 4 日）

盐城市人民政府关于成立盐城市汽车等六大职业教育联盟的通知 盐政发〔2015〕31 号 （2015 年 3 月 12 日）

盐城市人民政府关于蒋红萍等同志职务任免的通知 盐政发〔2015〕34 号 （2015 年 2 月 27 日）

盐城市人民政府关于潘锦文等同志免职的通知 盐政发〔2015〕35 号 （2015 年 2 月 27 日）

盐城市人民政府关于王绪生还爱宁二同志免职的通知 盐政发〔2015〕36 号 （2015 年 2 月 27 日）

盐城市人民政府关于 2014 年度盐城市科学技术奖励的决定 盐政发〔2015〕38 号 （2015 年 3 月 30 日）

盐城市人民政府关于嵇红梅同志免职的通知 盐政发〔2015〕39 号 （2015 年 3 月 17 日）

盐城市人民政府关于印发加强全市内河干线航道岸线使用和港口建设管理意见的通知 盐政发〔2015〕56 号 （2015 年 4 月 15 日）

盐城市人民政府关于印发 2015 年全市依法行政工作要点的通知 盐政发〔2015〕57 号 （2015 年 4 月 13 日）

盐城市人民政府关于贯彻《江苏省发展新型墙体材料条例》的实施意见 盐政发〔2015〕58 号 （2015 年 4 月 15 日）

盐城市人民政府关于印发盐城市“盐渎文化奖章”“盐渎文化新人奖”评审授予办法（试行）的通知 盐政发〔2015〕59 号 （2015 年 4 月 13 日）

盐城市人民政府关于印发市政府各部门行政权力事项清单的通知 盐政发〔2015〕66 号 （2015 年 4 月 23 日）

盐城市人民政府关于屠兆彬周志成二同志职务任免的通知 盐政发〔2015〕67 号 （2015 年 4 月 3 日）

盐城市人民政府关于切实加强全市经济技术开发区和重点经济园区安全生产监管监察能力建设的意见 盐政发〔2015〕69 号 （2015 年 3 月 28 日）

盐城市人民政府关于吴刚等同志职务任免的通知 盐政发〔2015〕72 号 （2015 年 4 月 3 日）

盐城市人民政府关于江楫等同志职务任免的通知 盐政发〔2015〕77 号 （2015 年 5 月 15 日）

盐城市人民政府关于加快发展养老服务业的实施意见 盐政发〔2015〕78 号 （2015 年 6 月 5 日）

盐城市人民政府关于授予王书龙等同志“盐渎文化奖章”“盐渎文化新人奖” 盐政发〔2015〕83 号 （2015 年 6 月 15 日）

盐城市人民政府关于进一步调整完善市区城市建设管理体制的意见 盐政发〔2015〕86 号 （2015 年 6 月 15 日）

盐城市人民政府关于尹跃周锡军二同志任职的通知 盐政发〔2015〕87 号 （2015 年 5 月 4 日）

盐城市人民政府关于调整市政府有关领导工作分工的通知 盐政发〔2015〕88 号 （2015 年 6 月 18 日）

盐城市人民政府关于贯彻落实国务院加强审计工作意见的通知 盐政发〔2015〕91 号 （2015 年 6 月 25 日）

盐城市人民政府关于印发盐城市安全生产目标管理考核办法的通知 盐政发〔2015〕92 号 （2015 年 6 月 19 日）

盐城市人民政府关于组建江苏银宝控股集团有限公司的通知 盐政发〔2015〕96 号 （2015 年 7 月 9 日）

盐城市人民政府关于丁金海吴彦二同志任职的通知 盐政发〔2015〕97 号 （2015 年 6 月 15 日）

盐城市人民政府关于推进全面建立住房公积金制度的实施意见 盐政发〔2015〕99 号 （2015 年 7 月 10 日）

盐城市人民政府关于仇鼎文等同志职务任免的通知 盐政发〔2015〕100 号 （2015 年 6 月 15 日）

盐城市人民政府关于魏炜张晓政二同志试用任职的通知 盐政发〔2015〕101 号 （2015 年 6 月 15 日）

盐城市人民政府关于孙伟陈惠民二同志正式任职的通知 盐政发〔2015〕102 号 （2015 年 6 月 15 日）

盐城市人民政府关于薛友祥等同志职务任免的通知 盐政发〔2015〕113 号 （2015 年 7 月 15 日）

盐城市人民政府关于荣乃顺同志免职的通知 盐政发〔2015〕114 号 （2015 年 7 月 15 日）

盐城市人民政府关于公布 2013 ~ 2014 年度自然科学优秀学术成果的通知 盐政发〔2015〕117 号 （2015 年 8 月 9 日）

盐城市人民政府关于调整大丰行政区划的通知 盐政发〔2015〕119 号 （2015 年 8 月 26 日）

盐城市人民政府关于顾明东王谋同志任职的通知 盐政发〔2015〕123 号 （2015 年 8 月 17 日）

盐城市人民政府关于推进智慧盐城建设的实施意见 盐政发〔2015〕124 号 （2015 年 9 月 2 日）

盐城市人民政府关于印发盐城市推进简政放权放管结合转变政府职能工作方案的通知 盐政发〔2015〕135 号 （2015 年 9 月 24 日）

盐城市人民政府关于印发盐城市市属企业监事会工作暂行办法的通知 盐政发〔2015〕136 号 （2015 年 9 月 24 日）

盐城市人民政府关于印发进一步深化行政审批制度改革加强事中事后监管意见（试行）的通知 盐政发〔2015〕143 号 （2015 年 10 月 10 日）

盐城市人民政府关于印发市级行政权力事项目录清单管理办法（试行）的通知 盐政发〔2015〕144 号 （2015 年 10 月 11 日）

盐城市人民政府关于市长副市长工作分工的通知 盐政发〔2015〕153 号 （2015 年 10 月 24 日）

盐城市人民政府关于进一步推进户籍制度改革的意见 盐政发〔2015〕155 号 （2015 年 10 月 22 日）

盐城市人民政府关于印发促进社会组织改革发展实施意见（试行）的通知 盐政发〔2015〕158 号 （2015 年 10 月 26 日）

盐城市人民政府关于冯建东等同志职务任免的通知 盐政发〔2015〕162 号 （2015 年 9 月 25 日）

盐城市人民政府关于建立健全粮食安全责任制的实施意见　盐政发〔2015〕164号　（2015年11月6日）

盐城市人民政府关于加快发展现代职业教育的实施意见　盐政发〔2015〕167号　（2015年11月13日）

盐城市人民政府关于加快推进教育现代化建设的实施意见　盐政发〔2015〕168号　（2015年11月13日）

盐城市人民政府关于吴红才等同志职务任免的通知　盐政发〔2015〕169号　（2015年11月2日）

盐城市人民政府关于加快通关改革促进对外贸易便利化的意见　盐政发〔2015〕174号　（2015年11月24日）

盐城市人民政府关于深化价格改革加强价格监管的实施意见　盐政发〔2015〕175号　（2015年12月3日）

盐城市人民政府关于印发盐城市行政审批违法违纪行为责任追究办法（试行）的通知　盐政发〔2015〕177号　（2015年12月5日）

盐城市人民政府关于印发盐城市城市消防规划（2015～2030）的通知　盐政发〔2015〕178号　（2015年12月3日）

盐城市人民政府关于完善市属企业国有资产监管体制的意见　盐政发〔2015〕179号　（2015年12月11日）

盐城市人民政府关于朱超李佩建二同志任职的通知　盐政发〔2015〕180号　（2015年11月27日）

盐城市人民政府关于在全市实施留守儿童关爱工程的意见　盐政发〔2015〕181号　（2015年12月16日）

盐城市人民政府关于修改在市区禁止（限制）燃放烟花爆竹规定的决定　盐政发〔2015〕184号　（2015年12月28日）

盐城市人民政府关于郑沉同志免职的通知　盐政发〔2015〕188号　（2015年12月16日）

四、盐办发文件

关于印发《市委书记朱克江同志2014年度抓基层党建工作述职报告》的通知　盐办发〔2015〕1号　（2015年1月12日）

关于印发《市委公文处理制度》和《进一步加强市委重要会议活动管理的实施办法》的通知　盐办发〔2015〕2号　（2015年1月12日）

关于印发《盐城市各级干部依法办事行为规范（试行）》等四个文件的通知　盐办发〔2015〕3号　（2015年1月12日）

关于印发《鼓励和促进网络创业实施意见》的通知　盐办发〔2015〕4号　（2015年1月12日）

关于印发《盐城市党委督促检查工作实施细则（试行）》的通知　盐办发〔2015〕5号　（2015年1月19日）

关于印发2015年市委重点工作督查计划安排的通知　盐办发〔2015〕6号　（2015年2月2日）

关于细化分解市委六届六次全会重点工作任务的通知　盐办发〔2015〕7号　（2015年2月4日）

关于印发《2015年全市政法工作要点》的通知　盐办发〔2015〕8号　（2015年2月9日）

关于印发《深化盐城法治社会建设工作任务分解表》的通知　盐办发〔2015〕9号　（2015年2月9日）

关于转发市关工委《2014年主要工作情况和2015年工作意见》的通知　盐办发〔2015〕10号　（2015年2月9日）

关于扎实开展全市春季招商活动的通知　盐办发〔2015〕12号　（2015年2月25日）

关于实施农业"按二连三"工程的通知　盐办发〔2015〕13号　（2015年2月27日）

关于印发《2015年党风廉政建设和反腐败工作责任分解意见》的通知　盐办发〔2015〕14号　（2015年3月25日）

关于印发2015年全市农业农村重点工作目标任务的通知　盐办发〔2015〕15号　（2015年3月24日）

关于印发《盐城市党政机关公务接待管理规定》的通知　盐办发〔2015〕16号　（2015年3月30日）

关于切实做好2015年全市"三重"工作的通知　盐办发〔2015〕17号　（2015年3月31日）

关于印发《2015年4月份全市领导干部下访"金桥行动"实施方案》的通知　盐办发〔2015〕18号　（2015年4月7日）

关于印发《中共盐城市委党的建设工作领导小组2015年工作要点》的通知　盐办发〔2015〕19号　（2015年4月7日）

关于转发《2015年全市宣传思想文化工作要点》的通知　盐办发〔2015〕20号　（2015年4月8日）

关于印发《中国盐城丹顶鹤国际湿地生态旅游节暨第八届海盐文化节总体工作方案》的通知　盐办发〔2015〕21号　（2015年4月17日）

关于印发《深化法治社会建设全面推进依法治市2015年工作要点》的通知　盐办发〔2015〕22号　（2015年4月16日）

关于切实做好2015年度市领导挂钩帮扶经济薄弱村发展集体经济项目的通知　盐办发〔2015〕23号　（2015年4月20日）

关于印发《2015年全市沿海发展工作要点》的通知　盐办发〔2015〕24号　（2015年4月20日）

关于印发《2015年全市法治宣传教育工作要点》的通知　盐办发〔2015〕25号　（2015年4月17日）

印发《中共盐城市委关于巡视整改情况的通报》的通知　盐办发〔2015〕26号　（2015年4月24日）

关于印发《盐城市创建全国文明城市三年行动计划（2015～2017）》的通知　盐办发〔2015〕27号　（2015年4月24日）

关于印发《盐城市2015年落实和完善党代表任期制工作计划》的通知　盐办发〔2015〕28号　（2015年5月11日）

关于下达2015年全市国民经济和社会发展预期目标的通知　盐办发〔2015〕29号　（2015年5月11日）

关于印发《盐城市"515"人才引进三年行动计划引进

大学生实施细则(试行)》等三个文件的通知　盐办发〔2015〕30号　(2015年5月13日)

印发《关于在县处级以上领导干部中开展"三严三实"专题教育的实施方案》的通知　盐办发〔2015〕31号　(2015年5月18日)

印发《关于加强和改进优秀年轻干部培养选拔工作的实施意见》的通知　盐办发〔2015〕32号　(2015年5月21日)

关于印发《盐城市"三严三实"专题教育一把手责任清单》的通知　盐办发〔2015〕33号　(2015年5月21日)

关于印发《市委常委会开展"三严三实"专题教育工作计划》的通知　盐办发〔2015〕34号　(2015年5月24日)

关于转发《盐城市可持续发展综合配套改革实施方案》的通知　盐办发〔2015〕35号　(2015年5月24日)

关于印发《市委常委会"三严三实"专题教育第一专题学习研讨工作计划》的通知　盐办发〔2015〕37号　(2015年6月2日)

关于印发《2015年全市扶贫开发工作要点》的通知　盐办发〔2015〕38号　(2015年6月3日)

关于印发《市委全面深化改革领导小组2015年工作要点》的通知　盐办发〔2015〕39号　(2015年6月3日)

印发《关于进一步加强和改进全市档案工作的意见》的通知　盐办发〔2015〕40号　(2015年6月3日)

关于印发《盐城市委常委联系市党代表实施办法》的通知　盐办发〔2015〕41号　(2015年6月3日)

印发《关于贯彻落实〈2014～2018年全国党员教育培训工作规划〉的实施意见》的通知　盐办发〔2015〕42号　(2015年6月4日)

关于印发全市年度目标任务综合先进考核办法的通知　盐办发〔2015〕44号　(2015年6月10日)

关于印发全市年度目标任务综合考核单项工作先进和先进个人考核办法的通知　盐办发〔2015〕45号　(2015年6月10日)

关于印发《盐城市深化文化体制改革实施方案》的通知　盐办发〔2015〕46号　(2015年6月15日)

关于印发《盐城市文化重点项目建设三年(2015～2017)推进计划》的通知　盐办发〔2015〕47号　(2015年6月15日)

关于全市开展"清洁乡村"行动的通知　盐办发〔2015〕49号　(2015年6月15日)

关于深入推进联耕联种发展农业适度规模经营的意见　盐办发〔2015〕51号　(2015年6月17日)

关于印发《第十七届(2015)江苏农业国际合作洽谈会盐城市工作方案》的通知　盐办发〔2015〕52号　(2015年6月17日)

转发市纪委、市委组织部、市编办、市监察局、市人社局《关于对机关事业单位违规超编进人进行问责的暂行办法》的通知　盐办发〔2015〕53号　(2015年6月27日)

转发《中共盐城市总工会党组关于筹备召开盐城市工会第六次代表大会的请示》的通知　盐办发〔2015〕54号　(2015年7月9日)

转发《中共盐城市科协党组关于筹备召开盐城市科协第七次代表大会的请示》的通知　盐办发〔2015〕55号　(2015年7月17日)

关于印发《市委常委会"三严三实"专题教育第二专题学习研讨工作计划》的通知　盐办发〔2015〕56号　(2015年7月29日)

关于印发《全市镇村经济发展工作考核办法》的通知　盐办发〔2015〕57号　(2015年7月30日)

关于印发《盐城市创建全国双拥模范城工作方案》的通知　盐办发〔2015〕58号　(2015年7月31日)

关于印发《2015年8月份全市领导干部下访"金桥行动"实施方案》的通知　盐办发〔2015〕59号　(2015年8月18日)

印发《关于加强社会治安防控体系建设的实施意见》的通知　盐办发〔2015〕60号　(2015年8月18日)

关于进一步加强基层信访做好群众工作的实施意见　盐办发〔2015〕61号　(2015年8月21日)

关于做好大丰区相对集中行政许可权改革试点工作的通知　盐办发〔2015〕62号　(2015年8月25日)

关于印发《盐城市迎接省级生态市考核验收工作方案》的通知　盐办发〔2015〕63号　(2015年9月15日)

关于印发《盐城市深化党的建设制度改革实施方案》的通知　盐办发〔2015〕64号　(2015年9月14日)

关于印发《2015年秋播农业结构调整工作意见》的通知　盐办发〔2015〕65号　(2015年9月30日)

关于印发《第十七届全国肥料信息交流暨产品交易会盐城市协办工作方案》的通知　盐办发〔2015〕66号　(2015年10月8日)

关于印发《市委常委会"三严三实"专题教育第三专题学习研讨工作计划》的通知　盐办发〔2015〕67号　(2015年10月8号)

关于印发《盐城市法治社会建设评价指标》的通知　盐办发〔2015〕68号　(2015年10月9日)

关于印发《盐城市党代表资格暂停、终止及补选实施办法》的通知　盐办发〔2015〕69号　(2015年10月12日)

关于在全市公务员和公共服务行业人员中倡导应用普通话的通知　盐办发〔2015〕70号　(2015年10月15日)

关于开展市县领导挂钩服务企业活动的通知　盐办发〔2015〕71号　(2015年10月19日)

关于印发《盐城市党风廉政建设党委主体责任、纪委监督责任追究办法(试行)》的通知　盐办发〔2015〕72号　(2015年11月3日)

关于做好2016年度重点党报党刊发行工作　严格规范报刊发行秩序的通知　盐办发〔2015〕73号　(2015年11月26日)

关于印发《盐城市市级机关办公用房管理暂行办法》的通知　盐办发〔2015〕74号　(2015年11月28日)

印发《关于领导干部干预司法活动、插手具体事件处

理的记录、通报和责任追究实施办法》的通知　盐办发〔2015〕75 号　(2015 年 12 月 10 日)

印发《关于进一步完善城乡居民基本养老保险制度的意见》的通知　盐办发〔2015〕76 号
(2015 年 12 月 24 日)

五、盐办文件

关于印发《2014 年度全市机要工作考评结果》的通知　盐办〔2015〕1 号　(2015 年 1 月 14 日)

关于成立市党性教育基地建设工作领导小组的通知　盐办〔2015〕2 号　(2015 年 1 月 19 日)

关于印发《2014 年度全市党委信息工作考核结果》的通知　盐办〔2015〕3 号　(2015 年 2 月 1 日)

关于公布 2014 年度全市接待工作考核结果的通知　盐办〔2015〕4 号　(2015 年 3 月 2 日)

关于公布 2013～2014 年度全市保密工作考核结果的通知　盐办〔2015〕5 号　(2015 年 2 月 27 日)

关于调整市委保密委员会组成人员的通知　盐办〔2015〕6 号　(2015 年 3 月 20 日)

关于调整市委密码工作领导小组(市国家密码管理委员会)组成人员的通知　盐办〔2015〕7 号
(2015 年 3 月 25 日)

关于市委副秘书长、办公室(研究室、改革办)主任、副主任等工作分工的通知　盐办〔2015〕8 号
(2015 年 3 月 31 日)

关于调整盐城市创建国家环保模范城市、省级生态市指挥部成员名单的通知　盐办〔2015〕9 号
(2015 年 4 月 3 日)

关于调整市党委信息化工作领导小组组成人员的通知　盐办〔2015〕10 号　(2015 年 4 月 7 日)

关于成立盐城市深化医改暨综合医改试点工作领导小组的通知　盐办〔2015〕11 号　(2015 年 5 月 13 日)

关于调整市委对台工作领导小组成员的通知　盐办〔2015〕12 号　(2015 年 5 月 18 日)

关于调整市全民创业工作领导小组组成人员的通知　盐办〔2015〕13 号　(2015 年 6 月 9 日)

关于调整市双拥工作领导小组组成人员的通知　盐办〔2015〕15 号　(2015 年 7 月 6 日)

关于调整盐城市创建全国绿化模范城市工作领导小组组成人员的通知　盐办〔2015〕16 号　(2015 年 7 月 28 日)

关于调整市社会文化管理委员会(“扫黄打非”工作领导小组)委员(成员)的通知　盐办〔2015〕17 号
(2015 年 7 月 23 日)

关于调整市依法治市领导小组成员的通知　盐办〔2015〕18 号　(2015 年 7 月 29 日)

关于成立中韩盐城产业园建设工作领导小组的通知　盐办〔2015〕19 号　(2015 年 8 月 18 日)

关于成立盐城市人民陪审员制度改革试点工作领导小组的通知　盐办〔2015〕20 号　(2015 年 8 月 19 日)

关于成立盐城市促进镇村经济发展工作领导小组的通知　盐办〔2015〕21 号　(2015 年 9 月 2 日)

关于调整盐城市台湾同胞投资权益保障协调委员会的通知　盐办〔2015〕22 号　(2015 年 10 月 8 日)

关于中共大丰市委机要局更名为中共盐城市大丰区委机要局的请示　盐办〔2015〕23 号　(2015 年 11 月 3 日)

关于调整盐城市公务用车制度改革领导小组组成人员的通知　盐办〔2015〕25 号　(2015 年 11 月 16 日)

关于成立新水源地建设领导小组的通知　盐办〔2015〕26 号　(2015 年 11 月 17 日)

关于成立盐城市机构编制和行政效能改革工作领导小组的通知　盐办〔2015〕27 号　(2015 年 11 月 25 日)

关于调整盐城市扶贫工作领导小组组成人员的通知　盐办〔2015〕28 号　(2015 年 12 月 21 日)

关于调整中韩盐城产业园建设工作领导小组组成人员的通知　盐办〔2015〕29 号　(2015 年 12 月 30 日)

六、盐政办发文件

盐城市人民政府办公室关于印发 2015 年政府工作报告主要目标任务分解落实方案的通知　盐政办发〔2015〕1 号　(2015 年 2 月 11 日)

盐城市人民政府办公室关于下达全市 2015 年交通基础设施建设任务的通知　盐政办发〔2015〕2 号
(2015 年 3 月 17 日)

盐城市人民政府办公室关于印发盐城市未成年人社会保护试点工作实施方案的通知　盐政办发〔2015〕5 号
(2015 年 1 月 20 日)

盐城市人民政府办公室关于公布 2014 年市级现代农(渔)业园区认定结果的通知　盐政办发〔2015〕6 号
(2015 年 1 月 20 日)

盐城市人民政府办公室关于印发基层医疗卫生机构基础设施标准化建设实施方案的通知　盐政办发〔2015〕8 号
(2015 年 2 月 3 日)

盐城市人民政府办公室关于进一步做好计划生育特殊困难家庭扶助工作的通知　盐政办发〔2015〕14 号
(2015 年 3 月 6 日)

盐城市人民政府办公室关于公布 2014 年度盐城市市长质量奖获奖企业名单的通知　盐政办发〔2015〕17 号
(2015 年 3 月 27 日)

盐城市人民政府办公室关于印发 2015 年盐城市“千百十”工程“三百”工程大企业(集团)培育工程和重点节能技改工程实施计划的通知　盐政办发〔2015〕20 号
(2015 年 3 月 27 日)

盐城市人民政府办公室关于公布 2014 年度盐城市人民政府专利奖获奖项目的通知　盐政办发〔2015〕24 号
(2015 年 3 月 27 日)

盐城市人民政府办公室关于印发加强大市区中央及省和市属企业安全生产属地监管工作意见的通知　盐政办发〔2015〕25 号　(2015 年 3 月 26 日)

盐城市人民政府办公室关于市政府办公室(研究室)主任副主任等工作分工的通知　盐政办发〔2015〕26 号

(2015年4月13日)

盐城市人民政府办公室关于公布2014年度全市政府信息公开工作考核结果的通知　盐政办发〔2015〕27号
(2015年4月21日)

盐城市人民政府办公室关于印发进一步加强涉批中介服务监管实施意见的通知　盐政办发〔2015〕28号
(2015年3月30日)

盐城市人民政府办公室关于做好全市革命遗址修缮提升工作的通知　盐政办发〔2015〕29号
(2015年4月23日)

盐城市人民政府办公室关于公布2014年度全市公共机构节能工作考核结果的通知　盐政办发〔2015〕30号
(2015年4月22日)

盐城市人民政府办公室关于印发盐城市气象灾害应急预案的通知　盐政办发〔2015〕32号　(2015年4月21日)

盐城市人民政府办公室关于市政府秘书长副秘书长工作分工的通知　盐政办发〔2015〕33号
(2015年4月23日)

盐城市人民政府办公室关于盐城市2015年价格调控目标责任制的实施意见　盐政办发〔2015〕34号
(2015年4月17日)

盐城市人民政府办公室关于进一步加强社会保险费联动征缴工作的通知　盐政办发〔2015〕35号
(2015年5月4日)

盐城市人民政府办公室关于做好2015年农业保险工作的通知　盐政办发〔2015〕40号　(2015年6月15日)

盐城市人民政府办公室关于公布2014年度盐城市政府文艺奖的通知　盐政办发〔2015〕43号
(2015年6月20日)

盐城市人民政府办公室关于印发2015年全市食品安全重点工作安排的通知　盐政办发〔2015〕45号
(2015年6月29日)

盐城市人民政府办公室关于印发盐城市旅游精品线路建设工作方案的通知　盐政办发〔2015〕51号
(2015年7月5日)

盐城市人民政府办公室关于2015年农作物秸秆综合利用工作的意见　盐政办发〔2015〕52号
(2015年6月5日)

盐城市人民政府办公室关于进一步完善新盐城人服务体系的实施意见　盐政办发〔2015〕55号
(2015年8月1日)

盐城市人民政府办公室关于公布盐城市区2014年度基准地价更新成果的通知　盐政办发〔2015〕56号
(2015年7月31日)

盐城市人民政府办公室关于印发盐城市“十三五”重点专项规划编制计划的通知　盐政办发〔2015〕59号
(2015年8月13日)

盐城市人民政府办公室关于开展市区城市道路综合巡查工作的通知　盐政办发〔2015〕60号
(2015年8月20日)

盐城市人民政府办公室关于印发盐城市旅游厕所建设管理三年行动计划的通知　盐政办发〔2015〕64号
(2015年8月30日)

盐城市人民政府办公室关于建立村庄环境长效管护机制的意见　盐政办发〔2015〕65号　(2015年9月2日)

盐城市人民政府办公室关于印发智慧盐城建设行动方案(2015～2017年)的通知　盐政办发〔2015〕66号
(2015年9月2日)

盐城市人民政府办公室转发市人社局等部门关于盐城市建筑施工企业务工人员参加工伤保险实施办法的通知　盐政办发〔2015〕68号　(2015年9月10日)

盐城市人民政府办公室关于向市属企业派驻监事会的通知　盐政办发〔2015〕72号　(2015年9月23日)

盐城市人民政府办公室关于印发盐城市行政管理中实行信用报告信用承诺和信用审查办法的通知　盐政办发〔2015〕73号　(2015年10月5日)

盐城市人民政府办公室关于印发盐城市企业职工基本养老保险市区统筹实施办法的通知　盐政办发〔2015〕74号　(2015年10月10日)

盐城市人民政府办公室关于贯彻《江苏省实施〈工伤保险条例〉办法》的通知　盐政办发〔2015〕77号
(2015年10月24日)

盐城市人民政府办公室关于印发盐城市小型水利工程管理体制改革实施方案的通知　盐政办发〔2015〕78号
(2015年10月29日)

盐城市人民政府办公室关于印发盐城市推行涉企收费“一票制”实施办法的通知　盐政办发〔2015〕79号
(2015年10月30日)

盐城市人民政府办公室关于印发盐城市投资建设项目“多图”联审工作实施意见的通知　盐政办发〔2015〕80号
(2015年10月31日)

盐城市人民政府办公室关于印发盐城市投资建设项目“多评合一”工作实施意见的通知　盐政办发〔2015〕81号
(2015年10月31日)

盐城市人民政府办公室关于印发盐城市西部沿边城镇轴发展规划(2014～2020年)的通知　盐政办发〔2015〕82号　(2015年11月3日)

盐城市人民政府办公室关于印发全市2016年度农村水利工作意见的通知　盐政办发〔2015〕84号
(2015年11月10日)

盐城市人民政府办公室转发关于明确全市邮政行业安全属地管理职责意见的通知　盐政办发〔2015〕89号
(2015年12月16日)

盐城市人民政府办公室关于印发盐城市食品安全工作考核办法(试行)和盐城市食品安全工作责任制与责任追究办法(试行)的通知　盐政办发〔2015〕90号
(2015年12月31日)

盐城市人民政府办公室关于印发盐城市政府信息资源管理办法(试行)的通知　盐政办发〔2015〕91号
(2015年12月31日)

盐城市人民政府办公室关于加快推进新型职业农民培育工作的意见　盐政办发〔2015〕94 号
(2015 年 12 月 29 日)

七、盐政规发文件

盐城市人民政府关于在市区禁止(限制)燃放烟花爆竹的规定　盐政规发〔2015〕1 号　(2015 年 1 月 13 日)

盐城市人民政府关于印发盐城市地名管理办法的通知　盐政规发〔2015〕2 号　(2015 年 3 月 1 日)

盐城市人民政府关于印发盐城市沿海港口岸线使用管理办法的通知　盐政规发〔2015〕3 号
(2015 年 4 月 15 日)

盐城市人民政府关于印发盐城市市区地下管线管理办法的通知　盐政规发〔2015〕4 号　(2015 年 4 月 15 日)

盐城市人民政府关于推动现代保险服务业加快发展的实施意见　盐政规发〔2015〕5 号　(2015 年 6 月 19 日)

盐城市人民政府关于印发盐城市规范性文件实施效果评估办法的通知　盐政规发〔2015〕6 号
(2015 年 11 月 13 日)

盐城市人民政府关于印发盐城市烟草制品零售点布局管理办法的通知　盐政规发〔2015〕7 号
(2015 年 12 月 22 日)

盐城市人民政府关于印发盐城市排污权有偿使用和交易管理办法(试行)的通知　盐政规发〔2015〕8 号
(2015 年 12 月 31 日)

综合考评

一、综合先进

(一)县(市、区)

一等奖:东台市　大丰区　城南新区

二等奖:阜宁县　亭湖区　响水县

三等奖:建湖县　射阳县

(二)市直部门、省属驻盐单位

市财政局　市商务局(贸促会)　市统计局
市环保局　市农委　市工商局
市交通运输局(铁路办)　市城建局　市经信委
市审计局　市质监局　市水利局
市公安局(市委 610 办)　市城管局　市民政局
市司法局　市政务服务办　市教育局　市检察院
市中级法院　市委农办　市级机关工委　市编办
市信访局　市妇联　盐城广播电视台　市接待办
团市委　市国土局　市国税局　盐城供电公司
盐城地税局　盐城海关　国家统计局　盐城调查队
人民银行盐城市中心支行　盐城银监局
江苏银行盐城分行　兴业银行盐城分行
中国银行盐城分行　农发行盐城市分行
农业银行盐城分行　国投集团　城投集团
银宝集团　南洋机场　悦达集团
市政府驻北京联络处

二、特殊贡献奖

(一)扶贫开发工作特殊贡献奖

市扶贫办　滨海县　响水县　阜宁县

(二)全面小康社会建设苏北争先工作特殊贡献奖

盐都区

(三)中韩盐城产业园创建工作特殊贡献奖

盐城经济技术开发区　市商务局　市外办

(四)高速铁路规划立项工作特殊贡献奖

市发改委　市铁路办

(五)全国绿化模范城市创建工作特殊贡献奖

市林业局

三、单项工作先进

(一)招商引资和项目推进工作(16 个)

1. 先进县(市、区)

东台市　大丰区　盐都区　建湖县　响水县　亭湖区

2. 先进重点开发园区

盐城经济技术开发区　盐城高新技术产业开发区
盐城环保科技城　阜宁经济开发区　射阳港经济区

3. 先进镇(街道、中心社区)

建湖县近湖街道　阜宁县阜城街道　东台市东台镇
滨海县东坎镇　城南新区黄海街道

(二)工业经济和转型升级工作(15 个)

1. 先进县(市、区)

东台市　大丰区　响水县　亭湖区
盐城经济技术开发区　城南新区

2. 先进重点园区

盐城环保科技城　盐城高新技术产业开发区
大丰风电产业园　响水沿海经济开发区

3. 先进镇(街道)

建湖县庆丰镇　阜宁县阜城街道　滨海县东坎镇
盐都区大纵湖镇　射阳县临海镇

(三)科技创新和人才工作(12 个)

1. 先进县(市、区)

大丰区　东台市　盐都区　建湖县　亭湖区
阜宁县　城南新区

2. 先进园区

盐城高新技术产业开发区　盐城环保科技城

3. 先进市直基层单位

江苏省沿海人才市场　盐城市第一人民医院
盐城市生产力促进中心

(四)沿海开发和基础设施建设工作(10 个)

1. 先进县(市、区)

大丰区　东台市　响水县　滨海县　射阳县　阜宁县

2. 先进沿海经济区、重点经济开发园区和镇(街道)

亭湖新区管委会　盐都区郭猛镇
城南智慧科技城　建湖县高新区

(五)园区发展和开放型经济工作(12 个)

1. 先进县(市、区)

大丰区　东台市　盐都区　亭湖区　响水县

2. 先进重点开发园区
盐城经济技术开发区　大丰经济开发区
东台经济开发区　响水沿海经济区
盐城环保科技城　阜宁经济开发区
建湖经济开发区
(六)农业现代化和统筹城乡发展工作(15个)
1. 先进县(市、区)
东台市　大丰区　盐都区　亭湖区　射阳县
阜宁县　滨海县
2. 先进镇
东台市三仓镇　建湖县高作镇
响水县南河镇　射阳县海河镇
3. 先进农业园区
大丰荷兰花海现代农业示范园区
江苏省盐都现代农业产业园区
江苏省滨海现代农业产业园区(滨海县农产品加工集中区)
建湖县城北现代农业示范区
(七)民生幸福和社会事业工作(16个)
1. 先进县(市、区)
大丰区　盐都区　东台市　阜宁县　射阳县
盐城经济技术开发区
2. 先进镇(街道)
响水县陈家港镇　建湖县建阳镇　滨海县东坎镇
亭湖区新城街道　城南新区黄海街道
3. 先进市直基层单位
盐城市社会劳动保险中心　盐城市中医院
盐城中学教育集团　盐城市第一小学教育集团
盐城市住房保障中心
(八)全民创业和镇村经济发展工作(16个)
1. 先进县(市、区)
大丰区　东台市　阜宁县　盐都区　建湖县　射阳县
2. 先进镇(街道)
响水县响水镇　滨海县滨淮镇　亭湖区南洋镇
盐城经济技术开发区步凤镇　城南新区新河街道
3. 先进村
东台市新街镇新街村　亭湖区新洋街道袁庄村
响水县黄圩镇黄南居委会　大丰区草庙镇川东居委会
盐都区秦南镇泾口村
(九)新型城镇化和城市建设管理工作(10个)
1. 先进县(市、区)
东台市　大丰区　阜宁县　盐都区　滨海县
2. 先进镇(街道)
东台市安丰镇　大丰区新丰镇　阜宁县益林镇
射阳县黄沙港镇　盐都区大冈镇
(十)生态文明建设工作(15个)
1. 先进县(市、区)
东台市　大丰区　盐都区　建湖县　射阳县　亭湖区
2. 先进镇(街道)
东台市五烈镇　大丰区南阳镇　阜宁县阜城街道
射阳县盘湾镇　响水县小尖镇
3. 先进园区
江苏盐城环保科技城
盐城经济技术开发区韩资工业园
江苏省大数据产业园　江苏省滨海现代产业园
(十一)旅游业发展工作(10个)
1. 先进县(市、区)
大丰区　盐都区　东台市　阜宁县　建湖县
2. 先进保护区
大丰麋鹿保护区
3. 先进旅游企事业单位
大丰荷兰花海　大纵湖旅游度假区
滨海欧堡利亚大酒店　悦达国际旅行社
(十二)政法综治和信访稳定工作(15个)
1. 先进县(市、区)
大丰区　东台市　射阳县　盐都区　亭湖区
盐城经济技术开发区
2. 先进镇(街道)
响水县双港镇　滨海县天场镇　阜宁县澳洋工业园区
建湖县近湖街道　城南新区黄海街道　盐都区龙冈镇
亭湖区新城街道(亭湖新区)　大丰区大中镇
东台市富安镇
(十三)党建创新工作(15个)
1. 先进县(市、区)
建湖县　东台市　滨海县　盐都区　阜宁县
亭湖区　射阳县
2. 先进镇(街道)、园区
大丰区大中镇　大丰区新丰镇　响水县南河镇
响水县黄圩镇　城南新区总部经济基地
城南新区黄海街道　盐城经济技术开发区新城街道
盐城经济技术开发区韩资工业园
(十四)反腐倡廉和作风建设工作(15个)
1. 先进县(市、区)
滨海县　射阳县　建湖县　大丰区　东台市
城南新区
2. 先进重点经济园区、镇(街道)
响水县陈家港镇　滨海县陈涛镇　阜宁县芦蒲镇
建湖县冈西镇　大丰区新丰镇　东台市头灶镇
亭湖区毓龙街道　盐都区大纵湖镇
盐城经济技术开发区新城街道
(十五)宣传思想和文化发展工作(12个)
1. 先进县(市、区)
阜宁县　盐都区　大丰区　建湖县　射阳县　响水县
2. 先进镇(街道)
东台市梁垛镇　滨海县东坎镇　亭湖新区
盐城经济技术开发区新城街道　城南新区黄海街道
3. 先进基层单位
盐城市演艺集团
(十六)市直部门(单位)重点工作、服务发展创新创优和深化改革工作
1. 重点工作先进

市委宣传部　市文广新局　市科技局　市卫计委
市旅游局　市安监局　市海洋渔业局　市国家安全局
市林业局　市体育局　市规划局　市委党史办
市粮食局　市委台办　市农开局
2. 服务发展创新创优工作先进
市委统战部　市总工会　市委老干部局
市房管局　盐阜大众报报业集团　市民宗局
市民防局　市住房公积金管理中心　市港口局
市工商联　市科协　盐城电信公司
盐城移动公司　盐城检验检疫局　盐城气象局
3. 深化改革工作先进
市纪委(监察局)　市委组织部　市委政法委
市委党校　市法制办　市国资委　市机关事务局
市食药监局　市金融办　市物价局

四、先进个人

(一)十大招商引资功臣

朱旭东　东台经济开发区管委会副主任
刘　平　亭湖经济开发区党工委副书记、区招商二局局长
栾　罗　盐都区盐龙街道党工委副书记
朱锦祥　建湖经济开发区管委会副主任
周　翔　盐城经济技术开发区党工委委员、工会委员会主任、光电产业园党委书记
陈朋飞　阜宁经济开发区人力资源和社会保障局局长
嵇　雷　滨海港经济开发区党工委副书记、管委会副主任
成尔昶　盐城环保科技城招商局局长
周善余　大丰经济开发区管委会副主任
何长桥　射阳县合德镇党委副书记

(二)二十佳纳税企业(法人代表)

王连春　东风悦达起亚汽车有限公司董事长
高在用　江苏摩比斯汽车零部件有限公司总经理
杨建兴　江苏国华陈家港发电有限公司总经理
陈顺全　江苏射阳港发电有限责任公司总经理
陈小勇　江苏吉华化工有限公司董事长
石重福　江苏韩一模塑有限公司管理部、财务部部长
陈　曾　江苏悦达摩比斯贸易有限公司副总经理
蔡乐民　江苏联化科技有限公司董事长
庄颖康　佛吉亚(盐城)汽车部件系统有限公司工厂经理
夏文余　江苏正大丰海制药有限公司总经理
陈小海　江苏金风科技有限公司总经理
董为民　江苏新森达鞋业有限公司总经理
陈锦石　盐城中南世纪城房地产投资有限公司董事长
李正海　星宇科技汽车部件(盐城)有限公司总经理
李　培　盐城金鹰国际购物中心有限公司总经理
张贵清　中海宏洋地产(盐城)有限公司法人代表
陈　凯　恒大地产集团盐城有限公司总经理
邱建林　大丰海聆梦家纺有限公司董事长
季卫兵　盐城国际妇女时装有限公司总经理
陈顺全　盐城发电有限公司总经理

(三)综合先进个人(108名)

1. 县处级干部

卫永标　肖　力　叶茂楼　董小平　宋滨东　岳　岭
吴冈玉　季卫军　杨雪峰　李从洋　潘进山　季德荣
徐　杰　刘光球　刘永前　李正林　祁广亚　周新民
李新昌　崔文军　石根美　邓小锋　陈允春　沈恩山
刘永轩　孙庆树　陈育群　尹同阳　陈　鹏　郭庆生
潘迎华　成　辉　孟宪凯　徐国祥　蔡晓钧　王　斌
冯建华　刘汝华　胥爱华　赵弘迈　张曙光　陈玉林
俞全新　吴柏林　张乃文　王玉新　张玉林　许德智
陈如俊　马登军　戴　健　薛杰堂　李超良

2. 科级及其以下人员

潘春舒　李实业　吴忠诚　孙燕春　曹洪生　鲍晓峰
田大波　陈　霞　徐华明　孙云斌　朱传文　刘海峰
夏　斌　朱　芳　沈国军　周国志　徐士平　路月红
王　强　施　政　吴志兵　鲁晓祥　顾俊琪　刘　波
吴旭东　申建新　刘大庆　毛者友　陈　蓉　邹苏豫
童国华　花德政　汤亚高　袁　溥　陈　东　张玉国
刘新华　卞永来　郭艺杰　严开诚　周　建　姜绍好
苏海涛　王　杨　郑　荣　唐　超　沙附生　成友贵
王　玉　王　凯　杨长勤　国世旭　李迎春　邵互云
邱亚华

荣誉榜

2015年,盐城市贯彻落实中共十八大和十八届三中、四中、五中全会精神,坚持以习近平总书记系列重要讲话精神为指导,围绕"四个全面"战略布局,全面展开"建设新盐城,发展上台阶"生动实践,获得国家、省等多项荣誉。

(严志鉴)

2015 年全市部分集体荣誉名单

表 附 - 59

序号	单位名称	荣誉名称	授奖单位	授奖时间
1	盐城国际妇女时装有限公司	全国三八红旗集体	全国妇联	2015 年 2 月
2	盐城市公安局亭湖分局禁毒大队	全省人民满意的政法单位	中共江苏省委、江苏省人民政府	2015 年 2 月
3	盐城监狱	人民满意的政法单位(集体一等功)	中共江苏省委、江苏省人民政府	2015 年 2 月
4	中国电信股份有限公司盐城分公司	全国文明单位	中央精神文明建设指导委员会	2015 年 2 月
5	盐城市保险行业协会	第三次全国经济普查先进集体	国务院第三次全国经济普查领导小组办公室	2015 年 3 月
6	盐城市烟草专卖局	全省卷烟打假工作“特殊贡献奖”	江苏省烟草专卖局、江苏省公安厅	2015 年 3 月
7	江苏省烟草公司盐城市公司	2014 年度江苏省安全文化建设示范企业	江苏省安全生产监督管理局、江苏省煤矿安全监察局	2015 年 3 月
8	响水县烟草专卖局	诚信单位(2013 ~ 2014 年度)	江苏省消费者协会	2015 年 3 月
9	江苏省烟草公司盐城市公司物流分拣班组、滨海县烟草专卖局行政许可窗口	巾帼文明岗	江苏省妇女联合会、江苏省城镇妇女“巾帼建功”活动领导小组	2015 年 3 月
10	射阳县烟草专卖局(分公司)客户服务科	青年文明号	共青团江苏省委	2015 年 3 月
11	大丰区烟草专卖局	2014 年度江苏省档案工作三星级单位	江苏省档案局	2015 年 3 月
12	江苏省烟草公司盐城市公司物流中心送货班组	全国“安康杯”竞赛活动优胜班组	中华全国总工会、国家安全生产监督管理总局	2015 年 4 月
13	阜宁县烟草专卖局团支部	2014 年度江苏省五四红旗团支部(总支)	共青团江苏省委	2015 年 5 月
14	响水县人民检察院	第四届全国文明单位	中央精神文明建设指导委员会	2015 年 5 月
15	盐城市烟草专卖局“打破砂锅”QC 小组、“效率盐烟”QC 小组	2015 年度江苏省优秀 QC 小组成果一等奖	江苏省质量管理协会、江苏省总工会、江苏省科学技术协会、江苏省妇女联合会	2015 年 7 月
16	盐城监狱	省级机关法治文化建设示范点	中共江苏省委宣传部、中共江苏省委省级机关工作委员会、江苏省司法厅	2015 年 7 月
17	滨海县人民检察院	全省检察文化建设示范院	江苏省人民检察院	2015 年 8 月
18	盐都区人民检察院	全省检察文化建设先进单位	江苏省人民检察院	2015 年 8 月
19	盐城市保险行业协会	第十七批江苏省五四红旗团委创建单位	共青团江苏省委	2015 年 8 月
20	盐城市残疾人就业服务中心	残疾人之家	江苏省人民政府残疾人工作委员会	2015 年 11 月
21	阜宁县残疾人康复中心	残疾人之家	江苏省人民政府残疾人工作委员会	2015 年 11 月
22	盐城市博爱康复医院	残疾人之家	江苏省人民政府残疾人工作委员会	2015 年 11 月

续表 附－59

序号	单位名称	荣誉名称	授奖单位	授奖时间
23	盐城监狱	“共建共管共保安全活动”先进集体	江苏省人民检察院、中国人民武装警察部队江苏省总队、江苏省司法厅	2015年11月
24	江苏省烟草公司盐城市公司	全国职工新《安全生产法》知识普及竞赛活动优秀组织单位	全国“安康杯”竞赛组委会	2015年11月
25	盐城市烟草专卖局	江苏烟草商业系统第二届财会技能竞赛团体三等奖	江苏省烟草专卖局(公司)	2015年11月
26	盐城市烟草专卖局	江苏省廉政文化建设示范点	中共江苏省纪律检查委员会机关、中共江苏省委宣传部、中共江苏省委省级机关工作委员会等10家省级单位	2015年12月
27	盐城市地震局	2015年度全国地市级防震减灾工作综合考核先进单位	中国地震局	2015年12月
28	江苏省烟草公司盐城市公司工会	江苏省企事业工会劳动保护工作示范工会	江苏省总工会	2015年12月
29	江苏省烟草公司盐城市公司	江苏省烟草系统2015年度客户经理技能竞赛团体一等奖	中国烟草总公司江苏省公司	2015年12月

出版书目

2015年，盐城市公开出版著作类作品54部，体裁形式丰富多样，作品著作内容涉及年度资料性文献、历史人物传略、小说、散文、诗歌、科普等，多件作品在全国和省级奖项评选中获奖。 （市文联）

2015年全市出版著作书目

表 附－60

书　名	编著者	出版单位	出版年月	字数(万)
《一日西风吹雨点——陈衡哲传》	王玉琴	中国书籍出版社	2015年1月	20
《造近》	姜　桦	南京大学出版社	2015年1月	34.40
《花开的声音》	高　承	江苏人民出版社	2015年2月	34
《梦的翅膀》	韦　伟	江苏人民出版社	2015年2月	13
《单向街》	陶　林	江苏文艺出版社	2015年2月	15
《不可逾越的红线》	刘桂先	团结出版社	2015年2月	21
《五谷树　五谷神》	高　承	江苏人民出版社	2015年2月	34
《聊天之悟》	李秋生	南京大学出版社	2015年2月	20
《阳光的味道》	高　承	江苏人民出版社	2015年2月	34
《烛笑泪》	徐克惠	江苏人民出版社	2015年3月	45
《北上海，这片飞地上的爱恨情仇》	张晓惠	江苏人民出版社	2015年4月	30.90
《帝国之剑》	沈　锋	团结出版社	2015年5月	26
《湖海散人——罗贯中传》	浦玉生	四川民族出版社	2015年6月	35

续表 附 - 60

书　　名	编著者	出版单位	出版年月	字数(万)
《生命是场博弈　过程便是奖赏》	吴　瑛	中国书籍出版社	2015 年 6 月	22
《破局》	吴长青	江苏教育出版社	2015 年 6 月	15.40
《盛世情迷》	陈万星	江苏文艺出版社	2015 年 6 月	20
《心灵的天空随笔集》	王大庆	团结出版社	2015 年 6 月	42.50
《心灵的天空杂文集》	王大庆	团结出版社	2015 年 6 月	45
《心灵的天空散文集》	王大庆	团结出版社	2015 年 6 月	42.50
《建湖年鉴(2015)》	建湖县地方志办公室	中国文史出版社	2015 年 6 月	83
《白毛龟　绿毛龟》	李有干	北京少年儿童出版社	2015 年 7 月	14
《风铃》	曹文芳	北京少年儿童出版社	2015 年 7 月	14
《提灯的人》	宋步明	现代出版社	2015 年 8 月	未注
《地下商道》	苏向明	中国文联出版社	2015 年 8 月	48
《不能忘却的记忆——追寻新四军杰出的青年戏剧家李增援》	张汉林	中共党史出版社	2015 年 8 月	33
《盐城抗战影像记忆》	盐城市新四军研究会 盐城市委党史办公室 新四军纪念馆	江苏人民出版社	2015 年 8 月	36
《风雨磐石——群众工作卷》	中共盐城市委党史工作办公室	江苏人民出版社	2015 年 8 月	40
《浴火雄狮——军事斗争卷》	中共盐城市委党史工作办公室	江苏人民出版社	2015 年 8 月	80
《众志成城——政权建设卷》	中共盐城市委党史工作办公室	江苏人民出版社	2015 年 8 月	32.50
《和衷共济——统战谋略卷》	中共盐城市委党史工作办公室	江苏人民出版社	2015 年 8 月	31
《战地黄花——文化情怀卷》	中共盐城市委党史工作办公室	江苏人民出版社	2015 年 8 月	40
《万涓归海——财经战线卷》	中共盐城市委党史工作办公室	江苏人民出版社	2015 年 8 月	33
《致加西亚的信》	韩利利	江苏文艺出版社	2015 年 9 月	11
《文韵盐城》	季德荣等	江苏人民出版社	2015 年 9 月	47
《苏州寻梦——沧浪随想录》.	周亚峰	百花文艺出版社	2015 年 9 月	16.10
《黄雀在后——打伏》	朱晓翔	现代出版社	2015 年 10 月	未注
《生命的重负》	赵永生	江苏人民出版社	2015 年 10 月	12
《旅次拾遗》	陈建新	江苏人民出版社	2015 年 10 月	18.50
《下弦月》	袁　元	江苏人民出版社	2015 年 10 月	18
《射阳年鉴(2015)》	射阳县地方志办公室	江苏人民出版社	2015 年 10 月	85.50
《有一种爱叫相依为命》	丁立梅	长江文艺出版社	2015 年 11 月	47.50
《留住岁月的芬芳》	施亚芳	南京大学出版社	2015 年 11 月	17

续表 附－60

书　　名	编著者	出版单位	出版年月	字数(万)
《盐城年鉴(2015)》	盐城市人民政府办公室 盐城市地方志办公室	方志出版社	2015 年 11 月	117.60
《盐城年鉴·市情手册(2015)》	《盐城年鉴》编辑部	线装书局	2015 年 11 月	21
《响水年鉴(2015)》	响水县地方志办公室	中国文史出版社	2015 年 11 月	101.90
《大丰年鉴(2015)》	大丰年鉴编纂委员会	方志出版社	2015 年 11 月	85
《东台年鉴(2015)》	东台市党史地方志办公室	江苏人民出版社	2015 年 11 月	87.20
《盐都年鉴(2015)》	盐都年鉴编纂委员会	方志出版社	2015 年 11 月	89.50
《滨海年鉴(2015)》	滨海县地方志办公室	江苏人民出版社	2015 年 12 月	103
《美丽逆光》	韦江荷	上海文汇出版社	2015 年 12 月	20
《魅力大丰》	大丰政协	凤凰出版社	2015 年 12 月	137.70
《心的故事》	吴阳生	黄河出版社	2015 年 12 月	12
《天边飘过温暖的云》	冯晓晴	南京大学出版社	2015 年 12 月	20
《品读三国微智慧》	邓洪卫	中国言实出版社	2016 年 1 月	19.80

媒体报道

2015 年，盐城在市外用稿实现新突破，其中《人民日报》用稿 32 篇，中央电视台《新闻联播》栏目用稿 37 条，《新华日报》头版用稿 66 篇(头条及推荐 25 篇)，江苏卫视用稿近 600 条。　（陈潇潇）

2015 年主流媒体报道盐城·报纸宣传

表 附－61

媒体名称	新　闻　标　题
《人民日报》	一台别开生面的新年晚会
《人民日报》	托底救助　一座苏北小城的探索
《人民日报》	我国首辆碳纤维新能源汽车下线
《人民日报》	一场拷问树风骨
《人民日报》	让优美环境普惠民生
《人民日报》	江苏射阳农民冬季不再“闲”
《人民日报》	1100 箱桔子，一箱都没少
《人民日报》	日“擒”灰尘 60 吨
《人民日报》	新能源产业助推响水沿海绿色发展(海外版)
《人民日报》	向日葵(大丰)
《人民日报》	乡旮旯里“火鸡王”借网络创富
《人民日报》	大丰市助农突击队全力备“三夏”
《人民日报》	江苏盐城：党代表麻辣质询部门“一把手”

续表 附－61

媒体名称	新 闻 标 题
《人民日报》	定向捐赠资金　必须加强监管
《人民日报》	中韩盐城产业园打造对外开放新标杆(专版)
《人民日报》	江苏盐城建设中韩经贸合作示范区
《人民日报》	盐城有座环保“硅谷”(海外版头版头条)
《人民日报》	“童”仇敌忾　人小志高
《人民日报》	江苏响水乡规民约“约”出好民风
《人民日报》	盐城创业潮催生工商登记井喷现象
《人民日报》	盐城打造国内一流大数据产业基地(专版)
《人民日报》	盐城加快建设大数据产业基地
《人民日报》	珍禽在湿地有安全的“家”
《人民日报》	九月“中国好人榜”盐城发布
《人民日报》	戈公振故居——“我是中国人”
《人民日报》	射阳联耕联种开辟土地规模经营新路
《人民日报》	秸秆不再一烧了之
《人民日报》	沪苏合作在江苏大丰建开发区
《人民日报》	江苏建湖:创新金融工作　加速“资本建湖”
《人民日报》	城乡环境一起美
《人民日报》	原创舞剧《烽烟桃花飞》举行国家公祭展演
《人民日报》	江苏滨海:“三单”扶贫　富民强村
《新华每日电讯》	盐城:村里有发言人,月月开发布会
《新华每日电讯》	射阳退休教师九年为留守儿童开设小课堂
《光明日报》	把大道理讲到百姓心坎里
《光明日报》	抗战岁月的铁血传奇
《光明日报》	盐城的味道
《经济日报》	今日环城皆新绿(头版头条)
《经济日报》	江苏盐城成中韩产业园合作城市
《经济日报》	华东首个大数据交易平台落户盐城
《农民日报》	盐城绿色转型推进农业升级
《农民日报》	让基层党员“活”起来“动”起来
《农民日报》	绿色农业的“盐城崛起”
《解放军报》	与鹤共舞　生死相守
《解放军报》	敌后“经济抗战”的特殊战场
《新华日报》	联耕联种,射阳迈进大农机时代
《新华日报》	响水:精准帮扶让低收入户长久脱贫
《新华日报》	盐都旅游,文章做足“第一湖”

续表 附-61

媒体名称	新 闻 标 题
《新华日报》	盐城:转型升级直奔中高端
《新华日报》	滨海,把创新合作变成“投资银行”
《新华日报》	文化建设上台阶托起“厚德盐城”
《新华日报》	盐都科技创新驱动绿色发展
《新华日报》	盐城创新服务按下快进键
《新华日报》	盐城环科城:企业家科学家当主角
《新华日报》	民生实事:射阳挂牌督办不打折
《新华日报》	盐城:筑人才高地助创新发展
《新华日报》	盐都:创新驱动弯道超越
《新华日报》	建湖:镇村经济提质增效跑得快
《新华日报》	响水:乡规接地气干群都叫好
《新华日报》	盐城:下好对外开放“先手棋”
《新华日报》	盐城:经济发展步入“双中高”
《新华日报》	阜宁:美德有约,点亮一百一十万盏灯
《新华日报》	盐都:让镇村经济要素活起来
《新华日报》	创意大丰演绎精彩裂变
《新华日报》	亭湖:宜居宜业点燃创新创业
《新华日报》	滨海:精准扶贫赢得百姓一片点赞
《新华日报》	东台:强基层促城乡医疗一体化
《新华日报》	在国家战略棋盘上巧妙落子
《新华日报》	亭湖环保产业涌现国际合作热
《新华日报》	盐城推出四大政策“红包”
《新华日报》	盐城　泼墨绿色发展新画卷
《新华日报》	盐城　一座生机勃勃的转型城市
《新华日报》	盐城　一方厚德崇文的文明沃土
《新华日报》	盐城　一个让人打开心扉的地方
《新华日报》	铁军精神永流传　鱼水情深谱新曲
《新华日报》	盐城:华中抗战的中枢
《新华日报》	绿色的盛会　盐城的节日
《新华日报》	盐城:努力为绿色发展竖好标杆
《解放日报》	盐城:走进创业经济的春天
《解放日报》	让共建园区个个成为“聚宝盆”
《解放日报》	从田头到餐桌　挡不住的诱惑
《法制日报》	检察官刘文胜:门如市心如水方能百事敢为
《法制日报》	“八亿农民学法状元”袁为国

续表 附－61

媒体名称	新 闻 标 题
《检察日报》	把工作辛苦指数变成百姓幸福指数
《科技日报》	科研平台多了一个“＋”
《中国组织人事报》	廉政审查有问题　干部选任必终止
《中国组织人事报》	“四位一体”从严管理监督干部
《中国组织人事报》	合作之花香满园
《中国组织人事报》	百名“千人计划”专家助力绿色发展
《中国组织人事报》	网络,为青春插上腾飞的翅膀
《中国纪检监察报》	盐城排查群众身边“四风”和腐败问题　查处千余名违纪党员干部
《中国劳动保障报》	倾力打造东部沿海人才强磁场
《中国劳动保障报》	不求“高大上”　做实“小土特”
《中国海洋报》	江苏盐城　谱写海洋绿色发展新篇章
《中国青年报》	盐城:创业激发经济发展七成增量
《中国财经报》	盐城实施链式财政扶持
《中国建设报》	开启住房公积金信息化建设新征程
《健康报》	盐城全面试点村医签约服务
《人民政协报》	江苏盐城市侨联颁发首届“陈中柱王志芳奖学金”
《中国国土资源报》	用大数据管理国土资源　以信息化推进“双提升”
《中国县域经济报》	营造“强磁场”打造“梦工场”
《中国安全生产报》	盐城精准发力推动企业主体责任落实
《中国食品安全报》	打造“食安盐城”共享“舌尖安全”
《中国绿色时报》	践行绿色发展　盐城提升生态品质惠及百姓
《中国交通报》	盐城399名农民告别地头上船头
《中国水利报》	水美城乡为幸福加码
《中国水利报》	为息壤注入源头活水
《中国文化报》	《烽烟桃花飞》:华中鲁艺在舞台上“复活”
《中国文化报》	盐城市演艺集团推出大型原创舞剧《烽烟桃花飞》
《中国环境报》	江苏上半年细颗粒物下降两成
《中国妇女报》	盐城39万名妇女受益“巾帼创业”工程
《中国工商报》	盐城“送法进企业百场讲座”受好评
《中国社会报》	铁军精神永流传　鱼水深情谱新曲
《中国城市报》	盐城成为中韩产业园建设首批合作城市
《中国城市报》	盐城:建大平台　造数据城
《人民公安报》	盐城:“指尖警务”服务群众
《人民法院报》	突出代表性　彰显公信力
《学习时报》	全国行政学院系统培训教务管理人员

续表 附－61

媒体名称	新　闻　标　题
《东方烟草报》	一体两翼　赢在执行
《伊犁日报》	盐城市郑巧玲援疆慈善基金会为察布查尔送爱心
《新华社智库》	盐城:出台规范再紧干部依法办事紧箍咒
《新华社智库》	盐城:返乡创业“春潮涌动”引关注
《新华社智库》	盐城:提升生态品质惠及百姓
《新华社智库》	盐城:筑人才高地助创新发展
《现代快报》	一座让人打开心扉的城市发展之路
《现代快报》	开放撬动发展,盐城焕发新活力
《现代快报》	创业盐城,为“弯道超车”积聚能量
《现代快报》	生态盐城,巧建秀美花园的绿色智慧
《现代快报》	幸福盐城,人人幸福的普惠之路
《现代画报》	“对城市的未来负责”
《现代画报》	镜头里的城市灵魂
《现代画报》	盐城　湿地上的东方秘境
《现代画报》	海与盐的城市
《现代画报》	野性与灵性的盐城
《现代画报》	一座城市的抗战记忆
《现代画报》	他乡遇故乡
《现代画报》	秀美城市　田园乡村
《扬子晚报》	盐城大数据产业推介会北京举行
《扬子晚报》	盐城　谱写全面小康的多彩篇章
《江南时报》	中国好人榜9月入选名单在盐城发布
《江南时报》	千种名特优农产品齐聚盐城　舌尖上的诱惑一触即发
《江苏法制报》	刘文胜事迹表彰学习大会在盐城举行
《江苏法制报》	盐城法院优质资源回归审判一线
《江苏经济报》	滨海“弯道超车”促跨越发展
《江苏工人报》	让农民工感受“工会大家庭”的温暖

2015年主流媒体报道盐城·广电宣传

表 附－62

媒体名称	新　闻　标　题
央视《新闻联播》	公正司法　守望社会公平正义
央视《新闻联播》	江苏新常态下寻找发展新动能
央视《新闻联播》	江苏村务公开:百姓明白　干部清白
央视《新闻联播》	全国春耕生产由南至北全面展开

续表 附－62

媒体名称	新 闻 标 题
央视《新闻联播》	贵州、江苏:数据资源催生大产业
央视《新闻联播》	国家重大绿色工程筑起生态屏障
央视《新闻联播》	江苏:文化惠民 共享文化成果
央视《新闻联播》	中韩盐城产业园建设提速
央视《新闻联播》	作家王小鹰:在行走中写作
央视《新闻联播》	意大利设计师帕克:圆梦之路在中国
央视《焦点访谈》	来之不易的成绩单
央视《朝闻天下》	苏北新四军排万难修堤 聚民心抗敌
央视《朝闻天下》	江苏盐城:20亿元扶持大数据产业发展
央视《新闻直播间》	江苏阜宁:跨越60年的精神接力
央视《经济半小时》	抗战财经记忆——没有硝烟的金融战场
央视《城市1+1》	中国·盐城—澳大利亚·墨尔本
央视《走遍中国》	百年盐田变花海
央视《动感特区》	抗战记忆——寻找英雄的足迹
央视《乡土》	守护麋鹿的人
央视《芝麻开门》	东台西瓜大挑战
江苏卫视《江苏新时空》	盐城:打造汽车产业"智"造城 实现汽车产业提档升级
江苏卫视《江苏新时空》	盐城:筑人才高地助创新发展
江苏卫视《江苏新时空》	盐城:拓展向东开放空间 做好向西开放文章
江苏卫视《江苏新时空》	盐城:智能制造加速绿色转型
江苏卫视《江苏新时空》	盐城:弘扬"铁军精神" 践行"三严三实"
江苏新闻广播	建湖杂技团为何能升格为江苏省杂技团?
江苏新闻广播	为了迟到53年的烈士证
江苏新闻广播	走近即将赴京参加阅兵的两位支前模范
江苏新闻广播	盐城好人馆开馆 300多位"好人"树道德标杆

2015年主流媒体报道盐城·网络宣传

表 附－63

媒体名称	新 闻 标 题
人民网	盐城今年将严查十八大后不收敛不收手领导干部
人民网	盐城"周一大讲堂"成干部精神大餐和公认福利
人民网	盐城创新全民阅读载体 让图书馆触角活起来
人民网	从市委书记到基层党员 学习之风吹遍盐阜大地
新华网	发展再添新增长极 盐城"国家级"高新区揭牌

续表 附-63

媒体名称	新 闻 标 题
新华网	“双十”工程促盐城产业创新城市发展双提升
新华网	助力美丽中国 盐城召开中韩美容健康产业峰会
新华网	盐城隆重举办第七届运动会
光明网	一个新盐城人的光荣和担当
光明网	盐城棋手韦奕 进入世界杯八强
中国新闻网	盐城丹顶鹤旅游海盐文化节开幕 呼应“一带一路”加快“东南西北”开放
中国新闻网	长三角新能源汽车研究院成立 搭建行业“政产学研”一体化平台
中国新闻网	盐城降污治霾收获好“气质”
中国新闻网	江苏盐城举行抗战胜利70周年纪念活动 铭记历史汇聚发展力量
中国智库网	响水县:家门口的新型职业农民培训班
中国江苏网	大洋湾樱花园明日“浪漫”开园
中国江苏网	盐城启动文艺演出社区行 纪念抗战胜利70周年
中国江苏网	85后“火鸡司令”:4000元起家 7年时间创千万销售额
中国江苏网	《新四军在盐城》丛书首发式在盐城举行
凤凰网	盐城市排演大型现代淮剧《小镇》
凤凰网	盐城PM2.5平均浓度首次降至50以下 系江苏唯一
凤凰网	盐城市区首批公租房租金标准出台 价格全省最低
新浪网	盐城大数据产业建设有力助推旅游发展决策
网易网	九月中国好人榜在盐揭榜 盐城3人入选
腾讯网	腾讯与盐城签署战略协议 打造“互联网+”智慧城市
腾讯网	盐城一灰背隼受伤掉落草丛 警民联手忙救助
中国评论新闻网	美食诱人 江苏盐城旅游周在台成功举行
审计署网站	盐城市审计机关科学谋划“十三五”工作规划
中国科学技术协会网	首届世界发明创新论坛在江苏省盐城市举办
江苏文明网	讲好盐城故事的工会篇章
江苏公众科技网	“互联环保与区域经济转型升级”第十一次江苏科技论坛盐城分论坛举办

2015年主流媒体报道盐城·对外宣传

表 附-64

媒体名称	新 闻 标 题
《文汇报》	从39到2000的传奇再现
《国际商报》	盐城外贸增速居全省首位
《国际商报》	盐城新批境外投资项目21个
《国际商报》	打造中韩新兴产业合作示范区

续表 附-64

媒体名称	新 闻 标 题
台湾《工商时报》	江苏盐城:东方湿地之都 仙鹤神鹿的故乡
《欧洲时报》	盐城打造中国一流大数据产业基地
《欧洲时报》	盐城绿色发展铺成美丽新画卷
《加中时报》	盐城打造国内一流大数据产业基地
韩国《每日经济》	中国盐城:一个让人打开心扉的地方
韩国《大邱日报》	庆尚北道——中国盐城推进韩中产业园建设
美国《侨报》	盐城新能源发电占江苏六成以上
美国《侨报》	徐宿淮盐高铁立项获批年内开建
美国《侨报》	盐城建成世界第四大樱花园
美国《侨报》	盐城再成世界技能大赛集训基地
美国《侨报》	盐城国家高新区挂牌
美国《侨报》	盐城:40 亿筑人才高地助创新发展
美国《侨报》	11 个国家领事签署《盐城湿地宣言》
美国《侨报》	江苏渔业国际合作签约 21 亿元
美国《侨报》	盐城荒滩薄地崛起"黄金海岸"
美国《侨报》	"洋眼看江苏"走进大丰
美国《侨报》	富安小镇,为世界高档丝定价
美国《侨报》	江苏首届拍客节助兴五一小长假
美国《侨报》	以物换物,"古老贸易"重现活力
美国《侨报》	盐城打造"云端"智慧城市
美国《侨报》	多国选手将参加盐城沿海湿地公路自行车赛
美国《侨报》	盐城发放大学生紧缺人才补贴
美国《侨报》	盐城车博会预售逾万辆
美国《侨报》	阜宁全球征集"牛歌号子"
韩国《全北道民日报》	盐城外贸增长江苏省领跑
韩国《全北道民日报》	中韩盐城产业园启建
韩国《全北道民日报》	盐城经济技术开发区分享中韩合作成果

索　引

责任编辑　高兰会

编辑说明

1. 本索引采用主题分析法编制，按标引词第一字汉语拼音字母顺序排列，同音字按声调排列，音调相同按下一字的音序排列。

2. 年度大事要事、文献选编，以及图说盐城、特载专题等，未编入索引。

3. 章、节标题用小5号黑体字标示，正文所作款目，全部用小5号宋体字标示，表格均注明“（表）”字样。

4. 标引词后的数字，表示内容所在页码，数字后的字母a、b分别表示左、右两栏。

5. 本索引编有附见系统和参见系统。附见款目放在主款目下行缩一字排；部分款目在索引中重复出现。

6. 本索引标引词，采用中心词和简称。

A

B

C

D

E

F

G

H

J

M

N

T

W

X

Y